lonely planet

USA Westen

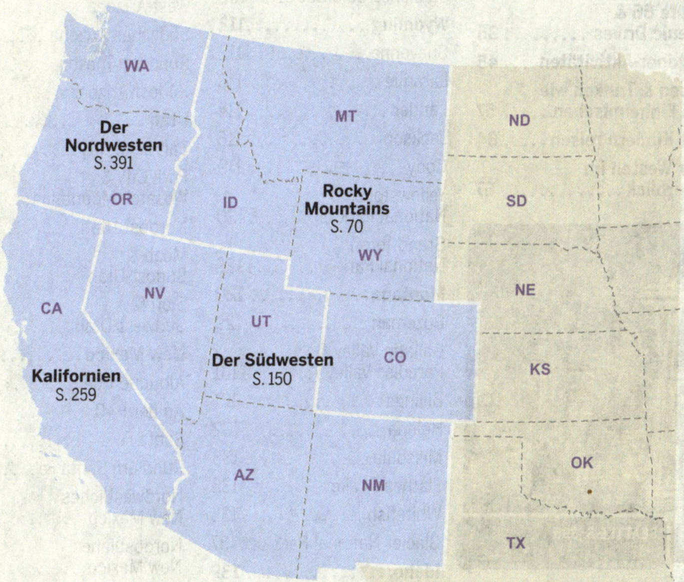

Hugh McNaughtan, Brett Atkinson, Loren Bell, Greg Benchwick, Andrew Bender, Sara Benson, Alison Bing, Cristian Bonetto, Celeste Brash, Jade Bremner, Nate Cavalieri, Michael Grosberg, Ashley Harrell, Carolyn McCarthy, Becky Ohlsen, Christopher Pitts, Liza Prado, Josephine Quintero, Andrea Schulte-Peevers, Helena Smith, John A. Vlahides, Benedict Walker, Clifton Wilkinson

REISEPLANUNG

SEATTLE S. 396

XUANLU WANG / SHUTTERSTOCK ©

WHITE SANDS NATIONAL MONUMENT S. 255

JUSTIN FOULKES / LONELY PLANET ©

REISEZIELE IM WESTEN DER USA

Inhalt

DEN WESTEN VERSTEHEN

PRAKTISCHE INFORMATIONEN

SONDER-SEITEN

Willkommen im Westen der USA

Landschaften und Legenden locken Abenteurer in den Westen, wo zu einem perfekten Tag köstliche Speisen, eine Weinprobe, die Geschichte der amerikanischen Ureinwohner sowie spannende Outdoor-Erlebnisse gehören.

Grandiose Natur

Die Landschaften des Westens werden oft mit Begriffen wie „ehrfuchtgebietend" oder „episch" beschrieben. Zu Recht. Was sie so besonders macht? Allein die Betrachtung erfüllt einen mit dem Gefühl von Abenteuer, mit Gänsehaut und Glück und Schwindel. Surfer, Kajakfahrer und Strandgutsammler strömen an die Westküste, die sich vom sonnigen San Diego über die Klippen Zentralkaliforniens bis zu den Stränden von Oregon und Washington erstreckt. Rote Felsen, Schluchten und Wüsten locken Wanderer und Radler in den Südwesten und den Grand Canyon. Und die Rockys bieten tolle Ski- und Snowboardoptionen.

Regionales Essen & Weine

Fisch-Tacos in San Diego, Sonoran Dogs in Tucson, Forelle und Bison in den Rockys, grüne und rote Chilis in New Mexico und Wildlachs im Nordwesten – die Spezialitäten sind so vielfältig wie die Natur. Eines hat sich aber überall durchgesetzt: Köche wie Gäste legen Wert auf frische, regionale Produkte. Das Umweltbewusstsein hat inzwischen auch die hiesigen Winzer erfasst, die zunehmend auf biodynamische Anbauweisen setzen. Washington, Oregon und Zentralkalifornien teilen sich das gastronomische Scheinwerferlicht mit Napa und Sonoma.

Der Reiz der Städte

Die Metropolen des Westens unterscheiden sich erheblich. In Kalifornien sind es der Hollywood-Glanz von L.A., die lässige Freundlichkeit von San Diego und die IT-Coolness von San Francisco. Weiter nördlich, in Seattle, treffen Trends auf Bodenständigkeit. In Denver begegnen sich kosmopolitischer Schick und Western-Charme; herausgeputzte Innenhöfe und Wellness-Oasen verleihen Phoenix ein seltsam fesselndes Flair. Das künstlerische Santa Fe ist eine Welt für sich. Und dann gibt es ja noch Las Vegas, wo man sich in einer Elvis-Kapelle trauen kann, bevor man nebenan in „Paris" flittern und dabei sein Haus verwetten kann.

Geschichte hautnah

Museen? Später! Stattdessen geht's über eine Holzleiter in uralte Felsbehausungen. Oder man besucht Überreste einer Pony-Express-Station. Man könnte auch Teil der Gemeinde einer spanischen Mission aus dem 1700ern werden. Was gibt es sonst noch zu entdecken im Westen? Zerfallende Forts und Handelsposten. Geisterstädte. Pueblos aus Lehmziegeln. Ein ehemaliges Titan-Raketensilo und die Stadt, die es nicht existierte (in der aber die Atombombe gebaut wurde). Historische Orte wie diese lassen einen die Vergangenheit des Westens hautnah erleben.

Warum ich den Westen der USA liebe

Von Christopher Pitts, Autor

Wie so viele Menschen habe ich mich während eines Road Trips in den Westen verliebt. Ich erinnere mich an den Moment: Ich schaute vom Lagerfeuer in Colorado zu den Sternen hinauf, die so hell und zahlreich waren, es schien, als könnte ich ins Unendliche blicken. Alle Eindrücke, die sich daran anschlossen, standen diesem ersten Moment in nichts nach: die surrealen Wüstenlandschaften, die Coyoten und Bisons, die unter kobaltblauen Himmel umherziehen, die wilde, ungezähmte Pazifikküste und die majestätischen Nationalparks – alles Gründe, warum ich mich entschieden habe, den Westen zu meiner Heimat zu machen.

Mehr Infos zu den Autoren gibt's auf S. 541.

Rocky Mountain National Park (S. 88)

Der Westen der USA

San Francisco
Alcatraz, leckeres Essen und die Golden Gate Bridge (S. 330)
Yosemite
Vergletscherte Gipfel und surreale Landschaften (S. 380)
Los Angeles
Erst an den Strand, dann nach Hollywood (S. 262)
Las Vegas
Megaresorts und Glücksspiel locken die Massen (S. 155)
Zion National Park
Wandern in den Narrows und auf Angels Landing (S. 231)
Saguaro National Park
Ein Meer aus Kakteen (S. 206)
Grand Canyon National Park
Geologisches Wunder (S. 190)
Mesa Verde
Uralte Felsbehausungen (S. 108)
Santa Fe
Kunst, wohin man auch schaut (S. 238)
KALIFORNIEN
NEVADA
UTAH
ARIZONA
COLORADO
NEW MEXICO
TEXAS
KANSAS
MEXIKO
Kontinentalscheide
San Francisco
Oakland
Sacramento
Los Angeles
San Diego
Las Vegas
Salt Lake City
Phoenix
Tucson
Denver
Albuquerque
Santa Fe
El Paso
Yosemite National Park
Death Valley National Park
Great Basin National Park
Zion National Park
Capitol Reef National Park
Arches National Park
Grand Canyon National Park
Mesa Verde National Park
Petrified Forest National Park
Saguaro National Park
Carlsbad Caverns National Park
Rocky Mountain National Park
Channel Islands National Park
Mt. Whitney (4418 m)
Mt. Williamson (4383 m)
Mt. Massive (4396 m)
Blanca Peak (4372 m)

Der Westen der USA
Top 25

1

Yellowstone National Park

1 Weshalb zählt der erste Nationalpark der Welt (S. 120) noch immer zu den beliebtesten? Da wären zum einen die geologischen Wunder, die Geysire und Thermalquellen, die Fumarole und die gluckernden Schlammbecken. Und dann ist da die Tierwelt: Grizzlys, Schwarzbären, Wölfe, Bisons und Elche, die die 9000 km^2 große Wildnis durchstreifen. Um einen echten Eindruck davon zu bekommen, weshalb der Westen wild genannt wird, schlägt man am besten sein Zelt im Yellowstone Grand Canyon auf, bewundert die Upper und Lower Falls, wartet auf den Ausbruch von Old Faithful und wandert schließlich durch die urzeitliche, rauchende Landschaft. Grand Prismatic Spring (S. 121)

San Francisco

2 Der Wandel prägt die Stadt, die derzeit enorm boomt. Inmitten des hektischen Wachstums, des Nebels und des Klapperns der altmodischen Cable Cars laden die vielfältigen Viertel San Franciscos (S. 330) mit großartigen Indie-Läden, Spitzenrestaurants und einem unkonventionellen Nachtleben zu ausgedehnten Streifzügen ein. Zu den Highlights zählen ein Besuch von Alcatraz, ein Bummel über die Golden Gate und ein Abendessen im Ferry Building. Und mindestens einmal sollte man schon mit der Cable Car gefahren sein. Wer einmal um eine Ecke gebogen ist und plötzlich hinab aufs Meer geblickt hat, den lässt die Stadt nicht mehr los.

NOPPAWAT TOM CHAROENSINPHON / GETTY IMAGES ©

2

GAGAN KAUSHAL / 500PX ©

3

4

Grand Canyon National Park

3 Was zuerst fasziniert, ist die Unermesslichkeit des Canyons (S. 190), dieses 2 Mrd. Jahre alten Risses in der Landschaft. Aber die künstlerischen Launen von Mutter Natur – in Sonnenlicht getauchte Grate, blutrote Felskuppen, üppige Oasen und das lange Band des Flusses – sind es, die Besucher verzaubern. Der Canyon lässt sich zu Fuß, per Fahrrad, per Floß oder auf dem Rücken eines Maultiers erkunden. Man kann sich aber auch einfach am Rim Trail niederlassen und dem Farbenspiel der Erde zuschauen.

Los Angeles

4 Der ständige Zustrom von Träumern, Erfolgshungrigen und Gaunern verleiht der immer weiter wachsenden Küstenstadt (S. 262) eine energiegeladene Atmosphäre. Man kann sich im Filmstudio über die Tricks des Filmemachens informieren, in der akustisch perfekten Walt Disney Concert Hall Sinfonien lauschen, durch die Gärten und Galerien des Getty Museum schlendern oder im Griffith Observatory in die Sterne schauen. Wer mehr auf irdische Stars steht, findet sie im Grove.

Highways an der Küste

5 Ein Road Trip vom Feinsten! In Kalifornien führen der Hwy 1 (Pacific Coast Highway; S. 37), der Hwy 101 und die I-5 vorbei an Klippen, eigentümlichen Strandorten und Metropolen: dem entspannten San Diego, dem rockigen Los Angeles und dem flippigen San Francisco. Nördlich der Redwood-Wälder geht's auf dem Hwy 101 nach Oregon mit seinen windumtosten Kaps und Gezeitenbecken. Und dann wartet da noch Washington mit dem wilden, feuchten Olympic National Park. Bixby Creek Bridge (S. 324)

Die Wüsten

6 Der Saguaro-Kaktus ist eines der ewigen Symbole des Westens. Heimisch in der Sonora-Wüste, ist er erprobt im Überlebenskampf in einer unerbittlichen, aber wundersam schönen Landschaft. Über den Südwesten und Kalifornien erstrecken sich fünf Wüsten; jede der Lebensraum für einige gut angepasste Reptilien, Säugetiere und Pflanzen. Diese Vielfalt macht einen Spaziergang durch die Wüste, etwa im Saguaro National Park (S. 206), zu einem wahrhaft einmaligen Erlebnis.

JARED ROPELATO / SHUTTERSTOCK ©

California Wine Country

7 Im Golden State gibt es mehr als 100 Weinbaugebiete. Weingüter in sanft gewellter Landschaft locken Traveller in die Täler Nordkaliforniens: Wie wär's mit einem erstklassigen Cabernet im mondänen Napa Valley (S. 362), einem Picknick im entspannten Sonoma Valley oder einem Outdoor-Abenteuer mit edlem Pinot Noir am Russian River? Weiter südlich strömen Tagesausflügler in die hübschen Weinberge östlich von Santa Barbara, ein idyllisches Gebiet, das 2004 durch den Film *Sideways* zu einem gewissen Ruhm kam.

Santa Fe & Taos

8 Santa Fe (S. 238) ist eine alte Stadt mit junger Seele. Freitagabends strömen die Massen in die Canyon Rd, schwatzen mit Künstlern, trinken Wein und erkunden mehr als 80 Galerien. Kunst und Geschichte vereinen sich stilvoll in den Museen der Stadt, erstklassige Restaurants und Läden in deren Straßen. Und das alles spielt sich vor einem türkisblauen Himmel ab. Künstler trifft man auch in Taos, doch ist die Stimmung hier schräger – Skihasen, Ökofreaks, die ihre Passivhäuser im Eigenbau hochziehen, und ein paar Promis sorgen für bunte Tupfer.

Stätten der Ureinwohner & ihre Kultur

9 Um etwas über die frühesten Bewohner des Kontinents zu erfahren, kann man in die uralten Felsbehausungen der frühen Pueblo-Indianer im Mesa Verde National Park (Foto; S. 108) in Colorada hineinklettern. Einblicke in die aktuelle Kultur der Ureinwohner vermittelt ein Besuch im heutigen Taos Pueblo, der Hopi Reservation oder der Navajo Nation in Arizona. Dort und in diversen Museen entdeckt man, dass viele Muster eine religiöse Bedeutung haben.

Seattle

10 Das kreative Seattle (S. 396) hat die Angewohnheit, lokal ausgebrütete Ideen in weltweit bekannte Marken zu verwandeln. Mit seiner berühmten Musikszene, der lebhaften Kaffeekultur und der Vorliebe für IT-Innovationen hat es sich einen Platz im Olymp der US-Metropolen erobert. Während Seattles Trendsetter das nächste große Ding austüfteln, wachen die Traditionalisten über den Geist der Stadt mit ihren verschiedenen Vierteln, der eigenen Kulinarik und dem besten Markt des Landes, dem Pike Place (Foto).

Yosemite National Park

11 Man schlendert über Wiesen voller Wildblumen, in Tälern, die durch Gletscher, Lawinen und Erdbeben geschaffen wurden – die Natur scheint hier alles eine Nummer größer gemacht zu haben (S. 380): Wasserfälle donnern über nackte Klippen, man sieht riesige Granitkuppen und uralte Riesenmammutbäume, die größten Bäume der Erde, und selbst die Tuolumne Meadows sind von prachtvoller Größe. Tolle Ausblicke bieten sich in einer Vollmondnacht vom Glacier Point oder im Sommer bei einer Fahrt auf der Tioga Rd.

10

11

12

13

Rocky Mountain National Park

12 Wegen der vielen Wohnmobile, die über die Trail Ridge Rd kriechen, wirkt der Rocky Mountain National Park (S. 88) gern überlaufen. Sobald man aber den Wanderweg vor sich hat, entfaltet sich die majestätische, ungezähmte Pracht des Parks – ein unvergessliches Erlebnis! Von der epischen Tour auf den Longs Peak und entlang der Continental Divide bis hin zu familienfreundlichen Kurztrips zu den Calypso Falls – für jeden Geschmack und jeden Fitnessgrad ist etwas dabei.

San Juan Islands

13 Wer mit der Fähre zu den San Juan Islands (S. 417) unterwegs ist, macht eine Reise in die Vergangenheit. Der Archipel liegt nördlich vom Puget Sound zwischen Washington und Vancouver Island. Von den mehr als 450 „Inseln" – die meisten sind aus dem Wasser ragende Felsen – sind etwa 60 bewohnt und nur vier werden regelmäßig von Fähren bedient. Hier hat die Natur das Sagen, und jede Insel ihren eigenen Charakter. Was man so unternehmen kann? Rad oder Kajak fahren, Orkas beobachten – oder entspannen.

Las Vegas

14 Wenn man glaubt, nun habe man den erhabenen Westen verstanden, stolpert man über Vegas (S. 155). Unter den Neonlichtern des Strip wird ein berauschendes Spektakel geboten – tanzende Fontänen, feuerspeiender Vulkan und Eiffelturm inklusive. In den Spielhöllen zeigt sich Vegas von seiner gefährlichsten Seite, denn in den Sälen kennt man nur ein Ziel: Besuchern das Geld aus der Tasche zu ziehen. Wer kann, hält sich an die guten Restaurants, den Cirque du Soleil, das Slotzilla und das Mob Museum.

Zion & Bryce Canyon National Parks

15 Rote Felsen prägen den Zion National Park (S. 231), umrahmt von Wasserfällen, Canyons und hängenden Gärten. Dieses Wunderland liegt im Schatten von Angels Landing, dessen Gipfel in einer der schönsten Tageswanderungen Nordamerikas zu erreichen ist. Wer ein Fotomotiv sucht, sollte nordwärts zum Bryce Canyon National Park fahren: Hier schimmern rotgoldene Felsnadeln wie Bäume in einem Steinwald – ein hypnotischer Ort, der an einen Tolkien-Roman erinnert.

ANNA GORIN / GETTY IMAGES ©

Columbia River Gorge

16 Die Columbia River Gorge (S. 439) ist ein geologisches Wunder, das entstand, als sich die mächtige Cascade Range erhob und der Columbia River sich tief in den Fels eingrub. Die Schlucht ist die Grenze zweier Bundesstaaten: Im Norden liegt Washington, südlich Oregon. Es gibt unzählige Wasserfälle, Wanderoptionen und Obstwiesen mit Apfel-, Pfirsich- und Kirschbäumen. Wer auf Windsurfen oder Kiteboarden steht, ist im sportlichen Städtchen Hood River richtig. Diese Schlucht bietet für jeden etwas! Multnomah Falls (S. 439)

Moab

17 Moab (S. 222) ist ein Eldorado für Mountainbiker: der Slickrock-Untergrund rund um die Stadt ist toll für Fahrer, die Herausforderungen nicht scheuen. Anspruchsvolle Trails führen über Klippen, durch Wälder und über raue Pisten inmitten der Canyon-Landschaft. Nachdem man die knapp 1,2 km Abfahrt vom Burro Pass mit seinen Bächen, Espenhainen, Wacholderbüschen und schwierigen Untergrund hinter sich gebracht hat, wird man Abenteuer für sich neu definieren (nicht ohne Grund bieten einige Hotels in Moab Duschen für Fahrräder an). Man ist sofort süchtig!

Portland

18 Es ist nicht schwer, von Portland (S. 426) zu schwärmen – und niemand wird einen dafür belächeln: Denn Portland ist einfach liebenswert und mit seinen Studenten, Künstlern, Radfahrern, Hipstern, jungen Familien, alten Hippies, Öko-Freaks und Normalos so freundlich, wie eine Großstadt nur sein kann. Tolles Essen, geniale Musik, Kultur ohne Ende und ein stark ausgeprägtes Umweltbewusstsein runden das Ganze ab. Doch Vorsicht – wer hier vorbeischaut, will vielleicht gar nicht mehr weg!

Themenparks

19 Kalifornien ist toll für alle, die Themenparks, Hollywood, Disney und Achterbahnen lieben. Die Universal Studios Hollywood (S. 282) warten mit Rides und der Wizarding World of Harry Potter auf. Der Disneyland Park (S. 291) und das Disney California Adventure sind die Highlights Südkaliforniens: Zeichentrickfiguren schlendern über die Main Street, USA, und abends funkelt Feuerwerk über dem Schloss. Knott's Berry Farm (S. 291) ist vor allem wegen seiner Rides beliebt. The Simpsons Ride, Universal Studios

Monument Valley & Canyon de Chelly

20 „Mag ich in Schönheit wandeln" lautet die letzte Zeile eines Navajo-Gebets. Im Navajo-Reservat zeigt sich die Schönheit in vielen Formen – die berühmteste ist das Monument Valley (S. 200) mit seinen Härtlingen und Felsnadeln wie aus einer anderen Welt. Von großer Schönheit ist auch der Canyon de Chelly, wo Bauern in der Nähe der alten Felsbehausungen heute noch ihr Land bewirtschaften.

19

20

Route 66

21 Kommt man in Seligman, AZ, zum Snow-Cap-Drive-In, weiß man, dass jetzt ein Lausbubenstreich folgt, z. B. falscher Senf oder merkwürdiges Wechselgeld. Das wirkt zwar aufgesetzt, aber man ist irgendwie enttäuscht, wenn der Besitzer einen nicht auf die Schippe nimmt. Derartige Schrullen machen die durch Kalifornien, Arizona und New Mexico führende Mother Road (S. 35) unvergesslich. Esel, das Wigwam Motel und die Neonschilder von Tucumcari toppen 08/15-Konsum à la McBurger allemal.

Wintersport

22 Der weichste, leichteste Schnee, den man je unter den Skiern hatte – und das bei toller Landschaft und jeder Art von Terrain: Die Skigebiete im Westen gehören zu den besten der Welt. Aspen (S. 96), Vail und Jackson Hole mögen sich wie Tummelplätze für die Reichen und Berühmten anhören, aber hier steht der Sport im Mittelpunkt. Ob man den Hang hinabsaust, Bäume umwedelt, auf Buckelpisten übt oder beim Snowboarden immer wieder stürzt, eines ist sicher: Der Tag klingt mit einem Lächeln aus.

NICK FOX / SHUTTERSTOCK ©

BRIAN BRAINERD / GETTY IMAGES ©

Glacier National Park

23 Ja, es ist wahr: Die Gletscher im Glacier National Park (S. 137) schmelzen dahin. Von einst rund 150 Gletschern im Jahr 1850 sind gerade noch 26 übrig. Dennoch lohnt der weitläufige Nationalpark in Montana einen längeren Besuch. Wer gern Auto fährt, kann sich an der 80 km langen Going-to-the-Sun-Road versuchen. Auf Wanderer hingegen warten über 1120 km an Wanderwegen. Während man ganz sicher Moose, Pilze und Wildblumen erspäht, braucht man für die Sichtung von Wapitis, Wölfen und Grizzlybären etwas mehr Glück.

Flagstaff

24 Eine andere Sache, die dem Westen so schnell keiner nachmacht? Bergstädte. Wo sich Naturburschen im Karohemd oder Schneehosen in Brauereikneipen einfinden, um Geschichten auszutauschen und ein Craft-Bier zu genießen. Viele dieser Orte sind Ausgangspunkte zu den schönsten Nationalparks des Landes. Ein Favorit? Flagstaff (S. 186), AZ. Zu den Highlights zählen ein Ale Trail, Lokale mit farmfrischer Kost, ein Observatorium und der beeindruckende Museum Club an der Route 66. Ach so, nicht zu vergessen, der Grand Canyon liegt nur knapp 130 km weiter nördlich.

Kleinbrauereien

25 Kleinbrauereien sind eine Besonderheit des Westens– von Missoula bis Moab gibt es sie in jedem noch so kleinen Städtchen. Auch wenn die Brauereien meistens sehr mit ihrem Heimatort verbunden sind, haben sie auch einige Gemeinsamkeiten: ausgelassene Biertrinker, aromatische Biere mit Namen, die von örtlichen Begebenheiten inspiriert sind, und Gaststuben mit dem Odeur von Hopfen, Schweiß und Abenteuer. Beispiel gefällig? Wer rund um Boulder wandert, radelt oder klettert, kann danach bei einem von 30 Bieren im Avery (S. 87) relaxen.

Gut zu wissen

Weitere Infos gibt's im Abschnitt „Praktische Informationen" (S. 495)

Währung
US-Dollar (US$)

Sprache
Englisch

Visa
Besucher aus Deutschland, Österreich und der Schweiz benötigen für Besuche unter 90 Tagen kein Visum. Die vorherige ESTA-Registrierung online ist obligatorisch.

Geld
Geldautomaten gibt es quasi überall. Kreditkarten werden meist für Hotelreservierungen und Mietwagen benötigt.

Handys
In den USA funktionieren nur Tri- und Quadband-Handymodelle. Prepaid-SIM-Karten kann man vor Ort kaufen.

Zeit
Die 11 US-Staaten folgen entweder der Mountain Standard Time (MEZ –8 Std.) oder der Pacific Standard Time (MEZ –9 Std.).

Reisezeit

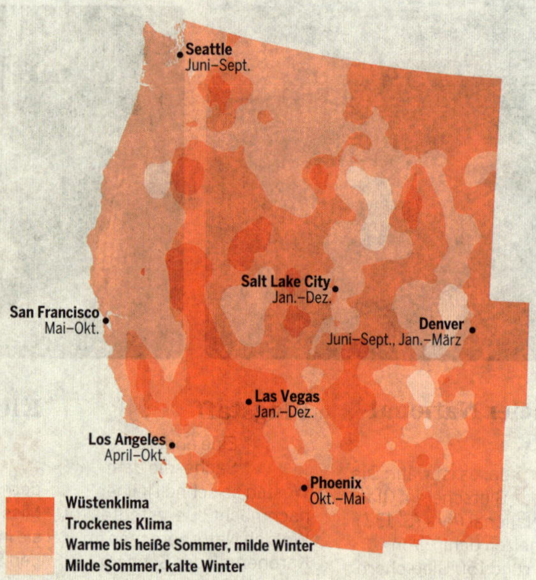

Hauptsaison (Juni–Aug.; Sept.–April)

- Die Temperaturen steigen im Sommer auf über 38° C an und die Nationalparks sind völlig ausgelastet.
- Im Winter fährt man die Abhänge in den Bergen hinunter; im südlichen Arizona verbringt man seine Zeit auf einer Ranch.

Zwischensaison (April & Mai; Sept. & Okt.)

- Wolken können die Südküste bedecken (Mai & Juni).
- Im Frühling wird es in den Städten in den Bergen ruhig.
- Gute Zeit für Besuche in Nationalparks; mildes Wetter.
- Frühlingsblumen; bunte Herbstfarben.

Nebensaison (Nov.–März)

- An der Küste sinken die Preise für Unterkünfte.
- Dunkle, winterliche Tage mit Schneefällen in den Bergen und stärkerem Regen.

Infos im Internet

National Park Service (www.nps.gov) Auskünfte zu Nationalparks und -monumenten.

Recreation.gov (www.recreation.gov) Campingreservierungen auf föderal verwaltetem Land.

Lonely Planet (www.lonelyplanet.com/usa) Reiseinfos, Buchungen und Foren.

Roadside America (www.roadsideamerica.com) Ungewöhnliche Attraktionen.

Wichtige Telefonnummern

Um reguläre Anschlüsse zu erreichen, wählt man die Ortsvorwahl gefolgt von der siebenstelligen Telefonnummer.

Landesvorwahl USA	☎1
Internationale Vorwahl	☎011
Notfall	☎911
Hotline für Opfer von Sexualdelikten	☎800-656-4673
Telefonauskunft	☎411
Straßenbedingungen	☎511

Wechselkurse

Eurozone	1 €	1,24 US$
	1 US$	0,81 €
Schweiz	1 SFr	1,06 US$
	1 US$	0,95 SFr

Aktuelle Wechselkurse sind unter www.xe.com abrufbar.

Tagesbudget

Günstig – weniger als 100 US$

- Campingplätze und Bett im Schlafsaal eines Hotels: 10–45 US$
- Gratis-Aktivitäten: (Strand, Parkkonzerte): 0 US$
- Essen auf Märkten, in Taquerias, bei Food Trucks: 6–12 US$
- Bus, U-Bahn: 0–5 US$

Mittelteuer – 100–250 US$

- Kleine, familiäre Motels, günstige Ketten: 50–125 US$
- Museen, National und State Parks: 5–25 US$
- Diners, gute lokale Restaurants: 10–35 US$
- Mietwagen: ab 20 US$/Tag

Teuer – über 250 US$

- B&Bs, Boutiquehotels, Resorts: ab 175 US$
- Essen in Spitzenrestaurants (ohne Getränke): 30–100 US$
- Guide anheuern, Top-Shows: ab 100 US$
- Miet-SUV oder -Cabrio: ab 70 US$/Tag

Öffnungszeiten

Die Öffnungszeiten variieren saisonal; viele Sehenswürdigkeiten und Visitor Centers haben in der Hauptsaison länger geöffnet. Hier die Zeiten in der Hauptsaison:

Banken Mo–Do 8.30–16.30, Fr bis 17.30 Uhr (manche auch Sa 9–12 Uhr)

Bars So–Do 17–24, Fr & Sa bis 2 Uhr

Cafés 7.30–20 Uhr

Restaurants 11–14.30 & 17–21 Uhr; in Utah bleiben viele Restaurants So geschl.

Geschäfte Mo–Sa 10–18, So 12–17 Uhr

Ankunft am …

Denver International Airport Die einfachste Art, um vom DIA nach Denver Downtown zu kommen, ist der Zug (9 US$, 35 Min., alle 15 Min.). Mit dem AB-Bus erreicht man Boulder (9 US$, 82 Min., stündl.), und Shuttles fahren zu allen wichtigen Ski-Resorts.

Los Angeles International Airport Taxis kosten ca. 47 US$ nach Downtown, Tür-zu-Tür-Shuttles mit mehreren Personen ab 17 US$ und FlyAway-Busse nach Downtown-L. A. 9,75 US$; es gibt auch den Gratis-Shuttle G zur Metro Rail Green Line Aviation Station und den Gratis-Shuttle C zum Metro Bus Center.

Seattle-Tacoma International Airport Light-Rail-Züge fahren regelmäßig ab dem 4. Stock des Parkhauses nach Downtown (3 US$, 30 Min., häufig); Shuttle-Busse halten im 3. Stock der Flughafengarage (einfache Fahrt ab 18 US$); die Kosten für Taxis nach Downtown (25 Min.) beginnen bei 42 US$.

Unterwegs vor Ort

Auto Die beste Option, um die Städte zu verlassen und National Parks und abgelegenere Gebiete zu erkunden. Es wird rechts gefahren.

Zug Obwohl die Züge von Amtrak aufgrund häufiger Verspätungen langsam sein können, sind sie eine bequeme Option, um an der Pazifikküste entlangzureisen. Verbindungen quer durchs Land nach Chicago gibt's ab San Francisco und Los Angeles.

Bus Billiger und langsamer als Züge; gute Alternative, wenn man in Städte will, die nicht von Amtrak bedient werden.

Mehr zu **Unterwegs vor Ort** gibt es auf S. 512

Wie wär's mit …

Geologie

Grand Canyon Ein 446 km langer Fluss durchschneidet 2 Mrd. Jahre alte Felsen, deren geschichtsträchtige Schichten sich rund 1600 m hoch auftürmen. (S. 190)

Yellowstone National Park Geysire, in allen Farben schillernde Thermalquellen, ein schlummernder Supervulkan – der 9000 km² große Nationalpark bietet eine wahrlich spektakuläre Show. (S. 120)

Arches National Park Man fährt, wandert oder radelt vorbei an Bogen, Durchbrüchen und Rippen aus Sandstein sowie einem vom Absturz bedrohten Felsbrocken. (S. 225)

White Sands National Monument Die kalkweißen Dünen rauben Fotografen und Wanderern den Atem. (S. 255)

Carlsbad Caverns National Park Ein rund 2 km langer Weg führt hinunter zum Big Room, einer echten Kathedrale im Erdinneren, versteckt in einem riesigen Höhlensystem. (S. 255)

Chiricahua National Monument Ein zerklüftetes Wunderland aus Felsen, die Regen und Wind zu Nadeln, Brücken und balancierenden Felsen ausgeformt haben. (S. 209)

Vulkane Die Verschiebung der Erdkruste erzeugte mächtige Vulkane im Bundesstaat Washington. Man kann um den Mt. Rainier wandern oder sich am Mt. St. Helens über den verheerenden Ausbruch von 1980 informieren. (S. 423)

Dinosaur National Monument An einem von Nordamerikas größten Dinosaurierfundorten kann man ein 150 Mio. Jahre altes Fossil berühren. (S. 221)

Wildweststätten

Der Südwesten, besonders Arizona und New Mexico, ist das beste Ziel, wenn man in den Fußstapfen der Cowboys und Revolverhelden wandeln will – die Stätten sind jeweils nur eine Tagesfahrt voneinander entfernt.

Lincoln Historic Site Dies ist Billy the Kids altes (Schieß-)Revier im Lincoln-County-Rinderkrieg. (S. 257)

Tombstone Die staubige Stadt ist berühmt für die Schießerei am O.K. Corral. Hier finden sich auch der Boot-Hill-Friedhof und das Bird Cage Theater. (S. 208)

Whiskey Row Ein Block mit Saloons aus viktorianischer Zeit im Zentrum von Prescott, der Feuer, Filmemacher und Touristen überstanden hat. (S. 183)

Pony-Express-Stationen Die Rte 50 durch Nevada, bekannt als Loneliest Road, folgt der Route des Pony Express. (S. 172)

Virginia City Hier begann nach der Entdeckung der Comstock Lode ein Silberrausch. Virginia City erlangte traurige Berühmtheit in Mark Twains halbautobiografischem Buch *Durch Dick und Dünn*. (S. 171)

Durango & Silverton Narrow Gauge Railroad In einem Dampfzug, der seit über 125 Jahren zwischen Durango und Silverton fährt, tuckert man durch den Wilden Westen. (S. 109)

Film- & TV-Drehorte

Los Angeles Hier stand Hollywoods Wiege. Die Filmgeschichte verfolgt einen auf Schritt und Tritt, vom Mulholland Dr bis nach Malibu. (S. 262)

Monument Valley Im Schatten der berühmten Monolithen wandelt man in den Fußstapfen von John Wayne. (S. 200)

Las Vegas Eine Handvoll Bad Boys und ihre waghalsigen Aktionen brachten die Stadt der Sünde mit Filmen wie *Ocean's Eleven* und *Hangover* wieder zurück auf die Leinwand. (S. 155)

Moab Die Regisseure von *Thelma & Louise* und *127 Hours* drehten hier ihre dramatischsten Szenen. (S. 222)

Albuquerque Die Stadt war Kulisse für die TV-Serie *Better Call Saul* und den Vorgänger *Breaking Bad*. (S. 233)

Oben: Arches National Park (S. 225), Utah

Unten: Venice Beach (S. 276), Los Angeles

Kanab Von *Ringo* bis *Planet der Affen* – schon seit den 1930er-Jahren gehört Kanab zu den Lieblingsdrehorten Hollywoods. (S. 230)

Fabelhaftes Essen

San Francisco Echte Taquerias und Trattorias, erstklassige vietnamesische Restaurants, wunderbare Bauernmärkte und bahnbrechende Chefköche – Feinschmecker haben die Qual der Wahl. (S. 330)

Chez Panisse Mit Gerichten aus regionalen Zutaten der Bay Area revolutionierte Chefköchin Alice Waters in den 1970er-Jahren die kalifornische Küche. (S. 361)

Santa Fe Wer typisch südwestliche Küche genießen will, wird in der für ihre Chilis bekannten Hauptstadt New Mexicos mehr als glücklich. (S. 238)

Las Vegas Mit berühmten Chefköchen und aromatischen Gerichten aus aller Welt ist tolles Essen in Sin City kein Glücksspiel. (S. 155)

Food-Trucks In Los Angeles zündete der Funke zu dieser gastronomischen Revolution, die die Menschen inzwischen landesweit begeistert. (S. 351)

Green Chiles Die würzige Paste wird auf Enchiladas gestrichen, auf Cheeseburger gehäuft und beim Hatch Chile Festival gefeiert. (S. 110)

Aufstrebende Wein-Regionen

Verde Valley Wine Country Ort einer aufstrebenden Weinstraße in Arizona, die sich durch Cottonwood, Jerome und Cornville schlängelt. (S. 186)

Willamette Valley Aus der fruchtbaren Region im Umland von Portland, OR, stammen einige der leckersten Pinot Noirs der Welt. (S. 437)

Walla Walla Angesagtes Weinanbaugebiet im US-Staat Washington, mit der gleichnamigen Stadt als hübschem Mittelpunkt. (S. 424)

Santa Barbara Wine Country Seit den 1980er-Jahren wird hier Wein angebaut. Das Klima ist sowohl in Küstennähe als auch weiter im Landesinneren für Pinot-Weine ideal. (S. 319)

Wandern

Grand Canyon Rim to Rim Wer die klassische, rund 27 km lange Wanderung gemeistert hat, darf gern damit prahlen. (S. 191)

Red Rock Country Wanderungen zu den energetischen Wirbeln in Sedona, den Hoodoos im Bryce Canyon und den Felsbogen in den Nationalparks Arches und Canyonlands. (S. 229).

Rocky Mountain National Park Der Longs Peak kriegt den meisten Glanz ab, aber auch die anderen Gipfel, Wasserfälle, Gletscherseen und Wanderwege lohnen sich. (S. 88)

Wonderland Trail Auf der 150 km langen Strecke rund um den Gipfel des Mt. Rainier wandert man inmitten spektakulärer Natur. (S. 422)

Maroon Bells Es gibt einen Grund, warum Aspens tolle alpine Kulisse auf kaum einem Colorado-Foto fehlt. (S. 97)

Zion National Park Schmale Canyons, hängende Gärten und Klettermöglichkeiten machen diesen herrlichen Park zu einem Ziel, das man sich nicht entgehen lassen sollte. (S. 231)

Highline Trail Von diesem hinreißenden Weg im Glacier National Park aus sieht man Dickhornschafe, Wildblumen und schneebedeckte Gipfel. Ein Abstecher führt zu Stellen mit Blick auf den Gletscher. (S. 138)

Nationalparks

Kaum etwas ist so typisch amerikanisch wie die Nationalparks des Landes – und die Kronjuwelen unter all den Parks liegen im Westen.

Yellowstone Der erste Nationalpark der USA ist eine Wucht: Seen, Wasserfälle, Berge, Geysire, Quellen und Tiere in Hülle und Fülle. (S. 120)

Grand Canyon Jaja, 2 Mrd. Jahre Erdgeschichte sind sicher beeindruckend – aber diese Aussicht ... Die haut einen um! (S. 190)

Grand Teton Grasende Bisons, streunende Grizzlys und schneebedeckte, gezackte Gipfel, die sich majestätisch gen Himmel strecken. (S. 126)

Yosemite Flankiert vom El Capitan und dem Half Dome gleicht das Yosemite Valley tatsächlich einer Kathedrale, aber auch das üppige Hinterland der Sierra Nevada lässt Traveller jauchzen. (S. 380)

Süd-Utah Es gibt einfach zu viel der roten Pracht, um die Favoriten zu nennen: Arches, Canyonlands, Bryce, Zion und Escalante – alle anschauen! (S. 225)

Great Sand Dunes Man darf seinen Augen trauen: Das riesige Sandmeer ist keine Fata Morgana. Es ist zudem einer der ruhigsten Orte der USA. (S. 65)

Kurioses

Route 66 Diese zweispurige Ode an die USA ist von zahlreichen verrückten Attraktionen unmittelbar am Straßenrand gesäumt. (S. 35)

Burning Man Festival Eine temporäre Stadt in der Wüste von Nevada, die jedes Jahr für eine Woche zu einem Zentrum für Selbstfindung und -darstellung wird. (S. 172)

Roswell Ist 1947 bei Roswell, NM, ein UFO abgestürzt? Die Wahrheit ist irgendwo da draußen. (S. 258)

Seattle's Public Sculptures In Fremont sollte man nach einem autofressenden Troll, einem Hund mit Menschengesicht und nach Leuten Ausschau halten, die für ewige Zeiten auf den Zug warten. (S. 401)

Venice Boardwalk Ein schrilles Panoptikum mit Kettensägen-Gauklern, Konsumenten medizinischen Marihuanas und knapp bekleideten Schlangenbeschwörern. (S. 276)

Mini Time Machine Museum of Miniatures Die Exponate in diesem skurrilen Museum in Tucson sind wirklich winzig. (S. 205)

Museen

Getty Center & Getty Villa Die Kunstmuseen in West-L. A. und Malibu sind so schön wie die Aussicht auf den Pazifik. (S. 274; S. 276)

Los Angeles County Museum of Art Über 150 000 Kunstwerke aus aller Welt umspannen alle Epochen der Kunstgeschichte und sprengen alle Grenzen. (S. 272)

California Academy of Sciences Das Museum in SF hat ein ökozertifiziertes Design mit einem vierstöckigen Regenwald und einem lebendigen Dach. (S. 347)

Meow Wolf Nur einer der kulturellen Schätze Santa Fes, aber definitiv der tollste. (S. 238)

Heard Museum Dokumentiert die Geschichte und Kultur der

Durango & Silverton Narrow Gauge Railroad (S. 109), Colorado

Indianerstämme im Südwesten. (S. 174)

Museum of Pop Culture In diesem Museum in Seattle gibt's etwas Fantasy, etwas Sci-Fi und reichlich Rock 'n' Roll. (S. 397)

Geschichte & Kultur amerikanischer Ureinwohner

Mesa Verde National Park Man klettert hinauf zu Klippenhäusern, in denen vor über 700 Jahren die frühen Pueblo-Indianer lebten. (S. 108)

Indian Pueblo Cultural Center Wichtige Einführung in die 19 Pueblos New Mexicos. (S. 234)

Taos Pueblo Bestes Beispiel ursprünglicher Pueblo-Architektur und auch heute noch bewohnt. (S. 249)

Museum of Indian Arts & Culture Bietet einen exzellenten Überblick über die Ursprünge und die Geschichte der Völker des Südwestens. (S. 243)

Little Bighorn Battlefield National Monument Schlachtfelder der Ureinwohner – und jener Ort, an dem General George Custers berühmtes „letztes Gefecht" gegen die Lakota-Sioux stattfand. (S. 134)

Chaco Canyon Die rätselhaften Überreste dessen, was vor etwa 1000 Jahren das kulturelle Zentrum der Four Corners (Vier-Staaten-Eck zwischen Utah, Colorado, New Mexico und Arizona) war. (S. 251)

Petroglyph National Monument Einer der vielen Orte, an denen man Felszeichnungen betrachten kann – von denen es hier rund 23 000 gibt. (S. 234)

Wheelwright Museum of the American Indian Großartige Sammlung von Schmuck der Navajo, Zuni und Hopi. (S. 239)

Spas & Resorts

Ojo Caliente Minerals Springs Resort & Spa In diesem 145 Jahre alten Resort im Norden von New Mexico gibt's erstklassige Thermalbäder. (S. 247)

Riverbend Hot Springs Thermalquellen am Ufer des Rio Grande speisen Pools mit sprudelnder, wohltuender und heilender Wärme. (S. 253)

Phoenix & Scottsdale Flitterwöchner, Familien, Golfer – innerhalb weniger Kilometer der Camelback Rd findet jeder „sein" Resort. (S. 174)

Las Vegas Mandalay Bay, Cosmopolitan und andere Spitzenhotels bieten Luxus und Komfort. (S. 155)

Sheraton Wild Horse Pass Resort & Spa Das Resort in der Gila River Indian Community greift Indianisches auf. (S. 179)

Monat für Monat

TOP-EVENTS

Sundance Film Festival Jan.

Cactus League März & Anfang April

Telluride Bluegrass Festival Juni

Comic-Con, Juli

Great American Beer Festival Sept.

Halloween Carnaval Okt.

Januar

Ski- und Snowboard-Fahrer strömen in die Skiorte. Palm Springs und die Wüsten im Süden empfangen Gäste, die wärmeres Wetter und Landschaften voller Saguaro-Kakteen lieben.

Rose Parade

Am Neujahrstag findet ein Umzug mit blumengeschmückten Wagen, Blaskapellen und tänzelnden Pferden statt. Das Spektakel lockt kurz vor dem College-Footballspiel im Rose Bowl etwa 700 000 Zuschauer nach Pasadena. (S. 280)

Sundance Film Festival

Ende Januar rollt Park City in Utah den roten Teppich für Indie-Filmemacher, Schauspieler und Cineasten aus. Eine Woche lang laufen bei dem Filmfestival die allerneusten Streifen. (S. 218)

National Cowboy-Poesie Gathering

In Elvo, Nevada, treffen sich eine Woche lang die Cowboys, um Gedichte vorzutragen und Folklorevorführungen (www.nationalcowboypoetrygathering.org) zu geben. Das Event wurde 1985 ins Leben gerufen und hat zu Poesielesungen in der gesamten Region angeregt.

Februar

Die Skisaison erreicht ihren Höhepunkt. Aber auch wer nicht die Abhänge hinunterrauschen möchte, findet in der Region viel Zerstreuung: Wüstenwildblumen blühen, Wale ziehen vor der kalifornischen Küste vorbei, und Ferienranches im südlichen Arizona satteln die Pferde.

Karneval in Colorado

Mardi Gras trifft die Berge in Breckenridge (www.gobreck.com). Hier feiern die Leute mit einem Straßenumzug, Livejazz und Feuertänzern.

Oregon Shakespeare Festival

Tausende Theaterfans feiern die neunmonatige Saison in Ashland, die im Februar beginnt und erstklassige Dramen zeigt (S. 451).

Tucson Gem & Mineral Show

Bei der größten Mineralien- und Juwelenshow der USA verkaufen am zweiten Februarwochenende 250 Händler Schmuck, Fossilien, Kunsthandwerk und unzählige Steine. Ferner im Programm: Seminare und eine stille Auktion. (S. 203)

März

Wenn der Frühling erwacht, drehen sich die Gedanken junger Männer nur noch um Bier, Jetskis und Partys! Spring Break ist angesagt, und die Studenten strömen in Scharen zu den Seen in Arizona. Familien gehen Skifahren oder besuchen die Parks in den wärmeren Gegenden.

Spring Whale-Watching Week

An der Pazifikküste ziehen Grauwale vorbei. Rund um Depoe Bay in Oregon gibt es an speziellen Aussichtspunkten teilweise organisierte, von Fachleuten begleitete Treffen zur Walbeobachtung. Die Wanderung der Wale gen Norden lässt sich im Juni beobachten.

Spring Training

Im März und Anfang April zieht es die Fans von Major-League-Baseball nach Süd-Arizona, wo in Phoenix und Tucson zur Vorbereitung in Cactus League (www.cactusleague.com) ein paar der besten Profiteams auf den Platz laufen.

McDowell Mountain Music Festival

Das gemeinnützige Phoenix Music Festival (http://mmmf.com) zieht große Stars an – solche wie Beck, die Avett Brothers und Trombone Shorty. Aber auch aufstrebendende Bands aus der Region lassen sich hier entdecken. Der Erlös des Festivals geht als Spende an lokale Wohltätigkeitsorganisationen.

April

In den hoch gelegenen Wüsten Kaliforniens blühen die Wildblumen, Zugvögel bevölkern die Naturschutzgebiete im südlichen Arizona. In den Skiorten bricht das Ende der Saison an.

Coachella Music & Arts Festival

Bei dem Musikfest (www.coachella.com), das an zwei aufeinanderfolgenden Wochenenden Mitte April stattfindet, geben sich Indie-Rockbands, kultige DJs, Rapper-Superstars und Popdiven außerhalb von Palm Springs ein Stelldichein.

Gathering of Nations

Mehr als 3000 Tänzer und Sänger von US-amerikanischen und kanadischen Indianerstämmen treten Ende April in Albuquerque bei diesem riesigen Powwow gegeneinander an. Und an einem indianischen Markt beteiligen sich mehr als 800 Künstler und Kunsthandwerker. (S. 235)

Mai

Eine prima Zeit, um die meisten Nationalparks zu besuchen: denn die Massen rücken erst ab dem Memorial-Day-Wochenende (letztes im Mai) an, da noch keine Ferien sind.

Cinco de Mayo

Der Sieg der mexikanischen Streitkräfte über die französische Armee in der Schlacht von Puebla am 5. Mai 1862 wird ausgelassen mit Margaritas und Musik gefeiert. Sehr stilvoll geht's in Denver (www.cincodemayodenver.com, Los Angeles und San Diego (www.cincodemayooldtown.com) zu.

Bay to Breakers

Zehntausende rennen am dritten Sonntag im Mai in San Francisco kostümiert, nackt und/oder mit einem Bier vom Embarcadero zum Ocean Beach. Das Rennen gibt's seit 1912. (S. 343)

Boulder Creek Festival

Der Sommer beginnt am Memorial Day-Wochenende in den Rockys mit Essen, Trinken, Musik, einem Gummientenrennen und herrlichem Sonnenschein. Es endet mit Bolder Boulder, einem schrulligen, 10 km langen, enthusiastisch gefeierten Wettrennen (S. 85).

Sasquatch! Music Festival

Fans von Indie-Musik kommen am Memorial-Day-Wochenende nahe der Columbia River Gorge im Gorge Amphitheater von George, Washington, zusammen, um kostenlos Musik zu hören (www.sasquatchfestival.com).

Juni

Für den Großteil des Westens beginnt jetzt die Hauptsaison. Die schroffen Bergpässe sind freigegeben, die Flüsse schwellen aufgrund der Schneeschmelze an und in den Bergen blühen die Wildblumen. Manchmal wabert über den Stränden in Süd-Kalifornien der June Gloom (ein grauer Nebel).

Pride Month

Den ganzen Juni über finden in Kalifornien Schwulen- und Lesbenfeiern mit Kostümumzügen, Coming-out-Partys, Livemusik u.v.m. statt. Die größten und ausgelassensten Veranstaltungen gibt es in Los Angeles (lapride.org) und San Francisco. (S. 343)

Telluride Bluegrass Festival

Mitte Juni mischt man sich am besten für vier Tage unter die Festivalbesucher, zeltet im wunderschönen, von Bergen umringten Telluride in Colorado, und genießt erstklassigen Bluegrass. (S. 105)

Electric Daisy Carnival

Der Electric Daisy Carnival (www.electricdaisycarnival.com), das größte EDM-Festival (Electronic Dance Music) der Welt, eine Nonstop-Party mit drei DJs, Fahrgeschäften, Kunstinstallationen und Künstlern auf dem Las Vegas Motor Speedway.

Juli

Urlauber strömen zu den Stränden, Themenparks, Gebirgsresorts, State und National Parks. Die glühend heißen Wüstenparks meidet man am besten.

Independence Day

Überall im Westen wird der Unabhängigkeitstag am 4. Juli mit Rodeos, Musikfesten, Barbecues, Paraden und Feuerwerken gefeiert.

Aspen Music Festival

Von Anfang Juli bis Mitte August präsentieren hochrangige Interpreten klassischer Musik spektakuläre Shows, während kleinere studentische Orchester unter der Leitung renommierter Dirigenten Leben auf die Straßen bringen (www.aspenmusicfestival.com).

Oregon Brewers Festival

Bei diesem lustigen Bierfest, das in Portland am letzten vollen Juliwochenende stattfindet, versammeln sich rund 85 000 Kleinbrauereifans an den Ufern des Willamette River, um zu essen, zu trinken, zu fachsimpeln und auf die Pauke zu hauen. (S. 431)

Comic-Con International

Die „Nerd Prom" ist das landesweit größte jährliche Treffen (nicht nur) der Comicszene (www.comic-con.org), bei der Liebhaber von Comics, Science-Fiction-Filmen und -Serien, Animation und Pop-Kultur Mitte Juli in San Diego alles finden, was ihr Herz erfreut.

Cheyenne Frontier Days

Mit Kälberfangen, Reiten und einem Umzug wird bei diesem Rodeo in Wyoming seit 115 Jahren der amerikanische Cowboy gefeiert. (S. 112)

August

Überall im Südwesten kann man auf den Kunstmärkten, Märkten und zeremoniellen Treffen mehr über die Kultur der amerikanischen Ureinwohner erfahren. Im Westen sind Rodeos sehr beliebt.

Santa Fe Indian Market

Das berühmteste Festival von Santa Fe wird in der dritten Augustwoche auf der historischen Plaza der Stadt durchgeführt. Mehr als 1100 Künstler aus über 220 Stämmen und Pueblos stellen hier ihre Werke zur Schau. (S. 241)

Old Spanish Days Fiesta

Anfang August steigt in Santa Barbara das Fest der frühen Rancho-Kultur mit Paraden, einem Rodeo, Kunsthandwerksausstellungen und Shows (www.oldspanishdays-fiesta.org).

Hatch Chile Festival

Am Labor-Day-Wochenende veranstalten die Freunde der scharfen Paprika in Hatch, New Mexico, einen Umzug, einen Mariachi-Wettbewerb und zahlreiche Chili-Esswettbewerbe.

Perseiden

Mitte August erreichen die jährlichen Meteoritenschauer den Höhepunkt – die beste Zeit, um mit bloßem Auge oder auch mithilfe einer Kamera Sternschnuppen zu beobachten. Infos gibt's unter darksky.org. Den besten Blick hat man ohne Lichtverschmutzung in den Wüsten im Süden.

September

Der letzte Jubel des Sommers kommt am Labor-Day-Wochenende auf. Besonders schön ist es im Nordwesten, wo die Nächte kühl, die Tage aber sonnig sind. In den Rockys breiten sich die Herbstfarben aus.

Burning Man

Das Open-Air-Festival in der Wüste ist nicht nur eine Kunstausstellung, sondern gleichzeitig auch ein Ort intensiver Selbstdarstellung und eine Tauschbörse. Den krönenden Abschluss bildet das Verbrennen der Figur des Burning Man. Während des Festivals in der Woche vor dem Labor Day entsteht mitten in der Wüste Nevadas eine vergängliche Zeltstadt. (S. 172)

Great American Beer Festival

Das dreitägige Bierfestival in Denver (Ende Sept. od.

Anfang Okt.) ist so beliebt, dass es immer weit im Voraus ausverkauft ist. 700 US-amerikanische Brauereien bieten über 3500 Biersorten auf. (S. 76)

Bumbershoot

Die größte Kunst- und Kulturveranstaltung in Seattle präsentiert Anfang September Hunderte Musiker, Künstler, Komiker, Autoren und Theaterensembles auf verschiedenen Bühnen. (S. 403)

Santa Fe Festival & Burning of Zozobra

Der original Burning Man (Old Man Gloom), der seit 1924 jeden September verbrannt wird, ist das Highlight dieser zehntägigen Fiesta. (S. 241)

Oktober

Schillernde Espen in all ihrer Herbstpracht locken Jahr für Jahr Traveller nach Colorado und in den Norden von New Mexico. Dämonen, Geister und Feierwütige freuen sich auf Halloween am 31. Oktober.

International Balloon Fiesta

Anfang Oktober lohnt sich in Albuquerque, New Mexiko, der Blick in den Himmel, denn hier gibt's dann die weltweit größte Ansammlung von Heißluftballons. (S. 235)

Halloween Carnaval

Ein Partyvolk aus mehreren Hunderttausend Menschen strömt kostümiert nach L.A. ins Schwulen- und Lesbenviertel West Hollywood, wo Straßenfeste, Tanz, Liveunterhaltung und Spaß für Kids angesagt sind (www.weho.org/visitors/events-in-the-city/halloween-carnaval).

Litquake

Lesungen, Diskussionen und Literaturevents wie der legendäre Pub Crawl prägen Mitte Oktober die Kulturszene in San Francisco (www.litquake.org).

Sedona Arts Festival

Bei dieser Kunstshow (www.sedonaartsfestival.org) Anfang Oktober werden Schmuck, Keramik, Glas und Skulpturen gezeigt. 125 Künstler stellen ihre Werke in der Red Rock High School in Sedona aus.

November

Im ganzen Westen sinken die Temperaturen. In den meisten Küstengebieten, Wüsten und Naturparks ist jetzt deutlich weniger los – außer an Thanksgiving. Die Skisaison beginnt.

Día de los Muertos

Die mexikanischen Gemeinden ehren am 2. November ihre Verstorbenen mit Kostümparaden, Totenschädeln aus Zucker, Friedhofpicknicks, Kerzenprozessionen und prächtig geschmückten Altären.

Wine Country Thanksgiving

Mehr als 160 Weingüter im Willamette Valley (www.willamettewines.com) öffnen Ende November für drei Tage ihre Tore.

Yellowstone Ski Festival

Die Woche der Thanksgiving-Feiern in West Yellowstone (www.skirunbikemt.com/yellowstone-ski-festival.html) ist eine tolle Zeit für Ski-Cracks und -Newbies. Zu den Highlights gehören Ski-Kliniken und Rennen. Auch die nordische Skisaison startet in dieser Zeit.

Dezember

Dies ist die Zeit für Krippenspiele, festliche Beleuchtung und alles andere, was irgendwie mit Weihnachten zusammenhängt. Die Feierlichkeiten dauern bis Silvester an. In den Skiresorts muss man mit einem großen Ansturm und höheren Preisen rechnen.

Weihnachtsbeleuchtung

In den Gemeinden werden Boote, Parks und Einkaufszentren mit zahllosen blinkenden Lichterketten geschmückt. In Kalifornien kann man in Newport Beach und San Diego farbenfrohe Bootsparaden erleben, während in Los Angeles der Zoo im Griffith Park mit Figuren geschmückt ist. Wunderschön beleuchtet sind auch die Desert Botanical Gardens in Phoenix und das Tlaquepaque Arts & Crafts Village in Sedona.

Snow Daze

Vail in Colorado eröffnet die Wintersportsaison mit einem einwöchigen Fest (www.vail.com/events) mit einem Expo-Dorf, Partys und einer Menge Liveauftritten bekannter Künstler.

Reiserouten

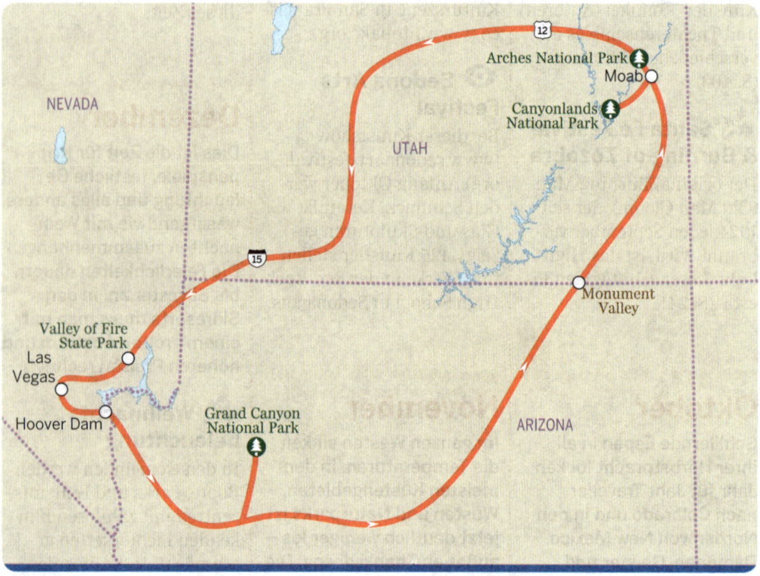

2 WOCHEN Highlights des Südwestens

Hobbyfotografen haben auf dieser Tour mächtig zu tun: Hier stehen die größten Wahrzeichen des Südwestens im Mittelpunkt. Man sieht die berühmteste Stadt der Region, den größten Canyon und eine atemberaubende Landschaft mit roten Felsen.

Los geht's in **Las Vegas**, wo man ein paar Tage lang den Strip erkundet. Hat man genug von der Party, geht's Richtung Osten, vorbei am **Hoover Dam**, zum **Grand Canyon**. Für Amerikas berühmtesten Park sollte man zwei Tage einplanen. Ein einmaliges Erlebnis sind der Abstieg vom South Rim auf dem Rücken eines Maultiers und die anschließende Übernachtung auf der Phantom Ranch am Grund der Schlucht. Vom Grand Canyon fährt man nach Nordosten zum **Monument Valley**, dessen Landschaft direkt aus einem Hollywood-Western zu stammen scheint, und weiter zu den Nationalparks in der Südostecke Utahs – sie gehören zu den eindrucksvollsten im Land. Man wandert durch die vielfältigen Canyons im **Canyonlands National Park**, fährt mit dem Mountainbike außerhalb von **Moab** auf dem Slickrock Trail oder macht ein Foto vom Balanced Rock im **Arches National Park**. Auf dem spektakulären Hwy 12 geht's nach Westen, bis er auf die I-15 führt. Weiter im Süden kann man im **Valley of Fire State Park** bei Sonnenuntergang meditieren, ehe man schließlich wieder Las Vegas erreicht.

4 WOCHEN Die Westküste hinunter

Einen Baum umarmen, wellenreiten und die Frische der West-Coast-Küche genießen – diese Freuden erwarten Naturbegeisterte bei einer Fahrt von Seattle nach San Diego.

Mit frisch geröstetem Kaffee beginnt der Tag im koffeinliebenden **Seattle**, bevor man die großen Märkte, kleinen Brauereien und langen Ufer der Stadt erkundet. Die Fahrt führt südwärts zum **Mt. Rainier National Park**, wo unterhalb des schneebedeckten Gipfels tolle Wanderwege verlaufen. Im modernen **Portland** findet man große Parks, umweltbewusste Einwohner und eine progressive Haltung vor, Food-Carts, viele Cafés und ein tolles Nachtleben. Bei der Fahrt ostwärts entlang der **Columbia River Gorge** bestaunt man Wasserfälle und genießt regionale Produkte. Weiter im Süden lädt **Mt. Hood** im Winter zum Skifahren und im Sommer zum Wandern ein. Weitere Abenteuer warten bei den über 3000 m hohen **Sisters** und dem kristallblauen **Crater Lake**. Im sonnigen **Ashland** schaut man sich ein Shakespeare-Stück an, bevor es über die Berge zur nebligen Küste geht. Über den Hwy 199 geht's hinüber nach Kalifornien, wo man in den **Redwood National and State Parks** durch majestätische, uralte Wälder wandert.

Die Küste entlang führt die Fahrt südwärts durchs schrille **Arcata** und das am Ozean gelegene **Eureka**, man verliert sich an der **Lost Coast** und fährt auf dem Hwy 1 durchs idyllische **Mendocino** mit seiner zerklüfteten Küste, die zum Wandern einlädt. Eine Weinprobe vor herrlicher Kulisse lockt ins **Napa** und ins **Sonoma Valley**. Von dort geht's südwärts ins hügelige und freigeistige **San Francisco**. Auf dem malerischen Hwy 1 passiert man das Surfer-Mekka **Santa Cruz**, das stattliche **Monterey** an der gleichnamigen Bucht und das von Hippies geprägte **Big Sur**. Im Nu erreicht man das surreal anmutende **Hearst Castle** und die College-Stadt **San Luis Obispo**. Im mediterranen **Santa Barbara** kann man shoppen und Weine verkosten und ab Ventura mit der Fähre auf die **Channel Islands** mit ihrer reichen Tierwelt übersetzen. In **Los Angeles** überlässt man sich seinen Hollywood-Fantasien, wandert durch den Griffith Park und lässt sich durch die palmengesäumten Viertel treiben. Dann zieht man weiter gen Süden, wandert auf den Klippen von **Laguna Beach** und erreicht das zauberhafte **San Diego**.

Oben: Golden Gate Bridge (S. 340), San Francisco

Unten: Folkloretänzer, Albuquerque (S. 233)

3 WOCHEN

Durch die Rocky Mountains

Badesachen, Mountainbike und Wanderstiefel einpacken! Es geht zur kontinentalen Wasserscheide mit ihrem hohen Himmel, den hohen Gipfeln und der reichen Tierwelt.

Die ersten zwei Tage frequentiert man die Kleinbrauereien und die Mountainbike-Pfade in **Durango**. Von hier fährt man auf dem Million Dollar Hwy (Hwy 550) nach Norden durch die San Juan Mountain Range, besucht **Silverton** und badet in **Ouray**. Ein Abstecher nach **Telluride** lohnt sich, falls gefeiert wird – im Sommer fast jedes Wochenende. Von Montrose fährt man auf dem Hwy 50 gen Osten ins Arkansas River Valley und zum Raften durch das Brown's Canyon National Monument in **Salida**. Der Hwy 24 verläuft entlang der höchsten Gipfel Colorados. In **Breckenridge** wird übernachtet.

Kajakfahren, Klettern und Leute sind in **Boulder** angesagt. Dann geht's zum Wandern und Reiten in den **Rocky Mountain National Park**. Wer schon mal hier ist, sollte auch die Fahrt über die Trail Ridge Rd wagen, die oberhalb der Baumgrenze Ausblick in die Berge bietet. Weiter geht's auf der I-25 nach Norden. In Wyoming nimmt man die I-80 nach Westen zum Hwy 287. Ihm folgt man bis **Lander** und klettert auf den Felsen rum.

Weiter geht's gen Norden nach **Jackson Hole**. Um dessen Park im Zentrum liegen Läden und Cowboy-Bars – perfekt zum Relaxen bei gutem Essen. Vielleicht verbringt man hier die Nacht, bevor man sich zum Raften auf dem Snake River aufmacht. Auch ist es von hier nicht weit zum **Grand Teton National Park**, wo man an einem See entspannen und nach Bisons Ausschau halten kann. Als Nächstes ist der gewaltige **Yellowstone National Park** dran, dessen Highlights Geysire, Bären und tolle Wanderungen sind.

Die letzte Woche beginnt mit einer Fahrt auf dem Beartooth Hwy nach Montana. Dort wechselt man auf die I-90 gen Westen nach **Bozeman** und **Missoula**. Beide Orte sind ideal, um sich mit allem Nötigen einzudecken. Natur satt gibt's im **Bob Marshall Wilderness Complex**. Auch der **Glacier National Park** verdient einen Besuch, denn noch sind die rund 26 Gletscher vorhanden. Beim Wandern kann man Tier beobachten. Zum Schluss cruist man noch auf der tollen Going-to-the-Sun-Road.

4 WOCHEN Große Rundtour durch den Westen

Diese Tour deckt die Highlights im Westen ab: entlang der kalifornischen Küste, vorbei an den üppigen Landschaften des Nordwestens, den Skistädten in den Rockys, dem glühenden Red Rock im Südwesten und zum Schluss zurück nach Kalifornien.

Von **San Diego** folgt man dem Hwy 1 gen Norden durch die Surf-Dörfer des **Orange County** über **Disneyland** bis nach **L.A.** Auf dem Hwy 1 geht es weiter die Küste rauf. Erster Halt ist in **Santa Barbara**. Nachdem man das **Hearst Castle** bestaunt hat, geht's weiter nordwärts durch **Big Sur**. In der Künstlerhochburg **San Francisco** kann man essen, shoppen und Alcatraz besichtigen, bevor man auf dem Hwy 1 weiterfährt.

Nachdem man die Bäume in den **Redwood National and State Parks** bewundert hat, fährt man weiter nach Oregon und nimmt sich Zeit für etwas Outdoor-Spaß in **Bend**. Die Landschaft auf dem Weg nach Westen an der **Columbia River Gorge** entlang ist einfach prächtig. Danach sind ein paar Tage **Portland** angesagt, wo man das Bier und die tolle Aussicht genießt. In **Seattle** geht's erst mal die Space Needle hinauf. Dann führt die Fahrt weiter gen Osten ins weit offene Montana mit den Naturwundern des **Glacier National Park**. Von dort geht es nach Süden zum **Yellowstone National Park**, und unter majestätischen Bergen rauscht man weiter in den **Grand Teton National Park**, bevor ein Schlenker nach Südosten durch die weiten Prärien Wyomings folgt.

In Colorado holt man erst im Outdoor-Zentrum **Boulder** tief Luft und lässt sich dann vom Großstadtleben in **Denver** verführen. Auf dem Programm stehen jetzt die Bergwerksorte im Zentralen Colorado und der **Mesa Verde National Park**. Südlich davon, in New Mexico, eignen sich die Künstlerzentren **Taos** und **Santa Fe** perfekt zum Souvenirshoppen. In **Albuquerque** gibt's zur Stärkung einen Chili-Eintopf, anschließend geht's über die Route 66 Richtung Westen nach Arizona, mit Stopp am **Meteor Crater** und am **Grand Canyon National Park**. Die Fahrt geht weiter nach Westen nach **Las Vegas**. Schließlich führt der Weg nach Zentralkalifornien in die Nationalparks **Death Valley, Sequoia & Kings Canyon** und **Yosemite**. Die Tour endet mit einem Glas kalifornischen Weines in **San Francisco**.

Reiseplanung

Route 66 & Scenic Drives

Im 19. und 20. Jh. lockten Bodenschätze Abenteurer in den Westen. Heute liegt der Reiz hingegen über der Erde – etwa in den herrlichen Ausblicken, die sich beim Fahren bieten. Von Nebenstraßen in der Wüste über Küsten-Highways und abenteuerliche, schwindelerregende Gebirgsstraßen bis hin zur legendären Mother Road – der Westen hat jede Menge malerischer Straßentouren auf Lager.

Route 66

Ein Wigwam-Motel, ein Meteoritenkrater und bettelnde Burros (Packesel). Und ein mit Solarenergie betriebenes Riesenrad mit Blick auf den Pazifik. „Get your kitsch on Route 66", wäre ein passender Slogan für den rauen Abschnitt der Mother Road durch Kalifornien, Arizona und New Mexico. Die Straße liegt etwas abseits, doch die Leute dort freuen sich, wenn man vorbeikommt.

Auf zur Route 66!

Geschichte, Landschaften und die offene Straße – diese spannende Kombination macht eine Tour auf der Route 66 so genial. Man sollte beachten, dass die I-40 und die Route 66 sich in Großteilen von New Mexico und Arizona überschneiden.

In New Mexico bereiten die Neonschilder von Tucumcari ein fröhliches Willkommen im Westen und lassen Abenteuerfeeling aufkommen – die richtige Einstimmung, bevor man ins **Blue Hole** (☎575-472-3763; http://santarosabluehole.com; 1085 Blue Hole Rd; Parken 5 US$; ⏲8–20 Uhr) in Santa Rosa abtaucht. Zunächst gibt's einen Chilieintopf im Frontier (S. 34) in Albuquerque, dann geht's ins 1937 erbaute **El Rancho Motel** (☎505-863-9311; www.elran

Alles dabei?

Top-Tipps

Vorbereitung ist das A und O bei einem Roadtrip, besonders im Westen der USA, wo die Straßen einsam sind und das Wetter launisch ist.

Im Fahrzeug sollten ein Ersatzreifen, ein Werkzeugkasten (mit Wagenheber, Starthilfekabel etc.) und ein Verbandskasten vorhanden sein – Mietwagen sollte man ggf. damit nachrüsten.

Gute Karten sind unabdingbar, vor allem wenn man abseits der Highways unterwegs ist: In abgelegenen Regionen ist auf GPS und Mobiltelefone kein hundertprozentiger Verlass!

Extra Wasser mitnehmen – denn das braucht man, falls das Auto in der Wüste eine Panne hat.

Regelmäßig tanken: Die nächste Tankstelle kann lange auf sich warten lassen.

Führerschein und Versicherungsnachweis sollte man stets griffbereit haben.

Top-Restaurants unterwegs

Hell's Backbone Grill (S. 228), Highway 12, Boulder, UT

Asylum Restaurant (S. 184), Highway 89/89A, Jerome, AZ

Scenic Drives

chohotel.com; 1000 E Hwy 66; Zi. 98-116 US$, Motel Zi. 54-74 US$; P) in Gallup, in dem bereits John Wayne übernachtet hat!

In Arizona lockt ein Abstecher vom Highway für eine großartige Fahrt durch den Petrified Forest National Park (S. 201). Man wird dabei mit wundervollen Ausblicken auf die Painted Desert belohnt. Näher hinsehen lohnt sich im südlichen Teil des Parks, wo unweit der Hauptstraße 225 Mio. Jahre alte Holzblöcke liegen. Übernachten kann man in einem Beton-Tipi in Holbrook, westlich des Parks. Der nächste Halt ist die von den Eagles besungene *Take It Easy*-Stadt Winslow, *where there's a girl, my Lord, in a flatbed Ford*... Nach dem obligatorischen Fotostopp gibt's ein tolles Abendessen im Turquoise Room des La Posada Hotel. Der Meteor Crater (S. 203) östlich von Flagstaff ist ein riesiges Loch im Boden – und ein guter Ort, um durchzuatmen. Von hier verläuft die Route 66 parallel zu den Eisenbahnschienen ins lebhafte Flagstaff. Unterwegs kommt man an dem wundervollen **Museum Club** (928-526-9434; www.themuseumclub.com; 3404 E Rte 66; 11–2 Uhr) vorbei, einem hüttenartigen Gebäude, in dem jeder Spaß hat. Dann folgt Williams, eine Stadt an der Bahnlinie mit Motels, Innenhöfen und viel Kleinstadtcharme.

Das schrullige kleine Dorf Seligman begrüßt Reisende mit Retro-Motels, einem Spritzer unechtem Senf im Snow-Cap Drive In und dem Roadkill Cafe. Alte Burma-Shave-Werbeschilder locken einen mit lustigen Botschaften zu den Grand Canyon Caverns, wo man 21 Stockwerke unter der Erde eine Höhlenwanderung unternehmen und auch übernachten kann. Die nun folgenden Highlights an der Strecke sind ein bunt gemischter Laden in Hackberry, das **Route 66 Museum** (928-753-9889; www.gokingman.com; 120 W Andy Devine Ave; Erw./Sen./Kind 12 J. und jünger 4/3/frei US$; 9–17; letzter Einlass 16 Uhr) in Kingman und die heuliebenden Esel von Oatman.

Die gleißende Sonne begleitet einen auch in Kalifornien, wo die Straße in die Mojave-Wüste eintaucht, vorbei an Geisterstädten, auf die einsame Bahnschilder hinweisen. In Victorville gibt's in **Emma Jeans Holland Burger Café** (www.hollandburger.com) den scharf gewürzten „Brian Burger". Im modischen Pasadena steigt die Stimmung, ehe die Straße den Pazifik erreicht. Am Santa Monica Pier (S. 276) dreht man eine Runde auf dem mit Solarstrom betriebenen Riesenrad und zum Abschluss der Fahrt genießt man den Anblick des Sonnenuntergangs in vollen Zügen.

Reisezeit

Eine Tour auf der Route 66 bietet sich besonders zwischen Mai und September an, wenn es warm ist und diverse Outdoor-Aktivitäten zur Wahl stehen.

Die Route

Die Fahrt beginnt in Tucumcari, NM, und führt westwärts durch Arizona und Kalifornien bis nach Barstow in Kalifornien – quasi parallel zur I-40. Nach Barstow führt die Route 66 südwärts durch San Bernardino auf der I-15 und knickt dann westwärts nach Pasadena ab, von wo aus man der I-110 zum Santa Monica Blvd westwärts in die Küstenstadt Santa Monica folgt.

Dauer & Strecke

Dauer: Wer es eilig hat, kann die Tour in zwei oder drei Tagen bewältigen. Mehr Spaß macht es, wenn man sechs Tage einplant.

Strecke: Rund 1250 Meilen (2010 km), je nach gewählter Route.

Pacific Coast Highway

Sonnenbrille aufsetzen, das Fenster herunterkurbeln und den Lieblingssong aus dem Autoradio schallen lassen: Denn die Highways, die Kanada und Mexiko an der Westküste verbinden, wurden ja schließlich zum Cruisen geschaffen. Und der nahezu schon übertrieben malerische Pacific Coast Hwy (PCH) ist einfach der schönste von allen.

Auf zum Pacific Coast Highway!

Auf der dramatisch schönen Strecke an der Westküste, die durch Kalifornien, Oregon und Washington führt, besucht man kosmopolitische Städte, Surferparadiese und charmante Küstenenklaven, die entdeckt werden wollen. Für viele Traveller ist aber die großartige Landschaft das eigentliche Highlight: wilde, einsame Strände, raue Klippen und brechende Wellen, sanfte Hügel und Wälder voller Redwood- und Eukalyptusbäume. Aber die Strecke sieht nicht nur wunderbar aus, sie hat auch Persönlichkeit – und neben dem Highway gibt's jede Menge Abenteuer für Surfer, Kajakfahrer, Gerätetaucher und Wanderer.

Die besonderen Leckerbissen? Da wären zunächst einmal die Städte. Die Küstenhighways verbinden einige der hinreißendsten Metropolen an der Westküste miteinander, angefangen vom surfverrückten San Diego in Südkalifornien über das schillernde Los Angeles bis zum unkonventionellen San Francisco. Weiter im Norden lohnt sich ein Abstecher ins politisch progressive Seattle.

Wer urbane Gebiete meiden will, hält sich an die Orte dazwischen. In Südkalifornien passiert der PCH die Bilderbuchstrände des Orange County („OC") und von Santa Barbara (der „Amerikanischen Riviera"). Weiter im Norden führt der Hwy 1 durchs verrückte Santa Cruz, zugleich Universitätsstadt und Surferparadies, und dann an der Küste von Big Sur und nördlich von Mendocino durch Redwoodwälder. Weiter im Norden folgen im Küstenstaat Oregon Sanddünen, Erholungsorte am

DIE GESCHICHTE DER ROUTE 66

Die 1926 geschaffene Route 66 erstreckte sich von Chicago nach Los Angeles und verband bei ihrem Verlauf durch acht US-Staaten unzählige Kleinstädte und Landstraßen. Sie erlangte traurige Berühmtheit während der Weltwirtschaftskrise, als auf ihr ruinierte Farmer aus der Dust Bowl über die Great Plains gen Westen zogen. Der Spitzname „Mother Road" fand sich erstmals in dem Roman *Die Früchte des Zorns*, mit dem John Steinbeck dieser Ära ein Denkmal setzte. Nach dem Zweiten Weltkrieg ging es zunächst etwas vergnügter zu, als sich die US-Amerikaner, beflügelt von neuem Wohlstand, hinter das Lenkrad setzten, um ihr Land zu erkunden. Nat King Cole nahm 1946 den Song *Get Your Kicks on Route 66* auf und machte die Straße damit noch bekannter. Aber just als alles in Schwung gekommen war, begann die Bundesregierung mit dem Aufbau der Interstates, die schließlich das Aus für die Mother Road brachten. Als letzte Stadt an der Route 66 erhielt 1984 auch Williams in Arizona eine Interstate-Umgehung.

Meer und Fischerdörfer und schließlich in Washington die unberührte Natur der Olympic Peninsula mit gemäßigten Regenwäldern und die idyllisch ländlichen, mit Fähren erreichbaren San Juan Islands.

Reisezeit

Die Strecke kann man zu jeder Jahreszeit gut fahren, im Norden muss man aber im Winter mit Regen und Schnee rechnen. Die Hauptsaison ist in der Regel von Juni bis Ende August – das ist allerdings nicht unbedingt die beste Zeit für eine Reise, da im Frühsommer viele Abschnitte der Küste im Nebel, dem „June Gloom", liegen können. Bessere Bedingungen können die Zwischensaisons bieten: Die Zeiträume vor dem Memorial Day (April & Mai) sowie nach dem Labor Day (Sept. & Okt.) zeichnen sich durch viel Sonnenschein, kühle Nächte und weniger Andrang als in der Hauptsaison aus.

Die Route

Die Highways haben eine Gesamtlänge von fast 1500 Meilen (2400 km) von Grenze zu Grenze, also von Tijuana in Mexiko bis hinauf zur kanadischen Provinz British Columbia. In Kalifornien wechselt die Küstenstrecke zwischen der I-5, dem Hwy 101 und dem Hwy 1 (einfach immer an der Küste bleiben!), in Oregon und Washington verläuft sie durchgängig auf dem Hwy 101.

Dauer & Strecke

Dauer: Auch wenn kein längerer Aufenthalt vorgesehen ist, braucht man zumindest vier Tage, weil der Verkehr und zweispurige Straßen das Tenpo drosseln. Um alles zu sehen und zu genießen, sollte man schon zehn bis 14 Tage einplanen.

Strecke: Rund 1500 Meilen (2400 km).

Highway 89/89A: von Wickenburg zum Oak Creek Canyon

Der Hwy 89 und seine Nebenstrecke, der Hwy 89A, führen durch einige der malerischsten und interessantesten Regionen in Arizona. Die hier beschriebene Strecke führt von Norden über die Weaver und Mingus Mountains hinunter nach Sedona und zum Oak Creek Canyon.

Auf zum Highway 89/89A!

Diese Strecke ist unsere Lieblingstour in Arizona. Sie mag nicht die schönste oder wildeste Strecke sein, doch vermittelt sie einen prägnanten Einblick vom Wilden Westen – fast so, als ob man mit der Zeitmaschine in die Vergangenheit reisen würde. Aber die Route bleibt nicht im 19. Jh. stecken – nein, weit gefehlt: Hier findet man Kunstwege, einen Weinpfad, stilvolle Geschäfte und tolle Restaurants, die der Region einen modernen Touch verpassen.

Wer sich für Cowboy-Geschichte interessiert, sollte etwas Zeit in Wickenburg und auf dessen Ferienranches verbringen. Der Hwy 89 führt über den Hwy 93 aus der Stadt heraus und nach kurzer Zeit zu den Weaver Mountains, wo er auf einer Strecke von gut 6 km um 762 m ansteigt. In Yarnell auf der Spitze des Berges wird die Straße wieder ebener – hier kam es im Sommer 2013 zu einem verheerenden Brand. Weiter geht's an Viehherden und Felstürmen vorbei ins Peeples Valley. Von hier aus erreicht man die berüchtigte Whiskey Row von Prescot mit dem historischen Palace Saloon (S. 183). Thumb Butte ist ein kaum zu verfehlendes Wahrzeichen westlich des Zentrums; und auf dem Weg aus der Stadt passiert man die ungewöhnlichen Felsen von Granite Dells.

Nun folgt man dem Hwy 89A nach Jerome. Höchste Konzentration ist angesagt! Die eng am Mingus Mountain verlaufenden Serpentinen dulden keine Ablenkungen. Wer sich traut, schaut nach Osten, um einen faszinierenden Ausblick auf das Verde Valley zu erhaschen. Ihren kurvigen Höhepunkt erreicht die Zick-Zack-Route in Jerome, einer früheren Bergbaustadt, die förmlich am Hang des Cleopatra Hill zu kleben scheint. Hier warten Kunstgalerien, Verkaufs- und Verkostungsräume, skurrile Pensionen und eine hohe Zahl von Geistern. Im Audrey Headframe Park (S. 183) kann man in einen 582 m tiefen Schacht blicken und dann das Bergbaumuseum im Jerome State Historic Park (S. 183) besuchen.

Auf dem Weg nach Old Town Cottonwood führt der Hwy 89A durch Clarkdale. In Richtung Sedona lohnen sich Abstecher zu Weingütern an der Page Springs Rd oder eine Rundfahrt durch die Stadt über den Cathedral Rock (S. 184) und die Red Rock Loop Rd. Sedona ist ein Erholungsort, ein hübsches Städtchen zum Dinieren und Einkaufen von Kunst und Navajo-

Teppichen. Die Tour endet am Oak Creek Canyon, dessen namensgebendes Flüsschen durch üppiges Grün plätschert.

Reisezeit

Diese Tour ist im Frühjahr, Sommer und Herbst am angenehmsten; den winterlichen Schneefällen geht man besser aus dem Weg – allerdings verirren sich auch noch im April Schneeflocken in die Berge. Im Hochsommer ist der Aufenthalt im glühend heißen Wickenburg kein Vergnügen.

Die Route

Von Wickenburg aus folgt man dem Hwy 93 zum Hwy 89 und fährt weiter nordwärts nach Prescott. Nördlich der Stadt wechselt man auf den Hwy 89A bis Sedona.

Dauer & Strecke

Dauer: Die Strecke lässt sich an einem halben Tag bewältigen. Um sie richtig zu genießen, sollten zwei bis drei Tage eingeplant werden.

Strecke: 134 Meilen (216 km).

Million Dollar Highway

Die Strecke zwischen Ouray und Silverton im südlichen Colorado ist eine der schönsten Gebirgsstraßen der USA. Dieser Teil des 236 Meilen (380 km) langen San Juan Skyway und Abschnitt der US 550 ist als Million Dollar Hwy bekannt: Das Straßenbett soll mit goldhaltigem Erz ausgefüllt sein.

Auf zum Million Dollar Highway!

Auf 25 Meilen (40 km) schlängelt sich die Fahrbahn über drei Pässe, bietet einen Blick auf viktorianische Wohnhäuser, schneebedeckte Berggipfel, die Eingänge von Minenschächten und eine von Felsen gesäumte Schlucht. Der Reiz aber liegt nicht nur in der Aussicht, sondern auch im Nervenkitzel, den die Strecke verheißt. Haarnadelkurven, gelegentliche Felsrutsche und die schmale, sich an Hänge schmiegende Strecke sorgen dafür, dass die Fahrt weniger an eine Kaffeefahrt als vielmehr an ein Rallye-Abenteuer erinnert.

Das charmante, von hoch aufragendenen Gipfeln umgebene Ouray liegt auf fast 2375 m Höhe. Die nahe Uncompahgre Gorge ist ein steiler Canyon, der für seine Möglichkeiten zum Eisklettern bekannt ist. Wer länger in dem Ort verweilt, kann zu einer Wanderung aufbrechen oder ein Bad in den Thermalquellen nehmen. Hinter Ouray schmiegt sich der 1884 nach dreijähriger Bauzeit fertiggestellte Million Dollar Hwy an den Rand der Schlucht und windet sich an alten, in die Hänge geschlagenen Bergwerken vorbei. Aufpassen muss man auf die masochistischen Radler, die über die schmalen Gebirgspässe preschen. In Silverton sollte man Halt machen und die mit Espen bewachsenen Berge auf sich wirken lassen. Und wenn möglich sollte man zusehen, wie der Dampfzug der Durango & Silverton Narrow Gauge Railroad (S. 109) in die Stadt getuckert kommt.

Reisezeit

Der Sommer ist die beste Reisezeit. Im Winter sind die höheren Pässe manchmal gesperrt; und wenn nicht, braucht man Schneeketten. Auch im Sommer kann noch Schnee liegen, aber eher nicht auf der Straße.

Die Route

Von Ouray folgt man dem Hwy 550 südwärts nach Silverton.

Dauer & Strecke

Dauer: Die Strecke kann man binnen Stunden bewältigen, aber mit einem Tag Zeit macht es mehr Spaß.

Strecke: 25 Meilen (40 km).

ABSTECHER VOM MILLION DOLLAR HIGHWAY

Die Strecke zwischen Ouray und Telluride misst 50 Meilen (80 km) – wenn man sich an die befestigte Straße hält. Abenteuerlustige, die über einen Geländewagen verfügen, können stattdessen die unbefestigte, 16 Meilen (25,7 km) lange Straße über den Imogene Pass nehmen. Auf dieser alten Bergwerksstraße überquert man Wildbäche und holpert über Bergwiesen und einen der höchsten Pässe im Bundesstaat; zudem passiert man auch eine alte Mine. Wer meint, durch diese „Abkürzung" Zeit zu sparen, ist auf dem Holzweg: Die Fahrt dauert drei Stunden.

MARK READ / LONELY PLANET ©

Oben: Columbia River Highway (S. 43), Oregon

Unten: Death Valley National Park (S. 314), Kalifornien

Beartooth Highway

Eine Straße, viele Meinungen: Der himmelhohe Beartooth Hwy ist die beste Zufahrt zum Yellowstone, die aufregendste Motorradtour im Westen und der malerischste Highway der USA. Und eigentlich treffen all diese Ansichten zu.

Auf zum Beartooth Highway!

Manchmal möchte man einfach einen Ort finden, der so schön ist, dass man anhalten, aussteigen, sich kneifen oder einfach „Yeah" brüllen muss. Im Westen der USA ist der Beartooth Hwy einer dieser Orte.

Von Red Lodge, MT, führt die abenteuerliche Strecke in das Gletschertal des Rock Creek Canyon über eine Reihe von Haarnadelkurven hinauf und gewinnt dabei in wenigen Kilometern erstaunliche 1500 m an Höhe. Am Rock Creek Vista Point Overlook sollte man Halt machen, um die wunderbare Aussicht zu genießen – der kurze Spazierweg zum Aussichtspunkt ist auch für Rollstuhlfahrer geeignet. Die Straße setzt sich auf dem Hochplateau an der „Mae West Curve" vorbei bis Wyoming fort.

In Twin Lakes hat man einen Blick auf das kesselförmige Tal; bis ins Frühjahr hinein befördert zudem ein Skilift Wagemutige zu einer extremen Skipiste. Nach einer Reihe von Serpentinen kommen im Nordwesten das Hellroaring Plateau und der schroffe Bears Tooth (3539 m) in Sicht. Die Strecke, die durch alpine Tundra führt, erreicht am Beartooth Pass West Summit mit 3345 m ihren höchsten Punkt. Hier oben findet man selbst im Juni oder Juli mitunter noch über 4 m hohe Schneewehen vor.

Vorbei an weiteren Seen führt die Strecke hinter dem Beartooth Butte, einem großen Brocken des Sedimentgesteins, das früher die Beartooths bedeckte, wieder ins Tiefland hinunter. Am Clark's Fork finden sich mehrere ausgezeichnete Stellen zum Angeln, ehe die Straße wieder nach Montana zurückgeht und über den 2486 m hohen Colter Pass Cooke City erreicht. Der nordöstliche Zugang zum Yellowstone Park ist 4 Meilen (6,4 km) von Cooke City entfernt.

Reisezeit

Wer nicht nur im Auto sitzen, sondern auch wandern möchte, sollte den Ausflug möglichst im August unternehmen.

Die Route

Von Red Lodge folgt man Hwy 212 westwärts – durch Wyoming hindurch – nach Cooke City in Montana.

Dauer & Strecke

Dauer: Auf dem kurvenreichen Beartooth Hwy ist gemächliches Fahren Pflicht, man sollte schon einen ganzen Vor- oder Nachmittag einplanen.

Strecke: 68 Meilen (109 km).

Highway 12

Utahs wohl vielfältigste und schönste Straße führt durch abgelegene, zerklüftete Canyon-Landschaften und verbindet mehrere Nationalparks und State Parks im US-Staat der roten Felsen. An der Strecke gibt's auch einige fantastische Restaurants.

Auf zum Highway 12!

Mit seinen purpurnen Canyons, weitläufigen Wüsten, dichten Wäldern und luftigen Gipfeln eignet sich der Hwy 12 im Süden Utahs hervorragend für abenteuerlustige Entdecker. Der Trip beginnt am Bryce Canyon National Park, dessen rotgoldene Felsnadeln den passenden Startpunkt für die farbenprächtige Reise setzen.

In Richtung Osten fahrend, erwartet einen das erste Highlight in Form des **Kodachrome Basin State Park** (☎435-679-8562; www.stateparks.utah.gov; bei Cottonwood Canyon Rd; Tageskarte pro Fahrzeug 8 US$; Tageskarte ⏲6–22 Uhr), in dem versteinerte Geysire und Dutzende rote, rosafarbene und weiße Sandsteinkamine aufragen – einige sind über 50 m hoch. Nun fährt man durch das winzige Escalante und erreicht nach 13 km den Aussichtspunkt Head of the Rocks Overlook auf dem Aquarius Plateau. Von hier blickt man auf riesige Tafelberge, hohe Bergkuppen, tiefe Schluchten und wogende, glattgeschliffene Felsrücken, die in allen Rottönen schimmern.

Das nahe Grand Staircase-Escalante National Monument (S. 228) ist mit fast 7689 km^2 der größte Park im Südwesten. Die Lower Calf Creek Recreation Area, abseits von Hwy 12 im Park gelegen, bietet einen Picknickbereich und einen hübschen Campingplatz. Hier beginnt auch die 9,6 km lange Rundwanderung zu den beeindruckenden, 38 m hohen Wasserfällen der Lower Calf Creek Falls. Auch die schmale Hogback Ridge zwischen Escalante und Boulder ist sehr beeindruckend.

Als interessantester Abschnitt der Route gelten die Serpentinen und versteinerten Sanddünen zwischen Boulder und Torrey. Dabei hat diese Region nicht nur tolle Ausblicke zu bieten. In Boulder lohnt sich z. B. ein Zwischenstopp, um im Hell's Backbone Grill (S. 228) eine herrliche, aus regionalen Zutaten zubereitete Mahlzeit zu genießen; danach locken noch hausgemachte Kuchen ins Burr Trail Grill & Outpost (S. 228). Oder man lässt sich ein köstliches Southwestern-Gericht im Cafe Diablo (S. 228) weiter nördlich in Torrey schmecken.

Reisezeit

Das beste Wetter und die besten Streckenbedingungen – vor allem bei der Fahrt über den 3353 m hohen Boulder Mountain – bietet der Hwy 12 zwischen Mai und Oktober.

Die Route

Vom US Hwy 89 in Utah geht es auf dem Hwy 12 ostwärts zum Bryce Canyon National Park. Die Straße wendet sich am Kodachrome Basin State Park nach Norden und führt weiter nach Torrey.

Dauer & Strecke

Dauer: Die Strecke lässt sich problemlos in wenigen Stunden abfahren. Wer die Region besser kennenlernen will, sollte aber zwei oder drei Tage einplanen.

Strecke: 124 Meilen (200 km).

High Road to Taos

Die malerische Nebenstraße im Norden von New Mexico verbindet Santa Fe mit Taos. Sie führt durch Dörfer mit Lehmziegelhäusern und vorbei an von Bergen flankierten Aussichtspunkten in und bei den Truchas Peaks.

Auf zur High Road to Taos!

Santa Fe und Taos sind bekannte Künstlergemeinden. Und zwei solch zauberhafte Orte voller Galerien, Studios und Museen sollten doch auch durch eine landschaftlich schöne Straße verbunden sein – tatsächlich wird die bergige High Road to Taos diesem Anspruch gerecht.

Von Santa Fe folgt man Hwy 84/285 nach Norden. Dann fährt man auf den Hwy 503 in Richtung Nambe, wo man zu Wasserfällen wandern oder am gleichnamigen See meditieren kann. Von hier führt die Straße nach Norden ins malerische Chimayo. Die Mauern im El Santuario de Chimayó (S. 248), das auch „Lourdes von Amerika" genannt wird, sind von herrenlosen Krücken gesäumt. 1816 wurde diese Lehmkapelle mit zwei Türmen über einem Ort erbaut, der wundersame heilende Kräfte haben soll. Man sollte sich Zeit nehmen, um die Gemeinde zu erkunden und die edlen Web- und Schnitzarbeiten in den familiengeführten Galerien zu bewundern.

Unweit von Truchas, einem Dorf aus Galerien und jahrhundertealten Lehmziegelhäusern, befindet sich der **High Road Marketplace** (☎505-689-2689; 1642 Hwy 76; ⌚10–17, im Winter bis 16 Uhr); die Kooperative am SR 676 verkauft eine Vielzahl an Kunstwerken lokaler Künstler. Wer den Hwy 76 zur **Kirche von San José de Gracia** (☎505-351-4360; Hwy 76, Las Tampas; ⌚nach Vereinbarung, vorher anrufen) hinauffährt – eine der wohl schönsten Kirchen der USA aus dem 18. Jh. –, kann hier gut erhaltene Originalgemälde und -schnitzereien bewundern. Als nächstes erreicht man Picuris Pueblo, das einst zu den mächtigsten Pueblos der Region gehörte. Die Route endet in Penasco, einem der Tore zur Pecos Wilderness und Heimat des experimentellen **Penasco Theatre** (☎575-587-2726; www.penascotheatre.org; 15046 Hwy 75). Von hier aus folgt man den Hwys 75 und 518 bis nach Taos.

Reisezeit

Hauptsaison ist der Sommer – aber auch im Frühling ist die Fahrt dank der Blütenpracht bezaubernd, während sich im Herbst die Landschaft als eine Show aus buntem Laub präsentiert. Da die Strecke durch die Berge führt, ist nur der Winter für eine Fahrt nicht gerade ideal.

Die Route

Von Santa Fe aus nimmt man den Hwy 84/285 westwärts nach Pojoaque und biegt dann rechts auf den Hwy 503 Richtung Nambe ab. Vom Hwy 503 geht es auf den

Hwy 76 und dann auf den Hwy 75, bevor schließlich der Hwy 518 nach Taos führt.

Dauer & Strecke

Dauer: Ohne Pause sollte diese Fahrt einen halben Tag dauern, mit ein wenig Sightseeing und einem kleinen Einkaufsbummel wird daraus aber gut und gern ein ganzer Tag.

Strecke: 85 Meilen (137 km).

Going-to-the-Sun Road

Die 53 Meilen (85 km) lange Going-to-the-Sun Road ist ein weiterer heißer Anwärter auf den Titel der spektakulärsten Straße Amerikas. Als einzige befestigte Straße führt sie durch den Glacier National Park in Montana.

Auf zur Going-to-the-Sun Road!

Gletscher! Grizzlybären! Ein bergeumarmendes Prachtstück der modernen Ingenieurskunst! Ja, die Going-to-the-Sun Road provoziert Ausrufezeichen, und das völlig zu Recht. Die im Jahr 1933 fertiggestellte Straße durchquert eine raue, aber wunderschöne Berglandschaft und führt in zahlreichen Kurven über die hoch gelegene kontinentale Wasserscheide, die üblicherweise schneebedeckt ist.

Vom Westeingang des Parks aus schmiegt sich die Straße an den schimmernden Lake McDonald. Vor einem liegt nun die hochragende Garden Wall, der 2700 m hohe Grat der Kontinentalscheide, die die östliche Flanke des Parks von dessen westlicher trennt. Die Straße überquert die Kontinentalscheide über den Logan Pass (2097 m). Von hier aus folgt der gut 12 km lange Highline Trail (einfache Strecke) dem Felsrückgrat des Parks und bietet eine großartige Aussicht auf Gletschertäler, schroffe Gipfel, Wildblumen und Tiere in freier Wildbahn. Und Letztere sind absolut sehenswert: Schneeziegen, Dickhornschafe und Elche kann man erspähen, vielleicht auch einen Grizzlybären oder einen der scheuen Vielfraße. Hinter dem Logan Pass kommt die Straße am Jackson Glacier Overlook vorbei, wo man die schmelzenden Monolithe des Parks bestaunen kann. Nach Ansicht von Experten dürften angesichts der globalen Erwärmung die letzten Gletscher des Parks bis zum Jahr 2030 verschwunden sein. Höchste Zeit also, sie zu besichtigen!

Reisezeit

Die schneereiche Straße wird erst spät im Jahr freigegeben und früh wieder gesperrt; sie ist in der Regel zwischen Mitte Juni und Mitte September befahrbar. 2011 wurde die Strecke allerdings aufgrund ungewöhnlich starker Schneefälle erst am 13. Juli geöffnet.

Die Route

Vom Westeingang des Glacier National Park folgt man der Going-to-the-Sun Road östlich nach St. Mary.

Dauer & Strecke

Dauer: Die hängt ganz von den Straßenbedingungen ab, aber einen halben Tag muss man schon einplanen.

Strecke: 53 Meilen (85,3 km).

Historic Columbia River Highway

Üppiges Grün und die Geschichte der Erschließung des Westens sind die Themen auf dem US 30, einer sorgsam geplanten

GOING-TO-THE-SUN ROAD: WAHRZEICHEN & LEGENDE

Die Going-to-the-Sun Road wurde nach dem Going-to-the-Sun Mountain benannt. Nach einer Legende – oder einer Geschichte, die in den 1880er-Jahren zusammenfabuliert wurde – soll ein Gott den Stammesmitgliedern der Blackfeet einst das Jagen beigebracht haben. Nach der Lehrstunde hinterließ er ein Abbild von sich auf dem Berg, um den Stamm zu inspirieren, und stieg dann wieder zur Sonne hinauf. Heute ist die Straße ein National Historic Landmark und zugleich ein National Civil Engineering Landmark – und damit die einzige Strecke im Land, die beide Titel auf sich vereint.

NOCH MEHR PANORAMASTRAßEN

Lust auf weitere Straßentouren? Hier noch weitere empfehlenswerte Routen:

Turquoise Trail, NM Diese Nebenstraße von Tijeras (bei Albuquerque) nach Santa Fe war jahrtausendelang ein wichtiger Handelsweg. Heute kommt man unterwegs an Kunstgalerien, Läden (mit Türkisschmuck) und einem Bergbaumuseum vorbei. Von der I-40 folgt man Hwy 14 nordwärts zur I-25 (s. auch www.turquoisetrail.org).

Apache Trail, AZ Diess ist nicht gerade eine sonntägliche Spazierfahrt, sondern vielmehr ein 45 Meilen (72,4 km) langer, wilder Ritt. Von Apache Junction östlich von Phoenix führt der Hwy 88 an einer Geisterstadt, an den Wildblumen im Lost Dutchman State Park und an drei Seen(Salt River) vorbei. Mitten auf der Strecke passiert man einen nervenaufreibenden, unbefestigten Abschnitt, auf dem es auf weniger als 5 km mehr als 300 Höhenmeter bergab geht. Also gut aufpassen!

The Loneliest Road Der Hwy 50 schneidet mitten durch den glühendheißen Bauch Nevadas, er erstreckt sich von Fallon ostwärts zum Great Basin National Park und der Staatsgrenze von Utah. Der einsame Highway führt vorbei an einer singenden Sanddüne, Pony-Express-Stationen und Bergwerksstädtchen. Die Middlegate Station bietet sich mit ihren schmackhaften Burgern als Boxenstopp an.

Eastern Sierra Scenic Byway, CA Vom Topaz Lake führt der Hwy 395 Richtung Süden an der Ostflanke der mächtigen Sierra Nevada entlang zum Little Lake. In der Region gibt es einige 14 000er-Gipfel (14 000 Fuß = 4267 m), eisblaue Seen, Kiefernwälder, Wüstenbecken und Thermalquellen zu bewundern.

Nebenstraße, die östlich von Portland an der Columbia River Gorge folgt.

Auf zum Historic Columbia River Highway!

Hey, da ist ja ein Wasserfall! Und noch ein Wasserfall! Und noch einer! Am Historic Columbia River Hwy reiht sich ein Wasserfall an den anderen. Die ursprüngliche, 1922 fertiggestellte Straße verband Portland mit The Dalles. Als erste befestigte Straße im Nordwesten wurde sie genau geplant: Aussichtspunkte wurden sorgfältig gewählt, Steinwände und Brücken geschmackvoll in die Landschaft eingefügt.

Bemerkenswert ist auch die Geschichte der Route: Lewis und Clark zogen hier 1805 auf ihrem Weg zum Pazifik vorbei. 50 Jahre später endete der Treck der Pioniere auf dem Oregon Trail mit der Überwindung der tückischen Gewässer. Heute sind zwar Teile der ursprünglichen Straße geschlossen oder von der US 84 ersetzt worden, aber viele Abschnitte der US 30 können noch befahren und einige geschlossene Sektionen per pedes oder Rad erkundet werden.

Ein Highlight an der Strecke ist der Portland Women's Forum Park, von wo aus man einen der schönsten Blicke in die Schlucht hat. Östlich davon liegt das 1916 errichtete Vista House, das zu Ehren der Pioniere des Oregon Trail gebaut wurde. Das Haus thront auf dem Crown Point, einem weiteren Aussichtspunkt, der außerdem das westliche Ende der Schlucht markiert. Und diese sprudelnden Kaskaden? Keinesfalls sollte man die Ohs und Ahs angesichts der Multnomah Falls verpassen, dem mit 196 m höchsten Wasserfall Oregons.

Reisezeit

Die Wasserfälle führen zwischen Februar und Mai das meiste Wasser. Für Wanderungen bietet sich vor allem der Sommer an.

Die Route

Um den historischen Highway zu erreichen, muss man auf der I-84 östlich von Portland Exit 17, 28 oder 35 nehmen. Der westliche Abschnitt der ursprünglichen Fernstraße endet bei Multnomah Falls. Dort wechselt man auf die I-84 und fährt ostwärts bis zum Exit 69 bei Mosier, wo man auf den Hwy 30 zurückkehrt.

Dauer & Strecke

Dauer: Ein Tag.

Strecke: 100 Meilen (161 km).

Reiseplanung

Outdoor-Aktivitäten

Ob Stubenhocker, Wochenendtarzan oder Ironman bzw. -maiden – der Westen bietet Outdoor-Spaß für alle vor einer hinreißenden Landschaftskulisse. Man kann nach Kolibris ausspähen, durch Stromschnellen paddeln, über Pulverschneehänge wedeln, wellenreiten oder sich zu Fuß in den mächtigsten Canyon der Erde wagen.

Beste Outdoor-Aktivitäten

Top-Outdoor-Erlebnisse

Raften auf dem Colorado River – und zwar mitten durch den Grand Canyon, AZ

Wanderung zum Gipfel des Half Dome im Yosemite National Park, CA

Radtour in den Maroon Bells, Aspen, CO

Klettern im Joshua Tree National Park, CA

Nervenkitzel am Angels Landing, Zion National Park, UT

Skifahren in Vail, CO

Mountainbikefahren in Moab, UT

Kajakfahren vor den San Juan Islands, WA

Thermalbäder genießen in Ojo Caliente, NM

Gletscher bestaunen im Glacier National Park, MT

Wildtiere beobachten

Bären im Glacier National Park, MT

Wapitis, Bisons und Wölfe im Yellowstone National Park, WY

Vögel im Patagonia-Sonoita Creek Preserve, AZ

Wale und Delfine in Monterey Bay, CA

Camping

Camper haben die Qual der Wahl. In Colorado können sie ihre Zelte an Bergseen und Bächen aufstellen, in Süd-Arizona unter Saguaro-Kakteen und in Kalifornien an prächtigen Sandstränden.

Campingplätze: Service & Standards

Einfache Campingplätze Verfügen manchmal über Feuerstellen, sonst darf man eher keine Annehmlichkeiten oder gar offiziell ausgewiesene Stellplätze erwarten. Solche Stellplätze sind grundsätzlich kostenlos und liegen in National Forests (USFS) oder in vom Bureau of Land Management (BLM) verwalteten Gebieten.

Campingplätze in abgelegenen Gebieten Ruhig, friedlich, auf öffentlich verwaltetem Land und nur für Backpacker. Möglicherweise sind entsprechende Genehmigungen sowie Reservierungen erforderlich.

Campingplätze mit Einrichtungen Liegen in der Regel in State und National Parks und bieten Annehmlichkeiten wie (manchmal) Trinkwasser, Toiletten, Picknicktische, Grills und gelegentlich auch warme Duschen und Münzwaschmaschinen.

Stromanschluss für Wohnmobile und Müllsammelstellen Gibt es auf vielen privaten Campingplätzen, aber nur auf wenigen Campingplätzen auf öffentlichem Land.

Private Campingplätze sind in den meisten Fällen für Wohnmobile gedacht. Sie verfügen über Warmwasserduschen, Swimmingpools, WLAN und Hütten für Familien. Zeltstellplätze sind hier eher rar und wenig einladend.

Preise & Reservierungen

Viele öffentliche und private Campingplätze nehmen Reservierungen für einige oder alle ihrer Stellplätze an, auf manchen werden die Stellplätze nach dem Prinzip „Wer zuerst kommt, mahlt zuerst" vergeben. Die einfachsten Campingplätze sind kostenlos, bei gut zugänglichen Wohnmobilparks zahlt man für einen Platz mit Stromanschluss bis zu 50 US$ oder mehr; der Rest liegt preislich irgendwo dazwischen.

Folgende Adressen helfen bei der Suche nach Campingplätzen und geben Auskunft über ihre Ausstattung. Online erfährt man, ob etwas frei ist und kann reservieren:

Recreation.gov (www.recreation.gov) Reservierung von Stellplätzen und Hütten in Nationalparks, National Forests und auf BLM-Land.

ReserveAmerica (www.reserveamerica.com) Reservierung von Stellplätzen in State Parks, Regional Parks und auf einigen privaten Campingplätzen. Die Telefonnummern für die einzelnen Bundesstaaten sind auf der Website zu finden.

Kampgrounds of America (http://koa.com) Nationale Kette zuverlässiger, aber teuerer privater Campingplätze mit kompletter Ausstattung, besonders für Wohnmobile.

Wandern

An tollen Wanderwegen herrscht im Westen kein Mangel. Fitness wird überall großgeschrieben, und rund um die meisten Metropolen gibt es zumindest einen großen Park mit Wanderwegen. Nationalparks und National Monuments sind ideal für kürzere oder längere Wanderungen. Wer bei einer Tour unterm Sternenzelt übernachten will, muss sich dafür rechtzeitig eine Genehmigung *(backcountry permit)* beschaffen – ganz besonders für Orte wie den Grand Canyon, wo im Sommer die Kontingente früh erschöpft sein können.

Infos im Internet

Das Buch *Wilderness Survival* von Gregory Davenport ist der wahrscheinlich beste Ratgeber zum Überleben in fast jeder erdenklichen Notlage.

American Hiking Society (www.americanhiking.org) Links zu örtlichen Wanderclubs und zu Ferienjobs beim Anlegen neuer Wege.

Backpacker (www.backpacker.com) Erstklassiges landesweites Magazin für Fernwanderer, egal ob Anfänger oder alte Hasen.

SummitPost (www.summitpost.org) Routen, Foren und Routenbeschreibungen für Gipfelstürmer und Felskletterer.

Gebühren & Genehmigungen

- State Parks erheben in der Regel eine Tagesgebühr von 5 bis 15 US$; oft gibt es Ermäßigungen von bis zu 100 %, wenn man zu Fuß oder mit dem Fahrrad unterwegs ist.
- Die Eintrittsgebühr für Nationalparks beträgt durchschnittlich 10 bis 30 US$ pro Fahrzeug und gilt für sieben aufeinanderfolgende Tage; in einigen Nationalparks ist der Eintritt auch frei. „Tage der offenen Tür" werden auf der Website des National Park Service (www.nps.gov/findapark/feefreeparks.htm) angekündigt.
- Mit dem Pass „America the Beautiful" (80 US$) hat man ein Jahr lang unbegrenzten Zutritt zu Nationalparks, National Forests und Erholungsgebieten unter Bundesverwaltung.
- Für längere eintägige, vor allem aber für mehrtägige Wanderungen sind häufig Genehmigungen *(wilderness permits)* erforderlich, die in den Rangerstationen und Besucherzentren der Parks ausgestellt werden. In Spitzenzeiten – meist zwischen Spätfrühjahr und dem Frühherbst – kann der Zugang mittels Tagesquoten reguliert sein.
- Manche dieser Genehmigungen können vorab reserviert werden, weshalb die Kontingente für sehr beliebte Wanderstrecken (z. B. Half Dome, Mt. Whitney) schon mehrere Monate im Voraus erschöpft sein können.
- Wer im Wald rund um Sedona, AZ, wandern will, braucht einen Red Rock Pass (5/15 US$ pro Tag/Woche). Anstatt des Red Rock Pass wird auch der National Park Interagency Pass akzeptiert.

Radfahren

Radfahren wird in den USA immer beliebter, einzelne Städte legen Radwege an und erarbeiten sich ein fahrradfreundlicheres

Image. Eine wachsende Zahl grüner Bänder durchzieht urbane Flächen und ihr Umland. Radbegeisterte gibt's überall, und zahlreiche Veranstalter bieten geführte Touren verschiedener Länge und unterschiedlichen Schwierigkeitsgrads an.

In vielen Bundesstaaten gibt es mehrtägige, gesellige Fahrradveranstaltungen, so beispielsweise **Ride the Rockies** (www.ridetherockies.com) in Colorado. Gegen eine Teilnahmegebühr kann man sich dem Pulk auf der malerischen, gut ausgebauten Strecke anschließen; derweil wird das Gepäck zu dem für die Übernachtung vorgesehenen Campingplatz transportiert.

Ein erstklassiges Radelrevier ist Aspen, Colorado; eine weitere wundervolle Fahrt führt hinauf zum **Mt. Lemmon** in Arizona (www.fs.usda.gov/main/coronado) – der kräftezehrende, 45 km lange Anstieg beginnt im Talgrund der Sonora-Wüste und endet am 2791 m hohen Gipfel. Fahrräder kann man auch am Südrand des Grand Canyon im Grand Canyon National Park (S. 193) ausleihen. Weitere hübsche Radelrouten sind der Hermit Rd nach Hermit's

TOP-WANDERSTRECKEN IM WESTEN DER USA

Fragt man zehn Wanderer nach ihrer Lieblingsroute im Westen, wird man zehn verschiedene Antworten erhalten. Angesichts der Weite des Landes und der riesigen Entfernungen überrascht das auch nicht sonderlich. Bei den folgenden Empfehlungen darf man trotzdem sicher sein, nicht daneben zu liegen.

South Kaibab/North Kaibab Trail, Grand Canyon, AZ (S. 193) Eine mehrtägige Wanderung durch den Canyon am Colorado entlang und zurück, hinauf zu seinem Rand.

Chasm Lake, Rocky Mountain National Park, CO (S. 88) Der freie Aufstieg zum Gipfel des Longs Peak (4346 m) ist für Gelegenheitswanderer nicht zu empfehlen, wer aber in guter Verfassung ist, der wird beim 13,5 km langen Rundweg zum Chasm Lake gleichermaßen in Glückshormonen baden.

Angels Landing, Zion National Park, UT (S. 231) Nach einer waghalsigen Kletterei über einen schmalen Grat mit steilem Abgrund auf beiden Seiten werden Wanderer mit einem weiten Blick über den Zion Canyon belohnt. Der Rundweg hat eine Länge von 8,7 km.

Mt. Washburn Trail, Yellowstone National Park, WY (S. 122) Vom Dunraven Pass aus führt der von Wildblumen gesäumte Weg knapp 5 km hinauf zum Gipfel des 3122 m hohen Mt. Washburn, von dem man eine schöne Aussicht genießt. Unterwegs sollte man nach Dickhornschafen Ausschau halten.

Pacific Crest Trail (PCT; ☎916-285-1846; www.pcta.org) Der Weg verläuft über 4264 km von Kanada bis nach Mexiko, folgt dabei dem Kamm der Cascades und der Sierra Nevada und durchquert dabei sechs der sieben Ökosysteme Nordamerikas.

Half Dome, Yosemite National Park, CA (S. 380) Der Weg ist anstrengend und gruselig, offenbart dafür aber wunderbare Blicke ins Yosemite Valley ... und am Ende betrachtet man zufrieden, was man vollbracht hat. Man braucht eine Wandergenehmigung.

Enchanted Valley Trail, Olympic National Park, WA (S. 413) Traumhafter Blick auf die Berge, umherziehende Wildtiere und üppiger Regenwald erwarten einen auf dem 21 km langen Rundweg.

Great Northern Traverse, Glacier National Park, MT (S. 137) Der 93 km lange Weg führt mitten durchs Grizzlyland und überquert die kontinentale Wasserscheide.

The Big Loop, Chiricahua National Monument, AZ (S. 209) Die 15 km lange Wanderung im Südosten von Arizona führt auf verschiedenen Wegen an einer „Armee" wundersamer Felspfeiler vorbei, die Apachenkrieger einst als Versteck benutzten.

Tahoe Rim Trail, Lake Tahoe, CA (S. 389) Der 265 km lange Allzweckweg umkreist hoch oben den See und bietet einen tollen Ausblick in die Sierra.

Rest oder der **Greenway Trail**, der ständig verlängert wird (www.nps.gov/grca/planyourvisit/bicycling.htm).

Radfahrerfreundlichste Städte

San Francisco, CA Bei einer Radtour über die Golden Gate Bridge landet man in den wunderschönen, wenn auch erstaunlich hügeligen Marin Headlands.

Boulder, CO Das Mekka für Frischluft-Enthusiasten bietet viele tolle Radwege, darunter auch den Boulder Creek Trail und Marshall Mesa Mountain Biking.

Portland, OR Eine Schatztruhe voller toller Radtouren (auf Straßen und querfeldein).

Surfen

Die besten Wellen Nordamerikas brechen sich an der Küste Kaliforniens. Es gibt viele Surfspots – vom schrägen und entspannten **Santa Cruz** bis zum nicht gerade für Newbies geeigneten San Franciscos **Ocean Beach** oder dem unkonventionellen **Bolinas**, 48 km weiter nördlich. Im Süden warten in **San Diego**, **La Jolla**, **Malibu** und **Santa Barbara** starke Wellen und Santa-Ana-Winde; außerdem gibt es dort wärmeres Wasser, weniger Weiße Haie und eine hippe, für Süd-Kalifornien recht typische Strandszene. Die besten Bedingungen findet man zwischen September und November vor. An der Küste von Oregon und Washington gibt es endlos lange und einsame Strände und überall kleinere Surfergemeinden.

Schönste Surf-Spots in Kalifornien

Huntington Beach (alias Surf City, USA) ist so etwas wie die Surferhauptstadt Kaliforniens: Pausenloser Sonnenschein und perfekte Breaks, besonders im Winter bei wenig Wind, locken die Surfgemeinde an.

MOUNTAINBIKE-FREAKS AUFGEPASST

Mountainbiker finden ihr Dorado in Crested Butte und Salida, CO, Moab, UT, Bend, OR, Ketchum, IN, und Marin, CA – Letzteres ist der Ort, wo Gary Fisher und Co. den Sport erst begründeten, indem sie auf selbst gebastelten Rädern die felsigen Flanken des Mt. Tamapais hinunterbrausten. Infos zu Strecken und Ausrüstung gibt's beim MTB Project (www.mtbproject.com) und über BikePacking (www.bikepacking.com). Letztere Website ist besonders interessant für Mountainbiker, die längere Strecken wie den Colorado Trail und den Arizona Trail im Auge haben. Zu den besten Zielen gehören:

Kokopelli Trail, UT Eine der besten Mountainbikerouten im Südwesten verläuft über 228 km auf unterschiedlichstem Terrain zwischen Fruita, CO, und Moab Moab, UT.

Monarch Crest, CO (S. 99) Extremes 40-bis-50 km-Abenteuer entlang der Wasserscheide mit fantastischer Aussicht. In der Nähe von Salida.

Sun Top Loop, WA Die rund 35 km lange Strecke im Bundesstaat Washington wartet mit anstrengenden Steigungen und einem herrlichen Blick auf den Mt. Rainier und die umliegenden Gipfel an den Westhängen der Cascade Mountains auf.

Downieville Downhill, CA (www.downievilleclassic.com) Dieser Weg in der Nähe der gleichnamigen Ortschaft in den Ausläufern der Sierra im Tahoe National Forest ist nichts für Mountainbiker mit schwachen Nerven: Die Abfahrt verläuft an Klippen oberhalb des Flusses und durch alte Wälder – und beinhaltet auf einer Strecke von knapp 22,5 km einen Höhenunterschied von 1280 m.

McKenzie River Trail, Willamette National Forest, OR Der 40 km lange Singletrail windet sich durch dichte Wälder und vulkanische Formationen. Der Ort McKenzie liegt rund 50 Meilen (80 km) östlich von Eugene.

Whole Enchilada, UT Verbindet vier tolle Moab-Trails zu insgesamt knapp 42 km Strecke – inklusive 2 km, bei denen es von den Bergwäldern bis hinunter zum legendären Slickrock geht.

NATIONALPARKS IM WESTEN DER USA

PARK	HIGHLIGHTS	AKTIVITÄTEN	BESTE ZEIT
Arches	mehr als 2000 Sandsteinbogen	Panoramafahrten, Tageswanderungen	Frühjahr–Herbst
Bryce Canyon	leuchtend bunte, erodierte Felsnadeln (Hoodoos)	Tages- & Backcountry-Wanderungen, Ausritte	Frühjahr–Herbst
Canyonlands	klassische Südwest-Landschaft der Canyons, Mesas & Buttes	malerische Panoramen, Backcountry-Wanderungen, Raftings	Frühjahr–Herbst
Carlsbad Caverns	weitläufige Höhlensysteme; Kolonie von Bulldoggfledermäusen	Höhlentouren, Backcountry-Wanderungen	Frühjahr–Herbst
Death Valley	heiße, spektakuläre Wüste & einmalige Ökologie	Panoramafahrten, Tageswanderungen	Frühjahr
Glacier	eindrucksvolle Gletscherlandschaft, Schneeziegen	Tages- & Backcountry-Wanderungen, Panoramafahrten	Sommer
Grand Canyon	spektakulärer, 446 km langer und 1600 m tiefer Canyon	Tages- & Backcountry-Wanderungen, Touren mit Mulis, Flussfahrten	Frühjahr–Herbst
Grand Teton	hochragende Granitgipfel; Elche, Bisons, Wölfe	Tages- & Backcountry-Wanderungen, Klettern, Angeln	Sommer–Herbst
Mesa Verde	uralte Felsbehausungen, historische Stätten, Mesas & Canyons	kurze Wanderungen	Frühjahr–Herbst
Olympic	gemäßigte Regenwälder, Bergwiesen, Mt. Olympus	Tages- & Backcountry-Wanderungen	Frühjahr–Herbst
Petrified Forest	versteinerte Bäume, Petroglyphen, Painted-Desert-Landschaft	Tageswanderungen	ganzjährig
Redwood	unberührter Wald aus Küstenmammutbäumen, den höchsten Bäumen der Erde; Wapitis	Tages- & Backcountry-Wanderungen	Frühjahr–Herbst
Rocky Mountain	beeindruckende Gipfel, Gebirgstundra, die kontinentale Wasserscheide; Wildtiere wie Wapitis, Dickhornschafe, Elche, Biber	Tages- & Backcountry-Wanderungen, Skilanglauf	Sommer–Winter
Saguaro	Wüstenlandschaft mit riesigen Saguaro-Kakteen	Tages- & Backcountry-Wanderungen	Herbst– Frühjahr
Sequoia & Kings Canyon	Riesenmammutbaum-Haine, Granitcanyon	Tages- & Naturwanderungen, Skilanglauf	Sommer–Herbst
Yellowstone	Geysire & Thermalbecken, eindrucksvolle Canyons; viele Wildtiere	Tages- & Backcountry-Wanderungen, Radfahren, Skilanglauf	ganzjährig
Yosemite	Tal mit nackten Granitwänden, Wasserfälle, Bergwiesen	Tages- & Backcountry-Wanderungen, Klettern, Skifahren	ganzjährig
Zion	gewaltiger Canyon mit roten Felsen, Virgin River	Tages- & Backcountry-Wanderungen, Canyoning	Herbst– Frühjahr

SKREIDZELEU / SHUTTERSTOCK ©

Oben: Die Narrows, Zion National Park (S. 231), Utah

Unten: Grand Canyon National Park (S. 190), Arizona

Huntington Beach, Orange County (www.huntingtonbeachca.gov; ⌚5–22 Uhr; (P)) Das Zentrum der Surferwelt ist ideal, um einen Einblick in die Szene zu gewinnen und ein paar Unterrichtsstunden zu nehmen.

Oceanside Beach, Oceanside Im Sommer verheißt der familienfreundliche Strand, der zu den schönsten Süd-Kaliforniens zählt, eine der beständigsten Brandungen weltweit.

Rincon, Santa Barbara Einer der besten Surfspots des Planeten: Praktisch jeder Champion in dieser Sportart hat sich in Rincon bereits blicken lassen.

Steamer Lane und Pleasure Point, Santa Cruz An diesen beiden netten Spots gibt es elf Weltklasse-Breaks, darunter den Pointbreak über felsigem Untergrund.

Swami's, Encinitas Der beliebte Surfstrand unter dem Seacliff Roadside Park bietet vielseitige Breaks, sodass man immer mit fantastischen Wellen rechnen kann.

Infos im Internet

Surfline (www.surfline.com) Hier finden sich ein umfassender Atlas, Live-Webcams und Surfberichte über das Gebiet von San Diego bis Mavericks.

Surfer (www.surfermag.com) Das Web-Magazin aus Orange County wartet mit diversen Reiseberichten, Equipment-Bewertungen, Blogs und Videos auf.

Surfrider (www.surfrider.org) Surfer mit grünem Gewissen können sich dieser gemeinnützigen Organisation anschließen, die sich dem Schutz der Küsten verschrieben hat.

Rafting

Optionen für malerische und spektakuläre Wildwasserfahrten gibt's im Westen der USA jede Menge. In Kalifornien locken der **Tuolumne River** und der **American River** mit mittelschweren bis sehr schweren Stromschnellen, während in Idaho der Middle Fork des Salmon River (S. 144) alles bietet, was das Rafter-Herz begehrt: eine reiche Fauna, prickelnde Stromschnellen, Wasserfälle, Thermalquellen und die Geschichte der Siedler obendrein. Der **North Fork des Owyhee River**, der sich aus dem Hochplateau im Südwesten von Oregon bis in die Prärien Idahos schlängelt, ist zu Recht populär und entzückt mit hohen Hoodoos. Das **Brown's Canyon National Monument** in Salida, Colorado, gilt als eines der beliebtesten Wildwassergebiete des Landes. In Utah kann man nördlich von Moab bei einer leichten Fahrt auf dem **Colorado River** nach Wildtieren Ausschau halten oder sich im Canyonlands National Park (S. 225) an eine Wildwasserfahrt durch Kategorie-V-Stromschnellen inmitten roter Felsen heranwagen.

Wer einen Platz für eine Fahrt auf dem Colorado durch den Grand Canyon ergattern will – und das ist das Rafting-Abenteuer schlechthin! –, muss mindestens ein Jahr im Voraus reservieren. Auch wer sich nicht auf nervenaufreibende Stromschnellen einlassen will, kann Spaß haben: Viele Flüsse haben Abschnitte, auf denen man sich gemächlich auf einem Floß oder in einem Reifen *(tube)* treiben lassen kann.

Kanu- & Kajakfahren

Zur Erkundung ruhiger Gewässer ganz ohne Stromschnellen und Wellenbrecher sind Kajaks oder Kanus ideal. Für große Seen oder das offene Meer sollte es ein seetüchtiges Kajak sein. Zum Transport von sperrigem Gepäck sind diese Wasserfahrzeuge jedoch nicht immer geeignet.

Will man eine malerische Tour mit einem Kajak unternehmen, kann man praktisch überall an der kalifornischen Küste sein Boot in die Wellen schieben. Beliebte Stellen sind u. a. **La Jolla** und die State Parks an der Küste, unmittelbar nördlich von **Santa Barbara**. Im Nordwesten garantieren die Gewässer rund um die **San Juan Islands** und die **Olympic Peninsula** sowie der **Puget Sound** Kajakspaß von Weltklasse. Mondschein-Paddeltouren sind in der **Richardson Bay** bei Sausolito in Kalifornien möglich. Durchschnittlich 32 US$ kostet es, ein seetüchtiges Kajak für zwei Stunden auszuleihen. Anbieter mit guter Reputation werden einen über die Gezeiten und die Windbedingungen auf der vorgesehenen Route informieren.

Überall, wo es Rafting gibt, sind auch Wildwasser-Kajakfahrten beliebt. Im Nordwesten, wo das Wasser von eisbedeckten Vulkanen herabströmt, kann man dabei auf dem **Upper Sgakit River** nach Weißkopfseeadlern spähen, während es auf dem **Klickitat River** durch raue, abgelegene Schluchten geht. In der Nähe von Portland sind der **Clackamas River** und der **North Santiam River** lohnende Ziele. Was Wildwasserfahrten in städtischer Umgebung angeht, sind Colorados Wildwasserparks nicht zu toppen; nicht verpassen sollte man die Wildwasserparks in **Salida** und **Boulder**.

Infos im Internet

American Canoe Association (www.americancanoe.org) Infos über Kajak- und Kanufahrten.

American Whitewater (www.americanwhitewater.org) Die Gruppe setzt sich für nachhaltigen Freizeitspaß und den Schutz naturbelassener Flüsse ein.

Canoe & Kayak (www.canoekayak.com) Fachzeitschrift für Paddelsportler.

Kayak Online (www.kayakonline.com) Tipps zum Kauf von Ausrüstung und hilfreiche Links zu Kajakherstellern, Schulen und Verbänden.

Skifahren & Wintersport

Skifahren, Snowboarden, Schneeschuhwandern, Hüttentouren für Langläufer, mit der Pistenraupe durch abgelegene Gebiete cruisen, Weltcuprennen, super Superpipes und Skitourwettkämpfe: Der Westen ist schneesicher – und man hat garantiert Spaß. Die Skisaison dauert in der Regel von Mitte Dezember bis April, in manchen Resorts aber auch länger. Im Sommer verwandeln sich viele Resorts dank ihrer Sessellifte in Tummelplätze für Mountainbiker und Wanderer. Pauschalangebote (mit Anreise, Hotelunterkunft und Lifttickets) können problemlos direkt über die Resorts oder über Reisebüros und Online-Webportale gebucht werden und sind vor allem dann eine gute Wahl, wenn man in erster Linie Ski fahren möchte.

Wo auch immer man auf die Bretter steigt – billig ist der Spaß nicht. Wer sich für Mehrtagestickets (oder, besser, Saisontickets) oder weniger bekannte Ableger von Resorts wie **Alpine Meadows** (www.squawalpine.com) in der Nähe von Lake Tahoe entscheidet, kann die Reisekasse schonen. Günstiger sind auch Skigebiete, die überwiegend von Einheimischen frequentiert werden, z.B. Ski Santa Fe Ski (www.skisantafe.com) oder **Wolf Creek**, CO (www.wolfcreekski.com).

Top 10: Skiresorts

Vail, CO (S. 94) Das größte (und teuerste) Resort in Colorado; die berühmten Back Bowls (Tal- bzw. Tiefschneeschüsseln) sind einfach fantastisch.

Aspen, CO (S. 96) Egal, ob man als Star anreist oder als lebenslanger Ski-Fan, Aspens vier Berge werden dem Hype gerecht.

Park City and Canyons, UT (S. 216) Diese beiden Resorts in Utah bieten über 28 km² Glückseligkeit und leichten, fluffigen Pulverschnee.

Jackson Hole, WY (S. 116) Erste Wahl aller Profis mit einigen der steilsten Abfahrten der USA.

Salt Lake City, UT (S. 210) Ist Utah das Paradies für Skifahrer? Brighton, Alta, Solitude, Snowbird und 12,5 m Pulverschnee pro Jahr bedeuten: ja.

Telluride, CO (S. 105) Mehr als 8 km² Fläche, 1340 m Höhenunterschied und 7,5 m Schnee pro Jahr – und das alles vor atemberaubender Kulisse.

Lake Tahoe, CA (S. 388) Bietet ein Dutzend Resorts, darunter Heavenly und Squaw Valley.

Taos, NM (S. 248) Neue Besitzverhältnisse und Erweiterungen auf den und abseits der Berge halten Taos mit an der Spitze.

Silverton, CO (S. 107) Die beste Wahl für Hardcore-Fans – hier gibt's keine Resorts für Leute, die in schicken Outfits Selfies machen, sondern lediglich eine Jurte – und unfassbar tolles Gelände.

Big Sky, MT (S. 131) Kein Posing, keine Schlangen an den Liften, sondern Top-Skiabfahrten vom Gipfel des Lone Peaks durch 23,5 km² Gelände.

Skilanglauf & Schneeschuhwandern

In den meisten Skiresorts gibt's auch Loipen. Im Winter finden sich in den Arealen von vielen Nationalparks, National Forests und städtischen Parks präparierte Langlauf- und Schneeschuhwege und auch Schlittschuhbahnen.

Ein erstklassiges Netz von Routen für Langläufer und Schneeschuhwanderer findet sich in der kalifornischen **Royal Gorge**, Nordamerikas größtem nordischen Skigebiet, und im herrlichen, vom Massenandrang verschonten **Methow Valley** in Washington. Wer abseits gespurter Wege auf Ski- oder Schneeschuhwanderungen gehen will, kommt überall in der **Sierra Nevada** mit ihren vielen Skihütten auf seine Kosten. In den **San Juan Mountains**

Oben: Rafting (S. 51) auf dem Salmon River, Idaho

Unten: Skifahren in den Wasatch Mountains (S. 215), Utah

(www.sanjuanhuts.com) in Colorado verteilen sich auf die insgesamt 100 km Wege fünf Skihütten; ferner verwaltet die 10th Mountain Division Association (www.huts.org) mehr als 30 entlegene Hütten in den zentralen Rocky Mountains. Hübsche Gegenden für winterliche Erkundungstouren sind der **South Rim des Grand Canyon** und der umliegende **Kaibab National Forest**.

Infos im Internet

Cross-Country Ski Areas Association (www.xcski.org) Umfassende Infos und Hinweise zur Ausrüstung für Langläufer und Schneeschuhwanderer in ganz Nordamerika.

Cross Country Skier (www.crosscountryskier.com) Magazin zum nordischen Skisport mit Reportagen und der Vorstellung von Reisezielen.

Liftopia (www.liftopia.com) Bietet reduzierte Liftpässe.

Open Snow (https://opensnow.com) Täglich aktuelle Infos zu Schneeverhältnissen und Wetter.

Powder (www.powder.com) Online-Ableger des Skisportmagazins Powder.

Ski (www.skimag.com) Online-Portal der Zeitschrift Ski.

SnoCountry Mountain Reports (www.snocountry.com) Schneebericht für Nordamerika, Veranstaltungskalender, News und Links zu Resorts.

Klettern & Canyoning

In Kalifornien können Kletterfans im **Yosemite National Park** ihren Mut an erstklassigen Felswänden, Granitkuppeln und Findlingen beweisen; die Saison dauert dort von April bis Oktober. Kletterer strömen auch in den **Joshua Tree National Park**, eine extraterrestrisch wirkende Landschaft in der sonnenversengten Wüste Süd-Kaliforniens. Zwischen den schroffen Monolithen und den ältesten Bäumen des Landes finden sich hier 8000 Routen über Steilwände, steile Kanten und unzählige Spalten. Für Anfänger bieten Veranstalter in beiden Parks geführte Klettertouren und -unterricht an.

Beim **Zion National Park** in Utah lernt man bei Canyoning-Kursen die hohe Kunst des Abstiegs: das Abseilen an nackten Sandsteinklippen hinunter in prächtige Slot Canyons. Für manche der anspruchsvolleren Stellen braucht man einen Neoprenanzug, denn es geht an den Flanken tosender Wasserfälle hinab in eiskalte Nass.

Zum Eisklettern empfiehlt sich der Ouray Ice Park (S. 104) in Ouray, abseits des Million Dollar Highway im Südwesten von Colorado. In dem schmalen Slot Canyon befinden sich mit dickem Eis gepanzerte, bis zu 60 m hohe Wände und Wasserfälle.

WALBEOBACHTUNG

Unter allen Säugetieren legen Grau- und Buckelwale bei ihren Wanderungen die längsten Strecken zurück – mehr als 8000 km von der Arktis nach Mexiko und wieder zurück. Die meisten Tiere passieren die Küste der beiden Nordweststaaten Washington und Oregon zwischen November und Februar (südwärts) sowie März und Juni (nordwärts). Grauwale kann man vor der kalifornischen Küste von Dezember bis April erspähen, während Blau-, Buckel- und Pottwale im Sommer und Herbst vorbeiziehen. Fernglas nicht vergessen! Zu den besten Stellen zählen:

Depoe Bay & Newport, Oregon (S. 448) Gute Stelle für Walbeobachtungen; Tourboote vorhanden.

Puget Sound & San Juan Islands, Washington (S. 416) Mit ortsansässiger Schwertwal-Population.

Point Reyes Lighthouse, Kalifornien (S. 359) Grauwale ziehen im Dezember und Januar vorbei.

Monterey, Kalifornien (S. 325) Walsichtungen ganzjährig möglich.

Channel Islands National Park, Kalifornien (S. 317) Man kann Wale bei einer Tour oder durch das Teleskop im Turm des Visitor Centers beobachten.

Cabrillo National Monument, Kalifornien (S. 300) Die beste Stelle in San Diego, um zwischen Januar und März die Wanderung der Grauwale zu beobachten.

UND WAS NOCH?

AKTIVITÄTEN	WO?	WAS GENAU?	INFOS IM INTERNET
Reiten	Freizeit-Ranches im südlichen Arizona	Wildwest-Landschaft; die meisten Ranches bleiben im Sommer wegen der Hitze geschlossen	www.azdra.com
	Südrand des Grand Canyon, AZ	Ausritte mit Themenschwerpunkt; herrliche Sonnenuntergänge	www.apachestables.com
	Santa Fe, NM	Ausritte für Kinder und in der Abenddämmerung	www.bishopslodge.com
	Telluride, CO	ganzjährig Ausritte in die hügelige Landschaft	www.ridewithroudy.com
	Durango, CO	Tagesritte und mehrtägige Ausritte mit Campen in der Weminiuche Wilderness	www.vallecitolakeoutfitter.com
	Yosemite National Park, CA	Ausritte im Yosemite Valley, den Tuolumne Meadows & in der Nähe von Wawona	www.yosemitepark.com
	Florence, OR	romantische Ausritte zum Strand	www.oregonhorsebackriding.com
Tauchen	Blue Hole near Santa Rosa, NM	24,7 m tiefer artesischer Brunnen; das blaue Wasser mündet in eine fast 40 m lange Höhle	www.santarosanm.org
	La Jolla Underwater Park, CA	gut geeignet für Anfänger; Schnorchler tummeln sich in der nahen La Jolla Cove	www.sandiego.gov/lifeguards/beaches
	Channel Islands National Park, CA	Kelpwälder und Meereshöhlen vor den Küsteninseln	www.nps.gov/chis
	Point Lobos State Reserve, CA	fantastische Tauchmöglichkeiten vor der Küste; flache Riffe, Höhlen, Seelöwen, Seehunde, Otter	www.pointlobos.org
	Puget Sound, WA	klares Wasser, vielfältiges Meeresleben (Riesenkraken!)	www.underwatersports.com
Ballonfahren	Sedona, AZ	im Heißluftballon übers Red-Rock-Country schweben, danach Sektpicknick	www.northernlightballoon.com
	Napa Wine Country, CA	mit bunten Ballons über den Weinbergen schweben	www.balloonrides.com; www.napavalleyballoons.com
	Albuquerque, NM	dank Albuquerques einzigartigen Windverhältnissen *der* Ort für Ballonfahrer	http://discoverballoons.com

Weitere tolle Kletterspots sind:

Grand Teton National Park, WY Ist geeignet für Kletterer aller Leistungsklassen: Für Anfänger gibt's Einführungskurse, erfahrenere Bergsteiger können sich zweitägigen Expeditionen zum Gipfel des Grand Teton anschließen – der 4197 m hohe Gipfel bietet eine majestätische Aussicht.

Smith Rock, OR Mekka für Sportkletterer in Zentral-Oregon mit der ersten Route mit Schwierigkeitsstufe 5.14 der USA.

City of Rocks National Reserve, ID Hier führen mehr als 500 Routen auf windgepeitschte Granitfelsen und spektakuläre Felsspitzen, die wie ein 60-stöckiges Gebäude aufragen.

Red River Gorge, KY Das beliebteste Sportklettergebiet der USA liegt tief in den Appalachen.

Bishop, CA Die verschlafene Stadt in der Eastern Sierra ist die Basis für tolle Klettertouren in der Owens River Gorge und den Buttermilk Hills.

Red Rock Canyon, NV 16 km westlich von Las Vegas liegt eines der weltweit schönsten Sandstein-Kletterparadiese.

Indian Creek, UT Perfektes Sandsteinklettern in der Nähe von Moab.

Devil's Tower, WY Der 265 m hohe Härtling (bekannt aus Spielbergs *Unheimliche Begegnung der dritten Art*) steht auf der Wunschliste eines jeden ernsthaften Kletterers.

Eldorado Canyon, CO Direkt vor Boulder warten mehr als 1000 Gelegenheiten, Granitwände zu erklimmen.

Flatirons, CO Nicht die beste Klettergelegenheit in Boulder, aber die 300 m hohe Felsformation aus Sandstein ist sicher nicht ganz ohne Reiz.

Infos im Internet

American Canyoneering Association (www.canyoneering.net) Canyon-Datenbank mit Links zu Kletterkursen, Klettervereinen vor Ort und mehr.

Climbing (www.climbing.com) Bietet seit 1970 topaktuelle News und Infos zum Klettern.

CUSA (www.canyoneeringusa.com) Großartiger Online-Guide zu Utahs Canyoning-Routen.

Rock & Ice (www.rockandice.com) Die Nr. 1 unter den US-Klettermagazinen.

SuperTopo (www.supertopo.com) Kletterführer, topografische Karten und Routenbeschreibungen zum Download.

Reiseplanung

Essen & Trinken wie die Einheimischen

Die Küche im Westen der USA lässt sich nicht leicht in eine Schublade packen, gibt es doch Unmengen an sehr unterschiedlichen regionalen Spezialitäten. So garantiert es jede Menge Spaß, Gerichte aus lokalen Zutaten und mit spezifisch kulturellem Hintergrund zu probieren – von Grünen-Chili-Enchiladas in New Mexico über gegrillten Lachs im Pazifischen Nordwesten bis hin zu köstlichen Fischtacos in San Diego oder von der Flamme geküssten Steaks in Arizona.

Klassiker & Spezialitäten

Frühstück

Wie im Rest des Landes fällt das Frühstück auch im Westen üppig aus, es besteht oft aus einer Portion herzhaften Biscuits and Gravy in einem Cowboy-Diner, einem schnellen Egg McMuffin beim Drive-in oder einem ausgiebigen Sonntags-Brunch – viele Amerikaner lieben Eier mit Speck, Waffeln, Hash Browns und ein großes Glas Orangensaft. Und vor allem bestehen sie auf ihr „Grundrecht" auf dampfenden Kaffee – nachgeschenkt, so oft wie nötig.

Mittagessen

Nach der vormittäglichen Kaffeepause reicht es für die meisten amerikanischen Angestellten in der (heute meist nur halbstündigen) Mittagspause gerade mal für ein Sandwich, einen schnellen Burger oder einen herzhaften Salat. Der formelle „Business Lunch" ist in Großstädten wie Los Angeles stärker verbreitet, wobei die Gespräche oft wichtiger sind als das Essen.

Abendessen

Die Amerikaner nehmen – auch werktags – ein reichhaltiges Abendessen zu sich, meist

Gut zu wissen

Etikette

Bei durchschnittlicher Bedienung sind 15 % der Rechnungssumme als Trinkgeld angebracht; ist man sehr zufrieden gibt man 20 % (oder mehr).

Die Serviette breitet man während des Essens in der Regel auf seinem Schoß aus.

Man stützt sich nicht mit den Ellbogen auf den Tisch.

Erst essen, wenn allen anderen am Tisch ebenfalls das Essen serviert wurde.

Bei formellen Einladungen ist es üblich zu warten, bis der Gastgeber/die Gastgeberin die Gabel ansetzt.

Regionale Spezialitäten

Fischtacos (San Diego, Kalifornien)

Frito-Pie (New Mexico)

Cheeseburger mit grünen Chilis (New Mexico)

Navajo-Tacos (Nordost-Arizona)

Sonoran Dogs (Tucson, Arizona)

Rocky Mountain Oysters (Kalbshoden; Colorado)

ACKERLAND, NATURPRODUKTE & FISCH

Die verschiedenen geografischen und klimatischen Bedingungen – eine milde, dunstige Küstenregion mit sonnigem Sommer sowie dürres Ackerland im Osten – eignen sich für den Anbau von Obst und Gemüse, u.a. Melonen, Trauben, Äpfel, Birnen, Erdbeeren, Kirschen und Heidelbeeren. Auch Kartoffeln, Linsen, Mais, Spargel und süße Walla-Walla-Zwiebeln gedeihen bestens und werden für den lokalen Verzehr und den Export gezogen.

Vieles wächst hier auch wild, besonders in feuchten Regionen wie der Coast Range. Naturverbundene Gourmets sammeln die gleichen Nahrungsmittel wie einst die hiesigen Ureinwohner: das ganze Jahr über Pilze sowie im Sommer Früchte und Beeren.

Mit seiner lang gezogenen Küste und einem eindrucksvollen Flusssystem hat der Nordwesten jede Menge frische Fische und Meeresfrüchte zu bieten. Zu den saisonalen Spezialitäten zählen Scheidenmuscheln, Miesmuscheln, Garnelen, Weißer Thun, Taschenkrebse und Stör. Lachs – geräuchert oder gegrillt, im Salat, in einer Quiche oder als Sushi – bleibt eines der Lieblingsgerichte der Region.

vergleichsweise früh am Abend. Angesichts der Arbeitslast in so vielen Familien, bei denen beide Partner einem Fulltime-Job nachgehen, wird es meist entweder geliefert (z.B. Pizza oder chinesisches Essen) oder besteht aus Fertiggerichten für die Mikrowelle. Zum Dessert gibt's meist Eiscreme, Pies und Kuchen. Einige Familien kochen traditionell am Sonntagabend ein Dinner, wenn Verwandte und Freunde sich zu einem Fest treffen, und am Wochenende wird viel gegrillt oder gepicknickt.

Auf die Schnelle

Ein Hotdog von einem Imbisskarren oder ein Taco von einem am Straßenrand geparkten Food Truck sind praktische und oft auch schmackhafte Snacks in den Geschäftsvierteln der Innenstädte. Bedenken hinsichtlich mangelnder Hygiene sind unbegründet, werden doch diese Anbieter in der Regel von den Gesundheitsbehörden kontrolliert. Fast-Food-Restaurants mit Drive-In sind überall im Land vertreten; an größeren Highway-Ausfahrten findet man meist mindestens eines. Auf Festen und ländlichen Jahrmärkten bekommt man Zuckerwatte, Corn Dogs, Liebesäpfel, Funnel Cakes (Strauben), gefrorene Bananen mit Schoko-Glasur und leckere regionale Spezialitäten. Auf Bauern- und Biomärkten erhält man oft gesünderes Essen.

Kalifornien

Aufgrund seiner Größe und der verschiedenen Mikroklimata gedeihen in Kalifornien Obst und Gemüse gut, zudem gibt es zahllose Asia-Märkte. Das kulinarische Angebot beeindruckt mit Wildlachs, Taschenkrebsen und Austern aus dem Pazifik, ganzjährig frisch Geerntetem und handgemachten Leckereien wie Käse, Brot, Olivenöl, Wein und Schokolade.

In den 1970er- und 1980er-Jahren prägten Spitzenköche wie Alice Waters und Wolfgang Puck den Begriff der „California Cuisine", indem sie beste regionale Zutaten zu einfachen, aber köstlichen Kreationen verarbeiteten. Der Zustrom asiatischer Einwanderer, insbesondere nach dem Vietnamkrieg, bereicherte die urbane Esskultur durch Chinatowns, Koreatowns und Japantowns. Daneben pflegen riesige Enklaven von aus Mexiko stammenden Amerikanern ihre kulinarischen Traditionen. Internationale Fusion-Restaurants sind ein weiteres Merkmal der kalifornischen Gastronomie.

Nordküste & Sierras

In den 1970er-Jahren traten San Franciscos Hippies für einen autarkeren Lebensstil ein. Sie belebten die Tradition der eigenen Brot- und Käseherstellung wieder und bauten ihre Lebensmittel selbst an (Tipp: Farmer von Mendocino bis Humboldt meinen es ernst mit ihren *„No Trespassing"*-Schildern!). Diese alternativen Landwirte praktizierten bereits damals pestizidfreien Anbau und schufen eine bodenständige Bio-Küche, die gesund und lecker zugleich ist.

An der Nordküste trifft man auf Einflüsse der naturverbundenen Ohlone- und Miwok-Küche. Die in Nordkalifornien beheimateten Stämme angelten, jagten, stellten Brot aus Eichelmehl her, legten Obstgärten an und widmeten sich entlang der Küste dem nachhaltigen Anbau. Unter solch verantwortungsvollen Verwaltern konnte die Natur ungestört gedeihen und so gibt es hier jede Menge Wildhonig und Brombeeren. An der Küste werden Meeresfrüchte traditionell von Hand gesammelt und gefangen, daneben sind nachhaltige Kaviar- und Austernfarmen entstanden. Furchtlose Forscher haben jede essbare Pflanze identifiziert, vom Sauerklee der Sierras bis hin zu Seetang aus Mendocino; die besten Plätze zur Pilzsuche hingegen bleiben das Geheimnis der Einheimischen.

San Francisco Bay Area

Nach den statistischen Daten von 2010 kommen in San Francisco fast 40 Restaurants auf 10 000 Haushalte – eine größere Dichte als irgendwo sonst in den USA. Hunderte von lizenzierten Food Trucks fahren kreuz und quer in der Stadt herum.

Einige kulinarische Neukreationen der Stadt haben sich zu Dauerbrennern entwickelt, darunter der stets beliebte *cioppino* (Taschenkrebseintopf), der von der Familie Ghirardelli erfundene Schokoriegel oder Sauerteigbrot mit Teig, der wie in der Goldgräberzeit zubereitet wird und bis heute die Gaumen erfreut. Dim Sum ist Kantonesisch für die als *xiao che* (kleine Snacks) bekannten Köstlichkeiten. Sie werden als *yum cha* (Servierwagen-Gerichte) angeboten; es gibt Dutzende Lokale in San Francisco, in denen diese als Mittagessen gereicht werden.

Mexikanisches, französisches und italienisches Essen zählt zu den ganzjährigen Favoriten in der Region; daneben gibt's viele neuere ethnische Verrücktheiten: *izakaya* (japanische Bars, die Snacks servieren), koreanische Tacos, *banh mi* (vietnamesische Sandwichs mit mariniertem Fleisch und eingelegtem Gemüse auf Baguettes) oder *alfajores* (arabisch-argentinische Shortbread-Kekse, gefüllt mit Creme).

Süd-Kalifornien

Los Angeles ist schon seit Langem für Starköche und berühmte Restaurantbetreiber bekannt. Nach Robert H. Cobb, Besitzer des Brown Derby Restaurant in Hollywood, ist der Cobb-Salat (Blattsalat, Tomaten, Eier, Hühnchen, Speck und Roquefort) benannt. Wolfgang Puck läutete den Promiköche-Trend 1982 mit der Eröffnung des bei Stars beliebten Spago auf dem Sunset Strip ein.

Wer in Los Angeles authentische multikulturelle Küche sucht, findet in Koreatown würzige *kalbi* (marinierte gegrillte Rippchen vom Rind), in East L.A. Tacos *al pastor* (mariniertes, geröstetes Schweinefleisch) und in Little Tokyo täglich frisch zubereitete Ramen-Nudeln.

Weiter südlich locken die Strandorte am Hwy 1 wie Laguna Beach oder La Jolla mit tollen Surfwellen und kleinen, herzhaften Snacks wie Frühstücks-Burritos und Fisch-Tacos. Nicht entgehen lassen sollte man sich zudem einen Shake bei Ruby's Crystal Cove Shake Shack südlich von Newport Beach.

Der Nordwesten

James Beard (1903–1985), ein aus Oregon stammender Koch und Kochbuchautor, propagierte die Meinung, dass Gerichte einfach – also ohne zu viele Zutaten und komplizierte Kochtechniken – zubereitet werden müssen, um ihre Aromen zu entfalten. Diese Philosophie prägte die moderne Nordwest-Küche. In Washington und Oregon mag man keine Show-Küche, viel Wert wird aber auf Innovation gelegt, besonders wenn es um nachhaltiges, bewusstes Essen geht.

Der Südwesten

In puncto Essen ist Maßhalten in Arizona, New Mexico, Utah, im Süden von Colorado und in Las Vegas keine Tugend. Diese

FRÜHSTÜCKS-BURRITOS

Es gibt ein mexikanisch inspiriertes Gericht, bei dessen Zubereitung man es im Westen zur Meisterschaft gebracht hat: den Frühstücks-Burrito. Er wird in Diners und Delis in Colorado, Coffeeshops in Arizona oder in Strandcafés in Kalifornien serviert. In vielerlei Hinsicht ist er das ideale Frühstück – billig (meist unter 6 US$), proteinreich (Eier, Käse, Bohnen), mit frischem Gemüse (oder zählt Avocado als Obst?), heißer Salsa (ist das Gemüse?) und zusammengerollt in Papier oder Folie zum Mitnehmen bereit. Man schält ihn wie eine Banane und lässt sich vom herzhaften Duft berauschen.

Oben: Fischtacos im Baja-Stil

Unten: Weinprobe in Walla Walla (S. 424)

Schlaraffenländer sind nichts für Zimperliche: Sonora-Hotdogs, Grüne-Chili-Cheeseburger, *huevos rancheros*, saftige Steaks und endlose Büffets – man schießt sein Instagram-Foto und schlägt zu.

Zwei ethnische Gruppen bestimmen die kulinarische Kultur des Südwestens: die Spanier und die Mexikaner, die bis weit ins 19. Jh. Gebiete von Texas bis Kalifornien beherrschten. Wirklich spanische Gerichte gibt es kaum, doch brachten die Spanier das Rind nach Mexiko, das die Mexikaner in ihre eigene, auf Mais und Chili beruhende Küche aufnahmen, um Tacos, Tortillas, Enchiladas, Burritos, *chimichangas* (frittierte Burritos) und andere Gerichte aus Mais- oder Weizenmehlpfannkuchen zu erfinden, die mit allem Möglichen, von Hackfleisch und Geflügel bis hin zu Bohnen gefüllt werden. In Arizona und New Mexico kann man überdies in Reservaten und bei Stammesfesten Gerichte amerikanischer Ureinwohner probieren. Steaks und Gegrilltes sind auf den Speisekarten im Südwesten immer zu finden. Und Bier ist das Getränk der Wahl zum Abendessen und auf Partys.

Kosmopolitisch geht's in Las Vegas zu: Spitzenköche aus New York, L. A. und Paris eröffneten hier Ableger ihrer Restaurants.

Mexikanisch

Die mexikanische Küche ist meist scharf und würzig. Wer diesbezüglich empfindlich ist, sollte daher vorsichtig den Schärfegrad der Salsa testen, bevor es ans Essen geht. In Arizona wird die Sonora-Variante zubereitet, beispielsweise *carne seca* (getrocknetes Rind). Die Gerichte werden meist mit Bohnenmus, Reis sowie Weizen- oder Mais-Tortillas serviert, die Chilis sind relativ mild. Die Einwohner von Tucson bezeichnen ihre Stadt gerne als Welthauptstadt der mexikanischen Küche, und da ist durchaus was dran. Auch Restaurants in Colorado servieren mexikanische Gerichte, halten sich bei der Werbung jedoch bedeckter.

Die Küche New Mexicos unterscheidet sich von der mexikanischen, gleichwohl gibt es Ähnlichkeiten. Pintobohnen werden im Ganzen serviert, *posole* (Maiseintopf) ersetzt oft den Reis. Chilis werden nicht nur als Gewürz (wie in Salsa) eingesetzt, sondern sind tonangebend in fast jedem Gericht. Zu den Spezialitäten gehört *carne adobada* (mariniertes Schweinefleisch).

Finden sich auf einer Speisekarte Gerichte und Saucen mit grünem oder rotem Chili, handelt es sich meist um Speisen nach New-Mexico-Art. Der Bundesstaat ist für seine mit Chili verfeinerten mexikanischen Klassiker bekannt. Besonders berühmt für grüne Chilis ist die Stadt Hatch in New Mexico. Um ein Gericht mit roten und grünen Chilis zu bekommen, bestellt man es im *Christmas-Style*.

STEAK & KARTOFFELN

Lust auf ein saftiges Rindersteak mit Salat, Ofenkartoffel und Bohnen? Dann ab in den Südwesten, wo es jede Menge Farmen, familienfreundliche Steakrestaurants (*chophouses*) und Grillpartys gibt. In Utah beeinflussen die Mormonen den Speiseplan – hier dominiert die gute alte amerikanische Hausmannskost mit Gerichten wie Hühnchen, Steaks, Kartoffeln, hausgemachten Pies und Eis.

Indigene Küche

Die heutige Küche der Ureinwohner hat nur wenig Ähnlichkeit mit den Essgewohnheiten der Indianer vor der spanischen Eroberung, unterscheidet sich jedoch von der Küche des Südwestens. Navajo und Indian Tacos – Brotfladen mit Bohnen, Fleisch, Tomaten, Chili und Salat – sind am weitesten verbreitet. Das zähe *horno*-Brot wird in Lehmöfen in Bienenkorbform gebacken.

Die meisten anderen Gerichte indigenen Ursprungs bestehen aus Wildfleisch, Kürbis und lokalen Zutaten wie Beeren und Pinienkernen. Wenngleich ihr Bekanntheitsgrad steigt, sind sie recht schwer aufzutreiben. Gute Chancen hat man an Imbissständen auf Festen, bei Powwows, Rodeos, an Pueblo-Feiertagen und in Kasino-Restaurants.

Immer mehr Spitzenrestaurants im Südwesten servieren moderne indigene Gourmetküche aus traditionellen Zutaten (z. B. blauen Mais, Wildpilze, Wildbret).

Vegetarisch & Vegan

Restaurants in US-Metropolen servieren zumeist mindestens ein fleischfreies Gericht, sind aber nur selten komplett vegetarisch bzw. vegan. Alternativ gibt's in fast allen größeren Städten Naturkostläden. Draußen in der ländlichen Wildnis sieht's

TOP-VEGGIE-RESTAURANTS

Green New American Vegetarian (S. 179) Phoenix, AZ

Lovin' Spoonfuls (S. 204) Tucson, AZ

Macy's (S. 188) Flagstaff, AZ

Greens (S. 351) San Francisco, CA

City O' City (Karte S. 78; ☎303-831-6443; www.cityocitydenver.com; 206 E 13th Ave; Hauptgerichte 9–14 US$; ⊙7–2 Uhr; ✎; 🚌0, 6, 10, 16) ✎ Denver, CO

Leaf (☎303-442-1485; www.leafvegetarianrestaurant.com; 2010 16th St; Hauptgerichte 13–18 US$; ⊙Mo–Do 11.30–21, Fr bis 22, Sa 10–22, So bis 21 Uhr; ✎; 🚌204) ✎ Boulder, CO

damit aber vielerorts mau aus – die beste Wahl ist dann selbst Picknick-Proviant von lokalen Lebensmittelgeschäften.

Die traditionelle Regionalküche des Südwestens verwendet oft Schweineschmalz. Dies gilt z. B. auch für Bohnengerichte, Tamales, *sopaipillas* (frittierte Blätterteigtaschen) und Tortillas aus Weizenmehl (aber nicht aus Maismehl). Im Zweifelsfall einfach fragen: Selbst sehr authentische Restaurants haben für Vegetarier oft einen Topf mit Pintobohnen auf dem Herd stehen.

Getränke

Hart arbeiten, kräftig feiern: Die US-Amerikaner sind keine Abstinenzler. Rund 56% trinken zumindest einmal im Monat Alkohol.

Bier

Kleinbrauereibier

Craft-Bier und Kleinbrauereien liegen in den USA seit rund zehn Jahren im Trend. Handwerklich gebrautes Bier macht heute 12,2% des Umsatzes auf dem heimischen Biermarkt aus. Der Begriff *microbrew* wird jedoch unscharf gebraucht und umfasst auch Biere von großen, etablierten Brauereien wie Sam Adams oder Sierra Nevada. Laut der Brewers Association darf aber eine *craft brewery* nicht mehr als 6 Mio. Barrels (ca. 715 Mio. l) pro Jahr produzieren. Ferner dürfen die Brauereien keinem Konzern angehören und müssen Bier aus traditionellen Zutaten brauen.

In den letzten Jahren sind Kleinbrauereien wie Pilze aus dem Boden geschossen, praktisch überall im Westen kann man lokal gebraute Biere trinken – ob nun in Metropolen, Kleinstädten oder an Orten, wo man es nicht für möglich gehalten hätte. Sehr beliebt sind solche Brauereien in Gemeinden wie Moab, Flagstaff und Durango, die als Zugang zu den Nationalparks fungieren.

Wein

Über 8700 Weingüter gibt es in den USA, in denen 2010 erstmals mehr Wein konsumierte wurde als in Frankreich. Zum Missfallen europäischer Winzer, die die kalifornischen Weine lange als zweitklassig betrachteten, gewinnen amerikanische Weine heute sogar internationale Preise. Hinter Italien, Frankreich und Spanien sind die USA der viertgrößte Weinproduzent der Welt.

Wein ist in den USA nicht billig, etwa 12 US$ wird man in den Spirituosen- und Weingeschäften für einen sehr guten amerikanischen Tropfen schon ausgeben müssen.

Weinregionen

Heute stammen fast 90% der US-Weine aus Kalifornien, aber auch jene aus Oregon und Washington werden international geschätzt.

Das Zentrum des amerikanischen Weintourismus ist zweifellos Nord-Kalifornien mit dem Napa Valley und dem Sonoma Valley unweit der Bay Area. Auch andere Anbaugebiete wie das Willamette Valley in Oregon, Kaliforniens Central Coast und Arizonas Patagonia-Region haben sich zu beliebten Zielen für Traveller auf der Pirsch nach dem besten Pinot Noir entwickelt und eine Fremdenverkehrsindustrie mit B&B-Unterkünften aufgebaut.

Auf dem fruchtbaren amerikanischen Boden gedeihen exzellente Weine. Die beliebtesten Weißweine sind Chardonnay und Sauvignon Blanc; bei den Rotweinen kommt diese Ehre u. a. dem Cabernet Sauvignon, Merlot, Pinot Noir und Zinfandel zu.

Margaritas

Tequila ist ein Synonym für den Südwesten. Vor allem in stark hispanisch geprägten Regionen (New Mexico, Arizona, südwestliches Colorado) wird diese Spirituose dort bevorzugt in Form von Margaritas genossen. Deren Geschmack hängt von der Qualität der verwendeten Zutaten ab. Die Grundbestandteile sind jedoch stets Tequi-

BIER VON HIER

In vielen Outdoor-Hochburgen des Westens fungieren Kleinbrauereien als inoffizielle Gemeindezentren: Bei saisonalen Craft-Bieren wird dort in entspanter Atmosphäre mit Freunden geplauscht. Beispiele für Top-Adressen:

Beaver Street Brewery (☎928-779-0079; www.beaverstreetbrewery.com; 11 S Beaver St; ⏲So–Do 11–23, Fr & Sa bis 24 Uhr) Flagstaff, AZ

OHSO Brewery & Distillery (Karte S. 176; ☎602-955-0358; www.ohsobrewery.com; 4900 E Indian School Rd; ⏲Mo–Do 11–24, Fr bis 1.30, Sa 9–1.30, So bis 24 Uhr; 📶) Phoenix, AZ

Black Shirt Brewing Co (S. 80) Denver, CO

Mountain Sun (S. 86) Boulder, CO

Steamworks Brewing (☎970-259-9200; www.steamworksbrewing.com; 801 E 2nd Ave; ⏲Mo–Do 11–24, Fr–So bis2 Uhr) Durango, CO

Squatters Pub Brewery (www.squatters.com; 147 W Broadway; Gerichte 10–22 US$; ⏲Mo–Do 11–24, Fr bis 1, Sa 10–1, So bis 24 Uhr) Salt Lake City, UT

Snake River Brewing Co (S. 118) Jackson, WY

North Coast Brewing Company (☎707-964-2739; www.northcoastbrewing.com; 455 N Main St; Hauptgerichte 17–25 US$; ⏲Restaurant So–Do 16–22, Fr & Sa bis 23 Uhr, Schankraum tgl. ab 14 Uhr; 📶) Fort Bragg, CA

Ecliptic Brewing (S. 435) Portland, OR

Fremont Brewing Company (S. 406) Seattle, WA

la, ein Zitruslikör (Grand Marnier, Triple Sec oder Cointreau) und Limettensaft (frisch gepresst oder als „Sweet & Sour"-Mix).

Margaritas werden entweder *frozen* (mit zerstoßenem Eis), *on the rocks* (mit Eiswürfeln) oder *straight up* (ohne Eis) serviert. Die meisten Leute bestellen sie mit Salz. Traditionelle Varianten haben ein Limettenaroma. Die beliebten Drinks gibt's aber auch in vielerlei anderen Geschmacksrichtungen (am besten *frozen* ordern).

Kaffee

Die US-Amerikaner sind wahre Koffeinjunkies. Und ihre Sucht wird immer schlimmer: In den letzten 25 Jahren hat sich der Kaffeekult noch intensiviert, woran Starbucks wohl nicht unschuldig ist. Die weltgrößte Kaffeekette entwickelte sich aus der progressiven Kaffeekultur des Nordwestens; die erste Filiale öffnete 1971 gegenüber dem Pike Place Market in Seattle.

Die Idee, Kaffee von verschiedenen gerösteten Bohnen aus der ganzen Welt in einem gemütlichen Café zu servieren, verhalf der amerikanischen Kaffeetasse zu einem raffinierteren, komplexeren (und kostspieligeren) Inhalt, als ihn die allgegenwärtige Marke Folgers und der herkömmliche Filterkaffee bieten konnten. Anfang der 1990er-Jahre entstanden im ganzen Land Shops, die den Erfolg von Starbucks nachahmten.

Unabhängige Läden bieten gemütliche Cafékultur, etwa mit Gratis-WLAN und bequemen Sitzbereichen. Dazu noch ein Tipp: Wer in einem Café kostenlos das Internet nutzt, sollte jede Stunde etwas bestellen, seinen Laptop nicht unbeaufsichtigt lassen und über Störungen hinwegsehen!

VINTAGE-COCKTAILS

Überall in den USA ist es richtig cool geworden, zu feiern, als lebte man im Jahr 1929 – nämlich mit Cocktails aus den Tagen der Prohibition, als der Konsum von Alkohol gegen das Gesetz verstieß. Während das Alkoholverbot wohl nicht so schnell zurückkehren dürfte, finden sich viele Bars, in denen der Geist der Goldenen Zwanziger Jahre weiterlebt. Die von alten Rezepten inspirierten Cocktails mit Zutaten wie in kleinen Chargen produzierten Likören, geschlagenem Eiweiß, von Hand gehacktem Eis und frischen Früchten werden liebevoll von smart gekleideten Barkeepern komponiert, die ihren Beruf als ein Zwischending aus Kunst und Handwerk ansehen.

Reiseplanung

Mit Kindern reisen

Der Westen der USA ist ein tolles Reiseziel für Familien, das Attraktionen für alle Altersstufen bereithält: Themenparks, Zoos, Wissenschaftsmuseen, Wanderwege in Naturschutzgebieten, Bodyboard-Surfen und Radtouren in Wäldern. Selbst die meisten National und State Parks haben kindgerechte Programme.

Die besten Regionen für Kinder

Grand Canyon & südliches Arizona

Es locken Wanderungen in den Grand Canyon, Planschvergnügen im Oak Creek und Saguaro-Kakteen außerhalb von Tucson. Auch Wasserparks, Ferienranches und Geisterstädte halten die Kleinen bei Laune.

Los Angeles & südliches Kalifornien

In Hollywood kann man die Handabdrücke von Promis begutachten, im Hancock Park die Teergruben von La Brea bestaunen, in Burbank eine Studioführung machen und in Santa Monica oder San Diego an den Strand pilgern. Viele Themenparks!

Colorado

Es gibt Museen und Wasserparks in Denver, Seilrutschen und Ausritte in den Rocky Mountains, Raften in der Nähe von Buena Vista und Salida, Erkunden von Felsbehausungen in Mesa Verde und überall Skiorte.

Utah

Ein Spielplatz aus roten Felsen für ältere Kinder, die die Natur genießen: Mountainbiken auf Slickrock, Canyon-Abenteuer und jede Menge unglaubliche Landschaften, die jedem Fantasyfilm zur Ehre gereichen würden.

Der Westen für Kinder

Im diesem Buch wird auf kinder- und familienfreundliche Sehenswürdigkeiten sowie Aktivitäten, Unterkünfte, Restaurants und Unterhaltungsangebote mit dem Familien-Symbol (👪) hingewiesen.

Essen

Die Restaurantbranche setzt auf Familienservice, Kinder sind fast überall willkommen. Der Nachwuchs bekommt oft spezielle Kindermenüs (kleinere Portionen zu niedrigeren Preisen), mitunter isst er bis zu einer gewissen Altersgrenze sogar gratis. Restaurants stellen in der Regel Hochstühle und Sitzerhöhungen zur Verfügung. Mancherorts gibt's auch Malstifte und Puzzles.

Restaurants ohne Kindermenüs haben nicht unbedingt etwas gegen kleine Gäste; bei teureren Lokalen kann dies jedoch der Fall sein. Aber: Wer die netteren Lokale früh besucht, isst meist stressfreier. Man kann nachfragen, ob die Küche kleinere Portionen zubereiten oder normale Gerichte auf zwei Teller aufteilen kann und ob dies extra berechnet wird.

Unterkunft

Motels und Hotels haben meist Zimmer mit zwei Betten, die ideal für Familien sind. Manchmal kann man sich gegen einen Aufpreis auch Beistell- oder Gitterbetten bringen lassen. Das sind oft multifunktionale, transportable Klappvarianten (Reisebett), die allerdings nicht alle Kinder mögen. Viele Hotels haben Verbindungstüren zwischen den Zimmern. Einige lassen Kinder bis zwölf oder gar 18 Jahre gratis übernachten. Viele B&Bs akzeptieren keine Kids – daher unbedingt gleich beim Buchen erkundigen! Die meisten Resorts sind kinderfreundlich und bieten entsprechende Freizeitprogramme. Aber auch hier gilt: Besser beim Buchen nachfragen!

Betreuung

Resorts beschäftigen häufig Babysitter, die auf Abruf bereitstehen – andernfalls einfach bei der Rezeption oder dem Portier um Vermittlung bitten! Babysitter sollten offiziell zugelassen sein und zu einer Firma gehören. Ebenfalls wichtig sind der Stundensatz pro Kind, die eventuelle Mindestgebühr und Zusatzkosten für Anfahrt oder Essen. Die meisten Touristeninformationen führen Verzeichnisse mit Betreuungs- sowie Freizeitoptionen, Ärzten usw.

Ermäßigungen

Rabatte werden normalerweise für Kinder bis zwölf oder 16 Jahren gewährt und betragen bis zu 50 % des vollen Preises; es gibt sie oft bei geführten Touren, Eintrittsgeldern und der Nutzung öffentlicher Verkehrsmittel. Bei einigen Sehenswürdigkeiten werden auch Familienrabatte angeboten. Für Kids unter zwei Jahren ist der Eintritt oft frei.

Highlights für Kinder

Outdoor-Abenteuer

Yellowstone National Park, WY (S. 120) Hier kann man mächtige Geysire bewundern, Tiere beobachten und herrlich wandern.

Grand Canyon National Park, AZ (S. 190) Das riesige Naturwunder ist auch für Kids ein fesselnder Anblick. Wissbegierige Kinder können den Rangern Löcher in den Bauch fragen, aktive wandern oder Rad fahren.

Olympic National Park, WA (S. 411) In einem der wenigen gemäßigten Regenwälder des Planeten lässt sich ungezähmte Wildnis erkunden.

Zion National Park, UT (S. 231) Kostenloser Shuttleservice, Zugang zum Fluss, Klettern und Wanderungen jeden Schwierigkeitsgrades.

Oak Creek Canyon, AZ (S. 183) Im Slide Rock State Park (Arizona) macht es besonders viel Spaß, über die roten Felsen zu flitzen.

Moab, UT (S. 222) Mountainbiken, Raften, Petroglyphen und Klettern machen Moab zu einem großartigen Ziel für Jugendliche.

San Diego, CA (S. 295) Boogie-Boarden und Gezeitenpools an herrlichen, stressfreien Stränden.

Great Sand Dunes National Park, CO (☎719-378-6399; www.nps.gov/grsa; 11999 Hwy 150; Erw./Kind 3 US$/frei; ⌚Visitor Center Juni–Aug. 8.30–17 Uhr, Sept.–Mai 9–16.30) Ein knöcheltiefer Bach fließt durch riesige Sanddünen – kleinere Kinder kriegt man hier kaum wieder weg.

Themenparks

Disneyland, CA (S. 290) Im bezaubernd gestalteten Disneyland, der Heimat von Mickey Mouse im Herzen des Orange County, verblüfft vor allem die Liebe zum Detail.

Legoland, CA (☎760-918-5346; www.legoland.com/california; 1 Legoland Dr; Erw./Kind 3–12 Jahre ab 95/89 US$; ⌚Öffnungszeiten wechseln; ganzjährig mind. von 10–17 Uhr; P 👪) Kleine Kinder begeistern sich an den aus Legoklötzen gebauten Figuren und den harmlosen Rides, die über den Vergnügungspark in Carlsbad verstreut sind.

Universal Studios, CA (S. 282) Im Epizentrum der US-Filmindustrie warten Action-Rides zu Hollywood-Filmen, Shows mit Spezialeffekten und eine Minibahntour hinter die Kulissen in L.A.

Epic Discovery, CO (☎970-496-4910; www.epicdiscovery.com; Tagespass Ultimate/Little Explorer 94/54 US$; ⌚Juni–Aug. 10–18 Uhr, Sept. nur Fr–So; 👪) Öko-Themen-Abenteuerpark in Vail und Breckenridge.

Aquarien & Zoos

Arizona-Sonora Desert Museum, AZ (S. 202) Kojoten, Kakteen und Shows sind Highlights dieses Naturkundemuseums mit Innen- und Außenbereichen in Tucson – genau das Richtige für kleine Naturforscher.

Monterey Bay Aquarium, CA (S. 325) Mitten im größten Meeresschutzgebiet an Kaliforniens Zentralküste können die Bewohner der Tiefe beobachtet werden.

Aquarium of the Pacific, CA (S. 277) Das Hightech-Aquarium in Long Beach deckt ein Artenspektrum von der Baja California bis zum kühlen Nordpazifik ab; ein Haibecken gibt's auch.

San Diego Zoo, CA (S. 297) Der riesige Zoo beherbergt mehr als 3700 große und kleine Tiere.

Für Regentage

Museen in Los Angeles, CA Im Griffith Observatory (S. 272) können Kids (echte) Sterne ansehen, im Natural History Museum of Los Angeles (S. 270) und im Page Museum (S. 273) bei den La Brea Tar Pits Dino-Knochen bestaunen und dann im coolen California Science Center (S. 270) selber aktiv werden.

Museen in San Francisco, CA Die San Francisco Bay Area ist ein riesiges Klassenzimmer für Kinder – vor allem dank dem interaktiven Exploratorium (S. 330) und der umweltfreundlichen California Academy of Science. (S. 347)

Pacific Science Center, WA (S. 402) Das Center in Seattle hat faszinierende, interaktive Ausstellungen, ein IMAX-Kino, ein Planetarium und Lasershows.

New Mexico Museum of Natural History & Science, NM (S. 234) In Albuquerque lohnt eine Begegnung mit dem Zeitalter der Giganten.

Denver Museum of Nature & Science, CO (S. 75) Vom Weltraum bis zu lokalen Fossilien aus der Eiszeit; zusätzlich gibt's ein IMAX-Kino und ein Planetarium.

Mini Time Machine Museum of Miniatures, AZ (S. 205) In Tucson mag es zwar nur wenig Regentage geben, aber wenn der Monsun doch zuschlägt, ist dieses Museum mit seinen winzigen, aber komplexen Häusern und Szenen ein faszinierender Ort für Erkundungen.

Reiseplanung

Beim Planen eines Familienurlaubs im Westen der USA sind Wetter und Menschenmassen die wichtigsten Faktoren. Die Hochsaison fällt auf die Monate Juni bis August, wenn Schulferien sind und die Temperaturen Spitzenwerte erreichen. In dieser Zeit ist mit hohen Preisen und riesigem Besucherandrang zu rechnen – und daher mit langen Warteschlangen vor und in Themen- und Wasserparks, komplett ausgebuchten Resorts und verstopften Straßen. Für beliebte Reisezielen sollte man daher weit im Voraus buchen. Dasselbe gilt für Wintersportgebiete (z. B. in den Rockies, am Lake Tahoe) in der Spitzensaison (Jan.–März).

Was kommt ins Gepäck?

- Man wird Zeit draußen verbringen, also ausreichend Sonnencreme mitbringen!
- Zum Wandern braucht man eine Babytrage (für Kinder unter 12 Monate) oder eine Rückentrage (für Kinder bis zu 4 Jahren) mit Schattenverdeck. Sie können in der gesamten Region gekauft oder ausgeliehen werden.
- Ältere Kinder brauchen feste Schuhe und Wassersandalen zum Spielen im Wasser.
- Um die Probleme mit den Hotelbetten zu minimieren, bringt man am besten eine tragbare Krippe für Babys und Schlafsäcke für ältere Kinder mit.
- Handtücher (für unterwegs)
- Regenkleidung
- ein warmer Fleecepullover (selbst im Sommer, die Wüstennächte können kalt sein)
- Sonnenhüte (besonders wenn man zeltet)
- Insektenschutzmittel

Infos im Internet

Travel with Children Für allgemeine Infos und Tipps empfiehlt sich dieser englischsprachige Führer von Lonely Planet.

Undercover Tourist (www.undercovertourist.com) Ermäßigte Tickets und mehr zu den großen Themenparks

Find Your Park (https://findyourpark.com) Gute Entscheidungshilfe für den Nationalparkbesuch

Trekaroo (www.trekaroo.com) Bewertungen, Ideen und Reiserouten für Familien.

Family Vacation (www.familyvacationcritic.com) Reiseideen und Angebote nach Alter, Ziel und Stil sortiert.

Tracks & Trails (http://tracks-trails.com) Man will sich im Wohnmobil auf den Weg zu machen? Hier gibt's einen praktischen Planer dafür.

Kids.gov Gigantisches, vielfältiges Infoportal der US-Regierung mit Liedern und Ideen für Aktivitäten zum Downloaden sowie Links zu kindgerechten Infoseiten.

Der Westen im Überblick

Welche Assoziationen weckt der Begriff „Der Westen“? Saguaro-Kakteen! Der Grand Canyon! Das trifft natürlich zu – auf Arizona. Doch der Westen der USA hat noch viel mehr zu bieten: Kaliforniens sonnenverwöhnte Strände, üppige Wälder im Nordwesten, Wanderwege durchs Grüne in den Rockies sowie Utahs purpurrote Buttes (Härtlinge) und zerklüftete Hoodoos (Felsnadeln) – Landschaften für alle Stimmungen und Abenteuergelüste.

Kulturinteressierte können Stätten der Ureinwohner in Arizona und New Mexico erkunden. L.A., Phoenix, San Francisco und Seattle stehen für Luxusshopping, Spitzenrestaurants und Großstadttrubel. Auf Geschichtsfans warten Mesa Verde in Colorado, Kaliforniens spanische Missionen und Wildwest-Städte an fast jeder Ecke. Und was, wenn die Post abgehen soll? Zwei Wörter: Las Vegas!

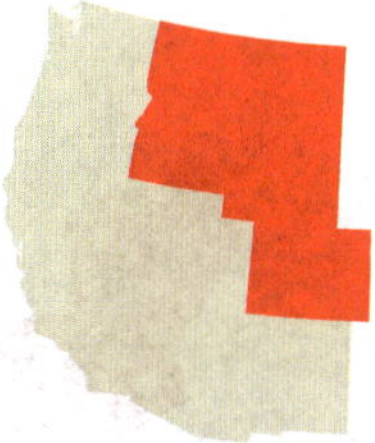

Rocky Mountains

Outdoor-Abenteuer
Die Kultur des Westens
Landschaften

Spaß in rauer Natur

Adrenalinjunkies sind hier goldrichtig: Die Berge bieten Top-Bedingungen zum Skifahren, Wandern, Klettern und Mountainbiken. Im Angebot sind u. a. Hunderte von Abfahrten, Gruppenausfahrten und eine bestens ausgebaute Infrastruktur mit Parks, Trails und abgelegenen Hütten.

Moderne Cowboys

Die freiheitsliebenden Bewohner der Rockies, die einst Stetsons und Prärieklamotten trugen, sind heute meist in Lycra zu sehen, wenn sie sich aufs Mountainbike schwingen oder in einem Freiluftcafé ein Bier oder eine Latte trinken. Das Leben macht hier immer noch Spaß und folgt einem gemächlichen Rhythmus.

Alpines Wunderland

Die schneebedeckten Rockies mit ihren schroffen Gipfeln, klaren Flüssen sowie den Berglöwen, Bären, Bisons und Wölfen im Hinterland sind äußerst majestätisch. Sie empfangen Besucher mit sauberer Bergluft und ein paar der berühmtesten Parks des Planeten.

S. 70

Der Südwesten

Naturlandschaften
Einheimische Kultur
Essen

Das Land der roten Felsen

Der Südwesten ist berühmt für den Grand Canyon, die Steintürme des Monument Valley, die roten Buttes von Moab und die feuerroten Monolithen von Sedona – und das sind nur einige der vielen geologischen Wunder, die in großartigen Nationalparks, Landschaften und Wäldern warten.

Pueblos & Reservate

Wer die Hopi und Navajo oder eines der 19 Pueblo-Völker New Mexicos besucht, bekommt einen guten Einblick in das Leben der amerikanischen Ureinwohner. Hier kann man prima Kunsthandwerk bestaunen und kaufen.

Gutes Essen

Wie wär's mit Chili-Hühnchen-Enchilada in New Mexico? Oder Sonoran Hotdog in Tucson? Oder gegrillte Forelle in Utah? Und in Vegas kann man sich auch ohne großen finanziellen Einsatz ein extravagantes Büfett gönnen. Für Gourmets empfehlen sich Lokale abseits des Strips mit tollen kulinarischen Erlebnissen.

S. 150

Kalifornien

Strände
Natur pur
Essen & Wein

Traumstrände

Kalifornien protzt mit Stränden – im Norden schroff und unberührt, im Süden wunderschön und voller Menschen. Entlang der ganzen Küstenlinie (über 1770 km) kann man überall prima surfen, Seekajak fahren oder einfach nur wandern.

Wilde Outdoor-Aktivitäten

Verschneite Hänge hinunterjagen, wildwasserraften, im Kajak um Küsteninseln paddeln, zu Wasserfällen wandern, an Felsbrocken in der Wüste klettern ... in Kalifornien besteht kein Mangel an Unternehmungen, sondern an Zeit, um sie alle unterzubekommen.

Spitzenküche

Fruchtbare Felder, talentierte Köche und unersättlicher Hunger nach Neuem machen Kalifornien zum Top-Gastroziel. Also worauf noch warten: Farmers Markets wollen durchforstet, Pinots oder Chardonnays auf tollen Weingütern verkostet und Essen aus frischesten Zutaten genossen werden!

S. 259

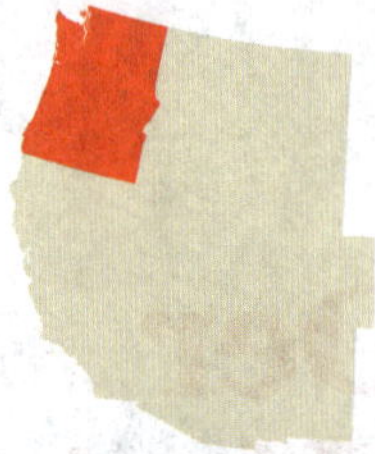

Der Nordwesten

Radfahren
Essen & Wein
Nationalparks

Power in die Pedale

Man kann auf den Sträßchen der friedlichen San Juan Islands radeln, auf dem Hwy 101 die klippengesäumte Küste von Oregon erkunden oder per Drahtesel die Straßen des sehr fahrradfreundlichen Portland „er-fahren", das unzählige Radwege, Themenrouten und Fahrradshows zu bieten hat.

Regionale Produkte & Spitzenweine

Die kulinarische Szene im Nordwesten ist nicht mehr „im Kommen", sondern schon längst in voller Pracht angekommen. In Portland und Seattle kombinieren Chefköche Fisch aus heimischen Gewässern mit Gemüse aus den paradiesischen Tälern um den Columbia River. Washingtons Weine werden nur von den kalifornischen übertroffen.

Klassische Parks

Von den vier Nationalparks gehören drei zu den US-amerikanischen Klassikern: Olympic, Mt. Rainier und Crater Lake. Jünger ist der 1968 geschaffene North Cascades National Park.

S. 391

Reiseziele im Westen der USA

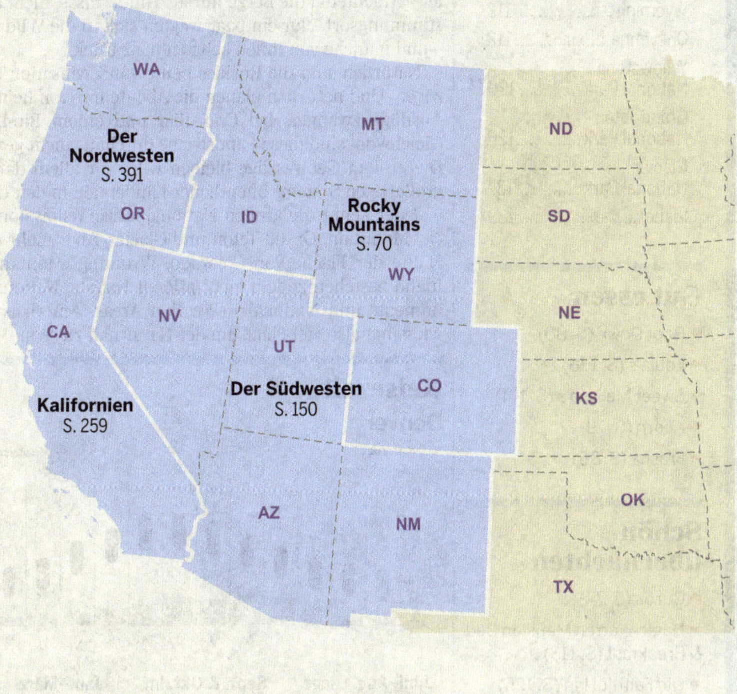

Rocky Mountains

Inhalt ➡

Gut essen

- Root Down (S. 80)
- Loula's (S. 136)
- Sweet Melissa's (S. 114)
- Acorn (S. 79)
- Frasca (S. 86)

Schön übernachten

- Curtis (S. 77)
- Nagle Warren Mansion Bed & Breakfast (S. 113)
- Old Faithful Inn (S. 125)
- Crawford Hotel (S. 77)
- Chautauqua Lodge & Cottages (S. 85)

Auf in die Rocky Mountains!

Das Rückgrat der USA stand schon immer im Zeichen von Abenteuern. Indianer jagten in den Rocky Mountains, aber nur wenige siedelten sich hier an. Die meisten weißen Siedler betrachteten die Berge nur als Hindernisse, nicht als Bestimmungsort. Nur ein paar wagten sich in die Wildnis vor – und manche von ihnen kehrten nie zurück.

Natürlich sind die Rockies heute von Zivilisation durchzogen. Und natürlich planen die Abenteurer von heute ihre Ausflüge zwanglos bei Craft-Bier und einem Bio-Burger. Gleichwohl sind diese Landstriche durchaus nicht gezähmt. Die großen Gebirgszüge bleiben wild, vor allem dank des großartigen Systems öffentlicher Ländereien in den USA.

Jeder kennt die großen Nationalparks: Yellowstone, Rocky Mountain, Grand Teton und Glacier. Aber mehr als die Hälfte der Fläche von Colorado, Wyoming, Montana und Idaho bestehen zudem aus National Forests, National Monuments und National Recreation Areas. Amerikas Spielwiese hat also viel Platz, um der Natur nah zu sein.

Reisezeit

Denver

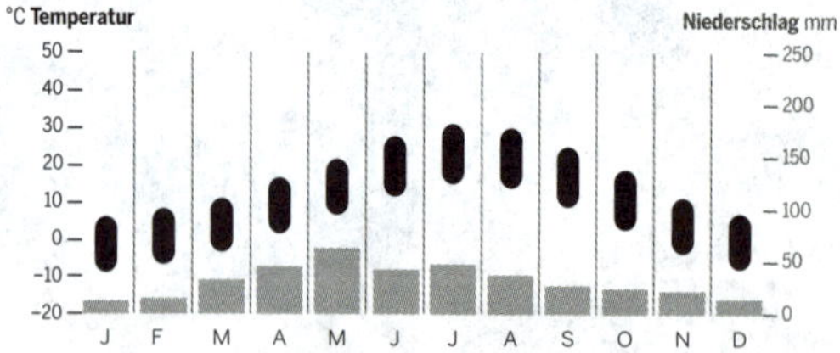

Juni–Aug. Lange sonnige Tage, ideal zum Radfahren, Wandern und Märkte und Festivals besuchen.

Sept. & Okt. Im Herbst ist viel weniger los und es gibt daher tolle Sonderangebote bei Unterkünften.

Jan.–März Schneebedeckte Gipfel, Pulverschneehänge und Après-Ski-Partys vom Feinsten.

Geschichte

Als französische Fallensteller und die Spanier im späten 18. Jh. die Rocky Mountains „entdeckten", lebten hier schon mehrere indianische Stammesverbände, die den Völkern der Nez Percé, der Shoshone, der Crow, der Lakota und der Ute angehörten. Diese Tatsache hielt die Eroberung durch die Europäer nicht auf, und verschiedene Staaten wetteiferten darum, sogenanntes „herrenloses" Land für sich zu beanspruchen, es zu verteidigen, zu verkaufen und zu kaufen.

Beim Louisiana Purchase kauften die jungen USA Frankreich den Anspruch auf das gesamte Land östlich der Kontinentalen Wasserscheide ab. Kurz darauf wurden Meriwether Lewis und William Clark losgeschickt, um das Land zu vermessen und darüber zu berichten, was man hier eigentlich erworben hatte. Bei ihrer 2½-jährigen Forschungsreise bewältigten sie nahezu 13 000 km; die Berichte von ihren Entdeckungen lockten andere Abenteurer an, so dass die Besiedlung langsam in Gang kam.

Bis ins 20. Jh. zogen Wagentrecks in die Rockies und noch weiter, nur zeitweise verlangsamt durch die Fertigstellung der transkontinentalen Eisenbahn durch das südliche Wyoming in den späten 1860er-Jahren.

Um die Siedler unterzubringen, vertrieben die Vereinigten Staaten die Spanier und die Briten aus dem Grenzland im Westen sowie – in einer höchst unrühmlichen Zeit – den größten Teil der hier lebenden Indianer. Die US-Regierung unterzeichnete zahllose Verträge, um die Einwände der indigenen Völker gegen die Ausweitung der Siedlungen zu entschärfen. Stets brach sie diese und drängte die Indianerstämme in immer kleinere Reservate. Als Goldsucher in das Indianerterritorium von Montana vordrangen und die US-Armee Forts entlang des Bozeman Trail errichtete, löste dies mehrere Kriege mit den Lakota, Cheyenne, Arapaho und anderen Stämmen aus.

Ein Gold- und Silberrausch ging der Aufnahme Colorados als Bundesstaat in die USA (1876) voraus. Bald folgten auch Montana (1889), Wyoming (1890) und Idaho (1890). Bergbau, Viehzucht und Holzgewinnung spielten eine wichtige Rolle bei der regionalen wirtschaftlichen Entwicklung, die zu einer Zunahme von Investitionen seitens der Finanzwirtschaft und der Industrie sorgten. Bergwerksbesitzer, weiße Farmer und Rancher besaßen im späten 19. Jh. die Macht, aber die Zyklen des Aufschwungs und Niedergangs in diesen Industriezweigen und ein Ressourcenmanagement, das keinen Wert auf Nachhaltigkeit legte, forderten ihren Tribut von der Landschaft.

Als die Wirtschaft nach dem Zweiten Weltkrieg aufblühte, begannen die Nationalparks Urlauber anzulocken, und das Bewusstsein für die Notwendigkeit des Umweltschutzes wuchs. Der Tourismus wurde in allen vier Bundesstaaten zum führenden Wirtschaftszweig, dicht gefolgt (vor allem in Colorado) vom Militärwesen.

Die politischen Veränderungen der letzten Jahre setzen viele Schutzgebiete in der Rocky-Mountain-Region aufs Spiel. Bestimmte Interessengruppen drängen ständig auf eine verstärkte Ausbeutung der Ressourcen und die Erschließung von Bundesland, das damit der Allgemeinheit entzogen werden könnte.

Land & Klima

Die Rocky Mountains erstrecken sich von der kanadischen Provinz British Columbia bis ins nördliche Mexiko und sind damit Nordamerikas längste Gebirgskette. Mehr als 100 separate Gebirgszüge bilden die Rockies, von denen die meisten in der Laramischen Faltungsphase entstanden, als sich eine ozeanische Platte flach unter die Nordamerikanische Platte schob und dadurch die Rockies nach oben, zur Seite und manchmal übereinander drängte – so bei der Lewis-Überschiebung (Lewis Overthrust Fault) im Glacier National Park, wo kilometerdicke ältere Felsen rund 80 km weit über die Kante jüngerer Felsen geschoben wurden. Im Lauf der Zeit haben Gletscher und die Erosion die Gipfel zu ihrer heutigen Form abgeschliffen, wobei Felsschichten freigelegt wurden, die von der langen, chaotischen Vergangenheit zeugen.

Das Frühjahr ist eine schlammige Zeit; der Schnee schmilzt, und die Laubbäume knospen. In vielen Bergregionen setzt wärmeres Wetter erst Ende Juni ein. In den kurzen Sommermonaten (Juli–Ende Sept.) müssen alle Pflanzen ihren Reproduktionszyklus absolvieren, sodass die Hochgebirgswiesen dann in allen Farben des Regenbogens schimmern. Die Menschen nutzen diese Monate für ihre Erholung und Radfahrer und Rucksackwanderer überschwemmen die Trails – vor allem in großen Teilen Colorados.

In den Rockies kann es das ganze Jahr über Schneefälle geben, obwohl die ersten Schneegestöber in der Regel erst Anfang Ok-

Highlights

1 **Yellowstone National Park** (S. 120) Zwischen Thermalquellen und Geysiren Bären und Bisons entdecken

2 **Aspen** (S. 96) In Colorados wichtigstem Partyresort in die Hollywood-Cowboy-Atmosphäre eintauchen

3 **Grand Teton National Park** (S. 126) Inmitten zerklüfteter Berge wandern und klettern

4 **Boulder** (S. 84) Sich in dem hochgelegenen städtischen Outdoor-Paradies austoben

5 **Südliches Colorado** (S. 102) Die lebendigen Wildweststädte in den San Juan Mountains erkunden

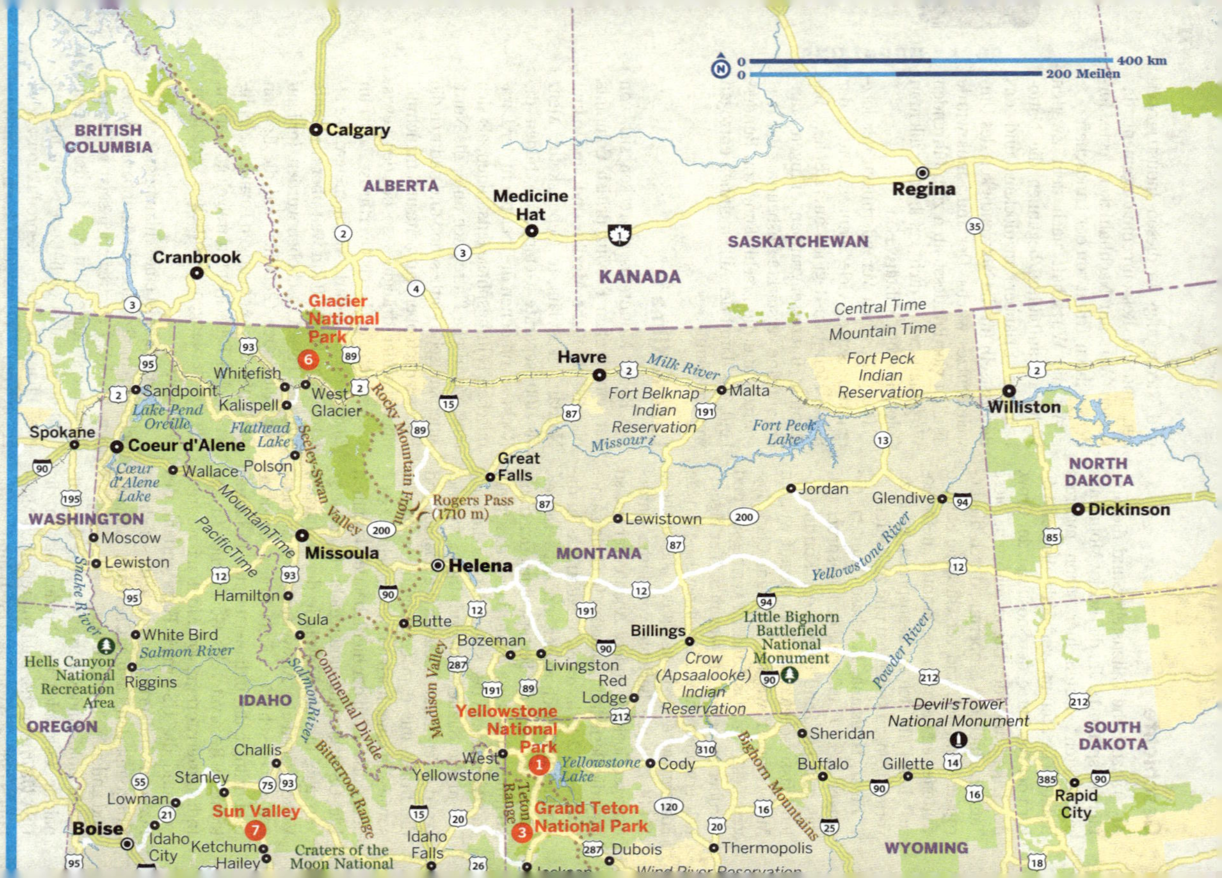

6 Glacier National Park (S. 137) An der Going-to-the-Sun Road Naturwunder in ihrer ganzen Pracht fotografieren

7 Sun Valley (S. 142) In Idahos Winter-Spielwiese mit den Stars durch den Pulverschnee wedeln

8 Rocky Mountain National Park (S. 88) Auf der Straße oder auf Wanderwegen majestätische Höhen erklimmen

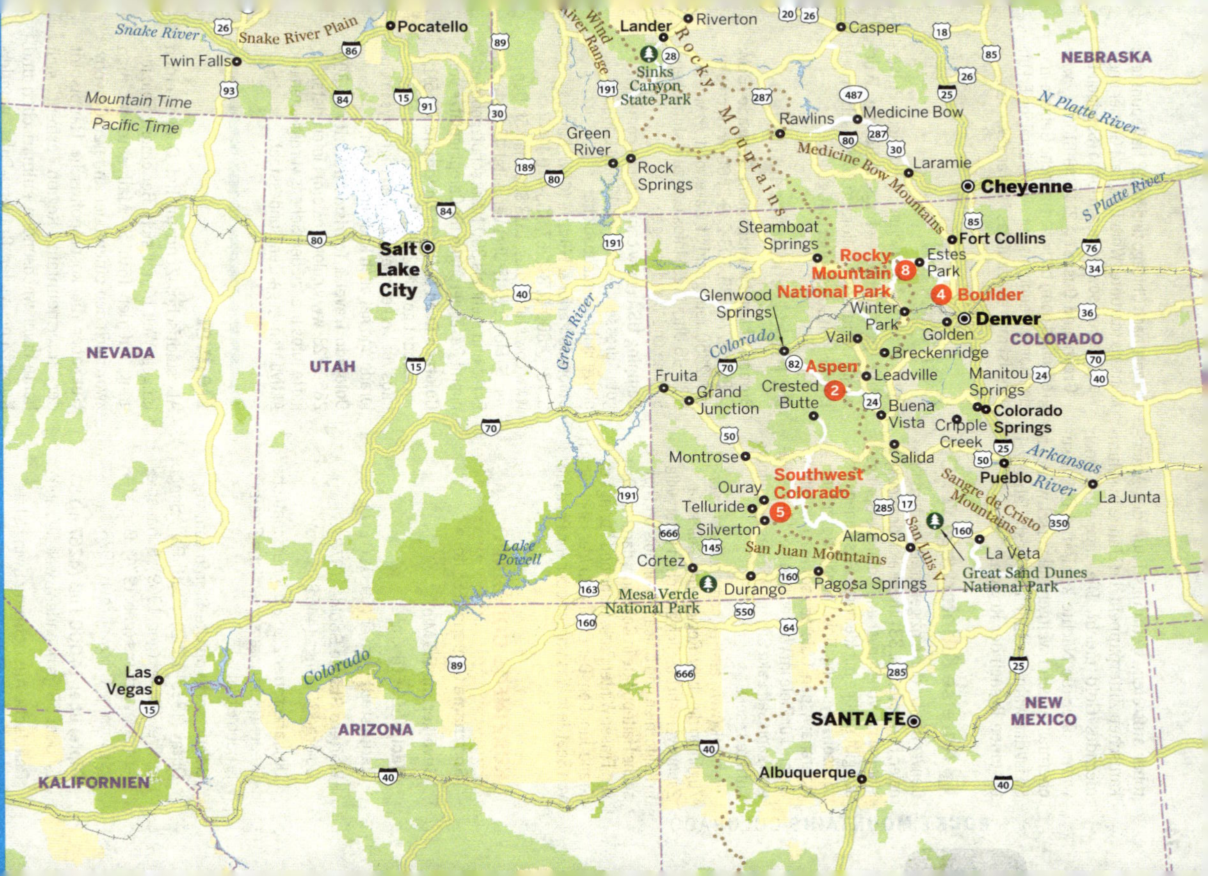

tober auftreten, wenn das Laub der Amerikanischen Zitterpappeln die Hänge in schimmerndes Gold taucht. Die Tage sind noch warm, aber die Nächte kühl, und die Besuchermassen sind weitgehend verschwunden. So ist das wahrscheinlich die beste Jahreszeit für einen Besuch der Region.

ℹ Anreise & Unterwegs vor Ort

Denver besitzt den einzigen großen internationalen Flughafen (S. 83) im Bereich der Rocky Mountains. Von Denver und Colorado Springs aus gibt's Flüge mit kleineren Maschinen nach Jackson, Wyoming; Boise, Idaho; Bozeman, Montana; Aspen, Colorado sowie zu weiteren Zielen. Für Ziele im Westen und Norden der Region kann Salt Lake City in Utah das bequemere Luftkreuz sein.

Amtrak (www.amtrak.com) betreibt zwei Zuglinien durch die Region. Der *California Zephyr* verkehrt täglich zwischen Emeryville in Kalifornien und Chicago in Illinois und hat sechs Haltepunkte in Colorado, darunter Denver, Fraser-Winter Park, Glenwood Springs und Grand Junction. Der *Empire Builder* fährt täglich von Seattle in Washington oder von Portland, Oregon, nach Chicago und hat 12 Haltepunkte in Montana (darunter Whitefish, East Glacier und West Glacier) sowie einen in Idaho (Sandpoint).

Greyhound-Busse (☎214-849-8100; www.greyhound.com) bedienen manche Gebiete in den Rocky Mountains, für eine gründliche Erkundung ist man aber auf das Auto angewiesen.

KURZINFOS COLORADO

Spitzname Centennial State

Bevölkerung 5,5 Mio.

Fläche 269 601 km²

Hauptstadt Denver (693 100 Ew.)

Weitere Städte Boulder (97 385 Ew.), Colorado Springs (445 830 Ew.)

Umsatzsteuer 2,9 % bundesstaatliche Steuer (plus unterschiedliche Steuern je nach Stadt)

Geburtsort von Ute-Stammesführer Ouray (1833–1880); South-Park-Schöpfer Trey Parker (geb. 1969); Schauspielerin Amy Adams (geb. 1974); Bergsteiger Tommy Caldwell (geb. 1978)

Gipfel über 14 000 Fuß (4267 m) 53, 54 oder 58 (je nachdem, wer sie zählt)

Politische Ausrichtung Swing State

Berühmt für Sonnentage (300/Jahr), die höchstgelegenen Weinberge und die längste Skiabfahrt in den „Lower 48"

Kitschigstes Souvenir Hirschhuf-Flaschenöffner

Entfernungen Denver–Vail 100 Meilen (160 km), Boulder–Rocky Mountain National Park 38 Meilen (61 km)

COLORADO

Spektakuläre Landschaften, endlose Pulverschneepisten und Gebirgsstädte mit Wildwest-Anmutung: Colorado lockt schon seit langer Zeit Abenteuerlustige an.

ℹ Praktische Informationen

Bureau of Land Management Colorado (BLM; ☎800-877-8339, 303-239-3600; www.co.blm.gov; 2850 Youngfield St, Lakewood; ⊙Mo–Fr 8.30–16 Uhr; 🚌28) Infos u. a. zu historischen Stätten und Wanderwegen.

Camping USA (www.camping-usa.com) Eine gute Adresse, die mehr als 12 000 Campingplätze in ihrer Datenbank hat.

Colorado Parks & Wildlife (CPW; Karte S. 78; ☎800-678-2267, 303-470-1144; www.cpw.state.co.us; 1313 Sherman St, Denver; ⊙Mo–Fr 8–17 Uhr) Verwaltet 42 State Parks und mehr als 300 Naturschutzgebiete; nimmt Reservierungen für Campingplätze vor.

Colorado Road & Traffic Conditions (☎511; www.codot.gov; ⊙24 Std.) Liefert aktuelle Infos zur Verkehrslage auf den Highways in Colorado und hat auch Radwegekarten.

Colorado Travel & Tourism Authority (☎800-265-6723; www.colorado.com) Liefert detaillierte Infos u. a. zu den Sehenswürdigkeiten und Aktivitäten im ganzen Bundesstaat.

Denver

Als städtisches Zentrum hat Denver einen langen Weg hinter sich. Bei einem Spaziergang auf der 16th St Mall entdeckt man zwar noch den einen oder anderen Cowboy-Hut, aber die kosmopolitische Hauptstadt der Intermountain Region erfreut sich heute einer wachsenden kulinarischen und Kunstszene, vieler Brauerei-Pubs, wunderbarer Parks und Radwege und der Nähe zu den spektakulären Möglichkeiten zum Wandern, Skifahren und Campen in den Rocky Mountains.

Dank der Sanierung des Stadtkerns verfügt Denver heute über erwähnenswerte Viertel mit jeweils eigenem Charakter: River North (RiNo) zeichnet sich durch hippe Bars und ins Auge fallende Straßenkunst aus,

Lower Highlands (LoHi) und South Broadway haben tolle Restaurants und Livemusik, Cherry Creek steht für Glamour, Lower Downtown (LoDo) für gehobene Restaurants und Cocktail-Lounges, und das Golden Triangle und Santa Fe prunken mit Kunst, Theater und Museen. So findet hier praktisch jeder ein Viertel nach seinem Geschmack.

Sehenswertes & Aktivitäten

★Denver Art Museum — MUSEUM

(DAM; Karte S. 78; ☎Tickets 720-865-5000; www.denverartmuseum.org; 100 W 14th Ave; Erw./Kind 13 US$/frei, 1. Sa im Monat frei; ⏱Di–Do, Sa & So 10–17, Fr bis 20 Uhr; P 👪; 🚌0, 52) Das DAM hat eine der größten Sammlungen von Kunst der amerikanischen Ureinwohner in den USA und veranstaltet multimediale Sonderausstellungen, die z. B. Schätzen der britischen Kunst oder den Kostümen von *Star Wars* gewidmet sind. Die Abteilung der Dauersammlung, die sich der Kunst aus dem Westen der USA widmet, ist zu Recht berühmt. Das ist kein altmodisches, verstaubtes Kunstmuseum; Kinder lieben es besonders, sich mit den interaktiven Exponaten zu befassen.

★Confluence Park — PARK

(Karte S. 78; 2200 15th St; 👪; 🚌10, 28, 32, 44) Dort, wo der Cherry Creek in den South Platte River mündet, liegt das Zentrum von Denvers sonnenverliebter Freizeitkultur. Hier kann man gut ein Nachmittagspicknick veranstalten, und es gibt auch einen Wildwasserpark für Kajaks und Reifenschläuche. Familien tummeln sich am kleinen Strand, wo seichtes Wasser zum Spielen einlädt.

★Clyfford Still Museum — MUSEUM

(Karte S. 78; ☎720-354-4880; www.clyffordstillmuseum.org; 1250 Bannock St; Erw./Kind 10 US$/frei; ⏱Di–Do, Sa & So 10–17, Fr bis 20 Uhr; 🚌0, 52) Das faszinierende Museum ist ausschließlich dem Werk und dem Erbe von Clyfford Still gewidmet. Die Sammlung umfasst mehr als 2400 Werke – 95 % des gesamten Oeuvres dieses kühnen und narzisstischen Vertreters des Abstrakten Expressionismus. In seinem Testament verfügte Still, dass seine Werke nur an einem einzigen Ort im Zusammenhang gezeigt werden dürfen, daher baute Denver dieses Museum. In der Woche werden kostenlose Führungen angeboten, deren Zeiten und Termine auf der Website stehen.

History Colorado Center — MUSEUM

(Karte S. 78; ☎303-447-8679; www.historycoloradocenter.org; 1200 Broadway; Erw./Kind 12/8 US$; ⏱10–17 Uhr; P 👪; 🚌0, 10) Colorados Wurzeln als Grenzland und seine modernen High-Tech-Triumphe lassen sich in diesem pointierten, smarten und charmanten Museum erkunden. Es gibt viele interaktive Exponate, darunter eine an Jules Verne erinnernde „Zeitmaschine", die über eine riesige Landkarte von Colorado fährt, auf der Schlüsselmomente aus der Geschichte des Centennial State verzeichnet sind. Gelegentlich gibt es vor der Öffnung des Museums Geschichtenerzählen für kleine Kinder und andere Veranstaltungen.

★Blair-Caldwell African American Museum — MUSEUM

(Karte S. 78; ☎720-865-2401; https://history.denverlibrary.org/blair; 2401 Welton St, 3. OG; ⏱Mo & Mi 12–20, Di, Do & Fr 10–18, Sa 9–17 Uhr; P 👪; 🚌43, 🚊D) GRATIS Versteckt im 3. Stock einer öffentlichen Bibliothek bietet dieses multimediale Museum einen ausgezeichneten Überblick über die Geschichte der Afroamerikaner in der Rocky-Mountain-Region – über ihre Einwanderung und Siedlungen, ihre Diskriminierung und ihre Leistungen. Besonders interessant sind die Exponate zu Wellington Webb, Denvers erstem afroamerikanischen Bürgermeister, und zu Five Points, Denvers historischem afroamerikanischen Viertel.

Denver Museum of Nature & Science — MUSEUM

(DMNS; ☎303-370-6000; www.dmns.org; 2001 Colorado Blvd; Museum Erw./Kind 17/12 US$, IMAX 10/8 US$, Planetarium 5/4 US$; ⏱9–17 Uhr; P 👪; 🚌20, 32, 40) Das Denver Museum of Nature & Science ist ein klassisches Naturwissenschaftsmuseum mit ausgezeichneten Wechselausstellungen zu Themen wie der Biomechanik von Wanzen, Pompeji oder mythischen Kreaturen. Die Dauerausstellungen sind gleichermaßen faszinierend und bieten auch jene coolen Panoramen, die wir als Kinder liebten. Besonderen Spaß versprechen auch das **IMAX-Kino** und das **Gates Planetarium**. Das Museum befindet sich am östlichen Rand des City Park.

Feste & Events

First Friday — KULTUR

(www.rivernorthart.com) GRATIS Am ersten Freitag jedes Monats unternehmen die Einwohner einen Kunstgaleriebummel durch den Santa Fe und den RiNo Arts District mit kostenlosem Wein und interessanten Gesprächen. Das Event dauert in der Regel von 18 bis 22 Uhr.

Five Points Jazz Festival MUSIK
(www.artsandvenuesdenver.com; Welton St; ⌚ Mai; 👨‍👧; 🚌 12, 28, 43, 🚊 D) GRATIS Das eintägige Jazzfest am dritten Samstag im Mai feiert das historische afroamerikanische Viertel Five Points, in dem es früher mehrere Jazzclubs gab. Mehr als 50 Bands spielen auf Bühnen, die in der Welton St aufgebaut werden. Diverse kinderfreundliche Aktivitäten – Instrumentenbau, Trommelkreise, Gesichtsbemalung – werden angeboten, sodass dies ein Event ist, das allen Spaß macht.

Great American Beer Festival BIER
(☎ 303-447-0816; www.greatamericanbeerfestival.com; 700 14th St; Eintritt 85 US$; ⌚ Sept. oder Okt.; 🚌 1, 8, 19, 48, 🚊 D, F, H) Colorado hat mehr Mikrobrauereien pro Kopf als jeder andere US-Bundesstaat. Karten für dieses ungemein beliebte Event sind früh ausverkauft. Es sind über 500 Brauereien vertreten, von den „Big Players" bis hin zum leidenschaftlichen Heim-Brauer.

Schlafen

★ **Hostel Fish** HOSTEL $
(Karte S. 78; ☎ 303-954-0962; www.hostelfish.com; 1217 20th St; B/Zi. ab 53/185 US$; ❄ 📶; 🚌 38) Das schicke Hostel ist eine Oase für Budgettraveller. Die stilvollen, modernen und blitzsauberen Schlafsäle mit Stockbet-

DIE ROCKY MOUNTAINS IN …

… zwei Wochen

Am besten beginnt man das Abenteuer Rocky Mountains in der Gegend von **Denver**. Dort kann man zum Tubing, kauft Vintage-Klamotten oder unternimmt im outdoorverrückten, unkonventionellen **Boulder** Radtouren und saugt dann in einem Straßencafé die liberale Atmosphäre in sich auf. Danach genießt man die Aussicht im **Rocky Mountain National Park**, bevor man sich auf der I-70 gen Westen aufmacht, um sich in den Bergen rund um **Breckenridge** auszutoben; hier finden sich auch einige der besten Anfängerpisten Colorados. Unbedingt aufsuchen sollte man das Ski- und Mountainbike-Mekka von **Steamboat Springs**, bevor man die Grenze nach Wyoming überquert.

Einen Eindruck vom Leben in einer Präriestadt gewinnt man in **Laramie**. Danach sollte man in **Lander**, dem Eldorado für Bergsteiger, stoppen. Von hier geht's weiter Richtung Norden ins schicke **Jackson** und in den majestätischen **Grand Teton National Park**, bevor man den einzigartigen **Yellowstone National Park** erreicht. Für die Erkundung dieses Wunderlandes voller Geysire sollte man mindestens drei Tage einplanen.

Dann überquert man die Staatsgrenze zum „Big Sky Country" und setzt gemächlich den Weg Richtung Nordwesten durch **Montana** fort. Man hält im flippigen **Bozeman** und lebhaften **Missoula** an, bevor man **Flathead Lake** besucht. Die Tour sollte in Idaho enden, wo die Einwohner des aufstrebenden **Boise** ihre baskischen Wurzeln pflegen.

… einem Monat

Wer einen Monat zur Verfügung hat, kann tief in die Region eintauchen und die abseits der ausgetretenen Pfade gelegenen Schätze erleben. Man folgt zunächst dem Fahrplan für die Rockies in zwei Wochen, biegt aber im Südwesten nach **Colorado** ab und erreicht eine aufstrebende Weinbauregion, bevor man **Wyoming** besucht. Dann geht's auf die nur für Autos mit Allradanrieb geeigneten Pfade um **Ouray**. Unser Tipp: unbedingt einen Besuch im **Mesa Verde National Park** mit seinen alten Felsbehausungen einplanen!

In **Montana** sollte man den **Glacier National Park** besuchen, so lange man noch Gletscher bewundern kann. In Idaho kann man dann länger in **Sun Valley** umherstreifen und im entzückenden kleinen **Ketchum** die Läden, Pubs und köstlichen Bio-Restaurants erkunden. Ein einmonatiger Trip erlaubt es auch, einige der fantastisch abgelegenen und malerischen Nebenstrecken entlangzufahren. Auf jeden Fall sollte man dem Hwy 75 von Sun Valley nordwärts nach **Stanley** folgen. Dieses atemberaubende Bergdörfchen an den weiten Ufern des **Salmon River** ist rundum vom Gebiet eines National Forest umgeben. Stanley bietet zudem großartige Möglichkeiten zum Forellenfischen und ist Ausgangspunkt für gemächliche oder auch rasante Raftings.

Auf dem Hwy 21 (dem **Ponderosa Pine Scenic Byway**) von Stanley nach **Boise** fährt man lang durch dichte Ponderosa-Wälder und an einigen ausgezeichneten, einsamen Campingplätzen am Fluss vorbei – von denen manche Thermalquellen mit Becken haben.

ten für 5 bis 10 Personen sind nach Themen gestaltet – Aspen, Graffiti, Vintage Biker. Die Matratzen sind dick, die Decken weich, und für jeden Gast gibt's ein Schließfach und eine Aufladestation. Die Gemeinschaftsküche und Kneipenbummel sorgen dafür, dass man leicht neue Bekanntschaften schließt.

Mile High Guest House HOSTEL $

(☎720-531-2898; www.milehighguesthouse.com; 1445 High St; B 38 US$, Zi. mit Gemeinschaftsbad 82 US$; ; 15) Das prächtige alte Stadthaus verspricht ein cooles Hostel – ein willkommener Neuzugang zu den Budgetunterkünften in Denver. Die großen Wohnzimmer wurden als Schlafsäle eingerichtet (mit Stockbetten, aber seltsamerweise ohne Schließfächer). Es gibt auch Privatzimmer mit Gemeinschaftsbad, und das freundliche Personal organisiert Gruppenaktivitäten wie Kneipenbummel, Kunstspaziergänge und Grillabende im Hinterhof. Das Hostel liegt in praktischer Nähe zu Bushaltestellen.

★ **Queen Anne Bed & Breakfast Inn** B&B $$

(Karte S. 78; ☎303-296-6666; www.queenannebnb.com; 2147 Tremont Pl; Zi./Suite ab 160/230 US$; P; 28, 32) Sanfte Kammermusikklänge rieseln in den Gemeinschaftsbereichen, frische Blumen, gepflegte Gärten und Weinproben am Abend schaffen ein romantisches Ambiente in diesem umweltbewusst geführten B&B, das in zwei viktorianischen Wohnhäusern der späten 1880er-Jahre untergebracht ist. Dank der viktorianischen Antiquitäten, eigenen Whirlpools und exquisiten Wandbildern hat jedes Zimmer seinen individuellen Charakter.

★ **Crawford Hotel** HOTEL $$$

(Karte S. 78; ☎855-362-5098; www.thecrawfordhotel.com; 1701 Wynkoop St, Union Station; Zi. 349–469 US$, Suite 589–709 US$; ; 55L, 72L,120L, FF2, A, B, C, E, W) Das Hotel in der historischen Union Station (S. 83) ist ein Beispiel für Denvers erstaunliche Verwandlung. Die Zimmer sind luxuriös und stilvoll, sie haben hohe Decken und altmodische Details wie Art-déco-Kopfteile an den Betten und Badewannen mit Klauenfüßen. Der Service ist makellos, und die Bahnhofsbar Terminal ist ein netter Treff. Nur ein paar Schritte entfernt hält die Stadtbahn zum Denver International Airport (S. 83).

Curtis HOTEL $$$

(Karte S. 78; ☎303-571-0300; www.thecurtis.com; 1405 Curtis St; Zi. 269–449 US$; @; 9, 10, 15, 20, 28, 32, 38, 43, 44) Im Curtis betritt man eine Wunderwelt à la Warhol: die 13 Etagen sind jeweils einem anderen Genre der amerikanischen Popkultur gewidmet. Die Zimmer sind geräumig und sehr modern. Die Achtsamkeit auf Details – sowohl im Dekor als auch im Service – zeichnet dieses einzigartige Hotel im Herzen der Downtown aus.

★ **Art – a Hotel** BOUTIQUEHOTEL $$$

(Karte S. 78; ☎303-572-8000; www.thearthotel.com; 1201 Broadway; Zi. 305–348 US$, Suite 382–518 US$; P@; 0, 6, 10, 52) Wie schon der Name vermuten lässt, sind die Gästezimmer und Gemeinschaftsbereiche mit faszinierender Kunst geschmückt – passend zur Lage gleich um die Ecke vom Denver Art Museum (S. 75). Die Zimmer sind recht groß und modern, und die weite Terrasse mit Feuergruben und tollem Ausblick ist ideal für einen Cocktail zur Happy Hour. Die Lage nahe den Restaurants und Attraktionen von Downtown könnte kaum besser sein.

Essen

Denvers gastronomische Szene boomt; praktisch jeden Monat eröffnen neue Restaurants, Cafés und Food Trucks. In Downtown gibt's die größte Auswahl und Vielfalt in Denver, einige der besten Lokale finden sich aber auch in zu Fuß erkundbaren Vierteln wie LoHi, RiNo, South Broadway, Uptown und Five Points. Informationen über neue Restaurants findet man unter www.5280.com.

★ **Denver Central Market** FOOD-COURT $

(Karte S. 78; 2669 Larimer St; So–Do 8–21, Fr & Sa bis 22 Uhr; 44, 48) Der Gourmetmarkt in einem umgebauten Lagerhaus überzeugt mit Stil und einem vielseitigen Angebot. Hier findet man hausgemachte Pasta, Feinschmecker-Sandwiches, Holzofenpizzas und Straßen-Tacos. Man kann sich auch nur einen Cocktail an der Bar holen und dann vom Obststand zum Chocolatier schlendern. Man isst an Gemeinschaftstischen oder auf der Terrasse an der Straße.

★ **Civic Center Eats** FOOD TRUCK $

(Karte S. 78; ☎303-861-4633; www.civiccenterconservancy.org; Ecke Broadway & Colfax Ave, Civic Center Park; Hauptgerichte 5–10 US$; Mai–Okt. Di–Do 11–14 Uhr; ; 0, 9, 10, 52) Wenn es warm wird, kann man im **Civic Center Park** gut zu Mittag essen. Unzählige Food

Denver

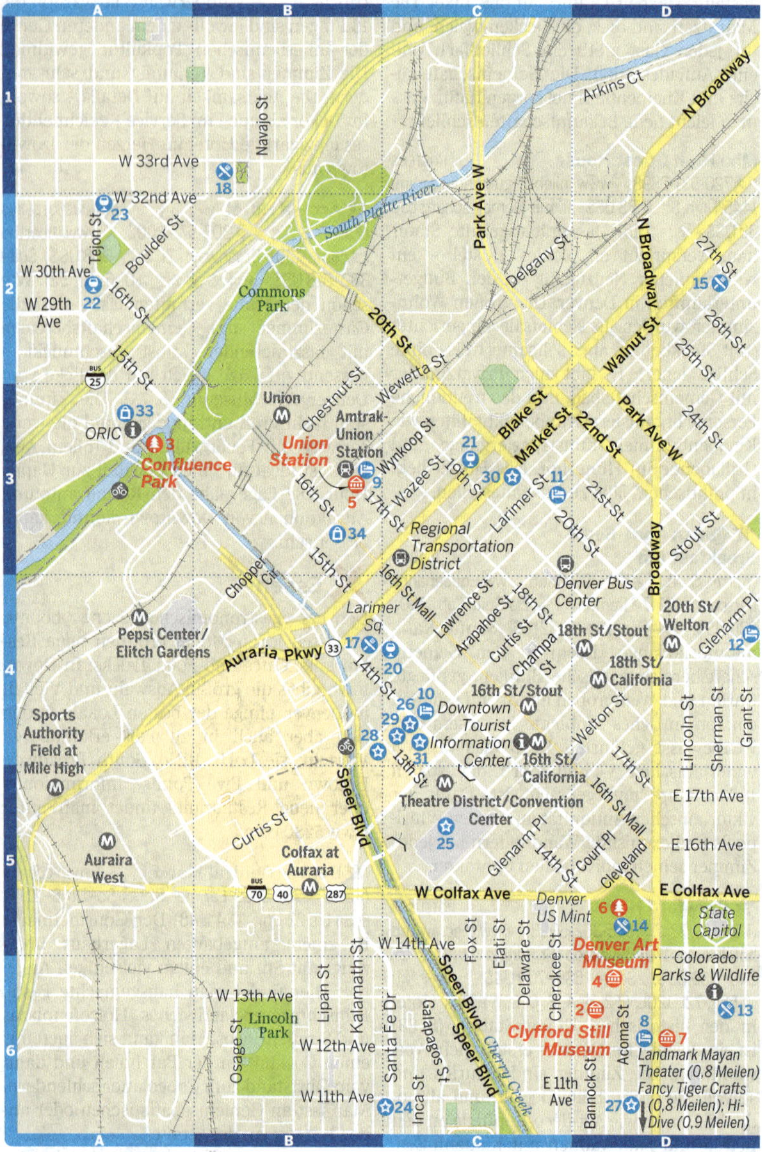

Trucks – das Angebot reicht von Grillspeisen und Pizzas bis zu Sushi und indischen Gerichten – fahren in den Park und servieren herzhafte Mahlzeiten. Tische werden aufgestellt, Livebands spielen, und Büroangestellte picknicken auf dem Gras. Hier zeigt sich Denver von seiner besten Seite.

★ **Hop Alley** CHINESISCH $$

(Karte S. 78; ☎720-379-8340; www.hopalleydenver.com; 3500 Larimer St; Hauptgerichte 10–25 US$; ⊙Mo–Sa 17.30–22.30 Uhr; 🍷; 🚌12, 44) Hop Alley war eine abschätzige Bezeichnung für Denvers ärmliche Chinatown. Sie existierte in den 1880er-Jahren, bis rassistische Unru-

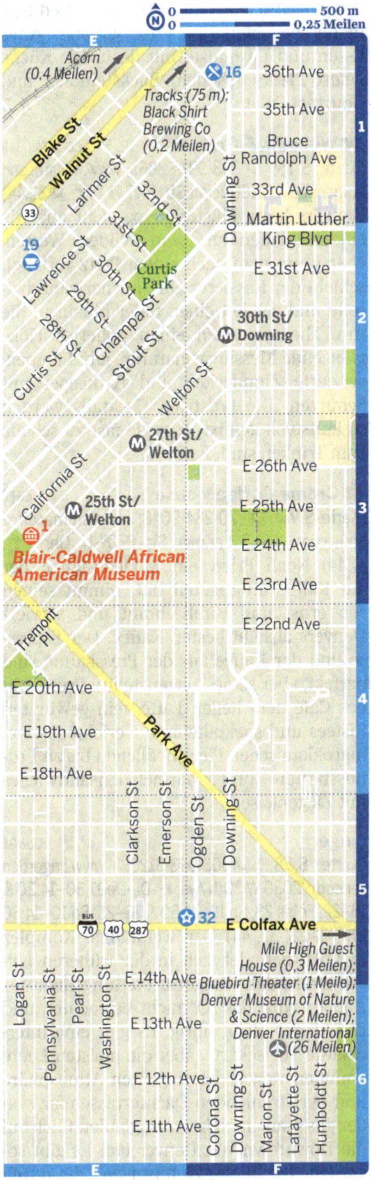

Denver

Highlights

1 Blair-Caldwell African American Museum ... E3
2 Clyfford Still Museum ... D6
3 Confluence Park ... A3
4 Denver Art Museum ... D6
5 Union Station ... B3

Sehenswertes

6 Civic Center Park ... D5
7 History Colorado Center ... D6

Schlafen

8 Art – a Hotel ... D6
9 Crawford Hotel ... B3
10 Curtis ... C4
11 Hostel Fish ... C3
12 Queen Anne Bed & Breakfast Inn ... D4

Essen

13 City O' City ... D6
14 Civic Center Eats ... D5
15 Denver Central Market ... D2
16 Hop Alley ... F1
17 Rioja ... B4
18 Root Down ... B1

Ausgehen & Nachtleben

19 Crema Coffee House ... E2
20 Crú ... C4
21 Falling Rock Tap House ... C3
22 Linger ... A2
23 Williams & Graham ... A2

Unterhaltung

24 Colorado Ballet ... C6
25 Colorado Convention Center ... C5
26 Colorado Symphony Orchestra ... C4
27 Curious Theatre ... D6
28 Denver Center for the Performing Arts ... B4
29 Denver Performing Arts Complex ... C4
30 El Chapultepec ... C3
31 Ellie Caulkins Opera House ... C4
32 Ogden Theatre ... F5
Opera Colorado ... (siehe 31)

Shoppen

33 REI ... A3
34 Tattered Cover Bookstore ... B3

hen und rassistische Gesetze die Gemeinde zerstreuten. Das kleine, muntere Restaurant in einer ehemaligen Sojasaucenfabrik greift den Spitznamen auf und bietet authentische, aber einfallsreiche chinesische Gerichte sowie kreative Cocktails, die nach den chinesischen Tierkreiszeichen benannt sind.

★ **Acorn** AMERIKANISCH $$$

(☎720-542-3721; www.denveracorn.com; 3350 Brighton Blvd, The Source; Gerichte 14–30 US$; ⏲Mo–Sa 11.30–22, So 17.30–22 Uhr; P 🍴 👪; 🚌12, 20, 48) Der mit Eichenholz befeuerte Ofen und der Grill sind die Stars in diesem hervorragenden Restaurant, wo die Mahlzeiten aus kleinen Platten mit innovativen Gerichten bestehen, die man gut teilen kann. Die Karte wechselt saisonal, aber Gerichte wie knusprig gebratenes eingelegtes Gemüse, über Eichenfeuer gegrillte Spargelbrokkoli und Pozole mit geräuchertem Schweinefleisch sind die Hits. Wem das Abendessen zu teuer ist, kann nachmittags (14.30–17.30 Uhr) kommen – die Auswahl ist zwar kleiner, aber die Preise sind günstiger.

★ Rioja MODERN-AMERIKANISCH **$$$**

(Karte S. 78; ☎ 303-820-2282; www.riojadenver.com; 1431 Larimer St; Hauptgerichte 19–39 US$; ⊙ Mi–Fr 11.30–14.30, Sa & So 10–14.30, tgl. 17–22 Uhr; ✍; 🚌 10, 28, 32, 38, 44) Eines von Denvers innovativsten Restaurant ist wie Colorado: fesch, nobel und geschäftig, zugleich aber entspannt und zwanglos. Die Küche mit traditionell italienischen und spanischen Einflüssen wird durch moderne kulinarische Ansätze verfeinert.

★ Root Down MODERN-AMERIKANISCH **$$$**

(Karte S. 78; ☎ 303-993-4200; www.rootdowndenver.com; 1600 W 33rd Ave; kleine Platten 8–19 US$, Hauptgerichte 14–35 US$; ⊙ So–Do 17–22, Fr & Sa 17–23, Fr 11–14, Sa & So 10–14.30 Uhr; ✍; 🚌 19, 52) 🍃 In einer umgebauten Tankstelle verwirklicht Chefkoch Justin Cucci eines der ehrgeizigsten gastronomischen Konzepte in der Stadt, das nachhaltige, farmfrische Zutaten, raffinierte kulinarische Kombinationen und den Einsatz für umweltschonende Energieeffizienz vereint. Die Karte wechselt saisonal, sehr zu empfehlen sind das Süßkartoffel-Falafel und die kleinen Lamm-Sandwiches. Es gibt viele vegetarische, vegane, rohe und glutenfreie Gerichte.

Ausgehen & Nachtleben

Zu Denvers wichtigsten Vierteln in Sachen Nachtleben zählen Uptown mit Schwulenbars und einem Publikum aus jungen Berufstätigen, LoDo mit rauen Sportbars und harten Kneipen, RiNo mit Hipster-Treffs, LoHi mit einer bunten Mischung verschiedener Bars und South Broadway und Colfax, wo sich Möchtegerns alter Schule vergnügen.

★ Black Shirt Brewing Co BRAUEREI

(☎ 303-993-2799; www.blackshirtbrewingco.com; 3719 Walnut St; ⊙ So–Do 11–22, Fr & Sa bis 24 Uhr; 👪; 🚌 12, 44, 🚆 A) Die Kleinbrauerei braut ausschließlich Red Ales, deren Herstellung zwei Monate bis drei Jahre dauert. Die Braumeister schätzen ihre Produkte so sehr, dass sie eigens schiefe Gläser entwickelten, in denen sich das Aroma besser entfalten soll. In der beliebten Braustube gehören gutes Essen und Livemusik mit dazu. Die Küche liefert Pizzas aus dem Backsteinofen und Gourmet-Salate.

★ Williams & Graham COCKTAILBAR

(Karte S. 78; ☎ 303-997-8886; www.williamsandgraham.com; 3160 Tejon St; ⊙ 17–1 Uhr; 🚌 32, 44) Denvers beste Flüsterkneipe sieht aus wie ein Buchladen aus dem Wilden Westen, aber wenn man nach einem Platz verlangt, schiebt der Kassierer eine Bücherwand beiseite und geleitet einen tiefer hinein in die Ära. Hier erwarten einen poliertes Holz, glänzende Messingarmaturen, alte Lampen, verzierte Zinndecken und Barkeeper mit Schürzen. Die kreativen Cocktails werden so kunstvoll gemixt, dass sie fast zu schade zum Trinken sind. Fast!

★ Crema Coffee House CAFÉ

(Karte S. 78; ☎ 720-284-9648; www.cremacoffeehouse.net; 2862 Larimer St; ⊙ 7–17 Uhr; 📶; 🚌 44) Noah Price, ein Modedesigner, der auf Kaffee umgesattelt hat, nimmt seinen Job ernst und wählt, braut und serviert Denvers absolut besten Kaffee. Der Espresso und der Kaffee aus der Presskanne sind perfekt, aber seine Spitzenstellung verdankt das Café dem hellen Latte, fein gewürzten Eistees und spektakulären Gerichten – von marokkanischen Fleischbällchen bis zu Erdnussbutter- und Marmeladensandwiches mit Ziegenkäse.

Linger LOUNGE

(Karte S. 78; ☎ 303-993-3120; www.lingerdenver.com; 2030 W 30th Ave; ⊙ Di–Do 11.30–14.30 & 16–22, Fr bis 23, Sa 10–14.30 & 16–23, So 10–14.30 Uhr; 🚌 28, 32, 44) Der weitläufige Komplex in LoHi befindet sich in der früheren Leichenhalle des Olinger-Bestattungsinstituts. Abends wird das „O" nicht beleuchtet, und das Linger bleibt übrig. Es gibt eine interessante Speisekarte, aber die meisten Leute kommen wegen der eleganten Atmosphäre und der strahlenden Dachterrassenbar, von der aus man einen hervorragenden Blick auf die Downtown von Denver hat. Es gibt sogar eine Replik des Wohnwagens, der durch die Klamotte *Ich glaub', mich knutscht ein Elch!* mit Bill Murray berühmt wurde.

Falling Rock Tap House BAR

(Karte S. 78; ☎ 303-293-8338; www.fallingrocktaphouse.com; 1919 Blake St; ⊙ 11–2 Uhr; 🚌 0, 15, 20) Abklatscher und begeisterte Rufe bestimmen die Szene, wenn die Rockies triumphieren, und Biertrinker einströmen, um den Nachmittag im Stadion mit Coors-Bier zu vergessen. Hier gibt's mehr als 80 Biere vom Fass und dazu fast 150 Flaschenbiere. Dies ist definitiv der Ort, um ein Bier in der Downtown zu trinken, zumal alle Lokalfavoriten vertreten sind.

Crú WEINBAR

(Karte S. 78; ☎303-893-9463; www.cruawinebar.com; 1442 Larimer St; Wein 10–27 US$/Glas; ⌚Mo–Do 14–24, Fr & Sa 12–2, So 10.30–15 Uhr; 🚌10, 28, 32, 38, 44) Weinetiketten und Gläser, Stimmungsbeleuchtung und sanfte Musik bestimmen die elegante Weinbar am Larimer Sq. Das Lokal wirkt so maßgefertigt, dass man sich wundert, wenn man erfährt, dass es zu einer Kette (Dallas, Austin) gehört. Zur Happy Hour (Mo–Fr 16–18.30 Uhr) gibt's kleine Gerichte wie Muscheln und Ziegenkäse-Beignets, und eine Probepalette Wein kostet dann 3 US$ weniger.

☆ Unterhaltung

Denver hat ein riesiges Unterhaltungsangebot. Livemusik und Theater findet man überall, von intimen Jazzclubs bis zum hinreißenden, viele Spielstätten umfassenden Denver Center for the Performing Arts. Denver besitzt (als eine von wenigen Städten im Land) Teams in allen vier großen amerikanischen Sportarten, und dazu auch noch eine Profi-Fußball-Mannschaft und ein Lacrosse-Team. Comedy, Kinos, Tanz und jährliche Festivals komplettieren ein Angebot, bei dem für jeden etwas dabei ist.

★ Denver Performing Arts Complex DARSTELLENDE KUNST

(Karte S. 78; ☎720-865-4220; www.artscomplex.com; Ecke 14th & Champa St; 🚌9, 15, 28, 32, 38, 43, 44) Der riesige Komplex – einer der größten seiner Art – nimmt vier Straßenblocks ein und beherbergt 10 wichtige Spielstätten, darunter das historische **Ellie Caulkins Opera House** und die Boettcher Concert Hall. Der Komplex ist Sitz des **Colorado Ballet** (☎303-837-8888; www.coloradoballet.org; 1075 Santa Fe Dr; ⌚Theaterkasse Mo–Fr 9–17 Uhr; 👪; 🚌1, 9), des **Denver Center for the Performing Arts** (☎303-893-4100; www.denvercenter.org; 1101 13th St; ⌚Theaterkasse Mo–Sa 10–18 Uhr & 1 Std. vor Vorstellungsbeginn; 👪; 🚌9, 15, 28, 32, 38, 43, 44), der **Opera Colorado** (☎303-468-2030; www.operacolorado.org; ⌚Theaterkasse Mo–Fr 10–17 Uhr; 👪; 🚌9, 15, 28, 32, 38, 43, 44) und des Colorado Symphony Orchestra. Wer sich unschlüssig ist, was er mit dem Abend anfangen soll, wird einen Besuch hier nicht bereuen.

★ Curious Theatre THEATER

(Karte S. 78; ☎303-623-0524; www.curioustheatre.org; 1080 Acoma St; Tickets ab 18 US$; ⌚Theaterkasse Di–Sa 14–19 Uhr; 🚌0, 6, 52) „Kein Mut, keine Geschichte" lautet das Motto dieser preisgekrönten Theatertruppe, die in einer umgebauten Kirche spielt. Die Stücke präsentieren zum Nachdenken anregende Geschichten, die Fragen wie soziale Gerechtigkeit, Rassismus, Einwanderung oder den Umgang mit Sexualität aufgreifen. Nach jeder Vorstellung diskutieren die Schauspieler mit dem Publikum über alles von der Handlung des Stücks bis zum Bühnenbild.

★ El Chapultepec JAZZ

(Karte S. 78; ☎303-295-9126; www.thepeclodo.com; 1962 Market St; ⌚7–1 Uhr, Musik ab 21 Uhr; 🚌38) Der verrauchte Oldschool-Jazzschuppen mit buntem Publikum wurde 1951 eröffnet. Seitdem sind hier u. a. Frank Sinatra, Tony Bennett, Ella Fitzgerald, Jagger und Richards aufgetreten. Jede Nacht spielen lokale Jazz-Bands auf der kleinen Bühne, doch man weiß nie, wer möglicherweise noch vorbeischaut.

Hi-Dive LIVEMUSIK

(☎303-733-0230; www.hi-dive.com; 7 S Broadway; 🚌0) Lokale Rockgrößen und tourende Indie-Bands treten auf der Bühne des Hi-Dive im Herzen von Denvers Livemusikszene auf. Bei großen Shows wird es ohrenbetäubend laut, es herrscht drangvolle Enge und der Schweiß rinnt in Strömen. Mit anderen Worten – perfekt!

Ogden Theatre LIVEMUSIK

(Karte S. 78; ☎303-832-1874; www.ogdentheatre.com; 935 E Colfax Ave; ⌚Ticketschalter Sa 10–14 Uhr, an Vorstellungstagen 1 Std. vor Einlass; 🚌15) Einer von Denvers besten Livemusik-Clubs. Das Ogden Theatre hat eine wechselvolle Vergangenheit hinter sich: 1917 erbaut, stand es viele Jahre verlassen da und wäre in den frühen 1990er-Jahren fast abgerissen worden. Inzwischen jedoch steht es auf der Liste des National Register of Historic Places. Hier sind schon Acts wie Edward Sharpe & the Magnetic Zeros und Lady Gaga aufgetreten.

Colorado Symphony Orchestra KLASSISCHE MUSIK

(CSO; Karte S. 78; ☎303-623-7876; www.coloradosymphony.org; 1000 14th St, Boettcher Concert Hall;

ABSEITS DER ÜBLICHEN PFADE

LIVE IM RED ROCKS!

Das **Red Rocks Park & Amphitheatre** (☎303-697-4939; www.redrocksonline.com; 18300 W Alameda Pkwy; ⌚5–23 Uhr; 👪) liegt 15 Meilen (24,1 km) südwestlich von Denver zwischen 122 m hohen Felswänden aus rotem Sandstein. Die Akustik ist so gut, dass schon viele Künstler hier Alben aufgenommen haben. Die 9000 Plätze fassende Arena mit herrlichem Ausblick zieht den ganzen Sommer über bekannte Bands an. Dass man hier seine Lieblingsband in einer der außergewöhnlichsten Musikstätten der Welt live bei einem Konzert erleben kann, ist für viele allein schon ein Grund, nach Colorado zu reisen.

⌚Theaterkasse Mo–Fr 10–18, Sa 12–18 Uhr; 👪; 🚌9, 15, 28, 32, 38, 43, 44) Die Boettcher Concert Hall im Denver Performing Arts Complex ist Sitz dieses renommierten Sinfonieorchesters. Die Konzerte der „Masterworks"-Saison füllen jährlich 21 Wochen, hinzu kommen Konzerte für ein breiteres Publikum – z. B. als Begleitorchester bei Filmvorführungen.

Bluebird Theater LIVEMUSIK
(☎303-377-1666; www.bluebirdtheater.net; 3317 E Colfax Ave; 👪; 🚌15) Das mittelgroße Theater verlangt für die Stehplätze einen allgemeinen Eintrittspreis und bietet eine hervorragende Akustik sowie gute Sicht vom Rang. Hier hat man oft die letzte Gelegenheit Bands zu erleben, bevor sie richtig berühmt werden: Die Denver-Favoriten Lumineers und Devotchka machten hier erste Schlagzeilen.

Landmark Mayan Theater KINO
(☎303-744-6799; www.landmarktheatres.com; 110 Broadway; 👪; 🚌0) Auch ohne die schicke Tonanlage und die riesige Leinwand ist dies der beste Ort, um in Denver einen Film anzuschauen. Der Filmpalast aus den 1930er-Jahren ist ein romantisches, historisches Schmuckstück – und Bier gibt's auch.

Shoppen

★ **Tattered Cover Bookstore** BÜCHER
(Karte S. 78; ☎303-436-1070; www.tatteredcover.com; 1628 16th St; ⌚Mo–Fr 6.30–21, Sa 9–21, So 10–18 Uhr; 📶 👪; 🚌10, 19, 28, 32, 44, MallRide) In Denvers beliebtem unabhängigen Buchladen gibt's viele Ecken, in die man sich mit einem Buch zurückziehen kann. Der Laden birst geradezu von neuen und gebrauchten Büchern und hat auch ein gutes Sortiment an regionalen Reiseführern und Sachbüchern zu den westlichen Staaten der USA und zur Folklore des Westens. Es gibt noch ein zweite, kleinere Filiale an der Colfax nahe dem City Park.

★ **REI** SPORT & OUTDOOR
(Recreational Equipment Incorporated; Karte S. 78; ☎303-756-3100; www.rei.com; 1416 Platte St; ⌚Mo–Sa 9–21, So bis 19 Uhr; 👪; 🚌10, 28, 32, 44) Das Flaggschiff unter den Outdoor-Händlern und unverzichtbare Station für all diejenigen, die in die Berge aufbrechen oder auch einfach nur durch Confluence schlendern wollen. Der Laden hat das notwendige Equipment und Karten zum Campen, Radfahren, Klettern und Skifahren. Er verleiht auch Ausrüstung. An der Pinnacle, einer 14 m hohen roten Indoor-Kletterwand, kann man sich einklettern.

★ **Fancy Tiger Crafts** KUNSTHANDWERK
(☎303-733-3855; www.fancytigercrafts.com; 59 Broadway; ⌚Mo & Mi–Sa 10–19, Di bis 21, So 11–18 Uhr; 👪; 🚌0) Wer aufs Häkeln und Wattieren steht, Pullover strickt und zu viele Tattoos hat, ist in dieser raffinierten Neuauflage von Omas Garnladen, der die Anlaufstelle für Denvers auf Handarbeiten stehende Hipster ist, gerade richtig. Es gibt eine irre Auswahl an Stoffen, Garnen und Büchern und hinten Kurse (teilweise veranstaltet von Jessica, der „Mistress of Patchwork").

Praktische Informationen

Tolle Informationen zu Events finden sich auf der Website des Tourist Information Center (www.denver.org).

DIA Information Booth (☎303-317-0629; www.visitdenver.com; Denver International Airport; ⌚verschiedene Öffnungszeiten; 📶 👪; 🚌A) In dem Kiosk am östlichen Ende der zentralen Halle des Denver International Airport gibt's Flug- und touristische Informationen.

ORIC (Outdoor Recreation Information Center; Karte S. 78; ☎REI-Zentrale 303-756-3100; www.oriconline.org; 1416 Platte St; ⌚verschiedene Öffnungszeiten; 📶; 🚌10, 28, 32, 44) Der Infoschalter im REI ist ein Muss für alle, die außerhalb der Stadt Outdoor-Abenteuer erleben wollen. Hier bekommt man Landkarten und kompetente Informationen zu Reiseplanung und Reisesicherheit. Der Schalter ist mit Freiwilligen besetzt, daher variieren die Öffnungszeiten erheblich, aber an Wochenendnachmittagen dürfte immer geöffnet sein.

Downtown Tourist Information Center (Karte S. 78; ☎303-892-1505; www.denver.org; 1575 California St; ⏲Mai–Okt. Mo–Fr 9–18, Sa 9–17, So 10–14 Uhr, Nov.–April Mo–Fr 9–17, Sa 9–14, So 10–14 Uhr; 🚌9, 15, 20, MallRide, 🚊D, F, H) Nach der Ankunft sucht man am Besten sofort das größte und zentral gelegene Informationszentrum gleich abseits der 16th St Mall auf. Hier kann man Broschüren mitnehmen, online in Reiseseiten stöbern und sich von kompetentem Personal verlässliche Infos beschaffen.

An- & Weiterreise

Der **Denver International Airport** (DIA; ☎303-342-2000; www.flydenver.com; 8500 Peña Blvd; ⏲24 Std.; 📶 👪; 🚊A) ist ein wichtiges Luftkreuz und einer der am stärksten ausgelasteten Flughäfen des Landes. Mit 137 km² Gesamtfläche ist der DIA der flächenmäßig größte Flughafen der USA. Eine fahrerlose U-Bahn verbindet das Terminal mit den drei Hallen (der Concourse C ist fast 1,5 km vom Terminal entfernt). Man sollte etwas mehr Zeit einplanen, um sich zurechtzufinden.

Greyhound betreibt zahlreiche Busse auf Strecken längs der Front Range und auf Transkontinentalstrecken. Alle Busse halten im **Denver Bus Center** (Karte S. 78; ☎303-293-6555; 1055 19th St; ⏲6–24 Uhr; 📶; 🚌8, 48).

Der **Colorado Mountain Express** (CME; ☎800-525-6363; www.coloradomountainexpress.com; 8500 Peña Blvd, Denver International Airport; 📶 👪; 🚊A) bietet Shuttledienste vom Denver International Airport (DIA), von der Downtown sowie von Morrison ins Summit County, darunter nach Breckenridge und Keystone (Erw./Kind 66/35 US$, 2½ Std.) und Vail (Erw./Kind 84/44 US$, 3 Std.).

Amtrak (☎800-872-7245; www.amtrak.com; 1701 Wynkoop St, Union Station; 🚌55L, 72L,120L, FF2, 🚊A, B, C, E, W) betreibt den täglichen *California Zephyr* zwischen Chicago (121–325 US$, 19 Std.) und San Francisco (144–446 US$, 33 Std.); der Zug hält in Denver in der prächtig renovierten **Union Station** (Karte S. 78; ☎303-592-6712; www.unionstationindenver.com; 1701 Wynkoop St; 🅿; 🚌55L, 72L,120L, FF2, 🚊A, B, C, E, W).

Unterwegs vor Ort

AUTO & MOTORRAD

Einen Straßenparkplatz zu finden, kann eine Qual sein, es gibt aber viele kostenpflichtige

ABSTECHER

BESTE TAGESWANDERUNGEN & RADTOUREN AB DENVER

Buchstäblich Hunderte von Tageswanderungen liegen im Umkreis einer Stunde um Denver.

Jefferson County Open Space Parks (www.jeffco.us/openspace) Die offenen Flächen erstrecken sich am westlichen Rand von Denver und sind die schönsten in der Gegend.

Golden Gate Canyon State Park (☎303-582-3707; www.cpw.state.co.us; 92 Crawford Gulch Rd; Eintritt 7 US$, Stellplatz 20–26 US$; ⏲5–22 Uhr; 👪🐾) Der große Park (4856 ha) auf halber Strecke zwischen Golden und Nederland hat viele Wanderwege und Klettermöglichkeiten.

Staunton State Park (☎303-816-0912; www.parks.state.co.us/parks; 12102 S Elk Creek Rd; ⏲7–21 Uhr; 👪🐾) Colorados neuester State Park befindet sich auf dem Gelände einer historischen Ranch 40 Meilen (64,4 km) westlich von Denver. Der Park liegt auf einer Höhe zwischen 2469 und 3048 m; die Landschaft ist sehr abwechslungsreich – von grasbewachsenen Wiesen bis zu spektakulären Granitklippen.

Waterton Canyon (☎303-634-3745; www.denverwater.org/recreation/watertoncanyon; 11300 Waterton Rd; ⏲30 Min. vor Sonnenaufgang–30 Min. nach Sonnenuntergang; 👪) In dem hübschen Canyon südlich von Denver und gleich westlich des Chatfield Reservoir gibt's einen leichten, 10,5 km langen Wanderweg, der zum Strontia Springs Dam führt.

Pike National Forest (☎303-275-5610, nur Stellplatzreservierung 877-444-6777; www.fs.usda.gov; 19316 Goddard Ranch Ct; ⏲Mo–Fr 8–16.30 Uhr; 👪) Zur Erkundung des großen Nationalparks holt man sich Infos in der South Platte Ranger Station rund 5 Meilen (8 km) außerhalb von Morrison.

Buffalo Creek Mountain Bike Area (www.frmbp.org; 18268 S Buffalo Creek Rd, Pine; ⏲7–19 Uhr; 👪) Wer gern auf Singletrails mit dem Mountainbike unterwegs ist, findet hier rund 65 km an Wegen, darunter die Abschnitte des Colorado Trail, auf denen Fahrräder erlaubt sind.

Parkhäuser in der Downtown und LoDo. Fast alle größeren Autovermieter haben Schalter am Denver International Airport, aber nur ein paar auch Büros in Downtown Denver.

Enterprise Rent-A-Car (☎303-293-8644; www.enterprise.com; 2255 Broadway; ⏲Mo–Fr 7–19, Sa & So 8–16 Uhr; 🚌44, 48) ist eine internationale Autovermietungen mit mehreren Büros im Großraum von Denver.

FAHRRAD

Alle Infos zum Radfahren in Denver erhält man bei Bike Denver (www.bikedenver.org) und der City of Denver (www.denvergov.org); unter beiden Adressen gibt's das Radwegenetz der Stadt zum Herunterladen.

B-Cycle (☎303-825-3325; www.denverbcycle.com; Mitgliedschaft 9 US$/Tag; ⏲5–24 Uhr; 👪) Das Fahrrad-Sharing-Unternehmen hat mehr als 80 Stationen in ganz Denver. Mit der Tagesmitgliedschaft kann man kostenlos unbegrenzt viele Fahrten unternehmen, die aber jeweils 30 Minuten nicht überschreiten dürfen.

VOM/ZUM FLUGHAFEN

Die **RTD-Stadtbahn** (☎303-299-6000; www.rtd-denver.com; einfache Strecke 2,60–4,50 US$, Tageskarte 5,20–9 US$; 👪) bringt die Passagiere vom DIA bis nach Downtown Denver (Linie A; 9 US$, 45 Min.) und bindet unterwegs die Vorstädte an.

ÖFFENTLICHE VERKEHRSMITTEL

Regional Transportation District (RTD; Karte S. 78; ☎303-299-6000; www.rtd-denver.com; 1600 Blake St; 🚌10, 19, 28, 32, 44, MallRide) betreibt Nahverkehrsmittel im Bereich von Denver und Boulder (Stadtfahrten/Region 2,60/4,50 US$). Auf der Website stehen Fahrpläne, Strecken und Fahrpreise, es gibt auch einen Streckenplaner.

TAXI

Einen Taxiservice rund um die Uhr bieten:

Metro Taxi (☎303-333-3333; www.metrotaxidenver.com; ⏲24 Std.)

Yellow Cab (☎303-777-7777; www.denveryellowcab.com; ⏲24 Std.)

Boulder

65 km², umgeben von Realität – dieser Scherz über Boulder will nicht vergehen. Das Wetter ist ideal, die Umgebung – die Berge der Flatirons, der plätschernde Bach, Wege in die Ponderosa-Wälder und ein gepflegter College-Campus – ist pure Idylle, und die Menschen – fitte Umweltbewusste mit Vorliebe für besten Fair-Trade-Kaffee und leckere Craft-Biere – passen voll ins Klischee.

Boulders fanatische Liebe zur Natur wurde 1967 gesetzlich untermauert, als die Stadt als erste in den USA eine spezielle Steuer für den Freiflächenschutz einführte. Dank dieser Voraussicht erfreuen sich heute Menschen (und Hunde) an einer Reihe von Stadtparks und Freiflächen, während Scharen von Radlern den Boulder Creek Corridor entlang flitzen.

Boulder ist genau das Richtige für Traveller, die einen Outdoor-Urlaub verbringen, aber nicht auf die kulturellen Errungenschaften einer städtischen Oase – Gourmetrestaurants, muntere Bars, Konzerte und Theater – verzichten wollen.

Sehenswertes & Aktivitäten

Wenige Orte bieten eine derartige Kombination von Natur und Kultur. Ob man in den Flatirons (S. 85) klettert, auf den **Flagstaff** (☎303-441-3440; www.bouldercolorado.gov; Flagstaff Summit Rd; 🅿👪) radelt, die Pearl St (S. 87) unsicher macht oder über den CU-Campus spaziert – überall winken Sehenswürdigkeiten und Aktivitäten für die ganze Familie. Die meisten Stätten liegen recht zentral an der W Pearl St oder auf The Hill, wo sich auch die Universität befindet.

★ **Chautauqua Park** PARK
(☎303-442-3282; www.chautauqua.com; 900 Baseline Rd; 🚌HOP 2) Dieser Park mit seinem historischen Wahrzeichen ist das Tor zu Boulders prächtigstem Stück offenen Landes gleich neben den malerischen Flatirons. Der weite, üppige Rasen lockt picknickende Familien, Sonnenanbeter, Frisbee-Spieler und Studierende der nahen CU an, sowie jede Menge Wanderer, Kletterer und Läufer. Das Gelände ist beliebt, daher können Parkplätze schwer zu finden sein. Im Sommer 2017 startete Boulder ein Pilotprojekt mit kostenlosen Shuttles zu verschiedenen Parkplätzen rund um die Stadt, um der Verstopfung der Straßen abzuhelfen. Aktuelle Infos stehen auf der Website.

★ **Dairy Arts Center** KUNSTZENTRUM
(☎303-440-7826; www.thedairy.org; 2590 Walnut St; unterschiedliche Preise; 🅿👪; 🚌HOP) Die zu einem Kunstzentrum umgewandelte historische Meierei ist eine der wichtigsten Kulturstätten in Boulder. Die kürzlich renovierte, topmoderne Einrichtung umfasst drei Bühnen, vier Ausstellungssäle und ein Kino mit 60 Plätzen. Irgendetwas ist hier immer los – von Vorträgen und Theatervorstellungen bis zu modernem Tanz und Kunstausstellun-

gen. Auf dem Gelände gibt's auch ein kleines Café und eine Bar.

★ Boulder Creek WASSERSPORT

(👪) Ein immer beliebtes Sommerritual in Boulder besteht darin, in einem Reifenschlauch den Boulder Creek hinunter zu fahren. Die meisten Leute lassen ihren Reifen im **Eben G. Fine Park** (Boulder Canyon Dr; P👪🐾; 🚌205, N) zu Wasser und lassen sich dann bis zur 30th St oder sogar bis zur 55th St treiben. Unbedingt die Wassermenge prüfen, insbesondere früh in der Saison, denn bei mehr als 5,7 m³/Sek. kann das Treibenlassen zu einem echten Rodeo werden. Reifenschläuche fürs Tubing vermieten **White Water Tube** (☎720-239-2179; www.whitewatertubing.com; 2709 Spruce St; Vermietung pro Tag Reifenschlauch 16–21 US$, Kajak 45–50 US$, Stehpaddelbrett 35 US$; ⏲Mai–Sept. 10–18 Uhr; 👪; 🚌205, BOLT, HOP) und **Lolita's Market** (☎303-443-8329; www.facebook.com/lolitasmarket; 800 Pearl St; Tube 10 US$; ⏲Markt 24 Std.; 👪; 🚌HOP).

Eldorado Canyon State Park OUTDOOR

(☎303-494-3943; www.cpw.state.co.us; 9 Kneale Rd, Eldorado Springs; 8 US$; ⏲Sonnenaufgang–Sonnenuntergang, Visitor Center 9–17 Uhr) Der Park gehört mit Routen der Klasse 5.5 bis 5.12 zu den besten Klettergebieten des Landes. Für alle Besucher geeignet sind die insgesamt rund 20 km umfassenden Wanderwege, die auch mit dem Chautauqua Park verbunden sind. Im öffentlichen Pool (nur im Sommer) kann man in dem berühmten kalten Quellwasser des Canyons schwimmen. Der Park liegt 5 Meilen (8 km) südwestlich der Stadt.

★ Local Table Tours ESSEN & TRINKEN

(☎303-909-5747; www.localtabletours.com; Tour 35–70 US$; ⏲unterschiedliche Termine) Bei einem der lustigen Spaziergänge durch die Downtown lernt man die tolle örtliche Küche kennen und erhält Insider-Wissen über Essen und Wein oder Kaffee und Schokolade. Ein besonderer Schwerpunkt liegt auf Unternehmen, die Einheimischen gehören und regionale oder nachhaltige Lebensmittel verwenden. Sehr beliebt ist auch der Cocktail-Crawl.

Feste & Events

Bolder Boulder SPORT

(☎303-444-7223; www.bolderboulder.com; Erw./Kind ab 70/55 US$; ⏲Memorial Day; 👪; 🚌209, STAMPEDE) Mit mehr als 50 000 teilweise kostümierten Läufern, unter die sich auch Profis mischen, sowie Livebands und Feiernden an der Strecke ist dies der vielleicht lustigste 10-km-Lauf in den USA; er endet auf dem Folsom Field, dem Football-Stadion der CU.

Boulder Creek Festival MUSIK, ESSEN

(☎303-449-3137; www.bceproductions.com; Canyon Blvd, Central Park; ⏲Mai; 👪; 🚌203, 204, 225, AB, B, DASH, DD, DM, GS, SKIP) GRATIS Das riesige Fest wird als Auftakt des Sommers vermarktet und erlebt seinen Höhepunkt und Abschluss mit dem Bolder Boulder. In mehr als zehn Event-Bereichen treten mehr als 30 Live-Unterhalter auf. Es gibt Jahrmarktsattraktionen und 500 Verkaufsstände, Essen und Trinken, Unterhaltung und Sonnenschein. Wer mag das nicht?

Schlafen

★ Chautauqua Lodge & Cottages HISTORISCHES HOTEL $$

(☎303-952-1611; www.chautauqua.com; 900 Baseline Rd; Zi. ab 103 US$, Cottages 196–303 US$; P🚭❄📶🐾; 🚌HOP 2) Unsere erste Wahl unter den Unterkünften vor Ort ist diese Lodge gleich neben den schönen Wanderwegen zu den **Flatirons** (900 Baseline Rd, Chautauqua Park; 🚌HOP 2) in einem grünen Viertel innerhalb des Chautauqua Park (S. 85). Es gibt topmoderne Zimmer und Cottages mit ein bis drei Schlafzimmern, Veranden und Patchwork-Bettdecken. Die Anlage ist ideal für Familien und Leute mit Haustieren. Alle Unterkünfte haben komplett ausgestattete Küchen; die Einheimischen frühstücken gern auf der umlaufenden Veranda der Chautauqua Dining Hall.

★ Boulder Adventure Lodge HOTEL $$

(A-Lodge; ☎303-444-0882; www.a-lodge.com; 91 Fourmile Canyon Dr; Zi. ab 159 US$; P🚭❄📶🏊; 🚌N) Besucher kommen nach Boulder, um etwas in der Natur zu unternehmen – warum also nicht gleich näher beim Geschehen wohnen? In dieser etwas außerhalb liegenden Lodge kann man vom Anwesen aus wandern, radfahren, klettern und angeln. Die Zimmer – von Schlafsälen bis zu Suiten – sind schlicht, aber gut ausgestattet. Es gibt u. a. einen Pool und eine Feuergrube. Das freundliche Gemeinschaftsgefühl zwischen Gästen und Personal macht den Aufenthalt angenehm.

★ St. Julien Hotel & Spa HOTEL $$$

(☎720-406-9696, Reservierungen 877-303-0900; www.stjulien.com; 900 Walnut St; Zi./Suite ab

400/650 US$; P ❄ @ ☎ ≋; 🚌 205, HOP, SKIP) Boulders beste Vier-Sterne-Unterkunft liegt im Herzen der Downtown und ist modern und elegant. Fotos der umliegenden Landschaft zieren die Korkwände, die für ein warmes Ambiente sorgen. Auf der hinteren Terrasse gibt's einen fabelhaften Ausblick auf die Flatirons, und gelegentlich live Weltmusik, Jazzkonzerte und beliebte lateinamerikanische Dance-Partys. Die Zimmer sind großzügig und schick. Das Spa auf dem Gelände gilt als eines der besten in der Gegend.

Essen

★ Rayback Collective — FOOD TRUCK $

(☎ 303-214-2127; www.therayback.com; 2775 Valmont Rd; Hauptgerichte 6–12 US$; ⏲ Mo–Fr 11–22, Sa bis 23, So bis 21 Uhr; ✎ 👪 🐾; 🚌 205, BOLT) Das einstige Lagerhaus für Sanitärbedarf ist zu einer städtischen Oase geworden, in der man das Gemeinschaftsgefühl der Stadt erlebt. Es gibt eine große Außenfläche mit Feuergrube und Rasenspielen, eine Lounge mit bequemen Stühlen und Livemusik, eine Bar, die Biere aus Colorado ausschenkt, und einen Food-Truck-Park mit vielen guten Gerichten. Auf dem Gelände sind Jung und Alt, und auch Haustiere, willkommen.

★ Rincón Argentino — ARGENTINISCH $

(☎ 303-442-4133; www.rinconargentinoboulder.com; 2525 Arapahoe Ave; Hauptgerichte 4–13 US$; ⏲ Mo–Do 11–20, Fr & Sa bis 21 Uhr; 👪; 🚌 JUMP) Das Shopping-Plaza-Ambiente sollte einen nicht abschrecken, denn das Rincón ist ein authentisches Stück Argentinien. Es backt frische Empanadas – kleine pikante, mit Hackfleisch oder Mozzarella und Basilikum gefüllte Teigtaschen –, zu denen ein Glas Malbec prima schmeckt. Es gibt auch Sandwiches mit panierten Rinderkoteletts und Krüge mit Mate-Tee, einer belebenden Alternative zum Kaffee.

★ Oak at Fourteenth — MODERN-AMERIKANISCH $$

(☎ 303-444-3622; www.oakatfourteenth.com; 1400 Pearl St; Hauptgerichte 13–30 US$; ⏲ Mo–Sa 11.30–22, So 17.30–22 Uhr; 🚌 205, 206) Das innovative, Einheimischen gehörende Lokal serviert erstklassige Cocktails und schmackhafte kleine Teller für ein stilvolles Abendessen. Zu den herausragenden Gerichten aus farmfrischen Zutaten gehören die gegrillte Schweinelende im Schinkenmantel und Gurken-Sashimi mit Passionsfrucht. Die Portionen sind klein, was auffällt, weil die Speisen eben so lecker sind. Die Kellner beraten einen gut. Der einzige Nachteil: Es ist in der Regel recht laut, also nicht der Ort für intime Geständnisse.

★ Brasserie Ten Ten — BISTRO $$

(☎ 303-998-1010; www.brasserietenten.com; 1011 Walnut St; Hauptgerichte 15–27 US$; ⏲ Mo–Do 11–22, Fr 11–23, Sa 9–23, So 9–21 Uhr; 🚌 203, 204, 225, AB, B) Das bei Studenten und Professoren gleichermaßen beliebte sonnige französische Bistro bietet raffinierte Speisen und eine elegante Atmosphäre, geprägt von frischen Blumen, hohen Marmortischen und glänzendem Messing. Das Lokal ist schick, aber nicht hochnäsig und hat tolle Happy-Hour-Sonderangebote bei Crêpes, kleinen Sandwiches, Muscheln und Bier. Unbedingt probieren sollte man die Trüffel-Fritten.

Salt — MODERN-AMERIKANISCH $$

(☎ 303-444-7258; www.saltthebistro.com; 1047 Pearl St; Hauptgerichte 15–30 US$; ⏲ Mo–Do 11–21, Fr & Sa 11–23, So 10–21 Uhr; 👪; 🚌 208, HOP, SKIP) Farmfrische Küche wird in Boulder zwar überall versprochen, aber dieses Restaurant bietet sie tatsächlich und übertrifft die Erwartungen. Die hausgemachten Fettuccine mit Schoten, Radicchio und Kräutersahne sind ein echtes Vergnügen. Aber auch mit Fleisch kennt sich das Salt aus: Es stammt von mit Gras gefütterten Tieren aus der Region und wird hervorragend zubereitet: mit Fett begossen, geschmort und langsam gegart. Wer nicht weiß, wofür er sich entscheiden soll, wird von den kompetenten Kellnern bestens beraten.

★ Frasca — ITALIENISCH $$$

(☎ 303-442-6966; www.frascafoodandwine.com; 1738 Pearl St; Hauptgerichte 35 US$, Verkostungsmenü 50–115 US$; ⏲ Mo–Do 17.30–21.30, Fr bis 22.30, Sa 17–22.30 Uhr; ✎; 🚌 HOP, 204) Viele in Boulder halten das Frasca für das beste Restaurant: Das Weinangebot wurde mit dem James Beard Award ausgezeichnet, die Küche ist makellos und verwendet nur die frischesten Zutaten direkt von der Farm. Zu den wechselnden Gerichten zählen geschmorter Schweinebraten, hausgemachte Gnocchi und gegrillte Wachteln mit Lauch und Erbsensprossen. Es empfiehlt sich Tage oder besser Wochen im Voraus zu reservieren. Montags gibt's ein „günstiges" Verkostungsmenü (50 US$) mit passenden Weinen.

Ausgehen & Unterhaltung

★ Mountain Sun — BRAUEREI

(☎ 303-546-0886; www.mountainsunpub.com; 1535 Pearl St; ⏲ 11–1 Uhr; 👪; 🚌 HOP, 205, 206)

Boulders beliebteste Brauerei serviert eine große Palette feiner Biere, hat ein bunt gemischtes Publikum von Yuppies bis zu Hippies und eine ansprechende Gemeinschaftsatmosphäre. Die Kneipenkost ist lecker, insbesondere die Burger und das Chili. Mit Brettspielen und Kinderkarte ist das Lokal auch gut für Familien geeignet. Abends gibt's oft live Bluegrass oder Reggae (So, Mo & Mi). Nur Barzahlung!

Avery Brewing Company BRAUEREI

(☎303-440-4324; www.averybrewing.com; 4910 Nautilus Ct; ⌚Mo 15–23, Di–So 11–23 Uhr; 🚌205) Wie groß darf eine Kleinbrauerei sein? Mit einem imposanten zweistöckigen Gebäude und einem Souvenirladen, in dem Hüte und T-Shirts verkauft werden, geht das Avery an die Grenze. Aber die Terrasse im 1. Stock und die Schankstube sind munter und lustig; oben herrscht eher ruhige Restaurant-Atmosphäre. Eines ist sicher: Das Bier ist super, vom Apricot Sour bis zum teuflischen Mephistopheles Stout. Auch Führungen werden angeboten. Die Brauerei liegt rund 6 Meilen (9,7 km) nordöstlich der Downtown.

Boulder Dushanbe Teahouse TEEHAUS

(☎303-442-4993; www.boulderteahouse.com; 1770 13th St; Hauptgerichte 8–24 US$; ⌚8–21 Uhr; 👪; 🚌203, 204, 205, 206, 208, 225, DASH, JUMP, SKIP) Nichts hat ein schöneres Ambiente zu bieten als dieses tadschikische Teehaus, ein Geschenk von Boulders Partnerstadt Duschanbe. Die aufwendigen Schnitzereien und Malereien wurden in acht Jahren am Rand des **Central Park** zusammengesetzt. Die Fusion-Gerichte sind leider mittelmäßig, aber es lohnt sich, hier eine Tasse Tee zu trinken.

eTown Hall LIVEMUSIK

(☎303-443-8696; www.etown.org; 1535 Spruce St; ab 25 US$; ⌚unterschiedliche Öffnungszeiten; 🚌HOP) Die schöne, brandneue und mit Solarstrom betriebene Stätte in einer umgewandelten Kirche ist der Sitz der Radio-Show *eTown* (die auf National Public Radio zu hören ist). Bei der Show treten aufstrebende und bekannte Künstler auf, und man kann bei den Aufnahmen in dem 200 Plätze fassenden Theater live dabei sein. Die Aufnahmen werden meist abends an Werktagen gemacht und dauern von 19 bis 21 Uhr.

Shoppen

★ Pearl Street Mall GEBIET

(Pearl St, zw. 9th & 15th St; 👪🐾; 🚌205, 206, 208, HOP, SKIP) Das Highlight von Boulders Downtown ist die Pearl Street Mall, eine lebenssprühende Fußgängerzone mit Kletterfelsen für Kinder und Springbrunnen, Bars, Galerien und Restaurants. Am Wochenende sind auch viele Straßenkünstler vor Ort.

★ Boulder Book Store BÜCHER

(☎303-447-2074; www.boulderbookstore.net; 1107 Pearl St; ⌚Mo–Sa 10–22, So bis 21 Uhr; 📶👪; 🚌208, HOP, SKIP) Boulders beliebtester unabhängiger Buchladen hat im Erdgeschoss eine große Abteilung für Reiseliteratur und die neusten Romane und Sachbücher. Die Termine von Autorenlesungen sind am Eingang angeschlagen und stehen auch auf der Website.

★ Common Threads KLEIDUNG

(☎303-449-5431; www.shopcommonthreads.com; 2707 Spruce St; ⌚Mo, Di & Do–Sa 10–18, Mi bis 19 Uhr; 🚌205, BOLT, HOP) Secondhand-Shopping auf Haute-Couture-Niveau bietet dieser großartige Laden, in dem man sogar Taschen von Choos und Prada findet. Die Preise sind höher als in einem normalen Secondhand-Laden, aber Kleidung, Schuhe und Taschen sind stets in gutem Zustand, und die Designer-Ware ist garantiert echt. Es gibt auch lustige Kurse, in denen man erfährt, wie man Kleidungsstücke ändern und aufpeppen kann.

Praktische Informationen

Boulder Visitor Center (☎303-442-2911; www.bouldercoloradousa.com; 2440 Pearl St; ⌚Mo–Fr 8.30–17 Uhr; 🚌HOP) Das Visitor

BOULDER COUNTY FARMERS MARKET

Dieser **Markt** (☎303-910-2236; www.boulderfarmers.org; 13th St, zw. Canyon Blvd & Arapahoe Ave; ⌚April–Nov. Sa 8–14 Uhr, Mai–Okt. Mi 16–20 Uhr; 🌱👪🐾; 🚌203, 204, 205, 206, 208, 225, DASH, JUMP, SKIP) bietet im Frühjahr und Sommer ein buntes Durcheinander von Bio-Lebensmitteln aus der Region. Man findet Blumen und Kräuter, kopfgroße Pilze, feine Kürbisblüten, knusprige Brezeln, vegane Dips, Rindfleisch von mit Gras gefütterten Tieren, Rohkost-Müsli und Joghurt. Die Imbissbuden präsentieren alle möglichen internationalen Gerichte. Livemusik gehört genauso dazu wie ein Familienpicknick im Park am Boulder Creek.

Center in der Boulder Chamber of Commerce bietet grundlegende Infos, Karten und Tipps zu nahegelegenen Wanderwegen und anderen Aktivitäten. Ein leichter zugänglicher **Touristeninformationskiosk** (☎303-417-1365; Ecke Pearl & 13th St; ⏲10–20 Uhr; 🚌208, HOP, SKIP) befindet sich an der Pearl St Mall vor dem Gerichtsgebäude.

Boulder Ranger District (☎303-541-2500; 2140 Yarmouth Ave; ⏲Mo–Fr 8.30–16.30 Uhr; 🚌204) Das Büro des US Forest Service hat Informationen zu den National Forests rund um den Rocky Mountain National Park, darunter auch zu Campingplätzen und Wanderwegen zwischen den Wäldern und dem Nationalpark.

ℹ Anreise & Unterwegs vor Ort

Der nur 45 Meilen (72,4 km) von Boulder entfernte Denver International Airport (S. 83) ist die wichtigste Anlaufstelle für Traveller, die mit dem Flugzeug kommen.

Green Ride (☎303-997-0238; http://greenrideboulder.com; 4800 Baseline Rd, D110; einfache Strecke 28–38 US$) Der Shuttle verbindet Boulder und seine Vororte mit dem Denver International Airport. Er ist preiswert und bequem (28–38 US$) und fährt stündlich zwischen 3.25 und 23.25 Uhr. Der billigste Service startet vom Depot. Bei Reisegruppen erhalten weitere Passagiere einen Rabatt.

SuperShuttle (☎303-444-0808; www.supershuttle.com; einfache Strecke ab 84 US$) Bietet einen privaten Kleinbus-Service zum Flughafen (ab 84 US$). Der Grundpreis gilt für bis zu drei Personen, jede weitere Person kostet 25 US$. Sofern man nicht viel Gepäck dabei hat, fahren Gruppen von vier und mehr Personen günstiger mit einem Taxi.

Busse des **RTD** (S. 84) fahren nach Denver, zum Denver International Airport, nach Nederland und innerhalb von Boulder. Im **Boulder Transit Center** (☎303-299-6000; www.rtd-denver.com; 1800 14th St; 🚌204, 205, 208, N, DASH, HOP, JUMP, SKIP) erhält man Karten des regionalen Busnetzes. Draußen gibt's am Wochenende kostenlose öffentliche Parkplätze.

Die meisten Straßen haben ausgewiesene Radspuren, und der **Boulder Creek Bike Path** (👪) ist eine Pendlerstrecke, die man einmal gefahren sein sollte. Es gibt viele Fahrradvermietungen. Mit Mieträdern, die überall in der Stadt stationiert sind, ist **Boulder B-Cycle** (☎303-532-4412; www.boulder.bcycle.com; Fahrrad 8 US$/24 Std.; ⏲Büro Mo–Fr 9–17, Sa 10–15 Uhr) ein beliebtes stadtweites Programm, bei dem man Räder stunden- oder tageweise ausleihen kann. Die Fahrer müssen sich allerdings zunächst online anmelden. Das Downtown-Gebiet lässt sich auch gut zu Fuß erkunden.

Northern Mountains

Auf beiden Seiten der kontinentalen Wasserscheide erstrecken sich die Granit-Giganten von Colorados Northern Mountains in alle Richtungen. Sie ermöglichen abgeschiedene Alpin-Abenteuer, entspannte Skifahrten und tolle Wander- oder Radtouren. Außerdem laden viele Flüsse zum Raften, Angeln und Bootfahren ein.

Rocky Mountain National Park

Dieser **Park** (www.nps.gov/romo; Fahrzeug 1/7 Tage 20/30 US$, Motorrad, Fußgänger & Fahrrad 1/7 Tage 10/15 US$, Jahreskarte 60 US$) bietet Naturwunder jeder Größe, von gewaltigen Granitformationen, von denen viele höher als 3660 m und manche über 130 Mio. Jahre alt sind, bis zur gelben Farbenpracht des Großblütigen Hundszahns, einer der Dutzend wilden Gebirgsblumen, die im Frühjahr ein paar Tage lang ein kurzes, farbenprächtiges Leben am Rand der zurückweichenden Schneefelder führen.

Mit nur 1074 km² gehört der Nationalpark zwar nicht zu den größten der USA, aber zu Recht zu den beliebtesten – jedes Jahr kommen 4 Mio. Besucher.

Der Park steht im Reiseplan vieler Besucher ganz oben und kann fürchterlich überlaufen sein, es gibt aber auch kilometerlange, weniger begangene Pfade, und das Hinterland ist ein kaum besuchtes Wunderland für Naturfreunde. Ausgezeichnete Wanderwege führen über die Bergwiesen und vorbei an einsamen Hochgebirgsseen direkt in das wilde, ungezähmte Zentrum der Rockies.

◉ Sehenswertes & Aktivitäten

Der Park eignet sich für Wanderer aller Leistungsstufen. Hierfür sorgt ein über 480 km langes Wegenetz, das alle Facetten des vielfältigen Terrains zeigt. Für Besucher mit Kindern empfehlen sich die leichten Routen im **Wild Basin** zu den Calypso Falls oder zum Gem Lake im Bereich der **Lumpy Ridge**. Extrem Ehrgeizige mit starken Beinen und ausreichend Erfahrung werden dagegen den anspruchsvollen Aufstieg zum Gipfel des **Longs Peak** meistern wollen.

Doch egal bei welcher Route: Vor dem Start ist es immer ratsam, zur Akklimatisierung mindestens einmal in ca. 2100–2400 m Höhe zu übernachten. Bis Anfang Juli können viele Pfade noch verschneit sein und starker (Schmelz-)Wasserablauf kann das Vorankommen erschweren. Achtung: Im Winter besteht Lawinengefahr!

★ **Moraine Park Museum** MUSEUM
(☎970-586-1206; Bear Lake Rd; ⏲Juni–Okt. 9–16.30 Uhr; 👪) GRATIS Das Gebäude wurde 1923 vom Civilian Conservation Corps als Visitor Center des Parks erbaut und vor kurzem renoviert. Heute beherbergt es Ausstellungen zur Geologie, zu den Gletschern und zu Pflanzen und Tieren. Kinder lieben die interaktiven Exponate und den 800 m langen Naturpfad vor der Tür.

Schlafen

Glacier Basin Campground CAMPING $
(☎877-444-6777; www.recreation.gov; abseits der Bear Lake Rd; Sommer-Stellplatz Wohnmobil & Zelt 26 US$) Der erschlossene Campingplatz ist von Nadelbäumen umgeben und bietet viel Sonne und Schatten. Es gibt auch einen großen Bereich für Camper-Gruppen und Wohnmobile. Der Platz wird den ganzen Sommer hindurch von Shuttlebussen bedient, die auf der Bear Lake Rd fahren. Stellplätze reserviert man auf der Website.

Aspenglen Campground CAMPING $
(☎877-444-6777; www.recreation.gov; State Hwy 34; Sommer-Stellplatz Zelt & Wohnmobil 26 US$) Mit nur 54 Stellplätzen der kleinste Campingplatz mit Reservierungsmöglichkeit. Die meisten sind ausschließlich für Zelte gedacht, einige davon nur zu Fuß erreichbar. Die Zahl der Wohnwagen ist begrenzt. Das ist der ruhigste Platz, obwohl er sehr leicht zugänglich ist (5 Meilen, also 8 km westlich vom Estes Park auf der US 34). Die Reservierung erfolgt über die Website.

Moraine Park Campground CAMPING $
(☎877-444-6777; www.recreation.gov; abseits der Bear Lake Rd; Stellplatz Zelt & Wohnmobil Sommer 26 US$, Winter 18 US$) Der größte Campingplatz des Parks liegt abseits der Bear Lake Rd in einem Gelbkiefernwald rund 2,5 Meilen (4 km) südlich des Beaver Meadows Visitor Center und hat 245 Stellplätze. Die nur zu Fuß erreichbaren Stellplätze für Zelter im D Loop sind für all jene zu empfehlen, die Ruhe haben wollen. Stellplätze reserviert man auf der Website.

Olive Ridge Campground CAMPING $
(☎303-541-2500; www.recreation.gov; State Hwy 7; Stellplatz Zelt 26 US$; ⏲Mitte Mai–Nov.) Dieser gepflegte USFS-Campingplatz bietet Zugang zum Startpunkt von vier Wegen: dem St. Vrain Mountain, dem Wild Basin, dem Longs Peak und dem Twin Sisters Trail. Im Sommer kann der Platz voll werden; es gilt: wer zuerst kommt, mahlt zuerst.

Praktische Informationen

Die Zugangsgebühr zum Park beträgt für Privatfahrzeuge 20 US$ für einen oder 30 US$ für sieben Tage. Eine Jahreskarte kostet 60 US$. Personen, die den Park zu Fuß, per Fahrrad, Motorrad oder Bus besuchen, zahlen 10 US$ für einen und 15 US$ für sieben Tage.

Für Übernachtungen auf den 260 ausgewiesenen Wildnis-Campingstellen im Park braucht man eine Genehmigung, den Backcounty Permit (26 US$ für Gruppen von bis zu 7 Pers., 7 Tage gültig). Wer zwischen Mai und Oktober im Hinterland campt, muss einen bärensicheren Kanister für seine Vorräte mitnehmen (auf erschlossenen Campingplätzen sind sie vorhanden).

Alpine Visitor Center (www.nps.gov/romo; Fall River Pass; ⏲Ende Mai–Mitte Juni 10.30–16.30 Uhr, Ende Juni–Anfang Sept. 9–17 Uhr, Anfang Sept.–Mitte Okt. 10.30–16.30 Uhr; 👪)

Beaver Meadows Visitor Center (☎970-586-1206; www.nps.gov/romo; US Hwy 36; ⏲Ende Juni–Ende Aug. 8–21 Uhr, übrige Monate bis 16.30 oder 17 Uhr; 👪)

Kawuneeche Visitor Center (☎970-627-3471; 16018 US Hwy 34; ⏲Letzte Maiwoche–Labor Day 8–18 Uhr, Labor Day–Sept. bis 17 Uhr, Okt.–Mai bis 16.30 Uhr; 👪)

An- & Weiterreise

Die Trail Ridge Rd (US 34) ist die einzige Ost-West-Straßenverbindung durch den Park; der östliche Zugang von der I-25 und Loveland über die US 34 folgt dem Big Thompson River Canyon. Die direkteste Verbindung von Boulder aus folgt der US 36 durch Lyons bis zu den östlichen Eingängen. Ein weiterer Zugang aus Süden über den gebirgigen Hwy 7 führt an **Enos Mills Cabin** (☎970-586-4706; www.enosmills.com; 6760 Hwy 7; 20 US$; ⏲Sommer Di & Mi 11–16 Uhr, nur nach Vereinbarung; 👪) vorbei und bietet Verbindungen zu den Campingplätzen und den Startpunkten der Wege auf der Ostseite der Kontinentalen Wasserscheide. Da im Winter die US 34 durch den Park gesperrt ist, kann man dann die Westseite des Parks nur über die US 40 bei Granby erreichen.

Auf der Ostseite gibt es zwei Zufahrten: **Fall River** (US 34) und **Beaver Meadows** (US 36). Die **Grand Lake Entrance Station** (US 34) ist der einzige Zugang auf der Westseite. Durch das Kawuneeche Valley entlang der Oberläufe des Colorado River kommt man das ganze Jahr über zum **Timber Creek Campground** (Trail Ridge Rd, US Hwy 34, Stellplatz Zelt & Wohnmobil 26 US$). Die wichtigsten Zentren für die Ostseite des Parks sind das Alpine Visitor Center

(S. 89), das hoch an der Trail Ridge Rd und der Bear Lake Rd liegtt; diese führen zu den Campingplätzen, Wanderwegen und zum Moraine Park Museum (S. 89).

Nördlich von Estes Park führt die Devils Gulch Rd zu mehreren Wanderwegen. Weiter auf der Devils Gulch Rd kommt man durch das Dorf Glen Haven. Von hier aus erreicht man den Startpunkt der Wanderwege und den Eingang zum Park entlang des North Folk Big Thompson River.

Unterwegs vor Ort

Die meisten Besucher kommen im eigenen Auto über die lange und kurvenreiche Trail Ridge Rd (US 34) und überqueren auf ihr die Kontinentale Wasserscheide. Es ist aber auch möglich, ohne eigenes Auto in den Park zu gelangen. Im Sommer fährt mehrmals täglich ein kostenloser Shuttlebus vom **Estes Park Visitor Center** (☎970-577-9900; www.visitestespark.com; 500 Big Thompson Ave; ⏲Juni–Aug. tgl. 9–20 Uhr, Sept.–Mai Mo–Fr 8–17, Sa 9–17, So 10–16 Uhr), der Wanderer zu einem Park-and-Ride-Platz mit Anschluss zu weiteren Shuttles bringt. Ganzjährig fährt ein Shuttle vom Glacier-Basin-Parkplatz zum Bear Lake im tiefer gelegenen Bereich des Parks.

Während der Spitzenzeit im Sommer fährt ein zweiter Shuttle zwischen dem Campingplatz Moraine Park und dem Glacier-Basin-Parkplatz (Mitte Aug.–Ende Sept. nur Wochenende).

Estes Park

Estes Park liegt nur wenige Schritte von einem der beliebtesten Nationalparks der USA entfernt. Der Ort selbst ist ein Durcheinander von T-Shirt-Läden und Eisdielen mit Bürgersteigen, auf denen sich Touristen auf die Füße treten und Straßen, auf denen sich Wohnmobile drängen. Aber wenn die Sonne sich im Lake Estes spiegelt oder wenn man einen Nachmittag entspannt mit einem Kaffee am Uferweg verbringt, kann man leicht zur Ruhe kommen.

Aktivitäten

★ Colorado Mountain School KLETTERN
(☎800-836-4008; https://coloradomountainschool.com; 341 Moraine Ave; geführte Halbtages-Klettertouren ab 125 US$/Pers.) Kurz gesagt: Es gibt keine bessere Anlaufstelle in Colorado für Kletterer – diese Einrichtung ist der größte Anbieter der Region. Die CMS hat die erfahrensten Guides und ist die einzige Organisation, die innerhalb des Rocky Mountain National Park tätig sein darf. Es werden die unterschiedlichsten Kurse unter Anleitung von hevorragenden Lehrern angeboten.

Schlafen

Während der Spitzenzeit im Juli und August sind die Unterkünfte sehr schnell ausgebucht und die Preise schießen in astronomische Höhen.

Estes Park KOA CAMPING $
(☎970-586-2888, 800-562-1887; www.estesparkkoa.com; 2051 Big Thompson Ave; Stellplatz Zelt 27–33 US$, Wohnmobil 38–48 US$, Hütten ab 75 US$; 📶) Angesichts vieler ausgezeichneter Campingoptionen gleich die Straße hinauf im Rocky Mountain National Park wirkt dieser auf Wohnmobile ausgerichtete Platz an der Straße nicht sonderlich reizvoll. Wer aber vor dem Start ins große Abenteuer einen Tag ausruhen will, freut sich über die Nähe zur Stadt.

★ YMCA of the Rockies – Estes Park Center RESORT $$
(☎888-613-9622; www.ymcarockies.org; 2515 Tunnel Rd; Zi. & DZ ab 109 US$, Hütte ab 129 US$; P ⊖❄📶🐾) Das Estes Park Center ist keine dieser typischen YMCA-Herbergen, sondern ein beliebtes Feriendomizil für Familien. Auf einem riesigen alpinen Gelände bietet es noble Einzel- oder Doppelzimmer im Motelstil sowie geräumige Hütten, in denen bis zu zehn Personen übernachten können. Die Einrichtung ist einfach und zweckdienlich.

Stanley Hotel HOTEL $$
(☎970-577-4000; www.stanleyhotel.com; 333 Wonderview Ave; Zi. ab 200 US$; P📶≋🐾) Das weiße Hotel im Stil des Georgian Colonial Revival steht in herrlichem Kontrast zu den hoch aufragenden Gipfeln des Rocky Mountain National Park am Horizont. Es ist ein beliebtes Luxusrefugium der Einheimischen und inspirierte einst sogar Stephen King zu seinem berühmten Kultroman *Shining*. Die Zimmereinrichtung sorgt für etwas altmodisches Wildwest-Flair, aber ansonsten sind alle modernen Annehmlichkeiten vorhanden.

Black Canyon LODGE $$$
(☎800-897-3730; www.blackcanyoninn.com; 800 MacGregor Ave; Zi. mit 1/2/3 Betten ab 150/199/399 US$; P⊖❄📶) Auf dem hübschen, abgeschlossenen, 5,7 ha großen Anwesen kann man gut leben. Man wohnt in Luxussuiten oder einer „rustikalen" Blockhütte (mit Whirlpool). Die Zimmer haben gemauerte Kamine, dunkle Holztäfelung und Webteppiche in starken, dunklen Farben.

Essen

Selbstversorger finden im örtlichen **Safeway-Supermarkt** (☎970-586-4447; 451 E Wonderview Ave; ⌚Mo–Fr 9–19, Sa bis 18, So 10–16 Uhr; P ❄) am Weg in die Stadt Vorräte für ein Picknick im **Bond Park** (E Elkhorn Ave) oder auf einem der Picknickplätze weiter die Straße hinauf im Nationalpark.

Ed's Cantina & Grill MEXIKANISCH $

(☎970-586-2919; www.edscantina.com; 390 E Elkhorn Ave; Hauptgerichte 9–12 US$; ⌚Mo–Fr 11–open end, Sa & So 8–22 Uhr; 👪) Mit einer Terrasse am Fluss ist das Ed's ein toller Ort, um bei einem Margarita zu entspannen. Das Restaurant, das mexikanische und US-Klassiker serviert, setzt mit Ledersitzecken und Primärfarben auf Retro-Flair.

Smokin' Dave's BBQ & Tap House GRILL $$

(☎866-674-2793; www.smokindavesbbqandtaphouse.com; 820 Moraine Ave; Hauptgerichte 8–20 US$; ⌚So–Do 11–21, Fr & Sa bis 22 Uhr; 👪) Mäßige Grillrestaurants sind in den Gebirgsorten Colorados nur allzu häufig, aber das Dave's mit seinem sparsam dekorierten Speisesaal weiß zu überzeugen. Die Bison-Rippchen und das Pulled Pork werden mit einer süßlich-rauchigen pikanten Sauce serviert und die Süßkartoffelfritten sind richtig knusprig. Und die gut zusammengestellte Bierkarte kann sich wirklich sehen lassen.

An- & Weiterreise

Estes Park Shuttle (☎970-586-5151; www.estesparkshuttle.com; einfache Strecke/hin & zurück 45/85 US$) Der Shuttle-Service verbindet Denvers Flughafen mit Estes Park (2 Std., 4-mal tgl.).

Steamboat Springs

Der Skiort gleich westlich der Kontinentalen Wasserscheide ist idyllisch, unprätentiös, direkt, entspannt und freundlich.

Das Skigebiet gehört zu den besten im Westen und bietet tolle Skimöglichkeiten für die ganze Familie. Im Sommer, wenn die Gegend ebenfalls sehr beliebt ist, stehen Wanderungen, Rucksacktouren, Wildwasser-Rafting, Mountainbiken und viele andere Outdoor-Aktivitäten auf dem Programm.

Aktivitäten

Steamboat Mountain Resort WINTERSPORT

(☎Ticketbüro 970-871-5252; www.steamboat.com; Lifttickets Erw./Kind 120/75 US$; ⌚Ticketbüro 8–17 Uhr) Die nackten Fakten zum Skigebiet Steamboat untermauern den Anspruch des Orts auf den Namen „Ski Town, USA": 165 Pisten, ein Höhenunterschied von 1118 m und eine Ausdehnung von nahezu 1214 ha. Mit ausgezeichnetem Pulverschnee und Pisten aller Schwierigkeitsgrade ist das Gebiet die Hauptattraktion für die Besucher im Winter und eines der besten Skigebiete in den USA. Im Sommer lohnt sich der **Steamboat Bike Park** (www.steamboat.com; Steamboat Mountain Resort; 25 US$; ⌚Gondelbahn 10. Juni–28. Aug. 8.30–16.30 Uhr).

★ **Strawberry Park Hot Springs** THERMALQUELLEN

(☎970-879-0342; www.strawberryhotsprings.com; 44200 County Rd; pro Tag Erw./Kind 15/8 US$; ⌚So–Do 10–22.30, Fr & Sa bis 24 Uhr; 👪) 🍃 Steamboats beliebtestes Thermalbad liegt außerhalb der Stadtgrenzen und bietet wunderbar naturnahe Entspannung. Die natürlichen Teiche liegen hübsch neben einem Fluss. Nach Einbruch der Dunkelheit ist die Anlage Erwachsenen vorbehalten und Bekleidung optional (heute tragen aber die meisten Badeanzüge) – bei einem Besuch zu dieser Zeit sollte man eine Stirnlampe dabei haben. An den Wochenenden muss man damit rechnen, 15 bis 45 Minuten auf einen Parkplatz zu warten.

Orange Peel Bikes RADFAHREN

(☎970-879-2957; www.orangepeelbikes.com; 1136 Yampa St; Leihfahrrad 20–65 US$/Tag; ⌚Mo–Fr 10–18, Sa bis 17 Uhr; 👪) In einem tollen alten Gebäude am Ende der Yampa St befindet sich dieser Laden in idealer Lage für einen Fahrradverleih: Von hier aus kann man bestens auf den Wegen radeln, die den Howelsen Hill kreuz und quer durchziehen. Ein Team kompetenter Fahrradexperten und Mechaniker bietet neben Unmengen von Informationen zu den lokalen Radwegen auch Kartenmaterial. Garantiert der coolste Fahrradladen im Ort.

Bucking Rainbow Outfitters RAFTING, ANGELN

(☎970-879-8747; www.buckingrainbow.com; 730 Lincoln Ave; Reifenschläuche 18 US$, Rafting 50–100 US$, Angeln 150–500 US$) Dieser exzellente Veranstaltung hat Ausrüstung fürs Fliegenfischen, Raften und andere Outdoor-Aktivitäten sowie das beste Fliegensortiment vor Ort – er ist aber vor allem für seine Rafting-Trips auf dem Yampa und darüber hinaus bekannt. Die Rafting-Ausflüge dauern einen halben bis einen ganzen Tag.

Die zweistündigen Ausflüge zum Fliegenfischen innerhalb des Stadtgebiets kosten ab 155 US$ pro Person. Zum Startpunkt der Tubing-Touren fährt ein Shuttle, der vor dem Sunpies Bistro an der Yampa St startet.

Old Town Hot Springs THERMALQUELLEN
(☎970-879-1828; www.oldtownhotsprings.org; 136 Lincoln Ave; Erw./Kind 18/11 US$, Wasserrutsche 7 US$; ⏲Mo–Fr 5.30–22, Sa 7–21, So 8–21 Uhr; 👪) Hier, mitten im Ortszentrum, ist das Wasser wärmer als bei den meisten anderen Thermalquellen in der Gegend. Die Ute kannten diese Quellen als „Medizin-Quellen"; dem mineralhaltigen Wasser werden besondere Heilkräfte nachgesagt. Da es hier eine 70 m lange Wasserrutsche, eine Kletterwand und viele seichte Stellen gibt, ist dieses Thermalbad das am besten für Familien geeignete vor Ort.

Schlafen & Essen

★ **Vista Verde Guest Ranch** RANCH $$$
(☎800-526-7433; www.vistaverde.com; 31100 Seedhouse Rd; ab 2700 US$ pro Pers. & Woche; ❄ 📶) Das ist schlicht und einfach die luxuriöseste unter den Ferienranches der Spitzenklasse in Colorado. Tagsüber unternimmt man Ausritte mit kompetentem Personal, abends sitzt man in einer elegant ausgestatteten Lodge um den Kamin, und nachts schlummert man in hochwertiger Bettwäsche. Natürlich nur, wenn man das nötige Kleingeld hat.

Rex's American Bar & Grill AMERIKANISCH $
(☎970-870-0438; www.rexsgrill.com; 3190 S Lincoln Ave; Hauptgerichte 11–15 US$; ⏲7–23 Uhr; P 👪) Steaks von Weiderindern, Wapiti-Wurst, Bison-Burger und andere Fleischspezialitäten stehen hier im Mittelpunkt. Sie sind so gut, dass man die Lage des Restaurants – als Anhängsel des Holiday Inn – glatt vergisst. Ein Vorteil ist, dass das Restaurant als einziges in der Stadt bis 23 Uhr Abendessen serviert.

Laundry AMERIKANISCH $$
(☎970-870-0681; www.thelaundryrestaurant.com; 127 11th St; kleine Teller 10–16 US$, große Teller 35–38 US$; ⏲16.30–2 Uhr) Dieses Lokal der neuen Generation hat mit das beste Essen vor Ort. Hier gibt's kreative, schön angerichtete Versionen von beliebten einfachen Gerichten und Wurstplatten sowie große Steaks, Grillspeisen und Eingemachtes. Sparfüchse lieben die kleinen Teller, die man teilen kann und die eine reiche Auswahl bieten.

Praktische Informationen

Steamboat Springs Visitor Center (☎970-879-0880; www.steamboat-chamber.com; 125 Anglers Dr; ⏲Mo–Fr 8–17, Sa 10–15 Uhr) Im Visitor Center an der Sundance Plaza gibt's viele Infos zum Ort, und die Website ist eine ausgezeichnete Planungshilfe.

USFS Hahns Peak Ranger Office (☎970-879-1870; www.fs.usda.gov; 925 Weiss Dr; ⏲Mo–Sa 8–17 Uhr) Das von Rangern geführte Büro informiert über die umliegenden National Forests, darunter die Mount Zirkel Wilderness, und stellt die erforderlichen Genehmigungen aus. Darüber hinaus gibt's Infos zum Wandern, Mountainbiken, Angeln und zu weiteren Aktivitäten in der Gegend.

An- & Weiterreise

Greyhound Terminal (☎800-231-2222; www.greyhound.com; 1505 Lincoln Ave) Die Greyhound-Busse, die auf der US 40 zwischen Denver und Salt Lake City fahren, halten an diesem Busbahnhof rund eine halbe Meile (800 m) westlich vom Ort.

Storm Mountain Express (☎877-844-8787; www.stormmountainexpress.com) Der Shuttle-Service fährt zum Yampa Valley Regional Airport (einfache Strecke 38 US$) und darüber hinaus, aber Fahrten zum Denver International Airport und nach Vail werden sehr teuer.

Zentrales Colorado

Colorados zentrale Berge sind für zahlreiche Spitzenskiorte, Höhenwanderrouten und Schmelzwasserflüsse berühmt. Im Südosten prägen Colorado Springs und der Pikes Peak die südliche Front Range.

Winter Park

Das bodenständige Winter Park Resort ist weniger als zwei Autostunden von Denver entfernt und bei Leuten, die im Bereich der Front Range wohnen, so beliebt, dass sie jedes Wochenende kommen, um auf frisch präparierten Pisten talwärts zu fahren. Anfänger freuen sich über viele Pulverschnee-Kilometer, während Erfahrene ihre Fähigkeiten auf den erstklassigen Buckelpisten von Mary Jane auf die Probe stellen.

Der sympathische Ort ist das ganze Jahr über eine wunderbare Basis für Unternehmungen. Die meisten Serviceeinrichtungen liegen entweder im Skidorf, südlich des eigentlichen Winter Park, oder an der US 40 (der Hauptstraße), wo auch das Visitor Center zu finden ist. Auf dem Hwy 40 gelangt man weiter ins bruchlos nördlich anschließende Fraser, dann nach Tabernash und schließlich zur Rückseite des Rocky Mountain National Park.

Neben Abfahrtspisten und Langlaufloipen bietet Winter Park Mountainbike-Trails aller Schwierigkeitsgrade in einer Gesamtlänge von fast 1000 km. Der asphaltierte, 5,5 Meilen (8,9 km) lange **Fraser River Trail** führt vom Skiresort durch das Tal nach Fraser und verbindet die verschiedenen Radwege. Karten des Wegenetzes erhält man im **Visitor Center** (☎970-726-4118; www.winterpark-info.com; 78841 Hwy 40; ⌚9–17 Uhr). Mit Fatbikes kann man hier sogar im Winter radeln.

Schlafen & Essen

Abseits des Hwy 40 auf dem Weg nach Winter Park liegen zwei USFS-Campingplätze: **Robber's Roost** (Hwy 40; Stellplatz Zelt & Wohnmobil 20 US$; ⌚Mitte Juni–Aug.; 🐾), 5 Meilen (8 km) außerhalb der Stadt (kein Wasser), und **Idlewild** (Hwy 40; Stellplatz Zelt & Wohnmobil 20 US$; ⌚Ende Mai–Sept.; 🐾), 1 Meile (1,6 km) außerhalb der Stadt. Bei beiden Plätzen gilt: Wer zuerst kommt, mahlt zuerst. Verstreut im umliegenden National Forest gibt es auch viele kostenlose Campingmöglichkeiten.

★ **Devil's Thumb Ranch** LODGE $$$
(☎800-933-4339; www.devilsthumbranch.com; 3530 County Rd 83; Schlafbaracke 119–149 US$, Lodge Zi. ab 270 US$, Hütten ab 450 US$; ❄ 📶 🏊 🐾) 🍃 Die hochgelegene Ranch ist die schickste Unterkunft in der Gegend um Winter Park und eine fantastische Basis für ganzjährige **Aktivitäten** (☎970-726-8231; Trail Pass Erw./Kind 22/10 US$, Ausritte 95–175 US$; 👪). Die Zimmer sind edel, aber nicht übertrieben. Am preiswertesten ist die Schlafbaracke, wo man sich selbst um alles kümmert. Die Lodge im Cowboy-Schick verspricht ein romantisches Wochenende. Die Hütten sind eine gute Wahl für Gruppen oder für Gäste, die mehr Privatsphäre wünschen.

★ **Pepe Osaka's Fish Taco** JAPANISCH $
(☎970-726-7159; www.pepeosakas.com; 78707 US Hwy 40; 2 Tacos 13–15 US$; ⌚tgl. 16–21 & Sa–So 12–15 Uhr) Wer Sushi und Fisch-Tacos mag, wird gegen Sushi-Tacos nichts einzuwenden haben. In diesem Lokal, das Gerichte anbietet, die sich der Nikkei-Cuisine zuordnen lassen (für alle, die nicht auf dem neusten Stand sind: der japanisch-peruanischen Fusion-Küche), gibt's ausgezeichnet gewürzte Thunfisch-Tacos, Ahi-*poke*-Ceviche-Tacos und Tacos mit schwarz gebratenem Mahi-Mahi *al pastor*. Dazu gibt's leckere gebratene Kochbananen und Margaritas.

Breckenridge & Umgebung

Der Ort am Fuß der herrlichen Tenmile Range ist ein nettes, noch erhaltenes Minenarbeiterstädtchen mit einem munteren historischen Viertel. Die bodenständige Atmosphäre ist eine erfrischende Abwechslung zu den schickeren Resorts in Colorado. Dank familienfreundlicher Skipisten und der Goldgräber-Vergangenheit ist Breckenridge (auch als „Breck" bekannt) das stimmungsvollste Ziel im Summit County.

Sehenswertes & Aktivitäten

Dank der vielen Gipfel und unzähliger Gelegenheiten zu Outdoor-Abenteuern ist Breckenridge das Highlight im Summit County. Man kann auf präparierten Pisten und in hochgelegenen Talkesseln skifahren, mit Schneeschuhen durchs Gelände laufen, 4300 m hohe Gipfel besteigen, kilometerweit auf Mountainbike-Trails fahren und den Blue River zum Raften und Angeln besuchen.

★ **Barney Ford Museum** MUSEUM
(www.breckheritage.com; 111 E Washington Ave; Eintritt gegen Spende 5 US$; ⌚Di–So 11–15 Uhr, saisonal unterschiedliche Öffnungszeiten) GRATIS Barney Ford war ein entflohener Sklave, der zu einem wohlhabenden Unternehmer und zu einem Bürgerrechtspionier in Colorado wurde. Im Verlauf seines an Wechselfällen reichen, tragischen und triumphierenden Lebens verbrachte er zweimal längere Zeit in Breckenridge (wo er einen rund um die Uhr geöffneten Imbissstand betrieb, der Delikatessen wie z. B. Austern servierte). Ford besaß auch ein Restaurant und ein Hotel in Denver. Das Museum residiert in dem Haus, in dem er von 1882 bis 1890 wohnte.

★ **Breckenridge Ski Area** WINTERSPORT
(☎800-789-7669; www.breckenridge.com; Skipass Erw./Kind 171/111 US$; ⌚Nov.–Mitte April 8.30–16 Uhr; 👪) Das Skigebiet umfasst fünf Berge auf einer Fläche von 11,74 km² und hat einige der besten Pisten für Anfänger und fortgeschrittenere Anfänger in Colorado, aber auch jede Menge aufregender hochalpiner Pisten. Vier Funparks komplettieren das Angebot.

Feste & Events

Ullr Fest KULTUR

(www.gobreck.com; Jan.) Das Ullr Fest feiert den nordischen Gott des Winters mit einem ausgelassenen Umzug und viertägigen Festivitäten, zu denen ein Fatbike-Rennen, ein stadtweiter Talentwettbewerb und ein Freudenfeuer gehören.

International Snow Sculpture Championship KUNST

(www.gobreck.com; Jan.–Feb.) Der internationale Schneeskulpturen-Wettbewerb startet Mitte Januar und dauert drei Wochen. Los geht's mit der Technical Week, in der die Schneeblöcke hergestellt werden, gefolgt von der Sculpting Week, in der die Skulpturen modelliert und vom Publikum bewertet werden. Den Abschluss bildet die Viewing Week, während der die Skulpturen den River Walk zieren.

Schlafen

★ **Bivvi Hostel** HOSTEL $

(970-423-6553; www.thebivvi.com; 9511 Hwy 9; B Winter/Sommer ab 85/29 US$; P) Das moderne Hostel mit der Anmutung einer Blockhütte punktet mit Stil, Freundlichkeit und günstigen Preisen. Die Schlafsäle für vier bis sechs Personen haben private Schließfächer und angeschlossene Bäder. Das Frühstück ist kostenlos; chillen kann man im schrillen Gemeinschaftsraum oder draußen auf der prächtigen Terrasse, die mit Gasgrill und Whirlpool ausgestattet ist. Privatzimmer sind auch im Angebot.

★ **Abbet Placer Inn** B&B $$

(970-453-6489; www.abbettplacer.com; 205 S French St; Zi. Winter/Sommer ab 179/129 US$; P@) Die fünf großen Zimmer des violetten, äußerst bodenständigen Hauses warten mit Holztäfelung, iPod-Anschlüssen und flauschigen Bademänteln auf. Herzliche und gastfreundliche Inhaber servieren üppiges amerikanisches Frühstück. Vorhanden sind auch eine Gemeinschaftsküche und eine Freiluftterrasse mit Whirlpool. Die Dachstube punktet zudem mit einem privaten Balkon mit gigantischem Gipfelblick. Von 16 bis 19 Uhr kann eingecheckt werden.

Essen & Ausgehen

★ **Breckenridge Distillery** AMERIKANISCH $$

(970-547-9759; www.breckenridgedistillery.com; 1925 Airport Rd; kleine Teller 10–18 US$; Di–Sa 16–21 Uhr) Die bunt zusammengewürfelte Karte in dieser **Destillerie** (Di–Sa 11–21, So & Mo bis 18 Uhr) mit großstädtisch anmutendem Speisesaal folgt den Genuss verheißenden Launen des ehemaligen DC-Chefkochs Daniel O'Brien und springt, ohne aus dem Takt zu geraten, von himmlischem *cacio e pepe* (römische Spaghetti mit Käse) zu Hähnchenleber-Profiteroles und weiter zu Datteln mit Marscapone. Die überwiegend kleinen Gerichte lassen sich gut bei erstklassigen Cocktails teilen.

★ **Crown** CAFÉ

(970-453-6022; www.thecrownbreckenridge.com; 215 S Main St; 7.30–20 Uhr) Das brummende Café ist der gesellige Mittelpunkt und gewissermaßen das Wohnzimmer der Stadt. Bei einem Becher Silver-Canyon-Kaffee und einem Sandwich oder Salat hört man den neuesten Klatsch.

Broken Compass Brewing BRAUEREI

(970-368-2772; www.brokencompassbrewing.com; 68 Continental Ct; 11.30–23 Uhr) Das Broken Compass in einem Industriekomplex am Nordende der Airport Road gilt allgemein als die beste Brauerei in Breck. Beim hauseigenen Coconut Porter oder Chili Pepper Pale lässt man sich mit Freunden in den alten Sessellift sinken. Alle zwei Stunden fährt ein Shuttle zwischen der Brauerei und der Stadt.

Praktische Informationen

Visitor Center (877-864-0868; www.gobreck.com; 203 S Main St; 9–18 Uhr) Neben jeder Menge Landkarten und Broschüren hat das Visitor Center auch ein hübsches Museum am Fluss, das sich der Goldgräbervergangenheit der Stadt widmet.

An- & Weiterreise

Breckenridge liegt 80 Meilen (ca. 129 km) westlich von Denver und ist über die I-70 bis zur Ausfahrt 203 und dann den Hwy 9 in südlicher Richtung zu erreichen. **Summit Stage** (970-668-0999; www.summitstage.com), der kostenlose Busservice des Summit County, verbindet Breckenridge im Winter mit Keystone und A-Basin (*Swan Mountain Flyer*) sowie ganzjährig mit Frisco.

Vail

Mit seinen Gipfeln unter blauem Himmel, dem frischen Pulverschnee, den eingeschnittenen Flüssen sowie den präparierten Skipisten und gepflegten Radwegen ist Vail die ultimative Spielwiese Colorados. Die

Hauptattraktion ist seit eh und je der Vail Mountain, ein hoher, kuppelförmiger Berg mit mehr Gelände zum Skifahren als irgendwo sonst in den USA: 600 ha Abfahrtspisten am Nordhang und 1400 ha Gelände auf der Rückseite.

Nimmt man Vails Gourmet-Gastronomie, die gut betuchte Klientel und das junge, dynamische Personal hinzu, hat man hier wirklich ein adrenalintreibendes Yuppie-Utopia vor sich.

Sehenswertes & Aktivitäten

Der Reiz von Vail ist kein Geheimnis: Die endlosen Outdooraktivitäten im Winter und im Sommer machen den Ort so attraktiv. Allerdings gibt's in der „Schlammsaison" (Mitte April–Ende Mai & Nov.) kaum etwas für Besucher zu tun – man kann nicht skifahren, aber man kann auch nicht zum Wandern hinauf in die Berge.

★ **Vail Mountain** WINTERSPORT

(☎970-754-8245; www.vail.com; Liftticket Erw./Kind 189/130 US$; ⊙Nov.–Mitte April 9–16 Uhr; 👪) Vail Mountain ist unser Lieblingsresort in Colorado. Hier gibt's 2140 ha zum Skifahren taugliches Gelände, 195 Trails, drei Geländeparks und (räusper) die höchsten Liftticketpreise auf dem nordamerikanischen Kontinent. Wer noch nie in Colorado zum Skifahren war, sollte hierher kommen – insbesondere an einem heiteren Tag mit frischem Pulverschnee. Die mehrtägigen Tickets gelten auch für drei andere Resorts (Beaver Creek, Breckenridge & Keystone).

Vail to Breckenridge Bike Path RADFAHREN

(www.summitbiking.org) Über 14 km erstreckt sich dieser befestigte, autofreie Radweg von East Vail zum höchsten Punkt des Vail Pass (Höhenunterschied 558 m). Von dort aus führt er über 22,5 km hinunter nach Frisco. Nach Breckenridge sind es dann noch einmal 14,5 km. Wer nur bergab rollen möchte, nimmt den Shuttle-Bus von **Bike Valet** (☎970-476-7770; www.bikevalet.net; 616 W Lionshead Cir; Leihfahrrad ab 50 US$/Tag; ⊙9–18 Uhr; 👪) und genießt die Rückfahrt nach Vail mit dem Rad.

DEN ERSTEN 4000ER ERKLETTERN

Der als „Colorados leichtester Viertausender" bekannte **Quandary Peak** (www.14ers.com; County Rd 851) nimmt mit 4348 m den 15. Platz der höchsten Gipfel im Bundesstaat ein. Obwohl man auf der Strecke viele Hunde und Kinder sieht, darf man sich von „leichtest" nicht irreführen lassen: Der Gipfel ist immer noch 4,8 strapaziöse Kilometer vom Startpunkt des Weges entfernt.

Für die hin und zurück 9,7 km lange Strecke braucht man etwa sieben bis acht Stunden. Um zum Trail zu gelangen, fährt man von Breckenridge auf dem Hwy 9 südwärts Richtung Hoosier Pass, biegt rechts auf die County Rd 850 und noch einmal rechts auf die 851 ab. Nach weiteren 1,1 Meilen (1,8 km) hat man den unmarkierten Startpunkt erreicht. Das Auto parkt man an der parallel verlaufenden Feuerschneise. Für die Wanderung eignen sich die Monate zwischen Juni und September.

Schlafen

Gore Creek Campground CAMPING $

(☎877-444-6777; www.recreation.gov; Bighorn Rd; Stellplatz Zelt 22 US$; ⊙Mitte Mai–Sept.; 🐾) Dieser Campingplatz am Ende der Bighorn Rd hat 19 Zeltstellplätze mit Picknicktischen und Feuerrosten, die versteckt zwischen Bäumen am Gore Creek liegen. In der Nähe gibt es ausgezeichnete Angelplätze – es lohnt sich, auf dem Slate Creek Trail oder dem Deluge Lake Trail zu wandern; letzterer führt zu einem fischreichen See. Der Campingplatz liegt 6 Meilen (9,6 km) östlich des Vail Village und ist über die I-70 (Ausfahrt 180, Richtung East Vail) zu erreichen.

Austria Haus HOTEL $$$

(☎866-921-4050; www.austriahaushotel.com; 242 E Meadow Dr; Zi. Winter/Sommer ab 500/280 US$; P ❄ 📶 🏊) Das Austria Haus ist eines der ältesten Unternehmen vor Ort und bietet sowohl Hotelzimmer als auch Ferienwohnungen (mehr Infos unter www.austriahaus club.com), man sollte sich also darüber im Klaren sein, was man bucht. Im Hotel sorgen charmante Details wie holzgetäfelte Türdurchgänge, Berberteppiche und Marmorbäder für einen angenehmen Aufenthalt. Beim großzügigen morgendlichen Frühstücksbüffet tankt man auf.

★ **Sebastian Hotel** HOTEL $$$

(☎800-354-6908; www.thesebastianvail.com; 16 Vail Rd; Zi. Winter/Sommer ab 800/300 US$; P ❄ 📶 🏊 🐾) Luxuriös und modern, punktet dieses raffinierte Hotel mit geschmackvoller zeitgenössischer Kunst und einer eindrucksvollen Liste von Annehmlichkeiten, darunter einem Skiservice, einem Luxus-Spa und einem „Adventure Concierge". Im Sommer fallen die Zimmerpreise auf normales Niveau – die perfekte Zeit, um in der Tapas-Bar zu verweilen und die spektakuläre Poollandschaft mit Whirlpools zu genießen, die wie Sekt sprudeln und überschäumen.

Essen & Ausgehen

★Westside Cafe DINER $

(970-476-7890; www.westsidecafe.net; 2211 N Frontage Rd; Hauptgerichte 9–16 US$; Mo–Mi 7–15, Do–So bis 22 Uhr;) Das in einer Einkaufszeile in West Vail zu findende Westside ist eine örtliche Institution. Den ganzen Tag über gibt's tolle Frühstückspfannen – z. B. „My Big Fat Greek Skillet" mit Rührei, Gyros, roten Zwiebeln, Tomaten, Feta und warmem Pita –, und daneben all die üblichen kalorienreichen Sachen, die man vor oder nach einem Tag auf den Pisten so dringend braucht. Es gibt auch einen Schalter für Essen zum Mitnehmen.

bōl AMERIKANISCH $$

(970-476-5300; www.bolvail.com; 141 E Meadow Dr; Hauptgerichte 18–27 US$; 14–1 Uhr;) Halb hippes Restaurant, halb eine Bowlingbahn des Raumfahrtzeitalters: Das bōl ist der ungewöhnlichste Treff in Vail. Hinten kann man bowlen (105–300 US$/Std.!), aber die eigentliche Attraktion sind die bunt zusammengewürfelten Gerichte – von Lammkoteletts und *chile rellenos* mit einer Panade aus blauem Mais bis zu Gnocchi mit Entenconfit.

★Game Creek Restaurant AMERIKANISCH $$$

(970-754-4275; www.gamecreekvail.com; Game Creek Bowl; 3-/4-Gänge-Menü 99/109 US$; Dez.–April Di–Sa 17.30–21 Uhr, Ende Juni–Aug. Do–Sa 17.30–20.30 & So 11–14 Uhr;) Dieses Gourmetrestaurant liegt hoch oben in der spektakulären Game Creek Bowl. Mit der Eagle Bahn Gondola fährt man hinauf zum Eagle's Nest, von wo einen ein Shuttle (im Winter eine Pistenraupe) zu dem Restaurant im Stil einer Lodge bringt. Auf der Karte stehen amerikanisch-französische Gerichte; Highlights sind Wildschweinbraten, Hirschlende und saftige Lammkeulen. Reservieren erforderlich!

★Sweet Basil AMERIKANISCH $$$

(970-476-0125; www.sweetbasilvail.com; 193 Gore Creek Dr; Hauptgerichte mittags 18–22 US$, abends 27–48 US$; 11.30–14.30 & 18 Uhr–open end) Das 1977 eröffnete Sweet Basil bleibt eines der Spitzenrestaurants von Vail. Die Karte wechselt saisonal, aber die bunt zusammengestellten amerikanischen Gerichte, zu denen in der Regel auch Colorado-Lamm und scharf angebratene Rocky-Mountain-Forelle gehören, sind immer ausgezeichnet und einfallsreich. Das Ambiente ist fantastisch. Reservieren erforderlich!

Praktische Informationen

Vail Visitor Center (970-477-3522; www.vailgov.com; 241 S Frontage Rd; Winter 8.30–17.30 Uhr, Sommer bis 20 Uhr;) Bietet Landkarten, günstige Last-Minute-Buchung von Unterkünften, Infos zur Stadt und Aktivitäten. Dieses Visitor Center liegt gleich neben dem Transportation Center. Das größere **Lionshead Welcome Center** ist am Eingang zum Parkhaus.

Anreise & Unterwegs vor Ort

Eagle County Airport (970-328-2680; www.flyvail.com; 217 Eldon Wilson Dr, Gypsum) Der Flughafen liegt 35 Meilen (gut 56 km) westlich von Vail und bietet Flüge zu Zielen im ganzen Land (viele mit Landung in Denver). Am Flughafen gibt's Schalter von Autovermietungen.

Shuttles von Colorado Mountain Express fahren vom/zum Denver International Airport (92 US$, 3 Std.) und vom/zum Eagle County Airport (51 US$, 40 Min.). Alle Busse nutzen das Vail Transportation Center.

Die Busse der **Eagle County Regional Transportation Authority** (www.eaglecounty.us; einfache Strecke 4 US$, nach Leadville 7 US$) bieten preiswerte Verbindungen nach Beaver Creek, Minturn und sogar Leadville. Die Busse fahren ungefähr zwischen 5 und 23 Uhr; der genaue Fahrplan steht auf der Website. Die Busse starten vom **Vail Transportation Center** (970-476-5137; 241 S Frontage Rd).

Vail Transit (970-477-3456; www.vailgov.com; 6.30–1.30 Uhr) Die kostenlosen Busse sind überwiegend mit Fahrrad- und Skiständern ausgerüstet. Sie kurven durch alle Resort-Gebiete von Vail: durch West Vail (nach Norden und Süden), Vail Village, Lionshead und East Vail sowie durch Ford Park und Sandstone.

Aspen

Aspen ist einmalig und unterscheidet sich von allen Orten im amerikanischen Westen. Die Stadt ist eine Mischung aus Cowboy-Schneid, europäischem Elan, Hollywood-Glamour, Ivy-League-Grips, frischem Pulverschnee, Livemusik und viel Geld. Hier kann einem zu jeder Jahreszeit auf vielfache Weise schwindlig werden.

Sehenswertes & Aktivitäten

★ Aspen Center for Environmental Studies NATUR
(ACES; ☎970-925-5756; www.aspennature.org; 100 Puppy Smith St, Hallam Lake; ⌚Mo–Fr 9–17 Uhr; 👪) GRATIS Das Aspen Center for Environmental Studies ist ein 10 ha großes Naturschutzgebiet, das sich an den Roaring Fork River schmiegt und kilometerlange Wanderwege im Hunter Creek Valley umfasst. Die Wissenschaftler des Zentrums, die es als ihre Aufgabe sehen, den Naturschutz voranzubringen, veranstalten kostenlose geführte Wanderungen und Schneeschuh-Touren, Raubvogelschauen (Adler und Eulen gehören zu den Bewohnern des Gebiets) und spezielle Programme für die Jüngsten.

★ Aspen Snowmass Ski Resort WINTERSPORT
(☎800-525-6200; www.aspensnowmass.com; 4-Berge-Liftticket Erw./Kind 164/105 US$; ⌚Dez.–Mitte April 9–16 Uhr; 👪) Pulverschnee, und viel davon, steht im Zentrum der hiesigen Wintersportaktivitäten. Die Aspen Skiing Company betreibt in der Gegend vier Resorts: **Snowmass** (☎970-923-0560; ⌚Ende Nov.–Mitte April; 👪), die beste Allround-Option mit den meisten Abfahrtspisten und Loipen; **Aspen** (☎970-925-1220; 601 E Dean St; ⌚Ende Nov.–Mitte April) mit mittelschweren und Abfahrtspisten für Erfahrene; **Highlands** (☎970-920-7009; Prospector Rd; ⌚Dez.–Anfang April) für Skiexperten und schließlich **Buttermilk** (☎970-925-1220; Hwy 82; ⌚Dez.–März; 👪) mit Abfahrten für Anfänger und Geländeparks. Die vier Resorts verteilen sich über das Tal und sind durch kostenlose Shuttles miteinander verbunden.

★ Maroon Bells WANDERN, SKIFAHREN
Wer nur einen Tag zur Verfügung hat, um sich hier an der unberührten Natur zu erfreuen, sollte diesen im Schatten von Colorados kultigsten Bergen verbringen: den pyramidenförmigen Zwillingsgipfeln des **North Maroon Peak** (4271 m) und des **South Maroon Peak** (4315 m). 11 Meilen (17,7 km) südwestlich von Aspen sind die Gestade des **Maroon Lake** ein hinreißendes Gelände vor der Kulisse der hohen, geriffelten Gipfel.

Aspen Art Museum MUSEUM
(☎970-925-8050; www.aspenartmuseum.org; 637 E Hyman Ave; ⌚Di–So 10–18 Uhr) GRATIS Das 2014 eröffnete neue Gebäude des Kunstmuseums besitzt drei Etagen mit Ausstellungssälen und eine warm wirkende, an einen Lattenzaun erinnernde Fassade, die vom Pritzker-Preisträger Shigeru Ban entworfen wurde. Das Museum hat keine ständige Ausstellung, sondern zeigt avantgardistische Wechselausstellungen von Gemälden, Werken in Mischtechnik, Skulpturen, Videoinstallationen und Fotografien von Künstlern wie Mamma Andersson, Mark Manders oder Susan Philipsz. Kunstfreunde finden also immer etwas Interessantes. Auf dem Dach kann man die Aussicht genießen und in dem coolen Café einen Happen essen.

Schlafen

★ Difficult Campground CAMPING $
(☎877-444-6777; www.recreation.gov; Hwy 82; Stellplatz Zelt & Wohnmobil 24–26 US$; ⌚Mitte Mai–Sept.; 🐾) Der größte Campingplatz im Gebiet von Aspen ist einer von vier Plätzen am Fuß des Independence Pass und der einzige, der Reservierungen annimmt. Er befindet sich etwa 5 Meilen (8 km) westlich der Stadt und liegt am niedrigsten (2438 m). Weiter oben befinden sich die drei kleineren Campingplätze **Weller**, **Lincoln Gulch** und **Lost Man**. Wasser ist vorhanden, es gibt aber keine Elektroanschlüsse für Wohnmobile.

Annabelle Inn HOTEL $$
(☎877-266-2466; www.annabelleinn.com; 232 W Main St; Zi. Winter/Sommer ab 249/200 US$; P ❄ @ 📶) Das freundliche, unprätentiöse, nette und etwas skurrile Annabelle Inn liegt zentral und erinnert an eine europäische Skihütte alter Schule. Die Zimmer sind gemütlich, aber nicht zu kitschig und mit Flachbild-TVs und warmen Daunendecken ausgestattet. Uns gefiel die Vorführung von Skivideos, die man nach Einbruch der Dunkelheit vom Whirlpool (einer von 2 auf dem Anwesen) auf der oberen Terrasse aus ansehen kann. Das gute Frühstück ist im Preis inbegriffen.

★ Limelight Hotel HOTEL $$$
(☎855-925-3025; www.limelighthotel.com; 355 S Monarch St; Zi. Winter/Sommer ab 500/250 US$; P ❄ 📶 🏊 🐾) Der schicke und trendige, auf Backstein und Glas setzende Modernismus dieses Hotels spiegelt die Stimmung in Aspen wider. Die Zimmer sind geräumig und bieten stilvolle Details wie Granitwaschbecken und Leder-Kopfteile sowie einen Blick in die Berge von den Balkonen und den Dachterrassen aus. Zusätzliche Extras sind Shuttles zu allen Pisten und ein fabelhaftes Frühstück.

Essen & Ausgehen

Justice Snow's AMERIKANISCH $$
(☎970-429-8192; www.justicesnows.com; 328 E Hyman Ave; Hauptgerichte mittags 12–18 US$, abends 17–26 US$; ⏲Mo–Fr 11–2, Sa & So 9–2 Uhr;) Das Lokal im historischen **Wheeler Opera House** (☎970-920-5770; www.aspenshowtix.com; 320 E Hyman Ave; ⏲Theaterkasse Mo–Fr 12–17 Uhr) ist ein alter Saloon im Retro-Look mit antiken Holzmöbeln, aber auch einem geschickt eingesetzten modernen Touch. Eigentlich handelt es sich um eine Bar – die Flüsterkneipen-Cocktails sind die Seele des Ladens –, die Einheimischen kommen aber vor allem wegen der preiswerten Gerichte aus regionalen Zutaten (Gourmetburger für 12 US$ sind für Aspen wirklich billig).

★ **Pyramid Bistro** CAFÉ $$
(☎970-925-5338; www.pyramidbistro.com; 221 E Main St; Hauptgerichte mittags 12–18 US$, abends 19–29 US$; ⏲11.30–21.30 Uhr;) Das vegetarische Feinschmeckercafé im obersten Stock von **Explore Booksellers** (☎970-925-5336; www.explorebooksellers.com; 221 E Main St; ⏲10–21 Uhr;) serviert köstliche Kreationen, z. B. Süßkartoffel-Gnocchi mit Ziegenkäse, kleine Sandwiches mit roten Linsen und Quinoa-Salat mit Avocado, Gojibeeren und Sesam-Vinaigrette. Das Lokal ist beim Thema „Essen für Gesundheitsbewusste" in Aspen mit Abstand die beste Wahl.

★ **Matsuhisa** JAPANISCH $$$
(☎970-544-6628; www.matsuhisarestaurants.com; 303 E Main St; Hauptgerichte 29–42 US$, Sushi 8–12 US$/2 Stücke; ⏲17.30 Uhr–open end) Das umgebaute Haus, die erste Filiale von Nobu Matsuhisas bekannter globaler Kette in Colorado, ist anheimelnder als der Ableger in Vail und liefert immer noch spektakuläre Gerichte wie Schwarzer Zackenbarsch mit Miso, Schwarzer Seehecht mit Trüffeln oder aromatische Seeigeleier.

Aspen Brewing Co BRAUEREI
(☎970-920-2739; www.aspenbrewingcompany.com; 304 E Hopkins Ave; ⏲12 Uhr–open end;) Fünf eigene Biersorten und ein sonniger Balkon mit Bergblick machen den Laden zur besten Entspannungsadresse nach einem langen Tag an der frischen Luft. Die Biere reichen vom aromatischen This Year's Blonde über das starke Independence Pass Ale (IPA) und das lieblichere Conundrum Red Ale bis hin zum schokoladigen Pyramid Peak Porter.

Woody Creek Tavern PUB
(☎970-923-4585; www.woodycreektavern.com; 2 Woody Creek Plaza, 2858 Upper River Rd; ⏲11–22 Uhr) Der hundertprozentige Agaven-Tequila und die Margaritas mit frischem Limonen rechtfertigen die 8 Meilen (12,9 km) lange Anfahrt aus Aspen mit dem Auto – oder mit dem Fahrrad über den **Rio Grande Trail** (www.riograndetrail.com; Puppy Smith St). Die Wände der abgefahren-rustikalen Taverne, die seit 1980 bei Einheimischen beliebt ist und die beliebteste Kneipe des verstorbenen, berühmten Gonzo-Journalisten Hunter S. Thompson war, sind mit Zeitungsausschnitten, Fotos von Gästen und allerlei Krimskrams dekoriert.

Praktische Informationen

Aspen-Sopris Ranger District (☎970-925-3445; www.fs.usda.gov/whiteriver; 806 W Hallam St; ⏲Mo–Fr 8–16.30 Uhr) Der Rangerdistrikt Aspen-Sopris des USFS betreibt rund 20 Campingplätze im Roaring Fork Valley und vom Independence Pass bis nach Glenwood Springs, darunter auch in der Maroon Bells Wilderness. Im Büro gibt's Karten und Wandertipps.

Aspen Visitor Center (☎970-925-1940; www.aspenchamber.org; 425 Rio Grande Pl; ⏲Mo–Fr 8.30–17 Uhr) Schräg gegenüber dem Rio Grande Park.

Kiosk an der Cooper Street (Ecke E Cooper Ave & S Galena St; ⏲10–18 Uhr) Karten, Broschüren und Zeitschriften.

Anreise & Unterwegs vor Ort

Der umtriebige **Aspen-Pitkin County Airport** (☎970-920-5380; www.aspenairport.com; 233 E Airport Rd;), 4 Meilen (6,4 km) nordwestlich von Aspen am Hwy 82, hat ganzjährig Direktflüge von/nach Denver sowie saisonal Direktflüge zu acht weiteren Städten in den USA, darunter nach L. A. und Chicago. Am Flughafen gibt's mehrere Autovermietungen. Ein kostenloser Bus fährt vom/zum Flughafen (alle 10–15 Min.).

Colorado Mountain Express (☎800-525-6363; www.coloradomountainexpress.com; zum DIA Erw./Kind 120/61,50 US$;) Betreibt häufige Shuttles vom/zum Denver International Airport (4 Std.).

Roaring Fork Transportation Authority (RFTA; ☎970-925-8484; www.rfta.com; 430 E Durant Ave, Aspen; ⏲6.15–2.15 Uhr;) Kostenlose RFTA-Shuttlebusse verbinden Aspen mit den Highlands, Snowmass und Buttermilk; der **VelociRFTA** bedient die im Tal gelegenen Ortschaften Basalt (4 US$, 25 Min.), Carbondale (6 US$, 45 Min.) und Glenwood Springs (7 US$, 1 Std.).

Salida

Salida ist dank des größten historischen Viertels im Bundesstaat ein einladender Ort und hat darüber hinaus eine unschlagbare Lage: Auf der einen Seite befindet sich der Arkansas River und auf der anderen treffen zwei große Gebirgsketten aufeinander. Tagsüber stehen Wandern, Radfahren und Raften auf dem Programm, und abends erwarten einen in der Stadt gegrillte Bison-Rippchen und ein kaltes India Pale Ale.

Aktivitäten

Mountainbiker und Wanderer finden in unmittelbarer Nähe der Stadt einige tolle Routen: den **Continental Divide Trail** (www.continentaldividetrail.org), den **Colorado Trail** (www.coloradotrail.org) und den **Rainbow Trail**. Wer sich nicht abmühen will, nimmt einfach die **Gondelbahn** (719-539-4091; www.monarchcrest.net; Erw./Kind 10/5 US$; Mitte Mai–Mitte Sept. 8.30–17.30 Uhr), die vom Monarch Pass fast 300 m aufwärts auf den Gipfel der Monarch Ridge führt.

★ **Absolute Bikes** RADFAHREN
(719-539-9295; www.absolutebikes.com; 330 W Sackett Ave; Fahrrad 15–100 US$/Tag, Touren ab 90 US$; 9–18 Uhr;) Die erste Anlaufstelle für Radler bietet Karten, Ausrüstung und Ratschläge. Der Laden vermietet Straßenräder und Mountainbikes und unterhält – besonders wichtig – auch Shuttles zu den Tour-Startpunkten. Es gibt außerdem eine tolle Auswahl geführter Radtouren, z. B. zur Geisterstadt St. Elmo oder zum Monarch Crest Trail.

★ **Monarch Crest Trail** MOUNTAINBIKEN
Diese Route ist einer der berühmtesten Trails in Colorado, ein extremes 32 bis 56 km langes Abenteuer. Vom Monarch Pass (3448 m) folgt die Strecke dem offenen Bergkamm 19 km bis zum Marshall Pass. Von dort fährt man entweder auf einer alten Bahntrasse hinunter nach Poncha Springs oder weiter auf dem Rainbow Trail. Die klassische Tour bietet fabelhafte Ausblicke aus großer Höhe.

Arkansas River Tours RAFTEN
(800-321-4352; www.arkansasrivertours.com; 19487 Hwy 50; halber/ganzer Tag Erw. 59/109 US$, Kind 49/99 US$; Mai–Aug.;) Der Veranstalter bietet Raftingtouren vom Brown's Canyon stromabwärts und ist auf Touren zur Royal Gorge spezialisiert. Ein Büro befindet sich in Cotopaxi, 23 Meilen (37 km) östlich von Salida.

Schlafen

In Salida gibt's ein gutes Hostel und Hotel im Zentrum sowie eine große Menge typischer Motels am Rand des Ortes. Die **Arkansas Headwaters Recreation Area** (719-539-7289; http://cpw.state.co.us; 307 W Sackett Ave; 8–17 Uhr, Sa & So 12–13 Uhr geschl.) betreibt sechs Campingplätze (Wasser selber mitbringen!) am Fluss, darunter **Hecla Junction** (719-539-7289; http://coloradostateparks.reserveamerica.com; Hwy 285, Meile 135; Stellplatz Zelt & Wohnmobil 18 US$, zzgl. Tagesgebühr 7 US$;). Ein weiterer toller Campingplatz ist **Monarch Park** (877-444-6777; www.recreation.gov; abseits des Hwy 50; Stellplatz Zelt & Wohnmobil 18 US$; Juni–Sept.;) oben am Pass nahe den Wander- und Radwegen des Monarch Crest und des Rainbow Trail.

★ **Simple Lodge & Hostel** HOSTEL $
(719-650-7381; www.simplelodge.com; 224 E 1st St; B/DZ/4BZ 24/60/84 US$; P@) Hätte Colorado doch nur mehr Unterkünfte dieser Art! Das von den superfreundlichen Mel und Justin geführte Hostel ist einfach, aber stilvoll, hat eine komplett ausgestattete Küche und einen gemütlichen Gemeinschaftsbereich, in dem man sich wie zu Hause fühlt. Das Hostel ist bei Radfahrern beliebt, die hier auf der Rte 50 von Küste zu Küste unterwegs sind. Sehr gut möglich also, dass man hier interessanten Typen begegnet.

Essen

Fritz TAPAS $
(719-539-0364; 113 East Sackett St; Tapas 5–10 US$, Hauptgerichte 10–15,50 US$; 11–21 Uhr;) Diese lustige und schrille Kneipe am Fluss serviert prima Tapas amerikanischer Art, z. B. Makkaroni mit drei Käsesorten, Schinken, Fritten und Trüffel-Aioli, gebratene Gelbflossenthun-Wantans oder Brie-Ciabatta mit Dattel-Konfitüre. Es gibt auch tolle Burger mit Rindfleisch von mit Gras gefütterten Tieren sowie Salate und Sandwiches. Dazu findet man ein gutes Sortiment örtlicher Fassbiere.

★ **Amícas** PIZZERIA $$
(719-539-5219; www.amicassalida.com; 127 F St; Pizzas & Panini 6,90–13 US$; Mo–Mi 11–21, Do–So 7–21 Uhr;) Holzofenpizzas mit dünnem Boden, Panini, hausgemachte Lasagne plus fünf selbst gebraute Fassbiersorten gefällig? Der entspannte Treff mit hoher Decke

ist ein echter Volltreffer – perfekt, um die leer gepumpten Akkus wieder aufzufüllen! Am besten genießt man eine Pizza Michelangelo (Pesto, Wurst, Ziegenkäse) oder eine Vesuvio (Artischockenherzen, sonnengetrocknete Tomaten, geröstete Paprika) zu einem kühlen Glas Headwaters India Pale Ale.

Praktische Informationen

Salida Chamber of Commerce (719-539-2068; www.nowthisiscolorado.com; 406 W Rainbow Blvd; Mo–Fr 9–17 Uhr) Allgemeine Infos für Touristen.

USFS Ranger Office (719-539-3591; www.fs.usda.gov; 5575 Cleora Rd; Mo–Fr 8–16.30 Uhr) Östlich der Stadt, abseits vom Hwy 50, gibt's Infos zu Campingplätzen und Wanderwegen in der Sawatch Range und der nördlichen Sangre de Cristo Range.

An- & Weiterreise

Am Ausgang des Arkansas River Valley hat Salida eine erstklassige Lage an der Kreuzung von Hwy 285 und Hwy 50. Die Stadt war früher ein Bahnknoten, weshalb man bei der Erkundung der Gegend auf die eine oder andere stillgelegte Bahntrasse stößt. Gunnison, Colorado Springs, die Great Sand Dunes und Summit County sind alle innerhalb von ein oder zwei Fahrtstunden erreichbar – wenn man über ein eigenes Auto verfügt.

Colorado Springs

Colorado Springs ist einer der bedeutendsten Urlaubsorte der USA und heute die zweitgrößte Stadt im Bundesstaat. Die Naturschönheit und das angenehme Klima locken Besucher aus aller Welt an, die den majestätischen Pikes Peak besteigen und die wunderschönen Sandsteinpfeiler des Garden of the Gods bewundern.

Colorado Springs hat sich nun zu einem ganzjährigen Ziel des Abenteuer- und Freizeiturlaubs entwickelt. Eine Reihe neuer, auf Familien ausgerichteter Attraktionen kommen zum Reiz der Front Range und den bestehenden Sehenswürdigkeiten hinzu, vom ausgezeichneten Kunstmuseum bis zur historischen Air Force Academy und einer aufstrebenden Restaurantszene.

Sehenswertes & Aktivitäten

★ Pikes Peak — BERG

(719-385-7325; www.springsgov.com; Maut Erw./Kind 12/5 US$; Juni–Aug. 7.30–20 Uhr, Sept. bis 17 Uhr, Okt.–Mai 9–15 Uhr; P) Der Pikes Peak gehört mit seinen 4300 m nur haarscharf zu Colorados 14000ern, ist aber sicher der berühmteste dieser Berge. Die Ute-Indianer nannten ihn „Sonnenberg", eine treffende Bezeichnung für diesen majestätischen Gipfel, der die südliche Front Range überragt. Er erhebt sich fast senkrecht 2255 m aus der Ebene empor und wird jährlich von mehr als 500000 Besuchern erklommen.

★ Garden of the Gods — PARK

(www.gardenofgods.com; 1805 N 30th St; Mai–Okt. 5–23 Uhr, Nov.–April bis 21 Uhr; P) GRATIS Diese herrliche Ader aus rotem, ca. 290 Mio. Jahre altem Sandstein tritt auch anderswo entlang von Colorados Front Range zutage. Die hiesige Hintergrundkulisse aus wunderschön schlanken Felsnadeln ist jedoch besonders herrlich. Parkbesucher können auf befestigten oder unbefestigten Wegen wandeln, ein Picknick genießen und Kletterer beobachten, die ihre Fähigkeiten am teilweise bröckeligen Fels testen.

★ Colorado Springs Fine Arts Center — MUSEUM

(FAC; 719-634-5583; www.csfineartscenter.org; 30 W Dale St; Erw./Student 12/5 US$; Di–So 10–17 Uhr; P) Das ausgedehnte, 2007 komplett renovierte Museum und das Theater mit 400 Sitzplätzen wurden 1936 eingeweiht. Die überraschend anspruchsvolle Sammlung des Museums umfasst erstklassige lateinamerikanische Kunstwerke und Fotografien sowie bedeutende Wechselausstellungen mit Exponaten aus dem 23000 Objekte umfassenden Museumsbestand.

Colorado Springs Pioneers Museum — MUSEUM

(719-385-5990; www.cspm.org; 215 S Tejon St; Di–Sa 10–17 Uhr; P) GRATIS Das städtische Museum residiert im 1903 erbauten alten El Paso County Courthouse. Die Ausstellung und die Sammlung, die rund 60000 Exponate umfasst, decken die Geschichte der Region ab. Besonders gut ist die Sammlung zu den nordamerikanischen Ureinwohnern mit hunderten Artefakten der Völker der Ute, Cheyenne und Arapaho.

US Air Force Academy — SCHULE

(719-333-2025; www.usafa.af.mil; I-25 Ausfahrt 156B; Visitor Center 9–17 Uhr; P) GRATIS Ein Besuch dieses Campus, der zu einer der berühmtesten US-Militärakademien gehört, gewährt einen begrenzten, aber dennoch faszinierenden Einblick in das Leben einer Elite-Gruppe von Kadetten. Das Visitor Center hält allgemeine Infos zur Akademie bereit. Danach kann man zur eindrucksvollen Kapelle (1963) laufen oder an einer Autotour über das weitläufige Gelände teilnehmen.

Schlafen

Mining Exchange HOTEL $$
(☎ 719-323-2000; www.wyndham.com; 8 S Nevada Ave; Zi. ab 149 US$;) Das stilvollste Hotel vor Ort (eröffnet 2012) befindet sich in der ehemaligen historischen Bank, in der Cripple-Creek-Goldsucher ihre Funde um die vorletzte Jahrhundertwende herum zu Bargeld machten. Hiervon zeugt bis heute die Tresorraumtür in der Lobby. Rund 3,65 m hohe Decken, freiliegende Backsteinwände und lederbezogenes Mobiliar sorgen für einladendes, modernes Flair.

★ **Broadmoor** RESORT $$$
(☎ 855-634-7711; www.broadmoor.com; 1 Lake Ave; Zi. ab 295 US$;) Das rundum exquisite Broadmoor mit 744 Zimmern gehört zu den führenden Fünf-Sterne-Resorts der USA und erfreut sich einer Bilderbuchlage vor den blau-grünen Hängen des Cheyenne Mountain. Zu dem großen, grünen Gelände gehören ein See, ein schimmernder Pool, ein erstklassiger Golfplatz, ein unglaubliches Spa und zahllose Bars bzw. Restaurants. Das Design der ultrakomfortablen Zimmer wirkt jedoch etwas „großmütterlich".

★ **Garden of the Gods Resort** RESORT $$$
(☎ 719-632-5541; www.gardenofthegodsclub.com; 3320 Mesa Rd; DZ/Suite ab 309/459 US$;) Der Resortflügel des Garden of the Gods Club wetteifert unter neuer Leitung mit der (für ihre historische Eleganz bekannten) Konkurrenz um den Geldadel. Die Anlage wird weiter vergrößert; gerade wurde die Renovierung aller Luxus-Hotelzimmer und Suiten und der Bau eines riesigen Tages-Spas abgeschlossen.

Essen & Ausgehen

Shuga's CAFE $
(☎ 719-328-1412; www.shugas.com; 702 S Cascade Ave; Gerichte 8–9 US$; ⌚ 11–24 Uhr;) Wer bisher dachte, dass Colorado Springs nicht hip sein kann, der wird im Shugas eines Besseren belehrt. Das Personal des Cafés im Südstaaten-Stil hat ein Händchen für leckere Espressogetränke und heiße Cocktails. Das kleine weiße Haus mit Papierkranichen und roten Vinylstühlen ist unglaublich niedlich ausgestattet; man kann auch auf der Terrasse sitzen. Das Essen – BLT-Sandwich (Schinken, Salat, Tomate) mit Brie auf Rosmarintoast oder brasilianische Kokos-Shrimps-Suppe – ist klasse. Auf keinen Fall die Oldie-Filmnacht am Samstag versäumen!

★ **Pizzeria Rustica** PIZZA $$
(☎ 719-632-8121; www.pizzeriarustica.com; 2527 W Colorado Ave; Pizzas 12–24 US$; ⌚ Di–So 12–21 Uhr;) Holzofenpizzas, Zutaten aus der Region und das historische Ambiente von Old Colorado City machen die muntere Pizzeria zum angesagten Ort für Pizza. Da der Laden sehr beliebt ist, sollte man fürs Abendessen am besten reservieren.

★ **Uchenna** ÄTHIOPISCH $$
(☎ 719-634-5070; www.uchennaalive.com; 2501 W Colorado Ave, Suite 105; Hauptgerichte 12–22 US$; ⌚ Di–So 12–14 & 17–20 Uhr;) Chefköchin Maya lernte die Rezepte von ihrer Mutter, ehe sie nach Amerika kam. Die Hausmannskost und die familienfreundliche Atmosphäre in diesem authentisch-äthiopischen Restaurant überzeugen. Es gibt gut gewürzte Fleischgerichte und vegetarische Angebote und dazu jeweils weiches *injera* (gesäuertes Fladenbrot).

★ **Marigold** FRANZÖSISCH $$
(☎ 719-599-4776; www.marigoldcafeandbakery.com; 4605 Centennial Blvd; Hauptgerichte mittags 8–13 US$, abends 11–24 US$; ⌚ Bistro 11–14.30 & 17–21 Uhr, Bäckerei Mo–Sa 8–21 Uhr) Der brummende Mix aus Bäckerei und französischem Bistro liegt weit draußen beim Garden of the Gods. Das Essen schmeichelt gleichermaßen dem Gaumen und dem Geldbeutel. Serviert werden neben tollen Salaten und Pizzas z. B. auch Marseillaise mit Schnapper oder Knoblauch-Brathähnchen mit Rosmarin. Unbedingt Platz im Magen für die Zitronentörtchen oder den Schokoladenkuchen mit Doppel- oder Dreifach-Mousse (!) reservieren!

★ **Blue Star** MODERN-AMERIKANISCH $$$
(☎ 719-632-1086; www.thebluestar.net; 1645 S Tejon St; Hauptgerichte 21–38 US$; ⌚ 15–24 Uhr;) Eines der beliebtesten Feinschmeckerlokale von Colorado Springs liegt im nobler werdenden Viertel Ivywild gleich südlich der Downtown. Die Karte in diesem sehenswerten Lokal wechselt regelmäßig, bietet aber immer frischen Fisch, beste Steaks und einfallsreiche Hähnchengerichte mit Gewürzen und Gewürzmischungen aus dem Mittelmeer- oder dem pazifischen Raum.

Bristol Brewing Co BRAUEREI
(☎ 719-633-2555; www.bristolbrewing.com; 1604 S Cascade Ave; ⌚ 11–22 Uhr;) Diese Brauerei

nahm 2013 eine Vorreiterrolle ein, als sie in der ehemaligen Ivywild Elementary School als Erste ein neues Gemeinde-Marktzentrum eröffnete. Sie liegt zwar im südlichen Colorado Springs etwas abseits vom Schuss, ist aber wegen ihres Laughing-Lab-Ales und des Kneipenessens vom Besitzer des Gourmet-Lokals Blue Star durchaus besuchenswert.

Praktische Informationen

Colorado Springs Convention and Visitors Bureau (☎719-635-7506; www.visitcos.com; 515 S Cascade Ave; ⏰8.30–17 Uhr; 📶) Das gut bestückte Büro hat Infos zum gesamten südlichen Colorado.

Anreise & Unterwegs vor Ort

Der **Colorado Springs Airport** (COS; ☎719-550-1900; www.flycos.com; 7770 Milton E Proby Pkwy; 📶) ist eine praktische Alternative zum Denver International Airport und bietet Flüge in elf Großstädte im ganzen Land, vor allem von United und Delta. Es gibt allerdings keine öffentlichen Verkehrsmittel in die Stadt, sodass man ein Auto mieten oder für rund 35 US$ ein Taxi von **Yellow Cab** (☎719-777-7777; www.yccos.com) nehmen muss.

Täglich bedienen bis zu sechs Busse von **Greyhound** (☎800-231-2222; www.greyhound.com) die Route zwischen Colorado Springs und Denver (ab 10 US$, 90 Min.); sie starten am **Colorado Springs Downtown Transit Terminal** (☎719-385-7433; 127 E Kiowa St; ⏰Mo–Fr 8–17 Uhr).

Die verlässlichen Busse von **Mountain Metropolitan Transit** (☎719-385-7433; www.coloradosprings.gov/department/91; einfache Strecke 1,75 US$, Tageskarte 4 US$) fahren im gesamten Gebiet von Pikes Peak.

Südliches Colorado

Colorados südliche Hälfte mit seinen imposanten Gebirgsketten San Juan und Sangre de Cristo ist genauso reizvoll wie der nördliche Teil.

Crested Butte

Das für seinen Pulverschnee bekannte Crested Butte hat seinen ländlichen Charakter besser bewahrt als die meisten anderen Skiorte in Colorado. Das abgelegene, von drei Naturschutzgebieten umgebene ehemalige Bergbaudorf gehört zu den besten Ski-Resorts in Colorado – manche meinen, es sei das beste. In der Altstadt finden sich schön restaurierte viktorianische Gebäude, in die hippe Läden und Unternehmen eingezogen sind. Der gemütliche Zweiradverkehr passt zu der lässigen, fröhlichen Atmosphäre.

Im Winter konzentriert sich die Skiszene auf den Mt. Crested Butte, den vom Talboden aufsteigenden Bergkegel. Im Sommer zeigen die gewellten Hügel, warum der Senat von Colorado den Ort zur Wildblumen-Hauptstadt des Bundesstaats erklärt hat, und viele Mountainbiker genießen den wunderbaren alpinen Singletrail.

Sehenswertes & Aktivitäten

★Crested Butte Center for the Arts KUNSTZENTRUM
(☎970-349-7487; www.crestedbuttearts.org; 606 6th St; variierende Eintrittspreise; ⏰10–18 Uhr; P 👪) Das kürzlich prächtig erweiterte Kunstzentrum zeigt Wechselausstellungen örtlicher Künstler und hat einen vollgepackten Konzert- und Theaterkalender. Hier gibt's immer muntere und interessante Veranstaltungen.

★Crested Butte Mountain Resort SKIFAHREN
(☎970-349-2222; www.skicb.com; 12 Snowmass Rd; Liftticket Erw./Kind 111/100 US$; 👪) Das Skigebiet ist eines der besten in Colorado und bekannt für von Bäumen eingefasste Pisten, tiefen Pulverschnee und einen nicht zu großen Andrang. Das Resort, das hauptsächlich auf geübtere Fahrer und Ski-Experten ausgerichtet ist, liegt 2 Meilen (3,2 km) nördlich der Stadt am Fuß des Mt. Crested Butte. Die Landschaft ist atemberaubend: Das Resort ist von Wäldern, zerklüfteten Gipfeln und den Naturschutzgebieten West Elk, Raggeds und Maroon Bells-Snowmass umgeben.

Alpineer MOUNTAINBIKEN
(☎970-349-5210; www.alpineer.com; 419 6th St; Fahrrad 25–75 US$/Tag) Das Unternehmen versorgt das Mountainbiking-Mekka mit Karten, Infos und Leihfahrrädern. Es gibt auch ein tolles Sortiment an Kleidung für Männer und Frauen. Skier sowie Wander- und Campingausrüstung werden ebenfalls vermietet.

Schlafen

Crested Butte International Hostel HOSTEL $
(☎970-349-0588, gebührenfrei 888-389-0588; www.crestedbuttehostel.com; 615 Teocalli Ave; B 37 US$, Zi. 104–115 US$; 📶) Dieses Hostel, eines der hübschesten im Bundesstaat, verbindet die Privatsphäre eines Hotels mit

dem munteren Ambiente eines Hostels. Die besten Privatzimmer haben eigene Bäder. Die Schlafsäle bieten Leselampen und verschließbare Schubladen, der Gemeinschaftsbereich einen gemauerten Kamin und komfortable Sofas. Die Preise variieren saisonal; der Winter ist die Hauptsaison.

Inn at Crested Butte BOUTIQUEHOTEL **$$**
(☎970-349-2111, gebührenfrei 877-343-211; www.innatcrestedbutte.com; 510 Whiterock Ave; DZ 199–249 US$; P❄📶) Das renovierte Boutiquehotel bietet nette Unterkunft in einem stilvollen und luxuriösen Ambiente. Das Haus ist eine der sympathischsten Feriendomizile in Crested Butte: Es gibt nur eine Handvoll Zimmer, von denen manche sich zu einem Balkon mit Blick auf den Mt. Crested Butte öffnen. Alle Zimmer sind mit Antiquitäten, Flachbild-TVs, Kaffeemaschinen und Minibars ausgestattet.

★**Ruby of Crested Butte** B&B **$$$**
(☎800-390-1338; www.therubyofcrestedbutte.com; 624 Gothic Ave; DZ 149–299 US$, Suite 199–499 US$; P🚭❄📶🐾) Bis hinunter zu den Schüsseln mit Geleebohnen und Nüssen in der stilvollen Gemeinschaftslounge ist dieses B&B durchdacht ausgestattet. Die hervorragenden Zimmer haben Fußbodenheizung, Flachbild-TVs mit DVD-Playern und einer Auswahl von DVDs, iPod-Anschlüsse und hochwertige Bettwäsche. Es gibt einen Whirlpool, eine Bibliothek, einen Trockenraum für die Skiausrüstung und kostenlose Retro-Stadträder. Die Gastgeber helfen gern bei der Reservierung von Restaurants sowie von anderen Dienstleistungen.

Essen & Ausgehen

★**Secret Stash** PIZZA **$$**
(☎970-349-6245; www.thesecretstash.com; 303 Elk Ave; Hauptgerichte 12–18 US$; ⌚8 Uhr–open end; 🍸👪) Das große, schrill-lässige Lokal wird von den Einheimischen wegen seiner phänomenalen Küche und der originellen Cocktails geliebt. Der frühere Gemischtwarenladen ist mit Wandteppichen dekoriert und hat die Bestuhlung eines Teehauses. Pizza ist die hiesige Spezialität: Die „Notorious Fig"-Version (mit Prosciutto, frischen Feigen und Trüffelöl) gewann die World Pizza Championship. Zuvor kann man gesalzene und gepfefferte Fritten knabbern.

Soupçon FRANZÖSISCH **$$$**
(☎970-349-5448; www.soupcon-cb.com; 127 Elk Ave; Hauptgerichte 39–47 US$; ⌚18–22.30 Uhr) 🌿 Das kleine, verführerische französische Bistro residiert in einer stimmungsvollen alten Minenarbeiterhütte und hat nur ein paar Tische. Chefkoch Jason hat mit großen Namen aus New York City zusammengearbeitet und setzt bei seiner wechselnden Karte auf Frische, Fleisch aus der Region und Bio-Produkte. Reservieren erforderlich!

★**Montanya** BAR
(www.montanyarum.com; 212 Elk Ave; Snacks 3–12 US$; ⌚11–21 Uhr) Die Destillerie Montanya wird weithin für ihre hochwertigen Rumspezialitäten geschätzt. Der Basiltini mit Rum, Basilikum, frischer Grapefruit und Limette ist wirklich begeisternd. Es gibt auch Führungen, kostenlose Verkostungen und lohnende Mocktails.

Praktische Informationen

Das **Visitor Center** (☎970-349-6438; www.crestedbuttechamber.com; 601 Elk Ave; ⌚9–17 Uhr) liegt gleich hinter dem Eingang zur Stadt an der Hauptstraße und hat viele Broschüren und Karten.

An- & Weiterreise

Crested Butte ist ungefähr vier Fahrtstunden von Denver und rund 3½ Stunden von Colorado Springs entfernt. Auf der US 50 fährt man Richtung Gunnison und dann rund 30 Minuten auf dem Hwy 135 nordwärts nach Crested Butte.

Ouray

Mit prächtigen, die Kesselschlucht umrahmenden Eisfällen und erholsamen Thermalquellen auf dem Talboden ist Ouray (ausgesprochen: Ju-ray) selbst für die Verhältnisse in Colorado privilegiert. Der Ort ist ein Spitzenziel für Eiskletterer, aber auch Wanderer und Fans von Geländewagentouren gewinnen dem rauen und gelegentlich hinreißenden Charme der Gegend viel ab. Die Stadt präsentiert sich als ein gut erhaltenes, 400 m langes Bergarbeiterdorf zwischen imposanten Gipfeln.

Aktivitäten

★**Million Dollar Highway** PANORAMASTRASSE
Der gesamte US Hwy 550 wird als Million Dollar Hwy (S. 39) bezeichnet, aber genauer gilt das für den hinreißenden Abschnitt, der südlich von Ouray durch die Uncompahgre Gorge hinauf zum Red Mountain Pass (3358 m) führt. Die Hochgebirgslandschaft ist wahrlich ehrfurchtgebietend; bei der Fahrt nach Süden Richtung Silverton fährt

ABSTECHER

RAFTING AUF DEM ARKANSAS RIVER

Der Arkansas River entspringt bei Leadville, fließt an der Ostflanke von Buena Vista hinunter und weiter durch das Browns Canyon National Monument, bis er mit Klasse-V-Fließgeschwindigkeit durch die spektakuläre Royal Gorge schießt. Der Fluss ist der vielfältigste, längste und wildeste im Bundesstaat. Eisige Wasserspritzer durchnässen einen, während sich das Boot in die tosenden Wellen stürzt; die durchnässte Crew gibt der Strömung nach, und setzt rückwärts um einen großen Felsbrocken. Für erfahrene Sportler ein Riesenspaß! Infos zu geführten Touren stehen auf S. 99.

man am Außenrand der schmalen, kurvenreichen Straße, nur einen Herzschlag entfernt vom Sturz in die Tiefe.

★ Ouray Hot Springs THERMALQUELLEN

(☎970-325-7073; www.ourayhotsprings.com; 1200 Main St; Erw./Kind 18/12 US$; ⏲Juni–Aug. 10–22 Uhr, Sept.–Mai Mo–Fr 12–21 & Sa–So 11–21 Uhr; 👪) Das kürzlich renovierte historische Ouray Hot Springs verspricht ein heilsames Bad oder kindischen Spaß. Das natürliche Quellwasser ist kristallklar und frei von dem Schwefelgeruch, der manch andere Thermalquellen prägt. Es gibt ein Langschwimmbecken, Wasserrutschen, eine Kletterwand über einem Plansch-Pool und erstklassige Bäderbereiche (38–41 °C). Zum Komplex gehören auch eine Fitnesshalle und ein Massagedienst.

Ouray Ice Park KLETTERN

(☎970-325-4061; www.ourayicepark.com; County Rd 361; ⏲Mitte Dez.–März 7–17 Uhr; 👪) GRATIS Fans aus aller Welt kommen zum Eisklettern in den weltweit ersten öffentlichen Eispark, der einen 3 km langen Abschnitt der Uncompahgre Gorge umfasst. Der aufregende (wenn auch frostige) Park bietet Schwierigkeitsgrade für unterschiedlichstes Können. Beratung erhält man bei einem lokalen Guide-Service.

Feste & Events

Ouray Ice Festival KULTUR

(☎970-325-4288; www.ourayicefestival.com; Abendevents Eintritt gegen Spende; ⏲Jan.; 👪) Das Ouray Ice Festival bietet vier Tage lang Kletterwettbewerbe, Abendessen, Diavorträge und Beratung. Kinder können an einer Kletterwand erste Griffe üben. Das Zuschauen bei den Wettbewerben ist kostenlos, wer aber an den diversen Abendveranstaltungen teilnehmen möchte, muss eine Spende für den Eispark leisten. Wenn man einmal dabei ist, bekommt man Freibier von der beliebten Colorado-Mikrobrauerei New Belgium.

Schlafen & Essen

Amphitheater Forest Service Campground CAMPING $

(☎877-444-6777; www.recreation.gov; US Hwy 550; Stellplatz 20 US$; ⏲Juni–Aug.) Mit seinen tollen Stellplätzen unter Bäumen ist dieser alpine Campingplatz ein Volltreffer. An den Wochenenden in den Ferien muss man mindestens drei Nächte bleiben. Südlich der Stadt, am Hwy 550, nimmt man einen ausgeschilderten Weg nach links.

★ Wiesbaden HOTEL $$

(☎970-325-4347; www.wiesbadenhotsprings.com; 625 5th St; Zi. 132–347 US$;) Das schräge, eigenartige New-Age-Hotel Wiesbaden punktet mit einer eigenen natürlichen Dampfgrotte, die einst auch vom Häuptling Ouray benutzt wurde. Die Zimmer mit gesteppten Tagesdecken sind romantisch und gemütlich, das Highlight ist aber die sonnendurchflutete Suite mit einer Natursteinwand. Morgens schlendern die Gäste in dicken Morgenröcken herum, schlürfen den kostenlosen Biokaffee oder -tee, entspannen sich oder warten einfach nur auf die Massagen.

Box Canyon Lodge & Hot Springs LODGE $$

(☎800-327-5080, 970-325-4981; www.boxcanyonouray.com; 45 3rd Ave; Zi. 189 US$;) Nicht jedes Hotel hat eine Heizung mit Erdwärme, geräumige und frische, mit Kiefernholz getäfelte Zimmer und von Quellwasser gespeiste Whirlpools im Freien – ideal für ein romantisches Bad mit Blick in die Sterne. Die gute Gastlichkeit verrät sich in kostenlosen Äpfeln und Wasser in Flaschen. Das Haus ist populär, daher vorab reservieren!

Bon Ton Restaurant FRANZÖSISCH, ITALIENISCH $$$

(☎970-325-4419; www.bontonrestaurant.com; 426 Main St; Hauptgerichte 16–40 US$; ⏲Do–Mo 17.30–23 Uhr, Brunch Sa & So 9.30–12.30 Uhr;) Das Bon Ton serviert schon seit einem

Jahrhundert Abendessen in einem schönen Raum unter dem historischen St. Elmo Hotel. Zu den französischen und italienischen Gerichten gehören Spezialitäten wie gebratene Ente in Kirsch-Pfeffersauce und Tortellini mit Schinken und Schalotten. Die Weinkarte ist umfangreich und der Champagner-Brunch empfehlenswert.

Praktische Informationen

Ouray Visitors Center (970-325-4746, 800-228-1876; www.ouraycolorado.com; 1230 Main St; Mo–Sa 9–18, So 10–16 Uhr;)

An- & Weiterreise

Ouray liegt am Hwy 550, 70 Meilen (112,7 km) nördlich von Durango, 24 Meilen (38,6 km) nördlich von Silverton und 37 Meilen (59,5 km) südlich von Montrose. Es gibt in der Gegend keinen Busverkehr, sodass man auf ein eigenes Auto angewiesen ist.

Telluride

Das exklusive Telluride ist zu drei Seiten von gewaltigen Gipfeln eingefasst und damit buchstäblich vom Getriebe der Außenwelt abgeschnitten. Früher eine raue Bergbausiedlungm treffen in Telluride heute kümmerliche Existenzen auf Reiche – die wenigen, die sich die hiesigen Grundstückspreise leisten können auf die, die nur knapp über die Runden kommen. Das Stadtzentrum hat noch einen spürbaren altmodischen Charme, obwohl die Einheimischen häufig das kürzlich erschlossene Mountain Village heruntermachen, dessen aus dem Boden gestampfte Attraktionen einen Hauch von Vegas besitzen. In Telluride gibt aber immer noch Idealismus den Ton an. Ein Stückchen vom Paradies ist erhalten geblieben: Da ist die „Free Box" schräg gegenüber der Post, wo man überflüssige Sachen eintauschen kann, da ist die Freiheit jener Tage mit herrlichem Pulverschnee, und da sind die berühmten, jovialen Feste der Stadt.

Sehenswertes & Aktivitäten

Man muss kein Skifahrer sein, um Telluride zu mögen, aber die freie Natur sollte einen schon begeistern. Die Stadt ist von einer sagenhaften Berglandschaft umgeben. Die Gletscher-Gipfelwand des Ajax Peak ragt hinter dem Dorf auf und bildet die Stirnwand des U-förmigen Tals. Rechts (südlich) am Ajax Peak stürzen die Bridal Veil Cascades, Colorados höchster Wasserfall, 111 m in die Tiefe; ein Serpentinenweg führt hinauf zu einem restaurierten, 1907 errichteten Wasserkraftwerk über den Fällen. Im Süden ragt der Mt. Wilson (4342 m) aus einer Gruppe zerklüfteter Gipfel hervor, die die Lizard Head Wilderness Area bilden.

Telluride Ski Resort WINTERSPORT
(970-728-7533, 888-288-7360; www.tellurideskiresort.com; 565 Mountain Village Blvd; Erw./Kind ganztägiges Liftticket 124/73 US$) Telluride als ein Paradies für echte Skifahrer ist bekannt für sein steiles und tiefes Terrain mit steilen Pisten und tiefem Pulverschnee, während alle anderen den prächtigen Ausblick in die San Juan Mountains und die gesellige Atmosphäre des Ortes lieben. Das Resort umfasst drei unterschiedliche Skigebiete, die von 16 Skiliften erschlossen sind. Ein großer Teil des Geländes besteht aus mittelschweren und schweren Pisten, aber auch Anfänger finden genügend Auswahl.

★ **Ashley Boling** GESCHICHTE
(970-728-6639, Handy 970-798-4065; 20 US$/Pers.; nach Vereinbarung) Der Einheimische Ashley Boling veranstaltet seit über 20 Jahren faszinierende historische Stadtspaziergänge durch Telluride. Sie dauern über eine Stunde und werden ganzjährig angeboten. Die Preise gelten für mindestens vier Teilnehmer, aber auch ab zwei Teilnehmern wird nicht übermäßig viel verlangt. Reservierung erforderlich!

Feste & Events

Telluride Bluegrass Festival MUSIK
(800-624-2422; www.planetbluegrass.com; 4-Tage-Pass 235 US$; Ende Juni) Dieses Fest zieht für ein Wochenende mit erstklassigem und frischem Bluegrass Tausende Besucher an. Imbissstände verkaufen verschiedenste Gerichte, während die Produkte der lokalen Kleinbrauereien die Stimmung anheizen. Bis spätabends spielt die Musik. Camping ist während des viertägigen Festivals sehr beliebt. Auf der Website findet man mehr Informationen.

★ **Mountainfilm** FILM
(www.mountainfilm.org; Mai) An vier Tagen rund um das Memorial-Day-Wochenende gibt's ausgezeichnete Vorstellungen von Filmen zu den Themen Outdoor-Abenteuer, Natur und Umweltschutz sowie Ausstellungen und Vorträge. Die Events (einige davon sind kostenlos) finden in Telluride und in Mountain Village statt.

Schlafen

Abgesehen von Campingplätzen gibt es keine preiswerten Unterkünfte in Telluride. Im den Spitzenzeiten im Sommer und im Winter sowie während der Festivals in der Stadt wird's richtig teuer. In der Nebensaison geben die Preise etwas nach, manchmal bis zu 30 %. Wer zur Festivalzeit kommt, sollte sich bei den Organisatoren direkt nach Campingmöglichkeiten erkundigen.

★Telluride Town Park Campground CAMPING $
(☎970-728-2173; 500 E Colorado Ave; Stellplatz mit/ohne Autoparkplatz 28/17 US$; ⌚Mitte Mai–Mitte Okt.;) Der Platz mit 43 Stellplätzen liegt praktisch am Bach und direkt im Ortszentrum. Es gibt Duschen, Badestellen und Tennis. Die Plätze werden nach dem Prinzip: Wer zuerst kommt, mahlt zuerst vergeben – aber nicht in der Festivalzeit (da wendet man sich im Voraus an die Festival-Organisatoren). Ein wenig Nachtleben wird auch geboten.

New Sheridan Hotel HOTEL $$
(☎800-200-1891, 970-728-4351; www.newsheridan.com; 231 W Colorado Ave; DZ ab 223 US$;) Das elegante und dezente historische Hotel wurde 1895 aus Backstein errichtet und ist ein hübsches Basislager zur Erkundung von Telluride. Die Zimmer haben hohe Decken, frische Bettwäsche und kuschelige Flanelldecken. Auf der Terrasse gibt's einen Whirlpool mit Blick in die Berge. Die Downtown-Lage ist perfekt, aber einige Zimmer sind für den Preis wirklich klein.

Inn at Lost Creek BOUTIQUEHOTEL $$$
(☎970-728-5678; www.innatlostcreek.com; 119 Lost Creek Lane, Mountain Village; Zi. 275–500 US$;) Das üppige Boutiquehotel in Mountain Village ist behaglich und liegt praktisch am Fuß des Hauptlifts von Telluride. Der Service ist persönlich, und die makellosen Zimmer sind im Southwestern- Design mit alpinem Hartholz und Zinnverzierungen ausgestaltet. Auf dem Dach gibt's zwei Spas. Pauschalangebote stehen auf der Website.

Essen & Ausgehen

Die Mahlzeiten und selbst Lebensmittel können in Telluride teuer sein, für den kleinen Hunger bieten sich daher die Imbissstände und der Taco Truck auf der Colorado Ave an, wo man an Picknicktischen sitzen kann. Man kann in Telluride sicher besser feiern, als irgendwo sonst im südlichen Colorado, aber das wird teuer, denn die Drinks sind nicht kostenlos, ja noch nicht einmal billig. Livebands sorgen für Stimmung.

Tacos del Gnar MEXIKANISCH $
(☎970-728-7938; www.gnarlytacos.com; 123 S Oak St; Hauptgerichte 7–14 US$; ⌚Di–Sa 12–21 Uhr) Das ist die zweite Filiale eines schlichten Taco-Ladens, der ohne Stilambitionen einzig auf Geschmack setzt. Die Tacos sorgen mit Anleihen bei koreanischen Grillspeisen und asiatischen Aromen für zufriedene Kunden.

Oak GRILL $$
(The New Fat Alley; ☎970-728-3985; www.oakstelluride.com; 250 San Juan Ave, Basisstation von Sessellift 8; Hauptgerichte 11–23 US$; ⌚11–22 Uhr;) Man wählt sich etwas von der Kreidetafel oder hält sich einfach an das, was der Nebenmann bestellt hat. Das Essen ist ein preiswertes und kleckerndes Vergnügen. Zu empfehlen ist das Pulled-Pork-Sandwich mit Krautsalat oben drauf, wozu man am besten noch eine Schale knusprige Süßkartoffelfritten bestellt. Tolle Bier-Angebote!

★Chop House MODERN-AMERIKANISCH $$$
(☎970-728-4531; www.newsheridan.com; 231 W Colorado Ave, New Sheridan Hotel; Hauptgerichte 26–62 US$; ⌚17–2 Uhr) Mit hervorragendem Service und einem schicken Dekor aus Bänken, die mit besticktem Samt bezogen sind, ist dieses Restaurant eine gute Wahl für ein intimes Dinner. Nach der Käseplatte stehen Gerichte aus dem Westen Amerikas auf der Karte, z. B. exquisite Spannrippe vom Wapiti und Ravioli mit Tomaten-Relish und Ricotta aus der Milch örtlicher Schafe. Zum Schluss gibt's ein Stück glutenfreien dunklen Schokoladenkuchen in frischer Karamellsauce.

New Sheridan Bar BAR
(☎970-728-3911; www.newsheridan.com; 231 W Colorado Ave, New Sheridan Hotel; ⌚17–2 Uhr) In dieser Bar drängen sich die Reichen und Schönen, aber in der Nebensaison entdeckt man authentisches Lokalkolorit. Im Sommer eilt man am besten schnurstracks auf die luftige Dachterrasse. Die alten Einschusslöcher in der Wand zeugen vom tapferen Überleben der Bar, während das angrenzende Hotel in der Zeit, als der Bergbau seinen Niedergang erlebte, seine Kronleuchter und Antiquitäten zur Begleichung der Heizkosten verscherbeln musste.

Unterhaltung

Fly Me to the Moon Saloon LIVEMUSIK
(☎970-728-6666; 132 E Colorado Ave; ⌚15–2 Uhr) Zu den Klängen der Livebands kann man

sich in diesem Saloon schon mal gehen lassen und so richtig abtanzen. Es ist der beste Ort in Telluide, um zünftig zu feiern.

Sheridan Opera House THEATER
(☎970-728-4539; www.sheridanoperahouse.com; 110 N Oak St;) Dieses historische Theater mit burleskem Charme ist der Fixstern in Tellurides kulturellem Leben. Es beherbergt das Telluride Repertory Theater und bietet häufig spezielle Veranstaltungen für Kinder.

Praktische Informationen

Telluride Visitor Center (☎888-353-5473, 970-728-3041; www.telluride.com; 230 W Colorado Ave; ⊙Winter 10–17 Uhr, Sommer bis 19 Uhr)

Anreise & Unterwegs vor Ort

In der Skisaison gibt's vom **Montrose Regional Airport** (☎970-249-3203; www.montroseairport.com; 2100 Airport Rd), 65 Meilen (104,6 km) nördlich der Stadt, Direktflüge von/nach Denver (mit United), Houston, Phoenix und einigen wenigen Städten an der Ostküste.

Pendlerflugzeuge bedienen den **Telluride Airport** (☎970-778-5051; www.tellurideairport.com; 1500 Last Dollar Rd) auf dem Hochplateau 5 Meilen (8 km) östlich der Stadt, wenn das Wetter mitspielt. Ansonsten werden die Flüge zum Montrose Regional Airport umgeleitet.

Galloping Goose (☎970-728-5700; www.telluride-co.gov; ⊙7–21 Uhr) betreibt den öffentlichen Nahverkehr und bedient feste Routen in der Downtown und nahegelegene Gemeinden. Der **Telluride Express** (☎970-728-6000; www.tellurideexpress.com; zum Montrose Regional Airport Erw./Kind 53/31 US$) ist ein Shuttle von der Stadt zum Telluride Airport, nach Mountain Village oder zum Montrose Regional Airport; telefonisch die Abholung vereinbaren!

Silverton

Umgeben von schneebedeckten Gipfeln und tief eingetaucht in die rußgeschwärzte Geschichte einer schäbigen Bergbausiedlung scheint Silverton eher nach Alaska als in die „Lower 48“ zu passen. Aber es ist nun einmal hier. Und wer Schneemobilfahren, Radfahren, Fliegenfischen oder einfach nur die Sonne im Hochgebirge genießen will, kommt hier auf seine Kosten.

Der Ort hat zwei Straßen, aber nur eine ist geteert. In der Greene St liegen die meisten Geschäfte, die z. B. hausgemachtes Dörrfleisch, Karamellen und Federschmuck verkaufen. Die immer noch unbefestigte berüchtigte Blair St – die in Empire St umgetauft wurde– verläuft parallel zur Greene St. Zur Zeit des Silberrauschs florierten hier die Bordelle und Zechbuden.

Aktivitäten

★ **Silverton Railroad Depot** EISENBAHN
(☎970-387-5416, gebührenfrei 877-872-4607; www.durangotrain.com; 12th St; Deluxe/Erw./Kind hin & zurück ab 189/89/55 US$; ⊙Abfahrten 13.45, 14.30 & 15 Uhr;) Am Endbahnhof Silverton kann man Tickets (einfache Strecke/hin & zurück) für die wunderbare Durango & Silverton Narrow Gauge Railroad (S. 109) kaufen. Im Bahndepot von Silverton ist das Silverton Freight Yard Museum untergebracht. Das Zugticket berechtigt zwei Tage vor bis zwei Tage nach der Fahrt zu einem Besuch des Museums.

★ **Silverton Mountain Ski Area** SKIFAHREN
(☎970-387-5706; www.silvertonmountain.com; State Hwy 110; Liftticket 59 US$/Tag, ganztägiger Guide & Liftticket 159 US$) Das ist eines der innovativsten Skigebiete in den USA – nichts für Anfänger. Ein Einsessel-Skilift bringt fortgeschrittene und erfahrene Skifahrer zum Gipfel in ein Gebiet mit nichtpräparierten Pisten. Die Zahlen sind beschränkt; es wird zwischen Tagen unterschieden, an denen man sich ohne Führer tummeln kann und den exklusiveren, an denen man mit Führer unterwegs ist.

San Juan Backcountry AUTOTOUR
(☎970-387-5565, gebührenfrei 800-494-8687; www.sanjuanbackcountry.com; 1119 Greene St; 2-stündige Tour Erw./Kind 60/40 US$; ⊙Mai–Okt.;) Das Unternehmen vermietet Geländewagen und veranstaltet Touren in die Wildnis der herrlichen San Juan Mountains rund um Silverton. Die Teilnehmer fahren dabei in umgebauten, offenen Chevy Suburbans.

Schlafen & Essen

Inn of the Rockies at the Historic Alma House B&B $$
(☎970-387-5336, gebührenfrei 800-267-5336; www.innoftherockies.com; 220 E 10th St; Zi. 129–173 US$;) Das 1898 von einer Einheimischen namens Alma eröffnete Gasthaus hat neun einzigartige Zimmer, die mit viktorianischen Antiquitäten eingerichtet sind. Man wird überaus warmherzig empfangen und das Frühstück à la New Orleans, serviert in einem Speisesaal mit Kronleuchter, verdient ein Extralob. Die Zimmerpreise sind jedoch niedriger, wenn man es nicht bucht. Es gibt außerdem einen Whirlpool

im Garten, der für Entspannung nach einem langen Tag sorgt.

Wyman Hotel B&B **$$**
(☎877-504-5272; www.thewyman.com; 1371 Greene St; DZ ab 175 US$; ⊙Nov. geschl.; ⊜☜) Das hübsche, im National Register of Historic Places stehende Sandsteingebäude von 1902 wurde gerade aufgemöbelt und bietet schicke Zimmer in gedämpften Farben mit einem gut abgestimmten minimalistischen Touch – eine stilvolle Alternative zum üblichen Kitsch. Sehenswert ist die historische Kombüse hinten auf der kiesbestreuten Terrasse.

Grand Restaurant & Saloon AMERIKANISCH **$$**
(☎970-387-5527; 1219 Greene St; Hauptgerichte 8–26 US$; ⊙Mai–Okt. 11–15 Uhr, Abendessen gelegentlich 17–21 Uhr; ⓘ) In dem stimmungsvollen Lokal kann man bei Burgern und Clubsandwichs verweilen. Der Klavierspieler und das historische Dekor sind ein Pluspunkt. Die komplett ausgestattete Bar wird von Einheimischen und Touristen gleichermaßen geschätzt.

Ausgehen & Nachtleben

★ **Rum Bar** BAR
(☎970-769-8551; www.silvertonrumbar.com; 1309 Greene St; Hauptgerichte 6–14 US$; ⊙11–2 Uhr) Die geräumig-minimalistische Bar an der Greene St ist in der ganzen Region beliebt. An Sommertagen sucht man sich einen Platz auf der Dachterrasse. Die Barkeeper sind gesprächig und komponieren geschickt exotische Cocktails mit hausgemachtem Sirup und preisgekröntem Rum. In der Nebensaison ändern sich die Öffnungszeiten.

An- & Weiterreise

Silverton liegt am Hwy 550 etwa auf halber Strecke zwischen Montrose, rund 60 Meilen (96,6 km) im Norden, und Durango rund 48 Meilen (77,2 km) im Süden.

Außer mit dem eigenen Auto erreicht man Silverton nur mit der Durango and Silverton Narrow Gauge Railroad oder den privaten Bussen, die die Rückfahrten durchführen.

Mesa Verde National Park

Mehr als 700 Jahre nach dem Verschwinden seiner Bewohner ist **Mesa Verde** (☎970 529 4465; www.nps.gov/meve; Wochenpass Auto/Motorrad Juni–Aug. 20/10 US$, Sept.–Mai 15/7 US$; ⓟⓘⓗ) immer noch von Geheimnissen umwittert. Niemand weiß genau, warum die frühen Pueblo-Indianer (Ancestral Puebloans) um 1300 ihre aufwändigen Felsbehausungen aufgaben. Anthropologen lieben die Stätte: Mesa Verde ist der einzige US-amerikanische Nationalpark, der sich dem Schutz kultureller Relikte und nicht dem Schutz von Naturschönheiten widmet. Der Park ist ein Wunderland für Abenteurer, die hier auf Leitern zu aus dem Fels gehauenen Behausungen hinaufsteigen, Felskunst bewundern und in die Rätsel des präkolumbischen Amerikas eintauchen können.

Der Mesa Verde National Park schützt den 210 km² großen nördlichsten Abschnitt der Mesa. Stätten der frühen Pueblo-Indianer finden sich überall in den Schluchten des Parks und auf dem Hochplateau südlich von Cortez und Mancos.

Der National Parks Service (NPS) setzt das Gesetz zum Schutz der Altertümer strikt durch, dem zufolge die Entfernung oder Zerstörung von Altertümern jeder Art verboten ist. Aus diesem Grund ist der öffentliche Zugang zu vielen der 4000 bekannten Stätten nicht gestattet.

Sehenswertes & Aktivitäten

Wer nur Zeit für einen kurzen Besuch hat, sollte sich das Chapin Mesa Museum anschauen und versuchen, durch das Spruce Tree House zu wandern, wo man über eine Holzleiter in die kühle Kammer einer Kiva hinunterklettern kann.

Es lohnt sich aber, ein, zwei Tage zu bleiben, um sich einer von Rangern geleiteten Führung zum Cliff Palace und zum Balcony House anzuschließen, die Wetherill Mesa (die ruhigere Seite des Canyons) zu erkunden, sich das Museum genau anzuschauen oder an einem der Lagerfeuer-Programme teilzunehmen, die auf dem Morefield Campground veranstaltet werden.

Chapin Mesa Museum MUSEUM
(☎970-529-4475; www.nps.gov/meve; Chapin Mesa Rd; Zugang inkl. Zutritt in den Park; ⊙April–Mitte Okt. 8–18.30, Mitte Okt.–April bis 17 Uhr; ⓟⓘ) Das Chapin Mesa Museum zeigt Ausstellungen zum Park und ist ein guter erster Stopp. Das Museumspersonal hilft am Wochenende mit Infos weiter, wenn die Parkverwaltung geschlossen ist.

Chapin Mesa ARCHÄOLOGISCHE STÄTTE
Die größte Ansammlung früher Pueblo-Behausungen befindet sich auf der Chapin Mesa, wo es die dicht gedrängte **Far View Site** und das große **Spruce Tree House** gibt. Sie sind die am besten zugänglichen

Stätten und über einen befestigten, 800 m langen Rundweg zu erreichen.

Wetherill Mesa ARCHÄOLOGISCHE STÄTTE
Die zweitgrößte Stätte von Siedlungen. Besucher können gesicherte Stätten und zwei Klippenbehausungen betreten, darunter das **Long House**, geöffnet von Ende Mai bis Ende August.

Aramark Mesa Verde WANDERN, TOUREN
(970-529-4421; www.visitmesaverde.com; Meile 15, Far View Lodge; Erw. 42–48 US$) Der Park-Konzessionär bietet von Mitte Mai bis Mitte Oktober täglich verschiedene geführte Privat- und Gruppentouren durch den Park an, die man online oder im Büro in der Far View Lodge buchen kann.

Schlafen & Essen

In den nahegelegenen Ortschaften Cortez und Mancos gibt's viele Unterkünfte; der Mesa Verde National Park lässt sich aber auch leicht im Rahmen eines Tagesausflugs von Durango aus besuchen.

Morefield Campground CAMPING $
(970-529-4465; www.visitmesaverde.com; Meile 4; Stellplatz Zelt/Wohnmobil 30/40 US$; Mai–Anfang Okt.;) Der Park-Campingplatz liegt 4 Meilen (6,4 km) entfernt vom Eingangstor und verfügt über 445 reguläre Zeltstellplätze auf grasigem Boden, die günstig in der Nähe des Morefield Village liegen. Hier gibt's einen Gemischtwarenladen, eine Tankstelle, ein Restaurant, Duschen und eine Wäscherei. Der Betreiber ist Aramark. Wohnmobilstellplätze ohne Strom- und Wasseranschluss kosten genauso viel wie die Zeltstellplätze.

Far View Lodge LODGE $$
(970-529-4421, gebührenfrei 800-449-2288; www.visitmesaverde.com; Mile 15; Zi. 124–177 US$; Mitte April–Okt.; P) Die geschmackvolle Lodge im Pueblo-Stil thront auf einer Hochebene, 15 Meilen (24 km) vom Parkeingang entfernt, und bietet 150 Zimmer im Südwest-Stil, einige davon mit *kiva*-Kamin. Vom eigenen Balkon sieht man den Sonnenuntergang über der Mesa. Die Standardzimmer haben keine Klimaanlage (und keinen TV) und im Sommer kann es tagsüber heiß werden.

Metate Room MODERN-AMERIKANISCH $$$
(800-449-2288; www.visitmesaverde.com; Meile 15, Far View Lodge; Hauptgerichte 20–36 US$; April–Mitte Okt. 7–10 & 17.30–21.30 Uhr, Mitte Okt.–März 17–19.30 Uhr;) Das mit einem Preis für kulinarische Exzellenz ausgezeichnete gehobene Restaurant in der Far View Lodge bietet innovative Gerichte, die von den Nahrungsmitteln und Aromen der amerikanischen Ureinwohner inspiriert sind, z. B. gefüllte Poblano-Chilis, Schweinebauch mit Kaktusfeige und kalte Räucherforelle.

Praktische Informationen

Der Eingang zum Mesa Verde National Park liegt abseits der US 160 auf halber Strecke zwischen Cortez und Mancos.

Das große **Mesa Verde Visitor & Research Center** (970-529-5034, 800-305-6053; www.nps.gov/meve; Juni–Anfang Sept. 8–19 Uhr, Anfang Sept.–Mitte Okt. bis 17 Uhr, Mitte Okt.–Mai geschl.;) hat Wasser, WLAN und Toiletten. An den Informationsschaltern werden Tickets für Führungen zum Cliff Palace, Balcony House oder Long House verkauft. Im Zentrum sind außerdem museumswürdige Artefakte ausgestellt.

Durango

Durango ist der Archetyp einer alten Bergbaustadt in Colorado. Sie ist der Liebling der Region und einfach nur wunderbar. Die eleganten Hotels, die Saloons aus der viktorianischen Zeit und die von Bäumen gesäumten Straßen und verschlafenen Bungalows laden dazu ein, umherzuradeln und dieses gute Gefühl aufzusaugen. Es gibt jede Menge draußen zu tun. Stilmäßig ist Durango hin- und hergerissen zwischen seiner Ragtime-Vergangenheit und der coolen, innovativen Zukunft, in der Townie Bikes, Koffein und Farmers Markets das Bild beherrschen.

Aktivitäten

★ **Durango & Silverton Narrow Gauge Railroad** EISENBAHN
(970-247-2733; www.durangotrain.com; 479 Main Ave; Erw./Kind 4–11 Jahre hin & zurück ab 89/55 US$; Mai–Okt.;) Eine Fahrt mit der Durango & Silverton Narrow Gauge Railroad ist ein Muss für alle, die sich in Durango aufhalten. Die Oldtimer-Dampfloks befahren seit 125 Jahren die malerische 72 km lange Strecke Richtung Norden nach Silverton (einfache Strecke 3½ Std.). Auf der herrlichen Tour hat man die Gelegenheit, zwei Stunden lang Silverton zu erkunden. Dieser Trip ist jedoch nur zwischen Mai und Oktober möglich. Über verschiedene Möglichkeiten im Winter kann man sich online informieren.

Mild to Wild Rafting RAFTEN
(☎970-247-4789, gebührenfrei 800-567-6745; www.mild2wildrafting.com; 50 Animas View Dr; Touren ab 59 US$; ⏲9–17 Uhr; ♿) Im Frühjahr und Sommer gehört Wildwasser-Rafting zu den beliebtesten Sportarten in Durango. Mild to Wild Rafting ist eines von zahlreichen Unternehmen in der Stadt, die Rafting-Ausflüge auf dem Animas River anbieten. Anfänger sollten die einstündige Rafting-Einführung buchen, während Abenteuerlustige (und Erfahrene) sich für Touren auf dem Oberlauf des Animas (mit Stromschnellen der Klassen III bis V) entscheiden.

Purgatory WINTERSPORT
(☎970-247-9000; www.purgatoryresort.com; 1 Skier Pl; Lifttickets Erw./Kind ab 89/55 US$; ⏲Mitte Nov.–März; ♿) Durangos Wintersport-Highlight liegt 25 Meilen (40,2 km) nördlich der Stadt an der US 550. Das Resort umfasst 486 ha mit Pisten unterschiedlicher Schwierigkeit und punktet mit 660 cm Schnee pro Jahr. In zwei Geländeparks können sich Snowboarder richtig austoben. In den örtlichen Lebensmittel- und Zeitungsläden sollte man, bevor man sein Liftticket am Schalter kauft, sich erst einmal nach Sonderaktionen, Lifttickets, die für zwei Personen zum Preis für eine gelten, und andere Sonderangeboten umschauen.

Schlafen

General Palmer Hotel HOTEL **$$**
(☎970-247-4747, gebührenfrei 800-523-3358; www.generalpalmer.com; 567 Main Ave; DZ 165–275 US$; ❄@📶) Das elegante Hotel aus viktorianischer Zeit (1898) präsentiert sich altjüngferlich mit Blümchentapeten, Teddys auf jedem Bett und Betten mit vier Zinnpfosten. Die Zimmer sind klein, aber schön, und wer nicht fernsehen will, holt sich einfach ein Brettspiel an der Rezeption. Highlights sind die gemütliche Bibliothek und das entspannende Solarium.

★**Rochester House** HOTEL **$$**
(☎970-385-1920, gebührenfrei 800-664-1920; www.rochesterhotel.com; 721 E 2nd Ave; DZ 169–229 US$; 🚭❄📶🐾) Inspiriert von alten Western – in den Gängen hängen Filmposter und Schirmdachlampen – wirkt das Rochester ein wenig wie altes Hollywood im modernen Westen. Die Zimmer sind geräumig und haben hohe Decken. Zwei konventionelle Gemeinschaftsräume, in denen Gebäck serviert wird, sowie ein Frühstücksraum in einem alten Bahnwaggon sind weitere Pluspunkte dieser Unterkunft. Haustiere sind willkommen.

★**Antlers on the Creek** B&B **$$$**
(☎970-259-1565; www.antlersonthecreek.com; 999 Lightner Creek Rd; Zi. ab 249 US$; P📶) Die Unterkunft liegt auf einem zum Verweilen einladenden friedlichen Gelände am Bach, umgeben von Pappeln und ausgedehnten Rasenflächen. Zwischen dem geräumigen Haupthaus und der Remise befinden sich sieben geschmackvolle Zimmer, die mit Whirlpools, üppiger Bettwäsche und Gaskaminen ausgestattet sind. Es gibt ein hervorragendes Drei-Gänge-Frühstück und einen großen Whirlpool in der offenen Gartenlaube. Das B&B ist ganzjährig geöffnet.

Essen & Ausgehen

★**James Ranch** MARKT **$**
(☎970-385-9143; www.jamesranch.net; 33800 US Hwy 550; Hauptgerichte 5–18 US$; ⏲Mo–Sa 11–19 Uhr) 🍃 Wer eine Straßentour auf dem San Juan Skyway macht, sollte bei der von einer Familie geführten James Ranch 10 Meilen (16 km) außerhalb von Durango vorbeischauen. Dort gibt es einen Markt und einen ausgezeichneten Grillstand, der das auf der Farm produzierte Bio-Rindfleisch und Bio-Gemüse verwendet. Die Steak-Sandwiches und die Sandwiches mit frischem Schmelzkäse und karamellisierten Zwiebeln sind prima. Die Kinder freuen sich über die Ziegen.

★**El Moro** GASTROPUB **$$**
(☎970-259-5555; www.elmorotavern.com; 945 Main Ave; Hauptgerichte 10–30 US$; ⏲Mo–Fr 11–24, Sa & So 9–24 Uhr) Es gibt zwei Gründe zum Herkommen: die richtig guten, nach Gästewunsch gemixten Cocktails an der Bar und die innovativen kleinen Teller auf denen z. B. gebratener Blumenkohl auf koreanische Art, verschiedene Käsesorten, hausgemachte Wurst und frische Salate serviert werden. Das Lokal ist zwar die wichtigste Hipster-Spielwiese in Durango, aber alle fühlen sich hier wohl.

Ore House STEAKS **$$$**
(☎970-247-5707; www.orehouserestaurant.com; 147 E College Dr; Hauptgerichte 25–75 US$; ⏲17–22 Uhr; ♿) Das beste Steakhaus vor Ort serviert seine Speisen in einem zwanglos-rustikalen Ambiente. Man bestellt sein von Hand geschnittenes abgehangenes Steak oder probiert das „Ore House Grubsteak", eine Kombination aus Steak, Krabbenscheren und Hummer, die zwei Personen prob-

lemlos sättigt. Das Bio-Fleisch ist natürlich frei von Antibiotika, und Bio-Gemüse ist hier die Norm. Das Restaurant hat auch einen großen Weinkeller.

★ Bookcase & the Barber COCKTAILBAR
(☎970-764-4123; www.bookcaseandbarber.com; 601 E 2nd Ave, Suite B; ⏲14–24 Uhr) Die moderne Flüsterkneipe ist vielleicht Durangos ansprechendstes Nachtlokal: Hinter einer schweren Bücherwand versteckt sich ein Raum mit Stimmungsbeleuchtung, und die exquisiten Cocktails sind tatsächlich ihre 12 US$ wert. Man betritt den Laden durch den Friseursalon, braucht aber das Passwort (es steht irgendwo auf der Facebook-Seite). Zu empfehlen ist die würzige *paloma celosa* („eifersüchtige Taube"), eine perfekte Kombination aus Tequila, Grapefruitsaft und Ancho-Chili.

★ Ska Brewing Company BRAUEREI
(☎970-247-5792; www.skabrewing.com; 225 Girard St; Hauptgerichte 9–15 US$; ⏲Mo–Fr 9–21, Sa 11–21, So bis 19 Uhr) Die aromatischen und vielseitigen Biere sind die besten der Stadt. Die kleine, freundliche Probierstube war einst hauptsächlich eine Produktionsstätte, ist im Verlauf der Jahre aber immer beliebter geworden. Heute drängen sich hier die Leute, um nach der Arbeit ein Bier unter Freunden zu trinken.

ℹ Praktische Informationen

Durango Welcome Center (☎970-247-3500, gebührenfrei 800-525-8855; www.durango.org; 802 Main Ave; ⏲So–Do 9–19, Fr & Sa bis 21 Uhr; 📶) Die ausgezeichnete Touristeninformation befindet sich in Downtown. Es gibt ein zweites Visitor Center im Süden der Stadt an der Ausfahrt Santa Rita vom US Hwy 550.

ℹ Anreise & Unterwegs vor Ort

Durango-La Plata County Airport (DRO; ☎970-247-8143; www.flydurango.com; 1000 Airport Rd) Der Regionalflughafen liegt 18 Meilen (29 km) südwestlich von Durango und ist über den US Hwy 160 und den Hwy 172 zu erreichen. United und American Airlines bieten Direktflüge nach Denver, American fliegt außerdem nach Dallas-Fort Worth und Phoenix.

Greyhound Bus Station (☎970 259 2755; www.greyhound.com; 250 E 8th Ave) Busse in die Region und Fernbusse.

Durango Transit (☎970-259-5438; www.getarounddurango.com; 250 W 8th St; einfache Strecke 1–2 US$) Betreibt das städtische Busnetz und bedient Ziele in der näheren Umgebung.

Great Sand Dunes National Park

Der surreale Great Sand Dunes National Park, ein veritables, von zerklüfteten Gipfeln und Ebenen voller Gestrüpp umgebenes Sandmeer, wartet mit verwirrenden optischen Illusionen auf. In diesem Park, der zu den absoluten Highlights in Colorado zählt, entfaltet die Natur ihre ganze Magie.

Aktivitäten

Vor dem Aufbruch kann man im informativen **Great Sand Dunes National Park Visitor Center** (☎719-378-6399; www.nps.gov/grsa; 11999 Hwy 150; ⏲Juni–Aug. 8.30–17 Uhr, Sept.–Mai 9–16.30 Uhr; 👪) etwas über Geologie und Geschichte der Dünen erfahren und sich mit einem Ranger über die Möglichkeiten zum Wandern und Campen im freien Gelände unterhalten. Für letzteres braucht man eine kostenlose Genehmigung (*backcountry permit*), und es ist immer gut, die Ranger wissen zu lassen, wohin man gehen möchte.

Wandern ist die wichtigste Beschäftigung im Park, man kann aber auch Mountainbiken, Sandboarden und Ende Mai und Anfang Juni sogar mit Reifenschläuchen den **Medano Creek** hinuntertreiben. Der von Schmelzwasser gespeiste saisonale Bach strömt von der Sangre de Cristo Range kommend am Ostrand der Dünen entlang.

Wandern

Durch das weite Sandmeer führen keine eigentlichen Wege, es ist aber trotzdem die Hauptattraktion für Wanderer. Zwei nicht festgelegte Wanderstrecken bieten einen ausgezeichneten Panoramablick auf die Dünen. Die erste ist die Wanderung zur High Dune (die zwar so heißt, aber nicht die höchste Düne im Park ist); sie startet an einem Parkplatz gleich hinter dem Visitor Center. Bis zur Spitze der Düne und zurück wandert man rund 4 km, die aber nicht zu unterschätzen sind. Wer sich fit genug fühlt, kann noch das zweite Ziel anstreben: Gleich westlich der High Dune erhebt sich die Star Dune (229 m), die höchste Düne vor Ort.

Vom Visitor Center führt ein kurzer Weg zur Mosca Picnic Area neben dem knöcheltiefen Medano Creek, den man durchwaten muss (wenn der Bach Wasser führt), um die Dünen zu erreichen. Vom Visitor Center aus jenseits der Straße führt der Mosca Pass Trail hinauf in die Sangre de Cristo Wilderness. Im Sommer leiten NPS-Ranger naturkundliche Spaziergänge, die am Visitor Center starten, und gestalten am Abend Veranstaltungen im Amphitheater.

Schlafen & Essen

Obwohl es in der **Great Sand Dunes Oasis** (☎719-378-2222; www.greatdunes.com; 5400 Hwy 150; Stellplatz Zelt/Wohnmobil 25/38 US$, Hütten 55 US$, Zi. 100 US$; ⌚April–Okt.; P @) einige Vorräte gibt, bringt man seine Lebensmittel am besten aus Alamosa oder aus einer größeren Ortschaft außerhalb des San Luis Valley mit.

★ **Zapata Falls Campground** CAMPING $
(☎719-852-7074; www.fs.usda.gov; BLM Rd 5415; Stellplatz Zelt/Wohnmobil 11 US$; 🐾) Dieser Campingplatz liegt 7 Meilen (11,2 km) südlich vom Nationalpark und bietet dank seiner Lage in der Sangre de Cristo Range in 2743 m Höhe ein tolles Panorama auf das San Luis Valley. Es gibt 23 Stellplätze ohne Reservierung. Bitte beachten: Es gibt hier kein Trinkwasser und die 3,6 Meilen (5,8 km) lange Zufahrtsstraße ist steil und unbefestigt, weshalb man sehr langsam und vorsichtig fahren sollte.

Zapata Ranch RANCH $$$
(☎719-378-2356; www.zranch.org; 5303 Hwy 150; DZ mit Vollpension 300 US$) Die exklusive Rinder- und Bison-Ranch inmitten von Schwarzpappel-Hainen ist ideal für alle, die gern reiten. Eigentümer und Bewirtschafter des Ganzen ist die Nature Conservancy. Als Hauptgebäude dient ein restauriertes Blockhaus (erb. im 19. Jh.) mit Blick auf die fernen Sanddünen.

An- & Weiterreise

Der Great Sand Dunes National Park liegt 33 Meilen (53,1 km) nordöstlich von Alamosa.

WYOMING

Bei Wyoming denkt man an ein menschenleeres Land mit windigen Ebenen und mit Beifußsträuchern bewachsenen Hügeln unter blauem Himmel und sengender Sonne. Das ist zwar nicht falsch, aber auch nicht die ganze Geschichte.

Der bevölkerungsärmste Bundesstaat der USA hat spektakuläre Berge, eine höchst artenreiche Natur und eine einmalige Geologie. Von der unberührten Snowy Range nahe Laramie bis zur der Granitwildnis der Wind River Range hinter Lander werden die Gipfel immer eindrucksvoller, wenn man durch Wyoming hin zur wahrhaft imposanten Teton Range fährt.

Praktische Informationen

Wyoming Road Conditions (☎888-996-7623; www.wyoroad.info) Aktuelle Infos zum Straßenzustand und zu Straßensperrungen.

Wyoming State Parks & Historic Sites (☎307-777-6323; http://wyoparks.state.wy.us; Tagesnutzung 6 US$, historische Stätten 4 US$, Stellplatz 10 US$) Wyoming hat 13 State Parks und 26 historische Stätten, in denen man Bootfahren, Radfahren, Wandern, Angeln, Klettern und Campen kann. Die Stellplätze können im Internet oder telefonisch reserviert werden.

Cheyenne

Das windige Cheyenne begeistert nicht gerade mit seinem Erscheinungsbild, aber wie bei den abgehärteten Cowboys, auf die man hier trifft, verbirgt sich wohlwollender Charme unter der rauen Schale.

Sehenswertes

Frontier Days Old West Museum MUSEUM
(☎307-778-7290; www.oldwestmuseum.org; 4610 Carey Ave; Erw./Kind 10 US$/frei; ⌚9–17 Uhr; 👪) Für ein tieferes Verständnis der Pionier-Vergangenheit und Rodeo-Gegenwart von Cheyenne sollte man das ganzjährig geöffnete Museum auf dem Frontier-Days-Rodeogelände besuchen. Hier gibt's jede Menge Rodeotrophäen, von Sätteln bis zu Siegerpokalen, außerdem Cowboy-Kunst und Cowboy-Fotografie, eine feine Sammlung von Pferdekutschen und jede Menge Geschichte und Geschichten, z. B. von Steamboat, dem unbezähmbaren Wildpferd, das aber wohl nicht das Pferd ist, das auf den Nummernschildern in Wyoming abgebildet ist (was jedoch viele glauben).

Feste & Events

Cheyenne Frontier Days RODEO
(☎307-778-7222; www.cfdrodeo.com; 4610 Carey Ave; Rodeo 17–29 US$/Tag, Konzerte 20–70 US$; ⌚letzte komplette Juliwoche; 👪) In der letzten kompletten Juliwoche stehen beim größten Freiluft-Rodeo der Welt 10 Tage lang alles Landestypische, Lassowerfen, Bullenreiten, Zureiten, Singen und Tanzen auf dem Programm. Es gibt Flugschauen, Umzüge, Melodramen, Jahrmarktsattraktionen und Chili-Kochwettbewerbe, eine muntere Frontier Town, ein indianisches Dorf und morgens kostenlose Rodeo-Proben.

Schlafen & Essen

★ Nagle Warren Mansion Bed & Breakfast B&B $$
(☎307-637-3333; www.naglewarrenmansion.com; 222 E 17th St; Zi. ab 163 US$; ❄ 📶 🐾) Das komplett modernisierte historische Anwesen ist ein seltener Fund. Das 1888 erbaute Wohnhaus hat noch die originale verzierte Lederdecke, und regionale Antiquitäten aus dem späten 19. Jh. schmücken die zwölf geräumigen und eleganten Zimmer, die alle über ein eigenes Bad verfügen. Auf dem Gelände gibt's einen Whirlpool im Freien, einen Leseraum in einem Türmchen und klassische Schwinn-Fahrräder von 1954, mit denen man herumfahren kann.

Tasty Bones Barbecue & Bakery GRILL $
(☎307-514-9494; www.tastybonesbarbecue.com; 1719 Central Ave; Hauptgerichte 8–16 US$; ⏲Mo–Sa 10–21, So 11–16 Uhr) Wenn ein philippinischer Food Truck mit einem Barbecue-Smoker zusammentrifft, kann man auf Überraschungen gefasst sein. Hier kocht ein Ehepaar mit sehr unterschiedlichen Vorstellungen von guter Hausmannskost, aber beide haben Recht: Die langsam geröstete Rinderbrust passt erstaunlich gut zur Miso-Ramen-Suppe.

Ausgehen & Nachtleben

Accomplice Brewing Company KLEINBRAUEREI
(☎307-632-2337; www.accomplicebeer.com; 115 W 15th, Depot; Hauptgerichte 10–15 US$; ⏲Mo–Do 14–22, Fr–So 11–22 Uhr; 📶 🐾) In der überfüllten Probierstube in Cheyennes neuester Brauerei im historischen Depot-Gebäude kann man mit Selbstbedienung so viele Biere so lange probieren, wie man will. Die Biere sind lecker, und auch das Essen enttäuscht nicht.

Praktische Informationen

Cheyenne Visitor Center (☎307-778-3133; www.cheyenne.org; 1 Depot Sq; ⏲Mo–Fr 9–17, Sa bis 15, So 11–15 Uhr; 📶)

Anreise & Unterwegs vor Ort

Für eine Hauptstadt ist Cheyenne schwer zu erreichen. Der Expressbus von Black Hills Stage Lines/Express Arrow ist eine Direktverbindung nach Denver (18–33 US$, 2 Std.) und hält am **Busbahnhof** (☎307-635-1327; www.greyhound.com; 5401 Walker Rd, Rodeway Inn) am nördlichen Ende der Stadt, wo auch die Greyhound-Busse halten. Vom verschlafenen

KURZINFOS WYOMING

Spitzname Equality State

Bevölkerung 586 107 Ew.

Fläche 253 596 km^2

Hauptstadt Cheyenne (59 466 Ew.)

Weitere Städte Laramie (30 816 Ew.), Cody (9689 Ew.), Jackson (9838 Ew.)

Verkaufssteuer 4 %

Geburtsort von Künstler Jackson Pollock (1912–1956)

Heimat des Frauenwahlrechts, Kohlebergbaus, von Geysiren, Wölfen

Politische Ausrichtung Erzkonservativ (außer Teton County)

Berühmt für Rodeo, Ranches, den früheren Vizepräsidenten Dick Cheney

Höchster Berg Gannett Peak 4209 m

Entfernungen Cheyenne–Jackson 432 Meilen (695 km)

Cheyenne Airport (CYS; ☎307-634-7071; www.cheyenneairport.com; 200 E 8th Ave) fliegt jeden Donnerstag eine Maschine nach Denver.

In der Stadt betreibt **Cheyenne Transit Program** (☎307-637-6253; 322 W Lincolnway; einfache Strecke 1,50 US$; ⏲Mo–Fr 6–18, Sa 10–17 Uhr) den öffentlichen Nahverkehr; mit dem **Cheyenne Street Railway Trolley** (☎307-778-3133; www.cheyennetrolley.com; 121 W 15th St, Depot; Erw./Kind 12/6 US$; ⏲Mai–Sept. 10, 11.30, 13, 14.30 & 16 Uhr) kann man die interessantesten Teile der Downtown abklappern.

Laramie

Diese Präriestadt liegt zwar nicht direkt in den Bergen, verspricht aber trotzdem einen freien Blick, vor allem weil Wyomings einzige Universität, die University of Wyoming, für einen ständigen Zustrom hipper und munterer Studierender sorgt, die in dem ansonsten verschlafenen Städtchen für Leben sorgen.

Die kleine historische Downtown, in der sich im Rastermaß errichtete Backsteingebäude an die Schienenstränge drängen, rechtfertigt einen einstündigen Schaufensterbummel, und ein paar Museen auf dem hübsch grünen Universitätscampus gewähren einen informativen Auslauf. Der eigentliche Grund für einen Besuch der Stadt ist aber das Wyoming Territorial Prison, ein gut erhaltenes Stück Grenzland-Vergangenheit.

Sehenswertes

★ Wyoming Territorial Prison MUSEUM
(☎307-745-3733; www.wyomingterritorialprison.com; 975 Snowy Range Rd; Erw./Kind 5/2,50 US$; ⏲Mai–Sept. 8–19 Uhr, April & Okt. 8–17 Uhr; 👪) Dieses Gefängnis war das einzige in dem Butch Cassidy – von 1894 bis 1896 wegen schweren Diebstahls – jemals einsaß; als er freikam, war er ein gut vernetzter Krimineller, der schnell zu einem der berühmtesten Räuber in der Geschichte wurde. In einem hinteren Raum wird seine spannende Lebensgeschichte ausgebreitet, während einem die Fotografien von anderen Desperados und Outlaws bei einem Rundgang durch den Hauptzellentrakt über die Schulter schauen. Draußen kann man die Fabrik besichtigen, in der die Gefangenen im Rahmen einer kurzlebigen Maßnahme zur Erzielung von Einkünften 700 Besen pro Tag produzierten.

Geological Museum MUSEUM
(☎307-766-2646; www.uwyo.edu/geomuseum; S. H. Knight Geology Building, University of Wyoming; ⏲Mo–Sa 10–16 Uhr) GRATIS Die Morrison-Formation, eine Abfolge von Sedimentgestein aus der Jurazeit, erstreckt sich von New Mexico bis Montana und hat ihr Zentrum in Wyoming. Die Schicht ist eine ergiebige Quelle von Dinosaurierfossilien, von denen eine eindrucksvolle Auswahl in dem winzigen Universitätsmuseum ausgestellt ist, darunter ein 22,9 m großer *Apatosaurus excelsus* (früher Brontosaurus genannt)und ein *Diatryma gigantea* (ein 2,13 m hoher, vielleicht fleischfressender Vogel, der in Wyoming entdeckt wurde). Im neuen „Prep Lab" kann man zusehen, wie die Forscher brüchige Fossilien aus solidem Fels befreien – faszinierend!

Schlafen

Die üblichen Kettenmotels finden sich an der Grand Ave östlich und an der I-80 westlich von Laramie. Leider sind die meisten unabhängigen Motels nahe der historischen Downtown nicht empfehlenswert.

Gas Lite Motel MOTEL $
(☎307-742-6616; 960 N 3rd St; EZ/DZ 49/59 US$; ❄📶🐾) Das Gas Lite Motel fällt auf – allerdings hauptsächlich durch das Plastikpferd und den Hahn auf dem Dach sowie die verwitterten Sperrholz-Cowboys, die am Geländer lümmeln, und nicht durch die Modernität seiner Einrichtungen. Die Zimmer sind zwar betagt, aber sauber, die Betreiber recht freundlich, und der geforderte Preis (der variiert) geht in Ordnung.

Mad Carpenter Inn B&B $$
(☎307-742-0870; www.madcarpenterinn.net; 353 N 8th St; Zi. 95–125 US$; 📶) Mit landschaftlich gestalteten Gartenanlagen, warmem Frühstück und komfortablen, holzgetäfelten Zimmern verbindet das Mad Carpenter Inn Wärme mit Klasse. Im Spielzimmer gibt's Billard und Tischtennis, und das freistehende „Doll House" mit Einbauküche und Whirlpool ist ein echtes Schnäppchen für ein Paar, das ein ruhiges Refugium sucht.

Essen & Ausgehen

Da Laramie eine Universität besitzt, ist das gastronomische Angebot reichhaltig. Viele Braukneipen, Sportbars und Treffs beleben Laramies historische Downtown, und viele von ihnen bieten Livemusik örtlicher Talente.

★ Sweet Melissa's VEGETARISCH $
(☎307-742-9607; www.facebook.com/sweetmelissacafe; 213 S 1st St; Hauptgerichte 9–14 US$; ⏲Mo–Do 11–21, Fr & Sa bis 22 Uhr; 📶🖉) Im Sweet Melissa's gibt's leckeres vegetarisches und glutenfreies Essen, zweifellos kilometerweit die gesündeste Kost: z. B. Champignon-Fajitas oder Käsemakkaroni mit Lauch und Gorgonzola. Die Blumenkohl-Wings sind klasse, ebenso der Service.

Coal Creek Coffee Co CAFÉ
(☎307-745-7737; www.coalcreekcoffee.com; 110 E Grand Ave; Hauptgerichte 5–11 US$; ⏲6–23 Uhr; 📶) Das Coal Creek Coffee hat erstklassigen Kaffee und ist, wie man sich ein Café wünscht: modern und stilvoll, sogar hipp, aber nicht auf unangenehme Art. Wenn die Fair-Trade-Bohnen und der kundig zubereitete Latte zu sehr nach Vormittag schmecken, geht's einfach hinüber ins **Coal Creek Tap** im Westflügel, wo einen mehr als ein Dutzend Fassbiere erwarten.

An- & Weiterreise

Tägliche **Flüge** (☎307-742-4164; www.laramieairport.com; 555 General Brees Rd; ⏲Mo–Fr 5–19.30, Sa & So bis 17 Uhr) verbinden Laramie mit Denver (87 US$, 40 Min.); die **Greyhound-Busse** (☎307-745-7394; www.greyhound.com; 1952 N Banner Rd) sind eine gute Option, um Ziele in der Region anzusteuern. Sie halten an einer Tankstelle, die alle als „Diamond Shamrock" kennen.

Lander

Der Ort in den Ausläufern der Wind River Range war schon immer eine Grenzstadt.

Lander wurde als Fort an einer Abzweigung des Oregon Trail gegründet und war später der Endpunkt einer Bahnlinie und eine Siedlung, in der sich Gesetzlose und Pferdediebe herumtrieben. Das Städtchen ist auch das Sprungbrett zur Wind River Indian Reservation, wo am Fuß des höchsten Gipfels im Bundesstaat der indigene Eastern Shoshone Tribe und die hierher vertriebenen Northern Arapaho ein ca. 9000 km² großes Gebiet gemeinsam bewohnen.

Die Spielwiese in der freien Natur landete auf dem Radar von Outdoor-Experten, als Paul Petzoldt hier 1965 die renommierte National Outdoor Leadership School eröffnete. Die faszinierenden Kletterpartien im Sinks Canyon und der nahegelegenen Wild Iris locken Scharen von Kletterern herbei, und das wachsende Netz an Mountainbike-Trails macht die Gegend auch für Radsportler attraktiv.

Weil der Ort aber so abgelegen ist, halten sich nur wenige länger auf, sodass sich Lander die friedliche und lässige Mischung aus altem und neuem Westen bewahrt.

Sehenswertes & Aktivitäten

Sinks Canyon State Park PARK

(307-332-3077; www.sinkscanyonstatepark.org; 3079 Sinks Canyon Rd; Stellplatz Zelt & Wohnmobil 11 US$; Visitor Center Juni–Sept. 9–18 Uhr) Im Mittelpunkt des schönen Sinks Canyon State Park 6 Meilen (9,7 km) südwestlich von Lander am Hwy 131 steht ein seltsames Naturschauspiel: Die mittlere Gabelung des Popo Agie River verschwindet plötzlich gurgelnd in einer kleinen Höhle im porösen Madison-Kalkstein. Das Wasser tritt 400 m weiter (wärmer und mit größerer Schüttung) wieder an die Oberfläche, braucht für die unterirdische Reise aber, wie Wissenschaftler ermittelt haben, annähernd zwei Stunden.

Fremont County Pioneer Museum MUSEUM

(307-332-3339; www.fremontcountymuseums.com/the-lander-museum; 1445 W Main St; Mo–Sa 9–16 Uhr, Sommer bis 17 Uhr) GRATIS Wyomings erstes Geschichtsmuseum wird ständig aktualisiert und aufgefrischt, um die lebendige Geschichte von Lander, dem Fremont County und dem gesamten Bundesstaat stets frisch zu präsentieren. Ehe man die Hütten und historischen Gebäude hinter dem Museum erkundet, sollte man sich drinnen die Stiche über das Grenzerleben anschauen, die Frederic Remington für *Harper's Weekly* schuf.

Gannett Peak Sports MOUNTAINBIKEN

(351b Main St; Mo–Fr 10–18, Sa 9–17, So 10–14 Uhr) Wer die schmalen Singletrails außerhalb der Stadt ausprobieren möchte, sollte sich an Gannett Peak Sports wenden; hier gibt's Beratung und Verleih von Ausrüstung.

Schlafen

In einer so schönen Landschaft will man campen, und glücklicherweise gibt's eine Reihe von Optionen im **Sinks Canyon** (Stellplatz 11–15 US$; Mai–Sept.).

★ **Outlaw Cabins** B&B $$

(307-332-9655; www.outlawcabins.com; 2411 Squaw Creek Rd; Hütten 125 US$) Auf der bewirtschafteten Ranch stehen zwei wirklich schöne Hütten. Die „Lawman" wurde von einem County-Sheriff vor 120 Jahren gebaut, ist aber gepflegt und für moderne Bedürfnisse renoviert. Uns gefällt aber besonders „Outlaw", weil sich diese Hütte durch Wildwest-Flair auszeichnet. Beide Hütten sind schön eingerichtet und haben ruhige Veranden, auf denen man abhängen kann.

Essen & Ausgehen

Wenn man nicht bei einem Bier Geschichten am Lagerfeuer austauscht, wird man wohl in der Lander Bar rumhängen, denn überall sonst ist recht früh Zapfenstreich.

The Middle Fork FRÜHSTÜCK $

(307-335-5035; www.themiddleforklander.com; 351 Main St; Hauptgerichte 6–10 US$; Mo–Sa 7–14, Mi–Sa 17–21, So 9–14 Uhr;) In dem großen, spartanisch eingerichteten Raum kann man sich ganz auf das ausgezeichnete Essen konzentrieren. Zu den hausgemachten Backwaren gibt's Eggs Benedict und hausgemachte Corned-Beef-Haschees, die man mit Mimosas herunterspülen kann.

★ **Cowfish** GRILL $$

(307-332-8227; www.cowfishlander.com; 148 Main St; Brunch 10–16 US$, Abendessen 17–35 US$; 8–14, 17–22 Uhr;) Landers gehobenes Restaurant bietet sich für ein romantisches Dinner im Kerzenschein mit Rosenkohl-Carbonara oder einem mit Kaffee eingeriebenen Rib-Eye-Steak an. In der angeschlossenen Braustube gibt's das gleiche Essen in zwangloserer Atmosphäre zwischen den Maischkesseln, aus denen immer wechselnde Bierkreationen kommen – viele sind ausgezeichnet, man sollte aber ruhig ein paar probieren, ehe man sich für eine entscheidet.

Lander Bar BAR
(☎307-332-8228; www.landerbar.com; 126 Main St; ⌚Mo–Sa 11–2, So 12–22 Uhr; 📶) Die große, holzgezimmerte Kneipe erinnert an eine Scheune und ist der Ort, an dem sich Einheimische und Abenteuer-Urlauber über das Tagesgeschehen austauschen und bis in die Nacht zechen. Oft gibt's auch Livemusik.

Etwas zu essen bekommt man im angeschlossenen **Gannett Grill** (☎307-332-8227; 128 Main St; Hauptgerichte 8–11 US$; ⌚11–21 Uhr).

Praktische Informationen

Lander Visitor Center (☎307-332-3892; www.landerchamber.org; 160 N 1st St; ⌚Mo–Fr 9–17 Uhr)

An- & Weiterreise

Wind River Transportation Authority (☎307-856-7118; www.wrtabuslines.com; Shopko; einfache Strecke 1 US$) bietet werktags einen Busverkehr nach Fahrplan zwischen Riverton und Lander sowie einen Shuttledienst (mit Reservierung) nach Casper oder Jackson (Preis abhängig von der Zahl der Mitfahrer). Um zu den Startpunkten der Wege und zu den Klettergärten zu kommen, braucht man ein Auto.

Jackson

Jackson liegt in einem grünen Tal zwischen einigen der wildesten und zerklüftetsten Bergen in Amerika und sieht – mit vorgeblendeten Fassaden, holzgezimmerten Laubengängen und Saloons in jedem Block – ähnlich aus wie andere Städtchen in Wyoming. Der Ort ist aber durchaus anders.

Hier trifft man auf weit mehr eingefleischte Kletterer, Mountainbiker und Skifahrer (so leicht zu erkennen wie sonnengebräunte Baristas) als Cowboys, und neben Promis verirren sich nicht selten auch Elche in die Stadt.

Dass Jackson schick und populär ist, hat natürlich auch seine Schattenseiten (der durchschnittliche Preis für ein Haus liegt hier bei 1,2 Mio. US$), dafür gibt's aber ein munteres urbanes Flair, eine erfrischende kulinarische Vielfalt und jede Menge Aktivitäten in und außerhalb der Stadt.

Sehenswertes & Aktivitäten

★ National Museum of Wildlife Art MUSEUM
(☎307-733-5771; www.wildlifeart.org; 2820 Rungius Rd; Erw./Kind 14/6 US$; ⌚Mai–Okt. 9–17 Uhr, Nov.–April So ab 11 Uhr & Mo geschl.; 👪) Die hier ausgestellten Hauptwerke von Bierstadt, Rungius, Remington und Russell hauchen den dargestellten Tieren auf eindrucksvolle Weise Leben ein – fast so faszinierend, wie die Tiere in freier Wildbahn zu beobachten. Die im Freien aufgestellten Skulpturen und das seltsame von einer schottischen Burgruine inspirierte Gebäude lohnen einen Halt, selbst wenn das Museum geschlossen ist.

National Elk Refuge NATURSCHUTZGEBIET
(☎307-733-9212; www.fws.gov/refuge/national_elk_refuge; Hwy 89; Schlittenfahrt Erw./Kind 21/15 US$; ⌚Dez.–April 10–16 Uhr) GRATIS Dieses Refugium schützt Jacksons Herden von mehreren Tausenden Wapitihirschen, denen hier im Winter zwischen November und Mai ein sicherer Lebensraum geboten wird. Im Sommer kann man sich beim Visitor Center von Jackson nach den besten Plätzen zur Beobachtung der Wapitis erkundigen. Die einstündigen Pferdeschlittenfahrten sind das Highlight im Winter; Karten sind beim Visitor Center erhältlich.

★ Jackson Hole Mountain Resort WINTERSPORT
(☎307-733-2292; www.jacksonhole.com; Erw./Kind Skipass 140/88 US$, Gondelbahn (Sommer) 34/21 US$; ⌚Nov.–April & Juni–Sept.) Dieser Berg ist monumental: Ob man sich auf Skiern, mit Snowboard, Wanderstiefeln oder einem Mountainbike an ihn wagt, der Jackson Hole Mountain macht einen demütig. Mit einem Höhenunterschied von mehr als 1200 m, einigen der schwierigen Pisten weltweit und durchschnittlich 1000 cm Schnee steht das 1012 ha große Skigebiet ganz oben auf der Wunschliste der Wintersportler.

Auch die Sommermonate sind von Aktivitäten geprägt: Es gibt einen Bike-Park, einen Discgolf-Parcours, eine Kletterwand und eine neue Klettersteig-Route im Hochgebirge (ab 109 US$, 2 Std.), auf der einem Seile und Leitern beim Bergsteigen helfen. Besonders beliebt ist die Gondelbahn (34 US$, 12 Min.), die Hochgebirgswanderer und Schaulustige zu einem Netz von Wegen auf der Spitze des Rendezvous Mountain (3344 m) bringt. Geübte Bergwanderer nehmen den 11,3 km langen Weg zum Gipfel auf dem man einen Höhenunterschied von 1262 m überwindet und fahren dann kostenlos mit der Gondelbahn wieder ins Tal.

Jackson Hole Paragliding PARAGLIDING
(☎Jackson Hole 307-739-2626, Snow King 605-381-9358; www.jhparagliding.com; Tandemflug

345 US$; ⌚ Mai–Okt.) Schöner als ein Aufenthalt in der Teton Range ist nur ein Flug über die Bergkette. Die Tandemflüge mit erfahrenen Piloten starten morgens vom Jackson Hole Mountain Resort und nachmittags von Snow King (402 E Snow King Ave).

Man braucht keine Erfahrung im Gleitschirmfliegen, es gibt aber Alters- und Gewichtsgrenzen.

Snake River Rafting RAFTEN
(halber Tag Erw./Kind ab 70/50 US$) Überall in Jackson trifft man auf Rafting-Veranstalter, die einen zu einer Tour den Snake River hinab überreden wollen. Die meisten bieten eine entspannte, 21 km lange Floßtour von der Ortschaft Wilson zur Hoback Junction, die durch Feuchtgebiete führt, in denen es von Leben wimmelt. Alternativ führt eine anspruchsvollere Tour durch den Snake River Canyon mit wilden Stromschnellen der Klasse III.

Nur ein paar Veranstalter bieten Touren auf Strecken, die vollständig im Grand Teton National Park liegen, darunter Barker-Ewing und Teton Whitewater.

In der Regel sind bei den Trips der Transport und ein Mittagessen im Preis enthalten.

Granite Creek Hot Springs THERMALQUELLEN
(☎ 307-690-6323; www.fs.usda.gov/recarea/btnf/recarea/?recid=71639; Granite Creek Road, Hwy 191; Erw./Kind 8/5 US$; ⌚ Sommer 10–18 Uhr, Winter 10–17 Uhr) Um die natürlichen Thermalquellen mit tollem Ausblick auf die umliegenden Gipfel zu erreichen, fährt man von Jackson 25 Meilen (40 km) auf dem Hwy 191 nach Südosten und biegt dann ostwärts auf die Schotterpiste der Granite Creek Road ab. Nach weiteren 10 Meilen (16 km) durch eine von Almwiesen und bewaldete Hügel geprägte Landschaft hat man sein Ziel erreicht.

Feste & Events

Grand Teton Music Festival MUSIK
(GTMF; ☎ 307-733-1128; www.gtmf.org; Walk Festival Hall, Teton Village; ⌚ Juli–Aug.) Das Festival ist eine fast ununterbrochene Feier der klassischen Musik in einer fantastischen Sommer-Kulisse. Das Festival Orchestra mit weltbekannten Solisten und Dirigenten spielt jeden Freitag um 20 und jeden Samstag um 18 Uhr. An den meisten Mittwochen stehen bemerkenswerte Talente beim Programm GTMF Presents im Mittelpunkt. Die zwangloseste Art, hier Musik zu erleben, sind die kostenlosen Familienkonzerte.

Schlafen

Jackson besitzt zwar viele Unterkünfte sowohl im Ort selbst als auch im Jackson Hole Mountain Resort (S. 116), für die Hauptsaison im Sommer und im Winter ist aber Reservieren unerlässlich. Die Preise, die sich an Feiertagen und Wochenenden durchaus verdoppeln können, fallen in der Nebensaison im Frühjahr und Herbst beträchtlich. Es gibt einige wenige Campingplätze im nahegelegenen Wald, von denen die meisten aber eine lange Anfahrt, oft auf schlechten Straßen, erfordern.

The Hostel HOSTEL **$**
(☎ 307-733-3415; www.thehostel.us; 3315 Village Dr, Teton Village; B 34–45 US$, Zi. 79–139 US$; @ 📶 🐾) Die bei Skifahrern sehr beliebte Unterkunft besteht schon so lange, dass sie keinen besonderen Namen braucht: alle kennen das „Hostel". Die günstigen Privatzimmer und engen Schlafsäle mit Stockbetten für vier Personen liegen mitten im Geschehen (man hält sich im Haus also nur zum Schlafen auf). Die geräumige Lounge mit Kamin, Tischtennis- und Tischfußballtisch sowie Skiwachs-Station ist ideal, um andere Leute kennenzulernen.

Antler Inn HOTEL **$$**
(☎ 307-733-2535; www.townsquareinns.com/antler-inn; 43 W Pearl Ave; Zi. 100–260 US$, Suite 220–325 US$; ❄ 📶 🐾) Mitten im Getümmel von Jackson bietet dieser ausgedehnte Komplex saubere und komfortable Zimmer, die teilweise mit Kamin und Badewanne ausgestattet sind. In den preiswerteren „Cedar Log Rooms" fühlt man sich wie in einer behaglichen Blockhütte – was kein Wunder ist, da es sich tatsächlich um echte Blockhütten handelt, die anderswo in Wyoming abgebaut und hinten an das Hotel angebaut wurden.

★ **Wort Hotel** HISTORISCHES HOTEL **$$$**
(☎ 307-733-2190; www.worthotel.com; 50 N Glenwood St; Zi. ab 450 US$; ❄ @ 📶) In dem luxuriösen historischen Hotel, das mit den Jahren nur besser geworden ist, herrscht ein für Wyoming typisches Flair. Knorrige Kiefernmöbel und handgearbeitete Tagesdecken bestimmen die Zimmer mit großem Bad und Whirlpool. Der beste Portier-Service der Stadt hilft, den Reiseplan mit Outdoor-Abenteuern auszufüllen. Selbst wer sich das Wohnen hier nicht leisten kann oder will, sollte in der alten **Silver Dollar Bar** im Erdgeschoss vorbeischauen.

Essen

Jackson besitzt die raffinierteste und vielfältigste Gastronomie in Wyoming. In vielen Restaurants mit Bar gibt's während der Happy Hour auch günstiges Essen.

Persephone BÄCKEREI $
(☎307-200-6708; www.persephonebakery.com; 145 E Broadway; Hauptgerichte 8–15 US$; ⌚Mo–Sa 7–18, So bis 17 Uhr; 📶) Mit rustikalen Broten, mächtigen Gebäckstücken und hervorragendem Frühstück lohnt die winzige, weiß getünchte Bäckerei das Warten in der Schlange. Im Sommer gibt's dank der geräumigen Terrasse mehr Platz um beim Kaffee zu verweilen (bei 0,75 US$ fürs Nachschenken geht man wohl aber schnell zu einer Bloody Mary über).

Lotus FUSION $$
(☎307-734-0882; www.theorganiclotus.com; 140 N Cache St; Hauptgerichte 15–26 US$; ⌚8–22 Uhr; 📶🖉) 🍃 In einer Region, in der Steaks und Kartoffeln allgegenwärtig sind, bringt das Lotus mit Dingen wie Kochbananen-Tart, veganen Burgern und großen Schüsseln mit Getreide und Gemüse Abwechslung ins Einerlei. Es gibt auch viel Fleisch – schließlich ist das Wyoming –, aber nur in Bio-Qualität.

Gun Barrel STEAKS $$
(☎307-733-3287; http://jackson.gunbarrel.com; 852 W Broadway; Hauptgerichte 19–36 US$; ⌚17.30 Uhr–open end) In Jacksons bestem Steakhaus, in dem die Bison-Hochrippe und das Wapiti-Kotelett mit dem gegrillten Ribeye-Steak mit Knochen um den Titel des „besten Stücks" wetteifert, bilden sich Schlangen bis vor die Tür. Man kann sich den Spaß machen, das Fleisch der Tierart zu wählen, die einen gerade anstiert: Das Haus war früher das Natur- und Taxidermie-Museum, und viele der einstigen „Mieter" sind immer noch da.

Mangy Moose Saloon KNEIPENKOST $$
(☎307-733-4913; www.mangymoose.com; 3295 Village Drive, Teton Village; Hauptgerichte mittags 9–13 US$, abends 15–32 US$; ⌚Küche 7–22 Uhr, Saloon 11–2 Uhr; 📶) Seit mehr als einem halben Jahrhundert ist das Mangy Moose das laute Epizentrum für Après-Ski, bekannte Bands, Essen am Hang und allgemein Bergurlaubsunfug im Jackson Hole Mountain Resort (S. 116). Der riesige **Pub** serviert Chili, Bison-Burger und Steaks von örtlichen Farmen und hat auch eine ordentliche Salatbar; frühstücken kann man im **Rocky Moutain Oyster Cafe**.

Thai Me Up THAILÄNDISCH $$
(☎307-733-0005; www.thaijh.com; 75 E Pearl Ave; Hauptgerichte 15–20 US$; ⌚ab 17 Uhr; 📶) Als erstes: das Bier. Da ist zunächst Melvin, das IPA, über das alle reden. Melvin hat 19 Freunde, und auch die sind wirklich gut. Und wirklich gut sind auch die thailändischen Gerichte und die Burger. Die Kungfu-Filme passen gut zum Hip-Hop. Die Bar ist etwas beengt, aber das ist vielleicht gerade richtig. Davor steht ein Tuk-tuk. Am besten kommt man selber und schaut sich den Laden an.

Ausgehen & Nachtleben

Von Brauereien und Bars bis zu Konzerten und Theatervorstellung gibt's in Jackson keinen Mangel an Möglichkeiten, einen unterhaltsamen Abend zu erleben, besonders während der Hauptsaison im Sommer und im Winter. Infos zu den aktuellen Events findet man im Jackson Hole News & Guide (www.jhnewsandguide.com/calendar); man kann sich aber auch einfach in Downtown umschauen und selber herausfinden, wo gerade die beste Stimmung herrscht.

★ **Snake River Brewing Co** KLEINBRAUEREI
(☎307-739-2337; www.snakeriverbrewing.com; 265 S Millward St; Pint 4–5 US$, Hauptgerichte 10–22 US$; ⌚Küche 11–23 Uhr, Ausschank open end; 📶) Angesichts des Aufgebots vor Ort gebrauter Kleinbrauereibiere (von denen manche Preise gewonnen haben) ist es kein Wunder, dass dieses Lokal – ein modern-industrielles Lagerhaus mit zwei Etagen und vielen, aber nicht zu vielen TVs, in denen Sport-Events laufen – bei den jungen, aktiven Outdoor-Abenteurern besonders beliebt ist. Auf der Speisekarte stehen Holzofenpizzas, Bison-Burger und Pasta.

The Rose COCKTAILBAR
(☎307-733-1500; www.therosejh.com; 50 W Broadway; Cocktails 9–14 US$; ⌚Mi–Sa 17.30–2, So–Di 20–2 Uhr) In der schicken kleinen Lounge über dem Pink Garter Theater lässt man sich in eine mit rotem Leder gepolsterte Sitznische sinken und genießt die besten Cocktails in Jackson. Ermutigt von dem Erfolg der kreativen Mixturen, wagen sich die Betreiber nun auch an mehrgängige kulinarische Abenteuer (Do–Sa 18–22 Uhr).

Praktische Informationen

Jackson Hole Guest Services (☎307-739-2753, 888-333-7766; Clock Tower Bldg) Infos zu Aktivitäten und geführten Touren. Das Büro befindet sich nahe dem Tramticketbüro in Teton Village.

Jackson Ranger District (☎307-739-5450; www.fs.fed.us/btnf; 25 Rosencranz Ln; ⏲Mo–Fr 8–16.30 Uhr) Direkt neben der Verwaltung des USFS Bridger-Teton National Forest.

Anreise & Unterwegs vor Ort

Alltrans (Mountain States Express; ☎307-733-3135; www.jacksonholealltrans.com) betreibt im Winter einen Shuttle nach Salt Lake (75 US$, 5¼ Std.) und zum Skigebiet Grand Targhee (Erw./Kind 114/85 US$ inkl. Skiliftpass); **Jackson Hole Shuttle** (☎307-200-1400; www.jhshuttle.com; ⏲24 Std.) bietet einen fahrplanmäßigen Service vom geschäftigen Flughafen zu den Hotels in Jackson und Teton Village.

Die Busse von **START** (Southern Teton Area Rapid Transit; ☎307-733-4521; www.startbus.com) verkehren kostenlos im Ort und fahren auch nach Driggs, Idaho (3 US$). Ein Radweg verbindet Jackson mit dem Jenny Lake im Grand Teton National Park.

Cody

Man hat einige Optionen, um in den Yellowstone National Park zu gelangen, und der Weg über Cody sollte ganz oben auf der Liste stehen. Und zwar nicht nur wegen der hinreißenden Fahrt längs der nördlichen Gabelung des Shoshone River – die Theodore Roosevelt einst die „50 schönsten Meilen Amerikas" nannte, sondern auch wegen der Stadt.

Cody pflegt sein Wildwest-Image, ein Erbe, das bis zu seinem Gründer William Frederick Cody, genannt Buffalo Bill, zurückreicht. Der arbeitete als Kundschafter für die Armee, war ein berüchtigter Büffeljäger und schließlich ein Showman, der jahrelang mit seinen Wildwest-Shows um die Welt zog. Und so dreht sich die Stadt um allnächtliche Rodeos, laute Saloons und ein erstklassiges Museum, das von Buffalo Bills Nachlass ausgeht und alleine schon ein lohnendes Ziel darstellt.

Sehenswertes

★ Buffalo Bill Center of the West MUSEUM
(☎307-587-4771; www.centerofthewest.org; 720 Sheridan Ave; Erw./Kind 19/12 US$; ⏲März–Nov. tgl., Dez.–Feb. Do–So variierende Öffnungszeiten; 👪) Wyomings eindrucksvollste menschengemachte Attraktion sollte man nicht auslassen. Der weitläufige Komplex vereint fünf Museen, die alles zeigen, was mit dem Wilden Westen zu tun hat: Material und Artefakte zu Buffalo Bills weltberühmten Wildwest-Shows, eindrucksvolle Kunstwerke zum Leben in der Grenzregion, die faszinierenden Exponate des **Plains Indian Museum** und eine interessante Sammlung von 7000 Feuerwaffen. Das **Draper Museum of Natural History** erkundet das Ökosystem der Yellowstone-Region sehr gründlich, aber auch fesselnd. Sehenswert sind Teddy Roosevelts Sattel und eines der letzten Büffel-Tipis der Welt.

Schlafen

Eine ungewöhnlich große Menge unabhängiger Hotels liegen in Cody am Hwy 14. Sie unterscheiden sich sehr im Hinblick auf Sauberkeit und Einrichtungen, wenn auch nicht unbedingt im Preis. Eine eindrucksvolle Fassade ist hier keine Garantie für ein komfortables Zimmer. An den Hwys 14, 16 und 20 zwischen Cody und Yellowstone finden sich viele Campingplätze.

Irma Hotel HISTORISCHES HOTEL $$
(☎307-587-4221; www.irmahotel.com; 1192 Sheridan Ave; Zi. $147-169, Suite $197; ❄📶) Das 1902 von Buffalo Bill als Eckpfeiler seiner geplanten Stadt errichtete knarrende Hotel hat altmodischen Charme mit ein paar modernen Details. Die originalen historischen Suiten haben hohe Decken und sind nach früheren Gästen (Annie Oakley, Calamity Jane) benannt, die etwas moderneren Zimmer im Anbau sind sehr ähnlich, kosten aber 20 US$ weniger (haben aber immer noch Toiletten mit klassischer Spülkette).

Big Bear Motel MOTEL $$
(☎307-587-3117; www.codywyomingbigbear.com; 139 W Yellowstone Ave; Zi. $159-209; ❄📶🏊🐾) Das freundliche Motel liegt am Stadtrand nahe (aber nicht zu nahe) des Cody Nite Rodeo und bietet saubere Zimmer, eine Waschküche, einen Swimmingpool und „Ponyritte" nach Wyoming-Art. In der Hauptsaison geraten die Preise außer Kontrolle, in der Nebensaison sind sie aber durchaus vernünftig.

Essen

Steaks, Steaks und noch mehr Steaks (sowie wechselnde, unvergessliche mexikanische Restaurants) bestimmen das Abendessen. Einige wenige kreative Alternativen stellen sich diesem Trend in den Weg, aber in dieser Wildwest-Kulisse Salat zu essen, mutet fast wie ein Sakrileg an.

★The Local MODERN-AMERIKANISCH $$
(☎307-586-4262; www.thelocalcody.com; 1134 13th St; Hauptgerichte mittags 10–13 US$, abends 13–38 US$; ⊙Espresso ab 8.30 Uhr, Mittagessen 12–14 Uhr, Abendessen Di–Sa 17–21 Uhr;) Wenn Codys Cowboy-Küche anfängt, einem die Arterien zu verstopfen, bieten die frischen Gerichte mit regionalen Bio-Zutaten, die hier serviert werden, Abhilfe. Mittags gibt's z. B. Wraps mit Tempeh und Avocado und abends gegrillte Muscheln und Safranreis.

Cassie's Western Saloon STEAKS $$
(☎307-527-5500; www.cassies.com; 214 Yellowstone Ave; Steaks 20–45 US$; ⊙Küche 11–22, Bar bis 2 Uhr) In dem klassischen Rasthaus, früher ein Haus von schlechtem Ruf, gibt's fetzige, swingende Country-and-Western-Musik und gelegentlich eine Kneipenschlägerei. Futtern kann man im angeschlossenen Supper Club, wo man zarte Steaks in einem Gewicht von 0,23 bis 2,4 kg bekommt, sich aber auch für die dreifache Versuchung entscheiden kann: den 1 kg schweren Burger mit fünf Sorten Käse und Schinken (dazu am besten noch ein Spiegelei für 1 US$).

Unterhaltung

Cody Nite Rodeo SPORT
(www.codystampederodeo.com; 519 W Yellowstone Ave; Erw./Kind 20/10 US$; ⊙Juni–Aug. 20 Uhr) Hier kann man ein typisches kleinstädtisches Rodeo erleben. Die Tradition, an den Sommerabenden in Cody Rodeos zu veranstalten, ist schon 80 Jahre alt – Tierschützer sind davon wenig begeistert, weil sie meinen, dass verschiedene Nummern bei diesen Veranstaltungen den Tieren schaden. Für sensible Gemüter sind einige Darbietungen auf jeden Fall grenzwertig.

An- & Weiterreise

Codys kleiner **Flughafen** (COD; ☎307-587-5096; www.flyyra.com; 2101 Roger Sedam Drive) verbindet den ansonsten abgelegenen Ort mit Salt Lake City und Denver. Buffalo Bill Cody sei Dank für die nach ihm benannte Panoramastraße, die den Ort mit Yellowstone verbindet – eine spektakuläre Zufahrt zum Park.

Yellowstone National Park

Der von Elchen, Wapitis, Bisons, Grizzlys und Wölfen wimmelnde älteste **Nationalpark** (☎307-344-7381; www.nps.gov/yell; Grand Loop Rd, Mammoth, Yellowstone National Park; 30 US$; ⊙Nordeingang ganzjährig, Südeingang Mai–Okt.) der USA lädt mit einigen der unberührtesten Landschaften Amerikas zur Erkundung ein.

Im Yellowstone National Park befinden sich mehr als 60 % aller Geysire der Welt und unzählige heiße Quellen und blubbernde Schlammtöpfe. Diese erstaunlichen Phänomene locken jedes Jahr mehr als 4 Mio. Besucher an, aber wirklich erstaunlich sind die umliegenden Canyons, Berge und Wälder.

Sehenswertes

Yellowstone ist in fünf unterschiedliche Regionen aufgeteilt – und jede hat einzigartige Attraktionen zu bieten. Wenn man den Nationalpark betritt, erhält man eine einfache Karte und die Zeitung des Parks. Hier findet man Infos über die ausgezeichneten von Rangern gehaltenen Vorträge und geführten Wanderungen (die sich wirklich lohnen).

Geyser Country

Geothermale Eigentümlichkeiten durchziehen den Nationalpark (schließlich ist man in der Caldera eines Supervulkans), aber nur an wenigen Stellen herrschen Bedingungen für das Auftreten von Geysiren. Das Gebiet zwischen Norris und Old Faithful – der heißeste Teil des Parks – bietet dafür die besten Bedingungen.

Zu den Highlights gehören der **Old Faithful** (Upper Geyser Basin; ⊙ca. alle 90 Min.) GRATIS und das **Upper Geyser Basin**, die Grand Prismatic Spring und das **Norris Geyser Basin**, insbesondere wenn der **Steamboat Geyser** vor einem Ausbruch steht. Die 1,6 km lange Wanderung um die **Artists Paintpots** (südwestlich von Norris) ist ein Vergnügen ohne großen Besucherandrang.

Neben dem Blick auf Geysire bieten der Firehole River und der Madison River auch erstklassige Möglichkeiten zum Fliegenfischen und für Wildtierbeobachtungen.

Old Faithful Visitor Education Center VISITOR CENTER
(☎307-545-2751; Old Faithful; ⊙Juni–Sept. 8–20 Uhr, Frühjahr & Herbst variierende Öffnungszeiten, Dez.–März 9–17 Uhr;) Das neue, aufgebesserte und umweltfreundliche Visitor Center widmet sich den thermalen Eigentümlichkeiten des Nationalparks und erläutert die Unterschiede zwischen Geysiren, heißen Quellen, Fumarolen und Schlammtöpfen. So erklärt es auch, warum es keine Geysire in Mammoth gibt. Kinder lieben die interaktiven Young Scientist Displays, zu denen ein funktionierender Labor-Geysir gehört. Im

Zentrum gibt's einfache Karten des Parks, Infos zu Wanderwegen und die voraussichtlichen Ausbruchstermine von einigen der bekanntesten Geysire im Park.

Grand Prismatic Spring QUELLE
(Midway Geyser Basin) Mit 113 m Umfang und 37 m Tiefe ist die Grand Prismatic Spring die größte und tiefste heiße Quelle und nach der Ansicht von vielen auch die schönste thermale Erscheinung im Park. Plankenwege führen rund um den dampfenden, in vielen Farben schillernden Teich und seinen in allen Regenbogenfarben prunkenden Algenring. Von oben betrachtet, sieht die Quelle aus wie ein riesiges blaues Auge, das wundervolle, vielfarbige Tränen weint. Ein 800 m langer Plankenweg führt zu den Naturerscheinungen; man braucht ungefähr eine halbe Stunde, nachdem man einen Parkplatz gefunden hat.

Mammoth Country

Das erste erschlossene Gebiet im Park beherbergte einst Soldaten der US-Armee, deren Aufgabe es war, Vandalismus und Wilderei zu unterbinden, was auch gelang. Die Wäscherei wurde längst von den majestätischen Kalksteinterrassen der **Mammoth Hot Springs** entfernt. Heute wandern Wapitiherden ungestört durch das Tal.

Die Gipfel der Gallatin Range, darunter der schöne Bunsen Peak (S. 123) ragen im Westen hoch über die Seen, Bäche und zahlreichen Wanderwege in dem Gebiet.

Tower-Roosevelt Country

Der Park ist reich an Wildtieren, und eine der besten Gegenden, um viele zu erblicken, ist das **Lamar Valley**, in dem Hunderte Bisons grasen und sich die Reviere vieler Wolfsrudel überlagern. Der **Tower Fall** und die zerklüfteten Gipfel der **Absaroka Mountains** sind die geografischen Highlights des Gebiets, das die abgelegenste, malerischste und am wenigsten erschlossene Region des Parks ist.

Canyon Country

Eine Reihe malerischer, durch Wanderwege verbundener Aussichtspunkte gewährt einen Blick auf die Klippen, Hänge und Wasserfälle des Grand Canyon of the Yellowstone. Hier gräbt der Fluss eine Spalte durch ein uraltes, goldenes Geysir-Becken, besonders eindrucksvoll bei den **Lower Falls**. Der **South Rim Drive** führt zum **Artist Point**, dem spektakulärsten Aussichtspunkt am Canyon, während man über den **North Rim Drive** zu den gewaltigen Abhängen an beiden Wasserfällen gelangt.

ABSTECHER

SCENIC DRIVE: THE ROOF OF THE ROCKIES

Eine besonders spektakuläre Anfahrt zum Yellowstone National Park ist der **Beartooth Highway** (Hwy 212; www.beartoothhighway.com; ⌚ Ende Mai–Mitte Okt.), der Red Lodge mit dem nordöstlichen Eingang des Nationalparks verbindet. Die 68 Meilen (109,4 km) lange Gebirgsstrecke, die als die malerischste Panoramastraße und beste Motorradtour der USA bezeichnet wurde, führt durch eine von Wildblumen bestimmte Tundra vorbei an 3300 m hohen Gipfeln. Ein Dutzend USFS-Campingplätze liegen an dem Highway, darunter vier in einer Entfernung von höchstens 12 Meilen (19,3 km) von Red Lodge.

Grand Canyon of the Yellowstone CANYON
(nahe Canyon Village) Dies ist ein echtes Highlight des Parks. Nachdem sich der Yellowstone River nördlich des Yellowstone Lake ruhig durch die Landschaft geschlängelt hat, stürzt er plötzlich über die Upper Falls und dann die weit höheren Lower Falls, bevor er durch die 300 m tiefe Schlucht tobt. Dank malerischer Aussichtspunkte und einem Netz von Wegen an den Rändern des Canyons kann man dessen Schönheit aus vielen Blickwinkeln erleben – der South Rim Dr führt zum spektakulärsten Aussichtspunkt, dem Artist Point.

Lake Country

Der **Yellowstone Lake**, das Highlight dieser Region, ist einer der größten Gebirgsseen der Welt. Vulkanische Strände säumen diese Wasserwildnis, die man am besten per Boot oder Seekajak erkundet. Östlich und südöstlich der Seen verbirgt die raue, schneebedeckte Absaroka Range die unberührtesten Landstriche in den „Lower 48", die ideal sind für lange Rucksacktouren und Ausritte.

Das **West Thumb Geyser Basin** (westlich des Yellowstone Lake) eignet sich für einen kurzen Spaziergang vorbei am berühmten Geysir **Fishing Cone**; das historische **Lake Yellowstone Hotel** (Lake Village) bietet sich zu einer Rast an.

Yellowstone National Park

Aktivitäten

Wandern

Wanderer können das Hinterland des Nationalparks von mehr als 92 Startpunkten aus auf Wegen erkunden, die Zugang zu einem mehr als 1600 km langen Wegenetz und 300 primitiven Campingplätzen gewähren. Um in der Wildnis zu übernachten, braucht man ein Backcountry Permit (3 US$/Pers. & Nacht, Höchstbetrag 15 US$), das in den Visitor Centers und Rangerstationen bis zu 48 Stunden vor dem Aufbruch zur Wanderung erhältlich ist. Einige der Backcountry-Cam-

Yellowstone National Park

Highlights
1 Artist Point B3
2 Norris Geyser Basin A3

Sehenswertes
3 Albright Visitor Center A1
4 Artists Paintpots A3
5 Grand Canyon of the Yellowstone C3
6 Grand Prismatic Spring A5
7 Lake Yellowstone Hotel C4
8 Lamar Valley D2
9 Mammoth Hot Springs A2
10 Old Faithful A5
Old Faithful Visitor Education Center .... (siehe 10)
11 Tower Fall C2
12 Upper Geyser Basin A5
13 West Thumb Geyser Basin B5
14 Yellowstone National Park C4

Aktivitäten, Kurse & Touren
15 Bunsen Peak & Osprey Falls A2
16 Fairy Falls Trail & Twin Buttes A5
17 Lone Star Geyser Trail A5
18 Mt. Washburn C3

Schlafen
19 Fishing Bridge RV Park C4
20 Grant Village B6
21 Indian Creek Campground A2
22 Lake Yellowstone Hotel C4
23 Lewis Lake Campground B6
24 Madison Campground A4
25 Mammoth Campground B1
26 Norris Campground A3
Old Faithful Inn .... (siehe 10)
27 Pebble Creek Campground D2
28 Slough Creek Campground C2
29 Tower Fall Campground C2

Essen
Lake House .... (siehe 20)
Lake Yellowstone Hotel Dining Room .... (siehe 22)

pingplätze können vorab per Mail reserviert werden; sie werden per Lotterie vergeben.

Für eine Tageswanderung auf welchem Weg auch immer braucht man keine Genehmigung, muss sich aber angemessen darauf vorbereiten. Unbedingt mitnehmen sollte man viel Wasser, eine Regenjacke und ein Pfefferspray zur Abwehr aggressiver Bären.

★ Bunsen Peak & Osprey Falls — WANDERN, MOUNTAINBIKEN

(Südwestlich von Mammoth) Der Bunsen Peak (2610 m) ist ein beliebtes Ziel für eine halbtägige Wanderung, die man zu einer anspruchsvolleren Tageswanderung verlängern kann, wenn man den leichteren östlichen Hang des Gipfels runter zur Bunsen Peak Rd marschiert und dann den tiefen Abhang (244 m) hinunter zum Fuß der selten besuchten Osprey Falls klettert. Noch besser ist es, mit einem Mountainbike auf dem zweispurigen Trail am Wasserfall vorbei bis nach Mammoth (10,1 km) zu fahren.

Lone Star Geyser Trail — WANDERN, RADFAHREN

Dieser befestigte und von Kiefern gesäumte Wanderweg ist ein leichter Spaziergang entlang einer früheren Zufahrtsstraße zu einem der größten Geysire abseits der Hauptwege des Parks. Er ist sehr beliebt, bildet aber einen Kontrast zur chaotischen Umgebung des Old Faithful. Der Lone Star bricht alle drei Stunden für zwei bis 30 Minuten aus und speit das Wasser 9–13,7 m in die Höhe. Es lohnt sich unbedingt, den Besuch mit einer Geysireruption abzustimmen.

Mt. Washburn — WANDERN, RADFAHREN

(Tower-Roosevelt) Die recht anstrengende Wanderung (hin & zurück 10,3 km, mittelschwer) führt vom Startpunkt am Dunraven Pass hinauf zu einem auf dem Berggipfel thronenden Feuerturm, von dem aus man den Panoramablick auf den Park genießt und mit Sicherheit auch Dickhornschafe erblickt. Über die unbefestigte Chittenden Road kann man den Berg von Norden aus auch mit dem Fahrrad bezwingen.

Fairy Falls Trail & Twin Buttes — WANDERN

Ein beliebtes Wanderziel sind die Fairy Falls (60 m), die sich in der nordwestlichen Ecke des Midway Geyser Basin verstecken. Hinter den Fairy Falls führt der Weg weiter zu einem versteckten Areal mit thermaler Aktivität zu Füßen der Twin Buttes. Die hiesigen Geysire sind nicht erschlossen, sodass man sie wahrscheinlich für sich allein hat – ganz anders als bei der von Besuchermassen umlagerten Grand Prismatic Spring (S. 121).

Radfahren

Radfahrer können im Nationalpark auf öffentlichen und einigen ausgewiesenen Anliegerstraßen fahren, jedoch nicht auf den Wegen im Hinterland. Auf allen Campingplätzen (abgesehen von Slough Creek) gibt's Stellplätze für Wanderer und Radfahrer, die selten voll belegt sind.

Von Mitte März bis Mitte April ist die Mammoth-West Yellowstone Park Road für Autos gesperrt, aber, soweit nicht Straßenarbeiten dazwischen kommen, nicht für Fahrräder – *die* Gelegenheit zu einer langen, stressfreien Radtour.

Schlafen

Im Park gibt's NPS- und private Campingplätze, Hütten, Lodges und Hotels. Reservierungen sind im Sommer unbedingt nötig, wo sie möglich sind. Viele Unterkünfte finden sich auch in den Zugangsorten Cody, Gardiner und West Yellowstone.

Die beste Budgetoption sind die sieben, vom NPS geführten Campingplätze **Mammoth** (Stellplatz Zelt & Wohnmobil 20 US$; ganzjährig), **Tower Fall** (Tower-Roosevelt, nahe dem Tower Fall; Stellplatz Zelt & kleines Wohnmobil 15 US$; Mitte Mai–Ende Sept.), **Indian Creek** (Stellplatz Zelt & Wohnmobil 15 US$; Anfang Juni–Mitte Sept.), **Pebble Creek** (abseits der Northeast Entrance Rd; Stellplatz Zelt & Wohnmobil 15 US$; Mitte Juni–Ende Sept.), **Slough Creek** (Tower-Roosevelt; Stellplatz Zelt & kleines Wohnmobil 15 US$; Mitte Juni–Anfang Okt), der Norris Campground und der Campingplatz **Lewis Lake** (South Entrance; Stellplatz Zelt 15 US$; Mitte Juni–Okt.). Bei allen gilt: Wer zuerst kommt, mahlt zuerst.

Xanterra (307-344-7311, 866-439-7375; www.yellowstonenationalparklodges.com) betreibt fünf weitere reservierbare Campingplätze mit Bädern mit Kaltwasser, Spültoiletten und Trinkwasser. Wohnmobilstellplätze mit allen Versorgungsanschlüssen gibt auf dem Platz Fishing Bridge.

★ Norris Campground CAMPING $
(Norris; Stellplatz Zelt & Wohnmobil 20 US$; Mitte Mai–Sept.) In einem malerischen offenen Wäldchen aus Amerikanischen Strandkiefern liegt dieser Campingplatz, einer der schönsten im Park, auf einem sonnigen Hügel mit Blick auf den Gibbon River und die umliegenden Wiesen. Die Stellplätze werden nach dem Prinzip: wer zuerst kommt, mahlt zuerst, vergeben, und die besten am Fluss sind schnell besetzt. Um 19.30 Uhr gibt's Gespräche am Lagerfeuer; Brennholz wird zwischen 19 und 20.30 Uhr verkauft. Die Stromgeneratoren dürfen von 8 bis 20 Uhr laufen.

Madison Campground CAMPING $
(307-344-7311; www.yellowstonenationalparklodges.com; Madison, W Entrance Rd; Stellplatz Zelt & Wohnmobil 24,25 US$; Mai–Okt.) Der Old Faithful und dem Westeingang am nächsten gelegene Campingplatz liegt über dem Madison River auf einer weiten Wiese in einem sonnigen, offenen Wald. Bisons und die größte Wapitiherde des Parks grasen häufig auf den Wiesen weiter im Westen, so dass man prima Tiere beobachten kann. Der Platz ist auch ideal, wenn man im Madison River fliegenfischen will. Seinen Stellplatz sollte man vorab reservieren.

Fishing Bridge RV Park CAMPING $
(www.yellowstonenationalparklodges.com; Fishing Bridge; Stellplatz Wohnmobil 47,75 US$; Ende Mai–Ende Sept.) Dies ist der einzige Campingplatz mit Strom-, Wasser- und Kanalisationsanschluss. Wegen der hier häufig vorkommenden Bären sind nur Wohnmobile und

DEN MASSEN ENTKOMMEN

Das Yellowstone-Wunderland zieht im Juli und August täglich bis zu 30 000 und im ganzen Jahr mehr als 4 Mio. Besucher an. Wenn man die folgenden Ratschläge beachtet, kann man dem schlimmsten Massenandrang entgehen:

Im Mai oder Oktober kommen! Dann stehen zwar weniger Service-Einrichtungen zur Verfügung, es sind aber auch viel weniger Besucher im Park unterwegs.

Eine Wanderung machen! 95 % aller Besucher setzen keinen Fuß auf einen Trail im Hinterland, und nur 1 % campen (Genehmigung erforderlich) auf einem Platz im Gelände.

Den Park per Rad erkunden! Auf den meisten Campingplätzen gibt es unausgelastete Stellplätze für Wanderer oder Radfahrer, und mit dem Rad fährt man an jedem Stau vorbei.

Dem Beispiel der Wildtiere folgen! Die goldenen Stunden nach Sonnenaufgang und vor Sonnenuntergang ausnutzen!

Ein Lunchpaket einpacken! Einfach auf einem der vielen malerischen Picknickplätze im Park, die oft übersehen werden, essen.

Sich warm einpacken! In den Wintermonaten hat man einen Ausbruch des Old Faithful praktisch ganz für sich allein.

Wohnwagen mit soliden Wänden erlaubt. Die 340 Stellplätze liegen dicht an dicht und bieten keine Privatsphäre. Zu den öffentlichen Einrichtungen zählen ein Waschsalon und Duschen. Reservieren erforderlich!

★ Old Faithful Inn HOTEL **$$**
(☎307-344-7311; www.yellowstonenationalparklodges.com; Old Faithful; altes Haus mit Gemeinschaftsbad/eigenem Bad ab 119/191 US$, Zi. 236–277 US$; ⊙Anf. Mai–Anf. Okt.) Das historische Blockhaus, ein Meisterwerk der Architektur und Statik, kann es mit den Naturschönheiten im Park aufnehmen. Schon das Foyer mit seinem unglaublich großen Rhyolith-Kamin, an dem man dem Klavierspiel im Obergeschoss lauschen kann, ist einen Besuch wert. Die billigsten Zimmer im „Alten Haus" sind die stimmungsvollsten: Sie haben Holzwände und originale Waschbecken, die Bäder befinden sich allerdings im Korridor.

Grant Village HOTEL **$$**
(☎307-344-7311; www.yellowstonenationalparklodges.com; Grant Village; Zi. 242 US$; ⊙Ende Mai–Sept.) Die 300 an Ferienwohnungen erinnernden Boxen mit üblicher Hoteleinrichtung, die das Grant Village bilden, wurden vom Autor Alston Chase einst als ein „innerstädtisches Projekt mitten in der amerikanischen Natur, ein Wildnis-Ghetto" abgetan. Sie liegen aber den Tetons am nächsten, wenn man früh aufbrechen will. Die Zimmer wurden 2016 komplett renoviert und sind damit komfortabler, aber auch teurer geworden.

Lake Yellowstone Hotel HOTEL **$$$**
(☎866-439-7375; www.yellowstonenationalparklodges.com; Hütten 157 US$, Sandpiper Zi. 244 US$, Hotel Zi. 397–452 US$; ⊙Mitte Mai–Anfang Okt.; @🐾) Der butterblumengelbe koloniale Riese am Nordufer des Sees weist zurück in eine vergangene Ära, obwohl die Zimmer, für die man 1895 nur 4 US$ zahlte, inzwischen etwas teurer geworden sind. Die geräumigen Zimmer im Hauptgebäude wurden 2014 mit neuen Teppichen und den einzigen verkabelten Internetanschlüssen (4,75 US$/Std.) im Park aufgefrischt. Die Zimmer am See kosten einen Aufpreis, sind schnell ausgebucht und garantieren übrigens keinen Seeblick.

Essen

Lake House CAFETERIA **$$**
(Grant Village; Hauptgerichte 10–24 US$; ⊙Mai–Sept. 6.30–10.30 & 17–21.30 Uhr) Das ruhige Lokal am Seeufer bietet zwanglose Mahlzeiten mit dem besten Seeblick im Park. Zu den Speisen gehören kreative Gerichte wie Heidelberr-Hühnchen oder Wild-Hackbraten.

Vom Hauptparkplatz oder der Marina läuft man hinunter zum Seeufer. Das Lokal ist mittags geschlossen.

SOUTH RIM TRAIL

Südöstlich des South Rim des Grand Canyon of the Yellowstone führt dieses Wegenetz durch Wiesen und Wälder und vorbei an mehreren kleinen Seen. Dieser Rundkurs verbindet mehrere Wege und bietet einen netten Kontrast zum Blick auf den Canyon durch die Windschutzscheibe. Bei der unglaublich abwechslungsreichen Wanderung genießt man atemberaubende Ausblicke auf den Canyon und gelangt zu mehreren Seen und sogar zu einer thermisch aktiven Gegend im Hinterland.

★ Lake Yellowstone Hotel Dining Room AMERIKANISCH **$$$**
(☎307-344-7311; www.yellowstonenationalparklodges.com; Lake Village; Hauptgerichte 14–40 US$; ⊙Mitte Mai–Sept. 6.30–10, 11.30–14.30 & 17–22 Uhr; 🖉) Man sollte seine beste Kleidung (und einen 100-US$-Schein) dabeihaben, wenn man stilvoll im Speisesaal des Lake Yellowstone Hotel dinieren will. Mittags gibt's z. B. Forelle, einen Salat mit pochierten Birnen und Sandwiches. Abends wird mit Vorspeisen wie Hummer-Ravioli und Hauptgerichten wie Bisonlende, Wachteln und Montana-Lammkoteletts eins drauf gesetzt. Fürs Abendessen muss reserviert werden.

Praktische Informationen

Der Park ist ganzjährig geöffnet, aber die meisten Straßen sind im Winter gesperrt. Der Parkeintritt (Wanderer/Fahrzeug 15/30 US$) gilt für sieben Tage. Will man den Yellowstone und den Grand Teton National Park besuchen, beträgt die Gebühr 50 US$.

Der Handy-Empfang ist im Park begrenzt; WLAN gibt's nur im **Albright Visitor Center** (☎307-344-2263; Mammoth; ⊙Juni–Sept. 8–19 Uhr, Okt.–Mai 9–17 Uhr) in Mammoth.

An- & Weiterreise

Die meisten Besucher des Yellowstone National Park fliegen nach Jackson in Wyoming oder nach Bozeman in Montana, aber oft ist die Anreise über Billings in Montana günstiger. Man braucht ein Auto: Es gibt keine öffentlichen Verkehrsmittel zum und im Park.

Grand Teton National Park

Die 12 imposanten, von Gletschern geformten Gipfel, die den einmaligen Grand Teton (4199 m) umrahmen, wurden 1929 zum **Nationalpark** (☎ 307-739-3300; www.nps.gov/grte; Teton Park Rd, Grand Teton National Park; Eintritt 30 US$/Fahrzeug) erklärt. Ein großer Teil des Snake River Valley wurde dem Park später von John D. Rockefeller gespendet, der die Grundstücke heimlich aufgekauft hatte.

Die Landschaft wird immer eindrucksvoller, je weiter man in die Berge vordringt – man sollte sich die Zeit für eine Wanderung durch die duftenden Wälder vorbei an glitzernden Bergseen bis hin zu spektakulären, mit Wildblumen bedeckten Canyons nehmen.

Sehenswertes & Aktivitäten

Angesichts von **Wanderwegen** mit einer Gesamtlänge von fast 400 km kann man im Grand Teton National Park eigentlich nichts falsch machen. Für Touren mit Übernachtung braucht man ein Backcountry Permit.

Die Tetons sind auch bekannt für ausgezeichnete kurze **Kletterstellen** und klassische längere Routen zu Gipfeln wie dem Grant Teton, dem Mt. Moran und dem Mt. Owen. Solche Touren unternimmt man am besten mit einem erfahrenen Führer.

Angeln ist eine weitere Attraktion: Mehrere Arten von Felchen und Cutthroat-, See- und Bachforellen leben in den örtlichen Flüssen und Seen. Die Angellizenz erhält man im **Moose Village Store**, in der Signal Mountain Lodge (S. 127) oder in der **Colter Bay Marina** (☎ 307-543-2811; www.gtlc.com/activities/marina; Colter Bay; ⏲ 8–17 Uhr).

Skilanglauf und **Schneeschuhlaufen** sind die besten Möglichkeiten, den Park im Winter zu entdecken. Eine Broschüre mit Routenvorschlägen erhält man im Craig Thomas Discovery & Visitor Center.

★ Craig Thomas Discovery & Visitor Center — VISITOR CENTER

(☎ 307-739-3399, Backcountry Permits 307-739-3309; Teton Park Rd, Moose; ⏲ Juni–Aug. 8–19 Uhr, Frühjahr & Herbst variierende Öffnungszeiten, Nov.–Feb. geschl.; 👪) GRATIS Den ersten Stopp sollte man in diesem unglaublich gut aufgemachten Visitor Center einlegen und sei es nur wegen der Sichtlinien auf dem Fußboden, die genau angeben, auf welchen Gipfel man gerade durch die deckenhohen Fenster blickt. Die obligatorische Reliefkarte hilft dabei, sein Ziel zu bestimmen, und informative, interaktive und kinderfreundliche Exponate erläutern, was man dort sehen wird. Eine Menge Ranger sind zur Stelle, um einem bei der Planung des Besuchs zu helfen und die erforderlichen Backcountry Permits auszustellen. Die Ranger veranstalten Gespräche und diverse geführte Wanderungen rund um Moose.

Mormon Row — GEISTERSTADT

(Antelope Flats Rd; P) Dies ist die wohl meistfotografierte Stelle im Park – und das aus gutem Grund. Die alten Scheunen und Lattenzäune sind der Inbegriff einer ländlichen Kulisse vor der imposanten Kulisse der Tetons. Die Scheunen und Häuser wurden von mormonischen Siedlern in den 1890er-Jahren erbaut, die das fruchtbare Schwemmland bestellten, das sie mit kilometerlangen, von Hand gegrabenen Gräben bewässerten.

Oxbow Bend — FLUSS

(N Park Rd) Eine der malerischsten Stellen für Wildtierbeobachtungen im Grand Teton National Park ist der Oxbow Bend vor der hinreißenden Kulisse des sich im Wasser spiegelnden Mt. Moran. In der Morgen- und Abenddämmerung lassen sich die Elche, Wapitis, Kanadakraniche, Fischadler, Weißkopfseeadler, Trompeterschwäne, Kanadagänse, Kanadareiher und Nashornpelikane am besten beobachten. Der Flussarm entstand, als das schneller fließende Wasser des Flusses das Außenufer erodierte, während sich an der langsamer fließenden Innenseite Sedimente ablagerten.

★ Death Canyon Trail — WANDERN

Der Death Canyon Trail bleibt eine unserer bevorzugten Wanderungen – wegen der Herausforderung und wegen der hinreißenden Landschaft. Der Weg führt 1,6 km hinauf zum Aussichtspunkt am Phelps Lake und dann hinunter zum Talboden, wo er dem Verlauf des Death Canyon folgt. Für eine anspruchsvolle Erweiterung mit unglaublicher Aussicht biegt man an der historischen Rangerhütte rechts auf den Alaska Basin Trail ab, der weitere 914 m hinauf auf den Static Peak Divide (3289 m) führt – das ist der höchstgelegene Trail in diesem Nationalpark.

Garnet Canyon — WANDERN, BERGSTEIGEN

Der Garnet Canyon ist das Tor zu den beliebtesten Klettertouren zum Middle und South Teton und zur Besteigung des Grand Teton – man muss aber wissen, was man tut, und man muss einigermaßen mit den Routen vertraut sein. Die 6,4 km lange Wanderung zum Fuß der Tetons ist denkwürdig, auch wenn man von dort nicht weiter auf einen der Gipfel vordringen will.

Grand Teton Multi-Use Bike Path RADFAHREN
(www.nps.gov/grte/planyourvisit/bike.htm; Jackson bis Jenny Lake) Der neue Rad- und Mehrzweckweg bietet eine tolle Gelegenheit, den Park in gemächlicherem Tempo kennenzulernen. Er beginnt am hervorragenden **Jackson Vistor Center** (☎307-733-3316; www.jacksonholechamber.com; 532 N Cache Dr; ⌚Juni–Sept. 8–19 Uhr, Okt.–Mai 9–17 Uhr; 📶) und führt über 32,2 km zur **Jenny Lake Ranger Station** (☎307-739-3343; ⌚Juni–Aug. 8–18 Uhr). Wer sich auf eine so lange Fahrt nicht einlassen will, mietet einfach bei **Dornan's** (☎307-733-2415; www.dornans.com; Moose Village; ⌚9–18 Uhr) in Moose ein Rad und fährt von dort 12,9 km bis zum See.

Schlafen

Zwischen Memorial Day und Labor Day ist die Nachfrage nach Unterkünften und Stellplätzen im Grand Teton National Park hoch; Plätze in einer Lodge sollten weit im Voraus gebucht werden. Die meisten Stellplätze sind vor 11 Uhr schon belegt, beim Campingplatz **Jenny Lake** (Teton Park Rd; Stellplatz Zelt 28 US$; ⌚Mai–Sept.) noch viel früher, nur beim Campingplatz **Gros Ventre** (Gros Ventre Rd; Stellplatz Zelt/Wohnmobil 24/52 US$; ⌚Ende April–Mitte Okt.) ist in der Regel immer etwas frei. Die Campingplätze **Colter Bay** (☎307-543-3100; www.gtlc.com; Hwy 89/191/287; Stellplatz Zelt/Wohnmobil 30/71 US$; ⌚Mitte Mai–Mitte Sept.) und Jenny Lake haben Zeltstellplätze, die für Wanderer und Radfahrer reserviert sind.

★ Climbers' Ranch HÜTTEN $
(☎307-733-7271; www.americanalpineclub.org/grand-teton-climbers-ranch; End Highlands Rd; B 25 US$; ⌚Juni–Sept.) Diese rustikalen Blockhütten des American Alpine Club dienten ursprünglich als Refugium für ernsthafte Kletterer. Heute stehen sie auch Wanderern offen, die genauso von der spektakulären Lage im Park profitieren. Vorhanden sind ein Sanitärhäuschen mit Duschen und ein geschützter Kochbereich mit abschließbaren Kühlfächern. Schlafsack und Kopfkissen müssen selbst mitgebracht werden (die Stockbetten sind ohne Bettzeug, dafür aber spottbillig).

Colter Bay Village HÜTTEN $$
(☎307-543-2811; www.gtlc.com; Zelthütten 66 US$, Hütten mit Bad 155–290 US$, ohne Bad 85 US$; ⌚Juni–Sept.) Bei den Zelthütten (Juni–Anfang Sept.) handelt es sich um sehr schlichte Konstruktionen aus Holz und Leinwand mit dem Charme eines Internierungslagers. Es gibt hier kahle Schlafkojen, einen Holzofen, einen Picknicktisch und einen Grill vor der Hütte. Die Bäder sind separat, und Schlafsäcke können gemietet werden. Die Blockhütten (Ende Mai–Ende Sept.), teilweise original, sind viel komfortabler und bieten auch ein besseres Preis-Leistungs-Verhältnis.

★ Jackson Lake Lodge LODGE $$$
(☎307-543-2811; www.gtlc.com; Jackson Lake Lodge Rd; Zi. & Cottages ab 320 US$; ⌚Mitte Mai–Sept.; 📶🏊🐾) Mit weicher Bettwäsche, von hier ausgehenden langen Wanderwegen und riesigen Panoramafenstern mit Blick auf die Gipfel ist die Hauptlodge wirklich sehr attraktiv. Die 348 Cottages aus Betonziegeln erinnern an eine Barackensiedlung, bieten keine Aussicht und wirken überteuert. Die „Moose Pond View"-Cottages (430 US$) stehen abgeschiedener und bieten von ihren Veranden einen herrlichen Ausblick.

Signal Mountain Lodge LODGE $$$
(☎307-543-2831; www.signalmtnlodge.com; Hwy 89/191/287; Zi. 253–363 US$, Hütten 210–270 US$, Suite 363–394 US$; ⌚Mai–Mitte Okt.; 📶🐾) Dieser spektakulär am Rand des Jackson Lake gelegene Komplex bietet gemütliche, gut ausgestattete Hütten und ziemlich schicke Zimmer. Die „Lakefront Retreats" bieten einen herrlichen Blick in die Berge und äußerst schöne Terrassen.

Essen

Im Colter Bay Village, in der Jackson Lake Lodge, in Signal Mountain und **Moose Junction** gibt's mehrere Cafés mit vernünftigen Preisen für Frühstück oder eine schnelle Mahlzeit. Wer auf dem Campingplatz kocht, sollte seine Nahrungsmittel angemessen verstauen und die Reste ebenso entsorgen – schließlich ist das hier Bärenland!

★ Dornan's Pizza & Pasta Company PIZZA $
(☎ext 204 307-733-2415; www.dornans.com; Moose; Hauptgerichte 10–13 US$, Pizzas 9–17 US$; ⌚11.30–21 Uhr; 📶) Die Dachterrasse mit Blick über den Snake River und Menor's Ferry auf die gewaltigen Tetons ist der ideale Ort für eine Pizza und ein Bier. Das Essen ist

Grand Teton National Park

fast so gut wie die Aussicht. Das Restaurants gehört zu den ganz wenigen eigenständigen Lokalen im Park.

Blue Heron Lounge GRILL $
(☎307-543-2811; www.gtlc.com/dining; Jackson Lake Lodge; Hauptgerichte 11–23 US$; ⊙Mitte Mai–Sept. 11–24 Uhr) Der zwanglose Freiluftgrill ist an eine attraktive Eck-Cocktaillounge mit deckenhohen Fenstern angeschlossen. Alkoholische Getränke und Vorspeisen erhält man von 11 bis 24 Uhr, und gelegentlich gibt's im Blue Heron auch Livemusik.

Grand Teton National Park

Highlights
1 Craig Thomas Discovery & Visitor Center ... B4
2 National Museum of Wildlife Art ... B5

Sehenswertes
3 Grand Teton National Park ... B4
4 Mormon Row ... B4
5 National Elk Refuge ... B5
6 Oxbow Bend ... C3

Aktivitäten, Kurse & Touren
Colter Bay Marina ... (siehe 13)
7 Death Canyon Trail ... B4
8 Garnet Canyon ... B3
9 Granite Creek Hot Springs ... C5
10 Jackson Hole Mountain Resort ... B4
Jackson Hole Paragliding ... (siehe 10)

Schlafen
11 Antler Inn ... D5
12 Climbers' Ranch ... B4
Colter Bay Campground & RV ... (siehe 13)
13 Colter Bay Village ... B3
14 Gros Ventre Campground ... B4
15 Jackson Lake Lodge ... C3
16 Jenny Lake Campground ... B3
17 Signal Mountain Lodge ... B3
The Hostel ... (siehe 10)
18 Wort Hotel ... D5

Essen
Blue Heron Lounge ... (siehe 15)
Dornan's Chuckwagon ... (siehe 1)
Dornan's Pizza & Pasta Company ... (siehe 1)
19 Gun Barrel ... B5
20 Lotus ... D5
Mangy Moose Saloon ... (siehe 10)
21 Persephone ... D5
22 Thai Me Up ... D5
Trapper Grill ... (siehe 17)

Ausgehen & Nachtleben
23 Snake River Brewing Co ... D6
24 The Rose ... D5

Dornan's Chuckwagon GRILL **$$**
(☎ext 203 307-733-2415; www.dornans.com; Moose; Hauptgerichte morgens & mittags 7–15 US$, abends 21–32 US$; ⏲ Juni–Aug. 7.30–15 & 17–21 Uhr) In diesem bei Familien sehr beliebten Restaurant werden zum Frühstück Sauerteig-Pfannkuchen und Eier vom Grill und mittags leichte Gerichte und Sandwiches zubereitet. Abends dampfen dann die Schmortöpfe. Serviert werden Rindfleisch, Rippchen und Forelle und zur Ergänzung gibt's auch noch eine mächtige Salattheke. Von den Picknicktischen hat man einen unvergleichlichen Blick auf den Grand Teton.

Trapper Grill CAFÉ **$$**
(☎307-543-2831; www.signalmountainlodge.com; Signal Mountain Lodge; Hauptgerichte 10–19 US$; ⏲7–14.30 & 16.30–22 Uhr) Sandwiches, Burger und Schweinerippchen gehören zu der großen Auswahl, die alle Familienmitglieder zufriedenstellt. Dies ist das preiswertere der beiden Restaurants in der Signal Mountain Lodge und hat den besseren Ausblick über den See. Das Frühstück mit Schinken, Speck und Bison-Würstchen ist ein richtiges Gelage.

Praktische Informationen

Der Parkeintritt (Wanderer/Fahrrad/Auto 24/24/30 US$) gilt für sieben Tage. Der Kombieintritt mit dem Yellowstone National Park kostet 50 US$.

MONTANA

Nicht nur der Himmel ist weit in Montana, sondern alles wirkt überlebensgroß. Die Berge erscheinen etwas höher, die Täler weiter und die Seen länger als in den anderen amerikanischen Gebirgsstaaten.

Praktische Informationen

Visit Montana (☎800-847-4868; www.visitmt.com) Die Webseite des Tourismusamts ist gut gemacht und informativ; sie bietet Karten, Führer und Reisevorschläge.

Bozeman

Bozeman ist so, wie all die früher hippen, heute überlaufenen Bergstädte in Colorado einst waren. Das lässige Rancher-Erbe alter Schule steht gegenüber den neuen West-Pionieren mit ihren Mountainbikes, Skiern und Klettergerätschaften noch im Vordergrund, aber das ändert sich schnell, denn Bozeman ist heute eine der am schnellsten wachsenden Städte Amerikas, und die Lebenshaltungskosten steigen.

Sehenswertes & Aktivitäten

★ **Museum of the Rockies** MUSEUM
(☎406-994-2251; www.museumoftherockies.org; 600 W Kagy Blvd; Erw./Kind 14,50/9,50 US$; ⏲ Juni–Aug. 8–18 Uhr, Sept.–Mai 9–17 Uhr; 👪) Das

unterhaltsamste Museum in Montana sollte man sich nicht entgehen lassen. Zu den hervorragenden Dinosaurier-Exponaten zählen der mit unglaublich vielen Zähnen bestückte Kiefer eines *Edmontosaurus*, der größte T-Rex-Schädel der Welt und ein komplettes T-Rex-Skelett (mit nur wenig kleinerem Schädel). Die Laser-Planetariumsshows sind interessant, ebenso die Living-History-Abteilung vor dem Haus (im Winter geschl.).

★ Bridger Bowl Ski Area WINTERSPORT
(☎406-587-2111; www.bridgerbowl.com; 15795 Bridger Canyon Rd; Liftticket Erw./Kind 60/22 US$; ⌚Mitte Dez.–April) Im führenden gemeinnützigen Skiresort des Landes dreht sich alles um den Sport und Erholung und nicht um Geld. Der kleine (810 ha) Hügel in Gemeindebesitz 16 Meilen (25,7 km) nördlich von Bozeman ist geprägt von passionierten Skifahrern, vernünftigen Preisen und überraschend tollen Pisten.

Explore Rentals OUTDOOR
(Phasmid; ☎406-922-0179; www.explore-rentals.com; 32 Dollar Dr; ⌚Mo–Sa 9–17, So 10–16 Uhr) Man steigt aus dem Flugzeug, und ein Auto mit Gepäckträger, Wohnwagen, Koch-Set, Schlafsack, Rucksack, Zelt, Bärenspray und Angelausrüstung steht schon bereit für das geplante Outdoor-Abenteuer. Nur ein Traum? Vielleicht hat man aber auch nur einen Kocher vergessen. Explore hilft auch dann weiter, denn der Laden vermietet nahezu alles.

Schlafen

Die meisten großen Kettenmotels finden sich nördlich von Downtown Bozeman an der 7th Ave nahe der I-90, ein paar Budgetoptionen auch östlich der Downtown. Im Gallatin Valley in Richtung Big Sky gibt's viele Campingmöglichkeiten.

Howlers Inn B&B $$
(☎406-587-2050; www.howlersinn.com; 3185 Jackson Creek Rd; Zi. 165–170 US$, 2-Pers.-Hütte 225 US$; 📶) Wer sich für Wölfe interessiert, wird dieses 15 Minuten außerhalb von Bozeman gelegene Reservat begeistern. In einem umzäunten, 1,6 ha großen Areal, das aus den Gewinnen des B&B finanziert wird, leben gerettete, in Gefangenschaft geborene Wölfe. Neben dem Haupthaus mit drei geräumigen Zimmern in Western-Stil gibt es noch ein Kutscherhaus mit zwei Schlafzimmern.

The Lark MOTEL $$$
(☎406-624-3070; www.larkbozeman.com; 122 W Main St; Zi. 249–279 US$; ❄📶) Mit einer munteren gelben Farbpalette und modernem Design hat sich dieses hippe Anwesen gegenüber seiner früheren Existenz als schmuddeliges Motel gewaltig verbessert. Die Zimmer sind frisch, und man wohnt in prima Lage in Gehweite zu den Bars und Restaurants der Downtown. Man kann auch draußen auf der herausgeputzten Auffahrt abhängen und dabei Tacos vom Lokal nebenan verputzen.

Essen & Ausgehen

Mit sieben Brauereien (die achte steht kurz vor der Eröffnung) und einer munteren Livemusikszene kann man in Bozeman viel Spaß haben. Einen guten Musik-Veranstaltungskalender hat Bozone (www.bozone.com).

★ Nova Cafe CAFÉ $
(☎406-587-3973; www.thenovacafe.com; 312 E Main St; Hauptgerichte 8–13 US$; ⌚7–14 Uhr; 📶) Eine hilfreiche Karte am Eingang dieses retro-zeitgenössischen Lieblingscafés der Einheimischen verrät die Herkunft der Speisen. Die Sauce hollandaise war für unseren Geschmack zwar etwas zu süß, aber durchaus lecker – wie praktisch alles andere auch.

Community Co-Op SUPERMARKT $
(☎406-922-2667; www.bozo.coop; 44 E Main St; Hauptgerichte 7–12 US$; ⌚Mo–Fr 8–20, Sa ab 8.30, So 9–19 Uhr; 📶) Die Downtown-Filiale des beliebten örtlichen Markts und Delis bietet Suppen, Salate und andere Sachen zum Mitnehmen aus der Warmhaltetheke. Die frischen Sandwiches und Smoothies werden nach Kundenwunsch zubereitet. Man kann im Haus essen oder die Speisen mitnehmen.

Bozeman Taproom & Fill Station BIERGARTEN
(☎406-577-2337; www.bozemantaproom.com; 101 N Rouse Ave; Hauptgerichte 9–13 US$; ⌚So–Di 11–24, Fr & Sa bis 1 Uhr) Bozemans coolste neue Kneipe, um ein Pint zu stemmen oder sich die Kanne zu füllen, hat einen Biergarten auf der offenen Dachterrasse. Die 44 Fassbiere kann man sich nach eigenem Belieben zu Probiergedecken zusammenstellen.

Bridger Brewing KLEINBRAUEREI
(☎406-587-2124; www.bridgerbrewing.com; 1609 11th Ave; Pizzas 11–21 US$; ⌚11.30–21 Uhr, Bier bis 20 Uhr; 📶) Die gut geführte freundliche Braukneipe mit zentraler, hufeisenförmiger Theke hat ein treues Stammpublikum aus Bierfans und Studenten der örtlichen MSU. Das Lee Metcalfe Pale Ale ist immer beliebt, und es gibt auch viele Speisen, darunter prima Pizza. Die gar nicht versteckte Terrasse

im Obergeschoss ist prima zum Rumhängen – wenn man denn einen Platz findet. Happy Hour ist von 14 bis 16 Uhr.

Praktische Informationen

Custer Gallatin National Forest Bozeman Ranger District (406-522-2520; www.fs.usda.gov/gallatin; 3710 Fallon, Suite C; Mo–Fr 8.30–16.30 Uhr) Das schwer zu findende Büro im Westen der Stadt hat Infos zu Stellplätzen und Hütten und verkauft topografische Karten des USGS.

Bozeman District Office (406-522-2520)

An- & Weiterreise

Bozemans **Flughafen** (BZN; 406-388-8321; www.bozemanairport.com; 850 Gallatin Field Rd) wird immer weiter ausgebaut, um mit dem steigenden Verkehrsaufkommen Schritt zu halten, und bietet auch immer mehr Direktflüge zu immer mehr Zielen an, darunter nach L. A., Seattle, Dallas und New York. Die **Greyhound-Busse** (Jefferson Lines; 612-499-3468; www.jeffersonlines.com; 1500 North 7th Ave, Südseite des Walmart; 12–17 Uhr) fahren täglich von einer unbezeichneten Haltestelle an der Südseite des Walmart nahe dem Gartencenter ab.

Gallatin Valley & Paradise Valley

Outdoor-Begeisterte können tagelang die weitläufige, schöne Landschaft rund um das Gallatin und das Paradise Valley erkunden. Die Fahrt durch die ländliche, von der Gallatin und der Abasaroka Range flankierte Flussebene kann mit dem Tetons oder den Beartooth Pass um den Titel der „dramatischsten Zufahrt" konkurrieren und verspricht abenteuerliche Erkundungen. Der Name „Paradies" hat schon seinen Grund.

Aktivitäten

Big Sky Resort — WINTERSPORT

(800-548-4486; www.bigskyresort.com; 50 Big Sky Resort Rd; Skilift 129 US$, Fahrradlift 42 US$) Das viertgrößte Skigebiet Nordamerikas besteht aus vier Bergen mit 2347 ha skitauglichem Gelände, wovon 60 % aus Pisten für fortgeschrittene und erfahrene Fahrer besteht; jedes Jahr gilt es mehr als 1 m Pulverschnee; Big Sky ist also wirklich toll zum Skifahren. Wenn der Schnee geschmolzen ist, sorgt das über Seilbahnen zugängliche, mehr als 65 km umfassende Netz von Mountainbike- und Wanderwegen dafür, dass das Resort auch im Sommer ein lohnendes Ziel ist.

KURZINFS MONTANA

Spitzname Treasure State, Big Sky Country

Bevölkerung 1 042 520 Ew.

Fläche 380 838 km²

Hauptstadt Helena (30 581 Ew.)

Weitere Städte Billings (110 263 Ew.), Missoula (72 364 Ew.), Bozeman (45 250 Ew.)

Verkaufssteuer Es gibt keine staatliche Verkaufssteuer.

Geburtsort von Filmstar Gary Cooper (1901–1961), dem Motorrad-Teufelskerl Evel Knievel (1938–2007), der Schauspielerin Michelle Williams (1980)

Heimat der Crow-, Blackfeet-, Chippewa-, Gros Ventre- und Salish-Indianer

Politische Ausrichtung Republikanische Rancher und Ölbarone übertreffen meistens zahlenmäßig die demokratischen Studenten und progressiven Wähler in den linksgerichteten Städten Bozeman und Missoula.

Berühmt für Fliegenfischen, Cowboys und Grizzly-Bären

Randbemerkung Auf einigen Highways von Montana gab es bis in die 1990er-Jahre kein Tempolimit!

Entfernungen Bozeman–Denver 695 Meilen (1118 km), Missoula–Whitefish 133 Meilen (214 km)

Chico Hot Springs — THERMALQUELLEN

(406-333-4933; www.chicohotsprings.com; 163 Chico Rd, Pray; Hütten 120–135 US$, Hauptlodge Zi. 71–140 US$; 7–23 Uhr;) Die unprätentiösen, historischen Chico Hot Springs haben ein treues Publikum aus Einheimischen, Hollywood-Promis und Travellern, die immer wieder kommen. Die knarrende Hauptlodge und die wundervollen Blockhütten sind genauso attraktiv wie die Thermalquelle, die auch ein beheizter Pool sein könnte (Eintritt für Nichtgäste 7,50 US$).

Billings

Es ist kaum zu glauben, dass das ruhige kleine Billings die größte Stadt Montanas ist. Das freundliche Öl- und Viehzuchtzentrum ist mit Sicherheit keine Pflichtattraktion, eignet sich aber gut für einen Zwischenstopp mit ordentlicher Übernachtung oder als Anreisepunkt zum Yellowstone National Park über den atemberaubenden Beartooth Highway.

Schlafen

Der Brennpunkt der Kettenmotels liegt außerhalb von Billings bei der Ausfahrt 446 der I-90, es gibt aber auch ein paar herausragende unabhängige Optionen in Downtown – und einige, in denen die Übernachtung riskant ist.

Dude Rancher Lodge MOTEL **$**
(☎406-545-6331; www.duderancherlodge.com; 415 N 29th St; DZ ab 96 US$; ❄@📶🐾) Das historische Motel wirkt im Downtown-Bereich etwas deplatziert, ist aber gepflegt, zumal rund die Hälfte der Zimmer überzeugend renoviert wurden. Westernbezüge wie Wände mit Nut-Feder-Verbindungen und Teppiche mit Viehbrandzeichen sorgen für eine einladend rustikale Atmosphäre.

Northern Hotel HOTEL **$$**
(☎406-867-6767; www.northernhotel.com; 19 N Broadway; Zi./Suite 161/206 US$; ❄📶) Das historische Northern wurde kürzlich renoviert und verbindet nun seine angestammte Eleganz mit frischen und modernen Einrichtungen, die deutlich besser sind als in einem typischen Geschäftshotel. Frühstücken und zu Mittag essen kann man in dem angeschlossenen Diner aus den 1950er-Jahren; das Abendessen im **Ten Restaurant** gehört zu den besten in der Stadt.

Essen & Ausgehen

McCormick Cafe FRÜHSTÜCK **$**
(☎406-255-9555; www.mccormickcafe.com; 2419 Montana Ave; Gerichte 8–10 US$; ⏲Mo–Fr 7–15, Sa 8–15, So 8–14 Uhr; 📶) Espresso, Müsli-Frühstück, Crêpes französischer Art, gute Sandwiches und eine muntere Atmosphäre bietet dieses besonders beliebte Lokal in der Downtown, das als Internetcafé anfing (es gibt noch ein paar alte Windows-XP-Computer – Benutzung auf eigene Gefahr!).

★ **Walkers Grill** MODERN-AMERIKANISCH **$$**
(☎406-245-9291; www.walkersgrill.com; 2700 1st Ave N; Tapas 6–12 US$, Hauptgerichte 15–30 US$; ⏲17–22 Uhr) Das gehobene Walkers bietet gute Grillspeisen und feine Tapas an der Bar (ab 16 Uhr geöffnet), dazu Cocktails, die von erfahrenen Barkeepern gemixt werden. Der elegante Raum mit seinen großen Fenstern würde gut nach Manhattan passen, wenn auch ohne die Lampen aus Stacheldraht – oder vielleicht gerade doch. Unbedingt probieren sollte man die koreanischen Fritten mit Schweinefleisch.

Überbrew KLEINBRAUEREI
(☎406-534-6960; www.facebook.com/uberbrew; 2305 Montana Ave; Hauptgerichte 9–11 US$; ⏲11–21 Uhr, Bier bis 20 Uhr) Die gepflegteste unter dem halben Dutzend Kleinbrauereien in Billings produziert preisgekrönte Biere, die deutlich besser sind als die der Konkurrenz. Auch das Essen ist nicht schlecht: Zur in Bier marinierten Bockwurst trinkt man am besten ein White-Noise-Hefeweizen, das sich dreimal so gut verkauft wie die anderen Fassbiere.

An- & Weiterreise

Downtown Billings liegt gleich abseits der I-90 und nimmt ein breites Tal des Yellowstone River ein. Der **Flughafen** (BIL; ☎406-247-8609; www.flybillings.com; N 27th Street) bedient größere Zentren (Salt Lake City, Minneapolis, Denver, Seattle, Portland, Phoenix, L. A., Las Vegas) sowie Ziele in Montana. **Jefferson Lines** (Jefferson Lines; ☎406-245-5116; www.jeffersonlines.com; 2502 1st Ave N; ⏲9–20 & 23–6 Uhr; 📶) fährt zweimal täglich nach Bozeman (39 US$, 3 Std.) und Missoula (70 US$, 7 Std.) und bietet Anschluss an das Greyhound-Busnetz.

Helena

Bei der Fahrt auf der Interstate ist es ziemlich einfach, das winzige Helena zu übersehen, man tut sich aber damit keinen Gefallen. Es lohnt sich durchaus, durch das triste, zweckbestimmte Gewerbegebiet in Richtung Last Chance Gulch und Old Helena vorzudringen, wo imposante Stein- und Ziegelgebäude mit Bögen und Winkeln entschlossene Dauerhaftigkeit ausstrahlen.

Aktivitäten

★ **The Trail Rider** WANDERN, MOUNTAINBIKEN
(☎406-449-2107; www.bikehelena.com/trail-rider; Ecke Broadway & Last Chance Gulch; ⏲Ende Mai–Sept. Mi–So) GRATIS In den Sommermonaten bringt ein eigens eingerichteter Stadtbus mit Fahrradanhänger Mountainbiker und Radfahrer zu einem von drei Startpunkten, von denen aus man auf einem langen Single Trail zurück in die Stadt radeln kann. Zu den Zielen gehören der Mt. Helena Ridge Trail, die Mt. Ascension Trails und der Continental Divide Trail am MacDonald Pass.

Schlafen & Essen

The Sanders B&B $$
(☎406-442-3309; www.sandersbb.com; 328 N Ewing St; Zi. 145–165 US$; ❄📶) Das im alten Villenviertel gelegene historische B&B gehörte einst Wilbur Sanders, einem Rechtsanwalt in der Grenzregion und der erste Senator von Montana. Heute gibt es hier sieben elegante Gästezimmer, einen wunderbaren alten Salon und eine luftige Frontveranda. Die Zimmer sind jeweils verschieden und durchdacht dekoriert. Geführt wird das Haus von einem Verwandten der Artistenfamilie Ringling; es ist mit entsprechenden Andenken ausstaffiert.

Murry's CAFÉ $
(☎406-431-2886; www.murryscafe.com; 438 N Last Chance Gulch; Hauptgerichte 6–11 US$; ⏲Mo–Fr 8–15, Sa & So 9–14 Uhr; 📶✍) Mit Spanakopita bis Soufflés bietet das kleine Café am südlichen Ende der Downtown Abwechslung von den üblichen Frühstücksgerichten. Besonders toll ist der Brunch (Sa & So), bei dem Waffeln im Mittelpunkt stehen: pur, gefüllt, belegt oder eingetaucht.

★ **General Mercantile** KAFFEE
(☎406-442-6078; www.generalmerc.com; 413 N Last Chance Gulch; ⏲Mo–Fr 8–17.30, Sa 9–17, So 11–16 Uhr; 📶) Man muss sich durch alle mögliche, hier zum Kauf angebotene Montana-Ware – Kolibri-Futterhäuschen, Postkarten und hausgemachte Marmelade – hindurchwinden, um zum vielleicht besten Kaffee im Universum vorzudringen. Mit seinem Espresso kann man sich in eine ruhige Nische setzen und darüber nachdenken, wie man wohl mit einem Meerjungfrau-Schwanz oder einem Kraken-Schnurrbart aussehen würde – beides wird hier auch zum Kauf angeboten.

Praktische Informationen

Helena Visitor Center (☎406-442-4120; www.helenachamber.com; 225 Cruse Ave; ⏲Mo–Fr 8–17 Uhr)

An- & Weiterreise

Der **Flughafen** (HNL; ☎406-442-2821; www.helenaairport.com; 2850 Mercer Loop) liegt 2 Meilen (3,2 km) nördlich der Downtown und verbindet Helena mit regionalen Zentren wie Salt Lake City, Seattle, Denver und Minneapolis. Der Bus **Salt Lake Express** (www.saltlakeexpress.com; 1415 N Montana Ave; ⏲3–20 Uhr) fährt Richtung Süden und hat in Butte Anschluss ans Greyhound-Netz.

Missoula

Die Einwohner von Missoula gehen gern in die Natur, und der Sommer ist hier ein fast endloser Strom von Farmers Markets, Konzerten im Park, Freiluftkino und ähnlichen Events. Man sitzt hier gern draußen, und bei einem Nachmittagsausflug fährt man mit dem Rad auf dem kilometerlangen Wegenetz in der Stadt und in den Gebirgsausläufern. Der Clark Fork River ist in seinem innerstädtischen Lauf ein Anziehungspunkt für Stehpaddler und stromabwärts für Angler. Steht man fünf Minuten an seinem Ufer, versteht man, warum die berühmte Erzählung *Aus der Mitte entspringt ein Fluss* hier spielt.

Die University of Montana sorgt für einen ständigen Zustrom junger Leute und neuer Ideen, die die Stadt und ihre Musikszene munter halten. Missoula wächst aber auch schnell, woraus eine Zersiedlung der Ränder und zunehmende Verkehrsdichte während der Stoßzeiten resultieren. Am besten wohnt man in Downtown.

Sehenswertes

★ **Garnet Ghost Town** GEISTERSTADT
(☎406-329-3914; www.garnetghosttown.org; Bear Gulch Rd; Erw./Kind 3 US$/frei; ⏲Juni–Sept. 9.30–16.30 Uhr; 🐾) Mehr als ein Dutzend Gebäude im Zustand des „angehaltenen Verfalls" versetzen einen zurück in den Goldrausch, als Städte fast über Nacht entstanden und genauso schnell wieder verschwanden. Man kann die Stätte immer besuchen, wenn die Straßen offen sind, aber einzelne Gebäude können innen nur während der angegebenen Öffnungszeiten besichtigt werden.

Smokejumper Visitor Center MUSEUM
(☎406-329-4934; www.fs.fed.us/fire/people/smokejumpers/missoula; 5765 West Broadway; ⏲Juni–Aug. 8.30–17 Uhr) GRATIS Das Visitor Center dieser Feuerwehr-Fallschirmspringerbasis würdigt die heroischen Männer und Frauen, die über dem Wald abspringen, um Waldbrände zu bekämpfen, mit einer nachdenklich stimmenden Ausstellung zu dieser immer gefährlicher werdenden Aufgabe. Die eigentliche Attraktion ist die Besichtigung der Einrichtung, in der die Feuerwehrleute leben, trainieren und ihre eigenen Fallschirme nähen.

Aktivitäten

A Carousel for Missoula SPIELPLATZ
(☎406-549-8382; www.carouselformissoula.com; 101 Carousel Drive, Caras Park; Erw./Kind

ABSTECHER

CUSTERS LETZTES GEFECHT

In der Crow Indian Reservation, der Heimat der Apsáalooke Nation, liegt das **Little Bighorn Battlefield National Monument** (☎406-638-3224; www.nps.gov/libi; 756 Battlefield Tour Road, Hwy 212 abseits der I-90; 20 US$/Fahrzeug; ⏱8–20 Uhr), eines der berühmtesten Schlachtfelder der amerikanischen Ureinwohner in den USA. Hier erlebte General George Custer sein berühmtes „letztes Gefecht". Custer und seine 272 Soldaten hatten sich einmal zu viel mit den Indianern (unter Führung des Oglala-Kriegshäuptlings Crazy Horse) angelegt. Sie umzingelten das Bataillon und machten es bis zum letzten Mann nieder – ein oft dargestelltes Massaker.

Das Visitor Center informiert über das Geschehen. Im Sommer veranstalten Ranger sehr unterhaltsame Vorträge (ca. 2 Std., kostenlos). Der Eingang befindet sich 1 Meile (1,6 km) östlich der I-90 am Hwy 212, 62 Meilen (ca. 100 km) von Billings.

2,25/0,75 US$; ⏱Sept.–Mai 11–17.30, Juni–Aug. bis 19 Uhr; 👪) Die Pferde dieses klassischen Karussells im Caras Park wurden von Künstlern handgearbeitet und bemalt und haben so eine je eigene Geschichte zu erzählen. Die große Geschichte ist aber, wie eine Gemeinde zusammenarbeitete, um den Traum eines Mannes zu verwirklichen, ein skurriles Stück der Downtown zu restaurieren.

Mount Sentinel WANDERN

(Campus Dr) Ein steiler Serpentinenweg führt hinter dem Football-Stadion der University of Montana hinauf zu einem weißgetünchten, kilometerweit sichtbaren „M" aus Beton auf dem Gipfel des 1572 m hohen Mt. Sentinel. Es lohnt sich, an einem warmen Sommerabend hinaufzuklettern und den herrlichen Blick auf die von vielen geliebte Stadt und ihre spektakuläre Umgebung zu werfen.

Der Startpunkt befindet sich im Phyllis Washington Park am Ostrand des Campus.

Schlafen & Essen

★ **Shady Spruce Hostel** HOSTEL $

(☎406-285-1197; www.shadysprucehostel.com; 204 E Spruce St; B 35–40 US$, EZ/Suite 55/85 US$; ❄📶) Die Renaissance des Hostels in den USA freut uns sehr, und dieser saubere, helle und geräumige Neuzuwachs passt prima in den Trend. Das umgebaute Wohnhaus ist nur einen Block vom Zentrum entfernt, und Fahrräder werden ausgeliehen.

Goldsmith's Bed & Breakfast B&B $$

(☎406-728-1585; www.missoulabedandbreakfast.com; 809 E Front St; Zi. 144–204 US$; ❄📶🐾) Bevor dieses einladende Gebäude in zwei riesigen Stücken ans Flussufer versetzt und zu einem einladenden B&B wurde, befand sich hier eine Studentenverbindung und zuvor diente es als Sitz des Präsidenten der University of Montana. Die modern-viktorianischen Zimmer sind alle komfortabel, aber besonders gut gefällt uns die Greenough Suite mit Schreibtisch und einer privaten Terrasse mit Blick auf den Fluss.

The Catalyst CAFÉ $

(☎406-542-1337; www.thecatalystcafe.com; 111 N Higgins Ave; Hauptgerichte 8–13 US$; ⏱8–15 Uhr) Das bei Einheimsichen sehr beliebte Frühstückscafé serviert große Portionen *chilaquiles*, die man mit der hausgemachten scharfen Chipotle-Kaffee-Sauce übergießen kann. Nicht entgehen lassen sollte man sich die Buchweizen-Waffeln. In der Regel wird man warten müssen, ehe man in dem kleinen Raum einen Platz bekommt, aber der Service ist effizient, und alle gehen zufrieden.

Market on Front DELI

(☎406-541-0246; www.marketonfront.co; 201 E Front St; ⏱8–20, So bis 19 Uhr) 🍃 Man bestellt ein frisch zubereitetes Sandwich oder eine große Frühstücksschale oder man wählt einen der Leckerbissen zum Mitnehmen in der Kühltheke. Die gesunden Snacks, regionalen Tees, Bio-Schokoladen und Biere aus der Region im Sixpack sind genau das Richtige für ein Picknick. Man kann aber auch drinnen essen: Dank der vielen Fenster ist der Unterschied nicht groß.

Ausgehen & Nachtleben

Für eine Kleinstadt hat Missoula eine überraschend muntere Musikszene.

Top Hat Lounge LOUNGE

(www.tophatlounge.com; 134 W Front St; ⏱Mo–Mi 11.30–22, Do–Sa bis 2 Uhr) Hier legt Missoula richtig los: Die schummrige Stätte bietet an den meisten Abenden Livemusik in einem Raum, der groß genug ist zum Tanzen, aber klein genug, dass man den Eindruck gewinnt, die Band spiele nur für einen selbst.

Wenn der Hauptact für den „Hat" zu groß ist, wird der Auftritt ins historische **Wilma**

Theater verlegt, eine andere Logjam-Musikstätte (www.logjampresents.com).

The Old Post BAR
(☎406-721-7399; www.facebook.com/oldpostpub; 103 W Spruce St; Hauptgerichte 8–12 US$; ⌚Mo–Do 11–1, Fr bis 2, Sa & So ab 9 Uhr) Tolles Fassbier, freundliche Bedienung, ordentliche Kneipenkost und ein Elch mit Smbrero – der allen offenstehende Forgotten Warriors Post der American Legion ist durchaus liebenswert. Es handelt sich um eine gemütliche, unprätentiöse Bar, die mit ihren abgewetzten Sitznischen und der gemütlichen kleinen Terrasse hinten den Eindruck einer genutzten Wohnung macht.

Praktische Informationen

Visitor Center (☎406-532-3250; destinationmissoula.org; 101 E Main St; ⌚Mo–Fr 8–17 Uhr) Missoula unterhält eine nützliche Website und eine Infostelle in der Innenstadt.

An- & Weiterreise

Missoulas **Flughafen** (MSO; ☎406-728-4381; www.flymissoula.com; 5225 Hwy 10 W) ist zwar klein, hat aber regelmäßige und in der Regel erschwingliche Verbindungen zu den meisten größeren Zentren, darunter nach Salt Lake City, Denver, Phoenix, L. A., Seattle und Minneapolis. Die regelmäßigen Busse von **Greyhound** (☎406-549-2339; www.greyhound.com; 1660 W Broadway; ⌚7.15–12 & 18–23 Uhr) bringen einen zu den meisten Zielen in der Region.

Flathead Lake

Der größte natürliche Süßwassersee westlich des Mississippi ist nur eine Autostunde vom Glacier National Park entfernt und ergänzt somit die herrliche Vielfalt der Naturlandschaften im westlichen Montana. Die kleine, idyllische und kunstsinnige Gemeinde **Bigfork** liegt am Nordende des Sees, während **Polson** am Südende eine eher durchschnittliche US-amerikanische Kleinstadt ist.

Man kann an beiden Seiten des Sees entlangfahren, wo man jeweils Campingplätze, Lodges, Strände und Wanderwege antrifft. Für welche Seite man sich entscheidet, hängt eigentlich nur davon ab, ob man die Sonne über dem ruhigen Gewässer auf- oder untergehen sehen will.

Wer sich etwas abseits der Massen halten will, bricht zum etwas abgeschiedeneren Swan Lake gleich östlich auf. Das nördlich des Sees gelegene Wandergebiet Jewel Basin lockt Backpacker aus dem ganzen Land an.

Miracle of America Museum MUSEUM
(☎406-883-6804; www.miracleofamericamuseum.org; 36094 Memory Lane, Polson; Erw./Kind 6/3 US$; ⌚Mo–Sa 8–20 Uhr, Sept.–Mai verkürzte Öffnungszeiten) Als Gil Mangels als Soldat im Ausland war, wurde ihm bewusst, wie viel Erfindungsgeist und Kreativität der US-amerikanischen Freiheit zu verdanken ist – und seither sammelt er wie besessen Zeugnisse dafür. Das 2 ha große, zugleich verwirrende und faszinierende Gelände ist übersät mit Hinterlassenschaften der US-Geschichte: alte Motorräder, Fahrräder, Schneekanonen, dampfbetriebene Traktoren, antike Steppdecken, Münzen, gusseiserne Bratpfannen und zahllose andere, teils skurrile Artefakte wahllos gestapelt und sortiert.

Kwataqnuk Resort HOTEL $$
(☎406-883-3636; www.kwataqnuk.com; 49708 Hwy 93, Polson; Zi. ab 170 US$; ❄📶🏊🐾) Das am See gelegene Kwataqnuk Resort gehört den Confederated Salish and Kootenai Tribes of the Flathead Nation (CSKT) und verfügt über eine Bootsanlegestelle, eine Terrasse am See mit Liegestühlen, einen Hallenpool und eine Kasino-Lounge. Die geräumigen Zimmer wurden 2016 renoviert, leider aber zieht der Tabakrauch aus dem Casino im Erdgeschoss immer noch durchs Haus.

★ **Echo Lake Cafe** CAFÉ $
(☎406-837-4252; www.echolakecafe.com; 1195 Hwy 83, Bigfork; Hauptgerichte 9–12 US$; ⌚6.30–14.30 Uhr; 📶) Das im ganzen Tal beliebte Lokal liegt etwas abseits, serviert aber eine große Auswahl günstiger Frühstücks- und Mittagsgerichte. Die Echo Lake Crêpes sind eine herzhafte Variation der allgegenwärtigen Eggs Benedict.

Die **Swan Rangers** (www.swanrange.org) treffen sich hier am Samstagmorgen vor dem Aufbruch zu Arbeiten an den Trails. Hier kann man sich von ihnen Insider-Infos zum Wandern in dem Gebiet holen.

Praktische Informationen

Der **Swan Lake Ranger District** (☎406-837-7500; www.fs.usda.gov/flathead; 200 Ranger Station Rd, Bigfork; ⌚Mo–Fr 8–16.30 Uhr) verwaltet den Forst rund um den Flathead Lake und den östlich gelegenen Swan Lake, darunter auch das traumhafte Wandergebiet des Jewel Basin.

Whitefish

Das winzige Whitefish scheint dabei zu sein, sich von einem entspannten, Outdoor-orientierten Bergstädtchen zu einer pelzgefütterten Spielwiese der Schickeria zu werden. Ganz so weit ist es glücklicherweise noch nicht, aber die charismatische, koffeingetränkte New-West-Stadt wirkt schon recht vornehm. Es gibt nette Restaurants, einen historischen Bahnhof, ein unterschätztes Skiresort und ausgezeichnete Möglichkeiten zum Radfahren und Wandern auf einem stetig wachsenden Wegenetz. Whitefish lohnt einen Besuch – am besten, solange der Aufenthalt noch erschwinglich ist.

Aktivitäten

Whitefish Legacy Partners WANDERN, MOUNTAINBIKEN
(www.whitefishlegacy.org) Whitefish ist von einem wachsenden Wegenetz umgeben, das ideal zum Wandern und Mountainbiken ist. Die treibende Kraft hinter dem Ausbau ist Whitefish Legacy Partners, die mit Events wie geführten Wanderungen mit dem Schwerpunkt auf Wildblumen, Bären und giftige Pflanzen für das Projekt werben.

Whitefish Mountain Resort SKIFAHREN
(☎406-862-2900; www.skiwhitefish.com; Big Mountain Rd; Ski-/Fahrrad-Lift 76/38 US$) Das Whitefish Mountain Resort am Big Mountain ist ein entspanntes Skigebiet alter Schule mit einem 1214 ha großen, abwechslungsreichen Terrain und 762 cm Schnee pro Jahr. Die Aussicht ist unvergleichlich (bei klarem Himmel).

Schlafen

★ **Whitefish Bike Retreat** HOSTEL $
(☎406-260-0274; www.whitefishbikeretreat.com; 855 Beaver Lake Rd; B/Zi. 45/95 US$; ❄ 📶) Die bewaldete Anlage, die alles feiert, was mit dem Fahrrad zu tun hat, ist ein Muss für Zweirad-Enthusiasten. Das geräumige Haus mit poliertem Holz bietet Schlafsäle, Privatzimmer und einen Gemeinschafts-Wohnbereich, wo man gut abhängen kann, wenn man nicht gerade die Wege auf dem Gelände oder den in der Nähe vorbeiführenden, ausgezeichneten **Whitefish Trail** erkundet.

The Lodge at Whitefish Lake RESORT $$$
(☎406-863-4000; www.lodgeatwhitefishlake.com; 1380 Wisconsin Ave; Zi. ab 300 US$; ❄ 📶 🏊) Die ständig zu den besten Luxushotels in Montana gezählte Lodge strahlt fast schon übertriebene Raffinesse und Eleganz aus. In der weitläufigen Anlage gibt's eine ganze Palette an Unterkünften, von Standardzimmern bis zu komplett ausgestatteten Ferienwohnungen. Das am See gelegene **Restaurant** und die Tikibar am Pool sind prima Orte, um den Sonnenuntergang zu genießen.

Essen & Ausgehen

Whitefish hat ein munteres Nachtleben mit einer Handvoll von Bars und Brauereien, obwohl letztere wegen der sehr bürokratischen Schanklizenzen in Montana früh schließen.

★ **Loula's** CAFÉ $
(☎406-862-5614; www.whitefishrestaurant.com; 300 Second St E, EG; Hauptgerichte 9–11 US$; ⌚Mo–So 7–14 & Do–So 17–21.30 Uhr; 📶) Das gut besuchte Café im Erdgeschoss des hundert Jahre alten Freimaurertempels prunkt mit regionaler Kunst an den Wänden und kulinarischen Künstlern in der Küche. Die empfehlenswerten Armen Ritter mit Zitronencreme und Himbeersauce sind ein leckeres Frühstück, vor allem wenn man sie mit den getrüffelten Eggs Benedict kombiniert.

Buffalo Café CAFÉ $$
(☎406-862-2833; www.buffalocafewhitefish.com; 514 3rd St E; Hauptgerichte 12–20 US$; ⌚Mo–Sa 7–14 & 17–21, So ab 8 Uhr) Das gut von Einheimischen aus der Nachbarschaft besuchte Buffalo ist das, was entsteht, wenn ein durchschnittliches, zu einer Kette gehörendes Diner jemanden anstellt, der wirklich kochen kann. Zum Frühstück kann man den originalen Buffalo Pie bestellen: einen Berg aus Rührei mit verschiedenen Zutaten (Käse, Gemüse, Schinken) auf einer Rösti-Unterlage. Man wird hier sicher nicht hungrig bleiben.

★ **Spotted Bear Spirits** DESTILLERIE
(☎406-730-2436; www.spottedbearspirits.com; 503 Railway St, Suite A; ⌚12–20 Uhr; 📶) Die preisgekrönten Spirituosen (Wodka, Gin & Agavenschnaps) werden mit geheimen Kräuter- und Gewürzmischungen zu einmaligen, preisgekrönten Cocktails kombiniert, die es nirgendwo sonst gibt. Man schnappt sich seinen Drink und gönnt sich oben auf dem Sofa eine Pause.

Montana Coffee Traders KAFFEE
(☎406-862-7667; www.coffeetraders.com; 110 Central Ave; ⌚Mo–Sa 7–18, So 8–16 Uhr; 📶) Whitefishs Kleinrösterei betreibt dieses stets gut besuchte Café mit Geschenkeladen im alten Skyles-Gebäude im Stadtzentrum. Die Fair-Trade-Bio-Bohnen werden in einem alten Farmhaus am Hwy 93 geröstet, das man besichtigen kann (Fr 10 Uhr mit Reservierung).

Praktische Informationen

Whitefish Visitor Center (www.whitefishvisit.com; 307 Spokane Ave; Mo–Fr 9–17 Uhr)

An- & Weiterreise

Vom 11 Meilen (17,7 km) entfernten **Glacier Park International Airport** (S. 139) gibt's täglich Flüge nach Denver, Salt Lake City und Seattle, am besten erreicht man Whitefish aber mit der Empire Builder Line der **Amtrak** (406-862-2268; 500 Depot St; 6–13.30, 16.30–24 Uhr), die über West Glacier (7,50 US$, 30 Min.) und East Glacier (16 US$, 2 Std.) auch Anschluss zum Glacier National Park bietet.

Glacier National Park

Wenige Gebiete auf Erden sind so grandios und ursprünglich wie der **Glacier National Park** (www.nps.gov/glac), der 1910 beim ersten Aufblühen der US-amerikanischen Naturschutzbewegung unter Schutz gestellt wurde und mit dem Yellowstone, dem Yosemite und dem Grand Canyon zu den erstaunlichsten Nationalparks des Landes mit den eindrucksvollsten Naturwundern zählt.

Die von Gletschern abgeschliffenen Überreste einer uralten Überschiebung ergeben eine herrliche Landschaft aus hohen, schneebedeckten Gipfeln mit mächtigen Wasserfällen und klaren, türkisfarbenen Seen. Die Berge sind von dichten Wäldern mit einem praktisch intakten präkolumbischen Ökosystem umgeben. Hier streifen noch immer viele Grizzlybären umher, und der Parkverwaltung gelingt es, das Gelände zugänglich und zugleich authentisch wild zu halten.

Der Park ist berühmt für seine historischen „Parkitecture"-Lodges, die spektakuläre Going-to-the-Sun Rd und Wanderwege in einer Gesamtlänge von 1190 km. Diese Infrastruktur sorgt dafür, dass Besucher leicht viele der wilden, hinreißenden, ca. 3856 km² umfassenden Landschaften in den Hochlagen des nordamerikanischen Kontinents erreichen können.

Sehenswertes & Aktivitäten

Die Visitor Centers und Rangerstationen im Glacier National Park verkaufen Führer und stellen Wanderkarten zur Verfügung. Die Visitor Centers in Apgar und St Mary sind von Mai bis Oktober täglich geöffnet, das Logan Pass Visitor Center dann, wenn die Going-to-the-Sun Rd nicht gesperrt ist. Die Rangerstationen Many Glacier, Two Medicine und Polebridge schließen Ende September.

Der Parkeintritt (15/30 US$ pro Wanderer/Fahrzeug) gilt für sieben Tage.

Für eine Tageswanderung auf den Wegen des Parks braucht man keine Genehmigung, wohl aber für Backpackertouren mit Übernachtung (nur Mai–Okt.). Die eine Hälfte des Genehmigungskontingents wird ohne Reservierung nach dem Prinzip „Wer zuerst kommt, mahlt zuerst" vom **Apgar Backcountry Office** (406-888-7800; www.nps.gov/glac/planyourvisit/backcountry-reservations.htm; Apgar Village; Mai–Ende Okt. 7–17 Uhr), dem **St. Mary Visitor Center** (östliches Ende der Going-to-the-Sun Road; Mitte Juni–Mitte Aug. 8–18 Uhr, Anfang Juni & Sept. 8–17 Uhr) und von den Rangerstationen im Park ausgegeben. Die andere Hälfte ist Reservierungen vorbehalten, die vorab online getätigt werden.

Logan Pass Visitor Center VISITOR CENTER
(406-888-7800; Going-to-the-Sun Rd; Juni–Aug. 9–19 Uhr, Sept. 9.30–16 Uhr) In dem Gebäude, das zweifellos die prächtigste Lage unter allen Visitor Centers im Park hat, gibt's Infos zum Park, interaktive Ausstellungen und einen guten Geschenke-Shop. Der Weg zum **Hidden Lakes Overlook** und der Highline Trail beginnen hier.

Hier erfährt man auch die Termine der von Rangern angebotenen Vorträge und geführten Wanderungen in der Gegend.

Bird Woman Falls WASSERFALL
(Going-to-the-Sun Rd) Von der künstlich geschaffenen Weeping Wall hat man einen Blick über das Tal auf dieses Naturwunder in der Ferne: die spektakulärenBird Woman Falls, die von einem der vielen Hochtäler des Nationalparks 152 m in die Tiefe rauschen.

Sunrift Gorge CANYON
(Going-to-the-Sun Rd) Gleich abseits der Going-to-the-Sun Rd liegt an einer Shuttle-Haltestelle diese schmale Schlucht, die im Verlauf von Jahrtausenden von dem reißenden Gletscherschmelzwasser des Baring Creek gegraben wurde. Sehenswert ist die pittoreske **Baring Bridge**, ein Beispiel der rustikalen Architektur der Going-to-the-Sun Rd; ein kurzer, von Bäumen eingefasster Weg führt hinunter zu den dunstigen **Baring Falls**.

Jackson Glacier Overlook AUSSICHTSPUNKT
Der beliebte Aussichtspunkt in kurzer Gehweite vom Startpunkt des Gunsight Pass Trail bietet einen Feldstecherblick auf den fünfthöchsten Gletscher des Parks nahe dem Gipfel des 3064 m hohen Mt. Jackson, einem der höchsten Berge im Park.

KOSTENLOSER PARK-SHUTTLE

Mit weniger Stress mehr sehen kann man, wenn man das Auto stehen lässt und den kostenlosen **Shuttleservice** (www.nps.gov/glac/planyourvisit/shuttles.htm; Juli & Aug. 9–19 Uhr) GRATIS des Parks nutzt. Die Busse, bei denen man beliebig aus- und wieder zusteigen kann, klappern alle wichtigen Punkte an der Going-to-the-Sun Rd zwischen dem Apgar und dem St. Mary Visitor Center ab. Sie fahren je nach Verkehrslage alle 15 bis 30 Minuten, die letzten Fahrten vom Logan Pass hinunter starten um 19 Uhr.

Den Shuttle zu nutzen, reduziert Abgasemissionen, gibt einem vor allem aber auch die Gelegenheit, die Landschaft zu bewundern, statt auf den Straßenverkehr achten zu müssen, und auf den Trails zu wandern, statt sich an den Startpunkten mit der Suche nach einem Parkplatz zu quälen.

Going-to-the-Sun Road SCENIC DRIVE
(www.nps.gov/glac/planyourvisit/goingtothesunroad.htm; Mitte Juni–Ende Sept.) Die 80,5 km lange Straße gehört zu den spektakulärsten in den USA. Sie wurde eigens errichtet, damit Besucher das Innere des Parks besuchen können, ohne wandern zu müssen. Dieses Wunder des Bauingenieurswesens ist ein National Historic Landmark. Die Straße führt über den Logan Pass (2026 m) und wird von Wanderwegen, Wasserfällen und Aussichtspunkten gesäumt.

★ **Highline Trail** WANDERN
(Logan Pass) Der Highline Trail führt quer über die berühmte Garden Wall zum **Granite Park Chalet** (406-387-5555; www.graniteparkchalet.com; 107 US$/1. Pers., 85 US$/weitere Pers.; Juli–Mitte Sept.), einer von zwei historischen Lodges, die nur für Wanderer erreichbar sind. Im Sommer sind die Hänge mit alpinen Pflanzen und Wildblumen bedeckt, und die Aussicht ist fabelhaft. Da der Weg auf 12,2 km lediglich 244 m ansteigt, gerät man beim Wandern auch nicht außer Atem.

Vom Granite Park Chalet aus hat man vier Optionen: Man kann zum Logan Pass zurücklaufen, auf der kontinentalen Wasserscheide zum Goat Haunt (35,4 km) vordringen, sich zum Swiftcurrent Pass und dem Many Glacier Valley (11,3 km) aufmachen oder zum Loop (6,4 km) hinuntersteigen, von wo man einen Shuttlebus zu allen Punkten der Going-to-the-Sun Rd nehmen kann.

Avalanche Lake Trail WANDERN
(nördlich des Lake McDonald) Diese leichte Einführung in das Wandern im Glacier National Park lohnt mit unberührten Bergseen, Wasserfällen und Kaskaden. Der 3,7 km lange Weg ist vergleichsweise einfach und gut mit einem Shuttle erreichbar – und daher in der Spitzensaison unweigerlich überlaufen: Alle, von Familien in Badelatschen bis zu Senioren mit Gehhilfen machen sich daran, die Baumgrenze zu überwinden.

Glacier Park Boat Co BOOTSTOUR
(406-257-2426; www.glacierparkboats.com) Sechs historische Boote, von denen einige aus den 1920er-Jahren stammen, fahren auf fünf der schönen Bergseen im Nationalpark. Teilweise wird die Bootsfahrt mit einer kurzen, von kompetenten und witzigen Guides geleiteten Wanderung kombiniert. Abenteuerlustige können bei dem Unternehmen am Lake Mary, am Swiftcurrent Lake und am Two Medicine Lake auch Ruderboote, Kajaks und Tretboote (18,30 US$/Std.) mieten.

Schlafen

Es gibt dreizehn **NPS-Campingplätze** (518-885-3639; www.recreation.gov; Stellplatz Zelt & Wohnmobil 10–23 US$) und sieben historische Lodges im Glacier National Park, die zwischen Mitte Mai und Ende September geöffnet sind. Für die Lodges muss man immer reservieren.

Nur die Campingplätze Fish Creek und St. Mary sowie einige wenige Stellplätze des Many Glacier Campground können (bis zu 5 Monate) im Voraus reserviert werden. Die nicht reservierbaren Campingplätze sind besonders im Juli und August in der Regel bis zum mittleren Vormittag belegt.

Etwa die Hälfte der Stellplätze auf den 65 Backcountry-Campingplätzen (mit je 2–7 Stellplätzen) können reserviert werden, die übrigen Plätze werden am Tag vor dem Beginn der Wanderung nach dem Prinzip „Wer zuerst kommt, mahlt zuerst" vergeben.

★ **Izaak Walton Inn** HISTORISCHES HOTEL $$
(406-888-5700; www.izaakwaltoninn.com; 290 Izaak Walton Inn Rd, Essex; Zi. 109–179 US$, Hütten & Begleitwagen 199–249 US$;) Das historische Gasthaus im Tudor-Stil liegt ganz nah an der Südgrenze des Glacier National Park und wurde 1939 erbaut, um örtliches Bahnpersonal zu beherbergen. Es ist auch

heute noch ein Bedarfshaltepunkt (Aussteigewunsch anmelden!) an der *Empire Builder* Route der Amtrak – eine romantische Form der Anreise. Man kann hier auch in Zug-Begleitwagen mit Einbauküchen übernachten – oder in einer historischen GN441-Lokomotive, die zur Luxussuite für vier Personen umgebaut wurde (329 US$).

Many Glacier Hotel HISTORISCHES HOTEL **$$**
(☎303-265-7010; www.glaciernationalparklodges.com; 1 Many Glacier Rd; Zi. 207–322 US$, Suite 476 US$; ⏲Mitte Juni–Mitte Sept.; 📶) Die mächtige, an ein Schweizer Chalet erinnernde Lodge liegt herrlich am Nordostufer des Swiftcurrent Lake. Sie wurde 1915 von der Great Northern Railway errichtet. Obwohl die komfortablen, aber rustikalen Zimmer in den letzten 15 Jahren renoviert wurden, leiden viele immer noch unter dünnen Wänden und antiquierten Installationen.

Essen

In Sommer gibt's im Glacier National Park Lebensmittelläden mit begrenzten Camping-Vorräten in Apgar, in der Lake McDonald Lodge, in Rising Sun und im Swiftcurrent Motor Inn. Die meisten Lodges haben eigene Restaurants. Die Restaurants in West Glacier und St. Mary servieren hauptsächlich herzhafte Kost für Wanderer.

Wenn man auf einem Campingplatz oder in einem Picknickbereich kocht, muss man angemessene Schutzmaßnahmen gegen Bären treffen und darf seine Nahrungsmittel nicht unbeaufsichtigt lassen.

★ **Serrano's Mexican Restaurant** MEXIKANISCH **$**
(☎406-226-9392; www.serranosmexican.com; 29 Dawson Ave, East Glacier Park; Hauptgerichte 13–18 US$; ⏲Mai–Sept. 17–21 Uhr; 📶) Das Restaurant, das in East Glacier Park am meisten von sich reden macht, serviert ein tolles *chile relleno* und ist für seine ausgezeichneten, eiskalten Margaritas, günstigen Burritos, Enchiladas und Quesadillas bekannt. Es residiert in der 1909 erbauten Dawson-Blockhütte. Auf Warten einstellen!

★ **Belton Chalet Grill & Taproom** INTERNATIONAL **$$$**
(☎406-888-5000; www.beltonchalet.com; 12575 US 2, West Yellowstone; Hauptgerichte 24–35 US$; ⏲17–21 Uhr, Schankstube ab 15 Uhr) 🌿 Das historische Chalet in West Glacier weiß, wie man ein Diner mit Wein ausrichtet. Das feine, mit Tischdecken und Weingläsern eingedeckte Restaurant hat eine kleine Karte, auf der z. B. in geräucherten Schinken eingewickelter Montana-Bison-Hackbraten steht.

ℹ Praktische Informationen

Glacier National Park Headquarters (☎406-888-7800; www.nps.gov/glac; West Glacier; ⏲Mo–Fr 8–16.30 Uhr)

ℹ Anreise & Unterwegs vor Ort

Der **Glacier Park International Airport** (FCA; ☎406-257-5994; www.iflyglacier.com; 4170 Highway 2 East, Kalispell) in Kalispell bietet ganzjährig Flüge nach Salt Lake City, Minneapolis, Denver, Seattle und Las Vegas sowie saisonale Flüge nach Atlanta, Oakland, L. A., Chicago und Portland, Oregon.

Der **Glacier Park Express** (☎406-253-9192; www.bigmtncommercial.org; Whitefish Library; Erw./Kind hin & zurück 10/5 US$; ⏲Juli–Anfang Sept.) ist eine Shuttleverbindung von Whitefish nach West Glacier.

Der *Empire Builder* von Amtrak hält täglich (ganzjährig) in **West Glacier** (www.amtrak.com) sowie in **East Glacier Park** (www.amtrak.com; ⏲April–Okt.). Xanterra bietet einen Shuttle (15 US$, 10–20 Min.) von West Glacier zu ihren Unterkünften am westlichen Ende; Shuttles von Glacier Park, Inc. (ab 15 US$, 1 Std.) verbinden East Glacier Park mit St. Mary.

In den Sommermonaten betreibt der Glacier National Park einen kostenlosen **Shuttlebus** von Apgar über die Going-to-the-Sun Rd nach St. Mary, bei dem man beliebig aus- und wieder einsteigen kann und der an allen wichtigen Startpunkten von Wegen hält. Xanterra hat die Konzession für die klassischen geführten **Red Bus Tours** (☎303-265-7010; www.glaciernationalparklodges.com/red-bus-tours; Erw. 34–100 US$, Kind 17–50 US$).

Wer mit dem eigenen Auto unterwegs ist, muss sich auf schmale, kurvenreiche Straßen, Staus und ein begrenztes Angebot von Parkplätzen an den meisten Haltepunkten längs der Going-to-the-Sun Rd einstellen.

IDAHO

Zwischen Montana und Oregon verbirgt sich ein ziemlich großer Landstreifen, in dem sich einige der größten und zerklüftetsten Berge in den „Lower 48" befinden. Dieses Land heißt Idaho und entstand, als die Bundesregierung die nördlichen Territorien in Bundesstaaten aufteilte, aus dem Rest, den niemand haben wollte: den hinderlichen 114 Bergketten, die sich nicht für die Landwirtschaft eignen.

Dieser Startnachteil des Bundesstaats erweist sich in der modernen Tourismuswirtschaft als eine goldene Chance. Mehr als 60 % des Bundesstaats sind öffentliches Land; mit 15 783 km² an Wildnisgebieten liegt Idaho in dieser Kategorie unter den Bundesstaaten auf dem 3. Platz – und Bergsteiger nehmen immer mehr davon Notiz. Der Outdoor-Tourismus bringt Idaho heute sechsmal so viel Geld ein wie seine berühmten Kartoffeln.

Boise

Erfrischend modern, urban und trendig sind keine Beschreibungen, die man mit den Städten Idahos verbindet, aber die Hauptstadt des Bundesstaats, die auch dessen größte Stadt ist, fügt sich nicht ins sonst passende Klischee. Boises muntere Downtown – mit Fußgängerstraßen, Bistros Pariser Art und eleganten Weinbars – würde gut an die Ostküste passen. Das Wegenetz, das von der Stadt in die bewaldeten Hügel ausgeht, kann es mit einigen der besten Wanderzielen in Colorado aufnehmen. Man kann sich durch den Greenbelt genauso gut im Floß treiben lassen wie in den beliebten Flüssen von Austin, Texas. Bei einer dampfenden Pfanne Paella im Basque Block fühlt man sich nach Bilbao versetzt. Angesichts von so vielen Möglichkeiten wird Boise zweifellos einen bleibenden Eindruck hinterlassen.

KURZINFOS IDAHO

Spitzname Gem State

Bevölkerung 1,6 Mio. Ew.

Fläche 216 445 km²

Hauptstadt Boise (223 154 Ew.)

Weitere Städte Idaho Falls (60 211 Ew.)

Verkaufssteuer 6 %

Geburtsort der Führerin der Lewis und Clark, Sacagawea (1788–1812); der Politikerin Sarah Palin (geb. 1964); des Dichters Ezra Pound (1885–1972)

Heimat von Sterngranaten (Edelsteinen), Sun Valley (Skiort)

Politische Ausrichtung verlässlich republikanisch mit kleinen demokratischen Enklaven (z. B. Sun Valley)

Berühmt für Kartoffeln, Wildnis, den ersten Sessellift der Welt

Nordamerikas tiefste Flussschlucht Idahos Hells Canyon (2,4 km)

Entfernungen Boise–Idaho Falls 280 Meilen (450 km), Lewiston–Coeur d'Alene 116 Meilen (187 km)

Sehenswertes & Aktivitäten

★**Basque Block** GEBIET

(www.thebasqueblock.com; Grove St zw. 6th & Capital) In Boise leben, je nachdem, wen man fragt, bis zu 15 000 Menschen baskischer Abstammung – die größte baskische Bevölkerung außerhalb Spaniens. Die Auswanderer kamen im zweiten Jahrzehnt des 20. Jhs. ins Land, um als Schafhirten zu arbeiten, denn damals lebten hier noch siebenmal so viele Schafe wie Menschen. Nur wenige Nachkommen dieser Basken arbeiten heute noch als Hirten, aber viele Großfamilien sind geblieben, und ihre einzigartige Kultur lebt immer noch weiter, wie man besonders deutlich an der Grove St zwischen der 6th St und dem Capitol Blvd erleben kann.

Boise River Greenbelt PARK, MUSEUM

(http://parks.cityofboise.org) Das schimmernde Grün des Treasure Valley verdankt sich dem ehrgeizigen Plan aus den 1960er-Jahren, die Erschließung der Auen des Boise River zu unterbinden und damit eine offene Fläche in der rapide wachsenden Stadt zu erhalten. Die immer mehr werdenden Parks und Museen an dem von Bäumen gesäumten Fluss sind von Mehrzweckwegen (über 48 km) verbunden, an denen sich im Sommer unglaublich viele Floßfahrer tummeln. Ein Wildwasserpark mit hydraulisch gesteuertem Wellengang, der gerade für 12 Mio. US$ gebaut wird, verspricht der größte seiner Art zu werden.

World Center for Birds of Prey VOGELSCHUTZGEBIET

(Peregrine Fund; ☎208-362-8687; www.peregrinefund.org/visit; 5668 W Flying Hawk Lane; Erw./Kind 7/5 US$; ⊙März–Okt. Di–So 10–17 Uhr, Nov.–Feb. bis 16 Uhr) Die weltweiten Raubvogelschutzprogramme des Peregrine Fund haben zur Erholung der Bestände vieler Arten geführt, die kurz vor dem Aussterben standen. Zu ihnen gehört auch der berühmte Kalifornische Kondor, der hier erfolgreich in Gefangenschaft brütet, sodass die Jungvögel in Kalifornien und im Grand Canyon freigesetzt werden können. Ein Kondor-Paar lebt in diesem Zentrum zusammen mit anderen eindrucksvollen Vögeln, darunter der nördliche Aplomadofalke, bei dessen Brutpaaren Männchen und Weibchen gemeinsam auf die Jagd nach Wachtelammern gehen. Die Freiluft-„Fall Flights" muss man gesehen haben (Okt., Fr–So 15 Uhr).

Boise Art Museum MUSEUM
(208-345-8330; www.boiseartmuseum.org; 670 Julia Davis Dr; Erw./Kind 6/3 US$; Di–Sa 10–17, So 12–17 Uhr) Das kleine, aber faszinierende Museum im 36 ha großen Julia Davis Park zeigt vor allem zeitgenössische Kunst in allen Medien, darunter auch ein paar Warhols, sowie Wanderausstellungen mit Werken großer Künstler. Am ersten Donnerstag jedes Monats hat man Einlass gegen eine Spende, und das Museum bleibt bis 20 Uhr offen.

Idaho State Historical Museum MUSEUM
(208-334-2120; https://history.idaho.gov/idaho-state-historical-museum; 610 N Julia Davis Dr, Ausweichstandort: 214 Broadway; während der Renovierung: Mo–Fr 11–16 Uhr) Während der Renovierung des Hauptgebäudes sind einige Exponate, darunter das bekannte ausgestopfte zweiköpfige Kalb, im Ausweichquartier 214 Broadway zu sehen. Die Wiedereröffnung soll im Spätsommer 2018 stattfinden.

Ridge to Rivers Trail System WANDERN
(208-493-2531; www.ridgetorivers.org; nordöstlich von Boise;) Rund 306 km Wander- und Mountainbike-Wege ziehen sich durch die Gebirgsausläufer oberhalb der Stadt und führen durch Wiesen, an mit Sträuchern bewachsenen Hängen und von Bäumen gesäumten Bächen entlang bis in den Boise National Forest. Die Möglichkeiten sind schier endlos. Die besten Startpunkte sind der Cottonwood Creek Trailhead östlich des Kapitols und der **Camel's Back Park** im Norden.

Boise River Float PARK
(www.boiseriverraftandtube.com; 4049 S Eckert Rd, Barber Park; Vermietung Reifenschläuche 12 US$, aufblasbares Kajak 35 US$, Floß 45 US$;) An einem sonnigen Sommertag kann man in Boise nichts Besseres tun, als sich den Fluss hinuntertreiben zu lassen. Wassergefährte – von Reifenschläuchen bis zu Flößen für sechs Personen – kann man im Barber Park (geöffnet Juni–Ende Aug. je nach Wasserstand, Parkplatz Mo–Do 5 US$, Fr–So 6 US$) mieten, wo man auf eigene Faust eine 10 km lange, 1½- bis dreistündige Fahrt stromabwärts bis zum Ann Morrison Park antreten kann.

Schlafen

Inn at 500 HOTEL $$
(208-227-0500; www.innat500.com; 500 S Capitol; Zi. 205–265 US$, Suite 295–315 US$;) Endlich ein Luxus-Boutiquehotel, das sich nicht mit dem Herausputzen des Foyers begnügt. Kunstwerke, einmalige Dioramen und geblasene Glaswaren – alles von örtlichen Künstlern – schmücken die Korridore und Zimmer und sorgen für eine freundliche Atmosphäre, die sich deutlich gegenüber der Übernachtung in einem guten Standardhotel auszeichnet. Das Haus liegt in Gehweite zu Downtown Boise.

★ **Boise Guest House** PENSION $$
(208-761-6798; www.boiseguesthouse.com; 614 North 5th St; Suite 99–189 US$;) Das ansprechende alte Haus, ein echtes Heim in der Fremde, verfügt über eine Handvoll bequem verteilter und geschmackvoll eingerichteter Suiten mit Einbauküche und Wohnbereich. Alle Zimmer haben Zugang zu dem großen Grill im entspannenden Hinterhof, zur Waschküche und zu den rotweißen Cruiser-Fahrrädern.

Essen

Boises muntere Downtown beherbergt eine Restaurant-Palette von zwanglos bis förmlich. Lohnend sind die baskischen Spezialitäten. Noch lässiger ist die hippe Hyde-Park-Gegend an der 13th St, wo man sich nach dem Wandern gut einen Snack holen kann.

★ **Goldy's Breakfast Bistro** FRÜHSTÜCK $
(208-345-4100; www.goldysbreakfastbistro.com; 108 S Capitol Blvd; Hauptgerichte 6–20 US$; Mo–Fr 6.30–14, Sa & So 7.30–14 Uhr) Wenn man annimmt, dass ein Ei nur ein Ei ist (gleichgültig, ob als Rührei, Spiegelei oder pochiert), bietet das Goldy's 866 320 „Stelldein-Frühstück-selbst-zusammen"-Kombinationen an. Wir verbürgen uns nicht für die Zahl, denn wir waren, als wir das ausrechneten, schon zu sehr mit Sauce hollandaise abgefüllt. Man kann sich aber auch einfach für die Frittatas, Eggs Benedict oder mächtigen Frühstücks-Burritos entscheiden.

Fork MODERN-AMERIKANISCH $$
(207-287-1700; www.boisefork.com; 199 N 8th St; Hauptgerichte 15–28 US$; Mo–Fr 11.30–22, Sa 9.30–23, So 9.30–21 Uhr;) Das große Restaurant in dem alten Bankgebäude an einer Ecke in der Downtown ist immer eine gute Wahl, ganz besonders aber beim Wochenend-Brunch. Die Pazifischen Taschenkrebse mit Rührei passen hervorragend zur Hausspezialität Spargel-„Fritten". An sonnigen Sommertagen sorgt eine Fork Lemonade für Erfrischung.

Ausgehen & Nachtleben

Im Stadtzentrum von Boise, wo selbst am Sonntagabend noch etwas los ist, herrscht kein Mangel an munteren und kreativen Bars. Je weiter man sich vom Zentrum entfernt, desto langweiliger werden aber die Optionen.

★ **Bodovino** WEINBAR
(☎ 208-336-8466; www.bodovino.com; 404 S 8th St; ⏲ Mo–Fr 11–23, Sa bis 1, So bis 21 Uhr; 📶) Ob man nun ein Weinkenner oder einfach nur Weintrinker ist, die Vielfalt der Weine ist eine Versuchung, zumal man allein mit Wänden voller Automaten ist, die Kostproben oder ganze Gläser von 144 verschiedenen Weinen ausspucken.

Bardenay DESTILLERIE
(☎ 208-426-0538; www.bardenay.com; 610 Grove St; Cocktails ab 7 US$; ⏲ Mo–Fr 11 Uhr–open end, Sa & So ab 10 Uhr) Das Bardenay war der allererste „Destillerie-Pub" der USA, und ist auch weiterhin eine einmalige Bar. Das Unternehmen im Basque Block (S. 140) stellt Rum im Haus her und hat abgelagerten Whiskey, der nun verkaufsfähig ist. Das schwindelerregende Cocktail-Angebot stützt sich auf Spirituosen aus allen drei Produktionsstätten in Idaho; zu empfehlen ist der Sunday Morning Paper, eine zu Kopf steigende Kreation aus Zitronensaft und Wodka, die an eine Bloody Mary erinnert.

Praktische Informationen

Visitor Center (☎ 208-344-7777; www.boise.org; 250 S 5th St, Ste 300; ⏲ Juni–Aug. Mo–Fr 10–17, Sa 10–14 Uhr, Sept.–Mai Mo–Fr 9–16 Uhr) Auf der Webseite von Boises Touristeninformation steht ein nützlicher Veranstaltungskalender.

Anreise & Unterwegs vor Ort

Der **Boise Municipal Airport** (BOI; ☎ 208-383-3110; www.iflyboise.com; 3201 Airport Way, I-84 Ausfahrt 53) ist klein, aber betriebsam und mit Direktflügen zu einer Reihe von Zielen, darunter Denver, Las Vegas, Phoenix, Portland, Salt Lake City, Seattle und Chicago, auch gut angebunden. Die Greyhound-Busse fahren vom **Busbahnhof** (www.greyhound.com; 1212 W Bannock St; ⏲ 6–11, 16–24 Uhr) u. a. nach Spokane, Pendleton und Portland, nach Twin Falls und Salt Lake City.

Die Fahrräder des Leihsystems **Green Bike** (☎ 208-345-7433; www.boise.greenbike.com; 5 US$/Std.) sind die bei weitem coolste Art, in der Downtown herumzukommen.

Ketchum & Sun Valley

Sun Valley liegt in einer der schönsten Naturlandschaften Idahos und ist ein Stück Ski-Geschichte: Der Ort ist das erste eigens angelegte Skiresort in den USA. Es wurde von der Union Pacific Railroad eingerichtet, die damit die Auslastung ihrer Züge steigern wollte. Eröffnet wurde es 1936 mit viel Tamtam, einer luxuriösen Muster-Lodge und dem ersten Sessellift der Welt.

Das Skigebiet und die Stadt Ketchum wurden schon bald durch Prominente wie Ernest Hemingway, Clark Gable oder Gary Cooper bekannt (denen Averell Harriman, der Politiker, Eisenbahnerbe und Gründer von Sun Valley, den Aufenthalt als Werbetrick finanzierte). Seither zieht es immer wieder Hollywood-Promis hierher.

Das Gebiet ist dennoch schön und erschwinglich. Es erstreckt sich mit Thermalquellen, Wanderwegen und Möglichkeiten zum Angeln, Jagen und Mountainbiken vom Galena Pass hinunter bis in die Gebirgsausläufer um Hailey.

Aktivitäten

★ **Galena Lodge** OUTDOOR
(☎ 208-726-4010; www.galenalodge.com; 15187 Hwy 75; Skilanglaufpass Erw./Kind 17/5 US$; ⏲ Lodge 9–16 Uhr, Küche 11.30–15.30 Uhr) Kilometerlange Mountainbike-Trails und präparierte Langlaufloipen gehen von dieser coolen Lodge aus, die Ausrüstung vermietet und Mittagessen serviert, damit man während der sportlichen Betätigung bei Kräften bleibt. Wer seinen zuhause gelassenen Vierbeiner vermisst, kann hier einen Ersatzhund auf die Tour mitnehmen. Die Lodge befindet sich 23 Meilen (37 km) nördlich von Ketchum.

Sun Valley Resort WINTERSPORT
(☎ 888-490-5950; www.sunvalley.com; Ketchum; Winter Skiticket 89–139 US$) Sun Valley ist ein Inbegriff für luxuriöses Skifahren, seit hier 1936 der weltweit erste Sessellift installiert wurde. Heute kann man zwar überall bequem sitzend zu den Pisten gelangen, aber die Menschen kommen immer noch wegen des lockeren Pulverschnees und der Gelegenheit, Promis zu sichten, hierher. Die beiden Berge – der **Dollar Mountain** mit leichten Pisten und großen Geländeparks östlich und der **Bald Mountain** mit seinen schwarzen und blauen Pisten westlich der Stadt – sorgen für eine große Auswahl.

Wood River Trail System WANDERN, RADFAHREN

(www.bcrd.org/wood-river-trail-summer.php) Gute Dinge werden möglich, wenn sich die Gemeinde für Outdoor-Aktivitäten einsetzt. Das asphaltierte Wegenetz erstreckt sich über 51,5 km und verbindet auf der alten Route der Union Pacific Railroad die wichtigsten Punkte von Sun Valley mit den Ortschaften Ketchum, Hailey und Bellevue (20 Meilen/32,2 km südlich).

Schlafen

Dank dem neuen Hostel in Ketchum beschränken sich die günstigen Übernachtungsmöglichkeiten nicht länger auf das kostenlose Campen auf dem Land des Bureau of Land Management (BLM) und des Forest Service nahe der Stadt. Die Preise variieren saisonal und sind im Winter am höchsten.

Hot Water Inn HOSTEL $

(☎626-484-3021; www.facebook.com/thehoth2oinn; 100 Picabo St; B 39 US$, Zi. 109 US$, Suite 126 US$; 📶) Ideal für Skifahrer: Engagierte Einheimische haben sich zusammengetan und ein altes Internat zu Ketchums günstigster und coolster Unterkunft für ein Wochenende umgebaut. Im großen Saal mit Bar und Bühne gibt's an vielen Abenden Jam-Sessions, und die Warm-Springs-Skilifte von Sun Valley sind nur einen Katzensprung entfernt.

Tamarack Lodge HOTEL $$

(☎208-726-3344; www.tamaracksunvalley.com; 291 Walnut Ave; Zi. ab 169–179 US$, Suite 209–249 US$; ❄📶🏊🐾) Die Zimmer in dieser ältlichen, aber sauberen Lodge in Downtown mit Skiferien-Charme der 1970er-Jahre sind geschmackvoll, einige jedoch ein bisschen düster. Viele verfügen über einen Kamin und alle über einen Balkon. Für die Gäste gibt's einen Whirlpool und ein Hallenbad.

Sun Valley Lodge HOTEL $$$

(☎208-622-2001; www.sunvalley.com; 1 Sun Valley Rd; Inn ab 349 US$, Lodge ab 439 US$; ❄@📶🏊) Schon vor der Renovierung, mit der 2015 die schicke Lodge aus den 1930er-Jahren – die erste und beste Adresse in Sun Valley – aufgemöbelt wurde, kamen die Promis in Scharen. Die Standardzimmer bieten die gleichen Annehmlichkeiten wie die teureren – darunter auch ein geräumiges Bad mit Badewanne –, sie sind lediglich kleiner.

Essen & Ausgehen

Bevor man sich die (regelmäßige) Livemusikszene im Valley anschaut, geht's zum Après-ski ins **Apple's** (☎208-726-7067; www.facebook.com/applesbarandgrill; 205 Picabo St; ⏲Sommer & Winter 11–18 Uhr). In den schickeren Bars sperrt man den „Pöbel" gern aus. Wenn man Pech hat und zu dieser Kategorie gezählt wird, bleibt einem immer noch ein Hocker an der Bar des **Casino Club** (☎208-726-9901; 220 N Main St; ⏲11–2 Uhr).

The Kneadery FRÜHSTÜCK $

(☎208-726-9462; www.kneadery.com; 260 N Leadville Ave; Hauptgerichte 8–13 US$; ⏲8–14 Uhr) Das Lokal abseits der Hauptstraße in einer alten Blockhütte mit Kamin, Kunst des amerikanischen Westens und einem von der Decke hängenden Kanu aus Birkenrinde ist eine solide Wahl für Frühstück und Mittagessen. Das Ambiente ist fast genauso toll wie die Pfannkuchen.

Powerhouse KNEIPENKOST $

(☎208-788-9184; www.powerhouseidaho.com; 411 N Main, Hailey; Hauptgerichte 9–15 US$; ⏲11.30–22 Uhr) 🍃 Wir konnten uns kaum entscheiden, ob wir das Powerhouse unter „Fahrrad-Shop", „Bar" oder „Restaurant" aufführen sollten. Bei 17 Fassbieren kann man hier nach einem harten Tag auf den Trails von Sun Valley sein Fahrrad wieder aufmöbeln lassen – oder einfach nur abhängen und örtliche Mountainbiker kennen lernen. Die Tacos und Burger sind ebenfalls richtig gut.

★ **Pioneer Saloon** STEAKS $$$

(☎208-726-3139; www.pioneersaloon.com; 320 N Main St; Hauptgerichte 15–35 US$; ⏲17–22 Uhr, Bar 16 Uhr–open end) Die besten Steaks in Ketchum (manche meinen, in ganz Idaho) gibt's in dieser ehemaligen illegalen Spielhalle, die heute ganz ungeniert im Western-Stil mit Hirschköpfen, alten Gewehren (eines gehörte Ernest Hemingway) und Munitions-Reklamebrettern ausstaffiert ist. Wer keine Vorliebe für rotes Fleisch hat, hält sich an die Fischgerichte, das leckere Mango-Chutney oder das Kebab mit gegrilltem Hühnchen und Gemüse.

Praktische Informationen

Sun Valley/Ketchum Visitors Center (☎208-726-3423; www.visitsunvalley.com; 491 Sun Valley Rd; ⏲6–19 Uhr; 📶) Besetzt nur von 9 bis 18 Uhr, davor und danach kann man sich aber Karten und Broschüren holen.

Anreise & Unterwegs vor Ort

Der **Friedman Memorial Airport** (SUN; ☎208-788-4956; www.iflysun.com; 1616 Airport Circle, Hailey, Idaho) liegt 12 Meilen (19,3 km) südlich von Ketchum in Hailey und hat täglich Verbindungen zu den meisten wichtigen Zentren der westlichen USA (L. A., San Francisco, Seattle, Salt Lake City & Denver) sowie zweimal pro Woche nach Portland, Oregon. Es kann allerdings manchmal billiger sein, nach Boise zu fliegen und dort den **Sun Valley Express** (Caldwell Transportation; ☎208-576-7381; www.sunvalleyexpress.com; Erw./Kind 85/75 US$, 3 Std.) zu nehmen.

Mountain Rides (☎208-788-7433; www.mountainrides.org) bietet kostenlosen Transport in ganz Ketchum.

Stanley

Stanley besteht aus kaum mehr als einer Ansammlung rustikaler Blockhütten am Fuß der zerklüfteten Sawtooth Range und ist das vielleicht malerischste Dorf in den USA. Im Sommer steigt die Bevölkerungszahl (63 Ew.) durch den Zustrom von Wildwasserfahrern, Anglern und Wanderern kräftig an, die sich auf den mächtigen Gipfeln und in den versteckten Tälern der Sawtooth Range tummeln.

Aktivitäten

★ Sawtooth National Recreation Area NATUR

(www.fs.usda.gov/recarea/sawtooth/recarea/?recid=5842) In der spektakulären Sawtooth National Recreation Area gibt's Flüsse für Bootsfahrer, Berge für Kletterer, Tiere für Jäger, mehr als 300 Seen für Angler und mehr als 1127 km an Trails für Wanderer und Mountainbiker. Das Erholungsgebiet umfasst 3030 km² öffentliches Land zwischen Stanley und Ketchum und bietet unvergleichliche Erkundungs- und Freizeitmöglichkeiten.

Middle Fork of the Salmon RAFTEN

(☎877-444-6777; www.recreation.gov) Stanley ist der Ausgangspunkt für Rafting-Abenteuer auf dem legendären mittleren Arm des Salmon River, der als der „letzte Wildfluss" angepriesen wird. Auf der 161 km langen Fahrt durch die unheilverheißend klingende River of No Return Wilderness überwindet man mehr als 100 Stromschnellen und einen Höhenunterschied von 914 m. Das ist Wildwasser-Rafting vom Feinsten, und einige Veranstalter bieten Touren an.

Kirkham Creek Hot Springs THERMALQUELLEN

(Hwy 21, Lowan; ⌚Sonnenaufgang–Sonnenuntergang) GRATIS Die natürlichen Thermalquellen am Kirkham Campground liegen rund 5 Meilen (8 km) östlich von Lowman und 53 Meilen (85,3 km) südwestlich von Stanley am Hwy 21. An den Wochenenden (Parkplatz 5 US$) kann es voll werden, aber die Kaskaden und Teiche mit dampfendem Wasser neben dem kalten Payette River sind immer entspannend.

Schlafen & Essen

Es gibt rund ein halbes Dutzend Hotels und Lodges in Stanley sowie viele Campingplätze im umliegenden National Forest. Sogar in der Sommersaison, wenn ein paar mehr Restaurants öffnen, ist das gastronomische Angebot ziemlich dürftig.

National Forest Campgrounds CAMPING $

(☎877-444-6777; www.fs.usda.gov/activity/sawtooth/recreation/camping-cabins; Stanley District Office; Stellplatz Zelt & Wohnmobil 12–18 US$) Dutzende eingerichtete Campingplätze bieten überall in der Sawtooth National Recreation Area ausgezeichnete Gelegenheiten, unter den Sternen zu übernachten; viele liegen innerhalb einer Fahrtstunde von Stanley. Einige Stellplätze können online reserviert werden (www.recreation.gov), bei den anderen gilt: Wer zuerst kommt, mahlt zuerst.

Sawtooth Hotel HOTEL $

(☎208-721-2459; www.sawtoothhotel.com; 755 Ace of Diamonds St; DZ mit/ohne Bad 100/70 US$; ⌚Mitte Mai–Mitte Okt.; 📶) Das Hotel in einem nostalgischen Blockhaus-Motel von 1931 wurde zwar komfortabel renoviert, hat sich aber seine für den Ort typische Gastlichkeit bewahrt. Die sechs Zimmer sind im altmodischen Landhausstil möbliert, zwei verfügen über ein eigenes Bad. Zwar gibt es weder TVs noch schnelles WLAN, aber ausgezeichnetes Essen (Hauptgerichte 14–26 US$) mit vegetarischen und glutenfreien Optionen und eine kleinen Auswahl ordentlicher Weine.

★ Stanley Baking Company BÄCKEREI, FRÜHSTÜCK $

(www.stanleybakingco.com; 250 Wall St; Hauptgerichte 8–13 US$; ⌚Mai–Okt. 7–14 Uhr) Die legendäre Bäckerei, in der man auch brunchen kann, liegt mitten im Nirgendwo und ist ein Muss. Die kleine Blockhütte ist fünf Monate im Jahr geöffnet und der einzige Ort im Dorf, wo man wahrscheinlich anstehen muss. Der Grund sind die hervorragenden hausgemachten Backwaren und die Hafer-Pfannkuchen.

Idaho Panhandle

In vielerlei Hinsicht hat man im nördlichen Idaho eher das Gefühl im Nordwesten der USA zu sein als in den Rocky Mountains. Vielleicht sorgen die eindrucksvoll großen Seen mit ihren Segelbooten für eine nautische Atmosphäre. Vielleicht liegt es aber auch an den unaufdringlichen Bergen, den dichten Wäldern oder der sich erholenden Holzindustrie. Vielleicht ist es aber auch nur etwas so Schlichtes wie eine gemeinsame Zeitzone (im Panhandle gilt die Pacific Standard Time), dass die entspannten Tage am See länger wirken und zu längerem Bleiben verlocken.

Sandpoint ist das interessanteste Ziel im Panhandle, und zwar nicht nur dank dem riesigen Lake Pend Oreille (Idahos größtem See), sondern auch einer hübschen, zu Spaziergängen einladenden Downtown und einem örtlichen Skiresort.

Die größte Stadt der Region, Coeur d'Alene (46 402 Ew.) ist eine Verlängerung des Großraums von Spokane, mutet aber trotzdem ländlich an. Es gibt eine kleine Uferpromenade und einen gepflegten Park vor dem auffälligen Resort am Nordufer des Lake Coeur d'Alene.

Aktivitäten

Schweitzer Mountain Resort WINTERSPORT
(☎208-263-9555; www.schweitzer.com; 10 000 Schweitzer Mountain Rd, Sandpoint; Skilift 77 US$, Mountainbike-Lift 35 US$) Das hochgeschätzte Skigebiet 11 Meilen (17,7 km) nordwestlich von Sandpoint wird vor allem wegen seiner mit Bäumen bestandenen Pisten gepriesen. Auf dem 1174 ha großen Gelände gibt's jährlich 762 cm Schnee. Die Mountainbike-Trails im Sommer sind eher traditionell mit natürlichen Hindernissen, die man in den heutigen künstlich aufgemotzten Bike-Parks in der Regel nicht findet.

Trail of the Coeur d'Alenes RADFAHREN
(☎208-682-3814; www.parksandrecreation.idaho.gov/parks/trail-coeur-d-alenes) Ein ausgezeichneter Trail führt auf einer alten Bahnstrecke durch den Idaho Panhandle von Plummer nach Mullan, am Ufer des Lake Coeur d'Alene entlang, bevor er sich durch die Berge dem Korridor der I-90 anschließt. Der unglaublich malerische, ca. 116 km lange Weg ist komplett asphaltiert, eben terrassiert und damit für alle möglichen nichtmotorisierten Fortbewegungsarten geeignet, u.a. zum Wandern, Radfahren und Rollschuhfahren.

Schlafen & Essen

Flamingo Motel MOTEL $$
(☎208-664-2159; www.flamingomotelidaho.com; 718 E Sherman Ave, Coeur d'Alene; EZ/DZ/Suite 110/120/180 US$;) Dieses Motel im Retro-Stil, das die besten Eigenschaften der Straßentouren-Kultur der 1950er-Jahre in sich vereint, hat in verschiedenen Themen gestaltete Zimmer – vom überbordenden „Flamingo" bis zum „irischen" –, die aber alle moderne Einrichtungen wie Flachbild-TVs und Mini-Kühlschränke bieten.

★ **Lodge at Sandpoint** BOUTIQUEHOTEL $$$
(☎208-263-2211; www.lodgeatsandpoint.com; 41 Lakeshore Dr, Sandpoint; DZ/Suite 219/419 US$;) Die moderne Lodge mit der besten Uferlage am Lake Pend Oreille hebt den Standard rustikalen Schicks an. Als Extras gibt's eine Fitnesshalle, zwei Whirlpools im Freien und Strandzugang.

★ **The Garnet Cafe** FRÜHSTÜCK $
(☎208-667-2729; www.garnetcafe.com; 315 E Walnut Ave, Coeur d'Alene; Hauptgerichte 10–14 US$;) Wer seine Zutaten von der eigenen Farm beschafft, kann sicher sein, dass es wirklich Bio- und wirklich nachhaltige Zutaten sind. Die Familie McLane züchtet selber die Schweine, Enten und Hühner, die sie den zufriedenen Gästen auftischt, die vor der Tür des Garnet Cafe Schlange stehen.

An- & Weiterreise

Der nächstgelegene größere Flughafen befindet sich in Spokane; mehrere Unternehmen betreiben von dort aus Shuttles nach Coeur d'Alene (60 US$, 45 Min.) oder Sandpoint (120 US$, 6½ Std.). Der *Empire Builder* der **Amtrak** (SPT; www.amtrak.com; 450 Railroad Ave, Sandpoint) ist eine weitere schöne, aber wenig genutzte Möglichkeit, um von Whitefish, Montana (30 US$, 4 Std.) oder Spokane (13 US$, 2 Std.) nach Sandpoint zu gelangen.

Nationalparks im Westen der USA

Die Nationalparks sind Amerikas große Gärten. Kein Roadtrip quer durchs Land wäre vollständig ohne einen Besuch in einem dieser außergewöhnlichen naturbelassenen Schätze. Sie sind reich an unberührter Wildnis, seltenen Tieren und Geschichte. Die fünf Dutzend Nationalparks und über 350 geschützten Gebiete werden vom National Park Service (NPS) verwaltet, der 2016 sein hundertjähriges Jubiläum feierte.

1

JEFF R CLOW / GETTY IMAGES ©

PETE SEAWARD / LONELY PLANET ©

1. Gewaltige Redwoods
Die Erhabenheit der weltweit höchsten Bäume im Redwood National Park (S. 372) entdecken.

2. Mesa Arch
Die surreal wirkende Geologie im Canyonlands National Park (S. 225) bewundern.

3. Vernal Fall
Der Yosemite National Park (S. 380) gehört aus gutem Grund zu den belebtesten Parks auf dem Planeten.

4. Old-Faithful-Geysir
Yellowstone National Park (S. 120) – der älteste Nationalpark der Welt ist zugleich einer der spektakulärsten.

MARK COTÉ / 500PX ©

Strände an der Westküste

Von den wilden, windgepeitschten Stränden in Oregon bis zur prachtvollen, sonnengeküssten Küste in Kalifornien: Die Westküste in den USA umfasst einige der beliebtesten und kultigsten Strände der Welt. Egal, ob man lieber am Huntington Beach in Orange County den ganzen Tag in der Sonne liegt oder auf den unglaublichen Wellen in Rincon, Santa Barbara, surft – jeder findet seinen perfekten Strand an dieser Küste.

1

COREY JENKINS / GETTY IMAGES ©

KRIS DAVIDSON / LONELY PLANET ©

1. Santa Monica Beach
Santa Monica (S. 276) ist der Inbegriff des kalifornischen Strandlebens.

2. La Jolla
Egal, ob Surfer oder Schnorchler: La Jolla gehört zu den beliebtesten Stränden in San Diego (S. 301).

3. Huntington Beach
Möglicherweise der kultigste Strandabschnitt in Los Angeles (S. 293).

4. Steamer Lane
Eine Welle am berühmtesten Surfort in Santa Cruz (S. 327) erwischen.

STEVE WHISTON - FALLEN LOG PHOTOGRAPHY / GETTY IMAGES ©

Der Südwesten

Inhalt ➡

Gut essen

- Kai Restaurant (S. 180)
- Love Apple (S. 250)
- Hell's Backbone Grill (S. 228)
- Cafe Pasqual's (S. 243)
- Red Iguana (S. 213)

Schön übernachten

- Washington School House (S. 219)
- Earthship Rentals (S. 249)
- La Fonda (S. 242)
- El Tovar (S. 195)
- Arizona Biltmore Resort & Spa (S. 178)

Auf in den Südwesten!

Der Südwesten ist das ungezähmte Hinterland der USA, das Abenteuerlustige mit atemberaubenden Landschaften aus roten Felsen, den Legenden um schießfreudige Cowboys und dem scharfen Vergnügen des grünen Chili-Eintopfs lockt. Die Landschaft ist gespickt mit Zeugen des indigenen Erbes und der beschwerlichen Blütezeit des Wilden Westens, von rätselhaften Piktogrammen und verlassenen Felsbehausungen bis hin zu zerfallenden spanischen Missionen und Bergbaustädten. Doch auch heute wird Geschichte geschrieben: Astronomen und Raketenbauer erobern den Sternenhimmel, während urbane Zentren und skurrile Bergorte Künstler und Unternehmer anziehen. Ein Highlight für Besucher? Das malerische Straßennetz, das die schönsten und bedeutendsten Attraktionen miteinander verbindet. Dabei sind es nicht nur die Landschaften, die eine Reise durch den Südwesten unvergesslich machen. Ein Blick auf einen Saguaro-Kaktus, ein Gespräch mit einem Hopi-Künstler oder das Aroma des Chili-Eintopfs – vor allem diese Momente bleiben in Erinnerung.

Reisezeit

Las Vegas

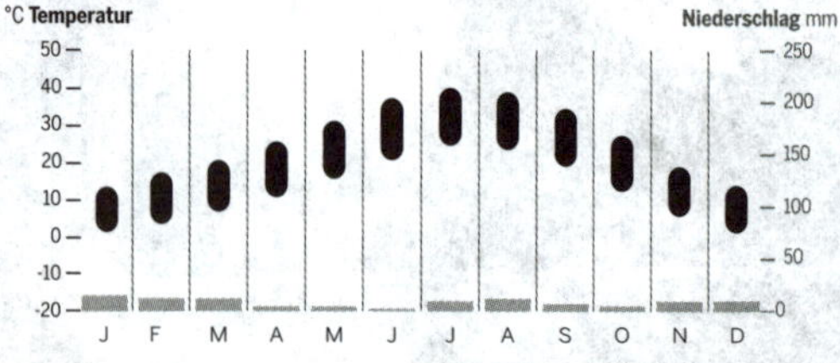

Jan. Skifahren bei Taos und Flagstaff. In Park City locken Pisten und das Sundance Film Festival.

Juni–Aug. Die beste Zeit für einen Besuch der Nationalparks in New Mexico, Utah und Nord-Arizona.

Sept.–Nov. In den Grand Canyon klettern oder die bunten Blätter im Norden von New Mexico bestaunen.

Geschichte

Um 100 n. Chr. hatten sich im Südwesten drei vorherrschende Kulturen herausgebildet: die Hohokam der Wüste, die Mogollon der zentralen Berge und Täler und die *Ancestral Puebloans* (frühe Pueblo-Indianer). Die Archäologen bezeichneten Letztere früher als Anasazi, was in der Navajo-Sprache „Alte Feinde“ bedeutet; dieser Begriff wird heute allerdings nicht mehr verwendet.

Francisco Vásquez de Coronado führte 1540 die erste große Expedition nach Nordamerika an (mit 300 Soldaten, Hunderten indigenen Führern sowie Viehherden). Diese Expedition markierte auch den ersten großen blutigen Zusammenstoß zwischen spanischen Entdeckern und den Ureinwohnern.

Neben dem bewaffneten Konflikt schleppten die Europäer auch Pocken, Masern und Typhus ein, gegen die die indigenen Einwohner keine Abwehrkräfte hatten. Die Pueblo-Bevölkerung wurde durch diese Krankheiten dezimiert, was Kulturen und Handelswege zerrüttete und sich als zerstörerische Kraft erwies, die den bewaffneten Kampf weit in den Schatten stellte.

Im 19. Jh. ging die Erschließung des Südwestens rasch voran. Das war in erster Linie der Eisenbahn und der geologischen Kartierung zu verdanken. Als die USA nach Westen expandierten, vertrieb die Armee gewaltsam ganze Völker amerikanischer Ureinwohner in den grausamen Indianerkriegen. Gold- und Silberminen zogen Glücksritter an und praktisch über Nacht schossen die gesetzlosen Goldgräberstädte des Wilden Westens aus dem Boden. Bald brachte die Santa Fe Railroad Scharen von Touristen in den Westen.

Die moderne Besiedlung hängt eng mit der Nutzung des Wassers zusammen. Nach dem Reclamation Act von 1902 finanzierte die Bundesregierung die Errichtung von Staudämmen, um die Flüsse zu regulieren und die Wüste zu bewässern. Erbitterte Streitigkeiten über Wasserrechte dauern bis heute an, gerade angesichts des gewaltigen Booms im Wohnungsbau und der dramatischen Dürre in jüngster Zeit. Das zweite heiß diskutierte Thema der letzten Jahre waren, insbesondere im Süden Arizonas, illegale Einwanderer aus Mexiko.

Einheimische Kultur

Robuste Individualität ist der kulturelle Ausdruck des Südwestens. Aber die Reali-

DER SÜDWESTEN IN ...

... einer Woche

Museen und eine aufkeimende Kunstszene geben **Phoenix** ein inspirierendes Flair – der optimale Ausgangspunkt für die Tour. Morgens folgt man der Camelback Rd nach **Scottsdale**, um in der Old Town zu shoppen und sich die Galerien anzusehen. In **Sedona** weiter nördlich kann man seine spirituellen Batterien aufladen, bevor man sich von den Dimensionen des **Grand Canyon** den Atem rauben lässt. Danach hat man die Wahl zwischen Glitzern und Natur: Wer das Glitzern vorzieht, nimmt die **Route 66**, überquert die neue Brücke neben dem **Hoover Dam** und taucht dann in die Traumwelt von **Las Vegas** ein. Wer sich für die Natur entscheidet, fährt vom Grand Canyon aus nach Osten ins Navajo-Gebiet, lässt sich von den gewaltigen Steinformationen im **Monument Valley Navajo Tribal Park** ins Staunen versetzen und tritt dann im **Canyon de Chelly National Monument** eine Reise in die Vergangenheit an.

... zwei Wochen

Los geht's im schillernden **Las Vegas**, bevor man sich in **Flagstaff** entspannt und anschließend in die gähnenden Abgründe im **Grand Canyon National Park** blickt. Man könnte sich das studentische **Tucson** anschauen oder im **Saguaro National Park** zwischen riesigen Kakteen wandeln. Dann heißt es die Revolverhelden in **Tombstone** bestaunen, bevor man sich das ausgefallene viktorianische **Bisbee** anschaut.

Nun bitte die Sonnenbrille aufsetzen: Die Dünen im **White Sands National Monument**, New Mexico, sind strahlend weiß. **Santa Fe** lockt alle Arten von Kunstliebhabern. Man könnte ein Pueblo in **Taos** besuchen und den Sonnenaufgang im traumhaften **Monument Valley Navajo Tribal Park** beobachten. Dann geht's nach Utah, in die Nationalparks **Canyonlands** und **Arches** mit ihren roten Felsformationen. Der **Bryce Canyon** ist die richtige Kulisse für Hoodoo-„Rituale“, bevor man den **Zion National Park** besucht.

Highlights

1 Grand Canyon National Park (S. 190) Es ist nicht leicht, die richtigen Worte zu finden: grandios, fantastisch, dramatisch

2 Santa Fe (S. 238) Kultur und Zerstreuungen der charismatischsten Stadt des Südwestens auf sich wirken lassen

3 Angels Landing (S. 231) Durch diesen majestätischen Canyon im Zion National Park in Utah wandern

4 Las Vegas (S. 155) Herausfinden, dass es noch knalliger, künstlicher und verantwortungsloser ist als erwartet

5 Sedona (S. 184) Sich freuen, dass auch die kommerzialisierte Hippiekultur der einzigartigen Stadt inmitten roter Sandsteinklippen nichts anhaben kann

6 Route 66 (S. 203) Auf der „Mother Road" durch überwältigende Landschaften und nostalgische Kleinstädte fahren

7 Moab (S. 222) Zeitig Weihnachten feiern! Wenn man Mountainbiker ist. Oder Wanderer. Oder Camper. Oder …

8 Monument Valley (S. 200) Unglaublich fotogene, glühend rote Felssäulen und Tafelberge knipsen, die die Stars zahlloser Western sind

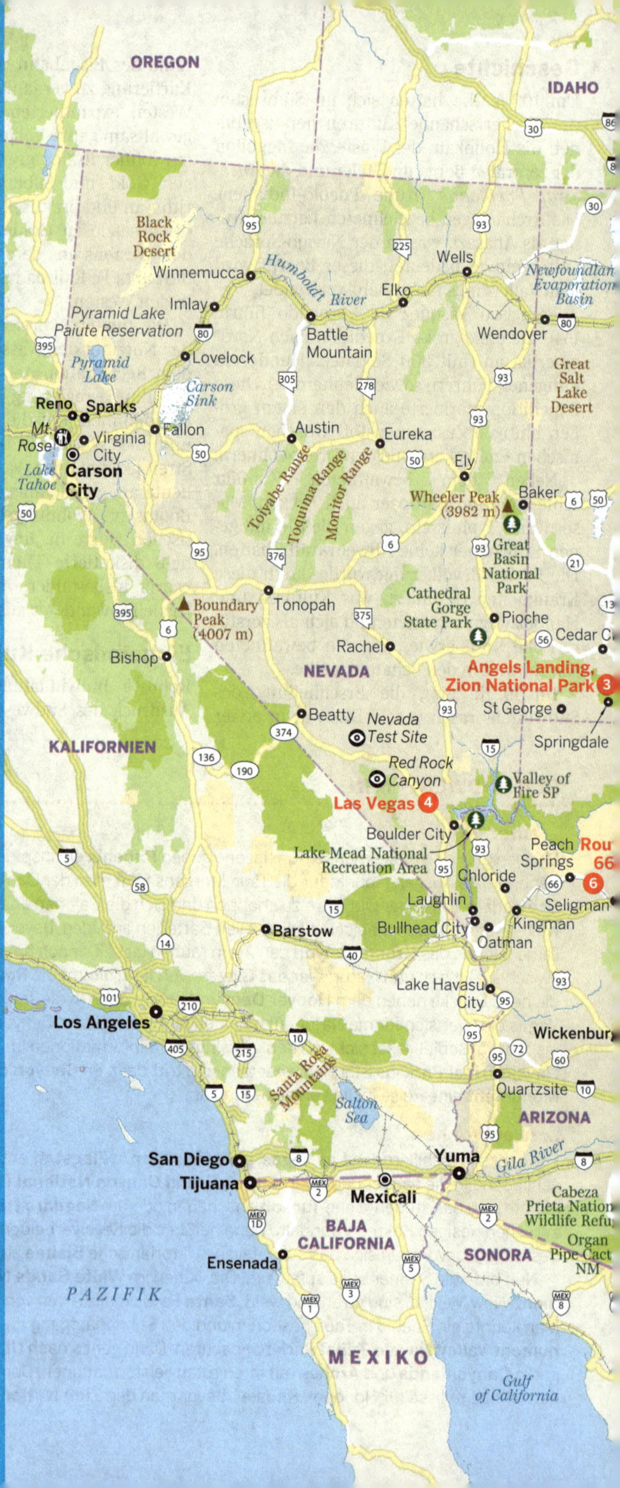

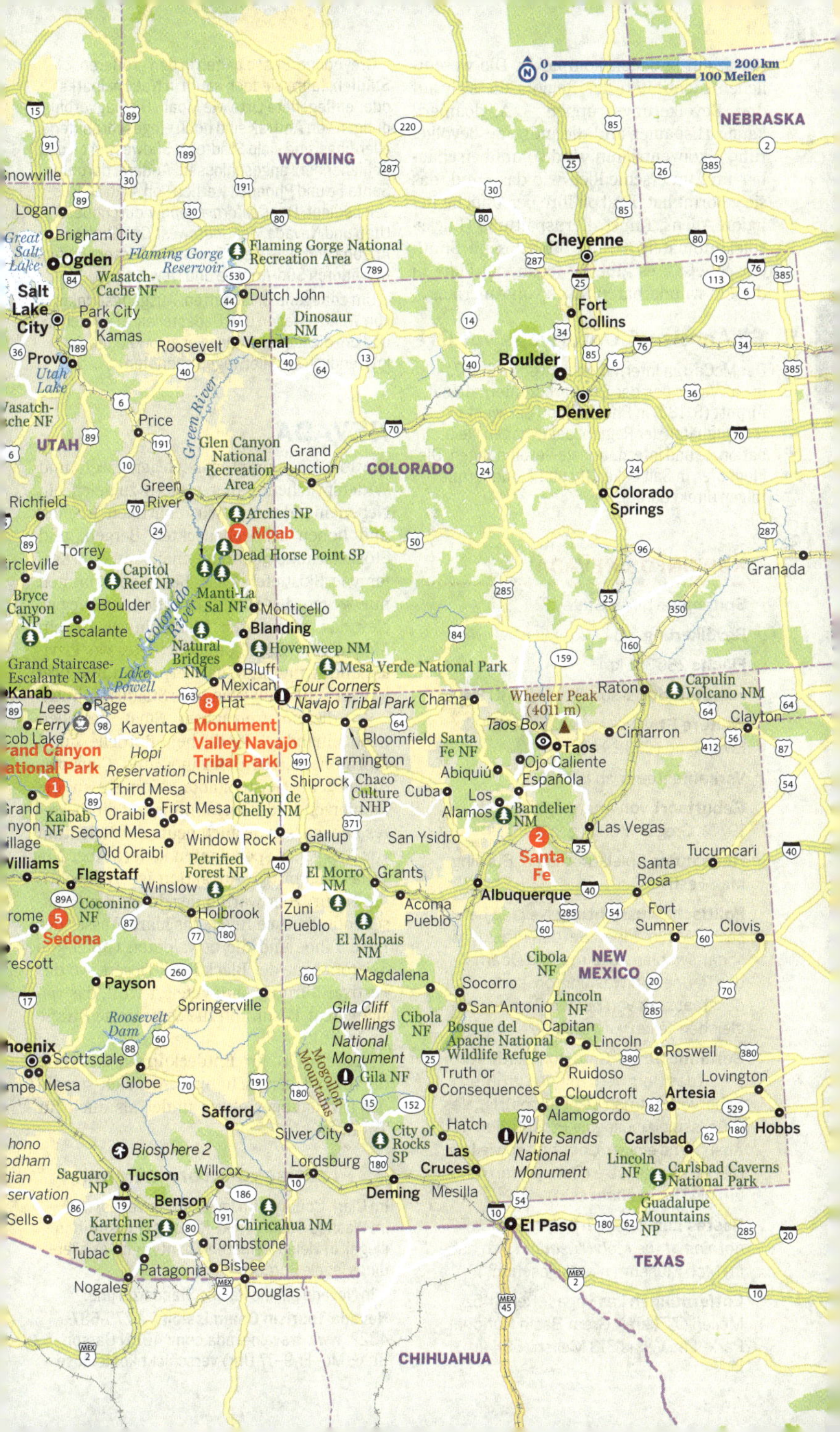

200 km
100 Meilen
WYOMING
NEBRASKA
UTAH
COLORADO
NEW MEXICO
TEXAS
CHIHUAHUA
Cheyenne
Fort Collins
Boulder
Denver
Colorado Springs
Granada
Logan
Brigham City
Ogden
Great Salt Lake
Salt Lake City
Park City
Kamas
Wasatch-Cache NF
Flaming Gorge Reservoir
Flaming Gorge National Recreation Area
Dutch John
Dinosaur NM
Vernal
Roosevelt
Provo
Utah Lake
Price
Green River
Glen Canyon National Recreation Area
Grand Junction
Richfield
Torrey
Capitol Reef NP
Arches NP
7 Moab
Dead Horse Point SP
Manti-La Sal NF
Monticello
Blanding
Hovenweep NM
Mesa Verde National Park
Bryce Canyon NP
Boulder
Escalante
Colorado River
Natural Bridges NM
Bluff
Mexican Hat
8
Grand Staircase-Escalante NM
Lake Powell
Kanab
Lees Ferry
Page
Kayenta
Four Corners Navajo Tribal Park
Monument Valley Navajo Tribal Park
Hopi Reservation
1
Third Mesa
Chinle
Canyon de Chelly NM
Kaibab NF
Oraibi
First Mesa
Second Mesa
Old Oraibi
Window Rock
Gallup
Shiprock
Farmington
Bloomfield
Chaco Culture NHP
Chama
Santa Fe NF
Wheeler Peak (4011 m)
Taos Box
Taos
Raton
Capulin Volcano NM
Clayton
Cimarron
Ojo Caliente
Abiquiú
Española
Cuba
Los Alamos
Bandelier NM
2 Santa Fe
Las Vegas
San Ysidro
Tucumcari
Santa Rosa
Williams
Flagstaff
Petrified Forest NP
Winslow
El Morro NM
Grants
Albuquerque
Acoma Pueblo
Zuni Pueblo
El Malpais NM
Coconino NF
Holbrook
5 Sedona
Fort Sumner
Clovis
Cibola NF
Magdalena
Socorro
San Antonio
Lincoln NF
Payson
Springerville
Roosevelt Dam
Gila Cliff Dwellings National Monument
Cibola NF
Bosque del Apache National Wildlife Refuge
Capitan
Lincoln
Roswell
Scottsdale
Mesa
Globe
Mogollon Mountains
Gila NF
Truth or Consequences
Ruidoso
Cloudcroft
Lovington
Artesia
Alamogordo
Safford
Silver City
City of Rocks SP
Hatch
White Sands National Monument
Carlsbad
Hobbs
Biosphere 2
Las Cruces
Lincoln NF
Carlsbad Caverns National Park
Saguaro NP
Tucson
Willcox
Lordsburg
Deming
Mesilla
Benson
Chiricahua NM
El Paso
Guadalupe Mountains NP
Sells
Kartchner Caverns SP
Tombstone
Tubac
Patagonia
Bisbee
Nogales
Douglas

tät ist ein bisschen komplexer. Die wesentlichen Identitäten der Region, die sich auf drei Bevölkerungsgruppen – Angloamerikaner, Hispanier und die indigene Bevölkerung – konzentrieren, sind so unüberschaubar und unterschiedlich wie das Land, das sie geformt hat. Egal ob ihre persönliche Religion Aliens, Kunst, Kernspaltung, Glücksspielautomaten, Peyote oder Joseph Smith einschließt – es gibt für jeden viel Platz in diesem wunderbaren Stück von Amerika.

Anreise & Unterwegs vor Ort

Der McCarran International Airport (S. 167) in Las Vegas und der Sky Harbor International Airport (S. 182) in Phoenix sind die wichtigsten Flughäfen der Region; beide haben viele nationale und internationale Verbindungen. Die Flughäfen in Salt Lake City und Albuquerque folgen direkt darauf.

Greyhound-Busse halten in den größeren Städten, fahren jedoch kaum in Nationalparks oder entlegenere Orte wie Moab. Die Zugverbindungen von Amtrak sind noch eingeschränkter, allerdings sind viele Städte im Südwesten an das Schienennetz angeschlossen. Andere, darunter Santa Fe und Phoenix, werden von Amtrak-Bussen bedient. Der *California Zephyr* durchquert Utah und Nevada, der *Southwest Chief* hält in Arizona und New Mexico, und der *Sunset Limited* fährt durch Süd-Arizona und New Mexico.

Um entlegene Ortschaften, Ausgangspunkte von Wanderwegen und Badestellen zu erreichen, und um die Region intensiver zu erkunden, ist letztendlich ein Mietwagen vonnöten.

KURZINFOS NEVADA

Spitzname Silver State

Bevölkerung 2,84 Mio.

Fläche 286 351 km²

Hauptstadt Carson City (54 080 Ew.)

Weitere Städte Las Vegas (594 294 Ew.), Reno (233 294 Ew.)

Verkaufssteuer ab 8,25 %

Geburtsort von Andre Agassi (geb. 1970), Greg LeMond (geb. 1961)

Heimat des Spielautomaten, Burning-Man-Festivals

Politische Ausrichtung Nevada hat sechs Wahlmänner. Bei den Präsidentschaftswahlen 2012 machte Obama das Rennen. In Washington ist der Bundesstaat aber von beiden Parteien zu gleichen Teilen vertreten

Berühmt für die Comstock Lode von 1859 (das Bergwerk mit den größten Silbervorkommen des Landes), legales Glücksspiel und legale Prostitution (mit Ausnahme einiger Countys) sowie liberale Alkoholgesetze (Bars dürfen rund um die Uhr geöffnet sein)

Bestes Las-Vegas-T-Shirt *I saw nothing at the Mob Museum* („Ich habe im Mob Museum nichts gesehen")

Entfernungen Las Vegas–Reno 452 Meilen (727 km), Great Basin National Park–Las Vegas 313 Meilen (504 km)

NEVADA

Nevada ist geprägt von Gegensätzen und Widersprüchen – hier gibt es zugleich ein Nebeneinander von wüstenartigen Ebenen und hohen schneebedeckten Bergen, und Stöckelschuhe gehören genauso in den Koffer wie Skistiefel. Viele Besucher kommen nur wegen der Hauptattraktion Las Vegas: Nevadas glitzernder Wüstenjuwel ist ein Mekka für Vergnügungssüchtige, wo Privileg und Armut aufeinanderprallen und drei Viertel der Bevölkerung des Staates wohnen.

In diesem freizügigen Staat bestehen nebeneinander ländliche Bordelle und Mormonenkirchen, Kasinos und Cowboys. Abgelegene Geisterstädte erinnern an die Pionierzeit und die Hoffnung auf ein besseres Leben – so wie auch heute der Reichtum von Las Vegas Spekulanten ködert. Aber Nevadas zugkräftige Attraktion ist (zu Recht!) die Natur: Hier warten der durch Reno rauschende Truckee River, das klare Wasser des Lake Tahoe und die bewaldeten Gipfel, die Salztonebene der Black Rock Desert, wo das Festival Burning Man gefeiert wird, das riesige Great Basin und die „einsamste Straße in Amerika".

Als ein Ort für Entdeckungen ist Nevada voller Überraschungen, wo sich sowohl für Draufgänger etwas findet als auch für Träumer.

Praktische Informationen

Im Clark County (d. h. auch in Las Vegas) und im Washoe County (inkl. Reno) ist Prostitution illegal, in vielen kleineren Countys gibt es allerdings legale Bordelle.

In Nevada gilt die Pacific Standard Time.

Nevada Tourism Commission (☎775-687-4322; www.travelnevada.com; 401 N Carson St; ⏲Mo–Fr 9–17 Uhr) verschickt kostenlose

Bücher, Karten und Infos zu Unterkünften, Campingplätzen und Veranstaltungen.

Nevada Division of State Parks (☎775-684-2770; www.parks.nv.gov; 901 S Stewart St, 5. OG; ⏲Mo–Fr 8–17 Uhr) Stellplätze in staatlichen Parks (10–15 US$/Nacht) können nicht reserviert werden.

Las Vegas

Las Vegas bleibt das ultimative Vergnügungsparadies. Wo sonst kann man im antiken Rom feiern, um Mitternacht dann den Bund der Ehe eingehen, in Ägypten aufwachen und unter dem Eiffelturm brunchen? Ob man sich mit passionierten Glücksspielern messen möchte, Couture und kitschige Souvenirs erstehen oder in einer Bar aus Eis eine neonfarbene fast 1 m hohe Margarita oder einen Frozen Wodka Martini schlürfen möchte – hier ist fast alles möglich!

Schon mal bemerkt, dass es in Kasinos keine Uhren gibt? Im Vegas der endlosen Buffets, nie versiegenden Drinks und des adrenalingeladenen Glücksspiels ist Zeit bedeutungslos. In der nicht enden wollenden surrealen Wüstenlandschaft der Euphorie und des steilen Falls sammelt sich Staub auf einst bekannten Schildern in einem Neonreklamefriedhof, während auf dem Strip Baustellenlärm wiederhallt. Nach der Rezession 2008 kam der Motor ins Stocken, aber nun ist Vegas mit über 40 Mio. Besuchern im Jahr wieder zurück und möchte mit jeder Menge Ideen in Zukunft noch mehr anlocken.

Die größten Kasinos der Stadt, gigantische unergründliche Mischformen aus Themenpark, Spielhölle, Shopping- und Restaurantmeile sowie Hotel- und Theaterdistrikt, säumen den legendären Strip. Nach deren Erkundung lockt das kompakte Zentrum mit Vegas' nostalgischen Wurzeln, Indie-Shops und Cocktailbars, in denen die hiesige Kultur floriert. Jenseits davon beschäftigen sich faszinierende Museen mit der atomaren und der Gangstervergangenheit der Stadt.

Sehenswertes

Die Sehenswürdigkeiten von Las Vegas finden sich vor allem an dem ca. 4 Meilen (6 km) langen Abschnitt des Las Vegas Blvd zwischen dem Mandalay Bay im Süden (bei Russell Rd) und dem **Stratosphere** (Karte S. 156; ☎702-380-7777; www.stratospherehotel.com; 2000 S Las Vegas Blvd; Tower Eintritt Erw./Kind 20/10 US$, ganztägiger Pass inkl. unbegrenzte Nutzung der „Thrill Rides" 40 US$; ⏲Kasino 24 Std., Tower & „Thrill Rides" So–Do 10–1, Fr & Sa bis 2 Uhr, wetterabhängig; P) im Norden (bei Sahara Ave) und in der Innenstadt um die Kreuzung von Las Vegas Blvd (hier N Las Vegas Blvd) und Fremont St. Man beachte, dass die Straße unter demselben Namen über 2 Meilen zwischen der Innenstadt und dem nördlichen Ende des Strip weiter verläuft, ohne viel Interessantes zu bieten. Alles mag nah aussehen, aber wenn man beschließt, zu Fuß zu gehen, wird man wahrscheinlich bald in der Wüstenhitze fluchen. Mitfahrgelegenheiten, der Monorail oder die Deuce-Busse sind die mit Abstand einfachsten Fortbewegungsmittel in dieser weitläufigen (und abgefahrenen) Stadt.

The Strip

★CityCenter WAHRZEICHEN

(Karte S. 156; www.citycenter.com; 3780 S Las Vegas Blvd; P) Gemischte Gebäudekomplexe gab es schon zuvor (z. B. Malls mit integrierten Hotels), aber diese futuristisch anmutende Anlage mit einer kleinen Galaxie aus hypermodernen, schicken Hotels rund um das glamouröse Einkaufszentrum **Crystals** (www.crystalsatcitycenter.com; 3720 S Las Vegas Blvd; ⏲So–Do 10–23, Fr & Sa 10–24 Uhr) ist ein Novum. Zur exklusiven Auswahl gehören das dezente, stilvolle **Vdara** (☎702-590-2111; www.vdara.com; 2600 W Harmon Ave; werktags/Wochenende Suite ab 129/189 US$; P) , das mondän-opulente Mandarin Oriental (S. 162) und das faszinierende architektonische Vorzeigeobjekt **Aria** (☎702-590-7111; www.aria.com; 3730 S Las Vegas Blvd; ⏲24 Std.; P), in dem ein elegantes Kasino als passende Kulisse für viele traumhaft schöne Restaurants dient. Die Hotels des CityCenter bieten mehr als 6700 Zimmer!

★Cosmopolitan KASINO

(Karte S. 156; ☎702-698-7000; www.cosmopolitanlasvegas.com; 3708 S Las Vegas Blvd; ⏲24 Std.; P) Für Hipster, die bisher zu cool für Las Vegas waren, gibt es nun endlich einen Ort, an dem sie ganz ohne Ironie die Ästhetik des Strips aushalten oder sogar genießen können. Wie das neueste It-Girl von Hollywood sieht das Cosmopolitan-Kasino zu jeder Zeit umwerfend aus. Durch die Lobby mit hervorragenden Elementen schiebt sich ein unablässiger Strom von unbefangenen Besuchergruppen und Design-Liebhabern.

Las Vegas

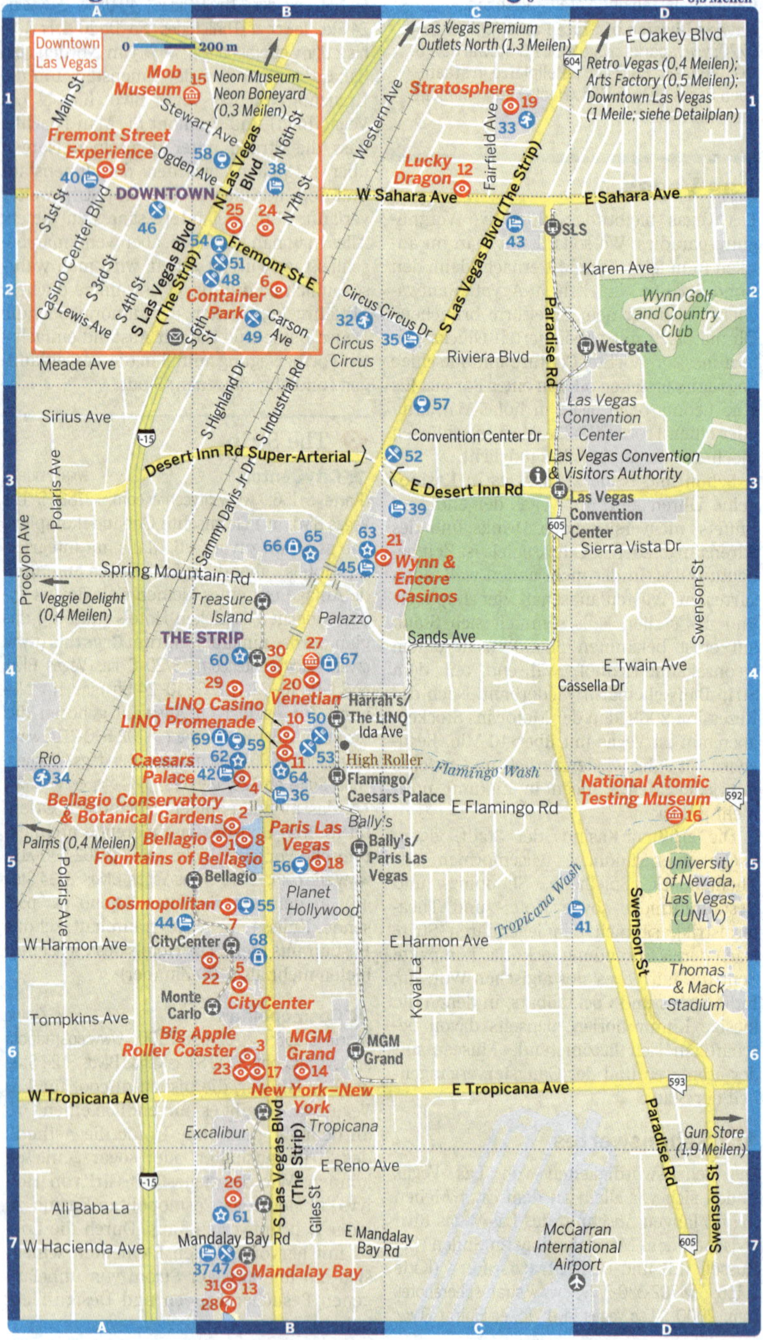

DER SÜDWESTEN NEVADA

Las Vegas

★ **Bellagio** KASINO

(Karte S. 156; ☎888-987-6667; www.bellagio.com; 3600 S Las Vegas Blvd; ⏲24 Std.; Ⓟ🐾) Das Bellagio-Erlebnis geht über seine dekadente Kasinoebene mit Spieltischen für hohe Einsätze und über 2300 Spielautomaten hinaus; Einheimische sagen, dass die Chancen hier alles andere als gut sind. Als ein Austragungsort der World Poker Tour bietet der für Turniere gerechte Pokerraum des Bellagio rund um die Uhr Speisen direkt aus der Küche zum Spieltisch. Die meisten kommen jedoch wegen der überwältigenden Architektur der Anlage, den Innenräumen und Einrichtungen, darunter die **Conservatory & Botanical Gardens** (24 Std.; P) GRATIS, die **Gallery of Fine Art** (702-693-7871; Erw./Kind unter 12 Jahren 18 US$/frei; 10–20 Uhr, letzter Eintritt 19.30 Uhr; P), die unübersehbaren **Fountains of Bellagio** (Shows Mo–Fr 15–20, Sa 12–20, So 11–19 Uhr, alle 30 Min., Mo–Sa 20–24, So ab 19 Uhr alle 15 Min.; P) GRATIS und die über 2000 mundgeblasenen Glasblumen, die die Lobby des **Hotels** schmücken.

★ Mandalay Bay — KASINO

(Karte S. 156; 702-632-7700; www.mandalaybay.com; 3950 S Las Vegas Blvd; 24 Std.; P) Seit seiner Eröffnung 1999 an der Stelle der früheren Hacienda aus den 1950er-Jahren beherrscht das Mandalay den südlichen Strip. Sein Thema mag tropisch sein, aber es ist ganz sicher nicht schäbig, auch nicht sein 12 500 m² großes Kasino. Gut gekleidete Sportfans finden den Weg in das vornehme Wettbüro nahe dem High-Stake-Pokerraum. Das Mandalay Bay verfügt über viele Topattraktionen, die sich einer Rangordnung verweigern, darunter das mehrstöckige Shark Reef Aquarium (S. 160), dekadente Schönheitsfarmen, jede Menge von unverwechselbaren Restaurants und der unübertroffene **Mandalay Bay Beach** (Karte S. 156; 877-632-7800; www.mandalaybay.com/en/amenities/beach.html; Pool 8–17 Uhr, Moorea Beach Club 11–18 Uhr;).

LAS VEGAS FÜR KINDER

Las Vegas verkauft sich halbherzig als Reiseziel für Familien. Aber weil das Glücksspiel ab 21 Jahren legal ist, wäre es vielen Kasinohotels lieber, man würde die Kinder zu Hause lassen. Keines der Mega-Resorts ist wirklich auf Kinder eingestellt: Selbst in den besten Häusern ist es immer noch wahrscheinlich, dass man seine Kinder dem schlechten Benehmen von Betrunkenen aussetzt.

Wer Sin City mit Kindern besucht, sollte dennoch nicht verzweifeln. Der Hotelkomplex **Circus Circus** (Karte S. 156; 702-734-0410; www.circuscircus.com; 2880 S Las Vegas Blvd; werktags/Wochenende Zi. ab 79/95 US$; P @) hat sich ganz dem Vergnügen der Kleinen verschrieben, während der 2 ha große überdachte Themenpark **Adventuredome** (Karte S. 156; 702-794-3939; www.adventuredome.com; Circus Circus; Tagesticket über/unter 1,20 m 32/18 US$; 10–18 Uhr tgl., am Wochenende & Mai–Sept. länger;) Kletterwände, Autoscooter und vor allem Achterbahnen bietet. Im **Carnival Midway** (11–23 Uhr oder später) gibt es Spielautomaten, Shows mit Tieren, Akrobaten und Zauberern.

★ LINQ Casino — KASINO

(Karte S. 156; 800-634-6441; www.caesars.com/linq; 3535 S Las Vegas Blvd; 24 Std.; P) Mit seiner frischen, jungen und flippigen Atmosphäre profitiert eines der neuesten Kasinos in Vegas auch davon, dass es eines der kleinsten ist – es hat knapp über 60 Tische und etwa 750 Spielautomaten. Der Ort vermittelt ein luftiges, geräumiges Gefühl, und es gibt an den Tischen Stühle mit hohen Lehnen und weinrotem Kunstleder. Und wenn man genug hat, findet man direkt vor der Tür das Unterhaltungsangebot der **LINQ Promenade**.

★ Paris Las Vegas — KASINO

(Karte S. 156; 877-603-4386; www.parislasvegas.com; 3655 S Las Vegas Blvd; 24 Std.; P) Diese Miniaturversion der französischen Hauptstadt mag nicht den wahren Charme der Stadt der Lichter versprühen, doch die Nachbildungen ihrer Wahrzeichen, darunter das 34-stöckige Hotel de Ville sowie die Fassaden des Pariser Opernhauses und des Louvre bescheren Familien und allen, die das Original noch nicht gesehen haben, einen vergnüglichen Besuch. Seine gewölbten Kasinodecken spiegeln einen sonnigen Himmel über unzähligen Tischen und Automaten vor, während die hochpreisigen, echten französischen Rouletteräder, ohne 0 und 00, die Chancen minimal erhöhen.

★ Caesars Palace — KASINO

(Karte S. 156; 866-227-5938; www.caesarspalace.com; 3570 S Las Vegas Blvd; 24 Std.; P) Caesars Palace behauptet, dass sein elegant renovierter Kasinobereich mehr 1-Millionen-Dollar-Spielautomaten hat als jedes andere Kasino auf der Welt, aber er kann sich auch vieler anderer Dinge rühmen. Die Schwergewichte der Unterhaltungsbranche, Celine Dion und Elton John, „besitzen" das kundenspezifische Theater **Colosseum** (www.thecolosseum.com; Tickets 55–500 US$), Modefreaks tummeln sich um die **Shops at Forum** (www.simon.com/

THRILLS & SPILLS IN LAS VEGAS

Stratosphere (Karte S. 156; ☎702-383-5210; www.stratospherehotel.com/attractions/thrill-rides; Stratosphere; Fahrstuhl Erw. 20 US$, inkl. 3 Achterbahnfahrten 35 US$, Tagesticket 40 US$; ⏰So–Do 10–1 Uhr, Fr & Sa bis 14 Uhr) Die höchsten Fahrgeschäfte der Welt– unglaubliche 110 Stockwerke über dem Strip – warten hier.

Sky Combat Ace (☎888-494-5850; www.skycombatace.com; 1420 Jet Stream Dr #100; Experience 249–1995 US$) Ein echter Kampfpilot führt durch die Schritte des Nahkampfs in der Luft und extreme Akrobatik!

VooDoo ZipLine (Karte S. 156; ☎702-388-0477; http://voodoozipline.com; Rio; 27 US$; ⏰11–24 Uhr) Wer schon immer mit der Seilrutsche von einem Wolkenkratzer zum anderen sausen wollte, der hat hier die Gelegenheit.

Gravady (☎702-843-0395; www.gravady.com; 7350 Prairie Falcon Rd #120; 1-stündiger Flug Erw./Kind 13/10 US$; ⏰Mo–Mi 9–21, Do ab 15.30, Fr & Sa 9–12, So 11–19 Uhr; 👪) In dem Trampolin-Park in Summerlin kann man sich so richtig mit den Kindern austoben.

Speedvegas (☎702-874-8888; www.speedvegas.com; 14200 S Las Vegas Blvd; Runden 39–99 US$, Experiences $395–995 US$; ⏰10–16.30 Uhr) Auf Vegas' einziger spezialangefertigter Rennstrecke kann man die Reifen eines Sportwagens zum Rauchen bringen.

Richard Petty Driving Experience (☎800-237-3889; www.drivepetty.com; 7000 N Las Vegas Blvd, Las Vegas Motor Speedway; Ride-alongs ab 109 US$, Rundenfahrten ab 499 US$; ⏰unregelmäßige Zeiten) Hier hat man die Chance, als Beifahrer bei einem Qualifikationsrennen das Nascar-Feeling zu erleben.

mall/the-forum-shops-at-caesars-palace/stores; ⏰So–Do 10–23, Fr & Sa bis 24 Uhr), während die Hotelgäste in der **Garden of the Gods Pool Oasis** Cocktails schlürfen. Nachts ist der Megaclub **Omnia** (www.omnianightclub.com; Gedeck Frau/Mann 20/40 US$; ⏰Di & Do–So 10–16 Uhr) der einzige Ort diesseits von Ibiza, wo man sich richtig berauschen kann.

★Wynn & Encore Casinos KASINO

(Karte S. 156; ☎702-770-7000; www.wynnlasvegas.com; 3131 S Las Vegas Blvd; ⏰24 Std.; P) Steve Wynns Vorzeigeprojekt (sein Name schmückt die Fassade des Kasinohotels) **Wynn** (werktags/Wochenende ab 199/259 US$; P ❄ @ 📶 ≋) und das jüngere **Encore** (☎702-770-7100; Zi/Suite ab 199/259 US$; P ❄ @ 📶 ≋) sind ein Paar geschwungener kupferfarbener Zwillingstürme, deren Eingänge durch hohe Zäune und üppige Vegetation nicht einsehbar sind. Jedes Hotel ist einzigartig, aber ihre weitläufigen unterirdischen Kasinos bilden zusammen den zweitgrößten und wohl elegantesten Glücksspielbereich des Strips. Die beliebten Pokerräume locken Profis rund um die Uhr an und das Labyrinth der Spielautomaten reicht von 1 Cent bis zu 5000 Dollar pro Einsatz!

★New York–New York KASINO

(Karte S. 156; ☎800-689-1797; www.newyorknewyork.com; 3790 S Las Vegas Blvd; ⏰24 Std.; P) Die 1997 eröffnete Mini-Metropole New York–New York bleibt ein Dauerbrenner bei Frühjahrsurlaubern. Die Tische im „Party Pit" des Kasinos stehen vor einer Kulisse von Go-go-Tänzerinnen und gelegentlichen Entertainern, während draußen in verzerrter Perspektive die Repliken der Freiheitsstatue, der Brooklyn Bridge, des Chrysler Building und des Empire State Building die Besucher aus dem Ausland begeistern. Die zeitlosen Hauptattraktionen für die Kleinen und Großen sind **Big Apple Arcade** (⏰8–24 Uhr; P 👪) und **Roller Coaster** (☎702-740-6616; 1 Fahrt/Tagesticket 15/26 US$; ⏰So–Do 11–23, Fr & Sa 10.30–24 Uhr; P 👪).

★Lucky Dragon KASINO

(Karte S. 156; ☎702-889-8018; www.luckydragonlv.com; 300 W Sahara Ave; ⏰24 Std.) Las Vegas' neuestes Kasinohotel Lucky Dragon öffnete seine Türen im Dezember 2016. Die Mehrheit des Personals im Publikumsbereich der ersten „echten" asiatischen Kasino-, Speisen- und Lebensarterfahrung spricht Mandarin oder Kantonesisch. Es ist genau das Richtige für ankommende Besucher aus Asien und für Liebhaber der asiatischen Kultur und Küche.

Mirage Volcano AREAL

(Karte S. 156; ☎800-374-9000; www.mirage.com; Mirage; ⏰Shows täglich 20 & 21, Fr & Sa auch

22 Uhr;) GRATIS Wenn der künstliche Vulkan des Mirage mit viel Getöse aus einer über 1 ha großen Lagune ausbricht, kommt der Verkehr auf dem Strip zum Erliegen. Rauchschwaden, die aus der Spitze dringen, deuten darauf hin, dass das feurige Inferno nach polynesischer Art bald beginnt. Für die musikalische Untermalung sorgen ein Drummer von Grateful Dead und ein indianischer Tabla-Musiker.

Shark Reef Aquarium AQUARIUM

(Karte S. 156; 702-632-4555; www.sharkreef.com; 3950 S Las Vegas Blvd, Mandalay Bay; Erw./Kind 25/19 US$; So–Do 10–20, Fr & Sa bis 22 Uhr; P) Mandalay Bays (S. 158) ungewöhnliches begehbares Aquarium beherbergt 2000 Unterwasserwesen, darunter Quallen, Muränen, Stachelrochen und 15 Haiarten. Während eines Rundgangs kann man sich mit Tauchern, die das Aquarium in Schuss halten, und Naturforschern unterhalten. Wer möchte, kann auch selbst tauchen gehen (ab 650 US$).

Madame Tussauds MUSEUM

(Karte S. 156; 866-841-3739; www.madametussauds.com/lasvegas; 3377 S Las Vegas Blvd #2001; Erw./Kind ab 30/20 US$; So–Do 10–20, Fr & Sa bis 21 Uhr;) Vor dem **Venetian** (Karte S. 156; www.venetian.com; 3355 S Las Vegas Blvd) neben der nachgebauten Rialto-Brücke findet man diese interaktive Version des polarisierenden Wachsmuseums. Besucher können mit Elvis posieren, so tun, als ob sie George Clooney heiraten, die Marvel-Superhelden in „4D" bewundern oder sich Playboy-Bunny-Ohren aufsetzen und es sich auf Hugh Hefners Schoß bequem machen; es lohnt sich, ihn zu berühren – Hef wurde passenderweise aus Silikon gefertigt.

Downtown & Abseits des Strips

Die fünf Häuserblocks lange Fußgängerzone **Fremont Street Experience** (Karte S. 156; 702-678-5600; www.vegasexperience.com; Fremont St Mall; Shows stündl. Sonnenuntergang–24 oder 1 Uhr; Deuce, SDX) GRATIS ist der Mittelpunkt von Downtown. Wo das heutige Las Vegas entstand, befindet sich eine Fülle von traditionellen Kasinos – und keine Angst, sie überzeugen immer noch. Weiter nach Süden dreht sich der **18b Arts District** (www.18b.org) um die **Arts Factory** (702-383-9907; www.theartsfactory.com; 107 E Charleston Blvd; 9–18 Uhr; Deuce, SDX), während man weiter östlich auf der Fremont St das coolste kleine Sammelsurium von hippen Bars und angesagten Restaurants findet, das man sich nur vorstellen kann.

★ Mob Museum MUSEUM

(Karte S. 156; 702-229-2734; www.themobmuseum.org; 300 Stewart Ave; Erw./Kind 24/14 US$; 9–21 Uhr; P; Deuce) Schwer zu sagen, was eindrucksvoller ist: Das historische föderale Gerichtsgebäude, in dem das Museum untergebracht ist und in dem 1950–1951 Gangster verhört wurden, die Tatsache, dass das Museum von einem früheren Spezialagenten des FBI geleitet wird oder die sorgsam gepflegten Exponate, die die Geschichte des organisierten Verbrechens in den USA erzählen. Neben interaktiver FBI-Ausrüstung und Ausstellungsstücken zur Gangsterwelt zeigt das Museum verschiedene Multimediaelemente mit Interviews mit echten Tony Sopranos.

★ Neon Museum – Neon Boneyard MUSEUM

(702-387-6366; www.neonmuseum.org; 770 N Las Vegas Blvd; 1-stündige Führung Erw./Kind 18/12 US$, nach Einbruch der Dunkelheit 19/15 US$; Führungen tgl., Zeiten unterschiedlich; 113) Das gemeinnützige Museum tut etwas, was sonst fast niemand tut: Es bewahrt die Geschichte der Stadt. Zum Angebot gehört eine faszinierende reservierungspflichtige Führung durch den „Neon-Friedhof", auf dem einzigartige alte Neonreklameschilder – Las Vegas' ureigene Kunstform – ihre letzte Ruhe finden. Eine Erkundungstour beginnt beim Visitor Center in der geretteten Lobby des La Concha Motel, eine Ikone der Moderne aus der Mitte des 20. Jhs. des afroamerikanischen Architekten Paul Revere Williams. Führungen werden den ganzen Tag über angeboten, sind nachts aber am spektakulärsten.

★ Container Park KULTURZENTRUM

(Karte S. 156; 702-359-9982; http://downtowncontainerpark.com; 707 Fremont St E; Mo–Do 11-21, Fr & Sa 10–22, So bis 20 Uhr) Als Brutstätte für aufstrebende Modedesigner und lokale Kunsthandwerker stapelt der trendige Container Park Pop-up-Läden übereinander. Beim Bummeln über Fußwege und Galerien spürt man handgemachten Schmuck, Gegenwartskunst und Kleidung in einem guten Dutzend Boutiquen, Esslokalen und Kunstinstallationen auf. Bei Sonnenuntergang erwachen die Containerbars zum Leben und veranstalten regelmäßige thematische Events und Filmvorführungen. Nach 21 Uhr müssen Besucher mindestens 21 Jahre alt sein.

★ **National Atomic Testing Museum** MUSEUM

(Karte S. 156; ☎702-794-5151; www.nationalatomictestingmuseum.org; 755 Flamingo Rd E, Desert Research Institute; Erw./Kind 22/16 US$; ⊙Mo–Sa 10–17, So 12–17 Uhr; 🚌202) Schwerpunkte der faszinierenden Multimedia-Exponate sind Wissenschaft, Technologie und die Geschichte des Atomzeitalters, das im Zweiten Weltkrieg begann. Ab 1961 wurden Atomtests nur noch unterirdisch durchgeführt, 1992 sprach man dann ein weltweites Verbot aus. Besucher können sich Bildmaterial zu Nukleartests ansehen und lernen etwas über die nukleare Vergangenheit, Gegenwart und Zukunft des südlichen Nevada, von Lebensweisen der Ureinwohner bis hin zu den ökologischen Auswirkungen der Atomtests. Den Ticketschalter sollte man nicht verpassen (wie auch?); er ist ein Wachposten-Nachbau eines Testgeländes in Nevada.

Aktivitäten

★ **Dream Racing** ABENTEUERSPORT

(☎702-605-3000; www.dreamracing.com; 7000 N Las Vegas Blvd, Las Vegas Motor Speedway; 5-Runden-Fahrt 199–599 US$; ⊙nach Vereinbarung; 🐾) Wer wollte sich noch nicht hinter das Steuer eines Porsche 911, Lamborghini, Lotus, AMG Mercedes oder McLaren setzen und richtig losdüsen? Im Dream Racing kann man sich einen Wagen aus der weltgrößten Auswahl an superschnellen Autos aussuchen, ohne dass man es kaufen muss.

★ **Qua Baths & Spa** SPA

(Karte S. 156; ☎866-782-0655; Caesars Palace; Tageskarte Fitnesscenter 25 US$, inkl. Spa-Einrichtungen 50 US$; ⊙6–20 Uhr) Das Qua versprüht das Flair antiker römischer Badekultur. Beliebt ist das „Bath Liqueur", bei dem eine individuell abgestimmte Mischung aus Kräutern und Ölen das Bade-Erlebnis in der eigenen Wanne verschönert. Der Frauenbereich umfasst einen Teesalon, einen Kräuterschwitzraum und einen arktischen Eisraum mit künstlichem Schnee, der Männerbereich einen Herrenfriseur und große TVs mit Sportprogramm.

Desert Adventures KAJAKFAHREN

(☎702-293-5026; www.kayaklasvegas.com; 1647a Nevada Hwy; ganztägige Kajaktour auf dem Colorado River 179 US$; ⊙April–Okt. 9–18, Nov.–März 10–16 Uhr) Wasserratten können sich hier zu geführten Kajakausflügen und Stand-Up-Paddling-Touren (SUP) im Lake Mead und dem Colorado River anmelden. Wer Erfahrung hat, kann sich außerdem Kanus und Kajaks ausleihen und auf eigene Faust losziehen.

Schlafen

Die Übernachtungspreise in Las Vegas schwanken sehr stark. Unter der Woche zahlt man in der Regel weniger als am Wochenende. Fast jedes Hotel am Strip verlangt eine zusätzliche „Resortgebühr" von 10 bis 30 US$ am Tag.

The Strip

SLS HOTEL $

(Karte S. 156; ☎702-761-7000; www.slslasvegas.com; 2535 S Las Vegas Blvd; DZ ab 79 US$; P ❄ 📶 🏊) Sie können ein Zimmer im SLS (Boutiquehotel der Starwood Hotel Group) am nördlichen Strip zu einem unglaublichen Preis im Vergleich zu Objekten der gleichen Kategorie in anderen Städten ergattern. Der skurrile Stil des Hotels ist ansteckend. Sie werden im Handumdrehen Spaß mit dem Drei-Buchstaben-Wort haben.

★ **Mandalay Bay** KASINOHOTEL $$

(Karte S. 156; ☎702-632-7700; www.mandalaybay.com; 3950 S Las Vegas Blvd; werktags/Wochenende Zi. ab 119/229 US$; P ❄ @ 📶 🏊) Der Blickfang des südlichen Strips, das luxuriöse Kasinohotel Mandalay Bay (S. 158), verfügt über stilvolle Zimmer, deren Klasse für sich spricht, ganz zu schweigen von dem exklusiven **Four Seasons Hotel** (☎702-632-5000; www.fourseasons.com/lasvegas; werktags/Wochenende Zi. ab 229/289 US$; P ❄ @ 📶 🏊 🐾) und dem Boutiquehotel **Delano** (☎877-632-7800; www.delanolasvegas.com; Zi./Suite ab 69/129 US$; P ❄ @ 📶 🏊 🐾) auf seinem Gelände. Hinzu kommt ein vielfältiges Angebot von nennenswerten Attraktionen und Vergnügungen, darunter auch der Mandalay Bay Beach (S. 158).

★ **NOBU Hotel** HOTEL $$

(Karte S. 156; ☎800-727-4923; www.nobucaesarspalace.com; 3570 S Las Vegas Blvd, Caesars Palace; DZ ab 159 US$) Dieses exklusive Hotel innerhalb des Caesars Palace (S. 162) ist vor allem etwas für Menschen, die japanisches Design von der Antike bis zur Moderne lieben. Die Zimmer sind sehr gefragt und die Suiten oft den Promis vorbehalten.

★ Cromwell Las Vegas BOUTIQUEHOTEL $$
(Karte S. 156; ☎ 702-777-3777; www.caesars.com/cromwell; 3595 S Las Vegas Blvd; Zi./Suite ab 199/399 US$; P ❄ 📶 🏊 🐾) Wenn man so um die 20 bis 30 Jahre alt ist, sich gegenüber den coolen Kids behaupten kann oder einfach mühelos modisch ist, egal woher man kommt, dann gibt es ein paar gute Gründe, um sich für das Cromwell zu entscheiden. Die besten sind die Lage und die häufig ausgezeichneten Angebote für die schicken Zimmer auf der Eingangsebene. Und die anderen? Man kann im **Drai's** (☎ 702-777-3800; www.draislv.com; Nachtclubeintritt 20–50 US$; ⏲ Nachtclub Di–So 10–5 Uhr, Beach Club Fr–So 11–18 Uhr) feiern oder nach unten zum Essen ins **Giada** (☎ 855-442-3271; www.caesars.com; Hauptgerichte 25–58 US$; ⏲ 8–23 Uhr) gehen.

Caesars Palace KASINOHOTEL $$
(Karte S. 156; ☎ 866-227-5938; www.caesarspalace.com; 3570 S Las Vegas Blvd; werktags/Wochenende Zi. ab 109/149 US$; P ❄ @ 📶 🏊 🐾) 2016 feierte das Caesars seinen 50. Geburtstag, indem es (wie auch anders?) eine Menge Geld locker machte, um ein bisschen Knalliges loszuwerden und sich aufzuhübschen. Fast 600 Zimmer in seinem Römischen Turm bekamen eine großzügige Rundumerneuerung und der Turm einen neuen Namen: Julius natürlich! Die Augustus-Gästezimmer wurden auch ein wenig umgestylt: grau, weißgolden und königsblau.

★ Cosmopolitan KASINOHOTEL $$$
(Karte S. 156; ☎ 702-698-7575, 702-698-7000; www.cosmopolitanlasvegas.com; 3708 S Las Vegas Blvd; Zi./Suite ab 250/300 US$; P ❄ @ 📶 🏊 🐾; 🚌 Deuce) Mit mindestens acht ganz unterschiedlichen und gleichermaßen stilvollen Zimmertypen zur Auswahl bietet Cosmo die hippsten Zimmer am Strip an. Ihre Größe rangiert von überdimensional bis dekadent. Außerdem sind ca. 2200 von den rund 2900 Zimmern mit einem Balkon ausgestattet (bis auf die im Erdgeschoss), viele sogar mit einer japanischen Badewanne. Alle haben Plüschmöbel und Designeigenarten, die zu entdecken Spaß macht.

★ Mandarin Oriental HOTEL $$$
(Karte S. 156; ☎ 702-590-8888; www.mandarinoriental.com; 3752 S Las Vegas Blvd, CityCenter; Zi./Suite ab 239/469; ❄ 📶 🏊) Im Mandarin Oriental, das Teil des CityCenter-Komplexes (S. 155) ist, treffen köstliche orientalische Aromen auf die modernste Technologie. Seine 392 raffinierten, hochmodernen und doch unangestrengt eleganten Gästezimmer und Suiten, die von Gold strotzen und von glänzenden Dingen funkeln, gehören zweifellos zu den schönsten, die am Strip zu finden sind. Wenn man noch das höfliche, aufmerksame Personal bedenkt, kann man wirklich von einer Siegesserie reden.

Downtown & Abseits des Strips

★ El Cortez KASINOHOTEL $
(Karte S. 156; ☎ 702-385-5200; www.elcortezhotelcasino.com; 651 E Ogden Ave; werktags/Wochenende Zi. ab 40/80 US$; P ❄ @ 📶) Ein großes Angebot an Zimmern gibt es in diesem Retrohotel nahe der betriebsamen Fremont St – und alle haben eine ganz unterschiedliche Atmosphäre. Die Zimmer befinden sich in dem Turm, der in den 1980er-Jahren an das denkmalgeschützte Kasino **El Cortez** (600 Fremont St E; ⏲ 24 Std.; 🚌 Deuce) angebaut wurde; weitere Zimmer stehen im modernen, grelleren El Cortez Suites gegenüber zur Verfügung. Für die Preise wird im Allgemeinen viel geboten, aber man sollte hier keine Wunder erwarten.

★ Hard Rock KASINOHOTEL $
(Karte S. 156; ☎ 702-693-5000; www.hardrockhotel.com; 4455 Paradise Rd; werktags/Wochenende Zi. ab 45/89 US$; P ❄ @ 📶 🏊) Die attraktiven, großen Zimmer und HRH-Suiten wurden 2016 und 2017 generalüberholt und machen diesen Partytempel für Musikfans zu einer großartigen Alternative zum Übernachten am Strip – es gibt sogar einen kostenlosen Shuttle-Service zum und vom Strip.

★ Golden Nugget KASINOHOTEL $
(Karte S. 156; ☎ 702-385-7111; www.goldennugget.com; 129 Fremont St E; werktags/Wochenende Zi. ab 45/85 US$; P ❄ @ 📶 🏊) In diesem schicken Haus in der Fremont St fühlt man sich wie in der glamourösen Blütezeit von Las Vegas in den 1950er-Jahren. Die Zimmer im Rush Tower sind die besten im Haus.

Essen

Der Strip hatte über Jahre eine große Dichte an prominenten Köchen. All-you-can-eat-Büffets und 10-Dollar-Steaks gibt es immer noch, aber die wohlhabenden Besucher von heute verlangen raffiniertere Gaumenerlebnisse. Sie wollen Menüs, die von berühmten Trendsettern – wenn auch nicht persönlich zubereitet – entworfen wurden.

The Strip

★ Jaburrito — SUSHI $

(Karte S. 156; ☎702-901-7375; www.jaburritos.com; LINQ Promenade; Stück 7–14 US$; ⏲So–Do 11–23, Fr & Sa bis 24 Uhr) Es ist ganz einfach: Man kreuze eine Nori (Meeresalgen)-Sushirolle mit einem Burrito. Was könnte da schiefgehen? Eigentlich nichts… sie sind unglaublich!

★ Tacos El Gordo — MEXIKANISCH $

(Karte S. 156; ☎702-251-8226; www.tacoselgordobc.com; 3049 S Las Vegas Blvd; kleine Gerichte 3–12 US$; ⏲So–Do 10–2, Fr & Sa bis 4 Uhr; P; Deuce, SDX) Der Taco-Laden nach Tijuana-Art aus Südkalifornien ist die richtige Adresse am späten Abend, wenn man fast pleite ist und Gelüste nach Tacos mit *carne asada* (Rindfleisch) oder *adobada* (in Merkén eingelegtem Schweinefleisch) in heißen handgemachten Tortillas hat. Für experimentierfreudige Gäste gibt's die typischen *sesos* (Rinderhirn), *cabeza* (gebratenen Rinderkopf) und verschiedene Innereien.

Jean Philippe Patisserie — BÄCKEREI $

(Karte S. 156; www.jpchocolates.com; Bellagio; Snacks & Getränke 4–11 US$; ⏲Mo–Do 6–23, Fr–So bis 24 Uhr;) Die grandiose Feinbäckerei steht im *Guinness-Buch der Rekorde*, dafür sorgt der weltweit größte Schokobrunnen hinter den Fenstern vorne. Bekannt ist sie für ihre fantastische Auswahl an Sorbets, Eis, Gebäck und Pralinen. Kaffee und Espresso übertreffen den niedrigen Standard am Strip.

★ Grand Wok — CHINESISCH $$

(Karte S. 155; ☎702-891-7879; www.mgmgrand.com/en/restaurants.html; MGM Grand; Hauptgerichte 12–28 US$; ⏲So–Do 11–22, Fr & Sa bis 23 Uhr) Der Grand Wok ist seit über 25 Jahren im Geschäft und serviert mit die besten panasiatischen Gerichte diesseits des Fernen Ostens. Der gebratene Reis mit Knoblauch, Garnelen und getrockneten Jakobsmuscheln ist einfach sensationell.

★ Burger Bar — AMERIKANISCH $$

(Karte S. 156; ☎702-632-9364; www.burger-bar.com; Shoppes at Mandalay Place; Hauptgerichte 10–60 US$; ⏲So–Do 11–23, Fr & Sa bis 1 Uhr; P) Seit wann kann ein Hamburger 60 US$ kosten? Wenn er mit Kobe-Rindfleisch, sautierter Foie gras und Trüffelsoße zubereitet wird: Das ist der Rossini-Burger, die Spezialität des Chefkochs Hubert Keller. Die meisten Angebote sind bodenständiger – die Gäste wählen ihren eigenen Belag und genießen dazu dünne Pommes und einen Milchshake mit Schuss oder ein Beer Float (Bier mit Eiscreme).

★ Virgil's Real BBQ — BARBECUE $$

(Karte S. 156; ☎702-389-7400; www.virgilsbbq.com/locations/las-vegas; LINQ Promenade; Hauptgerichte 10–24 US$; ⏲10–2 Uhr) Wenn man noch nie echte Südstaaten-Küche probiert hat und keine großen Portionen von leckerem rauchigen Fleisch, Baby Back Ribs, Käsegrütze und süßen karamellisierten Beilagen scheut, muss man einfach auf dem kürzesten Weg zu Virgil's gehen und sich bekehren lassen. Halleluja!

★ Joël Robuchon — FRANZÖSISCH $$$

(Karte S. 156; ☎702-891-7925; www.joel-robuchon.com/en; MGM Grand; Probiermenüs 120–425 US$; ⏲17–22 Uhr) Der umjubelte „Koch des Jahrhunderts" führt die kulinarische Invasion der Franzosen auf dem Strip an. Die edlen Speiseräume mit Leder und Samt in direkter Nachbarschaft zu den Spieltischen des **MGM Grand's** (Karte S. 156; ☎877-880-0880; www.mgmgrand.com; 3799 S Las Vegas Blvd; ⏲24 Std.; P) versprühen das Flair einer Dinnerparty in einer Pariser Villa in den 1930er-Jahren. Aufwendige Probiermenüs mit saisonalen Zutaten versprechen ein unvergessliches Erlebnis für die Geschmacksknospen – meist zu Recht!

★ Morimoto — FUSION $$$

(Karte S. 156; ☎702-891-1111; www.mgmgrand.com; MGM Grand; Hauptgerichte 24–75 US$; ⏲17–22 Uhr) Die neueste Inkarnation des Fernsehkochs Masaharu Morimoto in Las Vegas ist sein gleichnamiges Vorzeigerestaurant, das seinen japanischen Wurzeln und der Küche dieser Stadt huldigt, die ihm weltweit den Rang einer Legende verschafft hat. Hier zu essen ist in jeder denkbaren Weise ein Erlebnis, das unserer Meinung nach jeden Cent wert ist.

Downtown & Abseits des Strips

★ eat. — FRÜHSTÜCK $

(Karte S. 156; ☎702-534-1515; http://eatdtlv.com; 707 Carson Ave; Hauptgerichte 7–14 US$; ⏲Mo–Fr 8–15, Sa & So bis 14 Uhr;) Gemeinschaftssinn und kreatives Kochen sind Grund genug, abseits der Fremont St dieses Café aufzusuchen. Wegen des Betonfußbodens und sparsamen Dekors kann es laut werden, wenn die Leute bei getrüffelten Eiersandwiches, Zimtbrötchen mit Erdbeerkompott, Po'boy-Sandwiches mit Garnelen und Schalen voller Pozole nach New-Mexico-Art mit grünem Chili und Hühnerfleisch zuschlagen.

Container Park FAST FOOD $

(Karte S. 156; 702-359-9982; www.downtowncontainerpark.com; 707 Fremont St; Gerichte 3–12 US$; Mo–Do 11–23, Fr & Sa bis 1, So 10–23 Uhr; Deuce) Die Essensverkäufer im innovativen Container Park (S. 160) bieten Speisekarten im Stil von Food Trucks, Sitzbereiche auf Terrassen unter freiem Himmel, lange Öffnungszeiten und ein kulinarisches Angebot, das für jeden Geschmack etwas bereithält. Bei unserem letzten Besuch gehörten zu der ständig wechselnden Auswahl die mexikanischen Aromen von **Pinches Tacos**, Barbecue nach Südstaatenart im **Big Ern's BBQ**, Rohkost und gesunde vegane Küche im **Simply Pure** und Salate und Panini an der Weinbar **Bin 702**.

★ **Carson Kitchen** AMERIKANISCH $$

(Karte S. 156; 702-473-9523; www.carsonkitchen.com; 124 S 6th St; Tapas & Hauptgerichte 8–22 US$; Do–Sa 11.30–3, So–Mi bis 22 Uhr; Deuce) Dieses kleine Restaurant im industriellen Design mit freigelegten Balken, nackten Glühbirnen und klobigen Gemeinschaftstischen ist bei Kennern von Downtown angesagt, wenn diese dem Getümmel der Fremont St oder den hohen Preisen am Strip entkommen wollen. Auf hervorragenden Tellern zum Teilen wird bunter Blumenkohl, Wassermelone und Fetasalat sowie dekadente Käsemakaroni serviert. Es gibt außerdem eine kreative Getränkekarte.

★ **Andiamo Steakhouse** STEAK $$$

(Karte S. 156; 702-388-2220; www.thed.com; 301 Fremont St E, The D; Hauptgerichte 24–79 US$; 17–23 Uhr; Deuce, SDX) Unter allen Steakhäusern alter Schule in Downtown ist derzeit Joe Vicaris Andiamo Steakhouse am beliebtesten. Über dem Kasino geben reich gepolsterte, halbrunde Nischen und äußerst höfliche Kellner den Ton an für eine klassische italienische Steakhouseschlemmerei. Hier gibt's Surf-and-Turf-Platten, hausgemachte Pasta und einen Dessertwagen. Auf der umfangreichen Karte stehen kalifornische und europäische Weine. Reservierung empfehlenswert.

La Comida MEXIKANISCH $$

(Karte S. 156; 702-463-9900; www.lacomidalv.com; 100 6th St; Hauptgerichte 13–22 US$; Di–Do 12–22.30, Fr & Sa bis 24 Uhr, So bis 23 Uhr) La Comida („Familienmahlzeit") legt Wert auf einfache, kulturell authentische Gerichte (Suppen, Salate, Tacos, Enchiladas), dargeboten in einer herzlichen, geselligen und familiären Atmosphäre. Warum nicht einige Tequilas zu dem Mix (das Restaurant hat mehr Sorten als Sitzplätze), pur oder in süßen oder salzigen Margaritas, geben, damit der Abend in Downtown richtig in Fahrt kommt?

Ausgehen & Nachtleben

The Strip

★ **Fireside Lounge** LOUNGE

(Karte S. 156; 702-735-7635; www.peppermilllasvegas.com; 2985 Las Vegas Blvd S, Peppermill; 24 Std.; Deuce) Draußen blendet schrille Neonreklame, drinnen, im winzigen **Peppermill**-Kasino (Hauptgerichte 8–32 US$; 24 Std.), lockt hingegen der faszinierendste Retro-Laden am Strip. Verliebte Pärchen schätzen die in den Boden eingelassene Feuerstelle, die künstliche tropische Pflanzenwelt und die riesigen „Scorpion"-Cocktails, die von Kellnern in schicker Abendrobe serviert werden.

★ **Chandelier Lounge** COCKTAILBAR

(Karte S. 156; 702-698-7979; www.cosmopolitanlasvegas.com/lounges-bars/chandelier; Cosmopolitan; 24 Std.; Deuce) Das hoch oben thronende Herzstück des Cosmopolitan (S. 155) ist diese märchenhafte Cocktailbar. Sie verbindet Innovation mit Ästhetik und besteht aus drei Etagen, die durch romantisch geschwungene Treppen miteinander verbunden und in ein glitzerndes Netz aus Glasperlen gehüllt sind. Im zweiten Stock gibt's molekulare Cocktails (wie wär's mit einem Martini mit flüssigem Stickstoff?), während oben blumig-fruchtige Kreationen ausgeschenkt werden.

★ **Chateau Nightclub & Gardens** BAR

(Karte S. 156; 702-776-7770; www.chateaunights.com; Paris Las Vegas; Mi, Fr & Sa 22–4 Uhr) Vor allem Hip-Hop wird in dieser Dachlandschaft gespielt, die wie die Pariser Parks gestaltet ist. Die Ausblicke über den Strip von den gestuften Terrassen im Freien sind traumhaft, während sich drinnen Go-go-Tänzerinnen auf der kleinen Tanzfläche drehen, die sogar an Wochenenden halb leer sein kann. An Sommertagen verwandelt sich der Loungebereich auf der Außenterrasse manchmal in einen Biergarten.

Downtown & Abseits des Strips

Lust auf die Gesellschaft Einheimischer? Zahlreiche neue und interessante Bars und Cafés öffnen an der E Fremont St, der besten Alternative zum Strip.

★ Beauty Bar BAR
(Karte S. 156; ☎702-598-3757; www.thebeautybar.com; 517 Fremont St E; Gedeck frei–10 US$; ⊙21–4 Uhr; 🚌Deuce) In der geretteten Einrichtung eines Friseursalons aus den 1950er-Jahren in New Jersey kann man einen Cocktail schlürfen oder einfach mit den coolen Leuten chillen. DJs and Livebands wechseln sich jede Nacht ab und bringen alles von Tiki-Lounge-Klängen, Disco und Hits der 1980e-Jahre bis zu Punk, Metal, Glam- und Indie-Rock. Auf der Website findet man besondere Events wie „Karate Karaoke". Oft wird kein Eintrittsgeld verlangt.

★ Gold Spike BAR
(Karte S. 156; ☎702-476-1082; www.goldspike.com; 217 N Las Vegas Blvd; ⊙24 Std.) Mit seinem Spielzimmer, Wohnzimmer und Hinterhof ist das Gold Spike vieles: Bar, Nachtclub, Aufführungsraum, Arbeitsbereich; manchmal Gastgeber von Roller Derbys, Discos, Livebands oder Tanzpartys – oder auch einfach ein Ort, um mit entspanntem Personal Sonne zu tanken und dem üblichen Betrieb von Las Vegas zu entkommen.

☆ Unterhaltung

In Las Vegas wird immer jede Menge geboten. Ticketmaster (www.ticketmaster.com) verkauft Tickets für fast alle Veranstaltungen. **Tix 4 Tonight** (Karte S. 156; ☎877-849-4868; www.tix4tonight.com; 3200 S Las Vegas Blvd, Fashion Show Mall; ⊙10–20 Uhr) bietet Karten zum halben Preis für eine begrenzte Auswahl von Vorstellungen am selben Tag sowie kleine Rabatte auf Shows, die „ständig ausverkauft" sind.

Nachtclubs & Livemusik

Nachtclubs sind ernstzunehmende Unternehmen in Las Vegas. Die Eintrittspreise schwanken stark; es kommt immer wieder auf die Laune des Personals am Eingang an, auf das Verhältnis zwischen Frauen und Männern und darauf, wie voll es ist. Wer im Voraus beim VIP Host des jeweiligen Clubs reserviert, erspart sich die Warteschlange. Die meisten größeren Läden beschäftigen am späten Nachmittag und frühen Abend Türpersonal. Oft haben Hotel-Concierges kostenlose Eintrittskarten für die Clubs oder nehmen Reservierungen vor. Beim „Bottle Service" erspart man sich in der Regel Eintrittsgelder und Wartezeiten, allerdings ist dieser sehr teuer.

Legends in Concert LIVEMUSIK
(Karte S. 156; ☎702-777-2782; www.legendsinconcert.com; Flamingo; Erw./Kind ab 58/36 US$; ⊙Shows 16, 19.30 & 21.30 Uhr) Die Top-Showproduktion von Las Vegas zeigt wirklich talentierte singende und tanzende Künstler, die berühmte Stars imitieren, denen sie zum Verwechseln ähneln, z. B. die Beatles, Elvis, Madonna, James Brown, Britney Spears, Shania Twain und viele mehr.

★ Foundation Room CLUB
(Karte S. 156; ☎702-632-7601; www.houseofblues.com; Mandalay Bay; Gedeck meist 30 US$; ⊙17–2 Uhr) In dem anspruchsvollen Nachtclub von **House of Blues'** (☎702-632-7600; ⊙Ticketschalter 9–21 Uhr) finden DJ-Partys und besondere Events in einer stilvollen Location, einer halb gotischen Villa, halb Hindutempel, statt. Die weiten Blicke auf den Strip sind genauso beeindruckend wie das Dekor. Club-Promoter rund um das Kasino geben „two-for-one"-Getränkegutscheine und freie Eintrittskarten aus. Der Dress-Code wird ernst genommen.

XS CLUB
(Karte S. 156; ☎702-770-0097; www.xslasvegas.com; Encore; Eintritt 20–50 US$; ⊙Fr & Sa 22–4, So ab 21.30, Mo ab 22.30 Uhr) XS ist der angesagteste Nachtclub in Vegas – zumindest vorerst. Zum Programm gehören extravagantes goldenes Dekor, pompöses Design und eine gut besuchte Cocktailbar, über der äußerst kurvige überlebensgroße weibliche Torsos thronen. Bekannte Elektro-DJs bringen die

DIE BESTEN BÜFETTS

Extravagante All-you-can-eat-Büfetts haben in Sin City Tradition. Zu den besten gehören:

Bacchanal Buffet (3570 Las Vegas Blvd S, Caesars Palace; 40–58 US$/Erw., 8–22 Uhr)

Wicked Spoon Buffet (3708 Las Vegas Blvd S, Cosmopolitan; 28–52 US$/Erw., 8–21 Uhr)

Buffet at Bellagio (3600 Las Vegas Blvd S; Bellagio; 39–54 US$/Erw., 7–10 Uhr)

Tanzfläche zum Beben, während zahlungskräftige Gäste in privaten Hütten am Pool den VIP-Bottle-Service in Anspruch nehmen.

★ Surrender CLUB
(Karte S. 156; ☎702-770-7300; www.surrendernightclub.com; Encore; Gedeck 20–40 US$; ⊙Mi, Fr & Sa 22.30–4 Uhr) Safrangelbe Seidentapeten, senffarbene Sitzbänke, ein Eingang mit leuchtend gelbem Kunstleder und eine schimmernde Schlange an der Wand hinter der Bar – auch ein Clubmuffel wird zugeben, dass dies ein gnadenlos schöner Ort ist, um rumzuhängen. Man spielt Blackjack oder treibt sich im Sommer nach Einbruch der Dunkelheit einfach am Pool herum. Musiker und DJs, die Elektro-Musik und Hip Hop auflegen, sorgen für Massenandrang.

Shows

Bei Hunderten Shows hat man in Vegas die Qual der Wahl. Die Auftritte des Cirque du Soleil sind aber alle unvergesslich.

★ Le Rêve the Dream THEATER
(Karte S. 156; ☎702-770-9966; http://boxoffice.wynnlasvegas.com; Wynn; Tickets 105–205 US$; ⊙Shows Fr–Di 19 & 21.30 Uhr) Unterwasserakrobatik von erfahrenen Tauchern sind das Herzstücke dieses runden Wassertheaters, das aus einem 3 800 000 l Wasser fassenden Becken besteht. Kritiker bezeichnen es als eine wenig inspirierte Version von *O*, der Wassershow des Cirque du Soleil, während begeisterte Fans vom romantischen Unterwassertango, den spektakulären Sprüngen und den visuellen Abenteuern begeistert sind. Die günstigsten Plätze befinden sich in der „Splash Zone".

★ O THEATER
(Karte S. 156; ☎888-488-7111; www.cirquedusoleil.com; Bellagio; Tickets 99–185 US$; ⊙Mi–So 19 & 21.30 Uhr) Phonetisch steht es für das französische Wort für Wasser *(eau)*. Mit einer geschmeidigen internationalen Besetzung, die in, auf und über dem Wasser agiert, erzählt das *O* des Cirque du Soleil die Geschichte des Theaters durch die Zeiten hinweg. Es ist ein spektakuläres Meisterstück der Imagination und Technik, und man zahlt viel dafür, um das Spektakel zu sehen – es ist eine der wenigen Shows am Strip, die selten ermäßigte Tickets verkauft.

★ Blue Man Group LIVEPERFORMANCE
(Karte S. 156; ☎702-262-4400; www.blueman.com; Luxor; Tickets 80–190 US$; ⊙Shows um 19 & 21.30 Uhr; 👪) Kunst, Musik und Technik werden mit einem Schuss Comedy in einer der beliebtesten und familienfreundlichsten Shows von Las Vegas im **Luxor** (☎702-262-4000; www.luxor.com; 3900 S Las Vegas Blvd; ⊙24 Std.; P) verbunden.

★ Aces of Comedy COMEDY
(Karte S. 156; ☎702-792-7777; www.mirage.com; Mirage; Tickets 40–100 US$; ⊙wechselnde Zeiten, Ticketschalter Do–Mo 10–22, Di & Mi bis 20 Uhr) Man wird kaum eine bessere Zusammenstellung unter der Crème de la Crème der Stand-up-Komiker finden wie jene, die ganzjährig im **Mirage** (☎702-791-7111; 3400 S Las Vegas Blvd; ⊙24 Std.; P) auftreten: Hier kommen Stars wie Jay Leno, Kathy Griffin und Lewis Black auf die Bühne. Tickets kann man im Voraus online oder telefonisch kaufen. Alternativ geht man zum Ticketschalter des **Cirque du Soleil** (☎877-924-7783; www.cirquedusoleil.com/las-vegas; reduzierte Tickets ab 49 US$, Normalpreis ab 69 US$) im Mirage.

Shoppen

★ Las Vegas Premium Outlets North EINKAUFSZENTRUM
(☎702-474-7500; www.premiumoutlets.com/vegasnorth; 875 S Grand Central Pkwy; ⊙Mo–Sa 9–21, So bis 20 Uhr; 👪; 🚌SDX) Las Vegas' teuerste Outlet-Mall beherbergt 120 Geschäfte, von denen die meisten Luxusmarken sind, z. B. Armani, Brooks Brothers, Diane Von Furstenberg, Elle Tahari, Kate Spade, Michael Kors, Theory und Tory Burch. Daneben gibt's auch legere Marken wie Banana Republic und Diesel.

Retro Vegas VINTAGE
(☎702-384-2700; www.retro-vegas.com; 1131 S Main St; ⊙Mo–Sa 11–18, So 12–17 Uhr; 🚌108, Deuce) In der Nähe des 18b Arts District in Downtown ist das flamingorosa angestrichene Antiquitätengeschäft der beste Ort, um Prachtstücke aus der Mitte des 20. Jhs., den Swinging Sixties und den 1970er-Jahren zu finden. Die Palette reicht dabei von Kunstwerken bis hin zum Wohndekor.

Fashion Show EINKAUFSZENTRUM
(Karte S. 156; ☎702-369-8382; www.thefashionshow.com; 3200 S Las Vegas Blvd; ⊙Mo–Sa 10–21, So 11–19 Uhr; 👪) Nevadas größte Mall sticht ins Auge: Bekrönt von der „Cloud", einem silbernen Multimediadach in Form eines flachen Hutes, beherbergt sie über 250 Kettengeschäfte und Warenhäuser. Zu den angesagten europäischen Ergänzungen des massentauglichen Angebots gehören

der britische Modefabrikant Topshop (bzw. Topman für Herren). Freitags, samstags und sonntags finden zwischen 12 und 17 Uhr jede Stunde Modenschauen statt.

Grand Canal Shoppes at the Venetian EINKAUFSZENTRUM
(Karte S. 156; ☎702-414-4525; www.grandcanalshoppes.com; 3377 S Las Vegas Blvd, Venetian; ⏲So–Do 10–23, Fr & Sa bis 24 Uhr) Hier kann man gemalte Musiker und Gaukler sowie ulkige lebende Statuen auf der Piazza San Marco bewundern, während Gondeln in den Kanälen vorbeigleiten und mezzosoprane Serenaden Besucher beschallen. In der luftigen italienisch inspirierten Mall, geschmückt mit Fresken, führen kopfsteingepflasterte Wege vorbei an Geschäften von Burberry, Godiva, Sephora sowie 85 weiteren Luxusläden.

ℹ Praktische Informationen

INTERNETZUGANG & MEDIEN

Die meisten Kasinohotels stellen eine Gebühr von bis zu 15 US$/Tag in Rechnung (manchmal ist nur verkabelter Internetzugang verfügbar). Kostenloses WLAN ist eher abseits des Strips vorhanden. Billige Internet-Cafés verstecken sich in Souvenirshops am Strip und am Maryland Pkwy gegenüber dem UNLV-Campus.

Zeitungen & Zeitschriften *Las Vegas Review Journal* (www.reviewjournal.com), *Las Vegas Weekly* (www.lasvegasweekly.com), *Las Vegas Life* (www.lvlife.com).

Radio National Public Radio (NPR), unteres Ende der UKW-Einstellung.

TV PBS (öffentlich rechtliches Fernsehen); Kabel: CNN (Nachrichten), ESPN (Sport), HBO (Filme), Wetterkanal.

DVDs Nur für Region 1 kodiert (USA und Kanada).

NOTFALL & MEDIZINISCHE VERSORGUNG

Polizei (☎911 (im Notfall) oder 702-828-3111)

Sunrise Hospital & Medical Center (☎702-731-8000; http://sunrisehospital.com; 3186 S Maryland Pkwy; ⏲24 Std.) Spezielle Traumaabteilung für Kinder und rund um die Uhr besetzte Notfallaufnahme.

University Medical Center (UMC; ☎702-383-2000; www.umcsn.com; 1800 W Charleston Blvd; ⏲24 Std.) Süd-Nevadas bestes Traumazentrum; die Notfallaufnahme ist rund um die Uhr besetzt.

POST

Post Office (Karte S. 156; ☎702-382-5779; www.usps.com; 201 S Las Vegas Blvd; ⏲Mo–Fr 9–17 Uhr)

TOURISTENINFORMATION

Zu den Websites mit Reiseinformationen und Buchungsservice gehören www.lasvegas.com und www.vegas.com.

Las Vegas Convention & Visitors Authority (LVCVA; Karte S. 156; ☎702-892-7575; www.lasvegas.com; 3150 Paradise Rd; ⏲Mo–Fr 8–17.30 Uhr; Las Vegas Convention Center)

ℹ Anreise & Unterwegs vor Ort

Der **McCarran International Airport** (LAS; Karte S. 156; ☎702-261-5211; www.mccarran.com; 5757 Wayne Newton Blvd; 📶) liegt in unmittelbarer Nähe vom Südende des Strips. Eine kostenlose, rollstuhlgerechte Tram verbindet die entfernteren Gates, während kostenlose Shuttlebusse die Terminals 1 und 3 sowie das **McCarran Rent-a-Car Center** (☎702-261-6001; www.mccarran.com/go/rentalcars.aspx; 7135 Gillespie St; ⏲24 Std.) miteinander vernetzen.

Shuttlebusse fahren zu Hotels am Strip ab 7 US$ (einfache Strecke) sowie ab 9 US$ zu Hotels in Downtown und abseits vom Strip. Ein Taxi zum Strip kostet mindestens 20 US$ plus Trinkgeld – sagen Sie dem Fahrer, er soll über Landstraßen fahren und nicht durch den Zubringertunnel von der I-15.

Die Fernbusse von **Greyhound** verbinden Las Vegas mit Reno (81 US$, 9½ Std.) und Salt Lake City (ab 48 US$, 8 Std.). Sie fahren auch zu regulär ermäßigten Angeboten von/nach Los Angeles (ab 11 US$, 5 bis 8 Stunden). Man steigt an einer Station in Downtown nahe Fremont Street Experience aus. Um zum Strip zu kommen, nimmt man einen **SDX**-Bus Richtung Süden (2-Stunden-Ticket 6 US$).

Tageskarten für die rund um die Uhr verkehrenden **Deuce**-Busse und die schnelleren (allerdings nicht den ganzen Tag und auch nicht zu allen Kasinos fahrenden) **SDX**-Busse sind ausgezeichnete Möglichkeiten, wenn man herumkommen möchte.

Rund um Las Vegas

Der **Lake Mead** und der **Hoover Dam** sind die meistbesuchten Attraktionen der **Lake Mead National Recreation Area** (☎Infoschalter 702-293-8906, Visitor Center 702-293-8990; www.nps.gov/lake; Lakeshore Scenic Dr; Auto 10 US$/7 Tage; ⏲24 Std.; 👪). Zu dem Erholungsgebiet gehören neben dem 110 Meilen (177 km) langen Lake Mead der 67 Meilen (108 km) lange Lake Mohave sowie die riesigen Wüstengebiete rund um die Seen. Das exzellente **Visitor Center** (Alan Bible Visitor Center; ☎702-293-8990; www.nps.gov/lake; Lakeshore Scenic Dr, beim US Hwy 93; ⏲9–16.30 Uhr) am Hwy 93 auf halber Strecke zwischen

VALLEY OF FIRE STATE PARK

Es sind rund 50 Meilen (80 km) vom Fremont Street Experience (S. 160) zum Visitor Center im **Valley of Fire State Park** (☎702-397-2088; www.parks.nv.gov/parks/valley-of-fire; 29450 Valley of Fire Hwy, Overton; 10 US$/Fahrzeug; ⌚Visitor Center 8.30–16.30 Uhr, Park 7–19 Uhr). Das empfiehlt sich als erste Anlaufstation, um herauszufinden, wie man am besten dieses Meisterwerk der Wüstenszenerie im Südwesten mit 16 000 ha rotem Aztekensandstein, versteinerten Bäumen und alten indianischen Petroglyphen (am Atlatl Rock) bewältigt. Der 1935 eingeweihte Park war Nevadas erster State Park. Seine psychedelische Landschaft wurde über Jahrtausende von Wind und Wasser geformt.

Boulder City und dem Hoover Dam hat Informationen zu Freizeitaktivitäten und der Wüste. Von hier schlängelt sich die North Shore Rd um den See – eine wirklich malerische Route.

Der in einem weichen Bogen verlaufende, 220 m hohe **Hoover Dam** (☎702-494-2517, 866-730-9097; www.usbr.gov/lc/hooverdam; beim Hwy 93; Eintritt Visitor Center inkl. Parkgebühr 10 US$; ⌚April–Okt. 9–18 Uhr, Nov.–März bis 17 Uhr; 👪), ein Bauwerk im Art-déco-Stil, überspannt die Grenze zwischen Arizona und Nevada und schafft einen großartigen Kontrast zur kargen Landschaft. Sehr lohnenswert ist ein Abstecher zur **Mike O'Callaghan-Pat Tillman Memorial Bridge** (Hwy 93). Der Fußgängerweg der Brücke gewährt wunderschöne Blicke stromabwärts auf den Hoover Dam.

In der Innenstadt im nahen Boulder City lädt das **Milo's** (☎702-293-9540; www.milosbouldercity.com; 534 Nevada Hwy; Hauptgerichte 9–14 US$; ⌚So–Do 11–22, Fr & Sa bis 23 Uhr) zu einem entspannten Mittag- oder Abendessen ein. Die frischen Sandwiches, Salate und Gourmet-Käseplatten werden an Straßentischen vor der Weinbar serviert.

West-Nevada

Der Westen des Staates, durchzogen von der Sierra Nevada mit ihren Koniferen, fällt bei Genoa steil ab. Es ist eine weitläufige baumlose Steppe, bewachsen von Beifuß, der seinen üppigen grüngrauen Teppich über die hügeligen Ebenen des Great Basin breitet. Vom Sandstrand des Lake Tahoe bis zum historischen Dörfchen Virginia City, der beständigen Eleganz von Carson City, dem kleinen Reno, Burning Man, Black Rock und mehr, bietet der Westen Nevadas jede Menge Abwechslung.

Reno

In Renos Downtown können Besucher morgens in einem der zwei Dutzend Kasinos spielen, dann die Straße hinunterlaufen und die Stromschnellen im Truckee River Whitewater Park in Angriff nehmen. Genau diese Kontraste machen den Reiz der „größten Kleinstadt der Welt" aus, die sowohl ihre Glücksspielwurzeln hochhält als auch als erstklassige Ausgangsbasis für Outdoor-Abenteuer bekannt ist. Die Sierra Nevada Mountains und der Lake Tahoe sind nicht einmal eine Autostunde entfernt, und die Region wartet mit jeder Menge Seen, Wanderwegen und Skigebieten auf. Kasinos sammeln sich im Zentrum in der N Virginia St zwischen der I-80 und dem Truckee River; südlich des Flusses geht die Straße in die S Virginia St über.

Sehenswertes

★ **National Automobile Museum** MUSEUM

(☎775-333-9300; www.automuseum.org; 10 S Lake St; Erw./Kind 6–18 J. 10/4 US$; ⌚Mo–Sa 9.30–17.30, So 10–16 Uhr) In diesem fesselnden Museum illustrieren stilisierte Straßenszenen ein Jahrhundert Automobilgeschichte. Die riesige eindrucksvolle Sammlung umfasst einzigartige Fahrzeuge wie James Deans Mercury von 1949 aus dem Film *... denn sie wissen nicht, was sie tun*, einen Phantom Corsair aus dem Jahr 1938 und einen DeLorean mit einem Überzug aus 24-karätigem Gold. Zudem zeigen Wechselausstellungen alle möglichen frisierten und wunderbar altmodischen Gefährte.

★ **Atlantis** KASINO

(☎775-825-4700; www.atlantiscasino.com; 3800 S Virginia St; ⌚24 Std.) Während es von außen wie die Kulisse eines zweitklassigen Films der 1970er-Jahre aussieht, ist das der sagenhaften Unterwasserstadt nachgebildete Atlantis innen das reine Vergnügen mit Spiegeldecke und tropischem Flair dank Wasserfällen und Palmen. Es ist eines der beliebtesten Angebote in Reno, obwohl es sich nicht in der Innenstadt befindet.

★ **Discovery** MUSEUM
(Terry Lee Wells Nevada Discovery Museum; ☎775-786-1000; www.nvdm.org; 490 S Center St; Eintritt 10 US$, Mi nach 16 Uhr 5 US$; ⏲ Di, Do–Sa 10–17, Mi bis 20, So 12–17 Uhr; P 👪) Seit der Eröffnung als Kindermuseum 2011 hat das Discovery rasch an Zuspruch gewonnen und seinen Schwerpunkt erweitert. Heute ist es ein interaktives Zentrum von Weltklasse für Wissenschaft, Technologie, Ingenieurwesen, Kunst und mathematische Bildung. Die 11 Dauerausstellungen animieren Kinder und junge Erwachsene zum Mitmachen, um so spielerisch Interesse an diesen Fächern zu wecken.

Nevada Museum of Art MUSEUM
(☎775-329-3333; www.nevadaart.org; 160 W Liberty St; Erw./Kind 6–12 Jahre 10/1 US$; ⏲ Mi & Fr–So 10–17, Do bis 20 Uhr) In einem funkelnden Bau, inspiriert von den geologischen Formationen der Black Rock Desert nördlich der Stadt, führt eine freitragende Treppe zu den Galerien, die Wechselausstellungen und abwechslungsreiche Sammlungen zum Westen der USA, zum Alltag und zu moderner Landschaftsfotografie präsentieren. 2016 eröffnete das Museum seinen 6,2 Mio. Dollar teuren Funktionsbereich Sky Room. Besuchern steht es frei, den Sky Room – im Grunde ein sagenhaftes Penthouse und Patio auf dem Dach mit super Aussicht – zu erkunden und zu genießen (vorausgesetzt, er wird nicht gerade genutzt).

Silver Legacy KASINO
(☎775-329-4777; www.silverlegacyreno.com; 407 N Virginia St; ⏲ 24 Std.) Das viktorianisch anmutende Silver Legacy ist anhand der auffälligen weißen Kuppel leicht zu erkennen. Hin und wieder wird der riesige nachgebaute Förderturm zur Kulisse für eine bescheidene Sound-and-Light-Show. Der Turm des Kasinohotels ist nachts gewöhnlich smaragdgrün angestrahlt und erinnert an etwas aus *Der Zauberer von Oz*.

Galena Creek Recreation Area NATURSCHUTZGEBIET
(☎775-849-4948; www.galenacreekvisitorcenter.org/trail-map.html; 18250 Mt Rose Hwy) Nur 19 Meilen (30 km) von Reno entfernt führt ein komplexes Netz aus reizvollen Wanderwegen, das an diesem Erholungsgebiet im Humboldt-Toiyabe National Forest beginnt, mitten in die Wildnis. Im **Galena Creek Visitor Center** bekommt man Informationen über die aktuellen Bedingungen und wird freundlich beraten.

Aktivitäten

Von Reno aus fährt man 30 bis 60 Minuten bis zu den Skigebieten beim Lake Tahoe. In vielen Hotels und Kasinos gibt's Pauschalangebote für Übernachtungen plus Skifahren.

Im städtisch verwalteten Truckee River Whitewater Park (www.reno.gov), wenige Schritte von den Kasinos entfernt, sind die Stromschnellen der Kategorien II und III sowohl für Kinder zur Fahrt mit einem Gummischlauch (Tubing) als auch für professionelle Kajakfahrer geeignet. Zwei Parcours führen um Wingfield Park herum, eine kleine Flussinsel, auf der im Sommer kostenlose Konzerte stattfinden. **Tahoe Whitewater Tours** (☎775-787-5000; www.gowhitewater.com; 400 Island Ave; 2 Std. Kajakverleih/-Tour ab 48/68 US$) und **Sierra Adventures** (☎866-323-8928, 775-323-8928; www.wildsierra.com; Truckee River Lane; Kajakverleih ab 22 US$) bieten Kajakausflüge und -kurse an.

Schlafen

Die Übernachtungspreise schwanken stark. Am günstigsten kommt man normalerweise sonntags bis donnerstags davon, die Freitage sind teurer, und an Samstagen zahlt man manchmal dreimal so viel wie werktags.

Im Sommer lädt der **Mt. Rose** (☎877-444-6777; www.recreation.gov; Mt Rose Hwy/Hwy 431; Stellplatz Wohnmobil & Zelt 20–50 US$; ⏲ Mitte Juni–Sept.; P ≋) zum Zelten in luftigen Höhen ein. Traumhaft!

Sands Regency HOTEL $
(☎775-348-2200; www.sandsregency.com; 345 N Arlington Ave; Zi. So–Do ab 49 US$, Fr & Sa ab 89 US$; P ❄ 🛜 ≋ 🐾) Die Zimmer im Sands gehören zu den größten Standardquartieren der Stadt und sind mit ihren fröhlichen tropischen Blau-, Rot- und Grüntönen eine erfrischende Abwechslung zum üblichen Motel-Dekor. Am schönsten sind die Zimmer im Empress Tower. Im Fitnessbereich und im Jacuzzi im 17. Stock hat man traumhafte Panoramablicke über die Berge. Im Sommer können die Gäste einen Außenpool nutzen.

Peppermill KASINOHOTEL $
(☎775-826-2121; www.peppermillreno.com; 2707 S Virginia St; Zi. So–Do ab 69 US$, Fr & Sa ab 149 US$; P ❄ @ 🛜 ≋) 🍃 Das sehr beliebte Peppermill versprüht eine Extravaganz, die an Vegas erinnert. Neben Suiten im toskanischen Stil in einem 600 Zimmer fassenden Tower, dem neuesten Bau der Anlage, gehören schicke renovierte Quartiere auf dem übrigen Komplex zum Angebot. Die zwei glitzern-

den Pools (darunter ein Innenbecken) sind traumhaft, zudem gibt's ein komplett ausgestattetes Spa. Geothermische Energie sorgt für Warmwasser und Heizung. Die Resortgebühr pro Nacht beträgt 20 US$.

★ Whitney Peak DESIGNHOTEL **$$**
(☎775-398-5400; www.whitneypeakhotel.com; 255 N Virginia St; DZ ab 129 US$; P❄📶) 🍃 Dieses unabhängige, originelle, flippige und freundliche Nichtraucherhotel ohne Kasino in der Stadtmitte muss einem einfach gefallen. Die geräumigen Gästezimmer haben eine jugendlich fröhliche, an der freien Natur orientierte Ausstrahlung; auch haben die Designer an das leibliche Wohl gedacht. Mit Konferenzräumen, Lounge, kostenloser Benutzung der Kletterwand, einem bemerkenswerten Restaurant vor Ort und freundlichem und kompetentem Personal ist Whitney Park kaum zu überbieten.

Essen

★ Gold 'n Silver Inn DINER **$**
(☎775-323-2696; www.goldnsilverreno.com; 790 W 4th St; Hauptgerichte 6–20 US$; ⏲24 Std.) Seit über 50 Jahren aus Reno nicht wegzudenken, bietet dieser etwas heruntergekommene, aber superfreundliche und rund um die Uhr geöffnete Diner eine umfangreiche Karte mit typisch amerikanischen Gerichten wie Hackbraten, Tellergerichten, ganztägigem Frühstück und Burger - von den wirklich unglaublichen Karamell-Milchshakes ganz zu schweigen.

★ Old Granite Street Eatery AMERIKANISCH **$$**
(☎775-622-3222; www.oldgranitestreeteatery.com; 243 S Sierra St; Hauptgerichte abends 12–29 US$; ⏲Mo–Do 11–22, Fr bis 23, Sa 10–23, So bis 15 Uhr; 🖉) Das charmante, helle Restaurant serviert inmitten zahlreicher Antiquitäten Wohlfühlgerichte aus regionalen Bio-Zutaten, altmodische Cocktails und Craft-Biere. Die Gäste lieben die stattliche Holzbar, den Umstand, dass das Wasser in alten Likörflaschen kredenzt wird, und die umfangreiche saisonale Speisekarte. Keine Reservierung? Dann kann man sich die Wandbilder mit Hähnen und Schweinen ansehen und an einem Gemeinschaftstisch, bestehend aus einer umgebauten Stalltür, auf einen Tisch warten.

Louis' Basque Corner BASKISCH **$$**
(☎775-323-7203; www.louisbasquecorner.com; 301 E 4th St; Abendmenü 12–29 US$; ⏲Di–Sa 11–21.30, So & Mo 16–21.30 Uhr) Hier genießt man an einem großen Tisch voller Menschen, die man nie zuvor gesehen hat, Lamm, Kaninchen, Kalbsbries und noch mehr Lamm. Täglich wird ein anderes zusammengestelltes Menü angeboten und im Fenster ausgestellt.

★ Wild River Grille GRILL **$$**
(☎775-847-455; www.wildrivergrille.com; 17 S Virginia St; Hauptgerichte mittags 11–16 US$, abends 21–37 US$; ⏲11–21 Uhr; 🖉) Im Wild River Grille lieben die Gäste die raffiniertlässigen Speisen und das vielfältige Angebot einer kreativen Küche, von Gruyère-Kroketten bis zu Hummer-Ravioli, aber vor allem die wunderbare Terrasse mit Blick auf den Truckee River. Es ist auch der beste Ort in der Stadt für einen Drink an einem lauen Sommerabend oder für ein Rendezvous.

Ausgehen & Nachtleben

★ Pignic BAR
(☎775-376-1948; www.renoriver.org/pignic-pub-patio; 235 Flint St; ⏲15–23 Uhr) Dieses tolle kleine Lokal erhält Punkte für seine Originalität: Ehemals ein Wohnhaus hat es ein einfaches Konzept. Man bringt sein eigenes Essen mit und grillt es hier, die Getränke kauft man an der Bar. Es ist gesellig, freundlich und hält die Werte von Freunden, Familie und Gemeinschaft hoch. Hier wartet jede Menge Spaß.

Unterhaltung

Die beste Infoquelle für Veranstaltungen ist das kostenlose Wochenmagazin *Reno News & Review* (www.newsreview.com).

Knitting Factory LIVEMUSIK
(☎775-323-5648; http://re.knittingfactory.com; 211 N Virginia St) In der mittelgroßen Konzertstätte stehen Mainstream und Indie-Klassiker auf dem Programm.

Praktische Informationen

Reno-Sparks Convention & Visitors Authority Visitor Center (☎775-682-3800; www.visitrenotahoe.com; 135 N Sierra St; ⏲9–18 Uhr)

Anreise & Unterwegs vor Ort

Der **Reno-Tahoe International Airport** (RNO; www.renoairport.com; 📶), etwa 5 Meilen (8 km) südöstlich von Downtown, wird von den meisten großen Fluglinien mit Anschlüssen an die nationalen und internationalen Strecken angeflogen.

Der **North Lake Tahoe Express** (☎866-216-5222; www.northlaketahoeexpress.com; einfache Strecke 49 US$) betreibt ein Shuttle (ca.

6–8-mal tgl., 3.30–24 Uhr), das zwischen dem Flughafen und verschiedenen Ortschaften am Nordufer des Lake Tahoe verkehrt. Der **South Tahoe Airporter** (☎866-898-2463; www.southtahoeairporter.com; Erw./Kind einfache Strecke 29,75/16,75 US$, Rundreise 53/30,25 US$) betreibt mehrere tägliche Shuttlebusse vom Flughafen zu den Kasinos in Stateline. Die Kasinohotels bieten in der Regel häufig verkehrende kostenlose Shuttles vom und zum Flughafen für ihre Gäste an.

Greyhound (☎800-231-2222; www.greyhound.com) bietet bis zu fünf direkte Busse täglich nach Reno von San Francisco an (ab 8 US$, ab 5 Std.): Je früher man bucht, desto günstiger sind die Preise.

Der Zug von **Amtrak** (☎800-872-7245; www.amtrak.com), *California Zephyr*, fährt einmal täglich von Emeryville/San Francisco (52 US$, 6¾ Std.) nach Reno.

Die Nahverkehrsbusse von **RTC Washoe** (☎775-348-0400; www.rtcwashoe.com) decken das ganze Stadtgebiet ab. Die meisten Linien steuern die RTC 4th St Station in Downtown an (zwischen Lake St und Evans Ave).

Carson City

Von Reno oder dem Lake Tahoe bequem mit dem Auto zu erreichen, eignet sich diese unterschätzte Stadt bestens für ein Mittagessen und einen Spaziergang durch das ruhige, altmodische Zentrum.

Der **Kit Carson Blue Line Trail** führt durch hübsche baumbestandene Straßen mit charmanten historischen Häusern. Karten zu dem Weg gibt es im Visitor Center (S. 171), 1 Meile (1,6 km) südlich des Zentrums.

Mitten in der Innenstadt steht das 1870 erbaute **Nevada State Capitol** (☎775-684-5670; 101 North Carson St; ⌚Mo–Fr 8–17 Uhr) GRATIS, wo man gelegentlich den Gouverneur höchstpersönlich im Gespräch mit ein paar Bürgern antrifft. Eisenbahnfans sind im **Nevada State Railroad Museum** (☎775-687-6953; http://nvdtca.org/nevadastaterailroadmuseumcarsoncity; 2180 S Carson St; Erw./Kind unter 18 Jahren 6 US$/frei; ⌚Do–Mo 9–17 Uhr) richtig, in dem Waggons und Lokomotiven aus dem 19. bis frühen 20 Jh. ausgestellt sind.

Im einladenden **Comma Coffee** (☎775-883-2662; www.commacoffee.com; 312 S Carson St; Hauptgerichte 7–12 US$; ⌚Mo–Sa 7–20 Uhr;) kann man sich mittags stärken und den Politikern an den Nachbartischen lauschen. Am Abend lockt dann das **Firkin & Fox** (☎775-883-1369; www.foxbrewpub.com; 310 S Carson St; ⌚So–Do 11–24, Fr & Sa bis 2 Uhr), ein Pub im englischen Stil.

RENO AREA TRAIL INFORMATION

Informationen zu Wander- und Radwegen in der Region, darunter die Route zum Gipfel des Mt. Rose und der Tahoe-Pyramid Bikeway, bietet der *Truckee Meadows Trails Guide*, der als Download erhältlich ist (www.washoecounty.us/parks/trails/trail_challenge.php).

Der Highway 395 bzw. die Carson St ist die Hauptstraße von Carson City. Informationen zu Wanderungen und Campingmöglichkeiten erhält man bei der Nevada Division of State Parks (S. 155).

Virginia City

Die Entdeckung der legendären Comstock Lode 1859 löste in den Bergen 25 Meilen (40 km) südlich von Reno ein regelrechtes Silberfieber aus. Während der Zeit des Goldrauschs in den 1860er-Jahren war Virginia City eine florierende Boom-Stadt im Wilden Westen. Zur ihrer Blütezeit verbrachte der Journalist Samuel Clemens alias Mark Twain einige Zeit hier; er beschrieb den Alltag in der Minenstadt in seinem Buch *Durch dick und dünn*.

Die hochgelegene Stadt ist ein National Historic Landmark. Viktorianische Gebäude und ein paar kitschige, aber unterhaltsame Museen säumen die Hauptstraße mit hölzernen Gehwegen. Wer sehen möchte, wie die Minenbesitzer lebten, sollte die **Mackay Mansion** (☎775-847-0373; www.uniquitiesmackaymansion.com; 291 S D St; Erw./Kind 5 US$/frei; ⌚10–18 Uhr) und das Castle (B St) besuchen.

Die Einheimischen sind sich einig: Das beste Essen der Stadt gibt's im **Cafe del Rio** (www.cafedelriovc.com; 394 S C St; Hauptgerichte 11–17 US$; ⌚Mi–Sa 11–20, So 10–19 Uhr), das eine gute Mischung aus leckeren kleinen Gerichten aus New Mexiko (auch Frühstück) serviert. Gegen den Durst hilft der alteingesessene Familienbetrieb **Bucket of Blood Saloon** (www.bucketofbloodsaloonvc.com; 1 S C St; ⌚10–19 Uhr). Neben Bier erwarten Gäste in der alten hölzernen Bar klassische Bar-Weisheiten („Wenn der Barkeeper nicht lacht, bist du nicht lustig."). Das **Visitor Center** (☎775-847-7500, 800-718-7587; www.visitvirginiacitynv.com; 86 S C St; ⌚Mo–Sa 9–17, So 10–16 Uhr) liegt an der Hauptstraße, der C St.

ABSTECHER

BURNING MAN

Für eine Woche im August kommen die Festivalbesucher („Burners") aus der ganzen Welt zum **Burning Man** (www.burningman.com; Eintritt 425 US$; ⌚ Aug.) in die Black Rock Desert und bauen die zeitweilige Black Rock City, nur um alles wieder abzureißen und die überdimensionale Figur eines Mannes zu verbrennen. Dazwischen gibt es Frieden, Liebe, Musik, Kunst, Nacktheit, Drogen, Sex und Ausgelassenheit in einem sicheren Raum, wo die Teilnehmer die Prinzipien des Festivals hochhalten.

Great Basin

Eine Tour durch das Great Basin ist ein tolles Erlebnis, das einen nicht mehr loslassen wird. All jene, die von einem echten „Road Trip" träumen, werden die alten Städte und die ungewöhnlichen Sehenswürdigkeiten an den einsamen Wüsten-Highways lieben.

An der I-80

Der Geist des Amerikanischen Westens wird in **Elko**, fast 300 Meilen (ca. 480 km) nordöstlich von Reno entlang der I-80, hingebungsvoll kultiviert. Möchtegern-Cowboys und -girls sollten das **Western Folklife Center** (☎775-738-7508; www.westernfolklife.org; 501 Railroad St; Erw./Kind 6–18 Jahre 5/1 US$; ⌚ Mo–Fr 10–17.30, Sa bis 10–17 Uhr) besuchen. Das Zentrum beherbergt Kunst- und Geschichtsausstellungen, zudem finden Jamsessions, Tanzabende und im Januar das **Cowboy Poetry Gathering** statt. Elko richtet auch das **National Basque Festival** am 4. Juli mit Spielen, traditionellen Tänzen und dem „Bullenrennen" aus. Wer noch nie baskische Küche gekostet hat, ist im **Star Hotel** (775-753-8696; www.eatdrinkandbebasque.com; 246 Silver St; Mittagessen 8–14 US$, Abendessen 16–38 US$; ⌚ Mo–Fr 11–14 & 17–21, Sa 16.30–21.30 Uhr) gut aufgehoben. Der Restaurant-Club mit familiärer Atmosphäre ist in einer ehemaligen Pension für baskische Schafhirten von 1910 untergebracht.

Am Hwy 50

Der transkontinentale Hwy 50 führt mitten durch Nevada und verbindet Carson City im Westen mit dem Great Basin National Park im Osten. Er ist besser unter seinem Spitznamen „Loneliest Road in America" (Einsamste Straße Amerikas) bekannt, gehörte früher zum Lincoln Hwy und folgt der Route des Overland Stagecoach, des Pony Express und der ersten transkontinentalen Telegrafenlinie. Man trifft nur auf wenige Orte, und die Geräuschkulisse beschränkt sich auf das Brummen des Motors und das Rauschen des Windes.

Etwa 25 Meilen (40 km) südöstlich von Fallon lohnt die **Sand Mountain Recreation Area** (☎775-885-6000; www.blm.gov/nv; Eintritt für 7 Tage 40 US$, Di–Mi Eintritt frei; ⌚ 24 Std.; Ⓟ) mit ihrer über 180 m langen Sanddüne und den Ruinen einer Station des Pony Express einen Besuch. Unmittelbar östlich davon kann man sich in der **Middlegate Station** (☎775-423-7134; www.facebook.com/middlegate.station; 42500 Austin Hwy, Ecke Hwys 50 & 361; Hauptgerichte 6–17 US$; ⌚ 6–2 Uhr), einer alten Postkutschenstation, mit einem saftigen Burger stärken und dann den kurz danach folgenden neuen **Shoe Tree** an der Nordseite des Hwy 50 (der alte wurde gefällt) mit alten Turnschuhen schmücken.

Wer den Hwy 50 überstanden hat, wird mit dem großartigen, einsamen **Great Basin National Park** (☎775-234-7331; www.nps.gov/grba; ⌚ 24 Std.) GRATIS belohnt. Er liegt nahe der Grenze zwischen Nevada und Utah und umfasst den 3982 m hohen Wheeler Peak, der urplötzlich über der Wüstenlandschaft aufragt. Die Wanderwege in Gipfelnähe bieten traumhafte Blicke auf die umgebende Landschaft mit Gletscherseen, alten Borstenkiefern und sogar einem permanenten Eisfeld. Der Eintritt ist frei. Informationen liefert das **Lehman Caves Visitor Center** (☎775-234-7331; Tour-Reservierungen 775-234-7517; www.nps.gov/grba; 5500 NV-488, Baker; Erw. 8–10 US$, Kind 4–5 US$; ⌚ 8–16.30, Touren 8.30–16 Uhr) direkt nördlich von Baker.

An den Hwys 375 & 93

Der Hwy 375 wird auch der „extraterrestrische Highway" genannt, einerseits wegen der vielen Ufos, die an der Strecke gesichtet wurden, andererseits weil er den Hwy 93 in der Nähe der streng geheimen **Area 51**, eines Teils des Luftwaffenstützpunkts Nellis, kreuzt. Angeblich werden hier erbeutete Ufos versteckt. Manche halten den Hwy 375 für noch nervtötender als die Loneliest Road; auf dem einsamen asphaltierten Straßenabschnitt kommen einem kaum Autos entgegen. In dem winzigen Ort Rachel am

Hwy 375 heißt das **Little A'Le'Inn** (☎775-729-2515; www.littlealeinn.com; 9631 Old Mill St, Rachel; Wohnmobilstellplatz mit Strom 15 US$, Zi. 50–165 US$; ⏲Restaurant 8–22 Uhr; ❄📶🐾) Erdlinge und Aliens gleichermaßen willkommen und verkauft außerirdische Souvenirs; Reisen ins Weltall sind im Preis aber nicht enthalten.

ARIZONA

Arizona ist ideal für Roadtrips. Gewiss, der Staat hat atemberaubende Szenerien – Monument Valley, den Grand Canyon, Cathedral Rock –, aber in Erinnerung bleiben die langen romantischen Meilen unter dem grenzenlosen Himmel, während man die Juwele dazwischen besucht. Jede Fahrt offenbart ein wenig mehr von der Seele des Staates: Eine Dosis familiärer Freundlichkeit findet man auf der Route 66 nach Flagstaff; um den schieren Willen von Arizonas Grubenbaronen zu verstehen, fährt man auf der gewundenen Straße durch das wilde Jerome, und die Geschichte der indigenen Bevölkerung wird einem nahegebracht, wenn man auf der Hochebene an 1000 Jahre alten Hopi-Dörfern vorbeifährt.

Geschichte

Indigene Völker und ihre Vorfahren lebten bereits jahrtausendelang in Arizona, bevor Francisco Vásquez de Coronado 1540 eine Expedition aus Mexico City in das Gebiet führte und als erster Europäer den Grand Canyon und den Colorado River erblickte. Siedler und Missionare folgten ihm und Mitte des 19. Jhs. kontrollierten die USA Arizona. Die Indianerkriege, in denen das US-Militär gegen die Ureinwohner kämpfte, um Siedler zu schützen und Land für die Regierung zu gewinnen, endeten offiziell 1886 mit der Kapitulation des Apachenhäuptlings Geronimo.

Die Ankunft der Eisenbahn und der expandierende Bergbau lockten noch mehr Siedler in das Gebiet. Nachdem Präsident Theodore Roosevelt Arizona 1903 besucht hatte, förderte er den Bau von Flussdämmen, um das ganze Jahr über Ackerland und Menschen mit Wasser versorgen zu können. Das ebnete den Weg zu einem weiteren Schritt: 1912 wurde Arizona als letzter der 48 Kernstaaten der USA in die Union aufgenommen.

Der Staat grenzt auf 250 Meilen (405 km) an Mexiko. Traditionell war Arizona ein Einfallstor für illegal Einwanderung, doch sind dank strengerer Kontrollen die Zahlen seit 2005 zurückgegangen. Nach dem unaufgeklärten Mord an einem beliebten Rancher nahe der Grenze 2010 wurde ein umstrittenes Gesetz erlassen, das die Polizei verpflichtet, jeden zu überprüfen, den sie des illegalen Grenzübertritts verdächtigt. Allerdings hat das Oberste Bundesgericht Kernteile des Gesetzes im Jahr 2012 wieder aufgehoben.

ℹ Praktische Informationen

In Arizona gilt die Mountain Standard Time (MST). Es ist der einzige Staat im Westen ohne Sommerzeit; die Ausnahme von der Ausnahme bildet das Navajo-Reservat.

Im Allgemeinen sind die Unterkunftspreise im Süden von Arizona (inkl. Phoenix, Tucson und Yuma) im Winter und Frühling – der Hauptsaison – sehr viel höher als im übrigen Jahr. In den heißeren Gegenden locken im Sommer tolle Schnäppchen.

Arizona Office of Tourism (☎602-364-3700; www.arizonaguide.com) Kostenlose Infos über den Bundesstaat.

KURZINFOS ARIZONA

Spitzname Grand Canyon State

Bevölkerung 6,9 Mio.

Fläche 295 254 km²

Hauptstadt Phoenix (1 563 025 Ew.)

Weitere Städte Tucson (531 641 Ew.), Flagstaff (70 320 Ew.), Sedona (10 388 Ew.)

Verkaufssteuer 5,6 %

Geburtsort von Cesar Chavez (1927–1993), Sängerin Linda Ronstadt (geb. 1946)

Heimat von in Kunstkolonien umgewandelten Minenstädten

Politische Ausrichtung mehrheitlich republikanisch

Berühmt für den Grand Canyon, Saguaro-Kakteen, die Schießerei am O.K. Corral

Bestes Souvenir Rosafarbene, wie ein Kaktus geformte Neonlampe, erstanden an einem Straßenstand

Entfernungen Phoenix–Grand Canyon Village 235 Meilen (378 km), Tucson–Sedona 230 Meilen (370 km)

Arizona State Parks (☎877-697-2757, 602-542-4174; www.azstateparks.com) 16 der State Parks verfügen über Campingplätze; eine Online-Reservierung ist möglich.

Public Lands Interpretative Association (www.publiclands.org) Informiert über den USFS, den NPS, das Bureau of Land Management (BLM) sowie staatliche Gebiete und Parks.

Phoenix

Phoenix ist Arizonas unbestreitbares kulturelles und wirtschaftliches Zentrum, eine florierende Wüstenmetropole, die sich mit der besten südwestlichen und mexikanischen Küche überhaupt rühmt. Und mit mehr als 300 Sonnentagen im Jahr ist es ein ansprechendes Vorhaben, das Valley of the Sun („Tal der Sonne") zu erkunden (außer in der mörderischen Hitze von Juni bis August).

Das kulturelle Angebot von Phoenix umfasst eine Oper, eine Symphonie, mehrere Theater und drei der schönsten Museen des Staates – Heard Museum, Phoenix Art Museum und Musical Instrument Museum –, während der Desert Botanical Garden eine fantastische Einführung in die Flora und Fauna der Region bietet. Für Sportfans gibt es Profiteams für Baseball, Football, Basketball und Eishockey sowie über 200 Golfplätze.

Sehenswertes

Greater Phoenix besteht aus mehreren eigenständigen Städten. Phoenix selbst ist die größte davon und kombiniert businesshaftes Auftreten mit erstklassigen Museen, einer blühenden Kulturszene und tollen Sportanlagen. Südöstlich davon schmiegt sich die lebendige Studentenstadt Tempe (tem-pie) an den 2 Meilen (3 km) langen Tempe Town Lake, während das vorstädtische Mesa weiter östlich einige interessante Museen bereithält. Nordöstlich von Phoenix erstrecken sich zwei schicke Enklaven: Scottsdale, bekannt für seine kitschig-niedliche Altstadt, Galerien und Luxusresorts, sowie Paradise Valley, das vor allem als Wohngebiet dient.

Phoenix

★Heard Museum MUSEUM
(Karte S. 176; ☎602-252-8848; www.heard.org; 2301 N Central Ave; Erw./Kind 6–17 Jahre & Student/Senior 18/7,50/13,50 US$; ⏲Mo–Sa 9.30–17, So 11–17 Uhr; P 🚻) Das außergewöhnliche Museum widmet sich der Geschichte, dem Alltag, der Kunst und der Kultur von Indianerstämmen im Südwesten. Besucher erwarten Kunstgalerien, ethnografische Exponate, Filme, eine Ausstellung, die die Fantasie von Kindern anregt, und eine beispiellose Sammlung von Hopi-*kachinas* (kunstvolle Geisterpuppen viele davon sind Spenden des Präsidentschaftskandidaten Barry Goldwater). Das Heard Museum stellt Qualität über Quantität und ist eines der besten Museen seiner Art der USA.

★Musical Instrument Museum MUSEUM
(☎480-478-6000; www.themim.org; 4725 E Mayo Blvd; Erw./Jugendliche/Kind 4–12 Jahre 20/15/10 US$; ⏲9–17 Uhr; P) Vom Daumenklavier aus Uganda bis zu den Ukuleles von Hawaii und den Bootslauten aus Indonesien: In diesem lebendigen Museum der Musikinstrumente aus der ganzen Welt kommen die Ohren auf ihre Kosten. Über 200 Länder und Territorien sind in fünf regionalen Galerien vertreten, von denen viele durch Aufnahmen lebendig werden, wenn man in „Hörweite" kommt (Kopfhörer sind vorhanden). Man kann auch in der Experiences Gallery die Trommel schlagen und mit Taylor Swift oder Elvis Presley in der Artist Gallery abrocken.

★Desert Botanical Garden GÄRTEN
(Karte S. 176; ☎480-941-1225; www.dbg.org; 1201 N Galvin Pkwy; Erw./Senior/Schüler 13–18 Jahre/Kind 3–12 Jahre 22/20/12/10 US$; ⏲Okt.–April 8–20, Mai–Sept. 7–20 Uhr) Glockenblumen und mexikanischer Goldmohn sind nur zwei der farbenfrohen Attraktionen, die von März bis Mai entlang dem Desert Wildflower Loop Trail in diesem sehr gepflegten botanischen Garten blühen. Hier kann man wunderbar in die Natur eintauchen und dabei etwas über die Pflanzenwelt der Wüste erfahren. Rundwege führen an einer eindrucksvollen Vielfalt pflanzlicher Wüstenbewohner vorbei, die thematisch angeordnet sind (z. B. der Sonoran-Desert-Naturpfad und ein Wüstengarten mit essbaren Pflanzen). Es ist das ganze Jahr hindurch überwältigend, aber die Frühlingsblüte ist am buntesten.

Phoenix Art Museum MUSEUM
(Karte S. 176; ☎602-257-1880; www.phxart.org; 1625 N Central Ave; Erw./Senior/Student/Kind 6–17 Jahre 18/15/13/9 US$; ⏲Di & Do–Sa 10–17, Mi bis 21, So 12–17 Uhr; P 🚻) Arizonas erste Adresse für die schönen Künste zeigt u. a. Werke von Claude Monet, Diego Rivera und Georgia O'Keeffe. In der Western Gallery entdeckt

man, wie die erstaunliche Landschaft Arizonas alle inspiriert hat, von den frühen Pionieren bis zu den Vertretern der Moderne. Wer mit Kindern unterwegs ist, holt sich bei der Besucherinformation ein Kidpack, erkundet die kunstvoll gefertigten Miniaturmodelle der Thorne Rooms oder besichtigt die PhxArtKids Gallery.

Scottsdale

Eine Liste der ständigen und aktuellen öffentlichen Kunstausstellungen erhält man unter www.scottsdalepublicart.org.

Old Town Scottsdale BEZIRK

(Karte S. 176; http://downtownscottsdale.com) Versteckt zwischen Scottsdales Malls und Bistros ist Old Town eine an den Wilden Westen erinnernde Enklave mit kitschigen Bauten, gedeckten Gehwegen und Läden, die massengefertigte „indigene" Kunstgegenstände verhökern. Es gibt auch ein Museum, Skulpturen, Saloons und einige Galerien, die echte indianische Kunst führen.

Taliesin West ARCHITEKTUR

(☎480-860-2700; www.franklloydwright.org; 12621 N Frank Lloyd Wright Blvd; Führungen ab 26 US$; ⏲Okt.–Mai 8.30–18 Uhr, Juni–Sept. kürzere Öffnungszeiten, Juni–Aug. Di & Mi geschl.) Taliesin West war das Wüstenhaus und Atelier von Frank Lloyd Wright, einem der bedeutendsten US-amerikanischen Architekten des 20. Jhs. Es wurde zwischen 1938 und 1940 gebaut und ist ein erstklassiges Beispiel der organischen Architektur, die Elemente und Strukturen der umliegenden Natur aufgreift. Heute beherbergt es eine Architekturschule und ist ein National Historical Monument, das im Rahmen von Führungen besichtigt werden kann.

Tempe

Die **Arizona State University** (ASU; Karte S. 176; ☎480-965-2100; www.asu.edu) wurde 1885 gegründet, hat rund 50 000 Studenten und ist das Herz und die Seele von Tempe. Das **Gammage Auditorium** (Karte S. 176; ☎Ticketschalter 480-965-3434, Führungen 480-965-6912; www.asugammage.com; 1200 S Forest Ave, Ecke Mill Ave & Apache Blvd; Eintritt kostenlos, Performances ab 20 US$; ⏲Ticketschalter Sommer Mo–Do 10–17, übriges Jahr Mo–Fr bis 18 Uhr) war Frank Lloyd Wrights letztes großes Werk. Tempes wichtigste Straße, die **Mill Avenue**, ist von Downtown Phoenix problemlos mit der Straßenbahn zu erreichen.

CATHEDRAL GORGE

15 Meilen (24 km) nördlich von Caliente, gleich nach der Abzweigung nach Panaca, liegt der **Cathedral Gorge State Park** (☎775-728-4460; http://parks.nv.gov/parks/cathedral-gorge; Hwy 93, Pioche; Eintritt 7 US$; ⏲Visitor Center 9–16.30 Uhr, Park 24 Std.; P 👪), einer jener abgelegenen magischen Orte, zu dem man die lange Anfahrt nie bereut. Wenn man zwischen den von Wind und Wasser geformten Gebilden wandert, hat man das Gefühl, sich in einer prachtvollen Kathedrale mit vielen Türmen zu befinden, wenngleich der blaue Himmel als ihre Kuppel dient. Vom **Miller Point Overlook** hat man dramatische Aussichten und leichte Wanderwege in enge Nebencanyons.

Sie wird von Restaurantketten, Mottobars und Studentenkneipen gesäumt. Es lohnt sich auch ein Abstecher zu dem künstlichen **Tempe Town Lake** (Karte S. 176; www.tempe.gov/lake) zu machen, auf dem man Boot fahren und um den man herum wandern kann.

Mesa

★Arizona Museum of Natural History MUSEUM

(☎480-644-2230; www.azmnh.org; 53 N MacDonald St; Erw./Kind 3–12 Jahre/Student/Senior 12/7/8/10 US$; ⏲Di–Fr 10–17, Sa 11–17, So 13–17 Uhr 👪) Auch wenn man nicht in Mesa übernachtet, lohnt dieses Museum einen Besuch, insbesondere wenn man mit Kindern reist, die Dinosaurier cool finden (und tun das nicht alle?). Neben dem mehrstöckigen Dinosaur Mountain gibt es hier viele lebensgroße Gipsfiguren der gigantischen Tiere sowie den Oberschenkelknochen eines Apatosaurus, den man auch anfassen darf. Andere Ausstellungsstücke sind der Vergangenheit des Südwestens vor der europäischen Eroberung und der allgemeineren Geschichte Nord- und Südamerikas gewidmet, von einem prähistorischen Dorf der Hohokam bis hin zu einem ganzen Saal, der sich mit der alten mittelamerikanischen Kulturen beschäftigt.

Aktivitäten

Camelback Mountain WANDERN

(Karte S. 176; ☎602-261-8318; www.phoenix.gov; ⏲Sonnenaufgang–Sonnenuntergang) Der

Phoenix

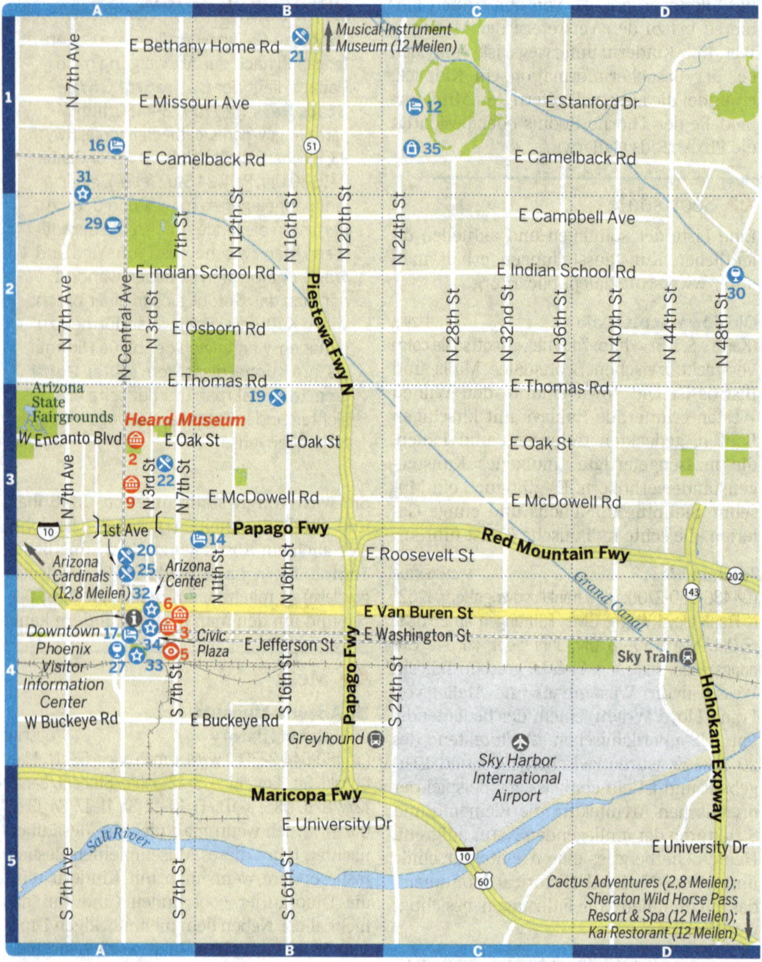

einem ruhenden Kamel mit Kopf und Höcker ähnelnde 825 m hohe Berg thront im Herzen von Phoenix. Zwei Wanderwege, der Cholla Trail (6131 E Cholla Lane) und der Echo Canyon Trail (4925 E McDonald Dr), führen über rund 370 Höhenmeter hinauf zum Gipfel. Der kürzlich modernisierte Echo Canyon Trail ist im Frühjahr und Winter sehr beliebt und die 135 Parkplätze sind schon frühmorgens besetzt.

Salt River Recreation WASSERSPORT
(☎ 480-984-3305; www.saltrivertubing.com; 9200 N Bush Hwy; Schlauchboot & Shuttle 17 US$; ⏲ Mai–Ende Sept. 8.30–18 Uhr, Öffnungszeiten schwanken abhängig vom Labor Day; 👪) Bei Salt River Recreation kann man sich im Schlauchboot auf dem Lower Salt River durch den urwüchsigen Tonto National Forest treiben lassen. Start ist im nordöstlichen Mesa, rund 15 Meilen (24 km) nördlich vom Highway 60 an der Power Rd. Die Fahrten dauern zwei, drei oder fünf Stunden, einschließlich der Rückfahrt im Shuttlebus. Nur Barzahlung möglich.

Cactus Adventures MOUNTAINBIKEN
(☎ 480-688-4743; www.cactusadventures.com; 8000 S Arizona Grand Pkwy; Halbtagsmiete 60 US$; ⏲ Telefonauskunft 8–20 Uhr) Cactus Adventures

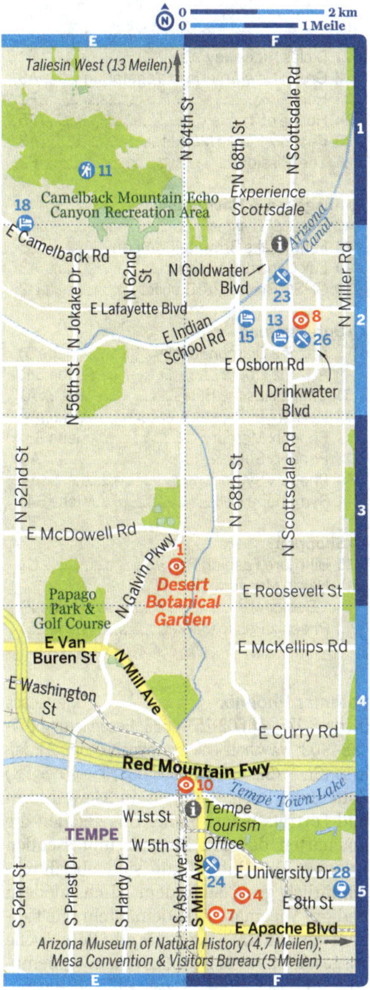

verleiht Fahrräder für Touren auf dem South Mountain und veranstaltet geführte Wanderungen und Radausflüge zu verschiedenen Parks. Leihräder werden zum Startpunkt der jeweiligen Route gebracht. Geführte Touren werden ab 155 US$ pro Person angeboten (mindestens zwei Teilnehmer).

Ponderosa Stables REITEN
(☎602-268-1261; www.arizona-horses.com; 10215 S Central Ave; Ausritte 1/2/3 Std. 40/60/80 US$, Mindestanzahl von 2 Pers. für 3-stündige Ausritte; ⏲Mo–Sa 9–20 Uhr; 👪) Dieser Anbieter veranstaltet Ausritte durch den South Mountain Park mit Frühstück, Mittagessen und Abendessen sowie zum Sonnenuntergang. Die meisten Touren müssen vorab reserviert werden. Ponderosa Stables liegt rund 7 Meilen (11 km) südlich des Zentrums von Phoenix, direkt an der Central Ave.

Feste & Events

First Fridays ART
(www.artlinkphoenix.com; ⏲erster Fr. im Monat 18–22 Uhr) Bis zu 20 000 Personen schwärmen am ersten Freitag jedes Monats auf die Straßen des Zentrums von Phoenix zu dem selbstgeführten „Kunstspaziergang" aus, der über 70 Galerien und Performanceräume verbindet. Kostenlose Shuttles gehen vom Phoenix Art Museum in alle Richtungen aus, um die Kunstkenner von einer Örtlichkeit zur nächsten zu befördern.

Arizona State Fair VOLKSFEST
(☎602-252-6771; www.azstatefair.com; 1826 W McDowell Rd; Erw./Kind 5–13 Jahre 10/5 US$; ⏲Okt.) Diese Messe lockt jeden Oktober über eine Millionen Menschen auf die Arizona State Fairgrounds, wo ein Rodeo, Fahrbetriebe, Unterhaltung, Vorführungen von Nutztieren, ein Tortenwettessen und jede Menge Aufführungen geboten werden.

Schlafen

Phoenix

HI Phoenix Hostel HOSTEL $
(Karte S. 176; ☎602-254-9803; www.phxhostel.org; 1026 N 9th St; B/Zi. ab 24/37 US$; ❄@📶) In diesem kleinen Hostel mit witzigen Besitzern, die ihr Wissen über Phoenix gern mit ihren Gästen teilen, ist man gern wieder Backpacker. Die 22 Betten befinden sich in einem Arbeiterviertel, und es gibt gemütliche Winkel im Garten. Der „Plaudertisch" – an dem Laptops und andere Geräte zwischen 8 und 10 sowie zwischen 17 und 22 Uhr verboten sind – ist eine sehr gesellige Neuerung.

Maricopa Manor BOUTIQUEHOTEL $$
(Karte S. 176; ☎602-264-9200, 800-292-6403; www.maricopamanor.com; 15 W Pasadena Ave; Suite ab 149 US$; P📶≋) Dieses kleine Haus im spanischen Ranchstil nahe der belebten Central Ave hat sechs individuell gestaltete Suiten, viele mit Glastüren zur Terrasse. Von dieser schaut man auf den Bereich mit Pool, Garten und Brunnen. Obwohl das Maricopa Manor zentral gelegen ist, hat es genügend schattige Winkel im Garten, um sich zurückzuziehen.

Phoenix

★ Arizona Biltmore Resort & Spa RESORT $$$
(Karte S. 176; ☎800-950-0086, 602-955-6600; www.arizonabiltmore.com; 2400 E Missouri Ave; DZ ab 480 US$; P❄@☎≋🐾) Mit der von Frank Lloyd Wright inspirierten Architektur und einem Gästebuch, in das sich Irving Berlin, Marilyn Monroe und viele Präsidenten eingetragen haben, eignet sich das Biltmore perfekt zum Eintauchen in den Zauber des Gestern. Das Resort nimmt ein weitläufiges Gelände ein und verfügt über mehr als 700 Zimmer, zwei Golfplätze, mehrere Pools und jede Menge luxuriöser Details.

Royal Palms Resort & Spa RESORT $$$
(Karte S. 176; ☎602-840-3610; www.royalpalmshotel.com; 5200 E Camelback Rd; Zi./Suite ab 499/519 US$; P❄@☎≋🐾) Der Camelback Mountain dient als malerische Kulisse für dieses schicke, anheimelnde Resort von 1929, der einstigen Winterresidenz des New Yorker Unternehmers Delos Cook. Heute umfasst die dezente, elegante Anlage Villen im spanischen Kolonialstil, blumengesäumte Wege und aus Ägypten importierte Palmen. Für vierbeinige Gäste gibt's weiche Betten, persönliche Leckerlis und Gassi-Service.

Palomar Phoenix HOTEL $$$
(Karte S. 176; ☎602-253-6633, Reservierung 877-488-1908; www.hotelpalomar-phoenix.com; 2 E Jefferson St; Zi./Suite ab 449/509 US$; P❄☎≋🐾) Zottelige Kissen, Lampen in Geweihform und Porträts blauer Kühe: Uns gefallen die Eigenarten des 242 Zimmer umfassenden Palomar. Die Unterkünfte sind überdurchschnittlich groß, außerdem frisch, modern und mit Yogamatten, Bademänteln mit Tiermotiven und italienischer Frette-Bettwäsche ausgestattet. Abends gibt es einen Weinempfang, und die großen Baseball- und Basketballstadien von Phoenix liegen um die Ecke.

Scottsdale

★ Bespoke Inn, Cafe & Bicycles B&B $$$
(Karte S. 176; ☎480-664-0730; www.bespokeinn.com; 3701 N Marshall Way; DZ inkl. Brunch ab 349 US$; P❄☎≋🐾) Sind wir hier irgendwo in England auf dem Land oder in Downtown Scottsdale? In dem B&B können Gäste im schicken Café Schokokekse naschen, sich im Infinity Pool räkeln oder mit einem Pashley-Rad das Viertel erkunden. Die eleganten Zimmer bieten ansprechende Details wie handgearbeitete Möbel und Badarmaturen

aus Nickel. Im hauseigenen Restaurant Virtu gibt's ein Gourmet-Brunchs. Früh buchen!

Boulders RESORT $$$
(☎480-488-9009; www.theboulders.com; 34631 N Tom Darlington Dr, Scottsdale; Casitas/Villen ab 239/391 US$; P ❄ @ 📶 🏊 🐾) Alle Anspannung verflüchtigt sich bei der Ankunft in dieser Wüstenoase, die sich harmonisch in die Landschaft aus natürlichen Felsformationen einfügt – und das bevor man die Wellness-Einrichtungen oder einen der vier Pools ausprobiert hat. Im Grunde ist hier alles dafür geschaffen, das Leben angenehm zu machen.

★ Hotel Valley Ho BOUTIQUEHOTEL $$$
(Karte S. 176; ☎480-376-2600; www.hotelvalleyho.com; 6850 E Main St; Zi./Suite 409/532 US$; P ❄ @ 📶 🏊 🐾) Am Valley Ho ist rein gar nichts auszusetzen. In dem wunderbaren Hotel, das den Stil aus der Mitte des 20. Jhs. mit topmodernen Elementen mischt, nächtigten einst Bing Crosby, Natalie Wood und Janet Leigh. Heute gehört es zu den Lieblingsadressen von Filmstars, die in Phoenix drehen. Bebop-Musik, gut gelauntes Personal und Eye-Catcher wie ein „Eiskamin" fangen das Flair der Rat-Pack-Ära ein. Die Zimmer mit Balkonen fügen sich gut in das Gesamtkonzept ein.

Tempe

Sheraton Wild Horse Pass Resort & Spa RESORT $$$
(☎602-225-0100; www.wildhorsepassresort.com; 5594 W Wild Horse Pass Blvd, Chandler; Zi./Suite ab 339/534; P ❄ 📶 🏊) Bei Sonnenuntergang lassen sich am einsamen Horizont manchmal die namensgebenden Wildpferde vor der Silhouette der South Mountains blicken. Das 500 Zimmer umfassende Resort gehört der indigenen Gemeinschaft des Gila River, erstreckt sich auf deren weitläufigem Reservat südlich von Tempe und ist eine eindrucksvolle Mischung aus modernem Luxus und indianischen Elementen. Die kuppelförmige Lobby befindet sich in einem mit Wandbildern geschmückten Rundhaus und die Zimmer spiegeln die Traditionen hiesiger Stämme wieder.

Essen

Phoenix

★ Desoto Central Market MARKT $
(Karte S. 176; ☎602-680-7747; http://desotocentralmarket.com; 915 N Central Ave; Hauptgerichte 11–15 US$; ⏲Mo–Mi 7–22, Do–Sa bis 24, So 8–21 Uhr) Die Markthalle in einem sorgsam restaurierten DeSoto-Autohaus aus den 1920er-Jahren ist wirklich ein Kollektiv von einfallsreichen Küchen, die ihr Angebot unter einem Dach vereinen. Besondere Erwähnung verdient The Larder + The Delta, das moderne Südstaatenküche anbietet: Die Shrimp 'n' Grits (mit geräucherter Andouille-Wurst und scharfer Soße) oder die mit Chili-Knoblauch glasierten Baby Back Ribs machen einen sprachlos.

★ Phoenix Public Market CAFÉ $
(Karte S. 176; ☎602-253-2700; www.phxpublicmarket.com; 14 E Pierce St; Hauptgerichte 9–10 US$; ⏲7–22 Uhr; 📶 🌿) Dieses scheunengroße Lokal – das hauseigene Café für Arizonas größten Bauernmarkt – lockt eine passionierte Kundschaft von Studenten der Arizona State University (ASU), Berufstätigen aus dem Viertel in der Mittagspause, Vegetariern und Liebhabern guten Essens an. Die hausgemachten Bagels und über offenem Feuer gebratenen Hähnchen sind fantastisch, während einfallsreiche Tagesgerichte, Community-Dinner und Happy Hours für einen steten Strom der Kenner sorgen.

Green New American Vegetarian VEGAN, VEGETARISCH $
(Karte S. 176; ☎602-258-1870; www.greenvegetarian.com; 2022 N 7th St; Hauptgerichte 8–10 US$; ⏲Mo–Sa 11–21 Uhr; 🌿) Die Ansprüche an veganes Essen werden für immer hoch bleiben, nachdem man in diesem hippen Café gespeist hat, wo Küchenchef Damon Brasch leckere vegane und vegetarische Gerichte kocht. Mit Fleischersatz zubereitet, schmecken die Burger, Po'boys und asiatischen Gerichte so gut – wenn nicht sogar besser – wie ihre fleischhaltigen Pendants. Man bestellt an der Theke und sucht sich dann einen Platz in dem nüchtern eingerichteten Lokal.

Barrio Café MEXIKANISCH $$
(Karte S. 176; ☎602-636-0240; www.barriocafe.com; 2814 N 16th St; Hauptgerichte 12–29 US$; ⏲Di–Sa 11–22, So bis 21 Uhr; 🌿) Das Personal des Barrio trägt T-Shirts, die mit *comida chingona* („Verdammt gutes Essen") verziert sind – und diese lügen nicht. Das ist mexikanische Küche, wie sie kreativer nicht sein könnte: Auf wie vielen Karten findet man Guacamole mit Granatapfelkernen, gebutterten Maiskolben mit Chipotle, gereiftem Käse, Koriander und Limette oder mit Ziegenmilchkaramell gefüllte Churros? Täglich von 14 bis 17 Uhr gibt's die Getränke zum halben Preis.

★ **Dick's Hideaway** NEW MEXICO $$$
(Karte S. 176; ☎602-265-5886; http://richardsonsnm.com; 6008 N 16th St; Frühstück 15–16 US$, Hauptgerichte 25–27 US$; ⊙So–Mi 8–23, Do–Sa bis 24 Uhr) In diesem kleinen Lokal kommt Küche aus New Mexico auf den Tisch. An kleinen Tischen neben der Bar oder am Gemeinschaftstisch im Nebenraum können sich Gäste herzhafte, leckere, mit Merkén verfeinerte Gerichte schmecken lassen, von Enchiladas über Tamales bis hin zu *rellenos*. Unser Favorit ist das „Hideaway" zum Frühstück, zu dem die Bloody Marys mit einem Schuss Bier verfeinert werden.

House of Tricks AMERIKANISCH $$$
(Karte S. 176; ☎480-968-1114; www.houseoftricks.com; 114 E 7th St, Tempe; Mittagessen 12–13 US$, Abendessen 27–30 US$; ⊙Mo–Sa 11–22 Uhr) Nein, sie sind keine Magier, aber dennoch begeistern Robin und Robert Trick mit der vielseitigen modernen amerikanischen Karte, die Einflüsse aus dem Südwesten, dem Mittelmeerraum und Asien aufgreift. Die holzüberdachte Gartenterrasse ist meist mit Stammgästen und Laufkundschaft gefüllt, aber die Tische in den zwei traditionellen Cottages sind genauso gemütlich.

Scottsdale

★ **The Mission** MEXIKANISCH $$
(Karte S. 176; ☎480-636-5005; www.themissionaz.com; 3815 N Brown Ave; Mittagessen 14–18 US$, Abendessen 14–30 US$; ⊙11–15 & 17–22 Uhr) Ein dunkler Innenraum und leuchtende Kerzen sorgen in dem Lokal im modernen Latino-Stil für einen gewissen Sexappeal, wobei das leckere Essen den anrüchigen Schein fast etwas zerstört. Die Tacos mit in Tecate mariniertem Steak, Limette und Avocado sind ausgezeichnet und bieten sich für ein sättigendes leichtes Mittagessen an. Die Guacamole wird am Tisch zubereitet und bringt Gäste ins Schwärmen. Margaritas und Mojitos runden das Gesamtpaket ab.

Herb Box AMERIKANISCH $$
(Karte S. 176; ☎480-289-6160; www.theherbbox.com; 7134 E Stetson Dr; Brunch 13–15 US$, Mittagessen 14–17 US$, Abendessen 17–22 US$; ⊙Mo–Do 11–21, Fr 11–22, Sa 9–22, So 9–16 Uhr; 📶 🍷) In dem schicken Bistro im Herzen von Scottdales Southbridge in der Old Town geht's nicht nur um den schönen Schein, vielmehr gehören hier frische regionale Zutaten, toll angerichtete Speisen und aufmerksamer Service zum Programm. Auf der Terrasse kann man sich ein leichtes, gesundes Mittagessen schmecken lassen und sich anschließend mit einem Brombeer-Mojito zuprosten.

Tempe

★ **Kai Restaurant** AMERIKANISCH-INDIANISCH $$$
(☎602-225-0100; www.wildhorsepassresort.com; 5594 W Wild Horse Pass Blvd, Chandler; Hauptgerichte 48–54 US$, Probiermenüs 145–245 US$; ⊙Di–Sa 5.30–21 Uhr) Das Kai („Saat") ist auf veredelte indianische Küche spezialisiert, bei der traditionelle Kulturpflanzen vom Ufer des Gila River zum Einsatz kommen. Angeboten werden Kreationen wie gegrilltes Bisonfilet mit Räuchermais-Püree und Chollakaktusknospen oder Muscheln mit über Mesquitenholz geräuchertem Kaviar und Teparybohnen-Kruste. Am unaufdringlichen Personal ist nichts auszusetzen, die Weinkarte ist fachmännisch zusammengestellt und der Raum ist mit indianischer Kunst dekoriert.

Das Kai liegt nahe dem Sheraton Wild Horse Pass Resort & Spa (S. 179) bei der Gila River Indian Reservation. Buchung im Voraus und gepflegte Kleidung werden erwartet.

Ausgehen & Nachtleben

★ **Bitter & Twisted** COCKTAILBAR
(Karte S. 176; ☎602-340-1924; https://bitterandtwistedaz.com; 1 W Jefferson St; ⊙Di–Sa 16–2 Uhr) Diese elegante Bar in den ehemaligen Arizona Prohibition Headquarters, in der man platziert wird, hat ein Riesenangebot an tollen Cocktails und einige tolle Gerichte für die Trinkfestigkeit. Insbesondere der Dragon Dumpling Burger lässt das Wasser im Mund zusammenlaufen – ein Burger mit Schweine- und Rindfleisch, Sichuan-Essiggemüse und Dumplingsoße.

Lux Central Coffeebar CAFÉ
(Karte S. 176; ☎602-327-1396; www.luxcoffee.com; 4402 N Central Ave; ⊙So–Do 6–24, Fr & Sa bis 2 Uhr; 📶) MacBooks, Tattoos und Hipsterklamotten sind hier ein Muss. Das Personal ist versiert und freundlich, der Kaffee frisch geröstet, die Stimmung cool – alles, was man braucht, wenn man eine Stunde Zeit hat für den Kaffee am späten Vormittag, das Mittagessen oder einen Cocktail.

Four Peaks Brewing Company BRAUEREI
(Karte S. 176; ☎480-303-9967; www.fourpeaks.com; 1340 E 8th St; ⊙Mo–Mi 11–24, Do & Fr 11–1, Sa & So 9–24 Uhr; 📶) Hipster, Familien, An-

hänger von Craft-Bier und sonstige Durstige finden sich fröhlich ein in diesem Backstein-Brauhaus aus den 1890er-Jahren, lassen sich ihre Krüge mit Kilt Lifter oder Pitchfork Pale vom Fass füllen oder quatschen bei ein oder zwei Bier. Es gibt auch einen schmackhaften Imbiss (10 US$/pro Pers.), einen Souvenirshop und weitere Standorte in Tempe, Scottsdale und Phoenix Sky Harbor.

Unterhaltung

Infos über Veranstaltungen stehen im *Arizona Republic Calendar* (www.azcentral.com/thingstodo/events) und in der *Phoenix New Times* (www.phoenixnewtimes.com).

Das **Phoenix Symphony** (Karte S. 176; ☎ Verwaltung 602-495-1117, Ticketschalter 602-495-1999; www.phoenixsymphony.org; 75 N 2nd St) tritt in der **Symphony Hall** (Karte S. 176; ☎ 602-262-6225; www.phoenixconventioncenter.com; 75 N 2nd St) und in anderen Konzertstätten der Gegend auf. Die **Arizona Opera** (Karte S. 176; ☎ 602-266-7464; www.azopera.com; 75 N 2nd St) hat ihren Sitz gegenüber dem Phoenix Art Museum (S. 174). Die **Arizona Diamondbacks** (Karte S. 176; ☎ 602-462-6500; http://arizona.diamondbacks.mlb.com; 401 E Jefferson St) spielen Baseball im klimatisierten **Chase Field** (☎ Führungen 602-462-6799; www.mlb.com/ari/ballpark; Erw./Senior/Kind 7/5/3 US$; ⏲ Führungen Mo–Sa 9.30, 11, 12.30, zusätzl. Führungen an Spieltagen) in Downtown, während das Basketballteam der Männer, die **Phoenix Suns** (Karte S. 176; ☎ 602-379-7900; www.nba.com/suns; 201 E Jefferson St), und die Basketballdamen, die **Phoenix Mercury** (☎ 602-252-9622; www.wnba.com/mercury), ebenfalls in Downtown antreten, in der **Talking Stick Resort Arena**. Die **Arizona Cardinals** (☎ 602-379-0101; www.azcardinals.com; 1 Cardinals Dr) spielen Football im **University of Phoenix Stadium** in Glendale.

Herberger Theater Center THEATER
(Karte S. 176; ☎ 602-252-8497; www.herbergertheater.org; 222 E Monroe St; ⏲ Ticketschalter Mo–Fr 10–17, Sa & So ab 12 Uhr & 1 Std. vor Vorstellungsbeginn) Das Center beherbergt mehrere Theaterkompanien und drei Bühnen; es bietet außerdem Tourneetheatern eine Bühne. Der Schwerpunkt liegt auf Schauspiel und Musical, aber gelegentlich gibt es hier auch Ballette, Opern und Ausstellungen regionaler Kunst.

Char's Has the Blues BLUES
(Karte S. 176; ☎ 602-230-0205; www.charshastheblues.com; 4631 N 7th Ave; Grundgebühr Do–So 3 US$; ⏲ 20–1 Uhr) Dunkel und intim – aber auch sehr einladend – ist dieser von außen schäbig aussehende R&B-Schuppen mit einem soliden Programm, der in den meisten Nächten der Woche rappelvoll ist. Dennoch schafft er es irgendwie, wie ein gut gehüteter Geheimtipp zu erscheinen.

Shoppen

Phoenix Public Market MARKT
(Karte S. 176; ☎ 602-625-6736; https://phxpublicmarket.com; 721 N Central Ave; ⏲ Okt.–April Sa 8–13 Uhr, Mai–Sept. Sa 8–12 Uhr) Der größte Bauernmarkt in Arizona bringt die besten Produkte des Staates, sowohl frisch als auch abgepackt, bei einem Open-Air-Fest des guten Geschmacks zusammen. Neben superfrischem Obst und Gemüse findet man indigene Lebensmittel, wunderbares Brot, Gewürze und Salsas, Bio-Fleisch, BBQ- und viele andere Imbissstände. Es gibt auch Schmuck, Textilien und Kosmetikprodukte.

Heard Museum Shop & Bookstore KUNSTHANDWERK
(Karte S. 176; ☎ 602-252-8344; www.heardmuseumshop.com; 2301 N Central Ave; ⏲ Mo–Sa 9.30–

PHOENIX MIT KINDERN

Wet 'n' Wild Phoenix (☎ 623-201-2000; www.wetnwildphoenix.com; 4243 W Pinnacle Peak Rd, Glendale; Größe über/unter 1,20 m 43/33 US$, Senior 33 US$; ⏲ Juni–Juli So–Do 10–20, Fr & Sa bis 22 Uhr, März–Mai & Aug.–Okt. kürzere Öffnungszeiten & Schließtage; 👪) Der Wasserpark bietet Swimmingpools, Wasserrutschen, Wellenbecken, Wasserfälle und Raftinganlagen. Er liegt in Glendale, 2 Meilen (3 km) westlich der I-17 an der Ausfahrt 217.

Children's Museum of Phoenix (Karte S. 176; ☎ 602-253-0501; http://childrensmuseumofphoenix.org; 215 N 7th St; Eintritt 11 US$; ⏲ Di–So 9–16 Uhr; 👪) Ein Wunderland interaktiver (und insgeheim pädagogischer) Exponate zum Anfassen, Erklettern und Bemalen.

Arizona Science Center (Karte S. 176; ☎ 602-716-2000; www.azscience.org; 600 E Washington St; Erw./Kind 18/13 US$; ⏲ 10–17 Uhr; 👪) In dem Hightech-Tempel für Entdecker gibt es über 300 Ausstellungsstücke zum Anfassen und ein Planetarium.

17, So 11–17 Uhr;) Dieser Museumsladen hat eine erstklassige Kollektion an indianischem Kunsthandwerk. Allein die Vielfalt und Qualität der Kachina-Puppen ist unfassbar. Schmuck, Keramik, Bücher amerikanischer Ureinwohner und eine große Auswahl an Kunst sind ebenfalls zu finden, während der Buchladen ein breites Spektrum von Büchern über die indianischen Kulturen im Südwesten anbietet.

Biltmore Fashion Park EINKAUFSZENTRUM
(Karte S. 176; 602-955-8400; www.shopbiltmore.com; 2502 E Camelback Rd; Mo–Sa 10–20, So 12–18 Uhr) Gut aufgestellt an ihrem Standort an der Camelback Rd südlich des Arizona Biltmore Resort punktet diese exklusive Mall mit einer Fülle von hochwertigen Modegeschäften. Zwei Stunden Parken ist kostenlos (wird überprüft).

Praktische Informationen

INFOS IM INTERNET & MEDIEN

KJZZ 91.5 FM (http://kjzz.org) Öffentlich-rechtliches Radio (National Public Radio; NPR).

WLAN gibt es überall in Phoenix. Man kann auch das kostenlose Internet in der **Burton Barr Central Library** (602-262-4636; www.phoenixpubliclibrary.org; 1221 N Central Ave; Mo, Fr & Sa 9–17, Di–Do 9–21 Uhr, So 13–17 Uhr;) nutzen; auf der Website finden sich weitere Örtlichkeiten.

NOTFALL & MEDIZINISCHE VERSORGUNG

Polizei (Notfälle 911, Dienststelle 602-262-6151; http://phoenix.gov/police; 620 W Washington St)

Die Notaufnahmen im **Banner – University Medical Center Phoenix** (602-839-2000; www.bannerhealth.com; 1111 E McDowell Rd) und im **St. Joseph's Hospital & Medical Center** (602-406-3000; www.stjosephs-phx.org; 350 W Thomas Rd) sind rund um die Uhr besetzt.

POST

Downtown Post Office (Karte S. 176; 602-253-9648; www.usps.com; 522 N Central Ave; Mo–Fr 9–17 Uhr) Die Post ist in einem schönen Bundesgebäude aus den 1930er-Jahren untergebracht.

TOURISTENINFORMATION

Down Phoenix Visitor Information Center (Karte S. 176; 877-225-5749; www.visitphoenix.com; 125 N 2nd St, Suite 120; Mo–Fr 8–17 Uhr) Die beste Informationsquelle für Reisende im Valley befindet sich gegenüber dem Hyatt Regency.

Experience Scottsdale (Karte S. 176; 480-421-1004, 800-782-1117; www.experiencescottsdale.com; 7014 E Camelback Rd; Mo–Sa 9–16, So 10–17 Uhr) Im Food Court des Scottsdale Fashion Square.

Mesa Convention & Visitors Bureau (480-827-4700, 800-283-6372; www.visitmesa.com; 120 N Center St; Mo–Fr 8–17 Uhr)

Tempe Tourism Office (Karte S. 176; 800-283-6734, 480-894-8158; www.tempetourism.com; 222 S Mill Ave, Suite 120; Mo–Fr 8.30–17 Uhr)

Anreise & Unterwegs vor Ort

Der **Sky Harbor International Airport** (Karte S. 176; 602-273-3300; http://skyharbor.com; 3400 E Sky Harbor Blvd;) liegt 3 Meilen (5 km) von Downtown Phoenix entfernt und wird von allen großen Fluglinien angeflogen. Zwischen den drei Terminals (Terminals 2, 3 und 4; Terminal 1 wurde 1990 abgerissen) und den Parkplätzen fahren kostenlose Shuttlebusse und der **Phoenix Sky Train** (www.skyharbor.com/phxskytrain).

Die Busse von **Greyhound** (Karte S. 176; 602-389-4200; www.greyhound.com; 2115 E Buckeye Rd) fahren nach Tucson (18 US$, 2 Std., 6-mal tgl.), Flagstaff (25 US$, 3 Std., 5-mal tgl.), Albuquerque (70–87 US$, 9½ Std., 3-mal tgl.) und Los Angeles (46 US$, 7½ Std., 7-mal tägl.). Die Linie 13 von Valley Metro pendelt zwischen dem Flughafen und dem Greyhound-Busbahnhof.

Für Sammelfahrten vom Flughafen kostet der stadtweite Shuttle-Service von Tür zu Tür, den **Super Shuttle** (602-244-9000, 800-258-3826; www.supershuttle.com) anbietet, etwa 13 US$ nach Downtown Phoenix, 15 US$ nach Tempe, 17 US$ nach Old Town Scottsdale und 21 US$ nach Mesa.

Valley Metro (602-253-5000; www.valleymetro.org) betreibt Busverbindungen im gesamten Valley und eine Straßenbahn mit einem 32 km langen Schienennetz zwischen dem Norden und Downtown Phoenix, Tempe/ASU und Downtown Mesa. Der Preis für die Straßenbahn und die Busse beträgt 2 US$ pro Fahrt (ohne Umsteigen), für ein Tagesticket muss man 4 US$ bezahlen. Die Busse fahren täglich zu unregelmäßigen Zeiten.

Zentral-Arizona

Nördlich von Phoenix lockt das waldreiche, bergige und sehr viel kühlere Colorado Plateau mit malerischen Stätten und vielen Sehenswürdigkeiten. Hier können Besucher auf spirituelle Reisen gehen, durch nach Gelb-Kiefer riechende Canyons wandern, alte indianische Behausungen bewundern und in die Geschichte des Wilden Westens eintauchen.

Der wichtigste Ort, Flagstaff, ist eine lebendige, charmante Studentenstadt, über die man zum South Rim des Grand Canyon gelangt. Sommer, Frühling und Herbst sind die beste Zeit für einen Besuch. Auf der I-17 bewältigt man die 145 Meilen (233 km) von Phoenix nach Flagstaff in etwas mehr als zwei Stunden. Wer sich für den Hwy 89 entscheidet, benötigt mehr Zeit, wird jedoch mit wunderschönen Landschaften und toller Abwechslung belohnt.

Prescott

Ein historisches viktorianisches Zentrum und eine faszinierende Wild-West-Vergangenheit: In Prescott trifft der Mittlere Westen auf das Land der Cowboys. Über 500 Gebäude sind in das National Register of Historic Places aufgenommen, gelten also als schützenswert. Hier findet auch das älteste Rodeo der Welt statt, während die berüchtigte Reihe alter Saloons, bekannt als Whiskey Row, ihre Stammgäste immer noch mit jeder Menge Alkohol versorgt.

Gleich südlich des Zentrums bietet die fröhliche **Motor Lodge** (928-717-0157; www.themotorlodge.com; 503 S Montezuma St; Zi./Suite/Apt. ab 109/129/139 US$;) ihren Gästen zwölf schicke Bungalows, die die zentrale Auffahrt säumen, und Indie-Flair im besten Sinne. Zum Frühstück schlendert man in das freundliche **Local** (928-237-4724; 520 W Sheldon St; Hauptgerichte 11–12 US$; 7–14.30 Uhr;), in dem man mit Selbstgebackenem und einem klassischen Südwest-Frühstück rechnen kann. Cajun- und Südwest-Spezialitäten bringen die nötige Würze ins einladende **Iron Springs Cafe** (928-443-8848; www.ironspringscafe.com; 1501 Iron Springs Rd; Brunch & Mittagessen 11–13 US$, Dinner 16–20 US$; Mi–Sa 11–20, So 9–14 Uhr), das in einem alten Bahnhof, 3 Meilen (5 km) nordwestlich der Innenstadt, untergebracht ist.

Das **Palace** (928-541-1996; www.historicpalace.com; 120 S Montezuma St; So–Do 11–22, Fr & Sa bis 23 Uhr) gehört zur Whiskey Row und ist ein stimmungsvoller Ort für einen Drink. Hinter der Schwingtür verbirgt sich ein großer Raum mit einer Brunswick-Bar. Das **Visitor Center** (800-266-7534, 928-445-2000; https://prescott.org; 117 W Goodwin St; Mo–Fr 9–17, Sa & So 10–14 Uhr) hält Besucherinfos bereit, während **Arizona Shuttle** (928-776-226-8060, 800-888-2749; www.arizonashuttle.com) Busverbindungen zum/ab dem Flughafen von Phoenix anbietet.

SCENIC DRIVES: PANORAMA-STRECKEN IN ARIZONA

Oak Creek Canyon Auf dem Hwy 89A zwischen Flagstaff und Sedona geht's an Badelöchern, Felsstürzen und purpurfarbenen Steinwänden vorbei.

Hwy 89/89A Wickenburg-Sedona Der „Alte Westen" trifft den „Neuen" – eine entspannte Tour, vorbei an Viehfarmen, Minenstädten, Kunstgalerien und schicken Weingütern.

Patagonia–Sonoita Scenic Road Die richtige Route für Vogelfans führt durch die Weinregion im südlichen Arizona (Hwy 82 & Hwy 83).

Kayenta–Monument Valley Man fühlt sich wie der Hauptdarsteller in seinem eigenen Western, wenn man an den filmreifen roten Felsen im Navajo-Land gleich neben dem Hwy 163 vorbei fährt.

Vermilion Cliffs Scenic Road Der Hwy 89A ist eine einsame Straße, die „Condor Country", den North Rim des Grand Canyon und Mormonensiedlungen miteinander verbindet.

Jerome

Die wiederbelebte Geisterstadt war während des Bergbau-Booms im späten 19. Jh. als „Wickedest Town in the West" (etwa: gefährlichste Stadt im Westen) bekannt, heute beherbergen die historischen sorgfältig restaurierten Gebäude jedoch Galerien, Restaurants, B&Bs und Weinprobierstuben.

Unerschrockene können auf der Glasplattform im **Audrey Headframe Park** (www.jeromehistoricalsociety.com; 55 Douglas Rd; 8–17 Uhr) GRATIS stehend den 580 m tiefen Minenschacht, der das Empire State Building um 198 m übertrifft, bewundern. Direkt dahinter erstreckt sich der großartige **Jerome State Historic Park** (928-634-5381; www.azstateparks.com; 100 Douglas Rd; Erw./Kind 7–13 Jahre 7/4 US$; 8.30–17 Uhr) mit der Villa des Bergbaumagnaten Jimmy „Rawhide" Douglas von 1916.

Krankenhausinventar in den Fluren und eine unterhaltsame Geistertour, die Kindern Spaß machen wird, erinnern daran, dass das **Jerome Grand Hotel** (928-634-8200; www.jeromegrandhotel.com; 200 Hill St; Zi./Suite 225/325 US$;) zu Bergbauzeiten als Gemeindehospital diente. Das angrenzende

Asylum Restaurant (☎928-639-3197; www.asylumrestaurant.com; 200 Hill St; Mittagessen 12–14 US$, Abendessen 26–28 US$) mit seinem weiten Ausblick ist die perfekte Kulisse für ein leckeres Essen und ein Glas Wein.

Wer eine betriebsame Kneipe im Zentrum sucht, ist in der **Spirit Room Bar** (☎928-634-8809; www.spiritroom.com; 166 Main St; ⌚11–1 Uhr) richtig. Das **Flatiron Café** (☎928-634-2733; www.theflatironjerome.com; 416 Main St; Frühstück 8–10 US$, Mittagessen 11–13 US$; ⌚Mi–Mo 8.30–15.30 Uhr) an der Y-Kreuzung lockt mit Gourmetfrühstück und Mittagessen sowie köstlichen speziellen Kaffeekreationen. Als Informationsquelle dient die **Chamber of Commerce** (☎928-634-2900; www.jeromechamber.com; 310 Hull Ave; ⌚Do–Mo 10–15 Uhr).

Sedona

Zwischen majestätischen Felsformationen aus rotem Sandstein am südlichen Ende des 16 Meilen (26 km) langen Oak Creek Canyon gelegen, zieht Sedona Künstler und spirituelle Menschen an, aber auch Tagesausflügler aus Phoenix, die der drückenden Hitze entfliehen wollen. Viele New-Age-Anhänger glauben, dass es in der Gegend zahlreiche Vortexe – Sammelpunkte für elektromagnetische Energie – gibt und bieten alle möglichen alternativen Heilmittel und Praktiken an. Mit Handfesterem warten die umliegenden Canyons auf: mit ausgezeichneten Wander-, Mountainbike-, Bade- und Campingmöglichkeiten.

Sehenswertes & Aktivitäten

New-Age-Anhänger sind davon überzeugt, dass die Steine, Felsklippen und Flüsse von Sedona die Glücksseligkeit von Mutter Erde bündeln. Die vier bekanntesten Vortexe sind **Bell Rock** in der Nähe des Village of Oak Creek östlich des Hwy 179, **Cathedral Rock** nahe Red Rock Crossing, **Airport Mesa** (Airport Rd) in der Airport Rd und **Boynton Canyon**. Die Airport Rd ist zudem ein toller Ort, um den traumhaft vielfarbigen Sonnenuntergang zu bewundern.

★ Red Rock State Park PARK
(☎928-282-6907; https://azstateparks.com/red-rock; 4050 Red Rock Loop Rd; Erw./Kind 7–13 Jahre/bis 6 Jahre 7/4 US$/frei; ⌚8–17 Uhr, Besucherzentrum 9–16.30 Uhr; 👪) Der 115 ha große Park, der nicht mit dem Slide Rock State Park zu verwechseln ist, umfasst ein Zentrum mit Infos zur Umwelt, Picknickplätze und ein 8 km langes Netz an gut markierten, miteinander verbundenen Wanderwegen durch ein Flussbiotop inmitten einer tollen Kulisse aus roten Felsen. Die Wege reichen von bequemen Spazierwegen am Fluss entlang bis zu mäßigen Anstiegen hinauf zu dramatischen Bergrücken. Ranger führen Naturspaziergänge und Vogelbeobachtungstouren an. Baden im Fluss ist verboten. Der Park liegt 14 km westlich von Downtown Sedona abseits vom Highway 89A, östlich vom Ende des 24 km langen Lime Kiln Trail.

★ Slide Rock State Park SCHWIMMEN
(☎928-282-3034, Auskunft 602-542-0202; www.azstateparks.com/parks/slro; 6871 N Hwy 89A, Oak Creek Canyon; pro Auto Juni–Sept. 20 US$, Okt.–Mai 10 US$; ⌚Juni–Aug. 8–17 Uhr, restliches Jahr kürzer; 👪) Dieser State Park, 11 km nördlich der Stadt, mit einer 24 m langen Rutschbahn aus Sandsteinfelsen durch den Oak Creek ist Sedonas beliebtestes und belebtestes Ausflugsziel. Kurze Wege führen an alten Hütten, landwirtschaftlichen Geräten und einem Apfelgarten vorbei, aber die Hauptattraktion sind die herrlichen natürlichen Rutschbahnen.

★ Pink Jeep Tours JEEPTOUR
(☎800-873-3662, 928-282-5000; www.pinkjeeptours.com; 204 N Hwy 89A; ⌚6–22 Uhr; 👪) Die Jeeps dieses Veterans der Freizeitbranche scheinen allgegenwärtig und flitzen überall wie rosa Fliegen umher. Sobald man aber eine Tour gebucht hat, versteht man, warum die witzigen, holprigen Fahrten so beliebt sind. Pink führt 15 aufregende Abenteuertouren rund um Sedona durch, die meistens ca. zwei Stunden (Erw./Kind ab 59/54 US$) oder vier Stunden (ab 154/139 US$) dauern.

Schlafen

In Sedona und im nahe gelegenen Oak Creek Canyon gibt's viele schöne B&Bs, Hütten am Oak Creek, Motels und Resorts mit Rundum-Service. Im Red Rock Canyon ist wildes Campen untersagt. Der Forest Service unterhält Campingplätze ohne Stromanschlüsse in den Wäldern des Oak Creek Canyon, direkt beim Hwy Alt 89. Die Stellplätze kosten 18 US$, und man benötigt keinen Red Rock Pass. Mit Ausnahme des Pine Flat East nehmen sämtliche Campingplätze Reservierungen an. 6 Meilen (10 km) nördlich der Stadt bietet Manzanita 19 Stellplätze sowie Duschen; der Platz ist ganzjährig geöffnet. 11,5 Meilen (18 km) weiter nördlich liegt Cave Springs mit 82 Stellplätzen und Duschen. Pine Flat East und Pine Flat West, 12,5 Meilen (20 km) weiter nördlich, haben zusammen 58 Plätze; 18 davon können reserviert werden.

Cozy Cactus B&B $$
(☎800-788-2082, 928-284-0082; www.cozycactus.com; 80 Canyon Circle Dr, Village of Oak Creek; DZ ab 210 US$; ❄📶) Das 5-Zimmer-B&B, geführt von Carrie und Mark, eignet sich gut für Abenteuerlustige. Das Haus im Stil des Südwestens stößt an den Agave Trail und liegt gleich um die Ecke des radfahrerfreundlichen Bell Rock Pathway. Nach dem Abenteuer macht man es sich an der Feuerstelle auf der rückseitigen Terrasse gemütlich, beobachtet Wildtiere oder guckt in die Sterne und freut sich auf das 3-Gänge-Frühstück am nächsten Morgen.

★ **El Portal** B&B $$$
(☎928-203-9405, 800-313-0017; www.elportalsedona.com; 95 Portal Lane; DZ ab 300 US$; 📶🐾) Dieses intime kleine Gasthaus ist eine schöne Mischung aus dem Südwest- und Craftsman-Stil. Es ist ein Fleck entspannter Luxus, der sich gegenüber den Galerien und Restaurants von Tlaquepaque versteckt und abseits des von Touristen überlaufenen Zentrums von Sedona liegt. Das El Portal wirkt rustikal, aber durchdacht und zeigt wiederverwendetes Holz, Navajo-Läufer, Flusssteine und dicke Lehmwände.

Essen

Die meisten Restaurants in Sedona finden sich in Uptown und an den Highways 89A und 179. Lebensmittel und alles, was man zum Picknicken braucht, bekommt man bei **Whole Foods** (☎928-282-6311; 1420 W Hwy 89A; ⏲Mo–Sa 8–21, So bis 20 Uhr; 🖉) oder **Bashas'** (☎928-282-5351; 160 Coffee Pot Dr; ⏲6–23 Uhr).

Sedona Memories FEINKOST $
(☎928-282-0032; 321 Jordan Rd; Sandwiches 8,50 US$; ⏲Mo–Fr 10–14 Uhr) In diesem winzigen Laden kommen riesige Sandwiches aus hausgemachtem Brot auf den Tisch. Es gibt sie auch praktisch verpackt zum Mitnehmen – perfekt für ein Picknick. Alternativ kann man sie auch auf der ruhigen Veranda futtern. Nach der Bestellung gibt's einen Gratiskeks. Nur Barzahlung möglich.

★ **Elote Cafe** MEXIKANISCH $$$
(☎928-203-0105; www.elotecafe.com; Arabella Hotel, 771 Hwy 179; Hauptgerichte 22–28 US$; ⏲Di–Sa 17–22 Uhr) Hier gibt's mit die beste und authentischste Küche der Region. Die ungewöhnlichen traditionellen Gerichte findet man sonst nirgendwo, z. B. das namensgebende *Elote* (über dem Feuer gerösteter Mais mit würziger Mayo, Limette und Cotija-Käse) oder geräuchertes Hähnchen in Guajillo-Chilis. Reservierungen werden nicht angenommen: Also heißt es zeitig kommen, Lektüre mitbringen oder eine Margarita bestellen.

Dahl & DiLuca Ristorante ITALIENISCH $$$
(☎928-282-5219; www.dahlanddiluca.com; 2321 Hwy 89A; Hauptgerichte 27–38 US$; ⏲17–22 Uhr) Obwohl dieses hübsche italienische Restaurant perfekt in die Umgebung und in das Farbschema von Sedona passt, mutet es gleichzeitig wie ein Lokal an, das man in einem italienischen Küstenstädtchen findet. Es ist ein lebhaftes, einladendes Restaurant, in dem ausgezeichnete authentische italienische Speisen aufgetischt werden. Probieren sollte man Schweinekotelett und Spargel vom Grill oder die 4-Käse-Ravioli in Trüffelsahne.

Praktische Informationen

Red Rock Country Visitor Center (☎928-203-2900; www.redrockcountry.org; 8375 Hwy 179; ⏲9–16.30 Uhr) Hier bekommt man den Red Rock Pass sowie Wanderführer, Karten und Informationen über den National Forest.

Sedona Chamber of Commerce Visitor Center (☎928-282-7722, 800-288-7336; www.visitsedona.com; 331 Forest Rd; ⏲8.30–17 Uhr) In der Fußgängerzone von Uptown Sedona kann man kostenlose Karten erhalten und den Red Rock Pass kaufen.

Anreise & Unterwegs vor Ort

Ace Xpress (☎800-336-2239, 928-649-2720; www.acexshuttle.com; einfache Strecke/hin & zurück Erw. 68/109 US$, Kind 35/55 US$; ⏲Büro Mo–Fr 7–20, Sa & So 8–20 Uhr) und **Ari-**

RED ROCK PASS

Wer die Parkplätze im National Forest rund um Sedona und den Oak Creek Canyon nutzen möchte, braucht einen Red Rock Pass. Dieser ist bei Ranger-Stationen, Visitor Centers und Automaten an den meisten Startpunkten von Wegen und auf Picknickplätzen erhältlich. Der Pass kostet 5 US$ pro Tag bzw. 15 US$ pro Woche und muss von außen sichtbar im Auto angebracht werden. Wer nur kurz anhält, um Fotos zu machen oder die Aussicht zu genießen, benötigt ihn nicht, dasselbe gilt für Inhaber des Federal Interagency Pass.

DER VERDE VALLEY WINE TRAIL

Es gibt immer mehr Weinberge, Weingüter und Probierstuben im gut bewässerten Tal des Verde River. Starglanz bringt Maynard James Keenan, Frontsänger der Band Tool und Besitzer von Caduceus Cellars und Merkin Vineyards. Sein Dokumentarfilm von 2010 *Blood into Vine* wirft einen kompromisslosen Blick auf die Weinbranche.

In Cottonwood kann man mit dem Auto oder einem Schlauchboot zu den **Alcantara Vineyards** (☎928-649-8463; www.alcantaravineyard.com; 3445 S Grapevine Way, Cottonwood; Weinprobe 10–15 US$; ⊙11–17 Uhr) fahren, dann durch die Altstadt bummeln, wo **Arizona Stronghold** (☎928-639-2789; www.azstronghold.com; 1023 N Main St; Weinprobe 9 US$; ⊙So–Do 12–19, Fr & Sa bis 21 Uhr), **Merkin Vineyards Osteria** (☎928-639-1001; http://merkinvineyardsosteria.com; 1001 N Main St; ⊙11–21 Uhr; 📶) und **Pillsbury Wine Company** (☎928-639-0646; www.pillsburywine.com; 1012 N Main St; Weinprobe 10–12 US$; ⊙So–Do 11–18, Fr & Sa bis 21 Uhr) drei der besten Probierstuben an der weinkennerfreundlichen Main St sind.

In Jerome beginnt man bei **Cellar 433** (☎928-634-7033; www.cellar433.com; 240 Hull Ave; ⊙Do–So 11–18, Mo–Mi bis 17 Uhr) nahe dem Visitor Center. Von da kann man hinauf zu Keenans **Caduceus Cellars** (☎928-639-9463; www.caduceus.org; 158 Main St; ⊙So–Do 11–18, Sa bis 20 Uhr) in der Nähe des Connor Hotel schlendern.

An einem kurzen Abschnitt der Page Springs Rd östlich von Cornville gibt es drei Weingüter inklusive Probierstube: die **Page Springs Cellars** (☎928-639-3004; http://pagespringscellars.com; 1500 Page Springs Rd, Cornville; Führungen 10 US$; ⊙So–Mi 11–19, Do–Sa bis 21 Uhr) mit Bistro, die einladenden **Oak Creek Vineyards** (☎928-649-0290; www.oakcreekvineyards.net; 1555 N Page Springs Rd, Cornville; Weinprobe 10 US$; ⊙10–18 Uhr) und den **Javelina Leap Vineyard** (☎928-649-2681; www.javelinaleapwinery.com; 1565 Page Springs Rd, Cornville; Weinprobe 2–3 US$/Wein; ⊙So–Do 11–17, Fr & Sa bis 18 Uhr) mit sanfter Rockmusik.

Eine Karte des Wine Trail und weitere Informationen über die Weingüter bekommt man unter www.vvwinetrail.com.

zona Shuttle (☎800-888-2749, 928-282-2066; www.arizonashuttle.com) betreiben Shuttles zwischen Sedona und dem Phoenix Sky Harbor International Airport.

Amtrak (☎800-872-7245; www.amtrak.com) und **Greyhound** (☎800-231-2222; www.greyhound.com) halten im nahe gelegenen Flagstaff.

Barlow Jeep Rentals (☎928-282-8700, 800-928-5337; www.barlows.us; 3009 W Hwy 89A; Jeepverleih halber Tag/ganzer Tag/3 Tage 250/350/576 US$; ⊙8–18 Uhr) bietet die richtigen Fahrzeuge für holprige Straßen. Kostenlose Karten und Infos zu den Routen werden zur Verfügung gestellt. **Bob's Taxi** (☎982-282-1234; www.bobstaxisedona.com) ist ein guter lokaler Unternehmer, während Mietwagen bei **Enterprise** (☎928-282-2052; www.enterprise.com; 2090 W Hwy 89A; ab 50 US$/Tag; ⊙Mo–Fr 8–16, Sa & So 9–14 Uhr) erhältlich sind.

Flagstaff

Flagstaffs entspannter Charme basiert auf mehreren Komponenten: von der fußgängerfreundlichen historischen Innenstadt voller Bauwerke im lokaltypischen Stil und alten Neonreklamen bis zum Wandern oder Skifahren im größten Gelb-Kiefernwald des Landes. Die Einwohner von Flagstaff sind glücklich, sportlich und knabbern eher an einem Müsliriegel, als dass sie sich mit Cowboys duellieren; Straßenmusiker spielen Bluegrass und Radfahren wird hier großgeschrieben. Die Northern Arizona University (NAU) sorgt für eine studentische Atmosphäre, und auch die Eisenbahngeschichte spielt unverändert eine wichtige Rolle für die Identität der Stadt. Außerdem schätzt man gutes Bier, frisch geröstete Kaffeebohnen und überhaupt viel Spaß. Das alles macht Arizonas Norden zu einem perfekten Feriengebiet.

⊙ Sehenswertes

★**Lowell Observatory** STERNWARTE
(☎Zentrale 928-774-3358, Infos vom Band 928-233-3211; www.lowell.edu; 1400 W Mars Hill Rd; Erw./Senior/Kind 5–17 Jahre 15/14/8 US$; ⊙Mo–Sa 10–22, So bis 17 Uhr; 👪) Das National Historic Landmark wurde 1894 von Percival Lowell auf einem Hügel unmittelbar westlich des Zentrums erbaut. 1930 wurde von hier aus Pluto entdeckt. Wenn das Wetter es erlaubt, können Besucher den Sternenhimmel mit Teleskopen beobachten, darunter auch mit dem berühmten Clark Telescope von

1896, das den Anstoß zu der mittlerweile akzeptierten Theorie eines sich ausdehnenden Universums gab. Kinder mögen den gepflasterten Pluto Walk, der sich durch ein maßstabgetreues Modell unseres Sonnensystems schlängelt.

★ **Museum of Northern Arizona** MUSEUM
(☎928-774-5213; www.musnaz.org; 3101 N Fort Valley Rd; Erw./Senior/Kind 10–17 Jahre 12/10/8 US$; ⏲Mo–Sa 10–17, So 12–17 Uhr;) Ein ansprechendes Haus im Craftsman-Stil mitten in einem Kiefernwäldchen beherbergt dieses kleine, aber hervorragende Museum. Seine Schwerpunkte sind Archäologie, Geschichte und Kultur der indigenen Bevölkerung, außerdem Geologie, Biologie und Kunst. Die faszinierenden ständigen Sammlungen werden ergänzt durch Ausstellungen zu Themen wie John James Audubons Gemälden von nordamerikanischen Säugetieren. Auf dem Weg zum Grand Canyon ist es eine wunderbare Einführung in die Kultur- und Naturgeschichte der Region.

Riordan Mansion State Historic Park HISTORISCHE STÄTTE
(☎928-779-4395; https://azstateparks.com/riordan-mansion; 409 W Riordan Rd; Führung Erw./Kind 7–13 Jahre 10/5 US$; ⏲Mai–Okt. 9.30–17, Nov.–April Do–Mo 10.30–17 Uhr) Nachdem sie mit ihrer Arizona Lumber Company im Holzgeschäft ein Vermögen gemacht hatten, ließen die Brüder Michael und Timothy Riordan 1904 dieses Doppelhaus bauen. Der Entwurf im Craftsman-Stil war die Idee des Architekten Charles Whittlesey, der auch El Tovar in Grand Canyon Village entwarf. Das Äußere zeigt handgearbeitete Schindeln, Holzplatten als Wandverkleidung und rustikalen Stein. Die Inneneinrichtung mit Edison- und Stickley-Möbeln, Tiffany-Lampen und Steinway-Flügel ist eine Huldigung an den Arts-and-Crafts-Stil.

Aktivitäten

Absolute Bikes RADFAHREN
(☎928-779-5969; www.absolutebikes.net; 202 E Rte 66; Leihfahrräder 39 US$/Tag; ⏲April–Thanksgiving Mo–Fr 9–19, Sa 9–18, So 10–16 Uhr, Dez.–März kürzer) Bei diesen freundlichen Schraubern erhält man Insider-Infos zur lokalen Mountainbikeszene und kann Räder für die Trails in der Umgebung leihen.

Arizona Snowbowl SKIFAHREN
(☎928-779-1951; www.arizonasnowbowl.com; 9300 N Snowbowl Rd; Skipass Erw. 75 US$, Jugendl. 13–17 Jahre 64 US$, Kind 8–12 Jahre 42 US$; ⏲Mitte Nov.–Mitte April 9–16 Uhr;) Rund 14 (22 km) Meilen nördlich von Downtown Flagstaff liegt dieses kleine, aber schicke Skigebiet. Acht Lifts bedienen 40 Pisten zwischen 2800 und 3500 m. Die Saison dauert normalerweise von November bis April.

Schlafen

Anders als im Süden Arizonas ist hier im Sommer die Hauptsaison.

★ **Motel Dubeau** HOSTEL $
(☎928-774-6731; www.modubeau.com; 19 W Phoenix Ave; B/Zi. ab 27/53 US$;) Dieses eigenständige Hostel wurde 1929 als Flagstaffs erstes Motel erbaut und bietet heute den gleichen freundlichen Service und saubere, gepflegte Unterkünfte wie das Grand Canyon International Hostel derselben Betreiber. Die Zimmer gleichen einfachen, aber hübschen Hotelzimmern und verfügen über Kühlschrank, Kabel-TV und ein privates Bad. Im hosteleigenen Nomads bekommt man Bier, Wein und leichte Snacks. Es gibt auch eine Küche und Waschmaschinen.

Flagstaff KOA CAMPING $
(☎928-526-9926, Reservierungen 800-562-3524; www.flagstaffkoa.com; 5803 N Hwy 89; Stellplatz Zelt/Wohnmobil 33/38 US$, Hütte & Tipi ab 65 US$;) Dieser große Campingplatz im Schatten von Gelb-Kiefern liegt eine Meile (1,6 km) nördlich vom Exit 201 der I-40 und 5 Meilen (8 km) nordöstlich von Downtown Flagstaff. Ein Pfad führt vom Campingplatz zu den Wanderwegen am Mt. Elden. Der Platz ist familienfreundlich und bietet Kinderfahrräder zum Leihen, im Sommer Fahrten mit dem „Barrel Train“ (Zug aus Fässern), am Wochenende Spielfilme und einen Wasserpark. Die vier Hütten haben jeweils einen Raum für vier Personen, aber Bettzeug wird nicht bereit gestellt.

★ **Hotel Monte Vista** HISTORISCHES HOTEL $$
(☎928-779-6971; www.hotelmontevista.com; 100 N San Francisco St; Zi./Suite ab 115/145 US$;) Eine riesige altmodische Leuchtreklame thront über diesem historischen Hotel von 1926 und ist ein Hinweis auf das Innere: federbesetzte Lampenschirme, alte Möbel, kräftige Farben und ein bunt gemischtes Dekor. Die Zimmer sind nach den Filmstars benannt, die in ihnen nächtigten, darunter findet sich auch das Humphrey-Bogart-Zimmer mit dramatisch schwarzen Wänden,

gelber Decke und goldener Satinbettwäsche. Mehrere Hausgeister erscheinen angeblich regelmäßig den Gästen.

★Inn at 410 B&B $$
(☎928-774-0088; www.inn410.com; 410 N Leroux St; Zi. ab 185 US$; P ❄ ☎) Das umfassend renovierte Haus von 1894 beherbergt zehn geräumige wunderschön eingerichtete und thematisch gestaltete Gästezimmer, alle mit Kühlschrank und Privatbad. Viele bieten Himmelbetten und herrliche Ausblicke. Zu dem nur einen kurzen Fußweg vom Zentrum entfernten Haus gehören ein schattiger Garten mit Obstbäumen und ein gemütlicher Speiseraum, in dem das umfangreiche Gourmetfrühstück und Nachmittagssnacks serviert werden.

Essen

Flagstaffs studentische Bevölkerung und allgemeine Bejahung eines guten Lebens spiegeln sich in einem der besten Restaurantangebote im ganzen Staat. Selbstversorger können **Bashas'** (☎928-774-3882; www.bashas.com; 2700 S Woodlands Village Blvd; ⊙6–23 Uhr) ausprobieren, eine gute lokale Supermarktkette mit einer ansehnlichen Auswahl an Bio-Lebensmitteln. Gesunde Kost gibt es auch bei **Whole Foods Market** (☎928-774-5747; www.wholefoodsmarket.com; 320 S Cambridge Lane; ⊙7–21 Uhr; ✎).

★Macy's CAFÉ $
(☎928-774-2243; www.macyscoffee.net; 14 S Beaver St; Frühstück/Mittagessen 6/7 US$; ⊙6–18 Uhr; ☎ ✎) Der köstliche Kaffee – aus eigener Röstung in dem originalen, schönen feuerwehrroten Röster in der Ecke – bringt Studenten und Koffeinliebhaber von Flagstaff seit den 1980er-Jahren ins Schwärmen. Die vegetarische Karte enthält viele vegane Gerichte, außerdem traditionelle Café-Snacks wie Gebäck, gedämpfte Eier, Waffeln, Joghurt und Müsli, Salate und vegetarische Sandwiches.

Diablo Burger BURGER $
(☎928-774-3274; www.diabloburger.com; 120 N Leroux St; Hauptgerichte 11–14 US$; ⊙So–Mi 11–21, Do–Sa bis 22 Uhr; ☎) Dieser an lokalen Produkten orientierte Gourmetburger-Imbiss packt deftige Burger auf englische Muffinbrötchen und mit Kräutern der Provence gewürzte Pommes. Der Blake-Burger mit Cheddar, Hatch-Chili-Mayo und gebratenen grünen Chilis erinnert an New Mexico. Der Laden ist winzig, also sollte man früh kommen oder draußen sitzen und dabei die Leute beobachten. Es werden auch Bier und Wein serviert.

★Criollo Latin Kitchen FUSION $$
(☎928-774-0541; www.criollolatinkitchen.com; 16 N San Francisco St; Hauptgerichte 17–20 US$; ⊙Mo–Fr 11–21, Sa & So 9–21 Uhr) 🍃 Die kleine Schwester von Brix Restaurant & Wine Bar und **Proper Meats + Provisions** (☎928-774-9001; www.propermeats.com; 110 S San Francisco St; Sandwiches 12–13 US$; ⊙10–19 Uhr) 🍃 ist dieses trendige Latino-Fusionsrestaurant. Es arbeitet mit Produzenten vor Ort zusammen, um Zutaten aus Arizona zu beschaffen. Empfehlenswert ist der haitianische Brunch mit langsam gebratenem Schweinefleisch, gewendeten Spiegeleiern, Pintobohnen und scharfer Ti-Malice-Sauce. Bei der Happy Hour (Mo–Fr 15–18 Uhr) gibt's Fisch-Tacos und Margaritas für 4 US$.

★Brix Restaurant & Wine Bar INTERNATIONAL $$$
(☎928-213-1021; www.brixflagstaff.com; 413 N San Francisco St; Hauptgerichte 30–32 US$; ⊙So & Di–Do 17–21, Fr & Sa bis 22 Uhr; ✎) Brix bietet saisonale, von lokalen Produzenten hergestellte, erstklassige Kost in einem schönen Ambiente mit unverputzten Backsteinwänden und einer heimeligen Bar aus Kupfer. Die Schwesterfirma Proper Meats + Provisions liefert Wurstdelikatessen, Fleisch von freilaufenden Schweinen und andere Grundlagen von schmackhaften Gerichten. Die Weinkarte ist erlesen; eine Reservierung ist zu empfehlen.

★Coppa Cafe CAFÉ $$$
(☎928-637-6813; www.coppacafe.net; 1300 S Milton Rd; Mittagessen & Brunch 11–15 US$, Hauptgerichte 28–31 US$; ⊙Mi–Fr 15–21, Sa 11–15 & 17–21, So 10–15 Uhr; ☎) Brian Konefal und Paola Fioravanti, die sich in einer italienischen Kochschule kennenlernten, sind das Team hinter diesem freundlichen, mit viel Kunst dekorierten Bistro mit den dottergelben Wänden. Die Zutaten stammen aus den nahen Wäldern (oder von weiter weg in Arizona) und werden zu Gerichten wie langsam gebratene Lende mit Wildblumen-Butter oder in Lehm gebackenes Entenei mit einem „Risotto" aus Sonora-Weizen und Wildkräutern verarbeitet.

Ausgehen & Unterhaltung

Informationen über Festivals und Musikprogramme erfährt man telefonisch beim

Visitor Center oder unter www.flagstaff365.com. Im Sommer versammeln sich am Freitag- und Samstagabend die Leute auf Wolldecken am Heritage Sq., um kostenlos Musik und Familienfilme zu genießen. Der Spaß beginnt um 17 Uhr.

Donnerstags erscheint das kostenlose Blatt *Flagstaff Live!* (www.flaglive.com) mit Informationen über die aktuellen Shows und Ereignisse in der Stadt.

★Hops on Birch KNEIPE
(☎928-774-4011; www.hopsonbirch.com; 22 E Birch Ave; ⊙Mo–Do 13.30–12.30, Fr bis 2, Sa 12–2, So 12–12.30 Uhr) Das schlichte, schöne Hops on Birch hat 34 wechselnde Biersorten vom Fass und Livemusik an fünf Abenden in der Woche. Die meist einheimischen Gäste verbreiten eine freundliche Stimmung. Nach klassischer Flagstaff-Art sind Hunde ebenso willkommen wie Menschen.

Monte Vista Cocktail Lounge BAR
(☎928-779-6971; www.hotelmontevista.com; 100 N San Francisco St, Hotel Monte Vista; ⊙Mo–Sa 16–2 Uhr) In markanter Lage in Downtown Flagstaff – mit breiten Fenstern zum Leutebeobachten – hat diese ehemalige „Flüsterkneipe" in dem historischen Hotel Monte Vista eine gehämmerte Blechdecke, einen Poolbillardtisch, an drei Abenden in der Woche Livemusik, ein Sonntagsquiz, Karaoke und den ganzen Montag „Happy Hour".

ℹ Praktische Informationen

USFS Flagstaff Ranger Station (☎928-526-0866; www.fs.usda.gov; 5075 N Hwy 89; ⊙Mo–Fr 8–16 Uhr) informiert über Mt. Elden, Humphreys Peak und O'Leary Peak nördlich von Flagstaff.

Visitor Center (☎800-842-7293, 928-213-2951; www.flagstaffarizona.org; 1 E Rte 66; ⊙Mo–Sa 8–17, So 9–16 Uhr) Beim Visitor Center im Amtrak-Bahnhof gibt es eine tolle Flagstaff-Discovery-Karte und jede Menge Infos zu Aktivitäten.

ℹ Anreise & Unterwegs vor Ort

Greyhound (☎928-774-4573, 800-231-2222; www.greyhound.com; 880 E Butler Ave; ⊙10–18.30 Uhr) hält in Flagstaff auf der Fahrt nach/von Albuquerque, Las Vegas, Los Angeles und Phoenix. **Arizona Shuttle** (S. 183) und **Flagstaff Shuttle & Charter** (☎888-215-3105; www.flagshuttle.com) verkehren zwischen Flagstaff, dem Grand Canyon National Park, Williams, Sedona und dem Phoenix's Sky Harbor International Airport.

Der *Southwest Chief*, der von **Amtrak** (☎800-872-7245, 928-774-8679; www.amtrak.com; 1 E Rte 66; ⊙3.30-22.30 Uhr) betrieben wird, hält auf seiner täglichen Fahrt von Chicago nach Los Angeles in Flagstaff.

Mountain Line Transit (☎928-779-6624; www.mountainline.az.gov; einfache Fahrt Erw./Kind 1,25/0,60 US$) hat täglich mehrere feste Busrouten; einen benutzerfreundlichen Plan erhält man im Visitor Center. Die Busse haben Rampen für Rollstuhlfahrer.

Wenn man ein Taxi braucht, ruft man **Action Cab** (☎928-774-4427) oder **Sun Taxi** (☎928-774-7400; www.suntaxiandtours.com). Diverse große Mietwagenvertretungen gibt es am Flughafen und im Zentrum.

NICHT VERSÄUMEN

WALNUT CANYON

Die Sinagua-Felsbehausungen im **Walnut Canyon** (☎928-526-3367; www.nps.gov/waca; I-40 Ausfahrt 204; Erw./Kinder unter 16 Jahren 8 US$/frei; ⊙Juni–Okt. 8–17 Uhr, Nov.–Mai 9–17 Uhr, Trails schließen 1 Std. früher; 🅿) befinden sich in den fast senkrecht aufragenden Wänden eines kleinen Kalksteinbergs inmitten dieses atemberaubenden bewaldeten Canyons. Der 1,6 km lange Island Trail führt über 56 Höhenmeter (mehr als 200 Stufen) steil bergab, vorbei an 25 Kammern unter den natürlichen Felsüberhängen des kurvenreichen Berges. Ein kürzerer rollstuhlgerechter Rim Trail bietet mehrere Blicke auf die Felsbehausungen von der anderen Seite des Canyons.

Williams

Das freundliche Williams liegt 60 Meilen (96 km) südlich von Grand Canyon Village und 35 Meilen (56 km) westlich von Flagstaff und ist eine charmante „Tor-Stadt" zum Canyon. Klassische Motels und Imbissbuden reihen sich entlang der Route 66 aneinander, und das alte Schulgebäude sowie der ehemalige Bahnhof erinnern an rustikalere Zeiten.

Die meisten Besucher lockt eine Fahrt mit der **Grand Canyon Railway** (☎Reservierung 800-843-8724; www.thetrain.com; 233 N Grand Canyon Bvd, Railway Depot; Rundfahrt Erw./Kind ab 79/47 US$;) aus dem 20. Jh. zum South Rim des Canyons hierher; die Hinfahrt erfolgt um 9.30 Uhr, die Rückfahrt um 17.45 Uhr. Auch wer kein ausgesprochener Eisenbahnfan ist, wird die malerische entspannte Fahrt zum Grand Canyon genießen. Schauspieler in historischen Kostümen geben Einblicke in die regionale Geschichte, dazu wird Folkmusik auf dem Banjo gespielt.

Das **Red Garter Inn** (☎ 928-635-1484; www.redgarter.com; 137 W Railroad Ave; DZ ab 170 US$;) ist in einem Bordell von 1897 untergebracht, in dem die Damen einst potenziellen Kunden vom Fenster aus zuwinkten. Die vier Zimmer des B&B haben hübsche historische Elemente und die Bäckerei im Erdgeschoss serviert guten Kaffee. Das flippige kleine **Grand Canyon Hotel** (☎ 928-635-1419; www.thegrandcanyonhotel.com; 145 W Route 66; B/Zi. ab 33/87 US$; ⏲ März–Nov.;) hat kleine Themenzimmer und einen Schlafsaal mit sechs Betten; TVs gibt es nicht. Im **Canyon Motel & RV Park** (☎ 928-635-9371, 800-482-3955; www.thecanyonmotel.com; 1900 E Rodeo Rd; Stellplatz Zelt/Wohnmobil ab 31/44 US$, Cottages/Bahnwaggon ab 90/180 US$;) unmittelbar östlich des Zentrums nächtigen Gäste in einem Santa-Fe-Güterzugbegleitwagen von 1929 oder in einem Pullman-Waggon.

Grand Canyon National Park

Egal wie viel man über den **Grand Canyon** (☎ 928-638-7888; www.nps.gov/grca; 20 South Entrance Rd; 7-Tage-Pass Auto/Pers. 30/15 US$), gelesen oder wie viele Fotos man gesehen hat, nichts kann einen auf die Realität vorbereiten. Zunächst ziehen den Beobachter die unglaublichen Ausmaße des Canyons in ihren Bann. Gleichermaßen eindrucksvoll sind die dramatischen Felsschichten, die einen genaueren Blick lohnen, sowie die kunstvollen Details in Form von zerklüfteten Plateaus, bröckeligen Steintürmen und weinroten Felsgraten, die das Spiel von Licht und Schatten angemessen in Szene setzt.

Auf dem Grund der gewaltigen Schlucht windet sich der Colorado (genau genommen 446 km des Flusses). Er hat den Canyon in den letzten 6 Mio. Jahren geformt und Steine freigelegt, die bis zu 2 Mrd. Jahre alt sind – halb so alt wie die Erde! North Rim und South Rim (die Nord- bzw. Südkante der Schlucht) bieten zwei recht unterschiedliche Erfahrungen. Sie sind mit dem Auto mehr als 200 Meilen (über 300 km) voneinander entfernt, und nur wenige Reisende besuchen beide Gebiete im Rahmen von ein und derselben Tour. Die meisten Besucher geben dem South Rim den Vorzug, weil er leicht zu erreichen ist und mit vielen Service-Einrichtungen und herrlichen Aussichten aufwartet. Der ruhigere North Rim wiederum liegt auf 2500 m (300 m höher als der South Rim). In seinem kühleren Klima wachsen Wildblumen auf den Wiesen und hohe, dichte Espen- und Fichtengehölzer.

Der Juni ist der trockenste Monat, im Juli und August regnet es am meisten. Im Januar liegt die durchschnittliche Nachttemperatur bei –11 bis –7 °C und die Tageshöchsttemperatur bei etwa 4 °C. Im Sommer herrschen im Canyon regelmäßig mehr als 38 °C. Der South Rim ist das ganze Jahr über zugänglich, aber die meisten Besucher werden zwischen Ende Mai und Anfang September gezählt. Der North Rim ist von Mitte Mai bis Mitte Oktober erreichbar.

ℹ Praktische Informationen

Der Ort mit der besten Infrastruktur im Grand Canyon National Park ist **Grand Canyon Village**, 6 Meilen (10 km) nördlich der South Rim Entrance Station. Der einzige Eingang zum North Rim liegt 30 Meilen (48 km) südlich von Jacob Lake am Hwy 67; der eigentliche North Rim liegt weitere 14 Meilen (23 km) in Richtung Süden. North Rim und South Rim trennen 215 Meilen (346 km) mit dem Wagen, zu Fuß quer durch den Canyon sind es 21 Meilen (34 km), per Luftlinie 10 Meilen (16 km).

Das Parkticket ist sieben Tage lang für North und South Rim gültig. Wer eine Wanderung mit Übernachtung unternehmen und auf dem Parkgelände campen möchte, braucht eine Genehmigung. Das **Backcountry Information Center** (☎ 928-638-7875; www.nps.gov/grca; Grand Canyon Village; ⏲ 8–12 & 13–17 Uhr, Telefon Mo–Fr 8–17 Uhr; 🚌 Village) nimmt Anträge für Wandergenehmigungen (10 US$, zzgl. 8 US$/Pers. & Nacht) nur für den laufenden und die darauf folgenden vier Monate an. Die Chancen stehen recht gut, wenn man sich früh darum kümmert und Alternativrouten angibt. Reservierungen können persönlich, per Post oder Fax, nicht aber per Telefon oder E-Mail, vorgenommen werden. Weitere Infos gibt's unter www.nps.gov/grca/planyourvisit/backcountry-permit.htm.

Wer ohne Genehmigung am South Rim ankommt, muss sich zum Büro neben der **Maswik Lodge** (☎ 888-297-2757, Durchwahl 6784, Rezeption & Reservierungen innerhalb von 48 Std. 928-638-2631; www.grandcanyonlodges.com; Grand Canyon Village; Zi. South/North 107/205 US$; P; 🚌 Village) begeben und auf die Warteliste setzen lassen. Aus Umweltschutzgründen werden im Park keine Wasserflaschen mehr verkauft. Stattdessen können Besucher mitgebrachte Behältnisse an Wasserstationen entlang des Canyonrands und am **Canyon Village Market** (S. 195) auffüllen.

South Rim

Wer kein Problem mit Menschenmassen hat, wird sich am South Rim wohlfühlen, denn hier gibt's ein komplettes Dorf mit Unterkünften, Restaurants, Buchläden, einem Supermarkt und einem Deli. Museen und historische Steinhäuser erläutern die Geschichte des Parks, während Ranger täglich Programme zu Themen wie Geologie und wiederauflebenden Kondor-Populationen anbieten. Auch im Sommer, wenn Tagesausflügler in Massen einfallen, findet man ruhige Plätzchen, z.B. bei einer Tageswanderung unterhalb des Rims oder indem man sich ein paar hundert Meter von den malerischen Aussichtspunkten entfernt.

Aktivitäten

Autofahren & Wandern

Eine **malerische Route** führt westlich vom Grand Canyon Village auf der Hermit Rd am Rand der Schlucht entlang. Von März bis November darf die 11 km lange Straße nicht von Privatwagen befahren werden; stattdessen nimmt man einfach den kostenlosen Shuttlebus. Die Strecke kann auch gut mit dem Fahrrad bewältigt werden, da relativ wenig Verkehr herrscht. Unterwegs locken traumhafte Aussichten, zudem liefern Schilder Infos zum Canyon.

Der **Desert View Drive** beginnt östlich vom Grand Canyon Village und folgt der Schluchtkante 26 Meilen (42 km) lang bis zum Desert View, dem Osteingang des Parks. Parkbuchten ermöglichen fantastische Aussichten.

Die **Wanderwege** entlang des South Rim bieten etwas für jeden Fitnessgrad. Die beliebteste und einfachste Route im Park ist der **Rim Trail**. Er taucht in die struppigen Kiefernbestände des Kaibab National Forest ein und verbindet auf einer Strecke von 21 km einige Aussichtspunkte und historische Stätten miteinander. Manche Abschnitte sind asphaltiert, und sämtliche Aussichtspunkte können mit einer der drei Shuttlebuslinien erreicht werden. Auf dem **Trail of Time**, der gleich westlich vom Yavapai Geology Museum an den Rim Trail grenzt, repräsentiert jeder Meter 1 Mio. Jahre Erdgeschichte.

Wanderungen hinab in den Canyon sind anstrengend, deshalb begnügen sich die meisten Besucher mit kurzen Tagesausflügen. Man muss sich bewusst machen, dass der Rückweg bergauf aus der Schlucht sehr viel härter ist als der Abstieg auf dem Hinweg. Zudem sollte man nicht versuchen, die gesamte Strecke zum Colorado und zurück an einem Tag zu bewältigen. Die beliebteste Route ist der wunderschöne **Bright Angel Trail**. Entlang des malerischen 13 km langen Abstiegs zum Fluss gibt es vier günstige Umkehrpunkte. Im Sommer kann die Hitze mörderisch sein; wer eine Tageswanderung unternimmt, könnte an einem der beiden Rasthäuser umkehren (hin & zurück 5 bzw. 10 km) oder sich bei Sonnenaufgang auf den Weg machen, um die längeren Wanderungen zum **Indian Garden** oder **Plateau Point** (hin & zurück 15 bzw. 20 km) zu bewältigen.

Der steilere und sehr viel ungeschütztere **South Kaibab Trail** gehört zu den schönsten Wegen im Park. Er kombiniert eindrucksvolle Landschaft mit unverstellten Rundumblicken. Wanderer, die in der **Phantom Ranch** übernachten, wählen für den Abstieg meist diesen Weg und für den Rückweg am nächs-

ABSTECHER

SUNSET CRATER VOLCANO NATIONAL MONUMENT

Um das Jahr 1064 brach an dieser Stelle ein Vulkan aus, dessen Ascheregen auf 2000 km² niederging. Der Kana-A-Lavastrom vertrieb die Bauern von dem Land, das sie seit 400 Jahren bestellt hatten. Heute ist das 2447 m hohe **Sunset Crater Volcano National Monument** (☎928-526-0502; www.nps.gov/sucr; Park Loop Rd 545; Auto/Motorrad/Fahrrad oder Fußgänger 20/15/10 US$; ⏲Nov.–Mai 9–17 Uhr, Juni–Okt. ab 8 Uhr) still und lange Wanderwege winden sich durch den Lavastrom Bonito (entstanden um 1180) und hinauf zum Lenox Crater (2141 m). Anspruchsvollere Wanderer oder Radfahrer können den O'Leary Peak (2732 m; 13 km Rundtour) erreichen. Es gibt auch einen leichten rollstuhlgerechten Rundweg von 500 m, um einen Blick auf den versteinerten Fluss zu werfen.

Der Sunset Crater liegt 19 Meilen (30 km) nordöstlich von Flagstaff. Die Eintrittsgebühr schließt den Eintritt zum **Wupatki National Monument** (☎928-679-2365; www.nps.gov/wupa; Park Loop Rd 545; Auto/Motorrad/Fahrrad oder Fußgänger 20/15/10 US$; ⏲Visitor Center 9–17 Uhr, Trails Sonnenaufgang–Sonnenuntergang; P 🚻) ein und gilt sieben Tage.

Grand Canyon National Park

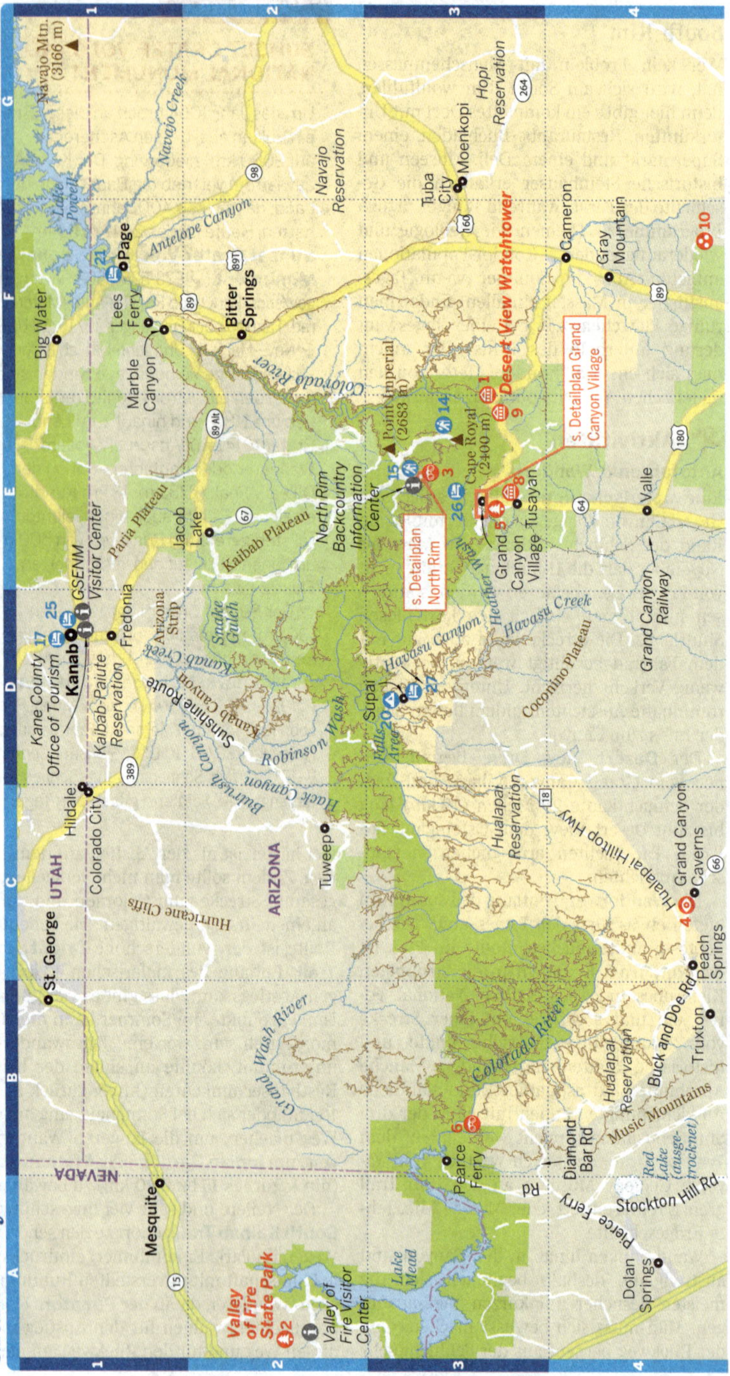

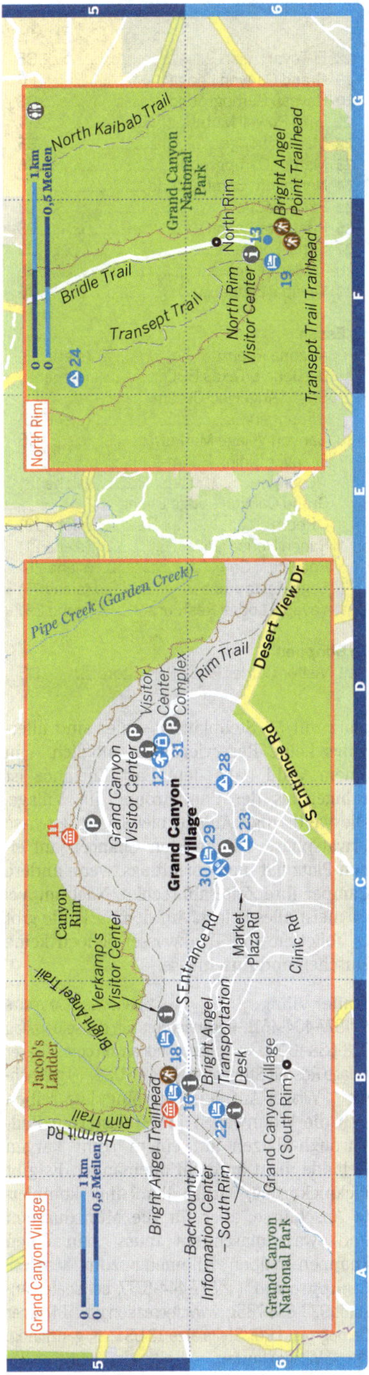

ten Tag den Bright Angel Trail. Im Sommer kann der Aufstieg auf dem South Kaibab Trail gefährlich sein, dann raten die Ranger Tagesausflüglern, am Aussichtspunkt **Cedar Ridge** (ca. 5 km hin & zurück) umzukehren.

Radfahren

Bright Angel Bicycles & Cafe at Mather Point RADFAHREN

(☎928-814-8704, 928-638-3055; www.bikegrand canyon.com; 10 S Entrance Rd, Visitor Center Plaza; Leihgebühr 24 Std. Erw./Kind bis 16 Jahre 40/30 US$, Leihgebühr 5 Std. 30/20 US$, Rollstuhl 10 US$, Kindersportwagen einsitzig/zweisitzig bis zu 8 Std. 18/27 US$; ⏲März–Okt. 7–17 Uhr; 🚌Village, 🚌Kaibab/Rim) Leihräder für einen halben oder ganzen Tag können im Voraus online oder telefonisch reserviert werden (wenn gewünscht auch mit Helmen und Anhängern). Außer in der Zeit mit der größten Nachfrage von Juli bis Mitte August können jedoch auch Laufkunden in der Regel bedient werden. Mit dem Fahrrad-Shuttle-Paket kann man in einer Richtung an den Aussichtspunkten vorbeiradeln und auf dem Rückweg den privaten Shuttle benutzen.

Geführte Touren

★ **Canyon Vistas Mule Rides** AUSRITTE

(☎888-297-2757, Reservierungen für denselben/den nächsten Tag 928-638-3283; www.grandcanyonlod ges.com; Bright Angel Lodge; 3-stündiger Maultierausritt 135 US$, Maultierausritt mit 1/2 Übernachtungen inkl. Verpflegung & Unterkunft 552/788 US$; ⏲ganzjährig, unterschiedliche Zeiten) Bei diesem Anbieter werden Gruppen von bis zu 20 Maultieren über 4 Meilen (6,5 km) auf dem East Rim Trail geführt. Wenn man in den Canyon hinuntersteigen möchte, ist dies nur mit einer Übernachtung auf der Phantom Ranch möglich: Die Touren folgen dem Bright Angel Trail (10,5 Meilen, 17 km, 5½ Std.) hinunter, dann verbringt man eine oder zwei Nächte auf der Phantom Ranch und kehrt über den South Kaibab Trail zurück (7,8 Meilen, 12,5 km, 5 Std.).

Schlafen

Die sechs Lodges am South Rim werden von **Xanterra** (☎888-297-2757, 303-297-2757, 928-638-3283; www.grandcanyonlodges.com) betrieben. Vor allem im Sommer sollte man vorab reservieren, bei der Phantom Ranch neben dem Colorado ruft man am besten direkt an. Wer für denselben Tag reservieren oder einen Gast erreichen möchte, ruft beim South Rim **Switchboard** (☎928-638-2631) an.

Grand Canyon National Park

Highlights

1 Desert View Watchtower ... F3
2 Valley of Fire State Park ... A2

Sehenswertes

3 Bright Angel Point ... E3
4 Grand Canyon Caverns & Inn ... C4
5 Grand Canyon National Park ... E3
6 Grand Canyon West (West Rim) ... B3
7 Kolb Studio ... B5
8 National Geographic Visitor Center & IMAX Theater ... E3
9 Tusayan Museum & Ruins ... E3
10 Wupatki National Monument ... F4
11 Yavapai Geology Museum ... C5

Aktivitäten, Kurse & Touren

12 Bright Angel Bicycles & Cafe at Mather Point ... D5
13 Canyon Trail Rides ... F6
Canyon Vistas Mule Rides ... (siehe 7)
14 Cape Final Trail ... E3
15 North Kaibab Trail ... E3
Roger Ekis' Antelope Canyon Tours ... (siehe 21)

Schlafen

16 Bright Angel Lodge ... B5
17 Canyons Lodge ... D1
Desert View Campground ... (siehe 1)
18 El Tovar ... B5
19 Grand Canyon Lodge ... F6
20 Havasu Campground ... D3
21 Lake Powell Motel ... F1
22 Maswik Lodge ... B6
23 Mather Campground ... C6
24 North Rim Campground ... F5
25 Parry Lodge ... D1
26 Phantom Ranch ... E3
27 Supai Lodge ... D3
28 Trailer Village ... D6
29 Yavapai Lodge ... C6

Essen

Arizona Room ... (siehe 16)
Big John's Texas BBQ ... (siehe 21)
Bright Angel Ice-Cream Fountain ... (siehe 16)
30 Canyon Village Market ... C6
El Tovar Dining Room & Lounge ... (siehe 18)
Grand Canyon Lodge Dining Room ... (siehe 19)
Ranch House Grille ... (siehe 21)
Rocking V Cafe ... (siehe 25)
Sego Restaurant ... (siehe 17)
Yavapai Lodge Restaurant ... (siehe 29)

Shoppen

31 Visitor Center Plaza Park Store ... D5

Sind keine Unterkünfte im Park mehr frei, sollte man es in Tusayan (am Südeingang), Valle (31 Meilen bzw. 49,5 km südlich), Cameron (53 Meilen bzw. 85 km östlich), Williams (ca. 60 Meilen bzw. 100 km südlich) oder Flagstaff (80 Meilen bzw. 129 km südöstlich) versuchen. Mit Ausnahme des Desert View sind alle Campingplätze und Lodges ganzjährig geöffnet.

Phantom Ranch — HÜTTE $

(☎888-297-2757, Reservierungen für denselben/den nächsten Tag 928-638-3283; www.grandcanyonlodges.com; B/Hütte mit DZ 142/49 US$; ❄) Auf der einem Camp ähnelnden Anlage gibt es gemütliche Privathütten für bis zu vier Personen und nach Geschlechtern getrennte Schlafsäle für bis zu zehn Gäste. Im Preis inbegriffen sind Bettwäsche, Flüssigseife und Handtücher, Mahlzeiten kosten hingegen extra und müssen bei der Buchung vorbestellt werden. Erreichbar ist Phantom Ranch mit einem Maultier, zu Fuß oder per Boot auf dem Colorado River.

Desert View Campground — CAMPING $

(www.nps.gov/grca; Desert View; Stellplätze 12 US$; ⏲Mitte April–Mitte Okt.) Der NPS Campingplatz mit 50 Stellplätzen – hier sind allerdings keine Reservierungen möglich – in einem Wald nahe dem East Entrance ist ruhiger als der Campground im Village. Die weitläufige Anlage bietet eine gewisse Privatsphäre. Die größten Chancen auf einen Platz hat man vormittags, wenn andere Camper ihre Zelte abbrechen. Nachmittags ist meist alles belegt. Auf dem Gelände gibt es Toiletten und Trinkwasser, jedoch keine Duschen und Anschlüsse.

Trailer Village — WOHNWAGEN-CAMPING $

(☎877-404-4611, Reservierung für denselben Tag 928-638-1006; www.visitgrandcanyon.com; Trailer Village Rd; mit Stromanschluss 45 US$; ⏲ganzjährig; 🚌Village) Auf dem Campingplatz reihen sich die Wohnwagen in gepflasterten Pull-Through-Plätzen auf einem recht kargen Gelände dicht an dicht aneinander. Es gibt Picknicktische, Grillstellen und komplette Anschlüsse, aber für die Münzduschen und -waschmaschinen muss man einen knappen halben Kilometer zum **Mather Campground** (☎877-444-6777, bei später Ankunft 928-638-7851; www.recreation.gov; 1 Mather Campground Rd; Stellplätze 18 US$; ⏲ganzjährig; 📶; 🚌Village) laufen.

★ Bright Angel Lodge LODGE $$
(888-297-2757, Durchwahl 6285, Rezeption & Reservierungen innerhalb von 48 Std. 928-638-2631; www.grandcanyonlodges.com; Village Loop Dr; Zi. mit/ohne Bad 110/89 US$, Hütte/Suite 197/426 US$; ; Village) Das Haus aus Holz und Stein von 1935 glänzt mit jeder Menge historischem Charme. Die kleinen öffentlichen Bereiche sind sehr belebt, und der **Transportation Desk** (928-638-3283; Bright Angel Lodge; Sommer 5–20 Uhr; Village) in der Lobby ist die zentrale Infostelle für Wanderungen, Maultierausritte und geführte Ausflüge. Die Zimmer sind zwar ideal für ein begrenztes Budget, doch die Hütten sind heller, luftiger und geschmackvoll im Western-Stil eingerichtet.

Yavapai Lodge MOTEL $$
(877-404-4611, Reservierungen innerhalb von 48 Std. 928-638-6421; www.visitgrandcanyon.com; 11 Yavapai Lodge Rd; Zi. ab 153 US$; ganzjährig; ; Village) Einfache ein- und zweistöckige Motel-Unterkünfte verteilen sich in einem Pinyon-Kiefer- und Wacholderwald rund eine Meile (1,6 km) von der Canyonkante entfernt. Die klimatisierten Zimmer im Yavapai East sind für vier bis sechs Personen und bieten zwei französische Betten oder ein breites Doppelbett und Stockbetten. Die Zimmer im Yavapai West für bis zu vier Personen sind nicht klimatisiert.

★ El Tovar LODGE $$$
(888-297-2757, Durchwahl 6380, Rezeption & Reservierungen innerhalb von 48 Std. 928-638-2631; www.grandcanyonlodges.com; Village Loop Dr; Zi./Suite ab 187/381 US$; ganzjährig; ; Village) Ausgestopfte Tiere, robuste Kiefernholzwände und rustikale offene Kamine: Ist das El Tovar das schickste Hotel am South Rim oder eine Jagdhütte im Hinterland? Trotz Renovierungsarbeiten hat die weitläufige Holz-Lodge von 1905 von ihrem vornehmen historischen Flair und Charme nichts eingebüßt.

Essen & Ausgehen

Im Grand Canyon Village hat man alle Verpflegungsmöglichkeiten: Sandwiches zum Mitnehmen für ein Picknick bekommt man im **Canyon Village Market** (928-638-2262; Market Plaza; 19. Mai–13. Sept. 6.30–21 Uhr, restliches Jahr kürzere Zeiten; Village), ein Eis nach der Wanderung im **Bright Angel Ice-Cream Fountain** (928-638-2631; www.grandcanyonlodges.com; Bright Angel Lodge; Hauptgerichte 4–6 US$; Mai–Sept. 11–18 Uhr, restliches Jahr kürzere Zeiten; ; Village), und für ein gepflegtes Essen geht man ins El Tovar Dining Room.

Yavapai Lodge Restaurant AMERIKANISCH $
(928-638-6421; www.visitgrandcanyon.com; 11 Yavapai Lodge Rd, Yavapai Lodge; Frühstück 7–9 US$, Mittag- & Abendessen 13–16 US$; Mai–Sept. 6–22 Uhr, restliches Jahr kürzere Zeiten; ; Village) Das Restaurant bietet Gegrilltes und Sandwiches sowie Bier und Wein. Man gibt die Bestellung ab und nimmt seine Getränke mit; wenn das Essen fertig ist, wird die Nummer aufgerufen.

★ El Tovar Dining Room & Lounge AMERIKANISCH $$$
(928-638-2631; www.grandcanyonlodges.com; National Historic Landmark District; Hauptgerichte 20–30 US$; Restaurant 6–10.30, 11–14 & 16.30–22 Uhr, Lounge 11–23 Uhr; ; Village) Die Tische aus dunklem Holz sind mit Porzellan und weißen Tischdecken eingedeckt, auffällige Wandbilder zeigen indigene Motive und große Fenster überblicken den Rim Trail und den Canyon. Zum Frühstück sind El Tovars Pfannkuchentrio (Buttermilch-, Blaues-Maismehl- und Buchweizen-Pfannkuchen mit Pinienkernbutter und Kaktusfeigensirup) und geschwärzte Forelle mit zwei Eiern zu empfehlen.

Arizona Room AMERIKANISCH $$$
(928-638-2631; www.grandcanyonlodges.com; 9 Village Loop Dr, Bright Angel Lodge; Mittagessen 13–16 US$, Abendessen 22–28 US$; Jan.–Okt. 11.30–15 & 16.30–22 Uhr; ; Village) Geweih-Kronleuchter hängen von der Decke und die Panoramafenster überblicken den Rim Trail und den Canyon. Am besten versucht man direkt nach der Öffnung um 16.30 Uhr einen Platz auf der Warteliste zu bekommen, denn bereits um 16.40 Uhr muss man eventuell eine Stunde warten; Reservierungen sind nicht möglich. Hähnchen in Agaven-Zitrus-Marinade, im Ofen gebackener Kürbis und Rippchen mit Chipotle vom Grill stehen für ein Western-Flair.

Praktische Informationen

SOUTH RIM VISITOR CENTERS

Grand Canyon Visitor Center (928-638-7888; www.nps.gov/grca; Visitor Center Plaza, Grand Canyon Village; 9–17 Uhr; Village, Kaibab/Rim) Rund 300 m hinter dem Mather Point stößt man auf eine große Plaza mit dem Visitor Center und dem **Visitor Center Plaza**

Park Store (☎800-858-2808; www.grandcanyon.org; Visitor Center Plaza; ⌚Juni–Aug. 8–20 Uhr, restliches Jahr kürzere Zeiten; 🚌Village, Kaibab/Rim). Draußen informieren Schwarze Bretter über Wanderwege, Touren, Rangerprogramme und das Wetter.

National Geographic Visitor Center (☎928-638-2203; www.explorethecanyon.com; 450 Hwy 64; Erw./Kind 14/11 US$; ⌚Visitor Center März–Okt. 8–22 Uhr, Nov.–Feb. 10–20 Uhr, Theater März–Okt. 8.30–20.30 Uhr, Nov.–Feb. 9.30–18.30 Uhr; 🚌Tusayan) Das Visitor Center ist in Tusayan, 7 Meilen (11 km) südlich des Grand Canyon Village. Wer hier das Eintrittsgeld von 30 US$ pro Wagen zahlt, erspart sich eventuell lange Wartezeit am Parkeingang. Im IMAX-Kino wird der großartige Film *Grand Canyon – The Hidden Secrets* gezeigt. Neben den oben angeführten Visitor Centers gibt es auch Informationen im Park.

Desert View Watchtower (www.nps.gov/grca; Desert View, East Enrance; ⌚Mitte Mai–Aug. 8 Uhr–Sonnenuntergang, Sept.–Mitte Okt. 9–18 Uhr, Mitte Okt.–Feb. 9–17 Uhr, März–Mitte Mai 8–18 Uhr)

Kolb Studio (☎928-638-2771; www.nps.gov/grca; National Historic Landmark District; ⌚März–Mai & Sept.–Nov. 8–19 Uhr, Dez.–Feb. bis 18 Uhr, Juni–Aug. bis 20 Uhr; 🚌Village)

Tusayan Museum & Ruins (www.nps.gov/grca; Desert View Dr; ⌚9–17 Uhr)

Verkamp's Visitor Center (☎928-638-7888; www.nps.gov/grca; Rim Trail; ⌚Juni–Aug. 8–20 Uhr; restliches Jahr kürzere Zeiten; 🚌Village)

Yavapai Geology Museum (☎928-638-7890; www.nps.gov/grca; Grand Canyon Village; ⌚März–Mai & Sept.–Nov. 8–19 Uhr, Dez.–Feb. bis 18 Uhr, Juni–Aug. bis 20 Uhr; 👪; 🚌Kaibab/Rim)

ℹ Anreise & Unterwegs vor Ort

Die meisten Besucher erkunden den Canyon mit einem Mietwagen oder als Mitglied einer Reisegruppe. Einen Parkplatz im Grand Canyon Village zu finden, ist nicht immer einfach. Innerhalb des Parks bedienen kostenlose Shuttles drei Routen (rund um Grand Canyon Village, Richtung Westen auf der Hermits Rest Route und Richtung Osten auf der Kaibab Trail Route). Die Busse fahren etwa alle 15 Minuten (ab einer Stunde vor Sonnenuntergang bis eine Stunde danach). Im Sommer fährt an der Bright Angel Lodge der kostenlose Shuttle Hiker's Express ab. Er passiert frühmorgens das Backcountry Information Center und das Grand Canyon Visitor Center, dann geht's zum Startpunkt des South Kaibab Trail.

North Rim

Der North Rim bietet wohltuende Einsamkeit. Es gibt keine Shuttlebusse oder Bustouren, keine Museen, keine Einkaufszentren, keine Schulen oder Tankstellen. Tatsächlich findet man hier lediglich eine klassische Lodge im Nationalpark am Schluchtrand, einen Campingplatz, ein Motel, einen Gemischtwarenladen und ein weitläufiges Wegenetz, das durch sonnige Wildblumenwiesen, schlanke Espen und hochgewachsene Ponderosa-Kiefern führt.

Der Eingang zum North Rim liegt 24 Meilen (39 km) südlich des **Jacob Lake** am Hwy 67. Die Grand Canyon Lodge befindet sich weitere 20 Meilen (32 km) dahinter. Aufgrund der Höhe von über 2400 m ist es hier rund 6 °C kälter als am South Rim – auch im Sommer benötigt man abends einen Pullover. Sämtliche Einrichtungen am North Rim sind von Mitte Oktober bis Mitte Mai geschlossen, man kann jedoch in den Park fahren und auf dem Campingplatz übernachten, bis Schnee die Straße ab Jacob Lake unpassierbar macht.

Aktivitäten

Der kurze, einfach zu bewältigende, befestigte Weg (800 m) zum **Bright Angel Point** (www.nps.gov; North Rim) ist ein Muss. Er beginnt an der Rückseite der Grand Canyon Lodge und führt zu einem schmalen Felsausläufer, der einen genialen Ausblick gewährt.

Der **North Kaibab Trail** ist der einzige Wanderweg vom North Rim zum Fluss, der regelmäßig gewartet wird. Er ist mit Wegen zum South Rim im Gebiet der Phantom Ranch verbunden. Die ersten 8 km sind am steilsten und es geht über 900 m hinab zu den **Roaring Springs**. Die Tageswanderung erfreut sich großer Beliebtheit. Wer eine kürzere Strecke unterhalb der Schluchtkante bevorzugt, kann ca. 1 km bis zum **Coconino Overlook** oder 3 km bis zum **Supai Tunnel** laufen. So erhält man einen Vorgeschmack auf das steile Terrain im Canyon. Für den 45 km langen Rundweg zum Colorado River benötigt man mehrere Tage.

Eine kurze Wanderung am Schluchtrand, die sich gut für Familien eignet, ist der 6 km lange Rundweg **Cape Final** am **Walhalla Plateau** östlich der Grand Canyon Lodge, der durch Gelb-Kieferwälder zu beeindruckenden Aussichtspunkten am östlichen Grand Canyon führt.

Canyon Trail Rides GEFÜHRTE TOUR
(☎435-679-8665; www.canyonrides.com; North Rim; 1-stündiger/halbtägiger Maultierausritt 45/90 US$; ⌚Mitte Mai–Mitte Okt. unregelmäßige Zeiten) Man kann jederzeit Reservierungen für

das kommende Jahr vornehmen, aber anders als die Maultiertouren am South Rim kann man eine Tour in der Regel auch bei Ankunft im Park buchen, ganz einfach im Grand Canyon Lodge am Mule Desk. Die Touren gehen nicht bis zum Colorado River, aber der halbtägige Ausflug gibt eine Kostprobe vom Leben unterhalb der Canyonkante.

Schlafen

North Rim Campground CAMPING $
(☎877-444-6777, 928-638-7814; www.recreation.gov; Stellplatz Zelt/Wohnmobil 18/18–25 US$; ⏲15. Mai–15. Okt. reservierungspflichtig, 16.–31. Okt. ohne Reservierung; 🐾) Der vom National Park Service betriebene Campingplatz, 1,5 Meilen (2,4 km) nördlich der Grand Canyon Lodge, verfügt über schattige Stellplätze auf ebenem, mit Kiefennadeln bedecktem Boden. Die Plätze 11, 14, 15, 16 und 18 für 25 US$ überblicken den Transept (einen Neben-Canyon). Es gibt Wasser, einen Laden, eine Snackbar, Münzduschen und Waschmaschinen, aber keine Stromanschlüsse. Man reserviert online.

★ **Grand Canyon Lodge** HISTORISCHES HOTEL $$
(☎bei Vorabreservierungen 877-386-4383, bei Reservierungen außerhalb der USA 480-337-1320, bei Reservierungen für den denselben Tag 928-638-2611; www.grandcanyonlodgenorth.com; Zi./Hütte ab 130/143 US$; ⏲15. Mai–15. Okt.) Wenn man den Vordereingang passiert, erblickt man durch die Panoramafenster den Canyon in seiner ganzen Pracht. Die 1937 aus Holz, Kaibab-Kalkstein und Glas erbaute Lodge verfügt über einen geräumigen Speiseraum zur Canyon-Kante hin und Sonnenveranden mit Adirondack-Gartensesseln. Die Zimmer befinden sich nicht in der Lodge selbst, sondern in gemütlichen Holzhütten in der Nähe.

Essen

★ **Grand Canyon Lodge Dining Room** AMERIKANISCH $$
(☎Mai–Okt. 928-638-2611, Nov.–April 928-645-6865; www.grandcanyonforever.com; Frühstück 8–11 US$, Mittagessen 10–13 US$, Abendessen 18–28 US$; ⏲15. Mai–15. Okt. 6.30–10.30, 11.30–14.30 & 16.30–21.30 Uhr; 🍷👪) Die Plätze direkt neben den Fenstern sind zwar traumhaft, doch da die Fenster so riesig sind, hat man eigentlich von jedem Tisch tolle Ausblicke. Die solide Speisekarte beinhaltet z. B. Bisonsteak, Regenbogenforelle und verschiedene vegetarische Gerichte. Kulinarische Höhenflüge sollte man aber nicht erwarten – das eigentliche Highlight ist das Panorama. Es ist ratsam, vorab einen Tisch für das Abendessen zu reservieren.

Praktische Informationen

North Rim Backcountry Information Center (☎928-638-7875; www.nps.gov/grca; Administrative Bldg; ⏲15. Mai–15. Okt. 8–12 & 13–17 Uhr) Hier gibt es Genehmigungen für Camping über Nacht am und unter dem Rim, auf dem Tuweep Campground oder für die Zeit zwischen 1. November und 14. Mai.

North Rim Visitor Center (☎928-638-7888; www.nps.gov/grca; ⏲15. Mai–15. Okt. 8–18 Uhr) Das Zentrum neben der Grand Canyon Lodge erteilt Informationen zum Park. Hier starten auch die Naturwanderungen unter der Leitung von Rangern.

An- & Weiterreise

Die einzige Zufahrtsstraße zum North Rim des Grand Canyon ist der Highway 67, der beim ersten Schneefall gesperrt und im Frühjahr nach der Schneeschmelze wieder geöffnet wird (die genauen Daten schwanken).

Obwohl der North Rim nur 11 Meilen (18 km) Luftlinie vom South Rim entfernt liegt, ist es eine ermüdende vier bis fünf Stunden und 215 Meilen (346 km) lange Fahrt über kurvenreiche Wüstenstraßen zwischen hier und Grand Canyon Village. Man kann selbst fahren oder mit dem **Trans-Canyon Shuttle** (☎928-638-2820, 877-638-2820; www.trans-canyonshuttle.com; einfache Strecke Rim–Rim 90 US$, einfache Strecke South Rim–Marble Canyon 80 US$). Reservierungen mindestens zwei Wochen im Voraus buchen.

Rund um den Grand Canyon

Havasupai Canyon

In einem versteckten Neben-Canyon locken hier eindrucksvolle, von Quellen gespeiste Wasserfälle und azurblaue Badestellen. Der wunderschöne Ort ist nicht leicht zu erreichen, doch die Wanderung hin und zurück macht das Erlebnis unvergesslich und zu einem großartigen Abenteuer.

Der Havasu Canyon liegt in der Havasupai Indian Reservation, nur 35 Meilen (56 km) Luftlinie westlich des South Rim. Mit dem Auto sind hingegen 195 Meilen (314 km) zu bewältigen. Die vier Wasserfälle befinden sich auf einem 10 Meilen (16 km) langen Abschnitt unterhalb der Schluchtkante. Zugang hat man über einen mittelschweren Wanderweg, der am Hualapai Hilltop beginnt und über eine 62 Meilen (100 km) lange Straße zu erreichen ist, die 7 Meilen (11 km) östlich von Peach Springs von der Route 66 abzweigt.

Auf sämtlichen Wanderrouten ist eine Übernachtung einzuplanen. Diese muss vorab reserviert werden, zudem wird für alle Übernachtungsgäste eine Eintrittsgebühr von 50 US$ erhoben.

Im Dorf Supai, 8 Meilen (13 km) vom Startpunkt des Weges, befindet sich die **Supai Lodge** (928-448-2201, 928-448-2111; www.havasuwaterfalls.net; Supai; Zi. für max. 4 Pers. 145 US$; ❄), wo die einfachen Motel-ähnlichen Zimmer sich durch nichts als die Lage empfehlen. Man muss bis 17 Uhr einchecken, dann schließt die Lobby. Im Ort serviert ein Café Gerichte (Kreditkartenzahlung möglich).

Der **Havasu Campground** (928-448-2180, 928-448-2141, 928-448-2121, 928-443-2137; www.havasuwaterfalls.net; Havasu Canyon; Stellplatz pro Pers. und Nacht 25 US$), 2 Meilen (3 km) entfernt, bietet einfache Stellplätze an einem Bach; jeder Camper muss zusätzlich eine Umweltgebühr von 10 US$ zahlen. Tiefer im Havasu Canyon locken Wasserfälle und blaugrüne Badelöcher. Wer nicht nach Supai laufen möchte, kann sich in der Lodge oder auf dem Campingplatz ein Maultier oder Pferd organisieren (einfach/hin & zurück zur Lodge 121/242 US$).

Hualapai Reservation

Die abgelegene Stätte unter der Verwaltung der Hualapai Nation, rund 215 Automeilen (346 km) westlich des South Rim und 70 Meilen (113 km) nordöstlich von Kingman, wird Grand Canyon West genannt und gehört nicht zum Grand Canyon National Park. Die holprige Zugangsstraße ist nur teilweise befestigt und nicht für Wohnmobile geeignet (obwohl die Josuabaumwälder und die andere Landschaften die Anstrengungen wert sind).

Grand Canyon West (West Rim) AUSSICHTSPUNKT

(888-868-9378, 928-769-2636; www.grandcanyonwest.com; Hualapai Reservation; 44–81 US$/Pers.; April–Sept. 7–19 Uhr, Okt.–März 8–17 Uhr) Mittlerweile sind Ausflüge zum Grand Canyon West, dem Abschnitt des Grand Canyons, der unter Verwaltung der Hualapai Nation steht, nur im Rahmen von organisierten Touren möglich. Dabei fahren Teilnehmer mit einem Shuttlebus zu Aussichtspunkten entlang des Rims und können so oft aus- und einsteigen, wie sie möchten. Teilweise sind Mittagessen, Cowboy-Aktivitäten in einer nachgebauten Western-Stadt und informelle Vorführungen der indigenen Einwohner inbegriffen.

Nord- & Ost-Arizona

Zwischen den imposanten Tafelbergen des Monument Valley, dem blauen Wasser des Lake Powell und den versteinerten Bäumen im Petrified Forest National Park erstrecken sich wunderschöne Landschaften mit einer uralten Geschichte. Dieses Gebiet wird schon seit Jahrhunderten von Indianern bewohnt und wird vom Navajo Reservat dominiert, das auch als Navajo Nation bekannt ist; es erstreckt sich bis in die angrenzenden Staaten. Hier befindet sich zudem ein Hopi-Reservat, das komplett vom Land der Navajo umschlossen ist.

Lake Powell

Der Lake Powell, das zweitgrößte künstliche Wasserreservoir des Landes, erstreckt sich nördlich von Arizona bis nach Utah. Umgeben von eindrucksvollen roten Steinformationen, einer scharfkantigen Canyon-Landschaft und einer dramatischen Wüstenszenerie, gehört der See zur **Glen Canyon National Recreation Area** (928-608-6200; www.nps.gov/glca; 7-Tages-Pass 25 US$/Auto, 12 US$/Fußgänger oder Radfahrer) und ist ein Mekka für Wassersportler.

Der See entstand durch den Bau des Glen Canyon Dam, 2,5 Meilen (4 km) nördlich von Page, dem heutigen Hauptort der Region. Das Carl Hayden Visitor Center befindet sich neben dem Damm.

Wer den unwirklich schönen **Antelope Canyon**, einen eindrucksvollen Slot-Canyon, besuchen möchte, muss sich einer Tour unter Navajo-Leitung anschließen. Mehrere Veranstalter, darunter **Roger Ekis' Antelope Canyon Tours** (928-645-9102; www.antelopecanyon.com; 22 S Lake Powell Blvd; Erw./Kind 5–12 Jahre ab 45/35 US$), bieten Ausflüge in den besser zugänglichen **Upper Antelope Canyon** an. Allerdings müssen sich Teilnehmer auf eine holprige Fahrt und viele andere Besucher einstellen. Der **Lower Antelope Canyon** ist schwerer zu erkunden, zieht aber auch viel weniger Besucher an.

Der 1,5 Meilen (2,4 km) lange Rundwanderweg zum **Horseshoe Bend**, wo sich der Colorado hufeisenförmig um einen dramatischen Felsvorsprung windet, ist zu Recht beliebt. Der Ausgangspunkt des Weges befindet sich südlich von Page beim Hwy 89 gegenüber der Meilenmarkierung 541.

Hotelketten säumen die Hauptstraße von Page, den Hwy 89, während man in der 8th Ave ein paar unabhängige Unterkünfte findet. Das renovierte **Lake Powell Motel** (☎480-452-9895; www.lakepowellmotel.net; 750 S Navajo Dr; Suite/Zi. mit Küche ab 99/139 US$; ⌚April–Okt.; ❄📶) diente ursprünglich als Herberge für die Arbeiter, die den Glen Canyon Dam bauten. Vier der Unterkünfte haben Küchen und sind schnell ausgebucht. Ein fünftes, kleineres Zimmer wird meist für unangemeldet eintreffende Gäste freigehalten.

Frühstück bekommt man in Page im **Ranch House Grille** (☎928-645-1420; www.ranchhousegrille.com; 819 N Navajo Dr; Hauptgerichte 9–14 US$; ⌚6–15 Uhr), das mit gutem Essen, riesigen Portionen und schnellem Service punktet. Wenn man später am Tag gehaltvolleres Essen braucht, kann man sich bei **Big John's Texas BBQ** (☎928-645-3300; www.bigjohnstexasbbq.com; 153 S Lake Powell Blvd; Hauptgerichte 13–18 US$; ⌚11–22 Uhr; 👪) hemmungslos über Fleisch vom Grill hermachen.

Navajo Nation

Die Navajo Nation ist riesig: Mit knapp 70 000 km² ist sie größer als manche US-Bundesstaaten und umfasst Teile von Arizona, New Mexico, Colorado und Utah. Zu ihr gehören auch Landschaften von überwältigender Schönheit und natürlich die lebendige Kultur, Sprache, Einrichtungen, Bauernhöfe und Häuser der Diné (Navajo), der größten indianischen Nation Amerikas.

Anders als das restliche Arizona hat die Navajo Nation die Sommerzeit, im Sommer ist das Reservat dem Staat Arizona also eine Stunde voraus. Unter www.navajonationparks.org findet man Infos zum Wandern, Campen und über die erforderlichen Genehmigungen.

CAMERON

Cameron, eine historische Siedlung und das Tor zum Osteingang des Grand Canyon South Rim, gehört zu den wenigen lohnenswerten Stopps am Hwy 89 zwischen Flagstaff und Page. Der Cameron Trading Post gleich nördlich der Abzweigung zum Grand Canyon am Hwy 64 bietet Verpflegung, Unterkünfte, einen Souvenirladen und eine Postfiliale.

NAVAJO NATIONAL MONUMENT

Die erhabenen, gut erhaltenen alten Felsbehausungen der Pueblo-Indianer von Betatakin und Keet Seel stehen als **Navajo National Monument** (☎928-672-2700; www.nps.gov/nava; Hwy 564; ⌚Visitor Center Juni–Anfang Sept. 8–17.30 Uhr, Anfang Sept.–Mai 9–17 Uhr) GRATIS unter Schutz und können nur zu Fuß erreicht werden. Es ist nicht gerade ein Spaziergang im Park, aber es hat etwas wahrhaft Magisches, wenn man sich diesen alten Steindörfern unter Pinyon-Kiefern und Wacholder in relativer Einsamkeit nähert. Der National Park Service kontrolliert den Zugang zu dieser Stätte und betreibt das Visitor Center, das viele Informationen bereithält und ausgezeichnetes Personal hat.

Während der Sommermonate gilt im Park die Sommerzeit.

CANYON DE CHELLY NATIONAL MONUMENT

Dieser vielfingerige Canyon (*du-schei* ausgesprochen) umfasst ein paar wunderschöne Stätten der Pueblo-Indianer, u.a. alte Felsbehausungen. Seit Jahrhunderten sind hier Navajo-Bauern ansässig. Sie überwintern am Rand der Schlucht und verbringen den Frühling und Sommer in Hogans (traditionelle Rundhäuser) auf dem Grund des Canyons. Der Canyon gehört den Navajo und wird vom NPS verwaltet. Hogans dürfen nur mit einem Touristenführer betreten werden, und bevor man Fotos von Menschen macht, bittet man immer erst um Erlaubnis.

Die **Thunderbird Lodge** (☎928-674-5842, 800-679-2473; http://thunderbirdlodge.com; Rural Rte 7; Zi./Suite 100/110 US$; ❄📶🐾) ist die einzige Unterkunft im Park und befindet sich direkt vor dem Canyon. Neben gemütlichen Zimmern bietet sie eine preiswerte Cafeteria, die Navajo-Küche und amerikanische Gerichte serviert. Der Campingplatz unter Navajo-Leitung in der Nähe verfügt über rund 90 Stellplätze (10 US$) mit Wasser, jedoch ohne Duschen; eine Reservierung ist nicht möglich.

Das **Visitor Center** (☎928-674-5500; www.nps.gov/cach; ⌚8–17 Uhr) des Canyon de Chelly liegt 3 Meilen (5 km) von der Rte 191 entfernt beim kleinen Dorf Chinle in der Nähe der Mündung des Canyons. Zwei malerische Straßen verlaufen entlang den Rändern des Canyons, dessen Grund man im Rahmen einer geführten Tour erkunden kann. Eine Liste mit Anbietern gibt es beim Visitor Center und auf der Website des Parks. Die einzige Wanderroute im Park, die auch ohne Guide zugänglich ist, ist der kurze, aber sehr spektakuläre Rundweg, der zur faszinierenden **White House Ruin** hinabführt.

MONUMENT VALLEY NAVAJO TRIBAL PARK

Wenn sich das Monument Valley über der Wüste abzeichnet, wird einem klar, dass man es schon immer gekannt hat. Seine ziegelroten Felssäulen, die schroffen Tafelberge und Felstürme sind die Stars in zahllosen Filmen, TV-Werbung und in Zeitschriftenanzeigen und somit Teil des modernen Bewusstseins. Und die epische Schönheit des Monument Valley wird von der kargen Landschaft ringsum noch verstärkt: Eben ist man noch inmitten von Sand, Felsen und grenzenlosem Himmel, dann fühlt man sich plötzlich in ein Fantasieland aus blutroten Sandsteintürmen versetzt, die bis zu 360 m hoch in den Himmel ragen.

Wer sich die Steinformationen genauer ansehen möchte, muss den **Monument Valley Navajo Tribal Park** (☎435-727-5870; www.navajonationparks.org; Fahrzeug für 4 Pers. 20 US$; ⌚Zufahrt April–Sept. 6–19 Uhr, Okt.–März 8–16.30 Uhr, Visitor Center April–Sept. 6–20 Uhr, Okt.–März 8–17 Uhr; P) besuchen. Dort wartet ein holpriger, unbefestigter 17 Meilen (27 km) langer Scenic Drive mit traumhaften Blicken ins Tal. Man kann ihn selbst abfahren oder eine Tour bei einem der Stände am Parkplatz buchen. Tourgruppen gelangen auch in Bereiche, die für Privatwagen gesperrt sind (1½ Std. 75 US$; 2 Std. 98 US$).

Auf dem Parkgelände fügt sich das sandsteinfarbene **View Hotel** (☎435-727-5555; www.monumentvalleyview.com; Indian Rte 42; Zi./Suite ab 247/349 US$; ❄@📶) harmonisch in die umliegende Landschaft ein. Ein Großteil der 96 Zimmer hat private Balkone mit Blick auf die Tafelberge. Die Navajo-Spezialitäten im angrenzenden Restaurant (Hauptgerichte 11–15 US$, kein Alkohol) sind mittelmäßig, aber das Panorama macht alles wett.

Der einmalig schön gelegene **View Campground** (☎435-727-5802; http://monumentvalleyview.com/campground; Indian Rte 42; Stellplatz Zelt/Wohnmobil 20/40 US$) ist eine billigere Möglichkeit. Die historische **Goulding's Lodge** (☎435-727-3231; www.gouldings.com; Monument Valley, Utah; DZ/Suite ab 184/199 US$; P❄📶🏊🐾), kurz hinter der Staatsgrenze in Utah, bietet Zimmer, Stellplätze und kleine Hütten. Im Sommer sollte man früh buchen. In Kayenta, 20 Meilen (32 km) weiter südlich, gibt es ein paar recht akzeptable Motels und eher grenzwertige Restaurants. Wenn im Monument Valley keine Zimmer mehr frei sind, ist das **Wetherill Inn** (☎928-697-3231; www.wetherill-inn.com; 1000 Main St/Hwy 163; Zi. 149 US$; ❄📶🏊) eine Alternative.

RAFTING AUF DEM COLORADO

Eine Bootsfahrt auf dem Colorado ist ein geradezu episches, adrenalingeladenes Abenteuer, bei dem man über mehrere Tage von jeglicher Zivilisation abgeschnitten ist. An einer Stelle stürzen die Lava Falls auf einer Strecke von nur 275 m rekordverdächtige 11 m hinab. Eigentliches Highlight ist jedoch der Blick auf den Grand Canyon von unten und nicht, wie sonst üblich, von oben – außerdem machen Ruinen, Wracks und Felsmalereien Geschichte lebendig. Die organisierten Touren dauern drei Tage bis drei Wochen, wobei verschiedene Boote zum Einsatz kommen.

Arizona Raft Adventures (☎800-786-7238, 928-526-8200; www.azraft.com; 6-tägige Hybrid-/Paddeltour oberer Canyon 2097/2197 US$, 10-tägige motorisierte Tour gesamter Canyon 3160 US$) Der Familienbetrieb unter Leitung von mehreren Generationen bietet Paddel-, Ruder-, Hybrid- (mit und ohne Paddel) und motorisierte Touren. Musikliebhaber können Folk- und Bluegrass-Touren buchen, bei denen professionelle Gitarristen und Banjo-Spieler für die musikalische Untermalung sorgen.

Arizona River Runners (☎602-867-4866, 800-477-7238; www.raftarizona.com; 6-tägige Ruderbootfahrt auf dem Upper Canyon 1984 US$, 8-tägige motorisierte Tour gesamter Canyon 2772 US$) Dieses Unternehmen, das seit 1970 im Geschäft ist, bietet Touren für Ruder- und Motorboote an. Arizona River Runners spezialisiert sich auf Familienausflüge sowie Touren, die über sechs bis 12 Tage in den kühleren Temperaturen im April stattfinden. Das Unternehmen geht auch auf Reisende mit besonderen Bedürfnissen ein und bietet Fahrten für Menschen mit Behinderung an.

Petrified Forest National Park

Außergewöhnliche versteinerte Holzstücke, die aus einer Zeit vor jener der Dinosaurier stammen, und die farbenfrohe Sandlandschaft der Painted Desert machen den **Nationalpark** (☎928-524-6228; www.nps.gov/pefo; Fahrzeug 20 US$, Fußgänger/Fahrrad/Motorrad 10 US$; ⏲März–Sept. 7–19 Uhr, Okt.–Feb. kürzere Öffnungszeiten) zu einem einzigartigen Naturspektakel. Der Park grenzt an die I-40 (Ausfahrt 311), 25 Meilen (40 km) östlich von **Holbrook**. Im **Visitor Center** (☎928-524-6228; www.nps.gov; 1 Park Rd, Petrified Forest National Park; ⏲8–17 Uhr), nur eine halbe Meile (0,8 km) nördlich der I-40, gibt es Karten und Infos zu geführten Touren. Dahinter bietet eine 28 Meilen (45 km) lange geteerte Parkstraße malerische Ausblicke. Es gibt keine Campingplätze, dafür jedoch mehrere kurze rund 2 bis 3 km lange Wege, die durch Ansammlungen versteinerter Holzfragmente und vorbei an alten Holzbehausungen der Ureinwohner führen. Wer im wilden Hinterland campen will, muss sich dafür am Visitor Center eine kostenlose Genehmigung besorgen.

West-Arizona

In Lake Havasu City tummeln sich Sonnenanbeter an den Ufern des Colorado. Die Route 66 bietet bei Kingman gut erhaltene, klassische Highway-Abschnitte. Viel weiter südlich, hinter der I-10 Richtung Mexiko, erstreckt sich wildes, leeres Land, eines der kärgsten Gebiete im Westen. Wenn man sowieso in der Gegend ist, gibt es ein paar sehenswerte Anlaufpunkte, wirkliche Attraktionen fehlen jedoch – es sei denn, man ist ein erklärter Route-66- oder Bootsliebhaber.

Kingman & Umgebung

Unter den Liebhabern der Route 66 ist Kingman das Hauptdrehkreuz des längsten ununterbrochenen Abschnitts des historischen Highways, der von Topock nach Seligman führt. Unter den Gebäuden aus dem frühen 20. Jh. befindet sich auch die ehemalige Methodistenkirche an der Ecke 5th und Spring St, in der Clark Gable und Carole Lombard 1939 heimlich heirateten. Lokalmatador Andy Devine hatte seinen Hollywood-Durchbruch als ständig benebelter Kutscher in John Fords Film *Ringo* von 1939, der mit dem Oscar ausgezeichnet wurde.

Karten und Broschüren erhält man im historischen **Kingman Visitor Center** (☎866-427-7866, 928-753-6106; www.gokingman.com; 120 W Andy Devine Ave; ⏲8–17 Uhr), das im ehemaligen Kraftwerk untergebracht ist. Dort gibt es auch das kleine, aber faszinierende Route 66 Museum und eine Ausstellung elektrischer Autos.

Ein schickes Neonschild lockt Autofahrer ins **Hilltop Motel** (☎928-753-2198; www.hilltopmotelaz.com; 1901 E Andy Devine Ave; Zi. ab 44 US$; ❄@🛜🏊🐾) an der Route 66. Die Zimmer sind schlicht, aber bequem (dank einem Zuschuss vom Denkmalschutz). Die Aussicht, der altmodische Stil und der Preis des Motels sind unschlagbar. Für Haustiere (nur Hunde) zahlt man 5 US$. Es gibt leckeres, über dem offenen Feuer geräuchertes Fleisch im **Floyd & Co Real Pit BBQ** (☎928-757-8227; www.redneckssouthernpitbbq.com; 420 E Beale St; Hauptgerichte 9–13 US$; ⏲Di–Sa 11–20 Uhr; 👪) und empfehlenswerten Kaffee bei **Beale Street Brews** (☎928-753-1404; www.bealestreetbrews.net; 510 E Beale St; ⏲6–18 Uhr; 🛜).

Südliches Arizona

Dies ist ein Land der Stetsons und Sporen, in dem Cowboyballaden am Lagerfeuer unter einem sternenklaren, samtschwarzenen Himmel gesungen werden und Steaks auf dem Grill brutzeln. Die belebte Studentenstadt Tucson ist Mittelpunkt einer weitläufigen Region, in der lange staubige Highways an hügeligen Ausblicken und steilen, schroffen Bergzügen vorbeiführen. So weit das Auge reicht, sieht man die majestätischen Saguaro-Kakteen, das Wahrzeichen der Region.

Tucson

Tucson (*tuh-son*), die Universitätsstadt mit langer Geschichte, ist eine attraktive, unterhaltsame und kulturell führende Stadt im Südwesten der USA. Sie liegt in einem ebenen Tal, das von weiten Strecken voller Saguaro-Kakteen und von Bergen umgeben ist, die an abgebrochene Zähne erinnern. Arizonas zweitgrößte Stadt verbindet mühelos indianische, spanische, mexikanische und angloamerikanische Traditionen miteinander. Eigenwillige Viertel und Gebäude aus dem 19. Jh. vermitteln einen starken Gemeinschaftsgeist und eine historische Tiefe, die im moderneren, zersiedelten Phoenix fehlen. Die bunten Läden mit Second-Hand-Kleidung, unzählige abgefahrene Restau-

HOPI INDIAN RESERVATION

Die Hopi sind direkte Nachfahren der frühen Pueblo-Indianer und haben sich in den vergangenen 500 Jahren von allen Indianerstämmen der USA am wenigsten verändert. Ihr Dorf Old Oraibi ist möglicherweise die älteste kontinuierlich bewohnte Siedlung in Nordamerika. Das Land der Hopi ist vom Reservat der Navajo Nation von allen Seiten eingeschlossen. Der Hwy 264 führt an den drei Tafelbergen First, Second und Third Mesa vorbei, die das Kernstück des Reservats bilden.

Auf der Second Mesa, 8 Meilen (13 km) westlich der First Mesa, befindet sich das **Hopi Cultural Center Restaurant & Inn** (☎928-734-2401; www.hopiculturalcenter.com; Hwy 264, Mile 379; Zi. 115 US$; ⊙Restaurant Sommer 7–21, Winter bis 20 Uhr), die besucherfreundlichste Einrichtung im Hopi-Reservat. Neben Essen und Unterkünften bietet es das kleine **Hopi Museum** (☎928-734-6650; Hwy 264, Mile 379; Erw./Kind bis 12 Jahre 3/1 US$; ⊙Mo–Fr 8–17, Sa 9–15 Uhr; P) mit vielen historischen Fotos und kulturellen Ausstellungen.

Fotos, Zeichnungen und Video-/Audioaufnahmen sind im ganzen Reservat nicht erlaubt.

rants und Kneipen lassen einen nicht vergessen, dass Tucson die Heimat der University of Arizona mit ihren 40 000 Studierenden ist.

Sehenswertes & Aktivitäten

Downtown Tucson und das historische Viertel liegen östlich der Ausfahrt 258 der I-10. Der Campus der University of Arizona befindet sich 1 Meile (1,6 km) nordöstlich von Downtown; die Hauptdurchgangsstraße 4th Ave ist gesäumt von vielen Cafés, Bars und interessanten Läden. Viele der sagenhaften Schätze der Stadt liegen am Stadtrand oder sogar jenseits der Stadtgrenzen.

Presidio Historic District — GEBIET

(www.nps.gov/nr/travel/amsw/sw7.htm) Das Tucson Museum of Art (S. 203) gehört zu diesem entspannten Viertel, das von der W 6th St, der W Alameda St, der N Stone Ave und der Granada Ave umgrenzt wird. Das Gebiet umfasst die Stätte des ursprünglichen spanischen Forts und des gehobenen „Snob Hollow". Dies ist einer der ältesten ununterbrochen besiedelten Orte in Nordamerika: Das spanische **Presidio de San Augustín del Tucson** wurde zwar erst 1775 gegründet, aber das Fort wurde über einer Siedlung der Hohokam-Kultur errichtet, die aus der Zeit zwischen 700 und 900 n. Chr. stammt.

Barrio Histórico District (Barrio Viejo) — GEBIET

Das kleine Gebiet war im späten 19. Jh. ein wichtiges Geschäftsviertel. Heute finden sich hier schrille Läden und Galerien in bunt angemalten Adobe-Gebäuden. Der Barrio wird von der I-10, der Stone Ave, der Cushing und der 17th St umgrenzt.

★ Arizona-Sonora Desert Museum — MUSEUM

(☎520-883-2702; www.desertmuseum.org; 2021 N Kinney Rd; Erw./Senior/Kind 3–12 Jahre 20,50/18,50/8 US$; ⊙Okt.–Feb. 8.30–17 Uhr, März–Sept. 7.30–17 Uhr, Juni–Aug. Sa bis 22 Uhr) Die 40 ha große Mischung aus Zoo, botanischem Garten und Museum ist eine Hommage an die Sonora-Wüste und beherbergt Kakteen, Kojoten und handflächengroße Kolibris. Erwachsene und Kinder können sich hier gut einen halben Tag lang vergnügen. Wüstenbewohner, darunter gewitzt ausschauende Nasenbären und verspielte Präriehunde, bewohnen die natürlich gestalteten Gehege. Wüstenpflanzen bedecken das Gelände. Fachleute veranstalten Vorführungen. Kinderwagen und Rollstühle sind verfügbar, und es gibt einen Geschenkeladen, eine Kunstgalerie, ein Restaurant und ein Café.

Arizona State Museum — MUSEUM

(☎520-621-6302; www.statemuseum.arizona.edu; 1013 E University Blvd; Erw./Kind bis 17 Jahre 5 US$/frei; ⊙Mo–Sa 10–17 Uhr) Mehr über die Geschichte und Kultur der indigenen Völker dieser Region erfährt man im Arizona State Museum, dem ältesten und größten anthropologischen Museum im Südwesten der USA. Die Ausstellung zur Kulturgeschichte der Indianervölker ist umfangreich, aber übersichtlich und spricht Laien genauso an wie Geschichtskenner. Ebenfalls lohnend sind die vielbeneidete Mineraliensammlung und die Kollektion von Navajo-Textilien.

Reid Park Zoo — ZOO

(☎520-791-3204; https://reidparkzoo.org; 3400 E Zoo Ct; Erw./Senior/Kind 2–14 Jahre 11/8,50/6,50 US$; ⊙Okt.–Mai 9–16 Uhr, Juni–Sept. 8–15 Uhr; 👪) Die Tiere aus aller Welt im kleinen Reid Park Zoo, darunter Grizzlybären, Jaguare, Große Ameisenbären und Zwergflusspferde, sind eine Freude für Jung und Alt. Der Besuch lässt sich gut mit einem Picknick in dem umliegenden Park verbinden, wo es Spielplätze und einen Teich mit einer Vermietung von Tretbooten gibt.

Old Tucson Studios FILMGELÄNDE
(☎520-883-0100; www.oldtucson.com; 201 S Kinney Rd; Erw./Kind 4–11 Jahre 19/11 US$; ⏲Feb.–April tgl. 10–17 Uhr, Mai Fr–So 10–17 Uhr, Juni–Anf. Sept. Sa & So 10–17 Uhr; P 👪) Die alte Filmkulisse von Tucson in den 1860er-Jahren, die den Spitznamen „Hollywood in der Wüste" erhielt, wurde 1939 für ein Remake des Westerns *Arizona* gebaut. Hunderte Filme folgten, die Filmstars von Clint Eastwood bis Leonardo DiCaprio in die Stadt brachten. Heute ist die Anlage ein Western-Themenpark mit Schießereien, Postkutschenfahrten, Stunt-Shows und tanzenden Saloon-Girls. Der Park ist von Anfang September bis Ende Januar geschlossen, öffnet aber im Oktober zur abendlichen Geistertour „Nightfall".

Tucson Museum of Art MUSEUM
(☎520-624-2333; www.tucsonmuseumofart.org; 140 N Main Ave; Erw. 12 US$, Senior & Student 10 US$, Kind 13–17 Jahre 7 US$; ⏲Di–Sa 10–17, So 12–17 Uhr) Für eine relativ kleine Stadt besitzt Tucson ein eindrucksvolles Kunstmuseum mit einer respektablen Sammlung nordamerikanischer, lateinamerikanischer und moderner Kunst und einer Dauerausstellung präkolumbischer Artefakte, die das Herz von Indiana Jones höher schlagen lassen würde. Hinzu kommen vielfältige Sonderausstellungen, ein toller Geschenkeladen und ein paar bemerkenswerte historische Wohnhäuser im umliegenden Block. Am ersten Donnerstag im Monat bleibt das Museum bei freiem Eintritt (ab 17 Uhr) bis 20 Uhr geöffnet.

Tucson Children's Museum MUSEUM
(☎520-792-9985; www.childrensmuseumtucson.org; 200 S 6th Ave; 8 US$; ⏲Di–Fr 9–17, Sa & So 10–17 Uhr; 👪) Eltern loben das Tucson Children's Museum mit seinen vielen anregenden, interaktiven Exponaten – von der „Dinosaur World" bis zur „Wee World" (wee für winzig) und einem Aquarium.

Feste & Events

Tucson Gem & Mineral Show KULTUR
(☎520-332-5773; www.tgms.org; ⏲Feb.) Die größte Edelstein- und Mineralienmesse der Welt am zweiten vollen Februarwochenende

SEHENSWERTES AN DER ROUTE 66

Route-66-Fans können in Arizona 400 Meilen (644 km) der alten Straße entdecken, darunter zwischen Seligman und Topock den längsten ununterbrochenen Abschnitt im ganzen Land. The **Mother Road** (www.azrt66.com) verbindet die Revolverheldenstadt Oatman mit den Minenarbeitersiedlungen von Kingman, der Downtown von Williams aus den 1940er-Jahren und den windigen Straßen von Winslow. Unterwegs locken viele kitschige Sehenswürdigkeiten, die hier von West nach Ost aufgelistet sind.

Wild Burros of Oatman Die „wilden Esel von Oatmen", ein Erbe des Bergbaus, betteln mitten auf der Straße um Leckereien.

Grand Canyon Caverns & Inn (☎928-422-3223, 855-498-6969; www.grandcanyoncaverns.com; Mile 115, Rte 66; Führung Erw./Kind ab 16/11 US$; ⏲Mai–Sept. 8–18 Uhr, in den restlichen Monaten Öffnungszeiten telefonisch erfragen) Die Führung 21 Stockwerke tief unter dem Erdboden führt vorbei an mumifizierten Rotluchsen, Lagern für die Zivilverteidigung und einem Motelzimmer (in einer echten Höhle!) für 800 US$.

Burma-Shave-Schilder Die rot-weißen Werbeschilder für die berühmte amerikanische Rasiercreme aus längst vergangenen Zeiten finden sich zwischen den Grand Canyon Caverns und Seligman.

Snow Cap Drive-In (☎928-422-3291; 301 Rte 66; Hauptgerichte 5–6,50 US$; ⏲März–Nov. 10–18 Uhr) Der neckische Burger- und Eiscremeladen besteht in Seligman schon seit 1953.

Meteor Crater (☎800-289-5898, 928-289-5898; www.meteorcrater.com; Meteor Crater Rd; Erw./Senior/Kind 6–17 Jahre 18/16/9 US$; ⏲Juni–Mitte Sept. 7–19 Uhr, Mitte Sept.–Mai 8–17 Uhr; P 👪) Ein 168 m tiefer Krater mit einem Durchmesser von nahezu 1600 m, der 38 Meilen (61,2 km) östlich von Flagstaff liegt.

Wigwam Motel (☎928-524-3048; www.galerie-kokopelli.com/wigwam; 811 W Hopi Dr; Zi. 56–62 US$; ❄) Beton-Wigwams mit Möbeln aus Hickory-Holzpfählen in Holbrook.

ist das Hauptereignis im städtischen Veranstaltungskalender. Schätzungsweise 250 Aussteller, die mit Mineralien, Kunsthandwerk und Fossilien handeln, versammeln sich im Tucson Convention Center.

Fiesta de los Vaqueros RODEO
(Rodeo Week; ☎520-741-2233; www.tucsonrodeo.com; 4823 S 6th Ave, Tucson Rodeo Grounds; Tickets 15–70 US$; ⊙letzte Woche im Feb.) Die Fiesta, die seit fast 100 Jahren in der letzten Februarwoche stattfindet, bringt weltbekannte Cowboys in die Stadt. Dazu gehört ein spektakulärer Umzug mit Festwagen, historischen Pferdekutschen, Volkstänzen und Blaskapellen.

Schlafen

Die Unterkunftspreise schwanken beträchtlich, am günstigsten sind sie im Sommer und Herbst. Wer unter den Sternen inmitten der Saguaros übernachten will, kann es auf dem **Gilbert Ray Campground** (☎520-724-5000; www.pima.gov; 8451 W McCain Loop Rd; Stellplatz Zelt/Wohnmobil 10/20 US$; 🐾) nahe dem westlichen Abschnitt des Saguaro National Park versuchen.

★**Hotel Congress** HISTORISCHES HOTEL $$
(☎800-722-8848, 520-622-8848; www.hotelcongress.com; 311 E Congress St; DZ ab 109 US$; P❄📶🐾) In Tucsons vielleicht berühmtestem Hotel wurden der berüchtigte Bankräuber John Dillinger und seine Gang 1934 bei einem Feuerausbruch gefangen genommen. Das 1919 erbaute, schön restaurierte, charismatische Hotel wirkt trotz historischen Details wie Wählscheiben-Telefonen und Radios mit Holzgehäusen sehr modern (es gibt aber kein TV). Zum Haus gehören auch ein beliebtes Café, eine Bar und ein Club.

★**Desert Trails B & B** B & B $$
(☎520-885-7295; www.deserttrails.com; 12851 E Speedway Blvd; Zi./Pension ab 140/175 US$; ❄📶🏊) Outdoor-Begeisterte, die ein freundliches B & B nahe dem Saguaro National Park (Rincon Mountain District) suchen, sind im Desert Trails am östlichen Rand von Tucson genau richtig. Die Zimmer sind bequem und mit den neuesten Annehmlichkeiten ausgestattet. Der begeisterte Backpacker John Higgins war sechs Jahre lang Feuerwehrmann im Saguaro National Park und teilt gern sein Wissen über die Wanderwege im Park.

Aloft Tucson HOTEL $$
(☎520-908-6800; www.starwoodhotels.com; 1900 E Speedway Blvd; DZ ab 145 US$; ❄📶) In Tucson gibt's überraschend wenige stilvolle Hotels. Das neue Aloft nahe der Universität ist zwar kein eigenständiger Betrieb, aber ein schickes Hotel für technikbegeisterte, stilorientierte Traveller. Die Zimmer und Gemeinschaftsbereiche haben ein helles, sparsames Dekor, das trotzdem einladend wirkt. Es gibt eine Bar und neben dem Foyer steht rund um die Uhr Essen zum Mitnehmen bereit.

★**Hacienda del Sol** RANCH $$$
(☎520-299-1501; www.haciendadelsol.com; 5501 N Hacienda del Sol Rd; DZ/Suite ab 209/339 US$; ❄@📶🏊) Das entspannende Refugium auf einem Hügel wurde in den 1920er-Jahren als eine vornehme Mädchenschule erbaut. Die Zimmer in einem künstlerisch gestalteten Südwest-Stil haben viele einmalige Details wie geschnitzte Deckenbalken und Jalousietüren, die die Brise vom Hof hereinlassen. In der Hacienda del Sol wohnten bereits Legenden wie Spencer Tracy, Katharine Hepburn und John Wayne – sie bietet also auch eine gute Portion Geschichte. Das Restaurant Grill im Haus ist fabelhaft.

Essen

Diablo Burger BURGER $
(☎520-882-2007; www.diabloburger.com; 312 E Congress St; Burger 10–12 US$; ⊙So–Mi 11–21, Do–Sa bis 22 Uhr) Der Ableger des beliebten Burgerladens aus Flagstaff macht großartige Frikadellen aus dem Fleisch regionaler freilaufender Rinder. Zu empfehlen ist der Big Daddy Kane mit scharfem Cheddar, Essiggurken und Spezialsauce. Die Fritten „Belgian-Style“ mit Kräutern sind salzig, aber sehr gut.

★**Lovin' Spoonfuls** VEGAN $
(☎520-325-7766; www.lovinspoonfuls.com; 2990 N Campbell Ave; Frühstück 6–9 US$, Mittagessen 5,25–8 US$, Abendessen 7,25–11,25 US$; ⊙Mo–Sa 9.30–21, So 10–15 Uhr; 🌱) Burger, frittiertes Hähnchen und Clubsandwiches – die Karte liest sich wie die eines typischen Diners, es gibt aber einen großen Unterschied: Dieses vegane Lokal verwendet keinerlei tierische Produkte. Zu den hervorragenden, kreativen Gerichten gehören der Bohnen-Burrito Old Pueblo und Buddha's Delight (ein Pfannengericht mit Kohl, Shiitake-Pilzen, Ingwer und anderen Zutaten auf braunem Reis).

★**Cafe Poca Cosa** MEXIKANISCH $$
(☎520-622-6400; www.cafepocacosatucson.com; 110 E Pennington St; Hauptgerichte mittags 13–15 US$, abends 20–24 US$; ⊙Di–Do 11–21, Fr &

Sa bis 22 Uhr) Chefköchin Suzana Davilas preisgekröntes neumexikanisches Bistro ist ein Muss für die Freunde mexikanischer Küche in Tucson. Die auf eine Kreidetafel in Englisch und Spanisch geschriebene Karte wandert von Tisch zu Tisch, weil die Gerichte zweimal täglich wechseln – alles ist frisch zubereitet, innovativ und schön angerichtet. Unentschlossene bestellen am besten das „Plato Poca Cosa" und lassen Suzana die Auswahl treffen. Hier kann man auch tolle Margaritas schlürfen.

El Charro Café MEXIKANISCH **$$**
(☎520-622-1922; www.elcharrocafe.com; 311 N Court Ave; Hauptgerichte mittags 10–12 US$, abends 16–20 US$; ⏲10–21 Uhr) Die weitläufige, muntere Hazienda liefert schon seit 1922 tolles mexikanisches Essen. Das Restaurant ist besonders bekannt für sein *carne seca*, sonnengedörrtes, mageres Rindfleisch, das gewässert, zerkleinert und mit grünem Chili und Zwiebeln gegrillt wird. Die sagenhaften Margaritas haben es in sich und helfen, die Zeit zu vertreiben, während man auf seinen Tisch wartet.

Ausgehen & Unterhaltung

Die Congress St in Downtown und die 4th Ave nahe der University of Arizona sind gut besuchte Partyzonen.

★ **Che's Lounge** BAR
(☎520-623-2088; http://cheslounge.com; 350 N 4th Ave; ⏲12–2 Uhr) In der etwas verlotterten, aber sehr populären Kneipe – einem beliebten Studententreff – gibt's billiges Pabst Blue Ribbon, eine riesige umlaufende Theke, fantastische Wandmalereien des örtlichen Künstlers (und Barkeepers) Donovan und Livemusik an den meisten Samstagabenden sowie im Sommer am Sonntagnachmittag draußen auf dem Patio (16–19 Uhr).

IBT's SCHWULE & LESBEN
(☎520-882-3053; www.ibtstucson.com; 616 N 4th Ave; ⏲12–2 Uhr) In Tucsons heißestem Schwulenclub wechselt das Thema jeden Abend – von Travestieshows bis Karaoke –, hinzu kommt einmal im Monat an einem Sonntag der „Fun Day" mit Karaoke, DJs und Drink-Specials den ganzen Tag lang. Man chillt auf der Terrasse, schaut sich die Leute an und feiert auf der Tanzfläche.

Thunder Canyon Brewery KLEINBRAUEREI
(☎520-396-3480; www.thundercanyonbrewery.com; 220 E Broadway Blvd; ⏲So–Do 11–23, Fr & Sa bis 24 Uhr) Die verwinkelte Kleinbrauerei in Gehweite zum Hotel Congress hat mehr als 40 Biere vom Fass, darunter eigene Kreationen sowie andere Craft-Biere aus den gesamten USA. Inzwischen wurde eine zweite Filiale in 1234 N Williams St eröffnet.

NICHT VERSÄUMEN

MINI TIME MACHINE OF MUSEUM OF MINIATURES

Das in die Bereiche „Enchanted Realm", „Exploring the World" und „History Gallery" unterteilte unterhaltsame **Museum** (☎520-881-0606; www.theminitimemachine.org; 4455 E Camp Lowell Dr; Erw./Senior/Kind 4–17 Jahre 9/8/6 US$; ⏲Di–Sa 9–16, So 12–16 Uhr; 👪) präsentiert fantastische, historische und schlichtweg faszinierende Mini-Dioramen. Besucher können durch ein Weihnachtsdorf mit Schneekugel-Flair spazieren, in winzige Minihäuser aus dem 17. und 18. Jh. spähen und nach den winzigen Bewohnern eines verzauberten Baums suchen. Das Museum entwickelte sich aus einer Privatsammlung der 1930er-Jahre und macht Eltern vielleicht sogar noch mehr Spaß als ihren Kindern.

Club Congress LIVEMUSIK
(☎520-622-8848; www.hotelcongress.com; 311 E Congress St; ⏲Livemusik ab 19 Uhr, Clubnächte ab 22 Uhr) Röhrenjeansträger, zersauste Hipster, in die Jahre gekommene Folk-Liebhaber und aufgebrezelte Frauen – die Klientel in Tucsons angesagtestem Club im Hotel Congress, das in Würde altert, ist wahrlich bunt gemischt. Das gilt auch für die Musik, für die meistens die besten lokalen und regionalen Talente sorgen; an manchen Abenden legen auch DJs auf. Für einen Drink ohne Schnickschnack gibt's die Lobby Bar mit ihren Cocktails und den seit 1919 bestehenden Tap Room.

Praktische Informationen

Allgemeine Infos zu Tucson erhält man im **Tucson Visitor Center** (☎800-638-8350, 520-624-1817; www.visittucson.org; 811 N Euclid Ave; ⏲Mo–Fr 9–17, Sa & So bis 16 Uhr); spezifische Informationen zum Coronado National Forest, u. a. über die Anfahrt und die Campingmöglichkeiten, bekommt man im **Coronado National Forest Supervisor's Office** (☎520-388-8300; www.fs.usda.gov/coronado; 300 W Congress St, Federal Bldg; ⏲Mo–Fr 8–16.30 Uhr) in Downtown.

Anreise & Unterwegs vor Ort

Der **Tucson International Airport** (☎520-573-8100; www.flytucson.com; 7250 S Tucson Blvd; 📶) liegt 15 Meilen (24,1 km) südlich der Downtown und wird von sechs Fluglinien bedient. Direktflüge gibt es u. a. von/nach Atlanta, Denver, Las Vegas, Los Angeles und San Francisco.

Greyhound (☎520-792-3475; www.greyhound.com; 471 W Congress St) betreibt neben anderen Zielen auch sieben Busse nach Phoenix (ab 10 US$, 2 Std.).

Der *Sunset Limited* von **Amtrak** (☎800-872-7245, 520-623-4442; www.amtrak.com; 400 N Toole Ave) hält hier auf dem Weg westwärts nach Los Angeles (10 Std., 3-mal pro Woche) und ostwärts nach New Orleans (36 Std., 3-mal pro Woche).

Das **Ronstadt Transit Center** (215 E Congress St, an der 6th Ave) ist der wichtigste Knotenpunkt der öffentlichen Busse von **Sun Tran** (☎520-792-9222; www.suntran.com), die den gesamten Großraum abdecken. Mit der SunGo Smart Card kosten Einzelfahrten 1,50 US$ und die Tageskarte 4 US$. Die gleichen Preise gelten auch bei **SunLink**, der neuen Stadtbahnlinie.

Rund um Tucson

Alle im Folgenden genannten Ziele sind weniger als eineinhalb Stunden Fahrt von Tucson entfernt und geben hervorragende Tagesausflüge ab.

Saguaro National Park

Saguaro-Kakteen (*sa-wah-ros*) stehen wie keine andere Pflanze für den Südwesten der USA, und dieser **National Park** (☎Rincon 520-733-5153, Tucson 520-733-5158, Parkinformation 520-733-5100; www.nps.gov/sagu; 7-Tage-Pass 10/5 US$ pro Fahrzeug/Fahrrad; ⏲Sonnenaufgang–Sonnenuntergang) schützt eine ganze Armee dieser majestätischen, stacheligen Gesellen. Der Wüstenpark besteht aus zwei Abschnitten, die 30 Meilen (48,3 km) voneinander entfernt westlich bzw. östlich von Tucson liegen. In beiden Abschnitten – dem Rincon Mountain District im Osten und dem Tucson Mountain District im Westen – gibt's Wanderwege und Wüstenflora; wer nur Zeit für einen Parkteil hat, sollte sich für den spektakuläreren westlichen Abschnitt entscheiden.

Der größere Abschnitt ist der **Rincon Mountain District** rund 15 Meilen (24,1 km) östlich von Tucsons Downtown. Im **Red Hills Visitor Center** (☎520-733-5158; www.nps.gov/sagu; 2700 N Kinney Rd; ⏲9–17 Uhr) erhält man Infos zu Tageswanderungen, Ausritten und zum Campen im Hinterland. Fürs Campen braucht man eine Genehmigung (Stellplatz 8 US$/Tag), die man bis 12 Uhr am Tag der Wanderung eingeholt haben muss. Über den kurvenreichen **Cactus Forest Scenic Loop Drive**, eine 8 Meilen (12,9 km) lange asphaltierte Straße, auf der Autos und Fahrräder zugelassen sind, erreicht man Picknickbereiche, Startpunkte von Wegen und Aussichtspunkte.

Wanderer, die nicht viel Zeit mitbringen, begnügen sich mit dem 1,6 km langen (hin & zurück) **Freeman Homestead Trail**, der zu einem Hain mit gewaltigen Saguaro-Kakteen führt. Ein echtes Wüstenabenteuer ist der steile und felsige, 32,2 km lange Tanque Verde Ridge Trail, der auf den Gipfel des Mica Mountain (2641 m) und zurück führt (für eine Übernachtung braucht man eine Genehmigung). Wer nicht marschieren will, kann mit dem Familienunternehmen **Houston's Horseback Riding** (☎520-298-7450; www.tucsonhorsebackriding.com; 12801 E Speedway Bvd; 2-stündiger Ausritt 60 US$/Pers.) Ausritte auf Wegen im östlichen Parkabschnitt machen.

Der **Tucson Mountain District** westlich der Stadt hat eine eigene Filiale des Red Hills Visitor Center. Der **Scenic Bajada Loop Drive**, eine 6 Meilen (9,7 km) lange planierte Rundpiste durch den Kakteenwald, beginnt 1,5 Meilen (2,4 km) nördlich vom Visitor Center. Zwei kurze, leichte und lohnende Wanderungen sind der 1,3 km lange **Valley View Overlook Trail** (vom Aussichtspunkt hat man bei Sonnenuntergang einen herrlichen Ausblick) und der 800 m lange **Signal Hill Trail** mit unzähligen antiken Petroglyphen. Strapaziöser ist der empfehlenswerte 11,3 km lange **King Canyon Trail**, der 3,2 km südlich des Visitor Center nahe dem Arizona-Sonora Desert Museum beginnt. Der 800 m lange **Desert Discovery Trail**, ein Lehrpfad 1,6 km nordwestlich vom Visitor Center, ist auch für Rollstuhlfahrer geeignet. Die angegebenen Längen für alle vier Wege beziehen sich auf die gesamte Distanz hin und zurück.

Bei den mächtigen Saguaro-Kakteen spricht man übrigens von Armen, nicht von Ästen oder Zweigen, wie die Parkführer gern betonen. Angesichts der menschenähnlichen Gestalt der Pflanzen leuchtet das unmittelbar ein.

Saguaro-Kakteen wachsen sehr langsam: Sie brauchen fast 15 Jahre, um eine Höhe von 30 cm zu erreichen; nach 50 Jahren sind sie dann 2,13 m hoch. Und erst nach fast einem Jahrhundert entwickeln sie ihr typisches, vielarmiges Erscheinungsbild. Die beste Zeit für einen Besuch ist der April, wenn die Kakteenblüte beginnt – die hübschen, weißen Blüten sind die Staatsblume Arizonas. Im Juni oder Juli sind die Blüten den reifen, roten Früchten gewichen, die die hiesigen Indianer als Nahrungsmittel nutzen. Die Fußsoldaten der Pflanzenarmee bilden die Ocotillos mit ihren spinnenartigen Ästen, die flauschigen Chollas, die an grüne Bohnen erinnernden Pencil-Chollas und Hunderte weitere Pflanzenspezies. Es ist verboten, Saguaro-Kakteen zu beschädigen oder zu entfernen!

Achtung: Wohnwagen mit einer Länge von über 10,5 m und Autos mit einer Breite von mehr als 2,5 m sind auf den engen Panoramastraßen des Parks nicht zugelassen.

Westlich von Tuscon

Wer die Einsamkeit sucht, folgt dem Hwy 86 von Tuscon aus nach Westen in die Teile der Sonora-Wüste, die am dünnsten besiedelt sind. Man wird jedoch allenthalben den grün-weißen Trucks der Grenzpatrouillen begegnen. Das **Kitt Peak National Observatory** (☎520-318-8726; www.noao.edu/kpno; Hwy 86; Touren Erw./Kind 9,75 US$/3,25 US$; ⏲9–16 Uhr; 👪) GRATIS etwa 75 Minuten von Tuscon entfernt beherbergt die größte Sammlung optischer Teleskope der Welt. Die Führungen (Erw./Kind Nov.–Mai 10/3,25 US$, Juni–Okt. 7,75/3,25 US$, um 10, 11.30 & 13.30 Uhr) dauern etwa eine Stunde. Die allabendlichen Demonstrationen lohnen sich und sollten zwei bis vier Wochen im Voraus gebucht werden (Erw. 50 US$; kein Programm von Mitte Juli–Aug.) – trockene, klare Nächte ermöglichen einen ehrfurchtgebietenden Blick ins All.

Tipps: warm anziehen, in Tucson volltanken (die dem Observatorium am nächsten gelegene Tankstelle ist 30 Meilen, bzw. 48 km, entfernt) und Kinder unter acht Jahren zu Hause lassen (keinen Zutritt bei den abendlichen Führungen). Der Picknickplatz ist nachts ein beliebter Treffpunkt von Hobby-Astronomen.

Wer einfach mal alles hinter sich lassen will, sollte das riesige, exotische **Organ Pipe Cactus National Monument** (☎520-387-6849; www.nps.gov/orpi; Hwy 85; 12 US$/Auto; ⏲Visitor Center 8.30–17 Uhr) an der mexikanischen Grenze besuchen. Das traumhaft schöne, unwirtliche Terrain bietet einer erstaunlich großen Zahl von Tieren und Pflanzen einen Lebensraum, darunter 28 Kaktusarten. Am wichtigsten ist natürlich der namensgebende Orgelpfeifenkaktus. Der große Säulenkaktus unterscheidet sich durch die von der Basis ausgehenden Zweige von dem häufiger vorkommenden Saguaro.

Der 21 Meilen (34 km) lange **Ajo Mountain Drive** führt durch eine spektakuläre Landschaft aus steilen, zerklüfteten Felswänden und feuerroten Steinen. Der **Twin Peaks Campground** (☎520-387-6849, Vorwahl 7302; www.nps.gov/orpi; 10 Organ Pipe Dr; Stellplatz Zelt & Wohnmobil 16 US$) nahe dem Visitor Center hat 208 Stellplätze (Reservierung ist nicht möglich).

DER HOT DOG MIT DEM GEWISSEN ETWAS

Der Sonoran Hot Dog ist eine örtliche Spezialität. Die mächtigen, gehaltvollen Leckereien bestehen aus einem mit Schinkenspeck umwickelten Hotdog mit Tomatillo-Salsa, Pintobohnen, geriebenem Käse, Mayonnaise, Ketchup, gehackten Tomaten und Zwiebeln. Das ist vielleicht etwas heftig, aber Neugierige sollten das Gericht dort probieren, wo es am besten zubereitet wird – im **El Guero Canelo** (☎520-295-9005; www.elguerocanelo.com; 5201 S 12th Ave; Hotdogs 3–4 US$, Hauptgerichte 7–9 US$; ⏲So–Do 10–22, Fr & Sa 8.30–24 Uhr).

Südlich von Tucson

Südlich von Tucson ist die I-19 die Hauptroute nach Nogales und Mexiko. Unterwegs locken einige nette Sehenswürdigkeiten.

Die eindrucksvolle **Mission San Xavier del Bac** (☎520-294-2624; www.patronatosanxavier.org; 1950 W San Xavier Rd; Spenden erbeten; ⏲Museum 8.30–16.30 Uhr, Kirche 7–17 Uhr) im San Xavier Reservat, 9 Meilen (14 km) südlich von Downtown Tucson, ist das älteste Gebäude der hispanischen Ära in Arizona. Die elegante Fassade ist eine Mischung aus maurischer und byzantinischer Architektur sowie Elementen der mexikanischen Spätrenaissance; das Innere der Mission ist überraschend kunstvoll geschmückt.

Bei Ausfahrt 69, 16 Meilen (25,7 km) südlich der Mission, befindet sich das **Titan Missile Museum** (☎520-625-7736; www.titanmissilemuseum.org; 1580 Duval Mine Rd, Sahuarita; Erw./Senior/Kind 7–12 Jahre 9,50/8,50/6 US$; ⏲So–Fr 9.45–17, Sa 8.45–17 Uhr, letzte Führung 15.45 Uhr), eine unterirdische Anlage zum Abschuss von Interkontinentalraketen aus der Zeit des Kalten Krieges. Die informativen Führungen sind schaurig und sollten vorab gebucht werden.

Wer sich für Geschichte interessiert oder Kunsthandwerk kaufen will, sollte ins 48 Meilen (77,2 km) südlich von Tucson gelegene kleine Dorf Tubac (www.tubacaz.com) fahren. Hier verteilen sich mehr als 100 Galerien, Ateliers und Läden um ein Presidio aus der spanischen Kolonialzeit.

Patagonia & Mountain Empire

Das wunderschöne Ufergebiet zwischen der Grenze zu Mexiko, den Santa Rita Mountains und den Patagonia Mountains gehört zu den schönsten Landschaften Arizonas. Die idyllische Gegend lockt Vogelbeobachter und Weinfans gleichermaßen an. Die schönen Pfade des Schutzgebiets **Patagonia-Sonoita Creek Preserve** (☎520-394-2400; www.nature.org/arizona; 150 Blue Heaven Rd; 6 US$; ⊙April–Sept. Mi–So 6.30–16 Uhr, Okt.–März Mi–So 7.30–16 Uhr) sind bei Vogel- und Naturliebhabern beliebt. Die zauberhaften Weiden- und Baumwollwälder an Bächen werden von der Naturschutzorganisation Nature Conservancy verwaltet. Die Hauptzugvogelsaison dauert von April bis Mai bzw. Ende August bis September.

Für einen entspannten Nachmittag mit Weinverkostung bieten sich die Dörfer **Sonoita** und **Elgin**, nördlich von Patagonia, samt den umliegenden Weingütern an. Wer zum Abendessen in Patagonia bleiben will, kann die zufriedenstellenden Gourmetpizzas im **Velvet Elvis** (☎520-394-2102; www.velvetelvispizza.com; 292 Naugle Ave, Patagonia; Hauptgerichte 8–24 US$; ⊙11.30–20 Uhr;) probieren. Im **Stage Stop Inn** (☎520-394-2211; www.stagestophotelpatagonia.com; 303 McKeown Ave, Patagonia; DZ/Suite ab 99/149 US$;) erwarten Gäste der einfache Charme des alten Westens und Zimmer rund um einen zentralen Hof mit Pool. Einst hielten hier die Postkutschen, die auf dem Butterfield Trail unterwegs waren. Infos erhält man jetzt in einem kleinen **Visitor Center** (☎520-394-7750, 888-794-0060; www.patagoniaaz.com; 299 McKeown Ave, Patagonia; ⊙Okt.–Mai tgl. 10–16 Uhr, Juni–Sept. Fr–So).

Südost-Arizona

Im südlichen Arizona gibt's jede Menge Stätten, die in der Folklore des Wilden Westens legendär sind. Dazu gehören die wunderbar erhaltene Bergwerkssiedlung Bisbee, der O.K. Corral in Tombstone und das Chiricahua National Monument mit seiner Traumlandschaft aus bizarren Steinsäulen.

Kartchner Caverns State Park

Das Wunderland aus Spitzen, Sinterwänden, Röhren, Säulen, Sinterröhrchen und anderen filigranen Formationen entwickelt sich seit 5 Mio. Jahren, wurde aber wunderbarerweise erst 1974 entdeckt. Und die genaue Lage wurde dann noch weitere 25 Jahre geheim gehalten, um die Eröffnung einiger Bereiche als **Kartchner Caverns State Park** (☎Information 520-586-4100, Reservierung 877-697-2757; http://azstateparks.com/kartchner; 2980 Hwy 90; Parkeintritt 7/3 US$ pro Fahrzeug/Fahrrad, Führungen Erw./Kind 23/13 US$; ⊙Ende Dez.–Mai Park 7–18 Uhr, Visitor Center 8–18 Uhr, Rest des Jahres kürzere Öffnungszeiten; P) vorzubereiten. Zwei Touren, die beide eindrucksvoll sind und jeweils rund 90 Minuten dauern, werden angeboten.

Die Führungen durch den Big Room werden ungefähr Mitte April eingestellt, wenn eine Kolonie weiblicher Glattnasenfledermäuse aus Mexiko hier ankommt, um in der Höhle Ende Juni ihre Jungen zu gebären. Die Fledermäuse und ihre Jungen nisten bis gegen Mitte September hier, ehe sie in ihre Winterquartiere fliegen. Während die Fledermäuse die Höhle in Beschlag nehmen, bleibt sie für das Publikum geschlossen.

Im Park gibt's einen Campingplatz (mit Hütten); der Eingang befindet sich 9 Meilen (14,5 km) südlich der I-10 (Ausfahrt 302), abseits des Hwy 90.

Tombstone

Zu Tombstones Blütezeit als pulsierende Minenstadt im 19. Jh. floss der Whisky in Strömen, und bei Auseinandersetzungen wurde schnell mal der Revolver gezogen. Besonders berühmt ist die Schießerei im O.K. Corral. Heute ist dieser Ort eine National Historic Landmark und eine Touristenattraktion mit alten Western-Gebäuden, Postkutschenfahrten und nachgestellten Schießereien.

Und natürlich muss man den **O.K. Corral** (☎520-457-3456; www.ok-corral.com; Allen St, zw. 3rd & 4th St; Eintritt 10 US$, ohne nachgestelltes Duell 6 US$; ⊙9–17 Uhr) gesehen haben, die Stätte der legendären Schießerei vom 26. Oktober 1881 zwischen den Earp-Brüdern und Doc Holliday auf der einen und den

McLaurys und Billy Clanton auf der anderen Seite. Die McLaurys, Clanton und viele andere Opfer dieser gewalttätigen Zeit ruhen heute auf dem **Boothill Graveyard** (☎520-457-3300; www.boothillgiftshop.com; 408 Hwy 80; Erw./Kind bis 15 Jahre 3 US$/frei; ⏲8–18 Uhr) GRATIS am Hwy 80 nördlich der Stadt.

Ebenfalls einen Abstecher wert ist das verstaubte **Bird Cage Theater** (☎520-457-3421; www.tombstonebirdcage.com; 517 E Allen St; Erw./Senior/Kind 8–18 Jahre 10/9/8 US$; ⏲8–18 Uhr). Der frühere Saloon war gleichzeitig ein Bordell, in dem auch getanzt wurde. Heute ist es mit historischen Gegenständen vollgestopft – und mit einem Nix (genau – dem männlichen Gegenstück zu einer Meerjungfrau). Das **Visitor Center** (☎520-457-3929, 888-457-3929; www.tombstonechamber.com; 395 E Allen St, 4th St; ⏲Mo–Do 9–16, Fri–So bis 17 Uhr) hat Wanderkarten parat.

Bisbee

Mit ihrem altmodischen, unaufgesetzten Charme präsentiert sich die ehemalige Kupferbergbausiedlung Bisbee heute als ein hübscher Mix aus alternden Bohemiens, eleganten Gebäuden, opulenten Restaurants und bezaubernden Hotels. Die meisten Geschäfte befinden sich im Historic District (Old Bisbee) längs der Subway und der Main St.

Wer möchte, kann pensionierten Arbeitern, die früher in der Mine tätig waren, bei der **Queen Mine Tour** (☎520-432-2071; www.queenminetour.com; 478 Dart Rd, abseits des Hwy 80; Erw./Kind 4–12 Jahre 13/5,50 US$; 👪) unter die Erde folgen. Das Queen Mine Building gleich südlich der Downtown beherbergt das örtliche **Visitor Center** (☎866-224-7233, 520-432-3554; www.discoverbisbee.com; 478 Dart Rd; ⏲Mo–Fr 8–17, Sa & So 10–16 Uhr), welches ein geeigneter Ausgangspunkt für eine Erkundung ist. Gleich außerhalb der Stadt ist die **Lavender Pit** ein hässliches, aber eindrucksvolles Zeugnis des Tagebaus.

Übernachten kann man im **Shady Dell RV Park** (☎520-432-3567; www.theshadydell.com; 1 Douglas Rd, Lowell; Wohnwagen ab 85 US$; ⏲Hochsommer & Winter geschl.; ❄), einem Wohnmobilpark herrlich altmodischer Art. Die sorgsam restaurierten Airstream-Wohnwagen sind fein säuberlich abgezäunt und mit lustigen Möbeln ausstaffiert. Verdampfungskühler sorgen für kalte Luft. Im skurrilen, unterhaltsamen **Bisbee Grand Hotel** (☎520-432-5900; www.bisbeegrandhotel.com; 61 Main St; DZ/Suite ab 99/135 US$; ❄📶) kann man in einem drinnen aufgestellten Planwagen schlafen. Im gesamten Hotel wird der alte Westen mit Dekor aus viktorianischer Zeit und einem Western-Saloon wieder lebendig.

Gutes Essen findet man an der Main St; einfach selber umschauen und im Restaurant seiner Wahl einkehren – alle sind gut. Feine amerikanische Kost bietet das stilvolle **Cafe Roka** (☎520-432-5153; www.caferoka.com; 35 Main St; Hauptgerichte abends 20–30 US$; ⏲Do–Sa 17–21, So 15–20 Uhr) mit einem Vier-Gänge-Abendmenü aus Salat, Suppe, Sorbet und einer wechselnden Auswahl beliebter Hauptgerichte. Weiter die Main St hinauf lockt das **Screaming Banshee** (☎520-432-1300; www.screamingbansheepizza.net; 200 Tombstone Canyon Rd; Pizzas 14–16 US$; ⏲Di & Mi 16–21, Do–Sa 11–22, So 11–21 Uhr) mit Holzofenpizza und Punk-Rock-Stil. Bars ballen sich am passend benannten Brewery Gulch am südlichen Ende der Main St.

Chiricahua National Monument

Die hoch aufragenden Felssäulen des abgeschiedenen, aber faszinierenden **Chiricahua National Monument** (☎520-824-3560; www.nps.gov/chir; 12856 E Rhyolite Creek Rd; ⏲Visitor Center 8.30–16.30 Uhr; P 🐾) GRATIS in den Chiricahua Mountains sind teilweise Hunderte Fuß hoch und sehen oft aus, als wollten sie jeden Moment umkippen. Der 8 Meilen (13 km) lange **Bonita Canyon Scenic Drive** führt zum Massai Point (fast 2100 m). Dort stehen tausende Steinsäulen an den Hängen wie eine versteinerte Armee. Es gibt zahlreiche Wanderwege; wer nur wenig Zeit hat, sollte mindestens eine halbe Meile auf dem **Echo Canyon Trail** bleiben, um sich die Grottoes anzusehen, eine umwerfende „Kathedrale" aus gigantischen Felsbrocken. Dort kann man sich eine Weile still hinlegen und dem sachtem Rauschen des Windes lauschen. Das National Monument befindet sich 36 Meilen (58 km) südöstlich von Willcox, abseits des Hwy 186/181.

UTAH

Willkommen auf der prächtigsten Spielwiese der Natur. Von den roten Tafelbergen über enge Schluchten und Pulverschneehänge bis hin zu den abschüssigen Felswegen bietet Utah ein hinreißendes und vielfältiges Terrain mit erstklassigen Möglichkeiten zum Radfahren, Wandern und Skifahren. Das Gelände ist zudem wirklich gut zugänglich: 65 % der Landfläche sind öffentlich, und es gibt 13 Nationalparks bzw. National Monuments.

Rote Felsklippen, farbenfrohe Felsnadeln und eine schier endlose Sandstein-Wüste prägen den Süden; die Kiefernwälder und schneebedeckten Gipfel der Wasatch Mountains kennzeichnen den Norden Utahs. Dazwischen liegen alte Pioniersiedlungen, Stätten mit antiker Felskunst und Ruinen sowie Spuren von Dinosauriern.

Die von Mormonen geprägten ländlichen Ortschaften sind teilweise sehr ruhig und konservativ, aber die raue Schönheit lockt auch eher fortschrittlich eingestellte Outdoor-Typen an. Insbesondere Salt Lake City (SLC) und Park City besitzen deshalb auch ein munteres Nachtleben und eine ausgeprägte gastronomische Szene. Also heißt es: Wanderstiefel anziehen und reichlich Wasser mitbringen, um Utahs wildes, malerisches Hinterland zu entdecken!

Geschichte

Die frühen Pueblo-Indianer und die Fremont-Indianer waren die ersten Bewohner in der Gegend. Sie haben Spuren in Form von Felsbildern und Ruinen hinterlassen.

KURZINFOS UTAH

Spitzname Beehive State

Bevölkerung 2,9 Mio.

Fläche 212 817 km²

Hauptstadt Salt Lake City (186 440 Ew.), Großraum SLC (1 153 340 Ew.)

Weitere Städte St. George (82 318 Ew.)

Verkaufssteuer ab 4,7 %

Geburtsort von den Entertainern Donny (geb. 1957) und Marie (geb. 1959) Osmond sowie des gefeierten Banditen Butch Cassidy (1866–1908)

Ausrichter der Olympischen Winterspiele 2002

Politische Ausrichtung überwiegend konservativ

Berühmt für Mormonen, rote Fels-Canyons, Polygamie

Bestes Souvenir T-Shirt der Wasatch Brewery mit der Aufschrift: Polygamy Porter – Why Have Just One? (sinngemäß: „Warum nur eines nehmen, wenn man mehrere haben kann?")

Als die europäischstämmigen Siedler Utah in großer Zahl erreichten, lebten hier aber bereits moderne Völker: die Ute, Paiute und Navajo. In den späten 1840er-Jahren kamen die ersten Mormonen, religiöse Flüchtlinge, in die Region. Angeführt wurden sie von Brigham Young, dem zweiten Präsidenten der „Kirche Jesu Christi der Heiligen der Letzten Tage". Sie versuchten noch das letzte Fleckchen Erde in ihrem neuen Staat zu besiedeln, wie ungastlich es auch sein mochte, was unweigerlich zu Scharmützeln mit den Ureinwohnern führte – und in mehr als nur einer Geisterstadt resultierte.

Nachdem die USA das Utah-Territorium von Mexiko hinzubekommen hatten, scheiterten fast 50 Jahren lang mehrere Versuche Utahs, als Bundesstaat anerkannt zu werden, weil die Mormonen Polygamie praktizierten (sprich: Männer hatten mehrere Ehefrauen). Die Situation verschärfte sich bis 1890, als der Mormonenanführer Wilford Woodruff eine göttliche Offenbarung hatte, woraufhin die Kirche die „Vielweiberei" offiziell aufgab. 1896 wurde Utah der 45. Staat der USA. Die moderne Mormonenkirche, die Church of Jesus Christ of Latter Day Saints (LDS), hat unverändert großen Einfluss im Staat.

ℹ Praktische Informationen

Utah Office of Tourism (☎ 800-200-1160; www.utah.com) Gibt den kostenlosen *Utah Travel Guide* heraus und betreibt mehrere Visitor Centers in Utah. Die Website ist in sechs Sprachen abrufbar.

Utah State Parks & Recreation Department (☎ 801-538-7220; www.stateparks.utah.gov) Produziert einen großartigen Guide zu den mehr als 40 State Parks, der online und in Visitor Centers erhältlich ist.

ℹ Anreise & Unterwegs vor Ort

Internationale Flüge landen in Salt Lake City. In den größeren Städten und in touristischen Zentren gibt's Büros von Autovermietungen.

Utah ist kein großer Bundesstaat, aber überwiegend ländlich. Wenn man nicht gerade in Salt Lake City oder Park City unterwegs ist, braucht man ein Auto. Für einen Besuch der Parks im südlichen Utah kann es günstiger sein, nach Las Vegas zu fliegen und dort ein Auto zu mieten.

Salt Lake City

Das funkelnde Salt Lake City mit seinem blauen Himmel vor den schneebedeckten

Bergen ist Utahs Hauptstadt. Die einzige Stadt Utahs mit einem internationalen Flughafen besitzt trotzdem noch eine kleinstädtische Anmutung. In der Downtown kommt man leicht zurecht; abends ist es hier ziemlich ruhig. Es ist kaum zu glauben, dass immerhin 1,2 Mio. Menschen im Großraum wohnen. Zwar ist Salt Lake City für die Anhänger der Kirche Jesu Christi der Heiligen der Letzten Tage (LDS) so etwas wie ihr Vatikan und der Glaubensgemeinschaft gehört hier auch viel Land, aber weniger als die Hälfte der Einwohner sind LDS-Mitglieder. Die Universität und der exzellente Zugang zur Natur locken sehr unterschiedliche Einwohner in die Stadt. Ein liberaler Geist herrscht in den Cafés und Yogakursen, und man sieht auch viele aufwendige Tattoos. Gourmets können viele Restaurants mit internationalen Speisen und Bio-Gerichten entdecken. Wenn die Natur lockt, ist man gerade einmal 45 Minuten von den brillanten Wanderwegen und Skipisten der Wasatch Mountains entfernt. Freundliche Leute, tolles Essen und Outdoor-Abenteuer – was will man mehr?

Sehenswertes

Die meisten Sehenswürdigkeiten der LDS ballen sich nahe dem Bezugspunkt der Adressen in der Stadt: der Kreuzung der Main mit der South Temple St. Die Straßen haben hier eine Breite von 40,23 m; sie wurden so konzipiert, dass ein von vier Ochsen gezogener Wagen auf ihnen wenden konnte. Mit der Freilegung des City Creek erfuhr die Downtown eine Renaissance. Östlich davon liegt der University-Foothills District mit den meisten Museen und den kinderfreundlichen Attraktionen.

Rund um den Temple Square

Temple Square PLATZ

(www.visittemplesquare.com; Ecke S Temple St & N State St; ⌚Gelände 24 Std.; Visitor Centers 9–21 Uhr) GRATIS Dieser 4 ha große, von 4,5 m hohen Mauern umgebene Platz ist die berühmteste Sehenswürdigkeit der Stadt. Guides mormonischen Glaubens bieten den ganzen Tag über kostenlose 30-minütige Führungen an, die an den Visitor Centers bei den zwei Eingängen an der South St und der North Temple St beginnen. Alle paar Meter sind Schwestern, Brüder und Älteste platziert, um Fragen zu beantworten. (Keine Angst: Wenn man kein Interesse zeigt, sehen sie von Bekehrungsversuchen ab.) Neben den eigentlichen Attraktionen gibt es noch Verwaltungsgebäude und zwei Theaterhäuser auf dem Gelände.

Museum of Church History & Art MUSEUM

(www.churchhistorymuseum.org; 45 N West Temple St; ⌚Mo–Fr 9–21, Sa & So 10–19 Uhr) GRATIS Das Museum am Temple Sq zeigt eindrucksvolle Exponate zur Pioniergeschichte und bildende Kunst.

Salt Lake Temple RELIGIÖSE STÄTTE

(Temple Sq) Über dem Temple Sq wacht der eindrucksvolle 64 m hohe Salt Lake Temple. Auf der höchsten Spitze thront eine Statue des Engels Moroni, der dem Gründer der Mormonenkirche, Joseph Smith, erschien. Bei Renovierungsarbeiten wurden angeblich Einschusslöcher in der vergoldeten Fassade gefunden. Der Tempel ist Privatgelände und die Zeremonien dürfen nur von angesehenen LDS-Mitgliedern besucht werden.

Tabernacle CHRISTLICHE STÄTTE

(www.mormontabernaclechoir.org; Temple Sq; ⌚9–21 Uhr) GRATIS Das Auditorium von 1867 mit Kuppeldach und einer massiven Orgel mit 11 000 Pfeifen hat eine unglaubliche Akustik. Lässt man vorn eine Stecknadel fallen, ist dies ganz hinten, rund 60 m entfernt, zu hören. Montags bis samstags um 12 Uhr sowie sonntags um 14 Uhr finden frei zugängliche Orgelkonzerte statt.

Beehive House HISTORISCHE STÄTTE

(☎801-240-2671; www.visittemplesquare.com; 67 E South Temple St; ⌚Mo–Sa 9.30–20.30 Uhr) GRATIS Brigham Young lebte in diesem Haus mit einer seiner vielen Frauen samt Familie während eines großen Teils seiner Amtszeit als Gouverneur des Utah-Territoriums und LDS-Präsident. Das Haus kann nur im Rahmen einer Führung besucht werden, die von LSD-Angehörigen durchgeführt werden und inhaltlich verschieden ausfallen: Mal überwiegen historische Infos, mal der Glaubenseifer.

Rund um Downtown

Utah State Capitol HISTORISCHES GEBÄUDE

(www.utahstatecapitol.utah.gov; 350 N State St; ⌚Mo–Fr 7–20, Sa & So 8–18 Uhr; Visitor Center Mo–Fr 8.30–17 Uhr) GRATIS Das prächtige State Capitol von 1916 steht inmitten von 500 Kirschbäumen auf einem Hügel nördlich des Temple Sq. Drinnen zieren bunte Wandbilder der Works Progress Administration (WPA) von Pionieren, Trappern und Missionaren einen Teil der Kuppel. Kostenlose Führungen (Mo–Fr 9–17 Uhr stündl.) starten am Visitor Center im ersten Stock; Ausgangspunkt von Touren in Eigenregie ist ebenfalls das Visitor Center.

Clark Planetarium MUSEUM
(☎385-468-7827; www.clarkplanetarium.org; 110 S 400 W; Erw./Kind 9/7 US$; ⊙So–Do 10–22, Fr & Sa bis 23 Uhr) Im Clark Planetarium, dem Sitz der neuesten und tollsten 3D-Himmelsshows und des einzigen IMAX-Kinos in Utah, sieht man die Sterne. Es gibt auch kostenlose naturwissenschaftliche Ausstellungen. Das Planetarium liegt am Rand von **Gateway** (www.shopthegateway.com; 200 S to 50 N, 400 W to 500 W; ⊙Mo–Sa 10–21, So 12–18 Uhr), einer Einkaufszone rund um das alte Eisenbahndepot.

University-Foothill District & Umgebung

★Natural History Museum of Utah MUSEUM
(http://unhmu.utah.edu; 301 Wakara Way; Erw./Kind 3–12 J. 15/10 US$; ⊙Do–Di 10–17, Mi bis 21 Uhr) Die atemberaubende Architektur des Rio Tinto Centers zeigt sich insbesondere in einem mehrstöckigen „Canyon" im Inneren, in dem die Exponate ihre ganze Wirkung entfalten können. Schicht um Schicht kann man so die geschichtliche Entwicklung der Natur wie auch die der indigenen Völker erkunden. Am eindruckvollsten ist die Ausstellung *The Past Worlds*, die einem unglaubliche – und höchst unterschiedliche! – Perspektiven auf eine riesige Dinosaurier-Fossilien-Sammlung gestattet.

This is the Place Heritage Park HISTORISCHE STÄTTE
(www.thisistheplace.org; 2601 E Sunnyside Ave; Erw./Kind 13/9 US$; ⊙Mo–Sa 9–17, So 10–17 Uhr; 👪) Der 182 ha große Heritage Park ist der Ankunft der Mormonen im Jahr 1847 gewidmet. Herzstück ist ein historisches Dorf, in dem kostümierte Schauspieler von Juni bis August das Leben zur Mitte des 19. Jhs. darstellen. Im Eintrittspreis inbegriffen sind eine Fahrt mit der Touristenbahn und verschiedene Aktivitäten. Im restlichen Jahr sind nur Teile der Anlage (zu unterschiedlichen Preisen) zugänglich, von außen kann man die 41 Gebäude jedoch immer besichtigen. Teils handelt es sich um Nachbauten, teils um Originale wie beim Farmhaus von Brigham Young.

Red Butte Garden GARTEN
(www.redbuttegarden.org; 300 Wakara Way; Erw./Kind 12/7 US$; ⊙Mai–Aug. 9–21 Uhr) Der 61 ha große Park mit gepflegten Anlagen und natürlich belassenen Gärten bietet Zugang zu Wegen in die Ausläufer der Wasatch Mountains. Online kann man nachschauen, wer hier bei der beliebten Open-Air-Konzertreihe im Sommer auftritt. In der Nebensaison ist der Park von Sonnenaufgang bis Sonnenuntergang geöffnet.

Schlafen

Die Kettenhotels ballen sich in Downtown um die S 200 West nahe der 500 South und der 600 South; weitere liegen in Mid-Valley (abseits der I-215) und in der Nähe des Flughafens. In Hotels der Spitzenklasse sind die Preise an den Wochenenden am niedrigsten. Das Parken in Downtown ist häufig nicht im Preis enthalten. Campingplätze und Ausweichquartiere findet man in den Wasatch Mountains.

Wildflowers B&B B&B $
(☎385-419-2301; http://wildflowersbb.com; 936 E 1700 S; Zi. 90–125 US$) Das durchgängig idyllische altmodische B&B prunkt mit Buntglas und Stilmöbeln. Die Unterkunft ist billiger als in den meisten anderen B&Bs vor Ort und lohnt sich schon allein wegen des Frühstücks. Das Haus liegt in einem interessanten Viertel mit vielen Läden und Restaurants.

★Engen Hus B&B $$
(☎801-450-6703; http://engenhusutah.com; 2275 6200 S; Zi. 125–140 US$; 📶) Das hübsche Haus hat eine ideale Lage für Ausflüge in die Berge und bietet vier Zimmer mit Flachbild-TVs und handgewebten Decken auf Massivholzbetten. Die Gastgeber kennen sich mit den örtlichen Wandermöglichkeiten aus. Brettspiele, eine Terrasse mit Whirlpool und eine Waschküche sorgen für Behaglichkeit. Beim Frühstücksbüffet gibt's z. B. Arme Ritter mit Karamell. Ein Zimmer ist für Rollstuhlfahrer geeignet.

★Inn on the Hill INN $$
(☎801-328-1466; www.inn-on-the-hill.com; 225 N State St; Zi. 155–240 US$; P@📶) Kunstvolle Holzarbeiten und Tiffany-Glas mit Maxfield-Parrish-Motiven schmücken diese weitläufige Villa im Neorenaissance-Stil von 1906. Die Gästezimmer sind klassisch und komfortabel, jedoch nicht spießig, und bieten Whirlpoolwannen sowie teilweise Kamine

und Balkone. Zu den ansprechenden Aufenthaltsbereichen gehören Terrassen, ein Billardraum, eine Bibliothek und ein Speisesaal, in dem vom Chefkoch zubereitetes Frühstück serviert wird.

Hotel Monaco BOUTIQUEHOTEL **$$**
(☎801-595-0000; www.monaco-saltlakecity.com; 15 W 200 S; Zi. 229–279 US$; P ❄ @ ☎ 🐾) Das Kettenhotel gibt sich dezent, aber schrille, satte Farbtupfer und luxuriöse Drucke sorgen für eine skurille Stimmung. Die Haustiere der Gäste werden hier besonders verwöhnt, und an der Rezeption kann man sich auch einen Goldfisch ausleihen, wenn es einen nach Gesellschaft verlangt. Nette kostenlose Zugaben sind die abendlichen Weinempfänge und die Cruiser-Fahrräder; ein Parkplatz kostet extra.

Hotel RL HOTEL **$$**
(☎801-521-7373; www.redlion.com/salt-lake; 161 W 600 S; Zi. ab 239 US$; P ❄ @ ☎ ≋) Schicken Komfort bietet das umgebaute Red-Lion-Hotel. Die fast 400 Zimmer sind mit schwarz-weißen Wandmalereien und Flachbild-TVs ausgestattet. Ein klassischer Diner ist angeschlossen, und es gibt eine moderne, mit Holz ausgekleidete Lounge, ein rund um die Uhr geöffnetes Fitnesscenter und einen Pool samt Whirlpool im Freien. Das Hotel erfüllt alle Erwartungen, die man an einen so großen Kasten haben kann.

Essen

★ **Red Iguana** MEXIKANISCH **$**
(www.rediguana.com; 736 W North Temple St; Hauptgerichte 10–18 US$; ⏲Mo–Do 11–22, Fr bis 23, Sa 10–23, So 10–21 Uhr) Hier präsentiert sich Mexiko von seiner authentischsten, aromatischsten und leckersten Seite – kein Wunder, dass sich vor dem familienbetriebenen Restaurant meist Schlangen bilden. Wer sich nicht zwischen den sieben Mole-Saucen mit Chili und Schokolade entscheiden kann, fragt nach einer Kostprobe. Das unglaublich zarte *cochinita pibil* (geschmortes gezupftes Schweinefleisch) schmeckt, als wäre es tagelang gekocht worden.

★ **Tosh's Ramen** RAMEN **$**
(☎801-466-7000; 1465 State St; Hauptgerichte 9–11 US$; ⏲Di–Sa 11.30–15 & 17–21 Uhr) Das Ramen begeistert mit großen, heißen Portionen, feiner Brühe, knusprigen Sprossen und, wenn man will, mit einem Spiegelei oben drauf – echt authentisch! Man sollte aber etwas Platz für die pikanten Hühnerflügel

NICHT VERSÄUMEN

MUSEUM OF ANCIENT LIFE

Das familienfreundliche **Museum** (☎801-768-2300; www.thanksgivingpoint.org; 3003 N Thanksgiving Way, Lehi; Pass für alle Attraktionen Erw./Kind 25/20 US$, Museum Erw./Kind 15/12 US$; ⏲Mo–Sa 10–20 Uhr; 👪) befindet sich am Thanksgiving Point. Ausstellungen zu Dinosauriern und dem Leben im Meer beleuchten die Vorgeschichte. Es gibt zudem viele interaktive Exponate und ein 3D-Kino.

lassen. Am besten kommt man früh, denn in diesem netten Lokal in einem schlichten Einkaufszentrum herrscht großer Andrang.

Caputo's Deli DELI **$**
(☎801-486-6615; 1516 S 1500 E; Hauptgerichte 5–15 US$; ⏲Mo–Sa 7–20 Uhr) In diesem Gourmet-Laden mit Deli-Theke gibt's wunderbaren Käse, marinierte Paprika, frische Sandwiches und Gebäck.

Del Mar al Lago PERUANISCH **$$**
(☎801-467-2890; 310 Bugatti Ave S; Hauptgerichte 16–24 US$; ⏲Mo–Do 11–16 & 18–21, Fr & Sa 11–22 Uhr) Das Restaurant verspricht nach Aussagen seiner peruanischen Kunden authentischen Genuss. Chefkoch Wilmer aus Trujillo serviert die besten peruanischen Spezialitäten, darunter Ceviche (mit Zitrone marinierter roher Fisch), Yucca-Fritten und *causas* (gewürztes Kartoffelpüree) mit Jalapeño-Aioli.

Takashi JAPANISCH **$$**
(☎801-519-9595; 18 W Market St; Rollen 10–18 US$, Hauptgerichte 10–19 US$; ⏲Mo–Sa 11.30–14 & 17.30–22 Uhr) Was sich wohl unter „Sex on Rice" verbirgt? Das Takashi ist das beste von einer Reihe überraschend guter Sushi-Restaurants im vom Meer abgeschnittenen Salt Lake City und oft richtig voll. Selbst Gastronomie-Snobs aus Los Angeles schwärmen von den innovativen Rollen in diesem schicken Etablissement.

★ **Avenues Bistro on Third** BISTRO **$$$**
(☎801-831-5409; http://avenuesbistroonthird.com; 564 E 3rd Ave; Hauptgerichte 16–37 US$; ⏲Mi–Fr 11–22, Sa & So 9–15 & 17 Uhr–open end) 🌿 In diesem intimen Bistro kommt das Essen an erster Stelle. In dem winzigen Haus stehen ein paar Tische rund um einen offenen Grill. Der Inhaber platziert die Gäste und plaudert mit den Nachbarn. Zu empfehlen sind frisches

THE BOOK OF MORMON, DAS MUSICAL

Singende und tanzenden Mormonen-Missionare? Am Broadway ist auch das möglich. Im Frühjahr 2011 feierte das Musical *The Book of Mormon* im Eugene O'Neill Theatre in New York City seine von der Kritik gefeierte Premiere. Die heitere Satire über LDS-Missionare in Uganda stammt von den Schöpfern des Musicals *Avenue Q* und der TV-Animationsserie *South Park*. Daher ist es kein Wunder, dass das Mormonen-Musical neun Tony Awards einheimste.

Die offizielle, recht maßvolle Antwort der LDS-Kirche verzichtete auf direkte Kritik. Es wurde jedoch betont, dass das Musical vielleicht ganz unterhaltsam sei, die Schriften des Buchs Mormon aber das Leben verändern könnten.

Grüngemüse mit Utah-Forelle, Kräuterseitlinge mit Lavendelhonig und hausgemachte Feigenkekse.

Ausgehen & Nachtleben

Pubs und Bars, in denen man auch essen kann, sind die Hauptstützen des Nachtlebens in Salt Lake City. Niemand hat etwas dagegen, wenn man trinkt und dazu etwas knabbert. Eine komplette Übersicht über die örtliche Musik in den Bars steht im *City Weekly* (www.cityweekly.net).

★ Beer Bar KNEIPE
(www.beerbarslc.com; 161 E 200 S; ⌚Mo–Sa 11–2, So 10–2 Uhr) Mit großen Holztischen sowie über 140 Bier- und 13 Wurstsorten holt die Beer Bar ein kleines Stück Bayern nach Salt Lake City. Die Kundschaft ist gemischt und sehr viel informeller als in der angeschlossenen Bar X nebenan. Ein toller Ort, um sich mit Freunden zu treffen und neue Bekanntschaften zu schließen, auch wenn es ziemlich laut ist.

Bar X COCKTAILBAR
(155 E 200 S; ⌚Mo–Fr 16–2, Sa 18–2, So 19–2 Uhr) Diese Bar ist so schummrig beleuchtet und abgefahren, dass man kaum glaubt, dass man nur ein kleines Stück vom Temple Sq (S. 211) entfernt ist. Man macht es sich in der immer gut besuchten Bar mit einem Moscow Mule gemütlich und lauscht der Musik (Motown oder Funk) oder den Gesprächen am Nebentisch.

★ Jack Mormon Coffee Co CAFÉ
(www.jackmormoncoffee.com; 82 E St; ⌚Mo–Sa 10–18 Uhr) Utahs bester Kaffeeröster serviert auch tolle Espresso-Spezialitäten. Bei steigenden Temperaturen gehen die Einheimischen gern zum Jack Frost über.

Gracie's BAR
(www.graciesslc.com; 326 S West Temple St; ⌚Mo–Sa 11–2, So 10–2 Uhr) Gracie's ist ein trendiges Bar-Restaurant, das sich über zwei Ebenen mit vier Bars erstreckt und trotzdem regelmäßig aus allen Nähten platzt. Die besten Orte zum entspannten Zusammensein sind die zwei riesigen Terrassen. Fast jeden Abend sorgen Livebands oder DJs für Unterhaltung.

☆ Unterhaltung

Das Nachtleben hier ist nicht unbedingt heiß: Die größeren Dance Clubs wechseln häufig und die meisten sind nur an ein paar Nächten pro Woche geöffnet. Eine Liste findet man bei *City Weekly* (www.cityweekly.net). Ansonsten gibt's viele klassische Unterhaltungsoptionen, insbesondere rund um den Temple Sq (S. 211).

Musik

★ Mormon Tabernacle Choir LIVEMUSIK
(☎801-570-0080, 801-240-4150; www.mormontabernaclechoir.org) Eine Vorführung des weltbekannten Mormon Tabernacle Choir gehört zum Pflichtprogramm eines Besuchs in Salt Lake City. Jeden Sonntag um 9.30 Uhr wird eine Liveshow gesendet. Von September bis November und von Januar bis Mai kann man zudem im Tabernacle (S. 211) live dabei sein. Die Proben (Do 20–21 Uhr) sind öffentlich zugänglich und kostenlos.

Theater

Auf der Website des Salt Lake City Arts Council (www.slcgov.com/city-life/ec) gibt es eine komplette Liste mit kulturellen Events. Zu den Veranstaltungsstätten der Stadt gehören das **Gallivan Center** (www.thegallivancenter.com; 200 S, zw. State St & Main St), das **Depot** (☎801-355-5522; www.smithstix.com; 400 W South Temple St) und das **Rose Wagner Performing Arts Center** (https://artsaltlake.org; 138 W 300 S). Reservierungen nimmt **ArtTix** (☎801-355-2787, 888-451-2787; https://artsaltlake.org) vor.

Eccles Theatre THEATER
(☎385-468-1010; www.eccles.theatersaltlakecity.com; 131 Main St) In dem 2016 eröffneten,

prächtigen Haus gibt's zwei Theatersäle (einen mit 2500 Plätzen). Geboten werden Broadway-Shows, Konzerte und andere Unterhaltungsveranstaltungen.

Sport

Utah Jazz BASKETBALL
(☎801-325-2500; www.nba.com/jazz; 301 W South Temple St) Utah Jazz, das Profiteam im Männer-Basketball, spielt in der **Vivint Smart Home Arena** (www.vivintarena.com; 301 W South Temple St), in der ansonsten auch Konzerte stattfinden.

Real Salt Lake FUSSBALL
(☎844-732-5849; www.rsl.com; 9256 State St, Rio Tinto Stadium; ⊙März–Okt.) Salt Lake Citys erfolgreiche Fußballmannschaft der Major League hat treue Fans. Die Spiele im **Rio Tinto Stadium** machen Spaß.

Shoppen

Interessante Boutiquen, Antiquitäten und Cafés säumen die Broadway Ave (300 South) zwischen 100 und 300 East. Läden und Galerien mit Kunsthandwerk, das dem Pionier-Erbe Utahs verpflichtet ist, sind über das Stadtgebiet verstreut, einige finden sich im 300er Block der W Pierpont Ave. Viele Geschäfte beteiligen sich an Craft Salt Lake, einer eintägigen Ausstellung im August.

Utah Artist Hands KUNST & KUNSTHANDWERK
(www.utahands.com; 163 E Broadway; ⊙Mo–Fr 12–18, Sa bis 17 Uhr) Hier findet man Kunsthandwerk örtlicher Künstler, von bildender Kunst und Fotografie bis zu Schals und Töpferwaren.

Information

NOTFALL & MEDIZINISCHE VERSORGUNG

Polizei (☎801-799-3000; 315 E 200 S)

Salt Lake Regional Medical Center (☎801-350-4111; www.saltlakeregional.com; 1050 E South Temple St; ⊙rund um die Uhr geöffnete Notaufnahme)

University Hospital (☎801-581-2121; 50 N Medical Dr)

TOURISTENINFORMATION

Public Lands Information Center (☎801-466-6411; www.publiclands.org; 3285 E 3300 S, REI Store; ⊙Mo–Fr 10.30–17.30, Sa 9–13 Uhr) Besucherinfos zu öffentlich verwaltetem Gebiet in der Gegend (State Parks, BLM, USFS), darunter der Uinta-Wasatch-Cache National Forest.

Visit Salt Lake (☎801-534-4900; www.visitsaltlake.com; 90 S West Temple St, Salt Palace Convention Center; ⊙Mo–Fr 9–18, Sa & So bis 17 Uhr) Veröffentlicht eine kostenlose Infobroschüre für Besucher. Beim Visitor Center gibt's einen Souvenirladen.

Anreise & Unterwegs vor Ort

Am **Salt Lake City International Airport** (SLC; ☎801-575-2400; www.slcairport.com; 776 N Terminal Dr; 📶), 5 Meilen (8 km) nordwestlich von Downtown, gibt es hauptsächlich Inlandsflüge, aber auch ein paar Direktflüge nach Kanada und Mexiko. **Express Shuttle** (☎801-596-1600; www.xpressshuttleutah.com; nach Downtown 17 US$) bietet einen Kleinbus-Shuttleservice zum Flughafen.

Greyhound-Busse (☎800-231-2222; www.greyhound.com; 300 S 600 W; 📶) fahren zu Zielen im ganzen Land, und am **Union Pacific Rail Depot** (340 S 600 W) halten täglich **Amtrak-Züge** (☎800-872-7245; www.amtrak.com) nach Denver und Kalifornien.

Utah Transit Authority (UTA; www.rideuta.com; einfache Strecke 2,50 US$; 📶) betreibt die Stadtbahnlinien zum Flughafen und in der Innenstadt. Der Bus 550 fährt vom Parkhaus zwischen den Terminals 1 und 2 nach Downtown.

Park City & Wasatch Mountains

Utah ist das Paradies für Skifahrer und Snowboarder. Hier findet man mit die besten Pisten Nordamerikas. Jedes Jahr fallen zwischen 0,75 bis 1,30 m lockerer, trockener Schnee, und man hat Tausende Hektar hochalpines Terrain zum Austoben. In den Wasatch Mountains, die hinter SLC aufragen, liegen viele Skiorte, man kann wandern, zelten und mountainbiken. Und dann wäre da natürlich noch das mondäne Park City mit seiner luxuriösen Infrastruktur und dem berühmten Filmfestival.

Skiresorts bei Salt Lake City

Durch den Einfluss des Großen Salzsees bekommen diese Skiresorts fast doppelt so viel Schnee ab wie Park City. Die vier Resorts liegen 30 bis 45 Meilen (48–72 km) östlich von Salt Lake Citys Downtown am Ende zweier Canyons. Im Sommer locken zahlreiche Wander- und Radwege, die von beiden Canyons ausgehen.

Aktivitäten

★ **Alta** WINTERSPORT
(☎801-359-1078, 888-782-9258; www.alta.com; Little Cottonwood Canyon; Tagespass Skilift Erw./Kind 96/50 US$) Eingefleischte Skifahrer pilgern

nach Alta am höchsten Punkt des Tals. Hier sind keine Snowboarder zugelassen, deswegen halten sich die Schneedecke und präparierte Pisten länger. Weite Pulverschneehänge, Schluchten, steile Abfahrten und Lichtungen wie **East Greeley**, **Devil's Castle** und **High Rustler** tragen zur Bekanntheit des Resorts bei. Achtung: Womöglich möchte man nie wieder woanders Ski fahren!

★ Snowbird WINTERSPORT
(☎800-232-9542; www.snowbird.com; Hwy 210, Little Cottonwood Canyon; Tagesticket Skilift Erw./Kind 116/55 US$) Das größte und betriebsamste der Resorts bietet tolle Wintersportbedingungen mit steilen Pisten und tiefem Schnee. Im Sommer gelangt man mit Liften zu zahlreichen Wanderwegen. Die Pendelbahn fährt das ganze Jahr über.

Solitude WINTERSPORT
(☎801-534-1400; www.skisolitude.com; 12 000 Big Cottonwood Canyon Rd; Tagespass Skilift Erw./Kind 83/53 US$) Exklusives Dorf im europäischen Stil, umgeben von hervorragenden Pisten. Das **Nordic Center** (https://skisolitude.com/winter-activities/nordic-skiing-nordic-center; Tagespass Erw./Kind 18 US$/frei; ⌚Dez.–März & Juni–Aug. 8.30–16.40 Uhr) bietet Langlaufen im Winter und Naturpfade für die Sommermonate.

Brighton WINTERSPORT
(☎801-532-4731, 800-873-5512; www.brightonresort.com; Big Cottonwood Canyon Rd; Tagespass Skilift Erw./Kind 68/35 US$) Brighton ist bei lässigen Herumtreibern und knallharten Snowboardern beliebt, davon sollte man sich jedoch nicht abschrecken lassen. Das kleine Resort, in dem viele Einheimische das Skifahren lernen, ist noch immer eine gute Wahl für Anfänger, insbesondere für Snowboarder. Dichte Kiefernwälder säumen breite präparierte Wege und weite Pisten, zudem bieten sich Traumblicke vom Gipfel.

Park City

Bei Schneefall wirkt die Main Street mit ihren hundert Jahre alten Gebäude wie die real gewordene Szenerie einer Schneekugel. Die frühere Silberminenstadt, die Boom und Pleite erlebte, ist heute eine schöne Stadt mit Eigentumswohnungen und Villen, die sich über die Täler verteilen. Utahs beste Wintersportadresse hat fabelhafte Restaurants und kulturelle Angebote. Seit kürzlich das angrenzende Canyons Resort angeschlossen wurde, ist Park City der größte Skiort in Nordamerika.

Park City wurde international bekannt, als bei den Olympischen Winterspielen von 2002

SALT LAKE CITY MIT KINDERN

Salt Lake City ist eine durch und durch kinderfreundliche Stadt. Die wundervollen interaktiven Exponate im **Discovery Gateway** (www.discoverygateway.org; 444 W 100 S; 8,50 US$; ⌚Mo–Do 10–18, Fr & Sa bis 19, So 12–18 Uhr; 👪) stimulieren die Fantasie und die Sinne.

Auf der 1886 gegründeten **Wheeler Historic Farm** (☎385-468-1755; www.wheelerfarm.com; 6351 S 900 E, South Cottonwood Regional Park; Heuwagenfahrt 3 US$, Hausführung Erw./Kind 4/2 US$; ⌚tagsüber; 👪) GRATIS können Kinder mithelfen, Kühe zu melken, Butter zu machen und Farmtiere zu füttern. Im Sommer kann man auch schmieden, Steppdecken nähen und Heuwagenfahrten unternehmen.

Über 800 Tiere leben u. a. im Bereich „Asiatisches Hochland" des 17 ha großen, landschaftlich gestalteten **Hogle Zoo** (www.hoglezoo.org; 2600 E Sunnyside Ave; Erw./Kind 15/11 US$; ⌚9–18 Uhr; 👪). Bei täglichen Veranstaltungen können Kinder mit Tieren auf Tuchfühlung gehen und mehr über ihre Lieblingsarten erfahren.

Im Rahmen der interaktiven Veranstaltungen der **Tracy Aviary** (www.tracyaviary.org; 589 E 1300 S; Erw./Kind 8/5 US$; ⌚9–16 Uhr; 👪) können die Kleinen beispielsweise Pelikane mit Fischen füttern. Mehr als 400 gefiederte Kreaturen aus aller Welt sind in diesem Vogelpark zu Hause.

Mit Gartenanlagen im Umfang von 22 ha, einer Farm in Originalgröße mit Streichelzoo, einem Golfplatz, einem riesigen Filmtheater, einem Museum, Restaurants, Läden und einer Eisdiele hat das Thanksgiving Point in Lehi wirklich viel zu bieten. Das hiesige Museum of Ancient Life (S. 213) zeichnet sich unter den Dino-Museen im Staat durch besonders aktuelle Technik und viele interaktive Exponate aus. Kinder können nach Knochen buddeln, einen Dinosaurier herausputzen und in einem Riff aus dem Silur planschen. Lehi liegt 28 Meilen (45,1 km) südlich des Zentrums von Salt Lake City; von der I-15 nimmt man die Ausfahrt 287.

die Slalom-, Riesenslalom- und Rodelwettbewerbe hier ausgetragen wurden. Heute befindet sich das permanente Trainingszentrum des US-amerikanischen Skiteams in Park City. In der Regel schneit es bis Mitte April.

Im Sommer überwiegen die Einheimischen, die sich auf den Wanderwegen und Mountainbike-Trails zwischen den nahegelegenen Gipfeln tummeln. Von Juni bis August liegen die Temperaturen durchschnittlich bei über 20° C; die Nächte sind kühl. Im Frühjahr und Herbst ist es oft regnerisch und trist. Die Resort-Einrichtungen, die schon im Sommer gegenüber dem Winter eingeschränkt sind, machen in dieser Zeit komplett dicht.

Sehenswertes

★ Utah Olympic Park FREIZEITPARK

(☎ 435-658-4200; www.utaholympiclegacy.com; 3419 Olympic Pkwy; Museum frei, Erlebnis-Tagespass Erw./Kind 70/45 US$; ⏲ 10–18 Uhr, Touren 11–16 Uhr) Während der Winterolympiade 2002 fanden hier die Wettbewerbe im Skisprung, Bob, Skeleton, in der nordischen Kombination und im Rodeln statt. Bis heute werden im Olympiapark nationale Wettkämpfe ausgetragen. Es gibt Skisprungschanzen von 10, 20, 40, 64, 90 und 120 m Höhe sowie eine Rodel- und Bobbahn. Das US-amerikanische Skiteam trainiert hier das ganze Jahr über. Im Sommer landen Freestyler in einem blubberndem Pool und die Skispringer auf einem mit Plastik überzogenen Abhang. Die Trainingszeiten erfährt man telefonisch; das Zuschauen ist kostenlos.

★ Park City Museum MUSEUM

(www.parkcityhistory.org; 528 Main St; Erw./Kind 10/4 US$; ⏲ Mo–Sa 10–19, So 12–18 Uhr) Das gut konzipierte, interaktive Museum widmet sich den geschichtlichen Highlights der Stadt als boomendes Zentrum des Bergbaus, als Hippie-Treff und als erstklassiges Wintersportresort. Es gibt faszinierende Exponate zum ersten unterirdischen Skilift der Welt, einen echten Kerker im Untergeschoss und eine 3-D-Karte, die die Minenschächte unter dem Berg zeigt.

Aktivitäten

Skifahren ist die Hauptattraktion in der Gegend, aber es gibt genug Aktivitäten, die einen im Sommer und im Winter beschäftigt halten. Die meisten haben ihren Ausgangspunkt in den drei Resorts Canyons, Park City Mountain und Deer Valley.

KANN MAN IN UTAH EINEN TRINKEN GEHEN?

Gar kein Problem! Es gibt zwar noch einige ungewöhnliche Bestimmungen zum Alkoholausschank, sie wurden aber abgemildert und private Clubmitgliedschaften für Bars gehören der Vergangenheit an. Hier einige Regeln, die man aber kennen sollte:

- Nur wenige Restaurants haben eine umfassende Ausschanklizenz und meist ist das Angebot auf Bier und Wein beschränkt. Alkohol gibt's nur in Verbindung mit einer Mahlzeit.
- Minderjährige sind in Bars nicht zugelassen.
- Mixgetränke und Wein gibt's erst nach 12 Uhr. Bier mit einem Alkoholgehalt von 3,2 % darf ab 10 Uhr ausgeschenkt werden.
- Mischgetränke dürfen maximal 45 ml hochprozentigen Alkohol bzw. 75 ml Gesamtalkohol enthalten – Fans von Long Island Iced Tea oder einem Doppelten haben leider Pech gehabt.
- Abgefüllten Alkohol verkaufen ausschließlich Spirituosengeschäfte. Lebensmittel- und Gemischtwarenläden dürfen Bier mit einem Alkoholgehalt von 3,2 % und Malzgetränke vertreiben. Der Verkauf ist nur von Montag bis Samstag erlaubt.

Deer Valley WINTERSPORT, ABENTEUERSPORT

(☎ 435-649-1000, Schneemobilfahren 435-645-7669; www.deervalley.com; Deer Valley Dr; Tageskarte Skilift Erw./Kind 128/80 US$, Gondelfahrt hin & zurück 17 US$; ⏲ Schneemobilfahren 9–17 Uhr) In diesem Resort der Superlative wird man richtig verwöhnt, weil an alles gedacht wurde: von Taschentuch-Spendern am Fuß der Hänge bis zu Personal, das sich um die Skier der Gäste kümmert. Bei den Olympischen Winterspielen 2002 wurden hier die Slalom- und Freestyle-Wettbewerbe ausgetragen; das Resort ist aber genauso berühmt für seine erstklassigen Restaurants, den erlesenen Service und die gepflegten, nicht überfüllten Hänge.

Canyons Village at Park City WINTERSPORT, ABENTEUERSPORT

(☎ 435-649-5400; www.thecanyons.com; 4000 Canyons Resort Dr; Liftticket Erw./Kind 134/86 US$)

Mit Verbesserungsmaßnahmen, die einen zweistelligen Millionenbetrag kosteten, strebt das jetzt mit Park City Resorts verschmolzene Canyons nach Erneuerung. Zu diesen gehören der erste „Bubblelift" Nordamerikas (ein Sessellift mit umschlossenen Kabinen und Sitzheizung), weitere Serviceleistungen, neue Trails für Fortgeschrittene auf 121 ha Fläche und der Ausbau der Schneekanonen-Kapazitäten. Das Resort erstreckt sich derzeit über neun mit Espen bewachsene Gipfel 4 Meilen (6,4 km) außerhalb der Stadt nahe dem Freeway.

Park City Mountain Resort WINTERSPORT, ABENTEUERSPORT
(☎435-649-8111; www.parkcitymountainresort.com; 1310 Lowell Ave; Liftticket Erw./Kind 134/86 US$; 👪) Von Snowboardern bis zu Eltern mit Kleinkindern tummeln sich alle beim Skifahren im Park City Mountain Resort, dem Austragungsort der olympischen Snowboard- und Riesenslalom-Wettbewerbe. Das familienfreundliche Gelände ist sehr gut erreichbar, da es direkt über der Downtown aufragt.

Feste & Events

Sundance Film Festival FILMFESTIVAL
(☎888-285-7790; www.sundance.org/festival) Independent-Streifen, ihre Macher, Filmstars und Fans lassen die Stadt Ende Januar zehn Tage lang aus allen Nähten platzen. Pässe, Festival-Pauschalangebote und die wenigen Einzeltickets sind schon weit im Voraus ausverkauft. Lange vorher planen!

BEARS EARS NATIONAL MONUMENT

Das **Bears Ears National Monument** (www.fs.fed.us/visit/bears-ears-national-monument) ist der neueste Zuwachs auf der eindrucksvollen Liste US-amerikanischer Parks und sollte anfänglich 547 074 ha Land mit uralten Felsbehausungen, Gelb-Kiefernwäldern, fünftausend Jahre alten Petroglyphen, Tafelbergen, Schluchten und roten Felsen schützen.

Zu den bemerkenswerten Attraktionen innerhalb des National Monument gehörten zum Zeitpunkt der Recherche die **Bears Ears Buttes**, die **Cedar Mesa**, der **White Canyon**, der **San Juan River**, der **Indian Creek**, die **Comb Ridge** und das **Valley of the Gods** – exquisite Schätze, die David Roberts in *In Search of the Old Ones* beschrieben hat.

Die bis zu 8500 Jahre alten archäologischen Stätten sind in den letzten Jahren von Vandalismus und Zerstörung bedroht. Fünf indianische Stämme (Navajo, Hopi, Zuñi, Ute Mountain Tribe, Indian Tribe of the Uintah and Ouray Reservation) waren federführend bei dem Vorschlag, das Gebiet zum National Monument zu erklären und sollten – einmalig unter den Parks in Utah – auch einen starken Einfluss auf die Verwaltung des Landes haben.

Die Ausweisung als Schutzgebiet ist aber umstritten, da sie den Interessen der Energiewirtschaft und des Erschließungssektors zuwiderläuft, die in dem Bundesstaat sehr einflussreich sind. Die lautstarke Unterstützung von Gouverneur Gary Herbert für eine Aufhebung des Schutzes zum Zweck der Förderung fossiler Brennstoffe wurde von der Outdoor Retailer Show gekontert, die darauf verzichtete, das jährliche Treffen in Salt Lake City abzuhalten.

Yvon Chouinard stellte sich mit einem Leitartikel an die Spitze des Boykotts. Der Gründer der Outdoor-Bekleidungsfirma Patagonia wies darauf hin, dass die Outdoor-Erholung Utah 12 Mrd. US$ Einnahmen bringt und 12 000 Arbeitsplätze erhält – dreimal so viel wie die fossile Brennstoffenergie.

Weil die Trump-Regierung dafür ist, mehr Arbeitsplätze im Bereich fossiler Energieträger zu schaffen, und dazu die Umweltschutzbestimmungen auf öffentlichem Land lockert, bleibt der Status des Bears Ears National Monument prekär. Nur die Ausweisung als Schutzgebiet schützt bspw. das Lockhart Basin an der Grenze zu Canyonlands, das wegen seiner Gabelböcke und Pumas als die Serengeti Utahs gilt, vor künftiger Verpachtung zur Energiegewinnung.

Am 4. Dezember 2017 reduzierte Präsident Trump zuletzt das National Monument auf zwei Teilgebiete von nur mehr 81 696 ha – eine beispiellose Verkleinerung um 85 %. Gegen diese Entscheidungen sind Klagen vor Gericht eingegangen.

Bisher gibt es keine Park-Infrastruktur, in manchen Teilen aber bereits Wege, Informationszentren und Campingplätze. Aktuelle Infos zur Stätte, ihren Highlights und ihrem Status finden sich unter www.bearsearscoalition.org.

Schlafen

Von Mitte Dezember bis Mitte April ist die Winter-Hauptsaison, in der ein Mindestaufenthalt verlangt wird; die Preise steigen zu Weihnachten und Neujahr sowie während des Sundance Film Festival. Außerhalb der Saison fallen die Preise um 50 % oder mehr. Das beste Nachtleben gibt's in der Altstadt.

Chateau Apres Lodge HOSTEL **$**
(☎435-649-9372; www.chateauapres.com; 1299 Norfolk Ave; B 50 US$, Zi. 140–165 US$;) Die einzige Budgetoption in der Stadt ist diese einfache Lodge von 1963 mit einem Schlafsaal im ersten Stock nahe des Skiliftes. Sie ist bei Gruppen und Senioren sehr beliebt, deshalb ist eine Reservierung erforderlich.

★ **Old Town Guest House** B&B **$$**
(☎435-649-2642; www.oldtownguesthouse.com; 1011 Empire Ave; Zi. 169–229 US$;) In dem gemütlichen B&B in der Stadt können es sich die Gäste im Flanellbademantel mit einem Buch in ihrem Kiefernholzbett unter einer Steppdecke gemütlich machen oder sich auf der großen Terrasse entspannen. Die Gastgeberin informiert gern über die tollen Outdoor-Aktivitäten, geführte Skitouren, Mountainbiken und mehr.

Park City Peaks HOTEL **$$**
(☎435-649-5000; www.parkcitypeaks.com; 2121 Park Ave; DZ/Suite 219–319 US$;) Neben komfortablen, modernen Zimmern gehören ein beheiztes Außenbecken, ein Whirlpool, ein Restaurant und eine Bar zum Programm. In der Nebensaison gibt's tolle Angebote. Von Dezember bis April ist Frühstück im Preis inbegriffen.

★ **Washington School House** BOUTIQUEHOTEL **$$$**
(☎435-649-3800; www.washingtonschoolhouse.com; 543 Park Ave; Zi. 405 US$;) Architekt Trip Bennett leitete die Renovierung, bei der das auf einem Hügel stehende, aus Sandstein errichtete Schulhaus von 1898 in ein luxuriöses Boutiquehotel mit 12 Suiten umgewandelt wurde. Wie konnten sich die Kinder hier nur konzentrieren, wenn sie durch die 2,75 m hohen Fenster direkt in die Berge blickten?

Essen

Park City ist bekannt für ausgezeichnete gehobene Gastronomie – eine Mahlzeit zu vernünftigen Preisen ist hier viel schwerer zu finden. In den Skiresorts gibt's während der Saison zahlreiche Gelegenheiten zum Essen. In den Spitzenrestaurants muss man im Winter fürs Abendessen reservieren. Von April bis Ende November haben die Restaurants verkürzte Öffnungszeiten; viele sind auch für längere Zeit, vor allem im Mai, ganz geschlossen.

ABSTECHER

ANTELOPE ISLAND STATE PARK

Weiße Sandstrände, Vögel und Bisons locken die Leute auf die hübsche, 24 km lange Insel des **Antelope Island State Park** (☎801-773-2941; http://stateparks.utah.gov; Antelope Dr; Tagesgebühr 10 US$/Fahrzeug, Stellplatz Zelt & Wohnmobil ohne Anschlüsse 15 US$; ⏲Juli–Sept. 7–22 Uhr, Okt.–Juni bis 19 Uhr). Auf der größten Insel im Großen Salzsee lebte eine 600 Köpfe starke Bisonherde. Ein faszinierendes Naturspektakel ist es, wenn die Tiere im November zwecks tierärztlicher Untersuchung zusammengetrieben werden. Hunderttausende Zugvögel machen im Frühjahr und Herbst auf dem Weg in ferne Landstriche an den Ufern des Großen Salzsees Station, um sich von winzigen Salinenkrebsen zu nähren.

★ **Vessel Kitchen** CAFÉ **$**
(☎435-200-8864; www.vesselkitchen.com; 1784 Uinta Way; Hauptgerichte 7–13 US$; ⏲8–21 Uhr;) Kundige Einheimische eilen zu dieser Gourmet-Cafeteria im Einkaufszentrum, wenn sie günstig etwas auf die Schnelle essen wollen. Mit Kombucha vom Fass, Avocado-Toast und leckeren Wintersalaten und Eintöpfen gibt's hier für jeden etwas, auch für Kinder. Zum Frühstück gibt's z. B. Pfannen mit *shakshuka* (Spiegelei in Tomatensauce) und Süßkartoffel-Haschee.

Good Karma INDISCH, FUSION **$$**
(www.goodkarmarestaurants.com; 1782 Prospector Ave; Frühstück 8–13 US$, Hauptgerichte 12–25 US$; ⏲7–22 Uhr;) Soweit möglich werden lokale Bio-Zutaten für die indisch-persischen Gerichte im Good Karma verwendet. Zum Frühstück empfehlen sich Eier nach Punjab-Art und als Hauptgerichte Currys und Grillfleisch. Man erkennt das Restaurant an den tibetischen Gebetsflaggen vor der Tür.

★ **Riverhorse on Main** AMERIKANISCH **$$$**
(☎435-649-3536; www.riverhorseparkcity.com; 540 Main St; Hauptgerichte abends 38–60 US$;

⏲Mo–Do 17–22, Fr & Sa bis 23, So 11–14.30 & 17–22 Uhr; 🖉) Die feine Küche mischt Bodenständiges mit Exotischem, darunter finden sich dann Gurken-Quinoa-Salat, Polenta-Pommes oder Heilbutt mit einer Macadamiakruste. Es gibt eine separate Karte für Vegetarier. Ein Panoramafenster und schickes modernes Design sorgen für ein stilvolles Ambiente. Das alteingesessene, preisgekrönte Restaurant ist beliebt, daher sollte man vorab reservieren!

★ **J&G Grill** AMERIKANISCH $$$
(☎435-940-5760; www.jggrilldeercrest.com; 2300 Deer Valley Drive E, Deer Valley Resort; Hauptgerichte mittags 17–31 US$, abends 33–65 US$; ⏲7–21 Uhr) Einheimische lieben die Zwiebelringe in Tempurateig und die scharf gebratenen Jakobsmuscheln mit süßer Chilisauce, ansonsten stehen Fleisch und Fisch im Fokus des Gemeinschaftsprojekts von Promikoch Jean-Georges Vongerichten. Die Bergkulisse rund um das **St. Regis Resort** (☎435-940-5700; www.stregisdeervalley.com; 2300 Deer Valley Drive E, Zi. ab 446 US$; ⏲❄@📶🏊), zu dem der J&G Grill gehört, ist spektakulär.

Wahso ASIATISCH $$$
(☎435-615-0300; www.wahso.com; 577 Main St; Hauptgerichte 30–56 US$; ⏲Mi–So 17.30–22 Uhr, Mitte April–Mitte Juni geschl.) Die Kenner vor Ort strömen in dieses edle Restaurant mit moderner panasiatischer Küche. Auf der Karte stehen z. B. Lamm-Vindalho oder malaiischer Schnapper. Die Sake-Martinis sind kräftig. Hier heißt es Sehen und Gesehen werden!

PANORAMASTRASSEN: MIRROR LAKE HIGHWAY

Diese Höhenstraße, auch als Hwy 150 bekannt, beginnt rund 12 Meilen (19,3 km) östlich von Park City in **Kamas** und klettert auf der 65 Meilen (104,6 km) lange Strecke nach Wyoming bis in Höhen von mehr als 3000 m. Vom Highway hat man einen herrlichen Blick auf die Berge, und man kommt an Seen, Campingplätzen und Startpunkten von Wegen in den **Uinta-Wasatch-Cache National Forest** (www.fs.usda.gov/uwcnf) vorbei. Achtung: Wegen starker Schneefälle können Abschnitte der Straße bis weit ins Frühjahr hinein gesperrt sein, daher zunächst online die Bedingungen checken!

Ausgehen & Nachtleben

Die Main St bildet das Zentrum des Geschehens. Im Winter ist hier jeden Abend etwas los, außerhalb der Saison findet die Action überwiegend an den Wochenenden statt. Einen Veranstaltungskalender gibt's unter www.thisweekinparkcity.com. Mehrere Restaurants, darunter das **Bistro 412** (☎435-649-8211; www.bistro412.com; 412 Main St; Hauptgerichte 13–34 US$; ⏲11–14.30 & 17–1 Uhr) 🌿, das **Squatters** (☎435-649-9868; www.squatters.com; 1900 Park Ave; Burger 10–15 US$, Hauptgerichte 10–23 US$; ⏲So–Do 8–22, Fr & Sa bis 23 Uhr; 🖉) und der **Wasatch Brew Pub** (☎435-649-0900; www.wasatchbeers.com; 250 Main St; Mittagessen & Sandwiches 10–15 US$, Abendessen 10–30 US$; ⏲Mo–Fr 11–22, Sa & So 10–22 Uhr), haben auch gute Bars.

★ **High West Distillery** BAR
(☎435-649-8300; www.highwest.com; 703 Park Ave; ⏲So–Do 11–21, Fr & Sa bis 22 Uhr, Führungen 15 & 16 Uhr) In dem Gebäude, das früher Pferdestall und Garage war, befindet sich heute die angesagteste Ausgehadresse von Park City. Die Skifahrer-Destillerie wurde von einem Biochemiker gegründet – sein hausgemachter Roggen-Whiskey heizt auch bei beißender Kälte mächtig ein.

Spur BAR
(☎435-615-1618; www.thespurbarandgrill.com; 350 Main St; ⏲10–1 Uhr) Die gehobene Western-Bar überzeugt mit rustikalen Wänden, Ledersofas, knisterndem Kaminfeuer und guter Kneipenkost. Livemusik gibt's im Sommer an den Wochenenden und in der Skisaison täglich.

ℹ Praktische Informationen

Visitor Information Center (☎435-658-9616; www.visitparkcity.com; 1794 Olympic Pkwy; ⏲9–18 Uhr; 📶) Riesiges Visitor Center mit Kaffeebar, Terrasse und Traumblicken auf die Berge beim **Olympic Park** (S. 217). Online gibt es Guides für Besucher.

ℹ Anreise & Unterwegs vor Ort

Das Zentrum von Park City liegt 5 Meilen (8 km) südlich der Ausfahrt 145 von der I-80, 32 Meilen (51,5 km) östlich von Salt Lake City und 40 Meilen (64,4 km) entfernt vom **Salt Lake City International Airport** (S. 215). Der Hwy 190 (Okt.–März gesperrt) verbindet Park City über den Guardsman Pass mit dem Big Cottonwood Canyon. Neben öffentlichen Bussen verbinden eine Reihe von Kleinbusunternehmen die Stadt mit dem Flughafen und Zielen in den Bergen:

All Resort Express (☎435-649-3999; www.allresort.com; einfache Strecke 39 US$)

Canyon Transportation (☎800-255-1841; www.canyontransport.com; Kleinbus-Shuttle 39 US$)

Park City Transportation (☎435-649-8567; www.parkcitytransportation.com; Kleinbus-Shuttle 39 US$)

Powder for the People (☎435-649-6648)

Utah Transit Authority (www.rideuta.com; einfache Strecke 4,50 US$)

Das ausgezeichnete **öffentliche Verkehrsnetz** (www.parkcity.org; 558 Swede Alley; ⌚Winter 8–23 Uhr) deckt den größten Teil von Park City, einschließlich der drei Ski-Resorts ab, sodass man auch ohne Auto gut herumkommt.

Nordost-Utah

Das nordöstliche Utah ist ein wildes Hochland, von dem weite Strecken mehr als 1500 m über dem Meeresspiegel liegen. Die meisten Traveller kommen wegen des Dinosaur National Monument, man findet aber in der Gegend noch weitere Stätten mit Dinoaurierfossilien und Museen sowie Ruinen und Felskunst der antiken Fremont-Kultur. In der Nähe der Grenze zu Wyoming locken die Uinta Mountains und die Flaming Gorge Forellenangler und Naturfreunde an.

Vernal

Als die Stadt, die dem Dinosaur National Monument am nächsten liegt, begrüßt Vernal Besucher standesgemäß mit einem großen rosaroten Dino. Der informative Film, die interaktiven Exponate, die Videos und die riesigen Fossilien im **Utah Field House of Natural History State Park Museum** (☎435-789-3799; http://stateparks.utah.gov; 496 E Main St; ⌚April–Aug. 9–19 Uhr, in der Nebensaison bis 17 Uhr; 👪) GRATIS sind eine wunderbare Einführung in die Dinowelt Utahs.

Don Hatch River Expeditions (☎435-789-4316, 800-342-8243; www.donhatchrivertrips.com; 221 N 400 East; Tagesausflug Erw./Kind 99/76 US$) veranstaltet Flusstouren über schnelle Stromschnellen und in ruhigerem Gewässer in den nahen Flüssen Green River und Yampa River.

Zahlreiche Kettenmotels liegen an der Main St, da sie aber durch hiesige Arbeiter gut ausgelastet sind, darf man keine Sonderangebote erwarten. Das **Holiday Inn Express & Suites** (☎800-315-2621, 435-789-4654; www.holidayinn.com/vernal; 1515 W Hwy 40; Zi. 119–176 US$; ❄📶🏊) und das **Landmark Inn & Suites** (☎435-781-1800, 888-738-1800; www.landmark-inn.com; 301 E 100 S; Zi. ab 90 US$; 📶) sind ein wenig gehobener. Fürs Abendessen bieten sich die **Vernal Brewing Company** (☎435-781-2337; www.vernalbrewingco.com; 55 S 500 E; Hauptgerichte 11–20 US$; ⌚Mo–Sa 11.30–21 Uhr) mit ausgezeichnetem Kneipenessen und das **Don Pedro's** (☎435-789-3402; http://klcyads.com/don-pedros; 3340 N Vernal Ave; Gerichte 8–15 US$; ⌚11–14 & 17–22 Uhr) mit seiner mexikanischen Küche an.

Dinosaur National Monument

Im **Dinosaur National Monument** (www.nps.gov/dino; beim Hwy 40, Vernal; 7-Tages-Pass 20 US$/Fahrzeug; ⌚24 Std.), beiderseits der Grenze zwischen Utah und Colorado gelegen, wurde 1909 eines der größten Felder mit Dinosaurierfossilien in Nordamerika entdeckt. Auch wenn die Abschnitte beider Bundesstaaten wunderschön sind, ist es doch Utah, das mit den Knochen aufwarten kann. Äußerst sehenswert ist das **Quarry Exhibit** (www.nps.gov/dino; 20 US$/Fahrzeug; ⌚Memorial Day–Labor Day 8–19 Uhr, restliches Jahr bis 16.30 Uhr), ein umzäunter teilweise freigelegter Steinbruch mit über 1600 Knochen. Im Sommer fahren Shuttles vom **Quarry Visitor Center** (⌚Mitte Mai–Ende Sept. 8–18 Uhr, Ende Sept.–Mitte Mai 9–17 Uhr) direkt zum Quarry, 15 Meilen (24 km) nordöstlich von Vernal am Hwy 149. Außerhalb der Saison müssen sich Besucher einem von Rangern geführten Konvoi anschließen. Um ein paar riesige Oberschenkel aus dem Felsen ragen zu sehen, folgt man dem Fossil Discovery Trail (hin & zurück 3,5 km) unterhalb des Parkplatzes. Die informativen Wanderungen, die die Ranger anbieten, sind sehr zu empfehlen.

Die **Canyon Area** in Colorado, 30 Meilen (48 km) weiter östlich außerhalb von Dinosaur, CO, beherbergt das zentrale **Visitor Center** (☎970-374-3000; 4545 E Hwy 40; ⌚Mai–Sept. 8–17 Uhr, Sept.–Mai 9–17 Uhr) des Monuments und bietet einige eindrucksvolle Aussichtspunkte. Wegen der höheren Lage ist dieser Teil jedoch aufgrund von Schnee bis ins späte Frühjahr geschlossen. In beiden Abschnitten gibt es verschiedene Wanderwege, informative Fahrtouren, Zugang zum Green und Yampa River sowie Campingplätze (8–15 US$/Stellplatz Zelt & Wohnmobil).

Flaming Gorge National Recreation Area

Der prächtige Park ist nach den feuerroten Sandsteinformationen benannt. Zu ihm gehört der Stausee des Green River mit seinem 604 km langen Ufer. Die **Red Canyon Lodge** (☎435-889-3759; www.redcanyonlodge.com; 790 Red Canyon Rd, Dutch John; Hütte für 2/4 Pers. ab 155/165 US$; 📶🐾) bietet Aktivitäten wie Fliegenfischen, Rudern, Raften und Reiten; die angenehm rustikalen Hütten haben keinen TV, aber in dem ordentlichen Restaurant gibt's WLAN. Im **Nine Mile Bunk & Breakfast** (☎435-637-2572; http://9mileranch.com; Zi. 70–85 US$, Hütte 50–80 US$, Stellplatz 15 US$) gibt's thematisch aufgemachte Zimmer, eine Blockhütte und Stellplätze. Die Betreiber organisieren außerdem Ausflüge in die Schlucht.

Über öffentliche Campingplätze informieren die **USFS Flaming Gorge Headquarters** (☎435-784-3445; www.fs.usda.gov/ashley; 25 W Hwy 43, Manila; Park-Tagesgebühr 5 US$; ⌚Mo–Fr 8–17 Uhr). Das Gebiet liegt auf einer Höhe von 1841 m, sodass hier die Sommer angenehm sind.

Moab & Südost-Utah

In dieser felsigen, zerklüfteten und von Wüste geprägten Ecke des Colorado-Plateaus erlebt man die elementare Schönheit der Erde. Abgesehen von wenigen, mit Kiefern bedeckten Bergen gibt es kaum Vegetation, die das eindrucksvolle Wirken von Zeit, Wasser und Wind verdeckt. Hier finden sich die Tausenden roten Felsbögen im Arches National Park, die Flusscanyons mit ihren nackten Felswänden vom Canyonlands National Park bis zum Lake Powell und die hinreißenden Monolithe und Mesas des Monument Valley. Das Städtchen Moab ist der beste Ausgangspunkt für Outdoor-Abenteuer wie Jeeptouren, spannende Wildwasserfahrten und andere geführte Touren aller Art. Völlig die Massen hinter sich lassen kann man bei Touren zu den Stätten antiker Felskunst und zu den Siedlungen der frühen Pueblo-Indianer, die sich kilometerweit über abgelegenes und unerschlossenes Land verteilen.

Green River

Die „Wassermelonenhauptstadt der Welt" ist eine gute Basis für Raftingabenteuer auf dem gleichnamigen Fluss und dem Colorado. Der legendäre einarmige Bürgerkriegsveteran, Geologe und Ethnologe John Wesley Powell nahm die beiden Flüsse 1869 und 1871 als Erster in Augenschein. Im **John Wesley Powell River History Museum** (☎435-564-3427; www.jwprhm.com; 885 E Main St; Erw./Kind 6/2 US$; ⌚April–Okt. Mo–Sa 9–19, So 12–17 Uhr, Nov.–März 9–17 Uhr) kann man mehr über seine fantastischen Reisen erfahren, zudem beherbergt es das hiesige Visitor Center.

Holiday River Expeditions (☎800-624-6323, 435-564-3273; www.holidayexpeditions.com; 10 Holiday River St; Tagestour 190 US$) veranstaltet ganztägige Raftingtouren im Westwater Canyon sowie mehrtägige Ausflüge. Das **Robbers Roost Motel** (☎435-564-3452; www.rrmotel.com; 325 W Main St; Zi. ab 58 US$; ❄📶🐾), ein sauberer, fröhlicher Familienbetrieb, ist ein hübsches günstiges Motel. Darüber hinaus gibt es dort, wo die W Main St (Business 70) auf die I-70 trifft, den **Green River State Park Campground** (☎800-322-3770; http://utahstateparks.reserveamerica.com; Stellplatz Zelt/Wohnmobil 21/30 US$, Hütte 60 US$) und zahlreiche Kettenmotels.

Einheimische und Besucher lassen sich in **Ray's Tavern** (☎435-564-3511; 25 S Broadway; Gerichte 8–27 US$; ⌚11–21.30 Uhr), der hiesigen Kneipe, Hamburger und frische Pommes Frites schmecken.

Green River liegt 182 Meilen (293 km) südöstlich von Salt Lake City und 52 Meilen (84 km) nordwestlich von Moab. Hier hält der täglich verkehrende *California Zephyr* von **Amtrak** (☎800-872-7245; www.amtrak.com; 250 S Broadway) nach Denver, CO (ab 59 US$, 10¾ Std.).

Moab

Nach einem staubigen Tag unterwegs lockt Moab, das Basislager der Abenteuer-Aktivitäten im südlichen Utah, mit Whirlpools im Freien und Kneipenkost. Die Massen strömen herbei, um sich in Utahs Freizeithauptstadt zu vergnügen. Von Wanderern bis zu Geländewagenfahrern geben sich alle dem Erholungskult hin.

Von März bis Oktober ist das Städtchen überlaufen. Die Auswirkungen all der vielen Menschen, Fahrräder und Geländewagen auf die fragile Ökologie der Wüste ist ein ernsthaftes Problem. Die hiesigen Menschen lieben das Land, auch wenn sie sich nicht unbedingt darüber einig sind, wie es geschützt werden sollte. Wem der starke Verkehr auf die Nerven geht, kann praktisch im Nu in die weite Wüste verschwinden.

Aktivitäten

★ **Canyonlands Field Institute** TOUREN
(☎435-259-7750; www.cfimoab.org; 1320 S Hwy 191; ⌚Mai–Okt.) Die Einnahmen dieses ge-

meinnützigen Veranstalters gehen in Programme zur Förderung des Naturverständnisses bei Jugendlichen und in die Ausbildung örtlicher Guides. Den ganzen Sommer über werden gelegentlich Workshops und Seminare angeboten. Zu den besten Touren zählen die Rock Art Tour (Fr–So 8 Uhr), die geologisch ausgerichtete Arches Sunset Tour (Fr–So 16 Uhr) und maßgeschneiderte Touren auf dem Fluss.

★ **Rim Cyclery** MOUNTAINBIKEN
(☎435-259-5333; www.rimcyclery.com; 94 W 100 N; ⏲8–18 Uhr) Moabs ältester Fahrradladen in Familienbesitz vermietet und repariert Fahrräder, betreibt ein Mountainbike-Museum und verleiht im Winter Langlaufskier.

Moab Desert Adventures OUTDOOR-AKTIVITÄTEN
(☎804-814-3872; www.moabdesertadventures.com; 415 N Main St; ⏲7–19 Uhr) Die erstklassigen Klettertouren widmen sich den Felstürmen und Felswänden der Gegend. Besonders spannend ist die 43 m lange Abseilpartie einen Felsbogen hinunter. Canyoning-Touren werden ebenfalls angeboten.

Sheri Griffith Expeditions RAFTEN
(☎800-332-2439; www.griffithexp.com; 2231 S Hwy 191; ⏲8–18 Uhr) Der Raftingspezialist ist seit 1971 im Geschäft und bietet eine tolle Auswahl an Flussfahrten auf dem Colorado sowie dem Green und dem San Juan River. Die Bandbreite reicht von Familienausflügen bis zu Touren auf den Stromschnellen des Cataract Canyon, entsprechend variiert die Länge (ein paar Stunden bis ein paar Wochen).

Schlafen

Außerhalb der Saison (März–Okt.) fallen die Preise um bis zu 50 %, und viele kleinere Unterkünfte sind von November bis März geschlossen. Die meisten Bleiben bieten Whirlpools und Mini-Kühlschränke und die Motels auch Waschsalons. Radfahrer sollten sich erkundigen, ob die Unterkunft über sichere Abstellplätze für Räder oder nur über eine nicht abschließbare Kammer verfügt.

Es gibt zwar viele Motels, aber sie sind oft ausgebucht, deswegen sollte man so weit wie möglich im Voraus reservieren. Eine komplette Liste der Unterkünfte findet man unter www.discovermoab.com.

Die **BLM-Campingplätze** (☎435-259-2100; www.blm.gov; Hwy 128; Stellplatz Zelt 15 US$; ⏲ganzjährig) in der Gegend vergeben Stellplätze nach dem Prinzip „Wer zuerst kommt, mahlt zuerst". In der Spitzensaison kann man im Moab Information Center (S. 224) nachfragen, welche Plätze voll belegt sind.

NICHT VERSÄUMEN

ROBERT REDFORDS SUNDANCE RESORT

Robert Redfords **Skiresort** (☎Reservierungen 801-223-4849; 8841 Alpine Loop Scenic Byway; Lift-Tagesticket Erw./Kind 70/43 US$) könnte idyllischer nicht sein. Es verfügt über vier Sessellifte und einen Bereich für Anfänger. Der größte Teil des Geländes eignet sich für fortgeschrittene Skifahrer und Experten und hat eine Abfahrtspiste von 655 m am Nordosthang des Mt. Timpanogos. In diesem Resort findet auch das unabhängige Sundance Film Festival (S. 218) statt, und das gemeinnützige Sundance Institute hat hier seinen Sitz.

Kokopelli Lodge MOTEL $
(☎435-259-7615; www.kokopellilodge.com; 72 S 100 E; Zi. 79–149 US$; ❄📶🐾) Das Budgetmotel mit tollem Preis-Leistungs-Verhältnis verbindet Retro-Stil mit Wüsten-Chic. Zu den Annehmlichkeiten gehören ein Whirlpool, ein Grillbereich und eine sichere Fahrrad-Aufbewahrung.

★ **Cali Cochitta** B&B $$
(☎435-259-4961, 888-429-8112; www.moabdreaminn.com; 110 S 200 E; Cottages 155–190 US$; ❄📶) Die nebeneinanderstehenden, charmanten Backstein-Cottages liegen zentral, und die netten Zimmer sind attrakiv gestaltet. Der lange Holztisch auf dem Patio ist ein schöner Ort für das gemeinsame Frühstück. Im Zen-Garten kann man es sich auf Verandastühlen, in Hängematten und im Whirlpool gemütlich machen.

Pack Creek Ranch LODGE $$
(☎888-879-6622; www.packcreekranch.com; abseits des La Sal Mountain Loop; Hütten 175–235 US$; 📶🏊) Die Blockhütten dieses versteckten Paradieses stehen unter hohen Pappeln und Weiden in den La Sal Mountains 610 m oberhalb von Moab. Die meisten haben Kamine, alle verfügen über Küchen und Gasgrills (Lebensmittel mitbringen!). Es gibt weder TVs noch Telefon. Edward Abbey gehört zu den Künstlern und Autoren, die hierher kamen, um sich inspirieren zu lassen. Zu den Extras zählen Ausritte sowie ein Whirlpool und eine Sauna im Haus.

★ **Sunflower Hill Inn** INN $$$
(☎435-259-2974; www.sunflowerhill.com; 185 N 300 E; Zi. 208–293 US$;) Das erstklassige B&B, eine der besten Adressen vor Ort, bietet zwölf Zimmer in einem idyllisch-ländlichen Ambiente. Am besten nimmt man ein Zimmer in dem gemütlicheren, mit Zedernholz verkleideten Haus aus dem frühen 20. Jh. über den Zimmern des Anbaus. Alle Zimmer sind mit Steppdecken und Antiquitäten ausgestattet – einige haben sogar Whirlpools.

Sorrel River Ranch LODGE $$$
(☎877-317-8244; www.sorrelriver.com; Mile 17, Hwy 128; Zi. ab 529 US$; @) Bei Südost-Utahs einzigem komplett ausgestatteten Luxusresort mit Gourmetrestaurant handelt es sich um ein Gehöft von 1803. Die Lodge und Blockhütten befinden sich auf einer 97 ha großen Grünanlage mit Reitwegen und Alfalfa-Feldern entlang dem Colorado. Für rustikale Perfektion sorgen Kamine in den Schlafzimmern, handgefertigte Holzbetten, kupferbezogene Tische und Jacuzzi-Wannen.

Essen

In Moab gibt's von Backpacker-Cafés bis zu Gourmet-Restaurants keinen Mangel an Essgelegenheiten. In den Unterkünften erhält man den *Moab Menu Guide* (www.moabmenuguide.com). Von Dezember bis März sind manche Restaurants ganz geschlossen oder haben verschiedene Schließtage.

★ **Milt's** BURGER $
(☎435-259-7424; 356 Mill Creek Dr; Hauptgerichte 4–9 US$; ⏲Mo–Sa 11–20 Uhr) Ein Triathleten-Paar kaufte diesen klassischen Burgerladen von 1954 und war clever genug, rein gar nichts zu verändern. Hervorragend sind die Burger mit Fleisch von Wagyu-Rindern, Essiggurken und frischem Salat samt frisch geschnittenen Pommes als Beilage und einem sahnigen Butterscotch-Milchshake gegen den Durst. Man braucht Geduld – die Schlange kann lang sein. Der Laden befindet sich nahe dem **Slickrock Trail** (Sand Flats Recreation Area; www.discovermoab.com/sandflats.htm; Auto/Fahrrad 5/2 US$).

Sabaku Sushi SUSHI $$
(☎435-259-4455; www.sabakusushi.com; 90 E Center St; Rollen 6–11 US$, Hauptgerichte 13–19 US$; ⏲Di–So 17–24 Uhr) Das Meer ist zwar unendlich weit entfernt, aber dank nächtlicher Anlieferung aus Hawaii bekommt man in diesem kleinen Sushi-Ladenlokal trotzdem eine kreative Auswahl frischer Reisrollen, fangfrischen Fischs und ein paar Spezialitäten aus Utah. Zur Happy Hour (Mi & Do 17–18 Uhr) gibt's die Rollen günstiger.

Twisted Sistas CAFÉ $$
(☎435-355-0088; 11 E 100 N; Hauptgerichte mittags 11–13 US$, abends 16–30 US$; ⏲Fr–Di 12–15 & 17–21, Do 17–21 Uhr;) Eine ruhige Alternative zu den Brauereien: Das stimmungsvoll beleuchtete Café punktet mit freundlichem Ambiente, aufmerksamem Service und schmackhaftem Essen mit Einflüssen aus aller Welt. An kleineren Gerichten sind die Tapas, z. B. gefüllte Piquillo-Paprika oder Hähnchenteile, zu empfehlen. Es gibt auch eine Bar. Am besten sitzt man auf der Dachterrasse.

★ **Desert Bistro** SÜD-USA $$$
(☎435-259-0756; www.desertbistro.com; 36 S 100 W; Hauptgerichte 20–60 US$; ⏲Mi–So 17.30–23 Uhr) Ansprechend angerichtete Kreationen von Wild und frischen eingeflogenen Meeresfrüchten sind die Spezialität dieses einladenden Restaurants mit weißen Tischdecken in einem alten Haus. Wie wär's mit geräuchertem Elch mit Blaubeerenglasur, Jakobsmuscheln mit Pfefferkruste oder Yambohnen-Salat mit knuspriger Birne? Alles ist hausgemacht, vom frisch gebackenen Brot bis zum leckeren Gebäck. Auch die Weinkarte kann sich sehen lassen.

Praktische Informationen

Moab Information Center (www.discovermoab.com; 25 E Center St; ⏲8–19 Uhr;) Exzellente Informationsquelle für Parks, Wege, Aktivitäten, Camping und Wetter in der Gegend mit gut sortiertem Buchladen und sachkundigem Personal. Ist nur direkt vor Ort, nicht telefonisch, erreichbar.

Anreise & Unterwegs vor Ort

Moab liegt 235 Meilen (378 km) südöstlich von Salt Lake City, 150 Meilen (241 km) nordöstlich des Capitol Reef National Park und 115 Meilen (185 km) südwestlich von Grand Junction, Colorado.

Der **Canyonlands Airport** (CNY; www.moabairport.com; abseits des Hwy 191), 16 Meilen (25,7 km) nördlich der Stadt, hat Flüge von/nach Salt Lake City. Größere Autovermieter, darunter **Enterprise** (☎435-259-8505; N Hwy 191, Mile 148; ⏲Mo–Fr 8–17, Sa bis 14 Uhr), sind am Flughafen vertreten.

Boutique Air (☎855-268-8478; www.boutiqueair.com) fliegt nach Salt Lake City und Denver.

Es gibt auch begrenzte Bus- und Kleinbusverbindungen, darunter von **Elevated Transit** (☎888-353-8283; www.elevatedtransit.com; Moab–Salt Lake City Airport 70 US$) und **Moab Luxury Coach** (☎435-940-4212; www.moabluxurycoach.com; 3320 E Fairway Loop), mit denen man nach Salt Lake City, Grand Junction, Colorado und zu regionalen Zielen gelangt.

Um sich in Moab und den Parks umzuschauen, ist ein eigenes Auto nahezu unerlässlich. In der Hauptsaison ist der Autoverkehr stark. Es gibt eine Reihe von Radwegen in der Stadt und rund herum; eine Wegekarte erhält man im Moab Information Center.

Coyote Shuttle (☎435-259-8656; www.coyoteshuttle.com) und **Roadrunner Shuttle** (☎435-259-9402; www.roadrunnershuttle.com) bringen einen auf Anfrage zum Canyonlands Airport und bieten Shuttletransporte für Wanderer, Radfahrer und Wassersportler.

Arches National Park

Karg, der Natur ausgeliefert und unglaublich spektakulär: Der **Arches National Park** (www.nps.gov/arch; 7-Tages-Pass pro Fahrzeug Auto/Motorrad/Fahrrad 25/15/10 US$; ⏲9–16 Uhr) wartet mit der größten Konzentration an Sandsteinbogen weltweit auf. Bei der letzten Zählung waren es über 2000 Stück, die zwischen 1 bis 100 m hoch sind. Fast 1 Mio. Besucher pilgern jedes Jahr in den Nationalpark, der nur 5 Meilen (8 km) nördlich von Moab liegt. Er ist klein genug, um fast alles an einem Tag zu erkunden. Viele besonders schöne Formationen sind über asphaltierte Straßen und relativ kurze Spazierwege zu erreichen. Wer keine Lust auf Menschenmassen hat, sollte eine Exkursion bei Mondschein in Betracht ziehen; dann ist es zudem kühler und die Felsen verbreiten eine beinahe gespenstische Stimmung.

Zu den Highlights am zentralen Scenic Drive gehören der **Balanced Rock**, der eindrucksvoll neben der Hauptstraße durch den Park aufragt, und für Wanderer der moderate bis anstrengende knapp 5 km lange Rundweg, der über Slickrock-Sandstein hinauf zum inoffiziellen Wahrzeichen des Bundesstaates führt, dem **Delicate Arch** (am späten Nachmittag ist das Licht besonders schön).

Danach passiert die Straße die spektakulär schmalen Canyons und labyrinthartigen Felsformationen des **Fiery Furnace**. Sehr empfehlenswert sind dreistündige, von Rangern geführte Wanderungen, die in der Regel im Voraus gebucht werden müssen. Sie sind nicht einfach, so müssen die Teilnehmer z. B. über Steinbrocken klettern, auf Felsen hinaufsteigen und sich durch enge Wände quetschen.

Der Scenic Drive endet 19 Meilen (31 km) vom Visitor Center entfernt bei **Devils Garden**. Hier beginnt ein Rundwanderweg (hin & zurück 3,2–12,4 km), der zu mindestens acht Felsbogen führt. Die meisten Besucher laufen jedoch nur die relativ einfache, 2 km lange Strecke bis zum 88 m langen Landscape Arch, der der Schwerkraft zu trotzen scheint. Von März bis Oktober müssen die Stellplätze auf dem **Devils Garden Campground** (☎877-444-6777; www.recreation.gov; Stellplatz Zelt & Wohnmobil 25 US$) reserviert werden. Duschen und Stromanschlüsse gibt es nicht.

Wegen Wasserknappheit und der Hitze wagen nur wenige Besucher längere Wanderungen im Park, obwohl die entsprechenden Backpacker-Genehmigungen kostenlos sind (beim Visitor Center erhältlich).

ℹ REGIONALE EINTRITTSPÄSSE

Die Nationalparks in Südost-Utah verkaufen den **Southeast Utah Parks Pass** (50 US$/Fahrzeug), der ein Jahr für den Besuch der Nationalparks Arches und Canyonlands sowie der National Monuments Hovenweep und Natural Bridges gilt. Der **National Park Service Pass** (www.nps.gov/findapark/passes.htm; pro Fahrzeug Erw./Senior 80/10 US$), der online und in den Parks erhältlich ist, erlaubt ein Jahr lang den Zugang zu allen bundesstaatlichen Erholungsgebieten in Utah und darüber hinaus – mit dem Kauf unterstützt man zudem die herrlichen Parks im Südwesten der USA.

Canyonlands National Park

Lamellen, Brücken, Nadeln, Türmchen, Krater, Tafelberge und kleine Hügel aus rotem Stein – der **Canyonlands National Park** (www.nps.gov/cany; 7-Tages-Pass 10 US$/Wagen; Stellplatz Zelt & Wohnmobil ohne Anschlüsse 15–20 US$; ⏲24 Std.) ist eine verfallende, schwindende Schönheit, eine Vision der alten Mutter Erde. Straßen und Flüsse bahnen sich ihren Weg durch diese größtenteils unberührte Wildnis, eine Hochwüste mit einer Fläche von 1365 km². Besucher können wandern, raften oder Jeeptouren unternehmen.

Wichtig ist, dass man ausreichend Benzin, Proviant und Wasser dabei hat.

Die Schluchten des Colorado und des Green River teilen den Park in mehrere separate Bereiche. Das Areal **Island in the Sky** (der Name passt!), rund 30 Meilen (48 km) nordwestlich von Moab, besteht aus einem 1830 m hohen abgeflachten Plateau mit eindrucksvollen Ausblicken in die Ferne. Vom **Visitor Center** (☎435-259-4712; www.nps.gov/cany; Hwy 313; ⌚März–Okt. 8–18 Uhr, Nov.–Feb. 9–16.30 Uhr) führt eine Panoramastraße vorbei an mehreren Aussichtsplattformen und Startpunkten von Wanderwegen. Sie endet nach 12 Meilen (19 km) am **Grand View Point**, wo sich ein 1,6 km langer Weg am Rand des Plateaus entlangschlängelt. Unsere liebste Kurzwanderung ist der 800 m lange Rundweg zum viel fotografierten **Mesa Arch**, einer schlanken Brücke zwischen den Felsen, die den perfekten „Bilderrahmen" für den Washer Woman Arch liefert. 7 Meilen (11 km) vom Visitor Center entfernt befinden sich die zwölf Stellplätze des **Willow Flat Campground** (www.nps.gov/cany/planyourvisit/islandinthesky.htm, Island in the Sky; Stellplatz Zelt & Wohnmobil 15 US$; ⌚ganzjährig). Es gibt plumpskloähnliche Toiletten, jedoch kein Wasser und keine Stromanschlüsse. Eine Reservierung ist nicht möglich.

Der wilde, abgeschiedene **Needles District** ist nach den Felsnadeln aus orangefarbenem und weißem Sandstein benannt, die aus dem Wüstenboden herausragen. Er eignet sich ideal für Rucksacktouren und Ausflüge ins Gelände. Zum **Visitor Center** (☎435-259-4711; Hwy 211; ⌚März–Okt. 8–18 Uhr, Nov.–Feb. 9–16.30 Uhr) geht's von Moab aus auf dem Hwy 191 über 40 Meilen (64 km) Richtung Süden und dann über den Hwy 211 nach Westen. Dieses Gebiet lockt mit langen anstrengenden Wanderungen, nicht mit geruhsamen Panoramatouren. Der großartige **Chesler Park/Joint Trail Loop** führt über 18 km durch die struppige Wüste, vorbei an hoch aufragenden, rot-weiß-gestreiften Felstürmen, und durch tiefe, schmale Slot Canyons, die teilweise nur 0,6 m breit sind. Die Höhenunterschiede sind moderat, die Länge macht den Weg jedoch zu einer Tageswanderung für Fortgeschrittene. Der **Squaw Flat Campground** (www.nps.gov/cany; Needles; Stellplatz Zelt & Wohnmobil 15 US$; ⌚ganzjährig) mit 27 Stellplätzen 3 Meilen (5 km) westlich des Visitor Centers ist von Frühling bis Herbst immer gut gebucht. Es gibt Spülklos und fließendes Wasser, jedoch keine Duschen und Stromanschlüsse. Reservierungen sind nicht möglich.

Neben den normalen Eintrittsgebühren gibt es Genehmigungen des **NPS Backcountry Permits Office** (☎Reservierungen unter 435-259-4351; https://canypermits.nps.gov/index.cfm; 2282 SW Resource Blvd, Moab; Genehmigungen 10–30 US$; ⌚Mo–Fr 8.30–12 Uhr), die man sich vorab fürs Campen im Hinterland, für Mountainbiking, für Jeeptouren und Flussfahrten besorgen muss. Zu den entlegeneren Gebieten westlich der Flüsse, die nur südwestlich der Stadt Green River zugänglich sind, gehören der **Horseshoe Canyon**, in dem ambitionierte Wanderer mit außergewöhnlicher alter Felskunst belohnt werden, und **The Maze**.

Dead Horse Point State Park

Der winzige, aber eindrucksvolle **Dead Horse Point State Park** (www.stateparks.utah.gov; Hwy 313; Parkgebühr pro Tag 15 US$/Fahrzeug, Stellplatz Zelt & Wohnmobil 35 US$; ⌚Park 6–22 Uhr, Visitor Center März–Okt. 8–18 Uhr, Nov.–Feb. 9–16 Uhr) hat schon zahlreichen Filmen als Kulisse gedient, z. B. beim großen Finale von *Thelma & Louise*. Der Park ist kein Wanderziel, aber die hinreißende Aussicht lohnt den kurzen Abstecher vom Hwy 313 auf dem Weg nach Island in the Sky im Canyonlands National Park. Zu sehen gibt's rote Felsschluchten, eingerahmt von weißen Klippen, den Colorado River, Canyonlands und die fernen La Sal Mountains. Das ausgezeichnete **Visitor Center** (http://stateparks.utah.gov/parks/dead-horse; ⌚März–Mitte Okt. 8–18 Uhr, Mitte Okt.–Mitte März 9–17 Uhr) bietet Ausstellungen, Videos on Demand, Bücher und Landkarten sowie im Sommer von Rangern geführte Spaziergänge und Vorträge. Südlich liegt ein **Campingplatz** (☎800-322-3770; www.stateparks.utah.gov; Stellplatz 30 US$, Jurten 90 US$) mit 21 Stellplätzen und begrenztem Wasser (wenn möglich, Wasser selber mitbringen!), aber keinen Duschen und Versorgungsanschlüssen. Vorab reservieren!

Bluff

Die kleine Gemeinde (320 Ew.), 100 Meilen (161 km) südlich von Moab, ist eine praktische, entspannte Ausgangsbasis für Ausflüge in den einsamen, wunderschönen Südosten Utahs. Bluff wurde 1880 von Mormonen-Pionieren gegründet und liegt inmitten von roten Felsen und Nationalparks nahe der Kreuzung von Hwy 191 und Hwy 162 am San

Juan River. Abgesehen von einem Handelsposten und ein paar Restaurants und Unterkünften gibt es hier nicht viel.

Wer die Felskunst und Ruinen im Hinterland erkunden will, kann mit **Far Out Expeditions** (☎435-672-2294; www.faroutexpeditions.com; Tagestouren 295 US$) eine ein- oder mehrtägige Wanderung in der abgelegenen Region unternehmen. Die Raftingtouren auf dem San Juan River von **Wild Rivers Expeditions** (☎800-422-7654; www.riversandruins.com; halbtägiger Ausflug Erw./Kind 89/69 US$), einem Veranstalter mit Sinn für Geschichte und Geologie, beinhalten auch den Besuch antiker Stätten. Die gastliche **Recapture Lodge** (☎435-672-2281; www.recapturelodge.com; Hwy 191; DZ 98 US$;) ist eine rustikale, gemütliche Unterkunft. Die Inhaber verkaufen Karten und kennen die Region wirklich gut. Abtauchen kann man auch im **Valley of the Gods B&B** (☎970-749-1164; http://valleyofthegodsbandb.com; abseits des Hwy 261; EZ/DZ 145/175 US$, Hütten 195 US$), einer der originalen Ranches in der Gegend.

Das künstlerisch angehauchte **Comb Ridge Bistro** (☎435-485-5555; http://combridgebistro.com; 680 S Hwy 191; Hauptgerichte morgens 5–7 US$, abends 10–17 US$; ⏲Di–So 8–15 & 17–21 Uhr;) serviert ausgezeichneten, frisch aufgegossenen Filterkaffee, Blaumais-Pfannkuchen und zum Frühstück Sandwiches mit Paprika und Ei in dem aus Holz und Lehmziegeln gebauten Café. Im **Cottonwood Steakhouse** (☎435-672-2282; www.cottonwoodsteakhouse.com; Hwy 191, Ecke Main & 4th East St; Hauptgerichte 18–27 US$; ⏲März–Nov. 17.30–21.30 Uhr) im Western-Stil bekommt man gegrilltes Steak und Bohnen in großen Portionen.

Hovenweep National Monument

Im wunderschönen, kaum besuchten **Hovenweep** (www.nps.gov/hove; Hwy 262; Stellplatz Zelt & Wohnmobil 10 US$; ⏲Park Sonnenaufgang–Sonnenuntergang, Visitor Center Juni–Sept. 8–18 Uhr, Okt.–Mai 9–17 Uhr) GRATIS, was in der Sprache der Ute „verlassenes Tal" bedeutet, gibt es mehrere aneinander grenzende Stätten der frühen Pueblo-Indianer - hier ragen eindrucksvolle Türme und Kornspeicher über flachen Wüsten-Canyons auf. Die Square Tower Group befindet sich in der Nähe der **Ranger Station** (☎970-562-4282; www.nps.gov/hove; McElo Rte; ⏲April–Sept. 8–18 Uhr, Okt.–März bis 17 Uhr;), zu den übrigen Stätten führen lange Wanderungen. Der **Campingplatz** (Stellplatz Zelt & Wohnmobil 10 US$) verfügt über 31 einfache Stellplätze ohne Duschen und Stromanschlüsse, die nicht reserviert werden können. Der Hauptzugangspunkt befindet sich östlich des Hwy 191 auf dem Hwy 262 (via Hatch Trading Post), über 40 Meilen (64 km) nordöstlich von Bluff.

Natural Bridges National Monument

55 Meilen (88 km) nordwestlich von Bluff liegt in völliger Abgeschiedenheit das **Natural Bridges National Monument** (www.nps.gov/nabr; Hwy 275; 7-Tages-Pass 10 US$/Fahrzeug; Stellplatz Zelt & Wohnmobil 10 US$; ⏲24 Std., Visitor Center Mai–Sept. 8–18 Uhr, Okt.–April 9–17 Uhr) mit seinem Canyon aus weißem Sandstein (jawohl, weiß, nicht rot!), in dem drei imposante und leicht zugängliche natürliche Brücken zu bestaunen sind. Die älteste, die **Owachomo Bridge**, ist 55 m lang, aber nur 3 m breit. Auf einer ebenen 9 Meilen (14 km) langen Panoramastraße kann man sich einen Überblick verschaffen. Die 13 einfachen Stellplätze auf dem Campingplatz ohne Duschen und Stromanschlüsse können nicht reserviert werden. Es gibt ein wenig Platz für zusätzliche Zelte, die nächsten Dienstleistungen befinden sich jedoch in Blanding, etwa 40 Meilen (64 km) weiter östlich.

Zion & Südwest-Utah

Hier kann man die blutroten Canyons des Zion National Park bestaunen, unter den filigranen rosa- und orangefarbenen Minaretten des Bryce Canyon wandern und an den wirbelförmigen grauweißen und purpurroten Hügeln des Capitol Reef vorbeifahren. Das südwestliche Utah ist so spektakulär, dass der größte Teil des Geländes als Nationalpark, National Forest, State Park oder BLM Wilderness unter Schutz steht. Das ganze Gebiet lädt mit engen Schluchten, rosa Sanddünen und wellenartigen Sandsteinformationen zur Outdoor-Erkundung ein.

Capitol Reef National Park

Nicht so überlaufen wie die übrigen Nationalparks und dabei nicht minder schön ist der **Capitol Reef National Park** (☎Durchwahl 4111, 435-425-3791; www.nps.gov/care; Ecke Hwy 24 & Scenic Dr; Eintritt frei, 7-Tage-Pass für Scenic Drive 10 US$/Auto, Stellplatz Zelt & Wohnmobil 20 US$; ⏲24 Std., Visitor Center & Scenic Drive April–Okt. 8–18 Uhr, Nov.–März bis 16.30 Uhr).

Innerhalb seiner Grenzen verläuft der Großteil des 100 Meilen (161 km) langen Waterpocket Fold, einer Erdfalte, die vor 65 Mio. Jahren entstanden ist. Die freigelegten Gesteinsschichten liefern eine Art Querschnitt durch die Erdgeschichte und sind von einer geradezu künstlerischen Farbintensität.

Der Hwy 24 führt quer durch den Park, allerdings sollte man sich auf keinen Fall den **Capitol Reef Scenic Drive** (7-Tage-Pass pro Person/Auto 5/3 US$) nach Süden entgehen lassen. Die asphaltierte 9 Meilen (14 km) lange Route (kein Rundweg) führt durch Obstgärten, ein Vermächtnis der Mormonensiedler. Je nach Jahreszeit kann man umsonst Kirschen, Pfirsiche und Äpfel pflücken und zudem das historische **Gifford Farmhouse** (März–Okt. 8–17 Uhr) besichtigen. Auf dem alten Bauernhof werden kleine Obstpasteten verkauft. Unterwegs locken tolle Wanderwege, darunter die Routen **Grand Wash** und **Capitol Gorge**. Sie führen entlang dem ebenen Boden eines separaten schmalen Canyons. Wer Lust auf eine größere Herausforderung hat, kann den **Golden Throne Trail** hinaufsteigen. Der schattige, grüne **Campingplatz** (www.nps.gov/care; Scenic Dr; Stellplätze 20 US$) ohne Duschen und Stromanschlüsse akzeptiert keine Reservierungen und ist von Frühling bis Herbst schnell belegt.

Torrey

Die 15 Meilen (24,1 km) westlich vom Capitol Reef National Park gelegene kleine Pionierstadt Torrey dient den meisten Besuchern als Standquartier. Neben ein paar Gebäuden aus der Zeit des Wilden Westens gibt's etwa ein Dutzend Restaurants und Motels.

Das im Cowboy-Stil eingerichtete **Capitol Reef Resort** (435-425-3761; www.capitolreefresort.com; 2600 E Hwy 24; Zi. 139–179 US$, Hütten & Tipis ab 249 US$; P) gehört zu den Unterkünften, die dem gleichnamigen Nationalpark besonders nahe liegen. Ländliche Eleganz prägt das 1914 errichtete **Torrey Schoolhouse B&B** (435-633-4643; www.torreyschoolhouse.com; 150 N Center St; Zi. 120–160 US$; April–Okt.;), und jedes der luftigen Zimmer hat eine Geschichte zu erzählen (so soll hier mal Butch Cassidy einer Tanzveranstaltung beigewohnt haben). Nach dem Gourmet-Frühstück entspannt man sich im Garten oder in der großen Lounge im 1. Stock.

Dank der hervorragenden, anspruchsvoll angerichteten Südwest-Küche zählt das **Cafe Diablo** (435-425-3070; www.cafediablo.net; 599 W Main St; Hauptgerichte mittags 10–14 US$, abends 22–40 US$; Mitte April–Okt. 11.30–22 Uhr;) zu den besten Restaurants im südlichen Utah.

Boulder

Der winzige Außenposten **Boulder** (www.boulderutah.com; 222 Ew.) liegt nur 32 Meilen (51 km) südlich von Torrey am Hwy 12, allerdings muss man den Boulder Mountain überqueren, um dorthin zu gelangen. Hier beginnt die hübsche **Burr Trail Rd**, die ostwärts durch den nordöstlichen Teil des Grand Staircase-Escalante National Monument führt, bis sie schließlich zur Schotterpiste wird und sich hinauf zum Capitol Reef oder hinab zur Bullfrog Marina am Lake Powell schlängelt.

Das kleine **Anasazi State Park Museum** (www.stateparks.utah.gov; Main St/Hwy 12; 5 US$; März–Okt. 8–18 Uhr, Nov.–Feb. 9–17 Uhr) zeigt Artefakte und eine indianische Stätte, die von 1130 bis 1175 bewohnt war. Die schicken Zimmer der **Boulder Mountain Lodge** (435-335-7460; www.boulder-utah.com; 20 N Hwy 12; Zi. 140–175 US$, Suite 325 US$, Apt. 230 US$; @) können sich sehen lassen, eigentliches Highlight ist jedoch das 6 ha große Tierschutzgebiet ringsum. Der Whirlpool im Freien mit Blick auf die Berge ist ein gemütlicher Ort, um Vögel zu beobachten. Der zur Lodge gehörende **Hell's Backbone Grill** (435-335-7464; www.hellsbackbonegrill.com; März–Nov. 7.30–11.30 & 17–21.30 Uhr; Frühstück 10–12 US$, Mittagessen 9–17 US$, Abendessen 17–36 US$;) serviert liebevoll zubereitete, bodenständige lokaltypische Küche aus regionalen Zutaten; Reservierung erforderlich. Im **Burr Trail Grill & Outpost** (435-335-7511; Ecke Hwy 12 & Burr Trail Rd; Gerichte 8–18 US$; März–Okt Grill 11.30–21.30 Uhr, Outpost 8.30–18 Uhr;) in der Nähe kommen Bio-Gemüsekuchen, verschiedene Burger und leckere hausgemachte Desserts auf den Tisch.

Grand Staircase-Escalante National Monument

Das **Grand Staircase-Escalante National Monument** (GSENM; 435-826-5499; www.blm.gov; 24 Std.) GRATIS liegt in einer ausgedörrten Region, die so unwirtlich ist, dass sie als letzte auf dem US-amerikanischen Festland kartografiert wurde. Mit 6879 km² ist es so groß wie Delaware und Rhode Island zusammen. Die nächstgelegenen Einrichtungen für Besucher und die GSENM Visitor Centers befinden sich in Boulder und Escalante am Hwy 12 im Norden bzw. Kanab am US 89 im Süden. Davon abgesehen ist die Infrastruktur minimal. Was bleibt, ist ein riesiges unbewohntes Canyon-Land voller Jeep-Pisten, die abenteuerlustige Reisende mit genug Zeit, der richtigen Ausrüstung und der entsprechenden Vorbereitung begeistern werden.

Die am leichtesten zugängliche und am häufigsten genutzte Strecke im Park ist die 10 km lange Rundroute zu dem wunderschönen mehrfarbigen Wasserfall beim **Lower Calf Creek** (Hwy 12, Mile 75,; Tagespass 5 US$; ⊙Tagespass Sonnenaufgang–Sonnenuntergang) zwischen Boulder und Escalante. Die 14 meist gefragten Stellplätze am **Calf Creek Campground** (www.blm.gov/ut; Hwy 12; Stellplatz Zelt & Wohnwagen 15 US$) abseits des Hwy 12 sind schnell belegt und können nicht reserviert werden. Duschen und Stromanschlüsse gibt es nicht.

Escalante

Über die 800-Seelen-Ortschaft Escalante gelangen Besucher ins National Monument. Sie ist die größte Siedlung im Umkreis von vielen, vielen Kilometern. Boulder ist eine 30 Meilen (48 km) lange gemächliche verschlungene Autofahrt entfernt, Torrey 65 Meilen (105 km). Escalante eignet sich gut als Ausgangsbasis für Ausflüge ins angrenzende Grand Staircase-Escalante National Monument. Das wunderbare **Escalante Interagency Visitor Center** (☎435-826-5499; www.ut.blm.gov/monument; 775 W Main St; ⊙April–Sept. tgl. 8–16.30 Uhr, Okt.–März Mo–Fr) ist eine großartige Informationsquelle zu geschützten Gebieten und Wäldern der Gegend.

Das **Escalante Outfitters** (☎435-826-4266; www.escalanteoutfitters.com; 310 W Main St; naturgeschichtliche Touren 45 US$; ⊙7–21 Uhr) ist eine Oase für Reisende. Im Buchladen gibt's Karten, Guides, Campingausrüstung und Alkohol, während das einladende Café hausgemachtes Frühstück, Pizza und Salate verkauft. Außerdem kann man winzige rustikale Hütten (ab 50 US$) und Mountainbikes (ab 35 US$/Tag) mieten. Der alteingesessene Veranstalter **Excursions of Escalante** (☎800-839-7567; www.excursionsofescalante.com; 125 E Main St; ganztägige Canyontour 175 US$; ⊙8–18 Uhr) organisiert Canyoning- und Klettertouren sowie Fotowanderungen.

DIE HÖHE IST ENTSCHEIDEND

Im Süden Utahs ist es im Allgemeinen wärmer als im Norden. Bevor man allerdings Vermutungen über das Wetter anstellt, sollte man zunächst einen Blick auf die Höhenmeter werfen. Orte, die gerade mal eine Autostunde voneinander entfernt liegen, können einen Höhenunterschied von rund 1000 m und einen Temperaturunterschied von 10 °C aufweisen.

- St. George (900 m)
- Zion National Park – Springdale Eingang (1200 m)
- Cedar Breaks National Monument (3050 m)
- Bryce National Park Lodge (2470 m)
- Moab (1227 m)
- Salt Lake City (1288 m)
- Park City (2134 m)

Zu den weiteren guten Unterkünften vor Ort gehören das **Canyons B&B** (☎435-826-4747, 866-526-9667; www.canyonsbnb.com; 120 E Main St; DZ 160 US$; ⊙März–Okt.; ❄📶) mit komfortablen Hütten rund um einen schattigen Hof und das **Escalante Grand Staircase B&B** (☎435-826-4890; www.escalantebnb.com; 280 W Main St; DZ 142 US$; ❄📶) mit geräumigen Zimmern und jeder Menge Infos zur Gegend.

Bryce Canyon National Park

Die Grand Staircase, die „große Treppe", ist eine Reihe von stufenähnlich aufgeworfenen Gesteinsschichten, die nördlich des Grand Canyon aufsteigen. Ihren Höhepunkt bilden die Pink Cliffs in diesem verdientermaßen beliebten **Nationalpark** (☎435-834-5322; www.nps.gov/brca; Hwy 63; 7-Tages-Pass 30 US$/Fahrzeug; ⊙24 Std.; Visitor Center Mai–Sept. 8–20 Uhr, Okt.–April bis 16.30 Uhr). Tatsächlich erwartet Besucher hier kein richtiger Canyon, sondern ein Amphitheater aus erodierten Felsen mit wundersamen pastellfarbenen Nadeln und Zinnen, Türmchen, Säulen und an Totempfahle erinnernden Hoodoos. Der Park liegt 50 Meilen (80 km) südwestlich von Escalante; vom Hwy 12 zweigt man auf den Hwy 63 nach Süden ab.

Der **Rim Road Scenic Drive** auf 2400 m ist 18 Meilen (29 km) lang. Er folgt grob der

NICHT VERSÄUMEN

NEWSPAPER ROCK STATE HISTORIC MONUMENT

Das winzige Erholungsgebiet besteht im Wesentlichen aus einer einzigen, großen Sandsteinwand mit mehr als 300 Petroglyphen, die im Verlauf von 2000 Jahren von den Ute und den frühen Pueblo-Indianern geschaffen wurden. Die vielen roten Figuren heben sich auf dem Felsen von einem Hintergrund schwarzer „Wüsten-Firnis" ab und sind ein prima Fotomotiv. Die Stätte befindet sich 50 Meilen (80,5 km) südlich von Moab, östlich des Canyonlands National Park (S. 225) am Hwy 211.

Schluchtkante und passiert das **Visitor Center** (☎435-834-5322; www.nps.gov/brca; Hwy 63; ⏲Mai–Sept. 8–20 Uhr, Okt. & April 8–18 Uhr, Nov.–März 8–16.30 Uhr; 📶), die Lodge, traumhafte Aussichtspunkte – besonders toll ist der **Inspiration Point** – sowie Startpunkte von Wanderwegen, bevor er am **Rainbow Point** (2800 m) endet. Von Anfang Mai bis Anfang Oktober fährt ein kostenloser Shuttlebus (8–mind. 17.30 Uhr) von einem Sammelpunkt nördlich des Parks bis zum **Bryce Amphitheater** ganz im Süden.

Im Park gibt es zwei Campingplätze. Für beide lässt sich eine begrenzte Anzahl Stellplätze über die Webseite des Parks reservieren. Der **Sunset Campground** (☎877-444-6777; www.recreation.gov; Bryce Canyon Rd; Stellplatz Zelt/Wohnwagen 20/30 US$; ⏲April–Sept.) hat etwas mehr Bäume, ist aber nicht das ganze Jahr über geöffnet. Münzwaschautomaten und Münzduschen gibt es beim Gemischtwarenladen in der Nähe des **North Campground** (☎877-444-6777; www.recreation.gov; Bryce Canyon Rd; Stellplatz Zelt/Wohnwagen 20/30 US$). Im Sommer sind verbleibende nicht reservierte Stellplätze bereits vor 12 Uhr belegt.

Die aus den 1920er-Jahren stammende **Bryce Canyon Lodge** (☎877-386-4383, 435-834-8700; www.brycecanyonforever.com; Hwy 63; Zi. & Hütten 208–270 US$; ⏲April–Okt.; @📶) verströmt rustikalen alpinen Charme. Die Zimmer in den modernen, hotelartigen Einheiten haben zeitgemäße Möbel, die dünnwandigen Doppelhütten Gaskamine und Veranden an der Vorderseite. TVs gibt's nicht. Das **Restaurant** (☎435-834-5361; Bryce Canyon Rd; Frühstück & Mittagessen 10–20 US$, Abendessen 10–35 US$; ⏲April–Okt. 7–22 Uhr) 🍃 der Lodge ist ausgezeichnet, aber teuer. Ein klassischer Diner ist das **Bryce Canyon Pines Restaurant** (☎435-834-5441; Hwy 12; Frühstück & Mittagessen 5–14 US$, Hauptgerichte abends 12–24 US$; ⏲April–Okt. 6.30–21.30 Uhr).

Unmittelbar nördlich der Parkgrenze befindet sich das **Ruby's Inn** (www.rubysinn.com; 1000 S Hwy 63), ein Resortkomplex mit mehreren Motelunterkünften, einem Campingplatz, verschiedenen Restaurants, Western-Kunst und Wäscheservice. Daneben können Gäste Lebensmittel kaufen, tanken und einen Hubschrauberflug unternehmen.

Essen und Unterkünfte gibt es außerdem 11 Meilen (18 km) weiter östlich über den Hwy 12 in dem kleinen Ort **Tropic** (www.brycecanyoncountry.com).

Kanab

Am südlichen Ende des Grand Staircase-Escalante National Monument liegt das abgeschiedene Kanab (4500 Ew.) inmitten einer weiten, unwirtlichen Wüste. Von den 1920er- bis in die 1970er-Jahre wurden hier zahlreiche Western gedreht, und die Stadt besitzt bis heute ein gewisses Wild-West-Flair.

John Wayne und Gregory Peck gehören zu den Hollywood-Stars, die einst in der etwas in die Jahre gekommenen **Parry Lodge** (☎888-289-1722, 435-644-2601; www.parrylodge.com; 89 E Center St; Zi. 119–149 US$; ❄📶🏊🐾) übernachteten. Originale Kunstwerke in den Motelzimmern geben der renovierten **Canyons Lodge** (☎435-644-3069, 800-644-5094; www.canyonslodge.com; 236 N 300 W; Zi. 169–179 US$; ❄@📶🏊🐾) 🍃 eine anspruchsvollere Western-Atmosphäre. Im Zentrum kann man im **Rocking V Cafe** (☎435-644-8001; www.rockingvcafe.com; 97 W Center St; Hauptgerichte mittags 8–18 US$, abends 18–48 US$; ⏲11.30–22 Uhr; 🖉) oder im schicken **Sego** (☎435-644-5680; 190 N 300 W, Canyons Boutique Hotel; Hauptgerichte 14–23 US$; ⏲Di–Sa 17–21 Uhr) essen, wo man hervorragende Gerichte wie Wildpilze mit Ziegenkäse und Nudeln mit Königskrabben-Curry erwarten darf.

Im **Kanab GSENM Visitor Center** (☎435-644-1300; www.ut.blm.gov/monument; 745 E Hwy 89; ⏲8–16.30 Uhr) kann man sichüber das National Monument informieren; das **Kane County Office of Tourism** (☎435-644-5033, 800-733-5263; www.visitsouthernutah.com; 78 S 100 E; ⏲Mo–Fr 8.30–18, Sa bis 16 Uhr) legt den Schwerpunkt auf die Stadt und die Filmdrehorte.

Zion National Park

Bereit für eine Überdosis an atemberaubenden Landschaften? Im **Zion National Park** (www.nps.gov/zion; Hwy 9; 7-Tages-Pass 30 US$/Fahrzeug; ⌚24 Std., Visitor Center Juni–Aug. 8–19.30 Uhr, Sept.–Mai kürzer) warten an jeder Ecke großartige Landschaften. Besucher können die rot-weißen Felsen des **Zion Canyon** bewundern, die hoch über dem **Virgin River** thronen, nach der Bewältigung von rund 425 Höhenmetern den Blick vom Aussichtspunkt **Angels Landing** genießen oder flussabwärts durch die berüchtigten **Narrows** wandern. Darüber hinaus gibt es auch delikatere Schönheiten wie hängende Felsen, winzige Grotten und Hochebenen voller Wildblumenwiesen. Aufgrund der üppigen Vegetation und geringen Höhe wirken die wunderschönen Felsformationen um einiges grüner als in den kargen Parks im Osten.

Ein Großteil der Besucher gelangt über den Boden des Zion Canyon in den Park. Sogar die anstrengendsten Wanderwege sind von Mai bis September, wenn nur Shuttles zugelassen sind, stark frequentiert. Wer nur Zeit für eine einzige Aktivität hat, sollte den 6 Meilen (10 km) langen **Scenic Drive** wählen, der ins Herz des Zion Canyon führt. Von Mitte März bis Anfang November ist man auf die kostenlosen Shuttles am **Visitor Center** (☎435-586-0895; www.nps.gov/zion; Kolob Canyons Rd; ⌚Ende Mai–Sept. 8–19.30, Rest des Jahres bis 17 Uhr) angewiesen, man kann jedoch nach Belieben an den Aussichtsplattformen und Startpunkten der Wanderwege aus- und wieder zusteigen.

Von den einfachen bis moderaten Wegen ist der befestigte 1,6 km lange **Riverside Walk** am Ende der Straße ein guter Start. Sehr viel anstrengender ist der 9 km lange **Angels Landing Trail**; man überwindet 430 Höhenmeter und zum Schluss geht es über einen schmalen Grat mit senkrecht abfallenden Wänden – nichts für Leute mit Höhenangst! –, aber der Blick auf den Zion Canyon ist phänomenal. Hin und zurück braucht man etwa vier Stunden.

Die bekannteste Backcountry-Route führt durch die unvergesslichen **Narrows**. Auf der 26 km langen Strecke geht's durch die schmalen Canyons entlang der Nordgabelung des Virgin River (Juni–Okt.). Man muss sich auf nasse Füße einstellen: Mindestens die Hälfte der 12-stündigen Wanderung führt durch den Fluss. Am besten teilt man die Route auf zwei Tage auf und übernachtet auf einem Campingplatz (vorab reservieren!); alternativ richtet man die Planung nach dem letzten Parkshuttle. Bei dieser Wanderung ist man auf die Shuttles angewiesen, die zu den Startpunkten der Routen fahren.

Östlich des Parkhaupteingangs führt der Hwy 9 über sechs enge Serpentinen hinauf bis zum 1,1 Meilen (1,7 km) langen Zion-Mt. Carmel Tunnel. Das Wunder der Ingenieurskunst wurde Ende der 1920er-Jahre erbaut. Kurz darauf ändert sich die Landschaft komplett: Zerfurchter Slickrock-Sandstein in verschiedenen Farben mit der bergigen **Checkerboard Mesa** als Höhepunkt.

Auf dem von Pappeln bestandenen **Watchman Campground** (☎Reservierungen 877-444-6777; www.recreation.gov; Hwy 9; Zion National Park; Stellplatz Zelt 20 US$, Stellplatz Wohnmobil mit Anschlüssen 30 US$; ⌚ganzjährig; 🐾) am Canyon sollte man weit im Voraus reservieren und um einen Stellplatz am Fluss bitten. Der angrenzende **South Campground** (☎435-772-3256; Hwy 9; Stellplatz Zelt & Wohnmobil 20 US$; ⌚ganzjährig; 🐾) nimmt keine Reservierungen entgegen. Direkt am Scenic Drive steht die rustikale **Zion Lodge** (☎435-772-7700; 888-297-2757; www.zionlodge.com; Zion Canyon Scenic Dr; Hütte/Zi. 227/217 US$; ❄@📶) mit Standard-Motelzimmern und Hütten mit Gaskaminen. TVs gibt's zwar keine, dafür aber Holzveranden mit Traumblicken auf die roten Felsen. Das hauseigene Restaurant, der **Red Rock Grill** (☎435-772-7760; Zion Canyon Scenic Dr, Zion Lodge; Frühstück & Sandwiches 6–15 US$, Abendessen 16–30 US$; ⌚März–Okt. 6.30–10, 11.30–14.30 & 17–21 Uhr, Nov.–Feb. unterschiedlich), wartet mit einer ähnlich eindrucksvollen Aussicht auf. Gleich außerhalb des Parks gelegen, bietet die Stadt Springdale sehr viel mehr Infrastruktur.

Achtung: Um auf dem Hwy 9 durch den Park fahren zu dürfen, muss man die Parkgebühr bezahlen – selbst wenn man nur auf der Durchreise ist.

Springdale

In der Nähe des südlichen Haupteingangs zum Zion National Park ist Springdale eine perfekte kleine Parkstadt. Eindrucksvolle rote Felsen bilden die Kulisse für verschiedene Cafés, Bio-Restaurants, Galerien und eigenständige Motels und B&Bs.

Abgesehen von Wanderungen in den Nationalpark locken geführte Kletter-, Canyoning-, Mountainbike- und Geländewagentouren (halber Tag ab 140 US$/Pers.) auf dem angrenzenden BLM-Land. Die **Zion**

Adventure Company (☎435-772-1001; www.zionadventures.com; 36 Lion Blvd; Canyoning ab 177 US$/Tag; ⏲März–Okt. 8–20 Uhr, Nov.–Feb. 9–12 & 16–19 Uhr) bietet ausgezeichnete Ausflüge, Ausrüstung für die Narrows, Shuttles für Wanderer und Radfahrer und Floßfahrten auf dem Fluss. **Zion Cycles** (☎435-772-0400; www.zioncycles.com; 868 Zion Park Blvd; Fahrrad halber/ganzer Tag ab 30/40 US$, Fahrradträger fürs Auto ab 15 US$; ⏲Feb.–Nov. 9–19 Uhr) ist der hilfreichste Fahrradshop vor Ort.

Das **Desert Pearl Inn** (☎888-828-0898, 435-772-8888; www.desertpearl.com; 707 Zion Park Blvd; Zi. ab 239 US$; ❄@📶≋) hat die stilvollsten Zimmer im Ort, das **Red Rock Inn** (☎435-772-3139; www.redrockinn.com; 998 Zion Park Blvd; Cottages 199–259 US$; ❄📶) fünf romantische Cottages im zeitgenössischen Landhaus-Stil.

Das **Zion Canyon B&B** (☎435-772-9466; www.zioncanyonbnb.com; 101 Kokopelli Circle; Zi. 159–199 US$; ❄📶) ist das traditionellste B&B vor Ort und bietet ein komplettes Gourmet-Frühstück und ein Mini-Spa. Das **Under the Eaves Inn** (☎435-772-3457; www.undertheeaves.com; 980 Zion Park Blvd; Zi. 109–189 US$; ❄📶) ist ein Bungalow aus den 1930er-Jahren mit einer kreativen Sammlung von Kunst und Artefakten, die die Inhaber zusammengetragen haben. Statt Frühstück erhält man einen Gutschein für ein örtliches Restaurant.

Mit Kaffee und sehr guten süßen und herzhaften Crêpes bietet sich das **MeMe's Cafe** (☎435-772-0114; www.memescafezion.com; 975 Zion Park Blvd; Hauptgerichte 10–14 US$; ⏲7–21 Uhr) als erste Station am Morgen an. Es gibt auch Panini und Waffeln sowie abends Rinderbrust und Pulled Pork. Abends sind der mit Lichterketten dekorierte, mexikanisch geflieste Patio von **Oscar's Cafe** (www.cafeoscars.com; 948 Zion Park Blvd; Hauptgerichte 12–18 US$, Frühstück 6–12 US$; ⏲8–21 Uhr) und das rustikale **Bit & Spur Restaurant & Saloon** (www.bitandspur.com; 1212 Zion Park Blvd; Hauptgerichte 13–28 US$; ⏲März–Okt. tgl. 17–23 Uhr, Nov.–Feb. Do–Sa 17–22 Uhr; 📶) die beliebten Treffs der Einheimischen zum Abhängen, Essen und Trinken. Für das exzellente Hotelrestaurant **King's Landing** (☎435-772-7422; www.klbzion.com; 1515 Zion Park Blvd, Driftwood Lodge; Hauptgerichte 16–38 US$; ⏲17–21 Uhr) 🍃 muss man vorab reservieren.

NEW MEXICO

Der Spitzname *Land of Enchantment* (Land der Verzauberung) kommt nicht von ungefähr. Licht und Schatten spielen auf den mit Wacholder bestandenen Hügeln, Pferdeweiden und Lehmziegelhäuser prägen die traditionellen Bergdörfer, auf den nördlichen Hochebenen liegen jahrhundertealte Ortschaften vor der Kulisse der majestätischen Sangre de Cristo Mountains und Vulkane, Canyons und weite Wüstenebenen erstrecken sich unter dem endlosen Himmel. Die Schönheit der Landschaft übt eine mächtige Faszination aus. Lehmziegelkirchen voller Sakralkunst, uralte indianische Pueblos, echte Cowboys, legendäre Banditen, mit Chili gewürzte Enchiladas – all dies sind Dinge, durch die sich New Mexico deutlich von den anderen Bundesstaaten der USA unterscheidet.

Der nahezu unbeschreibliche Zauber dieses Bundesstaats kommt vielleicht am besten in den berühmten Gemälden von Georgia O'Keeffe zum Ausdruck. Bei ihrem ersten Besuch rief die Künstlerin aus: „Meine Güte, das ist wundervoll! Niemand hat mir gesagt, dass es so sein würde."

Aber mal ernsthaft: Wie auch?

Geschichte

Die Kultur der frühen Pueblo-Indianer begann im 8. Jh. aufzublühen, und nicht viel später wurde mit der Errichtung der eindrucksvollsten Bauten im Chaco Canyon begonnen. Zu der Zeit, als Francisco Vasquez de Coronado im 16. Jh. hierher kam, waren viele Pueblo-Indianer in das Tal des Rio Grande gezogen und hatten die vorherrschende Stellung inne. Nachdem Santa Fe um 1610 als spanische Kolonialhauptstadt gegründet worden war, schwärmten spanische Siedler ins nördliche New Mexico aus und katholische Missionare begannen mit ihren oft gewaltsamen Versuchen, die Pueblo-Indianer zu bekehren. Nach dem Pueblo-Aufstand von 1680 hielten die amerikanischen Ureinwohner Santa Fe besetzt; erst 1692 konnte Don Diego de Vargas die Stadt zurückerobern.

Die USA besetzten New Mexico 1846 im Verlauf des Mexikanisch-Amerikanischen Kriegs; 1850 wurde das Gebiet zu einem US-Territorium. Kriege mit den indigenen Völkern Navajo, Apache und Comanche veränderten die Region, und mit der Ankunft der Eisenbahn in den 1870er-Jahren setzte ein wirtschaftlicher Aufschwung ein.

Maler und Schriftsteller gründeten im frühen 20. Jh. Künstlerkolonien in Santa Fe und Taos, und im Jahr 1912 wurde New Mexico zum 47. Bundesstaat der USA. Eine Gruppe von Wissenschaftlern kam 1943 nach Los Alamos, wo sie unter strengen Geheimhaltungsbedingungen die Atombombe entwickelten. Vier Jahre später soll, so behaupten jedenfalls Verschwörungstheoretiker, ein UFO außerhalb von Roswell abgestürzt sein.

Praktische Informationen

Infos zum Abschnitt der Route 66 in New Mexico finden sich unter www.rt66nm.org.

New Mexico State Parks (www.emnrd.state.nm.us) Infos zu State Parks mit einem Link für Campingplatz-Reservierungen.

New Mexico Tourism (www.newmexico.org) Infos zu Reiseplanung, Aktivitäten und Events.

Recreation.gov (www.recreation.gov) Reservierungen für Stellplätze und Touren in Nationalparks und National Forests.

Albuquerque

Albuquerque – das sind die rosa Farben der Sandia Mountains bei Sonnenuntergang, die Pappelgehölze am Rio Grande, Diners an der Route 66 und ebenso die Heimatstadt von Walter White und Jesse Pinkman. Dieser geschäftige Verkehrsknoten in der Wüste ist zugleich die größte Stadt im Bundesstaat, doch bei Sonnenuntergang hört man hier immer noch das Geheul der Coyoten.

Traveller auf dem Weg nach Santa Fe fahren oft einfach durch, aber Albuquerque hat viele reizvolle Seiten, die sich unter einer rauen, städtischen Schale verbergen. Gleich außerhalb der Stadt finden sich jede Menge Wanderwege und Mountainbike-Trails, und in den modernen Museen der Stadt kann man die Pueblo-Kultur, neue Kunst aus New Mexico und die Raumfahrtgeschichte erforschen. Man sollte also ruhig einen Gang herunterschalten, die Petroglyphen in der Wüste bei einer Wanderung erkunden oder einen Teller Enchiladas mit rotem Chili und ein Bier aus der Region genießen.

Sehenswertes

Old Town

Die Plaza war von ihrer Fertigstellung 1706 bis zur Ankunft der Eisenbahn 1880 Albuquerques Dreh- und Angelpunkt. Ihr Herzstück ist die kleine **San Felipe de Neri Church** (www.sanfelipedeneri.org; Old Town Plaza; ⌚tgl. 7–17.30 Uhr, Museum Mo–Sa 9.30–17 Uhr) von 1793. Heute ist die Old Town das touristische Zentrum der Stadt.

KURZINFOS NEW MEXICO

Spitzname Land of Enchantment

Bevölkerung 2,1 Mio.

Fläche 314 940 km²

Hauptstadt Santa Fe (69 976 Ew.)

Weitere Städte Albuquerque (556 500 Ew.), Las Cruces (101 643 Ew.)

Verkaufssteuer 5–9 %

Geburtsort von John Denver (1943–1997), Smokey Bear (1950–1976)

Heimat des International UFO Museum & Research Center (Roswell) und von Julia Roberts

Politische Ausrichtung ein „violetter Staat" (auch Swing State) mit eher demokratischem Norden (blau) und eher republikanischem Süden (rot)

Berühmt für alte Pueblos, die erste Atombombe (1945) und Bugs Bunnys Spruch: „ Ich wusste es, ich hätte in Albuquerque links abbiegen sollen."

Typische Frage „Rot oder grün?" (Es geht um Chilisauce)

Höchster/niedrigster Punkt Wheeler Peak (4011 m)/Red Bluff Reservoir (866 m)

Entfernungen Albuquerque–Santa Fe 50 Meilen (80 km), Santa Fe–Taos 71 Meilen (114 km)

★ **American International Rattlesnake Museum** MUSEUM

(☎505-242-6569; www.rattlesnakes.com; 202 San Felipe St NW; Erw./Kind 5/3 US$; ⌚Juni–Aug. Mo–Sa 10–18, So 13–17 Uhr; Sept.–Mai Mo–Fr 11.30–17.30, Sa 10–18, So 13–17 Uhr) Wer sich für Schlangen und andere schlüpfrige Wesen interessiert, den wird dieses Museum faszinieren. Wer hingegen unter Ophidiophobie leidet, erlebt angesichts der weltweit größten Sammlung an Klapperschlangen seinen persönlichen Alptraum. Daneben sind Bierflaschen mit Schlangenmotiven und Briefmarken aller US-amerikanischen Städte mit dem Namen „Rattlesnake" ausgestellt.

★ **Albuquerque Museum of Art & History** MUSEUM

(☎505-242-4600; www.cabq.gov/museum; 2000 Mountain Rd NW; Erw./Kind 4/1 US$; ⌚Di–So 9–17 Uhr) Mit einer tollen, interaktiven und leicht zu erfassenden Ausstellung zur Geschichte der Stadt und einer Dauersammlung zur Kunst New Mexicos, die auch Meisterwerke des 20. Jhs. aus Taos umfasst, ist dieses schöne Museum ein Muss. Am Samstagnachmittag sowie am Sonntagvormittag ist der Eintritt frei. Hier starten auch kostenlose Stadtspaziergänge durch die Old Town (März–Mitte Dez. 11 Uhr).

Rund um die Stadt

★ **Indian Pueblo Cultural Center** MUSEUM
(IPCC; ☎505-843-7270; www.indianpueblo.org; 2401 12th St NW; Erw./Kind 8,40/5,40 US$; ⏲9–17 Uhr) Das Kulturzentrum wird gemeinschaftlich von den 19 Pueblos in New Mexico betrieben. Auch wenn man nur auf Durchreise ist, sollte man es sich auf keinen Fall entgehen lassen. Das Museum im Erdgeschoss zeigt faszinierende Ausstellungsstücke zur gemeinsamen Geschichte der Pueblos und zu den jeweiligen Kunsthandwerkstraditionen, während in den Galerien im oberen Stock Wechselausstellungen zu sehen sind. Sie sind halbmondförmig um eine Plaza angeordnet, auf der regelmäßig Tanzvorführungen und Kunsthandwerksdemonstrationen stattfinden. Daneben gibt es das empfehlenswerte **Pueblo Harvest Cafe** (☎505-724-3510; Mittagessen 12–16 US$, Abendessen 13–28 US$; ⏲Mo–Sa 7–21, So 7–16 Uhr;), einen großen Souvenirladen und eine Verkaufsgalerie.

Petroglyph National Monument ARCHÄOLOGISCHE STÄTTE
(☎505-899-0205; www.nps.gov/petr; 6001 Unser Blvd NW; ⏲Visitor Center 8–17 Uhr) GRATIS Die Lavafelder in diesem großen Wüstenpark westlich des Rio Grande bergen mehr als 23 000 alte Petroglyphen (1000 v. Chr.–1700 n. Chr.). Mehrere Wege ziehen sich durch die Landschaft: am stärksten besucht und am leichtesten zugänglich ist der **Boca Negra Canyon** (Parkplatz werktags/Wochenende 1/2 US$), die **Piedras Marcadas** sind mit 300 Petroglyphen bedeckt, und der **Rinconada Canyon** verspricht eine hübsche Wüstenwanderung (hin & zurück 3,5 km), allerdings sind hierbei nur wenig Petroglyphen zu sehen.

Sandia Peak Tramway SEILBAHN
(☎505-856-7325; www.sandiapeak.com; 30 Tramway Rd NE; Erw./Jugendliche 13–20 Jahre/Kind 25/20/15 US$, Parkplatz 2 US$; ⏲Juni–Aug. 9–21 Uhr, Sept.–Mai Mi–Mo 9–20, Di ab 17 Uhr) Die mit 4,3 km längste Luftseilbahn der USA steigt vom Wüstenboden im Nordosten der Stadt hinauf auf den Gipfel des 3163 m hohen Sandia Crest. Die Aussicht ist von hier oben immer spektakulär, besonders eindrucksvoll ist sie aber bei Sonnenuntergang. Im Komplex an der Spitze finden sich Geschenkeläden und eine **Cafeteria** (☎505-243-0605; www.sandiacresthouse.com; Hwy 536; Hauptgerichte 5,50–14 US$; ⏲10–17 Uhr, im Winter nur Sa & So). Wanderwege führen durch die Wälder, und es gibt ein kleines **Skigebiet** (☎505-242-9052; www.sandiapeak.com; Lifttickets Erw./Kind 55/40 US$; ⏲Mitte Dez.–März Fr–So 9–16 Uhr). Wenn man die eine Strecke hinauf (oder hinunter) wandern möchte, kostet das Ticket für eine einfache Strecke 15 US$.

ALBUQUERQUE MIT KINDERN

Albuquerque hat viel für Kinder zu bieten: von interaktiven Museen bis hin zu coolen Wanderungen!

¡Explora! (☎505-224-8300; www.explora.us; 1701 Mountain Rd NW; Erw./Kind 8/4 US$; ⏲Mo–Sa 10–18, So 12–18 Uhr;) Das ambitionierte, interaktive Museum hat vom Hochseilrad bis zum verblüffenden Bereich „Light, Shadow, Color" für jedes Kind etwas zu bieten (unbedingt den Aufzug benutzen!). Wer keine Kinder im Schlepptau hat, sollte auf der Webseite nachschauen, ob gerade eine „Adult Night" ansteht. Die von einem vor Ort bekannten Wissenschaftler geleitete Veranstaltung ist schwer angesagt.

New Mexico Museum of Natural History & Science (☎505-841-2800; www.nmnaturalhistory.org; 1801 Mountain Rd NW; Erw./Kind 8/5 US$; ⏲Mi–Mo 9–17 Uhr;) Kinder, die von Dinos begeistert sind, werden von diesem riesigen modernen Museum am nordöstlichen Rand der Old Town entzückt sein. Auf den T Rex im Hauptatrium folgen jede Menge weiterer grimmiger Urwelttiere. Abgesehen davon liegt der Fokus auf New Mexico. Es gibt spektakuläre Exponate zur geologischen Entstehung des Gebiets und zu den Auswirkungen des Klimawandels. Darüber hinaus wartet hier auch ein Planetarium und ein großformatiges 3-D-Kino (für die letzten beiden Attraktionen muss extra bezahlt werden).

Aktivitäten

Die allgegenwärtigen Sandia Mountains und die weniger überlaufenen Manzano Mountains locken mit Outdoor-Aktivitäten, darunter Wandern, Skifahren (alpin und Langlauf), Mountainbiken, Klettern und Zelten.

Radfahren ist die ideale Weise, um Albuquerque nach Lust und Laune zu erkunden. Neben Radwegen innerhalb der Stadt finden Mountainbiker Trails in den Hügelausläufern östlich der Stadt und den malerischen **Paseo del Bosque** (Sonnenaufgang–Sonnenuntergang) am Rio Grande. Details zum ausgezeichneten Radwegenetz (das 2018 bis auf 80 zusammenhängende Kilometer erweitert werden soll) stehen unter www.bikeabq.org.

Elena Gallegos Open Space WANDERN, MOUNTAINBIKEN

(www.cabq.gov; Simms Park Rd; Parkplatz werktags/Wochenende 1/2 US$; April–Okt. 7–21 Uhr, Nov.–März bis 19 Uhr) Die westlichen Ausläufer der Sandia Mountains sind Albuquerques Outdoor-Spielplatz, und die Hochwüstenlandschaft ist wirklich herrlich. Neben mehreren Picknickbereichen liegen in diesem Abschnitt Ausgangspunkte von Wander-, Lauf- und Mountainbike-Wegen; einige Strecken sind auch für Rollstuhlfahrer geeignet. Man sollte früh kommen, bevor es zu heiß wird, oder spät, um bei Sonnenuntergang unter dem Geheul einsamer Coyoten die Panoramaaussicht zu genießen.

Feste & Events

Ein ausführlicher Veranstaltungskalender steht in der Freitagsausgabe des *Albuquerque Journal* (www.abqjournal.com).

Gathering of Nations Powwow KULTUR

(www.gatheringofnations.com; April) Auf dem Programm stehen Tanzwettbewerbe, Kunst und Kunsthandwerk amerikanischer Ureinwohner und die Wahl zur „Miss Indian World“. Findet Ende April statt.

★ **International Balloon Fiesta** BALLONFAHREN

(www.balloonfiesta.com; Anfang Okt.) Wer jemals den Tiger aus der Kellogg's-Werbung im Riesenformat im Hof seines Hotels hat landen sehen, wird das nicht so schnell vergessen! Genau solche Dinge passieren während des größten Heißluftballon-Festivals der Welt. Ansonsten stehen an jedem der neun Tage um das erste und zweite Oktoberwochenende Massenstarts auf dem Programm.

PANORAMASTRASSE: HIGHWAY 12

Der **Hwy 12 Scenic Byway** (www.scenicbyway12.com), die abwechslungsreichste und eindrucksvollste Straße in Utah, windet sich auf 124 Meilen (200 km) durch das raue Schluchtenland westlich vom Bryce Canyon bis in die Nähe des Capitol Reef. Der Abschnitt zwischen Escalante und Torrey führt durch eine Mondlandschaft aus Slickrock-Sandstein, passiert schmale Grate und überquert den 3350 m hohen Boulder Mountain. Fast alle Attraktionen zwischen Torrey und Panguitch liegen am Hwy 12 oder in dessen Nähe.

Schlafen

Route 66 Hostel HOSTEL $

(505-247-1813; http://route66hostel.com; 1012 Central Ave SW; B 25 US$, Zi. ab 30 US$; P @) Das blassgelbe Hostel in einem früheren Wohnhaus ein paar Blocks westlich des Zentrums beherbergt nach Geschlechtern getrennte Schlafsäle sowie einfache Privatzimmer, die sich zum Teil Bäder teilen. Die Betten sind in die Jahre gekommen, dafür ist die Atmosphäre einladend: Zu den Gemeinschaftsbereichen gehören eine Bibliothek und eine Küche mit kostenlosem Frühstück (Selbstbedienung). Der Hausdienst ist freiwillig; zwischen 13.30 und 16.30 Uhr kann man nicht einchecken.

★ **Andaluz** BOUTIQUEHOTEL $$

(505-242-9090; www.hotelandaluz.com; 125 2nd St NW; Zi. ab 174 US$; P @) Albuquerques bestes historisches Hotel wurde 1939 im Herzen von Downtown erbaut und umfassend modernisiert. Originalelemente wurden beibehalten, darunter das eindrucksvolle zentrale Atrium mit gemütlichen Nischen mit Tischen und Sofas. Die Zimmer haben hypoallergene Bettwäsche und Teppiche, das Restaurant **Más Tapas Y Vino** (505-923-9080; www.hotelandaluz.com; 125 2nd St NW; Tapas 6–16 US$, Hauptgerichte 26–36 US$; 7–14 & 17–21.30 Uhr) ist hervorragend und es gibt eine Bar im Dachgeschoss. Wer 30 Tage im Voraus reserviert, erhält die günstigsten Preise.

Böttger Mansion B&B $$

(505-243-3639; www.bottger.com; 110 San Felipe St NW; Zi. 115–159 US$; P @) Aufgrund des freundlichen Besitzers hebt sich dieses gut ausgestattete B&B (erb. 1912), das einen einminütigen Fußmarsch von der Plaza entfernt ist, von der Konkurrenz ab. Drei der sieben mit Antiquitäten ausgestatteten Themenzimmer haben Zierwände, eines verfügt außerdem über einen Whirlpool. Das üppige Frühstück wird in einem von Heckenkirschen gesäumten Hof serviert, der Vogelliebhaber begeistern wird. Zu illustren Gästen in der Vergangenheit gehören Elvis, Janis Joplin und Machine Gun Kelly.

★ **Los Poblanos** B&B $$$
(☎505-344-9297; www.lospoblanos.com; 4803 Rio Grande Blvd NW; Zi. 230–450 US$; P ❄ @ ☎ ≋) Das großartige B&B mit 20 Zimmern auf einer ländlichen Ranch aus den 1930er-Jahren mit dem Status eines National Historic Place liegt eine fünfminütige Autofahrt nördlich der Old Town. Das 10 ha große Anwesen mit Gärten, Lavendelfeldern, die von Mitte Juni bis Juli blühen, und einer Bio-Farm befindet sich in der Nähe des Rio Grande. Die wunderschönen Zimmer haben Kiva-Kamine und zum Frühstück gibt's Leckereien aus eigenem Anbau.

Essen

★ **Pop Fizz** MEXIKANISCH $
(☎505-508-1082; www.pop-fizz.net; 1701 4th St SW, National Hispanic Cultural Center; Hauptgerichte 5–7,50 US$; ⊙11–20 Uhr; ☎ 👪) Die *paletas* (Eis am Stiel) ohne Zusätze begeistern mit Geschmacksrichtungen wie Gurke-Chili-Limone, Mango oder Ananas-Habanero, wenn man sich nicht für einen Eiscreme-Taco mit Zimt-Churros entscheidet. Die Küche will sich von den Desserts nicht übertrumpfen lassen und verwöhnt die Gäste mit Carne-asada-Fritten, Sonora-Hotdogs und Frito-Pies.

★ **Golden Crown Panaderia** BÄCKEREI $
(☎505-243-2424; www.goldencrown.biz; 1103 Mountain Rd NW; Hauptgerichte 7–20 US$; ⊙Di–Sa 7–20, So 10–20 Uhr) Alle lieben Nachbarschaftsbäckereien mit Café. In diesem gemütlichen alten Lehmziegelgebäude erwarten einen aufmerksames Personal, ofenfrisches Brot und Pizza (mit einer Kruste mit grünem Chili oder blauem Mais), fruchtige Empanadas, samtiger Espresso und Kekse. Vorher anrufen, wenn man sich einen Laib Brot mit grünem Chili sichern will – die sind schnell ausverkauft. Man isst das Brot am besten gleich warm draußen auf der Terrasse.

Slate Street Cafe & Wine Loft MODERN-AMERIKANISCH $$
(☎505-243-2210; www.slatestreetcafe.com; 515 Slate St; Frühstück 7,50–15 US$, Mittagessen 10–15 US$, Abendessen 11–27 US$; ⊙Mo–Fr 7.30–15, Sa & So 9–14, Di–Do 17–21, Fr & Sa 17–22 Uhr; ✎) Das Café im Erdgeschoss ist ein beliebter Treff in Downtown, wo die Gäste einfallsreiche schlichte Gerichte wie Käsemakkaroni mit grünem Chili oder Schweinekoteletts mit Kräuterkruste genießen. Die Weinstube im Obergeschoss serviert 25 offene Weine und bietet regelmäßige Verkostungen. Das Lokal liegt abseits der 6th St NW gleich nördlich des Lomas Blvd.

★ **Artichoke Cafe** MODERN-AMERIKANISCH $$$
(☎505-243-0200; www.artichokecafe.com; 424 Central Ave SE; Hauptgerichte mittags 12–19 US$, Hauptgerichte abends 16–39 US$; ⊙Mo–Fr 11–14.30 & 17–21, Sa 17–22 Uhr) Das beliebte Bistro am Ostrand der Stadt zwischen Busbahnhof und I-40 kombiniert Schlichtheit mit Eleganz. Es serviert einfallsreiche Gourmetküche mit Pep und rangiert auf den Feinschmeckerlisten mit Albuquerques besten Lokalen ganz oben.

Ausgehen & Unterhaltung

Die **Popejoy Hall** (☎505-925-5858; www.popejoypresents.com; 203 Cornell Dr) und das historische **KiMo Theatre** (☎505-768-3544; www.cabq.gov/kimo; 423 Central Ave NW) sind die wichtigsten Stätten für die Auftritte landesweit bekannter Stars sowie für Opern, Sinfoniekonzerte und Theatervorstellungen. **Launch Pad** (☎505-764-8887; www.launchpadrocks.com; 618 Central Ave SW) ist die beste Adresse für lokale Talente.

Java Joe's CAFÉ
(☎505-765-1514; www.downtownjavajoes.com; 906 Park Ave SW; ⊙6.30–15.30 Uhr; 👪 🐾) Das Java Joe's ist heute wohl vor allem für den explosiven Kurzauftritt in *Breaking Bad* bekannt. Das gemütliche Café ist aber immer noch ein guter Ort für einen Kaffee-Stopp oder eine Schüssel vom schärfsten Chili in der Stadt.

★ **Anodyne** BAR
(☎505-244-1820; 409 Central Ave NW; ⊙Mo–Sa 16–1.30, So 19–23.30 Uhr) Das riesige Anodyne eignet sich ideal für eine Runde Poolbillard. Ansonsten empfängt es Gäste mit Bücherregalen an den Wänden, Holzdecken, jeder Menge dick gepolsterten Stühlen, über 100 Flaschenbieren und Blicken auf das bunte Treiben.

★ Marble Brewery BRAUEREI
(☎505-243-2739; www.marblebrewery.com; 111 Marble Ave NW; ⌚Mo–Sa 12–24, So bis 22.30 Uhr) Die beliebte Braustube in Downtown gehört zur gleichnamigen Brauerei und hat einen Innenraum für Winterabende sowie einen Biergarten, in dem im Sommer abends lokale Bands spielen. Unbedingt das Red Ale testen!

ℹ Praktische Informationen

INFOS IM INTERNET

Albuquerque Journal (www.abqjournal.com) Lokalnachrichten, Events und Sport.

City of Albuquerque (www.cabq.gov) Infos zu öffentlichen Verkehrsmitteln und Attraktionen in der Gegend.

Gil's Thrilling (And Filling) Blog (www.nmgastronome.com) Blog eines lokalen Feinschmeckers zur Gastronomie in Albuquerque, Santa Fe und dem Rest des Bundesstaats.

NOTFALL & MEDIZINISCHE VERSORGUNG

Polizei (☎505-242-2677; www.apdonline.com; 400 Roma Ave NW)

Presbyterian Hospital (☎505-841-1234; www.phs.org; 1100 Central Ave SE; ⌚Notaufnahme 24 Std.)

UNM Hospital (☎505-272-2411; 2211 Lomas Blvd NE; ⌚Notaufnahme 24 Std.)

POST

Post (☎800-275-8777; 201 5th St SW; ⌚Mo–Fr 9–16.30 Uhr)

TOURISTENINFORMATION

Old Town Information Center (☎505-243-3215; www.visitalbuquerque.org; 303 Romero Ave NW; ⌚Okt.–Mai 10–17 Uhr, Juni–Sept. bis 18 Uhr)

UNM Welcome Center (☎505-277-1989; 2401 Redondo Dr; ⌚Mo–Fr 8–17 Uhr)

ℹ Anreise & Unterwegs vor Ort

BUS

Das **Alvarado Transportation Center** (100 1st St SW, Ecke Central Ave) ist Sitz von **Greyhound** (☎800-231-2222, 505-243-4435; www.greyhound.com; 320 1st St SW), deren Busse Ziele im ganzen Bundesstaat und darüber hinaus anfahren (aber nicht Santa Fe oder Taos).

Das öffentliche Busnetz von **ABQ Ride** (☎505-243-7433; www.cabq.gov/transit; 100 1st St SW; Erw./Kind 1/0,35 US$, Tageskarte 2 US$) bedient werktags den größten Teil von Albuquerque und täglich die größeren touristischen Ziele.

FLUGZEUG

New Mexicos größter Flughafen, der **Albuquerque International Sunport** (ABQ; ☎505-244-7700; www.abqsunport.com; 📶), liegt 5 Meilen (8 km) südöstlich von Downtown und wird von vielen Fluglinien angeflogen. Kostenlose Shuttles verbinden das Terminal-Gebäude mit dem Sunport Car Rental Center (3400 University Blvd SE), wo alle Autovermietungen des Flughafens untergebracht sind.

Der **Sunport Shuttle** (☎505-883-4966; www.sunportshuttle.com) fährt vom Flughafen zu örtlichen Hotels und zu anderen Zielen.

ZUG

Der *Southwest Chief* von Amtrak hält in Albuquerque an der **Amtrak Station** (☎800-872-7245; www.amtrak.com; 320 1st St SW), die zum Alvarado Transportation Center gehört. Die Züge fahren jeweils einmal täglich ostwärts nach Chicago (ab 117 US$, 26 Std.) und westwärts nach Los Angeles (ab 66 US$, 16½ Std.).

Vom gleichen Bahnhof fährt auch der **New Mexico Rail Runner Express** (www.nmrailrunner.com), ein Pendler-Nahverkehrszug mit mehreren Haltepunkten im Großraum Albuquerque. Wichtiger für Traveller ist jedoch, dass er nordwärts bis nach Santa Fe (einfache Strecke 10 US$, 1¾ Std., werktags 8-mal, Wochenende 4-mal tgl.) fährt.

An der I-40

Zwar kann man theoretisch in weniger als fünf Stunden von Albuquerque nach Flagstaff, AZ, fahren, doch die National Monuments und die Pueblos an der Strecke sind einen Besuch wert. Wer eine landschaftlich schöne Tour machen möchte, nimmt ab Grants den Hwy 53 nach Südwesten, der zu allen im Folgenden genannten Sehenswürdigkeiten (außer nach Acoma) führt. Der Hwy 602 verläuft gen Norden nach Gallup.

Acoma Pueblo

Die „Himmelsstadt" thront auf einer Mesa 2133 m über dem Meeresspiegel und 112 m über dem umliegenden Plateau. Das Dorf ist eine der ältesten durchgehend bewohnten Siedlungen in Nordamerika. Seit dem 11. Jh. wird hier das Handwerk der Töpferkunst gepflegt. Geführte Touren beginnen am **Cultural Center** (☎800-747-0181; www.acomaskycity.org; Rte 38; Tour Erw./Kind 25/17 US$; ⌚Touren März–Okt. 8.30–15.30, Nov.–Feb. Sa & So 9.30–14.30 Uhr) am Fuß der Mesa und dauern zwei Stunden bzw. eine Stunde, wenn man nur die historische Tour bucht. Von der I-40 aus nimmt man Exit 102, etwa 60 Meilen (96 km) westlich von Albuquerque, und fährt dann 12 Meilen (19 km) nach Süden.

Man sollte sich aber unbedingt vorab informieren, ob der Ort gerade wegen Zeremonien oder anderen Gründen für Besucher nicht zugänglich ist.

El Morro National Monument

Der 60 m hohe Sandsteinvorsprung am **El Morro National Monument** (☎505-783-4226; www.nps.gov/elmo; Hwy 53; ⏲Juni–Aug. 9–18 Uhr, Sept.–Mai bis 17 Uhr) GRATIS, auch bekannt als „Felsen der Inschriften", zieht seit Jahrtausenden interessierte Besucher an. Die unzähligen eingeritzten Zeichen, von Petroglyphen im Pueblo an der Spitze (um 1275) bis zu kunstvollen Inschriften spanischer Eroberer und englischer Pioniere, sind ein einzigartiges historisches Zeugnis. El Morro liegt etwa 38 Meilen (61 km) südwestlich von Grants und ist über den Hwy 53 erreichbar.

Zuni Pueblo

Die Zuni sind für ihre feinen Silberintarsien bekannt. Sie verkaufen sie in Geschäften am Hwy 53. Im **Zuni Tourism Office** (☎505-782-7238; www.zunitourism.com; 1239 Hwy 53; Führungen 10 US$; ⏲Mo–Fr 8.30–17.30, Sa 10.30–16, So 12–16 Uhr) erhält man Infos und Fotogenehmigungen und kann Touren durch das Pueblo buchen. Vorbei an den Steinhäusern und wie Bienenkörbe geformten Lehmziegelöfen geht's zur **Our Lady of Guadalupe Mission**. Die Kachina (Geist)-Wandbilder sind beeindruckend. Im **A:shiwi A:wan Museum & Heritage Center** (☎505-782-4403; www.ashiwi-museum.org; Ojo Caliente Rd; Eintritt gegen Spende; ⏲Mo–Fr 9–17 Uhr) sind alte Fotos und Stammesartefakte ausgestellt.

Das nette **Inn at Halona** (☎505-782-4547; www.halona.com; 23b Pia Mesa Rd; Zi. ab 75 US$; P 📶) zieren Zuni-Kunst und -Handwerk. Es hat acht Zimmer und ist die einzige Unterkunft im Pueblo. Das Frühstück gehört mit zum Besten, was man in New Mexico bekommen kann.

Santa Fe

Willkommen in der etwas anderen Stadt, die ihre eigenen Regeln macht, ohne dabei ihre lange und bewegte Geschichte zu vergessen. Bei einem Spaziergang durch die Viertel mit Adobe-Gebäuden und über die geschäftige Plaza, die nach wie vor das Zentrum bildet, offenbart sich die zeitlose, erdverbundene Seele Santa Fes. Eine Hauptattraktion ist die künstlerische Seite der Stadt: Hier gibt es mehr gute Museen und Galerien, als man bei einem Besuch wahrscheinlich erkunden kann.

Santa Fe ist auch die höchstgelegene Landeshauptstadt der USA (über 2100 m). Die Stadt am Fuß der Sangre de Cristo Mountains ist ein fantastischer Ausgangspunkt für Wanderungen, Mountainbike- und Rucksacktouren sowie fürs Skifahren. In der Stadt kann man die von Chilis geprägte lokale Küche genießen, auf der Plaza Türkis- und Silberschmuck direkt von indianischen Juwelieren kaufen, bemerkenswerte Kirchen besichtigen oder einfach nur durch die jahrhundertealten, von Pappeln gesäumten Alleen schlendern und davon träumen, eines Tages hierher zu ziehen.

Sehenswertes

★ **Georgia O'Keeffe Museum** MUSEUM
(Karte S. 240; ☎505-946-1000; www.okeeffemuseum.org; 217 Johnson St; Erw./Kind 12 US$/frei; ⏲Sa–Do 10–17, Fr bis 19 Uhr) In zehn schön ausgeleuchteten Sälen eines weitläufigen Adobe-Gebäudes des 20. Jhs. zeigt dieses Museum die weltweit größte Sammlung der Werke von Georgia O'Keeffe. Sie ist vor allem bekannt für ihre leuchtenden New-Mexico-Landschaften, die Wechselausstellungen decken aber ihre gesamte Laufbahn von ihren Anfängen bis zu den Jahren auf der Ghost Ranch ab. Ihre berühmtesten Bilder befinden sich im Besitz größerer Museen in aller Welt, deswegen kann man hier viele weniger bekannte Werke entdecken, die durch den kühnen Pinselstrich und kräftige Farben beeindrucken.

★ **Meow Wolf** MUSEUM
(☎505-395-6369; https://meowwolf.com; 1352 Rufina Circle; Erw./Kind 18/12 US$; ⏲So, Mo, Mi & Do 10–20, Fr & Sa bis 22 Uhr) Wer schon immer mal einen Abstecher in eine andere Dimension unternehmen wollte, aber keinen Schlüssel dafür hat, ist im House of Eternal Return von Meow Wolf vielleicht richtig. Der Grundgedanke ist einfallsreich: Die Besucher erkunden ein nachgestaltetes viktorianisches Haus nach Beweisen, die mit dem Verschwinden einer kalifornischen Familie zu tun haben. Dabei folgen sie einer Erzählung, die (oft über geheime Verbindungsgänge) immer tiefer in die Fragmente eines Multiversums hineinführt, das aus einmaligen, interaktiven Kunstinstallationen besteht.

GALERIEN DER CANYON ROAD

Einst war die Canyon Road ein Fußweg der Pueblo-Indianer und später die Hauptstraße einer spanischen Bauernsiedlung. Seit den 1920er-Jahren wandelte sie sich dann zu Santa Fes berühmtester Kunst-Avenue, als Künstler, unter ihnen die Los Cinco Pintores (fünf Maler mit einer Vorliebe für die Landschaften New Mexicos), wegen der günstigen Mieten hierher zogen.

Heute ist die Canyon Rd eine Top-Attraktion. Hier finden sich mehr als 100 der mehr als 300 Galerien der Stadt. Das Zentrum der munteren Kunstszene von Santa Fe bietet alles von indianischen Antiquitäten über Meisterwerke der Santa Fe School bis hin zu provokanten modernen Werken. Man sollte sich von einem Galeriebummel nicht einschüchtern lassen, sondern sich einfach zwanglos umschauen.

Besonders lustig sind die Freitagabende: Ab ca. 17 Uhr veranstalten die Galerien glanzvolle Vernissagen, die nicht nur gesellschaftliche Ereignisse sind, sondern bei denen man Gelegenheit hat, Kunstwerke zu betrachten, Käse zu knabbern, Chardonnay oder Cider zu schlürfen und mit Künstlern zu plaudern.

Das Folgende ist nur eine Auswahl besonders interessanter Galerien an der und rund um die Canyon Rd. Weitere findet man im kostenlosen praktischen *Collector's Guide* (mit Lageplan) oder unter www.santafegalleryassociation.org. Einen Besuch lohnen auch die stärker auf Zeitgenössisches ausgerichteten Galerien rund um den Railyard.

Adobe Gallery (Karte S. 240; ☎505-955-0550; www.adobegallery.com; 221 Canyon Rd; ⌚Mo–Sa 10–17 Uhr)

Economos/Hampton Galleries (Karte S. 240; ☎505-982-6347; 500 Canyon Rd; ⌚9.30–16 Uhr, Mi & So geschl.)

Gerald Peters Gallery (Karte S. 240; ☎505-954-5700; www.gpgallery.com; 1005 Paseo de Peralta; ⌚Mo–Sa 10–17 Uhr)

GF Contemporary (☎505-983-3707; www.gfcontemporary.com; 707 Canyon Rd; Mo–Sa 10–17, So 12–17 Uhr)

Marc Navarro Gallery (Karte S. 240; ☎505-986-8191; 520 Canyon Rd; ⌚11–16 Uhr)

Morning Star Gallery (Karte S. 240; ☎505-982-8187; www.morningstargallery.com; 513 Canyon Rd; ⌚Mo–Sa 9–17 Uhr)

Nedra Matteucci Galleries (Karte S. 240; ☎505-982-4631; www.matteucci.com; 1075 Paseo de Peralta; ⌚Mo–Sa 9–17 Uhr)

Wheelwright Museum of the American Indian MUSEUM

(☎505-982-4636; www.wheelwright.org; 704 Camino Lejo; Erw./Kind 8 US$/frei, 1. So im Monat frei; ⌚10–17 Uhr) Mary Cabot gründete das Museum 1937, um Zeremonialkunst der Navajo auszustellen. Schmuck, vor allem Silberschmuck, der Navajo und der Zuñi ist ein besonderes Highlight des Museums. Im ersten Saal finden sich Wechselausstellungen indianischer Kunst aus ganz Nordamerika. Im Souvenirladen, dem Case Trading Post, werden Teppiche, Schmuck, Kachinas und anderes Kunsthandwerk von Museumsqualität angeboten.

Aktivitäten

Die **Pecos Wilderness** und der **Santa Fe National Forest** östlich der Stadt bieten ein über 1600 km langes Netz an Wander- und Radwegen. Manche davon führen auf über 3600 m hohe Gipfel. Karten und Infos gibt's beim Public Lands Information Center, zudem sollte man sich vorab die Wettervorhersage ansehen, da Gewitter im Sommer keine Seltenheit sind.

Mellow Velo (Karte S. 240; ☎505-995-8356; www.mellowvelo.com; 132 E Marcy St; Mountainbikes ab 40 US$/Tag; ⌚Mo–Sa 10–18 Uhr) verleiht Mountainbikes und erteilt Infos zu den Wegen. Anbieter wie **New Wave Rafting Co** (☎800-984-1444; www.newwaverafting.com; Erw./Kind ab 57/51 US$; ⌚Mitte April–Aug.) veranstalten Raftingtouren durch die Rio Grande Gorge, die wilde Taos Box und die Rio Chama Wilderness.

Dale Ball Trails MOUNTAINBIKEN, WANDERN

(www.santafenm.gov/trails_1) Die von Wanderern und Mountainbikern gleichermaßen genutzten Trails (Gesamtlänge über 32 km)

Santa Fe

bieten einen fabelhaften Ausblick in die Wüste und die Berge. Ein Klassiker darunter ist der 15,6 km lange Outer Limits Trail, der einen schnellen Singletrail im nördlichen Abschnitt mit einem technisch anspruchsvolleren im mittleren Abschnitt verbindet. Wanderer können sich an den 6,4 km langen Trip zum Picacho Peak wagen, bei dem ein steiler, aber machbarer Anstieg von 381 m zu bewältigen ist.

Ski Santa Fe SKIFAHREN
(☎505-982-4429, Schneebericht 505-983-9155; www.skisantafe.com; Liftticket Erw./Jugendliche/Kind 75/60/52 US$; ⏲Dez.–März 9–16 Uhr) Das Skigebiet ist zwar kleiner als das berühmtere außerhalb von Taos und wird deshalb oft übersehen, es bietet aber den gleichen lockeren Pulverschnee (wenn auch etwas weniger) und der Startpunkt ist sogar höher (3155 m) gelegen. Das Gebiet befindet sich nur 16 Meilen (25,7 km) außerhalb der Stadt und eignet sich nicht nur für Familien, sondern auch für Skicracks. Die Letzteren kommen wegen der Waldwiesen, steilen Buckelpisten und langen, präparierten Abfahrten hierher.

Santa Fe School of Cooking KOCHEN
(Karte S. 240; ☎505-983-4511; www.santafeschoolofcooking.com; 125 N Guadalupe St; 2/3-stündiger Kurs 78/98 US$; ⏲Mo–Fr 9.30–17.30, Sa 9.30–17, So 10.30–15.30 Uhr) In den Workshops lernt man, die Grundlagen der Südwest-Küche zu meistern und sich an *chile rellenos* (gefüllte Chilis), Tamales oder komplizierteren Würzsaucen wie Senf-Mango-Habanero zu versuchen. Die Schule bietet auch diverse beliebte kulinarische Spaziergänge mit Restaurantbesuchen an.

Feste & Events

★**International Folk Art Market** KULTUR
(☎505-992-7600; www.folkartalliance.org; ⏲Mitte Juli) Der größte Volkskunstmarkt der Welt lockt rund 150 Künstler aus 50 Ländern im Juli zu einem festlichen Wochenende mit

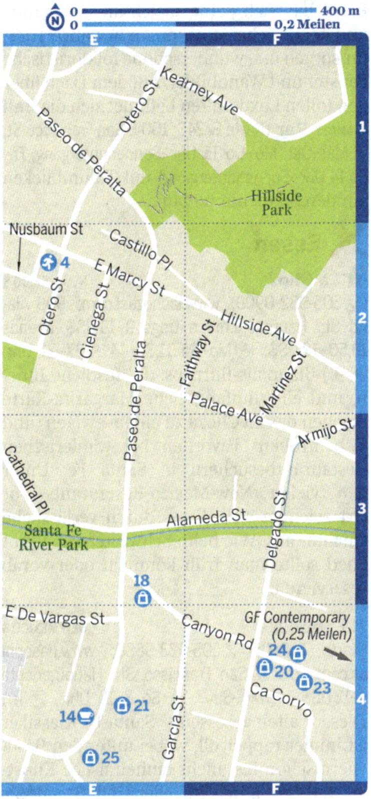

Santa Fe

Highlights
1 Georgia O'Keeffe Museum C1
2 Palace of the Governors & New Mexico History Museum D2

Sehenswertes
3 New Mexico Museum of Art D2

Aktivitäten, Kurse & Touren
4 Mellow Velo E2
5 Santa Fe School of Cooking C1

Schlafen
6 El Paradero B4
7 La Fonda D2
8 Santa Fe Motel & Inn B4

Essen
9 Cafe Pasqual's D2
10 Joseph's Culinary Pub B2
11 La Plazuela D2
12 Tia Sophia's C2

Ausgehen & Nachtleben
13 Bell Tower Bar D2
14 Kakawa Chocolate House E4
15 Santa Fe Spirits B4

Unterhaltung
16 Jean Cocteau Cinema B3
17 Lensic Performing Arts Center C2

Shoppen
18 Adobe Gallery E3
19 Blue Rain A4
20 Economos/Hampton Galleries F4
21 Gerald Peters Gallery E4
22 Kowboyz B4
23 Marc Navarro Gallery F4
24 Morning Star Gallery F4
25 Nedra Matteucci Galleries E4
26 Santa Fe Farmers Market A4

kulturellen Events und Verkauf von Handwerksarbeiten ins Folk Art Museum.

★ **Santa Fe Indian Market** KULTUR
(☎505-983-5220; www.swaia.org; ⏱Aug.) Über 1000 Künstler aus 100 Stämmen und Pueblos präsentieren ihre Arbeiten bei dieser weltberühmten Verkaufsmesse. Am Wochenende nach dem dritten Donnerstag im August strömen bis zu 100 000 Besucher auf die Plaza, um sich offene Ateliers, Galerieausstellungen und das Native Cinema Showcase anzusehen. Freitags und samstags werden die besten Werke von einer Jury prämiert. Wer auf Schnäppchen aus ist, sollte bis zum Sonntag warten.

★ **Santa Fe Fiesta & Burning of Zozobra** KULTUR
(☎505-913-1517; www.santafefiesta.org; ⏱Anfang Sept.) Die zehntägige Feier der Wiederbesiedlung von Santa Fe 1692 nach dem Pueblo-Aufstand von 1680 umfasst Konzerte, eine Kerzenprozession und die beliebte Haustierparade. Die Party startet am Freitag mit der unbedingt sehenswerten Verbrennung von **Zozobra** (burnzozobra.com), einer 15 m hohen Figur des „Old Man Gloom" im Fort Marcy Park, zu der rund 40 000 Zuschauer kommen.

Schlafen

Silver Saddle Motel MOTEL $
(☎505-471-7663; www.santafesilversaddlemotel.com; 2810 Cerrillos Rd; Zi. ab 62 US$; P ❄ @ 📶 🐾) Die altmodische, leicht kitschige Route-66-Motelanlage bietet vor Ort in der Budgetkategorie das beste Preis-Leistungs-Verhältnis. Einige Zimmer haben schön geflieste

Einbauküchen, alle sind mit schattenspendenden Holzkolonnaden und Cowboy-Dekor versehen – am schönsten sind die Zimmer „Kenny Rogers" und „Wyatt Earp". Das Motel liegt 3 Meilen (4,8 km) südwestlich der Plaza an der stark befahrenen Cerillos Rd.

Black Canyon Campground CAMPING $
(☎877-444-6777; www.recreation.gov; Hwy 475; Stellplatz Zelt & Wohnmobil 10 US$; ⌚Mai–Mitte Okt.) Dieser prächtige, abgeschiedene Campingplatz mit 36 Stellplätzen und Wander- und Radwegen in der Nähe ist gerade einmal 8 Meilen (12,9 km) von der Plaza entfernt. Wasser ist vorhanden, es gibt aber keine Versorgungsanschlüsse. Wenn der Platz voll belegt ist, kann man gleich die Straße weiter im Hyde Memorial State Park zelten. Die Campingplätze Big Tesuque und Aspen Basin (kostenlos, aber kein Trinkwasser) liegen näher beim Skigebiet.

★**El Paradero** B&B $$
(Karte S. 240; ☎505-988-1177; www.elparadero.com; 220 W Manhattan Ave; Zi. ab 155 US$; P❄@📶) Alle Zimmer in dem 200 Jahre alten Lehmziegelbau südlich des Flusses sind einzigartig gestaltet und versprühen jede Menge Charakter. Sie haben eigene Bäder, die sich allerdings in zwei Fällen auf der anderen Seite des Flurs befinden. Unsere Favoriten sind die Nr. 6 und 12. Das umfangreiche Frühstück lässt keine Wünsche offen, zudem ist Nachmittagstee im Preis inbegriffen. Vermietet wird auch eine separate Casita, deren zwei Suiten mit Kochecken zu einer kombinierbar sind.

★**Santa Fe Motel & Inn** HOTEL $$
(Karte S. 240; ☎505-982-1039; www.santafemotel.com; 510 Cerrillos Rd; Zi. ab 149 US$, Casitas ab 169 US$; P❄@📶🐾) Dieses Innenstadthotel nahe dem Railyard ist in der Nachsaison ein echtes Schnäppchen. Dank bunter Fliesen, strahlender Erdtöne und Zinnspiegel versprühen sogar die Motelzimmer das Flair eines typischen Südweststaaten-B&Bs. Die etwas teureren Casitas im Innenhof verfügen über *kiva*-Öfen und kleine Veranden. Das warme englische Frühstück (im Preis enthalten) wird im Sommer im Freien serviert.

★**La Fonda** HISTORISCHES HOTEL $$$
(Karte S. 240; ☎800-523-5002; www.lafondasantafe.com; 100 E San Francisco St; Zi. ab 259 US$; P❄@📶🏊🐾) Das schönste historische Hotel der Stadt ist seit Langem als „Inn am Ende des Santa Fe Trail" bekannt. Der weitläufige alte Lehmziegelbau gleich hinter der Plaza hat sich seine gleichsam vornehme und gemütliche Atmosphäre bewahrt. Hierfür sorgen u. a. wunderschöne folkloristische Fenster und Wandbilder. Auf dem Dach über den tollen Luxussuiten befindet sich die **Bell Tower Bar** (Karte S. 240; 100 E San Francisco St; ⌚Mai–Okt. Mo–Do 15 Uhr–Sonnenuntergang, Fr–So 14 Uhr–Sonnenuntergang) mit Traumblicken auf den Sonnenuntergang.

Essen

★**La Choza** NEW MEXICO $
(☎505-982-0909; www.lachozasf.com; 905 Alarid St; Hauptgerichte mittags 9–13 US$, abends 10,50–18 US$; ⌚Mo–Sa 11.30–14 & 17–21 Uhr; P👪) Blaumais-Burritos, das festliche Innere und eine umfangreiche Margarita-Karte machen das La Choza zu einem ewigen (und farbenfrohen) Favoriten bei wählerischen Restaurantbesuchern in Santa Fe. Unter den vielen New-Mexico-Restaurants vor Ort zeichnet sich dieses durch verlässliche Qualität aus. Wie beim Schwesterrestaurant Shed sollte man früh kommen oder vorab reservieren.

Tia Sophia's NEW MEXICO $
(Karte S. 240; ☎505-983-9880; www.tiasophias.com; 210 W San Francisco St; Hauptgerichte 7–12 US$; ⌚Mo–Sa 7–14, So 8–13 Uhr; 🌿👪) Dieser alteingesessene Santa-Fe-Klassiker ist immer rappelvoll, wobei unter den Besuchern schon fast mehr einheimische Künstler und Promis als Traveller sind. Besonders empfehlenswert ist das Frühstück mit tollen Burritos und anderen Southwestern-Klassikern. Aber auch das Mittagessen schmeckt verdammt lecker; unser Tipp: die perfekt zubereiteten *chile rellenos* (gefüllte Chili-Paprika) oder eines der wechselnden Tagesgerichte. Ein Regal voller Kinderbücher vertreibt kleinen Gästen die Zeit.

★**Jambo Cafe** AFRIKANISCH $$
(☎505-473-1269; www.jambocafe.net; 2010 Cerrillos Rd; Hauptgerichte 9–17 US$; ⌚Mo–Sa 11–21 Uhr) Das afrikanisch angehauchte Café ist von der Straße aus kaum zu finden, weil es sich in einem Einkaufszentrum versteckt. Drinnen ist es nett und stets gut von Einheimischen besucht, die hier Ziegen-, Hühnchen- und Linsencurrys, vegetarische Sandwiches und Roti-Fladenbrot bei einem Reggae-Soundtrack genießen.

Dr. Field Goods NEW MEXICO $$
(☎505-471-0043; http://drfieldgoods.com; 2860 Cerrillos Rd, Suite A1; Hauptgerichte 13,50–18 US$;

NICHT VERSÄUMEN

MUSEUM OF NEW MEXICO

Das Museum of New Mexico verwaltet vier ausgezeichnete Museen in Santa Fe. Zwei befinden sich an der Plaza, zwei auf dem Museum Hill 2 Meilen (3,2 km) südwestlich.

Palace of the Governors & New Mexico History Museum (Karte S. 240; ☎505-476-5100; www.palaceofthegovernors.org; 105 W Palace Ave; Erw./Kind 12 US$/frei; ⏲10–17 Uhr, Okt.–Mai Mo geschl.) Der niedrige Adobe-Komplex ist das älteste öffentliche Gebäude in den USA. 1610 als Sitz des ersten spanischen Gouverneurs von New Mexiko erbaut wurde es nach dem Pueblo-Aufstand von 1680 von Indianern besetzt und war schließlich nach 1846 auch der Amtssitz der ersten Gouverneure des neuen US-Territoriums. Heute gibt es hier faszinierende Exponate zu der vielschichtigen Vergangenheit der Stadt und einige hervorragende hispanische religiöse Kunstwerke. Wenn möglich, sollte man sich einer kostenlosen Führung anschließen.

New Mexico Museum of Art (Karte S. 240; ☎505-476-5072; www.nmartmuseum.org; 107 W Palace Ave; Erw./Kind 12 US$/frei; ⏲Di–So 10–17 Uhr, Führungen 13.30 Uhr) Das Museumsgebäude wurde 1917 errichtet und ist ein erstklassiges frühes Beispiel für Santa Fes Pueblo-Revival-Architektur. Seit knapp 100 Jahren sammelt und zeigt es Werke regionaler Künstler. Es ist eine wahre Schatztruhe großer Namen, die New Mexico in der Kulturlandschaft etabliert haben – von Taos Society of Artists bis zu Georgia O'Keeffe. Darüber hinaus lädt der hübsche Bau mit kühlem kleinen Garten zu einem Spaziergang ein. Ständig wechselnde Ausstellungen sorgen für aktuelle Relevanz.

Museum of International Folk Art (☎505-827-6344; www.internationalfolkart.org; 706 Camino Lejo; Erw./Kind 12 US$/frei; ⏲10–17 Uhr, Nov.–April Mo geschl.) Santa Fes ungewöhnlichstes und unterhaltsamstes Museum legt den Schwerpunkt auf die weltweit größte Sammlung von Volkskunst. Die riesige Hauptgalerie zeigt skurrile und faszinierende Objekte aus über 100 Ländern. Winzige Figuren gehen in komplett nachgebauten Dorf- und Stadtszenerien ihren Geschäften nach, während Puppen, Masken, Spielzeug und Gewänder die Wände schmücken. Die wechselnden Ausstellungen in den anderen Flügeln sind folkloristischer Kunst und Kultur aus der ganzen Welt gewidmet.

Museum of Indian Arts & Culture (☎505-476-1250; www.indianartsandculture.org; 710 Camino Lejo; Erw./Kind 12 US$/frei; ⏲10–17 Uhr, Sept.–Mai Mo geschl) Das erstklassige Museum erläutert Ursprünge und Geschichte der verschiedenen indigenen Stämme des Südwestens, inklusive ihrer so unterschiedlichen kulturellen Traditionen. Angehörige der Pueblo-Indianer, der Navajo und der Apachen beschreiben ihre heutige Lebensrealität, daneben gibt es eine großartige Sammlung mit moderner und alter Keramik sowie fantasievolle zeitgenössische Ausstellungen.

⏲11–21 Uhr) Dieses Deli mit Gerichten aus lokalen Zutaten hat aus guten Gründen treue Stammkunden: Es ist eine prima Adresse für einen zwanglosen Happen auf der Cerillos Rd. Hier gibt's u.a. Enchiladas mit Fleisch von freilaufenden Bisons, Ziegen-Tortas mit Honig-Habanero-Sauce, gegrillte Fisch-Tostadas und Pulled-Pork-Sandwiches mit grünem Chili. Ein paar Türen weiter finden sich eine Fleischerei und eine Bäckerei.

★ **Cafe Pasqual's** NEW MEXICO $$$

(Karte S. 240; ☎505-983-9340; www.pasquals.com; 121 Don Gaspar Ave; Frühstück & Mittagessen 14–18,75 US$, Abendessen 15–39 US$; ⏲8–15 & 17.30–22 Uhr;) Wann auch immer man das ungemein farbenfrohe und bodenständige Lokal besucht: Die Küche mit stark mexikanischem Einschlag ist jeden Cent der hohen Preise wert. Auf der berühmten Frühstückskarte stehen *huevos motuleños* mit sautierten Bananen, Fetakäse und weiteren Zutaten. Später am Tag kommen dann hervorragende Hauptgerichte mit Fleisch oder Fisch auf den Tisch. Reservierungen sind nur fürs Abendessen möglich.

★ **La Plazuela** NEW MEXICO $$$

(Karte S. 240; ☎505-982-5511; www.lafondasantafe.com; 100 E San Francisco St, La Fonda de Santa Fe; Mittagessen 11–22 US$, Abendessen 15–39 US$; ⏲Mo–Fr 7–14 & 17–22, Sa & So 7–15 & 17–22 Uhr) Eines der kulinarischen Highlights von Santa Fe ist eine Mahlzeit mit spannendem Sehen-und-Gesehen-Werden im zentralen Atrium des Fonda: Im geschäftigen Ambiente mit farbenfrohem Dekor kommt hier Spitzenküche auf den Tisch. Klassiker wie Fajitas oder Tamales teilen sich die Karte mit modernen Kreationen.

Joseph's Culinary Pub FRANZÖSISCH $$$
(Karte S. 240; ☎505-982-1272; www.josephsofsantafe.com; 428 Agua Fria St; Hauptgerichte 24–42 US$; ⊙17.30–22 Uhr, Nov.–März Mo geschl.) Das nur zum Abendessen geöffnete romantische alte Lehmziegelgebäude ist eher ein feines Speiserestaurant als ein Pub. Man kann zwar auch an der Bar billigere Gerichte von einer kürzeren Karte bekommen, es lohnt sich aber, in dem in warmen Farbtönen gestalteten Speisesaal zu verweilen und sich den reichhaltigen, französischen Gerichten mit modernem Einschlag zu widmen: Hier gibt's z. B. Lagerfeuer-Cassoulet mit hausgemachter Wurst oder süß-scharfes Enten-Confit.

Ausgehen & Unterhaltung

★ **Kakawa Chocolate House** CAFÉ
(Karte S. 240; ☎505-982-0388; https://kakawachocolates.com; 1050 Paseo de Peralta; ⊙Mo–Sa 10–18, So 12–18 Uhr) Schokofans sollten sich diese Hommage an die Kakaobohne nicht entgehen lassen. Hier gibt's nicht den vertrauten warmen Kakao mit Marshmallows, sondern Elixiere, die auf historischen Rezepten beruhen und in zwei Kategorien unterteilt sind: europäische (z. B. aus dem Frankreich des 17. Jhs.) und mesoamerikanische (Maya & Azteken). Neben Trinkschokolade warten hier auch herrliche Schokopralinen (z. B. mit Kaktusfeige und Mescal) und pikante Chili-Karamellen.

★ **Santa Fe Spirits** DESTILLERIE
(Karte S. 240; ☎505-780-5906; https://santafespirits.com; 308 Read St; ⊙Mo–Do 15–20.30, Fr & Sa bis 22 Uhr) Die Probierpalette (10 US$) der lokalen Destillerie bietet eine eindrucksvolle Reihe von Schnäpsen, darunter Colkegan Single Malt, Wheeler's Gin und Expedition Vodka. Die Probierstube in der Stadt ist dank Ledersesseln und offenen Deckenbalken ein intimes Plätzchen für einen Aperitif. Interessierte können für eine Führung (stündl.) durch die Destillerie reservieren.

★ **Santa Fe Opera** OPER
(☎505-986-5900; www.santafeopera.org; Hwy 84/285, Tesuque; Backstage-Führungen Erw./Kind 10 US$/frei; ⊙Juni–Aug., Backstage-Führungen Juni–Aug. Mo–Fr 9 Uhr) Viele Besucher kommen nur wegen der Oper nach Santa Fe: Das wunderschöne Theater begeistert mit Rundumblick auf eine Sandsteinwildnis, die von Sonnenuntergängen und Mondaufgängen gekrönt wird. Auf der Bühne geben die weltbesten Talente großartige Meisterwerke zum Besten. Dennoch ist dies immer noch der Wilde Westen: Zuschauer können problemlos Jeans tragen. Shuttles (Online-Reservierung erforderlich) verbinden das Theater mit Santa Fe (24 US$) und Albuquerque (39 US$).

Lensic Performing Arts Center DARSTELLENDE KUNST
(Karte S. 240; ☎505-988-7050; www.lensic.com; 211 W San Francisco St) Dieses Theater in einem wunderschön renovierten Kino von 1930 zeigt tourende Produktionen und Filmklassiker. Zudem treten sieben verschiedene Ensembles aus, darunter das Aspen Santa Fe Ballet und das Santa Fe Symphony Orchestra & Chorus.

Jean Cocteau Cinema KINO
(Karte S. 240; ☎505-466-5528; www.jeancocteaucinema.com; 418 Montezuma Ave) Das von George R. R. Martin 2013 wiederbelebte Kino ist die wichtigste Stätte vor Ort, um Indie-Filme zu gucken. Es gibt hier auch Signierstunden, gelegentliche Livekonzerte und eine Bar.

Shoppen

★ **Santa Fe Farmers Market** MARKT
(Karte S. 240; ☎505-983-4098; www.santafefarmersmarket.com; Paseo de Peralta & Guadalupe St; ⊙ganzjährig Sa 7–13 Uhr, Mai–Nov. Di 7–13 & Mi 14–20 Uhr; 🚻) In der großen Marktanlage mit Ständen drinnen und draußen stammen die meisten Produkte von traditionell geführten Bio-Betrieben in der Region. Angeboten werden auch hausgemachte Leckereien, günstige Gerichte, natürliche Körperpflegemittel und Kunsthandwerk.

★ **Blue Rain** KUNST
(Karte S. 240; ☎505-954-9902; www.bluerainгallery.com; 544 S Guadalupe St; ⊙Mo–Sa 10–18 Uhr) Die große Galerie im Railyard District ist die Top-Adresse vor Ort für zeitgenössische indianische sowie regionale Kunst. In der Regel finden mehrere Ausstellungen gleichzeitig statt. Man findet hier alles von modernen Töpferwaren und Skulpturen bis hin zu eindrucksvollen Landschaftsbildern und Porträts.

Kowboyz KLEIDUNG
(Karte S. 240; ☎505-984-1256; www.kowboyz.com; 345 W Manhattan Ave; ⊙10–17.30 Uhr) Die-

ser Secondhand-Laden verkauft alles, was man für einen echten Cowboylook braucht. Während die T-Shirts günstig sind, muss man für die tollen Stiefel tief in die Tasche greifen. Zur Kundschaft gehören auch Filmrequisiteure, die nach authentischen Western-Outfits suchen.

Praktische Informationen

NOTFALL & MEDIZINISCHE VERSORGUNG

Polizei (505-428-3710; 2515 Camino Entrada)

Christus St. Vincent Hospital (505-983-3361; www.stvin.org; 455 St. Michaels Dr; Notaufnahme 24 Std.)

POST

Post (Karte S. 240; 120 S Federal Pl; Mo–Fr 8–17.30, Sa 9–16 Uhr)

TOURISTENINFORMATION

Santa Fe Visitor Center (Karte S. 240; 800-777-2489; www.santafe.org; 66 E San Francisco St, Suite 3, Plaza Galeria; 10–18 Uhr) Das Besucherzentrum in der Plaza Galeria hat Stadtpläne und Broschüren.

New Mexico Visitor Information Center (Karte S. 240; 505-827-7336; www.newmexico.org; 491 Old Santa Fe Trail; Mo–Fr 8–17, Sa & So 8–16 Uhr) Freundliches Büro, das im Lamy Building von 1878 mit nützlichen Tipps und Gratiskaffee aufwartet.

Public Lands Information Center (505-954-2002; www.publiclands.org; 301 Dinosaur Trail; Mo–Fr 8.30–16 Uhr) Ungemein hilfreiches Zentrum mit Karten und Infos zu öffentlich verwaltetem Land in ganz New Mexico und zu diversen Wandermöglichkeiten.

Anreise & Unterwegs vor Ort

Der kleine **Santa Fe Municipal Airport** (SAF; 505-955-2900; www.santafenm.gov/airport; 121 Aviation Dr), 10 Meilen (16 km) südwestlich der Downtown, hat täglich Flüge von/nach Denver, Dallas und Phoenix.

Der **Sandia Shuttle Express** (888-775-5696; www.sandiashuttle.com; 30 US$) verbindet Santa Fe mit dem Albuquerque Sunport.

North Central Regional Transit (505-629-4725; www.ncrtd.org) bietet werktags einen kostenlosen Shuttlebus-Service von der Downtown von Santa Fe nach Española, wo man in Shuttles nach Taos, Los Alamos, Ojo Caliente und zu weiteren Zielen im Norden umsteigen kann. Der Haltepunkt ist die Bushaltestelle Santa Fe Trails an der Sheridan St, einen Block nordwestlich der Plaza.

Am Wochenende fährt der **Taos Express** (866-206-0754; www.taosexpress.com; einfache Strecke 5 US$; Sa & So) nordwärts nach Taos. Abfahrt ist an der Kreuzung der Guadalupe und der Montezuma St beim Railyard.

Der Pendlerzug **Rail Runner** (www.nmrailrunner.com; Erw./Kind 10/5 US$) bietet werktags acht und am Wochenende vier Verbindungen nach Albuquerque; die Züge fahren vom Railyard und halten an der South Capitol Station, eine Meile (1,6 km) südwestlich. Die Fahrt dauert rund 1¾ Stunden. Ankommende Fahrgäste können die kostenlosen Busse von Santa Fe Trails nutzen.

Die Züge von **Amtrak** (800-872-7245; www.amtrak.com) halten am Bahnhof Lamy 17 Meilen (27,4 km) südöstlich der Stadt, von wo alle 30 Minuten Busse nach Santa Fe fahren.

Auf der Fahrt zwischen Santa Fe und Albuquerque sollte man möglichst den Hwy 14 (Turquoise Trail) nehmen, der durch die alte Bergwerkssiedlung (und heutige Künstlerkolonie) Madrid, 28 Meilen (45,1 km) südlich von Santa Fe, führt.

Santa Fe Trails (Karte S. 240; 505-955-2001; www.santafenm.gov; einfache Strecke Erw./Kind 1 US$/frei, Tageskarte 2 US$) betreibt Busse vom Downtown Transit Center. Für Traveller am praktischsten sind die Linien M (zum Museum Hill) und 2 (auf der Cerrillos Rd). Taxis bestellt man bei **Capital City Cab** (505-438-0000; www.capitalcitycab.com).

Rund um Santa Fe

Santa Fe Area Pueblos

Nördlich von Santa Fe erstreckt sich das Kernland der Pueblo-Kulturen New Mexicos. Folgt man dem Hwy 502 von Pojoaque aus 8 Meilen (13 km) nach Westen, gelangt man in das alte **San Ildefonso Pueblo** (505-455-2273; www.sanipueblo.org; Hwy 502; 10 US$/Fahrzeug, Genehmigung für Foto/Video/Zeichnungen 10/20/25 US$; 8–17 Uhr), den Geburtsort von Maria Martinez. Sie erweckte 1919 einen speziellen traditionellen Schwarz-Weiß-Töpferstil wieder zum Leben. In den Shops werden die Arbeiten herausragender Töpfer, darunter auch Nachfahren von Maria, verkauft, die im Pueblo arbeiten.

Gleich nördlich von San Ildefonso, am Hwy 30, liegt **Santa Clara Pueblo** (505-753-7330) mit den **Puyé-Felsbehausungen**. Hier können Besucher Pueblo-Ruinen an Klippen und auf Mesas besichtigen.

Las Vegas

Las Vegas, nicht zu verwechseln mit dem schillernden Spielerparadies in Nevada, ist eine der hübschesten Kleinstädte in New

Mexico und zugleich auch die größte und älteste Gemeinde östlich der Sangre de Cristo Mountains. In der gut zu Fuß zu erkundenden Downtown gibt's eine hübsche Old Town Plaza und rund 900 Gebäude im Südwest- und viktorianischen Stil, die im National Register of Historic Places aufgeführt sind.

Das 1882 erbaute und hundert Jahre später umgestaltete elegante **Plaza Hotel** (☎505-425-3591; http://plazahotellvnm.com; 230 Old Town Plaza; Zi. 89–149 US$; ❄@📶🐾) war im Film *No Country For Old Men* zu sehen und ist die berühmteste Unterkunft vor Ort. Man hat die Wahl zwischen viktorianischen, mit Antiquitäten ausstaffierten Zimmern im Originalgebäude und hellen, modernen Zimmern im angeschlossenen neueren Flügel. Für die Koffeindosis sorgt das **World Treasures Traveler's Cafe** (☎505-426-8638; 1814 Plaza St; Salate & Sandwiches 6–8,50 US$; ⏲Mo–Sa 7–19 Uhr; 📶) direkt an der Plaza, tolle modern-amerikanische Gerichte serviert das **El Fidel** (☎505-425-6659; 510 Douglas Ave; Sandwiches 8–13 US$, Pasta 11–14 US$, Hauptgerichte abends 16–24 US$; ⏲Mo–Fr 11–15 & 17–21, Sa 17–21, So 11–14 Uhr).

Los Alamos

Das streng geheime Manhattan-Projekt nahm 1943 in Los Alamos seinen Anfang und verwandelte das verschlafene Nest auf dem Plateau einer Mesa in ein geschäftiges Labor, in dem Superhirne herumtüftelten. Hier, in der „Stadt, die nicht existierte", wurde die erste Atombombe entwickelt, und das unter absoluter Geheimhaltung. Heute versprüht die Stadt faszinierend dynamisches Flair. Wer Lust auf eine Shoppingtour hat, findet T-Shirts mit aufgedrucktem Atompilz neben „La Bomba"-Wein und Büchern zur Pueblo-Geschichte und zu Wanderungen in der Wildnis.

Das **Los Alamos National Laboratory** ist nicht öffentlich zugänglich, denn dort laufen bis heute bahnbrechende Forschungsprojekte. Dafür kann man das interaktive **Bradbury Science Museum** (☎505-667-4444; www.lanl.gov/museum; 1350 Central Ave; ⏲Di–Sa 10–17, So & Mo 13–17 Uhr) GRATIS besuchen, das die faszinierenden Details der atomaren Geschichte zeigt. Das kleine, aber interessante **Los Alamos Historical Museum** (☎505-662-6272; www.losalamoshistory.org; 1050 Bathtub Row; ⏲Mo–Fr 9.30–16.30, Sa & So 11–16 Uhr) GRATIS befindet sich auf dem nahe gelegenen Grundstück der früheren Los Alamos Ranch School; die reine Jungenschule wurde geschlossen, als die Wissenschaftler auf der Bühne auftauchten. Die hiesigen Wissenschaftler sättigen ihren Hunger im **Blue Window Bistro** (☎505-662-6305; www.labluewindowbistro.com; 813 Central Ave; Mittagessen 10–12,50 US$, Abendessen 11,25–28,50 US$; ⏲Mo–Fr 11–14.30, Mo–Sa 17–20.30 Uhr).

Bandelier National Monument

Die frühen Pueblo-Indianer lebten in den Felsen des schönen Frijoles Canyon, der heute im **Bandelier National Monument** (☎505-672-3861; www.nps.gov/band; Hwy 4; 20 US$/Fahrzeug; ⏲Sonnenaufgang–Sonnenuntergang; 👪) unter Schutz steht. Abenteuerlustige können auf Leitern in alte Höhlen und *kivas* (Kammern) klettern, die bis Mitte des 16. Jhs. bewohnt waren. Für das Campen auf freiem Gelände (das wegen Überflutungsgefahr von Juli bis Mitte September nur oben auf der Mesa gestattet ist) braucht man eine kostenlose Genehmigung. Rund 100 Stellplätze bietet der Juniper Campground unter den Bäumen nahe beim Eingang zum National Monument.

Achtung: Vom 14. Mai bis 15. Oktober muss man zwischen 9 und 15 Uhr zum Bandelier National Monument den Shuttlebus vom 8,5 Meilen (13,7 km) nördlich gelegenen **White Rock Visitor Center** (Hwy 4) nehmen.

Abiquiu

Das spanisch geprägte Dorf Abiquiu (klingt wie „Barbecue") am Hwy 84 liegt eine rund 45-minütige Autofahrt nordwestlich von Santa Fe. Berühmt ist es für die Künstlerin Georgia O'Keeffe, die von 1949 bis zu ihrem Tod 1986 hier lebte und malte. Die traumhafte Landschaft – der Chama River windet sich an Ackerland und spektakulären Felsformationen vorbei – zieht nach wie vor Künstler an. O'Keeffes Lehmziegelhaus ist eingeschränkt für Besucher zugänglich; mindestens dreimal pro Woche werden einstündige **Führungen** (☎505-685-4539; www.okeeffemuseum.org; Führungen 35–65 US$; ⏲Mitte März–Mitte Nov. Di–Sa) angeboten, allerdings sind diese oft Monate im Voraus ausgebucht.

15 Meilen (24 km) weiter nordwestlich erstreckt sich die in vielen Farben leuchtende **Ghost Ranch** (☎505-685-1000; www.ghostranch.org; US Hwy 84; Tagesticket Erw./Kind 5/3 US$; 👪) auf einem 84 km² großen Gelände. O'Keeffe verbachte viel Zeit in diesem Zentrum spirituellen Rückzugs. Neben

großartigen Wanderwegen bietet es ein **Dinosauriermuseum**, einfache **Unterkünfte** (Stellplatz Zelt & Wohnmobil 25 US$, B 69 US$, Zi. mit/ohne Bad ab 119/109 US$; ❄ @) und Ausritte (ab 50 US$).

Das hübsche **Abiquiú Inn** (☎505-685-4378; www.abiquiuinn.com; US Hwy 84; Zi. ab 110 US$, Casitas ab 120 US$; P 📶) ist eine weitläufige Anlage mit schattigen Lehmziegelnachbauten. Die geräumigen Casitas haben Einbauküchen. Auf der Speisekarte des vor Ort gelegenen Restaurants **Cafe Abiquiú** (☎505-685-4378; www.abiquiuinn.com; Abiquiú Inn; Hauptgerichte mittags 10–14 US$, abends 21–26 US$; ⏲7–20 Uhr; 📶) stehen die üblichen Spezialitäten aus New Mexico.

Ojo Caliente

Das 140 Jahre alte **Ojo Caliente Mineral Springs Resort & Spa** (☎505-583-2233; www.ojospa.com; 50 Los Baños Rd; Zi. 189 US$, Cottages 229 US$, Suite 299–399 US$, Zelt & Wohnmobil 40 US$; ❄ 📶) ist einer der ältesten Kurorte des Landes. Die Pueblo-Indianer nutzen die Quellen bereits seit Jahrhunderten. Das Spa liegt 50 Meilen (80 km) nördlich von Santa Fe am Hwy 285 und bietet zehn Becken mit verschiedenen Mineralien. Zusätzlich zu den netten, wenn auch wenig originellen historischen Hotelzimmern wartet das Resort mit mehreren schicken Suiten in frechen Farben mit Kiva-Feuerstellen und privaten Wasserbecken auf, zudem gibt es Cottages im New-Mexico-Stil. Das **Artesian Restaurant** (www.ojospa.com; Hwy 285; Mittagessen 11–16 US$, Abendessen 16–32 US$; ⏲7.30–11, 11.30–14.30 & 17–21 Uhr; 📶 🖉) 🍃 setzt lokale Bio-Zutaten angemessen in Szene.

Taos

Selbst im Land der Verzauberung sticht Taos mit seiner spektakulären Szenerie heraus: Schneebedeckte, 3750 m hohe Gipfel erheben sich hinter der Stadt, und nach Westen erstreckt sich eine mit Salbei bedeckte Hochebene, die dann plötzlich 244 m tief in die Rio Grande Gorge abfällt. Der Himmel präsentiert sich mal in strahlendem Saphirblau, mal mit riesigen Gewitterwolken, angesichts derer selbst die Berge klein wirken. Und dann sind da auch noch die Sonnenuntergänge!

Der Taos Pueblo, ein Juwel der Lehmziegelarchitektur, gehört zu den ältesten ununterbrochen bewohnten Siedlungen in den USA, und die lange Stadtgeschichte reicht von den Konquistadoren über Cowboys bis zu Künstlern. Die Stadt Taos wiederum ist ein entspannter, exzentrischer Ort mit typischen Lehmziegelgebäuden, fabelhaften Museen, skurrilen Cafés und ausgezeichneten Restaurants. Zu den 5700 Einwohnern zählen Bohemiens und Hippies, Fans alternativer Energien und alteingesessene, spanischstämmige Familien. Das Städtchen ist ländlich und weltzugewandt, aber auch ein bisschen abgedreht.

Sehenswertes

★ Millicent Rogers Museum MUSEUM
(☎575-758-2462; www.millicentrogers.org; 1504 Millicent Rogers Rd; Erw./Kind 10/2 US$; ⏲April–Okt. 10.10–17 Uhr, Nov.–März Mo geschl.) Das großartige Museum, 4 Meilen (6,5 km) nordwestlich der Plaza, beherbergt die Privatsammlung der Ölerbin und Modeikone Millicent Rogers, die 1947 nach Taos zog. Es zeigt hispanische Volkskunst, Webereien der Navajo und sogar von Rogers selbst entworfenen modernistischen Schmuck. Der Schwerpunkt liegt jedoch auf indianischen Keramiken, vor allem auf den wunderschönen komplett schwarzen Werken, die Maria Martínez aus San Ildefonso Pueblo im 20. Jh. anfertigte.

Martínez Hacienda MUSEUM
(☎575-758-1000; www.taoshistoricmuseums.org; 708 Hacienda Way, abseits der Lower Ranchitos Rd; Erw./Kind 8/4 US$, Blumenschein Museum Kombiticket 12 US$; ⏲April–Okt. Mo–Sa 10–17, So 12–17 Uhr, Rest des Jahres Mi & Do geschl.) Das befestigte Gehöft aus Lehmziegeln wurde 1804 errichtet und liegt 2 Meilen (3 km) südwestlich der Plaza mitten in den Feldern. Einst diente es als Handelsposten für Kaufleute, die zuerst von Mexiko-Stadt aus dem Camino Real Richtung Norden folgten und später dem Santa Fe Trail nach Westen. Die 21 Zimmer säumen einen Innenhof und sind mit den wenigen Besitztümern eingerichtet, die sich selbst eine wohlhabende Familie in der damaligen Zeit gerade noch leisten konnte. Vor Ort finden regelmäßig Kulturveranstaltungen statt.

Harwood Foundation Museum MUSEUM
(☎575-758-9826; www.harwoodmuseum.org; 238 Ledoux St; Erw./Kind 10 US$/frei; ⏲April–Okt. Mo–Sa 10–17, So 12–17 Uhr, Nov.–März Mo & Di geschl.) Ein großartiger weitläufiger Lehmziegelkomplex aus der Mitte des 19. Jhs. beherbergt attraktiv präsentierte historische und zeitgenössische Gemälde, Zeichnungen, Drucke, Skulpturen und Fotografien, die vor

allem von Künstlern aus dem Norden New Mexicos stammen. Harwood wurde 1923 gegründet und ist somit das zweitälteste Museum des Bundestaats. Schwerpunkte sind hiesige hispanische Traditionen und die Taos-Schule des 20. Jhs.

Taos Art Museum & Fechin Institute MUSEUM
(☎575-758-2690; www.taosartmuseum.org; 227 Paseo del Pueblo Norte; Erw./Kind 10 US$/frei; ⏲Mai–Okt. Di–So 10–17 Uhr, Nov.–April bis 16 Uhr) 1926 zog der russische Künstler Nicolai Fechin mit 46 Jahren nach Taos – und zwar in dieses Lehmziegelhaus, dessen Inneres er von 1928 bis 1933 mit seinen markanten Schnitzereien im russischen Stil ausschmückte. Das heutige Museum zeigt Fechins Gemälde und Skizzen, seine Privatsammlung und ausgewählte Werke der Taos Society of Artists. Im Sommer finden hier gelegentlich Konzerte mit Kammermusik statt.

San Francisco de Asís Church KIRCHE
(☎575-751-0518; St. Francis Plaza, Ranchos de Taos; ⏲Mo–Fr 9–16 Uhr) 4 Meilen (ca. 6,5 km) südlich der Taos Plaza steht gleich abseits des Hwy 68 in Ranchos de Taos diese markante Kirche von 1815. Der Bau ist für die geschwungenen Kurven und rechteckigen Formen seiner massiven Lehmziegelmauern berühmt. Georgia O'Keeffe und Ansel Adams verewigten ihn jeweils mehrmals als Gemälde oder Fotografie. Die Messe wird hier am ersten Samstag des Monats um 18 Uhr sowie meist jeden Sonntag um 7, 9 und 11.30 Uhr gelesen.

CHIMAYÓ

Das „amerikanische Lourdes", die außerordentlich hübsche Lehmziegelkapelle **El Santuario de Chimayó** (☎505-351-9961; www.elsantuariodechimayo.us; ⏲Mai–Sept. 9–18, Okt.–April bis 17 Uhr) GRATIS mit zwei Türmen, steht mitten in den Bergen der sogenannten High Road östlich des Hwy 84, 28 Meilen (45 km) nördlich von Santa Fe. Sie wurde 1826 an einer Stelle errichtet, an der die Erde wundersame Heilkräfte besitzen soll. Bis heute kommen Gläubige, um *tierra bendita* (heilige Erde) aus einer kleinen Grube im Gebäudeinneren auf schmerzende Körperstellen zu reiben. Während der Karwoche wandern rund 30 000 Pilger von Santa Fe, Albuquerque und anderen Orten nach Chimayó. Das Ganze ist die größte Pilgerprozession der USA. Das Kunstwerk im *santuario* ist für sich genommen einen Besuch wert. Danach kann man sich im **Rancho de Chimayó** (☎505-984-2100; www.ranchodechimayo.com; County Rd 98; Hauptgerichte 7–10,75 US$, Abendessen 10,25–25 US$; ⏲11.30–21 Uhr, Nov.–April Mo geschl.) ein Mittag- oder Abendessen schmecken lassen.

Blumenschein Home & Museum MUSEUM
(☎575-758-0505; www.taoshistoricmuseums.org; 222 Ledoux St; Erw./Kind 8/4 US$; Martínez Hacienda Kombiticket 12 US$; ⏲April–Okt. Mo–Sa 10–17, So 12–17 Uhr, Rest des Jahres Mi & Do geschl.) Das wunderschön erhaltene Wohnhaus aus Lehmziegeln (erb. 1797) gibt einen anschaulichen Einblick in das Leben der hiesigen Künstlergemeinde in den 1920er-Jahren. Ernest L. Blumenschein, Gründungsmitglied der Taos Society of Artists, lebte hier mit seiner Frau Mary und seiner Tochter Helen Greene, die auch Künstlerinnen waren. Die Werke und persönlichen Besitztümer der Familienmitglieder lassen alle Räume bis heute sehr lebendig wirken.

Earthships ARCHITEKTUR
(☎575-613-4409; www.earthship.com; US Hwy 64; Touren ohne Guide 7 US$; ⏲Juni–Aug. 9–17 Uhr, Sept.–Mai 10–16 Uhr) Die moderne Pioniergemeinde ist das geistige Kind des Architekten Michael Reynolds. Die 70 Earthships (Erdschiffe) bestehen aus recycelten Materialien wie gebrauchten Autoreifen oder Dosen. Sie sind auf drei Seiten mit Erde bedeckt und heizen bzw. kühlen sich selbst. Zudem produzieren sie ihren eigenen Strom und sammeln ihr eigenes Wasser, während die Bewohner Lebensmittel selbst anbauen. Das Gelände bietet noch Platz für 60 weitere Earthships. Falls möglich, sollte man sich für eine Nacht einquartieren (S. 249), denn die „Führung" ist doch etwas enttäuschend. Das Visitor Center liegt 1,5 Meilen (ca. 2,5 km) westlich der Rio Grande Gorge Bridge am US Hwy 64.

Aktivitäten

Im Sommer sind Wildwasserfahrten durch die Taos Box, den von steilen Klippen umrahmten Lauf des Rio Grande, beliebt. Es gibt auch viele ausgezeichnete Wanderwege und Mountainbike-Trails. Mit einem 3602 m hohen Gipfel und einem Abhang mit 998 m Höhenunterschied bietet das **Taos Ski Val-**

ley (☎866-968-7386; www.skitaos.org; Liftticket Erw./Jugendliche/Kind 98/81/61 US$; ⏲9–16 Uhr) Ski- und Snowboard-Möglichkeiten, die zu den anspruchsvollsten in den USA zählen, trotzdem ist es hier immer noch lässig und entspannt.

Los Rios River Runners RAFTING
(☎575-776-8854; www.losriosriverrunners.com; 1033 Paseo del Pueblo Sur; Erw./Kind Halbtages-Pass ab 54/44 US$; ⏲Ende April–Aug.) Zum Angebot gehören halbtägige Trips auf dem Racecourse, die auch in Einer- oder Zweier-Kajaks möglich sind, Tagestouren in der Box (Mindestalter 12 Jahre) und mehrtägige Ausflüge auf dem malerischen Chama. Beim „Native Cultures Feast and Float" unter Leitung eines indianischen Guides gehört ein hausgemachtes Mittagessen bei einer einheimischen Pueblo-Familie zum Programm. Am Wochenende sind die Preise etwas höher.

Schlafen

Sun God Lodge MOTEL $
(☎575-758-3162; www.sungodlodge.com; 919 Paseo del Pueblo Sur; Zi. ab 55 US$; P 📶 🐾) Die gastfreundlichen Leute in diesem gut geführten zweistöckigen Motel können viel über die Lokalgeschichte erzählen und Restaurants empfehlen. Die Zimmer sind sauber, wenn auch etwas dunkel und haben lässiges Südwest-Flair. Das Highlight ist der üppig grüne Hof mit Lichterketten, ein malerischer Ort, um ein Picknick oder den Sonnenuntergang zu genießen. Die Lodge befindet sich 1,5 Meilen (2,4 km) südlich der Plaza.

★ **Doña Luz Inn** B&B $$
(☎575-758-9000; www.stayintaos.com; 114 Kit Carson Rd; Zi. 119–209 US$; ❄ @ 📶 🐾) Das witzig-originelle B&B in zentraler Lage wurde liebevoll vom Besitzer Paul Castillo gestaltet. Die farbenfrohen Themenzimmer sind z. B. im spanischen Kolonialstil oder indianisch gehalten und bieten jede Menge Kunst, Wandmalereien, Artefakte, Lehmziegelkamine, Küchenzeilen und Whirlpools. Das gemütliche La-Luz-Zimmer bietet das beste Preis-Leistungs-Verhältnis der Stadt, zudem gibt es größere Luxussuiten.

★ **Earthship Rentals** BOUTIQUEHOTEL $$
(☎575-751-0462; www.earthship.com; US Hwy 64; Earthship 185–410 US$; 📶 🐾) 🍃 Lust auf eine autarke Boutique-Bleibe mit Solarstrom? Die futuristischen Gebilde aus recycelten Autoreifen und Aluminiumdosen – alles unsichtbar verbaut – sind teils Vision à la Gaudí, teils schrille Space-Age-Fantasie. 14 Meilen (22,5 km) nordwestlich der Stadt auf einem wunderschönen Tafelberg gelegen, bieten sie ein einzigartiges Erlebnis, das in Taos seinesgleichen sucht. Auch Gäste ohne Reservierung sind willkommen.

★ **Historic Taos Inn** HISTORISCHES HOTEL $$
(☎575-758-2233; www.taosinn.com; 125 Paseo del Pueblo Norte; Zi. ab 119 US$; P ❄ 📶) Die 45 Zimmer des charmanten, stets gut besuchten alten Gästehauses versprühen jede Menge Flair, dafür sorgt die Einrichtung im Südweststaatenstil mit massiven Holzelementen und Lehmziegelkaminen, die aber teilweise nur Dekozwecken dienen. In der berühmten Adobe Bar im gemütlichen zentralen Atrium wird jeden Abend Livemusik gespielt. Wer etwas ruhiger schlafen möchte, wählt besser ein Zimmer in einem der sepa-

NICHT VERSÄUMEN

TAOS PUEBLO

Mit zwei fünfstöckigen Lehmziegelkomplexen, die sich zu beiden Seiten des Río Pueblo de Taos vor der eindrucksvollen Kulisse der Sangre de Cristo Range erheben, ist der **Taos Pueblo** (☎575-758-1028; www.taospueblo.com; Taos Pueblo Rd; Erw./Kind 16 US$/frei; ⏲Mo–Sa 8–16.30, So 8.30–16.30 Uhr, Mitte Feb.–Mitte April geschl.) ein Musterbeispiel antiker Pueblo-Architektur. Die beiden Komplexe sollen gegen 1450 fertiggestellt worden sein. Den heutigen Besuchern bietet sich also das gleiche faszinierende Bild wie den frühen spanischen Entdeckern, nur dass heute noch in der Nähe eine kleine, sehr malerische katholische Missionskirche steht.

Die Bewohner veranstalten (gegen eine Spende) Führungen durch den Pueblo mit Einblicken in seine Geschichte. Man hat zudem Gelegenheit, schönen Schmuck, Töpferwaren und anderes Kunsthandwerk zu kaufen und Fladenbrot zu probieren, das in traditionellen, bienenkorbförmigen Lehmziegelöfen gebacken wird. Zwischen Februar und April bleibt der Pueblo zehn Wochen lang für die Öffentlichkeit geschlossen und zu anderen Zeiten während bestimmter Zeremonien und Events. Daher sollte man vor einem Besuch anrufen oder sich über die Termine solcher Events auf der Webseite informieren.

raten Flügel. Es gibt außerdem ein gutes **Restaurant** (575-758-1977; Frühstück & Mittagessen 7–15 US$, Abendessen 15–28 US$; Mo–Fr 11–15 & 17–21, Sa & So 7.30–14.30 & 17–21 Uhr).

★ **Mabel Dodge Luhan House** INN $$
(505-751-9686; www.mabeldodgeluhan.com; 240 Morada Lane; Zi. ab 116 US$; P) Jeder Zoll dieser weitläufigen Anlage, die einst das Domizil von Mabel Dodge Luhan, der sogenannten „Schutzherrin von Taos", war, atmet Schönheit und bodenständige Eleganz. Man übernachtet, wo einst schon Georgia O'Keeffe, Willa Cather oder Dennis Hopper wohnten, und benutzt ein Bad, das von D. H. Lawrence dekoriert wurde. Vor Ort gibt's auch Kunst-, Kunsthandwerks-, spirituelle und kreative Workshops. Das Büffetfrühstück ist im Preis enthalten. WLAN gibt's nur in den öffentlichen Bereichen.

Essen

Michael's Kitchen NEW MEXICO $
(575-758-4178; www.michaelskitchen.com; 304c Paseo del Pueblo Norte; Hauptgerichte 8–13,50 US$; Mo–Do 7–14.30, Fr–So bis 20 Uhr;) Einheimische und Reisende zieht es gleichermaßen in diesen alten Klassiker. Das liegt an der großen Speiseauswahl, dem verlässlich guten Essen, der kinderfreundlichen Atmosphäre und den Leckereien aus der hauseigenen Bäckerei. Zudem ist das Frühstück das beste der Stadt. Morgens trifft man hier eventuell den einen oder anderen Hollywood-Promi, der sich einen Burrito mit Chilisauce genehmigt.

★ **Love Apple** NEW MEXICO $$$
(575-751-0050; www.theloveapple.net; 803 Paseo del Pueblo Norte; Hauptgerichte 17–29 US$; Di–So 17–21 Uhr) Von den Räumlichkeiten der umgebauten Placitas Chapel aus dem 19. Jh. bis hin zum leckeren Essen, das größtenteils aus Bio-Zutaten besteht: Das Love Apple ist ein echtes Juwel, das man nur in New Mexico findet. Die gesamte Küche ist von regionalen Aromen geprägt. Dies gilt für die Rindfleischburger mit roter Chilisauce und Blauschimmelkäse ebenso wie für die Tamales mit Mole-Sauce oder das Wildschweinfilet. Das dezente rustikal-sakrale Ambiente verstärkt das kulinarische Erlebnis noch weiter. Reservierung ratsam; nur Barzahlung.

★ **Lambert's** MODERN-AMERIKANISCH $$$
(505-758-1009; www.lambertsoftaos.com; 123 Bent St; Mittagessen 11–14 US$, Abendessen 23–38 US$; 11.30 Uhr–open end;) Das Lambert's wird immer wieder als bestes Restaurant in Taos gepriesen. In dem charmanten alten Lehmziegelbau nördlich der Plaza bleibt alles beim Alten: ein gemütlicher und romantischer Einheimischentreff, dessen Gäste bei opulenter zeitgenössischer Küche entspannen. Die Palette der Hauptgerichte reicht von Miniburgern mit gegrilltem Schweinefleisch zum Mittagessen bis hin zu Enchiladas mit Hühnchen und Mango sowie Colorado-Lammkarree am Abend.

Ausgehen & Unterhaltung

Adobe Bar BAR
(575-758-2233; Historic Taos Inn, 125 Paseo del Pueblo Norte; 11–23 Uhr, Musik 18.30–22 Uhr) Die Adobe Bar hat das gewisse Etwas: Jeden Abend scheint hier irgendwann ganz Taos aufzutauchen, um bei Livemusik (Bluegrass, Jazz etc.; keine Coverversionen) und den berühmten „Cowboy Buddha"-Margaritas in der gemütlichen Atmosphäre des überdachten Atriums zu entspannen. Wer länger bleibt, kann auch jederzeit Gerichte von der günstigen Barkarte bestellen.

Caffe Tazza CAFÉ
(575-758-8706; 122 Kit Carson Rd; 7–18 Uhr) Im Tazza, das heute weitgehend von tätowierten Hipstern bevölkert ist, kann man einen Eindruck davon gewinnen, wie Taos zu Hippie-Zeiten war. Ansonsten kann man hier auch einfach nur einen guten Kaffee trinken. Der Laden ist nicht nach jedermanns Geschmack, aber man hat viel Platz, um zu entspannen, und an den meisten Abenden gibt's Open Mikes oder Livemusik.

KTAOS Solar Center LIVEMUSIK
(575-758-5826; www.ktao.com; 9 Ski Valley Rd; Bar Mo–Do 16–21, Fr & Sa bis 23 Uhr) Am Anfang der Ski Valley Rd teilt sich der beste Livemusik-Laden von Taos ein Gebäude mit dem sehr beliebten Radiosender KTAOS 101,9 FM. Einheimische Bands sorgen hier ebenso für Stimmung wie Künstler auf Tour. Wenn gerade keine Konzerte stattfinden, können Besucher die DJs der „leistungsstärksten Solarradiostation der Welt" bei der Arbeit beobachten und dabei die Happy Hour an der Bar genießen.

Shoppen

Taos ist seit jeher ein Mekka für Künstler, davon zeugt eine große Zahl von Galerien und Ateliers in der und rund um die Stadt. Eigenständige Geschäfte und Galerien säumen die Fußgängerzone **John Dunn Shops** (www.johndunnshops.com) zwischen der Bent St und der Taos Plaza.

Auf der Suche nach klassischen Western-Memorabilien kann man gleich östlich der Plaza in der **El Rincón Trading Post** (575-758-9188; 114 Kit Carson Rd; 10–17 Uhr) vorbeischauen.

Praktische Informationen

Taos Visitor Center (575-758-3873; http://taos.org; 1139 Paseo del Pueblo Sur; 9–17 Uhr;) Das hervorragende Visitor Center bietet alle möglichen Informationen zum Norden New Mexicos und schenkt Gratiskaffee aus. Das gesamte Material, z. B. der umfangreiche *Taos Vacation Guide*, ist auch online erhältlich.

An- & Weiterreise

Von Santa Fe aus nimmt man entweder die malerische „High Road" (Höhenstraße) über die Highways 76 und 518, an deren Rand lohnende Galerien, Dörfer und Stätten winken, oder folgt der hübsch sich entfaltenden Rio-Grande-Landschaft am Hwy 68.

Nach Taos fahren keine Greyhound-Busse, aber werktags bietet **North Central Regional Transit** (866-206-0754; www.ncrtd.org) einen kostenlosen Shuttleservice nach Española, wo man nach Santa Fe und zu anderen Zielen im Norden umsteigen kann; die Haltestelle liegt vor den Büros von Taos County abseits des Paseo del Pueblo Sur, 1 Meile (1,6 km) südlich der Plaza.

Taos Express bietet samstags und sonntags einen Shuttleservice nach Santa Fe (einfache Strecke Erw./Kind 5 US$/frei) mit Anschluss an die RailRunner-Züge von/nach Albuquerque.

Nordwestliches New Mexico

New Mexicos wilder Nordwesten ist von weiten, menschenleeren Flächen geprägt. Das Gebiet heißt immer noch „Indian Country", denn große Teile gehören den Völkern der Navajo, Zuñi, Acoma, Apache und Laguna. Neben bemerkenswerten uralten Stätten gibt es in diesem Teil New Mexicos einsame indigene Siedlungen. Und nach dem Kulturerlebnis kann man mit einer historischen Schmalspurbahn durch die Berge fahren, durch hinreißendes Ödland wandern oder die Angel nach großen Forellen auswerfen.

Farmington & Umgebung

Farmington ist die größte Stadt im Nordwesten New Mexicos und eignet sich gut als Basis für Entdeckungstouren ins Four-Corners-Gebiet (Vierländereck). Das **Visitors Bureau** (505-326-7602; www.farmingtonnm.org; 3041 E Main St; Mo–Sa 8–17 Uhr) hat genauere Infos. **Shiprock**, ein 518 m hoher Vulkanschlot, ragt düster über der Landschaft im Westen empor. Er diente den angelsächsischen Pionieren als Orientierungspunkt und ist den Navajo heilig.

14 Meilen (23 km) nordöstlich von Farmington wartet das ca. 11 ha große **Aztec Ruins National Monument** (505-334-6174; www.nps.gov/azru; 84 Ruins Rd; Erw./Kind 5 US$/frei; Sept.–Mai 8–17 Uhr, Juni–Aug. bis 18 Uhr) mit der größten nachgebauten Kiva des Landes auf; sie hat einen Innendurchmesser von fast 15 m. Ein paar Schritte entfernt kann man seine Fantasie schweifen lassen, wenn man unter niedrigen Türrahmen hindurchschlüpft und die dunklen Räume der West Ruin durchwandert.

Etwa 35 Meilen (56 km) südlich von Farmington über den Hwy 371 erstreckt sich die ursprüngliche **Bisti Badlands & De-Na-Zin Wilderness**, eine psychedelische, surreale Landschaft mit eigentümlichen, farbenfrohen Steinformationen, die in den Stunden vor Sonnenuntergang besonders schön anzusehen sind. Wer sich für Wüsten interessiert, sollte sich das nicht entgehen lassen! Infos erhält man beim **BLM Office** (505-564-7600; www.blm.gov/nm; 6251 College Blvd; Mo–Fr 7.45–16.30 Uhr) in Farmington.

Das hübsche **Silver River Adobe Inn B&B** (505-325-8219; www.silveradobe.com; 3151 W Main St; Zi. 115–205 US$;) mit drei Zimmern ist eine Oase der Ruhe und liegt zwischen Bäumen entlang des San Juan River. Dem hippen **Three Rivers Eatery & Brewhouse** (505-324-2187; www.threeriversbrewery.com; 101 E Main St; Hauptgerichte 9–27 US$, Pizza 7,50–13,50 US$; 11–21 Uhr;) gelingt es trendy und kinderfreundlich zugleich zu sein. Neben guten Steaks gibt es Kneipenkost und Bier aus eigener Herstellung. Das mit Abstand beste Restaurant der Stadt!

Chaco Culture National Historical Park

Der faszinierende **Chaco Park** (505-786-7014; www.nps.gov/chcu; 20 US$/Auto; 7 Uhr–Sonnenuntergang) besticht durch riesige Bauten der frühen Pueblo-Indianer in einer isolierten Hochwüstenumgebung und liefert Beweise für eine 5000-jährige Besiedlungsgeschichte.

Zu ihrer Blütezeit war die Gemeinde im Chaco Canyon ein bedeutendes Handels- und Zeremonialzentrum, und die Stadt, die die Pueblo-Indianer hier gründeten, war hoch entwickelt, was Grundriss und Design betrifft. Das berühmte, zentral gelegene **Pueblo Bonito** umfasst vier Ebenen und hatte wohl zwischen 600 und 800 Räume. Die Rundstrecke durch den Park kann man auf eigene Faust abfahren. Außerdem gibt's mehrere Wanderwege durchs Hinterland. Wer sich für Sterne interessiert, kann sich die abendlichen astronomischen Präsentationen im Sommer ansehen. Der Park liegt in einer abgeschiedenen Gegend, rund 80 Meilen (129 km) südlich von Farmington, weitab jeglichen öffentlichen Nahverkehrs (nur über Schotterpisten erreichbar). Der **Gallo Campground** (☎877-444-6777; www.recreation.gov; Stellplatz Zelt/Wohnmobil 15 US$) befindet sich 1 Meile (1,6 km) östlich des Visitor Center. Es gibt keine Anschlüsse für Wohnwagen.

Nordöstliches New Mexico

Östlich von Santa Fe weichen die üppig grünen Sangre de Cristo Mountains ausgedehnten Ebenen. Staubige Grasflächen erstrecken sich ins Unendliche - oder zumindest bis nach Texas. Vulkankegel ragen aus einer Landschaft empor, in der man Rinder und Dinosaurierspuren findet. Die Viehzucht ist eine Hauptstütze der hiesigen Wirtschaft, und auf vielen Straßenabschnitten erblickt man mehr Rinder als Autos - und wahrscheinlich auch Bisonherden.

Der Santa Fe Trail, auf dem die frühen Händler mit Planwagen reisten, verlief von Missouri nach New Mexico. An manchen Stellen abseits der I-25 zwischen Santa Fe und Raton kann man immer noch die Spurrillen sehen. Die Gegend ist genau das Richtige, wenn man den Alten Westen ohne Konsumhype erleben will.

Cimarron

Cimarron gehörte einst zu den gefährlichsten Pflastern im Wilden Westen; der spanische Name bedeutet zu deutsch „wild". Es heißt, dass Mord in den 1870er-Jahren an der Tagesordnung war und es eine Schlagzeile wert war, wenn mal zur Abwechslung nichts geschehen war. Eine Zeitung titelte z. B.: „Alles ruhig in Cimarron. Seit drei Tagen wurde niemand ermordet."

Heute ist die Stadt wirklich ruhig und lockt vor allem Naturliebhaber und Outdoor-Fans an. Wer von Taos aus nach Cimarron fährt, passiert den wunderschönen **Cimarron Canyon State Park**, eine Schlucht mit steil aufragenden Wänden und verschiedenen Wanderwegen, tollen Angelmöglichkeiten und einem Campingplatz.

Übernachten kann man aber auch im **St. James** (☎888-376-2664; www.exstjames.com; 617 Collison St; Zi. 85–135 US$; ❄📶). In dem Hotel von 1872 spukt es; ein Zimmer ist so verwunschen, dass es nie vermietet wird! Viele Legenden des Westens gehörten zu den Gästen, z. B. Buffalo Bill, Annie Oakley, Wyatt Earp sowie Jesse James, und an der Rezeption gibt's eine lange Liste, die darüber informiert, wer wen in der Hotelbar erschossen hat.

Capulin Volcano National Monument

Von den diversen Vulkanen in der Gegend ist der 400 m über der Hochebene aufragende **Capulin** (☎575-278-2201; www.nps.gov/cavo; Wagen 7 US$; ⏲Juni–Aug. 8–17, Sept.–Mai bis 16.30 Uhr) der am einfachsten zugängliche. Vom Visitor Center schlängelt sich eine 2 Meilen (3 km) lange Straße bergauf zu einem Parkplatz am Kraterrand (2494 m); Wanderwege führen am Rand entlang und in den Krater hinein. Der Eingang befindet sich 3 Meilen (5 km) nördlich vom Dorf Capulin, das 30 Meilen (48 km) östlich von Raton liegt (den Hwy 87 nehmen!).

Südwestliches New Mexico

Das Rio Grande Valley erstreckt sich von Albuquerque hinunter zu den blubbernden Thermalquellen im abgefahrenen Truth or Consequences und weiter nach Mexiko und Texas. Unterwegs versorgt der Fluss einen der größten landwirtschaftlichen Schätze New Mexicos mit Wasser: die „Chili-Welthauptstadt" Hatch. Östlich des Flusses ist die Wüste so trocken, dass sie seit spanischen Zeiten Jornada del Muerto („Tagesreise des Toten") heißt. Da passt es, dass diese Gegend für die Explosion der ersten Atombombe an der heutigen Trinity Site ausgewählt wurde.

Abgesehen von Las Cruces, der zweitgrößten Stadt im Bundesstaat, ist diese Gegend sehr dünn besiedelt. Im Westen verspricht der raue Gila National Forest Backcountry-Abenteuer, und im Mimbres Valley lassen sich archäologische Schätze entdecken.

Truth or Consequences & Umgebung

Das unkonventionelle Städtchen verströmt exzentrische Lebensfreude. Es entstand in den 1880er-Jahren bei natürlichen Thermalquellen. Der ursprüngliche (und passende) Name Hot Springs wurde 1950 in Truth or Consequences („T or C") geändert, einer damals beliebten Radioquizshow. Heutzutage sorgen der Vorstandvorsitzende von Virgin Galactic, Richard Branson, und andere Weltraumvisionäre für Schlagzeilen: Sie treiben die Entwicklung des nahe gelegenen **Spaceport America** voran; von dort aus sollen bald reiche Weltraumtouristen ins All fliegen.

Rund 60 Meilen (97 km) nördlich der Stadt überwintern Kanadakraniche und Schneegänse auf den Feldern und Marschen des 233 km² großen **Bosque del Apache National Wildlife Refuge** (www.fws.gov/refuge/bosque_del_apache; Hwy 1; 5 US$/Fahrzeug; ⌚ Sonnenaufgang–Sonnenuntergang).

Schlafen & Essen

★ Riverbend Hot Springs BOUTIQUEHOTEL **$$**
(☎ 575-894-7625; www.riverbendhotsprings.com; 100 Austin St; Zi. 97–218 US$, Stellplatz Wohnmobil 60 US$; ❄📶🐾) Das charmante Hotel wartet mit einer tollen Lage neben dem Rio Grande auf und ist das einzige vor Ort mit Außenwhirlpools am Fluss; diese sind gefliest, überdacht und einfach traumhaft. Einheimische Künstler haben die Zimmer farbenfroh dekoriert, wobei die Auswahl von motelartigen Quartieren bis zu einer Suite mit drei Schlafzimmern reicht. Gäste können die Gemeinschaftsbecken gratis benutzen, für Privatbecken werden hingegen 10 US$ fällig. Keine Kinder unter 12 Jahren.

Blackstone Hotsprings BOUTIQUEHOTEL **$$**
(☎ 575-894-0894; www.blackstonehotsprings.com; 410 Austin St; Zi. 85–175 US$; P❄📶) Blackstone verbindet die hiesige Mentalität mit einem Hauch von Luxus. Die zehn Themenzimmer sind jeweils einer anderen klassischen Fernsehserie gewidmet, darunter die *Jetsons*, die *Golden Girls* und *I Love Lucy*. Absolutes Highlight: In jedem Zimmer werden eine übergroße Wanne oder ein künstlicher Wasserfall von den Thermalquellen gespeist. Keine Kinder unter 12 Jahren.

Passion Pie Cafe CAFÉ **$**
(☎ 575-894-0008; www.deepwaterfarm.com; 406 Main St; Frühstück & Hauptgerichte mittags 4,25–9,50 US$; ⌚ 7–15 Uhr; 📶) Durch die Fenster des Espressocafés kann man beobachten, wie T or C in den Morgen startet. Dabei empfehlen sich Frühstückswaffeln wie die Varianten „Elvis" mit Erdnussbutter oder „Fat Elvis" mit Erdnussbutter und Speck. Später kommen dann viele gesunde Salate und Sandwiches auf den Tisch.

Las Cruces & Umgebung

Las Cruces und die ältere, kleinere Schwesterstadt Mesilla liegen am Rand eines großen Beckens unter den geriffelten Organ Mountains an der Kreuzung zweier wichtiger Autobahnen, der I-10 und der I-25. Ein bunter Mix aus Jung und Alt prägt Las Cruces. Die 18 000 Studierenden der New Mexico State University (NMSU) sorgen für jugendliche Lebendigkeit, während es dank der 350 Sonnentage im Jahr und vielen Golfplätzen auch zu einem beliebten Domizil für Renter wird.

Sehenswertes

Für viele ist der Besuch des benachbarten **Mesilla** (auch als Old Mesilla bekannt) das Highlight eines Aufenthalts in Las Cruces. Wenn man sich ein paar Querstraßen von der Plaza in Old Mesilla entfernt, kann man sich einen Eindruck von der Essenz einer typischen Stadt im Südwesten aus dem 19. Jh. mit hispanischer Tradition verschaffen.

★ New Mexico Farm & Ranch Heritage Museum MUSEUM
(☎ 575-522-4100; www.nmfarmandranchmuseum.org; 4100 Dripping Springs Rd; Erw./Kind 5/3 US$; ⌚ Mo–Sa 9–17, So 12–17 Uhr; 👪) Das großartige Museum zeigt nicht nur interessante Ausstellungen zu New Mexicos Landwirtschaftsgeschichte, sondern auch lebendes Nutzvieh. Auf den Koppeln der bewirtschafteten Farm tummeln sich neben verschiedenen Rinderrassen auch Pferde, Esel, Schafe und Ziegen. Um die Tier kümmern sich wortkarge Cowboys, die Besuchern kaum zusätzliche Infos verraten, aber dem Ganzen Authentizität verleihen. Für 450 US$ kann man sich hier sogar ein Pony kaufen. Einmal täglich gibt es Melkvorführungen, einmal pro Woche werden zudem Schmiedehandwerk, Wollspinnen, Weben und traditionelles Kochen gezeigt.

White Sands Missile Test Center Museum MUSEUM
(☎ 575-678-3358; www.wsmr-history.org; ⌚ Mo–Fr 8–16, Sa 10–15 Uhr) GRATIS 25 Meilen (40 km;

über den Hwy 70) östlich von Las Cruces wird hier New Mexicos militärtechnologische Geschichte beleuchtet. Das Museum liegt inmitten der White Sands Missile Range, die seit 1945 ein bedeutendes Gelände für Raketentests ist. Zu sehen gibt's einen Raketengarten, eine echte V-2 und viele Objekte, die der Landesverteidigung dienen. Besucher müssen vor dem Tor des Test Centers parken und sich vor dem Hineingehen bei der Verwaltung anmelden.

Schlafen

★ Best Western Mission Inn MOTEL $
(☎ 575-524-8591; www.bwmissioninn.com; 1765 S Main St; Zi. ab 71 US$;) Das Kettenmotel am Straßenrand ist wirklich außergewöhnlich: Die geräumigen, komfortablen Zimmer sind wunderschön mit hübschen Fliesen, Steinelementen und bunten Schablonenmustern gestaltet. Zudem stimmen hier auch die Preise.

★ Lundeen Inn of the Arts B&B $$
(☎ 505-526-3326; www.innofthearts.com; 618 S Alameda Blvd, Las Cruces; Zi./Suite 125/155 US$; P) Der große, einfach reizende Gasthof im mexikanischen Territorialstil ist rund 100 Jahre alt. Die 20 Gästezimmer sind individuell im Stil eines einheimischen Architekten gestaltet. Ein Hingucker ist die hohe Zinndecke im Hauptraum. Die Eigentümer Linda und Jerry offerieren eine formvollendete Gastfreundschaft, die heutzutage selten geworden ist.

Essen

★ Chala's Wood-Fired Grill NEW MEXICO $
(☎ 575-652-4143; 2790 Ave de Mesilla, Mesilla; Hauptgerichte 5–10 US$; ⏲ Mo–Sa 8–21, So bis 20 Uhr) Mit im Haus geräucherten Carnitas und Truthähnen, hausgemachtem Schinken und Chili-Schweinefleisch-Würstchen, außerdem *calabacitas* (mit Kürbis und Mais), Quinoa-Salat und Bio-Grüngemüse hat dieses entspannte Lokal deutlich mehr zu bieten als die übliche Diner-Kost in New Mexico. Es befindet sich am südlichen Ende von Mesilla, und die Preise sind günstig.

Double Eagle Restaurant STEAKS $$$
(☎ 575-523-6700; www.double-eagle-mesilla.com; 308 Calle de Guadalupe, Mesilla; Hauptgerichte 24–45 US$; ⏲ Mo–Sa 11–22, So 11–21 Uhr) Mit der prächtigen Mischung aus Wildwest-Opulenz, dunklem Holz, Samtvorhängen und einer fabelhaften alten Theke steht dieses Restaurant an der Plaza im National Register of Historic Places. Im Hauptspeisesaal gibt's europäische Speisen und Gerichte des amerikanischen Südwestens, vor allem Steaks; das weniger formelle **Peppers** (Hauptgerichte 7–15 US$) nimmt den grünen Hof ein.

Praktische Informationen

Las Cruces Visitors Bureau (☎ 575-541-2444; www.lascrucescvb.org; 211 N Water St; ⏲ Mo–Fr 8–17 Uhr)

Mesilla Visitor Center (☎ 575-524-3262; www.oldmesilla.org; 2231 Ave de Mesilla; ⏲ Mo–Sa 9.30–16.30, So 11–15 Uhr)

An- & Weiterreise

Busse von **Greyhound** (☎ 575-523-1824; www.greyhound.com; 800 E Thorpe Rd, Chucky's Convenience Store) fahren zu allen größeren Zielen in der Region, darunter El Paso, Albuquerque und Tucson. Die Bushaltestelle befindet sich rund 7 Meilen (11,3 km) nördlich der Stadt.

Der **Las Cruces Shuttle Service** (☎ 575-525-1784; www.lascrucesshuttle.com) bietet acht bis zehn Kleinbusse täglich zum El Paso International Airport (einfache Strecke 49 US$, jede weitere Person 33 US$) sowie auf Anfrage Shuttles nach Deming, Silver City und zu weiteren Zielen.

Silver City & Umgebung

In Silver City, 113 Meilen (182 km) nordwestlich von Las Cruces, ist der Geist des Wilden Westens noch lebendig, und es würde einen nicht groß wundern, wenn plötzlich Billy the Kid höchstpersönlich (er wuchs hier auf) vorbeispazieren würde. Die Zeiten haben sich dennoch geändert: Das Cowboy- und Trapper-Flair wird mehr und mehr von Kunstgalerien, Cafés und Eisdielen überlagert.

Silver City ist außerdem die Ausgangsbasis für Outdoor-Aktivitäten im **Gila National Forest**, dessen wildes abgeschiedenes Terrain sich für Skilanglauf, Wandern, Campen und Angeln anbietet. Eine verschlungene 42 Meilen (68 km) lange Straße führt über zwei Autostunden nach Norden zum **Gila Cliff Dwellings National Monument** (☎ 575-536-9461; www.nps.gov/gicl; Hwy 15; Erw./Kind 5 US$/frei; ⏲ Rundweg 9–16 Uhr, Visitor Center bis 16.30 Uhr), das im 13. Jh. von den Mogollon bewohnt wurde. Die rätselhaften und relativ abgeschieden gelegenen Felsbehausungen sind über einen 1,5 km langen Rundweg zu erreichen und sehen noch genauso aus wie zur Wende des 1. Jahrtausends. Wer sich für Piktogramme interessiert, sollte am

Lower Scorpion Campground anhalten und dem kurzen markierten Pfad folgen.

Eigentümlich abgerundete Monolithen machen den **City of Rocks State Park** zu einer faszinierenden Spielwiese. Zwischen den Gesteinsformationen kann man wunderbar **zelten** (☎575-536-2800; www.nmparks.com; Hwy 61; Stellplatz Zelt/Wohnmobil 10/18 US$); Tische und Feuerstellen sind vorhanden. Besonders tolle Felsen stehen am Stellplatz 43 („The Lynx" - der Luchs). Um hierher zu kommen, folgt man 33 Meilen (53 km) südöstlich von Silver City dem Hwy 180 und dann dem Hwy 61.

Wer einen Einblick in die Architekturgeschichte von Silver City bekommen möchte, sollte in einem der 22 Zimmer des **Palace Hotel** (☎575-388-1811; www.silvercitypalacehotel.com; 106 W Broadway; Zi. inkl. Frühstück 58–94 US$; ❄📶) übernachten. Es versprüht den unaufdringlichen Charme des frühen 20. Jhs. (keine Klimaanlage, ältere Ausstattung) und ist genau das Richtige, wenn man keine Lust mehr auf langweilige Motelketten hat.

Die kulinarischen Optionen im Zentrum reichen vom gemütlichen, zwanglosen Café **Javalina** (☎575-388-1350; 201 N Bullard St; ⏲So–Do 6–18, Fr & Sa bis 21 Uhr; 📶) bis zum gastronomisch abenteuerlustigen **1zero6** (☎575-313-4418; http://1zero6-jake.blogspot.com; 106 N Texas St; Hauptgerichte 19–24 US$; ⏲Fr–So 17–22 Uhr). Einen Eindruck von der örtlichen Kultur vermittelt 7 Meilen (11,3 km) nördlich in Pinos Altos der stimmungsvolle **Buckhorn Saloon** (☎575-538-9911; www.buckhornsaloonandoperahouse.com; 32 Main St, Pinos Altos; Hauptgerichte 11–49 US$; ⏲Mo–Sa 16–22 Uhr), dessen Spezialität Steaks sind und wo es an den meisten Abenden Livemusik gibt. Telefonisch reservieren!

ℹ Praktische Informationen

Visitor Center (☎575-538-5555; www.silvercitytourism.org; 201 N Hudson St; ⏲Mo–Sa 9–17, So 10–14 Uhr) Das hilfreiche Büro liefert alle Infos, um aus dem Besuch in Silver City das Meiste herauszuholen.

Gila National Forest Ranger Station (☎575-388-8201; www.fs.fed.us/r3/gila; 3005 E Camino del Bosque; ⏲Mo–Fr 8–16 Uhr)

Südöstliches New Mexico

Zwei außerordentliche Naturwunder verstecken sich in New Mexicos trockenem Südosten: das faszinierende White Sands National Monument und der prächtige Carlsbad Caverns National Park. Darüber hinaus hat die Region ein paar besonders eindrucksvolle Legenden auf Lager: Aliens in Roswell, Billy the Kid in Lincoln und Smokey Bear in Capitan. Der Großteil des Tieflands wird von der heißen, rauen Chihuahua Desert eingenommen, die einst vom Ozean bedeckt war. Man kann vor der Hitze aber leicht in das kühlere Klima der vom Wald umgebenen beliebten Ferienorte Cloudcroft und Ruidoso entkommen.

White Sands National Monument

Hier kann man zwischen blendenden, hoch aufragenden weißen Sandhügeln umherrutschen, -rollen und -schlittern. 16 Meilen (25,7 km) südwestlich von Alamogordo (15 Meilen/24,1 km südwestlich vom Hwy 82/70) bedeckt Gips ein mehr als 710 km² großes Gebiet und schafft eine hell leuchtende Mondlandschaft, das **White Sands National Monument** (☎575-479-6124; www.nps.gov/whsa; Erw./Kind unter 16 Jahre 5 US$/frei; ⏲Juni–Aug. 7–21 Uhr, Sept.–Mai bis Sonnenuntergang). Die faszinierenden, windverwehten Dünen, die auch als Kulisse für den Heimatplaneten des von David Bowie verkörperten Außerirdischen aus dem Film *Der Mann, der vom Himmel fiel* dienten, sind ein Highlight jeder New-Mexico-Reise. Auf keinen Fall die Sonnenbrille vergessen - der Sand ist so blendend wie Schnee!

Für 15 US$ kann man einen Plastikuntersatz im Souvenirladen des Besucherzentrums kaufen und damit die Dünen hinunter rodeln. Das macht Spaß, und man kann den Untersatz auch anschließend wieder für 5 US$ an den Laden zurückverkaufen. Im Parkkalender finden sich Spaziergänge bei Sonnenuntergang und gelegentliche Mondschein-Radtouren (Erw./Kind 5/2,50 US$). Stellplätze im Hinterland ohne Wasser und Toiletten, vergeben nach dem Prinzip: Wer zuerst kommt, mahlt zuerst, sind eine Meile (1,6 km) von der Panoramastraße entfernt. Man muss sich die Genehmigung zum Campen (3 US$) persönlich im Besucherzentrum mindestens eine Stunde vor Sonnenuntergang holen.

Alamogordo & Umgebung

Alamogordo, ein Außenposten in der Wüste, ist für Raumfahrt- und Nuklearforschungsprogramme bekannt. Das vierstöckige **New Mexico Museum of Space History** (☎575-437-2840; www.nmspacemuseum.org; 3198 Hwy

ABSTECHER

INS ALL SPÄHEN

Hinter der Ortschaft Magdalena am Hwy 60, 130 Meilen (209,2 km) südwestlich von Albuquerque, befindet sich die eindrucksvolle Radioteleskopanlage **Very Large Array** (VLA; ☎505-835-7000; www.nrao.edu; abseits des Hwy 52; Erw./Kind 6 US$/frei; ⏲8.30 Uhr–Sonnenuntergang) mit 27 riesigen Satellitenschüsseln, die wie riesige Pilze aus dem Boden der Hochebene sprießen. Nach einem kurzen Film im Visitor Center besichtigt man den Komplex in Eigenregie und kann dabei auch einen Blick durchs Fenster des Kontrollgebäudes werfen.

2001; Erw./Kind 7/5 US$; ⏲Mi–Sa & Mo 10–17, So 12–17 Uhr; 👪) beherbergt exzellente Ausstellungen zur Raumfahrt und Weltraumforschung und zeigt im angrenzenden **New Horizons Dome Theater** (Erw./Kind 7/5 US$) interessante naturwissenschaftliche Filme.

Zu den Motels am White Sands Blvd gehört ein ordentlicher Ableger von **Super 8** (☎575-434-4205; www.wyndhamhotels.com; 3204 N White Sands Blvd; Zi. mit Frühstück ab 60 US$; ❄@📶). Zelten kann man im **Oliver Lee State Park** (☎575-437-8284; www.nmparks.com; 409 Dog Canyon Rd; Stellplatz Zelt/Wohnmobil 8/14 US$), 12 Meilen (19,3 km) südlich von Alamogordo. Gute mexikanische Kost gibt's im flotten **Rizo's** (☎575-434-2607; 1480 White Sands Blvd; 8,75–15 US$; ⏲Di–Sa 9–21, So bis 18 Uhr; 📶).

Cloudcroft

Die kleine unaufgeregte Ortschaft hoch in den Bergen sorgt für erfrischende Abwechslung von der Hitze in tieferen Lagen. Neben über 100 Jahre alten Gebäuden bietet es viele Outdoor-Aktivitäten und ist eine gute Ausgangsbasis für Ausflüge. **High Altitude** (☎575-682-1229; 310 Burro Ave; Leihgebühr ab 30 US$/Tag; ⏲Mo–Do 10–17.30, Fr & Sa bis 18, So bis 17 Uhr) verleiht Mountainbikes und hat Karten mit Mountainbikerouten in der Umgebung.

Das **Lodge Resort & Spa** (☎800-395-6343; www.thelodgeresort.com; 601 Corona Pl; Zi. 125–235 US$; @📶🏊) ist eines der schönsten historischen Hotels im Südwesten. Die Zimmer im bayerisch aufgemachten Hauptgebäude sind mit Stilmöbeln und viktorianischen Antiquitäten ausstaffiert. Auf einem 11 ha großen, bewaldeten Gelände westlich der Stadt bietet das **Cloudcroft Mountain Park Hostel** (☎575-682-0555; www.cloudcrofthostel.com; 1049 Hwy 82; B 19 US$, Zi. mit Gemeinschaftsbad 35–60 US$; 📶🐾) ein tolles Preis-Leistungs-Verhältnis. Das beste Essen vor Ort bekommt man im **Rebecca's** (☎575-682-3131; Lodge Resort, 601 Corona Pl; Hauptgerichte mittags 9–15 US$, abends 22–38 US$; ⏲7–10, 11.30–14 & 17.30–21 Uhr).

Ruidoso

Ruidoso an den Osthängen des Sierra Blanca Peak (3652 m) ist ein ganzjähriges Ferienziel, das im Sommer aus allen Nähten platzt und im Winter Skifahrer anlockt. Die Stadt besitzt auch eine lebhafte Kunstszene sowie eine berühmte Pferderennbahn. Texaner und Einheimische, die der Sommerhitze in Alamogordo und Roswell entfliehen, campen hier gern (meist im Wohnmobil). Durch die Stadt fließt der hübsche Rio Ruidoso, ein kleiner Bach mit guten Angelstellen.

Sehenswertes & Aktivitäten

Wer sich die Beine vertreten möchte, könnte die einfach zugänglichen Waldwege an der Cedar Creek Rd westlich der Smokey Bear Ranger Station ablaufen, z. B. den USFS Fitness Trail oder die mäandernden Wege der Cedar Creek Picnic Area. Zu kurz? Für längere Tages- oder mehrtägige Touren bieten sich die zahlreichen Treks in der White Mountain Wilderness nördlich der Stadt an. In dieser Gegend muss man immer auf dem Laufenden sein, was die Bestimmungen zu offenen Feuern betrifft. Wenn es sehr trocken ist, wird der Wald manchmal gesperrt.

Hubbard Museum of the American West MUSEUM
(☎575-378-4142; www.hubbardmuseum.org; 26301 Hwy 70; Erw./Kind 7/2 US$; ⏲Do–Mo 9–17 Uhr; 👪) Das kommunale Museum mit Schwerpunkt auf Lokalgeschichte zeigt eine tolle Galerie mit alten Fotos. Zu sehen sind außerdem indianische Kachinas, Warbonnets, Waffen und Keramiken. Verschiedene Exponate haben einen Bezug zu Pferden, schließlich war hier ursprünglich das Museum of the Horse untergebracht. Besucher sollten sich außerdem auf das stille Örtchen begeben, denn dort wird die faszinierende, wenn auch gänzlich belanglose Geschichte der Toilette erläutert.

Ski Apache SKIFAHREN

(☎575-464-3600; www.skiapache.com; 1286 Ski Run Rd; Liftticket Erw./Kind 68/48 US$) Das vielleicht schönste Skigebiet südlich von Albuquerque ist eine gute, günstige und Spaß versprechende Wahl. Ski Apache liegt 18 Meilen (29 km) nordwestlich von Ruidoso an den Hängen des Sierra Blanca Peak und gehört tatsächlich Apachen, nämlich dem Mescalero Apache Tribe. Die Schneefälle können hier sehr unterschiedlich ausfallen, man sollte deshalb vorab die Wetterlage checken.

Schlafen & Essen

Das Vermieten von Hütten ist in Ruidoso ein großes Geschäft. Die meisten haben Küchen und Grills, viele auch Kamine und Terrassen. Einige Hütten im Dorf sind beengt; die neueren befinden sich konzentriert im Upper Canyon. An den Forststraßen auf dem Weg ins Skigebiet gibt's kostenlose einfache Stellplätze. Wer genauere Details zu den Campingplätzen haben möchte, fragt in der **Rangerstation** (☎575-257-4095; www.fs.usda.gov/lincoln; 901 Mechem Dr; ⌚Mo–Fr 8–16 Uhr, im Sommer auch Sa) nach.

Sitzmark Chalet HOTEL $

(☎575-257-4140; www.sitzmark-chalet.com; 627 Sudderth Dr; Zi. ab 87 US$; ❄📶) Die skihüttenartige Unterkunft bietet 17 einfache, aber nette Zimmer. Pluspunkte gibt's für die Picknicktische, Grillstellen und einen Whirlpool für bis zu acht Personen.

Upper Canyon Inn LODGE $$

(☎575-257-3005; www.uppercanyoninn.com; 215 Main Rd; Zi. & Hütte ab 149 US$; ❄📶🐾) Die Auswahl an Zimmern und Hütten reicht von der einfachen preisgünstigen Variante bis hin zu Luxusquartieren mit rustikalem Schick. Größer heißt hier nicht unbedingt auch teurer, es empfiehlt sich also ein Vergleich vorab. Die kostspieligeren Hütten haben schöne Holzarbeiten im Inneren und Whirlpools.

★**Cornerstone Bakery** CAFÉ $

(☎575-257-1842; www.cornerstonebakerycafe.com; 1712 Sudderth Dr; Hauptgerichte 5,50–11 US$; ⌚Mo–Fr 7–15, Sa & So bis 16 Uhr; 🥬) Das absolut unwiderstehliche Bäckereicafé unter einheimischer Leitung ist extrem beliebt. Ob Brot, Backwaren, Espresso, Omeletts oder belegte Croissants: Hier schmeckt alles einfach lecker. Wer sich lange genug im Cornerstone aufhält, wird schnell süchtig!

Unterhaltung

Ruidoso Downs Racetrack SPORTPLATZ

(☎575-378-4431; www.raceruidoso.com; 26225 Hwy 70; Sitzplatz Tribüne kostenlos; ⌚Ende Mai–Anfang Sept. Fr–Mo) Am Labor Day richtet sich die Aufmerksamkeit der Nation auf den Ruidoso Downs Racetrack, denn dann startet hier das All American Futurity, das Quarter-Horse-Pferderennen mit der weltweit höchsten Wettbörse (rund 2,4 Mio. US$). Zum Komplex gehören auch die Racehorse Hall of Fame und das kleine Billy the Kid Casino.

Flying J Ranch LIVEMUSIK

(☎575-336-4330; www.flyingjranch.com; 1028 Hwy 48; Erw./Kind 27/15 US$; ⌚Ende Mai–Anfang Sept. Mo–Sa ab 17.30 Uhr, Anfang Sept.–Mitte Okt. nur Sa; 👪) Familien mit Kindern werden dieses „Westerndorf" lieben: 1,5 Meilen (2,4 km) nördlich von Alto finden hier lange Unterhaltungsabende mit Schießereien, Ponyreiten und Westernmusik statt. Das cowboymäßige Essen wird in Planwagen aufgetischt.

Praktische Informationen

Visitor Center (☎575-257-7395; www.ruidosonow.com; 720 Sudderth Dr; ⌚Mo–Fr 8–17, Sa 9–15 Uhr)

Lincoln & Capitan

Fans der Wildwest-Geschichte werden das winzige Lincoln nicht auslassen wollen. Es liegt 12 Meilen (19,3 km) östlich von Capitan am **Billy the Kid National Scenic Byway** (www.billybyway.com) und ist der Ort, wo die Schießerei im Lincoln County War stattfand, durch die Billy the Kid zur Legende wurde. Die gesamte Stadt ist schön und nahezu original erhalten; die unveränderte Hauptstraße ist als **Lincoln Historic Site** (☎575-653-4082; www.nmmonuments.org/lincoln; Erw./Kind 7 US$/frei; ⌚April–Okt.) ausgewiesen.

Eintrittskarten für die historischen Gebäude der Stadt erhält man im **Anderson-Freeman Visitors Center**. Hier gibt's auch Exponate zu den Buffalo Soldiers, den Apachen und zum Lincoln County War. Als letzte Station bietet sich das **Courthouse Museum** an, der gut erläuterte Schauplatz von Billys waghalsigster und gewalttätigster Flucht. Für Übernachtungen ist das **Wortley Hotel** (☎575-653-4300; www.wortleyhotel.com; Hwy 380; Zi. 110 US$) seit 1874 eine feste Größe.

Wie Lincoln ist auch das gemütliche Capitan von den schönen Bergen des Lincoln

National Forest umgeben. Hauptgrund für einen Besuch – vor allem für die Kleinen – ist der **Smokey Bear Historical Park** (☎575-354-2748; 118 W Smokey Bear Blvd; Erw./Kind 2/1 US$; ⌚9–16.30 Uhr). Dort wurde der echte Smokey begraben.

Roswell

Wenn man à la *Akte X* daran glaubt, dass „die Wahrheit irgendwo da draußen ist", hat man unter Garantie schon vom Roswell Incident, dem Roswell-Zwischenfall, gehört. 1947 stürzte ein mysteriöses Objekt bei einer Ranch in der Umgebung ab. Das hätte niemanden groß interessiert, wenn nicht das Militär eine riesige Vertuschungsaktion angeleiert hätte. Für viele war das der Beweis: Die Außerirdischen waren gelandet! Das internationale Interesse (und die lokale Erfindungsgabe) haben die Stadt in eine schräge extraterrestrische Zone verwandelt. Weiße Köpfe, geformt wie aufgeblasene Ballons, zieren Straßenlaternen, und Touristen werden busweise herangekarrt, um seltsame Souvenirs zu kaufen.

Glaubende und Kitschfans müssen sich unbedingt das **International UFO Museum & Research Center** (☎575-625-9495; www.roswellufomuseum.com; 114 N Main St; Erw./Kind 5/2 US$; ⌚9–17 Uhr) ansehen. Anfang Juli findet außerdem das jährliche **Roswell UFO Festival** (www.roswellufofestival.com) statt.

Hotelketten finden sich in der N Main St. Etwa 36 Meilen (58 km) südlich von Roswell ist das **Heritage Inn** (☎575-748-2552; www.artesiaheritageinn.com; 209 W Main St, Artesia; Zi. inkl. Frühstück ab 99 US$; ❄@📶) in Artesia – die netteste Schlafgelegenheit in der Gegend!

Einfache, aber verlässlich gute mexikanische Küche bekommt man in Martin's **Capitol Cafe** (☎575-624-2111; 110 W 4th St; Hauptgerichte 6–12 US$; ⌚Mo–Sa 6–20.30 Uhr); wem der Sinn nach amerikanischen Klassikern steht, der kommt im **Big D's Downtown Dive** (☎75-627-0776; 505 N Main St; Hauptgerichte 7–13 US$; ⌚11–21 Uhr) auf seine Kosten: Hier gibt's die besten Salate, Sandwiches und Burger der Stadt.

Informationen erhält man im **Visitors Bureau** (☎575-624-6700; www.seeroswell.com; 912 N Main St; ⌚Mo–Fr 8.30–17.30, Sa & So 10–15 Uhr; 📶). Die **Greyhound-Busse** (☎575-622-2510; www.greyhound.com; 1100 N Virginia Ave) fahren nach Las Cruces.

Carlsbad

Carlsbad ist die Stadt, die dem Carlsbad Caverns National Park und den Guadalupe Mountains am nächsten liegt. Der nordwestliche **Living Desert State Park** (☎575-887-5516; www.nmparks.com; 1504 Miehls Dr N, beim Hwy 285; Erw./Kind 5/3 US$; ⌚Juni–Aug. 8–17 Uhr, Sept.–Mai 9–17 Uhr, Einlass in den Zoo bis 15.30 Uhr) ist ein toller Ort, wenn man mehr über die Wüstenflora und -fauna lernen möchte. Auf einem netten, ca. 2 km langen Pfad werden verschiedene Lebensräume der Chihuahua-Wüste erläutert, mit lebenden Antilopen, Wölfen, Rennkuckucken und mehr.

Wegen der boomenden Ölindustrie kosten selbst die einfachsten Motelzimmer in Carlsbad mittlerweile oft über 200 US$ pro Nacht. Deswegen empfiehlt sich ein (ziemlich langer!) Tagesausflug ab Roswell oder Alamogordo. Die besten Unterkunftspreise bietet – seltsamerweise – das attraktive **Trinity Hotel** (☎575-234-9891; www.thetrinityhotel.com; 201 S Canal St; Zi. 149–209 US$; ❄📶), das ursprünglich als Sitz der First National Bank diente. Das Wohnzimmer in einer Suite war früher der Tresorraum und das Restaurant ist das nobelste der Stadt.

Das lebhafte **Blue House Bakery & Cafe** (☎575-628-0555; 609 N Canyon St; ⌚Mo–Sa 6–12 Uhr) braut den besten Kaffee der Gegend, während das tolle **Red Chimney Pit Barbecue** (☎575-885-8744; www.redchimneybbq.com; 817 N Canal St; Hauptgerichte 6,50–16 US$; ⌚Di–Fr 11–14 & 16.30–20.30, Sa 11–20.30 Uhr) saftige Fleischgerichte nach Südstaatenart serviert.

Die **Greyhound-Busse** (☎575-628-0768; www.greyhound.com; 3102 National Parks Hwy) starten vom Food Jet South, 2 Meilen (3,2 km) südlich der Downtown, u. a. nach El Paso, Texas, und Las Cruces.

Kalifornien

Inhalt ➡

Gut essen

- Benu (S. 348)
- Rich Table (S. 349)
- Otium (S. 283)
- Chez Panisse (S. 361)
- SingleThread (S. 367)

Schön übernachten

- Post Ranch Inn (S. 323)
- Inn of the Spanish Garden (S. 318)
- Chateau Marmont (S. 281)
- Jabberwock (S. 326)
- Hotel del Coronado (S. 303)

Auf nach Kalifornien!

Boheme und Hightech, obendrein eine überwältigende Leidenschaft für genussvolles Leben – Kalifornien übertrifft die Erwartungen, die Hollywood weckt, noch um Längen. Ob man sich eine gute Flasche Zinfandel genehmigen, einen 4000 m hohen Gipfel besteigen oder im Pazifik surfen möchte – alles ist möglich.

Kalifornien ist einfach Kult. Hier begann Mitte des 19. Jhs. der große Goldrausch, hier sang der Poet und Naturforscher John Muir sein Loblied auf die Sierra Nevada, und hier definierten Jack Kerouac und die Beat Generation, was Unterwegssein wirklich bedeutet.

Kaliforniens multikultureller Schmelztiegel köchelt, seit Spanien und Mexiko dieses verheißungsvolle Gebiet für sich beanspruchten. Und auch heute noch strömen Einwanderer aus aller Welt herbei, um an den palmengesäumten Pazifikstränden ihren amerikanischen Traum zu leben.

Hier im Golden State können Besucher staunend erleben, wie Zukunft gemacht wird.

Reisezeit

Los Angeles

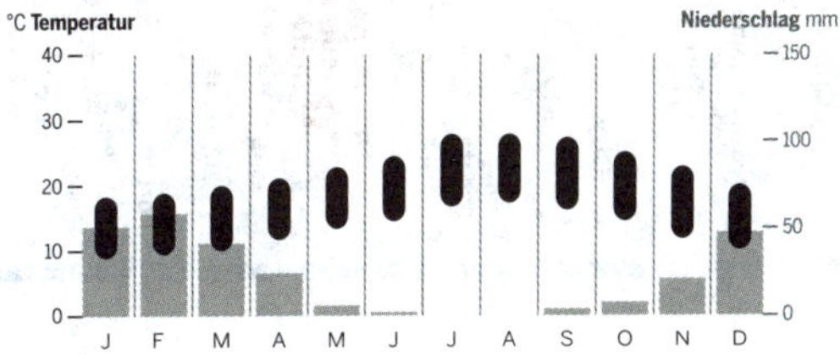

Juni–Aug. Meist sonnig, gelegentlich Küstennebel. In den Sommerferien strömen die Massen herbei.

April–Mai & Sept.–Okt. Nachts kühler, tagsüber nur selten Wolken. Zeit für Schnäppchen.

Nov.–März In den Skigebieten und in den warmen Wüstenregionen Südkaliforniens ist Hauptsaison.

Highlights

1 Yosemite National Park (S. 380) Wasserfälle bewundern und Granitgipfel erklimmen

2 Los Angeles (S. 262) Die multikulturellen Viertel und das glamouröse Nachtleben Hollywoods in vollen Zügen genießen

3 Big Sur (S. 322) Auf dem Hwy 1 über ausgewaschene Meeresklippen entlang der felsigen Küste cruisen

4 San Francisco (S. 330) In dieser oft nebligen, aber immer grandiosen Stadt mit einer Cable Car atemberaubende Hügel erklimmen

5 Calistoga (S. 362) Sich unweit der berühmten Weingüter des Napa Valley ausgiebig im vulka-

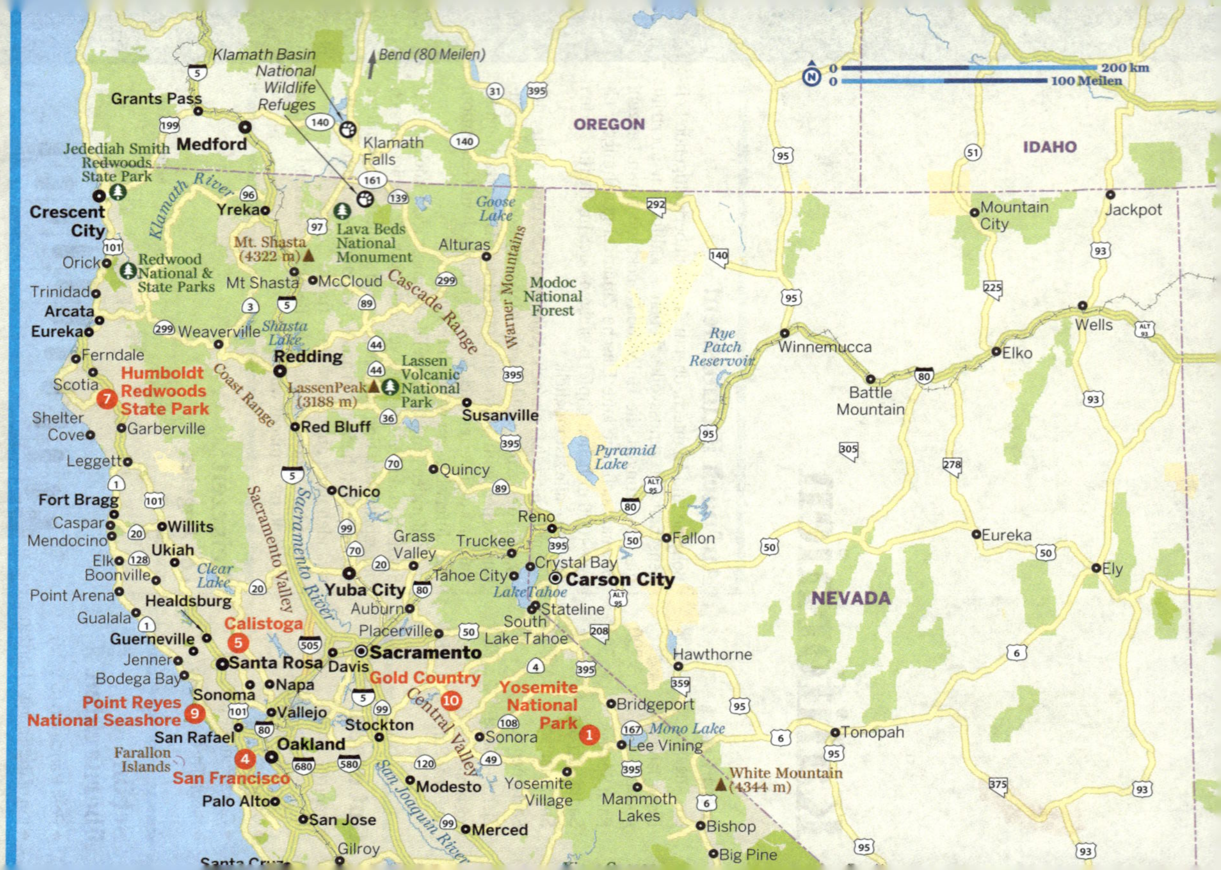

nischen Schlamm suhlen

6 San Diego (S. 295) Vor sonnenverwöhnten Stränden die perfekte Welle suchen

7 Humboldt Redwoods State Park (S. 370) Auf der Avenue of the Giants den Kopf in den Nacken legen und die höchsten Bäume der Welt bestaunen

8 Death Valley National Park (S. 314) Über Sanddünen wandern und durch Wildwest-Geisterstädte schlendern

9 Point Reyes National Seashore (S. 359) Wale, Seeelefanten und Tule-Wapitis erspähen

10 Gold Country (S. 375) In Wasserlöchern baden und wie ein Glücksritter von 1849 nach Gold schürfen

Geschichte

500 indianische Nationen nannten dieses Land 18 Jahrhunderte lang ihre Heimat, bis im 16. Jh. die ersten Europäer kamen und ihm einen neuen Namen gaben: Kalifornien. Es folgten spanische Eroberer und Priester, die dem Ruf Gottes bzw. dem des Goldes folgten. Sie gaben ihre von Ungeziefer geplagten Missionen und *presidios* (Festungen) aber bald wieder auf und zogen gen Mexiko ab. Das aufsässige Territorium wurde mit dem Vertrag von Guadalupe Hidalgo an die USA abgetreten, nur wenige Monate, bevor hier 1848 Gold entdeckt wurde. Viele Generationen kamen, angelockt vom California Dreamin', auf der Suche nach Gold, Ruhm und Selbstbestimmung an die Pazifikküste, ließen sich hier nieder und schrieben Geschichte.

Kalifornien aktuell

Kalifornien ist wie ein verrückter Traum, der über 150 Jahre Realität überdauert hat. Der Golden State hat Frankreich überholt und liegt inzwischen auf Platz 6 der weltweit größten Volkswirtschaften. Aber genau wie bei einem Kind, das zu schnell gewachsen ist, weiß auch Kalifornien bisher noch nicht so richtig mit den Problemen umzugehen, die solch ein rapides Wachstum mit sich bringt – Wohnungsmangel, Verkehrsinfarkte und steigende Lebenshaltungskosten. Dank Hollywood-Blockbustern und legalisiertem Marihuana-Konsum ist Wirklichkeitsflucht dabei immer eine Option. Langsam, aber sicher nimmt Kalifornien seinen internationalen Status an und übernimmt bei globalen Themen wie Umweltstandards, Online-Datenschutz, gleichgeschlechtlicher Ehe und Rechten von Einwanderern eine führende Rolle.

LOS ANGELES

L.A. County spiegelt die Nation in all ihren Extremen wider. Seine Bewohner gehören zu den reichsten und ärmsten im Land, viele sind seit Langem hier ansässig und viele andere gerade erst angekommen. In dem Gebiet leben Elegante und Ungehobelte, Schöne und Verschönerte, Gebildete und Schwachköpfe. Und sogar die Landschaft präsentiert sich als ein Mikrokosmos der USA mit filmreifen Stränden und schneebedeckten Bergen, mit Wolkenkratzern, Vorstadtsiedlungen und Wildnis, durch die Pumas streifen.

Wer glaubt, dass er Los Angeles durchschaut hat, und die Stadt auf Promiluder,

KURZINFOS KALIFORNIEN

Spitzname Golden State

Staatsmotto Eureka („Heureka")

Bevölkerung 39,5 Mio.

Fläche 403 932 km²

Hauptstadt Sacramento (495 234 Ew.)

Weitere Städte Los Angeles (3 976 322 Ew.), San Diego (1 945 928 Ew.), San Francisco (870 887 Ew.)

Verkaufssteuer 7,5 %

Geburtsort von Schriftsteller John Steinbeck (1902–1968), Fotograf Ansel Adams (1902–1984), US-Präsident Richard Nixon (1913–1994), Popkultur-Ikone Marilyn Monroe (1926–1962)

Heimat des höchsten (Mt. Whitney) und des tiefsten Punktes (Death Valley) der Lower 48 (USA ohne Alaska und Hawaii) sowie der weltweit ältesten, höchsten und mächtigsten Bäume (Langlebige Kiefern, Küsten- bzw. Riesenmammutbäume)

Politische Ausrichtung mehrheitlich demokratisch mit republikanischer Minderheit; jeder fünfte kalifornische Wähler wählt unabhängig.

Berühmt für Disneyland, Erdbeben, Hollywood, Hippies, Silicon Valley, Surfen

Kitschigstes Souvenir „Mystery Spot"-Autoaufkleber

Entfernungen Los Angeles–San Francisco 380 Meilen (611 km), San Francisco–Yosemite Valley 190 Meilen (306 km)

KALIFORNIEN IN...

...einer Woche

Kalifornien kompakt: Los geht's im sandigen **Los Angeles**, gefolgt von einem Abstecher nach **Disneyland**. Dann geht es die windige **Central Coast** hinauf, mit Zwischenstopps in **Santa Barbara** und **Big Sur**. In **San Francisco** steht eine ordentliche Prise Großstadtkultur an. Von dort geht's landeinwärts, um im **Yosemite National Park** die Natur zu bestaunen, und schließlich wieder zurück nach L.A.

...zwei Wochen

Grundsätzlich ist die Reiseroute die gleiche wie bei einer Woche, nur dass man sie entspannter angehen kann. Als zusätzliche Abstecher locken das **Wine Country** in Nordkalifornien, der **Lake Tahoe** hoch oben in der Sierra Nevada, die tollen Strände von Orange County und das entspannte **San Diego**, aber auch der **Joshua Tree National Park** nahe dem schicken Wüsten-Resort **Palm Springs**.

...einem Monat

Über die bereits angegebenen Ziele hinaus sind noch weitere Ausflüge möglich. Von San Francisco aus fährt man die neblige **North Coast** hinauf, angefangen mit der **Point Reyes National Seashore** in Marin County. Man schlendert durch die viktorianischen Städtchen **Mendocino** und **Eureka**, verliert sich an der **Lost Coast** und wandert durch die mit Farnen bewachsenen **Redwood National & State Parks**. Im Binnenland schießt man ein Erinnerungsfoto des **Mt. Shasta**, fährt durch den **Lassen Volcanic National Park** und zieht durch Kaliforniens historisches **Gold Country**. Man folgt dem Kamm der **Eastern Sierra** und fährt schließlich auf kurvenreicher Straße hinunter in den **Death Valley National Park**.

Smog, Staus, Bikini-Girls und Möchtegern-Pop-Sternchen reduziert, sollte noch einmal genauer hinschauen. L.A. definiert sich durch simple, lebensbejahende Momente: einen coolen Jazz-Age-Cocktail nach Mitternacht, einen Spaziergang im Griffith Park mit seinen Salbeisträuchern, einen rosafarbenen Sonnenuntergang mit Trommelmusik am Venice Beach oder einfach nur die Suche nach einem leckeren Taco. Hollywood und Downtown L.A. erleben gerade eine Renaissance, Kunst, Musik, Gastronomie und Mode laufen auf Hochtouren. Je genauer man „La-La Land" erkundet, umso mehr wird man es lieben.

Geschichte

Das Jäger-und-Sammler-Leben der indigenen Tongva (Gabrielino) und Chumash endete mit der Ankunft spanischer Missionare und Kolonisten im späten 18. Jh. Die erste zivile Siedlung der Spanier, das 1781 gegründete El Pueblo de Nuestra Señora la Reina de Los Ángeles del Río de Porciúncula, blieb noch Jahrzehnte lang nicht mehr als ein abgelegenes Bauerndorf. Erst 1850 erhielt Los Angeles das Stadtrecht.

Das Abebben des kalifornischen Goldrauschs, der Bau der transkontinentalen Eisenbahn, der Boom des Zitrusfrüchteanbaus, die Entdeckung von Öl, die Schaffung des Hafens, die Entstehung der Filmindustrie und der Bau des California Aqueduct waren Faktoren, die die Stadt rapide wachsen ließen. Nach dem Zweiten Weltkrieg verdoppelte sich die Bevölkerung von knapp 2 Mio. im Jahr 1950 auf heute etwa 4 Mio.

Sehenswertes

Downtown L.A. ist ca. 20 km vom Pazifik entfernt und hat Geschichte, intellektuelle Kunst und Kultur zu bieten. Nordwestlich von Downtown wartet das wieder hippe Hollywood auf Besucher, während urbaner Designerschick und eine schwul-lesbische Szene West Hollywood prägen. Südlich von WeHo ist die Museum Row der Hauptanziehungspunkt von Mid-City. Weiter westlich befinden sich das noble Beverly Hills, Westwood in der Nähe vom Campus der University of California, Los Angeles (UCLA), und West L.A. Zu den Orten mit Strandzugang gehören das kinderfreundliche Santa Monica, Venice mit seiner Schickimicki-Einwohnerschaft, Malibu mit seinen Stars und das pulsierende Long Beach. Pasadena mit seinem vielen Grün liegt nordöstlich von Downtown.

Großraum Los Angeles

Downtown

L. A. Downtown ist in zahlreiche kleinere Gebiete aufgeteilt. In Bunker Hill befinden sich die großen Museen für moderne Kunst sowie die **Walt Disney Concert Hall**. Im Osten liegen die **City Hall** und – noch etwas weiter östlich – **Little Tokyo**. Südöstlich davon befindet sich der angesagte **Arts District**. Entlang des Broadway reihen sich prächtige historische Gebäude aneinander, während die ältesten Kolonialbauten L. A.s die Olvera St nördlich der City Hall und den 101 Freeway säumen. Ganz im Norden liegt **Chinatown**.

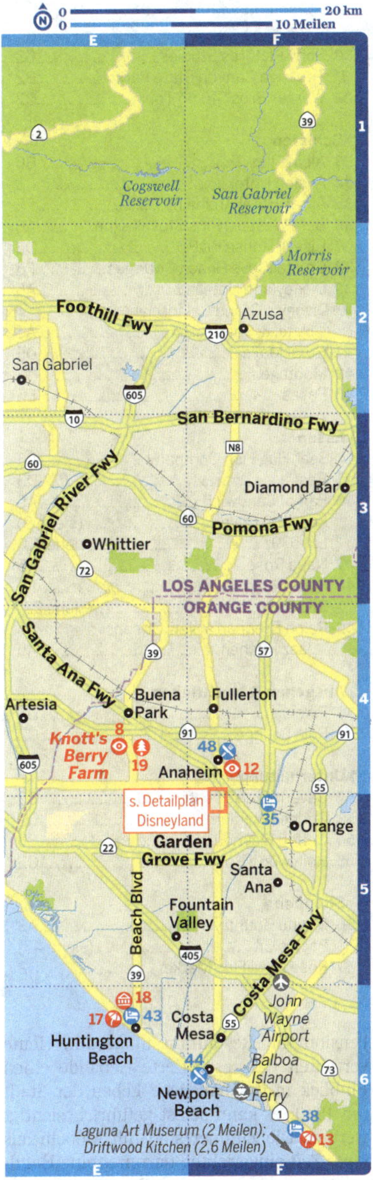

★ Hauser & Wirth GALERIE
(Karte S. 268; ☎ 213-943-1620; www.hauserwirthlosangeles.com; 901 E 3rd St; ⏲ Mi & Fr–So 11–18, Do bis 20 Uhr) GRATIS Die L. A.-Außenstelle der international angesehenen Galerie Hauser & Wirth sorgt mit ihren Ausstellungen moderner und zeitgenössischer Werke unter Kunstfanatikern für Glücksgefühle. Sie ist in einer ehemaligen Getreidemühle im Arts District untergebracht und nimmt eine riesige Fläche von 10780 m² ein. In der Vergangenheit wurden bereits Werke von solch Koryphäen wie Louise Bourgeois, Eva Hesse und Jason Rhoades gezeigt. In dem Komplex befindet sich auch eine Kunstbuchhandlung der Superlative.

Bradbury Building HISTORISCHES GEBÄUDE
(Karte S. 268; www.laconservancy.org; 304 S Broadway; ⏲ Lobby in der Regel 9–17 Uhr; Ⓜ Red/Purple Line bis Pershing Sq) Das 1893 errichtete Gebäude ist unbestritten ein architektonisches Juwel der Stadt. Hinter der robusten romanischen Fassade verbirgt sich ein winziges Atrium mit Galerien, das so auch nach New Orleans passen würde. Im Licht des Nachmittags, das durch das spitze Glasdach hereinfällt, schimmern die tiefschwarzen, filigranen Geländer, die klapprigen Gitteraufzüge und die gelben Ziegelsteinwände. Solch eine auffällige Schönheit ging auch an Hollywood nicht unbemerkt vorüber: Das Gebäude hatte im Kultfilm *Blade Runner* seinen großen Auftritt.

El Pueblo de Los Angeles & Umgebung

Das kompakte, bunte und autofreie historische Viertel führt einen in die spanisch-mexikanische Vergangenheit der Stadt. Sein Rückgrat bildet die fröhliche **Olvera St** (Karte S. 268; www.calleolvera.com; 👪), in der man sich mit handgefertigtem Folklore-Schnickschnack eindecken, Tacos futtern und mit Zucker bestreute Churros verschlingen kann. „New" **Chinatown** (Karte S. 268; www.chinatownla.com) liegt etwa 800 m nördlich am Broadway und an der Hill St. Hier gibt's jede Menge Dim-Sum-Restaurants, Heilkräuter- und Kuriositätenläden sowie in der Chung King Rd avantgardistische Kunstgalerien.

LA Plaza MUSEUM
(La Plaza de Cultura y Artes; Karte S. 268; ☎ 213-542-6200; www.lapca.org; 501 N Main St; ⏲ Mo, Mi & Do 12–17, Fr–So bis 18 Uhr; 👪) GRATIS In diesem Museum werden die Erfahrungen der mexikanischstämmigen Einwohner von Los Angeles chronologisch geschildert: von der spanischen Kolonisation im späten 18. Jh. und dem Mexikanisch-Amerikanischen Krieg (als die Grenze durch das ursprüngliche Pueblo-Land verlief) über die Zoot

Großraum Los Angeles

Highlights
1 Autry Museum of the American West ... C2
2 Battleship Iowa ... C5
3 Frederick R Weisman Art Foundation ... C2
4 Getty Center ... B2
5 Getty Villa ... B3
6 Griffith Observatory ... C2
7 Huntington Library, Art Collections & Botanical Gardens ... D2
8 Knott's Berry Farm ... E4
9 Museum of Latin American Art ... D5
10 Museum of Tolerance ... C3
11 Watts Towers ... D3

Sehenswertes
12 Anaheim Packing District ... F4
California Science Center ... (siehe 21)
Center Street Anaheim ... (siehe 12)
13 Crystal Cove State Park ... F6
14 Disneyland Resort ... B5
15 Griffith Park ... C2
Hammer Museum ... (siehe 24)
16 Hollywood Forever Cemetery ... C2
17 Huntington City Beach ... E6
18 International Surfing Museum ... E6
19 Knott's Soak City ... E4
20 Los Angeles Zoo & Botanical Gardens ... C2
21 Natural History Museum of Los Angeles ... C3
22 Norton Simon Museum ... D2
Rose Garden ... (siehe 21)
23 Universal Studios Hollywood ... C2
24 Westwood Village Memorial Park Cemetery ... B3

Aktivitäten, Kurse & Touren
25 Bronson Canyon ... C2
26 Malibu Canyon ... A3
27 Malibu Creek State Park ... A2
28 Paramount Pictures ... C2
29 Runyon Canyon ... C2
30 Sony Pictures Studios ... C3
31 Topanga Canyon State Park ... B2
32 Warner Bros Studio Tour ... C2

Schlafen
33 Alpine Inn ... B6
34 Avalon Hotel ... C3
35 Ayres Hotel Anaheim ... F5
36 Best Western Plus Stovall's Inn ... A6
37 Bissell House B&B ... D2
38 Crystal Cove Beach Cottages ... F6
39 Disneyland Hotel ... A5
40 Disney's Grand Californian Hotel & Spa ... A5
41 Hotel Maya ... D5
42 Montage ... C2
43 Paséa ... E6

Essen
44 Bear Flag Fish Company ... F6
45 Bestia ... D3
46 Earl of Sandwich ... A5
Fourth & Olive ... (siehe 9)
Lot 579 ... (siehe 43)
47 Napa Rose ... A5
48 Pour Vida ... F4
Ración ... (siehe 22)
49 Ralph Brennan's New Orleans Jazz Kitchen ... A5

Ausgehen & Nachtleben
50 Pike ... D5
51 Polo Lounge ... C2

Unterhaltung
52 Cavern Club Theater ... C2
53 Dodger Stadium ... D2
54 Geffen Playhouse ... B3
55 Hollywood Bowl ... C2

Shoppen
56 Malibu Country Mart ... A3
Pacific City ... (siehe 43)
57 Rose Bowl Flea Market ... D2

Suit Riots bis zum Aktivisten César Chávez und dem Chicana Movement. Zu sehen sind etwa ein Nachbau der Main St der 1920er-Jahre und Wechselausstellungen moderner und zeitgenössischer Arbeiten von in L. A. lebenden Latino-Künstlern.

Avila Adobe MUSEUM

(Karte S. 268; ☎213-628-1274; www.elpueblo.lacity.org; 10 Olvera St; ⏲9–16 Uhr) GRATIS Das älteste noch intakte Haus in L. A. wurde 1818 von dem wohlhabenden Ranchero und einstigen Bürgermeister Francisco José Avila aus Lehmziegeln errichtet und später zu einer Pension mit Restaurant umgebaut. Heute vermittelt das restaurierte Gebäude einen Einblick in das häusliche Leben der Stadt um 1840; es kann selbst geführt besichtigt werden. Die Zimmer sind mit Möbeln aus jener Zeit eingerichtet, darunter eine Handvoll Gegenstände aus dem Besitz der Familie Avila, z. B. eine Nähmaschine.

Union Station GEBÄUDE

(Karte S. 268; www.amtrak.com; 800 N Alameda St; P) Die Union Station wurde an der Stelle von L. A.s ursprünglicher Chinatown errichtet. Sie eröffnete ihre Tore 1939 als größter

Bahnhof Amerikas und ist heute ein glamouröses Beispiel eines mit Art-déco-Elementen versehenen Mission-Revival-Stils. Die Haupthalle mit dem Marmorfußboden, der an eine Kathedrale erinnernden Decke, den Original-Ledersesseln und 1360 kg schweren Kandelabern ist ein überwältigender Anblick. Die Traxx Bar im Innern des Bahnhofs war einst eine Telefonzentrale mit einem Telefonisten, der die Anrufe der Kunden umleitete. Das LA Conservancy bietet eine zweieinhalbstündige Führung durch den Bahnhof an (Sa 10 Uhr; online reservieren).

Civic Center & Cultural Corridor

★ Broad MUSEUM

(Karte S. 268; ☎ 213-232-6200; www.thebroad.org; 221 S Grand Ave; ⏲ Di & Mi 11–17, Do & Fr bis 20, Sa 10–20, So bis 18 Uhr; P; M Red/Purple Line bis Civic Center/Grand Park) GRATIS Seit dem Tag seiner Eröffnung im September 2015 ist das Broad ein Muss für Fans zeitgenössischer Kunst. Hier ist die Weltklassesammlung des hiesigen Philanthropen, Immobilienbosses und Milliardärs Eli Broad und seiner Frau Edythe untergebracht. Diese besteht aus über 2000 Kunstwerken aus der Nachkriegszeit von Größen wie Cindy Sherman, Jeff Koons, Andy Warhol, Roy Lichtenstein, Robert Rauschenberg, Keith Haring und Kara Walker.

★ Walt Disney Concert Hall GEBÄUDE

(Karte S. 268; ☎ 323-850-2000; www.laphil.org; 111 S Grand Ave; ⏲ Führungen in der Regel Di–Sa 12 & 13.15, So 10 & 11 Uhr; P; M Red/Purple Lines bis Civic Center/Grand Park) GRATIS Das kultige Konzerthaus ist eine Komposition aus Stahl, Musik und psychedelischer Architektur und die Heimspielstätte des Los Angeles Philharmonic Orchestra. Es traten hier aber auch schon moderne Bands wie Phoenix und Jazzmusiker wie Sonny Rollins auf. Frank Gehry hat wahrhaft alle Register seines Könnens gezogen: Das Gebäude ist eine der Schwerkraft trotzende Skulptur mit gebogenen, sich zu blähen scheinenden Wänden aus Edelstahl.

★ MOCA Grand MUSEUM

(Museum of Contemporary Art; Karte S. 268; ☎ 213-626-6222; www.moca.org; 250 S Grand Ave; Erw./Kind 15 US$/frei, Do 17–20 Uhr frei; ⏲ Mo, Mi & Fr 11–18, Do bis 20, Sa & So bis 17 Uhr) Die grandiose Kunstsammlung des Museums für zeitgenössische Kunst konzentriert sich vorwiegend auf Werke ab den 1940er-Jahren bis heute. Unter den Künstlern mangelt es nicht an Schwergewichten, vertreten sind u. a. Mark Rothko, Dan Flavin, Willem de

LOS ANGELES IN ...

Die Entfernungen in L.A. sind gigantisch. Angesichts des dichten Verkehrs sollte man viel Zeit einplanen und den Tag nicht allzu sehr vollstopfen.

... einem Tag

Zunächst sollte man sich auf dem **Original Farmers Market** für den Tag stärken. Danach kann man dann auf dem **Hollywood Walk of Fame** am Hollywood Blvd den Stern seines Lieblingsstars suchen. Echte Promis sieht man vielleicht in den trendigen Boutiquen auf dem paparazziverseuchten **Robertson Boulevard**, wenn man nicht ein Quäntchen Natur im **Griffith Park** vorzieht. Nun fährt man nach Westen zum tollen **Getty Center** oder hinaus zum **Venice Boardwalk**, um sich den Rummel an der Küste anzuschauen. Schließlich sieht man in **Santa Monica** zu, wie die Sonne im Pazifik versinkt.

... zwei Tagen

Am zweiten Tag geht's in die sich rasant entwickelnde **Downtown von L.A.** Im **El Pueblo de Los Angeles** erkundet man die Wurzeln der Stadt und katapultiert sich dann mit dem Anblick der bombastischen **Walt Disney Concert Hall**, die den **Cultural Corridor** der Grand Ave krönt, direkt in die Zukunft. Nach dem Mittagessen vertritt man sich zwischen den historischen Gebäuden der Downtown, den Galerien im **Arts District** und in **Little Tokyo** etwas die Beine. Im **LA Live**, dem schicken Entertainment-Center von South Park, durchstöbert man das multimediale **Grammy Museum** und mischt sich dann unter echte Promis, die im **Staples Center** nebenan den LA Lakers zujubeln. Abends besucht man dann einen der Clubs in **Hollywood** und tobt sich dort auf dem Dancefloor aus.

Downtown Los Angeles

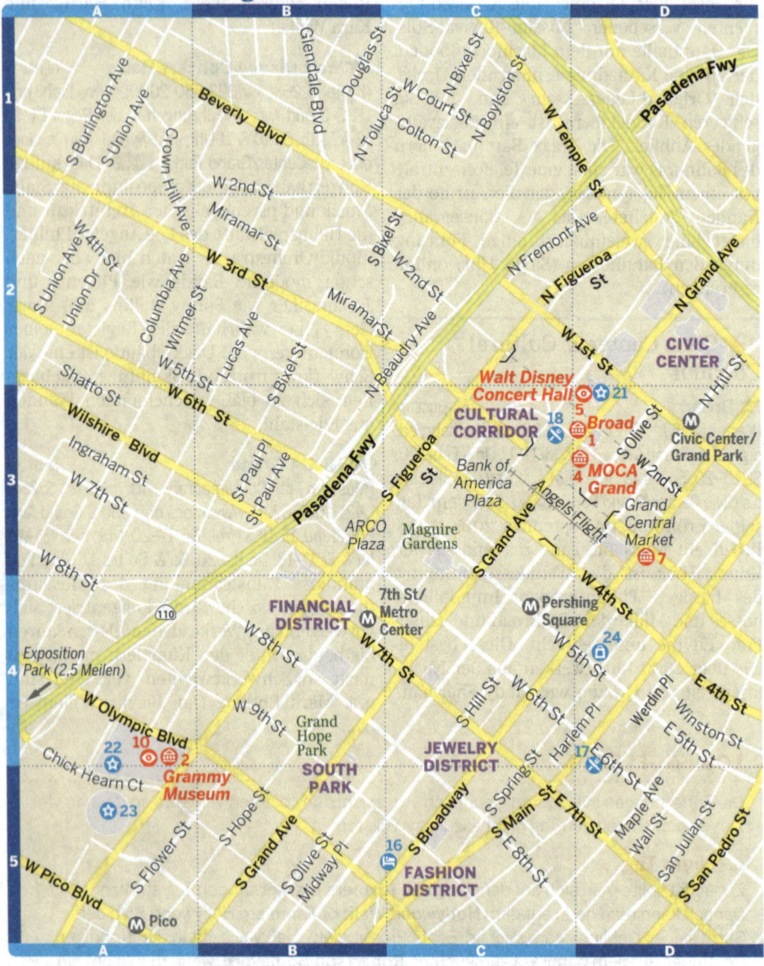

Kooning, Joseph Cornell und David Hockney. Ihre Kunstwerke sind in einem postmodernen Gebäude untergebracht, das vom preisgekrönten japanischen Architekten Arata Isozaki entworfen wurde. Die Ausstellungsräume liegen unterirdisch, sind aber taghell erleuchtet.

La Placita KIRCHE

(Karte S. 268; www.laplacita.org; 535 N Main St; ⏲6–20.30 Uhr) Die Kirche wurde 1781 als die Iglesia de Nuestra Señora la Reina de Los Ángeles (Unsere Liebe Frau die Königin der Kirche der Engel) gegründet und wird heute liebevoll „La Placita“ (kleiner Platz) genannt. Drinnen lohnt ein Blick auf den vergoldeten Altar und die Deckenbemalung.

◉ Little Tokyo

In Little Tokyo gibt's unzählige Einkaufszentren, buddhistische Tempel, traditionelle Gärten, authentische Sushibars und Nudelrestaurants sowie eine sehr interessante Zweigstelle des **MOCA** (Karte S. 268; ☎213-625-4390; www.moca.org; 152 N Central Ave; Erw./Student/Kind unter 12 Jahre 15/8 US$/frei, Do 17–20 Uhr frei; ⏲Mo, Mi & Fr 11–18, Do bis 20, Sa & So bis 17 Uhr; Ⓜ Gold Line bis Little Tokyo/Arts District).

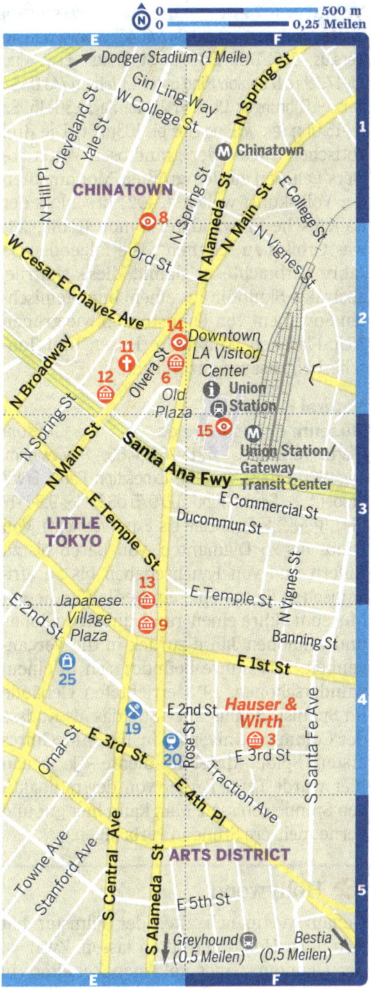

Downtown Los Angeles

Highlights
1 Broad ... D3
2 Grammy Museum ... A4
3 Hauser & Wirth ... F4
4 MOCA Grand ... D3
5 Walt Disney Concert Hall ... D3

Sehenswertes
6 Avila Adobe ... E2
7 Bradbury Building ... D3
8 Chinatown ... E1
9 Japanese American National Museum ... E4
10 LA Live ... A4
11 La Placita ... E2
12 LA Plaza ... E2
13 MOCA Geffen ... E3
14 Olvera Street ... E2
15 Union Station ... F3

Schlafen
16 Ace Hotel ... C5

Essen
17 Cole's ... D4
18 Otium ... C3
19 Sushi Gen ... E4

Ausgehen & Nachtleben
20 Angel City Brewery ... E4

Unterhaltung
LA Clippers ... (siehe 23)
LA Lakers ... (siehe 23)
21 Los Angeles Philharmonic ... D3
22 Microsoft Theater ... A4
23 Staples Center ... A5

Shoppen
24 Last Bookstore in Los Angeles ... D4
25 Raggedy Threads ... E4

Japanese American National Museum MUSEUM
(Karte S. 268; ☎213-625-0414; www.janm.org; 100 N Central Ave; Erw./Kind 10/6 US$, Do 17–20 Uhr & jeden 3. Do im Monat ganzer Tag frei; ⏲Di, Mi & Fr–So 11–17, Do 12–20 Uhr; 👪; Ⓜ Gold Line bis Little Tokyo/Arts District) Dieses Museum – das erste des Landes, das dem Leben der japanischen Einwanderer gewidmet ist – eignet sich als gute erste Anlaufstelle in Little Tokyo. Der erste Stock ist der Dauerausstellung „Common Ground" gewidmet, die die Entwicklung der japanisch-amerikanischen Kultur seit Ende des 19. Jhs. untersucht und einen bewegenden Einblick in das schmerzliche Kapitel der Internierungslager im Zweiten Weltkrieg vermittelt. Danach kann man im ruhigen Garten über das Gesehene sinnieren oder im gut sortierten Andenkenladen stöbern.

South Park

South Park ist nicht wirklich ein Park, sondern ein aufstrebendes Viertel in Downtown L. A. rund um das **LA Live** (Karte S. 268; ☎866-548-3452, 213-763-5483; www.lalive.com; 800 W Olympic Blvd; 🅿👪), ein vibrierendes Gastronomie- und Veranstaltungszentrum mit dem Staples Center (S. 288) und dem **Microsoft Theater** (Karte S. 268; ☎213-763-6020; www.microsofttheater.com; 777 Chick Hearn Ct).

★ Grammy Museum — MUSEUM

(Karte S. 268; ☎ 213-765-6800; www.grammymuseum.org; 800 W Olympic Blvd; Erw./Kind 13/11 US$; ⏲ Mo–Fr 10.30–18.30, Sa & So ab 10 Uhr; P 👪) Dieses Museum ist das Highlight des LA Live. Musikfans verlieren sich in den interaktiven Ausstellungen, in denen verschiedenste Musikrichtungen erklärt, abgegrenzt und miteinander verknüpft werden. Die Wechselausstellungen erstrecken sich über drei Stockwerke und zeigen z. B. Kleidungsstücke von Berühmtheiten wie Michael Jackson, Whitney Houston und Beyonce, handgeschriebene Notizen von Count Basie und Taylor Swift oder Instrumente von Rock-Legenden. Wer nun Lust auf mehr bekommen hat, kann sich in den interaktiven Soundräumen selbst im Singen, Mixen und Remixen probieren.

Exposition Park & Umgebung

Dieser Park gleich südlich des Campus der University of Southern California (USC) bietet so viele kinderfreundliche Museen, das man hier gut einen ganzen Tag verbringen kann. Zu den besonderen Sehenswürdigkeiten unter freiem Himmel zählen der **Rose Garden** (Karte S. 264; ☎ 213-763-0114; www.laparks.org/expo/garden; 701 State Dr, Exposition Park; ⏲ 16. März–31. Dez. 8.30 Uhr–Sonnenuntergang; P; M Expo Line to Exposition Park/USC) GRATIS und das **Los Angeles Memorial Coliseum**, in dem die Olympischen Sommerspiele 1932 und 1984 ausgetragen wurden. Parkplätze kosten um die 10 US$. Von Downtown aus die Metro Expo Line oder den DASH Minibus F nehmen.

California Science Center — MUSEUM

(Karte S. 264; ☎ Filmprogramm 213-744-2019, Info 323-724-3623; www.californiasciencecenter.org; 700 Exposition Park Dr, Exposition Park; Film im IMAX-Kino Erw./Kind 8,50/5,25 US$; ⏲ 10–17 Uhr; 👪) GRATIS Der größte Besuchermagnet des Science Center ist das Space Shuttle Endeavour, eine von gerade einmal vier Raumfähren im ganzen Land! Daneben gibt es in dem riesigen, mehrstöckigen Multimedia-Museum mit seinen Knöpfen, Schaltern und Hebeln jede Menge weitere Attraktionen, die das Kind in jedem wecken, etwa den Erdbebensimulator, den Kükenbrutkasten und die riesige Techno-Puppe Tess. Der Eintritt ist kostenlos, Sonderausstellungen, Aktivitäten und Filme im IMAX-Kino kosten aber extra.

★ Watts Towers — WAHRZEICHEN

(Karte S. 264; ☎ 213-847-4646; www.wattstowers.us; 1761-1765 E 107th St, Watts; Erw./Kind 13–17 Jahre & Senior/Kind unter 13 Jahren 7/3 US$/frei; ⏲ Führungen Do & Fr 11–15, Sa 10.30–15, So 12–15 Uhr; P; M Blue Line bis 103rd St) Die drei gotischen Türme der grandiosen Watts Towers gehören zu den größten Monumenten der Volkskunst weltweit. 1921 beschloss der italienische Einwanderer Simon Rodia, „etwas Großes zu schaffen". Die folgenden 33 Jahre verbrachte er damit, diese skurrile, abstrakte Skulptur aus einem bunt gemischten Sortiment von Fundstücken wie grünen 7-Up-Flaschen, Muscheln, Felsen und Tonscherben zusammenzuflicken.

Natural History Museum of Los Angeles — MUSEUM

(Karte S. 264; ☎ 213-763-3466; www.nhm.org; 900 Exposition Blvd, Exposition Park; Erw./Student & Senior/Kind 12/9/5 US$; ⏲ 9.30–17 Uhr; P 👪; M Expo Line bis Expo/Vermont) Von Dinos bis zu Diamanten, von Bären bis zu Käfern und von Fauchschaben bis zu afrikanischen Elefanten – ein Besuch in diesem Museum führt einen rund um den Globus und Millionen Jahre zurück in die Vergangenheit. Das Ganze befindet sich in einem wunderschönen, 1913 errichteten Gebäude im Spanish-Renaissance-Stil, das als Kulisse der Columbia University in Tobey McGuires erstem Spider-Man-Film diente – ja, genau hier wurde Peter Parker von der radioaktiven Spinne gebissen. Man kann hier gut und gerne mehrere Stunden verbringen.

Hollywood

Genau wie manch alternder Filmstar hat sich auch Hollywood liften lassen. Zwar ist der Glamour seines goldenen Zeitalters in der Mitte des 20. Jhs noch nicht zurückgekehrt, aber so schäbig wie noch vor einigen Jahren ist es hier nicht mehr. Der **Hollywood Walk of Fame** (Karte S. 271; www.walkoffame.com; Hollywood Blvd; M Red Line bis Hollywood/Highland) ehrt mehr als 2400 Promis mit Sternen im Bürgersteig.

Die Metro Red Line hält unter dem **Hollywood & Highland** (Karte S. 271; www.hollywoodandhighland.com; 6801 Hollywood Blvd; ⏲ Mo–Sa 10–22, So 10–19 Uhr; 👪; M Red Line bis Hollywood/Highland), einem mehrstöckigen Einkaufszentrum mit schönem Blick auf den berühmten Hollywood-Schriftzug, der 1923 als Werbung für eine neue Wohnsiedlung namens Hollywoodland angebracht

Hollywood

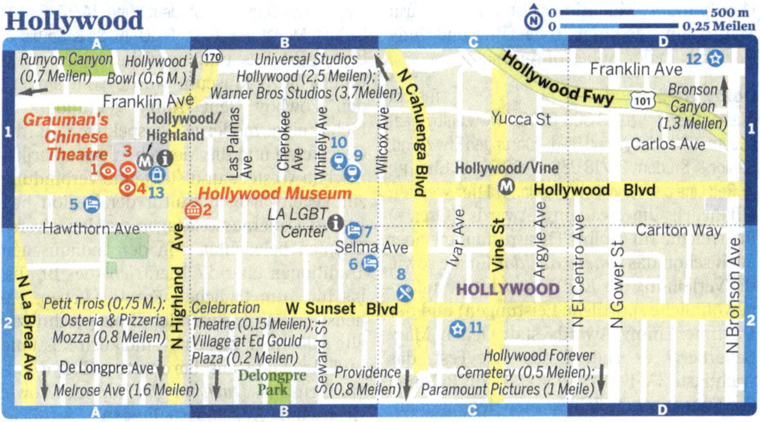

Hollywood

Highlights
1 Grauman's Chinese Theatre A1
2 Hollywood Museum B1

Sehenswertes
3 Dolby Theatre A1
4 Hollywood Walk of Fame A1

Schlafen
5 Hollywood Roosevelt Hotel A1
6 Mama Shelter B2
7 USA Hostels Hollywood B2

Essen
8 Life Food Organic C2

Ausgehen & Nachtleben
9 Dirty Laundry B1
10 No Vacancy B1

Unterhaltung
11 ArcLight Cinemas C2
12 Upright Citizens Brigade Theatre D1

Shoppen
13 Hollywood & Highland A1

wurde. Auf dem Parkplatz der Mall zahlt man (mit Einkaufsstempel) für zwei Stunden 2 US$ (max. 15 US$/Tag).

★ Hollywood Museum MUSEUM
(Karte S. 271; ☎323-464-7776; www.thehollywoodmuseum.com; 1660 N Highland Ave; Erw./Kind 15/5 US$; ⏲Mi–So 10–17 Uhr; Ⓜ Red Line bis Hollywood/Highland) Die vier mit Kostümen und Requisiten aus Film und Fernsehen vollgestopften Stockwerke sind unbedingt einen Besuch wert. Die etwas muffige Hommage an die Stars des alten Hollywood ist im 1914 erbauten Max Factor Building untergebracht. Dieses wurde 1935 als glamouröser Schönheitssalon unter der Leitung von Max Factor, einem polnisch-jüdischen Geschäftsmann und führenden Make-up-Künstler, wiedereröffnet. Hier verlieh er den Gesichtern der berühmtesten Schauspielerinnen die Magie, die sie so berühmt machte.

★ Grauman's Chinese Theatre HISTORISCHES GEBÄUDE
(TCL Chinese Theatres; Karte S. 271; ☎323-461-3331; www.tclchinesetheatres.com; 6925 Hollywood Blvd; geführte Touren Erw./Senior/Kind 16/13,50/8 US$; 👪; Ⓜ Red Line bis Hollywood/Highland) Wer schon immer mal in George Clooneys Fußstapfen treten wollte, ist hier richtig: Seine Fußabdrücke befinden sich auf dem Vorplatz dieses weltberühmten Kinos. In dem exotisch anmutenden Filmtheater im Stil einer Pagode – mit Tempelglocken und Himmelstein-Hunden aus China – werden seit 1927 Filme vorgeführt. Als erster Film flimmerte hier *König der Könige* von Cecil B. DeMille über die Leinwand.

Hollywood Forever Cemetery FRIEDHOF
(Karte S. 264; ☎323-469-1181; www.hollywoodforever.com; 6000 Santa Monica Blvd; ⏲in der Regel 8.30–17 Uhr, Blumenladen Mo–Fr 9–17, Sa & So bis 16 Uhr; Ⓟ) Der Friedhof weist eine paradiesische Landschaftsgestaltung auf. Die prahlerischen Grabsteine und monumentalen Mausoleen liefern eine passende letzte Ruhestätte für einige der berühmtesten Stars Hollywoods. Hier liegen u. a. Cecil B. DeMille, Mickey Rooney, Jayne Mansfield sowie die Punk-Rock-Legenden Johnny und Dee

Dee Ramone. Valentino ruht im Cathedral Mausoleum (geöffnet 10–14 Uhr) und Judy Garlands in der Abbey of the Psalms.

Dolby Theatre THEATER

(Karte S. 271; ☎323-308-6300; www.dolbytheatre.com; 6801 Hollywood Blvd; Führungen Erw./Kind, Senior & Student 23/18 US$; ⏲10.30–16 Uhr; P; M Red Line bis Hollywood/Highland) Hier werden alljährlich die Academy Awards (Oscars) überreicht. Im Dolby Theatre fanden aber auch schon das *American-Idol*-Finale sowie die Verleihung der ESPY Awards (für außergewöhnliche sportliche Leistungen) und der Daytime Emmy Awards statt. Jeden März beherbergt es zudem das PaleyFest, das wichtigste TV-Festival der USA. Im Rahmen der Führungen besichtigt man den Zuschauerraum, eine VIP-Lounge und bekommt eine echte Oscar-Trophäe zu sehen.

Griffith Park

Amerikas größter **Stadtpark** (Karte S. 264; ☎323-644-2050; www.laparks.org; 4730 Crystal Springs Dr; ⏲5–22 Uhr, Wanderwege Sonnenaufgang–Sonnenuntergang; P 👪) GRATIS ist fünfmal so groß wie der New Yorker Central Park. Man findet hier ein Freiluftkino, einen Zoo, ein Observatorium, ein Museum, ein Karussell, alte Kleinbahnen, Kinderspielplätze, Golf- und Tennisanlagen und mehr als 80 km an Wanderwegen, die auch zu der Höhle aus der Fernsehserie *Batman* führen.

★ Griffith Observatory MUSEUM

(Karte S. 264; ☎213-473-0890; www.griffithobservatory.org; 2800 E Observatory Rd; Eintritt frei, Vorstellungen im Planetarium Erw./Kind 7/3 US$; ⏲Di–Fr 12–22, Sa & So ab 10 Uhr; P 👪; 🚌DASH Observatory) GRATIS Die markante Sternwarte von 1935 bietet von ihrem Sitz hoch oben an den Südhängen des Mt. Hollywood einen tollen Blick ins Universum. Sie besitzt den fortschrittlichsten Sternenprojektor der Welt und mithilfe von Touchscreens werden irre astronomische Themen und Phänomene erklärt: von der Entwicklung des Teleskops über ultraviolette Röntgenstrahlung, mit der unser Sonnensystem vermessen wird, bis hin zum Kosmos selbst. Und dann ist da natürlich noch der Ausblick, der (an klaren Tagen) über das gesamte Becken von L. A., die umliegenden Berge und den Pazifik reicht.

★ Autry Museum of the American West MUSEUM

(Karte S. 264; ☎323-667-2000; www.autrynationalcenter.org; 4700 Western Heritage Way, Griffith Park; Erw./Senior & Student/Kind 14/10/6 US$, 2. Di im Monat frei; ⏲Di–Fr 10–16, Sa & So bis 17 Uhr; P 👪) Das umfangreiche, leider völlig unterschätze Museum wurde vom singenden Cowboy Gene Autry gegründet. Es bietet eine moderne Perspektive auf die Geschichte und die Menschen des amerikanischen Westens und stellt eine Verbindung zur gegenwärtigen Kultur der Region her. In den Dauerausstellungen werden diverse Themen beleuchtet, von den indianischen Traditionen über die Viehtriebe des 19. Jhs. bis hin zum täglichen Frontier-Leben. Sehenswert ist die wunderschön geschnitzte alte Saloonbar. Zu sehen sind auch Kostüme und Artefakte aus berühmten Hollywood-Western wie *Duell in der Manege* sowie wechselnde Kunstausstellungen.

Los Angeles Zoo & Botanical Gardens ZOO

(Karte S. 264; ☎323-644-4200; www.lazoo.org; 5333 Zoo Dr, Griffith Park; Erw./Senior/Kind 20/17/15 US$; ⏲10–17 Uhr, am 25. Dez. geschl.; P 👪) Im Zoo von L. A. leben 1100 flossen-, federn- oder pelztragende Tiere aus über 250 Spezies, die besonders den Kleinen viel Spaß bereiten. Er ist nicht sonderlich groß, weshalb Erwachsene diesen Enthusiasmus vielleicht nicht ganz teilen können. Wer seine Tickets online kauft, muss nicht in der Schlange anstehen. Und wer seine eigene Verpflegung mitbringt, spart einiges an Geld, da das Angebot hier völlig überteuert ist.

West Hollywood & Mid-City

In WeHo flattern Regenbogenfahnen stolz über den Santa Monica Blvd, während Promis die Klatschreporter mit ihren Eskapaden in den Clubs am legendenumwobenen Sunset Strip beglücken. Die Boutiquen auf dem Robertson Blvd und an der Melrose Ave versorgen Hollywood-Stars und -Sternchen mit fescher, ultraschicker Mode. WeHo ist außerdem ein Nährboden für avantgardistisches Wohndesign, Mode und Kunst, vor allem im **West Hollywood Design District** (http://westhollywooddesigndistrict.com). In der Mid-City weiter südlich säumen einige der besten Museen der Stadt die Museum Row, einen kurzen Abschnitt des Wilshire Blvd östlich der Fairfax Ave.

★ Los Angeles County Museum of Art MUSEUM

(LACMA; Karte S. 274; ☎323-857-6000; www.lacma.org; 5905 Wilshire Blvd, Mid-City; Erw./Kind

FÜHRUNGEN DURCH DIE FILM-UND FERNSEHSTUDIOS

Während einer Tour durch ein Filmstudio erfährt man viel Wissenswertes über die Scheinwelt des Films und Fernsehens, etwa dass es eine Woche dauert, um eine halbstündige Sitcom zu drehen. Oder dass man in den meisten Aufnahmen keine Decke sieht, da dort die zahllosen Lichter und Lampen hängen. Die Chancen, einen Star zu Gesicht zu bekommen, stehen hier besonders gut, sofern man nicht gerade während der Drehpausen von Mai bis August vorbeischaut – dann herrscht hier tote Hose. Wer an einer Führung teilnehmen möchte, muss eine Reservierung tätigen und außerdem seinen Ausweis mitführen.

Paramount (Karte S. 264; ☎323-956-1777; www.paramountstudiotour.com; 5555 Melrose Ave; Führung ab 55 US$; ⏲Führung 9.30–17 Uhr, letzte Führung 15 Uhr) *Star Trek, Indiana Jones* und *Shrek* sind nur einige der Blockbuster, die auf Paramounts Konto gehen. Paramount ist das älteste Filmstudio und das einzige, das tatsächlich noch in Hollywood selbst angesiedelt ist. Zweistündige Führungen hinter die Kulissen und die Tonbühnen werden das ganze Jahr über täglich angeboten und von leidenschaftlichen, kenntnisreichen Guides geleitet.

Sony (Karte S. 264; ☎310-244-8687; www.sonypicturesstudiostours.com; 10202 W Washington Blvd; Führung 45 US$; ⏲Führung normalerweise Mo–Fr 9.30, 10.30, 13.30 & 14.30 Uhr) Die zweistündigen Führungen werden nur unter der Woche angeboten und schließen eine Besichtigung der Tonbühnen mit ein, auf denen *Men in Black, Spiderman* und *3 Engel für Charlie* gefilmt wurden. Als dies noch das Gelände des ehrwürdigen MGM-Studios war, hoppelten hier bei den Dreharbeiten zu *Der Zauberer von Oz* die Munchkins über die gelbe Ziegelsteinstraße.

Warner Bros (Karte S. 264; ☎877-492-8687, 818-972-8687; www.wbstudiotour.com; 3400 W Riverside Dr, Burbank; Führungen Erw./Kind 8–12 Jahre ab 62/52 US$; ⏲8.30–15.30 Uhr, Juni–Aug. länger; 🚌155, 222, 501 halten rund 350 m vom Tour Center entfernt) Den authentischsten und unterhaltsamsten Blick hinter die Kulissen eines großen Filmstudios erhält man bei dieser Tour. Sie besteht aus einer zweistündigen Führung und dem Zutritt zu Studio 48, wo man sich selbst umsehen kann. Ganz am Anfang wird ein Video mit den erfolgreichsten Filmen der WB gezeigt, darunter *...denn sie wissen nicht, was sie tun* und *La La Land*. Dann geht's mit einer kleinen Bahn zu den Tonbühnen, hinter die Kulissen und zu den technischen Abteilungen, etwa zu den Requisiten, dem Kostümfundus und der Malerwerkstatt. Die Touren werden täglich normalerweise jede halbe Stunde angeboten.

15 US$/frei, 2. Di im Monat frei; ⏲Mo, Di & Do 11–17, Fr bis 20, Sa & So 10–19 Uhr; 🅿; 🚌Metro-Linien 20, 217, 720, 780 bis Wilshire & Fairfax) Das LACMA, das größte Museum im Westen der USA, beeindruckt mit einer tiefgründigen und reichen Sammlung. Hier sind Werke aller großen Künstler ausgestellt – Rembrandt, Cézanne, Magritte, Mary Cassatt, Ansel Adams – sowie Unmengen Skulpturen aus China, Japan, dem präkolumbischen Amerika, dem alten Griechenland, Rom und Ägypten. Die neuesten Errungenschaften sind etwa riesige Freiluftinstallationen wie Chris Burdens *Urban Light* (ein surrealer Selfie-Hintergrund mit Hunderten alter Straßenlaternen aus L.A.) und Michael Heizerss *Levitated Mass* (ein überraschend inspirierender, 340 t schwerer Felsbrocken, unter dem ein Fußweg hindurchführt).

La Brea Tar Pits & Museum MUSEUM
(Karte S. 274; www.tarpits.org; 5801 Wilshire Blvd, Mid-City; Erw./Student & Senior/Kind 12/9/5 US$, Sept.–Juni 1. Di im Monat frei; ⏲9.30–17 Uhr; 🅿👪) Mammuts, Säbelzahntiger und der *Canis dirus* (eine ausgestorbene Hundeart) zogen in prähistorischer Zeit durch die Savanne der Region L.A. Das alles weiß man, seitdem in den La Brea Tar Pits – eine der weltweit ergiebigsten und berühmtesten Fossilienfundstätten – ein archäologischer Schatz aus Schädeln und Knochen ausgebuddelt worden ist. In dem Museum können junge Dinojäger mehr über Fossilien erfahren und lernen bei den Führungen und Demonstrationen in den Laboren die Welt der Paläontologie kennen.

Beverly Hills & The Westside

Die bedeutendste kulturelle Attraktion hier ist das **Getty Center** in den Hügeln von Brentwood. In Westwood befinden sich der gut gepflegte Campus der UCLA, das auf zeitgenössische Kunst ausgerichtete

West Hollywood & Mid-City

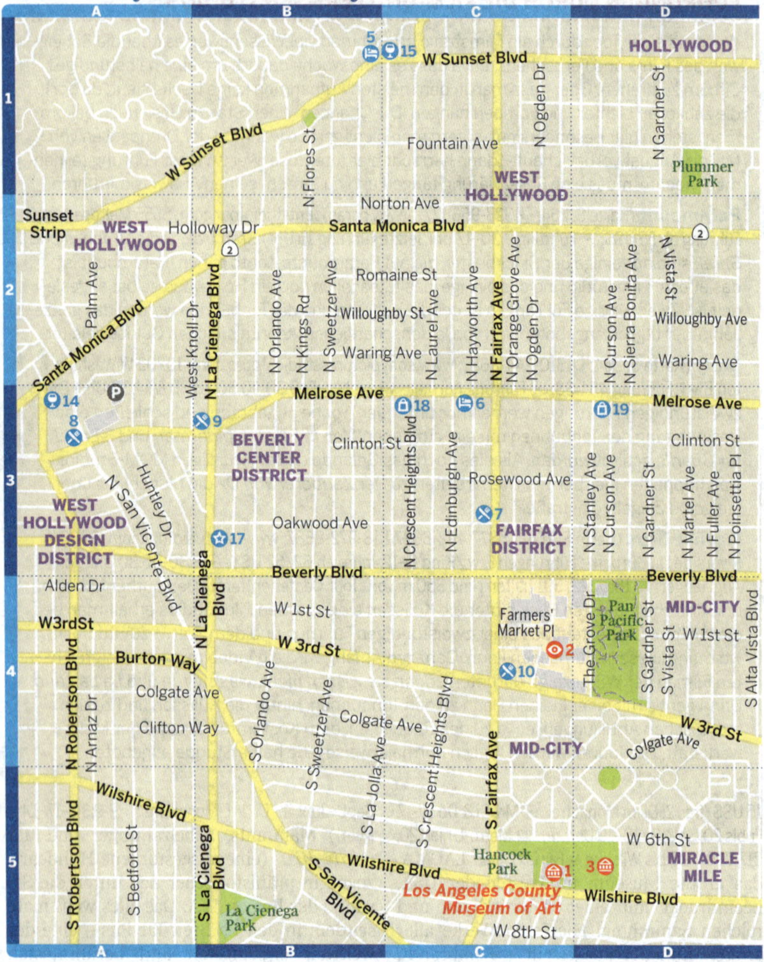

Hammer Museum (Karte S. 264; ☎310-443-7000; www.hammer.ucla.edu; 10899 Wilshire Blvd, Westwood; ⌚Di–Fr 11–20 Sa & So bis 17 Uhr; P) GRATIS und der **Westwood Village Memorial Park Cemetery** (Karte S. 264; ☎310-474-1579; 1218 Glendon Ave, Westwood; ⌚8–18 Uhr; P), auf dem es vor Stars und Sternchen nur so wimmelt. Alle drei Sehenswürdigkeiten liegen in fußläufiger Entfernung voneinander. Beverly Hills rühmt sich mit dem Rodeo Dr, auf dem man großartig allerlei Leute beobachten kann. In Hollywood kann man sich geführten Touren anschließen, die an den Häusern von Prominenten vorbeiführen.

★ **Getty Center** MUSEUM

(Karte S. 264; ☎310-440-7300; www.getty.edu; 1200 Getty Center Dr, abseits des I-405 Fwy; ⌚Di–Fr & So 10–17.30, Sa bis 21 Uhr; P 👪; 🚌734, 234) GRATIS Das milliardenteure Getty Center hoch oben über der Stadt bietet gleich ein dreifaches Vergnügen: eine traumhafte Kunstsammlung mit Werken von mittelalterlichen Triptychen bis hin zu barocken Skulpturen und impressionistischen Gemälden, die avantgardistische Architektur von Richard Meier und der je nach Jahreszeit unterschiedlich gestaltete wunderschöne Garten. Der Eintritt ist frei, der Parkplatz kostet jedoch 15 US$ (nach 15 Uhr 10 US$).

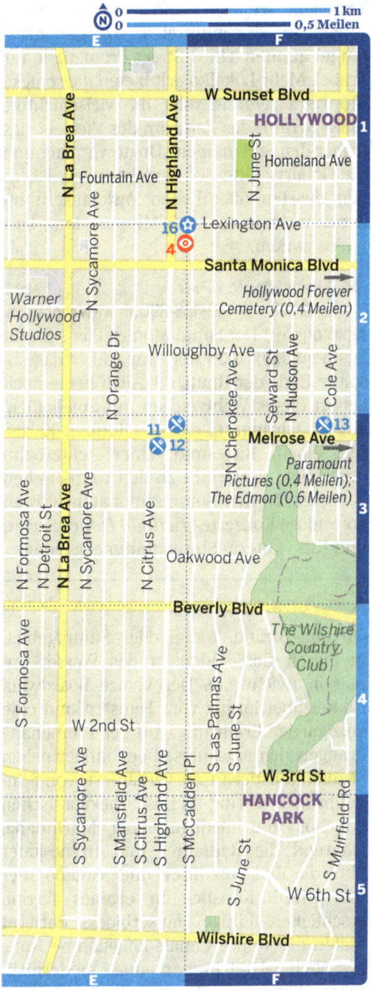

West Hollywood & Mid-City

Highlights
1 Los Angeles County Museum of Art C5

Sehenswertes
2 Grove C4
3 La Brea Tar Pits & Museum D5
4 Village at Ed Gould Plaza E2

Schlafen
5 Chateau Marmont B1
6 Palihotel C3

Essen
7 Canter's C3
8 Catch LA A3
9 EP & LP B3
10 Original Farmers Market C4
11 Osteria & Pizzeria Mozza E3
12 Petit Trois E3
13 Providence F3

Ausgehen & Nachtleben
14 Abbey A3
15 Bar Marmont C1

Unterhaltung
16 Celebration Theatre F2
17 Largo at the Coronet B3

Shoppen
18 Fred Segal C3
19 Melrose Avenue D3

★ Museum of Tolerance
MUSEUM

(Karte S. 264; ☎ Reservierungen 310-772-2505; www.museumoftolerance.com; 9786 W Pico Blvd; Erw./Senior/Student 15,50/12,50/11,50 US$, Anne-Frank-Ausstellung Erw./Senior/Student 15,50/13,50/12,50 US$; ⌚ So, Mi & Fr 10–17, Do bis 21.30 Uhr, Nov.–März Fr bis 15.30 Uhr; P) Das vom Simon Wiesenthal Center betriebene, zutiefst bewegende Museum zieht seine Besucher mithilfe interaktiver Technologien in seinen Bann und will sie zu Diskussionen und zum Nachdenken über Rassismus und Bigotterie anstoßen. Besondere Aufmerksamkeit wird dem Holocaust gewidmet: Im Untergeschoss befasst sich eine große Ausstellung mit den sozialen, politischen und wirtschaftlichen Umständen, die zum Völkermord an den Juden geführt haben, sowie mit den Schicksalen Millionen verfolgter Juden. Das Museum in ersten Stock beherbergt eine weitere bemerkenswerte Ausstellung: ein sehr persönlicher Blick auf das Leben und das Wirken Anne Franks.

★ Frederick R. Weisman Art Foundation
MUSEUM

(Karte S. 264; ☎ 310-277-5321; www.weismanfoundation.org; 265 N Carolwood Dr; ⌚ 90-minütige Führungen Mo–Fr 10.30 & 14 Uhr, nur nach Anmeldung) GRATIS Der verstorbene Unternehmer und Philanthrop Frederick R. Weisman hatte eine unersättliche Leidenschaft für die Kunst, was bei der Besichtigung seines ehemaligen Wohnhauses in Holmby Hills mehr als deutlich wird. Vom Keller bis ins Dachgeschoss lagern in dem Herrenhaus mit hübsch gepflegtem Anwesen außergewöhnliche Werke von Visionären wie Picasso, Kandinsky, Miró, Magritte, Rothko, Warhol, Rauschenberg und Ruscha. Es gibt sogar ein Motorrad, das von Keith Haring bemalt wurde. Führungen müssen mindestens ein paar Tage im Voraus reserviert werden.

Malibu

Hier dreht sich natürlich alles um den Strand, sei es am El Matador, wo man sich sein Fleckchen Sand zwischen den Felstürmen und Oben-ohne-Sonnenanbeterinnen hart erkämpfen muss, oder an den breiten, gelben Sandstränden von Zuma und Westward. Viele Promis wohnen hier und werden manchmal beim Einkaufen im riesigen **Malibu Country Mart** (Karte S. 264; ☎310-456-7300; www.malibucountrymart.com; 3835 Cross Creek Rd, Malibu; ⊙Mo–Sa 10–24, So bis 22 Uhr; 👪; 🚌MTA-Linie 534) gesichtet.

Der von Schluchten durchzogene **Malibu Creek State Park** (Karte S. 264; ☎818-880-0367; www.malibucreekstatepark.org; 1925 Las Virgenes Rd, Cornell; Parken 12 US$; ⊙Sonnenaufgang–Sonnenuntergang) ist einer von Malibus Naturattraktionen und ist ein beliebter Drehort für Film und Fernsehen. Er punktet aber vor allem mit unzähligen Wanderwegen (Parkplatz 12 US$) und einigen berühmten Stränden wie dem treffend benannten Surfrider in der Nähe vom Malibu Pier, dem geheimnisvollen El Matador, dem Familienliebling Zuma Beach und dem wilden Point Dume (Parken am Strand 3–12,50 US$).

★Getty Villa — MUSEUM

(Karte S. 264; ☎310-430-7300; www.getty.edu; 17985 Pacific Coast Hwy, Pacific Palisades; ⊙Mi–Mo 10–17 Uhr; P 👪; 🚌Linie 534 bis Coastline Dr) GRATIS Der Nachbau einer römischen Villa aus dem 1. Jh. liegt grandios an einem Hang mit Blick aufs Meer. Das fast 26 ha große Anwesen bildet eine fantastische Kulisse für die exquisiten griechischen, römischen und etruskischen Antiquitäten, die von dem Ölmagnaten J. Paul Getty gesammelt wurden; einige Stücke sind bis zu 7000 Jahre alt. In den Galerien, Peristylen, Innenhöfen und üppigen gepflegten Gärten verstecken sich jede Menge Friese, Büsten und Mosaike. Die Hall of Colored Marbles enthält jahrtausendealte geschliffene, geblasene und gefärbte Glaskunst und atemberaubende geometrische Muster. Weitere Highlights sind der Pompeji-Brunnen und der Heraklestempel.

Santa Monica

Die „Schönheit am Strand" verbindet urbane Coolness mit relaxter Atmosphäre. Traveller, Teenager und Straßenkünstler sorgen auf der autofreien, von Ladenketten gesäumten Third Street Promenade für Trubel. Mehr Lokalkolorit bieten die schicke **Montana Avenue** oder die vielschichtige **Main Street**, das Zentrum des Viertels, das früher den Spitznamen „Dogtown" trug und die Geburtsstätte des Skateboardens ist. In den meisten öffentlichen Parkhäusern im Zentrum kann man 90 Minuten lang kostenlos parken.

★Santa Monica Pier — AREAL

(Karte S. 277; ☎310-458-8901; www.santamonicapier.org; 👪) Der Santa Monica Pier stammt aus dem Jahr 1908 und war früher das absolute Ende der Route 66. Auch heute noch gehört dieses Wahrzeichen mit Spielhallen, einem Jahrmarkt, einem Oldtimer-Karussell, einem Riesenrad, einer Achterbahn und einem Aquarium zu den touristischen Hotspots. In den Sommermonaten werden kostenlose Konzerte *(Twilight Dance Series)* und Kino unterm Sternenhimmel geboten.

Venice

Ob nun Strand, Kanal oder Sumpfgebiet, in diesen Gemeinden ist das Wasser immer in Reichweite. Der Venice Boardwalk ist Reizüberflutung vom Feinsten und eine einzigartige Erfahrung. Auf der Promenade drängen sich muskulöse Bodybuilder neben Straßenkünstlern und Verkäufern von Sonnenbrillen, String-Bikinis, mexikanischen Ponchos und medizinischem Marihuana, während die Radfahrer und Inlineskater über die Radspur düsen und Skateboarder und Graffiti-Künstler ihr eigenes Terrain erschließen. Einige Häuserblocks entfernt bieten die Venice Canals angenehme Ruhe zwischen abgefahrenen und modernistischen Häusern rund um die Wasserstraßen, denen das Viertel seinen Namen verdankt. Wer gemächliches Strandleben der Stadt vorzieht, der wird in Marina Del Rey fündig (wo einer der größten Häfen für Freizeitboote der USA zu Hause ist). Alternativ steuert man die weiten Strände der Playa del Rey an, die auf der anderen, südlichen Seite der Ballona Wetlands liegen.

Long Beach

Long Beach erstreckt sich entlang der südlichen Seite des L. A. County. Hier befindet sich der nach Singapur und Hongkong drittgrößte Containerhafen der Welt. In Down-

Santa Monica & Venice

town – also in der beliebten Pine Ave mit ihren Restaurants und Bars und an der neu gestalteten Uferpromenade – ist davon allerdings nicht viel zu spüren. In weniger als einer Stunde ist man mit der Metro Blue Line aus Downtown L. A. in Long Beach. Mit den kostenlosen Minibussen von Passport (www.lbtransit.com) kann man bequem die wichtigsten Sehenswürdigkeiten abklappern.

★ Battleship Iowa — MUSEUM, DENKMAL

(Karte S. 264; ☎877-446-9261; www.pacificbattleship.com; Berth 87, 250 S Harbor Blvd, San Pedro; Erw./Senior/Kind 20/17/12 US$; ⏲10–17 Uhr, letzter Einlass 16 Uhr; P 🚻; 🚇Metro Silver Line) Das

Santa Monica & Venice

Highlights
1 Santa Monica Pier A2
2 Venice Boardwalk A5

Schlafen
3 HI Los Angeles-Santa Monica A2
4 Palihouse A1
5 Sea Shore Motel A3

Essen
6 Cassia B1
7 Gjelina B5
8 Santa Monica Farmers Markets A1

Ausgehen & Nachtleben
9 Basement Tavern A3

Unterhaltung
10 Harvelle's B2

Shoppen
11 Waraku A5

Schlachtschiff war im Zweiten Weltkrieg und im Kalten Krieg im Einsatz und ist nun dauerhaft in der San Pedro Bay vertäut. Das riesige Schiff – es ist 270 m lang und damit 1,5 m länger als die Titanic – erreicht die Höhe eines 18-stöckigen Gebäudes und ist Besuchern heute als Museum zugänglich. Wer sich die zugehörige App heruntergeladen hat, kann auf der Landungsbrücke eine selbstgeführte Audiotour starten. Bei dieser sieht man die Kabine von Franklin D. Roosevelt, Geschütztürme und die Bordküche, die während des Zweiten Weltkriegs 8000 heiße Mahlzeiten am Tag zubereitete.

★ Aquarium of the Pacific — AQUARIUM

(Karte S. 264; ☎Tickets 562-590-3100; www.aquariumofpacific.org; 100 Aquarium Way, Long Beach; Erw./Senior/Kind 30/27/19 US$; ⏲9–18 Uhr; P 🚻) Das Aquarium of the Pacific gehört zu den faszinierendsten Erlebnissen in Long Beach. In dem großen Hightech-Aquarium kann man pfeilschnelle Haie, tanzende Quallen und spielende Seelöwen bewundern. Über 11 000 Tiere leben hier in vier der Natur nachempfundenen Habitaten: den Buchten und Lagunen von Baja California, dem eisig kalten Nordpazifik, tropischen Korallenriffen und heimischen Algenwäldern.

★ Museum of Latin American Art — MUSEUM

(Karte S. 264; ☎562-437-1689; www.molaa.org; 628 Alamitos Ave, Long Beach; Erw./Senior & Student/Kind 10/7 US$/frei, So frei; ⌚ Mi, Do, Sa & So 11–17, Fr bis 21 Uhr; P) Das tolle, in den USA einzigartige Museum ist ein echtes Juwel. Es stellt Kunstwerke aus, die nach 1945 in Lateinamerika und in den Latino-Gemeinden der Vereinigten Staaten entstanden. Diese werden den Besuchern in Form von Wechsel- und Wanderausstellungen näher gebracht. In jüngster Vergangenheit waren Ausstellungen karibischer Kunst sowie die Werkschau des hiesigen Künstlers Frank Romero sehr gefragt.

Pasadena

Reich und vornehm erstreckt sich Pasadena unterhalb der hohen San Gabriel Mountains. Das urbane Los Angeles wirkt hier Lichtjahre entfernt. Pasadena ist berühmt für seine schönen Arts-&-Crafts-Bauten vom Anfang des 20. Jhs. und die Tournament of Roses Parade am Neujahrstag. Man kann zwischen den Läden, Cafés, Bars und Restaurants der Old Town Pasadena am Colorado Blvd östlich der Pasadena Ave herumschlendern. Die Züge der Metro Gold Line verbinden Pasadena mit Downtown L.A. (20 Min.).

★ Huntington Library, Art Collections & Botanical Gardens MUSEUM, GARTEN
(Karte S. 264; ☎626-405-2100; www.huntington.org; 1151 Oxford Rd, San Marino; Erw. unter der Woche/Wochenende & Feiertag 23/25 US$, Kind 10 US$, 1. Do im Monat frei; ⌚ Mi–Mo 10–17 Uhr; P) Huntington zählt zu den herrlichsten und inspirierendsten Orten von L. A. und ist zu Recht ein Highlight jeder Kalifornienreise. Dies beruht auf dem erstklassigen Mix aus Kunst, Literatur und Geschichte und seinen fast 50 ha großen Gärten, die verschiedene Themen aufgreifen und von denen jeder an sich schon einen Besuch wert wäre. Auf dem stattlichen Anwesen gibt es so viel zu sehen, dass man sich fragt, wo man beginnen soll. Selbst wenn man nur das Wichtigste sehen möchte, sollte man drei bis vier Stunden einplanen.

★ Gamble House ARCHITEKTUR
(Karte S. 264; ☎Info 626-793-3334, Tickets 844-325-0712; www.gamblehouse.org; 4 Westmoreland Pl, Pasadena; Führung Erw./Kind 15 US$/frei; ⌚ Führungen Sept.–Mai Do & Fr 11.30–15, Sa & So 12–15 Uhr, Juni–Aug. Do–Sa 11–15, So 12–15 Uhr, Buchladen Di 11–14, Do–So 10–17 Uhr; P) Das Herrenhaus im Nordwesten von Pasadenas Zentrum wurde schon als eines der zehn architektonisch bedeutsamsten Wohnhäuser in Amerika tituliert. Das Meisterwerk kalifornischer Arts-&-Crafts-Architektur aus dem Jahr 1908 wurde von Charles und Henry Greene für den Procter-&-Gamble-Erben David Gamble geschaffen. Das ganze Gebäude ist ein einziges Kunstwerk: Sockel, Möbel und Ausstattung sind der südkalifornischen Landschaft und der japanischen und chinesischen Architektur nachempfunden.

Norton Simon Museum MUSEUM
(Karte S. 264; www.nortonsimon.org; 411 W Colorado Blvd, Pasadena; Erw./Kind 12 US$/frei; ⌚ Mo, Mi & Do 12–17, Fr & Sa 11–20, So 11–17 Uhr; P) Rodins *Bürger von Calais* bewachen den Eingang, sind aber gleichwohl „nur" die Ouvertüre zu der umfangreichen Kunstsammlung dieses exquisiten Museums. Norton Simon (1907–1993), ein von Kunst besessener Industrieller mit Midas-Anwandlungen, steckte seine Millionen in eine ansehnliche Sammlung westlicher Arbeiten und asiatischer Skulpturen. Die ausführlichen Erklärungen helfen bestens dabei, die Geschichte hinter jedem Werk zu verstehen.

Aktivitäten

Obwohl die Bewohner von Los Angeles jede Menge Zeit im Stau verbringen, lieben sie es doch, Sport zu treiben. Und ihre Stadt ist wie gemacht für Adrenalin und Geschwindigkeit: Spektakuläre Wanderwege in den Bergen, eines der größten urbanen Naturschutzgebiete des Landes und traumhafte Surfstrände liegen direkt vor der Haustür. Hinzu kommen fast 300 Tage Sonnenschein im Jahr. Wie soll man es den Einheimischen da verübeln, dass sie so wahnsinnig gut aussehen?

Radfahren & Inlineskaten

Radeln oder Skaten auf dem asphaltierten **South Bay Bicycle Trail**, der auf der 35 km langen Strecke zwischen Santa Monica und Pacific Palisades meist parallel zum Strand verläuft, stärkt in reizvoller Umgebung die Kondition. In den belebten Strandorten gibt's jede Menge Läden, die entsprechendes Equipment vermieten. An den Wochenenden ist hier der Teufel los.

Surfen & Schwimmen

Prima Badestrände sind der Leo Carrillo State Park in Malibu, der Santa Monica State Beach und der Hermosa Beach von South Bay. Der Surfrider Beach in Malibu ist ein legendärer Surfspot. Der Preis für einen

Parkplatz variiert saisonal. Bezogen auf die Wassertemperaturen ist der „nie endende Sommer" leider nur ein Mythos. Die meiste Zeit im Jahr sollte man sich nur mit Neoprenanzug in den Pazifik wagen. Ab Juni ist die Temperatur erträglich und erreicht mit rund 21 °C im August ihren Höchstwert. Die Wasserqualität ist unterschiedlich; Infos findet man auf der Beach Report Card unter http://brc.healthebay.org.

Wandern

Wer meint, das Wandern nicht unbedingt eine für L.A. typische Freizeitbeschäftigung ist, der sollte sein Urteil noch einmal überdenken: Immerhin ist die Stadt von zwei Bergketten und zahlreichen Schluchten umgeben. Die Wege in den **San Gabriel Mountains** führen vom Mt. Wilson hinein in eine von Granitgipfeln geprägte Wildnis, die einst die Heimat der Gabrielino-Indianer war; hier wurde außerdem der letzte Grizzlybär in Kalifornien gesichtet. Die Chumash durchstreiften die **Santa Monica Mountains** (www.nps.gov/samo/index.htm), die zwar kleiner sind, dennoch aber spektakuläre Ausblicke bieten auf die mit niedrigen Hartlaubgehölz (Chaparral) bewachsene Berge und steilen Abhänge zum Pazifik hin. Der **Backbone Trail** verläuft über die gesamte Bergkette, am schönsten ist jedoch die Wanderung zum Sandstone Peak. Auch Tagestouren im **Topanga Canyon State Park** (Karte S. 264; ☎310-455-2465; www.parks.ca.gov; 20828 Entrada Rd, Topanga; 10 US$/Fahrzeug; ⏲8 Uhr–Sonnenuntergang), im **Malibu Canyon** (Karte S. 264; Malibu Canyon Rd, Malibu) sowie in den State Parks Point Mugu und **Leo Carrillo** (☎310-457-8143; www.parks.ca.gov; 35000 W Pacific Coast Hwy, Malibu; 12 US$/Fahrzeug; ⏲8–22 Uhr; P) sind großartig. Wer nur ein oder zwei Stunden Zeit im Gepäck hat, sollte sich am besten im **Runyon Canyon** (Karte S. 264; www.runyoncanyonhike.com; 2000 N Fuller Ave; ⏲Sonnenaufgang–Sonnenuntergang) oder im **Bronson Canyon** (Karte S. 264; ☎818-243-1145; www.laparks.org; 3200 Canyon Dr; ⏲5–22.30 Uhr) in Hollywood umschauen. Ausführlichere Infos zu Wanderwegen in und um Südkalifornien findet man unter www.trails.com. Empfehlenswert sind auch folgende Bücher: *Afoot and Afield: Los Angeles County. A Comprehensive Hiking Guide* (Wilderness Press; 2009), *Secret Walks: A Walking Guide to the Hidden Trails of Los Angeles* (Santa Monica Press; 2015) oder *60 Hikes Within 60 Miles* (Menasha Ridge Press; 2009).

Geführte Touren

★ Esotouric BUSTOUR

(☎213-915-8687; www.esotouric.com; Tour 58 US$) Im Rahmen der unkonventionellen, aufschlussreichen und unterhaltsamen Stadtspaziergänge und Bustouren lernt man sowohl die schrecklichen als auch die faszinierenden Schattenseiten von L.A. kennen. Die Thementouren führen zu Orten berühmter Verbrechen (Fall der schwarzen Dahlie), gefeierter Autoren (von Chandler bis Bukowski) und mehr.

★ Los Angeles Conservancy STADTSPAZIERGANG

(☎213-623-2489; www.laconservancy.org; Erw./Kind 15/10 US$) Beim 2½-stündigen Stadtspaziergang dieser gemeinnützigen Gruppe erkundet man die beeindruckenden historischen und architektonischen Schmuckstücke der Downtown von Los Angeles – vom Art-déco-Penthouse über Beaux-arts-Ballsäle bis hin zu glanzvollen Stummfilmtheatern. Um einige der großartigen historischen Kinos der Stadt von innen zu sehen, bietet das Conservancy die Filmserie „Last Remaining Seats" an, bei der in vergoldeten Theatern alte Klassiker gezeigt werden.

Dearly Departed BUSTOUR

(☎855-600-3323; www.dearlydepartedtours.com; Tour 50–85 US$) Diese seit Langem angebotenen, manchmal gruseligen, oft urkomischen Touren führen zu Orten, an denen Promis die Löffel abgaben, George Michael die Hosen runterließ, Hugh Grant gewisse Dienste in Anspruch nahm und die Charles Manson Gang Sharon Tate ermordete. Nichts für Kids!

Feste & Events

First Friday STRASSENKARNEVAL

(www.abbotkinneyfirstfridays.com; ⏲1. Fr im Monat 17–23 Uhr) Während dieses einmal im Monat stattfindenden Straßenfests haben die Geschäfte entlang des Abbot Kinney Blvd länger geöffnet und überall stehen Food-Trucks.

Academy Awards FILM

(www.oscars.org) Von der überdachten Tribüne neben dem roten Teppich des Dolby Theatre kann man seine Stars anhimmeln. Wer zu den 700 Glücklichen gehören will, muss sich schon im November oder Dezember um einen Platz bewerben. Die Oscar-Preisverleihung findet Ende Februar oder Anfang März statt.

INSIDERWISSEN

L. A. FÜR INSIDER

Filmklassiker am Broadway Welcher Ort wäre besser geeignet, um sich einen Kultfilm anzusehen, als einer der alten Filmpaläste am Broadway? Cinespia (http://cinespia.org) organisiert das ganze Jahr über spezielle Filmvorführungen in den historischen Lichtspielhäusern der Downtown, die der Öffentlichkeit normalerweise nicht zugänglich sind. Viele der Filme werden im 35-mm-Format gezeigt. Die Webseite von Cinespia informiert über anstehende Filme.

City Hall Farmers Market Der South Lawn vor der City Hall verwandelt sich jeden Donnerstagmorgen in einen verlockenden Bauernmarkt. Hier findet man alles, von Bio-Obst und -Gemüse bis hin zu frischen Meeresfrüchten, Fleisch, kulinarischen Spezialitäten und Imbissständen. Und das Beste: 10 % des Umsatzes geht an die gemeinnützige Nachbarschaftsorganisation LARABA (Los Angeles River Artists and Business Association).

Joggen, Yoga und Bier Wer sich sein Bier so richtig verdienen möchte, der macht mit bei der sonntäglichen Morgensport-Bier-Kombo (15 US$) der Angel City Brewery (S. 285). Das Workout beginnt mit einer 30-minütigen Joggingrunde durch die Downtown, bevor es dann weiter zum Vinyasa Flow Yoga geht (eigene Matte mitbringen). Nachdem man sich ordentlich ausgepowert und die eigene Mitte gefunden hat, hat man sich sein Bier dann auch redlich verdient. Anmeldung online unter www.brew-yoga.com.

Rose Parade UMZUG
(www.tournamentofroses.com; ⌚ Jan.) Neujahrsumzug mit blumengeschmückten Wagen durch Pasadena. Tolle Fotos aus nächster Nähe kann man nach dem Umzug am Victory Park schießen. Bloß nicht das Auto nehmen, sondern mit der Metro Rail Gold Line zum Memorial Park fahren!

West Hollywood Halloween Carnaval KARNEVAL
(www.visitwesthollywood.com/halloween-carnaval) Das ausgelassene Straßenfest an Halloween Ende Oktober zieht 500 000 Feierlustige an – viele von ihnen in übertriebenen und/oder nicht jugendfreien Kostümen. Es wird viel getanzt, gut gegessen und geflirtet.

Schlafen

Wer das Strandleben genießen will, sollte sich in Santa Monica, Venice oder Long Beach eine Bleibe suchen. Trendsetter und Partylöwen werden sich in Hollywood oder WeHo am wohlsten fühlen, Kulturfreaks in Downtown L. A. Auf die angegebenen Preise kommt noch die Übernachtungssteuer (12–14 %) obendrauf.

Downtown

Ace Hotel HOTEL $$$
(Karte S. 268; ☎213-623-3233; www.acehotel.com/losangeles; 929 S Broadway; Loft-Wohnungen ab 400 US$; P❄📶🏊) Das nach wie vor absolut angesagte Hotel mit seinen 182 Zimmern wartet mit jeder Menge schrägen Details auf: Wandgemälde der Haas-Brüder in der Lobby und im Restaurant, winzige Themen-Cocktails in der Dachterrassenbar und Retro-Zimmer mit Bademänteln im Boxerstil, leeren Notenblättern und – in vielen, aber nicht allen Zimmern – einem Aufnahmegerät oder einer Gitarre. Die kleinen Zimmer können etwas beengend wirken, deshalb lieber die mittelgroße Option nehmen. Der Parkservice kostet 36 US$ pro Nacht.

Hollywood

USA Hostels Hollywood HOSTEL $
(Karte S. 271; ☎800-524-6783, 323-462-3777; www.usahostels.com; 1624 Schrader Blvd; B 38–49 US$, Zi. mit Bad ab 120 US$; ❄@📶; Ⓜ Red Line bis Hollywood/Vine) Das gesellige Hostel ist nur wenige Schritte von Hollywoods Partymeile entfernt. Die Zimmer wirken etwas beengt, aber bei den von den Angestellten organisierten Grill-Comedy-Abenden sowie diversen Stadtspaziergängen schließt man schnell neue Bekanntschaften. Es gibt mehrere kostenlose Annehmlichkeiten, z. B. kann man sich zum Frühstück Pancakes backen und hat WLAN. Die Veranda vor dem Haus ist als gemütliche Lounge hergerichtet; ein kostenloser Shuttle zum Strand darf natürlich auch nicht fehlen.

★ **Mama Shelter** BOUTIQUEHOTEL $$
(Karte S. 271; ☎323-785-6666; www.mamashelter.com; 6500 Selma Ave; Zi. ab 179 US$; ❄@📶;

Ⓜ Red Line bis Hollywood/Vine) Das angesagte, erschwingliche Mama Shelter ist recht verspielt: mit einem Kaugummiautomaten in der Lobby, einem Tischkicker und einem Livestreaming der Selfies und Videos von Gästen. Die Standardzimmer sind klein, aber cool und ausgestattet mit hochwertigen Betten und Bettwäsche sowie Metro-Fliesen im Bad und relativ großen Duschen. Nette und verrückte Extras im Zimmer sind etwa Drehbücher, Masken und Apple TVs mit kostenlosem Netflix. Die Dachterrassenbar ist eine der besten der Stadt.

★ **Hollywood Roosevelt Hotel** HISTORISCHES HOTEL **$$$**
(Karte S. 271; ☎ 323-856-1970; www.thehollywoodroosevelt.com; 7000 Hollywood Blvd; DZ ab 282 US$; P ❄ @ 📶 🏊; Ⓜ Red Line bis Hollywood/Highland) Das Roosevelt hat einige Hollywood-Geschichten zu erzählen: Shirley Temple hat auf den Stufen der Lobby den Stepptanz gelernt, die Aufnahmen für die erste gedruckte Anzeige von Marilyn Monroe wurde hier am Pool gemacht (der später von David Hockney bemalt wurde) und wenn man seine Ohren spitzt, hört man, wie der Geist des Schauspielers Montgomery Clift hier noch ab und zu Trompete spielt. Die Zimmer am Pool versprühen ein modernistisches Flair, das an Palm Springs erinnert, während in denen im Hauptgebäude sowohl moderne als auch alte Akzente aus den 1920er-Jahren zu finden sind.

West Hollywood & Mid-City

★ **Palihotel** BOUTIQUEHOTEL **$$**
(Karte S. 274; ☎ 323-272-4588; www.pali-hotel.com; 7950 Melrose Ave, Mid-City; Zi. ab 195 US$; P @ 📶) Das rustikale, mit Holz verkleidete Äußere, die glänzenden Betonfußböden in der Lobby, das Spa mit Thai-Massage und die 32 modernen, in zwei Farbtönen gestalteten Zimmer mit Flatscreens an den Wänden und genügend Platz für ein Sofa muss man einfach mögen. Einige Zimmer haben eine Terrasse. Alles in allem ein fantastisches Preis-Leistungs-Verhältnis.

★ **Chateau Marmont** HOTEL **$$$**
(Karte S. 274; ☎ 323-656-1010; www.chateaumarmont.com; 8221 W Sunset Blvd, Hollywood; Zi. 450 US$, Suite ab 820 US$; P ⊖ ❄ 📶 🏊) Das Luxushotel mit französischem Charme scheint auf den ersten Blick vielleicht etwas in die Jahre gekommen zu sein, aber das nachgebaute Schloss lockt Prominente schon seit Langem mit seiner Lage oben am Hang, seinem mystischen Fünf-Sterne Flair und der legendären Diskretion. Der Balkon, von dem Howard Hughes mit Vorliebe hübsche Frauen im Bikini beobachtete, gehört zu der Suite, in der U2-Sänger Bono am liebsten absteigt. Wer hier nicht gerade übernachten will, sollte sich mindestens einen Cocktail in der hauseigenen **Bar Marmont** (Karte S. 274; ☎ 323-650-0575; 8171 Sunset Blvd, Hollywood; ⏲ 18–2 Uhr) genehmigen.

Beverly Hills

Avalon Hotel HOTEL **$$$**
(Karte S. 264; ☎ 844-328-2566, 310-277-5221; www.avalon-hotel.com/beverly-hills; 9400 W Olympic Blvd, Beverly Hills; Zi. ab 289 US$; P ❄ @ 📶 🏊 🐾) Hier trifft der Stil der 1950er-Jahre auf den Chic des 21. Jhs. Das Hotel, in dessen früherem Leben als Mehrparteienhaus Marilyn Monroe hier einst ein Apartment hatte, ist bei Angehörigen des Mode-Business sehr beliebt. Die flippigen Retro-Zimmer sind jedes für sich einzigartig, die meisten haben gewölbte Wände, Schreibtische und Nachttische mit Marmorplatten sowie verspielte Kunst und Skulpturen. Ein tolles Extra ist etwa der Pool in Form einer Acht. Alles in allem bekommt man hier erschwinglichen Luxus geboten.

★ **Montage** HOTEL **$$$**
(Karte S. 264; ☎ 888-860-0788; www.montagebeverlyhills.com; 225 N Canon Dr, Beverly Hills; Zi./Suite ab 695/1175 US$; P @ 📶 🏊) Das Montage mit seinen 201 Zimmern findet eine gute Balance zwischen Eleganz, Herzlichkeit und Freundlichkeit und zieht damit die Reichen und die Schönen an. Am wunderbaren Pool auf der Dachterrasse treffen sich Models und Multimillionäre zum Mittagessen, während das weitläufige Fünf-Sterne-Spa in marokkanisch-inspiriertem Luxus gemischte, aber auch nach Geschlechtern getrennte Tauchbecken anbietet. Die Zimmer sind klassisch eingerichtet mit maßgearbeiteten Matratzen von Sealy, zwei Marmorwaschbecken, geräumigen Duschen und extratiefen Badewannen.

Santa Monica

HI Los Angeles – Santa Monica HOSTEL **$**
(Karte S. 277; ☎ 310-393-9913; www.hilosangeles.org; 1436 2nd St; B Nachsaison 27–45 US$, Mai–Okt. 40–55 US$, Zi. mit Gemeinschaftsbad 109–

140 US$, mit eigenem Bad 160–230 US$; ; M Expo Line bis Downtown Santa Monica) In beneidenswerte Nähe zum Strand und zur Promenade bietet dieses Hostel frisch renovierte Einrichtungen, für die andere Unterkünfte viel mehr verlangen würden. Es hat rund 275 Betten in sauberen, sicheren und nach Geschlechtern getrennten Schlafsälen sowie private Zimmer im Hipster-Chic. Die Gemeinschaftsbereiche (Hof, Bibliothek, TV-Zimmer, Esszimmer, Küche) laden zum Relaxen und Surfen im Internet ein.

Sea Shore Motel MOTEL $$
(Karte S. 277; 310-392-2787; www.seashoremotel.com; 2637 Main St; Zi. 125–175 US$, Suite 200–300 US$; P) Die freundliche Unterkunft in Familienhand liegt in der angesagten Main St (die Vierfachverglasung hält den Straßenlärm draußen), nur einen Frisbeewurf vom Strand entfernt, und bietet 25 komfortable Moteleinheiten. Die gefliesten, mit Rattanmöbeln eingerichteten Zimmer sind einfach; die im 1. Stock haben schöne hohe Decken. Für Familien empfehlen sich die voll ausgestatteten Suiten mit Küche und Balkon in einem separaten Gebäude in der Nähe an.

★ **Palihouse** BOUTIQUEHOTEL $$$
(Karte S. 277; 310-394-1279; www.palihousesantamonica.com; 1001 3rd St; Zi./Wohnstudio ab 315/350 US$; P) Die coolste Hotelkette von L.A. ist nicht Ace, sondern Palihouse. Diese Filiale hier ist im einstigen Spanish Colonial Embassy Hotel von 1927 untergebracht und hat 38 Zimmer, Wohnstudios und Apartments mit einem Schlafzimmer. Hier treffen Antiquitäten und Hipster-Chic aufeinander. Jedes der komfortablen Zimmer ist etwas anders, besonders schön sind aber die mit Schreibtischen im Picknick-Look und Tapeten mit komplexen Tierzeichnungen. Die meisten Zimmer sind mit kompletter Küche ausgestattet. Ein toller Gag sind die Kaffeetassen mit täuschend echten Bildern von Fischen.

Long Beach

★ **Hotel Maya** BOUTIQUEHOTEL $$
(Karte S. 264; 562-435-7676; www.hotelmayalongbeach.com; 700 Queensway Dr, Long Beach; Zi. ab 179 US$; P) Westlich der *Queen Mary* gelegen begeistert einen diese Boutiqueunterkunft gleich beim Betreten der Lobby mit rostigem Stahl, Glas und magentafarbenen Wänden. Die 199 Zimmer halten, was der Eingangsbereich verspricht: korallenfarbene Fliesen, Betten, deren Kopfteile mit Flusssteinen besetzt sind, und natürlich Maya-Elemente. Sie befinden sich in vier sechseckigen Blöcken aus den 1970er-Jahren und bieten einen tollen Blick auf das Zentrum von Long Beach, sodass sie den Aufpreis allemal wert sind.

Pasadena

★ **Bissell House B&B** B&B $$
(Karte S. 264; 626-441-3535; www.bissellhouse.com; 201 S Orange Grove Ave, South Pasadena; Zi. ab 159 US$; P) Antiquitäten, Holzböden und knisterndes Kaminfeuer machen dieses romantische viktorianische (1887) B&B in der Millionaire's Row zu einer Bastion der Wärme und Gastfreundlichkeit. Der von einer Hecke umgebene Garten mutet wie ein Heiligtum an. Es gibt einen Pool, in dem man sich an heißen Tagen wunderbar abkühlen kann. Das Prince-Albert-Zimmer hat eine tolle Tapete und eine Badewanne mit Krallenfüßen. Alle sieben Zimmer haben ein eigenes Bad.

L.A. MIT KINDERN

Kinder bei Laune zu halten, ist in Los Angeles ein Kinderspiel. Der weitläufige Los Angeles Zoo (S. 272) im familienfreundlichen Griffith Park (S. 272) ist da eine sichere Bank. Kleine Dinofans sind von den La Brea Tar Pits (S. 273) und dem Natural History Museum (S. 270) begeistert, während angehende Naturforscher vom Griffith Observatory (S. 272) und dem California Science Center (S. 270) magisch angezogen werden. Mit Meereslebewesen lockt das Aquarium of the Pacific (S. 277) in Long Beach. Der Vergnügungspark am Santa Monica Pier (S. 276) bietet Spaß für Kinder aller Altersstufen. Eher etwas für Teens und Twens sind die **Universal Studios Hollywood** (Karte S. 264; 800-864-8377; www.universalstudioshollywood.com; 100 Universal City Plaza, Universal City; Eintritt ab 99 US$, Kind unter 3 Jahren frei; tgl., Öffnungszeiten variieren; P; M Red Line bis Universal City). Im benachbarten Orange County befinden sich Disneyland (S. 290) und Knott's Berry Farm (S. 291), das Nonplusultra in Sachen Themenparks.

Essen

Wer nach Los Angeles kommt, der sollte jede Menge Appetit mitbringen. Der Kulturenmix der Stadt spiegelt sich im gastronomischen Angebot wider, das ebenso global wie üppig ist. Neben vielen authentischen internationalen Gerichten – von kantonesischen *xiao long bao* bis hin zu ligurischer *farinata* – sind es aber vor allem die Fusion-Neuinterpretationen von traditionellen Speisen, die so besonders sind. Schon mal koreanisch-mexikanische Tacos probiert? Oder einen veganen Frischkäse-Donut mit Marmelade, Basilikum und Balsamicocreme? L. A. kann vieles sein, aber eine kulinarische Einöde ist es definitiv nicht.

Downtown

Cole's SANDWICHES **$**

(Karte S. 268; ☎ 213-622-4090; http://213hospitality.com/project/coles; 118 E 6th St; Sandwiches 10–13,50 US$; ⏲ So–Mi 11–24, Do–Sa bis 2 Uhr; 📶) Die stimmungsvolle alte Kellertaverne mit ihren Retro-Sitznischen aus Vinyl, originalen Glaslampen und alten Fotos an den Wänden gilt als Erfinder des French Dip Sandwiches, das hier seit 1908 serviert wird und damals noch 0,10 US$ kostete. Bei einem solchen Sandwich handelt es sich um ein Baguette, belegt mit Lamm, Rindfleisch, Truthahn, Schweinefleisch oder Pastrami, das man vor dem Essen ein- oder zweimal in Jus taucht.

★ **Sushi Gen** JAPANISCH **$$$**

(Karte S. 268; ☎ 213-617-0552; www.sushigen.org; 422 E 2nd St; Sushi 11–23 US$; ⏲ Di–Fr 11.15–14 & 17.30–21.45, Sa 17–21.45 Uhr; P; M Gold Line bis Little Tokyo/Arts District) Früh kommen, um einen Tisch zu ergattern! In diesem klassischen Sushi-Lokal bereiten scherzende Köche dicke, zarte Lachsscheiben, butterweiches Toro (Thunfischbauch) und traumhaften japanischen Snapper zu. Um die Mittagszeit sucht man sich ein Plätzchen an der Theke und bestellt à la carte oder stellt sich in die Schlange, um einen Tisch im Speisesaal zu bekommen, wo es das günstige Sashimi-Mittags-Special (17 US$) gibt.

★ **Otium** MODERN-AMERIKANISCH **$$$**

(Karte S. 268; ☎ 213-935-8500; http://otiumla.com; 222 S Hope St, Downtown; Gerichte 15–45 US$; ⏲ Di–Do 11.30–14.30 & 17.30–22, Fr 11.30–14.30 & 17.30–23, Sa 11–14.30 & 17.30–23, So 11–14.30 & 17.30–22 Uhr; 📶) Ein modernistischer Pavillon neben dem Broad beherbergt diesen angenehmen, momentan absolut angesagten Hotspot unter der Leitung von Chefkoch Timothy Hollingsworth. Hochwertige Zutaten werden hier auf überraschende Weise kombiniert: etwa Wildreis und Amarant in einem wunderbar präsentierten Salat mit Avocado, Roter Bete und Granatapfel oder perfekt al dente gekochte Vollkorn-Bucatini mit Kalifornischem Taschenkrebs und einem Schuss Limette und Sake.

★ **Bestia** ITALIENISCH **$$$**

(Karte S. 264; ☎ 213-514-5724; www.bestiala.com; 2121 7th Pl; Pizza 16–19 US$, Pasta 19–29 US$, Hauptgerichte 28–120 US$; ⏲ So–Do 17–23, Fr & Sa bis 24 Uhr; P) Auch mit ein paar Jahren auf dem Buckel sind die Tische in diesem lauten, vollen Restaurant mit Lagerhausatmosphäre im Arts District die begehrtesten der Stadt. Man muss mindestens eine Woche im Voraus reservieren. Hauptmagnet sind und bleiben die cleveren Variationen italienischer Aromen mit hochwertigen Zutaten, von Holzofenpizza mit hausgemachtem *'nduja* (eine scharfe kalabrische Paste) bis hin zu verführerischen Brennnessel-Ravioli mit Ei, gemischten Pilzen, Haselnuss und Ricotta. Auf der Weinliste stehen Boutiquetropfen und Geheimtipps.

Hollywood & Griffith Park

Life Food Organic VEGETARISCH **$**

(Karte S. 271; ☎ 323-466-0927; www.lifefoodorganic.com; 1507 N Cahuenga Ave; Gerichte 7–14 US$; ⏲ 7.30–21 Uhr; 📶) 🍃 Wer genug von Tacos und Cocktails hat, kann sich in diesem kleinen Reformhaus, in dem auch einige Gerichte serviert werden, einen Schokoladen-Mandelmilch-Shake gönnen und sich z. B. an Kurkuma-Quinoa-Salaten, vegetarischen Chili-Burgern und Schokoladencremetorte satt essen. Manches auf der Speisekarte ist vielleicht etwas gewöhnungsbedürftig, aber alle angebotenen Gerichte sind aus Rohkost, vegetarisch und nahrhaft.

★ **Petit Trois** FRANZÖSISCH **$$**

(Karte S. 274; ☎ 323-468-8916; http://petittrois.com; Hauptgerichte 14–36 US$; ⏲ So–Do 12–22, Fr & Sa bis 23 Uhr; P) Klein, aber oho! Das winzige Petit Trois, das Restaurant des bekannten Fernsehkochs Ludovic Lefebvre, besteht nur aus zwei langen Theken (der Raum ist zu klein für Tische), Reservierungen werden nicht vorgenommen. Die Gourmets drängen sich hier und lassen sich die traumhaften, einfachen Gerichte mit französischem Touch schmecken, etwa das superleichte, mit Frischkäse gefüllte Omelette oder den leckeren Doppel-Cheeseburger mit Foie gras, die eine feine Rotwein-Bordelaise-Note besitzt.

★Providence MODERN-AMERIKANISCH **$$$**
(Karte S. 274; ☎323-460-4170; www.providencela.com; 5955 Melrose Ave; Hauptgerichte mittags 40–45 US$, Probiermenü 120–250 US$; ⊙Mo–Fr 12–14 & 18–22, Sa 17.30–22, So 17.30–21 Uhr; P) Das Spitzenrestaurant war vier Jahre in Folge die erste Wahl des führenden L. A.-Gastronomiekritikers Jonathan Gold und hat bereits zwei Michelin-Sterne. Auf den Tisch kommen nuancenreiche, traumhafte Gerichte mit exzellenten Meeresfrüchten, in denen etwa Seeohren mit Aubergine, Steckrüben oder Meeresalgen kombiniert oder Langusten mit dekadenten Macadamianüssen und schwarzen Trüffeln zubereitet werden.

★Osteria & Pizzeria Mozza ITALIENISCH **$$$**
(Karte S. 274; ☎Osteria 323-297-0100, Pizzeria 323-297-0101; http://la.osteriamozza.com; 6602 Melrose Ave; Pizza 11–25 US$, Hauptgerichte Osteria 29–38 US$; ⊙Pizzeria 12–24 Uhr, Osteria Mo–Fr 17.30–23, Sa 17–23, So 17–22 Uhr; P) Die Osteria Mozza bietet italienische Küche vom Feinsten. Die Speisen werden aus marktfrischen, saisonalen Zutaten zubereitet. Da dies ein Lokal von Mario Batali ist, kann man sich auf die eine oder andere Überraschung (z.B. *chitarra freddi* in Sepiatinte mit Kalifornischem Taschenkrebs, Seeigel und Jalapeño) und eine immer hervorragende Qualität einstellen. Reservierung empfehlenswert. In der Pizzeria nebenan sind nicht nur die Preise günstiger, es geht auch lockerer zu. Die traumhaften Pizzas mit dünner Kruste werden z. B. mit Zucchiniblüten, Tomaten und cremiger *burrata* belegt.

West Hollywood & Mid-City

Original Farmers Market MARKT **$**
(Karte S. 274; ☎323-933-9211; www.farmersmarketla.com; 6333 W 3rd St; Hauptgerichte 6–12 US$; ⊙Mo–Fr 9–21, Sa bis 20, So 10–19 Uhr; P 👪) Auf dem Bauernmarkt bekommt man den ganzen Tag einfaches Essen. Das ist besonders praktisch, wenn man mit Kindern unterwegs ist. Im Angebot ist alles von Eintopfgerichten über typische Diner-Gerichte bis hin zu Nudeln à la Singapur oder Tacos. Man kann sich zum Essen setzen oder das Bestellte mitnehmen. Vorher oder nachher lohnt noch ein Besuch im **Grove** (Karte S. 274; www.thegrovela.com; 189 The Grove Dr, Los Angeles; P 👪; 🚌MTA-Linien 16, 17, 780 bis Wilshire & Fairfax) nebenan.

Canter's DELI **$$**
(Karte S. 274; ☎323-651-2030; www.cantersdeli.com; 419 N Fairfax Ave, Mid-City; ⊙24 Std.; P) Immer mehr traditionelle Frische- und Sandwichtheken schließen, das Canter's wird es aber sicher noch lange geben. Die Institution im traditionell jüdischen Fairfax besteht schon seit 1931. Im Angebot sind die üblichen Verdächtigen wie Pastrami, Corned Beef und Matzeknödelsuppe, die von den abgeklärten Bedienungen in einem lang gezogenen Raum mit Frischetheke und Bäckerei im vorderen Teil serviert werden.

EP & LP SÜDOSTASIATISCH **$$**
(Karte S. 274; ☎310-855-9955; http://eplosangeles.com; 603 N La Cienega Blvd, West Hollywood; kleine Portionen 10–18 US$, große Portionen 20–34 US$; ⊙Mo–Fr 17–2, Sa & So ab 12 Uhr) Australiens Top-Chefkoch des Jahres 2014, Louis Tikaram, hat sich seiner fidschianisch-chinesischen Wurzeln besonnen und kreative, gewagte Aromen nach L. A. gebracht. Er serviert *kakoda* (Ceviche im Fidschi-Stil), *Chiang Mai larb* (gewürzter Lachs anstelle von Fleisch) und knuspriges Hähnchen mit schwarzem Pfeffer, Chili und Zitrone. Das EP & LP befindet sich in einem der beneidenswertesten Gebäude der ganzen Stadt an der Ecke Melrose und La Cienega.

★Catch LA FUSION **$$$**
(Karte S. 274; ☎323-347-6060; http://catchrestaurants.com/catchla; 8715 Melrose Ave, West Hollywood; Gerichte zum Teilen 11–31 US$, Hauptgerichte abends 28–41 US$; ⊙Sa & So 11–15, tgl. 17–2 Uhr; P) Das Catch ist ein Liebling der Szene von L. A. Am Eingang lauern nicht selten Paparazzi, die auf prominente Gäste warten, und ein Türsteher wird höchstwahrscheinlich prüfen, ob man auch wirklich eine Reservierung hat. Sobald man es aber einmal in das Dachterrassenrestaurant mit Bar im 3. Stock in WeHo geschafft hat, ist das alles vergessen. Auf der Speisekarte finden sich kreative Cocktails und Gerichte zum Teilen wie etwa Trüffel-Sashimi oder Wraps mit schwarzem Zackenbarsch und Salat.

Santa Monica & Venice

★Santa Monica Farmers Markets MARKT **$**
(Karte S. 277; www.smgov.net/portals/farmersmarket; Arizona Ave, zw. 2nd St & 3rd St; ⊙Arizona Ave Mi 8.30–13.30, Sa 8–13 Uhr, Main St So 8.30–

13.30 Uhr; 🚸) 🍃 Zur echten Santa-Monica-Erfahrung gehört auch ein Besuch eines der wöchentlich stattfindenden Bauernmärkte im Freien, auf denen Bio-Obst und -Gemüse, Blumen, Gebäck und frische Austern angeboten werden. Am besten ist der Mittwochsmarkt an der Kreuzung 3rd St und Arizona. Hier ist die Auswahl am besten und die Erzeugnisse sind ausnehmend frisch. Auch die hiesigen Küchenchefs kaufen dort am liebsten ein.

★ Gjelina AMERIKANISCH **$$$**

(Karte S. 277; ☎310-450-1429; www.gjelina.com; 1429 Abbot Kinney Blvd, Venice; Vegetarisches, Salate & Pizzas 10–18 US$, große Portionen 15–45 US$; ⏲8–24 Uhr; 🚸; 🚌Big Blue Bus Linie 18) Wenn es ein Restaurant gibt, das das neue Venice am treffendsten verkörpert, so ist es dieses hier. Man sichert sich einen Platz zwischen den Hipstern und Yuppies am Gemeinschaftstisch oder ergattert seinen eigenen Holztisch auf der eleganten Steinterrasse und verspeist dann einfallsreiche kleine Gerichte (z. B. mit Chili und Minze gewürzte rohe Stachelmakrele mit einem Olivenöl-Blutorange-Dressing) und sensationelle Holzofenpizzas mit dünner Kruste.

★ Cassia SÜDOSTASIATISCH **$$$**

(Karte S. 277; ☎310-393-6699; 1314 7th St; Vorspeisen 12–24 US$, Hauptgerichte 18–77 US$; ⏲So–Do 17–22, Fr & Sa bis 23 Uhr; 🅿) Seit seiner Eröffnung 2015 hat es das offene, luftige Cassia auf so ziemlich jede Bestenliste in L. A. und im ganzen Land geschafft. Chefkoch Bryant Ng schöpft aus seinen chinesisch-singapurischen Wurzeln und zaubert Gerichte wie *kaya*-Toast (mit Kokosmarmelade, Butter und wachsweichem Ei), „sonnengebräunte" Garnelen und einen alles umfassenden vietnamesischen Pot-au-feu: Eintopf mit Rippchen, Gemüse, Knochenmark und köstlichen Beilagen.

Long Beach

★ Fourth & Olive ELSÄSSISCH **$$**

(Karte S. 264; ☎562-269-0731; www.4thandolive.com; 743 E 4th St, East Village, Long Beach; Hauptgerichte 15–29 US$; ⏲Mo & Di 16.30–22, Mi, Do & So 11–22, Fr & Sa 11–23 Uhr) Es gibt viele Gründe, dieses neue kalifornisch-französische Bistro zu lieben: Zutaten frisch vom Bauernmarkt, Rinder- und Schweinefleisch von kleinen Farmen, hausgemachte Würste, klassische Gerichte wie *steak frites* oder *choucroute garnie* sowie ein lockerer Service – und das alles unter einer hohen Holzdecke mit einem Blick durch die schön großen Fenster auf das Geschehen draußen. Hinzukommt, dass viele der Angestellten Kriegsversehrte sind. So isst man hier nicht nur gut, sondern tut nebenbei auch noch etwas fürs Karma.

Pasadena

Ración SPANISCH **$$$**

(Karte S. 264; ☎626-396-3090; www.racionrestaurant.com; 119 W Green St, Pasadena; kleine Portionen 4–14 US$, Hauptgerichte 20–58 US$; ⏲Mo–Do 18–22, Fr 11.30–15 & 18–22.30, Sa 11.30–15 & 17.30–22.30, So 17.30–22 Uhr; Ⓜ Gold Line bis Memorial Park oder Del Mar) Gourmets lieben dieses minimalistische, baskisch angehauchte Restaurant, in dem Tapas wie *conservas* (Pastete), Hähnchenkroketten und scharf angebratene Garnelen in Salsa Verde serviert werden. Es gibt zudem hausgeräucherten Gelbflossenthunfisch mit Sardellen-Vinaigrette. Das Angebot von *raciones* (größere Platten) reicht von Wildfisch (nach Marktangebot) mit alten Bohnensorten bis zu Entenbrust mit Dattelmarmelade oder langsam geschmortem Lammbauch.

Ausgehen & Nachtleben

Ob es nun ein Bio-Kurimi-Espresso, ein Craft-Cocktail mit Campari und Erdnussbutter nach der Fat-Washing-Methode oder ein saisonales Gebräu mit Oolong-Tee aus Chinatown sein soll, L. A. hält selbst für die höchsten Ansprüche stets etwas bereit. Ob in postindustriellen Kaffeeröstereien und Brauereien, Lounges aus den 1950er-Jahren, klassischen Martinibars in Hollywood oder Bowlingzentren mit Cocktailbar: In Los Angeles werden alle Drinks mit einem gewissen Etwas serviert. Da bleibt einem eigentlich nichts anderes übrig, als sein Glas zu heben und auf die coolste Stadt der USA anzustoßen.

Angel City Brewery MIKROBRAUEREI

(Karte S. 268; ☎213-622-1261; www.angelcitybrewery.com; 216 S Alameda St; ⏲Mo–Do 16–1, Fr bis 2, Sa 12–2, So 12–1 Uhr) Hier, wo einst die Seile für Hängebrücken und ähnliche Konstruktionen hergestellt wurden, werden heute Craft-Biere gebraut und ausgeschenkt. Das beliebte Lokal liegt an der Grenze des Arts District und ist der perfekte Ort, um sich ein Indian Pale Ale oder einen Imperial Stout mit Chaigewürzen zu gönnen, der Musik zu lauschen und nebenher ein paar Tacos aus einem Food Truck zu verdrücken.

★ **No Vacancy** BAR
(Karte S. 271; ☎ 323-465-1902; www.novacancyla.com; 1727 N Hudson Ave; ⌚ 20–2 Uhr; Ⓜ Red Line bis Hollywood/Vine) Wer seinen Cocktail gerne mit einem angemessenen Wow-Effekt schlürft, kann hier online reservieren, sich schick aufbrezeln (keine Sportklamotten, Shorts oder auffällige Markenlogos) und sich auf den Weg in dieses alte, schindelverkleidete viktorianische Haus machen. In dem auf alt getrimmten Innern mit dunklem Holz und eleganten Sitzbänken findet sich in fast jeder Ecke eine Bar mit cleveren Barkeepern, während Burlesque-Tänzerinnen und ein Seiltänzer das Partyvolk unterhalten.

★ **Dirty Laundry** BAR
(Karte S. 271; ☎ 323-462-6531; http://dirtylaundrybarla.com; 1725 N Hudson Ave; ⌚ Di–Sa 22–2 Uhr; Ⓜ Red Line bis Hollywood/Vine) Unter einem sonst nicht weiter bemerkenswerten Apartmentblock in Bonbonrosa liegt die abgefahrene, muffig riechende Höhle mit niedrigen Decken, frei liegenden Rohren, groovigem Funk vom Plattenteller, vielen schönen, enthemmten Menschen und jeder Menge guter Stimmung. Leider gehen die Türsteher teils recht willkürlich vor, man sollte also einen Tisch reservieren, wenn man sichergehen will, auch hineinzukommen.

★ **Abbey** SCHWULE & LESBEN
(Karte S. 274; ☎ 310-289-8410; www.theabbeyweho.com; 692 N Robertson Blvd, West Hollywood; ⌚ Mo–Do 11–2, Fr ab 10, Sa & So ab 9 Uhr) Von manchen wird das Abbey als die beste Schwulenbar der Welt bezeichnet. Früher ein bescheidenes Kaffeehaus, hat es sich zu WeHos angesagtestem Bar-Club-Restaurant entwickelt. Es gibt so viele unterschiedlich aromatisierte Martinis und Mojitos, dass man glauben könnte, die Drinks wären hier erfunden worden. Zudem wird die ganze Palette hochwertigen Kneipenessens serviert (Hauptgerichte 14–21 US$).

★ **Polo Lounge** COCKTAILBAR
(Karte S. 264; ☎ 310-887-2777; www.dorchestercollection.com/en/los-angeles/the-beverly-hills-hotel; Beverly Hills Hotel, 9641 Sunset Blvd, Beverly Hills; ⌚ 7–1.30 Uhr) Hier wartet die klassische L. A.-Erfahrung: Man mache sich schick und schlürfe an der legendären Bar dieses Hotels in Beverly Hills einen Cocktail. Charlie Chaplin hatte für die Sitznische 1 eine dauerhafte Reservierung zum Mittagessen und H. R. Haldeman und John Ehrlichman erfuhren hier 1972 vom Watergate-Einbruch. Sonntags gibt's einen bekannten Jazz-Brunch (Erw./Kind 75/35 US$).

★ **Basement Tavern** BAR
(Karte S. 277; www.basementtavern.com; 2640 Main St; ⌚ 17–2 Uhr) Die kreative Flüsterkneipe ist im Untergeschoss eines viktorianischen Hauses untergebracht und die vielleicht beste Bar in Santa Monica. Besonders toll sind die Craft-Cocktails, die gemütlichen Sitznischen, die Bar in der Raummitte und die allabendliche Livemusik mit Blues-, Jazz-, Bluegrass- und Rockbands. Am Wochenende ist es hier hoffnungslos überfüllt, also besser unter der Woche kommen.

★ **Pike** BAR
(Karte S. 264; ☎ 562-437-4453; www.pikelongbeach.com; 1836 E 4th St, Long Beach; ⌚ Mo–Fr 11–2, Sa & So ab 9 Uhr; 🚌 Line 22) Neben dem Retro Row liegt diese Spelunke mit nautischem Motto, die Chris Reece gehört, einem Mitglied der Band Social Distortion. Hier treten jeden Abend coole junge Musiker auf (kein Eintritt!) und das Bier wird in Pitchern oder Flaschen serviert. Es gibt auch Cocktails wie Mezcarita und Greenchelada (eine *michelada* mit Gurke, Jalapeño und Limette).

☆ Unterhaltung

Tickets mit Rabatten oder zum halben Preis gibt's bei Goldstar (www.goldstar.com) oder LA StageTix (www.lastagetix.com), bei Letzterem jedoch nur Theaterkarten.

★ **Hollywood Bowl** KONZERTE
(Karte S. 264; ☎ 323-850-2000; www.hollywoodbowl.com; 2301 N Highland Ave; Eintritt Proben frei, Eintritt Vorstellungen verschieden; ⌚ Juni–Sept.) Was wäre ein Sommer in L. A. ohne einen Besuch dieses riesigen Freiluft-Amphitheaters in den Hollywood Hills? Von Juni bis September gibt's hier Musik unterm Sternenhimmel – von Sinfonieorchestern und Jazzbands bis hin zu großen Namen wie Blondie, Bryan Ferry und Angélique Kidjo. Pullover oder Decke nicht vergessen, denn abends wird es ganz schön kühl.

★ **Upright Citizens Brigade Theatre** COMEDY
(Karte S. 271; ☎ 323-908-8702; http://franklin.ucbtheatre.com; 5919 Franklin Ave; Tickets 5–12 US$) Ursprünglich wurde die Comedy-Truppe in New York von den „Saturday Night Life"-Zöglingen Amy Poehler und Ian Roberts zusammen mit Matt Besser und Matt Walsh gegründet. Sie ist mit ihren all-

LGBTIQ-SZENE IN L. A.

L. A. ist eine der schwulen- und lesbenfreundlichsten Städte des gesamten Landes und hat maßgeblich zur Entwicklung dieser Kultur beigetragen. Auch im restlichen County gibt es natürlich LGBTIQ-Communitys, die Regenbogenflagge wird aber mit besonderem Stolz in Boystown geschwenkt, entlang des Santa Monica Blvd in West Hollywood, der von Dutzenden dynamischen Bars, Cafés, Restaurants, Fitnessstudios und Clubs gesäumt ist. Die meisten sind auf eine schwule Klientel ausgerichtet, es gibt aber auch viele Lesben und gemischtes Publikum. Am meisten los ist hier donnerstag- bis sonntagabends.

In der durchtrainierten, gebräunten und durchgestylten Szene von Boystown ist Schönheit alles. In anderen Ecken der Stadt geht es da bedeutend relaxter und weniger körperfixiert zu. In Silver Lake tummeln sich alle Altersgruppen und das Spektrum reicht von süßen Hipstern bis zu Leder- und Jeansträgern, während die aufkeimende Szene in Downtown eine ebenso vielseitige Mischung aus Hipstern, Latinos aus East L. A., Anhängern einer Gegenkultur und Geschäftsleuten besteht. Auch in Venice und Long Beach gibt's eine entspannte, nachbarschaftliche Szene.

Wer sich nicht ins Nachtleben stürzen möchte, findet in L. A. zahlreiche andere Möglichkeiten, Gleichgesinnte zu treffen, mit ihnen ins Gespräch zu kommen und sie vielleicht sogar besser kennenzulernen. Wer das draußen an der frischen Luft tun möchte, ist beim Laufclub **Frontrunners** (www.lafrontrunners.com) und beim Wanderclub **Great Outdoors** (www.greatoutdoorsla.org) an der richtigen Adresse. Letzterer bietet Wanderungen (tagsüber und auch abends) und Stadtspaziergänge durch verschiedene Viertel an. Einen Einblick in die faszinierende Geschichte der homosexuellen Szene bieten die Stadtspaziergänge von **Out & About Tours** (www.thelavendereffect.org/tours; Touren ab 30 US$).

Schwules Theater gibt's überall in der Stadt, doch das **Celebration Theatre** (Karte S. 274; ☎323-957-1884; www.celebrationtheatre.com; 6760 Lexington Ave, Hollywood) gehört zu den führenden Bühnen für LGBT-Theater in den USA. Das **Cavern Club Theater** (Karte S. 264; www.cavernclubtheater.com; 1920 Hyperion Ave, Silver Lake) überschreitet gerne auch mal Grenzen, besonders mit seinen auffälligen Drag-Künstlern. Es befindet sich unter dem Restaurant Casita del Campo. Wer das Glück hat, gerade in der Stadt zu sein, wenn die **Gay Men's Chorus of Los Angeles** (www.gmcla.org) auftreten, sollte sich das nicht entgehen lassen. Diese großartige Truppe gibt es schon seit 1979.

Das **LA LGBT Center** (Karte S. 271; ☎323-993-7400; www.lalgbtcenter.org; 1625 Schrader Blvd; ⏲Mo–Fr 9–21, Sa bis 13 Uhr) ist Info- und Gesundheitszentrum in einem und gehört zum **Village at Ed Gould Plaza** (Karte S. 274; ☎323-993-7400; https://lalgbtcenter.org; 1125 N McCadden Pl, Hollywood; ⏲Mo–Fr 18–22, Sa 9–17 Uhr; P), in dem das ganze Jahr über Ausstellungen, Theater- und Filmvorstellungen stattfinden.

Die Festivalsaison beginnt zwischen Mitte und Ende Mai mit der **Long Beach Pride Celebration** (☎562-987-9191; www.longbeachpride.com; 450 E Shoreline Dr, Long Beach; Umzug frei, Eintritt Festival Erw./Kind & Senior 25 US$/frei; ⏲Mitte Mai) und geht dann Mitte Juni beim dreitägigen **LA Pride** (www.lapride.org) mit einem Umzug auf dem Santa Monica Blvd weiter. Zu Halloween (31. Okt.) versammeln sich auf der gleichen Straße 500 000 ausgefallen kostümierte Partyfans aller Ausrichtungen.

abendlichen Shows von Stand-Up-Comedy bis hin zu Improvisationstheater und Sketchen die wohl beste Humoradresse der Stadt. Der Parkservice kostet 7 US$.

★ Geffen Playhouse THEATER
(Karte S. 264; ☎310-208-5454; www.geffenplayhouse.com; 10886 Le Conte Ave, Westwood) Der amerikanische Magnat und Produzent David Geffen hat über 17 Mio. US$ investiert, um dieses Schauspielhaus im mediterranen Stil wieder in Schuss zu bringen. Während der Spielzeit werden sowohl amerikanische Klassiker wie auch moderne Werke aufgeführt und nicht selten sieht man auf der Bühne bekannte Film- und Fernsehschauspieler.

Largo at the Coronet LIVEMUSIK, THEATER
(Karte S. 274; ☎310-855-0530; www.largo-la.com; 366 N La Cienega Blvd, Mid-City) Schon in den ersten Tagen der Fairfax Ave war das

Largo ein Ort für anspruchsvolle Popkultur (hier wurde Zach Galifinakis zum Star). Das Largo ist jetzt Teil des Coronet Theatre Complex und bietet hochkarätige Comedy beispielsweise von Sarah Silverman und Jon Hodgman. Außerdem wird regelmäßig Nachtmusik etwa von der Preservation Hall Jazz Band gespielt.

ArcLight Cinemas KINO
(Karte S. 271; ☎323-464-1478; www.arclightcinemas.com; 6360 W Sunset Blvd; Ⓜ Red Line bis Hollywood/Vine) Das Multiplex-Kino mit 14 Sälen ist das beste weit und breit. Es gibt reservierte Plätze und die Chancen, einen Star zu treffen, stehen nicht schlecht. Das Programm ist abwechslungsreich mit Mainstream-, aber auch Art-House-Filmen. Wer es zeitlich schafft, sollte unbedingt einen Film im beeindruckenden, geodätischen Cinerama Dome von 1963 schauen.

★ **Los Angeles Philharmonic** KLASSISCHE MUSIK
(Karte S. 268; ☎323-850-2000; www.laphil.org; 111 S Grand Ave) Die erstklassigen L.A. Philharmoniker führen ihre topaktuellen Stücke in der Walt Disney Concert Hall unter der Leitung des venezolanischen Maestros Gustavo Dudamel auf.

★ **Harvelle's** BLUES
(Karte S. 277; ☎310-395-1676; www.harvelles.com; 1432 4th St; Eintritt 5–15 US$) In dieser dunklen Blues-Grotte geht bereits seit 1931 der Punk ab, aber irgendwie fühlt es sich immer noch so an, als sei das Harvelle's ein wohl behütetes Geheimnis. Hier treten keine großen Stars auf, aber die Qualität ist für gewöhnlich sehr hoch. Bei den Toledo Shows jeden Sonntag werden Soul und Jazz gespielt und es gibt Kabarett. Mittwochabends spielen die stets flippigen House of Vibe All-Stars.

★ **Dodger Stadium** BASEBALL
(Karte S. 264; ☎866-363-4377; www.dodgers.com; 1000 Vin Scully Ave) Nur wenige Clubs können es in puncto Tradition, Erfolg und treuen Fans mit den Dodgers aufnehmen. Die neuen Besitzer haben die Organisation für grob 2 Mrd. US$ gekauft – ein Rekordpreis für amerikanischen Mannschaftssport.

Staples Center STADION
(Karte S. 268; ☎213-742-7100; www.staplescenter.com; 1111 S Figueroa St) Mit der Eröffnung dieser Sport- und Veranstaltungsarena war South Park plötzlich in aller Munde. Hier tragen die Los Angeles **Lakers** (Karte S. 268; ☎888-929-7849; www.nba.com/lakers; Tickets ab 30 US$), die **Clippers** (Karte S. 268; ☎213-204-2900; www.nba.com/clippers; Tickets ab 20 US$) und das Basketballteam Sparks ihre Heimspiele aus. Auch die LA Kings bestreiten hier ihre Eishockeyspiele. Ein Parkplatz kostet je nach Veranstaltung 10 bis 30 US$.

Shoppen

Wer von sich selbst behauptet, er sei gegen das Shopping-Fieber absolut imun, wird dies nach einer Reise nach Los Angeles unter Umständen revidieren müssen. L.A. ist ein Profi dabei, den Leuten ihre Kreditkarten aus der Tasche zu ziehen. Aber es wäre ja auch wirklich ein Jammer, wenn man das supersüße Kleid im Vintage-Look oder die Stofftasche mit dem coolen Spruch nicht gekauft hätte. Und nur diese tolle Lampe im 1950er-Jahre-Chic bietet die richtige Beleuchtung für das Hollywood-Drehbuch mit Autogramm, das man ergattern konnte. Die Stadt ist voller Kreativität und schrulliger Ideen und das ist auch in den Schaufenstern und Regalen deutlich zu sehen.

★ **Raggedy Threads** VINTAGE
(Karte S. 268; ☎213-620-1188; www.raggedythreads.com; 330 E 2nd St; ⏲Mo–Sa 12–20, So bis 18 Uhr; Ⓜ Gold Line bis Little Tokyo/Arts District) Ein gigantischer Laden mit amerikanischen Vintage-Klamotten ganz in der Nähe der Haupteinkaufsmeile in Little Tokyo. Es gibt jede Menge schöne, ziemlich verschlissene Jeansteile sowie eine bemerkenswerte Auswahl an Overalls von vor 1950 aus den USA, Japan und Frankreich, weiche T-Shirts, ein paar viktorianische Kleider und eine wunderschöne Türkis-Sammlung zu günstigen Preisen.

★ **Last Bookstore in Los Angeles** BÜCHER
(Karte S. 268; ☎213-488-0599; www.lastbookstorela.com; 453 S Spring St; ⏲Mo–Do 10–22, Fr & Sa bis 23, So bis 21 Uhr) Alles begann in einem Laden in der Main St als Ich-AG, heute ist daraus der größte Buchladen Kaliforniens für neue und gebrauchte Bücher geworden. Er belegt mittlerweile zwei Etagen in einem alten Bankgebäude. Im Erdgeschoss finden sich Schränke voller Raritäten, oben gibt's Horrorbücher und Krimis sowie einen Büchertunnel und ein paar Kunstgalerien. Und wer eher auf Vinyl steht, wird vielleicht in der exzellenten Schallplattensammlung fündig.

Melrose Avenue MODE & ACCESSOIRES

(Karte S. 274) Auf der beliebten Shoppingmeile kann man wunderbar Leute beobachten und natürlich auch nach Herzenslust shoppen. Hier sieht man Haare (und Menschen) aller Farbschattierungen und Stile und bekommt alles von Gothic-Schmuck über maßgeschneiderte Sneakers und Medizinal-Hanf bis hin zu ausgestopften Stachelschweinen.

★ **Fred Segal** MODE & ACCESSOIRES

(Karte S. 274; ☎ 323-651-4129; www.fredsegal.com; 8100 Melrose Ave, Mid-City; ⌚ Mo–Sa 10–19, So 12–18 Uhr) Promis und Schöne suchen in diesem Labyrinth von Edelboutiquen nach dem Neuesten von Babakul, Aviator Nation und Robbi & Nikki – und all dies unter einem verdammt schicken Dach mit leicht arrogantem Touch. „Schnäppchen" gibt's nur beim zweiwöchigen Ausverkauf im September.

Waraku SCHUHE

(Karte S. 277; ☎ 310-452-5300; www.warakuusa.com; 1225 Abbot Kinney Blvd, Venice; ⌚ 10–19 Uhr; 🚌 Big Blue Bus Linie 18) Das Waraku ist ein kleiner Laden für Schuhliebhaber in japanischer Hand. Hier treffen die Couture des Fernen Ostens auf Mainstream-Marken wie Puma oder Converse. Etwa 60 % der Schuhe werden aus Japan importiert, der Rest sind limitierte Auflagen aus heimischer Produktion.

★ **Rose Bowl Flea Market** MARKT

(Karte S. 264; www.rgcshows.com; 1001 Rose Bowl Dr, Pasadena; Eintritt ab 9 US$; ⌚ 2. So im Monat 9–16.30 Uhr, letzter Einlass 15 Uhr, bevorzugter früher Einlass ab 5 Uhr) Seit den 1960er-Jahren wird auf dem Footballfeld des Rose Bowl dieser „amerikanische Marktplatz für ausgefallene Stücke" veranstaltet, auf dem Horden von Besuchern auf der Jagd nach dem heiligen Gral wühlen, kramen und stöbern. Es gibt 2500 Verkäufer und um die 20 000 Käufer, die hier zusammenkommen. Was für ein Riesenspaß!

ℹ Praktische Informationen

GEFAHREN & ÄRGERNISSE

Trotz der scheinbar apokalyptischen Liste an Gefahren – Waffen, Gewaltverbrechen, Erdbeben – ist Los Angeles eine recht sichere Stadt für Besucher. Die größte Gefahr sind Unfälle (es besteht eine gesetzliche Anschnallpflicht), das größte Ärgernis bereitet Einheimischen wie Besuchern der infernalische Stadtverkehr.

MEDIEN

- **KCRW 89.9 FM** (www.kcrw.com) Der kulturelle Pulsschlag L. A.s und der beste Radiosender der Stadt.
- **KPFK 90.7 FM** (www.kpfk.org) Teil des Radionetzwerks Pacifica; Nachrichten und progressive Diskussionen.
- **LA Weekly** (www.laweekly.com) Kostenlose alternative Nachrichten, Livemusik und Veranstaltungskalender.
- **Los Angeles Times** (www.latimes.com) Eine der größten Zeitungen; mitte-links ausgerichtet.

MEDIZINISCHE VERSORGUNG

Cedars-Sinai Medical Center (☎ 310-423-3277; http://cedars-sinai.edu; 8700 Beverly Blvd) Rund um die Uhr geöffnete Notaufnahme am Rande von West Hollywood.

Keck Medicine of USC (☎ 323-226-2622; www.keckmedicine.org; 1500 San Pablo St) Rund um die Uhr geöffnete Notaufnahme gleich östlich der Downtown.

Ronald Reagan UCLA Medical Center (☎ 310-825-9111; www.uclahealth.org; 757 Westwood Plaza, Westwood) Rund um die Uhr geöffnete Notaufnahme auf dem Campus der UCLA.

TOURISTENINFORMATION

Downtown LA Visitor Center (Karte S. 268; www.discoverlosangeles.com; Union Station, 800 N Alameda St; ⌚ 9–17 Uhr; Ⓜ Red/Purple/Gold Line bis Union Station)

Hollywood Visitor Information Center (Karte S. 271; ☎ 323-467-6412; www.discoverlosangeles.com; Hollywood & Highland, 6801 Hollywood Blvd; ⌚ Mo–Sa 8–22, So 9–19 Uhr; Ⓜ Red Line bis Hollywood/Highland)

Santa Monica Visitor Information Center (Karte S. 277; ☎ 800-544-5319; www.santamonica.com; 2427 Main St)

ℹ An- & Weiterreise

AUTO

Die üblichen internationalen Autovermieter haben Vertretungen am LAX-Flughafen und in der ganzen Stadt.

FASHION DISTRICT

Schnäppchenjäger lieben den hektischen, 100 Blocks großen Modedistrikt im Südwesten der Downtown. Hier kann man prima Beute machen, doch wer zum ersten Mal hier ist, fühlt sich oft von der schieren Größe und gewaltigen Auswahl schlichtweg überfordert. Zur Orientierung sollte man einen Blick auf www.fashiondistrict.org werfen.

BUS

Der Hauptbusterminal von **Greyhound** (Karte S. 264; ☎213-629-8401; www.greyhound.com; 1716 E 7th St) befindet sich in einem Industrieviertel der Downtown. Wenn es sich vermeiden lässt, sollte man nicht nach Einbruch der Dunkelheit hier ankommen.

FLUGZEUG

Das Haupteinfallstor nach L. A. ist der **Los Angeles International Airport** (LAX; Karte S. 264; www.lawa.org/welcomeLAX.aspx; 1 World Way). Zwischen den neun Terminals verkehrt der kostenlose LAX Shuttle A, der auf der unteren Ebene (Ankunft) der Terminals hält. Auch Taxis sowie die Shuttles von Hotels und Autovermietern halten dort. Reisende mit Behinderung können einen kostenlosen Kleinbus rufen (☎310-646-6402).

Einige Inlandsflüge landen auf dem **Burbank Hollywood Airport** (BUR, Bob Hope Airport; Karte S. 264; www.burbankairport.com; 2627 N Hollywood Way), während der kleine **Long Beach Airport** (Karte S. 264; www.lgb.org; 4100 Donald Douglas Dr) im Süden vor allem praktisch für Disneyland-Besucher ist.

ZUG

Die Züge von **Amtrak** (www.amtrak.com) nutzen die historische **Union Station** (☎800-872-7245; www.amtrak.com; 800 N Alameda St) in der Downtown. Folgende Fernzüge halten in L. A.: der *Coast Starlight* nach Seattle (tgl.), der *Southwest Chief* nach Chicago (tgl.) und der *Sunset Limited* nach New Orleans (3-mal wöchentl. Woche). Der *Pacific Surfliner* fährt mehrmals täglich nach San Diego, Santa Barbara und San Luis Obispo und kommt dabei auch durch L. A.

ℹ Unterwegs vor Ort

AUTO & MOTORRAD

Autofahren muss in L. A. nicht stressig sein, allerdings sollte man sich wochentags in der Rushhour (ungefähr 7–10 & 15–19 Uhr) auf den schlimmsten Verkehr der ganzen USA einstellen. Motels haben in der Regel kostenlose Parkplätze, die meisten Hotels verlangen zwischen 10 und 45 US$. Für den von Restaurants, Hotels und Nachtclubs angebotenen Parkservice muss man zwischen 5 und 10 US$ hinblättern.

VOM/ZUM FLUGHAFEN

Busse von **LAX FlyAway** (☎866-435-9529; www.lawa.org/FlyAway) fahren zur Union Station (Downtown), nach Hollywood, Van Nuys, Westwood Village (nahe der UCLA) und nach Long Beach. Die einfache Strecke kostet 9,75 US$. Um einen Linienbus zu nehmen, fährt man mit dem kostenlosen Shuttlebus vom Flughafen in Richtung des Parkplatzes C. Dieser hält am LAX City Bus Center, einem Knotenpunkt für Busse in alle Ecken des Countys.

Taxis sind jederzeit verfügbar und warten vor den Terminals. Nach Downtown L. A. gibt es einen Festpreis von 47 US$. Für eine Fahrt nach Santa Monica werden etwa 30 bis 35 US$, nach West Hollywood 40 US$ und nach Hollywood um die 50 US$ fällig. Hinzu kommt der Flughafenaufschlag von 4 US$.

ÖFFENTLICHE VERKEHRSMITTEL

Der Großteil der öffentlichen Verkehrsmittel wird von **Metro** (☎323-466-3876; www.metro.net) verwaltet, die Strecken- und Fahrpläne zur Verfügung stellen und auf ihrer Webseite auch bei der Planung einer Fahrt helfen.

Um mit Zügen und Bussen von Metro zu fahren, benötigt man eine aufladbare „TAP Card". Diese ist für einen Preis von 1 US$ an TAP-Automaten in jeder Metro-Station erhältlich. Auf sie kann man fixe Bargeldbeträge oder Tagesticket laden. Der normale Fahrpreis beträgt 1,75 US$ pro Fahrt bzw. 7 US$ für ein Tagesticket mit unbegrenzt vielen Fahrten. In den Metro-Bussen kann man sowohl Einzeltickets als auch eine „TAP Card" mit aufgeladenem Tagesticket kaufen (passendes Kleingeld bereithalten). Die „TAP Card" wird am Eingang von Bahnhöfen und Bussen gegen den entsprechenden Sensor gehalten.

„TAP Cards" können auch in DASH- und städtischen Bussen verwendet werden und an Automaten oder online auf der TAP-Webseite (www.taptogo.net) aufgeladen werden.

TAXI

Aufgrund der Größe von L. A. und des dichten Verkehrs sind Taxifahrten teuer. Fahrten werden per Taxameter abgerechnet. Die Grundgebühr beträgt 2,85 US$, jede gefahrene Meile schlägt mit 2,70 US$ zu Buche. Taxis bestellt man sich am besten telefonisch, vor Flughäfen, Bahnhöfen und großen Hotels warten sie allerdings bereits auf Fahrgäste.

KALIFORNISCHE SÜDKÜSTE

Disneyland & Anaheim

Als Mutter aller Themenparks an der Westküste und selbsternanntem „glücklichsten Ort auf Erden" bildet **Disneyland** (Karte S. 264; ☎714-781-4636; www.disneyland.com; 1313 Harbor Blvd; Erw./Kind 3–9 Jahre Tagesticket ab 97/91 US$, 2-Tagesticket „Park-Hopper" 244/232 US$; ⏲tgl. geöffnet, Öffnungszeiten variieren nach Jahreszeit) ein Paralleluniversum, das blitzsauber, bezaubernd und irrwitzig zugleich ist. Das Ganze ist eine ausgeklügelte Hyperrealität mit stets fröhlichen Beschäf-

ABSTECHER

KNOTT'S BERRY FARM

Was, Disney hat nicht gereicht? Noch mehr Fahrgeschäfte und Zuckerwatte gibt's in **Knott's Berry Farm** (Karte S. 264; ☎714-220-5200; www.knotts.com; 8039 Beach Blvd, Buena Park; Erw./Kind 3–11 Jahre 75/42 US$; ⏲ab 10 Uhr, Schließzeiten variieren zw. 17–23 Uhr; P 👪). In diesem Old-West-Vergnügungspark mit seinen ziemlich heftigen Rides können jugendliche Tempofanatiker testen, wie mutig sie wirklich sind. Für Unbehagen im Magen sorgen u. a. die „Schreimaschine" Boomerang, der hölzerne GhostRider und der Xcelerator im Stil der 1950er-Jahre. Kleine Kinder werden sich über die zahmere Action im Camp Snoopy freuen. Von Ende September bis Ende Oktober ist abends Halloween angesagt, dann verwandelt sich der Park in die „Knott's Scary Farm".

Wem die Sommerhitze zu viel wird, der kann sich gleich nebenan im Wasserpark **Knott's Soak City** (Karte S. 264; ☎714-220-5200; www.soakcityoc.com; 8039 Beach Blvd, Buena Park; Erw./Kind 3–11 Jahre 43/38 US$; ⏲Mitte Mai–Mitte Sept. 10–17, 18 od. 19 Uhr; P 👪) abkühlen. Zeit und Geld spart, wer sein Ticket für beide Parks zu Hause online kauft und ausdruckt. Den ganzen Tag parken kostet 18 US$.

tigten – die heißen hier „Cast Members" – und täglichen Umzügen. Über 16 Mio. Kids, Eltern, Großeltern, Flitterwöchner und Touristen aus aller Herren Länder passieren Jahr für Jahr die Eingangstore des Parks.

Disneyland wurde 1955 mit einem großen Spektakel eröffnet, das prosaische Anaheim wuchs darum herum. Heute umfasst das Disneyland Resort den ursprünglichen Disneyland Park und den neueren Themenpark Disney California Adventure. In Anaheim selbst sind einige überraschend coole Ecken entstanden, die nichts mit dem ganzen Mäusezirkus zu tun haben.

Sehenswertes & Aktivitäten

Der makellose, mustergültige **Disneyland Park** entspricht noch immer Walts ursprünglichen Plänen. Es gibt unzählige Fahrgeschäfte, und viele der Attraktionen stehen in engem Zusammenhang mit dem Namen Disney: Main Street, USA, Sleeping Beauty Castle, Tomorrowland.

Das größere, aber auch weniger volle **Disney California Adventure** gehört ebenfalls zum Disneyland Resort und ist eine Hommage an die natürliche und kulturelle Schönheit des Golden State, allerdings gibt es eine viel geringere Dichte an Attraktionen und es geht nicht ganz so fantasievoll zu. Die besten Fahrgeschäfte sind Soarin' Around the World, ein virtueller Drachenflug, und das Guardians of the Galaxy – Mission: BREAKOUT!, bei dem man einen 56 m hohen Aufzugschacht hinuntersaust.

Wer alle Rides (Fahrgeschäfte) in beiden Themenparks erleben will, benötigt mindestens zwei Tage, da die Wartezeiten vor Top-Attraktionen eine Stunde und mehr betragen können. Um die Wartezeit (vor allem im Sommer) zu reduzieren, sollte man werktags noch vor der Öffnungszeit kommen, sein Ticket online kaufen und ausdrucken und das FASTPASS-System nutzen, das einem für ausgewählte Rides und Attraktionen einen festen Zeitpunkt zuteilt. Die saisonalen Öffnungszeiten und die Termine von Paraden, Shows und Feuerwerk stehen auf der Website.

Während das Disneyland Resort den Tourismus der Stadt Anaheim natürlich fest im Griff hat, lohnt doch ein Besuch der sanierten Viertel rund um das Rathaus: den **Anaheim Packing District** (Karte S. 264; www.anaheimpackingdistrict.com; S Anaheim Bl) und die **Center Street** (Karte S. 264; www.centerstreetanaheim.com; W Center St). In dieser befindet sich auch das von Frank Gehry entworfene Eishockeystadion, in dem die Anaheim Ducks trainieren. Es ist öffentlich zugänglich.

Schlafen

Während die Disney-Resorts ihre eigenen Hotels haben, gibt's direkt außerhalb oder ein paar Kilometer entfernt auch lohnende unabhängige Hotels und natürlich Kettenhotels jeglicher Couleur. Im Vergleich zu den Strandorten im OC bieten die Hotels in Anaheim grundsätzlich ein gutes Preis-Leistungs-Verhältnis.

Alpine Inn MOTEL $

(Karte S. 264; ☎714-535-2186, 800-772-4422; www.alpineinnanaheim.com; 715 W Katella Ave; Zi. 99–149 US$; P ❄ @ 📶 🏊) Liebhaber von Kitsch werden diese Berghütte mit 42 Zimmern, „Schneedach" und „Eiszapfen" – natürlich umgeben von Palmen – lieben. Die direkt neben dem Disney California Adventure gelegene Unterkunft bietet Blick auf ein Riesenrad. Das Motel besteht seit etwa 1958, die klimatisierten Zimmer sind aber gut in Schuss. Das einfache und schnelle Frühstück wird in der Lobby serviert.

Best Western Plus Stovall's Inn MOTEL **$$**
(Karte S. 264; ☎714-778-1880, ext 3 800-854-8175; www.bestwestern.com; 1110 W Katella Ave; Zi. 99–175 US$; P ⊖ ❄ @ ☎ ≋) Generationen von Gästen kommen bereits in dieses Hotel mit seinen 289 Zimmern, nur 15 Gehminuten von Disneyland entfernt. Zum Haus gehören zwei Pools, zwei Whirlpools, ein Fitnessraum, ein Kinderbecken und ein Formschnittgarten. Die renovierten, eleganten Zimmer in modernem Design sind makellos sauber. Alle verfügen über eine Klimaanlage, eine Mikrowelle und einen Minikühlschrank. Im Preis ist ein warmes Frühstück inbegriffen; Gäste können die Waschküche nutzen.

Ayres Hotel Anaheim HOTEL **$$**
(Karte S. 264; ☎714-634-2106; www.ayreshotels.com/anaheim; 2550 E Katella Ave; Zi. inkl. Frühstück 139–219 US$; P ⊖ ❄ @ ☎ ≋) Diese gut geführte Mini-Kette von Geschäftshotels bietet verlässlich gute Topqualität. Die 133 kürzlich erst renovierten Zimmer sind mit Mikrowelle, Minikühlschrank, Safe, Bar mit Küchenzeile und Pillow-Top-Matratzen ausgestattet. Das Design ist vom kalifornischen Arts and Crafts Movement inspiriert. Die Zimmer im 3. Stock haben extrahohe Decken. Der Preis beinhaltet ein reichhaltiges Frühstück und einen kleinen Empfang am Abend (Mo–Do) mit Bier, Wein und Snacks.

★ **Disney's Grand Californian Hotel & Spa** RESORT **$$$**
(Karte S. 264; ☎Info 714-635-2300, Reservierungen 714-956-6425; https://disneyland.disney.go.com/grand-californian-hotel; 1600 S Disneyland Dr; DZ ab 360 US$; P ❄ @ ☎ ≋) Über der kathedralenartigen Lobby des sechsstöckigen Grand Californian, Disneys Hommage an den Architekturstil des Arts and Crafts Movement, erheben sich mächtige Holzbalken. Die bequemen Zimmer bieten Betten mit dreifachen Laken, Daunenkissen, Bademäntel und maßgearbeitete Möbel. Draußen führt eine Wasserrutsche, die sich um einen künstlichen Redwoodstamm windet, in den Pool. Abends kommen die Kinder bei Gutenachtgeschichten vor dem riesigen Kamin in der Lobby zur Ruhe.

Essen & Ausgehen

Von Brezeln in Mickey-Form (4 US$) über riesige Putenschenkel (10 US$) bis hin zu Gourmet-Abendessen – verhungern muss in den Disney Parks niemand. Allerdings ist das Essen hier in der Regel nicht gerade billig und eher Mainstream. Über **Disney Dining** (☎714-781-3463; http://disneyland.disney.go.com/dining) kann man bis zu 60 Tage im Voraus reservieren.

Wer nicht unbedingt Lust auf Mickey-Maus-Essen hat, fährt einfach zum Anaheim Packing District (3 Meilen/5 km nordöstlich), nach Old Towne Orange (7 Meilen/11 km südöstlich), Little Arabia (3 Meilen/5 km westlich) oder Little Saigon (8 Meilen/13 km südwestlich).

★ **Pour Vida** MEXIKANISCH **$**
(Karte S. 264; ☎657-208-3889; www.pourvidalatinflavor.com; 185 W Center St Promenade; Tacos 2–8 US$; ⏲Mo 10–19, Di–Do bis 21, Fr bis 22, Sa 9–22, So 9–19 Uhr) Küchenchef Jimmy hat schon in einigen der besten Restaurants von L. A. gearbeitet, hat sich nun aber seinen mexikanischen Wurzeln besonnen und legt sein Augenmerk auf Gourmet-Tacos: Steaks mit Ananaskrone, Tempura-Austern, Romanesco-Blumenkohl ... *caramba*! Selbst die Tortillas sind etwas Besonderes, nach einem geheimen Rezept mit Tinte vom Tintenfisch und Spinat zubereitet. Das Ambiente ist bewusst informell mit Backsteinen, Zement und Kreidetafeln an den Wänden.

Earl of Sandwich SANDWICHES **$**
(Karte S. 264; ☎714-817-7476; www.earlofsandwichusa.com; Downtown Disney; Hauptgerichte 4,50–7,50 US$; ⏲So–Do 8–23, Fr & Sa 8–24 Uhr; 👪) In diesem Sandwich-Lokal in der Nähe vom **Disneyland Hotel** (Karte S. 264; ☎714-778-6600; www.disneyland.com; 1150 Magic Way, Anaheim; Zi. 210–395;US$; P @ ☎ ≋) werden getoastete Sandwiches über den Tresen gereicht, die sowohl großen, als auch kleinen Gästen schmecken. Das Sandwich „Original 1762" ist mit Roastbeef, Cheddar und Meerrettich belegt. Lecker ist auch der „Chipotle-Chicken". Pizzas, Salate und Frühstücksgerichte sind ebenfalls im Programm.

Ralph Brennan's New Orleans Jazz Kitchen CAJUN **$$**
(Karte S. 264; ☎714-776-5200; http://rbjazzkitchen.com; Downtown Disney; Hauptgerichte mittags/abends 14–19/24,50–38,50 US$; ⏲So–Do 8–22, Fr & Sa bis 23 Uhr; 👪) Am Wochenende spielen in dieser Restobar Jazzcombos und

KALIFORNIEN KALIFORNISCHE SÜDKÜSTE

unter der Woche gibt's Pianoabende. Serviert werden Gerichte in New Orleans' Cajun-Stil und kreolische Küche: Okraschoten, Po' Boy Sandwiches und Jambalaya. Zudem gibt's einige (nicht allzu abenteuerliche) Kindergerichte und Cocktailspezialitäten. Wer nicht genügend Zeit mitbringt, um sich zu setzen, bekommt auf Wunsch auch ein schnelles Frühstück oder Mittagessen.

★ **Napa Rose** KALIFORNISCH **$$$**
(Karte S. 264; ☎714-300-7170; https://disneyland.disney.go.com/dining; Disney's Grand Californian Hotel & Spa; Hauptgerichte 38–48 US$, Vier-Gänge-Festpreismenü ab 100 US$; ⌚17.30–22 Uhr; 🚸) Das beste Restaurant im Disneyland Resort hat Stühle mit hohen Lehnen im Arts-&-Crafts-Stil und hohe Decken. Aus der Küche kommen saisonale „California Wine Country"-Speisen (d.h. aus NorCal) – fast wie im Schloss von Dornröschen. Kindermenüs gibt's ebenfalls. Reservierung erforderlich! Das Hotel betritt man vom Disney California Adventure oder von Downtown Disney.

ℹ Praktische Informationen

Geld wechseln kann man in Disneylands **City Hall** (Rathaus, Karte S. 264; ☎714-781-4565; Main Street, U.S.A.) sowie in der Lobby der Gästebetreuung des Disney California Adventure. Zudem gibt's in beiden Themenparks sowie in Downtown Disney mehrere Geldautomaten.

Wer in den Parks Infos oder Hilfe benötigt, fragt einfach einen Cast Member oder schaut in der City Hall (Disneyland) oder der Lobby der Gästebetreuung (Disney California Adventure) vorbei.

ℹ Anreise & Unterwegs vor Ort

Disneyland und Anaheim sind mit dem Auto (abseits des I-5 Fwy) oder mit Zügen von Amtrak oder Metrolink über das Transitzentrum **ARTIC** (Anaheim Regional Transportation Intermodal Center; 2150 E Katella Ave, Anaheim) in Anaheim zu erreichen. Von dort ist es nur eine kurze Taxifahrt oder eine Fahrt mit dem Shuttle der **Anaheim Resort Transportation** (ART; ☎888-364-2787; www.rideart.org; Fahrpreis Erw./Kind 3/1 US$, Tagesticket 5,50/2 US$, Mehrtagesticket erhältlich) bis nach Disneyland selbst. Der nächste Flughafen ist der **John Wayne Airport** (SNA; Karte S. 264; www.ocair.com; 18601 Airport Way, Santa Ana) des Orange County.

Der mit Biodiesel betriebene Miniaturzug Disneyland Railroad tuckert im Uhrzeigersinn um Disneyland herum und hält an der Main Street, U.S.A., am New Orleans Square, in Mickey's Toontown und in Tomorrowland. Eine vollständige Runde dauert etwa 20 Minuten.

Strände im Orange County

Viele, die *O.C., California* oder The *Real Housewives* gesehen haben, glauben zu wissen, was sie von der riesigen Vorstadtansammlung zwischen L.A. und San Diego mit der prächtigen 68 km langen Küstenlinie zu erwarten haben. In Wirklichkeit hat aber jeder Strandort im Orange County sein ganz eigenes Flair. Gut gebaute Typen mit einem fetten Hummer als fahrbarem Untersatz und Botox-Schönheiten leben hier Seite an Seite mit lässigen Surfern und freakigen Künstlern.

Das altmodische **Seal Beach** gleich hinter der Grenze zwischen dem L.A. County und dem Orange County ist ein erfrischend unkommerzielles Städtchen mit einem malerischen, gut zu Fuß erkundbaren Zentrum. Knapp 10 Meilen (16 km) weiter südlich auf dem Pacific Coast Hwy (Hwy 1) kommt **Huntington Beach** – alias „Surf City, USA" – der Inbegriff des südkalifornischen Surfer-Lebensstils. In den Bars und Cafés in HBs Main St gibt's Fischtacos und Happy-Hour-Specials zuhauf; und ganz in der Nähe befindet sich das winzige **Surfing Museum** (Karte S. 264; ☎714-960-3483; www.surfingmuseum.org; 411 Olive Ave; Erw./Kind 2/1; ⌚Di–So 12–17 Uhr).

Als nächstes kommt die schickste der Strandgemeinden von O.C.: **Newport Beach** mit seinen unzähligen Jachten. Familien und Teenager zieht es zur **Balboa Peninsula** mit ihren Stränden, dem alten Holzpier und dem witzigen Vergnügungszentrum. In der Nähe des 1906 errichteten Balboa Pavilion legt die **Balboa Island Ferry** (Karte S. 264; www.balboaislandferry.com; 410 S Bay Front; Erw./Kind 1/0,50 US$, Auto mit Fahrer 2 US$; ⌚So–Do 6.30–24, Fr & Sa 6.30–2 Uhr) zur Balboa Island ab, wo man historische Strandhäuser bewundern und in der Marine Ave in Boutiquen stöbern kann.

Auf der Fahrt weiter nach Süden führt der Hwy 1 vorbei an den wilden Stränden des **Crystal Cove State Park** (Karte S. 264; ☎949-494-3539; www.parks.ca.gov; 8471 N Coast Hwy; Auto 15 US$; ⌚6 Uhr–Sonnenuntergang; 🅿🚸) 🍃 und schließlich hinunter zum **Laguna Beach**, O.C.s kultiviertester Küstengemeinde. Einsame Strände, spiegelglattes Wasser und mit Eukalyptusbäumen bewachsene Hügel sorgen für Riviera-Atmosphäre. Kunstgalerien säumen die engen Straßen des „Dorfs" und den Coastal Hwy mit dem **Laguna Art Museum** (☎949-494-8971; www.

NICHT VERSÄUMEN

LAGUNAS FESTIVAL OF ARTS

Das **Festival of Arts** (www.foapom.com; 650 Laguna Canyon Rd; Eintritt 7–10 US$; ⏲ normalerweise Juli & Aug. 10–23.30; 👪) ist eine zwei Monate andauernde Hommage an die hiesige Kunst in fast all ihren Facetten. Die rund 140 ausstellenden Künstler zeigen ihre Kunstwerke – von Gemälden über handgefertigte Möbel bis hin zu Miniaturschnitzereien. Neben den Kunstwerken gibt's täglich kindgerechte Workshops, Livemusik und Unterhaltung.

lagunaartmuseum.org; 307 Cliff Dr; Erw./Student & Senior/Kind unter 13 Jahren 7/5/frei US$, 1. Do im Monat 17–21 Uhr Eintritt frei; ⏲ Fr–Di 11–17, Do 11–21 Uhr), in dem moderne und zeitgenössische kalifornische Werke bewundert werden können. Mitten im Ortszentrum am **Main Beach** kann man die Schönheit der Natur in sich aufsaugen.

Weitere 10 Meilen (16 km) südlich befindet sich landeinwärts die **Mission San Juan Capistrano** (☎949-234-1300; www.missionsjc.com; 26801 Ortega Hwy; Erw./Kind 9/6 US$; ⏲ 9–17 Uhr; 👪), eine der am schönsten restaurierten spanischen Kolonialmissionen Kaliforniens mit Blumengärten, einem Hof mit Springbrunnen und der bezaubernden Serra Chapel aus dem Jahr 1778.

Schlafen & Essen

★ **Crystal Cove Beach Cottages** HÜTTE $$
(Karte S. 264; ☎Reservierungen 800-444-7275; www.crystalcovealliance.org; 35 Crystal Cove, Crystal Cove State Park Historic District; Zi. mit Gemeinschaftsbad 35–140 US$, Cottage 171–249 US$; ⏲ Check-in 16–21 Uhr; P) Die 24 historischen Cottages direkt am Strand wurden ungefähr zwischen den 1930er- und den 1950er-Jahren erbaut und bieten Gästen heute ein einzigartiges Quartier. Jedes Cottage ist individuell mit Platz für zwei bis acht Personen und im Stil eines Privatzimmers oder Schlafsaals eingerichtet. Um eines zu ergattern, muss man sieben Monate vor dem geplanten Aufenthalt am ersten Tag des Monats buchen – oder beten, dass irgendjemand in letzter Minute absagt.

★ **Paséa** RESORT $$$
(Karte S. 264; ☎888-674-3634; http://meritagecollection.com/paseahotel; 21080 Pacific Coast Hwy; Zi. ab 359 US$; P) Dieses Hotel ist elegant und ruhig und dabei sehr hell und frisch. Die Fußböden sind allesamt in Blau gehalten (von Blue Jeans bis Himmelblau) und jedes der 250 minimalistischen Zimmer hat hohe Decken und einen Balkon mit Blick aufs Meer. Und als ob der tolle Pool, der Fitnessraum und das balinesische Spa noch nicht genug wären, liegt es auch noch direkt neben dem **Pacific City** (www.gopacificcity.com; 21010 Pacific Coast Hwy; ⏲ Öffnungszeiten variieren).

★ **Lot 579** FOOD-COURT $
(Karte S. 264; www.gopacificcity.com/lot-579; Pacific City, 21010 Pacific Coast Hwy; ⏲ Öffnungszeiten variieren; P 👪) Der Food-Court des fantastischen neuen Einkaufszentrums mit Meerblick in Huntington Beach hat einige einzigartige, tolle Restaurants für warme Sandwiches (Burnt Crumbs – der Spaghetti Grilled Cheese Sandwich macht sich gut auf Instagram), australische Fleischpasteten (Pie Not), Kaffee (Portola) und Eiscreme (Han's). Für den besten Blick nimmt man seine Bestellung mit auf die Sonnenterrasse oder speist im American Dream (Brauereikneipe) bzw. in der Bear Flag Fish Company.

★ **Bear Flag Fish Company** SEAFOOD $
(Karte S. 264; ☎949-673-3474; www.bearflagfishco.com; 3421 Via Lido,; Hauptgerichte 10–16 US$; ⏲ Di–Sa 11–21, So & Mo 11–20 Uhr; 👪) *Das* Lokal für große Portionen panierter, gegrillter Fisch-Tacos, Ahi-Burritos, absolut frischer Ceviche und Austern. Man nimmt sich die gewünschte Speise aus der Eistruhe und sucht sich einen Platz an einem der Picknicktische. Frischere Meeresfrüchte bekommt man nur, wenn man sie selbst fängt und gleich an Bord verputzt.

★ **Driftwood Kitchen** AMERIKANISCH $$$
(☎949-715-7700; www.driftwoodkitchen.com; 619 Sleepy Hollow Lane; Hauptgerichte mittags 15–36 US$, abends 24–39 US$; ⏲ Mo–Fr 9–10.30 & 11–14.30, So–Do 17–21.30, Fr & Sa bis 22.30, Sa & So 9–14.30 Uhr) Eigentlich sollten der Meerblick und die unbeschreiblichen Sonnenuntergänge Grund genug sein, hier vorbeizuschauen. Das Driftwood überzeugt aber obendrein mit einem saisonalen Gourmetangebot aus frischen, nachhaltig gefangenen Meeresfrüchten sowie einigen Optionen für Landratten. Drinnen ist alles auf Strand getrimmt und sehr lässig mit weiß getünchten Wänden und hellem Holz. Die Cocktails sind smart und kreativ.

San Diego

San Diego bezeichnet sich selbst ganz schamlos als „Amerikas tollste Stadt“. Diese kesse Selbstgefälligkeit und das sonnige Gemüt färben natürlich auch auf die Menschen ab, die hier wohnen. Die Stadt fühlt sich an wie ein Zusammenschluss aus kleinen Ortschaften, die jeweils ihre eigene Persönlichkeit besitzen, in Wirklichkeit ist San Diego aber die achtgrößte Stadt des Landes – und vielleicht diejenige, mit dem entspanntesten Flair.

Sehenswertes

Die **Downtown** von San Diego ist der wichtigste Geschäfts- und Finanzplatz und Tagungsort der Region. Vielleicht ist hier nicht unbedingt die intensive urbane Energie anderer Innenstädte zu spüren, dafür wartet San Diego mit seinem historischen **Gaslamp Quarter** und den Hipsterhochburgen **East Village** und **North Park** mit lebendigen Shopping-, Essens- und Ausgeh-Adressen auf. Der **Embarcadero** direkt am Wasser lädt zu einem Spaziergang ein und in der nordwestlichsten Ecke der Downtown liegen das dynamische **Little Italy** voller leckerer Gaumenfreuden und die **Old Town**, der einstige Schauplatz hiesiger Geschichte.

Das Städtchen **Coronado** mit seinem berühmten Hotel del Coronado (S. 303) aus dem Jahr 1888 und dem Spitzenstrand liegt auf der anderen Seite der San Diego Bay direkt vis-à-vis der Downtown. Am Zugang zur Bucht liegt der **Point Loma** mit dem Cabrillo National Monument (S. 300), von dem aus man einen weitem Blick übers Meer und über die Stadt hat. **Mission Bay** nordwestlich von Downtown wartet mit Lagunen, Parks und Freizeitaktivitäten von Campen bis Wasserskifahren auf. Nicht weit von hier liegt auch die Küste mit den Stränden Ocean, Mission und Pacific Beach, die der Inbegriff südkalifornischen Strandlebens sind.

Downtown & Embarcadero

In Downtown gab es einst eine berüchtigte Meile mit Saloons, Spielhöllen und Bordellen, die unter dem Namen Stingaree bekannt war. Sie wurde wunderschön restauriert, heißt jetzt **Gaslamp Quarter** und beherbergt unzählige Restaurants, Bars, Clubs, Boutiquen und Galerien. Am Nordrand von Downtown hat sich **Little Italy** zu einem der angesagtesten Viertel zum Wohnen, Ausgehen und Shoppen gemausert.

USS Midway Museum MUSEUM
(Karte S. 298; ☎619-544-9600; www.midway.org; 910 N Harbor Dr; Erw./Kind 20/10 US$; ⏲10–17 Uhr, letzter Einlass 16 Uhr; P 👪) Der riesige Flugzeugträger USS *Midway* gehörte von 1945 bis 1991 zu den Flaggschiffen der Marine und spielte zuletzt eine wichtige Rolle im ersten Golfkrieg. Auf dem Flugdeck des massigen Schiffs kann man etwa 29 restaurierte Flugzeuge besichtigen, u. a. eine F-14 Tomcat und einen F-4-Phantom-Kampfjet. Eine im Eintrittspreis enthaltene Audiotour führt die Besucher über die Oberdecks zur Brücke, in die Einsatzzentrale des Admirals, in die Arrestzelle und in das Flugkontrollzentrum „pri-fly“, eine Art Tower. Parken kostet 10 US$.

★ **Maritime Museum** MUSEUM
(Karte S. 298; ☎619-234-9153; www.sdmaritime.org; 1492 N Harbor Dr; Erw./Kind 16/8 US$; ⏲Ende Mai–Anfang Sept. 9–21 Uhr, Anfang Sept.–Ende Mai 9–20 Uhr; 👪) Dieses Museum kann man gar nicht verfehlen. Es ist an den 30 m hohen Masten des mit Eisenrumpf versehenen Rahseglers *Star of India* zu erkennen. Der auf der Isle of Man gebaute und 1863 vom Stapel gelassene Windjammer wurde auf der England-Indien-Handelsroute eingesetzt, brachte Auswanderer nach Neuseeland, wurde ein Handelsschiff mit Heimathafen auf Hawaii und endete schließlich als Frachtschiff in Alaska. Es ist zwar ein stattliches Schiff, an Bord darf man aber nichts Glamouröses erwarten.

Museum of Contemporary Art MUSEUM
(MCASD Downtown; Karte S. 298; ☎858-454-3541; www.mcasd.org; 1001 Kettner Blvd; Erw./Kind unter 25 Jahren/Senior 10/frei/5 US$, 3. Do im Monat 17–20 Uhr Eintritt frei; ⏲Do–Di 11–17 Uhr, 3. Do im Monat bis 20 Uhr) Das im Financial District in Downtown angesiedelte Museum präsentiert seit den 1960er-Jahren eine sich ständig ändernde Vielfalt innovativer Kunstwerke. Infos über die jeweiligen Ausstellungen stehen auf der Website. Die Eintrittskarten sind sieben Tage lang gültig.

Coronado

Coronado Island ist eigentlich eine Halbinsel und mit dem Festland über eine 3,5 km lange Brücke verbunden. Die Hauptattraktion der Halbinsel ist das Hotel del Coronado (S. 303), das für seine viktorianische Archi-

Großraum San Diego

Großraum San Diego

tektur und sein illustres Gästebuch bekannt ist, in dem Namen wie Thomas Edison, Babe Ruth und Marilyn Monroe zu finden sind (hier und nicht in Miami wurde der Filmklassiker *Manche mögen's heiß* gedreht).

Die **Coronado Ferry** (Karte S. 298; ☎800-442-7847; www.flagshipsd.com; 990 N Harbor Dr; einfache Strecke 4,75 US$; ⏰9–22 Uhr) verkehrt stündlich zwischen dem Broadway Pier (990 N Harbor Dr) am Embarcadero und dem Convention Center in Downtown. Alle Fähren legen in Coronado am Ende der 1st St an. Dort vermietet **Bikes & Beyond** (Karte S. 296; ☎619-435-7180; www.bikes-and-beyond.com; 1201 1st St, Coronado; Std./Tag ab 8/30 US$; ⏰9 Uhr–Sonnenuntergang) Fahrräder und Tandems. Diese eignen sich perfekt, um Coronados weiße Sandstrände zu erkunden, die sich entlang des Silver Strand südwärts erstrecken.

Balboa Park

Der Balboa Park ist eine städtische Oase mit mehr als einem Dutzend Museen, prächtigen Gärten, schöner Architektur, Veranstaltungsstätten und einem Zoo. Gebäude im Beaux-Arts- und im spanischen Kolonialstil aus dem frühen 20. Jh. (ein Überbleibsel der Weltausstellungen) säumen die Plazas an der von Osten nach Westen verlaufenden Promenade ElPrado.

Der kostenlose Bus **Balboa Park Tram** fährt in Dauerschleife durch den Park, am schönsten ist es aber natürlich, wenn man zu Fuß geht. Unterwegs passiert man dann den 1915 erbauten **Spreckels Organ Pavilion** (Karte S. 301; ☎619-702-8138; http://spreckelsorgan.org; Balboa Park) GRATIS, die Läden und Galerien des **Spanish Village Art Center** (Karte S. 301; ☎619-233-9050; http://spanishvillageart.com; 1770 Village Place, Balboa Park; ⏰11–16 Uhr) GRATIS und die Ausstellunghütten des **United Nations Building** mit verschiedenen internationalen Themen.

★ San Diego Zoo — ZOO

(Karte S. 301; ☎619-231-1515; http://zoo.sandiego.org; 2920 Zoo Dr; Tagesticket Erw./Kind ab 52/42 US$; Ticket für 2 Eintritte für Zoo und/oder Safaripark Erw./Kind 83,25/73,25 US$; ⏰Mitte Juni–Anfang Sept. 9–21 Uhr, Anfang Sept.–Mitte Juni bis 17 oder 18 Uhr; P 👪) 🍃 Der zu Recht berühmte Zoo gehört zu SoCals größten Attraktionen. Hier leben über 650 Arten und insgesamt über 3000 Tiere in einer wunderschön angelegten Umgebung. Dabei handelt es sich meist um Gehege, die dem natürlichen Lebensraum der Tiere nachempfunden sind. Der Schwesterpark **San Diego Zoo Safari Park** (☎760-747-8702; www.sdzsafaripark.org; 15500 San Pasqual Valley Rd, Escondido; Tagesticket Erw./Kind 52/42 US$, Ticket für 2 Eintritte für Zoo und/oder Safaripark Erw./Kind 83,25/73,25 US$; ⏰8–18 Uhr, Ende Juni–Mitte Aug. bis 19 Uhr; P 👪) liegt im nördlichen San Diego County.

★ Mingei International Museum — MUSEUM

(Karte S. 301; ☎619-239-0003; www.mingei.org; 1439 El Prado; Erw./Jugendl./Kind 10/7 US$/frei; ⏰Di–So 10–17 Uhr; 👪) Hier gibt es eine bunte

Downtown San Diego

Sammlung aus Volkskunst, Trachten, Spielzeug, Schmuck, Gerätschaften und anderen handgefertigten Gegenständen von traditionellen Kulturen aus aller Welt. Die Wechselausstellungen reichen von Perlschmuck bis hin zu Surfbrettern. Was gerade ausgestellt wird, erfährt man auf der Website.

Reuben H. Fleet Science Center MUSEUM

(Karte S. 301; ☎619-238-1233; www.rhfleet.org; 1875 El Prado; Erw./Kind 3–12 Jahre inkl. IMAX-Film 20/17 US$; ⏲Mo–Do 10–17, Fr–So 10–18 Uhr; 👪) Das Museum, einer der beliebtesten Orte im Balboa Park, beherbergt interaktive Exponate und einen Raum für kleinere Kids. Man kann gigantische Strukturen aus Keva-Hölzern basteln oder die **Gallery of Illusions and Perceptions** besuchen. Das Highlight aber ist das **Giant Dome Theater**, in dem täglich mehrere verschiedene Filme gezeigt werden. Die halbkugelförmige Rundumleinwand und das aus 152 hochmodernen Lautsprechern bestehende Soundsystem sorgen für Sinneseindrücke von ziemlich cool bis überwältigend.

San Diego Natural History Museum MUSEUM

(Karte S. 301; ☎877-946-7797; www.sdnhm.org; 1788 El Prado; Erw./Jugendl. 3–17 Jahre/Kind unter 2 Jahre 19/12/frei US$; ⏲10–17 Uhr; 👪) Das „Nat“ beherbergt in wunderschönen Räumen 7,5 Mio. Ausstellungsstücke, u. a. Felsen, Fossilien und ausgestopfte Tiere, ein beeindruckendes Dinosaurierskelett und eine Ausstellung über die kalifornische Bruchlinie. Kinder werden die Filme über die Welt der Natur in dem Kino mit der Riesenleinwand besonders mögen. Die Filme wechseln häufig. An den meisten Wochenenden werden besondere Kinderprogramme angeboten. Sonderausstellungen (manchmal gegen Aufpreis) reichen thematisch von Piraten bis hin zu Tutenchamun. Das Museum organisiert auch Exkursionen und Naturspaziergänge im Balboa Park und anderswo.

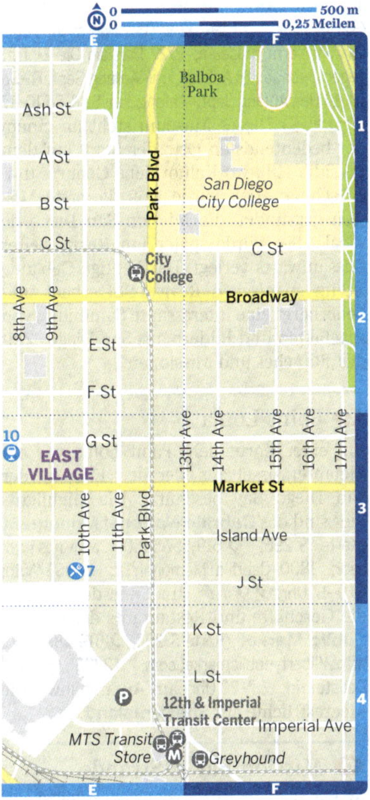

Downtown San Diego

Highlights
1 Maritime Museum A1

Sehenswertes
2 Museum of Contemporary Art B2
3 USS Midway Museum A2

Aktivitäten, Kurse & Touren
4 Flagship Cruises A2

Schlafen
5 Hotel Solamar D3
6 USA Hostels San Diego D3

Essen
7 Basic E3
Neighborhood .... (siehe 10)
8 Puesto at the Headquarters B3

Ausgehen & Nachtleben
9 Bang Bang D3
10 Noble Experiment E3

Unterhaltung
Arts Tix .... (siehe 11)
11 Balboa Theatre D2
12 House of Blues D2
13 Prohibition Lounge D3

San Diego Museum of Man MUSEUM

(Karte S. 301; ☎619-239-2001; www.museumofman.org; Plaza de California, 1350 El Prado; Erw./Kind/Teenager 13/6/8 US$; ⏲10–17 Uhr; 👪) Das einzige anthropologische Museum des Landes mit Ausstellungen über das alte Ägypten, die Mayas und das hiesige indigene Volk der Kumeyaay sowie über die menschliche Evolution und den menschlichen Lebenszyklus. Temporäre Ausstellungen befassten sich schon mit so naheliegenden Themen wie Kannibalismus und Bier. Besonders sehenswert ist die Ausstellung über Körbe und Töpferwaren. Im Museumsladen kann man Kunsthandwerk aus Mittelamerika und anderen Orten kaufen.

Timken Museum of Art MUSEUM

(Karte S. 301; ☎619-239-5548; www.timkenmuseum.org; 1500 El Prado; ⏲Di–Sa 10–16.30, So 12–16.30 Uhr) GRATIS Das Timken Museum, Standort der Putnam-Sammlung, lohnt unbedingt einen Besuch. Das kleine, aber feine Museum zeigt Werke von Rembrandt, Rubens, El Greco, Cézanne und Pissarro sowie eine wundervolle Sammlung russischer Ikonen. Das 1965 errichtete Gebäude steht in krassem Gegensatz zum allgegenwärtigen spanischen Kolonialstil.

San Diego Museum of Art MUSEUM

(SDMA; Karte S. 301; ☎619-232-7931; www.sdmart.org; 1450 El Prado; Erw./Kind 15 US$/frei; ⏲Mo, Di & Do–Sa 10–17, So ab 12 Uhr) Das SDMA ist das größte Museum der Stadt. Die Sammlung umfasst Arbeiten zahlreicher europäischer Meister von der Renaissance bis hin zur Moderne (jedoch keine berühmten Werke), amerikanische Landschaftsgemälde und mehrere fantastische Stücke in den Asien-Galerien. Das Museum zeigt auch oft Wanderausstellungen. Im Skulpturengarten sind Werke von Alexander Calder und Henry Moore zu bewundern.

San Diego Air & Space Museum MUSEUM

(Karte S. 301; ☎619-234-8291; www.sandiegoairandspace.org; 2001 Pan American Plaza; Erw./Jugendl./Kind unter 2 Jahre 19,75/10,75/frei US$; ⏲10–16.30 Uhr; 👪) Das runde Gebäude am Südende der Plaza beherbergt ein ausgezeichnetes Museum mit vielen Exponaten zur Entwicklung der Luftfahrt – Originale,

Nachbauten, Modelle – und Erinnerungsstücke von legendären Piloten wie Charles Lindbergh und dem Astronauten John Glenn. In dem 3-D-/4-D-Kino werden Filme gezeigt.

Old Town & Mission Valley

Mission Beach & Pacific Beach STRAND
(Karte S. 296) GRATIS Die besten Strände im Zentrum von San Diego liegen an dem schmalen Streifen Land zwischen dem Ozean und der Mission Bay. Eine Uferpromenade namens **Ocean Front Walk** verbindet die beiden Strände miteinander – hier lassen sich wunderbar Leute beobachten. Sie wird zwischen dem South Mission Jetty und dem Pacific Beach Point zu jeder Zeit des Jahres von Joggern, Inline-Skatern und Radfahrern bevölkert. Im Sommer liegen an warmen Wochenenden eingeölte Körper wie Ölsardinen am Strand und warten auf den Sonnenuntergang.

★ **Old Town State Historic Park** HISTORISCHE STÄTTE
(Karte S. 296; ☎619-220-5422; www.parks.ca.gov; 4002 Wallace St; ⏲Center & Museen tgl. 10–17 Uhr; P 🚻) GRATIS Das in diesem Park am Südende der Plaza stehende **Robinson-Rose House** beherbergt ein ausgezeichnetes historisches Museum. Ein Diorama zeigt, wie das originale *pueblo* einst aussah. Im **Visitor Center** des Parks ist die Broschüre *Old Town San Diego State Historic Park Tour Guide & Brief History* (3 US$) erhältlich. Hier beginnen jeden Tag um 11 und 14 Uhr (kostenlose) Führungen.

Mission Basilica San Diego de Alcalá KIRCHE
(Karte S. 296; ☎619-281-8449; www.missionsandiego.com; 10818 San Diego Mission Rd; Erw./Kind/unter 5 Jahre 5/2/frei US$; ⏲9–16.30 Uhr; P 🚻) Nachdem die erste Mission in Kalifornien 1769 auf dem Presidio Hill in der Nähe der heutigen Old Town errichtet wurde, beschloss Padre Junípero Serra 1774, sie etwa 10 km weiter flussaufwärts zu verlegen, wo das Wasser besser und der Boden fruchtbarer war. So entstand die heutige Mission Basilica San Diego de Alcalá. 1784 erbauten die Missionare eine solide Kirche aus Lehmziegeln und Holz, die aber bei einem Erdbeben im Jahr 1803 zerstört wurde. Reste der sofort wieder aufgebauten Kirche stehen noch heute an einem Hang über dem Mission Valley.

Junípero Serra Museum MUSEUM
(Karte S. 296; ☎619-232-6203; www.sandiegohistory.org/serra_museum; 2727 Presidio Dr; Eintritt gegen Spende; ⏲Anfang Juni–Anfang Sept. Fr–So 10–16 Uhr, Anfang Sept.–Anfang Juni Sa & So 10–17 Uhr; P 🚻) Dieses Museum steht an einem der bedeutendsten Orte der Stadt auf dem Presidio Hill, wo Kaliforniens Geburtsstunde schlug: Hier wurde 1769 die erste Mission gegründet, die Mission San Diego de Alcalá. Sie wurde später um 10 km weiter flussaufwärts verlegt. Das heutige Gebäude ist im spanischen Revival-Stil erbaut und beherbergt eine interessante Sammlung von Artefakten und Bildern aus San Diegos Zeit der „Ranches und Missionen".

Point Loma

Auf einer Karte sieht Point Loma wie ein Elefantenrüssel aus, der den Eingang der San Diego Bay beschützt. Die Highlights hier sind das **Cabrillo National Monument** (Karte S. 296; ☎619-557-5450; www.nps.gov/cabr; 1800 Cabrillo Memorial Dr; 10 US$/Auto; ⏲9–17 Uhr; P 🚻) 🍃 am Ende des Rüssels, die Geschäfte und Restaurants des **Liberty Public Market** (Karte S. 296; ☎619-487-9346; http://libertypublicmarket.com; 2820 Historic Decatur Rd; ⏲7–22 Uhr) am Anfang sowie die Meeresfrüchte auf **Shelter Island**.

Mission Bay & Strände

In San Diegos drei Strandorten blüht der Hedonismus: Armeen gebräunter, straffer Körper tummeln sich im Sand. Westlich der amöbenförmigen Mission Bay sind der surferfreundliche **Mission Beach** und sein nördlicher Nachbar **Pacific Beach** (PB) durch den autofreien **Ocean Front Walk** verbunden, der von Skatern, Joggern und Radfahrern wimmelt.

Südlich von Mission Bay gibt's im bohemehaften **Ocean Beach** (OB) ein Angelpier, Beachvolleyballfelder und gute Surfbedingungen. An der Hauptstraße, der **Newport Ave**, finden sich jede Menge raubeinige Bars, lässige Restaurants, Tattoo-Shops und Läden, die Surfausrüstung, alte Klamotten und Trödel verkaufen.

Belmont Park VERGNÜGUNGSPARK
(Karte S. 296; ☎858-228-9283; www.belmontpark.com; 3146 Mission Blvd; 3–6 US$/Fahrt, Ganztagesticket Erw./Kind 30/20 US$; ⏲tgl. ab 11 Uhr, Schließzeiten variieren; P) Dieser traditionelle Vergnügungspark für Familien am

Balboa Park & Bankers Hill

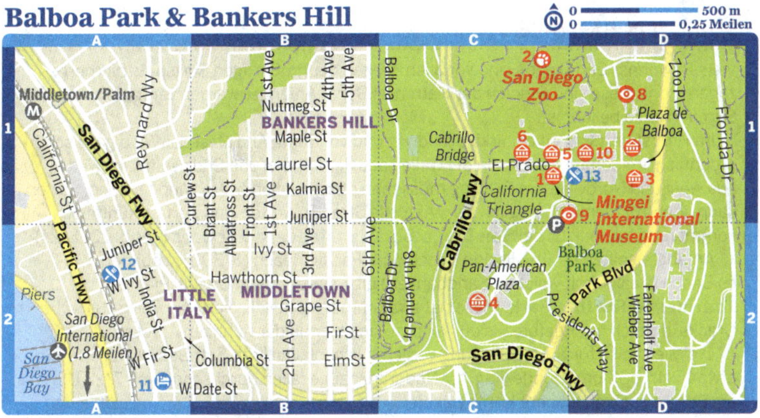

Balboa Park & Bankers Hill

Highlights

1 Mingei International Museum C1
2 San Diego Zoo C1

Sehenwertes

3 Reuben H. Fleet Science Center D1
4 San Diego Air & Space Museum C2
5 San Diego Museum of Art C1
6 San Diego Museum of Man C1
7 San Diego Natural History Museum D1
8 Spanish Village Art Center D1
9 Spreckels Organ Pavilion D1
10 Timken Museum of Art D1

Schlafen

11 La Pensione Hotel A2

Essen

12 Juniper & Ivy A2
13 Prado D1

südlichen Ende von Mission Beach besteht bereits seit 1925. Es gibt ein großes Indoor-Schwimmbecken, bekannt als **Plunge**, und eine historische Holzachterbahn namens **Giant Dipper**. Außerdem werden Adventure Golf, ein neuer Escape Room, ein Karussell und andere Klassiker angeboten. Zu den moderneren Attraktionen zählen Wellensimulatoren wie der **Flowrider** (Karte S. 296; ☎ 858-228-9283; www.belmontpark.com/flow/; WaveHouse Beach Club, 3125 Ocean Front Walk; Wellenreiten 30 US$/Std.) GRATIS zum Surfen. Er befindet sich zwar an Land, ist aber letztlich für San Diego genau das Gleiche wie der Vergnügungspark auf dem Santa Monica Pier für L. A.

La Jolla

Der Nobelvorort La Jolla (span. für „Juwel", la-*hoi*-jah ausgesprochen) besteht aus schimmernden Stränden und einem schicken Zentrum mit Boutiquen und Cafés und schmiegt sich an einen der schönsten Küstenstreifen von SoCal. Zu den Attraktionen am Meer gehören der **Children's Pool** (La Jolla Seals; Karte S. 296; 850 Coast Blvd) – in dem sich jetzt keine Kinder mehr, sondern bellende Seelöwen tummeln – Kajakfahrten, das Erkunden von Meereshöhlen in der **La Jolla Cove** und Schnorcheln im **San Diego-La Jolla Underwater Park** (Karte S. 296).

Torrey Pines State Natural Reserve STATE PARK

(☎ 858-755-2063; www.torreypine.org; 12600 N Torrey Pines Park Rd; ⏲ 7.15 Uhr–Sonnenuntergang, Visitor Center Okt.–April 10–16 Uhr, Mai–Sept. 9–18 Uhr; P) GRATIS In diesem Naturschutzgebiet zwischen der N Torrey Pines Rd und dem Ozean und vom **Torrey Pines Gliderport** (Karte S. 296; ☎ 858-452-9858; www.flytorrey.com; 2800 Torrey Pines Scenic Dr; 20 Min. Paragliding 175 US$, Tandem-Drachenflug 225 US$/Pers.) bis nach Del Mar stehen die letzten Torrey-Kiefern *(Pinus torreyana)* auf amerikanischem Festland, die sich den geringen Niederschlägen und dem sandigen, steinigen Boden perfekt angepasst haben. Die steil aufragenden Sandsteinwände sind zu spektakulären Strukturen erodiert. Der Blick über das Meer nach Norden und

SURFEN IN SAN DIEGO

Viele Bewohner San Diegos sind vor allem wegen der großartigen Surfspots hierhergezogen – und diese sind wirklich der Hammer! Sogar Anfänger werden verstehen, warum Surfen hier so beliebt ist.

Im Herbst herrscht eine starke Brandung und vor Santa Ana bläst der Wind ganz schön ordentlich. Im Sommer kommen die Wellen aus dem Süden und Südwesten, im Winter aus West und Nordwest. Im Frühling muss man oft mit auflandigem Wind rechnen, Surfen kann aber trotzdem gut möglich sein. Aktuelle Strand-, Wetter- und Surfauskünfte bekommt man telefonisch bei **San Diego County Lifeguard Services** (☎619-221-8824).

Anfänger sollten es am Mission Beach oder Pacific Beach (S. 300) probieren, wo es Beach Breaks (mit weichen Sandbänken) gibt. Nördlich von Crystal Pier liegt der **Tourmaline Surfing Park**. Dieser ist zwar immer recht voll, dies aber völlig zu Recht: Cracks, die sich mit Reefbreaks auskennen, sind hier an der richtigen Adresse.

Die Mietpreise für Surfausrüstung variieren je nach Qualität; Soft Boards liegen bei etwa 15/45 US$ pro Stunde/Tag, für Neoprenanzüge fallen durchschnittlich 7/28 US$ an. Es gibt auch günstigere Kombipakete.

die Walsichtungen sind einfach atemberaubend. An Wochenenden und Feiertagen bieten Volunteers geführte Spaziergänge durch die Natur an. Mehrere Wege führen durch den Park und hinunter zum Strand.

Birch Aquarium at Scripps AQUARIUM
(Karte S. 296; ☎858-534-3474; www.aquarium.ucsd.edu; 2300 Expedition Way; Erw./Kind 18,50/14 US$; ⏲9–17 Uhr; P 👪) Meereswissenschaftler arbeiteten schon 1910 in dem Birch Aquarium in der Scripps Institution of Oceanography (SIO). Durch großzügige Spenden der Scripps-Familie wurde die Einrichtung zu einem der weltgrößten Meeresforschungsinstituten. Es gehört jetzt zur University of California (UC), San Diego. An der N Torrey Pines Rd wartet das Aquarium mit brillanten Ausstellungen auf. In der **Hall of Fishes** wird in mehr als 60 Becken das Leben in den Gewässern vom Pazifischen Nordwesten bis zu den Tropen präsentiert.

Aktivitäten

San Diegos Umland hat auch zahlreiche Wanderwege, der Großteil der Outdooraktivitäten konzentriert sich hier allerdings aufs Meer. Dieses ist ein Traum für Surfer, Stehpaddler, Kajakfahrer und Bootfahrer. Surfinfos gibt's telefonisch unter ☎619-221-8824.

Pacific Beach Surf Shop SURFEN
(Karte S. 296; ☎858-373-1138; www.pbsurfshop.com; 4150 Mission Blvd; Surfunterricht in der Gruppe ab 75 US$; ⏲Laden Winter 9–18 Uhr, Sommer 9–19 Uhr) In der angegliederten Pacific Beach Surf School kann man in freundlicher Atmosphäre surfen lernen oder sich einfach nur einen Neoprenanzug und ein Brett (Soft oder Glasfaser) leihen. Wer Unterricht braucht, muss vorher anrufen. Dieser wird bis 15 Uhr (Winter) bzw. 17 Uhr (Sommer) einmal pro Stunde angeboten.

Hike, Bike, Kayak San Diego ABENTEUERSPORT
(Karte S. 296; ☎858-551-9510; www.hikebikekayak.com; 2222 Avenida de la Playa; Kajakverleih ab 28 US$, geführte Touren ab 50 US$) Hier kann man sich einer Kajaktour zur Bucht und zu den Höhlen von La Jolla anschließen oder eine Radtour entlang der Küste machen. Verleiht auch Ausrüstung.

Flagship Cruises BOOTFAHREN
(Karte S. 298; ☎619-234-4111; www.flagshipsd.com; 990 N Harbor Dr; Touren Erw./Kind ab 24/12 US$; 👪) Die Hafenrundfahrten und Walbeobachtungstouren starten am Embarcadero und dauern zwischen einer und mehreren Stunden.

Schlafen

Die hier angegebenen Preise gelten für Einzel- oder Doppelzimmer in der Hauptsaison (Sommer). Zwischen September und Juni sinken die Preise deutlich, man sollte aber zu jeder Zeit im Jahr nach Rabatten, Suiten und Paketangeboten fragen. San Diego Tourism bietet eine **Zimmerreservierungs-Hotline** (☎800-350-6205; www.sandiego.org).

Downtown & Umgebung

★**USA Hostels San Diego** HOSTEL $
(Karte S. 298; ☎800-438-8622, 619-232-3100; www.usahostels.com; 726 5th Ave; B/Zi. mit Gemeinschaftsbad ab 32/80 US$; ❄@📶) Das gesellige Hostel in einem ehemaligen Hotel aus

viktorianischer Zeit bietet viel Atmosphäre und ist äußerst farbenfroh gestaltet. Es gibt freundliche Zimmer, eine voll ausgestattete Küche und eine Lounge. Im Preis enthalten sind Bettzeug, Schließfach und Bagels zum Frühstück. Tolle Lage umgeben von Bars mitten im nachtaktiven Gaslamp Quarter. Wer einen leichten Schlaf hat, bringt lieber mal Ohrstöpsel mit.

★ La Pensione Hotel BOUTIQUEHOTEL $$

(Karte S. 301; ☎ 619-236-8000, 800-232-4683; www.lapensionehotel.com; 606 W Date St; Zi. ab 145–200 US$; P ❄ 📶) Der Name täuscht. Das La Pensione in Little Italy ist keine Pension, sondern ein nettes, freundliches, kürzlich renoviertes Hotel rund um einen mit Fresken geschmückten Innenhof. Die 67 Zimmer sind mit Queen-Size-Betten und eigenen Bädern ausgestattet. Das Hotel ist nur einen Steinwurf von den Restaurants, Cafés und Galerien dieses Viertels entfernt, auch die meisten Attraktionen in Downtown sind von hier zu Fuß zu erreichen. Unten gibt's ein schönes Café und ein relativ neues Spa. Parkplätze kosten 20 US$.

★ Hotel Solamar BOUTIQUEHOTEL $$

(Karte S. 298; ☎ 619-819-9500; www.hotelsolamar.com; 435 6th Ave; Zi. 169–299 US$; P ❄ @ 📶 🏊) Eine grandiose Alternative im Gaslamp Quarter, die einen trotz des hippen Styles nicht gleich in den Ruin treibt. 2017 sollte eine neue Poolbar eröffnet werden mit Hütten, Freiluftspielen (etwa Cornhole) und tollem Blick auf die Wolkenkratzer der Umgebung. Die schicken, in Marineblau gehaltenen Zimmer haben einen witzigen Touch von Neo-Rokoko. Es gibt ein Fitnessstudio, Yogamatten für die Zimmer, kostenlose Leihräder und abends eine Wine Hour, in der die Gäste kostenlos ein Gläschen Wein genießen können. Parkplätze kosten 47 US$.

Strände

Pearl MOTEL $$

(Karte S. 296; ☎ 877-732-7573, 619-226-6100; www.thepearlsd.com; 1410 Rosecrans St; Zi. 125–199 US$; P ❄ 📶 🏊) Das moderne Pearl aus der Mitte des letzten Jahrhunderts passt eher nach Palm Springs als nach San Diego. Die 23 Zimmer in dem Gebäude von 1959 sind in sanften Blautönen gehalten und mit abgefahrenen Surfmotiven geschmückt. In jedem Zimmer gibt es einen Goldfisch. Am Pool ist eigentlich immer etwas los (z. B. werden mittwochs Filme gezeigt). In der coolen, mit Veloursteppichen ausgestatteten Lobby kann man *Jenga* oder *Mensch ärgere Dich nicht* spielen. Wer einen leichten Schlaf hat, sollte nach einem Zimmer hinten raus fragen.

Inn at Sunset Cliffs HOTEL $$

(Karte S. 296; ☎ 619-222-790, 866-786-24531; www.innatsunsetcliffs.com; 1370 Sunset Cliffs Blvd; Zi./Suite ab 175/289 US$; P ⊖ ❄ @ 📶 🏊) In dieser Unterkunft am Südzipfel des Ocean Beach wird man morgens von den Wellen geweckt, die gegen die felsige Küste schlagen. Das entzückende Hotel aus den 1950er-Jahren hat einen Innenhof voller Blumen und einen kleinen beheizten Pool. Die 24 luftigen Zimmer sind klein. Die meisten haben schöne Bäder mit Steinfliesen, einige Suiten haben voll eingerichtete Küchen.

★ Hotel del Coronado LUXUSHOTEL $$$

(Karte S. 296; ☎ 800-468-3533, 619-435-6611; www.hoteldel.com; 1500 Orange Ave; Zi. ab 297 US$; P ⊖ ❄ @ 📶 🏊 🐾) San Diegos Hotelikone mit über 100-jähriger Geschichte bietet echtes Coronado-Flair mit Pool, einem komplett ausgestatteten Wellnessbereich, Boutiquen, Restaurants, schön gepflegten Grünanlagen und einem weißen Sandstrand. In der Weihnachtszeit kommt sogar noch eine Schlittschuhbahn dazu. Selbst die einfachen Zimmer haben luxuriöse Marmorbäder. Achtung: Die Hälfte der Betten steht nicht im Hotel aus der viktorianischen Zeit (368 Zimmer), sondern in einem siebenstöckigen Nebengebäude aus den 1970er-Jahren. Authentisches Coronado-Feeling garantiert natürlich nur ein Zimmer im Originalhotel. Self-Parking kostet 39 US$.

Crystal Pier Hotel & Cottages COTTAGE $$$

(Karte S. 296; ☎ 800-748-5894; www.crystalpier.com; 4500 Ocean Blvd, Pacific Beach; DZ 185–525 US$; P ⊖ ❄ 📶) Die entzückenden, wunderschönen und in San Diego unerreichten Cottages stehen direkt auf dem Pier über dem Wasser. Fast alle der 29 Hütten, von denen die meisten aus den 1930er-Jahren stammen, bieten einen grandiosen Blick aufs Meer und sind mit einer Küche ausgestattet. In den neueren, größeren Häuschen können bis zu sechs Personen übernachten. Wer im Sommer ein Cottage ergattern möchte, muss acht bis elf Monate im Voraus reservieren! Die Dauer des Mindestaufenthalts variiert je nach Saison. Es gibt keine Klimaanlage. Ein Parkplatz ist im Preis enthaltene.

Essen

San Diego verfügt über eine florierende Restaurantszene, deren Schwerpunkt auf der mexikanischen und kalifornischen Küche sowie auf Seafood liegt.

Downtown & Umgebung

★ Puesto at the Headquarters MEXIKANISCH **$$**
(Karte S. 298; ☎610-233-8880; www.eatpuesto.com; 789 W Harbor Dr, The Headquarters; Hauptgerichte 11–19 US$; ⌚11–22 Uhr) In diesem Lokal kommt umwerfendes mexikanisches Street Food auf den Tisch. Die Tacos werden traditionell, aber mit viel Einfallsreichtum zubereitet, z. B. Hühnchen-Tacos (mit Hibiskus, Chipotle, Ananas und Avocado) oder andere Variationen mit Zucchini und Kaktus. Weitere Leckerbissen sind Krebs-Guacamole, Cevice mit in Limette marinierten Shrimps und gegrillter Wolfsbarsch.

★ Old Town Mexican Café MEXIKANISCH **$$**
(Karte S. 296; ☎619-297-4330; www.oldtownmexcafe.com; 2489 San Diego Ave; Hauptgerichte 5–17 US$; ⌚wochentags 19–23, Wochenende bis 24 Uhr; 👪) Andere Restaurants kommen und gehen, dieses hier, in einem betriebsamen Gebäude aus Lehmziegeln und mit Sitznischen aus Hartholz untergebracht, ist aber bereits seit den 1970er-Jahren im Geschäft. Während man darauf wartet, einen Tisch zugewiesen zu bekommen, kann man schon mal die Angestellten dabei beobachten, wie sie die Tortillas servieren. Empfehlenswert sind das *machaca* (geschnetzeltes Rindfleisch mit Eiern, Zwiebeln und Paprika), *carnitas* sowie mexikanische Rippchen. Zum Frühstück bestellt man sich am besten *chilaquiles* (Tortillachips mit Salsa oder Mole, auf Wunsch mit Käse überbacken).

Basic PIZZERIA **$$**
(Karte S. 298; ☎619-531-8869; www.barbasic.com; 410 10th Ave; kleine/große Pizzas ab 14/32 US$; ⌚11.30–2 Uhr) Hipster aus dem East Village lieben die knusprigen Pizzas aus dem Steinofen, die in dem hohen Raum (einer ehemaligen Lagerhalle) serviert werden. Die kleinen Pizzas sind zwar recht groß, aber trotzdem leicht. Als Belag gibt's das Übliche, aber auch Neues wie Pie'n'Mash mit Mozzarella, Kartoffelbrei und Schinkenspeck. Dazu trinkt man ein Craft-Bier (was sonst?) oder einen Cocktail.

★ Juniper & Ivy KALIFORNISCH **$$$**
(Karte S. 301; ☎619-269-9036; www.juniperandivy.com; 2228 Kettner Blvd; kleine Gerichte 10–23 US$, Hauptgerichte 19–45 US$; ⌚So–Do 17–22, Fr & Sa bis 23 Uhr) Das 2014 von Chefkoch Richard Blais eröffnete, hoch geschätzte Restaurant hat eine täglich wechselnde Speisekarte. Serviert werden Gerichte aus der Molekularküche, etwa Hummer-Congee, hawaiianischer Schnapper mit Valencia-Pride-Mango, Ahi (Gelbflossenthunfisch) mit Pfifferlingen und Schweinsfuß-Tortelloni. Das Juniper & Ivy befindet sich in einer schick umgebauten Lagerhalle.

Balboa Park & Umgebung

★ Hash House a Go Go AMERIKANISCH **$$**
(Karte S. 296; ☎619-298-4646; www.hashhouseagogo.com; 3628 5th Ave, Hillcrest; Frühstück 10–22 US$, Hauptgerichte abends 15–29 US$; ⌚Mo 7.30–14.30, Di–Do 7.30–14 & 17.30–21, Fr–So bis 14.30 und 21.30 Uhr; 👪) In diesem stets gut besuchten Bungalow gibt's Biscuits and Gravy direkt aus Indiana, riesige Portionen Eggs Benedict, Pfannkuchen so groß wie Wagenräder und sieben Sorten Bratkartoffeln. Das Frühstück ist so reichhaltig, dass man den ganzen Tag satt ist. Man sollte abends zurückkommen, um die ebenfalls hervorragenden Burger, Brathähnchen und preisgekrönten Sandwiches mit Hackfleisch zu probieren. Wen wundert's also, dass die Speisen in diesem Lokal *twisted farm food* (abgewandelte Bauerngerichte) genannt werden?

★ Urban Solace KALIFORNISCH **$$**
(Karte S. 296; ☎619-295-6464; www.urbansolace.net; 3823 30th St, North Park; Hauptgerichte mittags 12–22 US$, abends 14–27 US$; ⌚Mo–Di 11–21, Mi–Do bis 21.30, Fr bis 22.30, Sa 10.30–22.30, So 9.30–14.30 & 16–21 Uhr) Die jungen, hippen Gourmets von North Park genießen hier kreativ zubereitete Hausmannskost wie vegetarische Quinoa-Burger, den „Not your mama's"-Hackbraten aus Lammfleisch mit Feigen, Pinienkernen und Feta, „Duckaroni" (Mac'n'Cheese mit Enten-Confit) sowie geschnetzeltes Hähnchen mit Klößen. Trotz des grandiosen Essens herrscht hier eine überraschend relaxte Atmosphäre – vielleicht liegt das an den kreativen Cocktails.

★ Prado KALIFORNISCH **$$$**
(Karte S. 301; ☎619-557-9441; www.pradobalboa.com; 1549 El Prado; Mittagessen 8–19 US$, Abendessen 8–37 US$; ⌚Mo 11.30–15, Di–Do 11–22, Sa 11.30–21.30, So 11–21 Uhr; 👪) In einem

der schönsten Speisesäle San Diegos zaubert einer der berühmtesten Chefköche der Stadt erlesene kalifornische Gerichte: frisch gebackene Sandwiches, Hummer-Bucatini oder mit Thymian angebratene halbe *jidori*-Hühnchen. Mittags kann man gediegen auf der Veranda speisen; und wer nachmittags Appetit auf einen Cocktail oder Aperitif hat, geht in die Bar.

Strände

★ Dirty Birds AMERIKANISCH $

(Karte S. 296; www.dirtybirdsbarandgrill.com; 4656 Mission Blvd; 5/20 Wings 7,50/26 US$; ⌚ So–Mi 11–24, Do–Sa 11–2 Uhr) Ein Besuch dieser Sportsbar lohnt schon allein wegen der preisgekrönten Chicken Wings. Auf der Speisekarte des Surfertreffs stehen sie in 37 verschiedenen Geschmacksrichtungen, darunter die klassischen Buffalo Wings, aber auch wunderbar verrückte Variationen wie Salz und Essig, Apfel-Chipotle-Bourbon und Hähnchen-Enchilada. Besonders gut schmecken dazu die zehn wechselnden Fassbiere.

★ Point Loma Seafoods SEAFOOD $

(Karte S. 296; ☎ 619-223-1109; www.pointloma seafoods.com; 2805 Emerson St; Hauptgerichte 7–16 US$; ⌚ Mo–Sa 9–19, So 10–19 Uhr; P 👪) Dieser Fischmarkt mit Delikatessenladen (die Meeresfrüchte kommen direkt frisch vom Schiff auf den Tresen) serviert Seafood-Sandwiches, Salate, Sashimi, Gebratenes und eiskaltes Bier. Man bestellt an der Theke und schnappt sich einen Platz an einem der Picknicktische auf der Terrasse im Obergeschoss mit Blick auf den Hafen. Das leckere Sushi und Speisen von Ceviche bis Muschelsuppe können auch zum Mitnehmen geordert werden.

★ Hodad's BURGER $

(Karte S. 296; ☎ 619-224-4623; www.hodadies.com; 5010 Newport Ave, Ocean Beach; Gerichte 4–15 US$; ⌚ 11–22 Uhr) Schon zu Flower-Power-Zeiten anno 1969 wurden in O.B.s legendärem Burgerlokal leckere Shakes, bergeweise Zwiebelringe und köstliche, in Papier eingewickelte Hamburger serviert. An den Wänden hängen Nummernschilder, aus den Lautsprechern dröhnt Grunge oder Surf-Rock und der bärtige, tätowierte Kellner macht es sich beim Aufnehmen der Bestellung schon mal neben den Gästen auf der Bank bequem. Kein Hemd? Keine Schuhe? Kein Problem, Kumpel!

★ The Patio on Lamont AMERIKANISCH $$

(Karte S. 296; ☎ 858-412-4648; www.thepatioon lamont.com; 4445 Lamont St; Gerichte 7–26 US$; ⌚ 9–24 Uhr) Eine beliebte Adresse unter Einheimischen mit wunderschön zubereiteten kleinen Gerichten der modern-amerikanischen Küche und tollen Cocktails. Probieren sollte man das Ahi-Krabben-Türmchen oder die knackige Artischocke mit Ziegenkäse, serviert auf einer gemütlichen, spärlich beleuchteten Terrasse (im Winter stehen hier Heizstrahler). Jeden Tag gibt's von 15 bis 18 und von 22 bis 24 Uhr eine Happy Hour für ausgewählte Biere und Cocktails (5/6 US$).

Ausgehen & Nachtleben

Die facettenreiche Barszene von San Diego deckt das gesamte Spektrum ab, von Livemusik-Pubs und klassischen amerikanischen Billardbars bis hin zu Strandbars mit Tiki-Cocktails, Schwulenclubs mit Dragshows und sogar ein paar versteckten Flüsterkneipen. Craft-Bier aus der Region ist in der Stadt leicht aufzutreiben. Alternativ macht man sich auf und erkundet die rund 100 Brauereien und Weingüter in Temecula.

★ Bang Bang BAR

(Karte S. 298; ☎ 619-677-2264; www.bang bangsd.com; 526 Market St; Cocktails 14–26 US$; ⌚ Mi–Do 17–22.30, Fr & Sa bis 2 Uhr) Im Schein von Laternen legen in Gaslamps heißester neuer Location einheimische und weltbekannte DJs auf. Außerdem gibt's Sushi und asiatische Snacks wie Klöße und in Panko panierte Shrimps sowie fantasievolle Cocktails (von denen einige in riesigen Bechern kredenzt werden und die man sich besser teilen sollte). Und nicht zu vergessen: Die Toiletten sind eine Hommage an Ryan Gosling und Hello Kitty. Einfach nur spitze!

Noble Experiment BAR

(Karte S. 298; ☎ 619-888-4713; http://nobleexpe rimentsd.com; 777 G St; ⌚ Di–So 19–2 Uhr) Diese Location ist im wahrsten Sinne des Wortes eine Entdeckung. Man öffnet eine versteckte Tür und betritt eine moderne Flüsterkneipe mit kleinen goldenen Totenschädeln an den Wänden, klassischen Gemälden an der Decke und einer innovativen Cocktailkarte (ab 12 US$). Es gibt nur eine Schwierigkeit: das Reinkommen. Man muss per SMS eine Reservierung vornehmen und bekommt dann Infos, ob zur gewünschten Zeit etwas frei ist und wie man die Bar findet. Sonst kann man auch einfach so auftauchen, seinen Namen auf die Warteliste setzen lassen und in der Bar oben drüber, dem **Neighborhood** (☎619-446-0002; www.neighborhoodsd.com; ⏲12–24 Uhr), warten.

Gossip Grill LESBEN
(Karte S. 296; ☎619-260-8023; www.thegossipgrill.com; 1220 University Ave; ⏲Mo–Fr 12–2, Sa & So 10–2 Uhr) Die Drinks in San Diegos bekanntester Lesbenbar haben es in sich. Es gibt eine Terrasse, ein Restaurant und eine Tanzfläche und überall stehen Pflanzen, hängen Kronleuchter und knistern Feuerstellen. Auf der Karte stehen Chicken Wings, Minihamburger, Fladenbrot, Suppen, Salate und Sandwiches (Hauptgerichte ab 9 US$). Regelmäßig finden spezielle Themenabende statt, es legen DJs auf und jede Woche gibt's spezielle Drinks im Angebot.

☆ Unterhaltung

In den Zeitungen *City Beat* oder *UT San Diego* findet man aktuelle Kino- und Theaterprogramme sowie Termine für Galerieveranstaltungen und Konzerte in der Stadt. **Arts Tix** (Karte S. 298; ☎858-437-9850; www.sdartstix.com; 28 Horton Plaza, neben dem Balboa Theatre; ⏲Di–Do 10–16, Fr & Sa bis 18, So bis 14 Uhr) in einem Kiosk unweit der Westfield Horton Plaza, bietet für viele Aufführungen am selben oder nächsten Tag Tickets zum halben Preis sowie rabattierte Karten für andere Events. **Ticketmaster** (☎800-653-8000; www.ticketmaster.com) und **House of Blues** (Karte S. 298; ☎619-299-2583; www.houseofblues.com/sandiego; 1055 5th Ave; ⏲16–23 Uhr) verkaufen Tickets für sonstige Shows und Konzerte in der Stadt.

Prohibition Lounge LIVEMUSIK
(Karte S. 298; http://prohibitionsd.com; 548 5th Avenue; ⏲Mi–Sa 20–1.30 Uhr) Sobald man die unauffällige Tür auf der 5th Ave mit der Aufschrift „Eddie O'Hare's Law Office" gefunden hat, betätigt man den Lichtschalter. Ein Türsteher erscheint und bringt die Neuankömmlinge in ein spärlich beleuchtetes Untergeschoss, wo zum Livejazz (ab 21.30 Uhr) Craft-Cocktails serviert werden. Man sollte früh kommen, da sich der Laden sehr schnell füllt. Am Wochenende muss man sich oft auf eine Gästeliste setzen lassen.

Balboa Theatre THEATER
(Karte S. 298; ☎619-570-1100; http://sandiegotheatres.org; 868 4th Ave; ab 35 US$) Das 1924 erbaute Gebäude blickt auf eine bewegte Vergangenheit zurück: In den 1930er-Jahren flimmerten hier mexikanische Filme über die Leinwand, die an die wachsende Hispanics-Bevölkerung San Diegos adressiert waren. Im Zweiten Weltkrieg wurde es zu einer Unterkunft für ledige Offiziere der US Navy umfunktioniert. Irgendwann wurde es dichtgemacht, bis eine 26 Mio. US$ schwere Sanierung es wieder zum Leben erweckte. Seit 2008 kann man auf dieser legendären Bühne Comedy, Filme und Opern sehen.

ℹ Praktische Informationen

INFOS IM INTERNET

Gaslamp Quarter Association (http://gaslamp.org) Alles Wissenswerte über das betriebsame Gaslamp-Viertel und auch über versteckte Parkplätze.

San Diego Tourism (www.sandiego.org) Infos zu Hotels, Sehenswürdigkeiten, Restaurants, Mietwagen etc. Auch Reservierungen können vorgenommen werden.

MEDIEN

- In den kostenlosen Zeitschriften *Citybeat* (http://sdcitybeat.com) und *San Diego Reader* (www.sdreader.com) erfährt man alles über die umtriebige Musik-, Kunst- und Theaterszene der Stadt. Ausgaben liegen in Geschäften und Cafés aus.
- KPBS 89.5 FM (www.kpbs.org) Die nationale öffentliche Radiostation.
- *San Diego Magazine* (www.sandiegomagazine.com) Monatlich erscheinendes Hochglanzmagazin.
- *UT San Diego* (www.utsandiego.com) Die größte Tageszeitung der Stadt.

MEDIZINISCHE VERSORGUNG

Scripps Mercy Hospital (☎619-294-8111; www.scripps.org; 4077 5th Ave; ⏲24 Std.) Hat eine rund um die Uhr geöffnete Notaufnahme. Überall in der Stadt gibt es auch durchgehend geöffnete Apotheken, z. B. die CVS-Geschäfte in Pacific Beach, Gaslamp und auf der Adams Ave.

TOURISTENINFORMATION

Coronado Visitor Center (Karte S. 296; ☎866-599-7242, 619-437-8788; www.coronadovisitorcenter.com; 1100 Orange Ave; ⏲Mo–Fr 9–17, Sa & So 10–17 Uhr)

International Visitor Information Center (Karte S. 298; ☎619-236-1242; www.sandiego.org; 1140 N Harbor Dr; ⏲Juni–Sept. 9–17 Uhr, Okt.–Mai bis 16 Uhr) Gegenüber dem B St Cruise Ship Terminal. Die hilfsbereiten Angestellten haben sehr detaillierte Stadtpläne, verkaufen ermäßigte Tickets für Attraktionen und bieten eine Reservierungs-Hotline für Hotelzimmer an.

An- & Weiterreise

Auf dem **San Diego International Airport** (SAN; Karte S. 296; ☎619-400-2404; www.san.org; 3325 N Harbor Dr; 📶) landen vor allem Inlandsflüge.

Die Downtown-Bushaltestelle in San Diego wird von **Greyhound** (Karte S. 298; ☎619-515-1100, 800-231-2222; www.greyhound.com; 1313 National Ave; ⊙Ticketbüro 5–23.59 Uhr) aus ganz Nordamerika angefahren.

Der Pacific Surfliner von **Amtrak** (☎800-872-7245; www.amtrak.com; 1050 Kettner Blvd) fährt von der historischen **Union Station** (Santa Fe Depot; ☎800-872-7245; 1050 Kettner Blvd; ⊙3–23.59 Uhr) mehrmals täglich nach Anaheim (2 Std.), Los Angeles (2¾ Std.) und Santa Barbara (6½ Std.).

Alle bekannten Mietwagenfirmen sind am Flughafen vertreten, kleinere Anbieter wie etwa **West Coast Rent a Car** (☎619-544-0606; http://westcoastrentacar.net; 834 W Grape St; ⊙Mo–Sa 9–18, So bis 17 Uhr) in Little Italy bieten aber oft günstigere Preise.

Unterwegs vor Ort

Bus 992 „The Flyer" (2,25 US$) vom Metropolitan Transit System fährt alle zehn bis 15 Minuten vom Flughafen ins Zentrum und zurück. Unterwegs hält er entlang des Broadway. Flughafen-Shuttles wie **Super Shuttle** (☎800-258-3826; www.supershuttle.com) kosten etwa 10 US$ nach Downtown; im Voraus buchen! Die Taxifahrt vom Flughafen ins Zentrum kostet durchschnittlich 12–18 US$ plus Trinkgeld.

MTS betreibt Stadtbusse (2,25–2,50 US$) und Trolleys (2,50 US$), die auch bis zur mexikanischen Grenze fahren. Im **Transit Store** (Karte S. 298; ☎619-234-1060; www.sdmts.com; 1255 Imperial Ave; ⊙Mo–Fr 8–17 Uhr) erhält man Pässe für die Region. Tageskarten können auch direkt im Bus gekauft werden. Die Taxipreise variieren, für eine Fahrt von 3 Meilen (4,8 km) muss man aber mit grob 12 US$ rechnen.

PALM SPRINGS & WÜSTEN

Das einsame Wüstengebiet zwischen dem mondänen Palm Springs und dem faszinierendem Death Valley nimmt 25 % der Fläche Kaliforniens ein. Obwohl auf den ersten Blick vielleicht nur grauenhaft öde, offenbart die Wüste bald eine perfekte Schönheit: Verwitterte Vulkangipfel, sinnliche Sanddünen, violett getönte Berge, Kaktusgärten, unzählige Sterne am Nachthimmel, umherflitzende Eidechsen unter Felskolossen und winzige Wildblumen, die im Frühling aus dem steinharten Boden sprießen. Die Ruhe, Spiritualität und Eleganz der kalifornischen Wüsten üben auf Künstlertypen, Filmstars, Kletterer und Allrad-Abenteurer gleichermaßen einen unwiderstehlichen Reiz aus.

Palm Springs

Hey Baby, das Rat Pack ist zurück – oder zumindest sein Lieblingstreff. In den 1950er- und 1960er-Jahren war das rund 160 km östlich von L. A. gelegene Palm Springs der swingende Rückzugsort von Sinatra, Elvis und anderen Hollywood-Stars. Nachdem das Rat Pack jedoch seine Sachen gepackt hatte, hielten Rentner in Golfklamotten Einzug in Palm Springs. Mitte der 1990er-Jahre entdeckten dann auch die jüngeren Generationen den charmanten Retro-Chic und die eleganten, modernen Gebäude der Stararchitekten aus der Mitte des 20. Jhs. für sich. Heute mischen sich in Palm Springs ganz gelassen Rentner und Urlauber mit Hipstern, Wanderern und einer stolzen LGBTIQ-Gemeinde. Ein tolles Ziel für einen kurzen Ausflug von L. A. oder vom anderen Ende der Welt.

Sehenswertes & Aktivitäten

Palm Springs ist die Hauptstadt des Coachella Valley, in dem sich mehrere Wüstenstädte aneinanderreihen. Diese werden allesamt vom Hwy 111 miteinander verbunden – vom unauffälligen Cathedral City bis hin zum glamourösen Palm Dessert und Coachella, der Heimat des berühmten Musikfestivals mit seinen Top-Acts.

★ **Palm Springs Aerial Tramway** SEILBAHN
(☎760-325-1391, 888-515-8726; www.pstramway.com; 1 Tram Way, Palm Springs; Erw./Kind 26/17 US$, Parken 5 US$; ⊙1. Bergfahrt Mo–Fr 10, Sa & So 8 Uhr, letzte Talfahrt tgl. 21.45 Uhr; je nach Saison unterschiedlich; P 👪) Die Seilbahn mit sich drehenden Gondeln klettert während ihres 4 km langen Aufstiegs in nur zehn Minuten über 1800 Höhenmeter nach oben und kommt dabei durch fünf Vegetationszonen, von der Sonora-Wüste unten bis hinauf zum nach Kiefern duftenden Mt. San Jacinto State Park. Von der Bergstation (2609 m), an der es bis zu 22 °C kühler ist als unten am Wüstenboden, kann man den tollen Ausblick genießen, in zwei Restaurants essen (dann bietet sich der „Ride 'n' Dine"-Pass an), 80 km Wanderwege erkunden oder im Naturkundemuseum vorbeischauen.

★ Palm Springs Art Museum MUSEUM

(☎760-322-4800; www.psmuseum.org; 101 Museum Dr, Palm Springs; Erw./Student 12,50 US$/frei, Eintritt frei Do 16–20 Uhr; ⏲So–Di & Sa 10–17, Do & Fr 12–21 Uhr; P) Kunstliebhaber sollten dieses Museum auf keinen Fall verpassen. Hier werden Wechselausstellungen gezeigt, die aus der erstklassigen Sammlung internationaler moderner und zeitgenössischer Gemälde, Skulpturen, Fotografien und Glaskunstwerke zusammengestellt werden. Die Dauerausstellung umfasst u. a. Arbeiten von Henry Moore, Ed Ruscha, Mark di Suvero, Frederic Remington und anderen bedeutenden Künstlern. Weitere Highlights sind die Glaskunst von Dale Chihuly und William Morris sowie die Sammlung präkolumbischer Figuren.

★ Sunnylands Center & Gardens GÄRTEN

(☎760-202-2222; www.sunnylands.org; 37977 Bob Hope Dr, Rancho Mirage; Führung 20–45 US$, Center & Gärten frei; ⏲Do–So 9–16 Uhr, Anfang Juni–Mitte Sept. geschl.; P) Sunnylands ist das Winteranwesen im Mid-Century-Modern-Stil von Walter und Leonore Annenberg, einer der einflussreichsten Familien Amerikas. Sie haben hier schon sieben US-Präsidenten, Könige, Hollywood-Stars und internationale Staatschefs empfangen. Das Haus kann nur im Rahmen einer 90-minütigen Führung (45 US$) besichtigt werden, die weit im Voraus auf der Website gebucht werden muss. Das neue Visitor Center zeigt einen Film und mehrere Ausstellungen, für die keine Reservierung notwendig sind. Auch ein toller Wüstengarten darf natürlich nicht fehlen.

★ Living Desert Zoo & Gardens ZOO

(☎760-346-5694; www.livingdesert.org; 47900 Portola Ave, Palm Desert; Erw./Kind 20/10 US$; ⏲Okt.–Mai 9–17 Uhr, Juni–Sept. 8–13.30 Uhr; P 👪) 🌿 In diesem beeindruckenden Tierpark kann man eine Vielzahl von Wüstenpflanzen und -tieren sowie Ausstellungen über die Geologie der Region und die Kultur der hiesigen Ureinwohner bewundern. Zu den Highlights gehören das zugängliche Wildtier-Krankenhaus und das „afrikanische" Dorf mit Fairtrade-Markt und einem Geschichten-Hain. Kamelritte, Giraffenfüttern, eine Runde auf dem Karussell der bedrohten Tierarten und die Fahrt mit dem „Hop on, Hop off"-Shuttle kosten extra. Ein Besuch ist ebenso lehrreich wie unterhaltsam und die 15 Meilen (24 km) lange Fahrt hinunter ins Tal absolut wert.

★ Indian Canyons WANDERN

(☎760-323-6018; www.indian-canyons.com; 38520 S Palm Canyon Dr, Palm Springs; Erw./Kind 9/5 US$, 90-minütige geführte Wanderung 3/2 US$; ⏲Okt.–Juni 8–17 Uhr, Juli–Sept. nur Fr–So) Die Bäche aus den San Jacinto Mountains versorgen die Pflanzenvielfalt in den Oasen rund um Palm Springs mit lebensnotwendigem Nass. Die Canyons, die seit Jahrhunderten das Zuhause amerikanischer Ureinwohner sind, präsentieren sich als ein Paradies für Wanderer. Der Palm Canyon Trail führt zur weltweit größten Oase mit Fächerpalmen, der Murray Canyon Trail zu einem saisonal Wasser führenden Wasserfall und der Andreas Canyon Trail zu Felsformationen, die einen ganzjährig Wasser führenden Bach säumen.

Smoke Tree Stables REITEN

(☎760-327-1372; www.smoketreestables.com; 2500 S Toledo Ave, Palm Springs; 1-/2-stündiger geführter Ausritt 50/120 US$; ⏲1-stündige Ausritte stündlich 8–15 Uhr, 2-stündige Ausritte 9, 11 & 13 Uhr; 👪) Der Anbieter in der Nähe der Indian Canyons organisiert einstündige Ausritte am Fuße der Berge und zweistündige Ausflüge in den von Palmen gesäumten Murray Canyon. Beide richten sich an Anfänger. Reservierungen sind nicht erforderlich, man sollte aber vorab anrufen und sich zur Sicherheit noch einmal nach dem Beginn der jeweiligen Ausritte erkundigen. Private Ausflüge gibt's auf Anfrage.

Schlafen

In Palm Springs und dem Coachella Valley findet sich eine bemerkenswerte Vielfalt an Unterkünften: gehobene Boutiquehotels im Vintage-Stil, Luxus-Resorts und Kettenmotels. Kinder sind mitunter nicht willkommen. Camper werden im Joshua Tree National Park sowie in den San Jacinto Mountains (über den Hwy 74) fündig.

Caliente Tropics MOTEL $$

(☎800-658-6034, 760-327-1391; www.calientetropics.com; 411 E Palm Canyon Dr, Palm Springs; Zi. 99–225 US$; P ❄ 📶 🏊 🐾) Früher planschten Elvis und der Rat Pack am Pool dieser besten Budgetunterkunft, einer nett herausgeputzten Motorlodge im Tiki-Stil von 1964. In den geräumigen, in warmen Farben gehaltenen Zimmern entschwebt man auf wunderbaren Matratzen ins Land der Träume.

★ Arrive Hotel BOUTIQUEHOTEL $$

(☎760-507-1650; www.arrivehotels.com; 1551 N Palm Canyon Dr, Palm Springs; Wohnstudio ab

179 US$; P) Umweltfreundlicher rostiger Stahl, Holz und Beton sind die wichtigsten Design-Zutaten dieser neuen Unterkunft nur für Erwachsene, in der der Bar gleichzeitig auch die Funktion einer Rezeption zukommt. Die 32 Zimmer (manche mit Terrasse) erfüllen jegliche Hipster-Anforderungen: Regenduschen, Apple TV und schicke Badprodukte. Das Restaurant am Pool, das Café, die Eisdiele und die Bar mit Craft-Bier sind auch bei den Einheimischen sehr beliebt.

★ L'Horizon BOUTIQUEHOTEL **$$**
(760-323-1858; http://lhorizonpalmsprings.com; 1050 E Palm Canyon Dr, Palm Springs; Zi. 169–249 US$; P) Das anheimelnde, von William F. Cody entworfene Hotel beherbergte schon Gäste wie Marilyn Monroe und Betty Grable, die am Pool relaxten. Mittlerweile wurde das L'Horizon restauriert und zu einem eleganten und schicken Wüstenresort umgewandelt, das nur Erwachsene beherbergt. Die 25 Bungalows liegen auf dem großen Anwesen verstreut und bieten so jede Menge Privatsphäre. Wer hier übernachtet, darf sich auf Außenduschen, einen chemiefreien Pool und eine eigene Veranda freuen.

★ El Morocco Inn & Spa BOUTIQUEHOTEL **$$**
(888-288-9905, 760-288-2527; http://elmoroccoinn.com; 66810 4th St, Desert Hot Springs; Zi. 199–219 US$; P) In dem atemberaubend schönen Refugium, in dem alle Zeichen auf Romantik stehen, folgt man dem Ruf der Kasbah. Zwölf exotisch eingerichtete Zimmer liegen rund um eine Poolterrasse, auf der der engagierte Gastgeber zur Happy Hour kostenlose „Moroccotinis" serviert. Im hauseigenen Spa werden so verlockende Massagen wie „Marokkanischer Regen" angeboten. Dabei wird mithilfe eines ätherischen Öls der Körper von Giftstoffen gereinigt.

Hacienda at Warm Sands BOUTIQUEHOTEL **$$$**
(760-327-8111; www.thehacienda.com; 586 Warm Sands Dr, Palm Springs; Zi. 309–439 US$; P @) Das Schwulenresort mit zehn Suiten überzeugt mit indonesischen Teak- und Bambusmöbeln und setzt hohe Luxusmaßstäbe. Die Gäste können sich ihr eigenes Kissen aussuchen, es gibt einen schönen Landschaftsgarten, zwei Pools und einen Whirlpool mit Feuerstelle. Die liebenswürdigen Besitzer sorgen gerne dafür, dass alles nach den individuellen Wünschen gestaltet ist, von Massagen auf dem Zimmer bis hin zum persönlichen Einkäufer.

Essen

Eine neue Generation von Restaurants, die es versteht, den Geist der Zeit zu erfassen, hat die Messlatte für Restaurants in Palm Springs bedeutend höher gelegt. Die interessantesten Newcomer, etwa solche mit bemerkenswertem Design, säumen den N Palm Canyon Dr im Designviertel Uptown.

★ Cheeky's KALIFORNISCH **$**
(760-327-7595; www.cheekysps.com; 622 N Palm Canyon Dr, Palm Springs; Hauptgerichte 9–14 US$; Do–Mo 8–14 Uhr, letzte Platzzuweisung 13.30 Uhr;) Die Warteschlangen in dem nur morgens und mittags geöffneten Restaurant können lang und der Service mittelmäßig sein, aber die Gerichte aus farmfrischen Zutaten sprühen nur so vor Kreativität. Die Speisekarte wechselt wöchentlich, aber Lieblinge wie die cremigen Rühreier oder der Weiderindburger mit Pesto-Pommes stehen immer mal wieder auf der Karte.

Trio KALIFORNISCH **$$**
(760-864-8746; www.triopalmsprings.com; 707 N Palm Canyon Dr, Palm Springs; Hauptgerichte mittags 13–16 US$, abends 15–30 US$; So–Do 11–22, Fr & Sa bis 23 Uhr;) Das Erfolgsgeheimnis des modernistischen Restaurants aus den 1960er-Jahren: aufgepeppte amerikanische Hausmannskost (grandioser Yankee-Schmorbraten!), auffällige Kunst

DIE GRÖSSTEN DINOSAURIER DER WELT

Westlich von Palm Springs glaubt man seinen Augen nicht zu trauen, wenn man von der I-10 plötzlich „Dinny the Dinosaur" und „Mr Rex" erspäht. Claude K. Bell, ein Bildhauer der Knott's Berry Farm, verbrachte in den 1980er-Jahren mehr als zehn Jahre damit, diese Betonriesen des **World's Biggest Dinosaurs** (951-922-8700; www.cabazondinosaurs.com; 50770 Seminole Dr, Cabazon; Erw./Kind 10/9 US$; Mo–Fr 10–16.30, Sa & So 9–18.30 Uhr; P) herzustellen. Heute kann man hier nach Dinofossilien graben, in das Maul von Mr Rex steigen, Dutzende von Dinosauriermodellen bewundern und sich im Souvenirladen mit Andenken eindecken.

ABSTECHER

PIONEERTOWN

Es sieht wie eine Grenzstadt aus den 1870er-Jahren aus, dabei wurde **Pioneertown** (www.pioneertown.com; P) GRATIS erst 1946 als Kulisse für einen Hollywood-Western errichtet, in der in den 1940er- und 1950er-Jahren über 50 Filme und mehrere Fernsehshows gedreht wurden. Zu den ursprünglichen Investoren zählten Gene Autry und Roy Rogers. Heutzutage bietet sich die Anlage für einen Spaziergang zwischen den alten Gebäuden an; in der Honky-Tonk-Kneipe gibt's Erfrischungen. Von April bis Oktober finden an jedem zweiten und vierten Samstag im Monat um 14.30 Uhr auf der „Mane St" nachgestellte Schießereien statt.

Nur einen Steinwurf entfernt liegt das stimmungsvolle **Pioneertown Motel** (760-365-7001; www.pioneertown-motel.com; 5040 Curtis Rd, Pioneertown; Zi. ab 155 US$; P), in dem einst die Filmstars übernachteten und dessen Zimmer heute voller Western-Andenken sind. Einige der Zimmer haben auch Küchennischen.

und Panoramafenster. Das Drei-Gänge-Abendmenü für 19 US$ (bis 18 Uhr) ist ein echtes Schnäppchen und die tagtägliche Happy Hour lockt mit Kneipensnacks und billigen Drinks zur After-Work-Session.

★ **Workshop Kitchen + Bar** AMERIKANISCH $$$
(760-459-3451; www.workshoppalmsprings.com; 800 N Palm Canyon Dr, Palm Springs; Hauptgerichte 26–45 US$; Mo–So 17–22, So 10–14 Uhr;) Hinter einer prunkvollen Fassade aus den 1920er-Jahren in El Paseo versteckt sich dieser atemberaubend schöne Ort, ein luftiger Betonschlauch, der von stimmungsvoll beleuchteten Nischen flankiert wird. Eine große Terrasse mit Olivenbäumen führt zu dem Restaurant. Auf den Tisch kommen auf moderne Weise neu interpretierte amerikanische Klassiker mit Zutaten vom Markt. Die Bar gehört zu den angesagtesten Adressen der Stadt.

Ausgehen & Nachtleben

Die Arenas Rd östlich des Indian Canyon Dr ist das Zentrum des schwul-lesbischen Nachtlebens.

★ **Bootlegger Tiki** COCKTAILBAR
(760-318-4154; www.bootleggertiki.com; 1101 N Palm Canyon Dr, Palm Springs; 16–2 Uhr) Purpurrotes Licht zaubert selbst käsigen Hipstern einen gesunden Teint ins Gesicht. Oder sind es doch die Mörder-Cocktails? In der winzigen Flüsterkneipe hängen Kugelfischlampen von der Decke und die Wände sind mit Rattan verkleidet. Hinein geht es durch das Café Ernest.

Birba BAR
(760-327 5678; www.birbaps.com; 622 N Palm Canyon Dr, Palm Springs; So & Mi–Do 17–23, Fr & Sa bis 24 Uhr;) Die von Hecken umgebene Terrasse mit funkelnden Lichtern und in den Boden eingelassenen Feuerstellen ist der perfekte Ort, um sich bei einem Glas Wein oder einem süffigen Cocktail wie dem Heated Snake mit Tequila zurückzulehnen. Dazu bestellt man sich eine Portion *cicchetti* (italienische Barsnacks) als Grundlage oder eine modern interpretierte Pizza oder ein Nudelgericht von der umfangreichen Speisekarte.

Shoppen

Kunstgalerien, Läden für modernes Design und Modeboutiquen, darunter das sagenhafte **Trina Turk** (760-416-2856; www.trinaturk.com; 891 N Palm Canyon Dr, Palm Springs; Mo–Sa 10–18, So 11–17 Uhr), finden sich „uptown" am North Palm Canyon Dr. Retro-Fans können sich in den Secondhand- und Kommissionsläden im Zentrum und am Hwy 111 umsehen. Die örtliche Version des Rodeo Dr ist El Paseo in Palm Desert.

Praktische Informationen

Palm Springs Historical Society (760-323-8297; www.pshistoricalsociety.org; 221 S Palm Canyon Dr, Palm Springs; Mo & Mi–Sa 10–16, So 12–15 Uhr) In der gemeinnützigen Organisation arbeiten freiwillige Helfer. Sie betreibt zwei Museen und bietet geführte Touren mit den Schwerpunkten Lokalgeschichte, Architektur und Prominenz an.

Palm Springs Visitor Center (800-347-7746, 760-778-8418; www.visitpalmsprings.com; 2901 N Palm Canyon Dr, Palm Springs; 9–17 Uhr) Das gut sortierte Visitors Center mit netten Angestellten befindet sich 3 Meilen (5 km) nördlich des Stadtzentrums in einer 1965 von Albert Frey entworfenen Tankstelle an der Abzweigung zur Palm Springs Aerial Tramway.

Anreise & Unterwegs vor Ort

Palm Springs International Airport (PSP; 760-318-3800; www.palmspringsairport.

com; 3400 E Tahquitz Canyon Way, Palm Springs) Wickelt das ganze Jahr über Flüge zu Zielen in ganz Nordamerika ab. Manchmal bieten Hotels kostenlose Flughafentransfers an. Ein Taxi in die Innenstadt von Palm Springs kostet zwischen 12 und 15 US$ (einschließlich der Flughafengebühr von 2,50 US$).

Dreimal wöchentlich hält der Zug *Sunset Limited* von **Amtrak** (www.amtrak.com) auf seiner Route zwischen New Orleans und Los Angeles in Palm Springs.

SunLine (☎800-347-8628; www.sunline.org; Ticket 1 US$, Tageskarte 3 US$) betreibt öffentliche Busse mit Alternativkraftstoff, die zwar langsam, aber regelmäßig durchs Tal tuckern.

Joshua Tree National Park

Wie Kreaturen aus einem Buch von Dr. Seuss begrüßen die seltsamen Josua-Palmlilien (eigentlich baumhohe Yuccapalmen) die Besucher in dem 3200 km² großen Park an der Übergangszone zweier Wüsten – der niedrigen und trockenen Colorado-Wüste und der höher gelegenen, feuchteren und etwas kühleren Mojave-Wüste.

Unter Kletterern ist „JT“ als eine der besten Destinationen in Kalifornien bekannt, Wanderer lieben die versteckten, schattigen, von natürlichen Quellen und kleinen Bächen gespeisten Fächerpalmenoasen und Mountainbiker sind von den Aussichten in der Wüste überwältigt.

Sehenswertes & Aktivitäten

Das sagenhafte **Wonderland of Rocks** beherrscht den Norden des **Parks** (☎760-367-5500; www.nps.gov/jotr; 7-Tage-Pass 25 US$/Auto; ⏲24 Std; P 🚻) und ist genauso wie das **Hidden Valley** ein Mekka für Kletterer. Der Blick von **Keys View** reicht an klaren Tagen über die San-Andreas-Verwerfung hinweg bis nach Mexiko und ist bei Sonnenuntergang besonders schön. Wer sich für die Geschichte der Pioniere interessiert, besucht die **Keys Ranch** (☎760-367-5500; www.nps.gov/jotr; Führung Erw./Kind 10/5 US$; ⏲Führungen zu unterschiedlichen Zeiten; P 🚻). Wanderer können Oasen mit Kalifornischen Washingtonpalmen wie die **49 Palms Oasis** (hin & zurück 4,8 km) und die **Lost Palms Oasis** (hin & zurück 11,6 km) erkunden. Zu den kinderfreundlichen Naturwanderoptionen gehören die Wege zum **Barker Dam** (Rundkurs 1,8 km), der an Petroglyphen der Ureinwohner vorbeiführt, zum **SkullRock** (Rundkurs 2,7 km) und zum **Cholla Cactus Garden** (Rundkurs 0,4 km). Die holprige, 18 Meilen (29 km) lange **Geology Tour Road** ist eine malerische Strecke für Geländewagen, die auch Mountainbiker in Angriff nehmen können.

Schlafen

Von den acht Campingplätzen im Park haben nur **Cottonwood** (☎760-367-5500; www.nps.gov/jotr; Pinto Basin Rd; 20 US$/Stellplatz) und **Black Rock** (☎760-367-5500, Reservierungen 877-444-6777; www.nps.gov/jotr; Joshua Lane; 20 US$/Stellplatz; P) Trinkwasser, Spültoiletten und Entsorgungsstationen. Reservierungen sind von Oktober bis Mai auf den Plätzen **Indian Cove** (☎760-367-5500, Reservierungen 877-444-6777; www.nps.gov/jotr; Indian Cove Rd; 20 US$/Stellplatz) und Black Rock möglich. Bei den anderen gilt das Motto „Wer zuerst kommt, mahlt zuerst“; dort gibt es Plumpsklos, Picknicktische und Feuerkörbe. Duschen gibt's auf keinem der Campingplätze, wohl aber am **Coyote Corner** (☎760-366-9683; www.jtcoyotecorner.com; 6535 Park Blvd; ⏲9–18 Uhr) in Joshua Tree. Nähere Infos auf www.nps.gov/jotr oder unter ☎760-367-5500.

Entlang des Hwy 62 findet man jede Menge Unterkünfte der Budget- und Mittelklasse. In Twentynine Palms und Yukka Valley finden sich vor allem nationale Kettenmotels. Die Quartiere in Joshua Tree haben mehr Charme und Charakter.

Harmony Motel MOTEL **$**
(☎760-367-3351, 760-401-1309; www.harmonymotel.com; 71161 29 Palms Hwy/Hwy 62, Twentynine Palms; Zi. 65–85 US$; P ⊖ ❄ 📶 ≋) Bono und seine Kollegen von U2 übernachteten hier während der Aufnahmen zu ihrem Album *The Joshua Tree*. Der freundliche Ash betreibt das gut in Schuss gehaltene Motel aus den 1950er-Jahren mit kleinem Pool und sieben großen, fröhlich gestrichenen Zimmern (einige mit Küchenzeile), die um einen sauberen Wüstengarten mit spektakulärem Ausblick liegen. In der Gemeinschaftsküche wird ein leichtes Frühstück serviert.

★ **Kate's Lazy Desert** INN **$$**
(☎845-688-7200; www.lazymeadow.com; 58380 Botkin Rd, Landers; Airstream Mo–Do 175 US$, Fr & Sa 200 US$; P ⊖ ❄ 📶 ≋) Kate Pierson von den B-52s ist die Besitzerin dieses Wüstencamps mit winzigem Pool (Mai–Okt.) und sechs Airstream-Wohnwagen zum Übernachten. Jeder ist mit passendem Fantasia-Popdesign sowie einem Doppelbett und einer Kochnische ausgestattet.

★ **Sacred Sands** B&B $$$
(☎760-424-6407; www.sacredsands.com; 63155 Quail Springs Rd, Joshua Tree; Nord/West Zi. 329/359 US$, Mindestaufenthalt 2 Nächte; P ⊖ ❄ ☎) In isolierter, herrlich ruhiger Lage sind diese Suiten im Wüsten-Chic das ultimative romantische Refugium. Beide haben eine private Außendusche, einen Whirlpool, eine Sonnen- und eine Schlafterrasse unter den Sternen. Sie bieten eine atemberaubende Aussicht auf die Wüstenhügel und den Nationalpark. Die Besitzer Scott und Steve sind freundliche Gastgeber und sensationelle Frühstücksköche.

Essen

Im Park selbst bekommt man kein Essen. Das nahe gelegene **Crossroads Cafe** (☎760-366-5414; www.crossroadscafejtree.com; 61715 29 Palms Hwy/Hwy 62, Joshua Tree; Hauptgerichte 6–12 US$; ⊙Mo–Sa 7–21, So bis 20 Uhr; P ☎) ist aber eine Institution in JT und die richtige Adresse für kohlenhydratreiches Frühstück, frische Sandwiches und bunte Gartensalate. Hier werden sowohl Carnivoren als auch Veganer glücklich.

★ **La Copine** AMERIKANISCH $
(www.lacopinekitchen.com; 848 Old Woman Rd, Flamingo Heights; Hauptgerichte 10–16 US$; ⊙Do–So 9–15 Uhr; P ❄) Die Besitzer Nikki und Claire haben den Schritt gewagt und ihre Idee – Brunch aus farmfrischen Zutaten – von einem Pop-up-Konzept zu einem echten stationären Bistro gemacht. Dafür sind sie von Philadelphia in die Hochwüste Kaliforniens gekommen. Ihr Lokal am Straßenrand serviert Gerichte, die den Zeitgeist einfangen. Das zeigen schon die Spezialitäten: Salat mit geräuchertem Lachs und pochiertem Ei, hausgemachter Teekuchen und Kurkuma-Tee mit Milch. Am Wochenende ist mit Wartezeiten zu rechnen.

Praktische Informationen

Parkinfos gibt's in den NPS-Besucherzentren in **Joshua Tree** (www.nps.gov/jotr; 6554 Park Blvd, Joshua Tree; ⊙8–17 Uhr; ☎ ♿), **Oasis** (www.nps.gov/jotr; 74485 National Park Dr, Twentynine Palms; ⊙8.30–17 Uhr) und **Cottonwood** (www.nps.gov/jotr; Cottonwood Springs; ⊙8.30–16 Uhr; ♿). Außer Toiletten gibt's im Park keinerlei Einrichtungen, Trinkwasser und Essen muss man also unbedingt selbst mitbringen! Benzin und Lebensmittel bekommt man in den drei am Twentynine Palms Hwy (Hwy 62) gelegenen Städten am Nordrand des Parks: in Yucca Valley, wo es die meisten Einrichtungen (Banken, Supermärkte etc.) gibt, im lässigen Joshua Tree mit Outdoor-Ausrüstern und Geschäften mit Internetzugang und in Twentynine Palms.

Anza-Borrego Desert State Park

Der von einem Urmeer und tektonischen Kräften geformte Anza-Borrego ist der größte State Park der USA außerhalb Alaskas. Um das einzige Geschäftszentrum des Parks – das winzige Borrego Springs (3429 Ew.) – liegt ein fast 2500 km² großes Gelände aus Bergen, Canyons und Ödland. Man findet hier eine ungeheure Vielzahl von Tieren und Pflanzen sowie interessante historische Relikte von indigenen Völkern, spanischen Entdeckern und Goldrausch-Pionieren. Die meisten Besucher kommen zu Beginn des Frühjahrs in den Park, wenn die Wildblumen in voller Blüte stehen. Im Sommer sind Erkundungstouren bei Tag aufgrund der höllischen Hitze nicht nur ultrastrapaziös, sondern auch gefährlich.

Sehenswertes & Aktivitäten

Das **Visitor Center** (☎760-767-4205; www.parks.ca.gov; 200 Palm Canyon Dr, Borrego Springs; ⊙Mitte Okt.–Mitte Mai tgl. 9–17 Uhr, Mitte Mai–Mitte Sept. nur Sa, So & in den Ferien) des Parks mit diversen naturhistorischen Ausstellungsstücken, Infomaterial und aktuellen Infos zum Straßenzustand befindet sich 2 Meilen (3,2 km) westlich von Borrego Springs. Die Fahrt durch den Park ist kostenlos. Wer aber zelten, wandern oder picknicken will, muss eine Tageskarte (5 US$/Auto) kaufen. Für die Schotterstraßen in der Wildnis (500 Meilen; 800 km) benötigt man einen Geländewagen. Bei Wandertouren ausreichend Trinkwasser mitnehmen!

Zu den Highlights im Park gehören der **Fonts Point** mit Blick auf die Wüste; der **Clark Dry Lake**, wo man wunderbar Vögel beobachten kann; der **Elephant Tree Discovery Trail** in der Nähe der Split Mountain Wind Caves; und das **Blair Valley** mit den Piktogrammen amerikanischer Ureinwohner und verschiedenen Spuren von Pionieren. Weiter südlich kann man es sich in den Thermalquellen des **Agua Caliente Regional Park** (☎760-765-1188; www.sdparks.org; 39555 Great Southern Overland Stage Route of 1849/County Rte S2; 3 US$/Auto; ⊙Mo–Fr 9.30–17 Uhr, Sept.–Mai am Wochenende bis Sonnenuntergang geöffnet) so richtig gut gehen lassen.

ABSEITS DER ÜBLICHEN PFADE

SALTON SEA & SALVATION MOUNTAIN

Östlich von Anza-Borrego und südlich von Joshua Tree erwartet Besucher ein höchst unerwarteter Anblick: der **Salton Sea** (☎760-393-3052; 100-225 State Park Rd, North Shore; 7 US$/Auto; ⌚Visitor Center Okt.–Mai 10–16 Uhr, Juni–Sept. nur Fr–So; P), Kaliforniens größter See mitten in der größten Wüste des Bundesstaates. Nachdem der Colorado 1905 über seine Ufer getreten war, mussten 1500 Arbeiter 500 000 t Gestein bewegen, um ihn wieder in sein Flussbett zu bringen. Der Wasserspiegel des künstlichen Sees, der keinen natürlichen Abfluss hat, liegt 67 m unter dem Meeresspiegel, und sein Wasser ist 50 % salzhaltiger als der Pazifik – ein ökologischer Albtraum, für den keine Lösung in Sicht ist.

Ein noch seltsamerer Anblick in der Nähe des Ostufers des Sees ist der **Salvation Mountain** (www.salvationmountain.us), ein 30 m hoher, bunt mit Acrylfarbe bemalter und mit Fundstücken und christlichen Botschaften verzierter Hügel, der aus von Hand angerührtem Lehm besteht. Die Kreation des Volkskünstlers Leonard Knight (1931–2014) befindet sich in Niland, etwa 3 Meilen (knapp 5 km) östlich des Hwy 111, und ist über die Main St/Beal Rd zu erreichen.

Schlafen & Essen

In und um Borrego Springs findet sich eine Handvoll Motels und Hotels, die nur in der Saison geöffnet haben. Ansonsten ist hier Campen angesagt, zumal auch Wildcampen im Hinterland überall erlaubt ist.

Borrego Palm Canyon Campground CAMPING $
(☎800-444-7275; www.reserveamerica.com; 200 Palm Canyon Dr, Borrego Springs; Stellplatz Zelt/Wohnmobil 25/35 US$; P 🐾) Der Campingplatz nahe dem Visitor Center des Anza-Borrego Desert State Park hat preisgekrönte Toiletten, dicht beieinander liegende Zeltstellplätze und ein Amphitheater für Ranger-Programme.

Palm Canyon Hotel & RV Resort HOTEL $$
(☎760-767-5341; www.palmcanyonrvresort.com; 221 Palm Canyon Dr, Borrego Springs; inkl. Steuer DZ 128–177 US$, Wohnmobil mit allen Anschlüssen 48–56 US$, Wohnwagen 70–150 US$; ⌚Okt.–Mai; P 📶 🏊) Etwa 1 Meile westlich vom Visitor Center des Parks bietet diese moderne Anlage u.a. geräumige Zimmer (einige mit Whirlpool). Einen wirklich unvergesslichen Aufenthalt verspricht aber die Übernachtung in einem der alten Airstream-Wohnwagen. Die Zimmer oben bieten einen netten Blick auf die Berge. Obendrein gibt's zwei Pools und ein Restaurant mit Saloon. Von September bis Juni muss man mindestens zwei Nächte bleiben.

★**La Casa del Zorro** RESORT $$$
(☎760-767-0100; www.lacasadelzorro.com; 3845 Yaqui Pass Rd; Zi. 224–350 US$; P ❄ 📶 🏊 🐾) Nach einer Rundumerneuerung ist das altehrwürdige Resort von 1937 nun wieder die großartigste Unterkunft der Region. Es vermietet 67 elegant-rustikale Zimmer, die um mehrere Pools angeordnet sind und Wüstenromantik versprühen, und für Familien geeignete *casitas*, die mit gewölbten Decken und Badewannen aus Marmor aufwarten. Unglaubliche 28 Swimmingpools und Whirlpools liegen auf dem 17 ha großen Gelände mit Gartenanlagen verstreut! Außerdem gibt's ein Spa, fünf Tennisplätze, eine Bar und ein Gourmetrestaurant.

Praktische Informationen

In Borrego Springs gibt es Banken mit Geldautomaten, Tankstellen, einen Supermarkt, eine Post und eine öffentliche Bibliothek mit kostenlosem WLAN und Internetterminals. Dies alles findet man am Palm Canyon Dr. Infos zur Blütezeit der Wildblumen erhält man bei der **Wildflower Hotline** (☎760-767-4684).

Mojave National Preserve

Wer auf der Suche nach der Mitte des Nirgendwo ist, liegt mit der Wildnis des **Mojave National Preserve** (☎760-252-6100; www.nps.gov/moja; zwischen I-15 & I-40) GRATIS sicher nicht falsch. Die rund 6474 km² große Einöde aus Sanddünen, Josua-Palmlilien und Schlackekegeln vulkanischen Ursprungs ist Lebensraum der gefährdeten Wüstenschildkröten. Achtung: Tankstellen gibt's hier nicht!

Südöstlich von Baker und dem I-15 Fwy führt die Kelbaker Rd durch eine gespenstische Landschaft aus Schlackekegeln, ehe sie das **Kelso Depot** erreicht, einen Bahnhof aus den 1920er-Jahren im Mission-Revival-Stil. Drinnen befinden sich heute die Hauptstelle des **Visitor Center** (☎760-252-6108; www.nps.gov/moja; Kelbaker Rd, Kelso; ⊙10–17 Uhr) (☎760-252-6108; ⊙9–17 Uhr) des Parks mit ausgezeichneten naturkundlichen und kulturgeschichtlichen Exponaten sowie ein altmodischer Mittagsimbiss. Weitere 11 Meilen (17,7 km) Richtung Südwesten liegen die „singenden" **Kelso Dunes**. Bei günstigen Bedingungen erzeugt der wandernde Sand ein tiefes Dröhnen. Dieses lässt sich manchmal auch spontan auslösen, indem man die Dünenflanken hinabrennt. Am Kelso Depot zweigt die Kelso-Cima Rd nach Nordosten ab. Nach 19 Meilen (30,6 km) führt die Cima Rd zurück zur I-15 und rund um den **Cima Dome**, einen 460 m hohen Granitfelsen mit Lava-Vorsprüngen. An seinen Hängen wächst der weltweit größte **Josua-Palmlilien-Wald**. Rund 6 Meilen (9,7 km) nordwestlich von Cima beginnt der Weg zum **Teutonia Peak** (hin & zurück 5 km), von dem aus man sich die gesamte Gegend anschauen kann.

Schlafen & Essen

Wer im Park übernachten will, muss campen. Baker, am nordwestlichen Rand des Gebiets an der I-15 gelegen, hat zahlreiche preiswerte und charakterlose Motels. Wer von Norden kommt, kann sich in den etwas besseren Kasinohotels in Primm an der Grenze zu Nevada einquartieren. Wer über die I-40 fährt, findet in Needles die am nächsten gelegene Unterkunft.

Etwas zu essen bekommt man im Park ausschließlich an der altmodischen Mittagstheke im Kelso Visitor Center. Der nächstgelegene Ort mit Restaurants und Lebensmittelgeschäften ist Baker.

Death Valley National Park

Allein schon der Name beschwört Höllenbilder einer gnadenlosen, heißen, kahlen und lebensfeindlichen Einöde alttestamentarischen Ausmaßes herauf. Bei näherer Betrachtung entpuppen sich Natur und Landschaft des Death Valley aber als absolut spektakulär: Wer sich ins Tal des Todes aufmacht, darf singende Sanddünen sehen, vom Wasser geformte Canyons, Felsbrocken, die über den Wüstenboden wandern, erloschene Vulkankrater, von Palmen umgebene Oasen, schroffe Bergen von bis zu 3350 m Höhe und eine vielfältige endemische Tierwelt.

Das Death Valley ist eine Gegend der Superlative, die einige US-Rekorde hält, nämlich den der höchsten gemessenen Temperatur (57 °C) und des tiefsten Punktes (Badwater, fast 86 m unter dem Meeresspiegel). Außerdem ist der Nationalpark mit über 13 628 km² der größte außerhalb Alaskas.

Sehenswertes & Aktivitäten

Im Sommer sollten nur befestigte Straßen benutzt werden, Outdoor-Erkundungen sollte man auf die frühen Morgenstunden und den späten Nachmittag beschränken. Die heißeste Zeit des Tages verbringt man am besten in höheren Regionen. Von **Furnace Creek**, dem zentralen Anlaufpunkt des **Parks** (☎760-786-3200; www.nps.gov/deva; 7-Tage-Pass 25 US$/Auto; ⊙24 Std.; P 👪) 🌿, geht's südostwärts zum **Zabriskie Point**, von dem aus man bei Sonnenuntergang einen spektakulären Blick auf das goldene Ödland des Tals genießen kann, in dem Erosionen Wellen, Falten und Rinnen geformt haben. 20 Meilen (32 km) weiter südöstlich kann man von **Dante's View** sowohl den höchsten (Mt. Whitney, 4421 m) als auch den tiefsten (Badwater) Punkt der kontinentalen USA sehen.

Badwater, diese zeitlose, von rissigen Salzebenen geprägte Landschaft, liegt 17 Meilen (27 km) südlich von Furnace Creek. An der Strecke bieten sich kurze Wanderungen zum **Golden Canyon** und zur **Natural Bridge** an. Der fast 9 Meilen (15 km) lange Abstecher **Artists Drive** führt durch einen engen Canyon und ist besonders schön am späten Nachmittag, wenn die erodierten Hügel in einem Feuerwerk von Farben erstrahlen.

Nordwestlich von Furnace Creek kann man in der Nähe vom Stovepipe Wells Village über die an die Sahara erinnernden **Mesquite-Flat-Sanddünen** marschieren – bei Vollmond ein magisches Erlebnis – und an den glatten Marmorwänden des **Mosaic Canyon** klettern.

Etwa 55 Meilen (85 km) nordwestlich von Furnace Creek befindet sich das skurrile **Scotty's Castle** (☎760-786-3200; www.nps.gov/deva; ⊙geschl.), in dem kostümierte Führer die Old-West-Geschichten des Hochstaplers „Death Valley Scotty" zu neuem Leben erwecken (Reservierung empfohlen). 5 Meilen (8 km) westlich der Grapevine Junction kann man den **Ubehebe Crater** und seinen jüngeren Bruder umrunden.

Schlafen & Essen

Campingoptionen gibt es im Park in Hülle und Fülle, wer aber ein Dach über dem Kopf möchte, findet nur eine begrenzte Anzahl teurer und im Frühling oft auch bereits ausgebuchter Unterkünfte. Alternativ übernachtet man in den Orten Beatty (40 Meilen/65 km von Furnace Creek), Lone Pine (40 Meilen/65 km), Death Valley Junction (30 Meilen/48 km) oder Tecopa (70 Meilen/113 km). Etwas weiter weg liegen u.a. Ridgecrest (120 Meilen/193 km) und Las Vegas (140 Meilen/225 km).

Mesquite Springs Campground CAMPING $

(☎760-786-3200; www.nps.gov/deva; Hwy 190; 14 US$/Stellplatz) Ganz im Norden des Parks bietet dieser Campingplatz gerade einmal 40 Stellplätze, die nicht reserviert werden können. Er ist eine praktische Basis für den Ubehebe Crater und die Racetrack Rd. Auf einer Höhe von 550 m ist es auch um einiges kälter als in den unteren Wüstenregionen. Die Stellplätze sind mit Feuerstellen und Tischen ausgestattet, Wasser und Spültoiletten sind vorhanden.

Ranch at Furnace Creek RESORT $$

(☎760-786-2345; www.furnacecreekresort.com; Hwy 190, Furnace Creek; Hütte/Zi. ab 140/180 US$; P ⊖ ❄ ≈ ⊠) Das weitläufige, auf Familien zugeschnittene Resort mit unterschiedlichen motelartigen Gebäuden wurde aufgemöbelt und hat jetzt schicke, in Wüstenfarben gehaltene Zimmer mit modernen Bädern. Fenstertüren öffnen sich zu Terrassen mit gemütlichen Sitzmöbeln. Auf dem Gelände gibt's einen Spielplatz, einen von einer Quelle gespeisten Pool, Tennisplätze, Golfplatz, Restaurants, Geschäfte und das **Borax Museum** (⏱Okt.–Mai 9–21 Uhr, im Sommer wechselnde Öffnungszeiten; P 👪) GRATIS.

Inn at Furnace Creek HOTEL $$$

(☎760-786-2345; www.furnacecreekresort.com; Hwy 190; DZ ab 450 US$; ⏱Mitte Okt.–Mitte Mai; P ⊖ ❄ @ ≈ ⊠) In dem 1927 im spanischen Missionsstil erbauten Hotel rollt man morgens aus dem Bett, schiebt die Vorhänge zur Seite und kann schon die Farben der Wüste zählen. Nach einem schweißtreibenden Tag voller Erkundungstouren kann man dann herrlich faul die Aussicht auf das Valley genießen und mit einem Cocktail in der Hand am von Quellen gespeisten Pool relaxen. Es ist die eleganteste Option im Death Valley, eine kleine Renovierung würde den Zimmern allerdings nicht schaden.

> **ABSTECHER**
>
> **RHYOLITE**
>
> Unmittelbar östlich des Death Valley National Park und 4 Meilen (6,4 km) westlich von Beatty, Nevada, befindet sich die Abzweigung zur Geisterstadt **Rhyolite** (abseits des Hwy 374; P) GRATIS, die den turbulenten Aufstieg und Niedergang so vieler Goldgräberstädte im Westen durchlebt hat. Sehenswert sind z.B. das „Flaschenhaus" von 1906 und die Überreste der dreistöckigen Bank. Das bizarre **Goldwell Open Air Museum** (☎702-870-9946; www.goldwellmuseum.org; abseits Hwy 374; ⏱Park 24 Std., Visitor Center Mo–Sa 10–16 Uhr, im Sommer bis 14 Uhr; P) GRATIS nebenan ist eine schräge Kunstinstallation, die 1984 von dem belgischen Künstler Albert Szukalski in Angriff genommen wurde.

Amargosa Opera House Cafe CAFÉ $$

(☎760-852-4432; www.amargosacafe.org; Death Valley Junction; Hauptgerichte 9–19 US$, Pie 5 US$/Stück; ⏱Mo, Fr, Sa & So 8–15, Sa 18.30–21 Uhr; P ❄) 🌿 Das charmante Café mitten im Nirgendwo macht seine Gäste mit einem herzhaften Frühstück und gesunden Sandwiches fit für einen langen Tag im Death Valley. Von seiner wahren Stärke – frische Zutaten direkt vom Bauernhof – kann man sich dann samstags beim Dinner überzeugen. Ein Besuch hier lässt sich hervorragend mit einer Führung (oder Vorstellung) im verrückten Opernhaus der kürzlich verstorbenen Marta Becket verknüpfen. Der hervorragende Kaffee verleiht müden Geistern neue Energie.

Praktische Informationen

Sieben Tage gültige Tickets für den Park (25 US$/Auto) sind an den SB-Zahlstationen an den Zufahrtsstraßen sowie im **Furnace Creek Visitor Center** (☎760-786-3200; www.nps.gov/deva; ⏱8–17 Uhr; ≈ 👪) erhältlich. Das moderne Visitor Center zeigt fesselnde Ausstellungen zum Ökosystem und den Ureinwohnern des Parks und hat einen Souvenirshop, saubere Toiletten, (langsames) WLAN und freundliche Ranger, die gerne Fragen beantworten und bei der Planung eines gelungenen Tages helfen.

CENTRAL COAST

Der märchenhafte Streifen an der kalifornischen Küste wird allzu oft vergessen oder auf dem Weg zwischen San Francisco und

L. A. in kurzer Zeit durchfahren. Dabei finden sich hier zahlreiche wilde Strände, neblige Redwood-Wälder mit versteckten heißen Quellen und sanfte, goldfarbene Hügel mit fruchtbaren Weingütern und Farmland.

Santa Barbara

Perfektes Wetter, wunderschöne Architektur, exzellente Bars und Restaurants und Aktivitäten für jeden Geschmack und Geldbeutel machen Santa Barbara zu einem tollen Ort zum Leben (was einem die Einheimischen auch stolz bestätigen werden) – und zu einem Muss für Traveller in Südkalifornien. Man beginnt den Tag am besten mit einem Besuch der Kirche im spanischen Missionsstil und lässt sich dann einfach treiben.

Sehenswertes

★ MOXI MUSEUM
(Wolf Museum of Exploration + Innovation; ☎ 805-770-5000; www.moxi.org; 125 State St; Erw./Kind 14/10 US$; ⏲ 10–17 Uhr; 👪) Das dreistöckige Museum ist Teil der Erneuerung dieses vernachlässigten Abschnitts der State St. Es ist mit zahlreichen interaktiven Ausstellungen rund um Wissenschaft, Kunst und Technologie gefüllt und lockt vor allem Familien – selbst wenn es draußen nicht regnet. Wer sich an der Ausstellung sattgesehen hat, geht auf die Dachterrasse und genießt den nervenaufreibenden Gang über das Glasdach und den Blick auf Santa Barbara.

★ Santa Barbara County Courthouse HISTORISCHES GEBÄUDE
(☎ 805-962-6464; http://sbcourthouse.org; 1100 Anacapa St; ⏲ Mo–Fr 8–17, Sa & So 10–17 Uhr) GRATIS Das 1929 im spanisch-maurischen Revival-Stil erbaute Gerichtsgebäude hat handbemalte Decken und schmiedeeiserne Kronleuchter und ist mit Fliesen aus Tunesien und Spanien verziert. Im stillen Wandgemälderaum im 1. Stock warten Impressionen aus der spanischen Kolonialgeschichte. Danach kann man noch den 26 m hohen Glockenturm El Mirador hinaufklettern und durch die Bogen den Panoramablick auf die Stadt, das Meer und die Berge genießen.

★ Mission Santa Barbara KIRCHE
(☎ 805-682-4713; www.santabarbaramission.org; 2201 Laguna St; Erw. 9 US$, Kind 5–17 Jahre 4 US$; ⏲ 9–17 Uhr, letzter Einlass 16.15 Uhr; P 👪) Kaliforniens „Königin der Missionen" thront auf einem Hügel über der Stadt (etwa 2 km nördlich des Stadtzentrums). Die imposante ionische Fassade, eine architektonische Hommage an eine alte römische Kapelle, ist von zwei ungewöhnlichen Glockentürmen gekrönt. Im Inneren der Steinkirche von 1820 ist umwerfende Chumash-Kunst zu bewundern. Auf dem Friedhof fallen die aufwendigen Mausoleen früher Siedler in Kalifornien auf, während die Gräber Tausender Chumash größtenteils in Vergessenheit geraten sind.

Santa Barbara Maritime Museum MUSEUM
(☎ 805-962-8404; www.sbmm.org; 113 Harbor Way; Erw. 8 US$, Kind 6–17 Jahre 5 US$; ⏲ Do–Di 10–17 Uhr; P 👪) Das vollgepackte, zweistöckige Museum am Hafen feiert die von Salzwasser geprägte Geschichte der Stadt mit nautischen Artefakten, Erinnerungsstücken und interaktiven Exponaten: So kann man z. B. von einem Hochseeanglerstuhl aus eine Marlin-Trophäe „an Land ziehen", eine virtuelle Reise durch den Santa Barbara Channel unternehmen, auf einem Surfbrett stehen oder sich im Kino Dokumentarfilme über Tiefseetauchen anschauen. Auf dem öffentlichen Parkplatz sind 90 Minuten umsonst; alternativ steigt man an der Stearns Wharf in das Wassertaxi **Lil' Toot** (☎ 805-465-6676; www.celebrationsantabarbara.com; einfache Strecke Preis Erw./Kind 5/1 US$; ⏲ normalerweise April–Okt. 12–18 Uhr, Nov.–März variieren die Öffnungszeiten; 👪).

Aktivitäten

Der **Stearns Wharf** (www.stearnswharf.org; ⏲ tgl. geöffnet, Öffnungszeiten variieren; P 👪) GRATIS aus dem Jahr 1872 mit Blick auf die gut besuchten städtischen Strände ist der älteste ununterbrochen betriebene Holzpier an der Westküste. Heute ist er übersät von Touristenshops und Restaurants. Außerhalb der Stadt am Hwy 101 locken die größeren, von Palmen gesäumten **staatlichen Strände** von Carpinteria, 12 Meilen (19 km) östlich, sowie von El Capitan und Refugio, mehr als 20 Meilen (32 km) westlich.

Wheel Fun Rentals RADFAHREN
(☎ 805-966-2282; http://wheelfunrentalssb.com; 23 E Cabrillo Blvd; ⏲ 8–20 Uhr; 👪) Hier werden Beach-Cruiser (9,95 US$), Mountainbikes (10,95 US$) und 2-/4-Sitzer-Surreys (Tretautos; 28,95/38,95 US$) stundenweise verliehen. Preisnachlass bei Halb- und Ganztagesanmietung. Eine zweite, nur saisonal geöffnete Filiale, findet sich im Parker Double Tree Hotel auf den 633 E Cabrillo Blvd.

ABSEITS DER ÜBLICHEN PFADE

CHANNEL ISLANDS NATIONAL PARK

Der abgelegene und raue **Channel Islands National Park** (805-658-5730; www.nps.gov/chis) GRATIS wird wegen seiner einzigartigen Flora und Fauna auch „Kaliforniens Galápagos" genannt. Rund um die Inseln gibt es grandiose Möglichkeiten zum Schnorcheln, Tauchen und Kajakfahren. Besonders schön ist die Szenerie hier, wenn im Frühling die Wildblumen blühen. Im Sommer und Herbst ist die Landschaft knochentrocken, dafür aber liegt das Wasser vor allem im Herbst ruhig da und der Wind weht nicht allzu stark. Im Winter kann es recht stürmisch werden.

Die nur eine einstündige Bootsfahrt vom Festland entfernte Insel **Anacapa** ist mit ihren leichten Wanderstrecken und ihrer unvergesslichen Aussicht für einen Tagesausflug am besten geeignet. Santa Cruz ist die größte Insel und bietet sich für Ausflüge mit Übernachtung an. Hier kann man campen, Kajak fahren und wandern. Da die Überfahrt zu den anderen Inseln weiter draußen länger dauert, muss man mehrere Tage einplanen. **San Miguel** versinkt oft im Nebel. Das winzige **Santa Barbara** ist ein Tummelplatz von Seevögeln und Robben – genau wie **Santa Rosa**, wo es außerdem noch geschützte Torrey-Kiefern gibt.

Die Boote legen vom Ventura Harbor 51,5 km südlich von Santa Barbara am Hwy 101 ab. In dem dortigen **Visitor Center** (805-658-5730; www.nps.gov/chis; 1901 Spinnaker Dr, Ventura; 8.30–17 Uhr;) des Parks sind Infos und Karten erhältlich. Der größte Anbieter von Bootstouren ist Island Packers (805-642-1393; www.islandpackers.com; 1691 Spinnaker Dr, Ventura; Bootsfahrt 3 Std. Erw./Kind 3–12 Jahre ab 36/26 US$); im Voraus buchen! Stellplätze auf den einfachen Campingplätzen müssen vorab über Recreation.gov reserviert werden. Verpflegung und Getränke nicht vergessen!

Santa Barbara Sailing Center BOOTSFAHRT, SEGELN
(805-962-2826; www.sbsail.com; Marina 4, abseits des Harbor Way; 9–18 Uhr, Winter bis 17 Uhr;) An Bord des *Double Dolphin*, einem über 15 m langen Segelkatamaran, kann man zweistündige Bootstouren entlang der Küste oder bei Sonnenuntergang erleben (35 US$). Je nach Saison werden Walsichtungstouren (40 US$) und kurze, halbstündige Hafenrundfahrten zur Beobachtung anderer Meeresbewohner (18 US$) angeboten, die etwas kinderfreundlicher sind. Auch Touren mit dem Kajak oder Stehpaddelbrett sind im Angebot, ebenso wie deren Verleih.

Condor Express BOOTSFAHRT
(805-882-0088; www.condorcruises.com; 301 W Cabrillo Blvd; Bootsfahrt 2½/4½ Std. Erw. ab 50/99 US$, Kind 5–12 Jahre ab 30/50 US$, 4½ Std. ab 99/50 US$;) Die Walbeobachtungstouren finden an Bord des Hochgeschwindigkeitskatamarans *Condor Express* statt. Es wird versprochen, dass die Teilnehmer Wale sehen. Wenn das beim ersten Mal nicht klappt, bekommen sie einen Gutschein und können einen zweiten Versuch starten.

Schlafen

Der Preisschock ist sicher: Selbst einfache Motelzimmer kosten im Sommer über 200 US$. Preiswertere Motels gibt's am oberen Abschnitt der State St, nördlich des Stadtzentrums und am Hwy 101.

★ **Santa Barbara Auto Camp** CAMPING $$
(888-405-7553; http://autocamp.com/sb; 2717 De La Vina St; DZ 175–215 US$;) Hier schläft man in einem von fünf alten, metallisch glänzenden Airstream-Wohnwagen im Retro-Chic, die am oberen Ende der State St nördlich des Stadtzentrums stehen. Die fünf von Architekten designten Wohnwagen sind besonders herausgeputzt: Es gibt Badewannen mit Löwenfüßen, Doppelbetten für Kinder und voll eingerichtete Küchen. Den Gästen stehen kostenlos Cruiserbikes zur Verfügung.

Agave Inn MOTEL $$
(805-687-6009; www.agaveinnsb.com; 3222 State St; Zi. ab 119 US$;) Im Herzen noch immer ein Motel, vermittelt diese Budget-Boutiqueunterkunft eine fröhliche Atmosphäre à la Mexiko-Pop trifft Moderne. Die Farben hier könnten direkt aus einem Frida-Kahlo-Gemälde stammen. Flachbildfernseher, Mikrowelle, kleine Kühlschränke und Klimaanlagen machen diese Unterkunft zu einer grandiosen Option. Die familienfreundlichen Zimmer haben Kochnischen und ausziehbare Schlafsofas.

Harbor House Inn MOTEL $$
(☎805-962-9745; www.harborhouseinn.com; 104 Bath St; Zi. ab 180 US$; P ⊖ ❄ ᯤ) Die hellen Wohnstudios in diesem umgebauten, freundlichen Motel unten am Hafen haben Holzböden und ein nettes Stranddesign. Die meisten verfügen über voll eingerichtete Küchen, eines hat sogar einen Kamin. Im Preis enthalten sind ein Willkommensfrühstückskorb (Mindestaufenthalt 2 Nächte) sowie Strandtücher, Stühle, Sonnenschirme und Leihräder mit Dreigangschaltung.

★ **Inn of the Spanish Garden** BOUTIQUEHOTEL $$$
(☎805-564-4700; www.spanishgardeninn.com; 915 Garden St; Zi. ab 309 US$; P ⊖ ❄ @ ᯤ) Das Hotel im spanischen Kolonialstil bietet lässige Eleganz, erstklassigen Service und einen romantischen Innenhof, der den Gästen das Gefühl vermittelt, in ihrer eigenen Villa zu leben. Die Zimmer verfügen über Balkone oder Terrassen, Luxusbettwäsche, Bäder mit übergroßen Wannen und einen erstklassigen Zimmerservice. An dem kleinen Outdoor-Pool oder bei einer Massage im eigenen Zimmer kann man wunderbar die Seele baumeln lassen.

Essen

★ **La Super-Rica Taqueria** MEXIKANISCH $
(☎805-963-4940; 622 N Milpas St; ⏲Do–Mo 11–21 Uhr) Das Lokal ist klein, meistens hat man eine Warteschlange vor sich und die Einrichtung ist sehr schlicht – das alles ist jedoch vergessen, sobald man den ersten Bissen der authentischsten mexikanischen Gerichte in ganz Santa Barbara zu sich genommen hat. Die Fisch-Tacos, Tamales und anderen mexikanischen Klassiker locken bereits seit mehreren Jahrzehnten Einheimische wie Besucher hierher und überzeugten auch Fernsehköchin und Autorin Julia Child.

★ **Mesa Verde** VEGAN $$
(☎805-963-4474; http://mesaverderestaurant.com; 1919 Cliff Dr; Hauptgerichte 15–21 US$; ⏲11–21 Uhr; ✎) 🍃 Als Vegetarier hat man die Speisekarte in den meisten Restaurants recht schnell durchgesehen, im Mesa Verde ist das anders! Hier gibt es so viele leckere, innovative, komplett vegane Gerichte (das Highlight sind die Tacos mit Jackfrucht), dass man es schwer haben wird, sich zu entscheiden. Um der Qual der Wahl zu entgehen, bestellt man einfach eine Auswahl aus allem und macht sich auf aromatische Köstlichkeiten gefasst. Auch Fleischesser sind willkommen (und werden möglicherweise bekehrt).

★ **Lark** KALIFORNISCH $$$
(☎805-284-0370; www.thelarksb.com; 131 Anacapa St; Portionen zum Teilen 7–17 US$, Hauptgerichte 19–48 US$; ⏲Di–So 17–22 Uhr, Bar bis 24 Uhr) 🍃 Im Santa Barbara County gibt es keinen besseren Ort, um die vielen Erzeugnisse zu probieren, die der Boden und das Meer an diesem Küstenstreifen von SoCal hervorbringen. Der Chefkoch in diesem nach einem alten Pullman-Waggon benannten Restaurant in der Funk Zone gestaltet seine Speisekarte saisonal und präsentiert einzigartige Geschmackskombinationen wie Datteln mit Rosenkohl oder Hähnchen mit Harissa und Honig. Reservierung empfohlen.

Ausgehen & Nachtleben

Santa Barbaras Nachtleben findet hauptsächlich im unteren Abschnitt der State St und in der Funk Zone statt. Entlang des Urban Wine Trail (www.urbanwinetrailsb.com) gibt's ein Dutzend Weinstuben. Das kostenlose, wöchentlich erscheinende Stadtmagazin *Santa Barbara Independent* (www.independent.com) enthält einen Veranstaltungskalender.

★ **Figueroa Mountain Brewing Co** BAR
(☎805-694-2252; www.figmtnbrew.com; 137 Anacapa St; ⏲So–Do 11–23, Fr & Sa bis 24 Uhr) Vater und Sohn – beide Brauer – sind mit ihrem hopfigen und mit einer Goldmedaille ausgezeichneten IPA, ihrem dänischen Red Lager und ihrem Double-IPA von Santa Barbaras Wine Country in die Funk Zone umgezogen. Die fachkundigen Angestellten helfen gerne bei der Auswahl. Anschließend kann man sein Pint auf der Terrasse des Schankraums schlürfen und dabei akustische Darbietungen genießen. Der Eingang befindet sich in der Yanonali St.

Praktische Informationen

Santa Barbara Visitors Center (☎805-568-1811, 805-965-3021; www.santabarbaraca.com; 1 Garden St; ⏲Mo–Sa 9–17, So 10–17 Uhr, Nov.–Jan. bis 16 Uhr) Bei dem hilfsbereiten, aber meist sehr beschäftigten Personal bekommt man nicht nur allerlei Infos, sondern auch Karten und Broschüren.

Anreise & Unterwegs vor Ort

Greyhound (☎805-965-7551; www.greyhound.com; 224 Chapala St) betreibt ein paar Direktbusse, die täglich nach L. A. (15 US$, 3 Std.),

Santa Cruz (42 US$, 6 Std.) und San Francisco (40 US$, 9 Std.) fahren.

Amtrak (☎800-872-7245; www.amtrak.com; 209 State St) schickt Züge südwärts nach L. A. (31 US$, 2½ Std.) via Carpinteria, Ventura und den Flughafen von Burbank sowie gen Norden nach San Luis Obispo (22 US$, 2¾ Std.) und Oakland (43 US$, 8¾ Std.) mit Zwischenstopps in Paso Robles, Salinas und San Jose.

Metropolitan Transit District (MTD; ☎805-963-3366; www.sbmtd.gov) ist Betreiber der hiesigen Nahverkehrsbusse. Eine Fahrt kostet 1,75 US$ (passend bezahlen, nur Bargeld). Sie sind mit vorne montierten Fahrradträgern ausgestattet und fahren durch die ganze Stadt und die angrenzenden Ortschaften.

Von Santa Barbara nach San Luis Obispo

Über Hwy 101 kann man in nur zwei Stunden nach San Luis Obispo rasen. Wer sich aber einen ganzen Tag Zeit dafür nimmt, hat noch Luft für Abstecher zu Weingütern, historischen Missionen und versteckten Stränden.

Der Hwy 154 führt als idyllische Nebenstraße nördlich von Santa Barabara ins Wine Country (www.sbcountywines.com) zu den guten Tropfen des Santa Ynez Valley und des Santa Maria Valley. Entweder macht man eine Tour mit **Sustainable Vine** (☎805-698-3911; www.sustainablevinewinetours.com; Touren ab 150 US$) oder man folgt dem ländlichen **Foxen Canyon WineTrail** (www.foxencanyonwinetrail.com) nach Norden zu Weingütern mit Kultstatus. In **Los Olivos** gibt's rund zwei Dutzend Verkostungskeller und das **Los Olivos Wine Merchant & Café** (☎805-688-7265; www.winemerchantcafe.com; 2879 Grand Ave; Hauptgerichte morgens 9–12 US$, mittags & abends 13–29 US$; ⏲tgl. 11.30–20.30, Sa & So auch 8–10.30 Uhr), ein nettes kalifornisch-mediterranes Bistro mit Weinbar.

Weiter südlich befindet sich das von dänischen Einwanderern gegründete **Solvang** (www.solvangusa.com) mit Windmühlen und märchenhaften Bäckereien. Wer sich stärken möchte, bestellt sich im **Succulent Café** (☎805-691-9444; www.succulentcafe.com; 1555 Mission Dr; Hauptgerichte morgens & mittags 5–15 US$, abends 16–36 US$; ⏲Mo & Mi–So 10–15 & 17–21, Sa & So ab 8.30 Uhr) Frühstücksgebäck, Buttermilchsandwiches mit Brathähnchen oder knackig frische Salate. Im **El Rancho Market** (☎805-688-4300; http://elranchomarket.com; 2886 Mission Dr; ⏲6–23 Uhr) östlich von Solvangs spanischer **Mission** (☎805-688-4815; www.missionsantaines.org; 1760 Mission Dr; Erw. 5 US$, Kind unter 12 Jahre frei; ⏲9–16.30 Uhr) aus dem 19. Jh. bekommt man Mittagspicknicks und Gegrilltes zum Mitnehmen.

Über den Hwy 246 erreicht man nach etwa 15 Meilen (24 km) vom Hwy 101 westwärts den **La Purísima Mission State Historic Park** (☎805-733-3713; www.lapurisimamission.org; 2295 Purísima Rd, Lompoc; 6 US$/Auto; ⏲9–17 Uhr, geführte Touren Sept.–Juni Mi–So & an Feiertagen um 13 Uhr, Juli & Aug. tgl.; P). Die Mission mit ihren blühenden Gärten, den Viehpferchen und Adobe-Gebäuden gehört zu den stimmungsvollsten kalifornischen Missionen aus der spanischen Kolonialzeit. Südlich von Lompoc windet sich unweit vom Hwy 1 die Jalama Rd über 14 Meilen (22 km) zum vom Wind gepeitschten **Jalama Beach County Park** (☎Info vom Band 805-736-3616; www.countyofsb.org/parks/jalama; Jalama Beach Rd, Lompoc; 10 US$/Auto). Wer auf dem irrwitzig beliebten **Campingplatz** (☎805-568-2460; www.countyofsb.org/parks/jalama.sbc; 9999 Jalama Rd, Lompoc; Stellplatz Zelt/Wohnmobil ab 25/40 US$, Hütte 120–220 US$; P) einen Platz ergattern möchte, sollte rechtzeitig buchen. Die einfachen Hütten hier sind mit Kochnischen ausgestattet.

Dort, wo der Hwy 1 wieder auf den Hwy 101 trifft, liegt **Pismo Beach** mit einem schönen, langen Sandstrand und einem **Schmetterlingshain** (☎805-773-5301; www.monarchbutterfly.org; Hwy 1; ⏲Sonnenaufgang–Sonnenuntergang;) GRATIS, in dessen Eukalyptusbäumen wandernde Monarchfalter von Ende Oktober bis Februar rasten. Der angrenzende **North Beach Campground** (☎Reservierungen 800-444-7275; www.reserveamerica.com; 399 S Dolliver St; Stellplatz Zelt & Wohnmobil 40 US$;) verfügt über Strandzugang und warme Duschen. Dutzende Motels und Hotels säumen die Küste und den Hwy 101, besonders an Wochenenden sind sie jedoch schnell ausgebucht. Die **Pismo Lighthouse Suites** (☎805-773-2411; www.pismolighthousesuites.com; 2411 Price St; Suite ab 239 US$; P@) bieten alles, was Urlauberfamilien brauchen, sogar ein riesiges Schachbrett im Freien. In der Nebensaison lohnt es sich, nach Preisnachlässen zu fragen! Unweit des Piers von Pismo bekommt man bei **Old West Cinnamon Rolls** (☎805-773-1428; www.oldwestcinnamonrolls.com; 861 Dolliver St; Snacks 3–6 US$; ⏲6.30–17.30 Uhr;) süße Leckereien. Weiter oben am Hügel im **Cracked Crab** (☎805-773-2722; www.crackedcrab.com; 751 Price

St; Hauptgerichte 16–59 US$; So–Do 11–21, Fr & Sa bis 22 Uhr;) muss man sich rasch ein Plastiklätzchen umbinden, bevor die frischen Meeresfrüchte eimerweise auf dem mit Fleischerpapier belegten Tisch landen.

Der nahe gelegene Ort **Avila Beach** hat eine sonnige Uferpromenade, einen stimmungsvoll knarrenden, alten Anglerpier aus Holz und einen historischen **Leuchtturm** (Reservierung für geführte Wanderungen 805-528-8758, Reservierungen für Trolley-Touren 805-540-5771; www.pointsanluislighthouse.org; Leuchtturm 5 US$, inkl. Trolley-Tour Erw./Kind 3–12 Jahre 20/15 US$; geführte Wanderungen Mi & Sa 8.45–13 Uhr, Trolley-Touren Mi & Sa 12 & 13 Uhr). Auf dem Weg zurück zum Hwy 101 kann man am Verkaufsstand des **Avila Valley Barn** (805-595-2816; www.avilavalleybarn.com; 560 Avila Beach Dr; Mitte März–Ende Dez. 9–18 Uhr, Jan.–Mitte März Do–Mo 17 Uhr;) saftiges Obst pflücken und Ziegen füttern und dann in den **Sycamore Mineral Springs** (805-595-7302; www.sycamoresprings.com; 1215 Avila Beach Dr; 1 Std. 15–20 US$/Pers.; 8–24 Uhr) in einem Redwood-Whirlpool die Sterne betrachten.

San Luis Obispo

Auf halber Strecke zwischen L.A. und San Francisco liegt das eigentlich ruhige Städtchen San Luis Obispo. Die Studenten der CalPoly-Universität bringen eine gesunde Portion Leben in die Straßen, Bars und Cafés. Besonders viel los ist während des wöchentlich stattfindenden **Bauernmarkts** (805-541-0286; www.downtownslo.com; Higuera St; Do 18–21 Uhr;), wenn sich die Higuera St im Zentrum in eine Partymeile mit Livemusik und Grillständen verwandelt.

Wie mehrere andere kalifornische Städte wuchs auch SLO rund um eine spanisch-katholische **Mission** (805-543-6850; www.missionsanluisobispo.org; 751 Palm St; Spende 5 US$; Ende März–Okt. 9–17 Uhr, Nov.–Mitte März 9–16 Uhr;), die 1772 von Junípero Serra gegründet wurde. SLO ist nur einen Steinwurf von den florierenden Weingütern im Edna Valley (www.slowine.com) entfernt, die für fruchtigen Chardonnay und samtigen Pinot Noir bekannt sind.

Schlafen

Viele Motels findet man abseits von Hwy 101 in San Luis Obispo, vor allem entlang der Monterey St nordöstlich des Stadtzentrums und an der Santa Rosa St (Hwy 1).

HI Hostel Obispo HOSTEL $
(805-544-4678; www.hostelobispo.com; 1617 Santa Rosa St; B 32–39 US$, Zi. ab 65 US$, alle Zi Gemeinschaftsbad; Check-in 16.30–22 Uhr;) An einer von Bäumen gesäumten Straße in der Nähe von SLOs Bahnhof residiert das mit Solarstrom betriebene, avocadofarbene Hostel in einem umgebauten viktorianischen Haus, was ihm ein bisschen B & B-Charme verleiht. Zu den Annehmlichkeiten gehören eine Küche, ein Fahrradverleih (ab 10 US$/Tag) und zum Frühstück kostenlose Sauerteigpfannkuchen und Kaffee. BYOT (*bring your own towel*; eigene Handtücher mitbringen).

Madonna Inn HOTEL $$
(805-543-3000; www.madonnainn.com; 100 Madonna Rd; Zi. 209–329 US$;) Die total tuntige Hotelpraline ist schon vom Hwy 101 zu sehen. Touristen aus Japan, Urlauber aus dem Mittleren Westen und Kitsch liebende Hipster sind von den 110 Themenzimmern begeistert, z. B. vom „Yosemite Rock", „Caveman" und dem knallrosa „Floral Fantasy" (Fotos gibt's online). Das Urinal im Männerzimmer ist ein bizarrer Wasserfall. Der beste Grund für einen Zwischenstopp ist die märchenhafte Bäckerei.

Essen & Ausgehen

Die Higuera St im Stadtzentrum von SLO ist von Bars voller College-Studenten gesäumt, aber auch Fans von Craft-Bier können sich schon mal aufs Ausgehen hier freuen.

Luna Red FUSION $$
(805-540-5243; www.lunaredslo.com; 1023 Chorro St; Portionen zum Teilen 6–20 US$, Hauptgerichte 20–39 US$; Mo–Do 11.30–21.30, Fr bis 24, Sa 9–23.30, So bis 21 Uhr;) Lokale Produkte vom Land und aus dem Meer sowie traditionell hergestellter Käse und Zutaten vom Bauernmarkt prägen die kalifornisch, asiatisch und mediterran ausgerichtete Speisekarte mit kleinen Gerichten. Cocktails und Laternen sorgen drinnen für ein gehobenes Ambiente. Und von der Terrasse draußen blickt man direkt auf die Mission und kann sich dabei den Brunch schmecken lassen.

Guiseppe's Cucina Rustica ITALIENISCH $$
(805-541-9922; www.giuseppesrestaurant.com; 849 Monterey St; Pizza & Sandwiches 13–16 US$, Hauptgerichte 21–36 US$; 11.30–23 Uhr) Im Guiseppe's in Downtown gibt's in ungezwungener Atmosphäre hervorragende

Salate, Pizzas und Antipasti zum Mittagessen. Alternativ entscheidet man sich für Frikadellen oder ein Caprese-Sandwich zum Mitnehmen, die an der Frischetheke am Eingang erhältlich sind. Hinter dem Haus blickt man von einem schattigen Hof direkt auf die Fassade des historischen Sinsheimer Brothers Gebäudes. Auch ein toller Ort für ein ausgedehntes Abendessen mit schonend gebratenem Hähnchen und Weinen aus dem SLO County.

Luis Wine Bar WEINBAR

(☎805-762-4747; www.luiswinebar.com; 1021 Higuera St; ⏲So–Do 15–23, Fr–Sa bis 24 Uhr) Die Weinbar in der Downtown versprüht Stil und Raffinesse. Der Sitzbereich ist groß und offen, es gibt eine ansehnliche Liste mit über 70 Craft-Bieren sowie kleine Snacks wie etwa Käse- oder Wurstplatten. Eine kultivierte, aber unprätentiöse Alternative zu den eher lärmenden Studentenbars und -pubs der Stadt.

ℹ Praktische Informationen

San Luis Obispo Visitor Center (☎805-781-2777; www.visitslo.com; 895 Monterey St; ⏲So–Mi 10–17, Do–Sa 10–19 Uhr) Kostenlose Karten und Broschüren für Traveller.

ℹ An- & Weiterreise

Amtrak (☎800-872-7245; www.amtrak.com; 1011 Railroad Ave) betreibt den täglich zwischen Seattle und L. A. verkehrenden *Coast Starlight* sowie den zweimal täglich zwischen San Luis Obispo und San Diego verkehrenden *Pacific Surfliner*. Beide Züge fahren gen Süden nach Santa Barbara (35 US$, 2¾ Std.) und Los Angeles (57 US$, 5½ Std.). Der *Coast Starlight* fährt auch nach Norden über Paso Robles bis nach Salinas (28 US$, 3 Std.) und Oakland (41 US$, 6 Std.). Mehrmals täglich sorgen Thruway-Busse für die Anbindung an Regionalzüge.

Die **San Luis Obispo Regional Transit Authority** (RTA; ☎805-541-2228; www.slorta.org; Einzelfahrt 1,50–3 US$, Tagesticket 5 US$) betreibt ein Busnetz im gesamten County, das am Wochenende eingeschränkt wird. Alle Busse haben Fahrradträger. Die Linien laufen alle am **Transit Center** (Ecke Palm St & Osos St) in der Innenstadt zusammen.

SLO Transit (☎805-541-2877; www.slocity.org) betreibt Stadtbusse (1,25 US$) sowie einen Trolley (0,50 US$), der das ganze Jahr über jeden Donnerstag, von Juni bis Anfang September auch jeden Freitag und von April bis Oktober jeden Samstag zwischen 17 und 21 Uhr alle 20 Minuten durch die Innenstadt fährt.

Von Morro Bay zum Hearst Castle

Etwa 12 Meilen (19 km) nordwestlich von San Luis Obispo kommt am Hwy 1 Morro Bay in Sicht, ein Fischerstädtchen, in dem der **Morro Rock**, ein aus dem Meer emporragender Vulkangipfel, einen ersten Vorgeschmack auf die sich anschließende spektakuläre Küstenlandschaft bietet. (Die Kraftwerkschlote im Hintergrund sollte man einfach ignorieren.) Bootstouren beginnen am **Embarcadero** mit seinen unzähligen Touristenläden. Hier kann man auch Kajaks mieten. Das **Giovanni's** (☎877-521-4467; www.giovannisfishmarket.com; 1001 Front St; Hauptgerichte 5–15 US$; ⏲Markt 9–18 Uhr, Restaurant ab 11 Uhr; 👪) ist ein klassischer Seefood-Laden, in dem extrem leckere Knoblauchpommes und Fish & Chips serviert werden. Mittelklassemotels ballen sich weiter oben rund um die Harbor St und die Main St sowie am Hwy 1.

In der Nähe bieten sich fantastische State Parks zu Küstenwanderungen und zum **Campen** (☎Reservierungen 800-444-7275; www.reserveamerica.com; Stellplatz für Zelt & Wohnmobil 25–50 US$; 👪🐾) an. Südlich des Embarcadero liegt der **Morro Bay State Park** (☎805-772-2694; www.parks.ca.gov; 60 State Park Rd; Eintritt frei, Museum Erw./Kind unter 17 Jahren 3 US$/frei; ⏲Museum 10–17 Uhr; P👪) mit einem für Kids interessanten Naturkundemuseum. Weiter südlich in Los Osos, westlich des Hwy 1, wartet der wildere **Montaña de Oro State Park** (☎805-528-0513; www.parks.ca.gov; 3550 Pecho Valley Rd, Los Osos; ⏲6–22 Uhr; P👪) GRATIS mit Küstenklippen, Gezeitenbecken, Sanddünen, Gipfelwanderungen und Mountainbikestrecken. Der spanische Name („Goldberg") rührt vom kalifornischen Mohn her, der hier im Frühling die Hänge bedeckt.

Nördlich des Zentrums von Morro Bay passiert der Hwy 1 den bei Surfern beliebten kalifornisch-mexikanischen **Taco Temple** (☎805-772-4965; www.tacotemple.com; 2680 Main St; Hauptgerichte 10–16 US$; ⏲11–21 Uhr; 👪), in dem man nur mit Bargeld bezahlen kann, und **Ruddell's Smokehouse** (☎805-995-5028; www.smokerjim.com; 101 D St; Gerichte 4–13 US$; ⏲11–18 Uhr; 👪🐾) am Strand von Cayucos, wo Räucherfisch-Tacos serviert werden. Vintage-Motels säumen die Ocean Ave in Cayucos, darunter das von einer Familie betriebene, niedliche **Seaside Motel** (☎805-995-3809; www.seasidemotel.com; 42 S

Ocean Ave; DZ 80–170 US$;). Im **Shoreline Inn on the Beach** (805-995-3681; www.cayucosshorelineinn.com; 1 N Ocean Ave; Zi. 159–249 US$;) wird man vom Rauschen der Brandung in den Schlaf gewiegt.

Nördlich von Harmony (gerade mal 18 Ew.) führt der Hwy 46 nach Osten in die Weinberge des **Paso Robles Wine Country** (www.pasowine.com). Genug vom Wein? Dann ist die **Firestone Walker Brewing Company** (805-225-5913; www.firestonebeer.com; 1400 Ramada Dr; Verkostungsraum & Restaurant Mo–Do 10–21 Uhr, Führungen 10.30–15.30 Uhr) unweit des Hwy 101 in Paso Robles genau das Richtige. Man kann die Brauerei im Rahmen von Führungen (3 US$; Reservierung empfohlen) besichtigen oder gleich im Schankraum eines der hier gebrauten Biere probieren.

Fährt man auf dem Hwy 1 weiter gen Norden, erreicht man das idyllische **Cambria** mit seinen Unterkünften am unglaublich schönen Moonstone Beach. Das **Blue Dolphin Inn** (805-927-3300; www.cambriainns.com; 6470 Moonstone Beach Dr; Zi. ab 188 US$;) bietet moderne Zimmer mit romantischen Kaminen. Weiter landeinwärts stehen Travellern im **Bridge Street Inn** (805-215-0724; www.bsicambria.com; 4314 Bridge St; Zi 50–90 US$, 30 US$/Fahrzeug;) Hostelbetten im Ambiente eines B&Bs zur Verfügung. Das altmodische **Cambria Palms Motel** (805-927-4485; www.cambriapalmsmotel.com; 2662 Main St; Zi. ab 109 US$; Check-in 15–21 Uhr;) bietet saubere, gut geschnittene Zimmer und Cruiser-Räder. Der Käse- und Weinladen **Indigo Moon** (805-927-2911; www.indigomooncafe.com; 1980 Main St; Mittagessen 9–14 US$, Abendessen 14–35 US$; 10–21 Uhr;) serviert mittags an luftigen Bistrotischen knackig frische Salate und Sandwiches. Das **Linn's Easy as Pie Cafe** (805-927-0371; www.linnsfruitbin.com; 4251 Bridge St; Gerichte 6–12 US$; Mo–Do 10–19 Uhr, Fr–Sa bis 20 Uhr;) mit seiner sonnigen Terrasse und dem Take-away-Tresen ist für seinen Olallieberen-Pie bekannt.

Etwa 10 Meilen (16 km) nördlich von Cambria steht auf einem Hügel das **Hearst Castle** (Infos 805-927-2020, Reservierungen 800-444-4445; www.hearstcastle.org; 750 Hearst Castle Rd, San Simeon; Führung Erw./Kind 5–12 Jahre ab 25/12 US$; ab 9 Uhr;), Kaliforniens berühmtestes Monument für Reichtum und Ehrgeiz. Der Medien-Tycoon William Randolph Hearst empfing auf seinem Anwesen voller europäischer Antiquitäten, schimmernder Teiche und blühender Gärten Hollywood-Stars und gekrönte Häupter. Man sollte versuchen, Führungen vorab zu buchen. Ansonsten ist frühzeitiges Erscheinen angesagt!

Auf der anderen Seite des Hwy 1 verkauft **Sebastian's** (805-927-3307; www.facebook.com/SebastiansSanSimeon; 442 SLO–San Simeon Rd; Hauptgerichte 9–14 US$; Di–So 11–16 Uhr) mit Blick über einen historischen Walfang-Pier Hearst-Ranch-Rindfleisch-Burger und gigantische Sandwiches für ein improvisiertes Strandpicknick. Auf dem Hwy 1 gen Süden passiert man dann Budget- und Mittelklassemotels in San Simeon, die man getrost vergessen kann. Nach 5 Meilen (8 km) erreicht man den **Hearst San Simeon State Park** (Reservierungen 800-444-7275; www.reserveamerica.com; Hwy 1; Stellplatz für Zelt & Wohnmobil 25 US$), in dem einfache, erschlossene Stellplätze am Ufer eines Baches angeboten werden.

Weiter nördlich am Point Piedras Blancas lebt eine riesige **Kolonie von See-Elefanten**, die sich hier fortpflanzen, häuten, schlafen, vergnügen und gelegentlich auch am Strand bekriegen. Unbedingt ausreichend Abstand zu diesen Wildtieren halten, die sich auf dem Sand schneller bewegen können als jeder Mensch! Der ausgeschilderte Aussichtspunkt mit Erklärungstafeln befindet sich ca. 4,5 Meilen (7 km) nördlich vom Hearst Castle. Die Tiere leben hier zwar das ganze Jahr über, besonders spannend geht es jedoch während der Brunft- und Wurfzeit von Januar bis März zu. Die nahe gelegene **Piedras Blancas Light Station** (805-927-7361; www.piedrasblancas.gov; abseits Hwy 1; Führung Erw./Kind 6–17 Jahre 10/5 US$; Führungen Mitte Juni–Aug. Mo–Di & Do–Sa 9.45 Uhr, Sept.–Mitte Juni Di, Do & Sa 9.45 Uhr) von 1875 bietet einen außergewöhnlich malerischen Anblick. Die Termine und den Treffpunkt der nicht reservierbaren Führungen vorab telefonisch erfragen!

Big Sur

Viel ist schon geschrieben worden über die raue Schönheit und Kraft dieses 160 km langen, zerklüfteten Küstenabschnitts südlich von Monterey Bay. Big Sur bezeichnet mehr einen Gemütszustand denn einen Ort, den man auf einer Karte findet. Hier gibt es keine Ampeln, Banken oder Einkaufsmeilen. Wenn die Sonne untergegangen ist, sind der Mond und die Sterne die einzige Straßenbeleuchtung – sofern der Sommernebel die nicht auch noch ausgelöscht hat.

Unterkünfte, Verpflegung und Benzin sind hier rar und entsprechend teuer. Da die Zimmernachfrage das ganze Jahr über vor allem an den Wochenenden hoch ist, empfiehlt es sich, vorab zu buchen. Der kostenlose, sehr informative *Big Sur Guide* (www.bigsurcalifornia.org) ist fast überall erhältlich. In den State Parks des Big Sur berechtigt die Parkquittung (10 US$/Auto) zum Eintritt am gleichen Tag in alle Parks (außer Limekiln).

Etwa 25 Meilen (40 km) vom Hearst Castle entfernt liegt das winzige Gorda mit dem **Treebones Resort** (☎877-424-4787; www.treebonesresort.com; 71895 Hwy 1; Stellpaltz 95 US$; DZ mit Gemeinschaftsbad ab 320 US$;), wo man in Jurten an der Steilküste übernachtet. Einfache Campingplätze des United States Forest Service (USFS) gibt's ganz in der Nähe vom Hwy 1 am schattigen **Plaskett Creek** (☎Reservierungen 877-477-6777; www.recreation.gov; Hwy 1; Stellplatz für Zelt & Wohnmobil 35 US$) und unweit vom Pazifik am **Kirk Creek** (☎Reservierungen 877-444-6777; www.recreation.gov; Hwy 1; Stellplatz für Zelt & Wohnmobil 35 US$).

Rund 10 Meilen (16 km) nördlich von Lucia befindet sich das New-Age-Camp **Esalen Institute** (☎831-667-3000; www.esalen.org; 55000 Hwy 1), das für seine Esoterik-Workshops und Thermalwasserpools mit Meerblick bekannt ist. Mit Reservierung (☎831-667-3047 tgl. 9–12 Uhr) kann man nachts von 1 bis 3 Uhr nackt baden (30 US$, nur Kreditkarten). Einfach surreal!

3 Meilen (4,8 km) weiter nördlich verstecken sich im **Julia Pfeiffer Burns State Park** (☎831-667-2315; www.parks.ca.gov; Hwy 1; 10 US$/Auto; 30 Min. vor Sonnenaufgang–30 Min. nach Sonnenuntergang; P) die 24 m hohen McWay Falls, Kaliforniens einziger Wasserfall an der Küste.

Nach weiteren 7 Meilen (11 km) gen Norden erreicht man die unkonventionelle **Henry Miller Memorial Library** (☎831-667-2574; www.henrymiller.org; 48603 Hwy 1; 10–17 Uhr, bei Veranstaltungen längere Öffnungszeiten;), das Kunstzentrum und die Seele der Big-Sur-Boheme. Hier gibt's einen übervollen Buchladen, es werden Live-Konzerte, Open-Mic-Abende und Filme unterm Sternenhimmel geboten. Gegenüber spielt das Essen angesichts des grandiosen Rundumblicks im hoch oben auf der Klippe thronenden **Nepenthe** (übersetzt „Insel ohne Sorgen") (☎831-667-2345; www.nepenthebigsur.com; 48510 Hwy 1; Hauptgerichte 18–50 US$; 11.30–16.30 & 17–22 Uhr;) nur eine Nebenrolle.

Weiter nördlich informieren die Ranger der **Big Sur Station** (☎831-667-2315; www.bigsurcalifornia.org/contact.html; 47555 Hwy 1; 9–16 Uhr) über Camping- und Wandermöglichkeiten, so auch über die beliebte Wanderung zu den **Sykes Hot Springs** (einfache Strecke 16 km). Gleich südlich zweigt auf der anderen Seite des Hwy 1 die schmale, kurvige Sycamore Canyon Rd ab; in 2 Meilen (3,2 km) führt sie zum halbmondförmigen **Pfeiffer Beach** (☎831-667-2315; www.fs.usda.gov/lpnf; Ende der Sycamore Canyon Rd; 10 US$/Auto; 9–20 Uhr; P) hinunter, vor dem ein hoher Felsbogen aus dem Meer ragt. Wegen der starken Strömung ist es zu gefährlich, hier zu schwimmen, dafür aber kann man in dem violett schimmernden Sand wunderbar die Seele baumeln lassen.

Als nächstes an der Reihe ist der **Pfeiffer Big Sur State Park** (☎831-667-2315; www.parks.ca.gov; 47225 Hwy 1; 10 US$/Auto; 30 Min. vor Sonnenuntergang–30 Min. nach Sonnenuntergang; P) mit sonnigen Wanderwegen kreuz und quer durch Redwood-Wälder. Für den **Campingplatz** (☎Reservierungen 800-444-7275; www.reserveamerica.com; 47225 Hwy 1; Stellplatz Zelt & Wohnmobil 35–50 US$; P) muss man unbedingt reservieren. Ansonsten kann man sich ein bisschen Luxus gönnen und im entzückenden **Post Ranch Inn** (☎831-667-2200; www.postranchinn.com; 47900 Hwy 1; DZ ab 925 US$; P @) übernachten, von wo man von der eigenen Terrasse aus die Brandung weit unten am Strand beobachten kann.

ABSTECHER

PINNACLES NATIONAL PARK

Mit seinen zerklüfteten Monolithen, Canyons, nackten Felswänden und verwinkelten Höhlen – alles das Ergebnis von Millionen Jahren der Erosion – ist der **Pinnacles National Park** (☎831-389-4486; www.nps.gov/pinn; 15 US$/Auto; P) aus geologischer Sicht besonders spektakulär. Neben Wander- und Klettertouren sind die Talus-Höhlen, die Heimat von Fledermäusen und den vom Aussterben bedrohten Kalifornischen Kondoren, die größten Attraktionen. Am besten besucht man den Park im Frühjahr oder Herbst – die Hitze im Sommer ist unerträglich.

Gleich nördlich am Hwy 1 befindet sich das kommerzielle Zentrum von Big Sur mit privaten Campingplätzen, rustikalen Hütten, Motels, Restaurants, Tankstellen und Geschäften. Das **Glen Oaks Motel** (831-667-2105; www.glenoaksbigsur.com; 47080 Hwy 1; DZ 300–475 US$;) , eine umgestaltete 1950er-Jahre-Motorlodge aus Redwood und Lehmziegeln, vermietet romantische Holzhütten und Cottages. Burritos und Frucht-Smoothies bekommt man an der etwas versteckt liegenden Theke im hinteren Teil des **General Store** (831-667-2700; www.bigsurriverinn.com; 46840 Hwy 1; Frühstück & Mittagessen 15–20 US$, Abendessen 15–40 US$; 8–21 Uhr;) des Big Sur River Inn. Das **Maiden Publick House** (831-667-2355; Village Center Shops, Hwy 1; Mo–Do 15–2, Fr ab 13 & Sa–So ab 11 Uhr) punktet mit einer ellenlangen Bierkarte und Livemusik. Weiter südlich in der Nähe der Post kann man sich im **Big Sur Deli** (831-667-2225; www.bigsurdeli.com; 47520 Hwy 1; Snacks 2–12 US$; 7–20 Uhr) ein Picknick zusammenstellen. Der Laden gehört zum geselligen **Big Sur Taphouse** (831-667-2225; www.bigsurtaphouse.com; 47520 Hwy 1; Mo–Fr 12–22, Sa 10–24, So bis 22 Uhr;), einer Bierbar mit Brettspielen und Kneipenessen.

Ein Muss ist auch der weiter im Norden gelegene **Andrew Molera State Park** (831-667-2315; www.parks.ca.gov; Hwy 1; 10 US$/Auto; 30 Min. vor Sonnenuntergang–30 Min. nach Sonnenuntergang;) mit einer wundervollen Mischung aus Wanderwegen, Wiesen, Wasserfällen, Ozeanklippen und rauen Stränden. Im **Discovery Center** (831-624-1202; www.ventanaws.org/discovery_center; Andrew Molera State Park; Ende Mai–Anfang Sept. Sa & So 10–16 Uhr;) GRATIS des Parks erfährt man alles über den bedrohten Kalifornischen Kondor. Vom Schotterparkplatz führt ein 500 m langer Weg zu einem sehr einfachen **Campingplatz** (www.parks.ca.gov; Hwy 1; Stellplatz Zelt 25 US$), der keine Reservierungen annimmt.

Ca. 6 Meilen (knapp 10 km) vor der berühmten **Bixby Creek Bridge** lohnt sich eine Führung – je nach Jahreszeit auch im Mondschein – durch den 1889 errichteten Leuchtturm im **Point Sur Historic Park** (831-625-4419; www.pointsur.org; abseits des Hwy 1; Erw./Kind 6–17 Jahre ab 12/5 US$; Führungen normalerweise Okt.–März Mi 13, Sa & So 10 Uhr, April–Sept. Mi & Sa 10 & 14, So 10 Uhr, Juli & Aug. auch Do 10 Uhr) GRATIS. Die Termine der Führungen und eine Wegbeschreibung zum Treffpunkt gibt's telefonisch oder online. Unbedingt früh kommen – die Teilnehmerzahl ist begrenzt, Reservierungen sind nicht möglich!

UNTERWEGS AUF DEM HIGHWAY 1

Die Fahrt auf dem schmalen, zweispurigen Highway durch Big Sur und darüber hinaus kann ziemlich lange dauern. Für die Strecke von der Monterey Peninsula bis nach San Luis Obispo sollte man ohne Zwischenstopp mindestens drei Stunden einplanen – wesentlich mehr, wenn man unterwegs anhalten und die Gegend erkunden will. Nach Einbruch der Dunkelheit ist die Fahrt riskant und obendrein vergebliche Liebesmüh, weil man von der grandiosen Küstenlandschaft nichts sieht. Auf Radfahrer achten und unbedingt die ausgeschilderten Ausweichstellen benutzen, um schnellere Fahrzeuge überholen zu lassen!

Carmel

Das idyllische Carmel besitzt eine fast schon grenzwertige Leidenschaft für Hunde und vermittelt die gepflegte Atmosphäre eines Country Clubs. An der Ocean Ave, der ruhigen Hauptstraße des Orts, erblickt man ein ganzes Geschwader huttragender Damen mit Einkaufstüten schicker Marken und adrette Herren in offenen Cabrios.

Sehenswertes & Aktivitäten

Wer die hektischen Einkaufsstraßen im Zentrum von Carmel verlässt und durch die von Bäumen gesäumten Viertel streift, kann dort charmante und eigenwillige Domizile entdecken. Die Hänsel-und-Gretel-Häuser an der Torres St zwischen der 5th und der 6th Ave sind genauso, wie man sie sich vorstellt. Ein weiteres augenfälliges Haus – in Schiffsform, gebaut aus Flusskieseln und recycelten Schiffsteilen – steht an der Guadalupe St nahe der 6th Ave.

★ Mission San Carlos Borromeo de Carmelo KIRCHE

(831-624-1271; www.carmelmission.org; 3080 Rio Rd; Erw./Kind 7–17 Jahre 6,50/2 US$; 9.30–19 Uhr;) Die ursprüngliche Mission wurde 1770 von dem spanischen Franziskanerpater Junípero Serra in Monterey gegründet, aber der karge Boden und der unsittliche Einfluss der spanischen Soldaten führten nur zwei Jahre später zum Umzug nach Carmel. Heute ist die Mission eine der schönsten Kaliforniens, eine Oase der Ruhe inmitten eines Blumengartens. Die ehemalige Kirche aus Lehmziegeln wurde später durch eine Gewölbebasilika aus Steinen ersetzt, die in den Santa Lucia Mountains gebrochen wurden. Die Museumsexponate sind über die ganze idyllische Anlage verteilt.

★ Point Lobos State Natural Reserve STATE PARK
(☎831-624-4909; www.pointlobos.org; Hwy 1; 10 US$/Auto; ⏲8–19 Uhr, von Anfang Nov.–Mitte März bis 17 Uhr; P) Sie bellen, sie baden und sind überhaupt lustig anzuschauen: Seelöwen sind ganz offensichtlich die Stars hier im Punta de los Lobos Marinos (Point of the Sea Wolves), fast 4 Meilen (6,5 km) südlich von Carmel, wo spektakulär felsige Küstenlinien ausgezeichnete Gezeitenbecken aufweisen. Der Weg über das gesamte Gelände ist knapp 10 km lang, aber auch kürzere Strecken haben ihren Reiz, u.a. der **Bird Island Trail**, die Wege durch schattige Zypressenhainen, zur historischen **Whaler's Cabin** und zum **Devil's Cauldron**, einem Strudelbecken, das bei Flut richtig was zu bieten hat.

Schlafen

In Carmel-by-the-Sea sind die völlig überteuerten Boutiquehotels, Gasthöfe und B&Bs vor allem im Sommer schnell ausgebucht. Bei der **Chamber of Commerce** (☎831-624-2522; www.carmelcalifornia.org; San Carlos St, zw. 5th & 6th Ave; ⏲10–17 Uhr) kann man nach Last-Minute-Angeboten fragen. Preiswertere Unterkünfte gibt's nördlich in Monterey.

Essen & Ausgehen

Verkostungsräume von Weingütern finden sich in Carmels kleinem, gepflegten Zentrum; die beste Option für einen Drink am späten Abend ist die coole und dynamische Szene im **Barmel** (☎831-626-2095; www.facebook.com/BarmelByTheSea; San Carlos St, zw. Ocean & 7th Ave; ⏲Mo–Fr 14–2, Sa & So 13–2 Uhr).

Cultura Comida y Bebida MEXIKANISCH $$
(☎831-250-7005; www.culturacarmel.com; Dolores St zw. 5th & 6th Ave; Hauptgerichte 19–32 US$; ⏲Do–So 11.30–24, Mo & Di 17–24 Uhr) Das Lokal in einem von Backsteinmauern gesäumten Hof in der Nähe von Kunstgalerien ist eine relaxte Bar und ein von der Küche des mexikanischen Oaxaca inspiriertes Restaurant in Einem. Entweder sitzt man am eleganten Tresen und lässt sich auf eine Vertikalverkostung diverser Mezcals ein oder man gönnt sich Tostadas mit Monterey-Tintenfisch und auf Eichenholz gegrillte Forelle mit Koriander, Limette und Knoblauch, gepaart mit kalifornischen und französischen Weinen.

Mundaka TAPAS $$
(☎831-624-7400; www.mundakacarmel.com; San Carlos St, zw. Ocean & 7th Ave; kleine Teller 8–15 US$; ⏲So–Do 17–21, Fr & Sa bis 23 Uhr) Der mit Steinen gepflasterte Hof ist ein eleganter Rückzugsort vor den vielen steifen älteren Paaren in Carmel. Hier kann man bei Weltmusik spanische Tapas und hausgemachte Sangria genießen. Zu den Knoblauchgarnelen oder dem gegrillten Tintenfisch passt prima ein kühler Wein aus der Region.

Monterey

In der Arbeiterstadt Monterey dreht sich alles ums Meer. Viele Besucher kommen einzig wegen des erstklassigen Aquariums am **Monterey Bay National Marine Sanctuary**, das dichte Kelpwälder und eine herrlich vielfältige Meeresfauna mit Seehunden und -löwen, Delfinen und Walen schützt. Die Stadt besitzt bestens erhaltene Zeugnisse der spanischen und mexikanischen Vergangenheit Kaliforniens in Form vieler restaurierter Adobegebäude. Ein Nachmittagsbummel durch das historische Viertel der Downtown verspricht interessanter zu werden als ein Aufenthalt in den Touristenghettos Fisherman's Wharf und Cannery Row.

Sehenswertes

★ Monterey Bay Aquarium AQUARIUM
(☎Infos 831-648-4800, Tickets 866-963-9645; www.montereybayaquarium.org; 886 Cannery Row; Erw./Kind 3–12 Jahre/Jugendl. 13–17 Jahre 50/30/40 US$; ⏲10–18 Uhr;) Eines der faszinierendsten Erlebnisse in Monterey ist der Besuch des riesigen Aquariums, das auf dem Gelände der ehemals größten Büchsensardinenfabrik der Stadt erbaut wurde. Hier werden alle Arten von Wasserlebewesen präsentiert, von Seesternen und schleimigen Seeschnecken bis hin zu munteren Seeottern und überraschend flinken, 360 kg schweren Thunfischen. Das Aquarium ist aber mehr als nur eine beeindruckende Ansammlung von Glasbecken – gut durchdachte Schautafeln erklären den kulturellen und historischen Kontext der Bucht.

★ Monterey State Historic Park HISTORISCHE STÄTTE
(Infos 831-649-7118; www.parks.ca.gov) GRATIS In Old Monterey steht eine außergewöhnliche Ansammlung von Backstein- und Lehmziegelbauten aus dem 19. Jh., die alle als Monterey State Historic Park verwaltet werden. Die Gebäude kann man im Rahmen einer 3,2 km langen Audiotour bewundern, die recht bedeutungsschwer „Path of History" genannt wird. Man kann Dutzende Häuser besichtigen, von denen einige zauberhafte Gärten haben. Es sind nicht alle Häuser gleichzeitig geöffnet; der Grund hierfür sind einschneidende Kürzungen im Haushalt des State Park.

Cannery Row HISTORISCHE STÄTTE
() John Steinbecks Roman *Die Straße der Ölsardinen* setzte der Fischkonservenindustrie ein Denkmal, von der Monterey in der ersten Hälfte des vorigen Jahrhunderts lebte. Eine **Bronzebüste** des Nobelpreisträgers steht am Ende der Prescott Ave, nur ein paar Schritte entfernt von der durch und durch touristischen Attraktion, zu der sich die berühmte Straße entwickelt hat. Die historischen **Cannery Workers Shacks** am unteren Ende des blumengeschmückten Bruce Ariss Way sind eine ernüchternde Erinnerung an das harte Leben, das Arbeiter von den Philippinen, aus Japan, Spanien und anderen Ländern einst führten.

Aktivitäten

Wale kann man vor der Küste der Monterey Bay ganzjährig beobachten. Blau- und Buckelwale lassen sich von April bis Anfang Dezember sehen, Grauwale ziehen von Mitte Dezember bis Ende März vorbei. Ausflugsboote legen vom Fisherman's Wharf und von **Moss Landing** (Infos 831-917-1042, Tickets 888-394-7810; www.sanctuarycruises.com; 7881 Sandholdt Rd; Tour 45–55 US$;) ab. Die Tour sollte man mindestens einen Tag vorher buchen. Die Fahrt dürfte rau und kalt werden!

Monterey Bay Whale Watch BOOTSFAHRT
(831-375-4658; www.montereybaywhalewatch.com; 84 Fisherman's Wharf; 3-std. Tour Erw./Kind 4–12 Jahre ab 44/29 US$;) Die Touren starten am Morgen und am Nachmittag, auch kleine Kinder und folgsame Hunde sind an Bord willkommen.

Adventures by the Sea RADFAHREN, KAJAKFAHREN
(831-372-1807; www.adventuresbythesea.com; 299 Cannery Row; Kajak oder Fahrrad 35 US$/Tag, SUP-Ausrüstung 50 US$, Kayaktouren ab 60 US$;) Das Unternehmen verleiht Beachcruiser, E-Bikes und Wassersportgeräte und veranstaltet Touren. Es gibt mehrere Filialen in der Cannery Row und in **Downtown** (831-372-1807; www.adventuresbythesea.com; 210 Alvarado St; 9–17, im Sommer bis 20 Uhr).

Monterey Bay Dive Charters TAUCHEN
(831-383-9276; www.mbdcscuba.com; Leih-Tauchausrüstung 75 US$, Tauchgang vom Strand/Boot ab 65/85 US$) Der gut bewertete Veranstalter bietet Tauchgänge vom Strand und vom Boot aus und verleiht komplette Tauchausrüstungen einschließlich Neoprenanzug.

Schlafen

Bei besonderen Veranstaltungen, an Wochenenden und im Sommer sollte man vorab reservieren. Wer den Touristenmassen und den überhöhten Preisen der Cannery Row entgehen will, schaut sich in Pacific Grove um. Billigere Motels säumen die Munras Ave südlich der Downtown und die N Fremont St östlich des Hwy 1.

HI Monterey Hostel HOSTEL $
(831-649-0375; www.montereyhostel.org; 778 Hawthorne St; B mit Gemeinschaftsbad 30–40 US$; Check-in 16–22 Uhr;) Das einfache und saubere Hostel, das vier Blocks von der Cannery Row und dem Aquarium entfernt ist, verfügt über nach Geschlechtern getrennte und gemischte Schlafsäle sowie Zimmer, in denen bis zu fünf Personen schlafen können. Hier stopfen sich Backpacker zum Frühstück mit selbst gemachten Pancakes voll. Reservierung dringend empfohlen! Hin kommt man von der Transit Plaza im Stadtzentrum mit MST-Bus 1.

Monterey Hotel HISTORISCHES HOTEL $$
(831-375-3184; www.montereyhotel.com; 406 Alvarado St; Zi. 131–275 US$;) Mitten in Downtown und einen Katzensprung vom Fisherman's Wharf entfernt bietet dieses Hotel in einem Gebäude von 1904 rund 60 kleinere, aber renovierte Zimmer und Suiten mit viktorianischen Möbeln und Fensterläden wie auf einer alten Plantage. Es gibt keinen Aufzug. In dem kürzlich eingerichteten Boutique-Spa kann man sich mit Massagen und Schönheitskuren verwöhnen lassen.

★ Jabberwock B&B $$$
(831-372-4777; www.jabberwockinn.com; 598 Laine St; Zi. 249–339 US$;) Das Arts-and-Crafts-Gebäude von 1911 ist durch das dichte Blätterwerk kaum zu sehen. Durch

die sieben makellosen Zimmer zieht sich das verspielte Motiv von *Alice im Wunderland*. Einige Zimmer verfügen über Kamin und Whirlpool. Beim Nachmittagstee mit Gebäck oder beim abendlichen Wein mit Horsd'œuvres kann man sich bei den freundlichen Gastgebern nach den vielen architektonischen Elementen erkundigen, die im Haus erhalten geblieben sind. Am Wochenende ist es teurer und es gilt eine Mindestbuchung von zwei Nächten.

Essen

Oberhalb der Cannery Row in Monterey findet man an der Lighthouse Ave zwanglose, preiswerte Lokale – vom hawaiianischen Grill und Thai-Stuben bis hin zu Sushi- und nahöstlichen Kebab-Lokalen. In Downtown rund um die Alvarado St gibt's Cafés und Pubs.

Zab Zab NORDTHAILÄNDISCH **$**
(☎ 831-747-2225; www.zabzabmonterey.com; 401 Lighthouse Ave; Hauptgerichte 11–15 US$; ⌚ Di–Fr 11–14.30 & 17–21, Sa & So 12–21 Uhr; ✎) Unser Favorit unter den Landesküchen an der Lighthouse Ave ist das Zab Zab mit seinen robusten Aromen aus dem Nordosten Thailands. Der nette Innenraum im Landhausstil ist perfekt für kühlere Tage, aber im Sommer toppt nichts die von einem hübsch überwucherten Garten umgebene Terrasse. Freunde der thailändischen Schärfe sollten das Brathähnchen Kai Yang bestellen. Die Lunchboxen (11–13 US$) haben ein tolles Preis-Leistungs-Verhältnis.

LouLou's Griddle in the Middle AMERIKANISCH **$$**
(☎ 831-372-0568; www.loulousgriddle.com; Municipal Wharf 2; Hauptgerichte 8–17 US$; ⌚ So, Mo, Mi & Do 7.30–16, Fr & Sa bis 18 Uhr, Di geschl.; 👪 🐾) Der skurrile Diner am Municipal Wharf ist bekannt für seine riesigen Pancakes und Omelettes mit mexikanischer *pico-de-gallo*-Salsa zum Frühstück und für frische Meeresfrüchte zum Mittagessen. Die luftigen Tische draußen sind ideal für Hundebesitzer. Wer sich einen Platz an der Theke sichert, kann mit den freundlichen Köchen plaudern.

Montrio Bistro KALIFORNISCH **$$$**
(☎ 831-648-8880; www.montrio.com; 414 Calle Principal; Teller zum Teilen 12–30 US$, Hauptgerichte 25–44 US$; ⌚ So–Do 16.30–22, Fr & Sa bis 23 Uhr) 🌿 Das Montrio in einer Feuerwache von 1910 hat Lederwände und Eisengitter. Auf den Tischen liegen Papier und Malstifte für Kinder. Auf der bunt gemischten saisonalen Speisekarte finden sich Gerichte mit kalifornischem, asiatischem und europäischem Akzent aus regionalen Bio-Produkten, z. B. Tapas zum Teilen und Mini-Desserts. Preiswerte Barsnacks und Happy-Hour-Preise täglich ab 16.30 Uhr machen das Restaurant zu einer guten Adresse, um in den Abend zu starten.

Praktische Informationen

Monterey Visitor Center (☎ 831-657-6400; www.seemonterey.com; 401 Camino el Estero; ⌚ Mo–Sa 9–18, So bis 17 Uhr, schließt Nov.–März 1 Std. früher) Praktischer Buchungsservice für Unterkünfte. Nach der *Monterey County Literary & Film Map* fragen!

An- & Weiterreise

Monterey-Salinas Transit (MST; ☎ 888-678-2871; www.mst.org; Jules Simmoneau Plaza; einfache Strecke 1,50–3,50 US$, Tageskarte 10 US$) betreibt die Stadt- und Regionalbusse, die von der Transit Plaza (Ecke Pearl & Alvarado St) in Downtown ausschwärmen. Sie fahren u. a. nach Pacific Grove, Carmel und Big Sur. Von Ende Mai bis Anfang September dreht ein kostenloser Trolley von MST eine Schleife durch Downtown, zum Fisherman's Wharf und zur Cannery Row (tgl. 10–19 oder 20 Uhr).

Santa Cruz

Santa Cruz ist eine Stadt mit ausgelassenem Spaß und einer munteren, aber chaotischen Downtown. Am Ufer liegt die berühmte Strandpromenade und in den Hügeln fassen Mammutbaumhaine den Campus der University of California Santa Cruz (UCSC) ein. Man sollte mindestens einen halben Tag einplanen, wenn man aber die Leute in ihren mit Klimperkram behangenen Röcken, ihren Kristallanhängern und Rastafari-Locken näher kennenlernen will, sollte man länger bleiben und sich einfach kopfüber unter die Surfer, Studenten, Punks und exzentrischen Charaktere vor Ort mischen.

Sehenswertes & Aktivitäten

Zu den besten Dingen, die man in Santa Cruz tun kann, gehört ein Bummel an der **Pacific Ave** in Downtown, bei dem man shoppen und sich das bunte Treiben anschauen kann. 15 Gehminuten entfernt sind der Strand und der **Municipal Wharf**, an dem Seafood-Restaurants, Geschenkeläden und bellende Seelöwen um Aufmerksamkeit buhlen. Der **West Cliff Dr** mit Meerblick folgt dem Ufer südwestlich des Kais. Zur Straße parallel verläuft ein asphaltierter Weg für Erholungssuchende.

★ Santa Cruz Beach Boardwalk — VERGNÜGUNGSPARK

(☎ 831-423-5590; www.beachboardwalk.com; 400 Beach St; 4–7 US$/Fahrt, Tageskarte 37–82 US$; ⌚ April–Anfang Sept. tgl., Öffnungszeiten variieren saisonal; P 👪) Der älteste Vergnügungspark an der Westküste wurde 1907 direkt am Strand gegründet und hat eine wunderbar altamerikanische Atmosphäre. Der Duft von Zuckerwatte vermischt sich mit der salzigen Seeluft, während jauchzende Kids kopfüber in den Karussells hängen. Zu den berühmten Fahrgeschäften mit Nervenkitzel gehören der **Giant Dipper**, eine Holzachterbahn von 1924, und das **Looff Karussell** von 1911; sie stehen beide unter Denkmalschutz. Im Sommer werden mitten in der Woche Filme gezeigt und freitagabends gibt es Konzerte von Rock-Veteranen, von denen man dachte, sie seien eigentlich schon tot.

★ Seymour Marine Discovery Center — MUSEUM

(☎ 831-459-3800; http://seymourcenter.ucsc.edu; 100 Shaffer Rd; Erw./Kind 3–16 Jahre 8/6 US$; ⌚ Di–So 10–17 Uhr; P 👪) 🍃 Das Naturkundemuseum für Kinder am Natural Bridges State Beach gehört zum Long Marine Laboratory der UCSC. Zu den interaktiven Exponaten zählen Gezeitenbecken und Aquarien, draußen kann man das größte Blauwalskelett der Welt bestaunen. Es gibt täglich einstündige Führungen (13, 14 & 15 Uhr) sowie eine halbstündige Führung für Familien mit kleineren Kindern (11 Uhr); zu den Führungen (keine Reservierung) meldet man sich persönlich eine Stunde vor Beginn an.

Santa Cruz Surfing Museum — MUSEUM

(☎ 831-420-6289; www.santacruzsurfingmuseum.org; 701 W Cliff Dr; Spenden; ⌚ 4. Juli–Anfang Sept. Mi–Mo 10–17 Uhr, Anfang Sept.–3. Juli Do–Mo 12–16 Uhr; 👪) An der Küste, etwa 1,5 km südwestlich des Kais, steht ein alter Leuchtturm, der vollgestopft ist mit Surf-Memorabilien, darunter auch alte Surfbretter aus Redwood. Passenderweise befindet sich der Leuchtturm mit dem Museum oberhalb von zwei beliebten Surfspots.

Natural Bridges State Beach — STRAND

(☎ 831-423-4609; www.parks.ca.gov; 2531 W Cliff Dr; 10 US$/Auto; ⌚ 8 Uhr–Sonnenuntergang; P 👪) Der bei Familien beliebte Strand am westlichen Ende des W Cliff Dr bietet zauberhafte Sonnenuntergänge, viel Sand, Gezeitenpools und von Mitte Oktober bis Mitte Februar viele Monarchfalter.

O'Neill Surf Shop — SURFEN

(☎ 831-475-4151; www.oneill.com; 1115 41st Ave; Miete Neoprenanzug/Surfbrett ab 15/25 US$; ⌚ Mo–Fr 9–20, Sa & So 8–20 Uhr) Wenn man ostwärts Richtung Pleasure Point läuft, kommt man zu dem Vorzeigeladen des berühmten Surfbrettherstellers. Filialen gibt es auch an der Strandpromenade und in Downtown.

★ Santa Cruz Food Tour — ESSEN

(☎ 866-736-6343; www.santacruzfoodtour.com; 59 US$/Pers.; ⌚ Fr & Sa 14.30–18 Uhr) Die sehr zu empfehlenden kulinarischen Stadtführungen kombinieren afghanische Aromen mit farmfrischen Bistrogerichten, veganen Cupcakes und hausgemachten Eissorten. Zu dem Essen gibt's eine gesunde Portion Ortskenntnis und interessante Einblicke in die Geschichte, Kultur und Architektur von Santa Cruz. Am besten meldet man sich gleich nach der Ankunft in der Stadt an, um sich schnell einen Überblick über das kulinarische Angebot zu verschaffen.

Richard Schmidt Surf School — SURFEN

(☎ 831-423-0928; www.richardschmidt.com; 849 Almar Ave; Gruppenunterricht 2 Std./Einzelunterricht 1 Std. 90/120 US$; 👪) Preisgekrönte, bewährte Surfschule. Das erforderliche Equipment ist im Preis enthalten. An den im Sommer stattfindenden Surfcamps können Erwachsene wie Kinder teilnehmen.

🛏 Schlafen

Santa Cruz hat nicht genug Betten, um die Nachfrage zu befriedigen. Zu Spitzenzeiten zahlt man für ganz durchschnittliche Zimmer horrende Preise. Die Qualität der Unterkünfte nahe der Uferpromenade deckt die ganze Bandbreite von sympathisch bis scheußlich ab. Ordentliche Motels findet man an der Ocean St landeinwärts und an der Mission St (Hwy 1). Für Ende 2017 war die Eröffnung mehrerer neuer Hotels geplant, wodurch sich das Angebot an Unterkünften in der Stadt verbessern wird. Details erfährt man im Visitor Center.

California State Park Campgrounds — CAMPING $

(☎ Reservierung 800-444-7275; www.reserveamerica.com; Stellplatz Zelt & Wohnmobil 35–65 US$) Wer an den State Beaches abseits des Hwy 1 südlich von Santa Cruz oder in den nebligen

Santa Cruz Mountains abseits des Hwy 9 campen will, sollte weit im Voraus reservieren. Familienfreundliche Campingplätze bieten z.B. der Henry Cowell Redwoods State Park in Felton und der New Brighton State Beach in Capitola.

HI Santa Cruz Hostel HOSTEL $

(831-423-8304; www.hi-santacruz.org; 321 Main St; B 28–31 US$, Zi. 85–140 US$, alle mit Gemeinschaftbad; Check-in 17–22 Uhr;) Budget-Traveller lieben das niedliche Hostel in den 100 Jahre alten Carmelita Cottages. Es steht nur zwei Blocks vom Strand entfernt. Nachteile: Um 24 Uhr ist Sperrstunde, tagsüber ist geschlossen (11–17 Uhr) und man darf nur maximal drei Nächte bleiben. Reservierung unbedingt erforderlich. Parken an der Straße kostet 2 US$.

★ **Adobe on Green B&B** B&B $$

(831-469-9866; www.adobeongreen.com; 103 Green St; Zi. 179 US$;) Ruhe und Frieden lautet das Motto in dieser Unterkunft in der Nähe der Pacific Ave. Die Gastgeber sind praktisch unsichtbar, aber ihre Aufmerksamkeit ist überall zu spüren – etwa an den Annehmlichkeiten im Stil eines Boutiquehotels in den geräumigen, mit Solarstrom versorgten Zimmern genauso wie beim umfangreichen Frühstück mit Zutaten aus dem hauseigenen Biogarten.

Essen

In Downtown gibt's jede Menge lässige Cafés. Wer Lust auf Meeresfrüchte verspürt, klappert am besten die Stände an der Seebrücke ab. In der Mission St, nahe der UCSC und in der 41st Ave gibt's günstigere Lokale.

Akira JAPANISCH $

(831-600-7093; www.akirasantacruz.com; 1222 Soquel Ave; Sushi & Sashimi 10–15 US$; 11–23 Uhr;) Nordöstlich der Downtown von Santa Cruz bietet das Akira an der Restaurantmeile Soquel Ave moderne Abwandlungen von Sushi, Sashimi und anderen japanischen Speisen. Neben Sake, Kleinbrauereibieren und der Surfer-Atmosphäre findet man im Akira eine Speisekarte mit einer großen Vielfalt an Sushi aus salzig-frischem Thunfisch, Lachs, Aal und Schalentieren. Die Bento-Boxen fürs Mittagessen (10–14 US$) haben ein gutes Preis-Leistungs-Verhältnis. Es gibt auch viele vegetarische Optionen.

★ **Assembly** KALIFORNISCH $$

(831-824-6100; www.assembly.restaurant; 1108 Pacific Ave; Brunch & Mittagessen 12–16 US$, Hauptgerichte abends 22–28 US$; Mo, Mi & Do 11.30–21, Fr bis 22, Sa & So 10–22 Uhr;) Das hervorragende Bistro in Downtown bietet farmfrisches Essen und regionale Gerichte. Hinter der kalifornischen Atmosphäre verbirgt sich echte kulinarische Raffinesse; auf der saisonal geprägten Karte finden sich Gerichte wie Hühnerbrust mit knusprigem Pancetta oder Spargel-Risotto mit Trüffeln. Unbedingt die in Scotch eingelegten Oliven und Fleischbällchen zusammen mit hiesigen Craft-Bieren probieren!

Soif BISTRO $$

(831-423-2020; www.soifwine.com; 105 Walnut Ave; kleine Teller 5–17 US$, Hauptgerichte 19–25 US$; So–Do 17–21, Fr & Sa bis 22 Uhr;) Das kürzlich renovierte Soif gehört zu den etablierteren Restaurants von Santa Cruz und ist besser denn je. Neben der schicken, kosmopolitischen Einrichtung findet man hier eine erstaunliche Weinkarte – darunter Probier-Gedecke regionaler Weine (20,50 US$) – und eine gut durchdachte Speisekarte mit hervorragenden Gerichten wie langsam gegartem Schweinebraten und Muscheln im Schinkenmantel. Zu allen Gerichten kann man sich passende Weine empfehlen lassen.

Ausgehen & Nachtleben

Die Innenstadt von Santa Cruz ist voller Bars, Lounges und Cafés. Folgt man der Mission St (Hwy 1) nach Westen, findet man in den von einer unkonventionell-industriellen Atmosphäre geprägten Höfen der Smith St und der Ingalls St diverse Kleinbrauereien und Weinverkostungsstuben.

Verve Coffee Roasters CAFÉ

(831-600-7784; www.vervecoffee.com; 1540 Pacific Ave; 6.30–21 Uhr;) In diesem Industrial-Zen-Café kann man den Surfern und Hipstern bei einem fein gerösteten Espresso oder einer Tasse starkem Filterkaffee Gesellschaft leisten. Sortenreiner Kaffee und House Blends sind hier die Norm. Das Café ist dermaßen erfolgreich, dass Filialen in Los Angeles und Tokio eröffnet wurden.

Lupulo Craft Beer House MIKROBRAUEREI

(831-454-8306; www.lupulosc.com; 233 Cathcart St; So–Do 11.30–22, Fr & Sa bis 23.30 Uhr) Die nach dem spanischen Wort für Hopfen benannte Bierstube in Downtown ist ein zwingender Stopp für Bierfreunde. Neben modernem Dekor gibt's hier ständig wechselnde Fassbiere – darunter oft saisonale Biere aus kalifornischen Brauereien – und gute Snacks wie Empanadas, Tacos und Wurstplatten. Die fast 400 Flaschen- und Dosenbiere sorgen für Schnappatmung bei entscheidungsschwachen Zechern.

Praktische Informationen

Santa Cruz Visitor Center (☎ 831-425-1234; www.santacruzca.org; 303 Water St; ⏲ Mo–Fr 9–12 & 13–16, Sa & So 11–15 Uhr) Kostenlose Computernutzung mit Internetzugang, Karten und Broschüren.

Anreise & Unterwegs vor Ort

Santa Cruz liegt 75 Meilen (121 km) südlich von San Francisco und ist über den Hwy 1 an der Küste oder über den Hwy 17, eine fürchterlich schmale, kurvenreiche Bergstraße, zu erreichen. Monterey liegt ungefähr eine Fahrtstunde weiter südlich am Hwy 1.

Santa Cruz Airport Shuttles (☎ 831-421-9883; www.santacruzshuttles.com) betreibt Shuttlebusse von/zu den Flughäfen in San Jose (50 US$), San Francisco (80 US$) und Oakland (80 US$). Bei Barzahlung gibt's einen Rabatt von 5 US$; der zweite Fahrgast zahlt 10 US$.

Greyhound (☎ 800-231-2222; www.greyhound.com; Metro Center, 920 Pacific Ave) hat täglich ein paar langsame Busse nach San Francisco (16 US$, 3 Std.), Salinas (15 US$, 1 Std.), Santa Barbara (53 US$, 6 Std.) und L. A. (59 US$, 9 Std.).

Santa Cruz Metro (☎ 831-425-8600; www.scmtd.com; 920 Pacific Ave; einfache Strecke/Tageskarte 2/6 US$) betreibt ein Stadt- und Regionalbusnetz, dessen Mittelpunkt das **Metro Center** (920 Pacific Ave) in Downtown ist. Die Expressbusse auf dem Hwy 17 verbinden Santa Cruz mit dem Amtrak/CalTrain-Bahnhof in San Jose (5 US$, 50 Min., stündl. 1- bis 2-mal).

Von Ende Mai bis Anfang September pendelt der **Santa Cruz Trolley** (www.santacruztrolley.com; einfache Strecke 0,25 US$) zwischen der Downtown und dem Strand (tgl. 11–21 Uhr).

SAN FRANCISCO & BAY AREA

San Francisco

Aufbrezeln, Jacke schnappen und rein in die fabelhafte, morgens oft in Nebel gehüllte Stadt. So long Hemmungen – Hello San Francisco!

Geschichte

Die Ureinwohner hatten schon lange vor 1849 in Kalifornien Gold entdeckt – was ihnen aber ziemlich gleichgültig war, solange mittags Austern und abends Wild auf den Tisch kamen. Sobald sich die Nachricht von der Entdeckung verbreitete, wurde praktisch über Nacht aus dem verschlafenen Hafennest San Francisco das Epizentrum des Goldrauschs. Nach mehr als 160 Jahren voller Booms und Pleiten, epochalen Übermuts und krummer Geschäfte ist San Francisco immer noch die aufregendste Stadt im Westen der USA.

Sehenswertes

Die meisten größeren Museen liegen in Downtown, das de Young Museum und die California Academy of Sciences aber im Golden Gate Park. Mission, Chinatown, North Beach und The Haight sind die geschichtsträchtigsten Viertel der Stadt. Galerien ballen sich in Downtown und North Beach, in Mission, Potrero Flats und Dogpatch. Parks auf den Hügeln gibt's stadtweit, aber die höchsten mit der besten Aussicht sind der Russian Hill, der Nob Hill und der Telegraph Hill.

Embarcadero

★ Ferry Building WAHRZEICHEN

(Karte S. 336; ☎ 415-983-8030; www.ferrybuildingmarketplace.com; Ecke Market St & Embarcadero; ⏲ Mo–Fr 10–19, Sa 8–18, So 11–17 Uhr; 👪; 🚌 2, 6, 9, 14, 21, 31, Ⓜ Embarcadero, Ⓑ Embarcadero) Das einstige Verkehrszentrum wurde zu einem Gourmetmekka umgewandelt: Hier blüht der Hedonismus und Feinschmecker verpassen bei Sonoma-Austern, Sekt, Craft-Bieren, Burgern mit Rindfleisch aus Marin County, vor Ort gerösteten Kaffee oder frisch gebackenen Cupcakes gern ihre Fähre. Starköche lassen sich oft auf dem Bauernmarkt (S. 348) blicken, der das ganze Jahr rund um das Gebäude stattfindet.

★ Exploratorium MUSEUM

(Karte S. 336; ☎ 415-528-4444; www.exploratorium.edu; Pier 15; Erw./Kind 30/20 US$, Do 18–22 Uhr 15 US$; ⏲ Di–So 10–17 Uhr, Do 18–22 Uhr nur Pers. über 18 Jahre; Ⓟ 👪; Ⓜ E, F) 🍃 Steckt hinter Skateboarden eine Wissenschaft? Fließt in Australien das Wasser in Waschbecken wirklich gegen den Uhrzeigersinn ab? In San Franciscos interaktivem Wissenschaftsmuseum erfährt man Dinge, die man gern in der Schule gelernt hätte. Indem das Museum Wissenschaft mit Kunst und der Untersuchung der menschlichen Wahrnehmung verknüpft, regt es dazu an, vorgefasste Formen des Weltverständnisses in Frage zu stellen. Die Anlage ist faszinierend: Ein 3,6 ha großer, verglaster Pier ragt in die San Francisco Bay; die großen Bereiche unter freiem Himmel kann man rund um die Uhr kostenlos erkunden.

Union Square & Civic Center

Der von Luxuswarenhäusern umgebene **Union Square** (Karte S. 336; zwischen Geary St, Powell St, Post St & Stockton St; Powell-Mason, Powell-Hyde, M Powell, B Powell) verdankt seinen Namen den Demos, die vor 150 Jahren – zu Zeiten des amerikanischen Bürgerkriegs – hier zugunsten der Union stattfanden. Vom Café des **Emporio Rulli** (Karte S. 336; 415-433-1122; www.rulli.com; Union Sq; Backwaren 4–8 US$; 8–19 Uhr; ; M Powell, B Powell) aus kann man bei einem Espresso wunderbar Leute beobachten.

★ Asian Art Museum
MUSEUM

(Karte S. 336; 415-581-3500; www.asianart.org; 200 Larkin St; Erw./Student/Kind 15/10 US$/frei, 1. So im Monat frei; Di, Mi & Fr–So 10–17, Do bis 21 Uhr; ; M Civic Center, B Civic Center) Auf drei Stockwerken begibt sich die Fantasie auf eine Reise durch 6000 Jahre asiatischer Kunst, von antiken persischen Miniaturen bis zu topaktuellem japanischen Minimalismus. Mit 18 000 Werken ist das Museum das größte seiner Art außerhalb Asiens. Darüber hinaus gibt's ausgezeichnete Veranstaltungen für alle Altersgruppen, von Schattenspiel-Vorstellungen über Teeverkostungen mit Starköchen bis hin zu Multikulti-Events mit DJs.

Powell St Cable Car Turnaround
WAHRZEICHEN

(Karte S. 336; www.sfmta.com; Ecke Powell & Market St; Powell-Mason, Mason-Hyde, M Powell, B Powell) Wer an der Ecke Powell und Market St durch die Schar der Fahrgäste späht, kann beobachten, wie der Fahrer aus der Straßenbahn springt und das Gefährt ganz langsam auf der hölzernen Drehscheibe in die umgekehrte Richtung wendet. Da die Cable Car mit Einrichtungsfahrzeugen verkehrt, müssen diese an der Endstation der Powell-St-Linien gewendet werden. Fahrgäste drängen sich hier vom Vormittag bis zum Abend, um einen Platz zu ergattern; drum herum sorgen lärmende Straßenkünstler und Weltuntergangspropheten für Unterhaltung.

Chinatown

Die chinesische Gemeinde hat seit 1848 Aufständen, Alkoholschmugglern, Gangstern und Erdbeben getrotzt.

★ Gassen von Chinatown
GEBIET

(Karte S. 336; zw. Grant Ave, Stockton St, California St & Broadway; 1, 30, 45, Powell-Hyde, Powell-Mason, California) Die 41 historischen Gassen der 22 Blocks umfassenden Chinatown ha-

SAN FRANCISCO IN ...

... einem Tag

Seit dem Goldrausch beginnen alle San-Francisco-Abenteuer in **Chinatown**, wo sich noch immer das Glück finden lässt – zumindest in Glückskeksen. Nachdem man sich mit ein paar Dim Sums gestärkt hat, kann man im **City Lights Bookstore** in Beatpoesie schwelgen. Weiter geht's vorbei an den italienischen Straßencafés nach **North Beach**, wo man auf den **Coit Tower** klettern sollte, um den Rundumblick über Stadt und Bucht zu genießen. Wie wär's danach mit einem Besuch des **Asian Art Museum** im Civic Center? Die hier ausgestellten Kunstwerke nehmen einen in nur einer Stunde mit auf eine Reise durch die Jahrhunderte und über die Ozeane. Vor der gruseligen Spättour nach **Alcatraz** sollte man im **Ferry Building** ein frühes Abendessen zu sich nehmen. Wer sich danach in den Clubs von **SoMa** ins Nachtleben stürzen will, sollte nicht allzu lange auf der Gefängnisinsel bleiben.

... zwei Tagen

Tag zwei beginnt in **The Mission** mit den Wandbildern auf Garagentoren in der **Balmy Alley**, danach lädt die **Mission Dolores** zum Nachdenken ein. Nachdem man ein paar Burritos verputzt hat, geht's nach **The Haight**, wo man in Vintage-Boutiquen Flashbacks erlebt und sich *den* Schauplatz des Summer of Love anschauen kann: den **Golden Gate Park**. Vom Dach des **de Young Museum** genießt man den Blick über die Bucht, schlendert dann durch die **California Academy of Sciences** und bietet schließlich dem heulenden Wind auf der **Golden Gate Bridge** die Stirn.

ben seit 1849 alles erlebt: Goldrausch und Revolution, Weihrauch und Opium, Brände und eisige Empfänge. An den Klinkerbauten, die die schmalen Gassen säumen, springen Tempelbalkone über Bäckereien, Wäschereien und Friseurläden vor – nach 1870, als Gesetze die Einwanderung, den Arbeits- und Wohnungsmarkt für Chinesen drastisch beschränkten, blieb ihnen nur die Chinatown. **Chinatown Alleyway Tours** (Karte S. 336; ☎415-984-1478; www.chinatownalleywaytours.org; Portsmouth Sq; Erw./Student 26/16 US$; ⌚Führungen Sa 11 Uhr; 👪; 🚌1, 8, 10, 12, 30, 41, 45, 🚋California, Powell-Mason, Powell-Hyde) und **Chinatown Heritage Walking Tours** (Karte S. 336; ☎415-986-1822; www.cccsf.us; Chinese Culture Center, Hilton Hotel, 3. Stock, 750 Kearny St; Gruppentour Erw. 25–30 US$, Student 15–20 US$, Privatführung für 1–4 Pers. 60 US$; ⌚Führungen Di–Sa 10, 12 & 14 Uhr; 👪; 🚌1, 8, 10, 12, 30, 41, 45, 🚋California, Powell-Mason, Powell-Hyde) veranstalten Spaziergänge, die eine Zeitreise zu bedeutsamen Momenten der US-amerikanischen Geschichte darstellen; die Anbieter unterstützen die chinesische Gemeinde.

Chinese Historical Society of America MUSEUM

(CHSA; Karte S. 336; ☎415-391-1188; www.chsa.org; 965 Clay St; Erw./Student/Kind 15/10 US$/frei; ⌚Mi–So 11–16 Uhr; 👪; 🚌1, 8, 30, 45, 🚋California, Powell-Mason, Powell-Hyde) GRATIS Hier erfährt man, wie Chinesen zur Zeit des Goldrauschs, des Baus der transkontinentalen Bahn oder der Beatniks in den USA lebten. Die Historiker der CHSA haben faszinierende Artefakte ausgegraben, von *qipao*-Seidenkleidern aus den 1920er-Jahren bis hin zu Miniaturdioramen des Bühnenbildners Frank Wong, die Chinatown darstellen. Die Ausstellungen zeigen auch einst populäre Stereotype über Chinatown, so die sensationslüsterne Opiumhöhle, die 1915 bei der Panama-Pacific International Expo in San Francisco zu sehen war und die Messebesucher dazu animieren sollte, sich in Chinatown unters Volk zu mischen. Das Museumsgebäude errichtete 1932 Julia Morgan, die Chefarchitektin des Hearst Castle, als YWCA-Filiale in Chinatown.

North Beach

★City Lights Books KULTURZENTRUM

(Karte S. 336; ☎415-362-8193; www.citylights.com; 261 Columbus Ave; ⌚10–24 Uhr; 👪; 🚌8, 10, 12, 30, 41, 45, 🚋Powell-Mason, Powell-Hyde) Seit Gründer und Poet Lawrence Ferlinghetti und Geschäftsführer Shigeyoshi Murao 1957 vor Gericht ihr Recht durchsetzten, Allen Ginsbergs großartiges Gedicht *Howl* (deutsch: *Das Geheul*) zu veröffentlichen, herrschen hier freier Geist und freie Rede. Auf dem Poet's Chair im Obergeschoss mit Blick auf die Jack Kerouac Alley kann man sein Recht auf freie Lektüre wahrnehmen, im Zwischengeschoss sich mit Zeitschriften eindecken und im Erdgeschoss in der neuen Abteilung „Pedagogies of Resistance" radikalen Ideen nachhängen.

Beat Museum MUSEUM

(Karte S. 336; ☎800-537-6822; www.kerouac.com; 540 Broadway; Erw./Student 8/5 US$, Stadtspaziergang 25 US$; ⌚Museum 10–19 Uhr, Stadtspaziergänge Sa 14–16 Uhr; 🚌8, 10, 12, 30, 41, 45, 🚋Powell-Mason) Hier kommt man der Beatnik-Erfahrung so nahe, wie das möglich ist, ohne gegen ein Gesetz zu verstoßen. Die mehr als 1000 Exponate in der wahrhaft bunten Sammlung umfassen Hervorragendes (die verbotene Ausgabe von Ginsbergs *Howl* mit den Anmerkungen des Autors) und Lächerliches (über die Kerouac-Wackelkopfpuppen kann man nur den Kopf schütteln). Im Erdgeschoss kann man in klapprigen Kinosesseln, die nach großen Dichtern, Haustieren und Haschisch duften, Filme der Beat-Ära schauen. Im Obergeschoss kann man an Schreinen für einzelne Protagonisten der Beat Generation seinen Respekt zollen.

Russian Hill & Nob Hill

★Lombard Street STRASSE

(Karte S. 336; 🚋Powell-Hyde) Die acht Spitzkehren im 900er-Block der Lombard St hat man auf Tausenden Fotos gesehen. Das Fremdenverkehrsamt bezeichnet die Straße als die „kurvenreichste der Welt" – die Ehre gebührt eigentlich der Vermont St in Potrero Hill, aber die Lombard St ist mit ihrem roten Ziegelpflaster und den liebevoll gepflegten Blumenbeeten viel fotogener. Die Straße war übrigens nicht immer so kurvenreich: Ehe Autos aufkamen, führte sie einfach gerade und steil den Hügel hinunter.

★Cable Car Museum HISTORISCHE STÄTTE

(Karte S. 336; ☎415-474-1887; www.cablecarmuseum.org; 1201 Mason St; Spende erbeten; ⌚April–Sept. 10–18 Uhr, Okt.–März 10–17 Uhr; 👪; 🚋Powell-Mason, Powell-Hyde) GRATIS Was ist das für ein Summen unter den Gleisen der Cable Car? Es ist der Klang der Seile, die die Wagen ziehen und die in dem alten Maschi-

San Francisco & Bay Area

0 20 km
0 10 Meilen

Großraum San Francisco

Großraum San Francisco

Highlights

1 Alcatraz C2
2 Crissy Field C3
3 Golden Gate Bridge C3
4 Point Bonita Lighthouse B3

Sehenswertes

5 Alamo Square Park C3
6 Bay Area Discovery Museum C2
7 Bay Model Visitors Center B2
8 Marine Mammal Center B2
9 Mt. Tamalpais State Park A1
10 Nike Missile Site SF-88 .... B2
11 Presidio Officers' Club C3

Schlafen

12 Cavallo Point C2
13 HI Marin Headlands B2
Inn at the Presidio .... (siehe 11)
14 Metro Hotel C3
15 Pantoll Campground A1
16 West Point Inn A1

Essen

17 A16 .... C3
18 Ichi Sushi C4
19 Outerlands B4
20 Warming Hut C3

Unterhaltung

21 Independent C3

nenhaus der Cable Cars zusammenkommen. Technikfreaks werden hier aus dem Staunen nicht rauskommen: Griffe, Maschinen, Bremsmechanismen …

Diego Rivera Gallery GALERIE

(Karte S. 336; ☎ 415-771-7020; www.sfai.edu; 800 Chestnut St; ⏲ 9–19 Uhr; 🚌 30, 🚋 Powell-Mason) GRATIS Diego Riveras 1931 geschaffenes Wandbild *The Making of a Fresco Showing the Building of a City* ist ein Trompe-l'Oeil-Fresko in einem Fresko. Das Bild zeigt den Künstler, der seine eigene Arbeit wie auch das Entstehen San Franciscos bewundert. Das Bild bedeckt eine ganze Wand in der Diego Rivera Gallery des San Francisco Art Institute.

Fisherman's Wharf

★ Maritime National Historical Park HISTORISCHE STÄTTE
(Karte S. 336; ☎ 415-447-5000; www.nps.gov/safr; 499 Jefferson St, Hyde St Pier; 7-Tage-Ticket Erw./Kind 10 US$/frei; ⏲ Okt.–Mai 9.30–17 Uhr, Juni–Sept. bis 17.30 Uhr; 🚻; 🚌 19, 30, 47, 🚋 Powell-Hyde, Ⓜ F) Die vier historischen Schiffe dieser Stätte sind schwimmende Museen und die authentischste Attraktion am Fisherman's Wharf. Vertäut am Hyde St Pier liegen der 1891 gebaute Schoner *Alma*, mit dem im Sommer geführte Segeltouren stattfinden, das Dampfschiff *Eureka* von 1890, der Schaufelradschlepper *Eppleton Hall* und das Stahlrumpf-Vollschiff *Balclutha*.

Maritime Museum MUSEUM
(Aquatic Park Bathhouse; Karte S. 336; www.maritime.org; 900 Beach St; ⏲ 10–16 Uhr; 🚻; 🚌 19, 30, 47, 🚋 Powell-Hyde) GRATIS Als monumentaler Hinweis an Seeleute, die dringend ein Bad brauchen, ist das kürzlich renovierte, 1939 erbaute schiffsförmige Wahrzeichen der stromlinienförmigen Moderne mit Kunstwerken geschmückt, die von der Works Progress Administration (WPA) in Auftrag gegeben wurden: mit verspielten Robben- und Froschskulpturen von Beniamino Bufano, surrealen Unterwasserwandbildern von Hilaire Hiler und kürzlich wieder freigelegten Holzreliefs von Richard Ayer. Der berühmte afroamerikanische Künstler Sargent Johnson schuf das verblüffende Markisenvordach aus grünem Schiefer und die faszinierenden Wassermosaiken der Veranda.

The Marina & Presidio

★ Crissy Field PARK
(Karte S. 334; www.crissyfield.org; 1199 East Beach; P 🐾; 🚌 30, PresidiGo-Shuttle) Der ehemalige Militärflugplatz ist heute ein Naturschutzgebiet am Wasser mit grandiosem Blick auf die Golden Gate Bridge. Wo einst Militärflugzeuge zur Landung ansetzten, drängen sich jetzt Vogelbeobachter im ruhigen Schilf der Gezeitenmarsch. Jogger tummeln sich auf den Wegen am Strand, und der einzige Sicherheitsalarm wird von jungen Hunden ausgelöst, die argwöhnisch die Surfer beschnüffeln. An nebligen Tagen kann man in der ökozertifizierten **Warming Hut** (☎ 415-561-3042; www.parksconservancy.org/visit/eat/warming-hut.html; 983 Marine Dr; Artikel 4–9 US$; ⏲ 9–17 Uhr; P 🚻; 🚌 PresidiGo Shuttle) 🍃 in Naturführern blättern und einen Fair-Trade-Kaffee genießen.

Presidio Officers' Club HISTORISCHES GEBÄUDE
(Karte S. 334; ☎ 415-561-4165; www.presidio.gov/officers-club-internal; 50 Moraga Ave; ⏲ Di, Mi, Sa & So 10–18, Do & Fr bis 20 Uhr; 🚌 PresidiGo-Shuttle) GRATIS Das älteste Gebäude in Presidio stammt aus dem späten 18. Jh. und erstrahlt nach einer gründlichen Renovierung (2015) jetzt wieder im Glanz seiner prächtigen spanisch-maurischen Lehmziegel-Architektur. Die kostenlose **Heritage Gallery** zeigt die Geschichte des Presidio von der Zeit der Ureinwohner bis zur Gegenwart. Die Moraga Hall – die Lounge des ehemaligen Offiziersclubs – ist ein hübscher Ort, wo man am Kamin sitzen kann; kostenloses WLAN gibt's auch. Am Donnerstag- und Freitagabend finden im Club interessante Veranstaltungen und Lesungen statt; Infos stehen auf der Website.

★ Musée Mécanique VERGNÜGUNGSPARK
(Karte S. 336; ☎ 415-346-2000; www.museemechanique.org; Pier 45, Shed A; ⏲ 10–20 Uhr; 🚻; 🚌 47, 🚋 Powell-Mason, Powell-Hyde, Ⓜ E, F) Das Musée Mécanique versetzt einen mit einer hinreißenden Sammlung alter Spielautomaten zurück in die Zeit der Spielhallen. Die teuflisch grinsende, sommersprossige Laughing Sal erschreckt Kinder schon seit über 100 Jahren, sollte einen aber nicht vom Besuch der besten Spielhalle westlich von Coney Island abhalten. Für einen Quarter startet man Schlägereien in Wildwest-Saloons, linst durch ein altes Mutoskop auf Bauchtänzerinnen und wird in einer belehrenden Geschichte vor dem Rauchen von Opium gewarnt.

★ Seelöwen an Pier 39 SEELÖWEN
(Karte S. 336; www.pier39.com; Pier 39, Ecke Beach St & Embarcadero; ⏲ 24 Std.; 🚻; 🚌 15, 37, 49, Ⓜ E, F) Tierische Strandbesetzer haben 1990 San Franciscos begehrtestes Ufergelände übernommen und lassen sich seither hier sehen. Natürlich wurden die speckigen Gesellen schnell zu San Franciscos Lieblingsmaskottchen. Da die kalifornischen Ge-

Downtown San Francisco

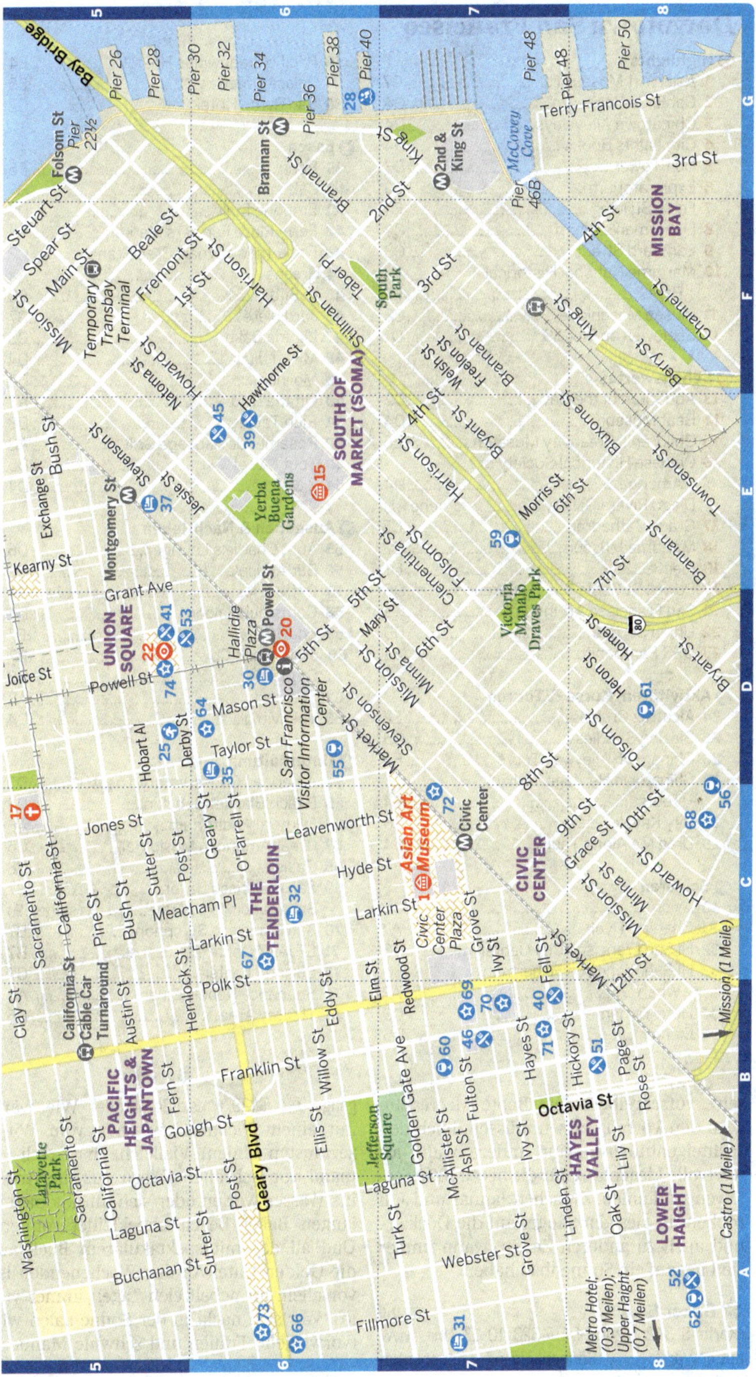

Bay Bridge
Pier 26
Pier 28
Pier 30
Pier 32
Pier 34
Pier 36
Pier 38
Pier 40
Pier 48
Pier 50
Pier 22½
Pier 46B
McCovey Cove
Terry Francois St
Folsom St
Steuart St
Spear St
Main St
Beale St
Fremont St
1st St
Temporary Transbay Terminal
Mission St
Howard St
Natoma St
Harrison St
Brannan St
2nd St
2nd & King St
King St
3rd St
4th St
Channel St
Berry St
MISSION BAY
Taber Pl
South Park
Stillman St
Hawthorne St
SOUTH OF MARKET (SOMA)
Yerba Buena Gardens
Freelon St
Welsh St
Bryant St
Bluxome St
Townsend St
Stevenson St
Jessie St
Bush St
Exchange St
Montgomery St
Kearny St
Grant Ave
UNION SQUARE
Joice St
Powell St
Hallidie Plaza
Mason St
Taylor St
San Francisco Visitor Information Center
5th St
6th St
7th St
8th St
9th St
10th St
12th St
Mary St
Minna St
Clementina St
Folsom St
Morris St
Victoria Manalo Draves Park
Homer St
Heron St
Market St
Hobart Al
Derby St
Jones St
Sutter St
Post St
Geary St
O'Farrell St
Leavenworth St
Hyde St
Larkin St
THE TENDERLOIN
Asian Art Museum
Civic Center
Civic Center Plaza
CIVIC CENTER
Grace St
Sacramento St
California St
Pine St
Clay St
California St Cable Car Turnaround
Austin St
Hemlock St
Meacham Pl
Polk St
Eddy St
Willow St
Elm St
Redwood St
Grove St
Ivy St
Fell St
Hickory St
Hayes St
Fulton St
Page St
Rose St
Franklin St
Gough St
Octavia St
Laguna St
Buchanan St
Webster St
Fillmore St
Washington St
Lafayette Park
PACIFIC HEIGHTS & JAPANTOWN
Fern St
Geary Blvd
Ellis St
Turk St
Golden Gate Ave
Jefferson Square
McAllister St
Ash St
Linden St
Lily St
Oak St
HAYES VALLEY
LOWER HAIGHT
Mission (1 Meile)
Castro (1 Meile)
Metro Hotel (0,3 Meilen); Upper Haight (0,7 Meilen)
5
6
7
8
A
B
C
D
E
F
G

Downtown San Francisco

Highlights
1 Asian Art Museum ... C7
2 Cable Car Museum ... D4
3 Chinatown Alleyways ... D4
4 City Lights Books ... D4
5 Coit Tower ... D3
6 Exploratorium ... E3
7 Ferry Building ... F4
8 Fisherman's Wharf ... C2
9 Lombard Street ... C3
10 Maritime National Historical Park ... B2
11 Musée Mécanique ... C2
12 Seelöwen an Pier 39 ... D1

Sehenswertes
13 Aquarium of the Bay ... D2
14 Beat Museum ... D4
15 Children's Creativity Museum ... E6
16 Chinese Historical Society of America ... D4
Diego Rivera Gallery ... (siehe 21)
17 Grace Cathedral ... C5
18 Maritime Museum ... B2
19 Pier 39 ... D1
20 Powell St Cable Car Turnaround ... D6
21 San Francisco Art Institute ... C3
22 Union Square ... D5
23 USS Pampanito ... C1

Aktivitäten, Kurse & Touren
24 Alcatraz Cruises ... E2
25 Blazing Saddles ... D5
26 Chinatown Alleyway Tours ... E4
27 Chinatown Heritage Walking Tours ... E4
28 City Kayak ... G6
29 Drag Me Along Tours ... D4

Schlafen
30 Axiom ... D6
31 Chateau Tivoli ... A7
32 HI San Francisco City Center ... C6
33 HI San Francisco Fisherman's Wharf ... A2
34 Hotel Bohème ... D3
35 Marker ... D6
36 Pacific Tradewinds Hostel ... E4
37 Palace Hotel ... E5
38 San Remo Hotel ... C2

Essen
39 Benu ... E6
40 Cala ... B7
41 Emporio Rulli ... D5
42 Ferry Plaza Farmers Market ... F4
43 Fisherman's Wharf Crab Stands ... C2
44 Greens ... A2
45 In Situ ... E6
46 Jardinière ... B7
47 Liguria Bakery ... D3
48 Mister Jiu's ... D4
49 Molinari ... D3
50 Off the Grid ... A2
51 Rich Table ... B8
52 Rosamunde Sausage Grill ... A8
53 Tout Sweet ... D5
54 Z & Y ... D4

Ausgehen & Nachtleben
55 Aunt Charlie's Lounge ... D6
56 Bar Agricole ... C8
57 Caffe Trieste ... D3
58 Comstock Saloon ... D4
59 EndUp ... E7
60 Smuggler's Cove ... B7
61 Stud ... D8
62 Toronado ... A8
63 Vesuvio ... D4

Unterhaltung
64 American Conservatory Theater ... D6
65 Beach Blanket Babylon ... D3
66 Fillmore Auditorium ... A6
67 Great American Music Hall ... C6
68 Oasis ... C8
69 San Francisco Ballet ... B7
San Francisco Opera ... (siehe 69)
70 San Francisco Symphony ... B7
71 SFJAZZ Center ... B7
72 Strand Theater ... C7
73 Sundance Kabuki Cinema ... A6
74 TIX Bay Area ... D5

setze vorschreiben, dass Boote Meeressäugern den Vorrang lassen müssen, blieb den Jachteigentümern keine andere Wahl, als wertvolle Liegeplätze für die bis zu 1300 Seelöwen zu räumen. Zwischen Januar und Juli robben die riesigen Säuger auf die Docks … und auch zu anderen Zeiten, wann immer sie Lust auf ein Sonnenbad haben.

★ Baker Beach STRAND

(Karte S. 342; ☎ 451-561-4323 10–17 Uhr; www.nps.gov/prsf; Sonnenaufgang–Sonnenuntergang; P; 29, PresidiGo-Shuttle) Wie wär's mit einem Picknick zwischen vom Wind zerzausten Pinien? Vielleicht mag auch jemand von schroffen Felsen aus die Angel ins Wasser werfen oder sich am kilometerlangen Baker Beach unbekleidet sonnen? Und all das mit spektakulärem Blick auf die Golden Gate! An den Wochenenden ist vor allem an nebelfreien Tagen immer viel los. Wer sich nackt in der Sonne aalen will (vorwiegend Frauen und schwule Männer), sollte den Nordteil des Strands aufsuchen. Familien tummeln sich südlich, in der Nähe des Parkplatzes. Vorsicht: Strömung und bibberkaltes Wasser!

The Mission & The Castro

Balmy Alley STRASSENKUNST

(Karte S. 340; 415-285-2287; www.precitaeyes.org; zw. 24th & 25th St; 10, 12, 14, 27, 48, B 24th St Mission) Angeregt von Diego Riveras Wandbildern im San Francisco der 1930er-Jahre und provoziert von der US-amerikanischen Mittelamerikapolitik machten sich *muralistas* (Wandmaler) in den 1970er-Jahren, angeführt von Mia Gonzalez, daran, die politische Landschaft zu verändern, indem sie ein Garagentor nach dem anderen mit Wandbildern bemalten. Seit 30 Jahren können jetzt in der Balmy Alley Wandgemälde bewundert werden, von einem ersten Gemälde zu Ehren des El-Salavador-Aktivisten Erzbischof Óscar Romero bis zu einer Hommage an Frida Kahlo, Georgia O'Keeffe und andere bahnbrechende Künstlerinnen.

Mission Dolores KIRCHE

(Misión San Francisco de Asís; Karte S. 340; 415-621-8203; www.missiondolores.org; 3321 16th St; Erw./Kind 5/3 US$; Nov.–April 9–16 Uhr, Mai–Okt. 9–16.30 Uhr; 22, 33, B 16th St Mission, M J) Dem ältesten Gebäude verdankt die Stadt ihren Namen: der weiß getünchten, aus Lehmziegeln erbauten Misión San Francisco de Asís. Die Mission wurde 1776 gegründet und ab 1782 von Zwangsarbeitern vom Stamm der Ohlone und Miwok neu gebaut. Auf dem Friedhof steht eine Hütte zum Gedenken der 5000 Ureinwohner, die in der Mission Anfang des 19. Jhs. an den Masern starben. Heute steht das bescheidene Lehmziegelbauwerk im Schatten der benachbarten prächtigen Basilika von 1913, deren schillernde Buntglasfenster an die 21 kalifornischen Missionen erinnern.

Dolores Park PARK

(Karte S. 340; http://sfrecpark.org/destination/mission-dolores-park; Dolores St, zw. 18th & 20th Sts; 6am-10pm; 14, 33, 49, B 16th St Mission, M J) Halbprofessionelles Sonnenbaden und Taco-Picknicks – im Dolores Park zeigt sich San Francisco von seiner sonnigen Seite. Hier gibt's für jeden etwas, von Streetball und Tennis bis zu einem Spielplatz mit Maya-Pyramide (Menschenopfer verboten!). Politische Kundgebungen und sonstige beliebte Aktivitäten finden das ganze Jahr über statt; im Sommer gibt's zudem kostenloses Kino und Straßentheater der Mime Troupe. Von der hochgelegenen Ecke im Südwesten hat man einen herrlichen, von Palmen gesäumten Blick aufs Stadtzentrum.

Women's Building GEBÄUDE

(Karte S. 340; 415-431-1180; www.womensbuilding.org; 3543 18th St; 14, 22, 33, 49, B 16th St Mission, M J) Das erste Gemeindezentrum der USA, das Frauen gehört und von Frauen geführt wird, leistet schon seit 1979 im Stillen gute Arbeit zusammen mit 170 Frauenorganisationen. Mit dem *Maestrapeace*-Wandbild von 1994 ist es jedoch zu einem echten Wahrzeichen geworden. Eine Star-Team aus *muralistas* bedeckte das Gebäude mit Bildern von Grenzen überwindenden Künstlerinnen und Pionierinnen der Gleichberechtigung. Porträtiert wurden u. a. die Nobelpreisträgerin Rigoberta Menchú, die Poetin Audre Lorde, die Künstlerin Georgia O'Keeffe und US Surgeon General Joycelyn Elders, eine operative Leiterin des US Public Health Service.

The Haight & Umgebung

Haight Street STRASSE

(Karte S. 342; Haight St, zw. Fillmore & Stanyan St; 7, 22, 33, 43, M N) War das nun im Herbst 1966 oder im Winter 1967? In Haight heißt es, dass man wohl nicht dabei gewesen ist, wenn man sich an das Datum des Summer of Love nicht erinnern kann. Der Nebel war durchsetzt mit dem Rauch von Marihuana, Sandelholz und verbrannten Einberufungsbefehlen, tagelang wurde über Neonplakate von Grateful Dead meditiert und die Kreuzung von **Haight und Ashbury St** (Karte S. 342; 6, 7, 33, 37, 43) wurde zum Wendepunkt einer ganzen Generation.

Alamo Square Park PARK

(Karte S. 334; www.sfparksalliance.org/our-parks/parks/alamo-square; Ecke Hayes & Steiner St; Sonnenaufgang–Sonnenuntergang; 5, 21, 22, 24) Hippie-Kommunen und viktorianische Bordelle, Jazz-Größen und Opernstars, Erdbeben und die Church of Satan – das alles haben die vornehmen, als **Painted Ladies** bezeichneten viktorianischen Villen seit 1857 er- und unbeschadet überlebt. Die pastellfarbenen Villen der Postcard Row an der Ostseite des Alamo Sq verblassen im Vergleich zu den bunten Gebäuden am nordwestlichen Ende des auf einer Hügelspitze gelegenen Parks. An der Nordseite stehen

The Mission & The Castro

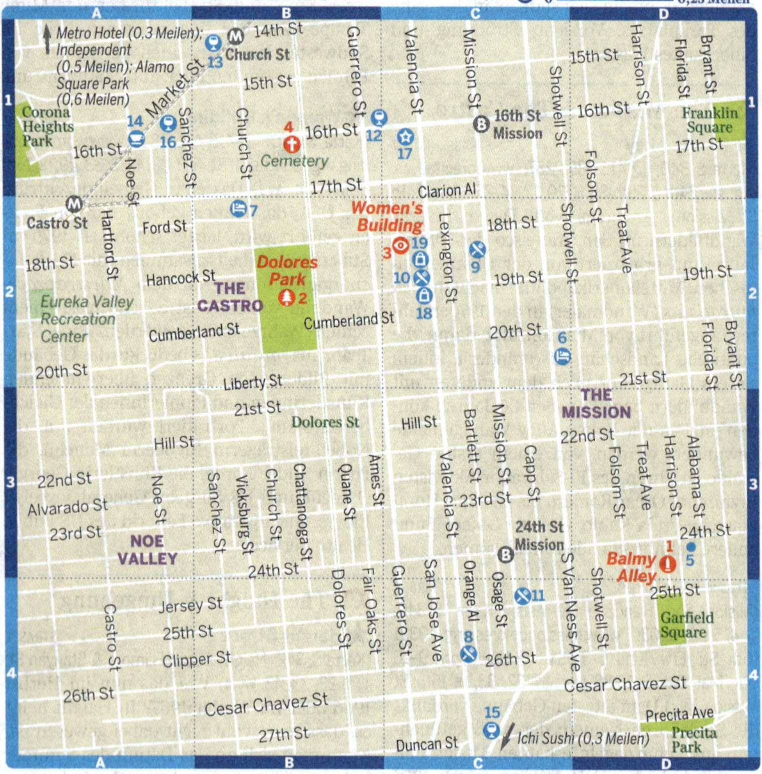

barocke, bombastische Barbary-Coast-Villen mit schuppenartig verlegten Dachschindeln, Spitzdächern und Verzierungen im Stil von Pfefferkuchenhäuschen.

Golden Gate & Umgebung

1865 beschloss die Stadt, aus ca. 400 ha Sanddünen den Golden Gate Park zu schaffen. Am Westende des Parks liegt der **Ocean Beach** (Karte S. 342; ☎415-561-4323; www.parksconservancy.org; Great Hwy; ⊙Sonnenaufgang–Sonnenuntergang; P; 🚌5, 18, 31, M N), wo das **Cliff House** (Karte S. 342; ☎415-386-3330; www.cliffhouse.com; 1090 Point Lobos Ave; ⊙So–Do 9–23, Fr & Sa 9–24 Uhr; 🚌5, 18, 31, 38) GRATIS über der prächtigen Ruine der **Sutro Baths** (Karte S. 342; www.nps.gov/goga/historyculture/sutro-baths.htm; 680 Point Lobos Ave; ⊙Sonnenaufgang–Sonnenuntergang; Visitor Center 9–17 Uhr; P; 🚌5, 31, 38) GRATIS thront. Ein teilweise asphaltierter Wanderweg führt um **Lands End** herum, von wo aus man Schiffswracks sehen kann und einen schönen Blick auf die **Golden Gate Bridge** (Karte S. 342; ☎Mautinformationen 877-229-8655; www.goldengatebridge.org/visitors; Hwy 101; nordwärts umsonst, südwärts 6,50–7,50 US$; 🚌28, alle Golden-Gate-Transit-Busse) hat. Sonntags ist der JFK Drive für den Autoverkehr gesperrt – eine gute Gelegenheit, sich bei **Golden Gate Park Bike & Skate** (Karte S. 342; ☎415-668-1117; www.goldengateparkbikeandskate.com; 3038 Fulton St; Skates 5–6 US$/Std., 20–24 US$/Tag, Fahrrad 3–5 US$/Std., 15–25 US$/Tag, Tandem Std./Tag 15/75 US$, Picknickgeschirr 6/25 US$; ⊙Mo–Fr 10–18, Sa & So bis 19 Uhr; 🚌5, 21, 31, 44) einen fahrbaren Untersatz zu leihen.

★ **Golden Gate Park** PARK
(Karte S. 342; www.golden-gate-park.com; zw. Stanyan St & Great Hwy; P; 🚌5, 7, 18, 21, 28, 29, 33, 44, M N) GRATIS Wenn die Einheimi-

The Mission & The Castro

schen von „dem Park" sprechen, meinen sie den Golden Gate Park. Hier gibt's alles, was in der Stadt geschätzt wird: freie Geister, kostenlose Musik, Mammutbäume, Frisbee, Demonstrationen, Kunst, Bonsais und Büffel. Dank den herrlichen Mikroklimazonen der Stadt und ihrer natürlichen Exzentrik finden sich im Park Pflanzen aus aller Welt und außerordentliche Sehenswürdigkeiten, darunter: das **de Young Museum** (☎415-750-3600; http://deyoung.famsf.org; 50 Hagiwara Tea Garden Dr; Erw./Kind 15 US$/frei, 1. Di im Monat frei; ⊙April–Nov. Di–So 9.30–17.15, Fr bis 20.45 Uhr; 🚸; 🚌5, 7, 44, Ⓜ N); die California Academy of Sciences (S. 331); der **San Francisco Botanical Garden** (Strybing Arboretum; ☎415-661-1316; www.strybing.org; 1199 9th Ave; Erw./Kind 8/2 US$, tgl. vor 9 & 2. Di im Monat frei; ⊙März–Sept. 7.30–19 Uhr, Okt.–Mitte Nov. & Feb. bis 18 Uhr, Mitte Nov.–Jan. bis 17 Uhr, letzter Einlass 1 Std. vor Schließung, Buchladen 10–16 Uhr; 🚸; 🚌6, 7, 44, Ⓜ N) 🍃; der **Japanese Tea Garden** (☎415-752-1171; www.japaneseteagardensf.com; 75 Hagiwara Tea Garden Dr; Erw./Kind 8/2 US$, Mo, Mi & Fr vor 10 Uhr frei; ⊙März–Okt. 9–18 Uhr, Nov.–Feb. bis 16.45 Uhr; P 🚸; 🚌5, 7, 44, Ⓜ N); das **Conservatory of Flowers** (☎info 415-831-2090; www.conservatoryofflowers.org; 100 John F. Kennedy Dr; Erw./Student/Kind 8/6/2 US$, 1. Di im Monat frei; ⊙Di–So 10–16 Uhr; 🚸; 🚌5, 7, 21, 33, Ⓜ N); und der **Stow Lake** (www.sfrecpark.org; ⊙Sonnenaufgang–Sonnenuntergang; 🚸; 🚌7, 44, Ⓜ N).

Aktivitäten

Blazing Saddles RADFAHREN
(Karte S. 336; ☎415-202-8888; www.blazingsaddles.com; 433 Mason St; Fahrrad 8–15 US$/Std., 32–88 US$/Tag, E-Bike 48–88 US$/Tag; ⊙8–20 Uhr; 🚋Powell-Hyde, Powell-Mason, B Powell, Ⓜ Powell) Verleiht Fahrräder nahe dem Union Sq, mit denen man einen Tag durch die Downtown radeln kann – auf den Verkehr achten! Wer online reserviert, erhält 20 % Rabatt.

City Kayak KAJAKFAHREN
(Karte S. 336; ☎415-294-1050, 888-966-0953; www.citykayak.com; Pier 40, South Beach Harbor; Kajak 35–125 US$/Std., 3-std. Unterricht & Kajak 49 US$, Touren 59–75 US$; ⊙Verleih Do–Mo 12–15 Uhr, Rückgabe bis 17 Uhr; 🚌30, 45, Ⓜ N, T) Wer San Francisco nicht vom Wasser aus gesehen hat, hat es gar nicht gesehen. Neulinge können Unterricht nehmen und in den ruhigen Gewässern nahe der Bay Bridge paddeln; erfahrene Paddler wagen sich mit dem Leihkajak in die Strömungen nahe der Golden Gate Bridge (bei geeigneten Bedingungen – erst Infos einholen!). Sportliche Romantiker aufgepasst: Die ruhigen Touren in der Abenddämmerung, vorbei an den Lichtern der Bay Bridge, sind ideal für Heiratsanträge. Weitere Details auf der Website.

Geführte Touren

★ **Precita Eyes Mission Mural Tours** STADTSPAZIERGANG
(Karte S. 340; ☎415-285-2287; www.precitaeyes.org; 2981 24th St; Erw. 15–20 US$, Kind 3 US$; 🚸; 🚌12, 14, 48, 49, B 24th St Mission) Die von Wandmalern geführten Spaziergänge am Wochenende beinhalten 60 bis 70 Wandgemälde in Mission in einem Umkreis von sechs bis zehn Blocks rund um die Balmy Alley (S. 339). Die Spaziergänge dauern 90 bis 135 Minuten (beim mehr ins Detail gehenden Classic Mural Walk). Die Erlöse der

The Richmond, The Haight & Golden Gate Park

The Richmond, The Haight & Golden Gate Park

Highlights		
1	Baker Beach	D1
2	California Academy of Sciences	E3
3	de Young Museum	E3
4	Golden Gate Park	D4
5	Haight Street	G3
Sehenswertes		
6	Cliff House	A2
7	Conservatory of Flowers	F3
8	Haight & Ashbury	G3
9	Japanese Tea Garden	E3
10	Ocean Beach	A4
11	San Francisco Botanical Garden	E4
12	Stow Lake	D4
13	Sutro Baths	A2
Aktivitäten, Kurse & Touren		
14	Golden Gate Park Bike & Skate	F3
15	Haight-Ashbury Flower Power Walking Tour	G4
Essen		
16	Burma Superstar	F2
Shoppen		
17	Amoeba Music	G4
18	Green Apple Books	F2

gemeinnützigen Organisation finanzieren die Erhaltung der Malereien.

Drag Me Along Tours STADTSPAZIERGANG
(Karte S. 336; ☎415-857-0865; www.dragmealongtours.com; Portsmouth Sq; 20 US$; ⊙meist So 11–13 Uhr; 🚌1, 8, 10, 12, 30, 41, 45, 🚋California, Powell-Mason, Powell-Hyde) Auf diesem Spaziergang wird San Franciscos schlüpfrige Barbary Coast von einer echten Legende vorgestellt: der Varieté-Künstlerin Lola Montez, die nach ihrem skandalumwitterten Aufenthalt in München San Francisco zur Zeit des Goldrauschs unsicher machte – verkörpert von einer Drag-Queen, dem Stadthistoriker Rick Shelton. Lola führt die Teilnehmer durch die Gassen der Chinatown, in denen viktorianische Ladys ihre Reputation aufbauten oder verloren, und vorbei an den Saloons von North Beach, in denen Seeleute shanghait wurden. Die Leute der Barbary Coast spielten, liebten und lebten gefährlich. Nur für Erwachsene, Reservierung erforderlich, nur Barzahlung!

Haight-Ashbury Flower Power Walking Tour STADTSPAZIERGANG
(Karte S. 342; ☎415-863-1621; www.haightashburytour.com; Erw./Kind unter 10 Jahren 20 US$/frei; ⊙Di & Sa 10.30, Fr 14 Uhr; 👪; 🚌6, 7, Ⓜ N) Der lange, schräge Trip führt durch zwölf Blocks Hippie-Geschichte auf den Spuren von Jimi, Jerry und Janis – wer die Nachnamen nicht kennt, hat die Tour eindeutig nötig! Der Spaziergang startet an der Kreuzung Stanyan und Waller St und dauert rund zwei Stunden. Reservierung erforderlich!

Feste & Events

Bay to Breakers SPORT
(www.baytobreakers.com; Startgeld ab 65 US$; ⊙3. So im Mai) Kostümierte oder spärlich bekleidete Läufer rennen vom Embarcadero zum Ocean Beach; als Lachse verkleidete Läufer bewältigen die Strecke stromaufwärts.

SF Pride Celebration SCHWULE & LESBEN
(⊙Juni) Ein Tag reicht der Szene in San Francisco nicht zum Feiern: Der Juni beginnt mit dem **San Francisco LGBTQ Film Festival** (www.frameline.org; Tickets 10–35 US$; ⊙Juni) und endet am letzten Wochenende ausgelassen mit dem **Dyke March** (www.thedykemarch.org) zur Pink Party in Castro am Samstag und der **Pride Parade** (www.sfpride.org; ⊙letzter So im Juni) mit 1 Mio. Besuchern am Sonntag.

Hardly Strictly Bluegrass MUSIK
(www.hardlystrictlybluegrass.com; ⊙Okt.) Der Westen tobt bei kostenlosem Bluegrass im Golden Gate Park. Drei Tage lang gibt's auf sieben Bühnen Konzerte von mehr als 100, teilweise berühmten Bands.

Schlafen

Hostels und Budgethotels sind noch am billigsten, aber Zimmer sind in San Francisco nie wirklich günstig: Für ein Privatzimmer im Hostel muss man mit 100 US$, in einem Budgetmotel mit 200 US$ und in einem Mittelklassehotel mit mehr als 300 US$ rechnen. Auf die angegebenen Preise wird zudem noch die deftige Hotelsteuer (15 %) aufgeschlagen.

Embarcadero, SoMa, Union Square & Civic Center

HI San Francisco City Center HOSTEL $
(Karte S. 336; ☎415-474-5721; www.sfhostels.org; 685 Ellis St; B 33–52 US$, Zi. 90–155 US$; @📶; 🚌19, 38, 47, 49) Das siebenstöckige Atherton Hotel aus den 1920er-Jahren wurde kürzlich zu einem überdurchschnittlichen Hostel mit

Alcatraz

HALBTAGESTOUR

Mit der Fähre fährt man von Pier 33 2,4 km durch die Bucht, um das berüchtigtste ehemalige Gefängnis der USA zu erreichen. Sobald man am ❶ **Ferry Dock & Pier** gelandet ist, beginnt der 528 m lange Marsch zur Spitze der Insel und zum Gefängnis. Wer nicht laufen will, wartet auf die Tram, die zweimal stündlich fährt.

Beim Aufstieg zum ❷ **Wachgebäude** zeigt sich, wie steil die Insel ist: Ehe Alcatraz als Gefängnis diente, war es eine Festung. In den 1850er-Jahren trug das Militär die felsige Küste zu nahezu vertikalen Klippen ab. Schiffe konnten danach nur in einem einzigen Hafenbecken anlegen, das von den Hauptgebäuden durch eine Schleuse getrennt war. Drinnen kann man durch den Bodenrost einen Blick auf das ursprüngliche Gefängnis werfen.

Ehrenamtliche Helfer pflegen die ❸ **Officer's Row Gardens** – ein Kontrast zu den überwachsenen Rosenbüschen um die ausgebrannte Hülle des ❹ **Hauses des Direktors**. Auf dem Hügel, beim Eingangstor zum ❺ **Hauptzellenblock**, blitzt immer wieder Schönes auf, z. B. der Blick auf die ❻ **Golden Gate Bridge**. ❼ **Historische Zeichen und Graffiti** sind über dem Haupttor des Verwaltungsgebäudes zu erkennen. Nun geht es hinein in das Gefängnis, um die ehemalige ❽ **Zelle von Frank Morris**, dem berühmtesten Ausbrecher aus Alcatraz, zu besichtigen.

TOP-TIPPS

- Einen Besuch ohne Führung mindestens einen Monat im Voraus buchen, eine geführte Abendtour noch früher. Infos zu Führungen durch die Gartenanlagen: www.alcatrazgardens.org.
- Auf der Insel muss man viel laufen. Mindestens 2–3 Stunden für den Besuch einplanen. Für die Rückfahrt muss man nicht reservieren, man kann jede Fähre nehmen.
- Auf der Insel gibt es keine Verpflegung (nur Wasser), man kann aber nahe der Anlegestelle picknicken. Das Wetter ändert sich schnell – entsprechende Kleidung mitnehmen.

ADRIEN_G/SHUTTERSTOCK ©

Historische Zeichen & Graffiti
Die amerikanischen Ureinwohner, die die Insel von 1969 bis 1971 besetzt hielten, versahen den Wasserturm mit dem Graffiti „Home of the Free Indian Land". Über dem Tor zum Zellenblock kann man sehen, wie sie bei dem Wappen mit Adler und Fahne die roten und weißen Streifen veränderten, um damit das Wort „Free" zu schreiben.

DOPTIS/SHUTTERSTOCK ©

Haus des Direktors
Während der Besetzung durch die Ureinwohner wurden das Haus des Direktors und weitere Gebäude durch Brände zerstört. Die Regierung beschuldigte die Besetzer, diese wiederum gaben Agents Provocateurs die Schuld, die die Nixon-Regierung eingeschleust hätte, um die öffentliche Sympathie für die Besetzer zu untergraben.

Officer's Row Gardens
Im 19. Jh. brachten Soldaten Humus auf die Insel, um sie durch die Anlage von Gärten zu verschönern. Zuverlässige Gefängnisinsassen wurden später mit der Pflege betraut – Elliott Michener erzählte, dass ihn diese Arbeit bei Verstand hielt. Heute kümmern sich Historiker, Ornithologen und Archäologen um die Auswahl der Pflanzen.

Hauptzellenblock

In der Mitte des 20. Jhs. beherbergte das Hochsicherheitsgefängnis die berüchtigtsten Verbrecher jener Zeit, darunter Al Capone und Robert Stroud, den „Vogelmann von Alcatraz" (der aber seine ornithologischen Studien tatsächlich in Leavenworth durchführte).

FRANCKREPORTER/GETTY IMAGES ©

Blick auf die Golden Gate Bridge

Die Golden Gate Bridge erstreckt sich über den Horizont. Den besten Blick hat man vom Gipfel der Insel an der Eagle Plaza, nahe dem Eingang zum Zellenblock sowie am Ufer entlang des Agave Trail (nur Sept.–Jan.).

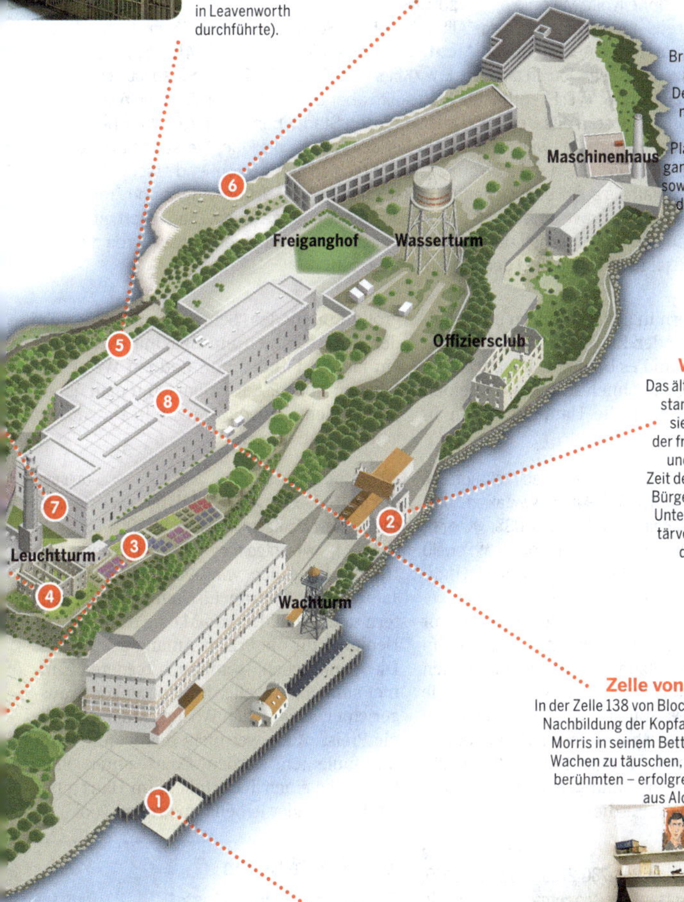

Wachgebäude

Das älteste Gebäude hier stammt von 1857. Man sieht noch Überreste der früheren Zugbrücke und des Grabens. Zur Zeit des Amerikanischen Bürgerkriegs wurde das Untergeschoss ein Militärverlies – der Anfang der Gefängnisinsel.

Zelle von Frank Morris

In der Zelle 138 von Block B sieht man eine Nachbildung der Kopfattrappe, die Frank Morris in seinem Bett hinterließ, um die Wachen zu täuschen, als er 1962 seinen berühmten – erfolgreichen – Ausbruch aus Alcatraz unternahm.

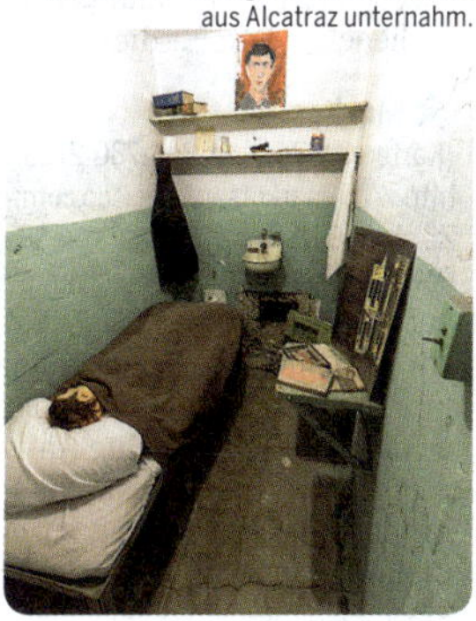

OSCITY/SHUTTERSTOCK ©

Ferry Dock & Pier

Eine riesige Wandkarte dient zur Orientierung auf der Insel. Im Bldg 64 informieren Kurzfilme und Ausstellungen über die Geschichte des Gefängnisses und die Besetzung der Insel durch Ureinwohner.

NICHT VERSÄUMEN

ALCATRAZ

Mehr als 150 Jahre lang ließ der Name **Alcatraz** (Karte S. 334; ☎ Alcatraz Cruises 415-981-7625; www.nps.gov/alcatraz; Touren Erw./Kind 5–11 Jahre tagsüber 37,25/23 US$, abends 44,25/26,50 US$; ⏲ Callcenter 8–19 Uhr, Fähren von Pier 33 8.45–15.50 Uhr halbstündl., Abendtouren 17.55 & 18.30 Uhr; 👪) Unschuldige schaudern und sorgte bei Schuldigen für Schweißausbrüche. Im Verlauf der Jahrzehnte war die Insel das erste Militärgefängnis der USA, ein abschreckendes Hochsicherheitsgefängnis und ein umstrittenes Gelände zwischen indianischen Aktivisten und dem FBI. Schon der erste Schritt auf den „Felsen" scheint eine unheilvolle Melodie hervorzurufen.

Berichte aus erster Hand über das Alltagsleben im Hochsicherheitsgefängnis sind in der preisgekrönten Audiotour von **Alcatraz Cruises** (Karte S. 336; ☎ 415-981-7625; www.alcatrazcruises.com; Touren tagsüber Erw./Kind/Fam. 37,25/23/112,75 US$, abends Erw./Kind 44,25/26,50 US$; Ⓜ E, F) enthalten. Man sollte aber die Kopfhörer mal einen Augenblick abnehmen, um das Geräusch des sorglosen Stadtlebens zu hören, das übers Wasser herüberdringt: Das war die qualvolle Verlockung, die die Fluchtversuche trotz der geringen Erfolgsaussichten – die Strömung ist einfach zu heftig – lohnend erscheinen ließ. Alcatraz galt als ausbruchssicher, 1962 jedoch flohen die Brüder Anglin und Frank Morris auf einem improvisierten Floß und wurden nie wieder gesehen. Die Sicherheitsmaßnahmen und der Unterhalt der Anlage erwiesen sich als zu teuer und so wurde die Gefängnisinsel 1963 schließlich den Vögeln überlassen.

eigenen Bädern in allen Zimmern umgestaltet. Pancakes oder Eier gibt's für 1 US$ (All You Can Eat) und es befindet sich auch eine Bar vor Ort, doch ohnehin sind die Kneipen und billige Lokale die Hauptattraktion in dieser Gegend.

★ **Axiom** BOUTIQUEHOTEL $$
(Karte S. 336; ☎ 415-392-9466; www.axiomhotel.com; 28 Cyril Magnin St; DZ 189–342 US$; @ 📶 🐾; 🚋 Powell-Mason, Powell-Hyde, Ⓑ Powell, Ⓜ Powell) Viele Hotels in der Downtown wollen High-Tech-Appeal ausstrahlen – diesem hier gelingt es auch. Die Lobby beeindruckt mit LED-Leuchten, Marmor und vernietetem Stahl, das Spielzimmer wirkt mit seinen Spielautomaten und Tischkicker wie die Zentrale eines Start-up-Unternehmens und die Gästezimmer haben große Doppelbetten auf Plattformen, eigene Router für Highspeed-WLAN-Verbindungen und Bluetooth-Bedienelemente für dies und das.

★ **Marker** BOUTIQUEHOTEL $$
(Karte S. 336; ☎ 844-736-2753, 415-292-0100; http://themarkersanfrancisco.com; 501 Geary St; Zi. ab 209 US$; ❄ @ 📶 🐾; 🚌 38, 🚋 Powell-Hyde, Powell-Mason) 🍃 Das schicke Marker setzt auf die richtigen Details. Die Zimmer haben ein farbenfrohes Dekor – knallroter Lack, marineblauer Samt und violett leuchtende Seide – und durchdachte Annehmlichkeiten wie hochwertige Bettwäsche, ergonomische Arbeitsbereiche, Zugang zu einer digitalen Bibliothek, zahlreiche Steckdosen sowie große Kommoden, Schränke und Bäder. Zu den Extras zählen ein Spa mit Whirlpool, ein kleiner Fitnessraum und ein Weinempfang am Abend. Außerdem kann man damit prahlen, eine stilvoll Adresse in Downtown gefunden zu haben.

★ **Palace Hotel** HOTEL $$$
(Karte S. 336; ☎ 415-512-1111; www.sfpalace.com; 2 New Montgomery St; Zi. ab 300 US$; ❄ @ 📶 🏊 🐾; Ⓜ Montgomery, Ⓑ Montgomery) Das Hotelwahrzeichen von 1906 bleibt mit 100 Jahre alten österreichischen Kristallleuchtern und Gemälden von Maxfield Parrish ein Denkmal für die Pracht Anfang des 20. Jhs. Die gemütlichen, wenn auch biederen Zimmer sind auf Traveller mit Spesenkonto ausgerichtet, aber an den Wochenenden purzeln die Preise. Auch wer nicht hier wohnt, kann im opulenten Garden Court unter einer Glasdecke einen Tee trinken. Im Haus gibt's ein Spa; Kinder lieben den großen Pool.

North Beach

Pacific Tradewinds Hostel HOSTEL $
(Karte S. 336; ☎ 415-433-7970; www.san-francisco-hostel.com; 680 Sacramento St; B 35–45 US$; ⏲ Rezeption 8–24 Uhr; 🚭 @ 📶; 🚌 1, 🚋 California, Ⓑ Montgomery) San Franciscos attraktivstes Hostel ohne Privatzimmer hat ein blau-weißes nautisches Dekor, eine voll ausgestattete Küche (ganztägig kostenlose Erdnussbutter- und Marmeladen-Sandwichs!), eine Waschküche (Socken waschen kostenlos!), eine Ge-

päckaufbewahrung und keine Sperrstunde. Die Stockbetten sind in der Wand verankert, sodass nichts wackelt, wenn sich der Zimmergenosse nachts umdreht. Das Hostel hat keinen Fahrstuhl, man muss sein Gepäck in den vierten Stock wuchten; das aber lohnt sich! Toller Service; freundliches Personal.

San Remo Hotel HOTEL $
(Karte S. 336; ☎800-352-7366, 415-776-8688; www.sanremohotel.com; 2237 Mason St; Zi. ohne Bad 119–159 US$; 30, 47, Powell-Mason) Das 1906 direkt nach dem Erdbeben erbaute Hotel hat ein besonders gutes Preis-Leistungs-Verhältnis. Mehr als 100 Jahre später bietet die hervorragende Pension in North Beach immer noch im italienischen Oma-Stil aufgemachte Zimmer mit bunt zusammengewürfelten alten Möbeln und Gemeinschaftsbad. Die billigsten Zimmer gehen nur zum Korridor raus. Die Familiensuiten bieten Platz für bis zu fünf Personen. Kein Fahrstuhl.

★ **Hotel Bohème** BOUTIQUEHOTEL $$
(Karte S. 336; ☎415-433-9111; www.hotelboheme.com; 444 Columbus Ave; Zi. 235–295 US$; 10, 12, 30, 41, 45) Das bunte, historische und poetische Boutiquehotel ist typisch für North Beach. Das Erscheinungsbild ist geprägt von Farbschemen der Jazz-Ära, Polstermöbeln mit Pagodenmuster und Fotos der Beat-Ära an den Wänden. Die historischen Zimmer sind ziemlich klein und liegen mitunter an der lauten Columbus Ave (die Zimmer nach hinten sind ruhiger); überdies sind die Badezimmer winzig. Aber vor allem nach einem Kneipenbummel könnte man hier gut einen Roman schreiben.

Fisherman's Wharf, The Marina & Presidio

★ **HI San Francisco Fisherman's Wharf** HOSTEL $
(Karte S. 336; ☎415-771-7277; www.sfhostels.com; Fort Mason, Bldg. 240; B 30–53 US$, Zi. 116–134 US$; P; 28, 30, 47, 49) Die praktische Downtown-Lage wird hier gegen eine wunderschöne parkähnliche Umgebung mit Traumblick auf die San Francisco Bay eingetauscht. Das Hostel in einem ehemaligen Armeehospital hat sehr preiswerte Privatzimmer und Schlafsäle (einige nicht nach Geschlechtern getrennt) mit vier bis 22 Betten – die an der Tür stehenden Etagenbetten 1 und 2 sollte man meiden. Riesige Gemeinschaftsküche. Es gibt keine Sperrstunde, aber tagsüber auch keine Heizung – also warme Kleidung mitbringen! Begrenzte Anzahl kostenloser Parkplätze.

★ **Inn at the Presidio** HOTEL $$
(Karte S. 334; ☎415-800-7356; www.innatthepresidio.com; 42 Moraga Ave; Zi. 295–380 US$; P; 43, PresidiGo-Shuttle) Das dreistöckige, rote Backsteinhaus wurde 1903 als Junggesellenquartier für Armeeoffiziere in The Presidio errichtet und 2012 zu einer schicken Nationalpark-Lodge mit viel Leder, Leinen und Holz umgebaut. Es verfügt über große, vornehme Zimmer mit Federbetten und Laken aus ägyptischer Baumwolle. In den Suiten gibt's Kamine und rundherum

SAN FRANCISCO MIT KINDERN

Obwohl auf San Franciscos Einwohner pro Kopf weniger Kinder kommen als fast in jeder anderen US-amerikanischen Stadt – es gibt hier mehr Hunde als Kinder –, ist die Stadt doch voller familienfreundlicher Attraktionen. Zu diesen zählen die **California Academy of Sciences** (Karte S. 342; ☎415-379-8000; www.calacademy.org; 55 Music Concourse Dr; Erw./Student/Kind 35/30/25 US$; Mo–Sa 9.30–17, So ab 11 Uhr; P; 5, 6, 7, 21, 31, 33, 44, M N) im Golden Gate Park, das Exploratorium (S. 330) am Wasser, das Crissy Field (S. 335), das Musée Mécanique (S. 335) und der **Pier 39** (Karte S. 336; ☎415-705-5500; www.pier39.com; Ecke Beach St & Embarcadero; P; 47, Powell-Mason, M E, F) mit seinen bellenden Seelöwen und dem handbemalten italienischen Karussell.

Im **Children's Creativity Museum** (Karte S. 336; ☎415-820-3320; http://creativity.org/; 221 4th St; 12 US$; Mi–So 10–16 Uhr; 14, M Powell, B Powell) in SoMa gibt's Technologie, die für Schulen zu cool ist: Roboter, Videospiele mit Live-Action und Workshops über 3D-Animation. Im **Aquarium of the Bay** (Karte S. 336; ☎415-623-5300; www.aquariumofthebay.org; Pier 39; Erw./Kind/Fam. 24,95/14,95/70 US$; Ende Mai–Anf. Sept. 9–20 Uhr, Nebensaison kürzere Öffnungszeiten; 49, Powell-Mason, M E, F) am Pier 39 spaziert man unter Wasser durch Glasröhren, über denen Haie kreisen. Anschließend können die Kleinen in einem Streichelbecken Tiere der Gezeitenzone hautnah erleben.

viel Natur mit Wanderwegen. Ein Taxi ins Zentrum kostet 25 US$. Kostenloses Parken.

The Mission & Castro

Inn San Francisco B&B $$

(Karte S. 340; ☎415-641-0188, 800-359-0913; www.innsf.com; 943 S Van Ness Ave; Zi. 195–255 US$, ohne Bad 165–225 US$, Cottages 365–475 US$; P @ ; 14, 49) Die elegante, 1872 im italienisch-viktorianischen Stil erbaute Villa hat sich zu einem makellos gepflegten, mit Antiquitäten vollgestopften stattlichen Gästehaus im Mission District gemausert. Alle Zimmer sind mit frischen Blumen dekoriert und haben Federbetten und üppige Matratzen, einige verfügen auch über einen Whirlpool. Draußen gibt's einen englischen Garten und einen Redwood-Whirlpool, der rund um die Uhr genutzt werden kann – eine Seltenheit in San Francisco. Man sollte reservieren. Es gibt nur begrenzt Parkplätze und keinen Fahrstuhl.

★ **Parker Guest House** B&B $$

(Karte S. 340; ☎888-520-7275, 415-621-3222; www.parkerguesthouse.com; 520 Church St; Zi. 219–279 US$, ohne Bad 179–199 US$; @ ; 33, M J) Die stattlichste Schwulenpension in Castro nimmt zwei nebeneinanderliegende edwardianische Villen ein. Die Details sind elegant und formell, keineswegs rüschig. Die Zimmer scheinen eher zu einem schicken Hotel als zu einem B & B zu gehören und haben sehr komfortable Betten und Daunendecken. Der Garten und die Sauna sind ideal für ein Stelldichein. Kein Fahrstuhl.

The Haight

Metro Hotel HOTEL $

(Karte S. 334; ☎415-861-5364; www.metrohotelsf.com; 319 Divisadero St; Zi. 107 US$; @ ; 6, 24, 71) Das Metro Hotel hat eine erstklassige Lage: Einige Zimmer blicken hinunter auf den Gartenhof der hervorragenden Ragazza Pizzeria. Die Zimmer sind billig und sauber, wenn auch schmucklos – wenn möglich, das Zimmer mit dem San-Francisco-Wandbild nehmen! In einigen Zimmern stehen zwei Doppelbetten. Das Hotel hat eine günstige Lage im Viertel und eine rund um die Uhr besetzte Rezeption, aber keinen Fahrstuhl.

★ **Chateau Tivoli** B&B $$

(Karte S. 336; ☎800-228-1647, 415-776-5462; www.chateautivoli.com; 1057 Steiner St; Zi. 195–300 US$, ohne Bad 150–200 US$; ; 5, 22) Seit 1892 bietet die vergoldete, mit Türmchen bewehrte Villa, in der einst Isadora Duncan, Mark Twain und (so heißt es) der Geist einer viktorianischen Operndiva hausten, der Nachbarschaft Anlass zu Gerede. Die neun mit Antiquitäten ausstaffierten Zimmer und Suiten sind echt romantisch. Die meisten haben Badezimmer mit Klauenfüßen, zwei Zimmer teilen sich ein Bad. Es gibt weder Fahrstuhl noch Fernseher im Haus.

Essen

Embarcadero & SoMa

★ **Ferry Plaza Farmers Market** MARKT $

(Karte S. 336; ☎415-291-3276; www.cuesa.org; Ecke Market St & Embarcadero; Streetfood 3–12 US$; ⏲ Di & Do 10–14, Sa ab 8 Uhr; ; 2, 6, 9, 14, 21, 31, M Embarcadero, B Embarcadero) Der Markt im Ferry Building ist Stolz und Freude der hiesigen Gourmets: Hier verkaufen bis zu 100 erstklassige Anbieter kalifornisches Bio-Obst und -Gemüse, Fleisch von Weidetieren und andere leckere Produkte zu günstigen Preisen. An Samstagen kann man Spitzenköchen beim Einkaufen zuschauen und sich später bei einem Picknick an der Bucht koreanische Tacos von Namu, Porchetta von RoliRoti, Tomaten von Dirty Girl, Käse von Nicasio und Obsttaschen von Frog Hollow schmecken lassen.

★ **In Situ** KALIFORNISCH, INTERNATIONAL $$

(Karte S. 336; ☎415-941-6050; http://insitu.sfmoma.org; SFMOMA, 151 3rd St; Hauptgerichte 14–34 US$; ⏲ Mo & Di 11–15.30, Do–So 11–15.30 & 17–21 Uhr; 5, 6, 7, 14, 19, 21, 31, 38, B Montgomery, M Montgomery) Diese an das SFMOMA angeschlossene Galerie der modernen Cuisine hat wie das Museum avantgardistische Meisterwerke zu bieten – die man aber aufessen kann. Chefkoch Corey Lee arbeitet mit Starköchen aus aller Welt zusammen, um ihre berühmten Gerichte mit kalifornischen Zutaten peinlich genau zu kopieren. So genießt man Harald Wohlfahrts makellos mit Anis marinierten Lachs, Hiroshi Sasakis dekadente Hähnchenschenkel und Albert Adriàs der Schwerkraft trotzenden Schoko-Puffreis-Kuchen bei einem einzigen, unvergesslichen Mahl.

★ **Benu** KALIFORNISCH, FUSION $$$

(Karte S. 336; ☎415-685-4860; www.benusf.com; 22 Hawthorne St; Verkostungsmenü 285 US$; ⏲ Di–Sa 18–21 Uhr; 10, 12, 14, 30, 45) San Francisco ist schon seit 150 Jahren Vorreiter der asiatischen Fusionküche, die panpazifischen Kreationen von Inhaber und Chefkoch Corey Lee sind jedoch atemberaubend: Suppe mit Stopfleber-Klößchen, Pazifische Taschenkrebse mit Trüffelcreme oder Lees falsche Haifischflossensuppe, die so „echt" erscheint, dass man glaubt, es schwämme der weiße Hai darin. Ein Abendessen im Benu ist sündhaft teuer, doch sollte man sich dazu die vom Star-Sommelier Yoon Ha ausgewählten passenden Weine nicht entgehen lassen (185 US$).

Union Square, Civic Center & Hayes Valley

★ Tout Sweet BÄCKEREI $

(Karte S. 336; ☎415-385-1679; www.toutsweetsf.com; Macy's, 3. OG, Ecke Geary & Stockton St; Backwaren 2–8 US$; ⏱So–Mi 11–18, Do–Sa bis 20 Uhr; ; 2, 38, Powell-Mason, Powell-Hyde, B Powell) Mango mit Thai-Chili oder Erdnussbutter und Marmelade? Die Wahl unter den kalifornisch-französischen Macarons im Tout Sweet fällt nicht leicht, denn Yigit Pura, Champion bei *Top Chef Just Desserts*, übertrifft immer wieder seine eigenen Kreationen. Sein süßes Refugium im 3. Stock von Macy's bietet zudem einen unschlagbaren Blick auf den Union Sq, ausgezeichnete Tees und kostenloses WLAN.

★ Rich Table KALIFORNISCH $$

(Karte S. 336; ☎415-355-9085; http://richtablesf.com; 199 Gough St; Hauptgerichte 17–36 US$; ⏱So–Do 17.30–22, Fr & Sa bis 22.30 Uhr; 5, 6, 7, 21, 47, 49, M Van Ness) Im Rich Table wurden Steinpilz-Donuts, mit Miso und Kürbis gefüllte Pasta und Brathähnchen-Madeleines mit Kaviar erfunden. Man darf also auf ungewöhnliche Genüsse gespannt sein. Sarah und Evan Rich, das Inhaber- und Kochehepaar, kreieren aus saisonalen kalifornischen Produkten verspielte Bissen wie abgefahrene Rote-Beete-Marshmallows oder den Dirty Hippie: zarte Ziegenmilch-*Pannacotta* mit Hanfsamen – Gerichte so ausgefallen und betörend wie Trommelkreise am Hippie Hill.

★ Cala MEXIKANISCH, KALIFORNISCH $$$

(Karte S. 336; ☎415-660-7701; www.calarestaurant.com; 149 Fell St; ⏱Mo–Mi 17–22, Do–Sa bis 23, So 11–15 Uhr, Tacobar Mo–Fr 11–14 Uhr; 6, 7, 21, 47, 49, M Van Ness) Die nordmexikanische Küche des Cala ist wie die Entdeckung eines verlorenen Zwillings – das Erbe der mexikanischen Rancher in San Francisco wird hier wahrlich geehrt: geschmeidige Knochenmark-Salsa und duftige Tortillas aus historischen Maissorten machen die langsam in Asche gegarten Süßkartoffeln zum Genuss. Die Mezcal-Margaritas bereiten auf ein ultimatives Surf-and-Turf-Erlebnis vor: Seeigel mit Rinderzunge. Das Mahl ist einmalig und unvergesslich, noch ehe als Dessert das Maya-Schokoeis mit Amaranth-Krokant aufgetischt wird.

Chinatown & North Beach

★ Liguria Bakery BÄCKEREI $$

(Karte S. 336; ☎415-421-3786; 1700 Stockton St; Focaccia 4–6 US$; ⏱Di–Fr 8–13, Sa 7–13 Uhr; ; 8, 30, 39, 41, 45, Powell-Mason) Übernächtigte Kunststudenten und italienische Großmütter stehen um 8 Uhr wegen der Zimt-Rosinen-Focaccia an, die warm aus dem 100 Jahre alten Ofen kommt. Langschläfern bleibt um 9 Uhr nur noch die Wahl zwischen Tomate und klassisch mit Rosmarin und Knoblauch. Wer um 11 Uhr kommt, geht ganz leer aus. Man bekommt die Leckerei in Wachspapier oder Picknick-Schachteln – man sollte sich aber keine Hoffnung machen, dass man sich etwas für später aufbewahrt. Nur Barzahlung.

★ Molinari DELI $

(Karte S. 336; ☎415-421-2337; www.molinarisalame.com; 373 Columbus Ave; Sandwichs 10–13,50 US$; ⏱Mo–Fr 9–18, Sa bis 17.30 Uhr; 8, 10, 12, 30, 39, 41, 45, Powell-Mason) Ein Besuch im Molinari ist in North Beach fast ein religiöses Mittagsritual: Man schnappt sich eine Nummer und ein knuspriges Brötchen. Wenn die Nummer aufgerufen wird, belegt das witzige Personal das Brötchen mit wundervollen Dingen wie milchig-weißem Büffelmozzarella, pikanten sonnengetrockneten Tomaten, hauchdünnem Parmaschinken, der legendären, im Haus geräucherten Salami und Spritzern von Olivenöl und Balsamico. Das heiß aus der Panini-Presse kommende Sandwich genießt man an einem der Tische auf dem Gehsteig.

★ Mister Jiu's CHINESISCH $$

(Karte S. 336; ☎415-857-9688; http://misterjius.com; 28 Waverly Pl; Hauptgerichte 14–45 US$; ⏱Di–Sa 17.30–22.30 Uhr; 30, California) Schon seit dem Goldrausch werden chinesisches Essen, starke Cocktails und originelle Spezialitäten in San Francisco sehr geschätzt. Mister Jiu stellt da in jeder Hinsicht zufrieden. Man kann sich sein eigenes Bankett aus chinesischen Klassikern mit kalifornischem Touch zusammenstellen: Chow mein mit

Stadttour
San Francisco mit der Cable Car

START POWELL ST CABLE CAR TURNAROUND
ZIEL FERRY BUILDING
LÄNGE 3,2 KM; 2 STD. MIT STOPPS

Am ❶ **Powell St Cable Car Turnaround** (S. 331) kann man zuschauen, wie die Fahrer die Wagen wenden, und am altmodischen Kiosk eine Muni-Tageskarte für 21 US$ kaufen. An Bord der roten Powell-Hyde Cable Car beginnt die Fahrt auf den Nob Hill, bei der 103 Höhenmeter gemeistert werden.

Während die Bahn den Hügel hinaufschlingert, mag man sich vorstellen, wie sich hier einst Pferde den Hügel hochquälten. Die Idee einer Cable Car wurde von den Stadtplanern des 19. Jhs. skeptisch beäugt, doch die Erfindung von Andrew Hallidie überstand sogar das Erdbeben von 1906. Bis heute bringt sie Fahrgäste zur wiederaufgebauten ❷ **Grace Cathedral**, wo man dem Schutzpatron der Stadt, dem hl. Franziskus, Hallo sagen kann.

Wieder in der Bahn genießt man den Ausblick auf die Bucht und fährt, vorbei an der kurvenreichen ❸ **Lombard Street** (S. 332), zum ❹ **Fisherman's Wharf**. Der Endbahnhof ist nach Friedel Klussmann benannt, die 1947 die Cable Car vor der Modernisierung bewahrte. Sie argumentierte ganz ökonomisch: Die Cable Car brächte mehr Touristen-Dollars in die Stadt, als ihr Unterhalt kostete. Anlässlich ihres Begräbnisses 1986 trugen die Cable Cars Trauerflor.

Am Kai kann man vom U-Boot ❺ **USS Pampanito** sehen, wie die Seeleute San Francisco zu Gesicht bekommen, im ❻ **Musée Mécanique** (S. 335) bewundert man alte Spielautomaten. Anschließend geht's mit der Powell-Mason-Cable-Car nach North Beach.

Am ❼ **San Francisco Art Institute** warten Diego Riveras Stadtlandschaft von 1934 und die ❽ **Liguria Bakery** (S. 349). Frisch gestärkt spaziert man durch die Gassen von North Beach und Chinatown oder fährt mit der Powell-Mason-Linie zur ❾ **Chinese Historical Society of America** (S. 332). Unweit von hier kann man eine Fahrt auf der ältesten Cable-Car-Strecke der Stadt, der California St Cable Car, machen. Deren Endbahnhof befindet sich beim ❿ **Ferry Building** (S. 330), wo Champagner und Austern winken.

Pfifferlingen, Reisnudeln mit Kalifornischen Taschenkrebsen, Wachteln und Duftreis mit Feigen. Auch die zum Essen passenden Cocktails sind inspiriert: Empfehlenswert ist der mit Jasmin aromatisierte Gin-Cocktail „Happiness“ (13 US$) zu dem mit Teeblättern geräucherten Sonoma-Enten-Confit.

★Z & Y CHINESISCH **$$**
(Karte S. 336; ☎415-981-8988; www.zandyrestaurant.com; 655 Jackson St; Hauptgerichte 9–20 US$; ⌚So–Do 11–21.30, Fr & Sa 11–23 Uhr; 🚌8, 10, 12, 30, 45, 🚋Powell-Mason, Powell-Hyde) Schluss mit langweiligen Süß-Sauer-Gerichten und mittelmäßigem *mu-shu*, hier sind sensationelle Szechuan-Gerichte angesagt: Mit würzigem Schweinefleisch gefüllte Klöße, heiße grüne Bohnen, hausgemachte *tantan*-Nudeln mit Erdnuss-Chili-Sauce und in scharfem Chiliöl gedünsteter Fisch unter roten Szechuan-Chilischoten. Man sollte früh kommen und darauf eingestellt sein, warten zu müssen. Es lohnt sich!

Fisherman's Wharf, The Marina & Presidio

★Off the Grid FOOD TRUCK **$**
(Karte S. 336; www.offthegridsf.com; Fort Mason Center, 2 Marina Blvd; Gerichte 6–14 US$; ⌚April–Okt. Fr 17–22 Uhr; 👪; 🚌22, 28) Von Frühjahr bis Herbst versammeln sich rund 30 Food Trucks zu San Franciscos größtem mobilen Gourmethappening: freitagabends am Fort Mason Center und sonntags von 11 bis 16 Uhr zum **Picnic at the Presidio** auf dem Main Post Lawn. Wer früh kommt, hat die größte Auswahl und muss nicht lange anstehen. Nur Barzahlung.

Fisherman's Wharf Crab Stands SEAFOOD **$**
(Karte S. 336; Taylor St; Hauptgerichte 5–15 US$; Ⓜ F) Am Ende der Taylor St, dem Epizentrum der Fisherman's Wharf, hantieren muskulöse Männer an Krabbenimbissständen mit großen, dampfenden Kesseln, in denen sich Kalifornische Taschenkrebse befinden. Taschenkrebssaison ist normalerweise im Winter und Frühjahr, Shrimps und andere Meeresfrüchte gibt's das ganze Jahr.

★Greens VEGETARISCH, KALIFORNISCH **$$**
(Karte S. 336; ☎415-771-6222; www.greensrestaurant.com; Fort Mason Center, 2 Marina Blvd, Bldg A; Hauptgerichte Mittagessen 16–19 US$, Abendessen 20–28 US$; ⌚11.45–14.30 & 17.30–21 Uhr; 📶👪; 🚌22,28,30,43,47,49) 🌿 Fleischfans werden gar nicht merken, dass in dem herzhaften Chili mit schwarzen Bohnen oder in Greens's anderen leckeren vegetarischen Gerichten gar kein Fleisch enthalten ist; zubereitet werden sie aus Zutaten von einer Zen-Farm in Marin. Ach ja, und dann ist da auch noch der Blick auf die Golden Gate Bridge. In dem dazugehörigen Café bekommt man Mittagessen zum Mitnehmen. Sitzplätze – auch zum Sonntagsbrunch – gibt's fast ausschließlich nur auf Reservierung.

★A16 ITALIENISCH **$$$**
(Karte S. 334; ☎415-771-2216; www.a16pizza.com; 2355 Chestnut St; Pizzas 18–21 US$, Hauptgerichte 22–36 US$; ⌚Mittagessen Mi–So 11.30–14.30 Uhr, Abendessen Mo–Do 17.30–22, Fr & Sa 17–23, So 17–22 Uhr; 🚌28, 30, 43) Schon ehe das A16 einen James Beard Award gewann, war es eine Herkules-Aufgabe, ein Platz zu reservieren. Doch Ausdauer wird belohnt: Die hausgemachte Mozzarella-*burrata*, die Pizzas mit blasiger Kruste aus dem Holzofen und die zwölf Seiten starke italienische Weinkarte lassen alle Mühen vergessen. Auf die nicht immer überzeugenden Desserts sollte man verzichten und sich lieber an die interessanten Vorspeisen wie die im Haus geräucherte *salumi* oder den köstlichen marinierten Thunfisch halten.

NICHT VERSÄUMEN

COIT TOWER

Ein Ausrufezeichen in San Franciscos Skyline ist der **Coit Tower** (Karte S. 336; ☎415-249-0995; www.sfrecpark.org; Telegraph Hill Blvd; Fahrstuhlfahrt (Touristen) Erw./Kind 8/5 US$; ⌚April–Okt. 10–18 Uhr, Nov.–März bis 17 Uhr; 🚌39), der einen Rundblick auf die Downtown gewährt und mit umlaufenden Wandgemälden geschmückt ist. Diese wurden in den 1930er-Jahren von der Works Progress Administration (WPA) in Auftrag gegeben und preisen die Arbeiter der Stadt; einst gar als kommunistisches Schandmal verteufelt, sind sie heute ein geschütztes Nationaldenkmal. Um den Panoramablick aus 64 m Höhe über der Stadt zu genießen, fährt man mit dem Fahrstuhl hinauf zur offenen Aussichtsplattform. Will man die sieben kürzlich restaurierten Wandgemälde in einem versteckten Treppenhaus im 2. Stock bewundern, schließt man sich einer kostenlosen Führung an (Mi & Sa 11 Uhr; Spenden willkommen).

The Mission & The Castro

★ La Taqueria MEXIKANISCH $

(Karte S. 340; ☎ 415-285-7117; 2889 Mission St; Gerichte 3–11 US$; ⊙ Mo–Sa 11–21, So bis 20 Uhr; ; 🚌 12, 14, 48, 49, B 24th St Mission) Der beste Burrito der Stadt kommt ohne Safranreis, Spinat-Tortilla oder Mango-Salsa aus: Er besteht aus einer Mehl-Tortilla mit perfekt gegrilltem Fleisch, langsam gegarten Bohnen sowie *tomatillo*- oder *mesquite*-Salsa. In diesem mit dem James Beard Award ausgezeichneten Lokal ist man puristisch. Wer keine Bohnen will, zahlt einen Aufpreis, weil dann mehr Fleisch drin ist. Pikante Pickles und *crema* (Sauerrahm) vervollständigen den Burrito-Genuss. Das Warten lohnt sich!

★ Craftsman & Wolves BÄCKEREI, KALIFORNISCH $

(Karte S. 340; ☎ 415-913-7713; http://craftsman-wolves.com; 746 Valencia St; Gebäck 3–8 US$; ⊙ Mo–Fr 7–18, Sa & So ab 8 Uhr; 🚌 14, 22, 33, 49, B 16th St Mission, M J) Ein normales Frühstück kann mit dem „Rebel Within" nicht mithalten. Das ist ein Muffin mit Asiago-Käse, Wurststücken und einem weich gekochten Ei als Kern. San Franciscos definitiver Muntermacher ist ein Highwire-Macchiato mit Matcha-Plätzchen. Thailändische Kokos-Curry-Scones mit Erbsensuppe und Rosé ergeben ein perfektes Mittagessen. Die exquisiten Haselnusswürfel und der Vanille-Veilchen-Käsekuchen sind ideal, wenn man sich zwischendurch etwas gönnen will.

★ Ichi Sushi SUSHI $$

(Karte S. 334; ☎ 415-525-4750; www.ichisushi.com; 3369 Mission St; Sushi 4–8 US$; ⊙ Mo–Do 11.30–14 & 17.30–22, Fr & Sa bis 23, So 17.30–21.30 Uhr; 🚌 14, 24, 49, B 24th St Mission, M J) Verführend für den Gaumen und aufreizend für die Zunge: die Speisen im Ichi Sushi sind um vieles besser als in anderen Seafoodlokalen. Chefkoch Tim Archuleta schneidet den Fisch aus nachhaltiger Herkunft mit der Präzision eines Chirurgen in Stückchen, packt diese auf Reis und obendrauf noch winzige, aber sehr pikante Tropfen gelierter *yuzu*, mikroskopisch fein geschnittene Frühlingszwiebeln und Chili-Daikon. Dazu Sojasauce? Undenkbar!

★ Al's Place KALIFORNISCH $$

(Karte S. 340; ☎ 415-416-6136; www.alsplacesf.com; 1499 Valencia St; Teller zum Teilen 15–19 US$; ⊙ Mi–So 17.30–22 Uhr; ; 🚌 12, 14, 49, M J, B 24th St Mission) Die Gerichte im Al's präsentieren angestammte heimische Zutaten, feine pazifische Meeresfrüchte und Fleisch von Weidetieren. Die sonnenverwöhnten Aromen und exquisiten Texturen kommen durch die sorgfältige Zubereitung richtig zur Geltung, z. B. beim knusprigen Kabeljau mit schaumigem Limettendip oder den gegrillten Pfirsichen mit samtiger Stopfleber. Die Gerichte hier sind nur halb so groß wie anderswo, aber dreimal so aromatisch – man bestellt also zwei oder drei und erlebt Kalifornien von seiner traumhaften Seite.

Commonwealth KALIFORNISCH $$$

(Karte S. 340; ☎ 415-355-1500; www.commonwealthsf.com; 2224 Mission St; kleine Teller 15–22 US$; ⊙ So–Do 17.30–22, Fr & Sa bis 23 Uhr; ; 🚌 14, 22, 33, 49, B 16th St Mission) Sehr einfallsreiche, farmfrische Gerichte kommen auf den Tisch, wo man das am wenigsten erwartet: in einer umgebauten Kneipe aus Betonschalstein im Mission District. Chefkoch Jason Fox serviert abenteuerlustige Gerichte wie *uni* (Seeigel) mit Knochenmark-Creme und Kapuzinerkresse oder Lamm mit Roter Beete und Meeresalgen. Beim Sechs-Gänge-Verkostungsmenü (80 US$) wird ein Teil des Preises lokalen Wohltätigkeitsorganisationen gespendet.

The Haight & Fillmore

Rosamunde Sausage Grill FASTFOOD $

(Karte S. 336; ☎ 415-437-6851; http://rosamundesausagegrill.com; 545 Haight St; Würstchen 8–8,50 US$; ⊙ So–Mi 11.30–22, Do–Sa bis 23 Uhr; 🚌 6, 7, 22, M N) Hier kann man sein Date mit einem günstigen Abendessen beeindrucken: Man packt einfach Bratwürste (aus Schweinefleisch von den Coleman Farms oder aus dem Fleisch freilaufender Enten) mit kostenlosen Beilagen (gebratene Paprika, geröstete Zwiebeln, körniger Senf, Mango-Chutney) auf seinen Teller und genießt das Ganze mit einem der 45 saisonalen Fassbiere im Toronado (S. 355) nebenan. Wer beim Mittagessen Eindruck schinden will, bestellt dienstags vorab einen der riesigen Burger für 6 US$ oder stellt sich ab 11.30 Uhr in die Schlange.

★ Jardinière KALIFORNISCH $$

(Karte S. 336; ☎ 415-861-5555; www.jardiniere.com; 300 Grove St; Hauptgerichte 20–36 US$; ⊙ So–Do 17–21, Fr & Sa bis 22.30 Uhr; 🚌 5, 21, 47, 49, M Van Ness) *Iron-Chef*-Siegerin, *Top-Chef-Masters*-Finalistin und James-Beard-Award-Preisträgerin Traci Des Jardins ist eine Vorreiterin nachhaltiger, sündhaft guter kalifornischer Küche. Sie setzt bei Gemüse, Fleisch und Meeresfrüchten auf kalifornische Bio-Produkte und kombiniert z. B. Stör mit butterigen Pfifferlingen und Wurzelgemüse mit Trüffeln und Honig aus ihren Bienenstöcken auf dem Dach. Montags gibt's ein Drei-Gänge-Menü (55 US$) mit passenden Weinen.

Golden Gate Park & Umgebung

★ Outerlands KALIFORNISCH **$$**

(Karte S. 334; ☎415-661-6140; www.outerlandssf.com; 4001 Judah St; Sandwichs & kleine Teller 8–14 US$, Hauptgerichte 15–27 US$; ⊙9–15 & 17–22 Uhr; ; 18, N) Wenn der windige Ocean Beach einen melancholisch macht, kann man sich in diesem Strandbistro mit kalifornischer Bio-Hausmannskost verwöhnen. Zum Brunch gibt's Pancakes in der Eisenpfanne mit hausgemachtem Ricotta, mittags gegrillten Käse auf selbst gemachtem Weizen-Sauerteigbrot und zitrusfrische Strandcocktails. Zum Abendessen schließlich stehen kreative Meeresfrüchte auf dem Programm, z. B. kalifornischer Lachs mit geraspelten Haselnüssen und Augenbohnen. Reservieren unverzichtbar!

Burma Superstar BIRMANISCH **$$**

(Karte S. 342; ☎415-387-2147; www.burmasuperstar.com; 309 Clement St; Hauptgerichte 11–28 US$; ⊙So–Do 11.30–15.30 & 17–21.30, Fr & Sa bis 22 Uhr; ; 1, 2, 33, 38, 44) Da ist eine Warteschlange, aber alle bleiben? Das liegt wahrscheinlich an dem aromatischen *moh hinga* (Wels-Curry), der pikanten vegetarischen *samusa*-Suppe oder den traditionellen birmanischen Grüntee-Salaten mit Limette und gebratenem Knoblauch. Es sind keine Reservierungen möglich, man kann aber darum bitten, angerufen zu werden, wenn man an der Reihe ist. Während man dann wartet, kann man im **Green Apple Books** (Karte S. 342; ☎415-742-5833; www.greenapplebooks.com; 506 Clement St; ⊙10–22.30 Uhr; 2, 38, 44) in birmanischen Kochbüchern stöbern.

Ausgehen & Nachtleben

Für einen Zug durch die Kneipen eignen sich die Saloons in North Beach oder die Bars im Mission District rund um die Valencia St und die 16th St. In The Castro gibt's historische Schwulenbars, in SoMa Clubs, in der Downtown und rund um den Union Sq Kneipen und Flüsterkneipen. Und in den Bars in The Haight tummelt sich ein gemischtes, alternatives Völkchen.

★ Bar Agricole BAR

(Karte S. 336; ☎415-355-9400; www.baragricole.com; 355 11th St; ⊙Mo–Do 17–23, Fr & Sa 17–24, So 10–14 & 18–21 Uhr; 9, 12, 27, 47) Bei den gut recherchierten Cocktails kann man seinen Abschluss in Geschichte nachholen: Der „Whiz Bang" mit hauseigenem Bitter, Whiskey, Wermut und Absinth ist prima, aber „El Presidente" mit weißem Rum, Farm-Curaçao und kalifornischem Granatapfelsirup toppt jegliche Konkurrenz. Die erfolgreiche Bar sicherte sich den James Beard Award mit ihren Spirituosen und nachhaltigem Design und verwöhnt ihre Gäste während der Happy Hour (Mo–So 17–18 Uhr) mit Austern für 1 US$ und Aperitifs für 5 US$.

★ Caffe Trieste CAFÉ

(Karte S. 336; ☎415-392-6739; www.caffetrieste.com; 601 Vallejo St; ⊙So–Do 6.30–22, Fr & Sa bis 23 Uhr; ; 8, 10, 12, 30, 41, 45) Gedichte an den Wänden der Toiletten, Opernarien aus der Jukebox, Akkordeon Jam-Sessions und ein gelegentlicher Besuch des Beat-Poeten Lawrence Ferlinghetti: Das Café ist seit den 1950er Jahren eine Institution von North Beach. Man kann unter dem Wandbild mit sardischen Fischern seinen Espresso schlürfen und an einem Drehbuch schreiben, ganz wie es der junge Francis Ford Coppola hier tat – vom Film *Der Pate* dürfte man vielleicht gehört haben. Nur Barzahlung!

★ Comstock Saloon BAR

(Karte S. 336; ☎415-617-0071; www.comstocksaloon.com; 155 Columbus Ave; ⊙So–Mo 16–24, Di–Do & Sa bis 2, Fr 12–2 Uhr; 8, 10, 12, 30, 45, Powell-Mason) Sich in den Marmortrog unter der Bar zu erleichtern, ist nicht länger geraten – von der Wand hat Kaiser Norton ein wachsames Auge darauf –, aber sonst erweckt dieser viktorianische Saloon von 1907 mit authentischem Pisco-Punsch oder dem Martini-Vorläufer Martinez (Gin, Wermut, Bitter, Maraschino-Likör) die glorreichen Tage der Barbary Coast wieder zum Leben. Man sollte sich an Abenden, an denen Ragtime-Bands spielen, eine Sitznische oder einen Platz im Hinterzimmer reservieren.

★ El Rio CLUB

(Karte S. 340; ☎415-282-3325; www.elriosf.com; 3158 Mission St; Grundpreis frei–8 US$; ⊙13–2 Uhr; 12, 14, 27, 49, 24th St Mission) Auf der Tanzfläche tummelt sich ein cooles

LGBTIQ-SZENE IN SAN FRANCISCO

Egal woher man kommt, wen man liebt oder wer der Vater ist: Hier ist jeder willkommen und fühlt sich schnell zu Hause. In Castro schlägt das Herz der schwulen Szene, aber auch South of Market (SoMa) ist gut bestückt mit Lederbars und Clubs. The Mission ist das bevorzugte Viertel von Frauen und Transsexuellen aller Art.

Im *Bay Area Reporter* (alias BAR; www.ebar.com) finden sich Community-News und Veranstaltungen. Die *San Francisco Bay Times* (www.sfbaytimes.com) enthält Infos über Events, die die ganze Szene interessieren; und das kostenlose *Gloss Magazine* (www.glossmagazine.net) gibt Tipps zum Nachtleben.

Über 1,5 Mio. Menschen kommen Ende Juni zur SF Pride (S. 343), die mit Umzügen und Partys einhergeht. Wo eine Tanzfete steigt, erfährt man auf der wöchentlich aktualisierten Website von Honey Soundsystem (http://hnysndsystm.tumblr.com).

Blackbird (Karte S. 340; ☎415-503-0630; www.blackbirdbar.com; 2124 Market St; ⏲Mo–Fr 15–2, Sa & So 14–2 Uhr; Ⓜ Church St) Castros erste Wahl unter den Lounges bietet gute Cocktails, Pooltische und einen allseits beliebten Fotoautomaten.

HiTops (Karte S. 340; http://hitopssf.com; 2247 Market St; ⏲Mo–Mi 11.30–24, Do & Fr bis 2, Sa & So 10–2 Uhr; Ⓜ Castro St) In Castros angesagtester Sportsbar für sympathische Schwule gibt's Großbildleinwände, ein Shuffleboard und Kneipenessen.

Cafe Flore (Karte S. 340; ☎415-621-8579; www.cafeflore.com; 2298 Market St; ⏲Mo–Fr 10–22, Sa & So 9–22 Uhr; 📶; Ⓜ Castro St) Wer auf der sonnigen Terrasse des Flore noch nicht abgehangen hat, kennt The Castro nicht.

Stud (Karte S. 336; www.studsf.com; 399 9th St; 5–8 US$; ⏲Di 12–2, Do–Sa 17–3, So 17–24 Uhr; 🚌12, 19, 27, 47) *Der* Treffpunkt von SoMas Schwulenszene seit 1966. Hier ist immer was los, vor allem am „Club Some Thing"-Freitag.

Oasis (Karte S. 336; ☎415-795-3180; www.sfoasis.com; 298 11th St; Tickets 15–35 US$; 🚌9, 12, 14, 47, Ⓜ Van Ness) Die Drag-Shows im Oasis in SoMa sind so unverblümt und witzig, dass man Tränen lacht. Danach kann man sich auf der Tanzfläche austoben.

EndUp (Karte S. 336; ☎415-646-0999; www.facebook.com/theendup; 401 6th St; 10–25 US$; ⏲ Fr 23–Sa 8, Sa 22–Mo 4 Uhr; 🚌12, 19, 27, 47) Schwules und Heteros feiern sich, das Leben und Dance-Marathons, die auch im Morgengrauen noch nicht zu Ende sind.

Aunt Charlie's Lounge (Karte S. 336; ☎415-441-2922; www.auntcharlieslounge.com; 133 Turk St; frei–5 US$; ⏲Mo–Fr 12–2, Sa 10–2, So 10–24 Uhr; 🚌27, 31, Ⓜ Powell, Ⓑ Powell) Klassische Drag-Bar mit Kneipenflair, zwielichtigem Glamour und Pulp-Fiction-Vibe.

und funky Publikum, das so bunt ist wie der Regenbogen. Zu den Highlights zählen der Salsa Sunday, kostenlose Austern (Fr ab 17.30 Uhr), Drag-Star-DJs, Hinterhofbands und Ping-Pong. Umwerfende Margaritas und schamlose Flirts auf einem Patio, der seit 1978 schon alles erlebt hat. Nur Barzahlung!

★ %ABV — COCKTAILBAR

(Karte S. 340; ☎415-400-4748; www.abvsf.com; 3174 16th St; ⏲14–2 Uhr; 🚌14, 22, Ⓑ 16th St Mission, Ⓜ J) Wie verwandte Geister schon am Namen erkennen (der englischen Abkürzung für % Vol. Alkohol") stehen hinter dieser Bar kundige Cocktail-Fachleute, die einen Rittenhouse Rye von einem japanischen Malt-Whisky zu unterscheiden wissen. Die erstklassigen Getränke werden prompt und unprätentiös serviert, darunter ausgezeichnete kalifornische Weine, Fassbiere und originelle, historisch inspirierte Cocktails.

★ Vesuvio — BAR

(Karte S. 336; ☎415-362-3370; www.vesuvio.com; 255 Columbus Ave; ⏲8–2 Uhr; 🚌8, 10, 12, 30, 41, 45, 🚋Powell-Mason) Ein Typ kommt in eine Bar, krakeelt und geht wieder. Ohne mit der Wimper zu zucken, wendet sich der Barkeeper an den nächsten Gast: „Willkommen im Vesuvio, Schatz – was kann ich bringen?" Jack Kerouac ließ Henry Miller stehen, um sich hier volllaufen zu lassen. Und wenn man sich bei den Charakteren auf dem mit Buntglas verzierten Mezzanin mit einem Craft-Bier oder einem „Kerouac" (Rum, Tequila und Orangensaft) niedergelassen hat, weiß man warum.

★ Smuggler's Cove BAR

(Karte S. 336; ☎ 415-869-1900; www.smugglerscovesf.com; 650 Gough St; ⏲ 17–1.15 Uhr; 🚌 5, 21, 47, 49, Ⓜ Civic Center, Ⓑ Civic Center) Jo-ho-ho und ‚ne Buddel voll Rum – oder vielleicht doch lieber einen „Dead Reckoning" (Rum aus Nicaragua, Portwein, Ananassaft und Angostura), außer man greift zur lodernden Scorpion Bowl? Piraten haben wirklich die Qual der Wahl in dieser als Schiffswrack aufgemachten Tiki-Bar an der Barbary Coast, die sich hinter getönten Glastüren versteckt: Es gibt 550 Rums aus aller Welt und mehr als 70 Cocktails. Zur Happy Hour (tgl. 17–18 Uhr) zahlt man 2 US$ weniger.

★ Toronado PUB

(Karte S. 336; ☎ 415-863-2276; www.toronado.com; 547 Haight St; ⏲ 11.30–2 Uhr; 🚌 6, 7, 22, Ⓜ N) Halleluja, Bierfans – eure Gebete wurden erhört. Auf der Kreidetafel stehen mehr als 40 Fassbiere und Hunderte Flaschenbiere, darunter spektakuläre Sorten aus Mikrobrauereien. Den ganzen Tag gibt's Happy Hours. Nur Barzahlung. Zu dem von Trappistenmönchen gebrauten Bier holt man sich am besten nebenan im Rosamunde (S. 352) Würstchen. Es kann so laut werden, dass man sein Gegenüber kaum noch versteht. Dafür aber hört man die Engel jubilieren.

☆ Unterhaltung

Am Union Square verkauft **TIX Bay Area** (Karte S. 336; http://tixbayarea.org; 350 Powell St; 🚋 Powell-Mason, Powell-Hyde, Ⓑ Powell, Ⓜ Powell) Last-Minute-Theaterkarten zum halben Preis.

★ San Francisco Symphony KLASSISCHE MUSIK

(Karte S. 336; ☎ Konzertkasse 415-864-6000, Hotline für Last-Minute-Tickets 415-503-5577; www.sfsymphony.org; Grove St, zw. Franklin St & Van Ness Ave; Tickets 20–150 US$; 🚌 21, 45, 47, Ⓜ Van Ness, Ⓑ Civic Center) Von dem Augenblick an, wenn Chefdirigent Tilson Thomas auf die Zehenspitzen geht und den Taktstock hebt, spitzt das Publikum gespannt die Ohren, um das glanzvolle, mit einem Grammy ausgezeichnete Orchester zu erleben. Dieses ist berühmt für seine Beethoven- und Mahler-Interpretationen, es gibt aber auch Konzerte kombiniert mit Filmen wie *Star Trek* und kreative Zusammenarbeiten mit Künstlern von Elvis Costello bis Metallica.

★ SFJAZZ Center JAZZ

(Karte S. 336; ☎ 866-920-5299; www.sfjazz.org; 201 Franklin St; Tickets 25–120 US$; 👪; 🚌 5, 6, 7, 21, 47, 49, Ⓜ Van Ness) 🍃 Jazzlegenden und Ausnahmetalente aus aller Welt werden in Nordamerikas neuestem und größten Jazz-Zentrum vorgestellt. Unten im Joe Henderson Lab hört man frische Variationen klassischer Jazzalben und Poeten, die mit Jazz-Combos auftreten. Auf der Hauptbühne kann man Zeuge außergewöhnlicher Joint Ventures werden – von afrokubanischen All-Star-Ensembles bis hin zu den Roots-Legenden Emmylou Harris, Rosanne Cash und Lucinda Williams.

★ San Francisco Opera OPER

(Karte S. 336; ☎ 415-864-3330; www.sfopera.com; War Memorial Opera House, 301 Van Ness Ave; Tickets 10–350 US$; 🚌 21, 45, 47, 49, Ⓑ Civic Center, Ⓜ Van Ness) Opern begleiteten in San Francisco schon die Goldrauschzeit und das hiesige Opernhaus kann es mit der Met aufnehmen. Die Weltpremieren originaler Werke reichen von Tobias Pickers *Dolores Claiborne* nach dem Roman von Stephen King bis zu John Adams' *Girls of the Golden West*, für das Filmemacher Peter Sellars das Libretto schrieb. Ansonsten darf man elegante Kostüme und radikale Bühnenbilder des Malers David Hockney erwarten. Stehplatztickets für den gleichen Tag gibt's um 10 Uhr für 10 US$; Sonderevents des Opera Lab stehen auf der Website.

★ Independent LIVEMUSIK

(Karte S. 334; ☎ 415-771-1421; www.theindependentsf.com; 628 Divisadero St; Tickets 12–45 US$; ⏲ Konzertkasse Mo–Fr 11–18 Uhr, an Veranstaltungsabenden bis 21.30 Uhr; 🚌 5, 6, 7, 21, 24) Wer ein bahnbrechendes Konzert auf der kleinen, aber mächtigen Bühne gegeben hat, darf prahlen. Hier sind Indie-Träumer (Magnetic Fields, Death Cab for Cutie), Legenden (Steel Pulse, Guided by Voices), Alt-Pop-(The Killers, Imagine Dragons) und internationale Bands (Tokyo Chaotic, Airbourne) zu hören. Die Belüftung in dem maximal 800 Plätze fassenden Treff ist mau, die Akustik erstklassig, die Drinks sind ordentlich und die Toiletten unglaublich sauber.

★ American Conservatory Theater THEATER

(ACT; Karte S. 336; ☎ 415-749-2228; www.act-sf.org; 405 Geary St; ⏲ Theaterkasse Mo 10–18 Uhr, Di–So bis Vorstellungsbeginn; 🚌 8, 30, 38, 45, 🚋 Powell-Mason, Powell-Hyde, Ⓑ Powell, Ⓜ Powell) Bahnbrechende Aufführungen zeigt das ACT in dem Theaterwahrzeichen aus der Zeit um 1900. Hier fanden die Premieren von Tony Kushners *Engel in Amerika* und Robert Wilsons *Black Rider* mit dem Libretto von William S. Burroughs und der Musik von Tom Waits statt. Bekannte Dramatiker wie Tom Stoppard, Dustin Lance Black, Eve Ensler und David Mamet zeigen hier ihre Werke, während im **Strand Theater** (Karte S. 336; ☎ 415-749-2228; www.act-sf.org/home/box_office/strand.html; 1127 Market St; F, B Civic Center, M Civic Center), der neuen Bühne des ACT, experimentelle Arbeiten Premiere feiern.

San Francisco Ballet TANZ

(Karte S. 336; ☎ Tickets 415-865-2000; www.sfballet.org; War Memorial Opera House, 301 Van Ness Ave; Tickets 22–141 US$; Kartenverkauf Mo–Fr 10–16 Uhr; 5, 21, 47, 49, M Van Ness, B Civic Center) Das älteste Ballett-Ensemble der USA gibt jährlich mehr als 100 Vorstellungen, vom *Nussknacker* (dessen US-Premiere hier stattfand) bis zu modernen Originalproduktionen. Die Vorstellungen finden von Januar bis Mai überwiegend im War Memorial Opera House und gelegentlich im Yerba Buena Center for the Arts statt. Stehlplatztickets für den gleichen Tag gibt's für 15 bis 20 US$ an der Theaterkasse (Di–Fr ab 12, Wochenende 10 Uhr).

★ **Beach Blanket Babylon** CABARET

(BBB; Karte S. 336; ☎ 415-421-4222; www.beachblanketbabylon.com; 678 Green St; $25-130; Vorstellungen Mi–Fr 20, Sa 18 & 21, So 14 & 17 Uhr; 8, 30, 39, 41, 45, Powell-Mason) Schneewittchen sucht in San Francisco nach ihrem Märchenprinzen: Was kann da schiefgehen? Die Disney-Parodie – ein Zwischending aus Musical, Comedy und Cabaret – läuft schon seit 1974, aber aktuelle Witze und Perücken so groß wie Umzugswagen sorgen immer noch für Entzücken. Außer bei den klug bearbeiteten Sonntagsmatineen sind wegen des anzüglichen Humors nur Zuschauer ab 21 Jahren zugelassen. Reservierung erforderlich; wer einen guten Platz erwischen will, sollte möglichst eine Stunde früher kommen.

Fillmore Auditorium LIVEMUSIK

(Karte S. 336; ☎ 415-346-6000; http://thefillmore.com; 1805 Geary Blvd; Tickets ab 20 US$; Theaterkasse So 10–15, 30 Min. vor Einlass bis 22 Uhr an Veranstaltungsabenden; 22, 38) Jimi Hendrix, Janis Joplin, The Doors – sie alle sind schon im Fillmore aufgetreten. Heute kann man in dem historischen, 1250 Stehplätze umfassenden Saal die Indigo Girls, Willie Nelson oder Tracy Chapman bewundern (wer nett ist und sich seinen Weg sanft bahnt, kann sich vielleicht bis an die Bühne vorquetschen). Unbedingt anschauen sollte man sich die unbezahlbare Sammlung psychedelischer Poster in der Wandelhalle im Obergeschoss.

★ **Great American Music Hall** LIVE MUSIC

(Karte S. 336; ☎ 415-885-0750; www.gamh.com; 859 O'Farrell St; Shows 20–45 US$; Konzertkasse Mo–Fr & Veranstaltungstage 10.30–18 Uhr; ; 19, 38, 47, 49) In der opulenten Spielstätte für alle Altersgruppen, einem einstigen Bordell von 1907, gibt jeder sein Bestes: Acts wie The Band Perry legen los, internationale Legenden wie Salif Keita zieren die Bühne und John Waters veranstaltet Weihnachtsspektakel. Ein Abendessen mit guten Plätzen auf dem Rang, von denen aus man die Show bequem sehen kann, kostet 25 US$. Man kann aber auch im Stehparkett-Gedränge abrocken.

★ **Roxie Cinema** KINO

(Karte S. 340; ☎ 415-863-1087; www.roxie.com; 3117 16th St; reguläre Filmvorführung/Matinee 11/8 US$; 14, 22, 33, 49, B 16th St Mission) Das historische, gemeinnützige Nachbarschaftskino von 1909 hat einen guten internationalen Ruf, weil es Dokumentarfilme und umstrittene Filme zeigt, die anderswo verboten sind. Die Tickets für Filmfestival-Premieren, seltene Retrospektiven und die turbulenten Oscar-Übertragungen sind schnell vergriffen – Tickets online reservieren! Wenn die Hauptveranstaltung ausgebucht ist, kann man aber immer noch nebenan im winzigen Little Roxy fesselnde Dokumentarfilme anschauen. In diesem Kino gibt es keine Werbung, dafür aber eine Einführung zu jedem Film.

Sundance Kabuki Cinema KINO

(Karte S. 336; ☎ 415-346-3243; www.sundancecinemas.com; 1881 Post St; Erw. 11–16,50 US$; 2, 3, 22, 38) Kino de Luxe! Man reserviert sich seinen Platz, geht an die Bar und bestellt sich Wein und überraschend gutes Essen zum Film. Im Kabuki, einer Multiplex-Initiative von Robert Redfords Sundance Institute stehen große Filme und Festivals auf dem Programm. Das Kino ist nachhaltig: Sitze aus Recycling-Materialien, Dekor aus recyceltem Holz, regionale Pralinen und Alkohol (daher das Mindestalter von 21 Jahren bei den meisten Veranstaltungen). Parken mit Parkschein.

Shoppen

★ **Aggregate Supply** KLEIDUNG, HAUSHALTSWAREN

(Karte S. 340; ☎ 415-474-3190; www.aggregatesupplysf.com; 806 Valencia St; Mo–Sa 11–19, So 12–18 Uhr; 14, 33, 49, B 16th St Mission) Bei

DIE BESTEN EINKAUFSGEGENDEN IN SAN FRANCISCO

Rustikal-schicke Boutiquen, gut bestückte Küchenausstatter und sagenhafte Outfitter sind über die ganze Stadt verteilt. Die Einheimischen wissen, was sie wo finden. Unsere Leser nun auch:

Ferry Building Lebensmittel, Wein und Küchenutensilien

Hayes Valley Unabhängige Modedesigner, Haushaltswaren, Geschenkartikel

Valencia Street Buchläden, lokale Design-Kollektive, Kunstgalerien, Antiquitäten und Trödel aller Art

Haight Street Hanfläden, Musik, Vintage, Skate- und Surfzubehör

Union Square Kaufhäuser, Megamarken, Discounter, Applestore

Russian Hill & The Marina Schicke Klamotten, Accessoires, Haushaltswaren, Geschenke

Grant Avenue Souvenirs in Chinatown, ausgefallene Boutiquen in North Beach

Aggregate Supply, einem Laden für coole kalifornische Mode und Wohndekor, steht moderner Wildweststil hoch im Kurs. Hiesige Designer und unabhängige Produzenten stehen im Vordergrund. Hier gibt's z. B. Vintage-Steingutbecher von Heath, karierte Hemdjacken von Turk+Taylor und 24-Stunden-Uhren der Künstlerin Tauba Auerbach. Authentischere SF-Souvenirs als die von Aggregate Supply selbst kreierten T-Shirts mit kalifornischen Op-Art-Motiven oder die nach nordkalifornischen Wäldern duftenden Bio-Seifen findet man nirgendwo.

★ Amoeba Music MUSIK
(Karte S. 342; ☎415-831-1200; www.amoeba.com; 1855 Haight St; ⏲11–20 Uhr; 🚌6, 7, 33, 43, Ⓜ N) Es braucht eigentlich keinen besonderen Anreiz, um die Kunden in den Laden mit dem buntesten Sortiment neuer und gebrauchter Musik-CDs, Vinyls und Videos an der Westküste zu locken. Dennoch bietet das Amoeba obendrein Hörstationen, kostenlose Magazine mit superexakten Rezensionen durch Mitarbeiter und eine Konzertreihe für umme, bei der in letzter Zeit beispielsweise die Violent Femmes, Kehlani, Billy Bragg und Mike Doughty auftraten. Außerdem hat das Unternehmen eine Stiftung, die schon über 4000 km² Regenwald gerettet hat.

Betabrand KLEIDUNG
(Karte S. 340; ☎415-400-9491; www.betabrand.com; 780 Valencia St; ⏲Mo–Fr 11–19, Sa bis 20, So 12–18 Uhr; 🚌14, 22, 33, 49, Ⓑ16th St Mission) Bei Betabrand werden Modeentscheidungen von der Masse getroffen: Die experimentellen Entwürfe werden online zur Abstimmung gestellt und die Sieger dann in kleinen Stückzahlen produziert. Zu den neuesten Kreationen gehören bürotaugliche Yoga-Hosen, Diskokugel-Windjacken und Sommerkleider mit lächelndem Emoji-Sch…häufchen. Manche Sachen sind daneben – z. B. der „Chillmono", eine lange, aufgeblasene Jacke im Kimono-Stil, aber bei diesen Preisen kann man schon mal ein Risiko eingehen.

ℹ Praktische Informationen

GEFAHREN & ÄRGERNISSE

Man sollte die in Städten gebotene Vorsicht walten lassen, ganz besonders nachts in Tenderloin, South of Market (SoMa) und The Mission.

INFOS IM INTERNET

SFGate.com (www.sfgate.com)

SFist (www.sfist.com)

7x7 (www.7x7.com)

MEDIZINISCHE VERSORGUNG

San Francisco General Hospital (Zuckerberg San Franciso General Hospital and Trauma Center; ☎Notfall 415-206-8111, Hauptkrankenhaus 415-206-8000; www.sfdph.org; 1001 Potrero Ave; ⏲24 Std.; 🚌9, 10, 33, 48) Beste Notaufnahme bei schweren Verletzungen.

TOURISTENINFORMATION

SF Visitor Information Center (Karte S. 336; ☎415-391-2000; www.sftravel.com/visitor-information-center; untere Ebene, Hallidie Plaza, Ecke Market & Powell St; ⏲Mo–Fr 9–17, Sa & So bis 15 Uhr, Nov.–April So geschl.; 🚋Powell-Mason, Powell-Hyde, Ⓜ Powell, Ⓑ Powell) Muni-Fahrkarten, Angebote für Aktivitäten, Kultur- und Event-Kalender.

ℹ An- & Weiterreise

BUS

Bis zur Fertigstellung des neuen Busbahnhofs 2018 bleibt das **Temporary Transbay Terminal** (Karte S. 336; Ecke Howard & Main St;

(🚌 5,38,41,71) San Franciscos wichtigster Fernbusbahnhof. Hier fahren folgende Busse:

AC Transit (☎ 510-891-4777; www.actransit.org) Busse zur East Bay.

Greyhound (☎ 800-231-2222; www.greyhound.com) Tägliche Busse nach Los Angeles (39–90 US$, 8–12 Std.), Truckee nahe dem Lake Tahoe (35–46 US$, 5½ Std.) und zu anderen größeren Zielen.

Megabus (☎ 877-462-6342; http://us.megabus.com) Preiswerte Busverbindungen zwischen San Francisco und Los Angeles, Sacramento und Reno.

SamTrans (☎ 800-660-4287; www.samtrans.com) Busse südwärts nach Palo Alto und die Pazifikküste hinunter.

FLUGZEUG

Der **San Francisco International Airport** (SFO; www.flysfo.com; S McDonnell Rd) befindet sich 14 Meilen (22 km) südlich des Stadtzentrums am Hwy 101 und ist mit dem Bay Area Rapid Transit (BART) zu erreichen. Der **Oakland International Airport** (OAK; www.oaklandairport.com; 1 Airport Dr; 📶; Ⓑ Oakland International Airport) auf der anderen Seite der Bucht bedient hauptsächlich Inlandsflüge und ist in einer 40-minütigen BART-Fahrt zu erreichen. Den 45 Meilen (70 km) südlich der Stadt gelegenen **Mineta San José International Airport** (SJC; ☎ 408-392-6000; www.flysanjose.com; 1701 Airport Blvd) erreicht man über den Hwy 101.

ZUG

Die Züge der **Amtrak** (☎ 800-872-7245; www.amtrakcalifornia.com) bedienen San Francisco über die Bahnhöfe Oakland und Emeryville (nahe Oakland). Vom Jack London Sq in Oakland bringen kostenlose Shuttlebusse die Passagiere zum Ferry Building und zum Caltrain-Bahnhof in San Francisco.

Caltrain (www.caltrain.com; Ecke 4th & King St) verbindet San Francisco mit den Zentren im Silicon Valley sowie mit San Jose.

ℹ Unterwegs vor Ort

AUTO & MOTORRAD

Wenn möglich, sollte man in San Francisco aufs Auto verzichten: Der Verkehr ist stets heftig, Parkplätze an der Straße sind absolute Mangelware und die Ableser der Parkuhren gnadenlos.

VOM/ZUM SAN FRANCISCO INTERNATIONAL AIRPORT

Vom **BART-Bahnhof** (Bay Area Rapid Transit; www.bart.gov) des SFO beim Internationalen Terminal sind es 30 Minuten bis zur Downtown von San Francisco. Ein Taxi vom SFO in die Downtown kostet 40 bis 55 US$ zuzüglich Trinkgeld. Airport-Shuttles (einfache Strecke 17–20 US$ zzgl. Trinkgeld) starten am Schalterbereich auf der oberen Ebene (nicht von der Gepäckausgabe auf der unteren Ebene); zu den meisten Zielen in San Francisco muss man 45 Minuten einplanen. **SuperShuttle** (☎ 800-258-3826; www.supershuttle.com) fährt mit Kleinbussen ins Zentrum (17 US$/Pers.).

ÖFFENTLICHE VERKEHRSMITTEL

Wenn es die Einheimischen nicht sehr eilig haben, verzichten sie auf Auto oder Taxi und gehen zu Fuß, fahren Rad oder nehmen die öffentlichen Verkehrsmittel der **Muni** (San Francisco Municipal Transportation Agency). Über die Verkehrsmittel, Ankünfte und Abfahrten in der Bay Area kann man sich telefonisch unter 511 oder online unter www.511.org informieren. Die detaillierte Muni Street & Transit Map ist kostenlos online erhältlich.

Cable Cars Die Kabelbahn ist langsam, aber malerisch und verkehrt täglich in kurzen Takten zwischen 6 und 0.30 Uhr. Einzelfahrten kosten 7 US$; wer viel unterwegs ist, kauft besser den Muni Passport (21 US$/Tag).

Muni-Straßenbahnen und -Busse Die Straßenbahnen und Busse sind vergleichsweise schnell, die Taktungen aber je nach Linie sehr unterschiedlich. Nach 21 Uhr wird das Angebot deutlich eingeschränkt. Der Fahrpreis beträgt 2,50 US$.

BART Hochgeschwindigkeitsverbindung nach East Bay, zur Mission St, zum Flughafen und nach Millbrae, wo Anschluss an den Caltrain besteht.

SCHIFF/FÄHRE

San Francisco Bay Ferry (☎ 415-705-8291; http://sanfranciscobayferry.com) Legt von Pier 41 und vom Ferry Building nach Oakland/Alameda ab. Die Überfahrt kostet 6,60 US$.

TAXI

Eine Meile kostet ca. 2,75 US$, der Grundpreis beträgt 3,50 US$. Ein Taxi auf der Straße anzuhalten, kann schwierig sein. Man sollte sich die App **Flywheel** (http://flywheel.com) auf sein Handy laden, dann wird man prompt bedient.

Marin County

Im lockeren Marin County ragen auf der goldbraun leuchtenden Landzunge direkt jenseits der Golden Gate Bridge majestätische Redwood-Bäume in den Himmel. Der südlichste Ort ist das kleine **Sausalito** (www.sausalito.org) direkt an der Bucht – ein tolles Ziel für Radtouren über die Brücke (nach San Francisco zurück geht's mit der Fähre). In der Nähe des Hafens mit seinen pittoresken, unkonventionellen Hausbooten gibt's im **Bay Model Visitors Center** (Karte S. 334; ☎ 415-332-3871; www.spn.usace.army.

mil/missions/recreation/baymodelvisitorcenter.aspx; 2100 Bridgeway Blvd; Di–Sa 9–16 Uhr, erweiterte Öffnungszeiten im Sommer Sa & So 10–17 Uhr; P) GRATIS eine gigantische hydraulische Nachahmung der gesamten Bucht inklusive Delta.

Marin Headlands

Wanderwege ziehen sich durch das windumtoste, schroffe Gelände und bieten einen weiten Ausblick auf die Bucht und die Stadt. Zum **Visitor Center** (Karte S. 334; 415-331-1540; www.nps.gov/goga/marin-headlands.htm; Bunker Rd, Fort Barry; 9.30–16.30 Uhr) nimmt man nördlich der Golden Gate Bridge die Ausfahrt Alexander Ave, biegt links ab, unterquert den Freeway und folgt den Schildern.

Zu den Attraktionen westlich des Hwy 101 gehören das **Point Bonita Lighthouse** (Karte S. 334; 415-331-1540; www.nps.gov/goga/pobo.htm; Sa–Mo 12.30–15.30 Uhr; P) GRATIS, die aus der Ära des Kalten Kriegs stammende **Nike Missile Site SF-88** (Karte S. 334; 415-331-1540; www.nps.gov/goga/nike-missile-site.htm; Field Rd; Sa 12.30–15.30 Uhr; P) GRATIS und das informative **Marine Mammal Center** (Karte S. 334; 415-289-7325; www.marinemammalcenter.org; 2000 Bunker Rd; Eintritt gegen Spende, Audiotour Erw./Kind 9/5 US$; 10–16 Uhr; P) oberhalb des **Rodeo Beach** (Karte S. 334; www.parksconservancy.org/visit/park-sites/rodeo-beach.html; abseits der Bunker Rd; P). Östlich des Hwy 101 befindet sich in Fort Baker das interaktive und bei Kindern beliebte **Bay Area Discovery Museum** (Karte S. 334; 415-339-3900; www.baykidsmuseum.org; 557 McReynolds Rd; 14 US$, 1. Mi im Monat frei; Di–Fr 9–16, Sa & So bis 17, einige Mo 9–16 Uhr; P).

Nahe dem Visitor Center nimmt das **HI Marin Headlands Hostel** (Karte S. 334; 415-331-2777; www.norcalhostels.org/marin; Fort Barry, Bldg 941; Zi. mit Gemeinschaftsbad 105–135 US$, B 31–40 US$; Rezeption 7.30–23.30 Uhr; P @) auf einem bewaldeten Hügel zwei Militärgebäude von 1907 ein. Wer historischen Luxus wünscht, bucht in der LEED-zertifizierten Lodge **Cavallo Point** (Karte S. 334; 415-339-4700; www.cavallopoint.com; 601 Murray Circle; Zi. ab 399 US$; P @) in Fort Baker ein Zimmer mit Kamin und Blick auf die Bucht.

Mt. Tamalpais State Park

Der majestätische Mt. Tam (784 m) ist ein schöner Tummelplatz für Wanderer und Mountainbiker. Der **Mt. Tamalpais State Park** (Karte S. 334; 415-388-2070; www.parks.ca.gov; pro Auto 8 US$; 7–Sonnenuntergang; P) umfasst 2550 ha Parklandschaft mit einem mehr als 320 km langen Wanderwegnetz. Man sollte unbedingt zum Aussichtspunkt am East Peak Summit fahren. Vom Hwy 1 führt der Panoramic Hwy durch den Park über Muir Woods zum Küstenstädtchen **Stinson Beach** mit seinem halbmondförmigen Sandstrand.

An der **Pantoll Station** (Karte S. 334; 415-388-2070; www.parks.ca.gov; 801 Panoramic Hwy; wechselnde Öffnungszeiten;), dem Sitz der Parkverwaltung, beginnen viele Wanderwege. Hier gibt's auch einen **Campingplatz** (Karte S. 334; Info 415-388-2070; www.parks.ca.gov; Panoramic Hwy; Stellplatz für Zelt 25 US$; P), allerdings ohne Reservierungsoption. Im Voraus buchen muss man hingegen, wenn man eine rustikale Hütte (ohne Strom und fließendes Wasser) oder einen Stellplatz im nur zu Fuß zu erreichenden **Steep Ravine** (Reservierungen 800-444-7275; www.reserveamerica.com; Stellplatz für Zelt 25 US$, Hütte 100 US$; Nov.–Sept.; P) beim Hwy 1 südlich von Stinson Beach haben will. Eine weitere Option ist das abgelegene **West Point Inn** (Karte S. 334; Infos 415-388-9955, Reservierungen 415-646-0702; www.westpointinn.com; 100 Old Railroad Grade Fire, San Anselmo; Zi. mit Gemeinschaftbad pro Erw./Kind 50/25 US$; Bettwäschengebühr 10 US$;) . Hier muss man Schlafsack, Handtücher und Proviant mitbringen. Reservierung erforderlich.

Point Reyes National Seashore

Die windumtoste Halbinsel **Point Reyes National Seashore** (415-654-5100; www.nps.gov/pore; P) GRATIS ragt auf einer anderen tektonischen Platte 16 km weit ins Meer. Über ihre 260 km² verteilen sich Strände, Lagunen und bewaldete Hügel. Im **Bear Valley Visitor Center** (415-464-5100; www.nps.gov/pore; 1 Bear Valley Rd, Point Reyes Station; Mo–Fr 10–17, Sa & So 9–17 Uhr;), 1 Meile (1,6 km) westlich von Olema, gibt's Landkarten, Infos und naturkundliche Exponate. Der knapp 1 km lange **Earthquake Trail**, der die San-Andreas-Verwerfung überquert, beginnt ganz in der Nähe.

Das **Point Reyes Lighthouse** (415-669-1534; www.nps.gov/pore; am Ende des Sir Francis Drake Blvd; Fr–Mo 10–16.30 Uhr, Linsenraum Fr–Mo 14.30–16 Uhr) thront auf dem westlichsten Zipfel der Halbinsel – ein idealer Ort, um im Winter Wale zu beobachten. An der Pierce Point Rd beginnt der **Tomales Point Trail** (hin & zurück 16 km), der auf sturmumtosten Klippen vorbei an Tule-Wapiti-Herden zur Nordspitze der Halbinsel führt. Paddeltouren in der Tomales Bay organisiert **Blue Waters Kayaking** (415-669-2600; www.bluewaterskayaking.com; 12944 Sir Francis Drake Blvd; Verleih/Touren ab 60/68 US$; meist 9–17, letztmögliche Mietzeit 14 Uhr;); los geht's in Inverness und Marshall.

Naturliebhaber übernachten in der einzigen Unterkunft im Park, dem **HI Point Reyes Hostel** (415-663-8811; www.norcalhostels.org/reyes; 1390 Limantour Spit Rd; Z mit Gemeinschaftbad 105–130 US$, B 29–38 US$; Rezeption 7.30–10.30 & 16.30–22 Uhr; P), vom Visitor Center 8 Meilen (13 km) landeinwärts. In dem Küstenort Inverness bieten die **Cottages at Point Reyes Seashore** (415-669-7250; www.cottagespointreyes.com; 13275 Sir Francis Drake Blvd; Zi.129–269 US$; P) eine familienfreundliche Unterkunft mitten im Wald. Infos über freie Zimmer in gemütlichen Inns, Cottages und B&Bs gibt's bei der **West Marin Chamber of Commerce** (415-663-9232; www.pointreyes.org).

Rund 2 Meilen (3,2 km) nördlich von Olema gibt's in dem winzigen Ort **Point Reyes Station** Bäckereien, Cafés und Restaurants. Leckereien für ein Mittagspicknick bekommt man bei der **Cowgirl Creamery at Tomales Bay Foods** (415-663-9335; www.cowgirlcreamery.com; 80 4th St; Feinkost 3–10 US$; Mi–So 10–18 Uhr;); 10 Meilen (16,1 km) nördlich der Stadt kann man bei der **Hog Island Oyster Company** (415-663-9218; https://hogislandoysters.com; 20215 Hwy 1, Marshall; 12 Austern 13–16 US$, Picknick 5 US$/Pers.; Laden tgl. 9–17 Uhr, Picknickgelände ab 10 Uhr, Café Fr–Mo 11–17 Uhr) Austern schlemmen.

Berkeley

Als Geburtsstätte der Bewegungen für Meinungsfreiheit und die Rechte von Behinderten sowie als Sitz der ehrwürdigen University of California („Cal") ist Berkeley kein Mauerblümchen. Als landesweites Zentrum des (überwiegend links ausgerichteten) intellektuellen Diskurses und mit seiner lautstarken, engagierten Bevölkerung bietet die berühmte Universitätsstadt eine interessante Mischung aus angegrauten Progressiven und idealistischen Studierenden.

Sehenswertes & Aktivitäten

Die zum Südtor des Campus führende **Telegraph Ave** ist eine fröhliche, belebte Straße mit zahlreichen preiswerten Cafés, Musikläden, Straßenhändlern und Straßenmusikanten.

University of California, Berkeley UNIVERSITÄT

(510-642-6000; www.berkeley.edu; P; B Downtown Berkeley) Die „Cal", die älteste Universität Kaliforniens (1866), ist eine der Spitzenuniversitäten des Landes mit 40 000, politisch wachsamen Studenten. Neben dem **California Memorial Stadium** (www.californiamemorialstadium.com) bietet das **Koret Visitor Center** (510-642-5215; http://visit.berkeley.edu; 2227 Piedmont Ave; Mo–Fr 8.30–16.30, Sa & So 9–13 Uhr; AC Transit 36) Infos und Lagepläne und veranstaltet kostenlose Campus-Führungen (Reservierung erforderlich). Das Wahrzeichen der Cal ist der 1914 erbaute **Campanile** (Sather Tower; 510-642-6000; http://campanile.berkeley.edu; Erw./Kind 3/2 US$; Mo–Fr 10–15.45, Sa 10–16.45, So bis 13.30 & 15–16.45 Uhr; ; B Downtown Berkeley) mit Carillon-Konzerten. Ein Fahrstuhl (3 US$) bringt einen nach oben. In der **Bancroft Library** (510-642-3781; www.lib.berkeley.edu/libraries/bancroft-library; University Dr; Archive Mo–Fr 10–16 oder 17 Uhr; B Downtown Berkeley) GRATIS ist das kleine Gold-Nugget ausgestellt, das 1848 den kalifornischen Goldrausch auslöste.

Schlafen

Die Unterkunftspreise schießen bei besonderen Unievents wie bei der Graduierungsfeier (Mitte Mai) oder bei Heimspielen des Footballteams in die Höhe. Bei solch extremer Nachfrage sind dann die älteren, billigeren Motels an der University Ave durchaus praktisch, ebenso die Kettenmotels und Hotels abseits der I-80 in Emeryville und Vallejo.

Hotel Shattuck Plaza HOTEL $$

(510-845-7300; www.hotelshattuckplaza.com; 2086 Allston Way; Zi. ab 200 US$; P; B Downtown Berkeley) Nach der 15 Mio. US$ teuren, ökologisch nachhaltigen Sanierung des 100 Jahre alten Schmuckstücks in der Downtown ist das friedliche Hotel richtig chic geworden. Das Foyer mit Tapeten im viktorianischen Stil wird von roten italienischen Glaslampen beleuchtet, auf dem Boden prunkt ein Peace-Zeichen aus Fliesen (nein, das ist kein Witz!). Die komfortablen Zimmer sind mit Federbetten ausgestattet und in dem luftigen, mit Säulen bestückten Restaurant bekommt man alle Mahlzeiten.

★ Claremont Resort & Spa RESORT $$$
(☎510-843-3000; www.fairmont.com/claremont-berkeley; 41 Tunnel Rd; Zi. ab 240 US$;) Das zu Fairmont gehörende historische Hotel ist das beste an der East Coast: ein glamouröses weißes Gebäude von 1915 mit eleganten Restaurants, einem Fitnesscenter, Swimmingpools, Tennisplätzen und einem Spa mit allem Drum und Dran. Die Zimmer mit Blick auf die Bucht sind hervorragend. Das Hotel steht am Fuß der Berkeley Hills abseits des Hwy 13 (Tunnel Rd) nahe der Grenze zu Oakland. Parken kostet 30 US$.

Essen & Ausgehen

Ippuku JAPANISCH $$
(☎510-665-1969; www.ippukuberkeley.com; 2130 Center St; Teller zum Teilen 5–20 US$; Di–Do 17–22, Fr & Sa bis 23 Uhr; Downtown Berkeley) Japanische Gäste schwärmen, dass das Ippuku sie an die *izakayas* Tokios erinnert (japanische Kneipen, in denen man auch essen kann). Man sitzt an traditionellen Tatami-Tischen (Schuhe ausziehen!) oder in gemütlichen Sitzecken und wählt aus den *yakitori* (Fleisch- und Gemüsespieße) und hausgemachten Soba-Nudeln. Dazu kann man *shōchū* bestellen, einen hochprozentigen Schnaps aus Reis oder Gerste. Reservierung erforderlich!

★ Chez Panisse KALIFORNISCH $$$
(☎Café 510-548-5049, Restaurant 510-548-5525; www.chezpanisse.com; 1517 Shattuck Ave; Café Hauptgerichte abends 22–35 US$, Restaurant Festpreismenü abends 75–125 US$; Café Mo–Do 11.30–14.45 & 17–22.30, Fr & Sa 11.30–15 & 17–23.30 Uhr, Restaurant Platzierung Mo–Sa 17.30 & 20 Uhr; ; AC Transit 7) Feinschmecker pilgern scharenweise in diesen Tempel von Alice Waters, Erfinderin der kalifornischen Cuisine. Das Restaurant ist in einem schönen Arts-&-Crafts-Haus in Berkeleys „Gourmet Ghetto" untergebracht. Entweder man geht aufs Ganze und gönnt sich im Erdgeschoss ein Menü zum Festpreis oder man besucht das preiswertere und nicht ganz so formelle Café im Obergeschoss. Einen Monat im Voraus reservieren!

Jupiter KNEIPE
(☎500-843-8277; www.jupiterbeer.com; 2181 Shattuck Ave; Mo–Do 11.30–00.30, Fr 11.30–1.30, Sa 12–1.30, So 12–23.30 Uhr; Downtown Berkeley) Die Kneipe im Stadtzentrum hat viele regionale Biere aus Mikrobrauereien, einen Biergarten, anständige Pizzas und bietet an den meisten Abenden Livemusik. Vom Obergeschoss aus sieht man die geschäftige Shattuck Ave aus der Vogelperspektive.

☆ Unterhaltung

Berkeley Repertory Theatre THEATER
(☎510-647-2949; www.berkeleyrep.org; 2025 Addison St; Tickets 40–100 US$; Tageskasse Di–So 12–19 Uhr; Downtown Berkeley) Das hoch angesehene Ensemble bringt seit 1968 gewagte Inszenierungen klassischer und moderner Stücke auf die Bühne. Zuschauer unter 30 Jahren bezahlen für die meisten Vorstellungen nur die Hälfte.

Freight & Salvage Coffeehouse LIVEMUSIK
(☎510-644-2020; www.thefreight.org; 2020 Addison St; Tickets 5–45 US$; tgl. Shows; ; Downtown Berkeley) Der legendäre Club im Künstlerviertel in Downtown hat fast 50 Jahre auf dem Buckel. Er bietet großartige traditionelle Folk-, Country-, Bluegrass- und Weltmusik für alle Altersstufen. Besucher unter 21 Jahren kommen für den halben Preis rein.

ℹ Anreise & Unterwegs vor Ort

Um nach Berkeley zu gelangen, nimmt man einen Zug Richtung Richmond und steigt an einem der folgenden drei **BART-Bahnhöfe** (Bay Area Rapid Transit; www.bart.gov) auf: Ashby, Downtown Berkeley oder North Berkeley. Die Fahrt zwischen Berkeley und San Francisco kostet 4,10 bis 4,40 US$, zwischen Berkeley und dem Zentrum von Oakland 1,95 US$.

NORDKALIFORNIEN

In Nordkalifornien (Northern California) präsentiert sich der Golden State mit riesigen, aus dem Küstennebel ragenden Redwoods, den Weingütern des Wine Country und den versteckten Thermalquellen von seiner wilden Seite. Der dramatischen Kulisse aus Land und Meer entspricht die unglaubliche Verschiedenheit der Einwohner: Man trifft hier Holzbarone und Bäume umarmende Hippies an, Rastafaris mit Dreadlocks und Bio-Rancher, Cannabis-Farmer und politische Radikale jeder Richtung. Zum Besuch der Region verlocken Spitzenweine, Restaurants mit einer Küche aus frischen, regionalen Zutaten, Nebelwanderungen unter den größten Bäumen des Planeten und ausufernde Gespräche, die mit einem *Hey, dude!* beginnen.

Wine Country

Die erste Weinbauregion der USA gehört zugleich zu den besten weltweit. Trotz des Hypes um den Wine-Country-Stil drehen sich alle Geschichten eigentlich nur um das Land. Die Landschaft ist geprägt von welligen Hügeln mit jahrhundertealten Eichen, die unter der Sommersonne die Farbe eines Löwenfells annehmen. Und natürlich von Weinbergen, die so weit das Auge reicht, die Hänge bedecken. Dahinter folgen Redwood-Wälder den gewundenen Flüssen zum Meer.

Anreise & Unterwegs vor Ort

Sowohl das Napa als auch das Sonoma Valley sind von San Francisco aus über den Hwy 101 oder die I-80 in 90 Minuten zu erreichen.

Die Anreise in die Täler mit öffentlichen Verkehrsmitteln (hauptsächlich mit Bussen und vielleicht auch in Kombination mit BART-Zügen oder Fähren) dauert lange und ist kompliziert, aber machbar. Gleiches gilt für Rundreisen vor Ort. Tipps für die Planung und Fahrpläne stehen auf der Website http://511.org.

Fahrräder verleihen **Wine Country Cyclery** (707-966-6800; www.winecountrycyclery.com; 262 W Napa St; Rad 30–75 US$/Tag; 10–18 Uhr), **Napa Valley Bike Tours** (707-944-2953; www.napavalleybiketours.com; 6500 Washington St, Yountville; Rad 45–75 US$/Tag, Touren 109–124 US$; 8.30–17 Uhr), **Calistoga Bike Shop** (707-942-9687; http://calistogabikeshop.com; 1318 Lincoln Ave; Rad ab 27 US$; geführte Touren ab 149 US$; 10–18 Uhr) und **Spoke Folk Cyclery** (707-433-7171; www.spokefolk.com; 201 Center St; Hybrid-Fahrrad pro Std./Tag ab 14/38 US$; Mo–Fr 10–18, Sa & So 10–17 Uhr).

Napa Valley

Mehr als 200 Weingüter drängen sich im fast 50 km langen Napa Valley an den drei Hauptstrecken. Der **Hwy 29** mit seinen Verkehrsstaus an den Wochenenden ist gesäumt von berühmten Weingütern. Der parallel verlaufende **Silverado Trail**, auf dem man schneller vorankommt, hat Boutiquewinzereien, bizarre Architektur und kultverdächtige Cabernet Sauvignons zu bieten. Die nicht minder berühmten Weingüter am **Carneros Hwy** (Hwy 121), der westwärts zum Sonoma Valley führt, sind auf Schaumweine und Pinot Noir spezialisiert.

Am Südende des Tals liegt **Napa**, das Geschäftszentrum des Tals. Dem Ort mangelt es ein wenig an ländlichem Charme, dafür hat er im Zentrum trendige Restaurants und Probierstuben. Im **Napa Valley Welcome Center** (855-847-6272, 707-251-5895; www.visitnapavalley.com; 600 Main St; 9–17 Uhr) sind Pässe für Weinproben und Lagepläne der Weingüter erhältlich.

Fährt man auf dem Hwy 29 weiter gen Norden, erreicht man das winzige **Yountville**, eine ehemalige Postkutschenstation. Hier gibt es mehr mit Michelin-Sternen ausgezeichnete Restaurants pro Kopf als in San Francisco! Weitere 10 Meilen (16 km) nördlich stockt der Verkehr im reizenden **St. Helena**, wo man wunderbar bummeln und shoppen kann – wenn man denn einen Parkplatz findet. Am nördlichen Zipfel des Tals gibt's im netten **Calistoga** Thermal- und Schlammbäder, die vulkanische Asche vom nahen Mt. St. Helena benutzen.

Sehenswertes & Aktivitäten

Bei vielen Weingütern in Napa ist eine Reservierung erforderlich. Weniger ist mehr: Pro Tag sollte man sich mit ein paar Probierstuben begnügen.

★ Hess Collection WEINGUT, GALERIE
(707-255-1144; www.hesscollection.com; 4411 Redwood Rd, Napa; Museum Eintritt frei, Verkostung 25 & 35 US$, Führungen frei; 10–17.30 Uhr, letzte Verkostung 17 Uhr) Kunstliebhaber sollten sich die Hess Collection anschauen, in deren Sälen mannigfaltige und mitunter großformatige Kunstwerke zu sehen sind, darunter Arbeiten von Francis Bacon und Robert Motherwell. In dem eleganten Verkostungsraum mit Natursteinwänden gibt es bekannte Sorten wie Cabernet Sauvignon und Chardonnay, man sollte sich aber auch den Viognier nicht entgehen lassen. In den wärmeren Monaten wird auch im Garten mit schönem Blick hinunter ins Tal ausgeschenkt. Man sollte reservieren und sich auf eine kurvenreiche Anfahrt einstellen. Flaschenweine kosten zwischen 30 und 100 US$. Eine öffentliche Führung gibt's um 10.30 Uhr.

★ Frog's Leap WEINGUT
(707-963-4704; www.frogsleap.com; 8815 Conn Creek Rd, Rutherford; Weinprobe 20–25 US$, inkl. Führung 25 US$; 10–16 Uhr, nur nach Vereinbarung; P) Pfade winden sich hier durch zauberhafte Gärten und Obstplantagen – mittendrin liegt ein Gehöft von 1884 mit Scheune, Katzen und Hühnern. Die Atmosphäre ist locker, bodenständig und spaßbetont. Das Gut macht vor allem mit seinem Sauvignon Blanc von sich reden,

aber auch der Merlot verdient Beachtung. Außerdem gibt's einen trockenen, dezenten und für Napa untypischen Cabernet.

★ Tres Sabores WEINGUT
(☎ 707-967-8027; www.tressabores.com; 1620 Whitehall Lane, St Helena; Führung & Verkostung 40 US$; ⏲ 10.30–15 Uhr, nach Vereinbarung; 🐾) 🍃 Am westlichsten Rand des Tals weichen die Weinberge bewaldeten Hügeln. Hier bildet Tres Sabores ein Tor zum alten Napa. Einen schicken Verkostungsraum und Snobismus sucht man vergeblich, stattdessen gibt es einfach nur einen wunderbaren Wein in spektakulärer Umgebung. Das Gut bricht mit der Vorliebe für Cabernet und produziert hingegen einen vollen, an Burgunder erinnernden Zinfandel und einen spritzigen Sauvignon Blanc, den die *New York Times* unter die zehn besten seiner Art in Kalifornien zählte. Reservierung erforderlich!

Castello di Amorosa WEINGUT, BURG
(☎ 707-967-6272; www.castellodiamorosa.com; 4045 Hwy 29, Calistoga; Eintritt & Weinprobe 25–35 US$, inkl. Führung 40–85 US$; ⏲ März–Okt. 9.30–18 Uhr, Nov.–Feb. 9.30–17 Uhr; P 👪) Die perfekte Kopie einer italienischen Burg aus dem 13. Jh. benötigte eine Bauzeit von 14 Jahren. In dieser Zeit entstanden ein Burggraben, Mauern aus handbehauenen Steinen, Deckenfresken von italienischen Künstlern, Kreuzgewölbe-Katakomben im römischen Stil und eine Folterkammer mit historischen Gerätschaften. Verkostungen sind ohne Voranmeldung möglich, eine extra Führung lohnt sich aber auf jeden Fall. Und der Wein? Es gibt ein paar anständige italienische Sorten wie einen samtweichen toskanischen Cuvée und einen Merlot, der ausgezeichnet zu Pizza passt. Flaschenpreise zwischen 20 und 98 US$.

Schlafen

Teure wie fabelhafte Hotels verteilen sich über das Napa Valley; die opulentesten Häuser liegen in und rund um St. Helena und Yountville. Calistoga ist ein wenig legerer und günstiger. Die beste Budgetunterkunft ist ohne jeden Zweifel eine Jurte (oder ein Stellplatz) im Bothe-Napa Valley State Park.

★ El Bonita MOTEL $$
(☎ 707-963-3216, 800-541-3284; www.elbonita.com; 195 Main St; Zi. 140–325 US$; P ⊖ ❄ @ 📶 🏊 🐾) Wer in dem gefragten Motel nächtigen will, sollte reservieren. Hier findet man moderne Zimmer (die hinten sind am ruhigsten), ein hübsches Areal, einen beheizten Pool, einen Whirlpool und eine Sauna.

Napa Valley Railway Inn INN $$
(☎ 707-944-2000; www.napavalleyrailwayinn.com; 6523 Washington St; Zi. 215–295 US$; P ⊖ ❄ @ 📶 🏊) Hier übernachtet man in einem umgebauten Waggon, der zu zwei kurzen, an einer Bahnhofsplattform abgestellten Zügen gehört. Die Unterkunft bietet kaum Privatsphäre, ist aber, verglichen mit der Konkurrenz, günstig. Ohrstöpsel mitbringen!

Las Alcobas BOUTIQUEHOTEL $$$
(☎ 707-963-7000; www.lasalcobasnapavalley.com; 1915 Main St; Zi. ab 600–2500 US$; ❄ 📶 🏊) Dieser Newcomer, ein Unternehmen mit einem zweiten Haus in Mexiko-Stadt, hat sich bereits einen Platz unter den feinsten Unterkünften im Napa Valley gesichert. Die opulenten, modernen Zimmer prahlen mit einem Blick in die Weinberge und mit der Nähe zu einigen der besten Restaurants, Einkaufsmöglichkeiten und Weinverkostungsstuben in der Region. Die kann man allerdings nur entdecken, wenn man es schafft, sich von dem hervorragenden Hotelrestaurant Acacia, dem beheizten Pool und dem entspannenden Spa loszueisen.

Essen

Zwölf-Gänge-Menüs für 400 US$ pro Person bieten Thomas Keller mit seiner French Laundry in Yountville und das genauso sagenhafte Meadowwood in St. Helena. Wer weniger verschwenderisch ist, findet im Tal aber auch viele Mittelklasserestaurants mit leckerem Essen und Läden, in denen man Picknickzutaten und Gourmet-Sandwichs bekommt. Und auf den Weingütern gibt's zum Wein Wurstplatten und andere passende Speisen – man kann also ruhig hungrig kommen.

★ Oxbow Public Market MARKT $
(☎ 707-226-6529; www.oxbowpublicmarket.com; 610 & 644 1st St; kleine Gerichte ab 3 US$; ⏲ 9–21 Uhr; 📶 👪) 🍃 In dem Feinkostmarkt kann man in die nordkalifornische Gourmet-Szene eintauchen. Besonders zu empfehlen sind **Hog Island Oyster Co**, die Hausmannskost im **Kitchen Door** von Starkoch Todd Humphries, die tollen kalifornisch-mexikanischen Tacos in der **C Casa & Taco Lounge**, die India Pale Ales (IPAs) und Sour Beers der **Fieldwork Brewing Company**, der Espresso von **Ritual Coffee** und die Eiscreme mit Bio-Siegel von **Three Twins**.

Bouchon Bakery BÄCKEREI $
(707-944-2253; www.bouchonbakery.com; 6528 Washington St; Gebäck ab 3 US$; 7–19 Uhr;) Das französische Gebäck schmeckt so gut wie in Paris, der starke Kaffee belebt müde Geister. Hier gibt's immer eine Schlange und selten einen Sitzplatz – also einfach einpacken lassen!

Gott's Roadside AMERIKANISCH $$
(707-963-3486; http://gotts.com; 933 Main St; Hauptgerichte 8–16 US$; Mai–Sept. 10–22, Okt.–April bis 21 Uhr;) Mit den Zehen im Gras futtert man an diesem klassischen Drive-in-Lokal prima Burger – mit Rindfleisch, Truthahn, Ahi-Thun oder vegetarisch –, Cobb-Salat oder Fischtacos. Die Wartezeit am Wochenende lässt sich vermeiden, wenn man vorher anruft oder sein Essen online bestellt. Eine weitere Filiale findet sich im Oxbow Public Market.

★ **French Laundry** KALIFORNISCH $$$
(707-944-2380; www.thomaskeller.com/tfl; 6640 Washington St; Festpreismenü abends 310 US$; Platzierungen Fr–So 11–12.30, tgl. 17–21 Uhr) Thomas Kellers Restaurant hat den Olymp der kalifornischen Küche erklommen, das dortige hochkarätige kulinarische Erlebnis muss den Vergleich mit der Weltspitze nicht scheuen. Man bucht einen Monat vorab auf der Online-App Tock, wo die Tickets gruppenweise freigegeben werden. Von einer Mahlzeit im French Laundry wird man sein ganzes Leben lang schwärmen.

Sonoma Valley

Ganz ehrlich, wir haben eine Vorliebe für die ungezwungene Art in Sonoma, das die Einheimischen auch gerne als „Slow-noma" bezeichnen. Anders als im schicken Napa, kümmert es hier keinen, wenn man eine Schrottkarre fährt und Grün wählt. Den Mittelpunkt des beschaulichen, 27 km langen Tals bildet das namensgebende Städtchen, das eine Autostunde entfernt von San Francisco liegt – ein wunderbares Sprungbrett zur Erkundung des Wine Country mit berühmten historischen Sehenswürdigkeiten aus dem 19. Jh. rund um den größten Stadtplatz im Bundesstaat.

Sehenswertes & Aktivitäten

Sonoma war früher die Hauptstadt der kurzlebigen Bear Flag Republic. Heute ist die Sonoma Plaza – der größte Stadtplatz Kaliforniens – gesäumt von historischen Hotels, gut besuchten Restaurants, schicken Geschäften und einem **Visitor Center** (866-966-1090; www.sonomavalley.com; 453 1st St E; Mo–Sa 9–17, So 10–17 Uhr).

★ **Gundlach-Bundschu Winery** WEINGUT
(707-938-5277; www.gunbun.com; 2000 Denmark St, Sonoma; Verkostung 20–30 US$, inkl. Führung 30–60 US$; Mai–Okt. 11–17.30 Uhr, Nov.–April bis 16.30 Uhr; P) Kaliforniens ältestes Weingut in Familienhand sieht zwar aus wie ein Schloss, hat aber eine bodenständige Atmosphäre. Die Aushängeschilder des Guts, das 1858 von einem bayerischen Einwanderer gegründet wurde, sind der Gewürztraminer und der Pinot Noir; „Gun-Bun" war aber auch die erste US-amerikanische Winzerei, die einen unverschnittenen Merlot produzierte. Das Gut liegt am Ende einer kurvenreichen Nebenstraße, die sich auch perfekt zum Radeln eignet. Vor Ort kann man picknicken und wandern. Es gibt einen kleinen See und häufig Konzerte, darunter ein zweitägiges Folk-Festival im Juni. Wer den Weinkeller mit seinen 1800 Fässern besichtigen will, muss reservieren. Flaschenpreise zwischen 20 und 50 US$.

Bartholomew Park PARK
(707-938-2244; www.bartholomewpark.org; 1000 Vineyard Lane; 10–16.30 Uhr; P) GRATIS Das beste Ausflugsziel nahe der Stadt ist der 152 ha große Bartholomew Park abseits der Castle Rd. Hier picknickt man unter großen Eichen, geht auf den insgesamt rund 3 km langen Wegen spazieren und genießt den Blick auf San Francisco. Die **Palladianische Villa** am Parkeingang (geöffnet Sa & So 12–15 Uhr) ist die Kopie des ursprünglichen pompejanischen Herrenhauses von Ágoston Haraszthy. Auch ein gutes, eigenständiges **Weingut** hat hier seinen Sitz. Letzter Einlass ist um 16.30 Uhr.

Jack London State Historic Park PARK
(707-938-5216; www.jacklondonpark.com; 2400 London Ranch Rd, Glen Ellen; 10 US$/Auto, Cottage Erw./Kind 4/2 US$; 9.30–17 Uhr; P) Napa hat Robert Louis Stevenson, Sonoma Jack London. In dem 567 ha großen Park verbrachte der Autor von *Wolfsblut* seine letzten Lebensjahre; das ausgezeichnete **Museum** sollte man sich nicht entgehen lassen. **Wanderwege** (von denen einige auch für Mountainbikes geöffnet sind) erstrecken sich auf einer Höhe zwischen 188 und 700 m über etliche Kilometer durch die Eichenwälder; ein leichter, gut 3 km langer Rundweg

führt zum **London Lake**, der sich prima zum Picknicken eignet. An manchen Abenden verwandelt sich der Park bei „Broadway Under the Stars" in ein Freilufttheater. Vorsicht vor Giftefeu (zu erkennen an seinem eichenblättrigen Laub)!

Benziger WEINGUT
(☎888-490-2739, 707-935-3000; www.benziger.com; 1883 London Ranch Rd, Glen Ellen; Verkostung 20–40 US$, Führungen 25–50 US$; ⊙10–17 Uhr; P) Wein-Novizen besuchen in Sonoma am besten zuerst Benziger für einen Crashkurs in Weinherstellung. Die lohnende Führung (11–15.30 Uhr; Reservierung empfohlen) beinhaltet eine Fahrt in einem offenen Wagen durch die biodynamisch bewirtschafteten Weinberge (bei geeignetem Wetter) und die Verkostung von fünf Weinen. Man kann hier wunderbar picknicken, sodass der Besuch auch für Familien ein schönes Erlebnis ist. Die in großen Chargen produzierten Weine sind ordentlich, die länger gelagerten Riserva aber besser – doch eigentlich kommt man wegen der Führung. Flaschenpreise zwischen 20 und 80 US$.

Kunde WEINGUT
(☎707-833-5501; www.kunde.com; 9825 Hwy 12, Kenwood; Verkostung 15–50 US$, Kellerführung kostenlos; ⊙10.30–17 Uhr; P) Das Weingut auf einer historischen Ranch befindet sich in Familienbesitz; manche Weinberge sind schon über 100 Jahre alt. Bei der Verkostung oben auf dem Berg genießt man den herrlichen Blick ins Tal; saisonal werden geführte Wanderungen veranstaltet (Reservierung empfohlen), man kann aber auch einfach auf eine Führung und eine Weinprobe hereinschauen. Zu den eleganten, nachhaltig produzierten Weinen, für die nur eigene Trauben verwendet werden, zählen ein spritziger Chardonnay und einfache Rotwein-Cuvées. Flaschenpreise zwischen 17 und 100 US$.

Cline Cellars WEINGUT
(☎707-940-4030; www.clinecellars.com; 24737 Arnold Dr, Hwy 121; Weinprobe 0–20 US$; ⊙Weinkeller 10–18 Uhr, Museum 10–16 Uhr) An lauen Tagen genießt man ein Picknick am Teich, an Regentagen macht man es sich in dem Farmhaus aus den 1850er-Jahren am Kamin gemütlich und probiert einen Zinfandel oder Mourvèdre. Im **California Mission Museum** kann man in den 1930er-Jahren geschaffene, originalgetreue Mini-Nachbauten von 21 spanischen Kolonialmissionen bewundern.

Schlafen

Die sinnvollsten Standorte zur Erkundung des Tals sind das historische Zentrum von Sonoma und das grüne, romantische Glen Ellen. In Kenwood gibt's zudem einen luxuriösen Gasthof.

★**Windhaven Cottage** COTTAGES $$
(☎707-938-2175, 707-483-1856; www.windhavencottage.com; 21700 Pearson Ave; Cottages 165–175 US$;) Dieses Anwesen mit tollem Preis-Leistungs-Verhältnis umfasst zwei Einheiten: ein versteckt liegende Cottage mit Holzdecke und Kamin sowie ein hübsches, 74 m² großes Wohnstudio. Uns gefiel das romantische Cottage besser. Zu beiden gehören Whirlpools im Freien. Leihfahrräder und Grills sind willkommene Extras.

Beltane Ranch B&B $$
(☎707-833-4233; www.beltaneranch.com; 11775 Hwy 12, Glen Ellen; DZ 185–375 US$; P) Inmitten von Pferdekoppeln und Weinbergen fühlt man sich ins Sonoma des 19. Jhs. zurückversetzt. Die freundliche Ranch aus den 1890er-Jahren hat doppelte Veranden mit Schaukelstühlen und weißen Korbmöbeln. Obwohl sie eigentlich als B&B firmiert, hat doch jedes Zimmer im amerikanischen Landhausstil sowie das Cottage seinen eigenen Eingang – Ruhe ist also garantiert, zumal weder Telefon noch TV von der ländlichen Glückseligkeit ablenken.

Essen & Ausgehen

★**Fremont Diner** AMERIKANISCH, SÜDSTAATEN $$
(☎707-938-7370; www.thefremontdiner.com; 2698 Fremont Dr; Hauptgerichte 9–22 US$; ⊙Mo–Mi 8–15, Do–So bis 21 Uhr;) Zu Stoßzeiten bilden sich lange Schlangen vor diesem Diner, der seine Zutaten frisch von der Farm bezieht. Die Tische drinnen sind zwar schöner, aber auch an den Picknicktischen nimmt man gerne Platz, um sich Buttermilch-Pancakes mit hausgemachtem Zimt-Vanille-Sirup, Hühnchen und Waffeln, Austern-Po'boys, leckere Grillspeisen und in der Pfanne gebackenes Maisbrot schmecken zu lassen.

Fig Cafe & Winebar FRANZÖSISCH, KALIFORNISCH $$
(☎707-938-2130; www.thefigcafe.com; 13690 Arnold Dr, Glen Ellen; Hauptgerichte 12–24 US$, 3-Gänge-Abendmenü 36 US$; ⊙Sa & So 10–14.30, So–Do 17–21, Fr & Sa 17–21.30 Uhr) Zu den bodenständigen Gerichten kalifornisch-provenzalischer Hausmannskost zählen kurz gebratene Calamari mit pikantem Zitronen-Aioli, Feigen und Rucola sowie Steaks

mit Fritten. Der günstige Wein und der Wochenend-Brunch sind gute Gründe zum Wiederkommen. Keine Reservierung, keine Korkgebühr.

Hopmonk Tavern KNEIPENKOST $$
(☎707-935-9100; www.hopmonk.com; 691 Broadway; Hauptgerichte 11–23 US$; ⌚So–Do 11.30–21, Fr & Sa bis 22 Uhr) Der muntere Gastropub mit Biergarten bietet mehr als ein Dutzend Fassbiere, teils eigene, teils von anderen Brauereien, die in passenden Gläsern serviert werden. Freitags bis sonntags gibt's Livemusik, mittwochs Open Mic Sessions (ab 20 Uhr).

★ **Cafe La Haye** KALIFORNISCH $$$
(☎707-935-5994; www.cafelahaye.com; 140 E Napa St; Hauptgerichte 19–25 US$; ⌚Di–Sa 17.30–21 Uhr) Eine von Sonomas besten Adressen in puncto moderner amerikanischer Küche. Das La Haye bezieht seine Zutaten aus einem Umkreis von maximal 100 km. Der Speiseraum ist zwar stets rappelvoll und der Service manchmal fast schon etwas nachlässig, doch das schlichte, schmackhafte Essen macht das La Haye für viele Feinschmecker dennoch zum Restaurant der ersten Wahl. Lange im Voraus reservieren!

Russian River Valley

Redwood-Bäume ragen über die Weingüter im Russian River Valley, das ca. 75 Meilen (120 km) nordwestlich von San Francisco (Anfahrt über die Hwys 101 & 116) im westlichen Sonoma County liegt. Das für Apfelbaumplantagen und Farmtouren bekannte **Sebastopol** hat mit seinen Buchläden, Kunstgalerien und Boutiquen im Zentrum und den Antiquitätenläden weiter im Süden ein modernes, intellektuelles Gesicht bekommen. Wie wär's mit einem Bummel über den überdachten Markt **Barlow** (☎707-824-5600; www.thebarlow.net; Ecke Sebastopol & Morris Sts; ⌚Zeiten variieren; P), wo Lebensmittelhersteller, Winzer, Kaffeeröster, Schnapsbrenner und Indie-Chefköche ihre Produkte anbieten? Oder mit einer Farmtour per Auto oder Rad direkt zur Quelle (www.farmtrails.org)?

Guerneville ist der wichtigste Ort am Fluss – hier brummen die Harleys, und es gibt schwulenfreundliche Kneipen. Alte Redwood-Bäume kann man im **Armstrong Redwoods State Reserve** (☎Infos 707-869-2015, Besucherzentrum 707-869-2958; www.parks.ca.gov; 17000 Armstrong Woods Rd; 8 US$/Auto; ⌚8 Uhr–1 Std. nach Sonnenuntergang; P) bestaunen. Direkt nebenan befindet sich der **Bullfrog Pond Campground** (☎707-869-2015; www.stewardscr.org; Stellplatz mit/ohne Reservierung 35/25 US$;), auf dem man auch ohne Reservierung einen Platz bekommt. Mit **Burke's Canoe Trips** (☎707-887-1222; www.burkescanoetrips.com; 8600 River Rd, Forestville; Kanu-/Kajakverleih inkl. Shuttle 68/45 US$, nur Barzahlung) kann man flussabwärts paddeln. Weiter im Südosten befinden sich die **Iron Horse Vineyards** (☎707-887-1507; www.ironhorsevineyards.com; 9786 Ross Station Rd, abseits des Hwy 116, Sebastopol; Weinprobe 25 US$, inkl. Führung 50 US$; ⌚10–16.30 Uhr; letzte Weinprobe 16 Uhr; P), wo man oben auf dem Hügel wunderbar ein Glas Schaumwein genießen kann (Führungen vorab buchen!).

Weitere ausgezeichnete Weingüter, von denen einige für preisgekrönte Pinot Noirs bekannt sind, reihen sich an der ländlichen, dem Flusslauf nach Healdsburg folgenden **Westside Rd** aneinander. Im **Visitor Center** (☎707-869-9000; www.russianriver.com; 16209 1st St; ⌚Mo–Sa 10–17 Uhr & Mai–Okt. So bis 15 Uhr) in Guerneville sind Lagepläne der Weingüter und Infos über Unterkünfte erhältlich. Es lohnt sich, im netten **Boon Eat + Drink** (☎707-869-0780; http://eatatboon.com; 16248 Main St; Hauptgerichte mittags 15–18 US$, abends 15–26 US$; ⌚Do–Di mittags 11–15 Uhr, So–Do 17–21, Fr & Sa 17–22 Uhr;) auf einen Tisch zu warten. Die gleichen Leute betreiben auch das schicke **Boon Hotel + Spa** (☎707-869-2721; www.boonhotels.com; 14711 Armstrong Woods Rd; Zelte 175–225 US$, Zi. 225–425 US$; P), eine minimalistische Oase mit Salzwasserpool.

Südlich des Flusses schlängelt sich der 10 Meilen (16 km) lange und kurvige, sehr passend benannte Bohemian Hwy ins winzige **Occidental**. Dort lädt das **Howard Station Cafe** (☎707-874-2838; www.howardstationcafe.com; 3611 Bohemian Hwy; Hauptgerichte 8–14 US$; ⌚Mo–Fr 7–14.30, Sa 6 So 7–15 Uhr;) zu einem herzhaften Frühstück, etwa mit Blaubeer-Pancakes aus Maismehl (nur Barzahlung), und die **Barley & Hops Tavern** (☎707-874-9037; www.barleynhops.com; 3688 Bohemian Hwy; ⌚Mo–Do 16–21, Fr–So 13–21.30 Uhr) zu einem Craft-Bier. Ein paar Kilometer weiter südlich liegt Freestone mit der phänomenalen Bäckerei **Wild Flour Bread** (☎707-874-2938; www.wildflourbread.com; 140 Bohemian Hwy, Freestone; Gebäckstücke ab 3 US$; ⌚Fr–Mo 8.30–18.30 Uhr;) und dem Spa **Osmosis** (☎707-823-8231; www.osmosis.com; 209 Bohemian Hwy, Freestone; Pakete ab 219 US$; ⌚nach Vereinbarung 9–20 Uhr), in dem man sich ein Bad mit Kiefern-Enzymen gönnen kann.

Healdsburg & Umgebung

Mehr als 100 Weingüter liegen in einem Umkreis von 20 Meilen (32 km) in den Tälern rund um Healdsburg. Um die baumreiche Plaza gruppieren sich dort gehobene Restaurants, Probierstuben und schicke Hotels. Weinprobenpässe und Karten sind im **Visitor Center** (☎800-648-9922, 707-433-6935; www.healdsburg.com; 217 Healdsburg Ave; ⌚Mo–Fr 10–16, Sa & So 10–15 Uhr) erhältlich. Mit kalifornischen Leckereien aus lokalen Zutaten kann man sich im **Shed** (☎707-431-7433; www.healdsburgshed.com; 25 North St; Hauptgerichte abends 15–30 US$; ⌚Mi–Mo 8–21, Di 8–18 Uhr;) oder im **SingleThread** (☎707-723-4646; www.singlethreadfarms.com; 131 North St; Degustationsmenü 293 US$/Pers.; ⌚Di–So 17.30–23 Uhr) verwöhnen lassen. Im rustikal eingerichteten **Dry Creek General Store** (☎707-433-4171; www.drycreekgeneralstore1881.com; 3495 Dry Creek Rd; Sandwiches 10–13 US$; ⌚Mo–Fr 7–17, Sa & So 7–17.30 Uhr) in der Nähe der Weingüter kann man gut zu Mittag essen. Ein Dach überm Kopf bieten das altmodische **L&M Motel** (☎707-433-6528; www.landmmotel.com; 70 Healdsburg Ave; Zi. 175–195 US$; P) und die romantischen **Healdsburg Modern Cottages** (☎707-395-4684; www.healdsburgcottages.com; 425 Foss St; DZ 340–575 US$;).

Im Dry Creek Valley, westlich vom Hwy 101 und von Healdsburg gelegen, warten Bilderbuchweingüter darauf, von Travellern entdeckt zu werden. Einfach ein Fahrrad mieten und los geht's! Bei den biodynamisch bewirtschafteten **Preston Vineyards** (☎707-433-3372; www.prestonvineyards.com; 9282 W Dry Creek Rd; Weinprobe/Führungen 10/25 US$; ⌚11–16.30 Uhr; P) und **Quivira Vineyards** (☎707-431-8333, 800-292-8339; www.quivirawine.com; 4900 W Dry Creek Rd; Weinprobe 15–30 US$, inkl. Führung 40 US$, Führung & Verkostung nur nach Reservierung; ⌚11–17 Uhr, April–Okt. 10–16.30 Uhr; P) kann man nach Zitrusfrüchten schmeckenden Sauvignon Blanc und Zinfandel mit Anklängen an Pfeffer probieren. Mit dem Auto kann man Richtung Russian River fahren und bei **Porter Creek Vineyards** (☎707-433-6321; www.portercreekvineyards.com; 8735 Westside Rd; Weinprobe 15 US$; ⌚10.30–16.30 Uhr; P) erdige Pinot Noirs und fruchtige Viogniers probieren. Hier genießt man den Wein an einer Theke, die aus einer alten Bowlingbahn gezimmert wurde.

Nordwestlich von Healdsburg am Hwy 101 führt der Hwy 128 durch das **Anderson Valley**, das bekannt ist für seine Obstplantagen und Familien-Weingüter wie **Navarro** (☎707-895-3686; www.navarrowine.com; 5601 Hwy 128, Philo; ⌚Mo–Fr 8–18, Sa & So 8–17 Uhr) GRATIS und **Husch** (☎707-462-5370; www.huschvineyards.com; 4400 Hwy 128, Philo; ⌚10–18 Uhr, Nov.–März 10–17 Uhr; P) GRATIS. Außerhalb von Boonville mit seinen Straßencafés, Bäckereien und Delis bietet sich ein Zwischenstopp in der mit Solarenergie betriebenen **Anderson Valley Brewing Company** (☎707-895-2337; www.avbc.com; 17700 Hwy 253, Boonville; Verkostung ab 2 US$, Führung & Frisbee-Golf frei; ⌚Sa–Do 11–18, Fr 11–19 Uhr; P) an, wo man Frisbee-Golf spielen und ein Bier genießen kann.

Nordküste

Das ist nicht das Kalifornien aus dem Song der Beach Boys – hier findet man nur sehr wenige Surfer und keine von Palmen gesäumten Strände. Der zerklüftete Rand des Kontinents ist wild, malerisch und sogar etwas unheimlich: In der geisterhaft nebligen Außenseiterregion gibt's die höchsten Bäume der Welt, das stärkste Marihuana und eine Reihe eigenwilliger kleiner Ortschaften.

Auf dem Coastal Hwy 1 nach Mendocino

Dieser stellenweise gefährliche Abschnitt des Hwy 1 führt in Serpentinen vorbei an Fischerdörfern und versteckten Stränden. Von Haltebuchten aus kann man den Horizont über dem Pazifik nach wandernden Walen absuchen und eine Küste bestaunen, deren Felsformationen ständig von einer starken Brandung umspült werden. Für die 110 Meilen (177 km) lange Strecke von Bodega Bay nach Fort Bragg braucht man ohne Zwischenstopp mindestens drei Stunden – nachts oder wenn Nebel aufzieht, stahlharte Nerven und sehr viel mehr Zeit.

Bodega Bay, Kulisse für Hitchcocks 1963 gedrehten Psychothriller *Die Vögel*, ist die erste Perle einer Kette verschlafener Fischerdörfer. Heute sind am Himmel zwar keine blutrünstigen Krähen mehr zu sehen, seinen Picknickkorb sollte man aber dennoch im Auge behalten, während man die Felsbogen, stürmischen Buchten und mit Wildblumen übersäten Klippen im **Sonoma Coast State Park** (www.parks.ca.gov; 8 US$/Auto) erkundet. Dessen Strände ragen über das 10 Meilen (16 km) nördlich gelegene Jenner hinaus. Das **Bodega Bay Sportfishing Center** (☎707-875-3495; www.bodegacharters.com; 1410b Bay Flat Rd; Angeltour 135 US$, Walbeobachtungstour Erw./Kind 50/35 US$; 👪) veranstaltet im Winter Walbeobachtungstouren (Erw./Kind 50/35 US$). Landratten wandern zum Bodega Head oder schwingen sich bei **Chanslor Ranch** (☎707-875-3333, 707-875-2721; www.horsenaroundtrailrides.com; 2660 N Hwy 1; Ausritt ab 125 US$; ⏲10–17 Uhr; 👪) in den Sattel.

Wo der breite, träge Russian River in den Pazifik mündet, liegt **Jenner**, eine Ansammlung von Geschäften und Restaurants auf den Küstenhügeln. Freiwillige Helfer schützen die an der Flussmündung lebenden Seehunde in der Wurfzeit zwischen März und August und beantworten Fragen der Besucher. **Water Treks Ecotours** (☎707-865-2249; www.watertreks.com; Kajaks ab 30 US$; ⏲Zeiten variieren) am Hwy 1 verleiht Kajaks; Reservierung empfohlen.

12 Meilen (19 km) nördlich von Jenner liegt der **Fort Ross State Historic Park** (☎707-847-3437; www.fortross.org; 19005 Hwy 1; 8 US$/Auto; ⏲10–16.30 Uhr) mit den vom Salz zerfressenen Gebäuden eines 1812 eingerichteten Handelspostens und einer russisch-orthodoxen Kirche. Der ruhige Ort hat eine fesselnde Geschichte: Er war einst der südlichste Punkt der Handelsexpeditionen des russischen Zarenreichs in Nordamerika. Das kleine, nach Holz duftende Museum beherbergt historische Exponate und bietet Schutz vor den an den Klippen wütenden Winden.

Ein paar Kilometer weiter nördlich befindet sich der **Salt Point State Park** (☎707-847-3221; www.parks.ca.gov; 25050 Hwy 1; 8 US$/Auto; ⏲Park Sonnenaufgang–Sonnenuntergang, Visitor Center April–Okt. Sa & So 10–15 Uhr; P) mit unzähligen Wanderwegen, Gezeitenpools und zwei **Campingplätzen** (☎800-444-7275; www.reserveamerica.com; Stellplatz für Zelt/Wohnmobil 25/35 US$; P). Im benachbarten **Kruse Rhododendron State Natural Reserve** leuchten zwischen April und Juni rosa Blumen in den dunstig grünen Wäldern. Kühe grasen auf den Wiesen oben auf Klippen, die sich gen Norden bis zur **Sea Ranch** (www.tsra.org) erstrecken. Dort führen öffentlich zugängliche Wanderwege vom Parkplatz (7 US$/Auto) runter zu winzigen Stränden.

2 Meilen (3,2 km) nördlich des Ortes Point Arena lohnt sich ein Abstecher zum 1908 errichteten, vom Wind umtosten **Point Arena Lighthouse** (☎707-882-2809; www.pointarenalighthouse.com; 45500 Lighthouse Rd; Erw./Kind 7,50/1 US$; ⏲Mitte Sept.–Mitte Mai 10–15.30 Uhr, Mitte Mai–Mitte Sept. 10–16.30 Uhr; P). Wer die 145 Stufen hinaufsteigt, kann die blinkende Fresnel-Linse in Augenschein nehmen und kommt in den Genuss eines atemberaubenden Blickes über die Küste. 8 Meilen (13 km) nördlich der Stelle, an der der Hwy 128 den Little River überquert, liegt der **Van Damme State Park** (☎707-937-5804; www.parks.ca.gov; 8001 N Hwy 1, Little River; 8 US$/Auto; ⏲8–21 Uhr; P). Dort führt der beliebte **Fern Canyon Trail** (hin & zurück 8 km) durch einen saftig grünen Fluss-Canyon mit jungen Redwood-Bäumen. Wer noch 1,6 km in die eine oder andere Richtung wandert, kommt in einen Zwergwald. Auf dem **Campingplatz** (☎800-444-7275; www.reserveamerica.com; 8001 Hwy 1, Little River; Stellplatz für Zelt/Wohnmobil 25/35 US$; P) im Park gibt's Münz-Warmwasserduschen.

In **Mendocino**, einem historischen Dorf auf einer spektakulären Landspitze, bummeln Baby-Boomer durch Straßen mit Giebelhäusern, die an New England erinnern – mit B&Bs in Wassertürmen, urigen Geschäften und Kunstgalerien. Im **Mendocino Headlands State Park** (www.parks.ca.gov) führen unbefestigte Wege vorbei an Brombeersträuchern, Wildblumen und Zypressen, die über den Felsklippen und der tosenden Brandung Wache stehen. Das **Ford House Museum & Visitor Center** (☎707-537-5397; www.mendoparks.org; 45035 Main St; ⏲11–16 Uhr) befindet sich ganz in der Nähe.

Gleich südlich des Ortes kann man mit **Catch a Canoe & Bicycles, Too** (☎707-937-0273; www.catchacanoe.com; 44850 Comptche-Ukiah Rd, Stanford Inn by the Sea; 3 Std. Kajak, Kanu oder Fahrrad Erw./Kind 28/14 US$; ⏲9–17 Uhr; 👪) den Big River hinaufpaddeln. Die nördlich des Ortes gelegene **Point Cabrillo Light Station** (☎707-937-6123; www.pointcabrillo.org; 45300 Lighthouse Rd; ⏲Park Sonnenaufgang–Sonnenuntergang, Leuchtturm 11–16 Uhr) GRATIS aus dem Jahr 1909 eignet sich im Winter perfekt zur Walbeobachtung.

Schlafen

Im stilvollen Mendocino sind der Standard und die Preise gleichermaßen hoch; an Wochenenden muss man zudem oft zwei Nächte buchen. Im 10 Meilen (16,1 km) nördlich gelegenen Fort Bragg gibt's preiswertere Unterkünfte. In allen B&B-Preisen ist das Frühstück enthalten; nur wenige Unterkünfte haben Fernseher. Für eine Übersicht der Cottages und B&Bs wendet man sich an

Mendocino Coast Reservations (☎707-937-5033; www.mendocinovacations.com; 45084 Little Lake St; ⌚9–17 Uhr).

Gualala Point Regional Park CAMPING $
(☎707-567-2267; http://parks.sonomacounty.ca.gov; 42401 Hwy 1, Gualala; Stellplatz für Zelt & Wohnmobil 35 US$; P) Schattiger Platz mit Redwood-Bäumen und duftenden kalifornischen Lorbeerbäumen. Ein kurzer Weg verbindet den an einem Bach gelegenen Campingplatz mit dem windgepeitschten Strand. Die Qualität der Stellplätze – darunter auch einige abgelegene, nur zu Fuß erreichbare – macht diesen Drive-in-Campingplatz zum besten an diesem Küstenabschnitt.

Andiron Seaside Inn & Cabins HÜTTE $$
(☎707-937-1543; http://theandiron.com; 6051 N Hwy 1, Little River; DZ 109–299 US$; P) Die Cottages im hippen Retro-Design der 1950er-Jahre sind eine erfrischend verspielte Option zu Mendocinos ansonsten biederer Rosen- und Spitzendeckchen-Ästhetik. Jede Hütte hat zwei Zimmer, die wiederum ein bestimmtes Motto haben: „Read" ist vollgestopft mit alten Bücher, bequemen Sesseln und Retro-Brillen, „Write" ist mit einer riesigen Tafel und einer alten Schreibmaschine mit Farbband geschmückt.

★ **Alegria** B&B $$$
(☎707-937-5150; www.oceanfrontmagic.com; 44781 Main St; Zi. 239–299 US$;) Perfekt für einen romantischen Aufenthalt: Vom Bett aus sieht man die Küste, von der Terrasse den Ozean, und alle Zimmer haben Holzkamine. Draußen führt ein herrlicher Pfad zu einem schönen bernsteinfarbenen Strand. Die überaus freundlichen Gastgeber servieren in dem Esszimmer mit Blick aufs Meer ein umwerfendes Frühstück. Preiswertere Zimmer gibt's auf der gegenüberliegenden Straßenseite im hellen, einfachen **Raku House** (☎800-780-7905; www.rakuhouse.com; 998 Main St; Zi. 109–139 US$; P).

★ **Mar Vista Cottages** HÜTTE $$$
(☎707-884-3522; www.marvistamendocino.com; 35101 Hwy 1, Anchor Bay; Cottage 190–310 US$; P) Die elegant renovierten, einfachen, aber stilvollen Fischerhütten aus den 1930er-Jahren sind ein Paradebeispiel für Nachhaltigkeit. Hier herrscht Harmonie bis ins kleinste Detail: Die Bettwäsche wird auf einer Wäscheleine über Lavendel getrocknet, die Gäste können sich aus dem Biogemüsegarten alles fürs Abendessen holen und überall gackern Hühner und legen Frühstückseier. Zu bestimmten Zeiten muss man mindestens zwei Nächte bleiben.

Essen & Ausgehen

Selbst in kleinen Küstenorten gibt's meistens eine Bäckerei, ein Deli und einen Naturkostladen sowie mehrere Straßencafés und Restaurants.

Franny's Cup & Saucer BÄCKEREI $
(☎707-882-2500; www.frannyscupandsaucer.com; 213 Main St; Kuchen ab 2 US$; ⌚Mi–Sa 8–16 Uhr) Die niedlichste Patisserie an diesem Küstenabschnitt wird von Franny und ihrer Mutter Barbara (einer ehemaligen Mitarbeiterin des Chez Panisse in Berkeley) geführt. Die frischen Beerentorten und die kreativen hausgemachten Schoko-Desserts sehen so schön aus, dass man sie zuerst kaum antasten mag. Nach dem ersten Bissen will man dann aber unbedingt noch mehr bestellen. Einmal im Monat werden beim Farmhouse Dinner (28 US$) alle Register gezogen.

Spud Point Crab Company MEERESFRÜCHTE $
(☎707-875-9472; www.spudpointcrab.com; 1860 Westshore Rd; Hauptgerichte 6,75–12 US$; ⌚9–17 Uhr; P) In der Tradition klassischer Krabbenbuden am Kai serviert das Spud Point salzig-süße Krabben-Sandwichs und echten Clam Chowder (der Muscheleintopf räumt ständig kulinarische Preise ab). Wer will, kann auch frische Krabben kaufen und mit nach Hause nehmen. Man isst an Picknicktischen mit Blick über die Marina. Hin kommt man über die Bay Flat Rd.

Mendocino Cafe KALIFORNISCH, FUSION $$
(☎707-937-6141; www.mendocinocafe.com; 10451 Lansing St; Hauptgerichte mittags 12–16 US$, abends 21–33 US$; ⌚11.30–20 Uhr;) Das Restaurant ist eines der wenigen in Mendocino für ein gehobenes Diner. Es serviert aber auch ein Mittagessen, das man schön im Freien auf der von Rosen umgebenen Terrasse mit Meerblick genießen kann. Zu empfehlen sind der Thai-Burrito oder die „Healing Bowl" (Soba-Nudeln, Miso, Shiitake-Pilze und nach Wahl Fleisch oder Seafood). Zum Abendessen gibt's gegrillte Steaks und Meeresfrüchte.

★ **Café Beaujolais** KALIFORNISCH $$$
(☎707-937-5614; www.cafebeaujolais.com; 961 Ukiah St; Hauptgerichte mittags 10–18 US$, abends 23–38 US$; ⌚Mi–So 11.30–14.30, abends tgl. ab 17.30 Uhr; P) Mendocinos beliebtes kalifornisch-französisches Kultrestaurant residiert in einem Haus aus dem Jahr 1893,

das in einen einfarbigen, städtisch-schicken Speisesaal umgebaut wurde. Hier kann man wunderbar im Kerzenschein Händchen halten. Wegen der raffinierten, kreativen Gerichte kommen die Gäste sogar aus San Francisco angereist. Die Speisekarte setzt auf regionale Zutaten und wechselt je nach Saison. Das Petaluma-Entenconfit ist einfach nur himmlisch.

955 Ukiah Street KALIFORNISCH **$$$**

(☎707-937-1955; www.955restaurant.com; 955 Ukiah St; Hauptgerichte 18–37 US$; ⏲Do–So ab 18 Uhr) Das Restaurant ist fast schon eine Institution. Die Karte wechselt je nach dem örtlichen Angebot. Bei unserem Besuch gab es beispielsweise als Vorspeise gebratenen Blumenkohl, Feta und karamellisierte Zwiebeln. Aus dem gedämpft beleuchteten, bohemehaften Raum blickt man in weitläufige Gartenanlagen. Donnerstags gibt's es Drei-Gänge-Menü mit Wein mit ausgezeichnetem Preis-Leistungs-Verhältnis (25 US$). Alle Infos dazu und zu weiteren Events stehen auf der Website.

Dick's Place BAR

(☎707-937-6010; 45080 Main St; ⏲11.30–2 Uhr) Die Bar wirkt unter den schicken Läden im Zentrum von Mendocino etwas deplatziert, ist aber ausgezeichnet, um die andere Seite des Orts kennenzulernen und mit rowdyhaften Einheimischen zu bechern. Unbedingt sollte man sich auch das Retro-Erlebnis der Jukebox gönnen (0,50 US$).

ℹ Anreise & Unterwegs vor Ort

Die **Mendocino Transit Authority** (MTA; ☎800-696-4682, 707-462-1422; www.mendocinotransit.org; 241 Plant Rd, Ukiah; einfache Strecke meist 1,50–6 US$) betreibt täglich den Bus 65 zwischen Willits, Ukiah und Santa Rosa mit einer Rückfahrt am Nachmittag (26,25 US$, 3 Std., tgl. 4-mal). Der Bus 95 fährt täglich von Point Arena (Hwy 1) über Jenner und Bodega Bay nach Santa Rosa mit einer Rückfahrt am Nachmittag (8,25 US$, 3¼ Std., tgl. 1-mal). Die North Coast Route 60 führt von Navarro River Junction nordwärts nach Albion, Little River, Mendocino und Fort Bragg (2,25 US$, 1½ Std., Mo–Fr tgl. 2-mal). Die Route 75 verbindet Gualala mit Navarro River Junction und Ukiah (6,75 US$, 2¾ Std., tgl.).

Auf dem Hwy 101 zur Avenue of the Giants

Um in den abgelegensten und wildesten Teil der North Coast hinter dem „Redwood Curtain" zu gelangen, sollte man den kurvigen Hwy 1 gegen den im Landesinneren verlaufenden Hwy 101 eintauschen, der einen hier und da zwingt, in kleinen Orten an roten Ampeln anzuhalten. Abstecher an der Strecke sind die großen Redwood-Wälder hinter Leggett und die verlassene Wildnis der Lost Coast.

Obwohl **Ukiah** hauptsächlich ein Ort für einen Boxenstopp ist, so lohnt sich doch die 30-minütige Fahrt gen Westen zu den **Orr Hot Springs** (☎707-462-6277; www.orrhotsprings.org; 13201 Orr Springs Rd; Tageskarte Erw./Kind 30/25 US$; ⏲10–22 Uhr, nur nach Vereinbarung), in denen man auch hüllenlos baden kann.

Gleich nördlich des winzigen **Leggett** am Hwy 101 kann man in der **Standish-Hickey State Recreation Area** (☎707-925-6482; www.parks.ca.gov; 69350 Hwy 101; 8 US$/Auto; 👪) im Eel River baden und auf Wanderwegen durch ursprüngliche und nachgewachsene Redwood-Wälder wandern. Südlich von **Garberville** am Hwy 101 befindet sich der **Richardson Grove State Park** (☎707-247-3318; www.parks.ca.gov; 1600 Hwy 101, Garberville; 8 US$/Auto) mit alten, geschützten Redwood-Bäumen am Flussufer. In beiden Parks gibt's erschlossene **Campingplätze** (☎Reservierungen 800-444-7275; www.reserveamerica.com; 1600 Hwy 101; Stellplatz für Zelt & Wohnmobil 35 US$; P).

Die **Lost Coast** lockt Wanderer mit der rauesten Küstenlandschaft Kaliforniens. „Verloren" ging die Küste, als der Highway um die Berge der King Range herumgeführt wurde, die wenige Kilometer vom Ozean entfernt 1220 m hoch in den Himmel ragen. Von Garberville führt eine steile und kurvige, 23 Meilen (37 km) lange Asphaltstraße nach **Shelter Cove**. Das hiesige Hauptversorgungszentrum ist aber kaum mehr als ein kleiner Ort am Meer mit einem Gemischtwarenladen, Cafés und relativ teuren Unterkünften mit Meerblick.

Der 212 km² große **Humboldt Redwoods State Park** (☎707-946-2409; www.parks.ca.gov; Hwy 101; P 👪) GRATIS am Hwy 101 schützt einige der ältesten Redwood-Bäume Kaliforniens, u. a. mehr als die Hälfte der 100 größten Bäume der Welt. Die prächtigen Baumgruppen können mit denen im viel weiter nördlich gelegenen Redwood National Park durchaus mithalten. Wer keine Zeit für eine Wanderung hat, sollte doch zumindest die beeindruckende **Avenue of the Giants** entlangfahren. Die zweispurige, 31 Meilen

(50 km) lange Straße verläuft parallel zum Hwy 101. Wer hier **campen** (Information 707-946-2263; Reservierungen 800-444-7275; www.reserveamerica.com; Stellplatz für Zelt & Wohnmobil 20–35 US$; P) will, muss reservieren.

Schlafen & Essen

Die großen Motelketten sind am Hwy 101, besonders in und um Ukiah und Clear Lake, gut vertreten. Mittelklassehotels und einige denkwürdige B&Bs finden sich im und rund um das Anderson Valley.

★ Old West Inn MOTEL $

(707-459-4201; www.theoldwestinn.com; 1221 S Main St; Zi. 79 US$; P) Die Fassade sieht aus wie die Staffage einer Wildwest-Straße und alle Zimmer haben ein eigenes Motiv, vom „Stall" bis zum „Barbierladen". Das Dekor ist schlicht und gemütlich und besitzt gerade so viel Fantasie, dass es nicht langweilt. Davon abgesehen ist dies die sauberste, freundlichste und angesehenste Unterkunft vor Ort.

★ Lakeport English Inn B&B $$

(707-263-4317; www.lakeportenglishinn.com; 675 N Main St, Lakeport; Zi. 185–210 US$, Cottages 210 US$; P) Das schönste B&B am Clear Lake ist ein Gebäude von 1875 im ländlich-gotischen Stil mit zehn makellos eingerichteten Zimmern, die an ein englisches Landhaus erinnern und Namen tragen wie „Prince of Wales" oder „Roll in the Hay". Am Wochenende gibt's einen High Tea mit Scones und echter Devonshire Cream (Streichrahm); Nichtgäste mit Reservierung sind ebenfalls willkommen.

★ Boonville Hotel BOUTIQUEHOTEL $$$

(707-895-2210; www.boonvillehotel.com; 14050 Hwy 128, Boonville; DZ 295–365 US$; P) Mit Seegrasteppichen, Pastellfarben und feiner Bettwäsche verströmt das historische Hotel eine zeitgenössische amerikanische Landhaus-Atmosphäre. Die Zimmer und Suiten sind genau das richtige für Städter, die auch auf dem Land nicht auf Stil verzichten wollen. Die Zimmer sind individuell gestaltet und verfügen über nette Extras wie Hängematten und Kamine.

Jyun Kang Vegetarian Restaurant VEGETARISCH $

(707-462-0939; www.cttbusa.org; 4951 Bodhi Way; Hauptgerichte 8–12 US$; Mi–Mo 11.30–15 Uhr;) Vegetarier (und Veganer) sind von den hervorragenden, asiatisch angehauchten Gerichten dieses Mittagsrestaurants auf dem Gelände der **City of Ten Thousand Buddhas** (707-462-0939; www.cttbusa.org; 4951 Bodhi Way; 8–18 Uhr; P) begeistert.

★ Saucy Ukiah PIZZA $$

(707-462-7007; www.saucyukiah.com; 108 W Standley St; Pizzas 14–19 US$, Hauptgerichte 13–19 US$; Mo–Do 11.30–21, Fr bis 22, Sa 12–22 Uhr) Ja, hier gibt's tatsächlich kunstvolle Pizzas mit Belägen wie Bio-Fenchel-Pollen und Mandel-Basilikum-Pesto, aber auch hervorragende Suppen, Salate, Pasta und Vorspeisen – Nanas Fleischbällchen sind wundervoll und die „kicking" Minestrone wird ihrem Namen gerecht. Das Ambiente ist kleinstädtisch: durchaus stilvoll, aber ganz zwanglos.

Anreise & Unterwegs vor Ort

Die **Mendocino Transit Authority** (707-462-1422; www.mendocinotransit.org; 241 Plant Rd) betreibt täglich den Bus 65 zwischen Willits, Ukiah und Santa Rosa mit einer Rückfahrt am Nachmittag (26,25 US$, 3 Std., tgl. 4-mal). Der Bus 75 fährt jeden Werktag von Gualala nach Norden zur Navarro River Junction am Hwy 128 und dann landeinwärts durchs Anderson Valley nach Ukiah; die Rückfahrt ist am Nachmittag (6,75 US$, 2½ Std., tgl.).

Auf dem Highway 101 von Eureka nach Crescent City

Hinter den ausufernden Einkaufszentren am Stadtrand präsentiert sich die Altstadt von Eureka mit hübschen viktorianischen Gebäuden, Antiquitätenläden und Restaurants. An Bord der 1910 gebauten blau-weißen **Madaket** (Madaket Cruises; 707-445-1910; www.humboldtbaymaritimemuseum.com; 1st St; Bootsfahrt mit Kommentar Erw./Kind 22/18 US$; Mitte Mai–Mitte Okt. Mi–Sa 13, 14.30 & 16, So–Di 13 & 14.30 Uhr;) kann man eine Hafenrundfahrt machen – die 75-minütige Tour (Erw. 22 US$) startet am Fuß der C St, bei der Cocktailfahrt zu Sonnenuntergang (10 US$) bekommt man seinen Drink an der kleinsten Bar mit Schanklizenz im ganzen Bundesstaat. Das **Visitor Center** (www.fws.gov/refuge/humboldt_bay/visit/visitorcenter.html; 1020 Ranch Rd, Loleta; 8–17 Uhr) befindet sich am Hwy 101 südlich vom Zentrum.

An der Nordseite der Humboldt Bay liegt **Arcata**, eine nach Patschuli duftende Hippie-Hochburg. Die Trucks fahren mit Biodiesel zum samstäglichen **Bauernmarkt** (www.humfarm.org; April–Nov. 9–14 Uhr, Dez.–März ab 10

Uhr) auf der zentralen Plaza, die von Kunstgalerien, Läden, Cafés und Bars umgeben ist. Wer bei **Finnish Country Sauna & Tubs** (707-822-2228; http://cafemokkaarcata.com; 495 J St; pro 30 Min. Erw./Kind 9,75/2 US$; So–Do 12–23, Fr & Sa bis 1 Uhr;) ein Bad nehmen will, muss vorher reservieren. Nordöstlich der Downtown befindet sich die umweltbewusste, sozial engagierte **Humboldt State University** (HSU; 707-826-3011; www.humboldt.edu; 1 Harpst Dr; P) .

16 Meilen (26 km) nördlich von Arcata thront das Städtchen **Trinidad** auf einer Klippe mit atemberaubend schönem Blick auf den Fischereihafen. Nachdem man den Bewohnern des Gezeitenbeckens im **HSU Telonicher Marine Laboratory** (707-826-3671; www.humboldt.edu/marinelab; 570 Ewing St; 1 US$; Mo–Fr 9–16.30 Uhr ganzjährig, Mitte Sept.–Mitte Mai Sa & So 10–17 Uhr; P) einen Besuch abgestattet hat, kann man an Sandstränden spazieren gehen oder kurze Wanderungen um Trinidad Head unternehmen. Am Patrick's Point Dr nördlich der Stadt gibt's bewaldete Campingplätze, Hütten und Lodges. Der **Patrick's Point State Park** (707-677-3570; www.parks.ca.gov; 4150 Patrick's Point Dr; 8 US$/Auto; Sonnenauf–Sonnenuntergang; P) hat eindrucksvolle felsige Landzungen zu bieten, Strände mit viel Treibgut, den authentischen Nachbau eines Dorfes der Yurok und einen **Campingplatz** (Information 707-677-3570; Reservierungen 800-444-7275; www.reserveamerica.com; 4150 Patrick's Point Dr; Stellplatz für Zelt/Wohnmobil 35/45 US$; P) mit Münz-Warmwasserduschen.

Auf der Fahrt nach Norden führt der Hwy 101 am **Thomas H. Kuchel Visitor Center** (707-465-7765; www.nps.gov/redw; Hwy 101, Orick; Apr.–Okt. 9–17 Uhr, Nov.–März 9–16 Uhr) des Redwood National Parks vorbei. Der Redwood National Park bildet zusammen mit den drei State Parks Prairie Creek, Del Norte und Jedediah Smith eine Weltnaturerbestätte. Sie umfasst mehr als 40 % aller alten, noch existierenden Redwood-Wälder. Der Besuch des Nationalparks ist kostenlos, in den State Parks muss man eine Tagesgsgebühr von 8 US$ zahlen. Dort befinden sich auch erschlossene Campingplätze (S. 370). Das Flickwerk aus National- und State Parks erstreckt sich nordwärts bis zur Grenze von Oregon. Mittendrin liegen vereinzelt ein paar Ortschaften. Im Süden erreicht man zunächst den **Redwood National Park**, in dem sich ein 1,6 km langer Naturlehrpfad durch den Lady Bird Johnson Grove schlängelt.

6 Meilen (10 km) nördlich von Orick führt der 10 Meilen (16 km) lange Newton B. Drury Scenic Parkway parallel zum Hwy 101 durch den **Prairie Creek Redwoods State Park**. Roosevelt-Wapitis grasen auf der Wiese vor dem **Visitor Center** (707-488-2039; www.parks.ca.gov; Newton B Drury Scenic Pkwy; Mai–Sept. 9–17 Uhr, Okt.–Apr. Mi–So 9–16 Uhr;), an dem auch einige Wanderwege beginnen. 3 Meilen (5 km) weiter südlich führt die vorwiegend unbefestigte Davison Rd nach Nordwesten zum Gold Bluffs Beach und endet schließlich am Beginn des Wanderwegs zum üppig bewachsenen **Fern Canyon**.

Nördlich des winzigen Klamath passiert der Hwy 101 die kitschige Attraktion **Trees of Mystery** (707-482-2251; www.treesofmystery.net; 15500 Hwy 101; Museum frei, Gondel Erw./Kind 16/8 US$; Juni–Aug. 8.30–18.30 Uhr, Sept. & Okt. 9–18 Uhr, Nov.–Mai 9.30–16.30 Uhr; P). Als nächstes kommt der Del Norte Coast Redwoods State Park mit unberührten Redwood-Wäldern und Küstenabschnitten. Der **Damnation Creek Trail** (hin & zurück 7 km) führt an Redwood-Bäumen vorbei etwa 300 m hinunter zu einem versteckten, felsigen Strand, den man am besten bei Ebbe besucht. Der Startpunkt liegt an einem Parkplatz am Hwy 101 beim Meilenmarker 16.

Das öde Crescent City mit seinem Fischereihafen liegt an einer halbmondförmigen Bucht. 1964 wurde mehr als die Hälfte der Stadt von einer Flutwelle zerstört und danach mit hässlichen Zweckbauten wieder aufgebaut. Bei Ebbe kann man vom Südende der A St hinüber laufen zum 1856 errichteten **Battery Point Lighthouse** (707-467-3089; www.delnortehistory.org; South A St; Erw./Kind 3/1 US$; April–Sept. Mi–So 10–16 Uhr).

Der **Jedediah Smith Redwoods State Park**, der nördlichste Park dieser Gruppe, liegt nordöstlich von Crescent City. Die Redwood-Riesen stehen hier so dicht, dass nur wenige Wege durch den Park führen. Einige leichte Wanderwege beginnen nahe der Schwimmstellen am Fluss am Hwy 199; auch die Fahrt über die holprige und unbefestigte, 10 Meilen (16 km) lange Panoramastraße Howland Hill Rd lohnt sich. Im **Crescent City Information Center** (707-465-7335; www.nps.gov/redw; 1111 2nd St; April–Okt. 9–17 Uhr, Nov.–März 9–16 Uhr) gibt's Karten und Infos über die Redwood National & State Parks.

Schlafen

Am Hwy 101 wie auch u. a. in Eureka, Arcata und Crescent City steht Travellern eine bunte Mischung aus Budget- und Mittelklassemotels zur Verfügung.

Curly Redwood Lodge MOTEL $
(707-464-2137; www.curlyredwoodlodge.com; 701 Hwy 101 S; Zi. 79–107 US$;) Das Motel ist ein Wunderwerk: Es wurde vollständig aus dem Holz eines einzigen Mammutbaums gezimmert, der einen Durchmesser von mehr als 5,5 m hatte. Das schrittweise restaurierte und aufpolierte Haus pflegt den Kitsch aus der Mitte des vorigen Jahrhunderts. Retro-Fans fühlen sich in dieser Zeitkapsel sicher pudelwohl. Die Zimmer sind sauber, groß und komfortabel – nach einem abseits der Straße fragen!

★ **Historic Requa Inn** HISTORISCHES HOTEL $$
(707-482-1425; www.requainn.com; 451 Requa Rd; Zi. 119–199 US$;) Das gemütlich knarrende, helle, total umweltbewusste Landgasthaus von 1914 mit Blick über die Mündung des Klamath ist eine äußerst beliebte Unterkunft an der North Coast. Viele der bezaubernd altmodischen Zimmer im ländlichen Stil bieten einen traumhaften Blick auf den Fluss, ebenso der Speisesaal, in dem modern-amerikanische Gerichte aus regionalen Biozutaten serviert werden.

Carter House Inns B&B $$$
(707-444-8062; www.carterhouse.com; 301 L St; Zi. 184–384 US$;) Die Zimmer in dem im viktorianischen Stil erbauten Hotel haben alle modernen Annehmlichkeiten und hochwertige Bettwäsche, die Suiten Whirlpools und Marmorkamine. Die Inhaber betreiben vier weitere aufwendig dekorierte Unterkünfte: ein einstöckiges Haus, zwei versteckte Honeymoon Cottages und den Nachbau einer Villa der 1880er-Jahre aus San Francisco, das der Besitzer eigenhändig gebaut hat.

Essen & Ausgehen

In Arcata gibt's die größte Restaurantauswahl – von Biosaftbars über vegane Cafés bis hin zu Bistros mit kalifornischer und internationaler Fusion-Küche.

Wildberries Marketplace MARKT, FEINKOST $
(707-822-0095; www.wildberries.com; 747 13th St, Arcata; Sandwiches 4–10 US$; 7–24 Uhr;) Arcatas bester Lebensmittelmarkt mit Bioprodukten, Feinkosttheke, einer Bäckerei und einer Saftbar.

★ **Cafe Nooner** MEDITERRAN $
(707-443-4663; www.cafenooner.com; 409 Opera Alley; Hauptgerichte 10–14 US$; So–Mi 11–16, Do–Sa bis 20 Uhr;) Das seit eh und je beliebte Restaurant mit rot-weiß gemusterten Tischdecken und gemütlichem Bistro-Ambiente serviert natürliche, mediterran inspirierte Bio-Kost, z. B. Meze griechischer Art, Kebab, Salate und Suppen. Es gibt auch eine Kinderkarte mit gesunden Sachen.

★ **Brick & Fire** KALIFORNISCH $$
(707-268-8959; www.brickandfirebistro.com; 1630 F St, Eureka; Hauptgerichte abends 14–23 US$; Mo & Mi–Fr 11.30–21, Sa & So 17–21 Uhr;) Eurekas bestes Restaurant ist ein trauliches, in warmen Farben gehaltenes, unkonventionelles Lokal, in dem fast immer viel los ist. Auf der Speisekarte stehen knusprig dünne Pizzas, knackige Salate (den mit Birnen und Blauschimmelkäse probieren!) und eine ständig wechselnde Auswahl von Vorspeisen und Hauptgerichten. Es kommen Zutaten aus der Region und Wildpilze zum Einsatz. Aus der umfangreichen Weinkarte sucht die geschulte Bedienung auf Wunsch den zum Essen passenden Wein aus.

★ **Six Rivers Brewery** KLEINBRAUEREI
(707-839-7580; www.sixriversbrewery.com; 1300 Central Ave, McKinleyville; So & Di–Do 11.30–23.30, Fr & Sa bis 0.30, Mo ab 16 Uhr) Die „Brauerei mit Aussicht" war eine der ersten, von Frauen betriebenen Brauereien Kaliforniens und überzeugt mit tollem Bier, wundervoll geselliger Stimmung, gelegentlicher Livemusik und leckeren Chicken Wings. Das würzige Chili-Ale ist überraschend. Auf den ersten Blick lässt die Karte auf durchschnittliche Kneipenkost schließen, aber die Gerichte sind frisch und die Portionen groß. Die Pizza ist ebenfalls prima.

An- & Weiterreise

Vom **Greyhound-Depot** (800-231-2222; www.greyhound.com;) in Arcata fahren täglich Busse nach San Francisco (57 US$, 7 Std.) via Eureka, Garberville, Ukiah und Santa Rosa. Die mehrmals täglich fahrenden Busse von **Redwood Transit System** (707-443-0826; www.redwoodtransit.org) der Hwy 101-Route (Trinidad–Scotia) (3 US$, 2½ Std.) halten in Eureka und Arcata.

Sacramento

Sacramento ist ein Ort der Gegensätze. In der früher landwirtschaftlich geprägten Stadt stehen die SUVs der Politiker zur Rushhour Stoßstang an Stoßstange mit den staubigen Pickups der Farmer. Die kalifornische Hauptstadt hat ausufernde Vorstädte, aber auch neue Lofts und edle Boutiquen, die sich zwischen ältliche Ladenfronten aus der Mitte des letzten Jahrhunderts drängen.

Die Bewohner von „Sac" sind erfinderisch und haben eine kleine, aber blühende gastronomische, Kunst- und Bar-Szene aufgebaut. Zu Recht rühmen sie den **Second Saturday**, den einmal im Monat stattfindenden Galeriebummel in Midtown, der zu einem Symbol für die kulturelle Erneuerung der Stadt geworden ist. Und auch auf die vielen Bauernmärkte, Restaurants mit farmfrischen Gerichten und Craft-Biere ist man stolz.

Sehenswertes

★ Golden 1 Center ARENA

(☎916-701-5400; www.golden1center.com; 500 David J Stern Walk;) Willkommen in der Arena der Zukunft. Das glänzende Heim der Sacramento Kings ist eine der fortschrittlichsten Sportstätten im Land. Das Stadion wurde nach strengsten Nachhaltigkeits-Normen aus lokalen Materialien erbaut, wird mit Solarstrom versorgt und mittels fünf Stockwerke hoher Flugzeughangar-Tore gekühlt – die Tore werden geöffnet und lassen die Delta-Brise hinein.

★ California Museum MUSEUM

(☎916-653-0650; www.californiamuseum.org; 1020 O St; Erw./Kind 9/6,50 US$; ⊙Di–Sa 10–17, So 12–17 Uhr;) In dem modernen Museum befindet sich die California Hall of Fame – wohl der einzige Ort, an dem man gleichzeitig César Chávez, Mark Zuckerberg und Amelia Earhart treffen kann. Die Ausstellung *California Indians* mit Artefakten und mündlich überlieferten Geschichten von mehr als zehn Stämmen ist ein wahres Highlight.

Crocker Art Museum MUSEUM

(☎916-808-7000; https://crockerartmuseum.org; 216 O St; Erw./Kind 10/5 US$; ⊙Di, Mi & Fr–So 10–17, Do bis 21 Uhr) Das Museum residiert in der prunkvollen viktorianischen Villa eines Eisenbahnkönigs und hat eine ausgezeichnete Sammlung mit Werken kalifornischer und europäischer Meister sowie zeitgenössische Werke, die engagiert präsentiert werden.

★ California State Capitol HISTORISCHES GEBÄUDE

(☎916-324-0333; http://capitolmuseum.ca.gov; 1315 10th St; ⊙Mo–Fr 8–17, Sa & So 9–17 Uhr;) GRATIS Wenn man die glänzende Kuppel des California State Capitol sieht, weiß man, dass man in Sacramento ist. Im West Wing hängt ein Gemälde von Arnold Schwarzenegger im Anzug neben den Porträts der anderen Gouverneure. Der 16 ha große Capitol Park mit seinen Gärten und Gedenkstätten ist vielleicht noch interessanter als das Gebäude selbst. Bis 16 Uhr finden stündlich Führungen statt.

Schlafen

Da die Hotels auf Geschäftsreisende eingestellt sind, gibt es an den Wochenenden Rabatte. An den Freeways und in den Vorstädten rund ums Zentrum befinden sich viele Kettenhotels der Budget- und Mittelklasse.

HI Sacramento Hostel HOSTEL $

(☎916-443-1691; http://norcalhostels.org/sac; 925 H St; B 30–33 US$, Zi. ab 86 US$, ohne eigenes Bad ab 58 US$; ⊙Rezeption 14–22.30 Uhr; P ❄ @) Das in einem prächtigen viktorianischen Herrenhaus untergebrachte Hostel bietet ein beeindruckendes Ambiente zu supergünstigen Preisen. Von hier sind das Capitol, Old Sac und der Bahnhof gut zu Fuß zu erreichen, es gibt einen Salon mit Klavier und einen großen Speisesaal. Da das Hostel ein internationales Publikum anlockt, wird man auf der Suche nach einer Mitfahrgelegenheit nach San Francisco oder zum Lake Tahoe bestimmt fündig.

★ Citizen Hotel BOUTIQUEHOTEL $$

(☎877-829-2429, 916-442-2700; www.thecitizenhotel.com; 926 J St; Zi. ab 180 US$; P ❄ @) Durch eine elegante, ultrahippe Renovierung ist der lange leer stehende Beaux-Arts-Turm von 1927 zur coolsten Unterkunft in Downtown geworden. Die Details sind beeindruckend: Luxus-Bettwäsche, gestreifte Tapeten und eine Dachterrasse mit tollem Blick auf die Stadt. Im Erdgeschoss befindet sich ein gehobenes **Restaurant** (☎916-492-4450; www.grangesacramento.com; 926 J St; Hauptgerichte 19–39 US$; ⊙Mo–Do 6.30–10.30, 11.30–14 & 17.30–22, Fr bis 23, Sa 8–14 & 17.30–23, So bis 22 Uhr;), das farmfrische Gerichte serviert.

Greens Hotel BOUTIQUEHOTEL $$

(www.thegreenshotel.com; 1700 Del Paso Blvd.; Zi. ab 127 US$; P ❄ @) Das stilvoll modernisierte Motel gehört zu den angesagtesten Unterkünften in Sacramento. Die Nachbarschaft ist zwar ein wenig ungeschliffen, aber dank sicheren Parkplätzen, einem Pool und geräumigen Anlagen ist das Haus ein idealer Stopp für Familien auf dem Weg vom oder zum Lake Tahoe. Die schicken Zimmer haben auch genug Klasse für ein romantisches Wochenende.

Essen & Ausgehen

Die überteuerten Restaurants in Old Sacramento und beim Kapitol sollte man links liegen lassen und sich stattdessen in Midtown oder im Tower District umschauen.

La Bonne Soupe Cafe FEINKOST **$**
(☎916-492-9506; 920 8th St; kleine Gerichte 5–8 US$; ⏰Mo–Sa 11–15 Uhr) Die göttlichen Suppen und Sandwiches werden mit so viel Liebe zubereitet, dass die Warteschlange mittags bis vor die Tür reicht. Wer es sehr eilig hat, ist hier fehl am Platz: In dem bescheidenen Lunch-Imbiss wird Wert auf Qualität gelegt, nicht auf Schnelligkeit.

★ **Empress Tavern** MODERN-AMERIKANISCH **$$$**
(☎916-662-7694; www.empresstavern.com; 1013 K St; Hauptgerichte 13–40 US$; ⏰Mo–Do 11.30–21, Fr bis 22, Sa 17–22 Uhr) Das herrliche Restaurant in den Katakomben unter dem historischen Crest Theater serviert kreative Gerichte, bei denen Fleisch im Vordergrund steht. Der Raum selber ist eindrucksvoll: Mit Backsteingewölbe und glitzernder Bar wirkt er wie eine edle Flüsterkneipe aus vergangenen Zeiten.

★ **Fieldwork Brewing Company** BRAUEREI
(☎916-329-8367; www.fieldworkbrewing.com; 1805 Capitol Ave; ⏰So–Do 11–21, Fr & Sa bis 23 Uhr) Der muntere und äußerst hippe Brauerei-Pub hat mehr als ein Dutzend ausgezeichnete, frische Fassbiere. Verspielte, hopfenbetonte IPA-Variationen sind die Spezialität (z. B. das Hammer Pants IPA mit Pfirsichnote), es gibt aber auch leichtere, Saisonbiere wie das Salted Watermelon Gose. Dank der Brettspiele kann man bei drückend heißem Wetter hier gut Zeit verbringen.

Anreise & Unterwegs vor Ort

Der Sacramento International Airport gehört zu den nächstgelegenen Optionen für die Anreise zum Yosemite National Park.

Die Regionalroute 42B von **Yolobus** (☎530-666-2877; www.yolobus.com) pendelt stündlich zwischen Flughafen und Downtown (2 US$); der Bus fährt auch nach West Sacramento, Woodland und Davis. **Sacramento Regional Transit** (RT; ☎916-321-2877; www.sacrt.com; einfache Strecke 2,75 US$) betreibt die Stadtbusse, einen Trolley zwischen Old Sacramento und der Downtown sowie Sacramentos Stadtbahnnetz.

Sacramento eignet sich prima zum Radfahren; Fahrräder verleiht **City Bicycle Works** (www.citybicycleworks.com; 2419 K St; pro Std./Tag ab 5/20 US$; ⏰Mo–Fr 10–19, Sa bis 18, So 11–17 Uhr).

Gold Country

Die Bergleute von 1849 sind längst verschwunden, aber bei einer Fahrt auf dem Hwy 49 durch verschlafene Hügelortschaften, vorbei an aus Schindeln gezimmerten Saloons und von Eichen gesäumten Nebenstraßen, wird man in die wilde Zeit zurückversetzt, in der das moderne Kalifornien geboren wurde. Zahlreiche Hinweisschilder erzählen Geschichten von Gewalttaten und Banditenwesen rund um den Goldrausch.

Hwy 50 trennt die Northern von den Southern Mines. Bindeglied ist der kurvenreiche Hwy 49 mit vielen Aussichtspunkten auf die berühmten Hügel. Anregungen für Touren gibt's bei der **Gold Country Visitors Association** (www.calgold.org).

Anreise & Unterwegs vor Ort

Man kann die Region mit einem Zug der Transkontinentallinie erreichen, die Sacramento mit Truckee/Reno verbindet und einen Haltepunkt in Auburn hat. Auburn ist das wichtigste Sprungbrett in die Region und liegt nur eine kurze Fahrt auf der I-80 von Sacramento entfernt. In Auburn gelangt man auf den Hwy 49, die klassische Route durchs Gold Country.

Northern Mines

Nevada City, die „Königin der Northern Mines", hat schmale Straßen mit liebevoll restaurierten Gebäuden, winzigen Theatern, Kunstgalerien, Cafés und Geschäften. Im **Visitor Center** (☎530-265-2692; www.nevadacitychamber.com; 132 Main St; ⏰Mo–Fr 9–17, Sa 11–16, So 11–15 Uhr) sind Infos und Karten für Spaziergänge auf eigene Faust erhältlich. In den **Tahoe National Forest Headquarters** (☎530-265-4531; www.fs.usda.gov/tahoe; 631 Coyote St; ⏰Mo–Fr 8–16.30 Uhr) am Hwy 49 bekommt man Infos zu Campingplätzen, Wanderwegen und Wildnisgenehmigungen.

Etwas mehr als 1 Meile (1,6 km) östlich von **Grass Valley** und dem Hwy 49 bezeichnet der **Empire Mine State Historic Park** (☎530-273-8522; www.empiremine.org; 10791 Empire St; Erw./Kind 7/3 US$; ⏰10–17 Uhr; P 👪) die Stelle einer der ergiebigsten Goldminen Kaliforniens. Zwischen 1850 und 1956 wurden hier ca. 170 t Gold mit einem heutigen Marktwert von 6 Mrd. US$ gefördert.

Eine der besten Badestellen für einen Sprung ins kühle Nass bei sommerlicher Hitze liegt in der **Auburn State Recreation Area** (☎530-885-4527; www.parks.ca.gov; 10 US$/Auto; ⏰7 Uhr–Sonnenuntergang). Das

Erholungsgebiet liegt gleich östlich von Auburn, einem Boxenstopp an der I-80 rund 25 Meilen (40,2 km) südlich von Grass Valley.

In **Coloma** begann der kalifornische Goldrausch. Der am Fluss gelegene **Marshall Gold Discovery State Historic Park** (☎530-622-3470; www.parks.ca.gov; Hwy 49, Coloma; 8 US$/Auto; ⏲Ende Mai–Anf. Sept. 8–20 Uhr, Anf. Sept.–Ende Mai bis 17 Uhr; P) ist eine Hommage an James Marshalls folgenschwere Entdeckung. Hier kann man Gold waschen und sich restaurierte Gebäude anschauen.

Schlafen & Essen

Nevada City hat die größte Auswahl von Restaurants und historischen B&Bs. Motels säumen den Hwy 49 in Grass Valley und die I-80 in Auburn.

★ Outside Inn INN, COTTAGE $$
(☎530-265-2233; http://outsideinn.com; 575 E Broad St; DZ 79–210 US$; P) Der ungewöhnlich freundliche und lustige Gasthof mit zwölf Zimmern, drei Cottages und Outdoor-begeistertem Personal ist die beste Option für aktive Entdecker. Einige Zimmer haben einen Patio mit Blick auf einen kleinen Bach; alle verfügen über hübsche Steppdecken und Zugang zu einem Grillplatz. Ins Zentrum sind es zehn Minuten zu Fuß.

★ Broad Street Inn INN $$
(☎530-265-2239; www.broadstreetinn.com; 517 W Broad St; Zi. 119–134 US$;) Das Gästehaus im Zentrum des Städtchens ist wegen seiner Schlichtheit (keine komischen alten Puppen, keine vergilbten Spitzendeckchen) besonders beliebt. Die sechs modernen, hell und ruhig möblierten und eleganten Zimmer haben ein gutes Preis-Leistungs-Verhältnis. Kein Frühstück.

★ Argonaut Farm to Fork Cafe AMERIKANISCH $
(☎530-626-7345; www.argonautcafe.com; 331 Hwy 49, Coloma; Gerichte 3–10 US$; ⏲8–16 Uhr;) Wirklich leckere Suppen, Sandwiches, Backwaren und Kaffee von bekannten Lieferanten aus der Gegend und Sacramento werden in diesem kleinen Holzhaus im Marshall Gold Discovery State Historic Park angeboten. Wenn viele Schulkinder nach Eis anstehen, wird man einige Zeit warten müssen.

★ New Moon Cafe KALIFORNISCH $$$
(☎530-265-6399; www.thenewmooncafe.com; 203 York St; Hauptgerichte abends 23–38 US$; ⏲Di–Fr 11.30–14, Di–So 17–20.30 Uhr) Peter Selayas elegantes Restaurant setzt auf saisonale Gerichte aus regionalen Bio-Zutaten. Im Frühjahr oder Sommer entscheidet man sich am besten für den fangfrischen Fisch oder die hausgemachten mondförmigen Ravioli. Die Weinkarte ist ausgezeichnet.

Southern Mines

In den Orten der Southern Mines zwischen Placerville und Sonora herrscht nur wenig Verkehr und die staubigen Straßen riechen noch immer nach Wildem Westen – auch dank der hier ansässigen kunterbunten Mischung aus Harleyfahrern und Goldsuchern (kein Witz). Einige der Orte wie **Plymouth** (Ol' Pokerville), **Volcano** und **Mokelumne Hill** sind echte Geisterstädte, die langsam in fotogene Zeugen der Vergangenheit zerfallen. Andere Orte wie **Sutter Creek**, **Murphys** und **Angels Camp** wurden als Vorzeigemodelle des viktorianischen Amerika herausgeputzt. Hier kann man sich wunderbar abseits der ausgetretenen Pfade bewegen und Weingüter in Familienhand sowie Höhlen entdecken, deren geologische Wunder für die darüber liegenden Souvenirläden entschädigen.

Ein kurzer Abstecher vom Hwy 49 führt zum **Columbia State Historic Park** (☎209-588-9128; www.parks.ca.gov; Main St; ⏲meisten Geschäfte 10–17 Uhr; P) GRATIS. In den Blocks mit authentischen Gebäuden aus den 1850er-Jahren trifft man kostümierte Ladenbesitzer und Straßenmusikanten. In der Nähe von Sonora befindet sich der **Railtown 1897 State Historic Park** (☎209-984-3953; www.railtown1897.org; 10501 Reservoir Rd, Jamestown; Erw./Kind 5/3 US$, inkl. Zugfahrt 15/10 US$; ⏲April–Okt. 9.30–16.30 Uhr, Nov.–März 10–15 Uhr, Zugfahrten April–Okt. Sa & So 10.30–15 Uhr; P); hier werden Zugfahrten durch die umliegenden Hügel angeboten, in denen Hollywood-Western wie *Zwölf Uhr mittags* gedreht wurden.

Schlafen & Essen

Ältlich-plüschige B&Bs, Cafés und Eisdielen gibt es in fast jedem Ort. Die meisten Motels finden sich in Sonora, das nur etwa eine Autostunde vom Yosemite National Park entfernt ist, und in Placerville.

★ Imperial Hotel B&B $$
(☎209-267-9172; www.imperialamador.com; 14202 Hwy 49, Amador City; Zi. 110–155 US$, Suite 125–195 US$;) 1879 erbaut, gehört das Hotel

zu den am innovativsten renovierten in einer Gegend, in der mit Antiquitäten überladene Häuser die Regel sind. Schicke Art-déco-Details bringen den warmen, roten Backstein zur Geltung, es gibt eine vornehme Bar und ein sehr gutes, saisonal ausgerichtetes Restaurant (Hauptgerichte abends 14–30 US$). An Wochenenden und Feiertagen muss man oft mindestens zwei Nächte buchen.

Union Inn HISTORISCHES HOTEL **$$**
(209-296-7711; www.volcanounion.com; 21375 Consolation St; Zi. 130–150 US$; P) Das komfortablere der beiden historischen Hotels in Volcano bietet vier liebevoll modernisierte Zimmer mit schiefen Böden, zwei davon haben Balkone, die auf die Straße blicken. Die Flachbildfernseher und modernen Details wirken in dem alten Gebäude vielleicht etwas unpassend, aber man wohnt gemütlich. Der **Union Pub** (209-296-7711; www.volcanounion.com; 21375 Consolation St; Hauptgerichte 10–30 US$; Mo & Do 17–20, Fr bis 21, Sa 12–21, So 12–20 Uhr) im Haus hat das beste Essen vor Ort und einen hübschen Hofgarten.

City Hotel HISTORISCHES HOTEL **$$**
(Informationen 209-532-1479, Reservierung 800-444-7275; www.reserveamerica.com; 22768 Main St; Zi. 85–115 US$; P) Von den restaurierten viktorianischen Hotels in der Gegend ist das City Hotel am elegantesten; die Zimmer blicken auf einen schattigen Abschnitt der Main St von Columbia. Neben dem Restaurant Christopher's at the City Hotel (Hauptgerichte 10–30 US$) liegt der What Cheer Saloon, eine stimmungsvolle Gold-Country-Kneipe mit lüsternen Aktgemälden und Streifentapeten.

Farm Table Restaurant MEDITERRAN **$$**
(530-295-8140; https://ourfarmtable.com; 311 Main St; Sandwichs ab 8 US$, Hauptgerichte ab 14 US$; Mo 11–17, Mi 11–20, Do–Sa 11–21, So 9–17 Uhr;) Das nette Deli-Restaurant serviert gut zubereitete farmfrische Kost mit mediterranem Touch sowie heimische Gerichte wie Kaninchen-Pastete. Die Spezialität sind Wurstwaren und Eingemachtes, es stehen aber viele glutenfreie und vegetarische Angebote auf der Karte.

Kaliforniens Northern Mountains

Die entlegenen, einsamen und unglaublich schönen Northern Mountains gehören zu den am wenigsten besuchten Ecken Kaliforniens. Wer sie besucht, darf sich auf Wildnis und eine endlose Parade von Landschaftswundern, klaren Seen, rauschenden Flüssen und Wüsten freuen. Die höchsten Gipfel – Lassen, Shasta und die Trinity Alps – haben in geologischer Hinsicht nur wenig gemeinsam, aber überall kann man unter funkelnden Sternen wild zelten.

Von Redding zum Mt. Shasta

Nördlich von Redding schauen Autofahrer die meiste Zeit auf den Mt. Shasta, einen 4322 m hohen, schneebedeckten Goliath am Südende der vulkanischen Cascades Range. Der Anblick des dramatisch in den Himmel ragenden Berges lässt das Herz eines jeden Bergsteigers höher schlagen.

Den Touristenbroschüren sollte man keinen Glauben schenken: Redding, der größte Ort der Region, ist ziemlich langweilig. Der beste Grund für einen Abstecher von der I-5 ist die **Sundial Bridge**, eine grandiose Fußgängerbrücke mit Glasboden, die von dem neofuturistischen spanischen Architekten Santiago Calatrava entworfen wurde. Sie führt über den Sacramento River zum **Turtle Bay Exploration Park** (800-887-8532; www.turtlebay.org; 844 Sundial Bridge Dr; Erw./Kind 16/12 US$, nach 15.30 Uhr 11/7 US$; Mo–Sa 9–17, So 10–17 Uhr, schließt Anfang Nov.–Mitte März eine Stunde früher;), einem kinderfreundlichen Wissenschafts- und Naturzentrum mit botanischem Garten. 6 Meilen (10 km) westlich von Redding kann man am Hwy 299 im **Shasta State Historic Park** (520-243-8194; www.parks.ca.gov; 15312 CA 299; Museum Erw./Kind 3/2 US$; Di–So 10–17 Uhr) eine echte Stadt aus der Goldrausch-Ära erkunden. 2 Meilen (3,2 km) weiter westlich befindet sich die **Whiskeytown National Recreation Area** (530-246-1225; www.nps.gov/whis; Hwy 299 am JFK Memorial Dr, Whiskeytown; 10–16 Uhr) mit dem **Whiskeytown Lake**, an dem es Sandstrände, Wanderwege zu Wasserfällen, Wassersportmöglichkeiten und Campingplätze gibt. Im verschlafenen **Weaverville**, 35 Meilen (56 km) weiter westlich, bewahrt der **Joss House State Historic Park** (530-623-5284; www.parks.ca.gov; 630 Main St; Führung Erw./Kind 4/2 US$; Führungen Do–So stündl. 10–16 Uhr; P) einen 1874 erbauten, kunstvoll verzierten Tempel chinesischer Einwanderer.

Nördlich von Redding überquert die I-5 den tiefblauen **Shasta Lake**, Kaliforniens größten Stausee, der durch den riesigen **Shasta Dam** (530-275-4463; www.usbr.gov/mp/ncao/shasta-dam.html; 16349 Shasta Dam

Blvd; ⌚Visitor Center 8–17 Uhr, Führungen 9, 11, 13 & 15 Uhr; P 👪) GRATIS entstanden und von Hausboothäfen und Wohnmobilparks gesäumt ist. Hoch oben in den Kalksteinmegalithen am Nordufer des Sees befinden sich die prähistorischen **Lake Shasta Caverns** (☎530-238-2341, 800-795-2283; www.lakeshastacaverns.com; 20359 Shasta Caverns Rd, Lakehead; 2-stündige Führung Erw./Kind 3–15 Jahre 26/15 US$; ⌚Führungen Mai–Anfang Sept. 9–16 Uhr alle 30 Min., April–Ende Mai & Anfang–Ende Sept. 9–15 Uhr stündl., Okt.–März 10, 12 & 14 Uhr; P 👪). Teil der Höhlenführungen ist auch eine Fahrt in einem Katamaran.

Weitere 35 Meilen (56 km) nördlich liegt an der I-5 **Dunsmuir**, eine winzige historische Eisenbahnsiedlung mit malerischem Zentrum und dynamischen Galerien. 6 Meilen (10 km) südlich von der I-5 bietet der **Castle Crags State Park** (☎530-235-2684; www.parks.ca.gov; 8 US$/Auto; ⌚Sonnenaufgang–Sonnenuntergang) **Stellplätze** im Wald (☎Reservierungen 800-444-7275; www.reserveamerica.com; Stellplatz für Zelt & Wohnmobil 15–30 US$). Vom höchsten Punkt des 9 km langen Rundwanderwegs **Crags Trail** hat man eine atemberaubende Sicht auf den Mt. Shasta.

9 Meilen (14,5 km) nördlich von Dunsmuir lockt **Mt. Shasta City** Kletterer, Neu-Hippies und Naturfreaks an, die die Schönheit des majestätisch aufragenden Berges bewundern. Der **Everitt Memorial Hwy** oberhalb von Bunny Flat ist normalerweise von Juni bis Oktober schneefrei und geöffnet und führt hinauf auf fast 2500 m. Von dort oben kann man wunderbar den Sonnenuntergang genießen. Vom Ort aus fährt man einfach auf der Lake St gen Osten. Wer ein erfahrener Bergsteiger ist und bis in Höhen von über 3000 m steigen will, benötigt einen Summit Pass (25 US$), der in der **Mt. Shasta Ranger Station** (☎530-926-4511; www.fs.usda.gov/stnf; 204 W Alma St; ⌚Mo–Fr 8–16.30 Uhr) erhältlich ist. Dort gibt es auch Wetterberichte und topografische Karten. Ausrüstung vermietet der Outdoor-Laden **Fifth Season** (☎530-926-3606; http://thefifthseason.com; 300 N Mt. Shasta Blvd; ⌚Mo–Fr 9–18, Sa 8–18, So 10–17 Uhr) im Ortszentrum. **Shasta Mountain Guides** (☎530-926-3117; http://shastaguides.com; 2-tägige Klettertouren ab 625 US$/Person) veranstaltet mehrtägige Bergwanderungen (ab 550 US$).

Schlafen

Motels gibt's überall, so auch in Mt. Shasta City. Die meisten Kettenunterkünfte befinden sich in Redding in der Nähe der großen Highways. Campingplätze gibt's en masse, vor allem auf öffentlichem Land.

★ **Shasta MountInn** B&B $$
(☎530-926-1810; www.shastamountinn.com; 203 Birch St; Zi. 150–175 US$; P ⊖ 📶) Das helle viktorianische Farmhaus von 1904 wirkt nur von außen alt, innen ist es locker minimalistisch, in kräftigen Farben und mit eleganter Dekoration gestaltet. Die luftigen Zimmer haben traumhafte Betten und bieten einen wunderbaren Blick auf den leuchtenden Berg. Gäste können sich in dem großen Garten, auf der Rundum-Terrasse und in der Sauna sowie im Whirlpool im Freien erholen. Wem das zum Relaxen nicht reicht, der macht es sich auf der perfekt platzierten Hollywood-Schaukel bequem.

★ **McCloud River Mercantile Hotel** INN $$
(☎530-964-2330; www.mccloudmercantile.com; 241 Main St; Zi. 129–250 US$; P ⊖ 📶) Wer die Treppe zum 2. Stock des Hotels im Zentrum von McCloud emporsteigt, wird sich angesichts der hohen Decken, der unverputzten Backsteinwände und der perfekten Kombination aus Alt und Neu gleich in das Haus verlieben. Die mit Antiquitäten eingerichteten Zimmer haben einen offenen Grundriss und sind mit frischen Blumen geschmückt. Nach dem Bad in der Wanne mit Klauenfüßen sinkt man in sein Federbett.

Railroad Park Resort INN, CAMPING $$
(☎530-235-4440; www.rrpark.com; 100 Railroad Park Rd; Stellplatz Zelt/Wohnmobil ab 29/37 US$, DZ 135–165 US$; ❄ 📶 🏊 🐾) 2 Meilen (3,2 km) südlich der Stadt, nahe der I-5, können Besucher in umgerüsteten alten Eisenbahnwaggons und Güterwagen übernachten. Kids werden von dem Gelände begeistert sein, denn sie können zwischen Lokomotiven herumrennen und in den zentral gelegenen Pool springen. Die Luxusgüterwagen, die Boxcars, sind mit Antiquitäten und freistehenden Badewannen mit Krallenfüßen ausgestattet.

Essen & Ausgehen

★ **Dunsmuir Brewery Works** KNEIPENKOST $
(☎530-235-1900; www.dunsmuirbreweryworks.com; 5701 Dunsmuir Ave; Hauptgerichte 9–13 US$; ⌚Mai–Sept. 11–22 Uhr, Okt.–April Di–So bis 21 Uhr; 📶) Die kleine Kneipe einer Kleinbrauerei lässt sich kaum beschreiben, ohne ins Schwärmen zu geraten. Das beginnt schon beim Bier: Die frischen Ales und Porter sind

wunderbar ausgewogen, und auch das IPA muss ziemlich gut sein, da die Stammgäste es ohne Unterlass bestellen. Dazu gibt's wunderbare Kneipenkost: warmer Kartoffelsalat, Bratwurst oder ein mächtiger Burger (mit Fleisch vom Angus-Rind oder vegetarisch mit Nüssen).

Berryvale Grocery MARKT, CAFÉ $
(☎530-926-1576; www.berryvale.com; 305 S Mt. Shasta Blvd; Cafégerichte ab 5 US$; ⏲Laden 8–20 Uhr, Café bis 19 Uhr;) Der Markt verkauft Lebensmittel und Bioprodukte für Gesundheitsbewusste. Das ausgezeichnete Café serviert guten Kaffee, frische Säfte und schmackhafte, überwiegend vegetarische, Salate, Sandwiches und Wraps.

★ Café Maddalena EUROPÄISCH, NORDAFRIKANISCH $$
(☎530-235-2725; www.cafemaddalena.com; 5801 Sacramento Ave; Hauptgerichte 15–26 US$; ⏲Feb.–Dez. Do–So 17–21 Uhr) Das schlichte, elegante Café hat Dunsmuir einen Platz auf der kulinarischen Landkarte verschafft. Die saisonal wechselnde Karte stammt aus der Hand von Chefkoch Brett LaMott (bekannt aus dem Trinity Cafe) und präsentiert Gerichte aus Südeuropa und Nordafrika. Zu den Highlights gehören in der Pfanne gebratener Königslachs mit Basilikum-Sahnesauce, Suppe aus Wildpilzen und sautiertes Kaninchen mit Karotten und Morchelsauce.

Seven Suns Coffee & Cafe CAFÉ
(1011 S Mt. Shasta Blvd; ⏲5.30–19 Uhr;) In dem gemütlichen, stets gut besuchten kleinen Treff gibt's vor Ort gerösteten Bio-Kaffee und kleine Gerichte (rund 10 US$). An einigen Abenden ist Livemusik ganz ohne Verstärker zu hören.

ℹ Anreise & Unterwegs vor Ort

Die Busse von Greyhound (www.greyhound.com), die nach Norden und Süden auf der I-5 unterwegs sind, halten im Depot (628 S Weed Blvd) in Weed, 8 Meilen (12,9 km) nördlich der Stadt Mt. Shasta an der I-5. Busse fahren u. a. nach Redding (15 US$, 80 Min., 3-mal tgl.), Sacramento (40 US$, 5½ Std., 3-mal tgl.) und San Francisco (50 US$, 10½ Std., 2- oder 3-mal tgl.).

Die regionale I-5-Route von **STAGE Bus** (☎530-842-8295; www.co.siskiyou.ca.us; 914 Pine St; einfache Strecke 2,50–8 US$, je nach Entfernung) bedient werktags mehrmals Mt. Shasta City, McCloud, Dunsmuir, Weed und Yreka. Zu weiteren Bussen kann man in Yreka umsteigen.

Northeast Corner

Das **Lava Beds National Monument** (☎530-667-8113; www.nps.gov/labe; 1 Indian Well HQ, Tulelake; 7-Tagekarte 15 US$/Auto;) war die Stätte der letzten großen Indianerkriege in Kalifornien und von vulkanischen Zerstörungen, die sich über ca. 500 000 Jahre hinzogen. Heute ist es ein stiller Zeuge für jahrhundertelange Unruhen. Dieser Park hat wirklich alles zu bieten: Lavaströme, Asche- und Schlackenkegel, Vulkankrater und erstaunliche Lavaröhren. Hier, wo einst der Modoc-Krieg tobte, kann man heute in den Fels geritzte Zeichnungen und an Höhlenwände gemalte Piktogramme der amerikanischen Ureinwohner bewundern. Infos und Karten sind im **Visitor Center** (☎530-667-8113; www.nps.gov/labe; Tulelake; ⏲Ende Mai–Anfang Sept. 8–18 Uhr, Mitte Sept.–Mitte Mai 8–17 Uhr) erhältlich, in dem man sich auch das für die Erforschung der Höhlen erforderliche Equipment kaufen kann (Taschenlampen werden gestellt). In der Nähe befindet sich ein einfacher **Campingplatz** (www.nps.gov/labe/planyourvisit/campgrounds.htm; Stellplatz Zelt & Wohnmobil 10 US$;), wo es Trinkwasser gibt.

In dem staubigen Ort **Tulelake**, 20 Meilen (32 km) nordöstlich des Parks am Hwy 139, gibt's einfache Motels, ein paar Diner und eine Tankstelle. Der aus sechs separaten Schutzgebieten in Kalifornien und Oregon bestehende **Klamath Basin National Wildlife Refuge Complex** ist eine wichtige Zwischenstation für Zugvögel auf der Pazifikroute und ein bedeutendes Winterquartier für Weißkopfseeadler. Frühjahr und Herbst sind die Höhepunkte der Zugvogelzeit, dann sind über 1 Mio. Vögel am Himmel zu sehen. Das **Visitor Center** (☎530-667-2231; www.klamathbasinrefuges.fws.gov; 4009 Hill Rd, Tulelake; ⏲Mo–Fr 8–16.30, Sa & So 9–16 Uhr) befindet sich am Hwy 161 etwa 4 Meilen (6,5 km) südlich der Grenze zu Oregon. Die 10 Meilen (16 km) langen Autotouren durch die Schutzgebiete Lower Klamath und Tule Lake bieten ausgezeichnete Möglichkeiten, Vögel zu beobachten. Im Schutzgebiet Upper Klamath gibt's eine 15 km lange Kanustrecke, die am **Rocky Point Resort** (☎541-356-2287; 28121 Rocky Point Rd, Klamath Falls, OR; Kanu & Kajak pro Stunde/½ Tag/ganzer Tag 20/45/60 US$; ⏲Apr.–Okt.;) beginnt. Benzin, Essen und Unterkünfte sind in Klamath Falls, OR, am Hwy 97 vorhanden.

Im eindrucksvollen **Lassen Volcanic National Park** (☎530-595-4480; www.nps.gov/

lavo; 38050 Hwy 36 E, Mineral; 7-Tagekarte/Auto Mitte Apr.–Nov. 20 US$, Dez.–Mitte Apr. 10 US$; P) lassen sich hydrothermale Schwefelteiche, brodelnde Schlammtöpfe und dampfende Becken betrachten, was wunderbar vom **Bumpass Hell** Boardwalk aus geht. Wer will, kann den **Lassen Peak** (3187 m), den weltweit größten Lavadom, in Angriff nehmen. Es ist ein anstrengender, aber nicht allzu schwieriger Rundwanderweg von 8 km. Der Park hat zwei Zugänge: Der eine befindet sich eine Autostunde östlich am Hwy 44 in der Nähe des beliebten **Manzanita Lake Campground** (Reservierungen 877-444-6777; www.recreation.gov; Stellplatz Zelt & Wohnmobil 15–24 US$;), der zweite liegt eine 40-minütige Autofahrt nordwestlich des Lake Almanor am Hwy 89 beim **Kom Yah-mah-nee Visitor Facility** (530-595-4480; www.nps.gov/lavo; 9–17 Uhr, Nov.–März Mo & Di geschl.;) . Der durch den Park führende Hwy 89 ist meistens schneefrei und von Juni bis Oktober für Autos geöffnet.

SIERRA NEVADA

Die mächtige Sierra Nevada, die der Schriftsteller und Naturforscher John Muir als „Range of Light" (Gebirge des Lichts) bezeichnete, bildet das Rückgrat Kaliforniens. Die 644 km lange Phalanx aus zerklüfteten, von Gletschern und Erosion geformten Gipfeln lockt Outdoor-Fans an und fordert sie heraus. Mit ihren drei Nationalparks (Yosemite, Sequoia und Kings Canyon) ist die Sierra ein faszinierendes, wildes Wunderland der Superlative: Hier finden sich der höchste Gipfel der kontinentalen USA (ohne Alaska), der Mt. Whitney, der mächtigste Wasserfall Nordamerikas (Yosemite Falls) sowie die ältesten und höchsten Bäume der Welt.

Yosemite National Park

Dieser Nationalpark ist nicht umsonst so berühmt: Zwischen seinen schwindelerregend hohen Granitgipfeln donnern diesige Wasserfälle zu Tal, und Wildblumen machen die Wiesen zu einem bunten Farbenmeer. Zudem wirken die majestätischen Silhouetten von El Capitan und Half Dome vor dem hellblauen Himmel fast furchteinflößend. Hier sind wir winzig kleine Menschen rundum von einer Traumlandschaft umgeben.

Während der Sommerferien kann der Massenandrang ein Problem sein: am besten kommt man in der Nebensaison, bricht früh auf und wandert, um dem Gedränge zu entgehen.

Sehenswertes

Es gibt vier Hauptzugänge zum Park (25–30 US$/Fahrzeug, je nach Saison): South Entrance (Hwy 41), Arch Rock (Hwy 140), Big Oak Flat (Hwy 120 W) und Tioga Pass (Hwy 120 E). Der Hwy 120 durchquert den Park als Tioga Rd und verbindet das Yosemite Valley mit der Eastern Sierra.

Yosemite Valley

Dieses dramatische Tal wurde vom gewundenen Merced River gegraben. Wer von Talboden nach oben blickt, dem ist nach Singen zumute: wegen des wogenden Wiesengrüns, der stattlichen Kiefern, der tosenden Wasserfälle und der stillen, kühlen Wasserflächen, in denen sich gewaltige Granitmonolithen spiegeln. Im oft überlaufenen und im Verkehr erstickenden **Yosemite Village** befinden sich das größte **Visitor Center** (209-372-0200; 9035 Village Dr; 9–17 Uhr;) des Parks, ein **Museum** (www.nps.gov/yose; 9037 Village Dr; Sommer 9–17 Uhr, Rest des Jahres 10–16 Uhr, oft von 12–13 Uhr geschl.) GRATIS, eine Fotoausstellung, ein Filmtheater, ein Gemischtwarenladen und weitere Service-Einrichtungen. **Curry Village** ist ein weiteres Zentrum. Hier gibt's öffentliche Duschen und Läden, die Outdoor- und Campingausrüstung vermieten und verkaufen.

Während der Schneeschmelze im Frühling werden die berühmten Wasserfälle des Tals zu donnernden Katarakten. Im Spätsommer sind die meisten hingegen nicht viel mehr als zahme Rinnsale. Als Nordamerikas höchste Wasserfälle stürzen die **Yosemite Falls** (740 m) über drei Stufen in die Tiefe. Zu ihrer Basis führt ein rollstuhlgerechter Weg. Mehr Einsamkeit und ein ganz neuer Blickwinkel belohnen für den strapaziösen Aufstieg über den Serpentinenweg bis zum oberen Rand (hin & zurück 11 km). Andere Wasserfälle im Tal sind ähnlich eindrucksvoll. Nach dem anstrengenden Erklimmen der Granitstufen am **Vernal Fall** erreicht man keuchend dessen obere Fallkante. Dort schweift der Blick über Regenbögen im Gischtnebel hinunter in die Tiefe.

Der gigantische **El Capitan** (2307 m) ist ein nicht zu übersehendes Paradies für Sportkletterer. Der prächtige **Half Dome** (2693 m) thront als Yosemites spirituelles Herz über dem Tal. Beliebteste Foto-Location ist der **Tunnel View** oben am Hwy 41 bei der Einfahrt ins Tal.

Glacier Point

Der spektakuläre Glacier Point (2200 m) überragt die Talsole um über 914 m. Hier oben befindet man sich praktisch auf Augenhöhe mit dem Half Dome. Vom Yosemite Valley aus ist diese Stelle in einer Autofahrt (ca. 1 Std.) auf der Glacier Point Rd erreichbar, die vom Hwy 41 abzweigt und normalerweise von Mai bis November befahrbar ist. Wer lieber wandert, absolviert den strapaziösen **Four-Mile Trail** (einfache Strecke tatsächlich 7,4 km) oder den weniger frequentierten **Panorama Trail** (einfache Strecke 13,7 km) mit vielen Wasserfällen. Wer nur vom Glacier Point bergab laufen will, reserviert einen Platz im **Glacier Point Hikers' Bus** (☎888-413-8869; Einfache Strecke/hin und zurück 25/49 US$; ⌚Mitte Mai–Okt.)

Wawona

Eine Autostunde südlich des Yosemite Valley liegt Wawona. Dort befindet sich das **Pioneer Yosemite History Center** (Kutschfahrt Erw./Kind 5/4 US$; ⌚24 Std., Kutschfahrten Juni–Sept. Mi–So; P 👪) mit einer überdachten Brücke, historischen Gebäuden und der Möglichkeit, in einer von Pferden gezogenen Postkutsche zu fahren. Weiter südlich ist der in den Himmel ragende **Mariposa Grove** mit dem Grizzly Giant und anderen riesigen Sequoia-Bäumen. Von Frühjahr bis Herbst fahren normalerweise kostenlose Shuttle-Busse hierher.

Tuolumne Meadows

Nach 90 Minuten Autofahrt vom Yosemite Valley aus kommen die Tuolumne Meadows (2621 m; sprich: *two*-lu-mi), die größte subalpine Wiese der Sierra Nevada, in Sicht, die Wanderer, Backpacker und Kletterer in die nördliche Wildnis des Parks locken. Mit Wildblumenfeldern, azurblauem Wasser, schroffen Granitgipfeln, blanken Felskuppeln und vergleichsweise niedrigeren Temperaturen bildet sie einen starken Gegenpol zum Tal. Die Seen dieses vielfältigen Wander- und Kletterparadieses sind beliebte Reviere zum Baden oder Picknicken. Hierher führt die malerische, nur saisonal befahrbare Tioga Rd. Westlich von Wiese und **Tenaya Lake** liegt der **Olmsted Point** mit weitem Panoramablick auf den Half Dome.

Hetch Hetchy

40 Meilen (65 km) nordwestlich des Yosemite Valley befindet sich der wohl umstrittenste Staudamm in der Geschichte der USA. Obwohl das Hetch Hetchy Valley in seinem Ursprungszustand nicht mehr besteht, ist es doch noch immer schön und selten überlaufen. Ein 8,5 km langer Weg (hin & zurück) führt über den Damm und durch einen Tunnel zum Becken der **Wapama Falls**. Dort steht man aufregend nah an einer Wasserwand, die in den glitzernden Stausee stürzt.

Aktivitäten

Bei rund 1300 km unterschiedlicher Wanderwege hat man die Qual der Wahl. Die leichten Wege auf dem Talboden sind oft überlaufen, weiter oben entgeht man den Massen. Zu den weiteren möglichen Aktivitäten gehören Klettern, Radfahren, Reiten, Schwimmen, Raften und Skilanglauf.

Für Rucksackwanderungen mit Übernachtung braucht man ganzjährig ein Wilderness Permit (ab 10 US$). Ein Quotensystem begrenzt die Zahl der Wanderer, die pro Tag an den verschiedenen Ausgangspunkten starten. Reservierungen sind bis zu 26 Wochen im Voraus möglich. Ansonsten versucht man sein Glück beim **Yosemite Valley Wilderness Center** (☎209-372-0745; Yosemite Village; ⌚Mai–Okt. 8–17 Uhr) oder bei einer anderen Permit-Ausgabestelle um 11 Uhr am Tag vor der geplanten Wanderung.

Yosemite Mountaineering School BERGSTEIGEN
(☎209-372-8344; www.travelyosemite.com; Half Dome Village; ⌚April–Okt.) Das Unternehmen existiert seit den 1960er-Jahren und bietet erstklassige Kurse für Anfänger und Fortgeschrittene im Bergsteigen, geführte Aufstiege, Leihausrüstung und Anleitung im Freiklettern.

Schlafen

Beim Campen, selbst mit einem Wohnmobil auf einem Campingplatz nahe dem geschäftigen Yosemite Village, fühlt man sich der Natur näher. Das Campen im Hinterland erfordert Vorbereitung und Abenteuerlust. Die Reservierungen für alle Unterkünfte im Park, die nichts mit Camping zu tun haben, nimmt **Aramark/Yosemite Hospitality** (☎888-413-8869; www.travelyosemite.com) vor. Reservierungen sind bis zu 366 Tage im Voraus möglich und zwischen Mai und Anfang September unerlässlich. Von Oktober bis April sinken Nachfrage und Preise.

★ **Majestic Yosemite Hotel** HISTORISCHES HOTEL $$$

(☎ Reservierung 888-413-8869; www.travelyosemite.com; 1 Ahwahnee Dr, Yosemite Valley; Zi./Suite ab 480/590 US$;) Das prächtige historische Anwesen (früher Ahwahnee genannt) ist die beste Unterkunft in Yosemite und beeindruckt mit hohen Decken und stimmungsvollen Lounges mit riesigen Steinkaminen. Die klassischen Zimmer bieten einen inspirierenden Blick auf den Glacier Point und einen Teilblick auf den Half Dome. Für die Hauptsaison oder die Ferienzeit sollte man ein Jahr im Voraus buchen.

Yosemite Valley Lodge MOTEL $$$

(☎ Reservierung 888-413-8869; www.travelyosemite.com; 9006 Yosemite Lodge Dr, Yosemite Valley; Zi. ab 260 US$;) Der große Komplex mit Restaurants, einer munteren Bar, einem großen Pool und praktischen Einrichtungen ist nur einen kurzen Spaziergang von den Yosemite Falls entfernt. Die Zimmer verteilen sich über 15 Gebäude und vermitteln mit Holzmöbeln und Naturfotografien den Eindruck einer Lodge. Alle Zimmer haben Kabel-TV, Telefon, Kühlschrank und Kaffeemaschine und bieten einen Panoramablick von der Terrasse oder dem Balkon.

May Lake High Sierra Camp HÜTTEN $$$

(☎ 888-413-8869; www.travelyosemite.com; Erw./Kind 175/90 US$) Da das Camp die am leichtesten erreichbare Anlage in der High Sierra ist, ist es auch für Kinder am besten geeignet, erfordert aber immer noch einen kilometerlangen Anmarsch. Der Blick auf den Mt. Hoffman ist überwältigend. Frühstück und Abendessen sind im Preis inbegriffen.

Außerhalb von Yosemite

Zu den umliegenden Ortschaften mit einem gemischten Sortiment von Motels, Hotels, Lodges und B&Bs gehören Fish Camp, Oakhurst, El Portal, Midpines, Mariposa, Groveland und Lee Vining in der Eastern Sierra.

★ **Yosemite Bug Rustic Mountain Resort** HOSTEL, HÜTTEN $

(☎ 209-966-6666; www.yosemitebug.com; 6979 Hwy 140, Midpines; B 30 US$, Zelthütten ab 65 US$, Zi. mit/ohne Bad ab 165/95 US$;)

CAMPEN IM YOSEMITE NATIONAL PARK

Von Mitte März bis Mitte Oktober oder November braucht man für viele Campingplätze im Park eine Reservierung. Die Vergabe beginnt fünf Monate im Voraus, und die Stellplätze sind dann regelmäßig online innerhalb von Minuten ausgebucht. Auf allen Plätzen gibt's bärensichere Schließfächer und eingefasste Feuerstellen, auf den meisten auch Trinkwasser.

Im Sommer sind fast alle Campingplätze laut und völlig überlaufen, vor allem **North Pines** (Stellplatz Zelt & Wohnmobil 26 US$; April–Okt.;), **Lower Pines** (www.nps.gov/yose; Stellplatz Zelt & Wohnmobil 26 US$; April–Okt.;) und **Upper Pines** (www.nps.gov/yose; Stellplatz Zelt & Wohnmobil 26 US$; ganzjährig;) im Yosemite Valley sowie **Tuolumne Meadows** (www.nps.gov/yose; Tioga Rd; Stellplatz Zelt & Wohnmobil 26 US$; Juli–Sept.;) abseits der Tioga Rd und **Wawona** (www.nps.gov/yose; Stellplatz Zelt & Wohnmobil 18–26 US$; ganzjährig;) am Flussufer.

Die folgenden Plätze sind ganzjährig geöffnet, die Vergabe erfolgt nach dem Motto „Wer zuerst kommt, mahlt zuerst": **Camp 4** (www.nps.gov/yose; Gemeinschaftszeltstellplatz 6 US$/Pers.; ganzjährig), ein im Tal gelegener Treff für Kletterer, **Bridalveil Creek** (www.nps.gov/yose; Stellplatz Zelt & Wohnmobil 18 US$; Juli–Anfang Sept.;) abseits der Glacier Point Rd und **White Wolf** (www.nps.gov/yose; Stellplatz Zelt & Wohnmobil 18 US$; Juli–Anfang Sept.;) abseits der Tioga Rd. Diese Plätze sind vor allem an den Wochenenden oft schon vor 12 Uhr voll.

Wer Lust auf eine ruhigere und urtümlichere Erfahrung hat, für den sind die einfachen Campingplätze (ohne Trinkwasser) **Tamarack Flat** (Old Big Oak Flat Rd; Stellplatz Zelt 12 US$; Ende Juni–Sept.;), abseits der Tioga Rd, **Yosemite Creek** (www.nps.gov/yose; Stellplatz Zelt 12 US$; Juli–Anfang Sept.;) und **Porcupine Flat** (Stellplatz Zelt & Wohnmobil 12 US$; Juli–Mitte Okt.;) eine gute Wahl. Auch hier gilt die Devise: „Wer zuerst kommt, mahlt zuerst."

Die rustikale Oase versteckt sich an einem bewaldeten Hang rund 25 Meilen (40 km) westlich des Parks. An den schmalen Graten verteilen sich viele, sehr unterschiedliche Unterkünfte; bei manchen hat man einen recht weiten Weg vom Parkplatz und den Toiletten. Das **June Bug Cafe** (☎206-966-6666; www.yosemitebug.com/cafe.html; Hauptgerichte 8–22 US$; ⊙7–10, 11–14 & 18–21 Uhr;) ist sehr zu empfehlen. Im Angebot sind Yogakurse, Massagen und ein Spa mit Gemeinschafts-Whirlpool.

★ **Evergreen Lodge** HÜTTEN **$$$**
(☎209-379-2606; www.evergreenlodge.com; 33160 Evergreen Rd, Groveland; Zelte 90–125 US$, Hütten 180–415 US$; ⊙Jan.–Mitte Feb. meist geschl.; P) Außerhalb des Yosemite National Park nahe dem Eingang zum Hetch Hetchy Valley bietet dieses klassische, nahezu hundert Jahre alte Resort liebevoll dekorierte, gemütliche Hütten (in jeder gibt's Brettspiele), die sich unter den Bäumen verteilen. Die Unterkünfte sind teils rustikal, teils luxuriös. Alle Hütten haben eigene Veranden – störende Telefone oder Fernseher sucht man vergeblich. Wer es einfacher liebt, übernachtet in den gemütlichen, eingerichteten Zelten.

Praktische Informationen

Die Eintrittsgebühr in den Yosemite National Park beträgt 30 US$ für Fahrzeuge und 15 US$ für Fußgänger und Radler und gilt für sieben aufeinanderfolgende Tage. Die Eintrittspässe (zahlbar in bar, mit Bankscheck, Reisescheck oder Kredit- oder Bankkarte) sind an den verschiedenen Eingangsstellen sowie in den Visitor Centers in Oakhurst, Groveland, Mariposa und Lee Vining erhältlich.

Yosemite Valley Visitor Center (S. 380) Das geschäftigste Infozentrum im Park teilt sich den Raum mit dem Buchladen der Yosemite Conservancy und befindet sich im Museumskomplex im Zentrum von Yosemite Village.

Anreise & Unterwegs vor Ort

Greyhound-Busse und **Amtrak-Züge** fahren nach Merced, westlich des Parks, wo man Anschluss an die Busse des **Yosemite Area Regional Transportation System** (YARTS; ☎877-989-2787; www.yarts.com) hat; man kann Amtrak-Tickets kaufen, die die Fahrt mit YARTS bis zum Park beinhalten. Die einfache Fahrt von Merced nach Yosemite Valley kostet 13 US$ (Kind & Senior 9 US$, 3 Std.) und von Mammoth Lakes 18 US$ (Kind & Senior 15 US$, 3½ Std.); da im Fahrpreis die Parkeintrittsgebühr enthalten ist, handelt es sich um ein echtes Schnäppchen. Im Bus kann auch mit Kreditkarte bezahlt werden.

Der kostenlose, klimatisierte **Yosemite Valley Shuttle Bus** (www.nps.gov/yose) ist ein bequemes, effizientes Fortbewegungsmittel rund um den Park. Die Busse fahren ganzjährig in kürzeren Abständen und halten an 21 nummerierten Stellen, darunter an Parkplätzen, Campingplätzen, Startpunkten von Wegen und an Lodges.

Das Fahrrad ist ideal, um das Yosemite Valley zu erleben. Cruiser-Fahrräder mit breitem Lenker (11,50/32 US$ pro Std./Tag) oder Fahrräder mit Kinderanhänger (19/59 US$ pro Std./Tag) erhält man in der **Yosemite Valley Lodge** oder im **Half Dome Village** (12,50/30,50 US$ pro Std./Tag; ⊙März–Okt. 9–18 Uhr). Auch Kinderwagen und Rollstühle werden hier vermietet.

Besuchern des Valley wird geraten, ihr Auto abzustellen und den Yosemite Valley Shuttle Bus zu nutzen. Trotzdem kann es auf den Straßen im Tal zugehen wie in Los Angeles während der Rushhour. Die Glacier Point Rd und die Tioga Rd sind im Winter gesperrt.

DER TIOGA PASS

Der Hwy 120 ist die einzige Straßenverbindung zwischen dem Yosemite National Park und der Eastern Sierra und führt über den Tioga Pass (3031 m). Auf den meisten Karten wird diese Straße als „im Winter gesperrt" markiert, was zwar richtig, aber auch irreführend ist: In der Regel bleibt die Tioga Rd vom ersten starken Schneefall im Oktober oder November bis in den Mai oder Juni geschlossen. Aktuelle Infos zum Straßenzustand gibt's telefonisch unter ☎209-372-0200 oder online unter www.nps.gov/yose/planyourvisit/conditions.htm.

Sequoia & Kings Canyon National Parks

In diesen benachbarten Nationalparks sind die Riesenmammutbäume höher (bis zu 27 Stockwerke!) und zahlreicher als sonst irgendwo in der Sierra Nevada. Die zähen und oft vom Feuer leicht verkohlten Bäume werden locker so breit wie zwei Freewayspuren. Gigantisch sind hier auch die Berge – beispielsweise der Mt. Whitney (4421 m), der höchste Berg der USA außerhalb Alaskas. Und schließlich ist da auch noch der gewaltige Kings Canyon, den Gletschereis und ein kraftvoller Fluss nach und nach in den

Granit geschnitten haben. Wer Ruhe und Einsamkeit sucht und Tiere (z.B. Schwarzbären) aus der Nähe beobachten will, kann sich beim Wandern hier schnell in der überwältigenden Wildnis verlieren.

Sehenswertes

Die beiden **Parks** (☎559-565-3341; www.nps.gov/seki; 7-Tage-Eintritt 30 US$/Auto; P 👪) gehören zwar nicht zusammen, werden aber als eine Einheit verwaltet und haben eine gemeinsame Eintrittsgebühr; täglich aktualisierte Infos, u.a. zum Straßenzustand, erhält man per Bandansage unter der angegebenen Nummer oder auf der Website der Parks. An beiden Eingangsstationen (Big Stump & Ash Mountain) erhält man eine NPS-Karte und die Parkzeitschrift *Guide* mit Infos zu saisonalen Aktivitäten, zum Campen und zu besonderen Veranstaltungen. Neben den beiden Parks sind dabei auch die umliegenden National Forests und das **Giant Sequoia National Monument** (www.fs.usda.gov) berücksichtigt. Abschnitte beider Parks lassen sich gut an einem Tag erkunden.

Sequoia National Park

In dem 7,8 km² großen Giant Forest sollte man unbedingt versuchen, einen Baum zu umarmen. In diesem unter Naturschutz stehenden Hain ragt der **General Sherman Tree**, der größte Baum der Welt, in den Himmel. Nach dem Umarmungsversuch kann man sich mit lahmen Flügeln und harzigen Fingern auf einem der Wanderwege durch den Wald von den Menschenmassen entfernen (Karte nicht vergessen!).

Lohnend ist auch ein Abstecher zum **Mineral King Valley**, einem Goldgräber- und Holzfällercamp aus dem späten 19. Jh., das von zerklüfteten Gipfeln und Bergseen umgeben ist. Die 25 Meilen (40 km) lange Panoramafahrt mit fast 700 nervenaufreibenden Haarnadelkurven ist normalerweise von Ende Mai bis Ende Oktober möglich.

Giant Forest Museum MUSEUM
(☎559-565-4480; www.nps.gov/seki; Ecke Generals Hwy & Crescent Meadow Rd; ⏲9–16.30 Uhr; P 👪) GRATIS Zur Einführung in die verblüffende Ökologie und Geschichte der Riesenmammutbäume ist dieses winzige, moderne Museum, das für Groß und Klein interessant ist, bestens geeignet. Anhand interaktiver Exponate erfährt man alles über die einzelnen Lebensabschnitte der riesigen Bäume, die über 3000 Jahre alt werden können, und über die Brandzyklen, durch die Samen freigegeben werden, die dann auf dem kargen Boden sprießen. Das Museum befindet sich in einem historischen Gebäude aus den 1920er-Jahren, das von Gilbert Stanley Underwood, dem berühmten Architekten des Majestic Yosemite (ehemals Ahwahnee) Hotel in Yosemite, entworfen wurde.

Crystal Cave HÖHLE
(www.explorecrystalcave.com; Crystal Cave Rd; Tour Erw./Kind/Jugendliche ab 16/5/8 US$; ⏲Mai–Sept.; P 👪) Die einmalige Höhle, die 1918 von zwei Parkmitarbeitern bei einem Angelausflug entdeckt wurde, wurde von einem unterirdischen Fluss gegraben und birgt Marmorformationen, die schätzungsweise 10000 Jahre alt sind. Die Tickets für die 50-minütigen Einführungstouren sind nur online im Vorverkauf oder, im Oktober und November, im Giant Forest Museum and Foothills Visitor Center, aber nicht an der Höhle erhältlich. Jacke mitbringen!

Kings Canyon National Park & Scenic Byway

Gleich nördlich vom Grant Grove Village strotzt der **General Grant Grove** nur so vor majestätischen Giganten. Jenseits davon führt der Hwy 180 über 30 Meilen (48 km) in Serpentinen hinunter in den **Kings Canyon**, vorbei an kantigen Felswänden mit Wasserfällen. Die Straße trifft auf den Kings River, dessen Donnern von den über 2400 m hohen Granitwänden des Canyons widerhallt, der zu den tiefsten Schluchten Nordamerikas gehört.

Cedar Grove unten im Canyon ist der letzte Außenposten der menschlichen Zivilisation, bevor die raue Schönheit der Sierra Nevada beginnt. Eine beliebte Tageswanderung (einfache Strecke 7,5 km) führt von Roads End zu den tosenden **Mist Falls**. Bei Vogelliebhabern beliebt ist der einfache Naturwanderweg (Rundweg 2,5 km) rund um die **Zumwalt Meadow** direkt westlich von Roads End. Ausschau halten nach tapsigen Schwarzbären und herum hopsenden Maultierhirschen!

Die landschaftlich schöne Strecke vom Hume Lake nach Cedar Grove Village ist im Allgemeinen von Mitte November bis Ende April gesperrt.

Boyden Cavern HÖHLE
(☎209-736-2708, 866-762-2837; www.caverntours.com/BoydenRt.htm; Hwy 180; Tour Erw./Kind

ab 17,50/9,50 US$; ⏲ Ende April–Sept.; 👪) Um sich die hiesigen fantastischen Formationen anzuschauen, muss man sich das Ticket nicht vorher besorgen: Es reicht, wenn man kurz vor Beginn der 45-minütigen Standardführungen (Spitzenzeit im Sommer 10–17 Uhr stündl.) vor Ort ist. Zum Eingang führt ein kurzer, aber steiler asphaltierter Weg. Wegen Brandschäden an einer Fußgängerbrücke war die Höhle 2016 und 2017 die meiste Zeit gesperrt. Vor dem Besuch sollte man daher checken, ob sie geöffnet ist.

Aktivitäten

Mit mehr als 1370 km an markierten Wegen sind die Parks ein Traum für Wanderer. Cedar Grove und Mineral King bieten den besten Zugang ins Hinterland. Die Trails sind in der Regel ab Mitte/Ende Mai freigegeben.

Für Touren im Hinterland mit Übernachtung braucht man Wilderness Permits (15 US$/Gruppe), die im Sommer nach einem Quotensystem vergeben werden; außerhalb dieser Zeit sind die Permits kostenlos und per Selbstregistrierung erhältlich. Rund 75% der verfügbaren Plätze können reserviert werden, der Rest wird nach dem Prinzip „Wer zuerst kommt, mahlt zuerst" vergeben. Reservierungen sind vom 1. März bis zwei Wochen vor dem geplanten Ausflug möglich. Detaillierte Infos gibt's unter www.nps.gov/seki/planyourvisit/wilderness_permits.htm. Es gibt auch einen eigenen Wilderness-Schalter im Lodgepole Visitor Center.

In allen Rangerstationen und Visitor Centers erhält man topografische Karten und Wanderführer. Achtung: Mitgebrachtes Essen muss in vom Park genehmigten bärensicheren Kanistern verstaut werden. Diese kann man in Märkten sowie in den Visitor Centers mieten (ab 5 US$/Tour).

Schlafen & Essen

Campen ist die beste und günstigste Art, die Parks zu erleben; in der Hauptsaison sind die Stellplätze aber natürlich schnell belegt. Ausweichmöglichkeiten finden sich im Sequoia National Forest und in anderen Wildnisgebieten, die an die Parks grenzen. Im Sequoia National Park gibt's nur eine offizielle Unterkunftsoption: die **Wuksachi Lodge** (☎ Infos 866-807-3598, Reservierung 317-324-0753; www.visitsequoia.com; 64740 Wuksachi Way; Zi. 215–290 US$; P ⊖ 📶 🐾). Die meisten Unterkünfte findet man in der Ortschaft Three Rivers direkt vor dem Parkeingang. Im Kings Canyon National Park gibt's Lodges in den Dörfern Grant Grove und Cedar Grove.

Die wenigen Lodges in den Parks – Wuksachi, **John Muir** (☎ 866-807-3598; www.visitsequoia.com; Grant Grove Village; Zi. ab 225 US$; P ⊖ 📶) und Cedar Grove – verfügen über Restaurants, ebenso auch einige Unterkünfte im angrenzenden Sequoia National Forest. Three Rivers, gleich südlich des Sequoia, ist ein guter Ort, um sich mit Vorräten einzudecken.

NPS & USFS Campgrounds UNTERKUNFTSVERMITTLUNG $
(☎ 877-444-6777, 518-885-3639; www.recreation.gov) Reservierungs-Service für viele Campingplätze in den Parks.

DNC Parks & Resorts UNTERKUNFTSVERMITTLUNG $$
(☎ 866-807-3598, 801-559-4930; www.visitsequoia.com) Delaware North ist der konzessionierte Betreiber der Lodges und weiterer Serviceeinrichtungen in den Nationalparks Sequoia und Kings Canyon.

★ **Sequoia High Sierra Camp** HÜTTEN $$
(☎ 866-654-2877; www.sequoiahighsierracamp.com; Zelthütten ohne Bad inkl. alle Mahlzeiten Erw./Kind 250/150 US$; ⏲ Mitte Juni–Mitte Sept.) Das abgelegene, über eine 1,6 km lange Wanderung erreichbare All-Inclusive-Resort im Sequoia National Forest ist ein Nirwana für alle, die Luxus-Camping nicht für einen Widerspruch in sich halten. Die Leinwand-Bungalows sind mit Matratzen mit Kissenkopfteil, Federkissen und behaglichen Wollteppichen ausgestattet. Es gibt nur Gemeinschaftsbäder; die Duschen befinden sich in einem separaten Gebäude. Reservierung erforderlich; in der Regel gilt eine Mindestbuchung von zwei Nächten.

Cedar Grove Lodge LODGE $$
(☎ 559-565-3096; www.visitsequoia.com; 86724 Hwy 180, Cedar Grove Village; Zi. ab 130 US$; ⏲ Mitte Mai–Mitte Okt.; P ⊖ ❄ 📶) Die Lodge am Flussufer ist die einzige Möglichkeit, im Canyon unter einem festen Dach zu übernachten. Es gibt 21 nicht weiter interessante Zimmer im Motel-Stil. Bei einer kürzlichen Überholung wurde das altmodische Dekor teilweise modernisiert. Drei Zimmer im Erdgeschoss haben Kochnischen und schattige, möblierte Terrassen mit tollem Uferblick.

Praktische Informationen

Lodgepole Village und Grant Grove Village sind die wichtigsten Anlaufstellen in den Parks. In beiden Orten gibt's ein Visitor Center, eine Post, Märkte, Geldautomaten, einen Münzwaschsalon und (im Sommer) öffentliche Duschen. Benzin ist am Hume Lake (ganzjährig) und Stony Creek (Winter geschl.) auf Gelände des National Forest außerhalb der Parks zu stolzen Preisen erhältlich.

Die folgenden Visitor Centers sind ganzjährig geöffnet:

Kings Canyon Visitor Center (☎559-565-4307; Hwy 180, Grant Grove Village; ⌚9–17 Uhr) Im Grant Grove Village des Kings Canyon National Park.

Lodgepole Visitor Center (☎559-565-4436; Lodgepole Village; ⌚Ende April–Anfang Okt. 7–17 Uhr, Spitzensaison bis 19 Uhr) Im Herzen des Sequoia National Park.

ℹ Anreise & Unterwegs vor Ort

Big Trees Transit (☎800-325-7433; www.bigtreestransit.com; hin & zurück inkl. Parkeintritt 15 US$; ⌚Ende Mai–Anfang Sept.) bietet eine Verbindung von Fresno nach Grant Grove im Kings Canyon National Park; der **Sequoia Shuttle** (☎877-287-4453; www.sequoiashuttle.com; ⌚Ende Mai–Ende Sept.) verkehrt im Sommer zwischen Visalia und dem Giant-Forest-Areal des Sequoia National Park.

Die Nationalparks Sequoia und Kings Canyon sind beide per Auto aus Westen über den Hwy 99 von Fresno oder Visalia aus zu erreichen.

Im Sequoia National Park fahren kostenlose Shuttles auf fünf Strecken, im Kings Canyon National Park gibt's keine Shuttles.

Eastern Sierra

In den leeren, majestätischen Weiten grenzen gezackte Gipfel an die Wüste – ein dramatischer Gegensatz, der für einen spektakulären Landschaftsmix sorgt. Der Hwy 395 folgt dem gesamten Verlauf des Ostrands der Sierra Nevada. An der Strecke gibt es Abzweigungen zu Kiefernwäldern, Wiesen voller Wildblumen, idyllischen Seen, Thermalquellen und von Gletschern ausgehöhlten Schluchten. Wanderer, Backpacker, Mountainbiker, Angler und Skifahrer ziehen sich gern hierher zurück.

Im **Bodie State Historic Park** (☎760-647-6445; www.parks.ca.gov/bodie; Hwy 270; Erw./Kind 8/4 US$; ⌚Mitte März–Okt. 9–18 Uhr, Nov.–Mitte März 9–16 Uhr) stehen verwitterte Gebäude aus der Zeit des Goldrauschs auf einer staubigen, windigen Ebene und werden vor dem Verfall geschützt. Um hinzukommen, nimmt man etwa 7 Meilen (11 km) südlich von Bridgeport den Hwy 270 und fährt 13 Meilen (21 km) gen Osten (die letzten 3 Meilen bzw. 5 km sind unbefestigt). Im Winter und zu Beginn des Frühjahrs ist die Zufahrtstraße meist wegen Schnees gesperrt.

Weiter südlich liegt der **Mono Lake** (www.monolake.org). Hier ragen außerirdisch wirkende Tuffsteintürme wie hingetupfte Sandburgen aus dem alkalischen Wasser. Das **Mono Basin Scenic Area Visitor Center** (☎760-647-3044; www.fs.usda.gov/inyo; 1 Visitor Center Dr; ⌚Apr.–Nov. normalerweise 8–17 Uhr; 👪) am Hwy 395 gewährt einen tollen Blick und hat erklärende Exponate. Die besten Fotomotive gibt's am 1,6 km langen Naturlehrpfad in der **South Tufa Area** (Erw./Kind 3 US$/frei). Vom in der Nähe gelegenen Ort Lee Vining führt der Hwy 120 über den nur saisonal geöffneten Tioga Pass Richtung Westen in den Yosemite National Park.

Auf dem weiteren Weg nach Süden lohnt sich ein Abstecher vom Hwy 395 auf den malerischen 16 Meilen (25 km) langen **June Lake Loop**, wenn man nicht gleich bis **Mammoth Lakes** durchfahren will. Das ganzjährig beliebte Resort liegt im Schatten des 3368 m hohen **Mammoth Mountain** (☎800-626-6684, 760-934-2571, Wetterbericht 24 Std. 888-766-9778; www.mammothmountain.com; Erw./13–18 Jahre/7–12 Jahre 125/98/35 US$; 👪) mit seinen erstklassigen Skipisten. Im Sommer verwandeln sich die Hänge in einen Mountainbike-Park. Auf der Fahrt mit der Gondel kann man den wunderbaren Blick genießen. In der Gegend rund um das Mammoth Lakes Basin und die Reds Meadow kann man campen und Tageswanderungen unternehmen. Bei Reds Meadow ragen die 18 m hohen Basaltsäulen des **Devils Postpile National Monument** (☎760-934-2289; www.nps.gov/depo; Shuttle Tageskarte Erw./Kind 7/4 US$; ⌚Ende Mai–Okt.) in den Himmel, sie sind vulkanischen Ursprungs. Liebhaber von Thermalquellen können an der Benton Crossing Rd in einfachen Becken baden oder das dampfende Wasser der **Hot Creek Geological Site** bestaunen – beide Stätten befinden sich am Hwy 395 südöstlich der Stadt. Hilfreiche Karten und Infos bekommt man in der Stadt im **Mammoth Lakes Welcome Center & Ranger Station** (☎760-924-5500, 888-466-2666; 2510 Hwy 203; www.visitmammoth.com; ⌚8–17 Uhr).

Weiter südlich führt der Hwy 395 hinunter ins Owens Valley. In **Bishop**, dem Städtchen mit Pionier-Flair, gibt's zwei kleinere Attraktionen: die **Mountain Light Gallery** (☎760-873-7700; www.mountainlight.com; 106 S Main St; ⌚Mo–Sa 10–17, So 11–16 Uhr)

GRATIS und das historische **Laws Railroad Museum** (☎760-873-5950; www.lawsmuseum.org; Silver Canyon Rd; Spende 5 US$; ⏰ 10–16 Uhr; 👪). Von Bishop aus kommt man zu den besten Angelgründen und Kletterrevieren in der Eastern Sierra, hier ist auch der Hauptausgangspunkt für Treks mit Packpferden. Man sollte einen halben Tag für die grandiose Fahrt zum **Ancient Bristlecone Pine Forest** einplanen. Die knorrigen, außerirdisch anmutenden Bäume – es sind die ältesten der Erde – stehen in über 3000 m Höhe an den Hängen der White Mountains. Die Straße (im Winter und Frühjahr wegen Schnees gesperrt) ist bis zum **Schulman Grove Visitor Center** (☎760-873-2500; www.fs.usda.gov/inyo; White Mountain Rd; Pers./Auto 3/6 US$; ⏰ Mitte Mai–Anfang Nov. Fr–Mo 10–16 Uhr), an dem mehrere Wanderwege beginnen, asphaltiert. Vom Hwy 395 in Big Pine fährt man zunächst auf dem Hwy 168 12 Meilen (19 km) nach Osten und folgt dann der White Mountain Rd weitere 10 Meilen (16 km) bergauf.

Richtung Süden führt der Hwy 395 zur **Manzanar National Historic Site** (☎760-878-2194; www.nps.gov/manz; 5001 Hwy 395; ⏰ Apr.–Mitte Okt. 9–17.30 Uhr, Mitte Okt.–März 10–16.30 Uhr; P 👪) GRATIS, die an das Lager erinnert, in dem während des Zweiten Weltkriegs 10 000 japanischstämmige Amerikaner ungerechtfertigterweise interniert waren. Noch weiter südlich kann man in Lone Pine schließlich einen Blick auf den Mt. Whitney (4421 m), den höchsten Berg in den USA außerhalb Alaskas, werfen. Die 12 Meilen (19 km) lange Fahrt über die malerische **Whitney Portal Rd** (im Winter bis zum Frühjahrsanfang geschl.) ist absolut spektakulär. Für den äußerst beliebten Aufstieg zum Gipfel benötigt man eine Genehmigung (15 US$/Pers.), die jährlich nach dem Lotterieprinzip vergeben wird. Im **Eastern Sierra Interagency Visitor Center** (☎760-876-6222; www.fs.fed.us/r5/inyo; Ecke Hwy 395 & Hwy 136; ⏰ 8–17 Uhr) direkt südlich der Stadt sind Wilderness Permits, Infos über Outdoor- und Freizeitaktivitäten sowie Bücher und Landkarten erhältlich.

Die bizarren Felsen der Alabama Hills westlich von Lone Pine dienten bereits als Kulisse für Hollywood Western. Alte Erinnerungsstücke und Filmplakate sind in der Stadt im **Museum of Western Film History** (☎760-876-9909; www.museumofwesternfilmhistory.org; 701 S Main St; Erw./unter 12 Jahre 5 US$/frei; ⏰ Apr.–Okt. Mo–Mi 10–18, Do–Sa 10–19, So 10–16 Uhr, Nov.–März Mo–Sa 10–17, So 10–16 Uhr; P 👪) zu bewundern.

Schlafen

Campingplätze gibt's in der Eastern Sierra en masse. Fürs Campen in der freien Natur braucht man eine Genehmigung, die in den Ranger-Stationen erhältlich ist. Die meisten Motels finden sich in Bishop, Lone Pine und Bridgeport. Mammoth Lakes hat ein paar Motels, Hotels und Dutzende Gästehäuser, B&Bs, Apartments und Ferienwohnungen. Überall sollte man im Sommer unbedingt vorab reservieren.

★ Whitney Portal Hostel & Hotel HOSTEL, MOTEL $
(☎760-876-0030; www.whitneyportalstore.com; 238 S Main St; B/DZ 25/85 US$; ❄📶🐾) Das Hostel, ein beliebter Ausgangspunkt für Ausflüge zum Mt. Whitney und eine Waschung nach der Wanderung (öffentliche Duschen sind vorhanden), hat die preiswertesten Betten im Ort – für Juli und August sollte man seinen Schlafplatz Monate im Voraus reservieren. Es gibt keinen Gemeinschaftsraum, sondern nur gepflegte, nach Geschlechtern getrennte Zimmer mit Stockbetten und einige Extras, darunter Handtücher, TVs, Kochnischen im Zimmer und Kaffeemaschinen.

★ Inn at Benton Hot Springs INN $$
(☎866-466-2824, 760-933-2287; www.historicbentonhotsprings.com; Hwy 120, Benton; Stellplatz Zelt & Wohnmobil für 2 Pers. 40–50 US$, DZ mit/ohne Bad 129/109 US$; ❄📶🐾) In Benton Hot Springs, einem kleinen historischen Resort in einer 150 Jahre alten ehemaligen Silberbergbausiedlung in den White Mountains kann man in seiner eigenen Thermalwanne baden und im Mondlicht schlafen. Man hat die Wahl zwischen neun großzügigen Stellplätzen mit privater Badewanne und thematisch gestalteten, mit Antiquitäten gefüllten B&B-Zimmern mit halb privaten Badewannen. Tagsüber kann man in den Thermalquellen baden (10 US$/Pers. & Std.). Reservierung erforderlich!

Dow Hotel & Dow Villa Motel HOTEL, MOTEL $$
(☎760-876-5521; www.dowvillamotel.com; 310 S Main St; Hotel Zi. mit/ohne Bad ab 89/70 US$, Motel Zi. 117–158 US$; P ⊖ ❄ @ 📶 ≋ 🐾) John Wayne und Errol Flynn gehören zu den Stars, die in diesem ehrwürdigen Hotel abgestiegen sind. Die 1922 errichtete Anlage wurde restauriert, hat aber viel von ihrem

rustikalen Charme behalten. Die Zimmer im neueren Motel-Teil haben Klimaanlagen und sind viel komfortabler und heller, aber auch langweiliger.

Tamarack Lodge LODGE, HÜTTE $$
(☎800-626-6684, 760-934-2442; www.tamarack lodge.com; 163 Twin Lakes Rd; Zi. mit/ohne Bad ab 199/149 US$, Hütte ab 169 US$;) Das seit 1924 bestehende, charmante, ganzjährig geöffnete Resort am Lower Twin Lake hat einen gemütlichen Kamin, eine Bar und ein sehr gutes Restaurant, elf rustikale Zimmer und 35 Hütten von sehr einfach bis luxuriös. Alle haben komplett eingerichtete Küchen, eigene Bäder, Veranden und Holzöfen. In manchen können bis zu zehn Personen schlafen. (Resort-Gebühr 20 US$/Tag).

Essen & Ausgehen

Alabama Hills Cafe DINER $
(☎760-876-4675; 111 W Post St; Hauptgerichte 8–14 US$; 7–14 Uhr;) In diesem allseits beliebten Frühstückslokal sind die Portionen groß, und das Brot ist frisch gebacken. Dank herzhafter Suppen, Sandwiches und Obstkuchen ist auch das Mittagessen hier eine attraktive Option. Mithilfe der Karte auf der Speisekarte kann man auch gleich seine Fahrt durch die **Alabama Hills** planen.

Mammoth Tavern GASTROPUB $$
(☎760-934-3902; www.mammothtavern.com; 587 Old Mammoth Rd; Hauptgerichte 13–28 US$; Di–So 16–23 Uhr) Die Mammoth Tavern bietet Hausmannskost wie Shepherd's Pie, Austern, Fondue, tolle Salate und knoblauchlastige Truthahn-Fleischbällchen. Angenehm warmes Licht, holzvertäfelte Wände bis zur runden Decke und der herrliche Blick auf die schneebedeckte Sherwin Range machen die Großbild-TVs zu einer eigentlich überflüssigen Ablenkung. Zu trinken gibt's leckere Cocktails nach eigenem Rezept, örtliche Fassbiere, interessante Whiskeys und mehr als zwei Dutzend offene Weine.

★ **Skadi** NORWEGISCH $$$
(☎760-914-0962; www.skadirestaurant.com; 94 Berner St; Hauptgerichte 30–38 US$; Mi–Mo 17–23 Uhr) Angesichts der absolut prosaischen Lage in einem Gewerbegebiet ist das Skadi eine echte Überraschung. Das Schweizer Alpendekor und die innovative Speisekarte sind die Schöpfung von Chefkoch Ian Algerøen, der sich dazu von seinem norwegischen Erbe und seiner Ausbildung in feiner europäischer Kochkunst inspirieren ließ. Auf der Karte findet man vor Ort geräucherte Forelle mit Meerrettich-Sahne, kanadische Entenbrust mit Preiselbeeren und in der Pfanne gebratene fangfrische Jakobsmuscheln. Reservierung erforderlich!

★ **June Lake Brewing** KLEINBRAUEREI
(www.junelakebrewing.com; 131 S Crawford Ave; Mi–Mo 11–20, Fr & Sa 11–21 Uhr;) June Lake Brewing ist eine tolle Attraktion in dieser Gegend. In dem Verkostungsraum gibt's zehn Biere vom Fass, u.a. „SmoKin" Porter, Deer Beer Brown Ale und ein paar sehr gute IPAs. Die Braumeister schwören, dass das Wasser des June Lake den gewissen Unterschied ausmacht.

Mammoth Brewing Company BRAUEREI
(☎760-934-7141; www.mammothbrewingco.com; 18 Lake Mary Rd; So–Do 10–21.30, Fr & Sa bis 22.30 Uhr) Hier kann man beurteilen, ob sich Bier in großer Höhe gut brauen lässt. Diese Brauerei ist die höchstgelegene an der Westküste (2438 m) und bietet mehr als ein Dutzend Fassbiere (Probegedeck 5–7 US$), darunter spezielle saisonale Sorten, die man anderswo nicht findet. Es gibt auch schmackhafte Bargerichte, und man kann sich ein IPA 395 oder Double Nut Brown für den Weg mitnehmen.

Lake Tahoe

Der in unzähligen Grün- und Blautönen schimmernde Lake Tahoe ist der zweittiefste See in den USA und auf 1907 m Höhe auch einer der höchstgelegenen Seen im Land. Die Fahrt auf der 72 Meilen (116 km) langen Uferstraße rund um den See ist malerisch, aber auch ganz schön anstrengend. Generell ist das Nordufer ruhig und exklusiv, das Westufer zerklüftet und altmodisch, das Ostufer weitgehend unberührt und das Südufer hektisch und kitschig. Hier liegen ältliche Motels und schicke Kasinos. In der Nähe liegt Reno, die größte Kleinstadt in der Region.

Praktische Informationen

Lake Tahoe Visitors Authority (☎800-288-2463; www.tahoesouth.com; 169 Hwy 50, Stateline, NV; Mo–Fr 9–17 Uhr) Bietet die ganze Palette touristischer Infos.

North Lake Tahoe Visitors Bureaus (☎800-468-2463; www.gotahoenorth.com) Hilfe bei der Buchung von Unterkünften und Outdoor-Aktivitäten.

Anreise & Unterwegs vor Ort

Greyhound-Busse und der tägliche Zephyr-Zug fahren von Reno, Sacramento und San Francisco nach Truckee. Von dort bringen einen **Truckee Transit** (530-587-7451; www.laketahoetransit.com; einfache Strecke/Tageskarte 2,50/5 US$) zum Donner Lake und die Busse von **Tahoe Area Rapid Transit** (TART; 530-550-1212; www.laketahoetransit.com; 10183 Truckee Airport Rd; einfache Strecke/Tageskarte 2/4 US$) (TART) zum Nord-, West- oder Ostufer des Sees.

Im Winter verbindet der **Bay Area Ski Bus** (925-680-4386; www.bayareaskibus.com) San Francisco und Sacramento mit den Skihängen von Tahoe.

TART-Busse fahren am Nordufer entlang bis Incline Village, am Westufer hinunter zum Ed Z'berg Sugar Pine Point State Park und nordwärts über den Hwy 89 nach Squaw Valley und Truckee. Die Fahrten auf den Hauptstrecken starten meist täglich zwischen 6 und 18 Uhr zur vollen Stunde.

South Lake Tahoe & Western Shore

Die altmodischen Motels und Lokale am stark befahrenen Hwy 50 in South Lake Tahoe sind immer gut besucht. Das Glücksspiel in den Casinohotels von Stateline gleich hinter der Grenze zu Nevada lockt Tausende an, ebenso das erstklassige Skiresort **Heavenly** (775-586-7000; www.skiheavenly.com; 4080 Lake Tahoe Blvd; Erw./Kind 5–12 Jahre/Jugendl. 13–18 Jahre 135/79/113 US$; Mo–Fr 9–16, Sa, So & feiertags 8.30–16 Uhr). Im Sommer hat man bei einer Fahrt mit Heavenlys Seilbahn (Erw./Kind 42/20 US$) einen grandiosen Blick auf den See und die **Desolation Wilderness**. Diese kahle, wunderschöne Landschaft mit nackten Granitgipfeln, Gletschertälern und Bergseen ist bei Wanderern sehr beliebt. Karten, Infos und Wilderness Permits (5–10 US$/Erw.) gibt's im **USFS Taylor Creek Visitor Center** (530-543-2674; www.fs.usda.gov/ltbmu; Visitor Center Rd, am Hwy 89; Ende Mai–Sept. 8–17 Uhr, Okt. 8–16 Uhr), das sich 3 Meilen (4,8 km) nördlich der Y-förmigen Kreuzung der Hwys 50 und 89 in der **Tallac Historic Site** (www.tahoeheritage.org; Tallac Rd; Führung Erw./Kind 10/5 US$; Mitte Juni–Sept. tgl. 10–16 Uhr, Ende Mai–Mitte Juni nur Fr & Sa) GRATIS befindet, einer schicken geschützten Ferienanlage aus dem frühen 20. Jh.

Von der sandigen, zum Baden geeigneten **Zephyr Cove** (775-589-4901; www.zephyrcove.com; 760 Hwy 50; 10 US$/Auto) hinter der Grenze zu Nevada oder von der Ski Run Marina im Ort schippert **Lake Tahoe Cruises** (800-238-2463; www.zephyrcove.com; 900 Ski Run Blvd; Erw./Kind ab 55/20 US$) ganzjährig übers „Große Blau". Wer selbst paddeln will, wendet sich an **Kayak Tahoe** (530-544-2011; www.kayaktahoe.com; 3411 Lake Tahoe Blvd; Einer-/Zweierkajak 1 Std. 25/35 US$, Tag 65/85 US$, Unterricht & Touren ab 40 US$; Juni–Sept. 9–17 Uhr). Zu den schicken Boutiquemotels gehören das **Alder Inn** (530-544-4485; www.alderinn.com; 1072 Ski Run Blvd; Zi. 89–149 US$) und das hippe **Basecamp Hotel** (530-208-0180; www.basecamphotels.com; 4143 Cedar Ave; DZ 109–229 US$, Schlafsaal für 8 Pers. 209–299 US$; Haustiergebühr 40 US$) mit Whirlpool auf dem Dach. Alternativ kann man sein Zelt auf dem **Fallen Leaf Campground** (Infos 530-544-0426, Reservierungen 877-444-6777; www.recreation.gov; 2165 Fallen Leaf Lake Rd; Stellplatz Zelt & Wohnmobil 33–35 US$, Jurte 84 US$; Mitte Mai–Mitte Okt.) am See aufstellen. Zum Auftanken bieten sich die Bio-Gerichte im vegetarierfreundlichen **Sprouts** (www.sproutscafetahoe.com; 3123 Harrison Ave; Hauptgerichte 7–10 US$; 8–21 Uhr) oder ein Burger mit Erdnussbutter und Knoblauchfritten in der **Burger Lounge** (530-542-2010; 717 Emerald Bay Rd; Gerichte 4–10 US$; Juni–Sept. 10–20 Uhr, Okt.–Mai Do–Mo 11–19 Uhr) an.

Der Hwy 89 schlängelt sich nordwestwärts am dicht bewaldeten Westufer entlang zum **Emerald Bay State Park** (530-541-6498; www.parks.ca.gov), wo Granitfelsen und Kiefern eine fjordartige Bucht umrahmen. Ein steiler, 1,6 km langer Weg führt hinunter zum **Vikingsholm Castle** (http://vikingholm.com; Führung Erw./Kind 7–17 Jahre 10/8 US$; Ende Mai–Sept. 10.30–15.30 oder 16 Uhr), einer skandinavischen Villa aus den 1920er-Jahren. Von dort führt der 7,2 km lange **Rubicon Trail** nordwärts am Seeufer entlang und vorbei an einem alten Leuchtturm und kleinen Buchten zum **DL Bliss State Park** (530-525-7277; www.parks.ca.gov; 10 US$/Auto; Ende Mai–Sept.) mit seinen Sandstränden. Weiter nördlich vermieten **Tahoma Meadows B&B Cottages** (530-525-1553; www.tahomameadows.com; 6821 W Lake Blvd; Cottage 119–239 US$, Haustiergebühr 20 US$) Hütten im ländlichen Stil.

Northern & Eastern Shores

Das Geschäftszentrum **Tahoe City** ist ideal, um Nahrungsmittel und Vorräte zu kaufen und Outdoor-Ausrüstung zu mieten. Von hier ist es nicht weit bis zu dem großen Skiresort **Squaw Valley USA** (530-452-4331; www.squaw.com; 1960 Squaw Valley Rd, abseits des Hwy 89, Olympic Valley; Erw./Kind 5–12 Jahre/Jugendliche 13–22 Jahre 124/75/109 US$; Mo–Fr 9–16, Sa, So & Feiertage ab 8.30 Uhr;). Zum Après-Ski geht's wieder nach Tahoe in die **Bridgetender Tavern & Grill** (www.tahoebridgetender.com; 65 W Lake Blvd; 11–23, Fr & Sa bis 24 Uhr). Morgens kann man im bodenständigen **Fire Sign Cafe** (www.firesigncafe.com; 1785 W Lake Blvd; Hauptgerichte 7–13 US$; 7–15 Uhr;) 2 Meilen (3,2 km) weiter südlich Eggs Benedict mit geräuchertem Lachs genießen.

Im Sommer kann man in **Tahoe Vista** oder **Kings Beach** schwimmen oder Kajak fahren. Übernachten kann man in der **Cedar Glen Lodge** (530-546-4281; www.tahoecedarglen.com; 6589 N Lake Blvd; Zi., Suite & Cottages 139–350 US$, Haustiergebühr 30 US$;), wo es rustikal aufgemachte Cottages und Zimmer mit Kochnischen gibt, oder im gepflegten kleinen **Hostel Tahoe** (530-546-3266; www.hosteltahoe.com; 8931 N Lake Blvd; B/DZ/4BZ 33/60/80 US$;). Östlich der entspannten Uferlokale von Kings Beach führt der Hwy 28 nach Nevada. In einem Casino gleich hinter der Grenze kann man sich eine Livemusikshow ansehen. Wer Bars und Bistros sucht, in denen mehr los ist, fährt weiter bis nach Incline Village.

Mit unberührten Stränden, Seen und kilometerlangen Wander- und Radwegen ist der **Lake Tahoe-Nevada State Park** der größte Anziehungspunkt am Ostufer. Im Sommer planschen die Massen im türkisgrünen Wasser von **Sand Harbor**. Der 20,9 km lange **Flume Trail**, ein heiliger Gral für Mountainbiker, endet weiter südlich bei **Spooner Lake**. In Incline Village vermietet **Flume Trail Bikes** (http://flumetrailtahoe.com) Fahrräder und bietet einen Shuttle-Service an.

Truckee & Umgebung

Nördlich vom Lake Tahoe an der I-80 ist Truckee nicht etwa ein Rastplatz für Trucker, sondern ein blühendes Bergstädtchen mit einem historischen Viertel voller Cafés mit Bio-Produkten, trendiger Boutiquen und Restaurants. Skihasen können in der Gegend zwischen mehreren Resorts wählen. Dazu gehören z.B. das glamouröse **Northstar California** (530-562-1010; www.northstarcalifornia.com; 5001 Northstar Dr, abseits des Hwy 267; Erw./Kind 5–12 Jahre/Jugendl. 13–18 Jahre 130/77/107 US$; 8–16 Uhr;), das kinderfreundliche **Sugar Bowl** (530-426-9000; www.sugarbowl.com; 629 Sugar Bowl Rd, an der Donner Pass Rd, Norden; Erw./Kind 6–12 Jahre/Jugendl. 13–22 Jahre 85/35/76 US$; 9–16 Uhr;) und das Langläuferparadies **Royal Gorge** (530-426-3871; www.royalgorge.com; 9411 Pahatsi Rd, abseits der I-80, Ausfahrt Soda Springs/Norden, Soda Springs; Erw./Jugendl. 13–22 Jahre 32/25 US$; in der Schneesaison 9–17 Uhr;).

Westlich vom Hwy 89 befindet sich der **Donner Summit**, wo die berühmt-berüchtigte Donner Party im harten Winter 1846/1847 steckenblieb. Weniger als die Hälfte der Menschen überlebte – einige nur, weil sie das Fleisch der Toten aßen. Die schauerliche Geschichte wird im Museum innerhalb des **Donner Memorial State Park** (530-582-7892; www.parks.ca.gov; Donner Pass Rd; 8 US$/Auto; 10–17 Uhr;) nacherzählt, in dem man auch **campen** (530-582-7894, Reservierungen 800-444-7275; www.reserveamerica.com; Stellplatz Zelt & Wohnmobil 35 US$; Ende Mai–Ende Sept.) kann. Der **Donner Lake** in der Nähe ist ein beliebtes Ziel von Badelustigen und Paddlern.

Am Stadtrand von Truckee bietet das mit Ökozertifikat ausgezeichnete **Cedar House Sport Hotel** (530-582-5655; www.cedarhousesporthotel.com; 10918 Brockway Rd; Zi. 170–295 US$;) stilvolle Boutiquezimmer und ein hervorragendes Restaurant. Ein großes Glas Donner Party Porter kann man sich in der **Fifty Fifty Brewing Co** (www.fiftyfiftybrewing.com; 11197 Brockway Rd; So–Do 11.30–21, Fr & Sa 11.30–21.30 Uhr) genehmigen.

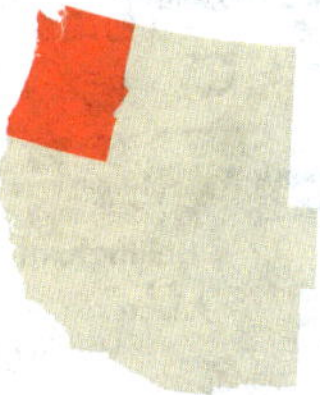

Der Nordwesten

Inhalt ➡

Gut essen

- Ned Ludd (S. 434)
- Chow (S. 444)
- Ox (S. 434)
- Sitka & Spruce (S. 406)

Schön übernachten

- Timberline Lodge (S. 441)
- Crater Lake Lodge (S. 445)
- Hotel Monaco (S. 404)
- Olympic Lights B&B (S. 417)
- Historic Davenport Hotel (S. 422)

Auf in den Nordwesten!

Der Nordwesten der USA ist Ausdruck einer besonderen Geisteshaltung. Wo schneebedeckte Vulkane von immergrünen Bäumen umrahmt werden, gedeihen Subkulturen und entstehen neue Trends. Aus zündenden Ideen, hastig auf Servietten gekritzelt, werden die erfolgreichen Unternehmen von morgen. Historisch hat diese Region nicht viel zu bieten, dafür kann man in hochdynamischen Städten wie Seattle und Portland einen Blick in die Zukunft werfen. Bekannt sind diese beiden Städte auch für Food Carts und Straßenbahnen, Kleinbrauereien und Kaffeekultur, grüne Lungen am Stadtrand und Skulpturen in den Straßen.

Der Nordwesten lockt mit seiner unglaublich sauberen Luft, die man am liebsten in Flaschen mit nach Hause nehmen möchte. Und mit der Küste am Westende des Kontinents, an der man die kraftvolle Weite des größten Ozeans der Welt erlebt und es Bäume gibt, die älter sind als die Renaissancepaläste in Italien.

Reisezeit

Seattle

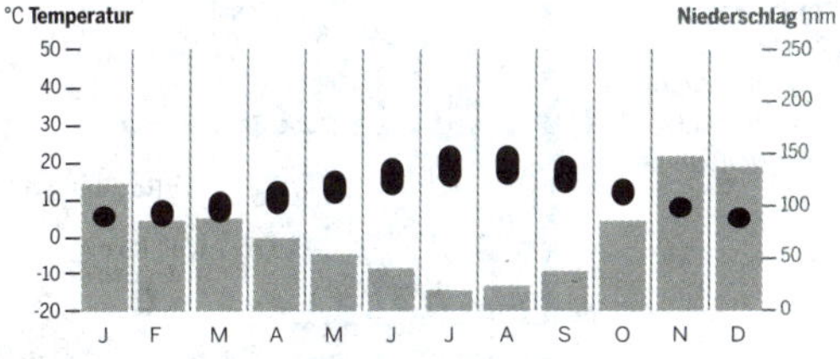

Jan.–März Schneesicherste Zeit zum Skifahren in den Cascades und deren Umgebung.

Mai Festival-Saison: Portland Rose, International Film Festival und viele mehr.

Juli–Sept. Beste Zeit zum Wandern: zwischen der Schneeschmelze und den ersten Herbststürmen.

Highlights

1 San Juan Islands (S. 416) In den ruhigeren Ecken Rad und Kajak fahren

2 Oregon Coast (S. 445) Die traumhafte Region vom malerischen Astoria bis zum entzückenden Port Orford erkunden

3 Olympic National Park (S. 411) Bäume bestaunen, die älter sind als die Renaissanceschlösser Europas

4 Pike Place Market (S. 396) Dem tollsten Freiluftspektakel im pazifischen Nordwesten beiwohnen

5 Portland (S. 426) Gestärkt mit Bier, Kaffee und Imbissleckereien durch die grünen, ruhigen Viertel schlendern

6 Crater Lake National Park (S. 445) Die unglaublich tiefblauen Gewässer und das malerische Panorama bewundern

7 Bend (S. 442) In diesem Outdoor-Mekka mountainbiken, klettern oder Ski fahren

8 Walla Walla (S. 424) In den umliegenden Weinregionen köstliche Rot- und Weißweine probieren

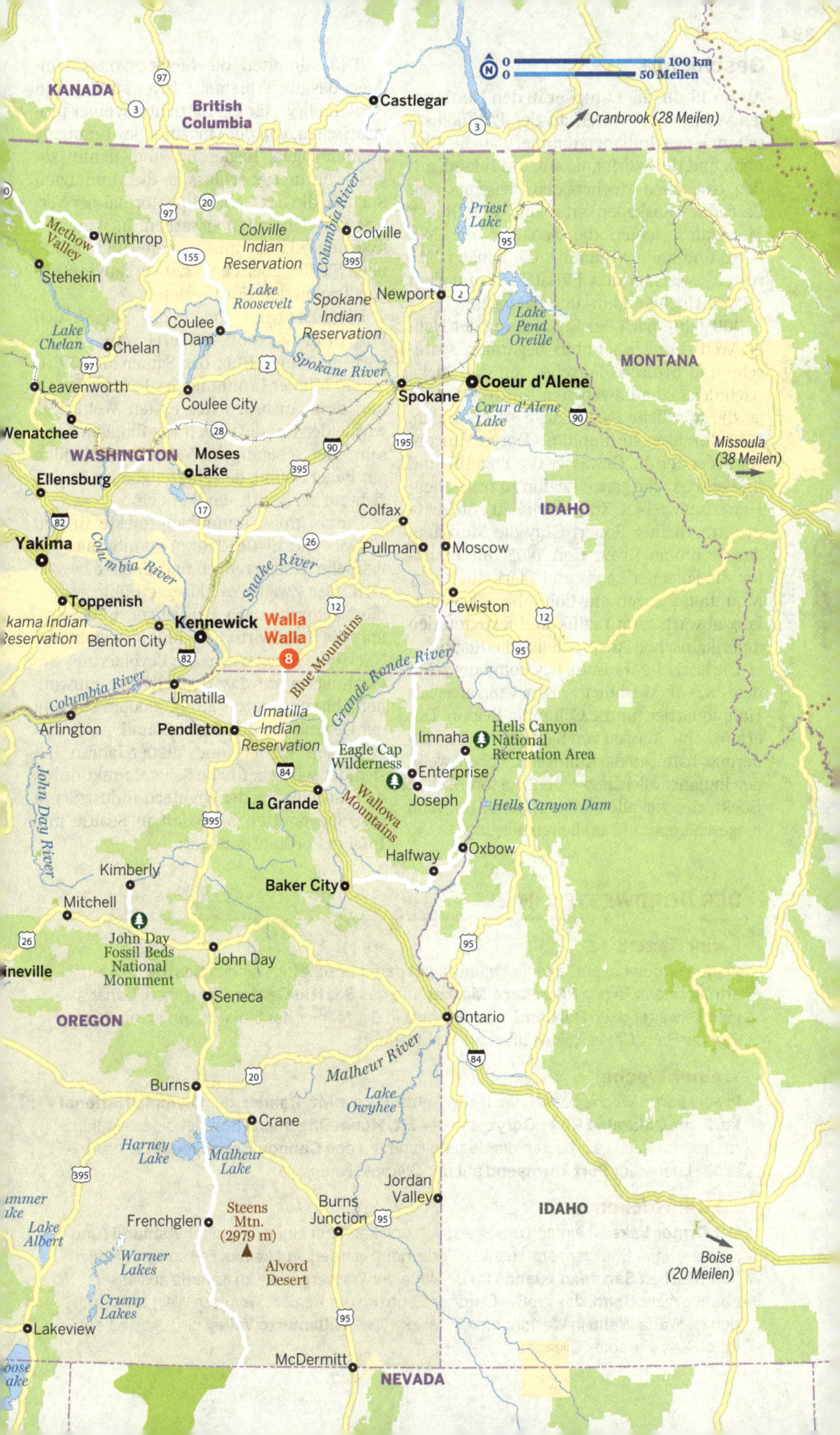

100 km
50 Meilen
KANADA
British Columbia
Castlegar
Cranbrook (28 Meilen)
Methow Valley
Winthrop
Stehekin
Colville Indian Reservation
Colville
Columbia River
Priest Lake
Lake Roosevelt
Spokane Indian Reservation
Newport
Lake Pend Oreille
Coulee Dam
Lake Chelan
Chelan
Spokane River
MONTANA
Leavenworth
Coulee City
Spokane
Coeur d'Alene
Cœur d'Alene Lake
Wenatchee
WASHINGTON
Moses Lake
Missoula (38 Meilen)
Ellensburg
Colfax
IDAHO
Yakima
Columbia River
Pullman
Moscow
Snake River
Toppenish
Lewiston
Yakama Indian Reservation
Kennewick
Walla Walla
Benton City
Blue Mountains
Grande Ronde River
Columbia River
Umatilla
Arlington
Pendleton
Umatilla Indian Reservation
Imnaha
Hells Canyon National Recreation Area
Eagle Cap Wilderness
Enterprise
Joseph
Hells Canyon Dam
La Grande
Wallowa Mountains
John Day River
Halfway
Oxbow
Kimberly
Baker City
Mitchell
John Day Fossil Beds National Monument
John Day
Prineville
Seneca
OREGON
Ontario
Malheur River
Burns
Lake Owyhee
Crane
Harney Lake
Malheur Lake
Jordan Valley
Burns Junction
IDAHO
Summer Lake
Lake Albert
Frenchglen
Steens Mtn. (2979 m)
Boise (20 Meilen)
Warner Lakes
Alvord Desert
Crump Lakes
Lakeview
McDermitt
Goose Lake
NEVADA

Geschichte

Als im 18. Jh. die Europäer in den Nordwesten vordrangen, waren an der Pazifikküste schon lange Indianerstämme wie die Chinook und die Salish ansässig. Im Inland, auf den trockenen Hochebenen zwischen den Cascades (Kaskadenkette) und den Rocky Mountains, lebten die Spokane, die Nez Percé und andere Stämme, die je nach Jahreszeit zwischen den Flusstälern und dem milden Hochland hin- und herzogen.

300 Jahre nach der Entdeckung der Neuen Welt durch Kolumbus begannen spanische und britische Forscher, auf der Suche nach der sagenumwobenen Nordwestpassage die nördliche Pazifikküste zu erkunden. 1792 durchsegelte Kapitän George Vancouver als erster die Gewässer des Puget Sound und erklärte die ganze Region zu britischem Herrschaftsgebiet. Zur selben Zeit entdeckte der Amerikaner Robert Gray die Mündung des Columbia River. Und 1805 durchquerten die Forscher Lewis und Clark die Rocky Mountains, zogen am Columbia River entlang abwärts zum Pazifik und festigten den amerikanischen Anspruch auf die Region.

Die britische Hudson's Bay Company gründete 1824 in Washington Fort Vancouver als Hauptquartier für die Columbia-Region. Das ermöglichte Massen von Siedlern die Zuwanderung, hatte auf die Kultur und Lebensweise der Indianer allerdings einen zerstörerischen Effekt, der vor allem vom Alkohol und von eingeschleppten Krankheiten ausging.

1843 stimmten die Siedler von Champoeg, das am Willamette River südlich von Portland liegt, für die Einrichtung einer provisorischen, von der Hudson's Bay Company unabhängigen Regierung und damit zugleich für den Anschluss an die Vereinigten Staaten, die das Gebiet 1846 formal per Vertrag von den Briten erwarben. Im Lauf des folgenden Jahrzehnts kamen rund 53 000 neue Siedler über den 3220 km langen Oregon Trail in den Nordwesten.

Die Eisenbahn ebnete der Region den Weg in die Zukunft. Bis 1914 waren Landwirtschaft und Holz die Säulen der Wirtschaft. Mit der Eröffnung des Panamakanals und dem Ausbruch des Ersten Weltkriegs wurde der Handel in den Pazifikhäfen dann sehr viel lebendiger. Werften entstanden am Puget Sound, der Flugzeugbauer Boeing richtete bei Seattle ein Werk ein.

Durch große Dammbauprojekte in den 1930er- und 1940er-Jahren konnte man billig Elektrizität erzeugen und Gebiete bewässern. Der Zweite Weltkrieg erhöhte erneut die Nachfrage nach Flugzeugen und Schiffen, die Landwirtschaft blühte weiter auf. Nach dem Krieg wuchs die Bevölkerung von Washington auf das Doppelte der Einwohnerzahl von Oregon an, besonders stark in der Gegend um den Puget Sound.

In den 1980er- und 1990er-Jahren hat sich der wirtschaftliche Schwerpunkt durch den Aufschwung der Hightech-Industrie mit den Speerspitzen Microsoft in Seattle und Intel in Portland verlagert.

DER NORDWESTEN IN ...

... vier Tagen

An den ersten beiden Tagen ist man vollauf damit beschäftigt, sich in **Seattle** die Hauptattraktionen wie den **Pike Place Market** und das **Seattle Center** anzusehen. Danach geht es weiter nach **Portland**, wo man ganz in der Manier der Einheimischen mit dem Rad die Bars, Cafés, Lokale und Läden abklappert.

... einer Woche

In eine ganze Woche passen noch Highlights wie der **Mt. Rainier**, der **Olympic National Park**, die **Columbia River Gorge** und der **Mt. Hood**. Oder man erkundet die spektakuläre Oregon Coast (am besten die Gegend rund um den **Cannon Beach**) oder die historische Hafenstadt **Port Townsend** auf der Olympic Peninsula.

... zwei Wochen

Der **Crater Lake** ist einfach unvergesslich und kann mit einem Trip nach **Ashland** (und zum dortigen Shakespeare-Festival) verbunden werden. Auf keinen Fall sollte man die himmlischen **San Juan Islands** in der Nähe der Wassergrenze zu Kanada auslassen, ebenso nicht **Bend**, das größte Outdoor-Zentrum der Region. Wer gern Wein trinkt, für den ist **Walla Walla** in Washington ein Mekka. Das **Willamette Valley** hingegen ist das Pinot-Noir-Paradies Oregons.

Produktion mit Wasserkraft und Bewässerungsanlagen entlang des Columbia River haben in den letzten paar Jahrzehnten das Ökosystem des Flusses bedroht, und auch die Holzgewinnung hat ihre Spuren hinterlassen. Gleichwohl hat die Region ihre Umweltbilanz verbessert, indem sie ein paar der umweltfreundlichsten Firmen des Landes angelockt hat und ihre Großstädte zu den grünsten der USA gemacht hat. In puncto Umweltschutz gehören die beiden Nordweststaaten zu den engagiertesten Regionen der USA.

Einheimische Kultur

Das stereotype Bild des Bewohners des amerikanischen Nordwestens zeigt ihn als lässig gekleideten, Café Latte schlürfenden Städter, der einen Hybridwagen fährt, die Demokraten wählt und einen iPod trägt, aus dem unermüdlich Grunge- und Indie-Musik à la Nirvana ertönt. Aber wie bei den meisten kurzlebigen Verallgemeinerungen ist die Wirklichkeit sehr viel komplexer.

Gewiss, Seattle und Portland, die urbanen Zentren des Nordwestens, sind für ihre feine Kaffeekultur und unzähligen kleinen Brauereikneipen bekannt. Aber weiter im Osten, im trockenen und weitaus weniger grünen Landesinneren, verläuft das Leben viel traditioneller als in den Städten an der Küste. Hier im Südosten Washingtons finden in den Kleinstädten, die sich entlang des Columbia River Valley und in den trockenen Steppen verstecken, wilde Rodeos statt, die Touristenzentren locken mit Cowboy-Kultur und ein Pott Kaffee ist einfach nur ein Pott Kaffee, der nichts mit dem neumodischen Chai Latte oder den Frappés zu tun hat, die in den Städten zelebriert werden.

Im Gegensatz zu der hart arbeitenden Ostküste der USA ist das Leben im Westen lockerer und weniger hektisch. Die Leute hier arbeiten um zu leben – und leben nicht um zu arbeiten. Nach einem verregneten Winter nutzen die Bewohner des pazifischen Nordwestens jede Entschuldigung, um aus dem Arbeitsalltag auszubrechen und einige Stunden (oder auch ganze Tage) im Freien zu verbringen. An den ersten Sommertagen Ende Mai oder Anfang Juni können Besucher einer wahren Völkerwanderung von enthusiastischen Wanderern und Radfahrern beiwohnen, die in die berühmten Nationalparks und in die Wildnis strömen, für die diese Region zu recht bekannt ist.

ℹ Anreise & Unterwegs vor Ort

AUTO

Am bequemsten kommt man mit dem Auto durch den Nordwesten. In der ganzen Region gibt es größere und kleinere Autovermietungen. Die I-5 ist die wichtigste Nord-Süd-Achse. In Washington führt die I-90 von Seattle ostwärts nach Spokane und Idaho. In Oregon zweigt die I-84 von Portland an der Columbia River Gorge gen Osten ab und führt nach Boise in Idaho.

BUS

Greyhound-Busse (www.greyhound.com) fahren entlang der I-5 von Bellingham im Norden Washingtons runter nach Medford im Süden Oregons. Es gibt auch Verbindungen zwischen den USA und Kanada. Ost-West-Verbindungen führen nach Spokane, Yakima, Tri-Cities (Kennewick, Pasco und Richland in Washington), Walla Walla und Pullman in Washington sowie nach Hood River und Pendleton in Oregon. Private Unternehmen fahren die meisten kleineren Dörfer und Städte in der Region an, oftmals mit Verbindungen zu Greyhound oder Amtrak.

FLUGZEUG

Der Seattle-Tacoma International Airport, kurz Sea-Tac genannt, und der Portland International Airport sind die größten Flughäfen der Gegend und bedienen viele nordamerikanische und einige internationale Reiseziele.

SCHIFF/FÄHRE

Die Washington State Ferries (www.wsdot.wa.gov/ferries) verbinden Seattle mit Bainbridge und den Vashon Islands. Weitere WSF-Routen führen von Whidbey Island nach Port Townsend auf der Olympic Peninsula und von Anacortes über die San Juan Islands nach Sidney in British Columbia (BC). Victoria Clipper (www.clippervacations.com) bietet Verbindungen von Seattle nach Victoria, BC, das auch von Port Angeles aus angesteuert wird. Fähren von Alaska Marine Highway (www.dot.state.ak.us/amhs) schippern von Bellingham, WA, nach Alaska.

ZUG

Amtrak (www.amtrak.com) bietet Verbindungen nach Vancouver, BC, im Norden und nach Kalifornien im Süden an und verbindet dabei Seattle, Portland und weitere große Stadtzentren mit den Cascades und den Coast-Starlight-Routen. Der berühmte *Empire Builder* fährt von Seattle und Portland (wird in Spokane zusammengeführt) ostwärts nach Chicago.

WASHINGTON

Der Bundesstaat Washington ist das Herz des pazifischen Nordwestens. Insofern findet man hier alles, was das Herz be-

KURZINFOS WASHINGTON

Spitzname Evergreen State

Bevölkerung 7,3 Mio.

Fläche 184 775 km²

Hauptstadt Olympia (49 218 Ew.)

Weitere Städte Seattle (668 342 Ew.), Spokane (212 052 Ew.), Bellingham (83 365 Ew.)

Verkaufssteuer 6,5 %

Geburtsort von Sänger und Schauspieler Bing Crosby (1903–1977), Gitarrist Jimi Hendrix (1942–1970), Computer-Guru Bill Gates (geb. 1955), Politikkommentator Glen Beck (geb. 1964), Musikikone Kurt Cobain (1967–1994)

Heimat des Mt. St. Helens, von Microsoft, Starbucks, Amazon und dem Evergreen State College

Politik Demokratische Gouverneure seit 1985

Berühmt für Grunge, Kaffee, *Grey's Anatomy*, *Twilight*, Vulkane, Äpfel, Wein, Niederschlag

Staatsgemüse Süßzwiebeln aus Walla Walla

Entfernungen Seattle–Portland 174 Meilen (280 km); Spokane–Port Angeles 365 Meilen (587 km)

gehrt – von der üppig grünen Olympic Peninsula bis hin zu den weißen Gipfeln der Cascade Mountains und den spritzigen San Juan Islands, an denen Wale vorüberziehen. Im Osten zeigt sich der Bundesstaat von einer ganz anderen Seite – eher rustikal als schick, mit weitem Himmel und endlosen Apfelplantagen. Die größte Stadt hier ist Seattle, aber auch andere Ecken wie Spokane, Bellingham und Olympia werden immer großstädtischer.

Seattle

Man nehme die Intelligenz von Portland in Oregon und paare sie mit der Schönheit von Vancouver in British Columbia – das Ergebnis dürfte in etwa so aussehen wie Seattle. Es ist kaum zu glauben, dass die größte Metropole des Nordwestens bis in die 1980er-Jahre nur als US-Stadt „zweiter Klasse" galt. Seitdem hat sie die Mischung aus wagemutiger Innovationsfreude und unerschrockenem Individualismus zu einem der größten Trendsetter der Dotcom-Ära gemacht, dessen Speerspitze aus dem unglaublichen Bündnis aus Café Latte schlürfenden Computerfreaks und selbstverliebten Musikern besteht.

Das mancherorts überraschend elegante, andernorts hypertrendige Seattle ist bekannt für den starken Zusammenhalt in den einzelnen Stadtvierteln, die erstklassige Universität, monströses Verkehrschaos und proaktive Bürgermeister, die sich als grüne Umweltpolitiker verdient machen. Auch wenn die Stadt in jüngster Zeit eine eigene Popkultur hervorgebracht hat, fehlt ihr noch der Mythos einer Metropole wie New York oder Paris. Immerhin hat es den „Berg". Der ist besser unter dem Namen Mt. Rainier bekannt und das alles und alle vereinende Symbol Seattles, ein 4392 m hohes Massiv aus Fels und Eis, das die Einwohner der Stadt permanent daran erinnert, dass die raue Wildnis und ein möglicherweise ausbrechender Vulkan direkt vor der Haustür liegen.

Sehenswertes

Downtown

★ **Pike Place Market** MARKT
(Karte S. 398; www.pikeplacemarket.org; 85 Pike St; Mo–Sa 9–18, So bis 17 Uhr; Westlake)
Dieser Markt ist ein buntes Potpourri aus Geräuschen, Gerüchen, Persönlichkeiten, Geplänkel und städtischem Treiben in exponierter Uferlage – eine Art Seattle in klein. Der seit 1907 existierende Markt ist noch immer so stimmungsvoll wie eh und je. Hier lernt man die Stadt so kennen, wie sie wirklich ist: allumfassend, vielseitig und absolut einzigartig. Dank der brandneuen Erweiterung gibt es neuerdings mehr Verkaufsfläche, wettergeschützte Bereiche, zusätzliche Parkplätze und Wohnungen für Senioren mit geringem Einkommen.

★ Seattle Art Museum MUSEUM

(SAM; Karte S. 398; ☎206-654-3210; www.seattleartmuseum.org; 1300 1st Ave; Erw./Student 24,95/14,95 US$; ⏲Mi & Fr–So 10–17, Do bis 21 Uhr; Ⓜ University St) Das Museum kann sich zwar nicht mit den ganz Großen in New York oder Chicago vergleichen, muss sich aber nicht verstecken. Die Kunstsammlung wird stetig mit Neuerwerbungen und Wanderausstellungen aufgefrischt. Das Museum ist vor allem für seine umfangreichen Artefakte amerikanischer Ureinwohner und die Arbeiten lokaler Künstler der Northwest School wie Mark Tobey (1890–1976) bekannt. Ebenfalls vertreten ist moderne amerikanische Kunst. Außerdem zeigt das Museum ein paar aufregende Wanderausstellungen (darunter auch Yayoi Kusamas „Infinity Mirrors").

★ Olympic Sculpture Park PARK, SKULPTUREN

(Karte S. 398; 2901 Western Ave; ⏲Sonnenaufgang–Sonnenuntergang; 🚌13) GRATIS Der 2007 unter großem örtlichen Zuspruch eröffnete Park ist ein smartes Stadterneuerungsprojekt und ein Außenposten des Seattle Art Museum. Der terrassenförmige, landschaftlich gestaltete Park liegt über den Eisenbahngleisen und bietet einen Ausblick auf den Puget Sound mit den Olympic Mountains in der Ferne. Jogger und Hundeausführer schlendern tagsüber über die kurvigen Wege und genießen dabei die mehr als 20 modernen Skulpturen am Wegesrand.

International District

Wing Luke Museum of the Asian Pacific American Experience MUSEUM

(Karte S. 398; ☎206-623-5124; www.wingluke.org; 719 S King St; Erw./Kind 17/10 US$; ⏲Di–So 10–17 Uhr; 🚊7th & Jackson/Chinatown) Dieses einzigartige Museum dokumentiert die Kultur der Einwanderer aus Asien und dem Pazifikraum. Der Schwerpunkt liegt dabei auf so heiklen Themen wie der Ansiedlung chinesischer Einwanderer in den 1880er-Jahren und der Internierung japanischstämmiger Einwohner im Zweiten Weltkrieg. Gezeigt werden diverse Wechselausstellungen wie zuletzt „A Day in the Life of Bruce Lee". Es gibt auch Kunstausstellungen und eine original erhaltene Wohnung von Einwanderern. Die Teilnahme an Führungen ist ebenfalls möglich; am ersten Donnerstag im Monat ist der Eintritt frei (bei verlängerten Öffnungszeiten bis 20 Uhr).

Seattle Center

Seattle Center WAHRZEICHEN

(Karte S. 398; ☎206-684-8582; www.seattlecenter.com; 400 Broad St; Ⓢ Seattle Center) Die Überbleibsel der futuristischen Weltausstellung, die 1962 als „Century 21 Exposition" stattfand, sind auch nach mehr als 50 Jahren noch im Zentrum von Seattle zu sehen. Die Expo 62 war mit 10 Mio. Besuchern ein voller Erfolg und konnte sogar (was damals nur selten vorkam) einen Gewinn verbuchen. Hollywood ließ sich sogar zu dem kitschigen Elvis-Film *Ob blond, ob braun* (1963) inspirieren. Dank regelmäßiger Modernisierungen konnte der Komplex seinen Glanz erhalten und umfasst die meisten der bedeutendsten Sehenswürdigkeiten der Stadt.

★ Space Needle WAHRZEICHEN

(Karte S. 398; ☎206-905-2100; www.spaceneedle.com; 400 Broad St; Erw./Kind 29/18 US$; ⏲Mo–Do 9.30–23, Fr & Sa bis 23.30, So 9–23 Uhr; Ⓢ Seattle Center) Der schnittige Turm war in puncto Modernität seiner Zeit weit voraus. Er wurde für die Weltausstellung von 1962 erbaut und ist seit über 50 Jahren das Wahrzeichen der Stadt. Die „Nadel" bildet das Zentrum des Komplexes, der heute Seattle Center genannt wird. Mit seinem Aussichtsdeck in Form einer fliegenden Untertasse und dem teuren Drehrestaurant lockt es jedes Jahr mehr als 1 Mio. Besucher an. Am besten kauft man ein Kombiticket mit dem Chihuly Garden & Glass für 49 US$.

★ Museum of Pop Culture MUSEUM

(Karte S. 398; ☎206-770-2700; www.mopop.org; 325 5th Ave N; Erw./Kind 25/16 US$; ⏲Juni–Aug.

SEATTLE CITYPASS

Wer eine Weile in Seattle bleibt und sich die Hauptsehenswürdigkeiten anschauen will, kann den **Seattle CityPASS** (www.citypass.com/seattle; Erw./Kind 4–12 Jahre 144/97 US$) kaufen. Der neun Tage gültige Pass gilt für fünf Attraktionen: die Space Needle, das Seattle Aquarium, die Argosy Cruises Seattle Harbor Tour, das Museum of Pop Culture *oder* den Woodland Park Zoo, das Pacific Science Center *oder* den Chihuly Garden & Glass. Man spart so rund 45 % der Eintrittskosten und muss nicht anstehen. Der Pass ist online und bei jeder dieser Sehenswürdigkeiten erhältlich.

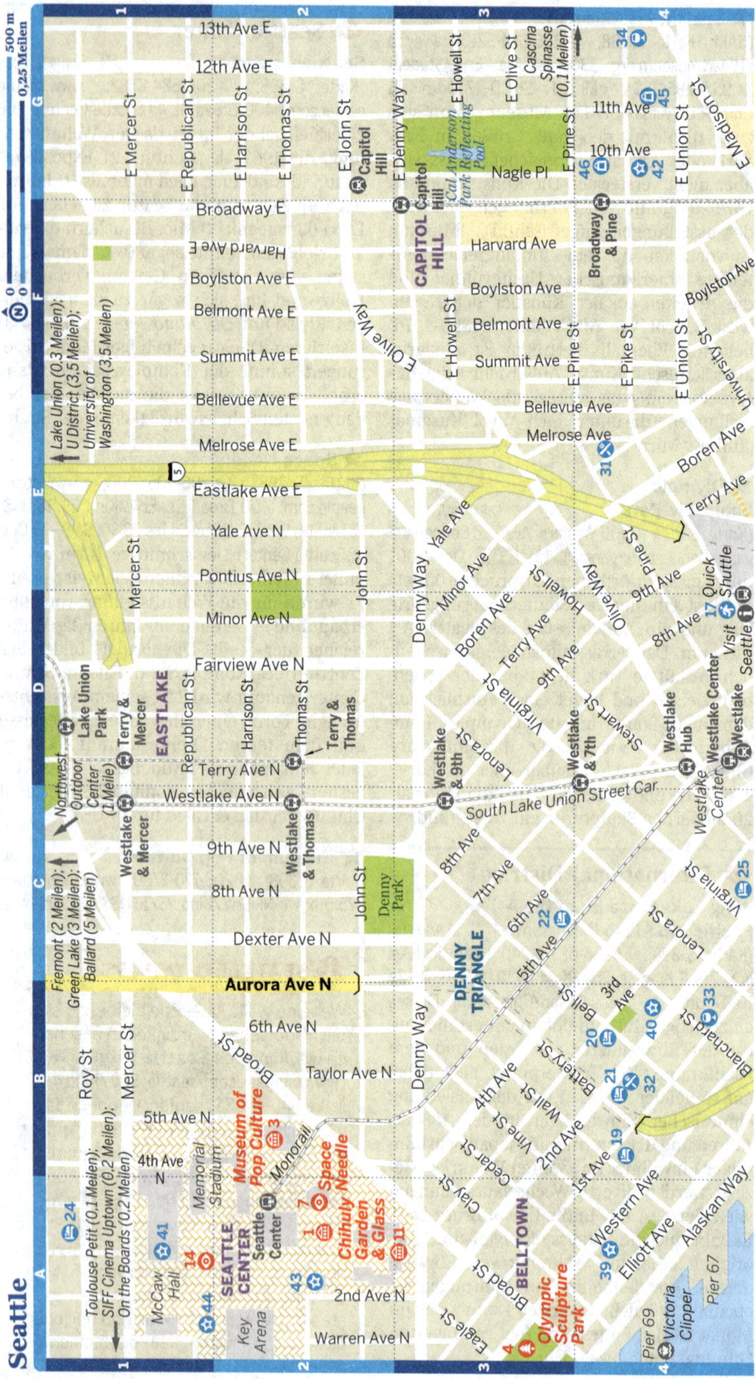
Seattle
500 m
0,25 Meilen
Lake Union (0,3 Meilen); U District (3,5 Meilen); University of Washington (3,5 Meilen)
Fremont (2 Meilen); Green Lake (3 Meilen); Ballard (5 Meilen)
Toulouse Petit (0,1 Meilen); SIFF Cinema Uptown (0,2 Meilen); On the Boards (0,2 Meilen)
Northwest Outdoor Center (1 Meile)
Cascina Spinasse (0,1 Meilen)
CAPITOL HILL
EASTLAKE
DENNY TRIANGLE
BELLTOWN
SEATTLE CENTER
Museum of Pop Culture
Space Needle
Chihuly Garden & Glass
Olympic Sculpture Park
Cal Anderson Park Reflecting Pool
Denny Park
Lake Union Park
McCaw Hall
Key Arena
Memorial Stadium
Seattle Center
Monorail
South Lake Union Street Car
Westlake & Mercer
Terry & Mercer
Westlake & Thomas
Terry & Thomas
Westlake & 9th
Westlake & 7th
Westlake Hub
Westlake Center
Westlake
Capitol Hill
Broadway & Pine
Visit Seattle
Quick Shuttle
Pier 67
Pier 69
Victoria Clipper
13th Ave E
12th Ave E
E Mercer St
E Republican St
E Harrison St
E Thomas St
E John St
E Denny Way
E Howell St
E Olive St
E Pine St
11th Ave
10th Ave
Nagle Pl
E Union St
E Madison St
Broadway E
Harvard Ave E
Harvard Ave
Boylston Ave E
Boylston Ave
Belmont Ave E
Belmont Ave
Summit Ave E
Summit Ave
Bellevue Ave E
Bellevue Ave
Melrose Ave E
Melrose Ave
E Olive Way
E Pike St
University St
Boren Ave
Terry Ave
Eastlake Ave E
Yale Ave N
Yale Ave
Pontius Ave N
Minor Ave N
Minor Ave
Fairview Ave N
Mercer St
Republican St
Harrison St
Thomas St
John St
Denny Way
Howell St
Olive Way
Pine St
9th Ave
8th Ave
Terry Ave N
Westlake Ave N
9th Ave N
8th Ave N
Dexter Ave N
Aurora Ave N
6th Ave N
Taylor Ave N
5th Ave N
4th Ave N
2nd Ave N
Warren Ave N
Roy St
Broad St
Virginia St
Lenora St
Stewart St
7th Ave
6th Ave
5th Ave
3rd Ave
Bell St
Blanchard St
Battery St
Wall St
Vine St
Cedar St
Clay St
Eagle St
4th Ave
2nd Ave
1st Ave
Western Ave
Elliott Ave
Alaskan Way
5
1 2 3 4 A B C D E F G
3 4 7 1 11 14 17 19 20 21 22 24 25 31 32 33 34 39 40 41 42 43 44 45 46

12th Ave
Broadway & Marion
Seattle University
E Cherry St
E Jefferson St
Broadway & Terrace
11th Ave
10th Ave
E Spruce St
E Fir St
Boren Ave
Yesler Terrace
10th Ave
S Main St
Little Saigon
S Jackson St
S King St
12th Ave S
INTERNATIONAL DISTRICT
Broadway
Minor Ave
Spring St
Terry Ave
Marion St
Columbia St
Cherry St
James St
Jefferson St
Terry Ave
Alder St
9th Ave
Harborview Park
E Yesler Way
Kobe Terrace Park
7th & Jackson/ Chinatown
16
8th Ave S
7th Ave S
Maynard Ave S
35
Union Station
S King St
S Weller St
S Lane St
Hubbell Pl
9th Ave
8th Ave
7th Ave
6th Ave
5th Ave
8
15
5th & Jackson/ Japantown
S Washington St
4th Ave S
30
King St Station (Amtrak)
PIONEER SQUARE (0,3 Meilen)
Bellair Airporter Shuttle
38
7th Ave
6th Ave
Freeway Park
6th Ave
DOWNTOWN
4th Ave
Marion St
Columbia St
Cherry St
James St
2nd Ave S
2
36
Occidental Ave S
1st Ave S
S King St
University St
University Street
23
Seneca St
Spring St
Madison St
2nd Ave
1st Ave
Pioneer Square
12
Yesler Way
Klondike Gold Rush National Historical Park
10
S Main St
Occidental Mall
S Jackson St
Alaskan Way Viaduct
Alaskan Way S
4th Ave
3rd Ave
Union St
Pike St
Pine St
2nd Ave
Seattle Art Museum
6
9
Western Ave
Alaskan Way
Pier 53
Pier 52
Pier 51
Pier 50
Pier 48
Stewart St
1st Ave
Western Ave
26
27
5
Pike Place Market
37
28
29
18
13
Pier 58
Pier 57
Pier 56
Pier 55
Pier 54
Washington State Ferries (zur Bainbridge Island)
Piers 59 & 60
Piers 62 & 63
THE WATERFRONT
Pier 66 (Bell St Pier)
Elliott Bay

Seattle

Highlights
1 Chihuly Garden & Glass ... A2
2 Klondike Gold Rush National Historical Park ... E8
3 Museum of Pop Culture ... B2
4 Olympic Sculpture Park ... A3
5 Pike Place Market ... C5
6 Seattle Art Museum ... D6
7 Space Needle ... A2

Sehenswertes
8 Columbia Center ... E6
9 Hammering Man ... C6
10 Occidental Park ... D7
11 Pacific Science Center ... A3
12 Pergola ... D7
13 Seattle Aquarium ... C6
14 Seattle Center ... A1
15 Smith Tower ... E7
16 Wing Luke Museum of the Asian Pacific American Experience ... F8

Aktivitäten, Kurse & Touren
17 Seattle Cycling Tours ... D4
18 Seattle Free Walking Tours ... C5

Schlafen
19 Ace Hotel ... B4
20 Belltown Inn ... B4
21 City Hostel Seattle ... B4
22 Hotel Five ... C3
23 Hotel Monaco ... D6
24 Maxwell Hotel ... A1
25 Moore Hotel ... C4
26 Thompson Seattle ... C5

Essen
27 Crumpet Shop ... C5
28 Le Pichet ... C5
29 Piroshky Piroshky ... C5
30 Salumi Artisan Cured Meats ... E8
31 Sitka & Spruce ... E4
32 Tavolàta ... B4
Upper Bar Ferdinand ... (siehe 45)

Ausgehen & Nachtleben
33 Clouburst Brewing ... B4
34 Elysian Brewing Company ... G4
35 Panama Hotel Tea & Coffee House ... F8
36 Zeitgeist Coffee ... E8
37 Zig Zag Café ... C5

Unterhaltung
38 A Contemporary Theatre ... D5
39 Big Picture ... A4
40 Crocodile ... B4
41 Intiman Theatre Festival ... A1
42 Neumo's ... G4
43 Seattle Children's Theater ... A2
44 SIFF Film Center ... A1

Shoppen
45 Chophouse Row ... G4
46 Elliott Bay Book Company ... G4

10–19 Uhr, Sept.–Mai bis 17 Uhr; S Seattle Center) Das Museum für Popkultur (ehemals EMP, „Experience Music Project") ist ein inspirierendes Zusammenspiel aus super-moderner Architektur und legendärer Rock-and-Roll-Geschichte. Die Idee für das Museum stammt von Paul Allen, dem Mitbegründer von Microsoft, der das Ganze auch finanziert hat. Den Rahmen bildet ein Avantgarde-Bau des kanadischen Architekten Frank Gehry. Besucher können hier in Seattles berühmte Musik (mit offensichtlichem Hang zu Jimi Hendrix und Grunge) eintauchen oder im Interactive Sound Lab den Meistern nacheifern.

★ Chihuly Garden & Glass MUSEUM
(Karte S. 398; ☎206-753-4940; www.chihulygardenandglass.com; 305 Harrison St; Erw./Kind 24/14 US$; ⏲So–Do 10–20, Fr & Sa bis 21 Uhr; S Seattle Center) Das 2012 eröffnete Museum bestätigt die Stellung Seattles als das Venedig Nordamerikas. Die ausgezeichnete Ausstellung zum Leben und Werk des energiegeladenen einheimischen Bildhauers Dale Chihuly ist die wohl beste Sammlung von Glaskunst, die man je zu Gesicht bekommt. Sie zeigt Chihulys kreative Entwürfe in einer Abfolge von dunkel und hell beleuchteten Räumen, bevor man in ein luftiges Glasatrium und schließlich in einen Landschaftsgarten im Schatten der Space Needle geleitet wird. Ein Höhepunkt des Museumsbesuchs ist die Glasbläser-Vorführung.

Capitol Hill

Millionäre und Punk-Musiker – das wohlhabende und liberale Capitol Hill ist zu Recht bekannt für alternative Musik, experimentelles Theater, unabhängige Cafés und eine sehr lebendige Schwulen- und Lesbenszene. Hier kann man seinem Hund ein Kräuterbad spendieren, auf dem Broadway ethnisches Kunsthandwerk erstehen und sich im kunterbunten Pike-Pine Corridor unter junge Punks und alte Hippies mischen (oder auch nicht). Der Straßenzug zwischen Broadway und E John St ist das Epizentrum des Stadtteils, um das sich unzählige Restaurants, Brauereikneipen, Boutiquen und schummrige (aber nicht schmuddelige) Bars drängen.

Fremont

In Fremont mischen sich in einem ungewöhnlichen städtischen Bündnis junge Hipster unter alte Hippies. Die Gegend konkurriert mit Capitol Hill um den Titel als Seattles respektlosestes Viertel. Sie ist voller Ramschläden und städtischer Skulpturen und hat einen gesunden Sinn für die eigene Schrullen.

Fremont Troll SKULPTUREN
(Ecke N 36th St & Troll Ave; 62) Die ausgefallene Plastik in Form eines Trolls lauert unterhalb des nördlichen Endes der Aurora Bridge an der N 36th St. Mit dem Troll gingen die Künstler Steve Badanes, Will Martin, Donna Walter und Ross Whitehead 1990 bei einem vom Fremont Arts Council gesponserten Kunstwettbewerb als Sieger hervor. Die 5,5 m große Zementfigur, die mit ihrer Hand einen VW-Käfer zerquetscht, ist mittlerweile ein beliebter Platz für nächtliche Biergelage.

Waiting for the Interurban DENKMAL
(Ecke N 34th St & Fremont Ave N; 62) Seattles beliebtestes öffentliches Kunstwerk *Waiting for the Interurban* wurde aus recyceltem Aluminium gegossen. Es stellt eine Figurengruppe von sechs Menschen dar, die auf einen Zug warten, der niemals kommt. Hin und wieder kleiden die Einwohner die Menschengruppe liebevoll ein, je nach Anlass – dem Wetter, einem Geburtstag oder einem Sieg der Baseballmannschaft Mariners. Das eindeutig menschliche Antlitz des Hundes trägt die Gesichtszüge von Armen Stepanian, dem ehemaligen Bürgermeister von Fremont, der es gewagt hatte, die Skulptur abzulehnen.

Der U-District

Im U-dub, einem Viertel voller junger, lernbegieriger Auswärtiger, ist der wunderschöne, grüne Campus der **University of Washington** (www.washington.edu; University of Washington) direkt neben der schäbigeren „Ave" platziert, einer ungewöhnlichen Straße mit billigen Boutiquen, Spelunken und Ethno-Restaurants.

Burke Museum MUSEUM
(206-543-5590; www.burkemuseum.org; Ecke 17th Ave NE & NE 45th St; Erw./Kind 10/7,50 US$, 1. Do im Monat Eintritt frei; 10–17, 1. Do im Monat bis 20 Uhr; 70) Das interessante Museum widmet sich der Naturgeschichte und den indigenen Kulturen der Pazifikküste. In der Etage, wo auch der Eingang ist, findet man die wohl beste naturgeschichtliche Sammlung Washingtons mit Schwerpunkt auf Geologie und Evolution des Staates. Es zeigt eindrucksvolle Fossilien, darunter einen 20 000 Jahre alten Säbelzahntiger. Im Untergeschoss ist die Ausstellung „Pacific Voices" mit kulturellen Artefakten aus dem pazifischen Raum untergebracht. Das Highlight des Museums ist die hervorragende Sammlung aus dem pazifischen Nordwesten mit ein paar spektakulären Kwakwaka'wakw-Masken aus British Columbia.

Ballard

Ballard ist eine ehemalige Seefahrergemeinde mit spürbarem skandinavischem Erbe. Hier fühlt man sich immer noch wie in einer kleinen Stadt, die von einer größeren umschlossen wird. Das Viertel ist traditionell rau, nüchtern und unkommerziell. Und obwohl hier langsam immer mehr moderne Wohnungen entstehen, ist es immer noch ein guter Ort, um ein handgebrautes Bier zu trinken oder sich eine Liveband anzusehen.

★**Hiram M Chittenden Locks** KANAL
(3015 NW 54th St; 7–21 Uhr; 40) GRATIS An sonnigen Tagen schimmert Seattle rund um diese Schleuse wie ein impressionistisches Gemälde. Hier stürzt das Süßwasser des Lake Washington und des Lake Union fast 7 m hinab ins Salzwasser des Puget Sound. Man kann quasi direkt danebenstehen und beobachten, wie die Boote hinauf oder hinab (je nach Richtung) gelassen werden. Der Bau des Kanals mit der Schleuse begann 1911; heute passieren jährlich rund 100 000 Boote die Schleuse. Besucher können an der Fischtreppe durch die Glasplatten einen Blick auf das Treiben unter Wasser werfen, durch den botanischen Garten schlendern und ein kleines Museum besuchen.

Aktivitäten

Radfahren

Trotz des häufigen Regens und des hügeligen Geländes ist in der Region Seattle das Radfahren als Fortbewegungsart sowie als Freizeitsport sehr beliebt.

In der Stadt gibt es auf vielen Straßen auch eine Spur für Fahrradfahrer, die grün markiert ist. Die Radwege sind gut in Stand gehalten, und die freundliche, enthusiastische Radfahrergemeinde teilt sich gern die Straße mit anderen Radlern. Der 32 km lange, gewundene **Burke-Gilman Trail** ist ein sehr beliebter Radweg, der von Ballard zum

Log Boom Park in Kenmore in Seattles Eastside führt. Dort geht er in den 18 km langen **Sammamish River Trail** über, der sich am Weingut Chateau Ste Michelle in Woodinville vorbeischlängelt, ehe er am Marymoor Park in Redmond endet.

Weitere gute Orte zum Radfahren befinden sich auf dem Rundweg um den Green Lake (überfüllt), am Alki Beach (hervorragend) oder näher an der Innenstadt durch den malerischen Myrtle Edwards Park.

Wer in Seattle Rad fahren will, sollte sich die *Seattle Bicycling Guide Map* besorgen, die online und in Fahrradläden erhältlich ist.

Einen Fahrradverleih und Radtouren gibt's u.a. bei **Recycled Cycles** (206-547-4491; www.recycledcycles.com; 1007 NE Boat St; Verleih ab 40 US$/Tag; Mo–Fr 10–19, Do bis 20, Sa & So 10–18 Uhr; 70) und **Seattle Cycling Tours** (Karte S. 398; 206-356-5803; www.seattle-cycling-tours.com; 714 Pike St; Tour ab 55 US$; 10).

Wassersport

Seattle hat nicht nur ein dichtes Radwegenetz – das an Venedig erinnernde Zentrum ist von einer Vielzahl Wasserwege durchzogen, auf denen man prima paddeln kann. So verbindet der **Lakes to Locks Water Trail** den Lake Sammamish nicht nur mit dem Lake Washington und dem Lake Union, sondern über die Hiram M Chittenden Locks auch mit dem Puget Sound. Karten und Infos zu den Einstiegstellen gibt's auf der Website der Washington Water Trails Association (www.wwta.org).

Northwest Outdoor Center KAJAKFAHREN
(206-281-9694; www.nwoc.com; 2100 Westlake Ave N; Verleih Kajak/Stehpaddelbrett 16/18 US$/Std.; April–Sept. Mo–Fr 10–20, Sa & So 9–18 Uhr, Okt.–März Mo & Di geschl.; 62) Der am Westufer des Lake Union gelegene Anbieter verleiht Kajaks und Stehpaddelbretter. Außerdem bietet er auch Touren und Einführungen ins Meer- und Wildwasserkajakfahren.

Geführte Touren

★ **Seattle Free Walking Tours** STADTSPAZIERGANG
(Karte S. 398; www.seattlefreewalkingtours.org) GRATIS Das gemeinnützige Unternehmen wurde 2012 von zwei Weltenbummlern aus Seattle gegründet, die beeindruckt waren von den kostenlosen Stadtführungen in diversen europäischen Städten. Sie veranstalten verschiedene Touren, darunter einen intimen zweistündigen Bummel zum Pike Pl, zur Uferpromenade und zum Pioneer Square. Die verschiedenen Startzeiten und Treffpunkte der Führungen überprüft man online.

Seattle by Foot STADTSPAZIERGANG
(206-508-7017; www.seattlebyfoot.com; ab 30 US$/Pers.) Der Anbieter hat eine Handvoll an Touren im Programm. Ein Muss ist der Coffee Crawl, bei dem man das echte Seattle erlebt, dabei mit reichlich Koffein versorgt wird, die Nuancen der Milchschaumkunst kennenlernt und die Geschichte hinter dem Aufstieg von Starbucks erfährt. Die Tour kostet 30 US$ inklusive Kostproben; Anmeldung ist von Donnerstag bis Sonntag ab 9.50 Uhr am **Hammering Man** (Karte S. 398; University St) vor dem Seattle Art Museum.

Feste & Events

Seattle International Film Festival FILM
(SIFF; www.siff.net; Mai–Juni) Das prestigeträchtige, dreiwöchige Filmfestival von

SEATTLE MIT KINDERN

Mit Kindern sollte man schnurstracks – und möglichst mit der Monorail – zum Seattle Center fahren. Hier lassen Imbisswagen, Straßenkünstler, Springbrunnen und Grünflächen keine Langeweile aufkommen. Ein absolutes Muss ist das **Pacific Science Center** (Karte S. 398; 206-443-2001; www.pacificsciencecenter.org; 200 2nd Ave N; nur Ausstellungen Erw./Kind 19,75/14,75 US$; Mo–Fr 10–17, Sa & So bis 18 Uhr; ; S Seattle Center), das mit Virtual-Reality-Exponaten, Lasershows, Hologrammen, einem IMAX-Kino und einem Planetarium unterhält und bildet. Auch die Eltern langweilen sich hier nicht.

Downtown am Pier 59 erfährt man im **Seattle Aquarium** (Karte S. 398; 206-386-4300; www.seattleaquarium.org; 1483 Alaskan Way; Erw./Kind 24,95/16,95 US$; 9.30–17 Uhr; ; University St) auf lustige Art etwas über die Natur des pazifischen Nordwestens. Noch besser ist der **Woodland Park Zoo** (206-548-2500; www.zoo.org; 5500 Phinney Ave N; Erw./Kind Mai–Sept. 20,95/12,95 US$, Okt.–April 14,95/9,95 US$; Mai–Sept. 9.30–18 Uhr, Okt.–April bis 16 Uhr; ; 5) im Viertel Green Lake, eine der größten Touristenattraktionen Seattles, die beständig zu den zehn besten Zoos der USA gerechnet wird.

Mitte Mai bis Anfang Juni nimmt ein halbes Dutzend Kinos in Beschlag und präsentiert mehr als 400 Filme. Zu den großen Veranstaltungsorten gehören das Egyptian Cinema in Capitol Hill, das **SIFF Cinema Uptown** (☎206-285-1022; 511 Queen Anne Ave N; 🚌13) in Lower Queen Anne und das festivaleigene **SIFF Film Center** (Karte S. 398; ☎206-324-9996; Northwest Rooms; S Seattle Center) im Seattle Center.

Seafair VOLKSFEST
(www.seafair.com; ⏲Juni–Aug.) Dieses Fest auf dem Wasser zieht von Mitte Juni bis Mitte August mit einer Piratenlandung, einem Fackelumzug, einer Flugschau, einem Musikmarathon und sogar einem Milk Carton Derby (selber nachschlagen!) die Massen an.

Bumbershoot DARSTELLENDE KUNST
(www.bumbershoot.com; 3-Tages-Ticket ab 249 US$; ⏲Sept.) Eine Menge Leute – nicht nur Einheimische – würden sagen, dass dies eines der besten Kunstfestivals in Seattle ist. Das Bumbershoot ist ein großes Kunst- und Kulturereignis im Seattle Center am Labor-Day-Wochenende im September. Es gibt Livemusik, Comedy, Theater, bildende Kunst und Tanz, aber auch Menschenmassen und völlig überfüllte Hotels. Rechtzeitig buchen!

Schlafen

Im Sommer, wenn die Hotels voll sind und die Preise durch die Decke schießen, unbedingt im Voraus buchen.

City Hostel Seattle HOSTEL $
(Karte S. 398; ☎206-706-3255; www.hostelseattle.com; 2327 2nd Ave; B/DZ ab 33/99 US$; 🚭@📶; 🚊Westlake) Bunte Wandgemälde von einheimischen Künstlern zieren die Wände in allen Zimmern des gut gelegenen „Art Hostels" im Boutique-Stil. Es gibt auch einen Gemeinschaftsraum, einen Whirlpool, ein hauseigenes Kino und ein „All-you-can-eat"-Frühstück. Die Schlafsäle (einige davon nur für Frauen) sind mit vier bis sechs Betten bestückt. Es gibt aber auch ein paar private Zimmer, teilweise mit Gemeinschaftsbad.

Ace Hotel HOTEL $$
(Karte S. 398; ☎206-448-4721; www.acehotel.com; 2423 1st Ave; Zi. mit Gemeinschaftsbad/eigenem Bad ab 129/239 US$; P🚭❄📶🐾; 🚌13) Dies ist die Originaladresse der hochstilisierten Ace-Hotelkette. Das Hotel besticht durch modernes Dekor im neuindustriellen Stil, Bäder mit Schiebetüren und Pendleton-Wolldecken. Getreu seinem ursprünglichen Ethos ist das Hotel wirtschaftlich, aber trendy, vor allem, wenn man nichts dagegen hat, sich das Bad mit anderen zu teilen. Manche Zimmer haben sogar Plattenspieler, was den Reiz noch verstärkt.

INSIDERWISSEN

HÖHER ALS DIE SPACE NEEDLE

Alle strömen zur berühmten Space Needle, dabei ist sie gar nicht der höchste Aussichtspunkt in Seattle. Diese Ehre gebührt dem geschmeidigen **Columbia Center** (Karte S. 398; ☎206-386-5564; www.skyviewobservatory.com; 701 5th Ave; Erw./Kind 14,75/9 US$; ⏲10–20 Uhr; 🚊Pioneer Sq) mit seinen 76 Etagen und einer Höhe von 285 m. Ein Aufzug bringt Besucher kostenlos von der Lobby in die 40. Etage, wo es ein Starbucks gibt. Von dort geht's mit einem anderen Aufzug hinauf zum schicken Sky View Observatory im 73. Stock: Von hier aus blickt man auf die Fähren, Autos, Inseln, Dächer – und die Space Needle! – hinunter!

Hotel Five BOUTIQUEHOTEL $$
(Karte S. 398; ☎206-448-0924; www.hotelfiveseattle.com; 2200 5th Ave; Zi. ab 212 US$; P🚭❄📶; 🚌13) In diesem trendigen Hotel sorgen Retromöbel aus den 1970er-Jahren und schrille Farbakzenten für ein umwerfend modernes Ambiente. Die superbequemen Betten helfen garantiert bei Schlaflosigkeit und der große Empfangsbereich eignet sich hervorragend zum Chillen, vor allem nachmittags, wenn kostenlose Cupcakes und Kaffee serviert werden.

Belltown Inn HOTEL $$
(Karte S. 398; ☎206-529-3700; www.belltown-inn.com; 2301 3rd Ave; Zi. ab 206 US$; 🚭❄@📶; 🚊Westlake) Das verlässliche Belltown Inn ist ein beliebtes Mittelklassehotel – solide, wenn auch nicht besonders reizvoll. Es gibt eine Dachterrasse, kostenlose Leihfahrräder und einige Zimmer mit Kochnische. Die Innenstadt und das Seattle Center sind leicht fußläufig zu erreichen.

Moore Hotel HOTEL $$
(Karte S. 398; ☎206-448-4851; www.moorehotel.com; 1926 2nd Ave; DZ mit Gemeinschaftsbad/eigenem Bad ab 99/117 US$; 📶; 🚊Westlake) Es ist zwar altmodisch und angeblich spukt es hier auch, doch das hippe und skurrile Moo-

re in zentraler Lage ist zweifellos die verlässlichste Bleibe, denn es bietet das ganze Jahr über viele schlichte, aber coole Zimmer zu gleichbleibenden Budgetpreisen. Neben der unschlagbaren Lage gibt's hier auch ein nettes Café im Erdgeschoss und Teppiche im Zebra- und Leopardenmuster.

★ Hotel Monaco BOUTIQUEHOTEL **$$$**
(Karte S. 398; ☎206-621-1770; www.monaco-seattle.com; 1101 4th Ave; DZ/Suite 339/399 US$; P @ ; University St) Das markante, von europäischer Eleganz geprägte Monaco in Downtown ist ein typisches Kimpton Hotel. Das illustre Foyer verrät, was die Gäste in den Zimmern erwartet: ausdrucksstarkes, grafisches Dekor und viele Extras (kostenlose Fahrräder, ein Fitnesscenter, kostenlose Weinproben, Yogamatten in den Zimmern).

★ Maxwell Hotel BOUTIQUEHOTEL **$$$**
(Karte S. 398; ☎206-286-0629; www.themaxwellhotel.com; 300 Roy St; Zi. ab 319 US$; P @ ; Rapid Ride D-Line) Das Maxwell im Viertel Lower Queen Anne hat eine riesige Designer-Lobby mit Bodenmosaik und witziger Möblierung, die die Gäste souverän willkommen heißt. Super-chic sind auch die 139 wunderbar modernen Zimmer mit Parkettböden und skandinavischen Betten. Es gibt auch einen kleinen Pool, einen Fitnessraum, kostenlose Leihfahrräder und Gratis-Cupcakes.

Thompson Seattle HOTEL **$$$**
(Karte S. 398; ☎206-623-4600; www.thompsonhotels.com/hotels/thompson-seattle; 110 Stewart St; DZ 309 US$; Bus, Stadtbahn University Street Station) Seit der Eröffnung im Frühsommer 2016 ist das Thompson Hotel bei Travellern und Einheimischen gleichermaßen beliebt. Die berühmten einheimischen Architekten von Olson Kundig gestalteten dieses schicke und moderne Boutiquehotel, von dem man einen weiten Blick auf den Puget Sound hat.

Essen

Das beste Essen zum kleinen Preis gibt's auf dem Pike Place Market (S. 396). Hier kann man aus frischen Erzeugnissen, Backwaren, Feinkost und Gerichten aus aller Welt auswählen – und das alles zum Mitnehmen.

★ Salumi Artisan Cured Meats SANDWICHES **$**
(Karte S. 398; ☎206-621-8772; www.salumicuredmeats.com; 309 3rd Ave S; Sandwich 10–14 US$; ⏲Mo nur zum Mitnehmen 11–13.30, Di–Fr bis 15.30 Uhr; International District/Chinatown) Mit einer Ladenfront, die gerade mal so breit wie ein Smart ist, und einer Fangemeinde, so groß wie die der Seattle Mariners, ist das Salumi für seine langen Warteschlangen bekannt. Aber das Warten lohnt sich definitiv für die legendären italienischen Salami- und Wurst-Sandwiches (auch mit gegrilltem Lamm, Schweineschulter oder Fleischbällchen), die einen an der Theke erwarten. Da muss man einfach zuschlagen! Dienstags gibt's meistens auch frische hausgemachte Gnocchi.

★ Piroshky Piroshky BÄCKEREI **$**
(Karte S. 398; www.piroshkybakery.com; 1908 Pike Pl; Snacks 3–6 US$; ⏲8–18 Uhr; Westlake) Das Piroshky serviert seine köstlichen süßen und salzigen russischen Kuchen und Pasteten in einem Lokal, das die Größe eines begehbaren Kleiderschrankes hat. Hervorragend sind die geräucherte Lachs- oder die Sauerkraut-Zwiebel-Pastete. Anschließend gibt's ein Schokoladen-Haselnuss-Gebäck oder eine frische Rhabarber-Pirogge.

★ Fonda la Catrina MEXIKANISCH **$**
(☎206-767-2787; www.fondalacatrina.com; 5905 Airport Way S; Hauptgerichte 9–14 US$; ⏲Mo–Do 11–22, Fr bis 23, Sa 10–23, So 10–22 Uhr; 124) Die Suche nach einem ordentlichen mexikanischen Restaurant in Seattle endet in Georgetown in diesem quirligen Lokal mit Tag-der-Toten-Deko, Wandgemälden im Stil von Diego Rivera und – was am wichtigsten ist – köstlichem Essen. Hier wird mehr als das übliche Trio aus Tacos, Burritos und Enchilada aufgetischt – das Catrina verleiht der Latino-Küche wahre Seele.

Das Highlight ist aber, dass es hier die wohl besten *moles poblanos* (typisch mexikanische Saucen) nördlich des Rio Grande gibt.

Crumpet Shop BÄCKEREI **$**
(Karte S. 398; ☎206-682-1598; www.thecrumpetshop.com; 1503 1st Ave; Teekuchen 3–6 US$; ⏲Mo, Mi & Do 7–15, Fr–So bis 16 Uhr; Westlake) In dieser legeren Bäckerei im Pike Place Market wird dem beliebten britischen *crumpet* (Teekuchen aus Hefe) eine amerikanische Note verliehen: mit aufwendigen Belägen wie Pesto, Wildlachs oder Zitronenquark. Der familiengeführte Crumpet Shop ist seit fast 40 Jahren im Geschäft. Die Bio-Zutaten verleihen dem Ganzen eine äußerst regionale Note; für von Heimweh geplagte Briten gibt es *Marmite* (Würzpaste).

★ Tavolàta ITALIENISCH **$$**
(Karte S. 398; ☎206-838-8008; 2323 2nd Ave; Pasta 17–21 US$, Hauptgerichte 24–28 US$; ⏲17–

NICHT VERSÄUMEN

PIONEER SQUARE

Besuchern aus Augsburg oder Köln wird es putzig erscheinen: Der Pioneer Square ist der älteste Stadtteil Seattles. Die meisten Gebäude stammen aus der Zeit nach dem Brand von 1889, einem verheerenden Inferno, dem 25 Straßenzüge zum Opfer fielen, darunter der gesamte Geschäftsbezirk. Die roten Backsteinhäuser wurden im sogenannten Richardson-Stil errichtet, einem von der Romanik inspirierten Architekturstil, der damals groß in Mode war. In den Anfangsjahren, als das Viertel dank des Wirtschaftsbooms florierte, wurde aus der Hauptstraße, der Yesler Way, die erste *skid row* – eine Anspielung auf die Holzstämme, die wie auf einer Rutsche zur Sägemühle von Henry Yesler unten am Pier gezogen wurden. Als es mit der Holzindustrie bergab ging, wurde die Straße zur Heimat der Obdachlosen. Seitdem bezeichnet der Ausdruck *skid row* in den USA heruntergekommene, von Armut geprägte Gegenden einer Stadt. Dem engagierten Einsatz der Öffentlichkeit ist es zu verdanken, dass das Viertel in den 1960er-Jahren nicht der Abrissbirne zum Opfer fiel und nun als Pioneer Square–Skid Road Historic District unter Denkmalschutz steht.

Heute ist der Stadtteil beides: historisch und heruntergekommen. Allerdings haben sich hier auch viele Kunstgalerien, Cafés und ein reges Nachtleben angesiedelt. Das Wahrzeichen des alten Stadtkerns ist der zweistöckige **Smith Tower** (Karte S. 398; ☎206-622-4004; www.smithtower.com; 506 2nd Ave; Observatoriumtickets ab 12 US$; ⏲10–22 Uhr; 🚇Pioneer Sq), der 1914 errichtet wurde und bis 1931 das höchste Gebäude westlich des Mississippis war. Weitere Highlights sind die **Pergola** von 1909 (Karte S. 398; Ecke Yesler Way & James St; 🚇Pioneer Sq), ein schmucker, schmiedeeiserner Unterstand, der an einen Eingang einer Pariser Metrostation erinnert, und der **Occidental Park** (Karte S. 398; zwischen S Washington & S Main Sts; 🚇Occidental Mall) mit dem vom Chinook-Künstler Duane Pasco geschnitzten Totempfählen.

Der **Klondike Gold Rush National Historical Park** (Karte S. 398; ☎206-553-3000; www.nps.gov/klse; 319 2nd Ave S; ⏲10–17 Uhr; 🚇Occidental Mall) GRATIS, eine Zweigstelle der Visitor Centers im Stadtzentrum, zeigt Ausstellungsstücke, Fotos und Zeitungsausschnitte aus der Zeit des Goldrauschs am Klondike River im Jahr 1897. In dieser Zeit deckten sich Schürfer in der Boomtown Seattle mit Vorräten ein, ehe sie ins Yukon Territory in Kanada weiterzogen.

23 Uhr; 🚌13) Das italienisch inspirierte Tavolàta gehört dem Starkoch Ethan Stowell, der in Seattle mehrere Restaurants betreibt. Das Lokal hat nur abends geöffnet und ist auf hausgemachte Pasta spezialisiert: Es gibt z.B. mit Wild gefüllte Ravioli und *linguine nero* (Muscheln mit schwarzer Pasta), die sich durchaus mit denen in Italien messen können!

★ **Toulouse Petit** CAJUN-KÜCHE, KREOLISCH $$
(☎206-432-9069; www.toulousepetit.com; 601 Queen Anne Ave N; Hauptgerichte abends 17–45 US$; ⏲Mo–Fr 9–2, Sa & So ab 8 Uhr; 🚌13) Das stets gut besuchte und gesellige Restaurant an der Queen Anne Avenue ist für seine großzügige Happy Hour, die preiswerten Brunchs und die ausgelassene Atmosphäre bekannt. Auf der langen und abwechslungsreichen Speisekarte finden sich Optionen wie gebratenes Rib-Eye-Steak, Süßwassergarnelen aus dem Golf und hausgemachte Gnocchi mit Artischockenherzen.

Le Pichet FRANZÖSISCH $$
(Karte S. 398; ☎206-256-1499; www.lepichetseattle.com; 1933 1st Ave; Hauptgerichte abends 21–24 US$; ⏲8–24 Uhr; 🚇Westlake) Gleich hügelaufwärts vom Pike Place Market liegt das Le Pichet, ein nettes und sehr französisches Bistro mit Pâtés, Käse, Wein, *chocolat* und raffiniertem Pariser Flair. Auf der Karte stehen Delikatessen wie Wildschweinschulter und Gänsestopfleber mit Enteneiern. Die Spezialität ist das Brathähnchen (45 US$) – allerdings muss man eine Wartezeit von einer Stunde mit einplanen.

Revel KOREANISCH, AMERIKANISCH $$
(☎206-547-2040; www.revelseattle.com; 403 N 36th St; kleine Teller 11–18 US$; ⏲Mo–Fr 11–14 & 17–22, Sa & So 10–14 & 17–22 Uhr; 🚌40) Das moderne Restaurant mit koreanisch-amerikanischer Küche (und einem Hauch französischem Einschlag) hat sich in Seattles Gastronomie schnell einen Namen gemacht – auch dank seiner einfachen Teller

zum Teilen. Bemerkenswert sind vor allem die Schweinebauch-Pfannkuchen, die mit Rippchen gefüllten Knödel und die diversen saisonalen Aufläufe; zu allem passen wunderbar ein oder zwei Cocktails.

★ Sitka & Spruce MODERN-AMERIKANISCH **$$$**
(Karte S. 398; ☎206-324-0662; www.sitkaandspruce.com; 1531 Melrose Ave; Teller 15–35 US$; ⏲Mo–Fr 11.30–14 & 17–22, Sa 10–14 & 17–23, So 10–14 & 17–21 Uhr; ; 10) Der König aller Locavore-Restaurants (die alle Produkte nur von lokalen Erzeugern beziehen) begann als Pilotprojekt des gefeierten einheimischen Starkochs Matt Dillon. Inzwischen ist das Sitka & Spruce mit seinem Landhausküchendekor und einer ständig wechselnden Speisekarte mit Zutaten aus Dillons eigener Farm auf Vashon Island eine Art Institution und Trendsetter geworden. Man kann sich auch diverse Kostproben wie hausgemachte Wurstsorten, Glocken-Morcheln oder Leber-Parfait mit gegrilltem Spargel gönnen.

Cascina Spinasse ITALIENISCH **$$$**
(☎206-251-7673; www.spinasse.com; 1531 14th Ave; Hauptgerichte 26–45 US$; ⏲So–Do 17–22, Fr & Sa bis 23 Uhr; 11) Das Spinasse hat sich auf die norditalienische Küche des Piemont spezialisiert und lässt erfolgreich die Atmosphäre einer italienischen Trattoria wieder auferstehen. Dementsprechend finden sich auf der Karte Gerichte wie *agnolotti* (mit Wild gefüllte Teigtaschen) in Rinderbrühe, Kalbfleisch in Thunsauce und erstklassiges Risotto (mit dem für die Region berühmten Arborio-Reis). Auf der erlesenen Weinkarte stehen auch die royalen Rotweine des Piemont: Barolo und Barbaresco.

Upper Bar Ferdinand AMERIKANISCH **$$$**
(Karte S. 398; ☎206-693-2434; www.barferdinandseattle.com; 1424 11th Ave; Hauptgerichte 45 US$; ⏲Di–Fr 16–23, Sa 13–23 Uhr) Das Ferdinand ist heimelig, rustikal, gemütlich, charmant und klassisch in einem. Es serviert asiatisch inspirierte, auf dem Feuer zubereitete Gerichte aus regionalen Produkten zu einer sorgsam abgestimmten Weinauswahl. Es befindet sich in der Chophouse Row (S. 409), ein paar Häuserblocks von dem originalen Weinladen Bar Ferdinand entfernt, und ist dank des innovativen Essens eine ganz besondere Weinbar.

Ausgehen & Nachtleben

Es fällt schwer, über das schlechte Wetter in Seattle zu jammern, wenn es die zwei besten Trostspender für Regentage – nämlich Kaffee und Bier – in solchem Überfluss gibt. Zweifellos ist Seattle ein einladender Ort für einen Drink, egal welcher Art. Den ohnehin schon komplexen Gebräuen frische Geschmacksrichtungen zu verleihen, ist eine neue Leidenschaft der Mikro-Destillerien und Mostereien.

★ Fremont Brewing Company BRAUEREI
(☎206-420-2407; www.fremontbrewing.com; 3409 Woodland Park Ave N; ⏲11–21 Uhr; ; 62) Die relativ neue Kleinbrauerei hält sich an den derzeitigen Trend und verkauft ihre Waren lieber im angeschlossenen Verkostungsraum als in einer richtigen Kneipe. Nicht nur das Bier ist himmlisch (sehr zu empfehlen ist das saisonale, im Bourbonfass gereifte Abominable), auch der schicke Verkostungsraum im Industriestil und der „urbane" Biergarten sind gesellige Räume, wo scheinbar das ganze Viertel an den Gemeinschaftstischen zusammenkommt.

★ Zeitgeist Coffee CAFÉ
(Karte S. 398; ☎206-583-0497; www.zeitgeistcoffee.com; 171 S Jackson St; ⏲Mo–Fr 6–19, Sa 7–19, So 8–18 Uhr; ; Occidental Mall) Das wohl beste (und auch überlaufenste) Indie-Café in Seattle hat u. a. feine *doppio macchiatos*, die zu den süßen Mandel-Croissants und anderen köstlichen Backwaren passen. Das trendig industrielle Ambiente mit Ziegelwänden und großen Fenstern eignet sich prima zum Leutebeobachten. Es gibt auch Suppen, Salate und Sandwiches.

★ Blue Moon BAR
(☎206-675-9116; www.bluemoonseattle.wordpress.com; 712 NE 45th St; ⏲Mo–Fr 14–2, Sa & So 12–2 Uhr; 74) Der legendäre Alternativ-Schuppen wurde erstmalig 1934 eröffnet, um die Aufhebung der Prohibitionsgesetze zu feiern. Die Bar hält viel auf ihre literarischen Gäste wie Dylan Thomas und Allen Ginsberg. Es ist hier ziemlich düster und unvorhersehbar, mit in die Sitze eingeritzten Graffitis und Punk-Poeten, die jederzeit aufspringen und einen Vortrag halten können. Häufig gibt's auch Livemusik.

Noble Fir BAR
(☎206-420-7425; www.thenoblefir.com; 5316 Ballard Ave NW; ⏲Di–Do 16–24, Fr & Sa bis 1, So 13–21 Uhr; 40) Das Noble Fir ist nicht nur eine Bar, sondern könnte fast auch als Reisebuchladen durchgehen. Insofern könnte die gut durchdachte hopfenreiche Bierkarte durchaus so manche haarsträubenden Rei-

sepläne z. B. in den Amazonas oder auch nur eine Erkundungstour durchs Ballard-Viertel beflügeln. Die helle, entspannte Bar hat eine Ecke voll mit Reiseführern und Karten, in der man seinen Drink auf Kisten abstellt.

Elysian Brewing Company KLEINBRAUEREI
(Karte S. 398; ☎206-860-1920; www.elysianbrewing.com; 1221 E Pike St; ⌚Mo–Fr 11.30–2, Sa & So 12–2 Uhr; 🚊Broadway & Pine) Das hauseigene Immortal IPA verkörpert die starken, bitteren, sehr hopfenhaltigen Biere, die für die Kleinbrauereien im pazifischen Nordwesten typisch sind, und sorgt mit seinem Alkoholgehalt von 6,3% für ein geselliges Publikum. Die Brauerei wurde zwar im Januar 2015 von Anheuser-Busch aufgekauft, betreibt aber in Seattle noch ein paar beliebte Kneipen wie diese (die originale Brauereikneipe von 1996) in Capitol Hill.

Zig Zag Café COCKTAILBAR
(Karte S. 398; ☎206-625-1146; www.zigzagseattle.com; 1501 Western Ave; Cocktails ab 10 US$; ⌚17–2 Uhr; 🚊University St) Wer ein Buch über die kulinarische Geschichte Seattles schreibt, muss ein Kapitel dem Zig Zag Café widmen. In Bezug auf richtige Cocktails ist diese Bar legendär: Hier wurde in den frühen 2000er-Jahren der während des Jazz Age beliebte, auf Gin basierende Cocktail „The Last Word" wieder populär gemacht. Der Cocktail wurde zur Mode, und die geschniegelten Barkeeper galten zu Recht als die besten Cocktail-Alchimisten der Stadt!

Cloudburst Brewing KLEINBRAUEREI
(Karte S. 398; ☎206-602-6061; www.cloudburstbrew.com; 2116 Western Ave; ⌚Mi–Fr 14–22, Sa 12–22, So bis 20 Uhr) Das geistige Kind von Steve Luke, dem ehemaligen experimentellen Brauereimeister von Elysian Brewing, hat sich schnell zu einem Liebling von Seattle entwickelt. Anknüpfend an Lukes erfolgreiche frühere Bier-Kreationen bietet das Cloudburst hopfenreiche Biere mit frechen Namen, und der minimalistische Verkostungsraum ist immer vollgepackt mit Bierfans, die gerne die Kleinbrauereien von Seattle unterstützen.

Panama Hotel Tea & Coffee House CAFÉ
(Karte S. 398; ☎206-515-4000; www.panamahotel.net; 607 S Main St; Tee ab 5 US$; ⌚8–21 Uhr; 🚊5th & Jackson/Japantown) Das sehr stimmungsvolle Teehaus im historischen Panama Hotel hat eine dermaßen altmodische Atmosphäre, dass man versucht ist, seinen Laptop gleich wieder wegzupacken (obwohl es hier auch WLAN gibt). Das denkmalgeschützte Gebäude von 1910 beherbergt das einzige verbliebene japanische Badehaus in den USA und dient gleichzeitig als Gedenkstätte für die japanischstämmigen Einwohner des Viertels, die während des Zweiten Weltkrieges in Internierungslager gepfercht wurden.

GRUNGE – DER PUNK VON DER WESTKÜSTE

Wie der Blitz an einem schwülen Nachmittag schlug der Grunge in den frühen 1990er-Jahren in Seattle ein. Die Mischung aus Wut und Angst der Generation X, gepaart mit einer fragwürdigen Einstellung zur Körperhygiene, gärte schon seit Jahren – nicht nur in Seattle, sondern auch in den ausgedehnten Vorstädten und Satellitenstädten. Einige führten das aufs Wetter, andere auf die isolierte geografische Lage des Nordwestens zurück. Aber egal: Mit dissonanten Tönen und düsteren, manchmal ironischen Texten stürmte eine ungleiche Reihe von Bands höhnisch auf die Bühne, um in einer Stadt, die von den bekannten tourenden Rockbands praktisch ignoriert wurde, eine neue Botschaft zu verkünden. Da waren Screaming Trees aus dem akademischen Ellensburg, die Melvins aus dem verregneten Montesano, Nirvana aus der Holzfällerstadt Aberdeen und Pearl Jam, dessen Bandmitglieder aus dem ganzen Land stammten.

Der Höhepunkt des Grunge kam im Oktober 1992, als Nirvana mit ihrem zweiten Album, dem gelungenen *Nevermind*, Michael Jackson von Platz eins der Charts verdrängten. Aber der Erfolg brachte den Untergang. Nach mehrjährigem Kampf gegen den Mainstream waren Nirvana und der Grunge schließlich ein Teil davon geworden. Die Medien stürzten sich darauf, Grunge-Mode-Seiten erschienen in der Vanity Fair, und Sänger aus Seattle, die noch grün hinter den Ohren waren, räusperten sich nur und bekamen schon einen Plattenvertrag. Viele schreckten zurück, am deutlichsten Nirvana-Sänger und -Songwriter Kurt Cobain, dessen Drogenexzesse 1994 mit seiner Selbsttötung in seinem neuen Haus in Madison Park endeten. Andere Bands kämpften weiter, aber der Funke, der so hell gelodert hatte, war erloschen. Mitte der 1990er-Jahre war der Grunge Geschichte.

NICHT VERSÄUMEN

DISCOVERY PARK

Der **Discovery Park** (www.seattle.gov/parks/environment/discovery.htm; ⌚4–23.30 Uhr; P 👪 🐾; 🚌33) ist eine ehemalige Militäranlage, die in einen wilden Küstenpark umgewandelt wurde, der an sonnigen Frühlingstagen wunderschön ist. Wanderwege durchziehen ihn, und man blickt über das Wasser auf die Olympic Mountains. Der Park wurde 1973 eingeweiht, und erst 2012 zog das US-Militär aus dem Gebiet ab. Heute handelt es sich mit 216 ha um die größte Grünfläche der Stadt. Die Wälder, Wiesen, Sanddünen und Strände sind ein beliebter Erholungsort für die Einheimischen und ein lebenswichtiger Korridor für Wildtiere.

☆ Unterhaltung

Im *Stranger*, in der *Seattle Weekly* und in den Tageszeitungen finden sich Veranstaltungstipps.

★ Crocodile LIVEMUSIK

(Karte S. 398; ☎206-441-4618; www.thecrocodile.com; 2200 2nd Ave; 🚌13) Das Crocodile ist fast schon so lange im Geschäft, um als eine Institution von Seattle durchzugehen. Die lärmige Musikhalle mit Platz für 560 Leute eröffnete 1991 – gerade rechtzeitig, um die Grunge-Welle mitzunehmen. Seitdem hat hier schon jeder Musiker aus der Alternativeszene Seattles gespielt, der etwas auf sich hält – 1992 traten z. B. Nirvana unangekündigt als Vorband von Mudhoney auf.

★ A Contemporary Theatre THEATER

(ACT; Karte S. 398; ☎206-292-7676; www.acttheatre.org; 700 Union St; 🚇University St) Dieses Theater beheimatet eines der drei großen Ensembles in der Stadt. Die 30 Mio. US$ teuren Räumlichkeiten am Kreielsheimer Pl werden für Vorführungen mit Seattles besten Schauspielern und gelegentlich für Shows von weltbekannten Theatergrößen genutzt. Die Sitzplätze verteilen sich terrassenförmig rund um die Bühne. Der Innenraum ist mit wunderschönen architektonischen Verzierungen geschmückt.

Big Picture KINO

(Karte S. 398; ☎206-256-0566; www.thebigpicture.net; 2505 1st Ave; ⌚14–24 Uhr) Bei einem Bummel durch Seattles Viertel Belltown könnte man das **Big Picture** leicht übersehen. Wer sich auskennt, weiß, dass man in dem „Untergrund“-Kino neue Filme zu erschwinglichen Ticketpreisen in intimem Ambiente sehen kann. Man kann an der Bar einen Cocktail bestellen und gleich noch einen zweiten bezahlen, den man sich dann mitten im Film an den Platz bringen lässt. Vor und nach dem Film kann man auch in dem gemütlichen Barbereich abhängen.

Neumo's LIVEMUSIK

(Karte S. 398; ☎206-709-9442; www.neumos.com; 925 E Pike St; 🚇Broadway & Pine) Dieser Schuppen für Punk, Hip-Hop und Alternative ist neben dem Crocodile in Belltown einer der angesagtesten kleinen Musiktreffs in Seattle. Die Liste der Musiker, die hier schon auf der Bühne standen, ist zu lang, um sie aufzuzählen, aber wer cool war und durch Seattle kam, spielte vermutlich auch hier. Im Publikum kann's heiß und schwitzig – vielleicht sogar auch müffelig – werden, aber hey, das ist Rock 'n' Roll!

Tractor Tavern LIVEMUSIK

(☎206-789-3599; www.tractortavern.com; 5213 Ballard Ave NW; Tickets 8–20 US$; ⌚20–2 Uhr; 🚌40) Eine der wichtigsten Bühnen für Folk und Acoustic in Seattle: Das Tractor bucht einheimische Songwriter, regionale Bands und gute Gruppen auf Tour. Bei der Musik handelt es sich vornehmlich um Country, Rockabilly, Folk, Bluegrass und Oldies. Dies ist ein intimer Ort mit einer kleinen Bühne, tollem Sound und gelegentlichem Square Dance als Sahnehäubchen.

On the Boards TANZ, THEATER

(☎206-217-9888; www.ontheboards.org; 100 W Roy St; 🚌13) Das gemeinnützige On the Boards ist im kuscheligen Behnke Center for Contemporary Performance untergebracht. Gezeigt werden innovative und manchmal auch verrückte Tanz- und Musikshows.

Intiman Theatre Festival THEATER

(Karte S. 398; ☎206-441-7178; www.intiman.org; 201 Mercer St; Tickets 20–50 US$; 👪; S Seattle Center) Das beliebte Theaterensemble hat seinen Sitz im Cornish Playhouse im Seattle Center. Der Intendant Andrew Russell bringt tolle Stücke von Shakespeare und Ibsen mit aufstrebenden Künstlern auf die Bühne. Spielzeit ist von Juli bis Oktober.

Seattle Children's Theater THEATER

(Karte S. 398; ☎206-441-3322; www.sct.org; 201 Thomas St; Tickets ab 22 US$; ⌚Sept.–Mai

Do–So; 👪; Ⓢ Seattle Center) Die hoch angesehene Theatertruppe hat zwei Bühnen auf ihrem Campus im Seattle Center. Die Vorstellungen laufen von September bis Mai am Freitag- und Samstagvormittag und am Abend. Im Sommer findet auch eine Theaterschule statt.

Shoppen

Das Rückgrat der Stadt sind die Buch- und Plattenläden, die zweifellos zu den besten des Landes gehören. Die wichtigsten Einkaufsmeilen befinden sich in Downtown zwischen 3rd und 6th Ave und zwischen University und Stewart St. Im Labyrinth des Pike Place Market gibt's neben Galerien und kleinen Geschäften auch jede Menge Stände, an denen Kunst und Kunsthandwerk verkauft wird. Rund um den Pioneer Sq und in Capitol Hill findet man kleine Souvenir- und Trödelläden.

★ **Elliott Bay Book Company** BÜCHER
(Karte S. 398; ☎ 206-624-6600; www.elliottbaybook.com; 1521 10th Ave; ⏰ Mo–Do 10–22, Fr & Sa bis 23, So bis 21 Uhr; 🚌 Broadway & Pine) Seattles beliebtester Buchladen hat mehr als 150 000 Titel auf Lager, die sich in einem großen, luftigen Raum mit Holzbalken verteilen. Gemütliche Ecken laden zum stundenlangen Schmökern ein. Außerdem werden hier regelmäßig Lesungen und Signierstunden veranstaltet.

Chophouse Row ESSEN & TRINKEN
(Karte S. 398; 1424 11th Ave; 6–23.30 Uhr; 🚌 Capitol Hill, Stadtbahn Capitol Hill) Versteckt inmitten der historischen und modernen Architektur von Capitol Hill wirkt das Chophouse Row wie ein gut von den Einheimischen gehütetes Geheimnis. In der 2016 neu eröffneten Einrichtung findet man unabhängige Geschäfte wie Niche Outside, einen charmanten Gartenladen, die Eisdiele Kurt Farm Shop und die Cocktail- und Weinbar Upper Bar Ferdinand.

Praktische Informationen

MEDIEN

KEXP 90.3 FM (stream at http://kexp.org) Legendärer Lokalsender mit Indie-Musik.

Seattle Times (www.seattletimes.com) Größte Tageszeitung im Bundesstaat.

The Stranger (www.thestranger.com) Unverblümtes und intelligentes kostenloses Wochenblatt, das früher von Dan Savage (bekannt von der Sexualratgeberkolumne „Savage Love") herausgegeben wurde.

NOTFALL & MEDIZINISCHE VERSORGUNG

Seattle Police (☎ 206-625-5011; www.seattle.gov/police)

Harborview Medical Center (☎ 206-744-3000; www.uwmedicine.org/harborview; 325 9th Ave; 🚌 Broadway & Terrace) Komplette medizinische Versorgung mit Notaufnahme.

POST

Postamt (Karte S. 398; ☎ 206-748-5417; www.usps.com; 301 Union St; ⏰ Mo–Fr 8.30–17.30 Uhr; 🚇 Westlake)

TOURISTENINFORMATIONEN

Visit Seattle (Karte S. 398; ☎ 206-461-5800; www.visitseattle.org; Washington State Convention Center, Ecke Pike St & 7th Ave; ⏰ Juni–Sept. tgl. 9–17 Uhr, Okt.–Mai Mo–Fr; 🚇 Westlake) Infoschalter im Washington State Convention Center. Auch wenn der Schalter geschlossen ist, kann man sich Broschüren mitnehmen.

An- & Weiterreise

BUS

Diverse Fernbusunternehmen bedienen Seattle; je nach Unternehmen gibt's verschiedene Endhaltestellen.

Bellair Airporter Shuttle (Karte S. 398; ☎ 866-235-5247; www.airporter.com) Hat Busse nach Yakima, Bellingham und Anacortes und hält an der King Street Station (für Yakima) und am Washington State Convention Center (für Bellingham und Anacortes).

Cantrail (www.cantrail.com) Amtraks Buszubringer fährt viermal täglich nach Vancouver (einfache Fahrt 42 US$) mit Abfahrt und Ankunft an der King Street Station.

Greyhound (☎ 206-628-5526; www.greyhound.com; 503 S Royal Brougham Way; 🚇 Stadium) Verbindet Seattle mit Städten im ganzen Land, z. B. Chicago (einfache Fahrt ab 195 US$, 2 Tage, 2-mal tgl.), Spokane (39 US$, 8 Std., 3-mal tgl.), San Francisco (100 US$, 20 Std., 3-mal tgl.) und Vancouver (Kanada; 23 US$, 4 Std., 5-mal tgl.). Das Unternehmen hat seinen eigenen Busbahnhof gleich südlich der King Street Station in SoDo, der mit der Stadtbahn Central Link (Stadium Station) erreichbar ist.

Quick Shuttle (Karte S. 398; ☎ 800-665-2122; www.quickcoach.com; 📶) Schnell und effizient. Quick Shuttle bietet fünf bis sechs Busse täglich nach Vancouver (43 US$). Abfahrt ist am Best Western Executive Inn an der Taylor Ave N nahe dem Seattle Center, erreichbar mit der Einspurbahn oder zu Fuß Richtung Downtown.

FLUGZEUG

Der **Sea-Tac International Airport** (SEA; ☎ 206-787-5388; www.portseattle.org/sea-tac; 17801 International Blvd;) liegt 13 Meilen (20,9 km) südlich der Innenstadt von Seattle. Von hier aus gibt's Flüge in die gesamten USA und zu einigen Zielen im Ausland. Auf dem Gelände finden sich Restaurants, Wechselstuben, eine Gepäckaufbewahrung, Autovermietungen, ein Handy-Wartebereich (für Fahrer, die auf ankommende Fahrgäste warten) und kostenloses WLAN.

SCHIFF/FÄHRE

Die aus Victoria, British Columbia, kommende Fähre **Victoria Clipper** (Karte S. 398; 206-448-5000; www.clippervacations.com; 2701 Alaskan Way, Pier 69) hält am Pier 69, gleich südlich des Olympic Sculpture Park in Belltown. **Washington State Ferries** (Karte S. 398) mit Fähren zwischen Bremerton und Bainbridge Island nutzt den Pier 52.

ZUG

King Street Station (206-296-0100; www.amtrak.com; 303 S Jackson St) Amtrak hält in Seattle an der King Street Station. Drei Hauptlinien führen durch die Stadt: der *Amtrak Cascades* (zwischen Vancouver in British Columbia, Seattle sowie Portland und Eugene in Oregon), der sehr malerische *Coast Starlight* (verbindet Seattle mit Oakland und Los Angeles in Kalifornien) und der *Empire Builder* (quer über den Kontinent nach Chicago, Illinois).

Unterwegs vor Ort

AUTO & MOTORRAD

Für eine Stadt dieser Größe ist der Verkehr in Seattle unverhältnismäßig stark und chaotisch, und Parkplätze sind dünn gesät und teuer. Angesichts des bizarr zusammengewürfelten Mischmaschs aus schiefem Straßenraster, hügeligem Gelände und vielen Einbahnstraßen sollte man das Autofahren in der Innenstadt am besten vermeiden.

VOM/ZUM FLUGHAFEN

Es gibt eine Reihe von Möglichkeiten, um vom Flughafen zur 13 Meilen (20,9 km) entfernten Innenstadt von Seattle zu kommen. Am effizientesten ist die von **Sound Transit** (www.soundtransit.org) betriebene Stadtbahn, die zwischen 5 und 24 Uhr alle 10 bis 15 Minuten fährt. Die Fahrt vom Sea-Tac Airport nach Downtown (Westlake Center) dauert 36 Minuten. Weitere Haltestellen sind Pioneer Sq und International District; die Strecke wurde 2016 bis Capitol Hill und U District erweitert.

Der **Shuttle Express** (425-981-7000; www.shuttleexpress.com) hält im 3. Stock des Flughafenparkhauses, kostet rund 18 US$ und ist sehr praktisch, wenn man viel Gepäck hat.

Taxis warten ebenfalls im 3. Stock des Flughafenparkhauses. Eine Fahrt in die Innenstadt kostet mindestens 39 US$.

ÖFFENTLICHE VERKEHRSMITTEL

Die Busse werden von **King County Metro Transit** (206-553-3000; http://kingcounty.gov/depts/transportation/metro.aspx), Teil des King County Department of Transportation, betrieben. Auf der Website gibt's einen Netz- und Fahrplan sowie einen Routenplaner.

Der Einfachheit halber gilt für alle Fahrten im Stadtgebiet Seattles zu Spitzenzeiten (werktags 6–9 & 15–18 Uhr) eine Pauschale von 2,75 US$ und zu anderen Zeiten eine von 2,50 US$. Kinder und Jugendliche im Alter von sechs bis 18 Jahren zahlen 1,50 US$, Kinder unter sechs Jahren fahren kostenlos mit. Senioren sowie Behinderte zahlen 1 US$. Im Allgemeinen muss die Fahrkarte beim Einsteigen gelöst oder beim Umsteigen vorgezeigt werden. Das Umsteigeticket gilt ab dem Zeitpunkt des Kaufs drei Stunden. Die meisten Busse haben auch Platz für zwei bis drei Fahrräder.

Monorail (206-905-2620; www.seattlemonorail.com; Mo–Fr 7.30–23, Sa & So 8.30–23 Uhr) Die coole, futuristische Einschienenbahn wurde für die Weltausstellung von 1962 gebaut und pendelt nur zwischen zwei Haltestellen: dem Seattle Center und dem Westlake Center (Erw./Kind 2,25/1 US$).

Seattle Streetcar (www.seattlestreetcar.org) Es gibt zwei Straßenbahnlinien: eine von Downtown Seattle (Westlake) bis South Lake Union, die andere vom Pioneer Square über International District, Central District und First Hill nach Capitol Hill. An den Haltestellen hat man Anschluss an viele Buslinien. Die Straßenbahnen fahren tagsüber etwa alle 15 Minuten; eine Fahrt kostet 2,25 US$.

TAXI

Alle Taxis in Seattle fahren zum gleichen Tarif, der vo King County festgelegt wird: 2,60 US$ für die Anfahrt plus 2,70 US$ pro Meile.

Seattle Orange Cab (206-522-8800; www.orangecab.net)

Seattle Yellow Cab (206-622-6500; www.seattleyellowcab.com)

STITA Taxi (206-246-9999; www.stitataxi.com)

Olympia

Klein, aber oho: Olympia, die Hauptstadt des Bundesstaats Washington, ist in puncto Politik, Musik und Freizeitangebot ein echter Kraftprotz, der in einer Liga mitspielt, die man bei nur 49000 Einwohnern nicht erwarten würde. Das erkennt man schon beim Anblick der Straßenkünstler in der 4th Ave, der geschniegelten Anzugträger, die über den Rasen des prächtigen Repräsentantenhauses stolzieren, und der in Gore-Tex-Klamotten gehüllten Outdoor-Fans, die in Olympia übernachten, bevor es in die schroffen Olympic Mountains geht. Die Wahrheit ist: Trotz seines klassizistisch griechischen Namens ist das kreative, querdenkerische Olympia alles andere als durchschnittlich. Das fortschrittliche Evergreen College, an dem u.a. Matt Groening, der Schöpfer der *Simpsons*, studierte, hat der Stadt längst einen künstlerischen Stempel aufgedrückt, während die Bars und Secondhand-Gitarrenläden in der Innenstadt ein Sprungbrett für die Riot-Grrrl-Musik und den Grunge darstellten.

Sehenswertes & Aktivitäten

Washington State Capitol WAHRZEICHEN
(☎360-902-8880; 416 Sid Snyder Ave SW; ⏲Mo–Fr 7–17.30, Sa & So 11–16 Uhr) GRATIS Die Anlage des Capitols befindet sich in einem 12 ha großen Park mit Blick auf den Capitol Lake im Vordergrund und die Olympic Mountains im Hintergrund. Highlight ist jedoch das prächtige **Legislative Building** (1927), ein überwältigendes Gebäude aus poliertem Marmor und Säulen, das gekrönt wird von einer 87 m hohen Kuppel, die nur ein bisschen kleiner ist als ihr Namensvetter in Washington, D.C. Es werden kostenlose Führungen angeboten.

Olympia Farmers Market MARKT
(☎360-352-9096; www.olympiafarmersmarket.com; 700 N Capitol Way; ⏲April–Okt. Do–So 10–15 Uhr, Nov. & Dez. Sa & So, Jan.–März Sa) Nur der Pike Place in Seattle ist größer und atmosphärischer als dieser Markt. Hier kann man nach Herzenslust Kräuter, Gemüse, Blumen, Backwaren und die berühmten Austern kaufen.

Schlafen & Essen

Fertile Ground Guesthouse PENSION $$
(☎360-352-2428; www.fertileground.org; 311 9th Ave SE; EZ/DZ 110/120 US$;) Die komfortable, heimelige Pension inmitten eines üppig grünen Bio-Gartens bietet drei hübsche Zimmer, eines mit eigenem Bad und zwei mit Gemeinschaftsbad. Das Frühstück wird meist mit regionalen Bio-Produkten zubereitet. Auf dem Gelände gibt's auch eine Sauna. Der Anbieter hat noch weitere Zimmer (darunter ein Schlafsaal) unter anderen Adressen – mehr Infos online.

Traditions Cafe & World Folk Art GESUNDE KOST $
(☎360-705-2819; www.traditionsfairtrade.com; 300 5th Ave SW; Hauptgerichte 6–12 US$; ⏲Mo–Fr 9–18, Sa 10–18, So 11–17 Uhr;) Die behagliche Hippie-Enklave am Rand des Heritage Park bietet frische Salate, leckere, gesunde Sandwiches (mit Zitronen-Sesampaste, Räucherlachs usw.), Kaffeegetränke, Kräutertees, Eis aus der Region, Bier und Wein. Plakate weisen auf Gemeindeveranstaltungen hin, und es gibt eine Bücherecke, die sogenannte „Peace and Social Justice Lending Library". Das Café ist an einen bunt gemischten Folk-Art-Laden angeschlossen.

Praktische Informationen

State Capitol Visitor Center (☎360-902-8881; http://olympiawa.gov/community/visiting-the-capitol.aspx; 103 Sid Snyder Ave SW; ⏲Mo–Fr 10–15, Sa & So 11–15 Uhr) Bietet Infos zum Capitol-Komplex, der Gegend rund um Olympia und dem Bundesstaat Washington, hat aber nur eingeschränkt geöffnet.

Olympic Peninsula

Die abgelegene, an drei Seiten vom Meer umspülte Olympic Peninsula ähnelt eher einer ausgewachsenen Insel als einer Halbinsel. Sie ist so *wild* und *western*, wie Amerika nur sein kann. Einzig die Cowboys fehlen, doch das wird durch eine seltene, vom Aussterben bedrohte Tier- und Pflanzenwelt und dichten Urwald wettgemacht. Etwa die Hälfte der Halbinsel gehört zum bekanntermaßen feuchten Olympic National Park. Die Küstengebiete befinden sich größtenteils in den Händen der Holzindustrie und der amerikanischen Ureinwohner. Hier gibt's ein paar vereinzelte kleine, aber interessante Siedlungen wie Port Townsend zu sehen. Im Westen, dem abgeschiedenen Ende der „Lower 48", treffen der tosende Ozean und der Nebelwald mit seinen uralten Bäumen in feuchter Harmonie aufeinander.

Olympic National Park

Der 3641 km² große **Olympic National Park** (www.nps.gov/olym; 7-Tages-Karte 25 US$/Fahrzeug, Fußgänger/Radfahrer 10 US$, Jahreskarte 50 US$) wurde 1909 zum National Monument und 1938 zum Nationalpark erklärt. Er umfasst einen einzigartigen Regenwald, viele schneebedeckte Berge und einen 92 km langen, rauen Küstenstreifen, der 1953 dem Park hinzugefügt wurde. Dies ist eines der schönsten Wildnisgebiete Nordamerikas, das weitgehend auch von menschlicher

Besiedelung unberührt geblieben ist. Die Möglichkeiten, die Gegend auf eigene Faust zu erkunden, sind nahezu unbegrenzt; natürlich kann man hier auch prima wandern, angeln und Kajak oder Ski fahren.

ÖSTLICHE ZUGÄNGE

Die unbefestigte Dosewallips River Rd folgt ab der US 101 (Abzweigung ca. 1 km nördlich des Dosewallips State Park) über 15 Meilen (24 km) dem Lauf des Flusses bis zur **Dosewallips Ranger Station**, an der die Wanderwege beginnen; Infos über den Straßenzustand gibt's unter 360-565-3130. Auch wenn man nur eine kurze Tour auf einem der beiden langen Wanderwege plant, lohnt sich ein Ausflug ins Tal, nicht zuletzt wegen der eindrucksvollen Sicht auf die Gletscher des **Mt. Anderson**. Ein weiterer Parkzugang für Wanderer im Osten ist die **Staircase Ranger Station** (☎360-877-5569; ⏲Mai–Okt.) am Rand des Nationalparks. Von Hoodsport aus sind es 15 Meilen (24 km) auf der US 101 dorthin. Die beiden Campingplätze am Ostrand des Nationalparks sind sehr beliebt: der **Dosewallips State Park** (☎888-226-7688; http://parks.state.wa.us/499/dosewallips; 306996 Hwy 101; Zelt/Wohnmobil 12–35 US$/30–45 US$) und der **Skokomish Park Lake Cushman** (☎360-877-5760; www.skokomishpark.com; Zeltplatz ab 28 US$; Stellplatz Wohnwagen ab 34 US$; ⏲Ende Mai–Anfang Sept.). Beide bieten fließendes Wasser, Toiletten und ein paar Stromanschlüsse. Reservierung ist möglich.

NÖRDLICHE ZUGÄNGE

Der am leichtesten zu erreichende und folglich beliebteste Zugang zum Park befindet sich beim **Hurricane Ridge**, 18 Meilen (29 km) südlich von Port Angeles. Am Straßenende steht ein Infozentrum, von dem aus sich ein atemberaubender Blick auf den Mt. Olympus (2428 m) und Dutzende anderer Berggipfel bietet. In einer Höhe von 1585 m muss man auf schlechtes Wetter und – wie der Name schon andeutet – starken Wind gefasst sein. Im Sommer bieten sich zahlreiche Trekking- und Wandermöglichkeiten, im Winter locken die Pisten der kleinen, familienfreundlichen **Hurricane Ridge Ski & Snowboard Area** (www.hurricaneridge.com; Tageskarte für alle Lifte 34 US$; ⏲Mitte Dez–März Sa & So 10–16 Uhr; 👪).

Beliebtes Revier für Boots- und Angelausflüge ist der **Lake Crescent**, an dem auch die älteste und preiswerteste **Lodge** (☎888-896-3818; www.olympicnationalparks.com; 416 Lake Crescent Rd; Lodge Zi. ab 123 US$, Hütte ab 292 US$; ⏲Mai–Dez., im Winter begrenzte Verfügbarkeit; P❄📶🐾) des Parks steht. Im Öko-Restaurant der Lodge werden opulente, köstliche Gerichte aus dem Nordwesten serviert. Von der am Südufer gelegenen **Storm King Ranger Station** (☎360-928-3380; 343 Barnes Point Rd; ⏲Mai–Sept.) führt ein 1,6 km langer Wanderweg durch den uralten Wald zu den Marymere Falls.

Das **Sol Duc Hot Springs Resort** (☎360-327-3583; www.olympicnationalparks.com; 12076 Sol Duc Hot Springs Rd, Port Angeles; Parkzugang 25 US$, Stellplatz Zelt/Wohnmobil 20/40 US$, Hütte ab 179 US$; ⏲März–Okt.; ❄🏊) 🍃 am Sol Duc River bietet Kost und Logis, Massagen und natürlich auch ein Thermalbad. Von hier aus kann man auch tolle Tageswanderungen unternehmen.

WESTLICHE ZUGÄNGE

Die abgelegene, isolierte und weitaus rauere pazifische Seite der Olympic Mountains ist von einem der regnerischsten Mikroklimata des Landes geprägt. Nur über den US 101 erreicht man die hiesigen gemäßigten Regenwälder und die ungezähmte Küste. Der **Hoh River Rainforest** am Ende der 19 Meilen (30,6 km) langen Hoh River Rd ist ein Labyrinth aus tropfenden Farnen und moosbewachsenen Bäumen à la Tolkien. Infos zu Führungen und längeren Wanderungen im Hinterland bekommt man im **Hoh Rain Forest Visitor Center** (☎360-374-6925; ⏲Sept.–Juni 9–16.30 Uhr, Juli & Aug. bis 18 Uhr). Der angeschlossene **Campingplatz** (☎360-374-6925; www.nps.gov/olym/planyourvisit/camping.htm; Stellplatz 20 US$) hat keinen Strom und keine Duschen; wer zuerst kommt, mahlt zuerst.

Ein Stück weiter südlich liegt der **Lake Quinault**, ein wunderschöner, von bewaldeten Gipfeln umgebener Gletschersee, der zum Angeln, Bootfahren und Schwimmen sehr beliebt ist. Ein paar der ältesten Bäume des Landes säumen seine Ufer. Die luxuriöse **Lake Quinault Lodge** (☎360-288-2900; www.olympicnationalparks.com; 345 S Shore Rd; Zi. 219–450 US$; ❄📶🏊), ein typisches Beispiel der „Parkitektur" aus den 1920er-Jahren, verfügt über einen lodernden Kamin, einen perfekt getrimmten Rasen und ein gediegenes Restaurant mit Seeblick und gehobener amerikanischer Küche. Eine billigere Bleibe ist das ultrafreundliche **Quinault River Inn** (☎360-288-2237; www.quinaultriverinn.com; 8 River Dr; Zi. 159 US$; 🚭❄📶🐾) in Amanda Park, das bei Anglern sehr beliebt ist.

Direkt vor der Lake Quinault Lodge beginnen ein paar kurze Wanderwege. Oder man versucht sich am längeren **Enchanted Valley Trail**, einer mittelschweren, knapp 21 km langen Wanderung, die an der Graves Creek Ranger Station am Ende der South Shore Rd beginnt und bis zu einer großen Wiese mit Wildblumen und zu Erlenwäldchen hinaufführt.

Praktische Informationen

Der Parkeintritt beträgt 10/25 US$ pro Person/Fahrzeug, ist eine Woche gültig und an den Parkeingängen zu bezahlen. Viele Besucherzentren fungieren auch als Ranger-Stationen des United States Forestry Service (USFS), der Genehmigungen zum Wildcampen (8 US$) erteilt.

Olympic National Park Visitor Center (☎360-565-3100; www.nps.gov/olym; 3002 Mt Angeles Rd; ⊙Juli & Aug. 8–18 Uhr, Sept.–Juni bis 16 Uhr)

USFS Headquarters (☎360-956-2402; www.fs.fed.us/r6/olympic; 1835 Black Lake Blvd SW; ⊙Mo–Fr 8–16.30 Uhr)

Forks Chamber of Commerce (☎360-374-2531; www.forkswa.com; 1411 S Forks Ave; ⊙Mo–Sa 10–17, So 11–16 Uhr; 📶)

Port Townsend

Originelle Restaurants, elegante *fin-de-siècle*-Hotels und schräge Festivals über das ganze Jahr hinweg machen Port Townsend zu einer Rarität auf der Olympic Peninsula: einem Wochenendziel, für das man keine Wanderstiefel braucht. Durch acht malerische Meilen (13 km) über den US 101 vom Rest der Gegend abgeschnitten, bietet sich Port Townsend nicht gerade als Basislager zur Erkundung des Nationalparks an, wenn man nicht unbedingt viel hin- und herfahren will. Stattdessen kann man hier absteigen und in Ruhe eines der hübschesten Städtchen im Bundesstaat genießen.

Sehenswertes

Fort Worden State Park PARK
(☎360-344-4412; http://parks.state.wa.us/511/fort-worden; 200 Battery Way; ⊙April–Okt. 6.30 Uhr–Sonnenuntergang, Nov.–März 8 Uhr–Sonnenuntergang) GRATIS In dem interessanten Park innerhalb der Stadtgrenzen von Port Townsend sind die Überreste einer großen Befestigungsanlage zu sehen. Diese wurde in den 1890er-Jahren errichtet, um den strategisch wichtigen Puget Sound vor Angriffen zu schützen, die vor allem durch die Spanier im Krieg von 1898 drohten. Kinofans mit Kennerblick werden die Anlage aus dem Film *Ein Offizier und Gentleman* wiedererkennen.

Besucher können im Rahmen einer Führung die **Commanding Officer's Quarters** (☎360-385-1003; Fort Worden State Park, 200 Battery Way; Erw./Kind 2 US$/frei; ⊙Führung nach Vereinbarung), ein Wohnhaus mit zwölf Schlafzimmern, besichtigen. Hier findet man auch das **Puget Sound Coast Artillery Museum** (Erw./Kind 4/2 US$; ⊙11–16 Uhr, Juni–Aug. Sa & So längere Öffnungszeiten), das die Geschichte der ersten Befestigungsanlagen an der Pazifikküste erzählt.

Wanderungen führen entlang der Landzunge zur **Point Wilson Lighthouse Station** und zu einigen wundervollen windumtosten Stränden. Auf dem Angelpier des Parks steht das **Port Townsend Marine Science Center** (www.ptmsc.org; 532 Battery Way; Erw./Kind 5/3 US$; ⊙April–Okt. Fr–So 12–17 Uhr) mit seinen vier Streichelbecken und täglichen Infoveranstaltungen. Es gibt hier auch einige Übernachtungs- und Campingmöglichkeiten.

Schlafen & Essen

Waterstreet Hotel HOTEL $
(☎360-385-5467; www.watersthotel.com; 635 Water St; Zi. mit Gemeinschaftsbad 50–70 US$, mit eigenem Bad 75–175 US$; ❄📶) Das heimelige und freundliche Hotel bietet Zimmer mit tollem Preis-Leistungs-Verhältnis in einer natürlich gealterten viktorianischen Absteige. Für Familien und Gruppen eignen sich die Suiten 5 und 15 – das sind richtige Apartments mit voll ausgestatteter Küche und großer Terrasse nach hinten zum Puget Sound hinaus. Die Rezeption befindet sich in dem indigenen Souvenirladen neben dem Hotel.

★**Palace Hotel** HISTORISCHES HOTEL $$
(☎360-385-0773; www.palacehotelpt.com; 1004 Water St; Zi. 109–159 US$, an Festival-Wochenenden teurer; 📶🐾) Das wunderschöne viktorianische Gebäude von 1889 war früher ein Bordell der berühmt-berüchtigten Madame Marie. Im zweiten Leben ist es ein hübsches, charaktervolles Hotel im Stil jener Zeit mit antiken Möbeln (und allen modernen Annehmlichkeiten). Es gibt auch hübsche Gemeinschaftsbereiche und Zimmer mit Kochnische. Bei den billigsten Zimmern muss man sich das Bad teilen.

Waterfront Pizza PIZZA $$
(☎360-379-9110; 951 Water St; Stück 4 US$, große Pizza 16–28 US$; ⊙So–Do 11–20, Fr & Sa bis 21

Uhr) Wer Lust auf einen schnellen Snack hat, kann sich unten ein Stück leckere, knusprige Pizza mit dünnem Boden holen – man muss aber in dem winzigen Imbiss mit einer langen Warteschlange rechnen. Wer sich lieber entspannt setzen und bedient werden will, geht die Treppe nach oben und probiert die Pasteten mit köstlicher Füllung (z. B. Cajun-Würstchen, Feta-Käse, Artischockenherzen oder Pesto).

★ **Sweet Laurette Cafe & Bistro** FRANZÖSISCH $$
(www.sweetlaurette.com; 1029 Lawrence St; Hauptgerichte 10–20 US$, Brunch 9–15 US$; ⏲8–21 Uhr, Di geschl.; ✎) Das französische schäbig-schicke Café serviert Frühstück, Mittag und Abendessen in dem Bistro und köstlichen Kaffee und Gebäck zwischen den Mahlzeiten. Das Essen wird mit nachhaltigen und überwiegend regionalen Zutaten zubereitet. Sehr zu empfehlen ist das *croque madame* mit in Honig gebackenem Schinken und Gruyère auf Baguette fürs Frühstück und die Whidbey-Island-Muscheln in Weißwein-Sahnesauce oder der Cape-Cleare-Königslachs zum Abendessen.

Praktische Informationen

Visitor Center (☎360-385-2722; www.ptchamber.org; 2409 Jefferson St; ⏲Mo–Fr 9–17 Uhr) Hier kann man sich einen nützlichen Stadtplan für Erkundungstouren durch die Altstadt holen.

An- & Weiterreise

Washington State Ferries (☎206-464-6400; www.wsdot.wa.gov/ferries) Betreibt (je nach Saison) bis zu 15 Fähren pro Tag nach Coupeville auf Whidbey Island vom Fährhafen in Downtown (Auto & Fahrer/Fahrgast 14,05/3,30 US$, 35 Min.).

Port Angeles

Abgesehen vom Namen hat Port Angeles nichts Spanisches oder gar Engelhaftes an sich. Der Ort mit den steil aufragenden Olympic Mountains als Kulisse wurde für die Holzindustrie errichtet. Besucher sind meist nur auf der Durchreise und nehmen gleich die Fähre nach Victoria in British Columbia oder machen einen Ausflug in den nahe gelegenen Olympic National Park.

Aktivitäten

Der **Olympic Discovery Trail** (www.olympicdiscoverytrail.com) ist eine 48 km lange Wander- und Radstrecke zwischen Port Angeles und Sequim. Sie beginnt am Ende der Ediz Hook, der Sandbank rund um die Bucht. Mieträder gibt's bei **Sound Bikes & Kayaks** (www.soundbikeskayaks.com; 120 Front St; Leihfahrrad pro Std./Tag 10/45 US$; Leihkajak pro Tag 50 US$; ⏲Mo–Sa 10–18, So 11–16 Uhr).

Schlafen & Essen

Downtown Hotel HOTEL $
(☎360-565-1125; www.portangelesdowntownhotel.com; 101 E Front St; DZ mit Gemeinschaftsbad/eigenem Bad ab 45/65 US$; 🚭📶) Von außen nichts Besonderes, aber drinnen erstaunlich geräumig und ordentlich – das schnörkellose, familienbetriebene Hotel unten am Fährhafen ist ein gut gehütetes, preiswertes Schnäppchen in Port Angeles. Die hellen Zimmer sind mit Korb- und Holzmöbeln ausgestattet; einige blicken aufs Wasser. Die billigsten Zimmer teilen sich ein Bad im Flur. Die Geräuschisolierung lässt zu wünschen übrig, aber die Lage ist top.

Olympic Lodge HOTEL $$
(☎360-452-2993; www.olympiclodge.com; 140 Del Guzzi Dr; Zi. ab 139 US$; ❄@📶🏊) Die komfortabelste Unterkunft in Port Angeles hat herrliche Zimmer, Bistro, Schwimmbad mit Whirlpool sowie Gratiskekse und -suppen am Nachmittag. Die Preise variieren stark, je nach Tag und Monat.

Bella Italia ITALIENISCH $$
(☎360-457-5442; www.bellaitaliapa.com; 118 E 1st St; Hauptgerichte abends 10–34 US$; ⏲16–21 Uhr) Das Bella Italia gibt's zwar schon viel länger als die Bella aus der *Twilight*-Reihe, aber weil Bella und Edward in dem Buch ihr erstes Date in diesem Restaurant haben, hat sich das Lokal zu einer Kultadresse entwickelt. Probieren sollte man die Linguine mit Muscheln oder die geräucherte Entenbrust. Oder man bestellt einfach das Gleiche wie Bella: Pilz-Ravioli.

Zum Runterspülen stehen auf der hervorragenden Weinkarte 500 verschiedene Sorten zur Auswahl.

Praktische Informationen

Port Angeles Visitor Center (☎360-452-2363; www.portangeles.org; 121 E Railroad Ave; ⏲Mai–Sept. Mo–Fr 9.30–17.30, Sa 10–17.30, So 12–15 Uhr, Okt.–April Mo–Sa 10–17, So 12–15 Uhr) Das Besucherzentrum befindet sich neben dem Fährhafen. Im Sommer hat es mitunter länger geöffnet, wenn Freiwillige zur Verfügung stehen.

An- & Weiterreise

Clallam Transit (☎360-452-4511; www.clallamtransit.com) Bietet Busse nach Forks und Sequim, wo man Anschluss an andere Transit-Busse rund um die Olympic Peninsula hat.

Olympic Bus Lines (www.olympicbuslines.com; Gateway Transit Center, 123 E Front St) Fährt zweimal täglich nach Seattle.

Coho Vehicle Ferry (☎888-993-3779; www.cohoferry.com) Fähren von/nach Victoria in British Columbia (1½ Std., hin & zurück 128 US$).

Nordwestliche Halbinsel

Verschiedene Reservate der amerikanischen Ureinwohner befinden sich ganz im Nordwesten des Kontinents und heißen Besucher willkommen. Die kleine, sturmerprobte Siedlung **Neah Bay** am Hwy 112 ist die Stätte der Makah Indian Reservation. In deren **Makah Museum** (☎360-645-2711; www.makahmuseum.com; 1880 Bayview Ave; Erw./Kind 6/5 US$; ⏱10–17 Uhr) Artefakte ausgestellt sind, die aus einem der bedeutendsten archäologischen Funde im 500 Jahre alten Makah-Dorf von Ozette stammen. Ein paar Meilen hinter dem Museum führt ein kurzer Fußweg zum spektakulären **Cape Flattery**, einem 91 m hohen Felssporn, der den nordwestlichsten Punkt der „Lower 48" markiert.

Nicht weit weg vom Hoh River Rainforest und der Küstenlinie liegt **Forks**, ein kleines Holzfällerdorf, das dank des *Twilight*-Hypes Berühmtheit erlangt hat. Der Ort ist ein Startpunkt für Ausflüge in den Olympic National Park. Das **Miller Tree Inn** (☎360-374-6806; www.millertreeinn.com; 654 E Division St; Zi. ab 175 US$; 📶🐾) ist eine gute Unterkunft.

Nordwest-Washington

Zwischen Seattle, den Cascades und Kanada eingeklemmt, wird der Nordwesten Washingtons von drei Seiten geprägt. Sein Zentrum ist das akademische Bellingham, Magneten für Outdoor-Enthusiasten sind die ländlichen San Juan Islands, ein großer Archipel, der wirkt wie ein sepiafarbener Schnappschuss aus vergangenen Zeiten. Hauptanleger für Fähren zu den Inseln sowie nach Victoria, BC, ist Anacortes.

Whidbey Island

Whidbey Island ist zwar nicht ganz so abgeschieden (eine Brücke verbindet die Insel mit dem angrenzenden Fidalgo Island am nördlichsten Punkt) oder so nonkonformistisch wie die San Juans, doch das Leben hier ist fast genauso gemächlich, ruhig und ländlich. Außerdem kann die Insel sechs State Parks, jede Menge B&Bs, zwei historische Fischerdörfer (Langley und Coupeville), bekanntermaßen gute Muscheln und eine florierende Künstlergemeinde ins Rennen schicken.

Der **Deception Pass State Park** (☎360-675-2417; 41229 N State Hwy 20) erstreckt sich beiderseits der gleichnamigen Wasserstraße, die Whidbey und Fidalgo Island voneinander trennt; er umfasst Seen, Inseln, Campingplätze und insgesamt 61 km Wanderwege.

Das große **Ebey's Landing National Historical Reserve** (☎360-678-6084; www.nps.gov/ebla; 162 Cemetery Rd) umfasst 7042 ha Land mit bewirtschafteten Höfen, geschützten Stränden, zwei State Parks und dem Ort **Coupeville**. Die kleine Ortschaft ist eine der ältesten in Washington und hat eine reizende Uferpromenade, alte Läden und eine Reihe alter Gasthäuser wie dem **Captain Whidbey Inn** (☎360-678-4097; www.captainwhidbey.com; 2072 W Captain Whidbey Inn Rd; Zi./Hütte ab 103/210 US$; 📶), einer großen Blockhütte von 1907 mitten im Wald. Die berühmten frischen Muscheln gibt's u.a. bei **Christopher's** (☎360-678-5480; www.christophersonwhidbey.com; 103 NW Coveland St; Hauptgerichte mittags 12–16 US$, abends 16–26 US$; ⏱11.30–14 & 17 Uhr–Ende, Di geschl.).

Anreise & Unterwegs vor Ort

Die **Washington State Ferries** (WSF; ☎888-808-7977; www.wsdot.wa.gov/ferries) fahren regelmäßig von Clinton nach Mukilteo und von Coupeville nach Port Townsend. Die kostenlosen Busse von **Island Transit** (☎360-678-7771; www.islandtransit.org) fahren täglich (außer So) einmal pro Stunde vom Fährhafen Clinton die gesamte Insel Whidbey hinauf.

Bellingham

Willkommen in einer politisch grünen, liberalen und lebenswerten Stadt, in der sich die alles tolerierende Einstellung von Oregons „Stadt der Rosen" (Portland) mit einem ganz besonderen Washingtoner Einschlag verbindet. Die „Stadt der gedämpften Begeisterung", wie sie einer ihrer Bürgermeister einmal nannte, hat nicht nur ein mildes Klima, sondern auch eine milde Erscheinung. Hier lebt eine unglaubliche Mischung aus Espresso trinkenden Studenten, ehrwürdigen Ruheständlern, Wind und Wetter trotzenden Triathleten und Transparente schwingenden Friedensaktivisten. Zeitschriften wie das *Outside Magazine* loben Bellingham regelmäßig für das vielfältige Angebot von Outdoor-Aktivitäten.

Sehenswertes & Aktivitäten

Bellingham bietet Outdoor-Spaß in Hülle und Fülle. Der **Whatcom Falls Park** ist eine unverfälschte Wildnis, die die östlichen Vororte von Bellingham in zwei Teile teilt. Den Höhenunterschied markieren vier Wasserfälle, darunter die **Whirlpool Falls**, die im Sommer ein beliebtes Badeziel sind.

Fairhaven Bike & Mountain Sports RADFAHREN
(☎360-733-4433; www.fairhavenbike.com; 1103 11th St; Leihfahrrad für 4 Std. 25–40 US$; ⏲Mo–Sa 9.30–18, So 11–17 Uhr) Bellingham ist eine der fahrradfreundlichsten Städte des Nordwestens. Das gut ausgebaute Fahrradnetz reicht im Süden bis zum **Larrabee State Park** (wwww.parks.wa.gov; Chuckanut Dr; ⏲Sonnenaufgang–Sonnenuntergang;). In diesem Laden kann man Fahrräder mieten und Karten mit Routen kaufen.

San Juan Cruises BOOTSTOUR
(☎360-738-8099; www.whales.com; 355 Harris Ave; Bootstour 39–109 US$; ⏲8–18 Uhr) Bootsausflüge in der Bellingham Bay mit Bier- oder Weinproben sowie Walbeobachtungstouren rund um die San Juan Islands etc.

Schlafen & Essen

Larrabee State Park CAMPING $
(☎360-676-2093; http://parks.state.wa.us/536/larrabee; Chuckanut Dr; Stellplatz Zelt/Wohnmobil ab 12/30 US$) Etwa 7 Meilen (11,3 km) südlich von Bellingham findet man am malerischen Chuckanut Dr inmitten von Douglas-Tannen und Zedern Stellplätze mit Zugang zur Chuckanut Bay und insgesamt fast 20 km an Wander- und Radwegen.

★ **Hotel Bellwether** BOUTIQUEHOTEL $$
(☎360-392-3100; www.hotelbellwether.com; 1 Bellwether Way; Zi. ab 198 US$;) Bellinghams schönstes und charismatischstes Hotel liegt direkt am Ufer und blickt auf die Lummi Island. Die Standard-Zimmer sind mit italienischen Möbeln und ungarischen Bettüberwürfen ausgestattet. Absolutes Highlight ist jedoch die 84 m² große Lighthouse Suite (ab 525 US$) in einem ehemaligen dreistöckigen Leuchtturm mit einem herrlichen Rundumblick, den man ganz exklusiv für sich allein hat. Zum Komplex gehören auch ein Spa und ein Restaurant.

Old Town Cafe CAFÉ $
(☎360-671-4431; www.theoldtowncafe.com; 316 W Holly St; Hauptgerichte 6–10 US$; ⏲Mo–Sa 6.30–15, So 8–14 Uhr) Das unkonventionelle Frühstückscafé wird von seinen Gästen wegen seiner ungezwungenen, künstlerischen Atmosphäre geschätzt. Der Tag beginnt hier z.B. mit Omeletts, Eier-Tortillas und französischen Vollkornbaguettes. Auf der Karte stehen zudem hausgemachtes Müsli, glutenfreie Pfannkuchen, Rühreier aus Bio-Tofu, Salate und zehn verschiedene Sandwiches.

Mount Bakery FRÜHSTÜCK $
(www.mountbakery.com; 308 W Champion St; Brunch 6–16 US$; ⏲8–15.30 Uhr;) Hier bekommt man am Sonntagvormittag zur dicken *New York Times* belgische Waffeln, Crêpes und Bio-Eier, wie auch immer man sie haben will. Es gibt auch viele glutenfreie Optionen. Eine zweite Filiale liegt in Fairhaven.

Praktische Informationen

Downtown Info Center (☎360-671-3990; www.bellingham.org; 1306 Commercial St; ⏲Di–Sa 11–15 Uhr)

An- & Weiterreise

Bellingham ist die Endhaltestelle der Fähren von **Alaska Marine Highway** (AMHS; ☎800-642-0066; www.dot.state.ak.us/amhs; 355 Harris Ave), die einmal pro Woche die Inside Passage hinauf nach Juneau, Skagway und zu anderen Häfen im Südosten Alaskas fahren.

Das **Bellair Airporter Shuttle** (www.airporter.com; 1200 Iowa St) fährt rund um die Uhr zum Sea-Tac Airport (hin & zurück 74 US$) und nach Anacortes (hin & zurück 35 US$).

San Juan Islands

Der riesige Archipel besteht aus 172 Inselchen. Wer es sich aber nicht leisten kann, eine Jacht oder ein Wasserflugzeug zu chartern, der wird nur in den Genuss der vier großen Inseln – San Juan, Orcas, Shaw und Lopez – kommen, die täglich von den Washington State Ferries angesteuert werden. Die Inseln sind bekannt für ihre Ruhe, die Möglichkeit, Wale zu beobachten oder im Kajak über die Gewässer zu gleiten, sowie für ihren rebellischen Nonkonformismus.

Großartig lassen sich die San Juan Islands mit einem seefähigen Kajak oder einem Fahrrad erkunden. Die flache, ländliche Lopez Island eignet sich ebenso wie San Juan gut für einen Tagesausflug mit dem

Rad. Wesentlich anspruchsvoller ist das hügelige Gelände von Orcas Island mit dem 8 km langen, steilen Anstieg zum Gipfel des Mt. Constitution.

Anreise & Unterwegs vor Ort

Zwei Fluglinien haben Linienflüge vom Festland zu den San Juans. **Kenmore Air** (☎866-435-9524; www.kenmoreair.com) fliegt täglich mit Wasserflugzeugen für drei bis zehn Personen von Lake Union und Lake Washington nach Lopez, Orcas und zu den San Juan Islands (einfacher Flug ab 155 US$). **San Juan Airlines** (☎800-874-4434; www.sanjuanairlines.com) verkehrt von Anacortes und Bellingham zu den drei Hauptinseln (einfacher Flug 89 US$).

Die Fähren von Washington State Ferries fahren von Anacortes zu den San Juans, einige auch weiter bis nach Sidney in der Nähe von Victoria in British Columbia. Angelegt wird auf Lopez Island (45 Min.), in Orcas Landing (60 Min.) und Friday Harbor auf San Juan (75 Min.). Der Fahrpreis ist saisonal unterschiedlich. Hin- und Rückfahrkarten werden nur auf den Fähren in Richtung Westen verkauft, ausgenommen die Fähren, die von Sidney in British Columbia zurück in die USA schippern.

Zwischen Mai und Oktober verkehren Shuttle-Busse auf den Inseln Orcas und San Juan.

San Juan Island

San Juan Island ist die inoffizielle Hauptinsel des Archipels. Sie präsentiert sich als harmonischer Mix aus niedrigen bewaldeten Hügeln und kleinen ländlichen Farmen und war im 19. Jh. Schauplatz eines merkwürdigen Konflikts. Die einzige wirkliche Siedlung ist Friday Harbor. Hier befinden sich das Besucherzentrum und die **Chamber of Commerce** (☎360-378-5240; www.sanjuanisland.org; 165 1st St S, Friday Harbor; ⏲10–17 Uhr).

Sehenswertes

San Juan Island National Historical Park HISTORISCHE STÄTTE
(☎360-378-2240; www.nps.gov/sajh; ⏲Besucherzentrum Juni–Aug. 8.30–17 Uhr, Sept.–Mai bis 16.30 Uhr) GRATIS Auch wenn die San Juans eher für ihre Landschaft und weniger für ihre Geschichte bekannt sind, trug sich hier dennoch einer der seltsamsten politischen Konflikte des 19. Jhs. zu: der um den Grenzverlauf entbrannte sogenannte „Schweinekonflikt" zwischen den USA und Großbritannien (so benannt, weil ein Schwein das einzige Opfer war). Dieser merkwürdigen Pattsituation wird in zwei historischen Parks jeweils am Ende der Insel gedacht, wo sich einst die gegnerischen **amerikanischen** (☎360-378-2240; www.nps.gov/sajh; ⏲Gelände 8.30–23 Uhr) GRATIS und **britischen** Militärlager befanden.

Lime Kiln Point State Park PARK
(☎360-902-8844; http://parks.state.wa.us/540/lime-kiln-point; 1567 Westside Rd; ⏲8 Uhr–Sonnenuntergang) Der schöne Park an der felsigen Westküste der Insel überblickt die tiefe Haro Strait und ist angeblich einer der besten Orte der Welt, um von der Küste aus Wale zu beobachten. Das hat sich mittlerweile allerdings herumgesprochen, weshalb die Aussichtsplattformen oft mit erwartungsfrohen Picknickern überfüllt sind. Im Park gibt's auch ein kleines **Infozentrum** (☎360-378-2044; ⏲Juni–Mitte Sept. 11–16 Uhr), Wanderwege, eine restaurierte Kalkbrennerei und das markante **Lime Kiln Lighthouse** von 1919.

Schlafen & Essen

Hotels, B&Bs und Resorts verteilen sich über die ganze Insel, die meisten befinden sich jedoch in Friday Harbor.

Wayfarer's Rest HOSTEL $
(☎360-378-6428; www.hostelssanjuan.com; 35 Malcolm St, Friday Harbor; B 40 US$, Zi. ab 70 US$, Hütten ab 85 US$;) Das hübsche Hostel befindet sich in einem heimeligen Haus, einen kurzen Fußmarsch entfernt vom Fähranleger. Übernachtet wird in bequemen Schlafsälen und günstigen Zimmer. Die Hauptküche bietet einen Ausblick auf einen begrünten Hinterhof. In der Suite haben bis zu sechs Personen (245 US$) Platz. Im Sommer zwei Monate im Voraus buchen.

★**Olympic Lights B&B** B&B $$
(☎360-378-3186; www.olympiclights.com; 146 Starlight Way; Zi. 165–185 US$;) Das prächtig restaurierte Farmhaus von 1895 war einst der Mittelpunkt eines 130 ha großen Anwesens und beherbergt heute ein ebenso eindrucksvolles B&B, das frei an einem Steilufer mit Blick auf die schneebedeckten Olympic Mountains steht. Die vier Zimmer haben einfallsreiche Namen (Garden, Ra, Heart und Olympic), Sonnenblumen schmücken den Garten, und das herzhafte Frühstück umfasst auch hausgemachte Buttermilchkekse. Mindestbuchung zwei Nächte.

Market Chef DELI $
(☎360-378-4546; 225 A St, Friday Harbor; Sandwich ab 9 US$; ⏲Mo–Fr 10–16 Uhr) Der Deli ist sehr beliebt und berühmt für seine deliziösen Sandwiches, z. B. mit Roastbeef und

Rucola oder – die Spezialität des Hauses – mit Curry-Eier-Salat, gerösteten Erdnüssen und Chutney. Es gibt auch Salate. Zum Einsatz kommen nur regionale Produkte. Wer an einem Samstag im Sommer hier ist, sollte dem Market Chef auf dem San Juan Island Farmers Market (10–13 Uhr) auf jeden Fall einen Besuch abstatten.

Backdoor Kitchen FUSION **$$$**
(☎360-378-9540; www.backdoorkitchen.com; 400 A St, Friday Harbor; Hauptgerichte 30–37 US$; ⊙Mo 11.30–14.30, Mi–So 17–21 Uhr) Eines der besten Restaurants auf der Insel. Hier werden frische lokale Erzeugnisse in kreative multiethnische Gerichte verwandelt. Auf den Tisch kommen z. B. Schwein im spanischen Stil mit Wildgarnelen-Eintopf oder scharfe indische Linsen mit Spinatkuchen. Im Sommer wird im hübschen Garten eingedeckt. Im Voraus reservieren.

Orcas Island

Schroffer als Lopez Island, aber weniger bevölkert als San Juan Island: Orcas Island schafft – zumindest bislang – die Balance zwischen Freundlichkeit und Reserviertheit, baulicher Entwicklung und Umweltschutz sowie touristischen Einnahmen und unbezahlbarer Privatsphäre. Der Fährhafen befindet sich in Orcas Landing, 8 Meilen (13 km) südlich der größten Siedlung Eastsound.

Auf dem östlichen Zipfel der Insel erstreckt sich der **Moran State Park** (☎360-376-6173; 3572 Olga Rd; der Discover Pass wird an einigen Parkplätzen gefordert, 10 US$; ⊙April–Sept. 6.30 Uhr–Sonnenuntergang, Okt.–März 8 Uhr–Sonnenuntergang). Er wird vom 734 m hohen Mt. Constitution überragt, von dessen Gipfel man einen fantastischen Rundumblick hat. Für Wanderer gibt's ein 64 km langes Wegenetz. Außerdem kann man hier gut **campen** (☎360-376-2326; http://moranstatepark.com; Stellplatz ab 25 US$).

Schlafen

★**Golden Tree Hostel** HOSTEL **$**
(☎360-317-8693; www.goldentreehostel.com; 1159 North Beach Rd, Eastsound; B/DZ mit Gemeinschaftsbad 45/115 US$; @📶🏊) Das hippe Hostel befindet sich in einem denkmalgeschützten Gebäude aus den 1890er-Jahren. Es bietet gemütliche Zimmer, schöne Gemeinschaftsbereiche sowie einen Whirlpool und eine Sauna im Garten. In einem separaten Gebäude kann man sich mit Billard, Tischfußball, Shuffleboard und Dart die Zeit vertreiben. Das Leihen von Fahrrädern kostet 20 US$. Freitags ist Pizzaabend. Im Sommer im Voraus buchen.

Doe Bay Village Resort & Retreat HOSTEL **$**
(☎360-376-2291; www.doebay.com; 107 Doe Bay Rd, Olga; Zeltplätze ab 60 US$, Hütten ab 100 US$, Jurten ab 80 US$; 📶🐾) 🍃 Im mit Abstand günstigsten Resort der San Juan Islands herrscht eine Atmosphäre wie in einer Künstler-Hippie-Kommune. Es hat Zeltstellplätze mit Meerblick und mehrere Hütten und Jurten, einige ebenfalls mit Blick aufs Wasser.

Outlook Inn HOTEL **$$**
(☎360-376-2200; www.outlookinn.com; 171 Main St, Eastsound; Zi. mit Gemeinschaftsbad/eigenem Bad ab 89/159 US$; @📶🐾) Das älteste (1888) und auffallendste Gebäude in Eastsound ist eine Institution. Die günstigen Zimmer sind gemütlich und sauber (Zimmer 30 ist super), die luxuriösen, mit Kaminen und Whirlpools ausgestatteten Suiten bieten von ihren Balkonen einen atemberaubenden Ausblick auf das Wasser. Zum Inn gehört ein hervorragendes Café.

Essen & Ausgehen

★**Brown Bear Baking** BÄCKEREI **$**
(Ecke Main St & North Beach Rd, Eastsound; Gebäck 7 US$; ⊙8–17 Uhr, Di geschl.) Niemand zahlt gern 7 US$ für Backwaren – außer man hat die von Brown Bear probiert. Zur Auswahl stehen Croissants *aux amandes*, Quiche mit frischen Orcas-Island-Eiern und gebratenem Gemüse, Karamellbrötchen und Obst-Pie. Es gibt aber auch herzhafte Suppen und Sandwiches.

★**Inn at Ship Bay** MEERESFRÜCHTE **$$$**
(☎877-276-7296; www.innatshipbay.com; 326 Olga Rd; Hauptgerichte 21–30 US$; ⊙Di–Sa 17.30–22 Uhr) 🍃 Den Einheimischen zufolge ist dies das feinste Restaurant auf der Insel. Die Leute in der Küche machen Überstunden, um alles von Grund auf nur mit den frischesten Zutaten der Insel selbst zuzubereiten. Meeresfrüchte sind die Spezialität des Hauses. Serviert wird alles in einem reizenden Gewächshaus aus den 1860er-Jahren, ein paar Kilometer südlich von Eastsound. Auf dem Gelände gibt's auch ein Hotel mit elf Zimmern (DZ ab 195 US$).

Island Hoppin' Brewery BRAUEREI
(www.islandhoppinbrewery.com; 33 Hope Lane, Eastsound; ⊙Di–So 12–21 Uhr) Die Brauerei an

der Mt Baker Road, unweit des Flughafens, ist nicht einfach zu finden (notfalls die Einheimischen fragen), belohnt Pioniere aber mit sieben lokalen Bieren vom Fass. Happy Hour ist sonntags bis donnerstags von 19 bis 21 Uhr. Wer möchte, liefert sich am Tischtennistisch ein Duell.

Lopez Island

Wer nach Lopez – bzw. „Slow-pez", wie die Einheimischen es gern nennen – kommt, sollte das Rad dabeihaben. Mit seinem hügeligen Gelände und den freundlich grüßenden Einwohnern (die für ihren Dreifingerhandgruß, die so genannte „Lopez-Welle", berühmt sind) eignet sich die Insel hervorragend für Radtouren. Eine gemütliche Spritztour durch die Landschaft kann an einem Tag bewältigt werden. Gut übernachten kann man neben dem Jachthafen im **Lopez Islander Resort** (360-468-2233; www.lopezfun.com; 2864 Fisherman Bay Rd; Zi. ab 129 US$;) oder etwas gehobener im **Edenwild Inn** (360-468-3238; www.edenwildinn.com; Lopez Rd, Lopez Village; Zi. 115–225 US$;), einem viktorianischen Herrenhaus in einer hübschen, gepflegten Gartenanlage.

Wer kein eigenes Rad hat, kann bei **Village Cycles** (360-468-4013; www.villagecycles.net; 214 Lopez Rd; Fahrradverleih 7–16 US$/Std.) ein Fahrrad bestellen und an den Fährhafen liefern lassen.

North Cascades

Die vom Mt. Baker und – zu einem geringeren Teil – vom entfernteren Glacier Peak dominierten North Cascades bestehen aus einem großen Streifen geschützter Wälder, Parks und Wildnisgebieten, die im Vergleich dazu die weitläufigen Nationalparks Rainier und St. Helen im Süden winzig aussehen lassen. Das Highlight ist der North Cascades National Park, ein urzeitliches Fleckchen Erde mit uraltem Regenwald, ächzenden Gletschern und ungezähmten Ökosystemen. Die wilde Schönheit des Nationalparks versetzt die gerade mal rund 2500 Besucher pro Jahr, die bis ins verregnete Innere des Gebiets vordringen, in Staunen.

Mt. Baker

Wie ein dämonischer Wächter der Geisterwelt erhebt sich der schneebedeckte Mt. Baker über dem glitzernden Wasser des oberen Puget Sound und zieht seit Jahrhunderten Menschen in seinen Bann. Seit dem letzten Ausbruch in den 1850er-Jahren ruht der 3286 m hohe Vulkan, der von zwölf Gletschern umgeben ist. 1999 fiel hier die Rekordmenge von 29 m Schnee in einem Winter!

Der als Mt. Baker Scenic Byway bekannte, gut ausgebaute Hwy 542 windet sich zum 1550 m hoch gelegenen **Artist Point** hinauf, der 56 Meilen (90 km) entfernt von Bellingham liegt. Ganz in der Nähe befindet sich das **Heather Meadows Visitor Center** (Mt. Baker Hwy, Mile 56; Mitte Juli–Ende Sept. 8–16.30 Uhr), wo zahlreiche Wanderwege beginnen. So führt der 12 km lange **Chain Lakes Loop** rund um mehrere eisige Seen, die von Wiesen voller Heidelbeersträucher gesäumt sind.

In der **Mt. Baker Ski Area** (360-734-6771; www.mtbaker.us; Lifttickets Erw./Kind 60/40 US$) gibt es Jahr für Jahr mehr Schnee als in jedem anderen Skigebiet in Nordamerika. Es umfasst 38 Pisten und acht Lifte, der Höhenunterschied beträgt 450 m. Das Gebiet hat unter Snowboardern Kultstatus: Seit 1985 kommen sie jeden Januar zum Legendary Baker Banked Slalom hierher.

Auf dem Weg den Berg hinauf sollte man auf einen Happen im **Graham's** (360-599-9883; 9989 Mt. Baker Hwy; Hauptgerichte 6–18 US$; Mo–Fr 12–21, Sa & So 8–11 & 12–19 Uhr) vorbeischauen, einer authentischer Spelunke mit Restaurant. Oder man holt sich bei **Wake & Bakery** (360-599-1658; www.getsconed.com; Bourne St, Glacier; Snacks ab 4 US$; 7.30–17 Uhr) etwas für unterwegs. Beide befinden sich im Ort **Glacier**.

Leavenworth

Das gibt's doch nicht – ein Alpendorf mitten im amerikanischen Nordwesten? Tatsächlich wurde dem ehemaligen Holzfällerort Leavenworth in den 1960er-Jahren ein bayerisches Facelifting verpasst, um den drohenden Ruin nach der Verlegung der transkontinentalen Eisenbahnlinie zu verhindern. Das Holzgeschäft wurde kurzerhand durch den Tourismus ersetzt. Und Leavenworth hat sich sehr erfolgreich in ein typisches Alpendorf verwandelt. Überall gibt's Bier und Schnitzel, die Einwohner, von denen ein Viertel deutschstämmig sind, tragen Lederhosen und Dirndl. Zum Erfolg beigetragen haben natürlich das tolle Bergpanorama und die Tatsache, dass Leavenworth ein günstiges Basislager für Ausflüge in die nahe gelegene Alpine Lakes Wilderness darstellt.

Auskunft über die Outdoor-Angebote in der Gegend erteilt die **Leavenworth Chamber of Commerce** (www.leavenworth.org; 9240 Hwy 2; ⌚ Mo–Do 8–17, Fr & Sa 8–18, So 10–16 Uhr): Zu den Highlights gehört der beste Klettersteig in ganz Washington, der sich am **Castle Rock** im Tumwater Canyon befindet, etwa 3 Meilen (4,8 km) nordwestlich an der US 2.

Der **Devil's Gulch** ist ein beliebter Mountainbike-Trail (40 km, 4–6 Std.). Der einheimische Ausstatter **Der Sportsmann** (☎ 509-548-5623; www.dersportsmann.com; 837 Front St; 1-tägiger Verleih Langlaufski/Schneeschuhe 15/12 US$ ⌚ 9–18 Uhr) verleiht Bikes.

Schlafen & Essen

Hotel Pension Anna HOTEL $$

(☎ 509-548-6273; www.pensionanna.com; 926 Commercial St; Zi. ab 179 US$, Suite ab 300 US$; 📶) Das authentischste bayrische Hotel hier ist blitzblank und unglaublich freundlich. Jedes Zimmer ist mit importiertem Dekor aus Österreich und Deutschland bestückt. Das europäisch inspirierte Frühstück ist im Preis inbegriffen und entlockt den Gästen so manchen fröhlichen Jauchzer. Sehr zu empfehlen ist das Doppelzimmer mit handbemalten Möbeln. Für Familien eignet sich die geräumige Suite in der St.-Joseph-Kapelle nebenan.

Enzian Inn HOTEL $$

(☎ 509-548-5269; www.enzianinn.com; 590 Hwy 2; DZ ab 140 US$; 📶 🏊) In diesem typischen Leavenworth-Hotel beginnt der Tag noch vor dem Frühstück mit dem Alpenhorn. Wer da nicht gleich in seine Lederhosen springt, der lässt sich vielleicht von einer kostenlosen Runde Golf auf dem (von den hauseigenen Ziegen getrimmten) Rasen, den Innen- und Außenpools oder dem Klavierspieler, der allabendlich in der bayrischen Lobby Musikwünsche erfüllt, überzeugen.

München Haus DEUTSCH $

(☎ 509-548-1158; www.munchenhaus.com; 709 Front St; Bratwurst 5–7 US$; ⌚ 11–21 Uhr) Heiße deutsche Würstchen und warme Brezeln sind im Winter ein Muss, denn hier findet die ganze Action draußen statt. Im Sommer sorgt dagegen das bayrische Bier für Abkühlung. Die gemütliche Biergartenatmosphäre wird ergänzt durch die laute, schwungvolle Akkordeon-Hintergrundmusik, entspannte Kellner, ein ganzer Kessel mit Apfelkraut und eine gigantische Senfbar. Die Öffnungszeiten variieren im Sommer.

Lake Chelan

Der lange, schmale Lake Chelan ist der Wasserspielplatz im zentralen Washington. An der Südostspitze des Sees befinden sich in der Stadt Chelan die meisten Unterkünfte und Dienstleistungen. Außerdem gibt es hier noch eine **USFS Ranger Station** (☎ 509-682-4900; 428 W Woodin Ave).

Im **Lake Chelan State Park** (☎ 509-687-3710; https://washington.goingtocamp.com/lakechelanstatepark; 7544 S Lakeshore Rd; Stellplatz einfach/Standard ab 20/25 US$) gibt es 144 Stellplätze, von denen einige am Seeufer nur mit dem Boot erreichbar sind. Wer lieber in einem richtigen Bett schläft, kann sich in der Stadt im preiswerten **Midtowner Motel** (☎ 800-572-0943; www.midtowner.com; 721 E Woodin Ave; Zi. 45–130 US$; ❄ @ 📶 🏊) oder im tollen **Riverwalk Inn** (☎ 509-682-2627; www.riverwalkinnchelan.com; 205 E Wapato St; DZ 79–119 US$, FZ 89–189 US$; 📶 🐾) einquartieren.

In der Gegend haben auch mehrere Weingüter eröffnet; viele davon haben hervorragende Restaurants. Zu empfehlen sind die **Tsillan Cellars** (☎ 509-682-9463; www.tsillancellars.com; 3875 Hwy 97A; ⌚ 12–18 Uhr) oder das piekfeine italienische **Sorrento's Ristorante** (☎ 509-682-5409; Hauptgerichte 22–36 US$; ⌚ Mi–Fr 17 Uhr–open end, Sa ab 12, So ab 10 Uhr).

Die Busse von **Link Transit** (☎ 509-662-1155; www.linktransit.com) verbinden Chelan mit Wenatchee und Leavenworth (einfache Fahrt 2,50 US$).

Das schöne **Stehekin** am nördlichen Zipfel des Lake Chelan ist nur per **Boot** (www.ladyofthelake.com; 1418 W Woodin Ave, Chelan; hin & zurück 61 US$) oder auf einer langen Wanderung über den 45 km vom See entfernten Cascade Pass erreichbar. Jede Menge Infos über Wanderungen, Campingplätze und Hütten zum Mieten findet man unter www.stehekin.com. Die meisten Einrichtungen sind von Mitte Juni bis Mitte September geöffnet.

Methow Valley

Die Kombination aus Pulverschnee im Winter und viel Sonnenschein im Sommer macht das Methow Valley zu einer der beliebtesten Urlaubsregionen Washingtons. Hier kann man im Sommer radeln, wandern und angeln und im Winter auf Langlaufbrettern das zweitgrößte Loipennetz der USA erkunden.

Die insgesamt 200 km langen Loipen werden von der gemeinnützigen **Methow Valley Sport Trails Association** (MVSTA; ☎ 509-996-3287; www.methowtrails.org; 309 Riverside Ave, Winthrop; ⌚Mo–Fr 9–15.30 Uhr) verwaltet, die im Winter auch das größte zusammenhängende Netzwerk an Skirouten von Berghütte zu Berghütte (und von Hotel zu Hotel) in ganz Nordamerika bietet. Das Gute daran ist, dass sich dies anscheinend noch nicht allzu sehr herumgesprochen hat. Klassische Unterkünfte und einen guten Zugang zu den Ski-, Wander- und Radtouren bietet die exquisite **Sun Mountain Lodge** (☎509-996-2211; www.sunmountainlodge.com; 604 Patterson Lake Rd, Winthrop; Zi. ab 205 US$, Hütte ab 405 US$;), 10 Meilen (16 km) westlich von Winthrop. In Winthrop gibt's auch die besten Restaurants, z.B. das **Arrowleaf Bistro** (☎509-996-3920; www.arrowleafbistro.com; 253 Riverside Ave; Hauptgerichte 22–28 US$; ⌚Mi–So 17–22 Uhr).

North Cascades National Park

Sogar die Namen der wenig besuchten spektakulären Berge im **North Cascades National Park** (www.nps.gov/noca) klingen wild und ungezähmt: Desolation Peak, Jagged Ridge, Mt. Despair und Mt. Terror. So überrascht es kaum, dass die Gegend einige der besten Abenteuer außerhalb Alaskas bietet.

Erste Anlaufstelle für Besucher ist das **North Cascades Visitor Center** (206-386-4495; 502 Newhalem St, Newhalem; ⌚Juni–Sept. tgl. 9–17 Uhr, Mai & Okt. Sa & So) in dem kleinen Ort Newhalem am Hwy 20. Die Mitarbeiter sind erfahrene Ranger, die gern ausführlich über die Highlights des Parks informieren.

Übernachten kann man in der außergewöhnlichsten Unterkunft Washingtons, dem **Ross Lake Resort** (☎206-386-4437; www.rosslakeresort.com; 503 Diablo St, Rockport; Hütte 195–370 US$; ⌚Mitte Juni–Ende Okt.;) am westlichen Ufer des gleichnamigen Sees. Die auf Stegen im Wasser stehenden Blockhütten wurden in den 1930er-Jahren für die Holzfäller errichtet, die beim Bau des Ross Dam mitarbeiteten, durch den bald darauf das ganze Tal im Wasser versank. Da zu dem Resort keine Straße führt, müssen Gäste entweder die 3,2 km vom Hwy 20 zu Fuß bewältigen oder das Auto auf dem Parkplatz beim Diablo Dam abstellen und das Shuttleboot des Hotels nutzen.

Nordost-Washington

Spokane

Nach der baumlosen Einöde des östlichen Columbia Plateau ist die zweitgrößte Metropole in Washington eine willkommene Abwechslung – und immer für eine Überraschung gut. Die unaufdringliche, aber selbstbewusste Stadt liegt im Zentrum des sogenannten Inland Empire des Nordwestens. Sie erstreckt sich zu beiden Seiten des Spokane River, an dem britische Pelzhändler 1810 für kurze Zeit einen Handelsposten errichteten. Auch wenn Spokane kaum eine touristische Destination an sich ist, hat es doch einiges zu bieten, so z.B. den alljährlich im Mai stattfindenden Bloomsday Run, die weltweit größte Laufveranstaltung für Breitensportler.

Sehenswertes

Riverfront Park PARK

(www.spokaneriverfrontpark.com;) Der Park auf dem Gelände der Weltausstellung von 1974 bietet zahlreiche Highlights, darunter den **Sculpture Walk** (Riverfront Park) mit 17 Stationen und die malerischen **Spokane Falls**. Eine kurze Gondelfahrt mit dem **Spokane Falls SkyRide** (Riverfront Park) lässt Besucher direkt über dem Wasserfall schweben. Ebenso spektakulär ist die **Monroe Street Bridge** (Monroe St), die 1911 erbaut wurde und noch immer eine der größten Betonbogenbrücken der USA ist. Aufgrund des anhaltenden Renovierungsprojekts sind einige Teile des Parks derzeit nicht zugänglich und manche Attraktionen können geschlossen sein. Am besten informiert man sich vorab online.

Northwest Museum of Arts & Culture MUSEUM

(MAC; ☎509-456-3931; www.northwestmuseum.org; 2316 W 1st Ave; Erw./Kind 15/10 US$; ⌚Di–So 10–17, Mi 10–20 Uhr;) Das Museum in einem beeindruckenden ultramodernen Gebäude im historischen Viertel Browne's Addition beherbergt zweifelsohne eine der schönsten Sammlungen von Artefakten der indigenen Bevölkerung des Nordwestens. Von einem vornehmen Glasfoyer mit Blick auf den Spokane River zweigen vier Galerien ab, die Spokanes Geschichte und diverse Wanderausstellungen zeigen (die alle drei bis vier Monate wechseln).

Schlafen & Essen

Hotel Ruby MOTEL $

(☎509-747-1041; www.hotelrubyspokane.com; 901 W 1st Ave; Zi. ab 78 US$;) Das ehemals einfache Motel, das sich sein 70er-Jahre-Flair bewahren konnte, hat nun nach der

Neugestaltung coole Originalkunstwerke an den Wänden, witzige Beleuchtungselemente und eine schicke Cocktaillounge in der Lobby. Die einzelnen Zimmer sind mit Minikühlschrank und Mikrowelle ausgestattet. Gäste können auch den Fitnessraum im nahe gelegenen Schwesternhotel, dem Ruby 2, nutzen. Zu den Bars und Restaurants ist es nur ein kleiner Spaziergang.

★ Historic Davenport Hotel HISTORISCHES HOTEL $$
(☎800-899-1482; www.thedavenporthotel.com; 10 S Post St; Zi. ab 188 US$; ❄📶🏊) Das historische Wahrzeichen öffnete 1914 seine Pforten und gilt als eines der besten Hotels im Land. Selbst wer nicht hier absteigt, sollte einen Blick in die exquisite Lobby werfen oder sich einen Drink in der Peacock Lounge genehmigen. Im angrenzenden modernen Davenport Tower gibt's eine Lobby und Bar im Safaristil.

Mizuna FUSION $$
(☎509-747-2004; www.mizuna.com; 214 N Howard St; Hauptgerichte abends 20–36 US$; ⊙Mo–Sa 11–22, So 16–22 Uhr; 🌱) Das schlicht möblierte Mizuna in einem alten Backsteingebäude ist für seine Spezialitäten wie Quinoa-Kroketten und in der Pfanne gebratenem Bio-Hähnchen bekannt, hat aber auch ein umfangreiches vegetarisches Menü. Dazu noch ein hervorragender Wein und das Essen wird zum unvergesslichen Erlebnis.

Ausgehen & Unterhaltung

Von Oper und Cocktailbars bis hin zu Billard und Kleinbrauereien – Spokane hat das größte Angebot an abendlicher Unterhaltung und Bars östlich der Cascades zu bieten.

NoLi Brewhouse BRAUEREI
(☎509-242-2739; www.nolibrewhouse.com; 1003 E Trent Ave; Hauptgerichte 12–16 US$; ⊙So–Mi 11–22, Do–Sa bis 23 Uhr) Ein Studententreffpunkt nahe der Gonzaga University. Spokanes beste Mikrobrauerei serviert einige abgedrehte und wunderbare Biere, z.B. ein Kirsch-Ale und ein Stout mit Noten von Kaffeeschokolade und braunem Zucker. Wer Hunger hat, sollte die Fish'n'Chips probieren – die Panade wird mit dem hellen Ale der Brauerei zubereitet.

Mootsy's BAR
(☎509-838-1570; 406 W Sprague Ave; ⊙14–2 Uhr) Die beliebte Bar ist das Zentrum des Nachtlebens und der alternativen Musikszene zwischen der Stevens St und der Washington St. Das günstige Pabst Blue Ribbon während der Happy Hour hält die treue Kundschaft bei Laune.

Bing Crosby Theater THEATER
(☎509-227-7638; www.bingcrosbytheater.com; 901 W Sprague Ave) Bing Crosby stammt aus Spokane, und jetzt präsentiert das nach ihm benannte „Bing" Konzerte, Theaterstücke und Festivals in recht intimem Ambiente.

ℹ Praktische Informationen

Spokane Area Visitor Information Center (☎888-776-5263; www.visitspokane.com; 808 W Main Ave; ⊙Mo–Sa 8–17, So 11–18 Uhr) Hat viele Broschüren und Karten.

ℹ An- & Weiterreise

Spokane International Airport (www.spokaneairports.net) Flüge nach Seattle, Portland in Oregon und Boise in Idaho.

Spokane Intermodal Center (221 W 1st Ave) Busse und Züge starten an diesem Bahnhof.

South Cascades

Die South Cascades sind runder und weniger eingeklemmt als ihre spitzzackigen nördlichen Pendants, aber auch höher. Höhepunkt ist – in vielerlei Hinsicht – der 4392 m hohe Mt. Rainier, der fünfthöchste Berg in den Lower 48 und wohl einer der spektakulärsten alleinstehenden Berge der Welt. Der feuerspuckende Mt. St. Helens weiter südlich benötigt keine weitere Einführung, während der unbesungene Mt. Adams im Osten wie ein schmollendes Mittelkind finster dreinblickt.

Mt. Rainier National Park

Der fünfthöchste Berg der USA außerhalb Alaskas ist zugleich einer der betörendsten. Der majestätische Mt. Rainier liegt in einem 953 km² großen Nationalpark. Hinauf zum schneebedeckten Gipfel und in den bewaldeten Ausläufern des Berges gibt es zahlreiche Wanderwege und riesige blumenbedeckte Wiesen. Und der lockende, kegelförmige Gipfel selbst stellt eine ausgezeichnete Herausforderung für ehrgeizige Kletterer dar.

Der **Mt. Rainier National Park** (www.nps.gov/mora; Auto 25 US$; Fußgänger & Fahrradfahrer 10 US$, unter 17 Jahre kostenlos, Jahrespass 50 US$) hat vier Zugänge. Infos zu den Straßenverhältnissen gibt's unter 800-695-7623. Auf der Website des National Park Service

(NPS) können Karten und Beschreibungen von Dutzenden Wegen im Park heruntergeladen werden. Die bekannteste Strecke ist der knallharte 150 km lange Wonderland Trail, der den Mt. Rainier komplett umrundet und für den Wanderer zehn bis zwölf Tage einplanen sollten.

Die Campingplätze im Park haben fließendes Wasser und Toiletten, aber keine Duschen und Stromanschlüsse. Im Sommer sollte man die **Campingplätze im Park** (☎800-365-2267; www.nps.gov/mora; Campingplatz 20 US$) rechtzeitig reservieren; dies ist bis zu zwei Monate im Voraus telefonisch oder online möglich. Wer im Hinterland übernachten möchte, benötigt eine entsprechende Genehmigung. Infos gibt's auf der NPS-Website.

NISQUALLY ENTRANCE

Der Nisqually Entrance ist das beliebteste und praktischste Einfallstor zum Mt. Rainier National Park. Er liegt am Hwy 706 (via Ashford) in der Nähe der südwestlichen Parkecke und ist ganzjährig geöffnet. In Longmire, 7 Meilen (11 km) hinter dem Nisqually Entrance, gibt es ein **Museum mit Informationszentrum** (☎360-569-6575; Hwy 706; ⏲9–16.30 Uhr), einige wichtige Ausgangspunkte für Wanderungen und das rustikale **National Park Inn** (☎360-569-2275; Hwy 706; Zi., mit Gemeinschaftsbad/eigenem Bad ab 126/177 US$, ❄) mit seinem ausgezeichneten Restaurant.

Weitere Wanderwege und Lehrpfade warten beim 12 Meilen (19 km) weiter östlich gelegenen, vornehmeren **Paradise**, das vom informativen **Henry M Jackson Visitor Center** (☎360-569-6571; Paradise; ⏲Mai–Okt. tgl. 10–17 Uhr, Nov.–Apr. Sa & So) betrieben wird. Hier ist auch das traditionelle **Paradise Inn** (☎360-569-2275; Zi. mit Gemeinschaftsbad/eigenem Bad ab 123/182 US$; ⏲Mai–Okt.;) angesiedelt, ein historisches „Parkitektur"-Gasthaus aus dem Jahre 1916. Vom Inn führen Kletterpfade zum Gipfel des Mt. Rainier. Ausgezeichnete viertägige Besteigungen werden von **Rainier Mountaineering Inc** (☎888-892-5462; www.rmiguides.com; 30027 Hwy 706 E, Ashford; 4-Tages-Klettertour 1087 US$) geleitet.

WEITERE ZUGÄNGE

Die drei anderen Zugänge zum Mt. Rainier National Park sind: **Ohanapecosh**, zu erreichen über Hwy 123 und Packwood, wo es auch Unterkünfte gibt; **White River** am Hwy 410, zu erreichen über eine Höhenstraße (1950 m), die zu dem wunderschönen Aussichtspunkt bei der **Sunrise Lodge Cafeteria** (Snacks 6–9 US$; ⏲Juli & Aug. 10–19 Uhr) führt; und der abgelegene **Carbon River** in der nordwestlichen Ecke, über den man zum Regenwald im Parkinneren gelangt.

Mt. St. Helens National Volcanic Monument

Was dem Mt. St. Helens an Höhe fehlt, macht er durch seine dunkle Geschichte wett: 57 Menschen starben, als der Vulkan am 18. Mai 1980 mit der Wucht von 1500 Atombomben ausbrach. Die Katastrophe begann mit einem Erdbeben der Stärke 5,1 auf der Richterskala, das den größten Erdrutsch seit Beginn der Geschichtsschreibung auslöste und 596 km² Waldfläche unter Millionen Tonnen Vulkangestein und Asche begrub. Heute findet man hier eine faszinierende Landschaft aus sich erholenden Wäldern, neuen Flusstälern und aschebedeckten Hängen. Pro Person zahlt man 8 US$ für den Zugang zu diesem National Monument.

NORDÖSTLICHER ZUGANG

Beim Haupteingang am Hwy 504 im Nordosten schaut man zuerst im **Silver Lake Visitor Center** (www.mtsthelensinfo.com/visitor_centers/silver_lake; 3029 Spirit Lake Hwy; Erw./Kind 5/2,50 US$; ⏲Mai–Sept. 9–17 Uhr, Okt.–April bis 16 Uhr;) vorbei, das Filme, Ausstellungen und kostenlose Infos (u.a. auch Wanderkarten) über den Berg bietet. Einen näheren Eindruck von der zerstörerischen Gewalt der Natur bekommt man im **Johnston Ridge Observatory** (☎360-274-2140; 24000 Spirit Lake Hwy; Tageskarte 8 US$; ⏲Mitte Mai–Okt. 10–18 Uhr) am Ende des Hwy 504, von wo aus man direkt in den Krater schaut. In der mit nur wenigen Unterkünften gesegneten Gegend ist das **Eco Park Resort** (☎360-274-7007; www.ecoparkresort.com; 14000 Spirit Lake Hwy, Toutle; Stellplatz 25 US$, Hütte 140–150 US$;) eine willkommene Bleibe: Es hat Stellplätze, Stromanschlüsse für Wohnmobile und einfache Hütten für zwei oder vier Personen.

SÜDÖSTLICHER & ÖSTLICHER ZUGANG

Wer über den Südost-Zugang beim Städtchen **Cougar** am Hwy 503 kommt, kann sich echten Lavaboden anschauen – u.a. die gut 3 km lange Lavaröhre Ape Cave, die ganzjährig zugänglich ist. Allerdings herrschen hier konstant frostige 5 °C. Jeder Erwachsene sollte zwei Lichtquellen mitbringen oder sich bei **Apes' Headquarters** (☎360-449-7800; ⊙Mitte Juni–Anfang Sept. 10–17 Uhr) Laternen für je 5 US$ ausleihen.

Der östliche Zugang ist der abgelegenste, jedoch vermittelt der schwer zugängliche Aussichtspunkt **Windy Ridge** hier einen greifbaren und zugleich unheimlichen Eindruck von der Zerstörung, die der Ausbruch verursacht hat. Er ist oft bis Juni geschlossen. Ein paar Kilometer weiter kann man auf dem 1,5 km langen Harmony Trail (Wanderweg 224) 183 m zum **Spirit Lake** hinuntersteigen.

Zentral- & Südost-Washington

Die sonnigen, trockenen Gegenden in der Mitte und im Südosten Washingtons erinnern an Kalifornien und verfügen über eine nicht ganz so geheime Geheimwaffe: Wein. Das fruchtbare Land, das an die Flusstäler des Yakima und des Columbia River grenzt (welche wiederum an den Nil erinnern), wird von geschäftstüchtigen neuen Weingütern überflutet, deren hervorragende Tropfen mittlerweile mit denen aus dem Napa und dem Sonoma Valley um Anerkennung konkurrieren. Bisher waren Yakima und das noch attraktivere Ellensburg sehr angesagt, inzwischen aber heißt der echte Star Walla Walla.

Yakima & Ellensburg

Der Hauptgrund für einen Zwischenstopp in Yakima ist der Besuch eines der zahlreichen Weingüter zwischen Yakima und Benton City; Landkarten gibt's im **Visitor Center** (☎800-221-0751; www.visityakima.com; 101 N 8th St; ⊙Juni–Aug. Mo–Sa 9–17, So 10–16 Uhr, Sept.–Mai kürzere Öffnungszeiten).

Ein besserer Aufenthaltsort ist Ellensburg, eine winzige Siedlung 36 Meilen (58 km) nordwestlich von Yakima. Hier findet jedes Jahr am Labor Day das größte Rodeo des Bundesstaats statt, und im Ortszentrum gibt's (angeblich) mehr Cafés pro Kopf als irgendwo anders auf der Welt. Am besten holt man sich beim hiesigen Kaffeeröster **D&M Coffee** (☎509-962-9333; www.dmcoffee.com; 323 N Pearl St; Hauptgerichte 5–7 US$; ⊙Mo–Sa 7–22, So bis 20 Uhr) einen Latte und isst im unkonventionellen **Yellow Church Cafe** (☎509-933-2233; www.theyellowchurchcafe.com; 111 S Pearl St; Abendessen 17–27 US$; ⊙Mo–Do 11–21, Fr–So 8–21 Uhr).

Greyhound bedient beide Orte mit Bussen nach Seattle, Spokane und zu Zielen dazwischen.

Walla Walla

Walla Walla hat sich in das angesagteste Weinanbaugebiet außerhalb von Kalifornien verwandelt. Das ehrwürdige Marcus Whitman College ist das kulturelle Wahrzeichen der Stadt, in der es neben schicken Weinprobierstuben auch skurrile Cafés, herrliche Gebäude im Queen-Anne-Stil und einen der besten und lebhaftesten Bauernmärkte in Washington gibt.

Sehenswertes & Aktivitäten

Man muss nicht weinselig sein, um das historische und kulturelle Erbe von Walla Walla schätzen zu können. Die Main St hat

ABSTECHER

DER GRAND COULEE DAM

Den berühmten Hoover Dam (in günstiger Lage zwischen Las Vegas und dem Grand Canyon) besuchen rund 1,6 Mio. Traveller pro Jahr, während der viermal größere und wohl auch bedeutendere **Grand Coulee Dam** GRATIS (in unpraktischer Lage irgendwo im Nirgendwo) von Reisenden weitgehend ignoriert wird. Wer in der Gegend ist, sollte den Staudamm unbedingt besuchen: Er ist eine der größten Leistungen der Ingenieurbaukunst in den USA, und man kann ihn ganz ohne Massenandrang bestaunen.

Das **Grand Coulee Dam Visitor Center** (☎509-633-9265; www.usbr.gov/pn/grandcoulee/visit; ⊙Juni & Juli 8.30–23 Uhr, Aug. bis 22.30, Sept. bis 21.30 Uhr, Okt.–Mai 9–17 Uhr) informiert mit Filmen, Fotos und interaktiven Exponaten über die Geschichte des Staudamms und der umliegenden Gegend. Kostenlose Führungen durch die Anlage finden von Mai bis September zwischen 10 und 17 Uhr zu jeder vollen Stunde statt und in den übrigen Monaten um 11 und 14 Uhr. Dabei fährt man mit einem verglasten Aufzug 142 m hinunter in das Krafthaus Nr. 3, wo man von einer Beobachtungsterrasse aus einen Blick auf die Generatoren werfen kann.

jede Menge historische Auszeichnungen erhalten, und bei den interessanten, von der hiesigen **Chamber of Commerce** (☎509-525-0850; www.wallawalla.org; 29 E Sumach St; ⏲Mo–Fr 8.30–17 Uhr) zusammengestellten Stadtführungen wird die Vergangenheit lebendig. Rund um die Main St gibt's auch diverse Verkostungsräume der Weingüter (Verkostung 5–10 US$).

Fort Walla Walla Museum MUSEUM
(☎509-525-7703; www.fwwm.org; 755 Myra Rd; Erw./Kind 8/3 US$; ⏲März–Okt. 10–17 Uhr, Nov.–Feb. bis 16 Uhr;) Dieses Museum ist ein Dorf aus der Pionierzeit, zu dem 17 historische Gebäude gehören. Zu sehen sind Sammlungen landwirtschaftlicher Geräte, Utensilien aus der Viehwirtschaft und die größte Plastikreplik eines Maultiergespanns weltweit.

Waterbrook Wine WEIN
(☎509-522-1262; www.waterbrook.com; 10518 W US 12; Verkostung 5–10 US$; ⏲Okt.–April So–Do 11–17, Fr & Sa bis 18 Uhr, Mai–Sept. 11–19 Uhr) Auf der Veranda des riesigen Weinguts, rund 10 Meilen (16 km) westlich der Stadt, kann man an warmen Tagen mit Blick auf den Teich wunderbar viele verschiedene Weine probieren. Donnerstags bis sonntags wird auch Essen serviert.

Amavi Cellars WEINGUT
(509-525-3541; www.amavicellars.com; Peppers Bridge Rd; ⏲10–16 Uhr) Südlich von Walla Walla kann man inmitten hübscher Weinberge und Apfelgärten einige der bekanntesten Weine des Tals probieren (nicht verpassen sollte man den Syrah und den Cabernet Sauvignon!). Die elegante, aber trotzdem gemütliche Veranda bietet Blick auf die Blue Mountains.

Schlafen & Essen

Walla Walla Garden Motel MOTEL $
(☎509-529-1220; www.wallawallagardenmotel.com; 2279 Isaacs Ave; Zi. ab 72 US$;) Dieses schlichte, familienbetriebene Motel liegt auf halber Strecke zum Flughafen. Das einladende Garden Motel (ehemals Colonial) ist auf Radfahrer eingestellt und hat ein sicheres, großes Fahrradlager sowie viele Karten zur Gegend.

Marcus Whitman Hotel HOTEL $$
(☎509-525-2200; www.marcuswhitmanhotel.com; 6 W Rose St; Zi. ab 149 US$; P) Walla Wallas bekanntestes Wahrzeichen ist auch das einzige hohe Gebäude im Ort – unverkennbar dank seines Dachturms. Im Einklang mit den Bemühungen, die historische Erscheinung der Siedlung zu erhalten, wurde der wunderschöne Ziegelbau von 1928 elegant restauriert und ausgestattet: Die vielen Zimmer sind in Rost- und Brauntönen gehalten, mit italienischen Möbeln und riesigen Betten bestückt und punkten mit einem tollen Blick auf die nahe gelegenen Blue Mountains. Das hauseigene Restaurant, das **Marc** (Hauptgerichte 15–40 US$; ⏲ab 17.30 Uhr), ist eines der schicksten im Ort.

Graze CAFÉ $
(☎509-522-9991; 5 S Colville St; Sandwiches 8–12 US$; ⏲Mo–Sa 10–19.30, So bis 15.30 Uhr;) Die wunderbaren Sandwiches kann man sich für ein Picknick einpacken lassen oder direkt in dem einfachen Café verzehren (falls man einen Tisch ergattert). Unser Tipp: das Puten-Birnen-Panino mit Provolone und Blauschimmelkäse oder Steak-Torta mit eingelegten Jalapeños, Avocado, Tomate, Koriander und Chipotle-Dressing. Es gibt auch viele vegetarische Optionen.

Saffron Mediterranean Kitchen MEDITERRAN $$$
(☎509-525-2112; www.saffronmediterraneankitchen.com; 125 W Alder St; Hauptgerichte 26–42 US$; ⏲Mai–Okt. Di–Sa 14–22, So bis 21 Uhr, Nov.–April Di–So 14–21 Uhr) Hier geht's nicht ums Kochen, sondern um Alchemie: Der Koch nimmt saisonale und regionale Zutaten und verwandelt sie in pures Gold. Auf der mediterran inspirierten Karte stehen Gerichte wie Bison-Rib-Eye-Steak und Nessel-Pappardelle mit Entenragout. Die Weine – und Biere – werden passend zum Gericht serviert. Im Voraus reservieren.

An- & Weiterreise

Alaska Airlines bietet täglich zwei Flüge vom nordöstlich der Stadt, abseits des US 12 gelegenen **Walla Walla Regional Airport** (www.wallawallaairport.com) zum Seattle-Tacoma International Airport.

Greyhound hat täglich einen Bus nach Seattle (47 US$, 7 Std.) über Pasco, Yakima und Ellensburg. Nach Spokane steigt man in Pasco um.

OREGON

Es ist schwer, Oregons Landschaft und Einwohner mit wenigen Worten zu beschreiben. Die Landschaft reicht von zerklüfteten Küstenstreifen und üppigen, immergrünen Wäldern bis hin zu öden, fossilienübersäten

KURZINFOS OREGON

Spitzname Beaver State

Bevölkerung 4028977 Ew.

Fläche 248633 km²

Hauptstadt Salem (160614 Ew.)

Weitere Städte Portland (632309 Ew.), Eugene (160561 Ew.), Bend (87014 Ew.)

Verkaufssteuer keine

Geburtsort von Ex-US-Präsident Herbert Hoover (1874–1964), Schauspielerin und Tänzerin Ginger Rogers (1911–1995), Autor Ken Kesey (1935–2001), Regisseur Gus Van Sant (* 1952), dem Erfinder der *Simpsons* Matt Groening (* 1954)

Heimat des Oregon Shakespeare Festival (OSF), von Nike und dem Crater Lake

Politik Demokratische Gouverneure seit 1987

Berühmt für Wälder, Regen, Kaffee und den Death with Dignity Act (Sterbehilfegesetz Oregons)

Staatsgetränk Milch (Milchprodukte sind hier sehr wichtig)

Entfernungen Portland–Eugene 110 Meilen (177 km); Portland–Aoria 96 Meilen (154 km); in Oregon darf man nicht selbst tanken.

Wüsten, Vulkanen und Gletschern. Und was die Bevölkerung betrifft - auch die ist bunt gemischt, von konservativen Holzfällern bis zu liberalen Umweltschützern. Aber etwas haben sie gemeinsam: den unabhängigen Geist, die Liebe zur Natur und die leidenschaftliche Begeisterung für ihre Heimat.

Es dauert normalerweise nicht lange, bis auch Besucher die gleiche Begeisterung für Oregon fühlen. Wer würde sich denn nicht in den Anblick des glitzernden Crater Lake, die atemberaubenden Farben der Painted Hills in John Day oder die Wanderwege durch tiefe Wälder und über spektakuläre Gebirgspässe verlieben? Und dann gibt's da noch die Städte: Man kann im flippigen Portland wie ein König speisen, in Ashland erstklassige Theaterproduktionen sehen und in Bend jede Menge Biere durchprobieren.

Portland

Oregons größte Stadt war immer wie ein gut gehütetes Geheimnis: Sie bot alle kulturellen Vorteile einer Großstadt und hatte trotzdem die Atmosphäre und Erschwinglichkeit einer Kleinstadt. Aber das kleine alte Stumptown ist dem in vielerlei Hinsicht entwachsen.

Die meisten Veränderungen, die Portland durchgemacht hat, sind positiv. Sicher, das Parken ist etwas schwieriger und Kneipen zum gepflegten Versumpfen sind heute seltener, aber andererseits finden sich in fast jeder Häuserzeile eine Kaffeerösterei und eine Kleinbrauerei. Und es gibt mehr Imbisse, die besser sind denn je.

Portland ist unglaublich reich mit Naturschönheiten gesegnet: Perfekte Parks, grüne Bäume und bunt blühende Sträucher säumen die Straßen in den hübschen Wohnvierteln, der Willamette River schlängelt sich durch die Stadt und am Horizont wacht der Mt. Hood. Und die aufgeschlossene, reizvoll unkonventionelle Einstellung hat sich sicherlich nicht verändert. Insofern gibt es heute noch mehr, was man an der Stadt lieben kann.

Sehenswertes

Downtown

★ Tom McCall Waterfront Park PARK

(Karte S. 428; Naito Parkway) Der beliebte Park, der sich am Westufer des Willamette River erstreckt, wurde 1978 nach einer Bauzeit von vier Jahren fertigstellt. Er ersetzte eine Schnellstraße mit rund 2,5 km langen gepflasterten Spazierwegen, die jede Menge Grünflächen erschließen und Scharen von Joggern, Inlineskatern, Spaziergängern und Radfahrern anziehen. Im Sommer eignet sich der Park hervorragend für große Events unter freiem Himmel wie das Oregon Brewers Festival (S. 431). Über die Steel und die Hawthorne Bridge geht es hinüber zur **Eastbank Esplanade**, einen gut 4 km langen Rundweg.

★ Pioneer Courthouse Square WAHRZEICHEN

(Karte S. 428; www.thesquarepdx.org; Red, Blue, Green) Der mit Ziegelsteinen gepflasterte Platz ist das Herz von Portland, das auch als „Portlands Wohnzimmer" bezeichnet wird. Auf dem meistbesuchten öffentlichen Platz der Stadt tummeln sich nicht nur Hacky-Sack-Spieler, Sonnenanbeter oder Büroangestellte, die ihre Mittagspause genießen, sondern es finden hier auch Feste, Kundgebungen, Bauernmärkte und (im

Sommer) freitagabends Kinoaufführungen statt („Flicks on the Bricks").

Portland Building WAHRZEICHEN

(Karte S. 428; Ecke SW 5th Ave & SW Main St) Das umstrittene 15-stöckige Gebäude von 1982 wurde von Michael Graves entworfen und machte den postmodernen Architekten über Nacht berühmt. Die Leute, die in dem Bürogebäude arbeiteten, wurden allerdings mit dem pastellfarbenen Betonklotz nie wirklich warm. Außerdem wurden in den letzten Jahren Probleme mit der Statik aufgedeckt, sodass eine umfassende Renovierung erforderlich ist, wenn das Gebäude gerettet werden soll. Zumindest wurde es mit dem 2006 aufgesetzten Ökodach ein wenig grüner.

Oregon Historical Society MUSEUM

(Karte S. 428; ☎503-222-1741; www.ohs.org; 1200 SW Park Ave; Erw./Kind 11/5 US$; ⏲Mo–Sa 10–17, So 12–17 Uhr; 🚇Red, Blue) An den von Bäumen beschatteten **South Park Blocks** liegt das bedeutendste Geschichtsmuseum des Bundesstaats, das sich vor allem der Geschichte von Oregon und den Pionieren widmet. Es gibt auch interessante Abteilungen, die sich mit verschiedenen Einwanderer-Gruppen, amerikanischen Ureinwohnern und den Strapazen des Oregon Trail beschäftigen. Im Untergeschoss werden Wechselausstellungen gezeigt.

Portland Art Museum MUSEUM

(Karte S. 428; ☎503-226-2811; www.portlandartmuseum.org; 1219 SW Park Ave; Erw./Kind 19,99 US$/frei; ⏲Di–So 10–17, Do & Fr bis 20 Uhr; 🚌6, 38, 45, 55, 58, 68, 92, 96, 🚋NS Line, A-Loop) Das Kunstmuseum neben den South Park Blocks stellt hervorragende Exponate aus, u. a. Schnitzereien der amerikanischen Ureinwohner, asiatische und amerikanische Kunst, Fotografien und englisches Silber. Im Museum befindet sich auch das Whitsell Auditorium, ein erstklassiges Filmtheater, das häufig seltene oder internationale Filme zeigt und zum Northwest Film Center & School gehört.

⊙ Altstadt & Chinatown

Im Zentrum des ausgelassenen Portland aus den 1890er-Jahren – der einst berüchtigten Altstadt – trieben sich damals zwielichtige Gestalten herum. Heute findet man hier hübsche historische Gebäude, den Waterfront Park, den Samstagsmarkt und ein paar gute Nachtclubs.

Der Altstadt wird im Allgemeinen auch die historische Chinatown zugeschrieben. Diese ist zwar nicht mehr das Zentrum der chinesischen Gemeinde (die ist an den südöstlichen Stadtrand gezogen), aber man kann hier die verzierten **Chinatown Gates** (Karte S. 428; Ecke W Burnside St & NW 4th Ave; 🚌20), den ruhigen **Lan Su Chinese Garden** (Karte S. 428; ☎503-228-8131; www.lansugarden.org; 239 NW Everett St; Erw./Kind 10/7 US$; ⏲Mitte April–Mitte Okt. 10–19 Uhr, Mitte Okt.–Mitte April bis 17 Uhr; 🚌4, 8, 16, 35, 44, 77, 🚇Blue, Red) und die sogenannten **Shanghai Tunnels** (Karte S. 428; ☎503-622-4798; www.shanghaitunnels.info; 120 NW 3rd Ave; Erw./Kind 13/8 US$; 🚌12, 19, 20, 🚇Blue, Red) bewundern. Durch die Tunnel werden teilweise Führungen angeboten.

Saturday Market MARKT

(Karte S. 428; ☎503-222-6072; www.portlandsaturdaymarket.com; 2 SW Naito Parkway; ⏲März–Dez. Sa 10–17, So 11–16.30 Uhr; 👪; 🚌12, 16, 19, 20, 🚇Red, Blue) Die beste Zeit für einen Bummel am Ufer entlang ist das Wochenende. Samstags wird hier dieser berühmte Markt mit Handwerkskunst, Straßenkünstlern und Imbissbuden abgehalten.

⊙ Pearl District & Northwest

Wenn die Portlander von „Northwest" reden, dann meinen sie meistens das nördlich der W Burnside St gelegene attraktive Viertel um die NW 21st und 23rd Ave. Das wichtigste Wohngebiet von Portland im späten 19. Jh. entwickelte sich später zum vornehmen Geschäftsviertel. In den letzten Jahren hat es aber ein wenig zu kämpfen, weil sich die Restaurant- und Einkaufsszene weiter nach Osten verlagert hat. Dennoch kann man schöne Spaziergänge durch das malerische Viertel unternehmen, das schöne alte Apartmentgebäude und eines der besten Kunstfilmkinos der Stadt beherbergt. Es ist schwierig, hier zu parken, aber nicht unmöglich. Man kann alternativ aus Downtown auch die Straßenbahn nehmen (oder einfach laufen).

Gleich östlich von Northwest liegt **Pearl District**, ein altes Industriegebiet, das sich zu Portlands nobelstem Viertel entwickelt hat. Aus den ehemaligen Lagerhäusern sind heute schicke Lofts mit den höchsten Immobilienpreisen in Oregon geworden. Bei einem Bummel kann man die piekfeinen Boutiquen, trendigen Restaurants und Kunstgalerien in Augenschein nehmen.

Portland

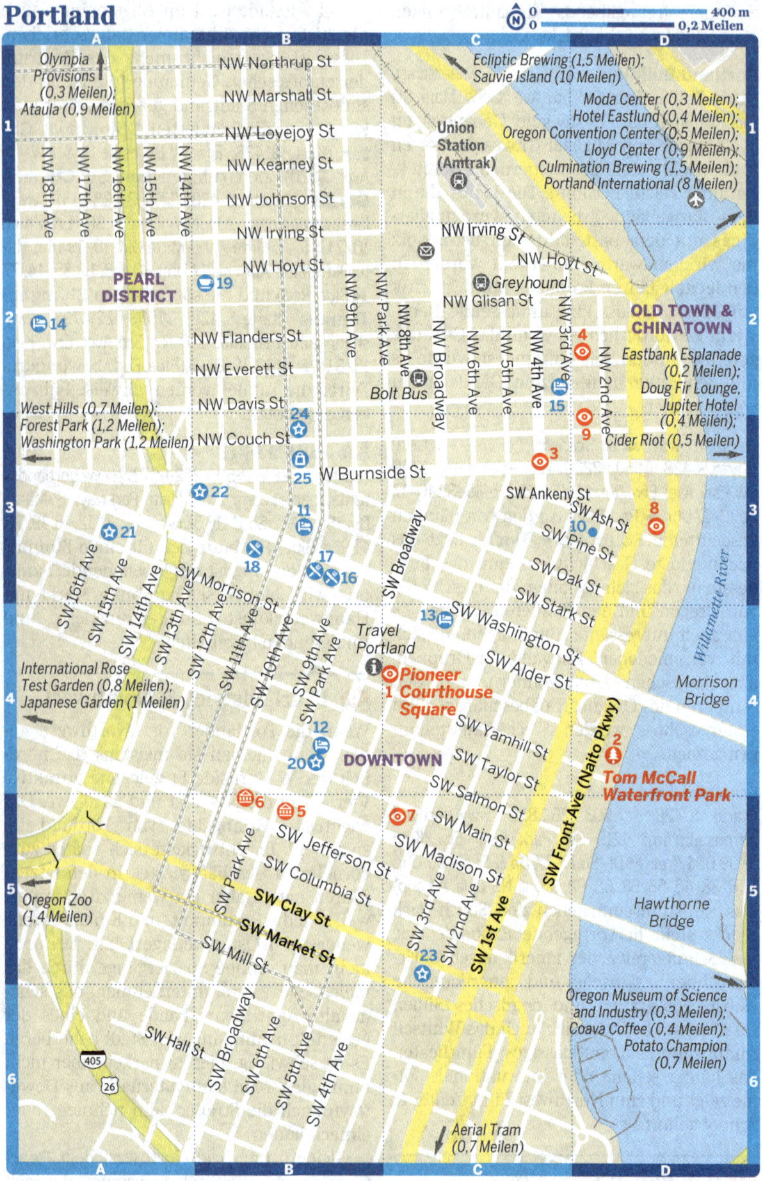

West Hills

Forest Park PARK

(☎503-223-5449; www.forestparkconservancy.org) An den gepflegten Washington Park im Süden (mit dem er über zahlreiche Wege verbunden ist) grenzt der sehr viel wildere 20,6 km² große Forest Park, ein gemäßigter Regenwald, der Pflanzen, Tieren und begeisterten Wanderern ein Zuhause bietet. Die **Portland Audubon Society** (☎503-292-6855; www.audubonportland.org; 5151 NW Cornell Rd; ⏱9–17 Uhr, Naturladen Mo–Sa 10–18 Uhr, So bis 17 Uhr; 🚌20) GRATIS betreibt einen Buchladen

Portland

Highlights
1 Pioneer Courthouse Square ... C4
2 Tom McCall Waterfront Park ... D4

Sehenswertes
3 Chinatown Gates ... C3
4 Lan Su Chinese Garden ... D2
5 Oregon Historical Society ... B5
6 Portland Art Museum ... B5
7 Portland Building ... C5
8 Saturday Market ... D3
9 Shanghai Tunnels ... D3

Aktivitäten, Kurse & Touren
10 Pedal Bike Tours ... D3

Schlafen
11 Ace Hotel ... B3
12 Heathman Hotel ... B4
13 Hotel Monaco ... C4
14 Northwest Portland Hostel ... A2
15 Society Hotel ... C2

Essen
16 Bing Mi! ... B3
Clyde Common ... (siehe 11)
17 Nong's Khao Man Gai ... B3
18 Tasty n Alder ... B3

Ausgehen & Nachtleben
19 Barista ... B2

Unterhaltung
20 Arlene Schnitzer Concert Hall ... B4
21 Artists Repertory Theatre ... A3
22 Crystal Ballroom ... B3
23 Keller Auditorium ... C5
24 Portland Center Stage ... B3

Shoppen
25 Powell's City of Books ... B3

und ein Rehabilitationszentrum für Wildtiere und pflegt 6,5 km Wanderwege innerhalb des Forest-Park-Naturschutzgebietes.

Washington Park PARK
(www.washingtonparkpdx.org; ; Blue, Red) Der kultivierte und gepflegte Washington Park beherbergt auf seinem 162 ha großen Gelände einige große Attraktionen. Der **International Rose Test Garden** (www.rosegardenstore.org; 400 SW Kingston Ave; 7.30–21 Uhr; 63) GRATIS bildet das Herzstück von Portlands berühmter Rosenblüte. Hier gibt es 400 verschiedene Rosenarten zu bewundern und man kann die tolle Aussicht auf die Stadt genießen. Weiter hügelaufwärts liegt der **Japanese Garden** (503-223-1321; www.japanesegarden.com; 611 SW Kingston Ave; Erw./Kind 14,95/10,45 US$; Mitte März–Sept. Mo 12–19, Di–So 10–19 Uhr, Okt.–Mitte März Mo 12–16, Di–So 10–16 Uhr; 63), eine weitere Oase des Friedens. Wer Kinder dabei hat, sollte im **Oregon Zoo** (503-226-1561; www.oregonzoo.org; 4001 SW Canyon Rd; Erw./Kind 14,95/9,95 US$; Juni–Aug. 9.30–18 Uhr, Sept.–Mai kürzere Öffnungszeiten; ; 63, Blue, Red) und im **Portland Children's Museum** (503-233-6500; www.portlandcm.org; 4015 SW Canyon Rd; 10,75 US$, 1. Fr im Monat 16–19 Uhr Eintritt frei; 9–17 Uhr; ; 63, Red, Blue) vorbeischauen.

Nordosten & Südosten

Vom Stadtzentrum aus betrachtet jenseits des Willamette River liegt das **Lloyd Center** (503-282-2511; www.lloydcenter.com; 2201 Lloyd Center; Mo–Sa 10–21, So 11–18 Uhr; Red, Blue, Green), Oregons größte Shopping-Mall. Hier befindet sich die Eislaufbahn, auf der die berühmte Eiskönigin Tonya Harding das Schlittschuhlaufen lernte. Ein paar Straßen weiter südwestlich stehen die unübersehbaren Glastürme des **Oregon Convention Center** (www.oregoncc.org; 777 NE Martin Luther King Jr Blvd; Red, Blue, Green, Yellow). Ganz in der Nähe befindet sich das **Moda Center** (503-235-8771; www.rosequarter.com/venue/moda-center; 1 N Center Court St; Yellow), wo das Profi-Basketballteam der Trailblazers seine Spiele austrägt.

Ein Stückchen weiter den Willamette River hinauf liegt die **N Mississippi Avenue**, die früher von heruntergekommenen Gebäuden gesäumt war, in der es aber heute jede Menge angesagte Läden und Lokale gibt. Im Nordosten liegt die künstlerisch angehauchte **NE Alberta Street**, ein langer Streifen mit Kunstgalerien, Boutiquen und Cafés (am letzten Donnerstag im Monat steigt hier das Straßenkunst-Event **Last Thursday** (www.lastthursdayonalberta.com), das man nicht verpassen sollte). Den **SE Hawthorne Boulevard** (nahe der SE 39th Ave) haben Hippies voll im Griff: mit Souvenirläden, Cafés, Coffee-Shops und zwei Filialen der Buchladenkette Powell's. Eine begrünte Meile weiter südlich hat sich die **SE Division Street** in ein Paradies für Feinschmecker verwandelt. Hier gibt es jede Menge ausgezeichnete Restaurants, Bars und Kneipen, ebenso wie rund um die Ecke **E Burnside/NE 28th Avenue**, nur das hier alles ein bisschen beengter und schicker ist.

Aktivitäten

Wandern

Mit dem über 2000 ha großen Forest Park innerhalb der Stadtgrenzen hält Portland Wanderer gut auf Trab. In dem mit der Stadtbahn leicht erreichbaren **Hoyt Arboretum** (503-865-8733; www.hoytarboretum.org; 4000 Fairview Blvd; Wanderwege 5–21.30 Uhr, Besucherzentrum Mo–Fr 9–16, Sa & So 11–15 Uhr; Washington Park) GRATIS gibt es ein großes Netz an Wanderwegen, und noch mehr erkunden kann man im **Tryon Creek State Natural Area** (503-636-9886; www.oregonstateparks.org; 11321 SW Terwilliger Blvd).

Und wenn das noch nicht reichen sollte, gibt es ja auch noch das Wanderparadies Mt. Hood (S. 441) und die Columbia River Gorge (S. 439), die jeweils nur eine Stunde mit dem Auto entfernt sind.

Radfahren

Portland steht auf der Liste der fahrradfreundlichsten Städte der USA oft ganz oben.

Hübsche Radwege gibt's am **Willamette River** in Downtown. Zu empfehlen ist auch der im Vorort Boring beginnende, 34 km lange **Springwater Corridor**.

Mountainbiker können sich auf dem **Leif Erikson Dr** verausgaben. Hervorragende Single Trails und technisch anspruchsvolle Pisten gibt's am **Hood River** und am **Mt. Hood** (beide jeweils eine Fahrtstunde entfernt).

Malerisches Farmland gibt's auf **Sauvie Island** (www.sauvieisland.org; Hwy 30; Parkschein 10 US$/Tag), 10 Meilen (16 km) nordwestlich von Downtown Portland.

Die kostenlose Radtour-Karte *Portland by Bicycle* oder die Karte *Bike There!* (6 US$) erhält man bei der Touristeninformation sowie in jedem Fahrradladen.

Everybody's Bike Rentals & Tours RADFAHREN

(503-358-0152; www.pdxbikerentals.com; 305 NE Wygant St; Tour ab 69 US$/Pers., Radverleih 8–15 US$/Std.; 10–15 Uhr; 6) Es stimmt, dass man Portland am besten mit dem Rad erkunden kann, und dieser Anbieter veranstaltet entspannte, lustige Radtouren durch die Stadt und Umgebung zum Thema Essen und Farmen oder Bier und Parks. Fahrräder kann man hier ebenfalls ausleihen.

Kajakfahren

Da Portland in der Nähe des Zusammenflusses des Columbia River und des Willamette River liegt, verfügt es über viele befahrbare Wasserwege.

Portland Kayak Company KAJAKFAHREN

(503-459-4050; www.portlandkayak.com; 6600 SW Macadam Ave; Verleih ab 14 US$/Std.; 10–17 Uhr; 43) Dieser Anbietet verleiht Kajaks (mind. 2 Std.) und veranstaltet neben Einführungen auch Kajaktouren, darunter eine dreistündige Umrundung von Ross Island auf dem Willamette River (49 US$). Diese Tour ist täglich um 10 und 14 Uhr sowie von Mai bis September bei Sonnenuntergang (ab 18 Uhr) möglich.

Geführte Touren

Pedal Bike Tours RADFAHREN

(Karte S. 428; 503-243-2453; www.pedalbiketours.com; 133 SW 2nd Ave; Tour 59–199 US$; 10–18 Uhr; 12, 19, 20, Blue, Red) Veranstal-

PORTLAND MIT KINDERN

Der Washington Park hat Familien mit kleinen Kindern am meisten zu bieten. Hier befindet sich der großartige Oregon Zoo in einer schönen, natürlichen Umgebung, die auch die Eltern genießen werden. Gleich daneben bieten das Portland Children's Museum und das **World Forestry Center** (503-228-1367; www.worldforestry.org; 4033 SW Canyon Rd; Erw./Kind 7/5 US$; 10–17 Uhr, Labor Day–Memorial Day Di & Mi geschl.; ; 63, Blue, Red) sehr anregende und lehrreiche Aktivitäten und Ausstellungen.

Am anderen Ufer des **Willamette River** ist das **Oregon Museum of Science and Industry** (OMSI; 503-797-4000; www.omsi.edu; 1945 SE Water Ave; Erw./Kind 14/9,75 US$; Juni–Aug. 9.30–17.30 Uhr, Sept.–Mai Mo geschl.; ; 9, 17, A Loop, B Loop, Orange) ein hervorragendes Ausflugsziel mit Kino, Planetarium und sogar einem U-Boot. Weiter südlich sorgt der **Oaks Amusement Park** (503-233-5777; www.oakspark.com; 7805 SE Oaks Park Way; Tagesticket 15–31 US$, einzelne Fahrgeschäfte 3,75 US$, Eislaufen 6,60–7,50 US$; wechselnde Öffnungszeiten; ; 35, 99) mit Achterbahnen, Minigolf und Jahrmarktsspielen bei Kids für gute Laune.

tet Radtouren zu allen möglichen Themen wie Geschichte, Imbisswagen und Bier. Es gibt sogar eine sogenannte „Pot Tour" durch Portland (69 US$), wo man in drei Stunden die Stadt aus Sicht des neuen Pot-Einzelhandels kennenlernt, einen Einblick in die Geschichte des Hanfanbaus in Oregon erhält, Ausgabestellen und Hanfläden besucht und alles Nötige zum legalen Kauf und Konsum von Marihuana erfährt. Vegane Knabbereien gibt's auch!

Portland Walking Tours STADTSPAZIERGANG
(☎503-774-4522; www.portlandwalkingtours.com; Tour 20–79 US$/Pers.) Bietet jeden Tag Stadtführungen rund ums Thema Essen, Schokolade und Untergrund an – und eine Geistertour steht zur Auswahl. Die neue Tour „Macher und ihre Ateliers" gewährt einen Einblick hinter die Kulissen von Portlands unabhängiger Kreativszene vom Kunsthandwerk und der Holzverarbeitung bis hin zu Lederwaren und einer Brauerei. Alle Führungen haben verschiedene Startpunkte. Reservierung empfohlen!

Feste & Events

Portland Rose Festival KULTUR
(www.rosefestival.org; Ende Mai–Mitte Juni) Rosenbedeckte Flöße, Drachenbootrennen, ein Jahrmarkt am Flussufer, Feuerwerk, Seemänner und die Krönung einer Rosenkönigin machen dieses Fest zum größten in Portland. Höhepunkte sind die abendliche Starlight Parade und die Grand Floral Parade (Mitte Juni).

Oregon Brewers Festival BIER
(www.oregonbrewfest.com; Tom McCall Waterfront Park; Eintritt frei, 7 US$/Probierglas, 1 US$/Probe; Ende Juli) Am letzten Juliwochenende kann man im Waterfront Park Craft-Biere von nah und fern probieren – jeder ist glücklich, selbst Abstinenzler haben ihren Spaß. Es gibt hier auch Imbissbuden und andere Bierverkäufer im Park.

Bite of Oregon ESSEN & TRINKEN
(www.biteoforegon.com; Ticket 6 US$; Anfang Sept.) Essen und Bier, so weit die Vorstellung reicht: Vieles kommt aus den hervorragenden regionalen Restaurants, manches auch von den berühmten Food Carts Portlands. Hier findet man auch gute Biere von Kleinbrauereien. Das Fest findet zu Gunsten der Special Olympics Oregon statt. Veranstaltungsort und -zeit variieren jedes Jahr; online nachprüfen.

Schlafen

Die hier aufgeführten Preise beziehen sich auf die Sommersaison, in der man möglichst vorab reservieren sollte. Die Preise in Spitzenklassehotels hängen stark von der Dauer des Aufenthalts und dem Wochentag ab.

Hawthorne Portland Hostel HOSTEL $
(☎503-236-3380; www.portlandhostel.org; 3031 SE Hawthorne Blvd; B 34–37 US$, DZ mit Gemeinschaftsbad 74 US$; ; 14) Das umweltfreundliche Hostel in hervorragender Lage in Hawthorne hat zwei Privatzimmer und geräumige Schlafsäle. Im Sommer finden Open-Mic-Abende im grünen Hinterhof statt, und es gibt einen Fahrradverleih (samt Reparaturwerkstatt). Das Hostel kompostiert, recycelt, verwendet Regenwasser für die Toiletten und hat ein hübsches Öko-Dach. Für Radfahrer gibt's Rabatte.

Northwest Portland Hostel HOSTEL $
(Karte S. 428; ☎503-241-2783; www.nwportlandhostel.com; 425 NW 18th Ave; B 34–40 US$, DZ mit Gemeinschaftsbad ab 89 US$; ; 77) Das freundliche, saubere Hostel in perfekter Lage zwischen dem Pearl District, der NW 21st und der 23rd Ave verteilt sich über vier alte Gebäude mit vielen Gemeinschaftsbereichen (darunter einer kleinen Terrasse). Es gibt hier außerdem ermäßigte Leihfahrräder. Die Schlafsäle sind geräumig, und die privaten Zimmer sind so hübsch wie Hotelzimmer, teilen sich aber alle die Badezimmer draußen. Nicht-HI-Mitglieder zahlen 3 US$ zusätzlich.

★ **Kennedy School** HOTEL $$
(☎503-249-3983; www.mcmenamins.com/kennedyschool; 5736 NE 33rd Ave; DZ ab 155 US$; ; 70) Die frühere Grundschule ist heute ein Hotel (man schläft in den alten Klassenzimmern) mit Restaurant, tollem Hofgarten, mehreren Bars, einer Kleinbrauerei und einem Kino. Gäste können den Pool kostenlos nutzen. Die ganze Schule ist im typischen McMenamins-Stil mit Mosaiken, Fantasiegemälden und alten Fotos dekoriert.

★ **Ace Hotel** BOUTIQUEHOTEL $$
(Karte S. 428; ☎503-228-2277; www.acehotel.com; 1022 SW Stark St; DZ mit Gemeinschaftsbad/eigenem Bad ab 175/245 US$; P; 20) Das gut etablierte Hotel vereint erfolgreich Industrie-, Minimal- und Retro-Stile. Von der Fotobox im Foyer bis hin zu den recycelten Stoffen und den Möbeln aus wiederverwertetem Holz in den Zimmern

wirkt das Hotel sehr schick und typisch für Portland. Auf dem Gelände gibt's ein Stumptown Café und eine Untergrund-Bar, und das schicke **Clyde Common Bistro** (Karte S. 428; ☎503-228-3333; www.clydecommon.com; 1014 SW Stark St; Hauptgerichte 9–29 US$; ⊙Mo–Fr 11.30–24, Sa 15–24, So 15–23 Uhr) befindet sich gleich neben der Lobby. Die Lage ist nicht zu toppen.

★ Society Hotel HOTEL **$$**
(Karte S. 428; ☎503-445-0444; www.thesocietyhotel.com; 203 NW 3rd Ave; B 55 US$, DZ ab 129 US$; 📶; 🚌4, 8, 16, 35, 44, 77, 🚋Red, Blue, Green) Dieser Newcomer ist die einzige Absteige in der Altstadt bzw. in Chinatown. Das hübsche Hotel in dem historischen Mariners Building von 1881, ursprünglich eine Herberge für Seeleute, hat einen tadellosen Sinn für Mode. Es gibt hier Schlafsäle und private Zimmer sowie eine lebhafte Bar und eine Dachterrasse. Einige Eckzimmer haben große Fenster, durch die viel Sonnenlicht dringt.

Jupiter Hotel MOTEL **$$**
(☎503-230-9200; www.jupiterhotel.com; 800 E Burnside St; DZ ab 143 US$; ❄📶🐾; 🚌20) Das schicke Motel in Gehweite zur Downtown liegt neben dem Doug Fir (S. 435), einem tollen Schuppen für Livemusik. Die Standardzimmer sind winzig; man hält sich besser an die Metro-Zimmer und bittet um ein Zimmer möglichst weit weg von der Bar im Hof, wenn man nicht selbst eine Nachteule ist. Es gibt auch einen Fahrradverleih. Wer nach Mitternacht ankommt, erhält einen Rabatt – sofern noch Zimmer frei sind.

Caravan BOUTIQUEHOTEL **$$**
(☎503-288-5225; www.tinyhousehotel.com; 5009 NE 11th Ave; Zi. 165–175 US$; 📶; 🚌72) Der Trend zum Mini-Haus hat sich in diesem Hotel im künstlerisch angehauchten Viertel Alberta manifestiert: Hier schlafen die Gäste in bezaubernden Behausungen, die mit 8 bis 16 m² (inklusive Küche und Bad) kleiner als die meisten Hotelzimmer sind. Jeden Abend gibt's Lagerfeuer mit Marshmallows (kostenlos) und an manchen Abenden auch Livemusik. Im Sommer weit im Voraus buchen.

Heathman Hotel HOTEL **$$$**
(Karte S. 428; ☎503-241-4100; www.heathmanhotel.com; 1001 SW Broadway; DZ ab 265 US$; P❄@📶🐾; 🚌15, 17, 35, 51) Das Heathman mit erstklassigem Service und einem neu eröffneten Meeresfrüchte-Restaurant des beliebten Starkochs Vitaly Paley ist eine Institution in Portland. Die Zimmer sind elegant, stilvoll und luxuriös – und zentral gelegen ist das Ganze auch noch. Nachmittags gibt's traditionellen englischen High Tea, mittwochs bis samstags Jazzkonzerte am Abend, und in der Bibliothek stehen 2700 Bücher, signiert von Autoren, die hier übernachtet haben.

Hotel Eastlund HOTEL **$$$**
(☎503-235-2100; www.hoteleastlund.com; 1021 NE Grand Ave; Zi. ab 249 US$; P❄📶; 🚌6) Das glänzende neue Hotel im Lloyd District ersetzt das Red Lion. Angefangen beim Foyer ist alles mit ultra-modernen Möbeln, großen Kunstwerken, bunten Farben und weiten, offenen Räumen gestaltet. Die Zimmer haben entweder ein breites Doppelbett oder zwei Doppelbetten. Die Suiten sind nicht übermäßig groß, verfügen aber über Kochnischen und bodenlange Fenster. Das oben gelegene Restaurant **Altabira** (☎503-963-3600; www.altabira.com; 1021 NE Grand Ave; Hauptgerichte 17–28 US$; ⊙11.30–23 Uhr) hat eine große Auswahl an Bieren und eine großartige Terrasse.

Essen

Mit Dutzenden junger Spitzenköche, die die Grenzen der regionalen Küche und der anderer Länder überschreiten und das Beste aus heimischen, nachhaltigen Zutaten kreieren, macht sich Portlands Gastronomie mehr und mehr landesweit einen Namen.

Nong's Khao Man Gai FOOD TRUCK **$**
(Karte S. 428; ☎971-255-3480; www.khaomangai.com; Ecke SW 10th Ave & SW Alder St; Hauptgerichte ab 9 US$; ⊙Mo–Sa 10–16 Uhr; 🚋NS Line, A Loop, 🚋Red, Blue) Der weithin beliebte Imbisswagen verkauft zart pochiertes Hühnchen mit Reis und himmlischer Sauce. Das war's – und das ist auch genug! Es gibt auch noch zwei feste Adressen jeweils mit größerer Auswahl: 411 SW College St und 609 SE Ankeny St.

Bing Mi! FOOD TRUCK **$**
(Karte S. 428; www.bingmiportland.com; Ecke SW 9th Ave & SW Alder St; Crêpes 6 US$; ⊙Mo–Fr 7.30–15, Sa 11–16 Uhr; 🚋Red, Blue) Der bei den Kritikern sehr beliebte Food Truck in Downtown serviert herzhaftes *jian bing* (gegrillte Crêpes aus Nordchina, gefüllt mit Rührei, eingelegtem Gemüse, frittierten Crackern, Schwarzbohnenpaste und Chilisauce). Das ist alles, was man bekommt – aber mehr braucht man auch nicht.

★ Stammtisch DEUTSCH **$$**
(☎503-206-7983; www.stammtischpdx.com; 401 NE 28th Ave; kleine Teller 4–9 US$, Hauptgerich-

te 12–23 US$; ⌚ Mo–Fr 15–1.30, Sa & So 11–1.30 Uhr; 👶; 🚌 19) In der dunklen, gemütlichen Kiezkneipe gibt's gutes deutsches Essen und die passenden Biere. Zu empfehlen sind die hervorragenden Maultaschen in heller, zitroniger Weinsauce, die Muscheln in Nesselbrühe und das mit Paprika gewürzte Brathähnchen.

Ken's Artisan Pizza PIZZA $$
(☎ 503-517-9951; www.kensartisan.com; 304 SE 28th Ave; Pizza 13–18 US$; ⌚ Mo–Do 17–21.30, Fr 17–22, Sa 16–22, So 16–21 Uhr; 🚌 20) Hier gibt's köstliche Holzofenpizza mit knusprigem, dünnen Boden und Belägen wie Prosciutto, Fenchelwürstchen oder grünem Knoblauch in supercoolem Ambiente mit großen Schiebefenstern zur Straße hin, die an warmen Tagen geöffnet sind. Auf lange Wartezeiten einstellen – keine Reservierung möglich.

Olympia Provisions FRANZÖSISCH $$
(☎ 503-894-8136; www.olympiaprovisions.com; 1632 NW Thurman St; Wurstplatte 14–18 US$, Sandwiches 11–15 US$, Hauptgerichte 22–35 US$; ⌚ Mo–Fr 11–22, Sa & So 9–22 Uhr; 🚌 16) Das französisch angehauchte Grill-Bistro serviert Wurst- und Käseplatten, Gourmet-Sandwiches, Salate und Feinkost und Hauptgerichte wie Grillhähnchen und gedünstete Muscheln. Zum Brunch gibt's auch köstliche Eier Benedict. Eine weitere Filiale befindet sich in der 107 SE Washington St.

Paadee THAILÄNDISCH $$
(☎ 503-360-1453; www.paadeepdx.com; 6 SE 28th Ave; Hauptgerichte 12–19 US$; ⌚ 11.30–15 & 17–22 Uhr; 🚌 20) An der als „Restaurant Row" titulierten 28th Ave befindet sich dieses wunderschöne Restaurant, in dem Vogelkäfige als Lampenschirme dienen. Bei der Gestaltung ließ sich der Inhaber von seiner Kindheit in Thailand inspirieren. Die frischen Zutaten und Aromen beleben Gerichte wie Steaksalat oder *gra prao muu grob* (knuspriger Schweinebauch mit Basilikum und Chili). Es gibt auch leckere Cocktails.

People's Pig BARBECUE $$
(☎ 503-282-2800; www.peoplespig.com; 3217 N Williams Ave; Sandwich 10–12 US$, Hauptgerichte 14–25 US$; ⌚ So–Do 11–21, Fr & Sa bis 22 Uhr; 🚌 4, 24, 44) Das hiesige geräucherte Brathähnchen-Sandwich mit Jalapeño-Gelee und würziger Mayo steht bei vielen Einheimischen ganz oben auf der Liste der Lieblingssandwiches. Dazu bekommt man eine Beilage: Sehr gut passt Grünkohl. Man kann sich das Sandwich auch auf einem Teller mit zusätzlichen Beilagen servieren lassen, z. B. mit Schweineschulter, Rippchen, Lammfleisch oder Rinderbrust – alles ist hier gut.

Tasty n Sons AMERIKANISCH $$
(☎ 503-621-1400; www.tastynsons.com; 3808 N Williams Ave; kleine Teller 2–13 US$, Hauptgerichte 12–30 US$; ⌚ So–Do 9–14.30 & 17–22, Fr & Sa bis 23 Uhr; 🚌 44) Trendiges Restaurant mit hohen Decken, Industrie-Flair und hervorragenden kleinen Gerichten an einem plötzlich total angesagten Abschnitt des Fahrrad- und Autopendler-Highway in Portland. Am besten bestellt man ein paar Delikatessen wie Datteln im Speckmantel, gegrillte Wachteln mit Couscous oder Lamm-Souvlaki und genießt das alles gemeinsam. Falls vorhanden, unbedingt auch den Burmesischen Schmortopf probieren. Beim Brunch sollte man sich auf Wartezeiten einstellen. Beim Vergleich mit der anderen Filiale **Tasty n Alder** (Karte S. 428; ☎ 503-621-9251; www.tastynalder.com; 580 SW 12th Ave; Hauptgerichte 16–27 US$; ⌚ So–

PORTLANDS FOOD CARTS

Manche der besten Gerichte Portlands kommen aus bescheidenen kleinen Küchen auf Rädern. Überall in der Stadt sammeln sich Food Carts auf Parkplätzen und anderen Freiflächen und bieten hungrigen Spaziergängern die Gelegenheit, ungewöhnliche Gerichte zu günstigen Preisen zu probieren. Oft gibt es sogar überdachte Sitzbereiche, sodass man das Essen in Ruhe genießen kann. Ein paar empfehlenswerte Anbieter:

Holy Mole (https://www.facebook.com/holymolepdx)

Nong's Khao Man Gai

Potato Champion (☎ 503-683-3797; www.potatochampion.tumblr.com; 1207 SE Hawthorne Blvd; Hauptgerichte 3–11 US$; ⌚ Di–Do & So 11–1, Fr & Sa bis 3 Uhr; 🍸)

Bing Mi!

Viking Soul Food (☎ 971-506-5579; www.vikingsoulfood.com; 4255 SE Belmont St; Hauptgerichte 3–10 US$; ⌚ So–Do 12–20, Fr & Sa bis 21 Uhr; 🚌 15)

Do 9–14 & 17.30–22, Fr & Sa bis 23 Uhr; 🚌15, 51) wird man Unterschiede feststellen.

★ Ava Gene's ITALIENISCH **$$$**
(☎971-229-0571; www.avagenes.com; 3377 SE Division St; Hauptgerichte 20–36 US$; ⏲Mo–Do 17–22, Fr 17–23, Sa 16.30–23, So 16.30–22 Uhr; 🚌4) Die bekannte, rustikale Trattoria mit italienischer Küche gehört Duane Sorenson, dem Gründer von Stumptown Coffee. Es gibt exzellente Pasta und Gemüsegerichte. Beste Zutaten, eine großartige Wein- und Cocktailkarte und ein ausgezeichneter Service runden das lohnende kulinarische Erlebnis ab. Vorab reservieren!

★ Ned Ludd AMERIKANISCH **$$$**
(☎503-288-6900; www.nedluddpdx.com; 3925 NE Martin Luther King Jr Blvd; kleine Teller 4–15 US$, Hauptgerichte 25–32 US$; ⏲17–22 Uhr; 🚌6) Typisch Portland: Von der rustikal-gemütlichen Inneneinrichtung bis hin zum omnipräsenten mit Holz befeuerten Ziegelofen, in dem alle Gerichte zubereitet werden, verströmt dieses unkonventionelle, gehobene Restaurant ein künstlerisches Flair. Die wunderschön angerichteten Speisen werden auf kleinen Tellern serviert und wechseln täglich. Hier schlägt man sich nicht einfach nur den Bauch voll, sondern kommt in den Genuss diverser Delikatessen amerikanischer Hausmannskost.

★ Ox STEAK **$$$**
(☎503-284-3366; www.oxpdx.com; 2225 NE Martin Luther King Jr Blvd; Hauptgerichte 13–52 US$; ⏲So–Do 17–22, Fr & Sa bis 23 Uhr; 🚌6) Das gehobene, argentinisch inspirierte Steakhaus ist eines der beliebtesten Restaurants von Portland. Am besten beginnt man mit der Suppe aus geräuchertem Muschelfleisch und macht mit dem genüsslichen Rib-Eye-Steak weiter, das von Rindern stammt, die nur frisches grünes Gras auf dem Speiseplan hatten. Für zwei Personen eignet sich das *asado* (80 US$), ein Grillteller mit verschiedenen Fleischsorten. Vorab reservieren!

Ataula SPANISCH **$$$**
(☎503-894-8904; www.ataulapdx.com; 1818 NW 23rd Pl; Tapas 8–17 US$, Paella 34–40 US$; ⏲Di–Sa 16.30–22 Uhr; 🚌15, 77) Das gefeierte spanische Tapas-Restaurant hat eine hervorragende Küche. Falls sie auf der Karte stehen, sollte man unbedingt die *nuestras bravas* (gebratene Kartoffelspalten in Milch-Aioli), *croquetas* (Kabeljau-Kroketten), *xupa-xup* (Chorizo-Lollis) oder *ataula montadito* (Lachs mit Mascarpone-Joghurt und Trüffelhonig) probieren. Es gibt auch tolle Cocktails. Reservierung unerlässlich!

Ausgehen & Nachtleben

Das Trinken – ob Kaffee, Bier, Cider oder Kombucha – ist praktisch eine Art Freizeitsport in Portland. Im Winter ist es ein guter Grund, irgendwo einzukehren und dem Regen zu entkommen, im Sommer eine Entschuldigung, in einem Hof oder auf einer Terrasse zu sitzen und die ersehnten Sonnenstrahlen zu genießen. Was auch immer man mag, auf jeden Fall gibt's in Portland eine handgemachte, künstlerische Version davon.

★ Barista CAFÉ
(Karte S. 428; ☎503-274-1211; www.baristapdx.com; 539 NW 13th Ave; ⏲Mo–Fr 6–18, Sa & So 7–18 Uhr; 🚌4, 6, 10, 14, 15, 30, 51) Das winzige, schicke Café des preisgekrönten Baristas Billy Wilson ist eines der besten in Portland. Die Bohnen kommen von speziellen Kaffeeröstereien. Es gibt noch drei weitere Filialen in der Stadt.

Coava Coffee CAFÉ
(☎503-894-8134; www.coavacoffee.com; 1300 SE Grand Ave; ⏲Mo–Fr 6–18, Sa & So 7–18 Uhr; 📶; 🚌6, 15, 🚋B Loop) Die Deko schöpft den neoindustriellen Look bis ins Extreme aus, doch das funktioniert ganz gut – und außerdem liefert das Coava genau das, worauf es ankommt. Man bekommt hier fantastischen Java-Kaffee, und auch der Espresso ist außergewöhnlich gut. Eine zweite Filiale liegt am 2631 SE Hawthorne Blvd.

Stumptown Coffee Roasters CAFÉ
(☎503-230-7702; www.stumptowncoffee.com; 4525 SE Division St; ⏲Mo–Fr 6–19, Sa & So 7–19 Uhr; 📶; 🚌4) Mit dem kleinen, beengten Stumptown fing alles an: Es ist die erste Kleinrösterei, die Portland zu einer großen Nummer in der Kaffeeszene werden ließ.

Breakside Brewery BRAUEREI
(☎503-719-6475; www.breakside.com; 820 NE Dekum St; ⏲So–Do 11.30–22, Fr & Sa bis 23 Uhr; 🚌8) Hier gibt es mehr als 20 Fassbiere – und es sind die vielleicht experimentellsten und leckersten, die man je trinken wird. Sie werden mit Obst, Gemüse und Gewürzen aromatisiert (unbedingt das hopfige Breakside IPA testen). Hauseigene Kreationen waren bisher z.B. ein Meyer-Lemon-Kölsch, ein Mango IPA und ein Rübenbier mit Ingwer. Das Stout mit Salzkaramell empfiehlt sich als Nachtisch. Es gibt auch gutes Essen und einen hübschen Sitzbereich im Freien.

Culmination Brewing KLEINBRAUEREI
(www.culminationbrewing.com; 2117 NE Oregon St; Teller 5–13 US$; ⌚So–Do 12–21, Fr & Sa bis 22 Uhr; 🚌12) Die komfortable Probierstube in einem renovierten alten Lagerhaus hat ein paar der besten Biere der Stadt (u. a. das erstklassige Phaedrus IPA und eine ganze Palette an limitierten saisonalen Bieren) und eine kleine, aber ungewöhnliche Speisekarte. Falls vorhanden, sollte man unbedingt das *pêche* probieren, auch wenn man sonst eigentlich keine obstigen Biere mag.

Ecliptic Brewing BRAUEREI
(☎503-265-8002; www.eclipticbrewing.com; 825 N Cook St; ⌚So–Do 11–22, Fr & Sa bis 23 Uhr; 🚌4) Das Ambiente ist in kühlem Industrie-Stil gehalten, aber das Bier spricht für sich. Die Brauerei wurde von John Harris gegründet, der vorher für McMenamins, Deschutes und Full Sail gebraut hat. Die pfiffigen Kreationen mit astronomischen Namen (z. B. das preisgekrönte Spica Pilsner) sind anspruchsvoll und sehr erfolgreich. Für Hungrige gibt's Lammbraten-Sandwiches, Muscheln und gedünsteten Kohl.

Cider Riot BRAUEREI
(www.ciderriot.com; 807 NE Couch St; ⌚Mo & Mi–Fr 16–23, Sa & So 12–23 Uhr; 🚌12, 19, 20) Portlands bester Cider-Hersteller hat jetzt auch seinen eigenen Schankraum, wo man direkt an der Quelle Everybody Pogo, Never Give an Inch oder Plastic Paddy probieren kann. Die Ciders hier sind trocken und komplex und bestehen aus regionalen Äpfeln – und überregionalem Anspruch.

Hopworks Urban Brewery BRAUEREI
(HUB; ☎503-232-4677; www.hopworksbeer.com; 2944 SE Powell Blvd; ⌚So–Do 11–23, Fr & Sa bis 24 Uhr; 👪; 🚌9) 🍃 Alle Biere werden mit regionalen Bio-Zutaten gebraut und in einem umweltfreundlichen Gebäude serviert, das mit Fahrradgestellen über dem Tresen dekoriert ist. Empfehlenswert sind das IPA und das mit Stumptown-Kaffee gebraute Survival Stout. Es gibt auch eine gute Essensauswahl, eine familienfreundliche Atmosphäre und eine Terrasse nach hinten hinaus, die bei warmem Wetter unschlagbar ist. Eine weitere Filiale befindet sich in 3947 N Williams Ave.

☆ Unterhaltung

Wer wissen will, was in der Stadt gerade los ist, kann sich in diesen beiden Wochenblättern sowie auf deren Websites informieren: Die *Willamette Week* (www.wweek.com) erscheint mittwochs, der *Portland Mercury* (www.portlandmercury.com) donnerstags.

Livemusik

Doug Fir Lounge LIVEMUSIK
(☎503-231-9663; www.dougfirlounge.com; 830 E Burnside St; 🚌20) Der abgedrehte Laden verbindet futuristische Elemente mit Blockhüttenästhetik und hat dazu beigetragen, dass sich das schäbige Lower Burnside (LoBu) in ein schickes Trendviertel verwandelt hat. Hier stehen großartige Bands auf der Bühne, und auch die Soundqualität ist in der Regel hervorragend. Im bunt gemischten Publikum findet sich alles von tätowierten Jugendlichen bis hin zu spießigen Yuppies. Das Restaurant oben hat lange Öffnungszeiten. Das Doug Fir befindet sich neben dem After-Party-freundlichen Jupiter Hotel (S. 432).

Crystal Ballroom LIVEMUSIK
(Karte S. 428; ☎503-225-0047; www.mcmenamins.com; 1332 W Burnside St; 🚌20) In der großen historischen Konzerthalle haben schon Größen wie James Brown und Marvin Gaye in den frühen '60er-Jahren auf der Bühne gestanden. Die federnde, „bewegliche" Tanzfläche macht das Tanzen fast mühelos.

Mississippi Studios LIVEMUSIK
(☎503-288-3895; www.mississippistudios.com; 3939 N Mississippi Ave; 🚌4) In der intimen Bar kann man gut musikalische Talente, aber auch etablierte Bands in Augenschein nehmen. Es gibt ein grandioses Soundsystem und nebenan ein gutes Restaurant mit Bar und Patio (sowie himmlischen Burgern). Liegt direkt an der geschäftigen N Mississippi Ave.

Darstellende Kunst

Portland Center Stage THEATER
(Karte S. 428; ☎503-445-3700; www.pcs.org; 128 NW 11th Ave; Tickets ab 25 US$; 🚌4, 8, 44, 77) Das wichtigste Theaterensemble der Stadt spielt in der Portland Armory, einem renovierten Wahrzeichen im Pearl District, das mit der neuesten Bühnentechnik ausgestattet ist.

Arlene Schnitzer Concert Hall KLASSIK
(Karte S. 428; ☎503-248-4335; www.portland5.com; 1037 SW Broadway; 🚌10, 14, 15, 35, 36, 44, 54, 56) In der schönen, wenn auch akustisch nicht überragenden Konzerthalle von 1928 in Downtown finden diverse Shows, Vorträge, Konzerte und andere Veranstaltungen statt.

NICHT VERSÄUMEN

POWELL'S

Powell's City of Books (Karte S. 428; ☎800-878-7323; www.powells.com; 1005 W Burnside St; ⌚9–23 Uhr; 🚌20) ist eine der größten unabhängigen Buchhandlungen der USA und nimmt einen ganzen Block mit neuen und gebrauchten Büchern ein. Hinzu kommen gut besuchte Lesungen. Weitere Filialen befinden sich in 3723 SE Hawthorne Blvd (mit einem Buchladen für Heim und Garten nebenan) sowie am Flughafen.

Artists Repertory Theatre THEATER
(Karte S. 428; ☎503-241-1278; www.artistsrep.org; 1515 SW Morrison St; Tickets Preview/normal 25/50 US$; 🚌15, 51) Einige der besten Stücke Portlands, darunter auch regionale Premieren, werden auf diesen zwei kleinen Theaterbühnen gezeigt.

Keller Auditorium DARSTELLENDE KUNST
(Karte S. 428; ☎503-248-4335; www.portland5.com; 222 SW Clay St; 🚌38, 45, 55, 92, 96) Im ehemaligen Civic Auditorium von 1917 finden eine Reihe von Veranstaltungen statt: von Konzerten großer Musiker (z. B. Sturgill Simpson) über Aufführungen der Portland Opera und des Oregon Ballet Theatre bis hin zu einigen Broadway-Produktionen.

Shoppen

Portlands Shoppingzone in Downtown erstreckt sich vom Pioneer Courthouse Sq aus über zwei Blocks und beherbergt die üblichen Verdächtigen. Im Pearl District wimmelt es von teuren Galerien, Boutiquen und Inneneinrichtungsläden. Am Wochenende sollte man dem Saturday Market am Skidmore Fountain einen Besuch abstatten. Eine sehr angenehme und vornehme Einkaufsstraße ist die NW 23rd Ave.

In Eastside gibt es viele angesagte Einkaufsstraßen, wo auch Restaurants und Cafés sind. Der SE Hawthorne Blvd ist die größte, die N Mississippi Ave die neueste und die NE Alberta St die künstlerischste und flippigste der Shoppingmeilen. Weiter im Süden ist Sellwood für Antiquitätenläden bekannt.

Praktische Informationen

MEDIEN

KBOO 90.7 FM (www.kboo.fm) Progressiver Lokalsender, der von Freiwilligen betrieben wird; alternative Nachrichten und Ansichten.

Portland Mercury (www.portlandmercury.com) Kostenloses Pendant zu Seattles *The Stranger*.

Willamette Week (www.wweek.com) Kostenlose Wochenzeitung mit lokalen Nachrichten und Kultur.

NOTFALL & MEDIZINISCHE VERSORGUNG

Portland Police Bureau (☎503-823-0000; www.portlandoregon.gov/police; 1111 SW 2nd Ave) Polizei und Notdienst.

Legacy Good Samaritan Medical Center (☎503-413-7711; www.legacyhealth.org; 1015 NW 22nd Ave) Nahe der Downtown.

POST

Post (Karte S. 428; ☎503-525-5398; www.usps.com; 715 NW Hoyt St; ⌚Mo–Fr 8–18.30, Sa 8.30–17 Uhr)

TOURISTENINFORMATION

Travel Portland (Karte S. 428; ☎503-275-8355; www.travelportland.com; 701 SW 6th Ave; ⌚Nov.–Apr. Mo–Fr 8.30–17.30, Sa 10–16, So bis 16, Mai.–Okt. zusätzlich So 10–14 Uhr; 🚋Red, Blue, Green, Yellow) Superfreundliche Ehrenamtliche arbeiten in diesem Büro am Pioneer Courthouse Sq. Ein kleines Kino zeigt einen zwölfminütigen Film über die Stadt, ein Ticketschalter verkauft Fahrkarten für den Tri-Met-Bus und die Light Rail.

An- & Weiterreise

BUS

Greyhound (Karte S. 428; ☎503-243-2361; www.greyhound.com; 550 NW 6th Ave; 🚋Green, Orange, Yellow) Greyhound-Busse verbinden Portland mit Städten an der I-5 und der I-84. Ziele über Oregon hinaus sind u. a. Chicago, Denver, San Francisco, Seattle und Vancouver in British Columbia.

Bolt Bus (Karte S. 428; ☎877-265-8287; www.boltbus.com) Verbindet Portland u. a. mit Seattle (ab 25 US$), Bellingham (40 US$), Eugene (15 US$) und Vancouver, British Columbia (50 US$). Abfahrt ist an der Ecke NW 8th Ave und NW Everett St.

FLUGZEUG

Portland International Airport (PDX; ☎503-460-4234; www.flypdx.com; 7000 NE Airport Way; 📶; 🚋Red) Vom preisgekrönten Portland International Airport gehen täglich Flüge in die ganzen USA und zu mehreren internationalen Zielen. Der Flughafen liegt östlich der I-5 am Ufer des Columbia River und ist in einer 20-minütigen Fahrt vom Stadtzentrum aus zu erreichen.

ZUG

Amtrak (☎800-872-7245; www.amtrak.com; 800 NW 6th Ave; 🚌17, 🚋Green, Yellow) Amtrak-Züge fahren von der Union Station nach Chicago, Oakland, Seattle und Vancouver, British Columbia.

Unterwegs vor Ort

AUTO

Die meisten großen Autoverleiher betreiben in der Innenstadt und am Flughafen Büros. Neuerdings haben viele auch Hybrid-Wagen in ihr Sortiment aufgenommen. **Car 2 Go** (www.car2go.com/en/portland; Mitgliedsgebühr 5 US$, Verleih ab 15 US$/Std.) und **Zipcar** (www.zipcar.com; Mitgliedsgebühr ab 7 US$/Monat, Verleih 8–10 US$/Std.) sind zwei beliebte Car-Sharing-Unternehmen.

CHARTER-SERVICE

Auf Kundenwünsche zugeschnittene Touren im Bus oder Kleinbus veranstaltet **EcoShuttle** (503-548-4480; www.ecoshuttle.net). Alle Fahrzeuge fahren mit Biodiesel.

FAHRRAD

Clever Cycles (503-334-1560; www.clevercycles.com; 900 SE Hawthorne Blvd; Verleih 30 US$/Tag, Lastenrad 60 US$; Mo–Fr 11–18, Sa & So bis 17 Uhr; 10, 14) Verleiht Klapp-, Familien- und Lastenräder.

VOM/ZUM FLUGHAFEN

Die Red Line der von TriMet betriebenen MAX-Stadtbahn fährt in rund 40 Minuten von Downtown zum Flughafen (Erw./Kind 2,50/1,25 US$). Wer lieber Bus fährt, nutzt die Shuttlebusse von **Blue Star** (503-249-1837; www.bluestarbus.com) zwischen dem Flughafen und mehreren Haltestellen in der Innenstadt.

Taxifahrer nehmen rund 35–40 US$ (plus Trinkeld) für eine Fahrt vom Flughafen bis zur Downtown.

ÖFFENTLICHE VERKEHRSMITTEL

Portland verfügt über ein gutes öffentliches Nahverkehrsnetz, das sich aus Stadtbussen, Straßenbahnen und der MAX-Stadtbahn zusammensetzt. Alle werden von TriMet betrieben, das ein **Information Center** (503-238-7433, 503-725-9005; www.trimet.org; 701 SW 6th Ave; Mo–Fr 8.30–17.30 Uhr; Blue, Red, Green, Yellow) am Pioneer Courthouse Sq hat.

Die Fahrkarten sind in allen öffentlichen Verkehrsmitteln für 2½ Stunden nach dem Kauf gültig. In den Stadtbussen gibt es Automaten, an denen man nach dem Einsteigen die Fahrkarten kauft. Tickets für die Straßenbahn kauft man an den Haltestellen oder direkt in der Straßenbahn, für die MAX-Stadtbahn vor dem Einsteigen an den Automaten an den Haltestellen (in der Bahn gibt es keinen Fahrer oder Fahrscheinautomaten, dafür aber Kontrolleure).

Nachteulen sollten bedenken, dass nachts die Busse und Bahnen nicht so häufig und meistens nur bis 1 Uhr fahren; genaue Infos für eine bestimmte Linie findet man auf der Website.

TAXI

Taxis sind rund um die Uhr telefonisch bestellbar. In Downtown kann man manchmal auch eines heranwinken. Freundliche Barkeeper bestellen einem auch schon mal ein Taxi, wenn man sie darum bittet.

Broadway Cab (503-333-3333; www.broadwaycab.com)

Radio Cab (503-227-1212; www.radiocab.net)

Willamette Valley

Das fruchtbare, 96 km breite Willamette Valley war für die Pioniere, die vor mehr als 170 Jahren auf dem Oregon Trail gen Westen zogen, der Heilige Gral. Für die Menschen von heute ist es der Gemüsegarten, in dem mehr als 100 verschiedene Produkte geerntet werden – u. a. gedeiht hier auch ein Pinot Noir. Salem, die Hauptstadt Oregons, liegt ungefähr eine Autostunde von Portland entfernt am nördlichen Talende. Die meisten anderen Sehenswürdigkeiten sind ebenfalls im Rahmen eines Tagesausflugs zu erreichen. Weiter im Süden liegt Eugene, eine dynamische Universitätsstadt, in der man sich gut und gern ein, zwei Tage aufhalten kann.

Salem

Oregons Hauptstadt ist bekannt für ihre Kirschbäume, das Art-déco-Kapitol und die Willamette University.

Im **Hallie Ford Museum of Art** (503-370-6855; www.willamette.edu/arts/hfma; 700 State St; Erw./Kind 6 US$/frei; Di frei; Di–Sa 10–17, So 13–17 Uhr) der Willamette University ist die beste Sammlung von Kunst aus dem Nordwesten zu besichtigen, darunter eine beeindruckende Galerie der amerikanischen Ureinwohner.

Das **Oregon State Capitol** (503-986-1388; www.oregonlegislature.gov; 900 Court St NE; Mo–Fr 8–17 Uhr) GRATIS aus dem Jahr 1938 wirkt wie eine Kulisse aus einem opulenten Film von Cecil B. DeMille. Es werden kostenlose Führungen angeboten. Das weitläufige **Bush House** (503-363-4714; www.salemart.org; 600 Mission St SE; Erw./Kind 6/3 US$; Park Di–Fr 10–17, Sa & So 12–17 Uhr, März–Dez. Führungen Mi–So 13–16 Uhr) aus dem 19. Jh. ist ein Herrenhaus im italienischen Stil, das heute ein Museum mit historischen Akzenten wie Originaltapeten und Marmorkaminen beherbergt.

ABSTECHER

THERMALQUELLEN

Wein ist nicht der einzige flüssige Luxus im Willamette Valley – hier finden sich auch viele natürliche Thermalquellen, von denen drei von Salem und Eugene aus leicht zu erreichen sind.

Die **Bagby Hot Springs** (www.bagbyhotsprings.org; 5 US$; ⏲24 Std.) sind ein rustikales Thermalbad mit mehreren Holzzubern in halb privaten Badehäusern. Die Quellen befinden sich ein paar Autostunden östlich von Salem und sind über einen hübschen, 2,4 km langen Wanderweg erreichbar.

Ein heilendes Klima herrscht in den **Breitenbush Hot Springs** (☎503-854-3320; www.breitenbush.com; 53000 Breitenbush Rd, Detroit; Tagesnutzung 18–32 US$/Pers.; ⏲Büro Mo–Sa 9–16 Uhr), einem schicken Spa mit Massagen, Yoga und ähnlichen Angeboten. Für tägliche Aktivitäten gibt's die Thermalquellen und die Sauna, Yoga, Meditation, Massagen, Wanderwege und eine Bibliothek. Man kann hier auch übernachten. Reservierungen sind erforderlich, auch für die Tagesnutzung.

Rund 40 Meilen (64,4 km) östlich von Eugene präsentieren sich die **Terwilliger Hot Springs** (Cougar Hot Springs; 6 US$) als eine Reihe schöner, terrassierter, von großen Felsen umrahmter Freiluftbecken. Die Anlage ist rustikal, aber gepflegt, und die heißeste Quelle befindet sich ganz oben. Vom Parkplatz marschiert man 400 m bis zu den Quellen. Vom Hwy 126 biegt man nach Süden auf den Aufderheide Scenic Byway ab und fährt weitere 7,5 Meilen (12,1 km). Badekleidung ist optional, Alkohol ist verboten und das Bad ist nur für die Tagesnutzung geöffnet.

Das **Visitors Information Center** (☎503-581-4325; www.travelsalem.com; 181 High St NE; ⏲Mo–Fr 9–17, Sa 10–16 Uhr) ist eine gute Orientierungshilfe. Salem wird täglich von **Greyhound-Bussen** (☎503-362-2428; www.greyhound.com; 500 13th St SE) und **Amtrak-Zügen** (☎503-588-1551; www.amtrak.com; 500 13th St SE) angesteuert.

Eugene

In „Track Town" gibt's eine großartige Kunstszene, außergewöhnlich gute Restaurants, ausgelassene Festivals, kilometerlange Uferwege und mehrere hübsche Parks. Die Lage am Zusammenfluss des Willamette River und des McKenzie River, gleich westlich der Cascades, sorgt für viele Möglichkeiten zur Outdoor-Erholung – insbesondere in der Gegend um den McKenzie River, in der Three Sisters Wilderness und am Willamette Pass.

Sehenswertes

Alton Baker Park PARK

(100 Day Island Rd) Der beliebte 1,6 km² große Park am Fluss ist ein Paradies für Radfahrer und Jogger. Er bietet Zugang zum **Ruth Bascom Riverbank Trail System**, einem 19 km langen Radweg, der sich beiderseits des Willamette River erstreckt. Über die DeFazio Bike Bridge gelangt man leicht ins Stadtzentrum.

University of Oregon UNIVERSITÄT

(☎541-346-1000; www.uoregon.edu; 1585 E 13th Ave) Die Universität von Oregon wurde 1872 gegründet und ist die führende akademische Einrichtung des Bundesstaates. Ihre Schwerpunkte sind Kunst, Wissenschaft und Recht. Der Campus ist voller efeubewachsener historischer Gebäude. Zur Anlage gehört der **Pioneer Cemetry** mit Grabsteinen, die einen eindringlichen Eindruck in das Leben und Sterben in der frühen Siedlung vermitteln. Im Sommer werden Campusführungen angeboten.

Schlafen

Die Preise steigen stark während wichtiger Football-Spiele (Sept.–Nov.) und zu den universitären Abschlussfeiern (Mitte Juni).

Eugene Whiteaker International Hostel HOSTEL $

(☎541-343-3335; www.eugenehostel.org; 970 W 3rd Ave; B ab 35 US$, Zi. ab 50 US$;) Das zwanglose Hostel in einem alten, weitläufigen Gebäude bietet künstlerisches Flair, hübsche Vorder- und Hinterhöfe zum Abhängen und ein kostenloses schlichtes Frühstück. Handtücher und Bettzeug sind im Preis inbegriffen.

C'est La Vie Inn B&B $$

(☎541-302-3014; www.cestlavieinn.com; 1006 Taylor St; Zi. ab 160 US$;) Das traumhafte viktorianische Haus, das von einer freundlichen Französin und ihrem US-amerikanischen Ehemann geführt wird, ist ein Highlight im Viertel. Schöne antike Möbel stehen in den Wohn- und Essbereichen, und die vier geschmackvoll eingerichteten (jeweils nach französischen Künstlern benannten) Zimmer bieten Komfort und Luxus. Die Gastgeber sorgen für das komplette Frühstück, den Portwein am Nachmittag und andere nette Extras.

Essen & Ausgehen

Kiva GESUNDE KOST **$**
(541-342-8666; www.kivagrocery.com; 125 W 11th Ave; Sandwich 4–9 US$; Mo–Fr 8–20, Sa & So 9–20 Uhr) Der außergewöhnliche Naturkostladen bietet Bio-Produkte, die überwiegend aus der Region stammen, sowie Sandwiches und Suppen.

Papa's Soul Food Kitchen SÜDSTAATEN **$**
(541-342-7500; www.papassoulfoodkitchen.com; 400 Blair Blvd; Hauptgerichte 9–14 US$; Di–Fr 12–14 & 17–22, Sa 14–22 Uhr) Dieses beliebte Restaurant serviert Südstaaten-Küche, z. B. ein fantastisches mariniertes Grillhühnchen, Sandwiches mit Pulled Pork, Jambalaya mit Flusskrebsen und frittierte Okraschoten. Das Beste aber sind die Bluesbands, die hier freitag- und samstagabends bis spät in die Nacht auftreten, und die hübsche Terrasse auf der Rückseite.

★ Beppe & Gianni's Trattoria ITALIENISCH **$$**
(541-683-6661; www.beppeandgiannis.net; 1646 E 19th Ave; Hauptgerichte 15–26 US$; So–Do 17–21, Fr & Sa bis 22 Uhr) Die Trattoria gehört zu den beliebtesten Restaurants in Eugene und tischt hausgemachte Pasta und ausgezeichnete Desserts auf. Warteschlangen sind die Regel, ganz besonders am Wochenende.

Board AMERIKANISCH **$$**
(541-343-3023; www.boardrestaurant.com; 394 Blair Blvd; Hauptgerichte 10–19 US$; Di, Do & So 16–23, Mi bis 22, Fr & Sa bis 1 Uhr) Die Karte wirkt erlesen, aber die Stimmung in diesem Nachbarschaftstreff mit niedrigen Decken – in dem früher Tiny's Tavern, die älteste und lauteste Kneipe der Stadt residierte – ist gemütlich, ruhig und vollkommen unprätentiös. Sägeraues Holz und Kupferdetails sorgen für eine warme Anmutung, und die Cocktails sind auch nicht schlecht. Das Essen ist hervorragend; zu empfehlen sind die perfekt zubereiteten Burger und alle Gerichte mit Lamm, Shrimps oder Maisgrütze.

Ninkasi Brewing Company BRAUEREI
(541-344-2739; www.ninkasibrewing.com; 272 Van Buren St; So–Mi 12–21, Do–Sa bis 22 Uhr) In dieser Probierstube kann man einige der interessantesten und einfallsreichsten Kleinbrauereibiere Oregons kosten. Es gibt einen netten Patio, Snacks, ein wechselndes Angebot von Food Carts in der Nähe und Brauereiführungen (tgl. 16 Uhr plus Do–Mo 14 Uhr sowie Sa & So 12.30 Uhr).

Praktische Informationen

Visitor Center (541-484-5307; www.eugenecascadescoast.org; 754 Olive St; Mo–Fr 8–17 Uhr) Dieses Besucherzentrum ist nur werktags geöffnet. An den Wochenenden kann man auf das Visitor Center in Springfield (3312 Gateway St) ausweichen.

Anreise & Unterwegs vor Ort

Der **Eugene Airport** (541-682-5544; www.flyeug.com; 28801 Douglas Dr) liegt rund 7 Meilen (11,3 km) nordwestlich vom Stadtzentrum. **Greyhound** (541-344-6265; www.greyhound.com; 987 Pearl St) hat Fernbusse nach Salem, Corvallis, Portland, Medford, Grants Pass, Hood River, Newport und Bend.

Züge fahren vom **Amtrak-Bahnhof** (541-687-1383; www.amtrak.com; 433 Willamette St) u. a. nach Portland, nach Seattle in Washington und nach Vancouver in British Columbia.

Die Stadtbusse werden vom **Lane Transit District** (541-687-5555; www.ltd.org) betrieben. Leihfahrräder gibt's bei **Paul's Bicycle Way of Life** (541-344-4105; www.bicycleway.com; 556 Charnelton St; Verleih 24–48 US$/Tag; Mo–Fr 9–19, Sa & So 10–17 Uhr).

Columbia River Gorge

Der mächtige Columbia River – gemessen an den Wassermengen ist er der viertgrößte Fluss der USA – bahnt sich seinen 2000 km langen Weg von Alberta in Kanada bis zum Pazifik direkt westlich von Astoria. Auf den letzten 500 km bildet der stark gestaute Wasserweg die Grenze zwischen Washington und Oregon, schneidet sich tief in die Cascade Mountains und erzeugt die spektakuläre Columbia River Gorge. Der Uferstreifen mit seinen vielen Ökosystemen, Wasserfällen und grandiosen Aussichtspunkten ist als National Scenic Area eingestuft. Dieses Gebiet ist eine beliebte Spielwiese für Windsurfer, Radler, Angler und Wanderer.

Nicht weit von Portland entfernt ziehen die **Multnomah Falls** viele Traveller an, zudem gewährt das **Vista House** einen umwerfenden Blick auf die Schlucht. Für alle, die sich die Beine vertreten möchten, ist der **Eagle Creek Trail** der beste Wanderweg der Gegend – sofern man keine Höhenangst hat.

Hood River & Umgebung

Die 63 Meilen (101,4 km) östlich von Portland an der I-84 gelegene Kleinstadt Hood River ist bekannt für ihre Obstplantagen und Weinberge; zugleich ist sie aber auch ein echtes Mekka für Windsurfer und Kiteboarder. Die hervorragenden Weingüter in der Gegend sorgen für gute Gelegenheiten zu Verkostungen.

Sehenswertes & Aktivitäten

Mt. Hood Railroad ZUGFAHRT
(☎800-872-4661; www.mthoodrr.com; 110 Railroad Ave; Fahrten Erw./Kind ab 35/30 US$) Die 1906 gebaute Bahnstrecke diente einst dem Transport von Früchten und Bauholz aus dem oberen Hood River Valley zum Anschlussbahnhof in Hood River. Heute transportieren die Oldtimer-Züge Besucher unter dem schneebedeckten Gipfel des Mt. Hood und vorbei an duftenden Obstplantagen. Die Strecke ist rund 34 km lang und endet im hübschen Parkdale. Die Fahrpläne und Preise stehen auf der Website. Rechtzeitig reservieren!

Cathedral Ridge Winery WEIN
(☎800-516-8710; www.cathedralridgewinery.com; 4200 Post Canyon Dr; Verkostung ab 10 US$; ⏲11–18 Uhr) Rote Verschnitte und einige preisgekrönte Tropfen sind das Markenzeichen dieses attraktiven Weinguts in schönem Farmland am Stadtrand. Bei schönem Wetter kann man draußen sitzen und den herrlichen Blick auf den Mt. Hood genießen. Führungen und Verkostungen (in unterschiedlichem Umfang) werden angeboten.

Hood River Waterplay WASSERSPORT
(☎541-386-9463; www.hoodriverwaterplay.com; I-84 Ausfahrt 64; Kurs im Windsurfen 3 Std. 119 US$, Unterricht im Stehpaddeln ab 48 US$/Std.; ⏲Mai–Okt.) Wer sich für Windsurfen, Kajakfahren, Stehpaddeln oder Segeln mit einem Katamaran interessiert, ist bei diesem Unternehmen direkt am Wasser genau richtig.

Discover Bicycles RADFAHREN
(☎541-386-4820; www.discoverbicycles.com; 210 State St; Verleih 30–80 US$/Tag; ⏲Mo–Sa 10–18, So bis 17 Uhr) Der Laden vermietet Straßenräder, E-Bikes und Mountainbikes. Er hat außerdem Infos zu Trails in der Gegend.

Schlafen & Essen

Hood River Hotel HISTORISCHES HOTEL $$
(☎541-386-1900; www.hoodriverhotel.com; 102 Oak St; DZ ab 91 US$, Suite ab 169 US$;) Im Zentrum von Hood River bietet dieses schöne Hotel aus dem Jahr 1913 gemütliche altmodische Zimmer mit Himmelbetten oder französischen Betten und winzigen Badezimmern. Die Suiten sind am besten ausgestattet und haben die schönste Aussicht. Küchenzeilen gibt es ebenfalls. Auf dem Gelände befinden sich ein Restaurant und eine Sauna.

Columbia Gorge Hotel HOTEL $$$
(☎800-345-1921; www.columbiagorgehotel.com; 4000 Westcliff Dr; Zi. 149–329 US$; @) Hood Rivers berühmteste Unterkunft ist dieses historische Hotel in spanischem Stil auf einer Klippe hoch über dem Columbia River. Das Ambiente ist elegant, die Anlagen sind schön, und es gibt auf dem Gelände auch ein gutes Restaurant. Die Zimmer sind mit antiken Betten und Möbeln ausstaffiert. Die Zimmer mit Flussblick lohnen den Aufpreis.

pFriem Tasting Room GASTROPUB $
(☎541-321-0490; www.pfriembeer.com; 707 Portway Ave; Hauptgerichte 10–18 US$; ⏲11.30–21 Uhr) Die hochgeschätzten Biere in dieser Brauerei sind auf die fleischlastige Speisekarte abgestimmt, die z.B. mit Muscheln und Fritten, Rinderzunge, Schweinefleisch-Pastete oder einem Schmortopf mit Lamm und Entenconfit ebenfalls alles andere als durchschnittlich ist. Das Lokal befindet sich in Ufernähe in einem neu erschlossenen Gebiet mit industriellem Schick.

Praktische Informationen

Chamber of Commerce (☎541-386-2000; www.hoodriver.org; 720 E Port Marina Dr; ⏲April–Okt. Mo–Fr 9–17, Sa & So 10–16 Uhr, Nov.–März Mo–Fr 9–17 Uhr) Touristeninformation für Hood River und die umliegende Gegend.

An- & Weiterreise

Greyhound (☎541-386-1212; www.greyhound.com; 110 Railroad Ave) Greyhound-Busse verbinden Hood River täglich mit Portland (3-mal tgl., 1 Std., ab 15 US$).

Oregon Cascades

Die Oregon Cascades sind von unzähligen Vulkanen geprägt, die schon von fern zu sehen sind. Der Mt. Hood an der Columbia

River Gorge ist der höchste Berg Oregons. Hier kann man das ganze Jahr über Ski fahren, auch die Wanderung zum Gipfel stellt kein größeres Problem dar. In Richtung Süden schließen sich der Mt. Jefferson und die Three Sisters an, bevor man den spektakulären Crater Lake erreicht. Der See entstand durch den Ausbruch des Mt. Mazama vor etwa 7000 Jahren, bei dem die gesamte Spitze des Vulkans weggesprengt wurde und der Berg in sich zusammenstürzte.

Mt. Hood

Der höchste Gipfel des Bundesstaates, der Mt. Hood (3426 m), ist an sonnigen Tagen von großen Teilen Nord-Oregons aus zu sehen. Auf Skifahrer, Wanderer und Touristen wirkt er unweigerlich wie ein Magnet. Im Sommer blühen auf den Berghängen Wildblumen und versteckte Teiche schimmern in blau – jede Wanderung wird zu einem unvergesslichen Erlebnis. Im Winter haben die Leute hier nur Skifahren und Langlaufen im Sinn.

Der Mt. Hood ist ganzjährig über den Hwy 26 von Portland (90 km) aus und über den Hwy 35 von Hood River (70 km) aus zu erreichen. Zusammen mit dem Columbia River Hwy bilden diese Straßen den Mt. Hood Loop, eine beliebte, landschaftlich sehr reizvolle Strecke. Government Camp, das Zentrum der Action auf dem Berg, liegt am Pass über den Mt. Hood.

Aktivitäten

Skifahren

Der Mt. Hood wird zu Recht wegen seiner Skipisten geliebt. Auf dem Berg gibt es sechs Skigebiete, darunter Timberline, das einzige ganzjährig geöffnete Skigebiet der USA. Nicht ganz so weit von Portland entfernt liegt die **Mt. Hood SkiBowl** (☎503-272-3206; www.skibowl.com; Hwy 26; Lifttickets 51 US$; Nacht-Skifahren 37 US$), die ebenfalls nicht von schlechten Eltern ist und sich „größtes Nacht-Skigebiet des Landes" nennt; sie ist vor allem bei Städtern sehr beliebt, die mit der Metro einem lustigen Abend im Pulverschnee entgegenfahren können. Das größte Skigebiet des Berges heißt **Mt. Hood Meadows** (☎503-337-2222; www.skihood.com; Lifttickets Erw./Kind 89/44 US$), wo normalerweise die besten Schneebedingungen herrschen.

Wandern & Trekken

Der Mt. Hood National Forest umfasst erstaunliche 1931 km Wanderwege. An den meisten Ausgangspunkten ist der Northwest Forest Pass (5 US$/Tag) erforderlich.

Ein beliebter Rundwanderweg führt über 11 km von der Nähe des Dörfchens Zigzag zu den schönen **Ramona Falls**, die moosbedeckten Basalt hinunterstürzen. Ein weiterer Weg führt 2,4 km von der US 26 rauf zum **Mirror Lake**, 800 m rund um den See und nochmal 3,2 km weiter zu einem Bergkamm.

Der 66 km lange **Timberline Trail** umrundet den Mt. Hood und führt durch schöne Wildnis. Mögliche Abstecher sind die Wanderung zum McNeil Point und die kurze Klettertour zum Bald Mountain. Von der Timberline Lodge führt ein 7,2 km langer Rundweg zum Zigzag Canyon Overlook.

Klettertouren auf den Mt. Hood sind kein Kinderspiel – es ereigneten sich bereits tödliche Unfälle. Nichtsdestotrotz dürfen Hundebesitzer ihre vierbeinigen Freunde mitnehmen. Die Klettertour ist an einem (langen) Tag zu schaffen. **Timberline Mountain Guides** (☎541-312-9242; www.timberlinemtguides.com; 2-tägige Bergtour 645 US$/Pers.) bietet geführte Touren an.

Schlafen & Essen

Die meisten **Campingplätze** (☎877-444-6777; www.recreation.gov; Stellplatz 16–39 US$) in der Gegend verfügen über Trinkwasser und Komposttoiletten. Für Wochenenden mit großem Besucherandrang sollte man reservieren; allerdings werden in der Regel einige Stellplätze, die nur zu Fuß erreichbar sind, nicht vorab vergeben. Weitere Infos bekommt man bei nahe gelegenen Rangerstationen.

Huckleberry Inn INN $$
(☎503-272-3325; www.huckleberry-inn.com; 88611 E Government Camp Loop; Zi. 90–150 US$, 10-B-Schlafsaal 160 US$;) Die Unterkunft in toller zentraler Lage in Government Camp hat schlichte, gemütlich-rustikale Zimmer und Schlafsäle für bis zu zehn Personen. Das zwanglose Restaurant (das zugleich als Hotelrezeption dient) serviert gutes Frühstück. In der Ferienzeit sind die Preise höher.

★**Timberline Lodge** LODGE $$$
(☎800-547-1406; www.timberlinelodge.com; 27500 Timberline Rd; B 145–195 US$, DZ ab 255 US$;) Mehr Kleinod als Hotel: Die prächtige **historische Lodge** (☎800-547-1406; www.timberlinelodge.com; 27500 Timberline Rd) bietet eine große Palette an Zimmern, von Schlafsälen für bis zu zehn Personen bis hin zu luxuriösen Kaminzimmern. Es gibt einen beheizten Außenpool, und die **Skilifte** (☎503-

272-3158; www.timberlinelodge.com; Government Camp; Lifttickets Erw./Kind 68/46 US$) und Wanderwege liegen ganz in der Nähe. Im Haus warten zwei Bars und ein guter Speisesaal. Der Blick auf den Mt. Hood ist eindrucksvoll, die Preise variieren erheblich.

Mt. Hood Brewing Co. PUBESSEN $$
(☎503-272-3172; www.mthoodbrewing.com; 87304 E Government Camp Loop, Government Camp; Hauptgerichte 12–20 US$; ⌚11–22 Uhr) Das einzige Brauereigasthaus in Government Camp bietet eine freundliche, familiäre Atmosphäre und Kneipenessen wie Pizzas, Sandwiches und Rippchen.

Rendezvous Grill & Tap Room AMERIKANISCH $$
(☎503-622-6837; http://thevousgrill.com; 67149 E Hwy 26, Welches; Hauptgerichte 12–29 US$; ⌚Di–So 11.30–20, Fr & Sa bis 21 Uhr) Mit hervorragenden Gerichten wie Wildlachs mit karamellisierten Schalotten und Artischockenpüree oder Schweinekoteletts vom Holzkohlegrill mit Rhabarber-Chutney spielt dieses ausgezeichnete Restaurant in seiner eigenen Liga. Mittags gibt's auf der Terrasse Gourmet-Sandwiches, Burger und Salate. Die Cocktails sind ebenfalls hervorragend.

ℹ Praktische Informationen

Landkarten, Genehmigungen und Infos gibt's bei den regionalen Rangerstationen. Wer aus Hood River kommt, hält an der **Hood River Ranger Station** (☎541-352-6002; 6780 OR 35, Parkdale; ⌚Mo–Fr 8–16.30 Uhr). Für Ankömmlinge aus Portland liegt die **Zigzag Ranger Station** (☎503-622-3191; 70220 E Hwy 26; ⌚Mo–Sa 7.45–16.30 Uhr) praktischer. Das Mt. Hood **Information Center** (☎503-272-3301; 88900 E Hwy 26; ⌚9–17 Uhr) befindet sich in Government Camp. Das Wetter kann schnell umschlagen; im Winter sollte man Schneeketten dabei haben!

ℹ An- & Weiterreise

Mt. Hood ist von Portland über den Hwy 26 in einer Stunde per Auto erreichbar (56 Meilen/90,1 km). Die hübschere, aber längere Alternativstrecke führt über den Hwy 84 nach Hood River und dann über den Hwy 35 südwärts (1¾ Std., 95 Meilen/152,9 km).

Der Shuttlebus von **Central Oregon Breeze** (☎800-847-0157; www.cobreeze.com) zwischen Bend und Portland hat einen kurzen Zwischenstopp in Government Camp, 6 Meilen (9,7 km) von der Timberline Lodge entfernt. **Sea to Summit** (☎503-286-9333; www.seatosummit.net; hin & zurück ab 59 US$) bietet im Winter regelmäßige Shuttles von Portland in die Skigebiete.

Sisters

Einst eine Postkutschenstation und ein Handelsposten für Holzfäller und Rancher, ist Sisters heute ein munteres Touristenziel. Die Hauptstraße ist von Läden, Kunstgalerien und Restaurants gesäumt, die in Gebäuden mit Western-Fassaden residieren. Die Besucher kommen wegen der Bergkulisse, der spektakulären Wanderwege, der interessanten Kultur-Events und wegen eines herrlichen Klimas mit viel Sonnenschein und wenig Niederschlägen.

Am südlichen Ende von Sisters gibt's im **City Park** (Creekside Campground; ☎541-323-5220; S Locust St; Stellplatz Zelt/Wohnmobil 20/40 US$; ⌚Mai–Okt.) Stellplätze, aber keine Duschen. Besten Komfort bieten die Zimmer in der luxuriösen **Five Pine Lodge** (☎866-974-5900; www.fivepinelodge.com; 1021 Desperado Trail; DZ ab 159 US$, Hütte ab 179 US$;). Das **Blue Spruce** (☎888-328-9644; www.bluesprucebnb.com; 444 S Spruce St; DZ 149–189 US$;) ist ein schönes B&B mit Kaminen und Whirlpools in allen Zimmern.

Raffinierte französische Gerichte, die man hier draußen gar nicht erwarten würde, hat das **Cottonwood Cafe** (☎541-549-2699; www.intimatecottagecuisine.com; 403 E Hood Ave; Frühstück 9–13 US$, Hauptgerichte mittags 9–13 US$); **Three Creeks Brewing** (☎541-549-1963; www.threecreeksbrewing.com; 721 Desperado Ct; Hauptgerichte 11–21 US$, Pizza 11–26 US$; ⌚So–Do 11.30–21, Fr & Sa bis 22 Uhr) serviert eigene Biere und Kneipenkost.

ℹ Praktische Informationen

Chamber of Commerce (☎541-549-0251; www.sisterscountry.com; 291 E Main Ave; ⌚Mo–Sa 10–16 Uhr)

ℹ An- & Weiterreise

Valley Retriever (☎541-265-2253; www.kokkola-bus.com/VRBSchedule) Busse verbinden Sisters mit Bend, Newport, Corvallis, Salem, McMinnville und Portland; die Busse halten an der Kreuzung Cascade und Spruce St.

Bend

Bend ist ein absolutes Naturparadies. Hier kann man vormittags in feinem Pulverschnee Ski fahren, nachmittags eine Kajaktour unternehmen und abends Golf spielen. Genauso gut kann man auch mountainbiken, wandern, bergsteigen, stehpaddeln, fliegenfischen oder klettern – für all das gibt's in der Nähe großartige Möglichkeiten. Bei nahezu 300 Sonnentagen im Jahr ist prima Wetter dabei nahezu garantiert.

Sehenswertes

★ High Desert Museum MUSEUM

(☎541-382-4754; www.highdesertmuseum.org; 59800 Hwy 97; Erw./Kind 12/7 US$; ⊙Mai–Okt. 9–17 Uhr, Nov.–April 10–16 Uhr; 👪) Mit Nachbildungen eines Indianerlagers, einer Mine und einer alten Westernstadt erzählt das ausgezeichnete Museum, rund 3 Meilen (4,8 km) südlich von Bend, von der Erforschung und Besiedelung des amerikanischen Westens. Auch die Naturgeschichte der Region steht im Blickpunkt: Kinder lieben die Ausstellungen mit lebenden Schlangen, Schildkröten und Forellen; den Greifvögeln und Ottern zuzuschauen, macht immer Spaß. Darüber hinaus gibt's geführte Spaziergänge und andere Events – die Raubvogel-Vorführung ist sehenswert.

Smith Rock State Park STATE PARK

(☎800-551-6949; www.oregonstateparks.org; 9241 NE Crooked River Dr; Tagesgebühr 5 US$) Der vor allem für seine tollen Klettermöglichkeiten bekannte Smith Rock State Park prunkt mit rostfarbenen, 240 m hohen Klippen über dem schönen Crooked River. Wer nicht klettern will, findet hier auch schöne Wanderwege mit einer Gesamtlänge von mehreren Kilometern – auf einigen Wegen muss man dabei über ein paar Felsen steigen. Im nahe gelegenen Terrebonne gibt's einen Kletter-Shop, ein paar Restaurants und Lebensmittelgeschäfte. **Campen** kann man gleich neben dem Park oder in **Skull Hollow** (kein Wasser; Stellplatz 5 US$), 8 Meilen (12,9 km) östlich. Die nächstgelegenen Motels befinden sich einige Kilometer weiter südlich in Redmond.

Aktivitäten

Smith Rock Climbing Guides Inc KLETTERN

(☎541-788-6225; www.smithrockclimbingguides.com; Terrebonne; halber Tag ab 65 US$/Pers.) Das Unternehmen bietet diverse Kletterkurse (für Anfänger, mit Vorstiegs- und Eigensicherung, Mehrseillängen- und Rettungsklettern, Selbstrettung) sowie geführte Klettertouren zu den berühmten Routen im Smith Rock State Park. Die Ausrüstung ist inbegriffen. Die Preise hängen von der Gruppengröße ab. Geöffnet nach Vereinbarung.

Mt. Bachelor Ski Resort SKIFAHREN

(☎800-829-2442; www.mtbachelor.com; Liftticket Erw./Kind 92/52 US$, Tageskarte Skilanglauf 19/12 US$; ⊙Nov.–Mai, je nach Schneefall; 👪) Eines der besten Skigebiete Oregons befindet sich 22 Meilen (35,4 km) südwestlich von Bend. Das Ski-Resort ist berühmt für den trockenen Pulverschnee, eine lange Saison und jede Menge Platz (es ist das größte Skigebiet im pazifischen Nordwesten). Der Ferienort ist seit Langem für Skilanglauf und Abfahrtslauf attraktiv und verfügt über präparierte Pisten mit einer Gesamtlänge von 56 km.

Mountainbiken

Bend ist ein Paradies für Mountainbiker mit Hunderten Kilometern von hervorragenden Trails. In der Touristeninformation Visit Bend und an anderen Stellen ist die ordentliche Bend Area Trail Map (12 US$; www.adventuremaps.net/shop/product/product/bend-area-trail-map) erhältlich.

Das Highlight unter den Mountainbike-Strecken Bends ist das Wegenetz **Phil's Trail**. Es besteht aus ausgezeichneten, schnellen Singletrails, die durch den Wald führen und nur ein paar Minuten von der Stadt entfernt sind. Wer frische Luft schnappen will, sollte den **Whoops Trail** ausprobieren.

Cog Wild RADFAHREN

(☎541-385-7002; www.cogwild.com; 255 SW Century Dr, Suite 201; Halbtagstour ab 60 US$, Verleih 30–80 US$; ⊙9–18 Uhr) Das auf Abenteuer ausgerichtete Unternehmen bietet Touren und Shuttles zu den besten Ausgangspunkten. Man kann hier auch Leihfahrräder bekommen, entweder vom Unternehmen selbst oder von anderen örtlichen Läden.

Schlafen

An der 3rd St (US 97) gibt's viele billige Motels, Hotels und Dienstleistungen. Wegen der Festivals und Events schießen die Unterkunftspreise an den meisten Wochenenden in die Höhe – am besten bucht man vorab.

Mill Inn INN **$$**

(☎541-389-9198; www.millinn.com; 642 NW Colorado Ave; DZ 100–170 US$; 🚭📶) Ein Boutiquehotel mit zehn kleinen, eleganten Zimmern, ausgestattet mit Samtvorhängen und Daunendecken. Vier Zimmer teilen sich Gemeinschaftsbäder. Frühstück und Benutzung des Whirlpools sind im Preis inbegriffen. Nette kleine Terrassen laden zum Entspannen ein.

★ McMenamins Old St Francis School HOTEL **$$**

(☎541-382-5174; www.mcmenamins.com; 700 NW Bond St; Zi. ab 155 US$; 🚭❄📶) Eine der besten McMenamins-Filialen ist diese alte

Schule, die zu einem eleganten Hotel mit 19 Zimmern umgebaut wurde – zwei Zimmer verfügen sogar über nebeneinander stehende Badewannen mit Klauenfüßen. Bei einer kürzlichen Erweiterung sind weitere 41 Zimmer hinzugekommen. Das fabelhafte geflieste türkische Bad mit Meerwasser ist allein schon Grund für einen Aufenthalt; Nicht-Gäste kommen für 5 US$ aber auch hinein. Ein Restaurant-Pub, drei Bars, ein Kino und Kunstwerke komplettieren das Bild.

★**Oxford Hotel** BOUTIQUEHOTEL **$$$**
(☎541-382-8436; www.oxfordhotelbend.com; 10 NW Minnesota Ave; Zi. ab 249 US$;) Bends bestes Boutiquehotel ist zu Recht beliebt. Noch die kleinsten Zimmer sind sehr groß (44 m²) und mit umweltfreundlichen Details wie Sojaschaummatratzen und Korkböden ausgestattet. High-Tech-Fans kommen dank iPod-Anschluss und Schreibtischen mit Smart Panel auf ihre Kosten. Die Suiten verfügen über Küchen und Dampfduschen; im Untergeschoss ist ein schickes Restaurant.

Essen

★**Chow** AMERIKANISCH **$**
(☎541-728-0256; www.chowbend.com; 1110 NW Newport Ave; Hauptgerichte 8–15 US$; ⏲7–14 Uhr) Das Markenzeichen sind die spektakulären Gerichte mit pochierten Eiern, die schön angerichtet und mit Beilagen wie Krabbenpuffer, selbstgeräuchertem Schinken oder Tomaten in Maismehlkruste serviert werden. Unbedingt auch die hausgemachten scharfen Saucen probieren! Mittags gibt's Gourmet-Sandwiches und Salate, teilweise mit asiatischem Einschlag. Viele Zutaten stammen aus dem eigenen Garten. Man kann hier auch gute Cocktails trinken.

10 Barrel Brewing Co AMERIKANISCH **$**
(☎541-678-5228; www.10barrel.com; 1135 NW Galveston Ave; Hauptgerichte 11–15 US$, Pizza 15–20 US$; ⏲So–Do 11–23, Fr & Sa bis 24 Uhr) Das beliebte Brauerei-Restaurant befindet sich in einem charmanten Gebäude und hat eine fantastische Terrasse für laue Sommernächte. Zur köstlichen Kneipenkost gehören Vorspeisen wie gebratener Rosenkohl oder Steak-und-Gorgonzola-Nachos und Hauptgerichte von Wapiti-Burgern bis zu Muscheln mit Kokos und Limetten. Sportfans steuern die Bar im hinteren Teil an.

Sparrow Bakery BÄCKEREI **$**
(☎541-330-6321; www.thesparrowbakery.net; 50 SE Scott St; Frühstück 5–9 US$; ⏲Mo–Sa 7–14, So 8–14 Uhr) Die Bäckerei ist berühmt für ihre Ocean Rolls (köstliches Süßgebäck mit Kardamom), aber auch die Frühstückssandwiches, darunter ein hervorragender Bagel mit Frischkäse und Räucherlachs, sind toll.

Victorian Café FRÜHSTÜCK **$$**
(1404 NW Galveston Ave; Hauptgerichte 13–25 US$; ⏲7–14 Uhr) Das Café zählt zu den besten Frühstückslokalen in Bend und ist vor allem bekannt für seine Eier Benedict (neun Versionen). Und auch die Sandwiches, Burger und Salate sind gut. Im Sommer kann man draußen sitzen. Insbesondere an Wochenenden muss man oft auf einen freien Tisch warten.

Zydeco AMERIKANISCH **$$$**
(☎541-312-2899; www.zydecokitchen.com; 919 NW Bond St; Hauptgerichte abends 12–32 US$; ⏲Mo–Fr 11.30–14.30 & 17–21, Sa & So 17–21 Uhr) Das Zydeco gehört aus gutem Grund zu den am meisten gepriesenen Restaurants vor Ort. Zum Auftakt wählt man die in Entenschmalz frittierten Pommes oder den dreifarbigen Rübchensalat mit Ziegenkäse, als Hauptgang bieten sich z. B. pfannengebratene Stahlkopfforelle, Jambalaya mit Krebsen oder gebratene Ente mit Pilzsauce an. Vorab reservieren!

Praktische Informationen

Visit Bend (☎541-382-8048; www.visitbend.com; 750 NW Lava Rd; ⏲Mo–Fr 9–17, Sa & So 10–16 Uhr) Hier erhält man hervorragende Infos und kann Landkarten, Bücher und Freizeitpässe kaufen.

Anreise & Unterwegs vor Ort

Central Oregon Breeze (☎541-389-7469; www.cobreeze.com) fährt täglich mindestens zweimal nach Portland (einfache Fahrt 52 US$, vorab reservieren).

Busse von **High Desert Point** (☎541-382-4193; http://oregon-point.com/highdesert-point) verbinden Bend mit Chemult (65 Meilen/104,6 km), wo sich der nächstgelegene Bahnhof befindet. Weitere Busse fahren nach Eugene, Ontario und Burns.

Cascades East Transit (☎541-385-8680; www.cascadeseasttransit.com) ist das regionale Busunternehmen in Bend und deckt neben dem Stadtbusverkehr auch La Pine, Mt. Bachelor, Sisters, Prineville und Madras ab.

Newberry National Volcanic Monument

Was in 400 000 Jahren durch dramatische seismische Aktivitäten so alles passieren kann, zeigt das **Newberry National Volca-**

nic Monument (☎541-593-2421; Hwy 97; Tagesgebühr 5 US$; ⊙Mai–Sept.). Der Besuch beginnt im Lava Lands Visitor Center (☎541-593-2421; 58201 S Hwy 97; ⊙Ende Mai–Sept. 9–17 Uhr, Nov.– Mai geschlossen), 13 Meilen (21 km) südlich von Bend. Zu den nahe gelegenen Attraktionen zählen die Lava Butte, ein perfekter 152 m hoher Kegel, und die Lava River Cave, die längste Lavaröhre Oregons. 6 km westlich des Besucherzentrums liegen die Benham Falls, ein guter Picknickplatz am Deschutes River.

Der Newberry Crater war einst der aktivste Vulkan Nordamerikas, nach einer gewaltigen Eruption wurde er zur Caldera. Ganz in der Nähe liegen der Paulina Lake und der East Lake, tiefe Seen voller Forellen. Über ihnen ragt der 2434 m hohe Paulina Peak auf.

Crater Lake National Park

Der Crater Lake (☎541-594-3000; www.nps.gov/crla; 7 Tage Fahrzeugpass 15 US$) ist – ungelogen – so blau, dass einem der Atem stockt. Und wenn man an einem ruhigen Tag hierher kommt, spiegeln sich die umliegenden Klippen in dem tiefen Gewässer – ein atemberaubend schönes Naturschauspiel. Der Crater Lake National Park ist der einzige Nationalpark in Oregon.

Die klassische Tour ist die 53 km lange Strecke am Ufer entlang (geöffnet ca. Juni–Mitte Okt.), aber es gibt auch tolle Wander- und Langlaufrouten. In der Gegend fällt oft der meiste Schnee in ganz Nordamerika, weshalb die Uferstraße sowie der Nordeingang mitunter bis Anfang Juli geschlossen sind.

Von Ende Mai bis Mitte Oktober können Besucher in den Hütten im Mazama Village (☎888-774-2728; www.craterlakelodges.com; DZ 160 US$; ⊙Ende Mai–Mitte Okt.; ⊜) oder in der majestätischen Crater Lake Lodge (☎888-774-2728; www.craterlakelodges.com; Zi. ab 220 US$; ⊙Ende Mai–Mitte Okt.; ⊜📶) von 1915 übernachten. Camper versuchen es am besten auf dem Mazama Campground (☎888-774-2728; www.craterlakelodges.com; Stellplatz Zelt/Wohnmobil ab 22/31 US$; ⊙Juni–Mitte Okt.; 📶🐾). Weitere Infos gibt's beim Steel Visitor Center (☎541-594-3000; ⊙Mai–Okt. 9–17 Uhr, Nov.–April 10–16 Uhr).

Oregon Coast

Dieser atemberaubende Küstenstreifen liegt an der US 101, einem malerischen Highway, der durch Dörfer, Resorts und staatliche Parks (davon gibt es über 70) und endlose Wildnis führt. Ob Camper oder Feinschmecker – diese außergewöhnliche Region hat für jeden etwas zu bieten. Die Gegend ist besonders im Sommer beliebt, Unterkünfte also rechtzeitig reservieren!

Astoria

Das nach John Jacob Astor, Amerikas erstem Millionär, benannte Astoria liegt an der 8 km breiten Mündung des Columbia River und war die erste dauerhafte US-amerikanische Siedlung westlich des Mississippi. Das Städtchen blickt auf eine lange Seefahrtsgeschichte zurück; an dem alten Hafen, wo einst arme Künstler und Schriftsteller wohnten, siedeln sich in den letzten Jahren schicke Hotels und Restaurants an. Landeinwärts finden sich viele historische Häuser, darunter liebevoll restaurierte viktorianische Gebäude – einige von ihnen wurden in romantische B&Bs umgewandelt.

Sehenswertes

Zum Stadtbild gehört auch die 6,6 km lange Astoria-Megler Bridge, die längste durchgehende Fachwerk-Stahlbrücke Nordamerikas, die den Columbia River bis nach Washington überspannt. Sie ist vom Astoria Riverwalk aus zu sehen, der der Straßenbahnstrecke folgt. Pier 39 ist ein interessanter überdachter Steg mit einem lockerem Konservenmuseum und netten Esslokalen.

Columbia River Maritime Museum MUSEUM
(☎503-325-2323; www.crmm.org; 1792 Marine Dr; Erw./Kind 14/5 US$; ⊙9.30–17 Uhr; 👪) Astorias Schifffahrtsvergangenheit wird in diesem wellenförmigen Museum interessant aufgearbeitet. Blickfang ist das ausgemusterte Boot der Küstenwache, das man durch ein großes Außenfenster auf einer künstlichen Welle sieht. Weitere Exponate widmen sich der Lachsverpackungsindustrie und den chinesischen Einwanderern, die den Großteil ihrer Arbeiter stellten, der Geschichte des Handels auf dem Fluss und der Bedeutung der Seelotsen. Man erhält einen deutlichen Einblick in die tückischen Bedingungen, die dem Gebiet den berechtigten Namen „Friedhof des Pazifiks" eintrugen.

Flavel House HISTORISCHES GEBÄUDE
(☎503-325-2203; www.cumtux.org; 441 8th St; Erw./Kind 6/2 US$; ⊙Okt.–April 11–16 Uhr,

Mai–Sept. 10–17 Uhr) Das extravagante Flavel House wurde in den 1880er-Jahren von Captain George Flavel, einem der wichtigsten damaligen Bürger von Astoria, im Queen-Anne-Stil erbaut. Seine Fassade wurde in den ursprünglichen Farben gestrichen, der Garten in seinen viktorianischen Stil zurückversetzt. Von hier aus hat man eine wundervolle Aussicht auf den Columbia River.

Fort Stevens State Park PARK
(☎ Durchwahl 21 503-861-3170; www.oregonstateparks.org; 100 Peter Iredale Rd, Hammond; Eintritt 5 US$/Tag) Zehn Meilen (16 km) westlich von Astoria schützt dieser Park die historische Militäranlage, von der einst die Mündung des Columbia River überwacht wurde. In der Nähe des **Military Museum** (☎ 503-861-2000; http://visitftstevens.com; Fort Stevens Park; Tagesnutzungsgebühr 5 US$; ⏲ Mai–Sept. 10–18, Okt.–April bis 16 Uhr) GRATIS sind Kanonenreihen in die Sanddünen gegraben – interessante Überbleibsel der am stärksten zerstörten Militärgebäude des Forts (Führungen per Truck oder zu Fuß möglich). Beim kleinen Wrack der *Peter Iredale*, die 1906 aufgelaufen ist, befinden sich ein beliebter **Strand**, ein Campingplatz und 19 km befestigte **Radwege**. Vom Parkplatz C hat man einen guten Blick auf das Meer.

Schlafen & Essen

Fort Stevens State Park CAMPING $
(☎ 503-861-1671; www.oregonstateparks.org; 100 Peter Iredale Rd, Hammond; Stellplatz Zelt/Wohnmobil 22/32 US$, Yurte/Hütte 46/90 US$) Rund 560 Stellplätze (meist für Wohnmobile) bietet dieser beliebte Campingplatz 10 Meilen (16 km) westlich von Astoria. Er ist hervorragend für Familien geeignet; im Sommer sollte man reservieren. Die Zufahrt geht vom Pacific Dr ab.

Commodore Hotel BOUTIQUEHOTEL $$
(☎ 503-325-4747; www.commodoreastoria.com; 258 14th St; DZ mit Gemeinschaftsbad/eigenem Bad ab 79/154 US$; 🔌 📶) Hippe Traveller strömen in dieses aufgestylte Hotel mit attraktiven, aber kleinen, minimalistischen Zimmern. Zur Wahl stehen Zimmer mit Bad oder mit Waschbecken im Raum und Gemeinschaftsbad im Korridor; die „Deluxe"-Zimmer haben die bessere Aussicht. Es gibt ein Foyer im Wohnzimmer-Look mit Café, von 17 bis 19 Uhr kostenlose Proben örtlicher Craft-Biere, eine eindrucksvolle Videothek und Leih-Plattenspieler.

Bowpicker MEERESFRÜCHTE $
(☎ 503-791-2942; www.bowpicker.com; Ecke 17th & Duane St; Gerichte 8–10 US$; ⏲ Mi–So 11–18 Uhr) Auf fast jeder Liste hervorragender Meeresfrüchtelokale steht dieses liebenswerte umgebaute Stellnetz-Fischerboot von 1932. Hier gibt's Weißen Thun in Bierteig und Steaks mit Fritten.

Fort George Brewery KNEIPENKOST $
(☎ 503-325-7468; www.fortgeorgebrewery.com; 1483 Duane St; Hauptgerichte 7–16 US$, Pizza 13–25 US$; ⏲ 11–23, So 12–23 Uhr) Dies ist eine der besten und verlässlichsten Kleinbrauereien im Bundesstaat. Das stimmungsvolle Brauerei-Restaurant residiert in einem historischen Gebäude auf einem Gelände, das die Keimzelle der Siedlung Astoria war. Neben ausgezeichnetem Bier gibt's Gourmet-Burger, hausgemachte Würstchen, Salate und im Obergeschoss Holzofenpizza.

Astoria Coffeehouse & Bistro AMERIKANISCH $$
(☎ 503-325-1787; www.astoriacoffeehouse.com; 243 11th St; Hauptgerichte abends 12–25 US$; ⏲ So 7–21, Mo–Do bis 22, Fr & Sa bis 23 Uhr) 🍃 Das kleine beliebte Café mit angeschlos-

LEWIS & CLARK: DAS ENDE DER REISE

Im November 1805 wankten William Clark und sein Forscherkollege Meriwether Lewis vom Corps of Discovery mit drei Dutzend Männern in eine geschützte Bucht am Columbia River, gut 3 km westlich der heutigen Astoria-Megler Bridge, und beendeten den unbestreitbar längsten Überlandmarsch der amerikanischen Geschichte.

Nach der ersten echten demokratischen Abstimmung in der amerikanischen Geschichte, bei der sowohl eine Frau als auch ein schwarzer Sklave wählen durften, entschied die Gruppe sich dafür, ihr Feldlager 8 km südlich von Astoria beim Fort Clatsop aufzuschlagen. Wo die Truppe 1805/06 einen schrecklichen Winter verbrachte, befindet sich heute der **Lewis and Clark National & Historical Park** (☎ 503-861-2471; www.nps.gov/lewi; 92343 Fort Clatsop Rd; Erw./Kind 5 US$/frei; Mitte Juni–Aug., Sept.–Mitte Juni bis 17 Uhr) mit einem Nachbau des Fort Clatsop und einem Besucherzentrum. Im Sommer werden außerdem die historischen Ereignisse nachgestellt.

senem Bistro bietet eine bunte Auswahl, z.B. peruanischen Wurzelgemüse-Eintopf, Wasabi-Wan-Tan mit Garnelenfleisch, Chili-Relleno-Burger, Fischtacos, Phat Thai und Käsemakkaroni. Alle Gerichte werden im Haus zubereitet, selbst das Ketchup. Man kann draußen auf dem Bürgersteig sitzen, und die Cocktails sind ausgezeichnet. Fürs Abendessen und den Sonntagsbrunch wird man auf einen Tisch warten müssen.

An- & Weiterreise

Northwest Point (☎503-484-4100; http://oregon-point.com/northwest-point) Hat täglich Busse nach Seaside, Cannon Beach und Portland; die Fahrpläne stehen auf der Website.

Pacific Transit (☎360-642-9418; www.pacifictransit.org) Busse fahren in den Bundesstaat Washington.

Cannon Beach

Das bezaubernde Cannon Beach ist einer der beliebtesten Strandorte an der Küste von Oregon. Mehrere hervorragende Hotels sind auf ein gehobenes Klientel ausgerichtet; gleiches gilt für die vielen Boutiquen und Kunstgalerien vor Ort. Im Sommer sind die Straßen mit Blumen geschmückt. Die Unterkünfte sind teuer und die Straßen verstopft – an einem warmen, sonnigen Samstag muss man lange suchen, bis man einen Parkplatz findet.

Sehenswertes & Aktivitäten

Das spektakulärste Wahrzeichen an der Küste von Oregon ist der 90 m hohe **Haystack Rock**. Zu dem steinernen „Heuhaufen“ am südlichen Ende von Cannon Beach kann man bei Ebbe zu Fuß hinüberlaufen. An den Klippen des Basaltfelsens nisten Seevögel, an der Basis ist er von einem Ring aus Gezeitentümpeln umgeben.

Im Naturschutzgebiet des **Ecola State Park** (☎503-436-2844; www.oregonstateparks.org; Tageskarte 5 US$) im Norden von Cannon Beach präsentiert sich Oregon, wie es traumhafter nicht sein könnte: riesige Felsbrocken im Meer, schäumende Wellen, einsame Strände und ursprüngliche Wälder. Der Naturpark ist 1,5 Meilen (2,4 km) von Cannon Beach entfernt und von unzähligen Wanderwegen durchzogen, darunter auch ein Abschnitt des **Oregon Coast Trail**, der über Tillamook Head nach Seaside führt.

Vor Cannoch Beach selbst kann man nicht surfen, dafür aber sehr gut in der Umgebung. Zu den besten Surfstränden gehören der **Indian Beach** im Ecola State Park 3 Meilen (4,8 km) weiter nördlich und der Küstenabschnitt im **Oswald West State Park** 10 Meilen (16 km) weiter südlich. Im Ort befindet sich der freundliche **Cleanline Surf Shop** (☎503-738-2061; www.cleanlinesurf.com; 171 Sunset Blvd; Surfbrett/Neoprenanzug ab 20/15 US$; ⏰So–Fr 10–18, Sa 9–18 Uhr), der Surfbretter und die obligatorischen Nassanzüge verleiht.

Schlafen

Cannon Beach ist ziemlich exklusiv; günstigere Unterkünfte gibt's 7 Meilen (11,3 km) nördlich in Seaside. Ferienwohnungen findet man unter www.visitcb.com.

★**Ocean Lodge** HOTEL **$$$**
(☎888-777-4047, 503-436-2241; www.theoceanlodge.com; 2864 S Pacific St; DZ 219–369 US$;) Das prächtige Hotel hat einige der luxuriösesten Zimmer in Cannon Beach; die meisten haben Meerblick und alle einen Kamin und eine Einbauküche. Für die Gäste gibt's ein kostenloses kontinentales Frühstück, eine DVD-Sammlung mit 800 Titeln und schöne Sitzbereiche. Die Lodge liegt am Strand am südlichen Ende des Orts.

Essen & Ausgehen

Hier findet man alles von Kaffeehäusern bis hin zu einem Café, das zugleich ein feines Restaurant ist. Wer einfach nur eine Tasse warme, butterige Muschelsuppe bei schöner Aussicht genießen will, geht zu **Mo's** (www.moschowder.com).

★**Irish Table** IRISCH **$$$**
(☎503-436-0708; 1235 S Hemlock St; Hauptgerichte 20–30 US$; ⏰Fr–Di 17.30–21 Uhr) Das ausgezeichnete Restaurant versteckt sich hinten im Café Sleepy Monk und serviert einen Mix aus irischen Speisen und Gerichten des pazifischen Nordwestens, für die lokale saisonale Zutaten verwendet werden. Die Karte ist kurz und schlicht, aber das Essen ist schmackhaft. Zu empfehlen sind der vegetarische Shepherd's Pie, die Lammkoteletts und das gebratene Piemonter Schultersteak. Wenn Muschelcurry auf der Karte steht, sollte man unbedingt zuschlagen.

Sleepy Monk Coffee KAFFEE
(☎503-436-2796; www.sleepymonkcoffee.com; 1235 S Hemlock St; Getränke & Snacks 2–7 US$; ⏰Mo, Di & Do 8–15, Fr–So bis 16 Uhr) Wer Bio-Fair-Trade-Kaffee möchte, sollte in dieses kleine Café in der Hauptstraße gehen. Gäste

können in dem Adirondack-Stuhl im winzigen Hof sitzen, die köstlichen Kaffees kosten, die auf dem Anwesen geröstet werden, und sich eines der leckeren Gebäckstücke schmecken lassen.

Praktische Informationen

Chamber of Commerce (503-436-2623; www.cannonbeach.org; 207 N Spruce St; 10–17 Uhr) Gute Infos, darunter Gezeitenpläne.

Anreise & Unterwegs vor Ort

Northwest Point (541-484-4100; www.oregon-point.com/northwest-point) Busse vekehren zweimal täglich zwischen Portland und der Küste. Tickets kann man online, an der Union Station in Portland oder im Astoria Transit Center kaufen. Die einfache Fahrt von Portland nach Astoria kostet 18 US$.

Cannon Beach Shuttle (503-861-7433; www.ridethebus.org) Busse fahren zwischen Cannon Beach und Astoria mit mehreren weiteren Haltepunkten an der Küste. Der Cannon-Beach-Bus fährt die gesamte Hemlock St hinunter bis zum Ende des Tolovana Beach; der Fahrplan ändert sich je nach Tag und Jahreszeit.

Tillamook County Transportation (The Wave; 503-815-8283; www.tillamookbus.com) Die Busse verkehren zwischen Astoria und Newport, mit Haltepunkten entlang der Küste.

Newport

Newport, der Standort von Oregons größter kommerzieller Fischereiflotte, ist eine lebhafte Touristenstadt mit einigen schönen Stränden und einem Weltklasseaquarium. Seit 2011 hat hier die NOAA, die National Oceanic and Atmospheric Administration (Nationale Ozean- und Atmosphärenverwaltung), ihren Sitz. In dem Küstenort mit langer Geschichte gibt es jede Menge gute Restaurants sowie ein paar kitschige Attraktionen, Souvenirshops und brüllende Seelöwen. Das unkonventionelle Nye Beach bietet Kunstgalerien und eine freundliche Dorfatmosphäre. Die Gegend wurde in den 1860er-Jahren von Fischern entdeckt, die am oberen Ende der Yaquina Bay Austernbänke gefunden hatten.

Sehenswertes

Das großartige **Oregon Coast Aquarium** (541-867-3474; www.aquarium.org; 2820 SE Ferry Slip Rd; Erw./3–12 Jahre/13–17 Jahre 22,95/14,95/19,95 US$; Juni–Aug. 10–18 Uhr, Sept.–Mai bis 17 Uhr;) ist eine Attraktion, die man auf keinen Fall verpassen sollte. Es umfasst u.a. Seeotterbecken, surreale Quallenaquarien und Plexiglastunnel durch ein Haifischbecken. Das nahe gelegene **Hatfield Marine Science Center** (541-867-0100; www.hmsc.oregonstate.edu; 2030 SE Marine Science Dr; Juni–Aug. 10–17 Uhr, Sept.–Mai Do–Mo 10–16 Uhr;) GRATIS ist viel kleiner, aber dennoch einen Besuch wert. Tolle Gezeitentümpel und Aussichten bietet die **Yaquina Head Outstanding Natural Area** (541-574-3100; 750 NW Lighthouse Dr; 7 US$/Fahrzeug; 8 Uhr–Sonnenuntergang, Bildungszentrum 10–18 Uhr) GRATIS, zu der auch der höchste Leuchtturm der Küste und ein interessantes Bildungszentrum gehören.

Schlafen & Essen

Camper kommen im großen, beliebten **South Beach State Park** (541-867-4715; www.oregonstateparks.org; Stellplatz Zelt/Wohnmobil 21/29 US$, Jurte 44 US$;) 2 Meilen (3,2 km) südlich an der US 101 unter. Literaturfans übernachten im **Sylvia Beach Hotel** (541-265-5428; www.sylviabeachhotel.com; 267 NW Cliff St; DZ 135–235 US$;) und seefahrtsbegeisterte Romantiker im schiffsförmigen **Newport Belle** (541-867-6290; http://newportbelle.com; 2126 SE Marine Science Dr, South Beach Marina, H Dock; DZ 165–175 US$; Feb.–Okt;).

Po'boys mit Krebsfleisch, in der Pfanne gebratene Austern und andere schmackhafte Meeresfrüchte bietet **Local Ocean Seafoods** (541-574-7959; www.localocean.net; 213 SE Bay Blvd; Hauptgerichte 16–28 US$; 11–21 Uhr, Winter bis 20 Uhr). Besonders schön ist es an warmen Tagen, wenn die Glaswände zum Hafenbereich geöffnet sind.

Praktische Informationen

Visitor Center (541-265-8801; www.newportchamber.org; 555 SW Coast Hwy; Mo–Fr 8.30–17 Uhr)

Yachats & Umgebung

Zu den bestgehüteten Geheimnissen an der Küste Oregons gehört das hübsche und freundliche Yachats („Ja-*hots*"). Der Ort unten am gewaltigen Cape Perpetua liegt in einer rauen, windigen Landschaft. Wer hierher kommt, möchte einmal allem entfliehen, was an diesem weitgehend unerschlossenen Küstenabschnitt auch ganz leicht ist.

Am Ort vorbei führt der 804 Coast Trail, ein schöner Spazierweg mit Zugang zu Gezeitenbecken und schönen Ausblicken aufs

Meer. Der Weg hat im Süden Anschluss an den Amanda Trail, der zur Cape Perpetua Scenic Area führt.

★ Cape Perpetua Scenic Area PARK

(Hwy 101; Tagesgebühr 5 US$) Der 3 Meilen (4,8 km) südlich von Yachats gelegene Überrest eines Vulkans wurde 1778 von Captain James Cook gesichtet, der dem Kap auch seinen Namen gab. Das Gebiet ist für spektakuläre Felsformationen und eine raue Brandung bekannt und von zahlreichen Wegen durchzogen, die zu antiken Muschelhaufen, Gezeitenbecken und alten Wäldern führen. Die Aussicht vom Kap ist unglaublich – man erblickt die Vorgebirge von Cape Foulweather bis zum Cape Arago.

Um einen spektakulären Blick auf den Ozean zu werfen, fährt man auf der Overlook Rd bis zur **Cape Perpetua Day-Use Area**.

Tiefe Risse in dem alten Vulkan ermöglichten es den Wellen, durch Erosion schmale Kanäle in das Kap zu graben und faszinierende Monumente wie **Devil's Churn**, rund ½ Meile (800 m) nördlich des Besucherzentrums, hervorzubringen – hier brechen sich die Wellen tosend in einem 9 m langen Meeresarm. Der asphaltierte **Captain Cook Trail** (hin & zurück 1,9 km) ist eine leichte Wanderung zu Gezeitenbecken nahe **Cooks Chasm**, wo bei Flut das Wasser ähnlich wie bei einem Geysir aus einer Meereshöhle emporspritzt. (Bei Cooks Chasm gibt's auch Parkplätze am Hwy 101).

Der **Giant Spruce Trail** (hin & zurück 3,2 km) führt den Cape Creek hinauf zu einer 500 Jahre alten Sitka-Fichte mit einem Durchmesser von 4,5 m. Auf dem **Cook's Ridge–Gwynn Creek Loop Trail** (hin & zurück 10,5 km) gelangt man in tiefe alte Wälder am Gwynn Creek; man folgt dem Oregon Coast Trail nach Süden und wendet auf dem Gwynn Creek Trail, der über Cook's Ridge zum Ausgangspunkt zurückführt.

Das **Besucherzentrum** (☎ 541-547-3289; www.fs.usda.gov/siuslaw; 2400 Hwy 101; 5 US$/Fahrzeug; ⏲ Juni–Aug. 9.30–16.30 Uhr, Sept.–Mai 10–16 Uhr) hat Infos zu den Menschen und der Natur sowie Exponate zum früheren indigenen Volk der Alsea.

Heceta Head Lighthouse LEUCHTTURM

(☎ 541-547-3416; Heceta.h.lighthouse@oregon.gov; 5 US$/Tag; ⏲ 11–15 Uhr, Winter bis 14 Uhr) Der 1894 erbaute, halsbrecherisch über dem brodelnden Ozean thronende Leuchtturm 13 Meilen (20,9 km) südlich von Yachats am Hwy 101 ist höchst fotogen und immer noch in Betrieb. Führungen werden angeboten; die Besichtigungszeiten wechseln, vor allem im Winter, deswegen sollte man vorher anrufen. Der schönen Aussicht wegen sollte man im Heceta Head State Park einen Stopp einlegen.

Sea Lion Caves HÖHLE

(☎ 541-547-3111; www.sealioncaves.com; 91560 Hwy 101, Florence; Erw./Kind 14/8 US$; ⏲ 9–17 Uhr) In dieser riesigen Meeresgrotte 15 Meilen (24,1 km) südlich von Yachats hausen Hunderte Stellersche Seelöwen. Ein Aufzug fährt 63 m hinunter zu einem dunklen Informationsbereich, wo man von einem Observationsfenster aus zuschauen kann, wie die mächtigen Robben sich um die besten Plätze auf den Felsen drängeln. Es gibt auch Beobachtungsbereiche draußen, weil sich von Ende September bis November in der Regel keine Seelöwen in der Höhle aufhalten. Auch viele interessante Vögel der Küste lassen sich hier beobachten.

Ya'Tel Motel MOTEL $

(☎ 541-547-3225; www.yatelmotel.com; Ecke Hwy 101 & 6th St; DZ 74–119 US$;) Das Motel hat Persönlichkeit und acht große, saubere Zimmer, die teilweise über Kochnischen verfügen. Es gibt auch ein großes Zimmer für sechs Personen (119 US$). Vorn steht ein (auswechselbares) Schild, auf dem Dinge stehen wie: „Immer sauber, meist freundlich".

Green Salmon Coffee House CAFÉ $

(☎ 541-547-3077; www.thegreensalmon.com; 220 Hwy 101; Kaffeegetränke 2–5 US$; ⏲ 7.30–14.30 Uhr;) Bio und Fair-Trade sind die Schlagworte in diesem bunt zusammengewürfelten Café, in dem die Einheimischen bei leckeren Frühstücksgerichten (Gebäck, Bagels mit Räucherlachs, hausgemachtem Haferbrei) zusammensitzen. Die einfallsreiche Liste der warmen Getränke reicht von üblichem Filterkaffee über Bio-Schoko-Chai mit Milch bis zu Lavendel-Rosmarin-Kakao. Es gibt auch Gerichte für Veganer und einen Büchertausch.

Oregon Dunes National Recreation Area

Die Oregon Dunes erstrecken sich über 80 km zwischen Florence und Coos Bay und sind damit das größte Areal mit Küstendünen in den USA. Die Dünen sind bis zu 150 m hoch und ragen knapp 5 km ins Landesinnere, wo sie auf Küstenwälder mit sonderbaren Ökosystemen und einer artenreichen Tierwelt, insbesondere Vögel, treffen. Das Gebiet inspirierte den Schriftsteller Frank Herbert zu seinem epischen Sci-Fi-Romanzyklus *Dune*. In der Gegend gibt's Wander- und Reitwege sowie Gelegenheiten zum Bootfahren und Schwimmen. Den Abschnitt südlich von Reedsport sollte man meiden, da hier viele lärmige Strandbuggys das Erlebnis trüben. Touristeninfos gibt's im **Oregon Dunes National Recreation Area Visitor Center** (☎541-271-6000; www.fs.usda.gov/siuslaw; 855 Hwy 101; ⏲Juni–Aug Mo–Sa 8–16.30 Uhr, Sept.–Mai Mo–Fr) in Reedsport.

Zu den State Parks, in denen man campen kann, gehören der beliebte **Jessie M. Honeyman State Park** (☎800-452-5687, 541-997-3641; www.oregonstateparks.org; 84505 Hwy 101 S; Stellplatz Zelt/Wohnmobil 21/29 US$, Jurte 44 US$; 🐾), 3 Meilen (4,8 km) südlich von Florence, und der angenehme, waldige **Umpqua Lighthouse State Park** (☎541-271-4118; www.oregonstateparks.org; 460 Lighthouse Rd; Stellplatz Zelt/Wohnmobil 19/26 US$, Jurte/Luxusjurte 41/80 US$; 🐾), 4 Meilen (6,4 km) südlich von Reedsport. Es gibt aber noch viele weitere Camping-Gelegenheiten in der Gegend.

Port Orford

Der malerische Weiler Port Orford liegt an einem natürlichen Hafen auf einer Landzunge zwischen zwei prächtigen State Parks und bietet spektakuläre Ausblicke. Der **Cape Blanco State Park** (☎541-332-2973; www.oregonstateparks.org; Cape Blanco Rd) GRATIS, 9 Meilen (14,5 km) nördlich vom Ort, ist der zweitwestlichste Punkt der Lower 48 (USA ohne Alaska und Hawaii); starke Winde mit Geschwindigkeiten von 160 km fegen oft über die Landspitze. Besucher können hier wandern und das **Cape Blanco Lighthouse** (☎541-332-2207; www.oregonstateparks.org; 91814 Cape Blanco Rd; Führung Erw./Kind 2 US$/frei; ⏲April–Okt. Mi–Mo 10–15.15 Uhr) besichtigen – der 1870 erbaute Leuchtturm ist der älteste und höchste funktionstüchtige Turm in Oregon.

Im **Humbug Mountain State Park** (☎541-332-6774), 6 Meilen (9,7 km) südlich von Port Orford, treffen Berge und Meer in feuchter Disharmonie (samt starker Brandung) aufeinander. Den 533 m hohen Gipfel kann man über einen 4,8 km langen Wanderweg durch alte Zedernwälder erklimmen.

Eine günstige Unterkunft bietet das **Castaway-by-the-Sea Motel** (☎541-332-4502; www.castawaybythesea.com; 545 W 5th St; DZ 75–135 US$, Suite 115–165 US$; ⊖@📶🐾), luxuriösere Hütten das **Wildspring Guest Habitat** (☎866-333-9453; www.wildspring.com; 92978 Cemetery Loop; DZ 298–328 US$; ⊖@📶). Wer in dem Fischerdorf gut essen will, lässt sich im schicken **Redfish** (☎541-366-2200; www.redfishportorford.com; Hawthorne Gallery, 517 Jefferson St; Hauptgerichte 18–34 US$; ⏲Mo–Fr 11–21, Sa & So 10–21 Uhr) 🍃 die frischesten Meeresfrüchte vor Ort schmecken.

Süd-Oregon

Mit seinem warmen, sonnigen und trockenen Klima, das dem im nahen Kalifornien entspricht, ist das südliche Oregon der „Bananengürtel" des Bundesstaats und ein lohnendes Ziel für einen Besuch. Eine Reihe ausgewiesener „wilder und malerischer" Flüsse ziehen sich durch die zerklüftete, abgelegene Landschaft, die bekannt ist für anspruchsvolles Wildwasserrafting, erstklassige Stellen zum Fliegenfischen und ausgezeichnete Wanderungen.

Ashland

Die hübsche Stadt ist dank des international renommierten Oregon Shakespeare Festival (OSF), das neun Monate im Jahr läuft und Hunderttausende Theatergänger aus aller Welt anlockt, das kulturelle Zentrum im südlichen Oregon. Das Festival ist Ashlands Hauptattraktion und sorgt im Sommer für Betrieb und für einen ständigen Geldsegen in den vielen schicken Hotels, gehobenen B&Bs und feinen Restaurants der Stadt.

Aber auch ohne das Festival ist Ashland immer noch ein angenehmer Ort, in dessen trendigen Downtown-Straßen sich gut betuchte Kauflustige und jugendliche Bohemiens tummeln. Im Spätherbst und Frühwinter – den wenigen festivalfreien Monaten – kommen die Besucher zum Skifahren auf den nahe gelegenen Mt. Ashland. In der Gegend gibt's außerdem mehrere gute Weingüter, die einen Besuch lohnen.

Sehenswertes & Aktivitäten

Lithia Park PARK

(59 Winburn Way) Neben den drei prächtigen Theatern von Ashland liegt der wohl schönste Stadtpark Oregons, der sich auf 38 ha längs des Ashland Creeks oberhalb des Stadtzentrums erstreckt. Der Park hat sogar einen Platz im National Register of Historic

NICHT VERSÄUMEN

OREGON SHAKESPEARE FESTIVAL

Als junge Stadt kam Ashland in den Genuss kultureller Bildungsprogramme der Methodisten. In den 1930er-Jahren war eine der dafür gebauten Einrichtungen bis auf eine baufällige Hülle aus Holz verfallen. Angus Bowmer, ein Theaterprofessor am örtlichen College, erkannte die Ähnlichkeit dieser dachlosen Konstruktion mit Shakespeares Globe Theatre, das aus Zeichnungen bekannt ist. Er überredete die Stadt, zwei Aufführungen von Shakespeare-Stücken und einen Boxkampf (die Idee hätte Shakespeare gefallen) im Rahmen der Feiern des 4. Juli 1935 zu finanzieren. Die Aufführungen wurden ein großer Erfolg und damit war das **Oregon Shakespeare Festival** (OSF; ☎541-482-4331; www.osfashland.org; Ecke Main & Pioneer St; Tickets 30–136 US$; ⏲Feb.–Okt. Di–So) geboren. Die Karten für die Aufführungen sind schnell ausverkauft, aber manchmal gibt's eine Stunde vor Vorstellungsbeginn noch Last-Minute-Karten an der Theaterkasse.

Im **OSF Welcome Center** (76 N Main St; ⏲Di–So 11–17 Uhr) gibt's Infos zu anderen Events, z. B. wissenschaftlichen Vorträgen, Lesungen von Theaterstücken, Konzerten und Gesprächen vor Vorstellungsbeginn.

Places erhalten. Er ist mit Springbrunnen, Blumen und Pavillons verziert; es gibt einen Spielplatz, Waldwege und im Winter eine Eislaufbahn.

Schneider Museum of Art MUSEUM
(☎541-552-6245; http://sma.sou.edu; 1250 Siskiyou Blvd; empfohlene Spende 5 US$; ⏲Mo–Sa 10–16 Uhr) Freunde zeitgenössischer Kunst sollten dem Museum der Southern Oregon University einen Besuch abstatten, das ungefähr jeden Monat neue Ausstellungen zeigt. Die Universität veranstaltet auch Theatervorstellungen, Opernaufführungen und klassische Konzerte.

Siskiyou Cyclery RADFAHREN
(☎541-482-1997; www.siskiyoucyclery.com; 1729 Siskiyou Blvd; Leihfahrrad halber Tag/ganzer Tag 30/45 US$; ⏲Mo–Sa 10–18 Uhr) Wer gern in die Pedale tritt, kann sich hier ein Rad ausleihen und die Landschaft am Bear Creek Greenway erkunden, einem 34 km langen Radweg zwischen Ashland und Central Point.

Schlafen

Zwischen Mai und Oktober sollte man unbedingt reservieren. Günstigere Zimmer findet man in Medford, 12 Meilen (19,3 km) nördlich von Ashland.

Ashland Hostel HOSTEL $
(☎541-482-9217; www.theashlandhostel.com; 150 N Main St; B 29 US$, EZ/DZ ab 45/55 US$;) Das zentrale, recht vornehme Hostel (Straßenschuhe sind drinnen unerwünscht) residiert in einem denkmalgeschützten Bungalow. Die meisten Privatzimmer teilen sich die Bäder; einige können zu Schlafsälen zusammengeschlossen werden. Platz zum Entspannen bieten der gemütliche Wohnbereich im Untergeschoss und die schattige Vorderveranda. Haustiere, Alkohol und Nikotin sind auf dem Gelände verboten. Vorher anrufen – die Rezeption ist nur begrenzt besetzt!

Palm BOUTIQUEHOTEL $$
(☎541-482-2636; www.palmcottages.com; 1065 Siskiyou Blvd; DZ 75–249 US$;) Das fabelhafte kleine Motel wurde zu einer Anlage mit 16 bezaubernden Gartenhaus-Zimmern und Suiten (teilweise mit Einbauküchen) umgestaltet. Die grüne Oase an einer belebten Straße verfügt über Rasenflächen und einen Salzwasserpool. In einem nahe gelegenen Haus gibt's noch drei weitere große Suiten (ab 249 US$). Es wird zwar kein Frühstück serviert, aber das Anwesen liegt direkt neben dem beliebten Morning Glory Café.

Essen & Ausgehen

Morning Glory CAFÉ $
(☎541-488-8636; 1149 Siskiyou Blvd; Hauptgerichte 9,50–15 US$; ⏲8–13.30 Uhr) Dieses farbenfrohe, gemütliche Café ist eines der besten Frühstückslokale Ashlands. Zu den kreativen Gerichten gehören Alaska-Krabben-Omelette, vegetarisches Haschee mit gerösteten Chilis und Shrimpskuchen mit pochierten Eiern. Mittags gibt es leckere Salate und Sandwiches. Am besten sehr zeitig oder eher spät kommen, um lange Wartezeiten zu vermeiden!

Agave MEXIKANISCH $
(☎541-488-1770; www.agavetaco.net; 5 Granite St; Tacos 3,75–5 US$; ⏲So–Do 11–20, Fr & Sa bis 21

Uhr, Sommer länger geöffnet) Das beliebte Restaurant verwöhnt seine Gäste mit schmackhaften, einfallsreichen Tacos. Neben traditionellen Speisen wie *carnitas* oder Grillhähnchen gibt's exotischere Gerichte wie Entengeschnetzeltes oder sautierten Hummer (9,95 US$), außerdem Ceviche, Salate und Tamales.

Caldera Brewing BRAUEREIKNEIPE **$$**
(☎541-482-4677; www.calderabrewing.com; 590 Clover Lane; Hauptgerichte 13–23 US$; ⏲11–22 Uhr; 🚸) Das helle, luftige Brauereilokal liegt gleich abseits der I-5 und hat einen angenehmen Sitzbereich im Freien mit schönem Ausblick ins Land. Bis 22 Uhr geht's kinderfreundlich zu. Zu essen bekommt man hier Pizza, einfallsreiche Pastagerichte, Burger und gute Salate. 40 Fassbiere lassen keinen Durst aufkommen. Eine zweite Filiale mit gemütlicher Kneipenatmosphäre befindet sich in der 31 Water St am Fluss.

Greenleaf DINER **$$**
(☎541-482-2808; www.greenleafrestaurant.com; 49 N Main St; Hauptgerichte 10–21 US$; ⏲8–10 Uhr; ✎) 🍃 Der zwanglose Diner mit Sitzecken und Plätzen am Tresen verwendet nachhaltige Zutaten in innovativen Kombinationen. Es gibt viele vegetarische Optionen, und die Tafel mit den Tagesspezialitäten ist immer einen Blick wert, auch wenn die reguläre Speisekarte so umfangreich ist, dass man sich bereits damit begnügt. Es gibt sogar eine Karte, auf der nur glutenfreie Speisen stehen.

Amuse FRANZÖSISCH **$$$**
(☎541-488-9000; www.amuserestaurant.com; 15 N 1st St; Hauptgerichte 26–38 US$; ⏲Mi–So 17.30–21 Uhr) Das feine französische Bistro serviert Gerichte wie Pariser Gnocchi, in der Pfanne gebratene Kammmuscheln und mit Trüffeln geröstetes Junghuhn. Zum Dessert wird ein bittersüßer Schoko-Trüffel-Kuchen und warme Beignets mit englischer Creme aufgetischt. Unbedingt reservieren!

ℹ Praktische Informationen

Ashland Chamber of Commerce (☎541-482-3486; www.ashlandchamber.com; 110 E Main St; ⏲Mo–Fr 9–17 Uhr)

Jacksonville

Dieser kleine, aber reizende ehemalige Goldgräberort ist die älteste Siedlung in Süd-Oregon und ein National Historic Landmark. Die Hauptstraße ist gesäumt von gut erhaltenen Gebäuden aus den 1880er-Jahren, die heute Boutiquen und Galerien beherbergen. Musikfans sollten auf keinen Fall das **Britt Festival** (☎541-773-6077; www.brittfest.org; Ecke 1st & Fir Sts; ⏲Juni–Sept.) im September verpassen, ein musikalisches Highlight von Weltklasse mit namhaften Künstlern. Weitere Infos gibt's bei der **Handelskammer** (☎541-899-8118; www.jacksonvilleoregon.org; 185 N Oregon St; ⏲Mai–Okt. tgl. 10–15 Uhr, Nov.–April Mo–Sa 10–14 Uhr).

In Jacksonville gibt es jede Menge schicke B&Bs, Budgetunterkünfte finden sich eher 6 Meilen (9,6 km) weiter östlich in Medford. Das **Jacksonville Inn** (☎541-899-1900; 175 E California St; Zi. ab 159–325 US$; 🚭❄📶🐾), untergebracht in einem kleinen Gebäude aus dem Jahr 1863, ist die schönste Unterkunft. Die Zimmer in dem Downtown-Gasthaus sind mit majestätisch wirkenden Antiquitäten eingerichtet; obendrein gibt es noch ein gutes Restaurant vor Ort.

North Umpqua River

Der „Wild and Scenic River" eignet sich ganz ausgezeichnet zum Fliegenfischen. An seinen Ufern kann man wunderbar wandern und in aller Ruhe campen. Der fast 130 km lange **North Umpqua Trail** beginnt in der Nähe des Idleyld Park (3 Meilen/4,8 km östlich von Glide) und führt durch Steamboat bis zum Pacific Crest Trail. Ein beliebter Abstecher sind die schönen **Umpqua Hot Springs** östlich von Steamboat unweit des Toketee Lake. In der Nähe befinden sich die atemberaubend schönen, zweistufigen **Toketee Falls** (ca. 35 m), die über Basaltfelsen in die Tiefe rauschen. Die **Watson Falls** sind mit 83 m die höchsten Wasserfälle in Oregon. Weitere Infos gibt's in Glide im **Colliding Rivers Information Center** (☎541-496-3532; 18782 N Umpqua Hwy; ⏲Mai–Sept. 9–17 Uhr) und auch nebenan beim **North Umpqua Ranger District** (☎541-496-3532; 18782 N Umpqua Hwy, Glide; ⏲Mo–Fr 8–16.30 Uhr).

Zwischen dem Idleyld Park und dem Diamond Lake finden sich zahlreiche Campingplätze direkt am Flussufer, u.a. am lieblichen **Susan Creek** und am urwüchsigen (ausgetrockneten) **Boulder Flat**. Die Unterkünfte in der Gegend sind im Sommer schnell ausgebucht. Empfehlenswert sind die Zimmer in den Blockhütten des **Dogwood Motels** (☎541-496-3403; www.dogwoodmotel.com; 28866 N Umpqua Hwy, Idleyld Park; EZ/DZ ab 60/70 US$; 🚭❄📶🐾).

Oregon Caves National Monument & Preserve

Die sehr beliebte Höhle (es gibt nur eine) liegt 19 Meilen (30,6 km) östlich von Cave Junction am Hwy 46. Im Rahmen der 90-minütigen Führung werden Gänge in einer Länge von knapp 5 km erkundet – es geht über 520 Steinstufen und durch tropfende Kammern am River Styx entlang. Warm anziehen, rutschfestes Schuhwerk tragen und darauf gefasst sein, nass zu werden!

In **Cave Junction**, 28 Meilen (45,1 km) südlich von Grants Pass an der US 199 (Redwood Hwy), gibt's die meisten Serviceeinrichtungen – zu den besten Unterkünften in der Gegend zählt aber das **Out 'n' About Treesort** (☎541-592-2208; www.treehouses.com; 300 Page Creek Rd, Takilma; Baumhaus 150–330 US$; ⊖) mit superlustigen Baumhäusern im 12 Meilen (19,3 km) südlich gelegenen Katilma. Eine schicke Unterkunft direkt bei der Höhle ist das beeindruckende **Oregon Caves Chateau** (☎541-592-3400; www.oregoncaveschateau.com; 20000 Caves Hwy; Zi. 117–212 US$; ⊙Mai–Okt.; ⊖) – am altmodischen Getränkespender sollte man sich unbedingt einen Milchshake holen.

Ost-Oregon

Östlich der Cascades ähnelt der Bundesstaat – geografisch wie kulturell – nur wenig den feuchteren Landstrichen im Westen Oregons. Die Gegend ist nur dünn besiedelt, die größte Stadt Pendleton hat gerade einmal 17000 Einwohner. Stattdessen findet man hier wüstenähnliche Hochebenen vor, in allen Farben leuchtende Felsformationen, Natronseen und den tiefsten Canyon der USA.

John Day Fossil Beds National Monument

Inmitten des weichen Gesteins und des bröckligen Erdreichs des John Day Country befindet sich eine der tollsten Fossiliensammlungen der Welt; die Fossilien sind zwischen 6 und 50 Mio. Jahre alt. Das National Monument erstreckt sich auf 57 km² über drei verschiedene Zonen: die Sheep Rock Unit, die Painted Hills Unit und die Clarno Unit. Jede bietet Wanderwege und lehrreiche Ausstellungen.

Das ausgezeichnete **Thomas Condon Paleontology Center** (☎541-987-2333; www.nps.gov/joda; 32651 Hwy 19, Kimberly; ⊙10–17 Uhr) GRATIS liegt 2 Meilen (3,2 km) nördlich der US 26 bei der **Sheep Rock Unit**. Ausgestellt sind u.a. ein Dreizehen-Pferd und versteinerte Mistkäfereier. Hinzu kommen noch viele andere Fossilien und geologisch-geschichtliche Ausstellungen. Wer gerne wandert, kann den kurzen Blue Basin Trail ablaufen.

Die **Painted Hills Unit** in der Nähe von Mitchell besteht aus flachen, bunt gestreiften Hügeln, die sich vor über 30 Mio. Jahren formten. Noch einmal 10 Mio. Jahre älter ist die **Clarno Unit** mit freigelegten Schlammläufen, die über einen Wald aus der Eozän-Ära geschwemmt wurden und markante weiße Klippen mit Steinspitzen und Türmchen geformt haben.

Rafting ist sehr beliebt auf dem John Day River, dem längsten, frei fließenden Fluss des Staates. **Oregon River Experiences** (☎800-827-1358; www.oregonriver.com; 4-/5-/9-tägige Touren 635/735/1195 US$/pro Pers.; ⊙Mai–Juni) veranstaltet Touren von bis zu fünf Tagen. Außerdem bieten sich gute Möglichkeiten zum Angeln von Schwarzbarschen und Regenbogenforellen. Weitere Infos gibt's beim Oregon Department of Fish & Wildlife (www.dfw.state.or.us).

In den meisten Städten der Gegend gibt es mindestens ein Hotel, darunter das stimmungsvolle **Historic Oregon Hotel** (☎541-462-3027; www.theoregonhotel.net; 104 E Main St, Mitchell; B 20 US$, DZ 50–110 US$; ⓦ) in Mitchell in John Day (wo es die meisten Einrichtungen des Bezirks gibt). In der Region liegen auch mehrere öffentliche Campingplätze (Stellplatz 5 US$), z.B. Lone Pine und Big Bend am Hwy 402.

Wallowa Mountains Area

Die Wallowa Mountains gehören mit ihren gletscherbedeckten Gipfeln und den kristallklaren Seen zu den schönsten Naturgebieten in Oregon. Der einzige Nachteil sind die Unmengen Besucher, die im Sommer hierher kommen, vor allem in die hübsche Gegend um den Wallowa Lake.

Aber man kann den Menschenmassen auf einer langen Wanderung in die nahe gelegene **Eagle Cap Wilderness** entkommen – z.B. im Rahmen der 9,6 km lange Tour zum **Aneroid Lake** oder dem 12,8 km langen Marsch auf dem **Ice Lake Trail**.

Nördlich der Berge im Wallowa Valley liegt **Enterprise**, ein gemütliches Provinznest mit einigen Motels wie dem **Ponderosa** (☎541-426-3186; 102 E Greenwood St; EZ/DZ ab

69/75 US$; ❄📶🐾). Wer auf Bier und gutes Essen steht, darf auf keinen Fall die Kleinbrauerei der Stadt, **Terminal Gravity Brewing** (☎541-426-3000; www.terminalgravitybrewing.com; 803 SE School St; Hauptgerichte 9–14 US$; ⏲So, Mo & Mi 11–21, Do–Sa bis 22 Uhr), verpassen. Nur 6 Meilen (9,6 km) weiter südlich liegt der Nachbarort von Enterprise, das vornehme **Joseph**. Die Hauptstraße ist gesäumt von teuren Bronze-Galerien, künstlerischen Boutiquen und einigen guten Lokalen.

Hells Canyon

Der mächtige Snake River brauchte 13 Mio. Jahre, um seinen Lauf 2438 m tief in das Hochplateau des östlichen Oregon zu graben und damit die tiefste Schlucht Nordamerikas zu schaffen.

Für eine tolle Aussicht sollte man von Joseph 30 Meilen (48,3 km) nordostwärts nach Imnaha fahren, wo eine langsam zu befahrende, 24 Meilen (38,6 km) lange Schotterpiste hinauf zum **Hat Point** führt. Von hier überblickt man die Wallowa Mountains, die Idaho Seven Devils, den Imnaha River und die Wildnis des Canyons. Die Straße ist von Ende Mai bis zum ersten Schneefall für den Verkehr freigegeben; für die Hin- und Rückfahrt sollte man jeweils zwei Stunden einplanen.

Wildwasser-Action und eine spektakuläre Landschaft gibt's am **Hells Canyon Dam**, 25 Meilen (40,2 km) nördlich der kleinen Gemeinde Oxbow. Einige Kilometer hinter dem Damm endet die Straße am **Hells Canyon Visitors Center** (Hells Canyon Rd, Hells Canyon Dam; ⏲Mai–Okt. 8–16 Uhr), wo man gute Infos zu den Campingplätzen und Wanderwegen der Gegend erhält. Dahinter bewältigt der Snake River mit wilden Stromschnellen einen Höhenunterschied von fast 400 m. Der Fluss ist nur mit einem Jetboot oder einem Rafting-Floß befahrbar. **Hells Canyon Adventures** (☎800-422-3568; www.hellscanyonadventures.com; Jetboot-Tour Erw./Kind ab 75/38 US$; ⏲Mai–Sept.) ist der Hauptveranstalter für Rafting-Ausflüge und Jetboot-Touren (Reservierung erforderlich).

In der Gegend finden sich viele Campingplätze und feste Unterkünfte. Gleich außerhalb von Imnaha liegt der schöne **Imnaha River Inn** (☎541-577-6002; www.imnahariverinn.com; 73946 Rimrock Rd; EZ/DZ ab 70/130 US$), ein B&B mit Tiertrophäen wie zu Hemingways Zeiten. Mehr Einrichtungen gibt's in den Ortschaften Enterprise, Joseph und Halfway.

Steens Mountain & Alvord Desert

Der höchste Gipfel im südöstlichen Oregon, der 2979 m hohe Steens Mountain, ist Teil eines massiven, knapp 50 km langen Bruchschollengebirges, das vor rund 15 Mio. Jahren entstand.

In Frenchglen beginnt Oregons höchstgelegene Straße, die **Steens Mountain Loop Rd**, eine 59 Meilen (95 km) lange Schotterpiste. Hier hat man den besten Blick auf den Gebirgszug und Zugang zu Campingplätzen und Wanderwegen. Entlang der Piste wachsen Salbeisträucher, Wacholder und Espenwälder, bis man ganz oben schließlich auf spärliche, steinige Tundra stößt. Der 25 Meilen (40,2 km) oberhalb von Frenchglen gelegene **Kiger Gorge Viewpoint** bietet einen überwältigenden Ausblick. Für die gesamte Strecke braucht man ohne anzuhalten rund drei Stunden. Wer die Attraktionen aber gebührend würdigen will, sollte deutlich mehr Zeit einplanen. Die Ostseite des Steens Mountain ist auch von der **Fields-Denio Rd** aus zu sehen, die durch die Alvord Desert zwischen den Hwys 205 und 78 führt. Unbedingt volltanken, viel Wasser mitnehmen und zu jeder Jahreszeit mit Wetterumschwüngen rechnen!

Frenchglen hat zwar nur zwölf Einwohner, aber trotzdem gibt's hier das historische **Frenchglen Hotel** (☎541-493-2825; www.frenchglenhotel.com; 39184 Hwy 205; Zi. mit Gemeinschaftsbad 75–82 US$, Drovers' Inn EZ/DZ 115/135 US$; ⏲Mitte März–Okt.; 🚭❄🐾) mit acht kleinen Zimmern, riesigen Mahlzeiten (fürs Abendessen reservieren!) und einen kleinen Laden mit einer saisonal betriebenen Zapfsäule – das war's dann aber auch. Campingmöglichkeiten finden sich an der Steens Mountain Loop Rd, darunter auch der hübsche BLM-Campingplatz **Page Springs** (8 US$/Fahrzeug, ganzjährig geöffnet). Einige weitere Plätze liegen weiter längs der Rundstraße, sind aber nur im Sommer zugänglich. Auf allen diesen Campingplätzen gibt's Wasser. Das Campen im Hinterland (kostenlos) ist in den Steens erlaubt.

Den Westen der USA verstehen

Der Westen der USA aktuell

Der moderne Westen ist von rasantem Wachstum geprägt. Zuwanderung, Verkehr, Klimawandel, die prekäre Grundwassersituation und andere Umweltbelange bestimmen immer wieder die Schlagzeilen. Der Reiz eines Lebens im Westen der USA wird künftig davon abhängen, wie diese Probleme angegangen werden. Gleichzeitig bleibt der Westen – gerade Kalifornien – dem Fortschritt zugewandt, auch zu einer Zeit, in der die Politik in den USA konservativer geworden ist und zunehmend von Abschottung bestimmt wird.

Top-Filme

Ringo (1939) Das Monument Valley ist der wahre Star dieses Western-Dramas von John Ford.

Zwei Banditen (1969) Basierend auf einer wahren Geschichte folgt der Film den Abenteuern zweier Outlaws.

Thelma & Louise (1991) Zwei Freundinnen auf der Flucht vor dem Gesetz durch die atemberaubende Landschaft des Südwesten.

Hangover (2009) Ein Junggesellenabschied in Las Vegas, bei dem alles schief geht – oder eben auch nicht.

127 Hours (2010) Aron Ralstons erschütternde Erfahrung in Utahs Land der roten Felsen.

Beste Bücher

Die Früchte des Zorns (John Steinbeck; 1939) Migranten aus der Dust Bowl auf dem Weg nach Kalifornien.

Desert Solitaire (Edward Abbey; 1968) Essays über den Südwesten und die Tourismusindustrie aus der Sicht eines Umweltaktivisten.

Das Bohnenbaumglück (Barbara Kingsolver; 1988) Blick auf Mutterschaft und Adoption über kulturelle Grenzen hinweg; Schauplatz: Tucson.

In die Wildnis (Jon Krakauer; 1996) Alexander Supertramp wandert auf Sinnsuche durch den Westen.

Wild (Chery-l Strayed; 2013) Die Autorin wandert nach dem Tod ihrer Mutter auf dem Pacific Crest Trail.

Mein Land, dein Land

Die Frage, wem was rechtmäßig zusteht, ist zu einem brisanten Thema geworden. Als eine seiner letzten Amtshandlungen als Präsident schuf Barack Obama im Jahr 2016 das Bears Ears National Monument, um somit 547 074 Hektar Land im Süden Utahs unter Schutz zu stellen, das für seine vielen alten Felszeichnungen bekannt ist. In einer Region, in der Tourismus eine zentrale wirtschaftliche Rolle spielt, halten viele diese Maßnahme für eine zukunftsorientierte Investition.

Viele, aber eben nicht alle. Hand in Hand mit der Industrie sind einige Staaten bestrebt, größere Bereiche öffentlichen Landes für die Öl- und Gasförderung freizugeben. Darunter sind Vorhaben, die die Nationalparks in der Nähe des Chaco Canyon in Arizona und des Zion in Utah betreffen. Kürzlich hat Präsident Trump per Verfügung bestimmt, alle seit Januar 1996 geschaffenen National Monuments zu überprüfen. Könnten Bergbau- und Gasbohrungen bald das Bild in den Parks bestimmen?

Im Westen werden seit Generationen Kämpfe von Ranchern und Freizeitindustrie mit den für die Nutzung öffentlicher Gebiete Verantwortlichen ausgefochten. In Nevada sieht sich der Viehzüchter Cliven Bundy einer Anklage gegenüber, nachdem er versucht hat, mit einem von ihm organisierten bewaffneten Widerstand Bundesbeamte daran zu hindern, sein Vieh zu beschlagnahmen (Bundy hatte es versäumt, Weidegebühren und Geldstrafen für die Nutzung von öffentlichem Land zu zahlen). Im Jahr 2015 führte die 41-tägige Besetzung des Malheur National Wildlife Refuge im Süden Oregons durch bewaffnete Extremisten (einschließlich Bundys Söhnen) zu einem Unfall, als sich ein Teilnehmer einer Festnahme widersetzte. Letztendlich wurden sieben der 26 Teilnehmer freigesprochen.

Das Problem dehnt sich auf die US-amerikanische Gesellschaft aus, da sich landesweit eine intolerante Einwanderungspolitik immer mehr durchsetzt. Anfang 2017 signalisierten überraschende Abschiebungen von undokumentierten Einwanderern und das Versprechen, eine 3144 km lange Mauer entlang der mexikanischen Grenze (für die der Steuerzahler schätzungsweise 21 Mrd.US-Dollar aufzubringen hätte) schwierige Zeiten für eine Region, die weitgehend von Einwandererarbeit abhängig ist, und in der viele Bürger mit mexikanischen bzw. lateinamerikanischen Wurzeln leben.

Legalisierung von Marihuana

Kalifornien, Colorado, Nevada, Oregon und Washington haben Marihuana für den persönlichen und medizinischen Gebrauch freigegeben. Obwohl die Legalisierung in manchen Kreisen immer noch umstritten ist, erfreuen sich sogar die Anzug- und Kostümträger in ihren Anwaltskanzleien, dass sich die Staatskassen dank der Grasernte füllen.

Seit der Legalisierung im Jahr 2014 hat der Handel mit Marihuana die Wirtschaft des Bundesstaates Colorado um 2,4 Mrd. US-Dollar bereichert und damit die Finanzierung von Bildungs-, Infrastruktur- und sozialen Programmen verbessert. Die Legalisierung im US-Bundesstaat Washington soll in den Jahren 2017–2019 Steuereinnahmen in Höhe von 730 Mio. US-Dollar einbringen.

Unter Obama hat Washington diese lokalen Gesetze, die im Widerspruch zu Bundesgesetzen stehen, nicht in Frage gestellt. Bezüglich der aktuellen Administration macht sich in dieser Frage jedoch Unsicherheit breit, was zu einem Rückzug der Investoren aus der grünen Revolution führen könnte.

Feuer & Wasser

Umweltaspekte stehen weiterhin im Vordergrund. Der Klimawandel im Westen wirkt sich sowohl auf die Bevölkerung als auch auf die Tierwelt aus.

Nach Angaben der Umweltschutzbehörde sind die Temperaturen im letzten Jahrhundert um 1° C gestiegen. Nach einer 14-jährigen Dürreperiode füllen sich die großen Stauseen wieder, aber der Druck einer wachsenden Bevölkerung und der steigenden landwirtschaftlichen Nachfrage deuten auf eine prekäre Zukunft hin.

Zudem wurde der Westen von heftigen Wald- und Buschbränden heimgesucht. Die genauen Ursachen sind zwar unklar – Klimawandel, Bebauung, politische Entscheidungen –, Tatsache aber ist, dass zahlreiche Leben, Häuser und öffentliche Flächen großen Bränden zum Opfer gefallen sind, und dass diese Brände zudem zu enormen Kosten für die Regierung geführt haben.

Im Juni 2017 kündigte Präsident Trump Pläne zum Rückzug aus dem Pariser Klimaabkommen an, einer Vereinbarung zwischen 195 Staaten mit dem Ziel, die globale Erwärmung einzudämmen. US-amerikanische Bundesstaaten und Städte haben sich zusam-

BEVÖLKERUNG: **324 MIO.**

FLÄCHE: **9,83 MIO. KM²**

BIP: **18,6 BILLIONEN US$**

ARBEITSLOSIGKEIT: **4,8 %**

Gäbe es nur 100 Leute in den USA, wären ...

65 weiß
15 hispanischer Abstammung
13 afroamerikanischer Abstammung
4 asiatisch-amerikanischer Abstammung
3 anderer Abstammung

Religionen

(% der Bevölkerung)

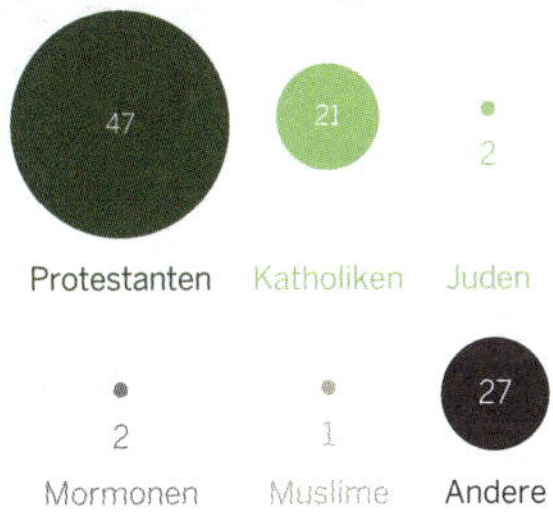

Einwohner pro km²

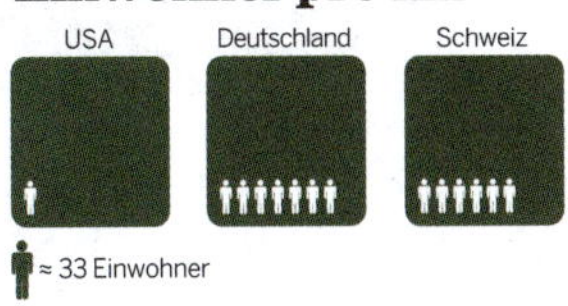

mengeschlossen, vor allem in Kalifornien, um mit aggressiver Umweltgesetzgebung diese Entscheidung auszugleichen.

Die weiteren Aussichten

Innovation, zumal im Technologiesektor, ist weiterhin bestimmend für das wirtschaftliche Wachstum der Region. Nordkalifornien ist führend mit seiner aufkeimenden Biotech-Industrie und dem Silicon Valley, der Keimzelle für die Entwicklung von PCs, iPods und Google. Während Facebook versucht, sein Fake-News-Problem in den Griff zu bekommen, hat es Niederlassungen in Menlo Park und Seattle eröffnet, die vom weltbekannten Architekten Frank Gehry entworfen wurden. Inzwischen hat Apple in Cupertino seine 5 Mrd. US-Dollar teure Zentrale eingeweiht. Gleichzeitig ziehen dunkle Wolken über der Tech- und anderen Industrien auf, da im Ausland geborene Spezialisten unter der Trump-Regierung ernsthafte Einwanderungsbeschränkungen treffen könnten. Droht dem Gehirn der Region womöglich bald ein fataler Sauerstoffentzug?

Unterdessen wächst die Wirtschaft weiter. So plant Resorts World für das Jahr 2019 die Eröffnung eines neuen Casinos mit dem Nachbau der Chinesischen Mauer in Las Vegas. Colorado hat einen neuen Windpark errichtet, erweitert den öffentlichen Verkehr und in Boulder, Colorado, entsteht eine hochmoderne Niederlassung von Google.

Geschichte

Seit jeher war der Westen ein Ort für alle, die ihr Schicksal in die eigenen Hände nehmen wollen. Seine ersten Bewohner überquerten die Beringstraße zwischen dem heutigen Russland und Alaska und zogen nach Süden, wo sie sich in verschiedenen Gemeinschaften zusammenfanden, die sich dem Wetter und den landschaftlichen Gegebenheiten anpassten. Ihnen folgten die Spanier, Forscher wie Lewis und Clark, dann dem Goldrausch Verfallene und schließlich die heutigen Einwanderer und der Technologiesektor. Was auch immer als nächstes kommt, es wird stark vom Geist jener beeinflusst sein, die einst den Westen zu ihrer Heimat gemacht haben.

Die ersten Amerikaner

Die ersten Einwohner Westamerikas gelangten vor mehr als 20 000 Jahren über die Beringstraße auf den amerikanischen Kontinent. Bei der Ankunft der Europäer lebten zwischen zwei und 18 Millionen Ureinwohner nördlich des heutigen Mexikos, die insgesamt mehr als 300 Sprachen hatten.

Die Bezeichnung „Anasazi", die auf Navajo „alte Feinde" bedeutet, wird von vielen heutigen Pueblo-Indianern abgelehnt und deshalb kaum mehr verwendet.

Nordwesten

Die frühen Küstenbewohner des Nordwestens jagten Wale oder Seelöwen auf dem offenen Meer, sie lebten vom Lachs-, Kabeljau- und Schalentierfang. Zu Lande stellten die Menschen Hirschen und Elchen nach und sammelten Beeren oder Wurzeln. Nahrungsmittel wurden für die langen Winter eingelagert. In den kalten Monaten blieb auch Zeit für künstlerische, religiöse und kulturelle Tätigkeiten. Der Bau aufwendig geschnitzter Zedernholzkanus führte zu ausgedehnten Handelsnetzen entlang der Küste.

Landeinwärts entwickelte sich unter den Stämmen mit saisonalen nomadischen Perioden eine räumlich begrenzte Kultur. So versammelten sich die Stämme während der Lachswanderungen an Flüssen, um an Stromschnellen und Wasserfällen mit Netzen oder Harpunen Fische zu erbeuten. Die Indianerstämme in der rauen Wüstenlandschaft des südlichen Oregon waren Nomadenvölker, die in den nördlichen Ausläufern der Great Basin Desert Tiere jagten bzw. nach Nahrung suchten.

ZEITLEISTE

40 000–20 000 v. Chr.

Die ersten Menschen erreichen den amerikanischen Doppelkontinent von Ostasien aus über eine breite Landbrücke, die zwischen Sibirien und Alaska existierte, da der Meeresspiegel damals beträchtlich niedriger war.

7000 v. Chr.–100 n. Chr.

Die Archaische Periode ist von nomadischen „Jäger und Sammler"-Kulturen bestimmt. Am Ende dieses Zeitraums sind feste Siedlungen und der Anbau von Mais, Bohnen und Kürbissen weit verbreitet.

1300

Die gesamte Zivilisation der frühen Pueblo-Völker, die in Mesa Verde, CO, leben, verlassen die Region, wahrscheinlich wegen einer Dürre. Sie hinterlässt eine komplexe Stadt aus Klippenhäusern.

Kalifornien

Um 1500 n.Chr. lebten in dieser Region über 300 000 indigene Amerikaner mit rund 100 verschiedenen Sprachen. Die Fischergemeinden am mittleren Küstenabschnitt bauten unterirdische Rundhäuser und Saunen, wo sie Rituale abhielten, erzählten und zockten. Während die Jäger im Nordwesten Kaliforniens Häuser und Einbaumkanus aus Rotholz konstruierten, entstanden im Südwesten Töpferarbeiten und Bewässerungssysteme, die Landwirtschaft in der Wüste ermöglichten. Die Ureinwohner hatten keine Schrift, hielten sich aber an mündliche Verträge und vereinbarte Grenzen.

Nach der Ankunft spanischer Kolonisten (1769) dezimierten aus Europa eingeschleppte Krankheiten, Zwangsarbeit und Hungersnöte die indigene Bevölkerung innerhalb von nur 100 Jahren auf 20 000 Einwohner.

Felsbehausungen

- *Mesa Verde National Park, NM*
- *Bandelier National Monument, NM*
- *Gila Cliff Dwellings National Monument, NM*
- *Montezuma Castle National Monument, AZ*
- *Walnut Canyon National Monument, AZ*

Südwesten & Südliches Colorado

Archäologen vermuten, dass die ersten Bewohner hier Jäger waren. Als die Bevölkerung wuchs, starben die Wildtiere aus und die Jäger mussten Samen, Wurzeln und Früchte essen. Nach 3000 v.Chr. blühte die Landwirtschaft nach Kontakten zu Bauern im heutigen Zentralmexiko auf.

Dort entstanden um ca. 100 n.Chr. drei Hauptkulturen: die Hohokam in der Wüste, die Mogollon in den zentralen Bergen bzw. Tälern und die Stämme der frühen Pueblo-Indianer (früher als Anasazi bekannt; in den USA werden sie heute Ancestral Puebloans genannt).

Die Hohokam passten sich den Bedingungen in der Wüste Arizonas an, indem sie ein unglaubliches, von Flüssen gespeistes Bewässerungssystem bauten. Zudem entwickelten sie Erdpyramiden und Ballspielplätze mit Erdwänden. Um 1400 waren ihre Dörfer verwaist. Zum Verschwinden des Volks gibt es viele Theorien. Am wahrscheinlichsten ist eine Kombination aus mehreren Faktoren: Dürren, Überjagung, Krankheiten und Stammesfehden.

Zwischen 200 v.Chr. und 1400 n.Chr. siedelten die Mogollon nahe der heutigen mexikanischen Grenze. Die einfachen Grubenhäuser ihrer kleinen Gemeinschaften standen oft auf Mesas (Tafelbergen) oder Bergrücken. Obwohl die Mogollon auch Landwirtschaft betrieben, waren sie vorrangig Jäger und Sammler. Im 13. oder 14. Jh. wurden sie wohl auf friedliche Weise in die frühen Pueblo-Indianerstämme aus dem Norden integriert.

Die frühen Pueblo-Indianer besiedelten das Colorado-Plateau zwischen den „Four Corners“, dem Vier-Staaten-Eck zwischen Utah, Colorado, New Mexico und Arizona. Auf sie gehen uralte (teils noch heute bewohnte) Siedlungen und die reichsten Ausgrabungsstätten des Südwestens zurück. Ihre Nachkommen sind die heutigen Pueblo-Indianergemeinden in New Mexico. Die ältesten Verbindungen zu den frühen

1492

Der Italiener Christoph Columbus „entdeckt“ bei seinen insgesamt drei Karibikreisen Amerika. Er nennt die Ureinwohner „Indianer“, da er fälschlicherweise glaubt, Indien erreicht zu haben.

1598

Nahe dem heutigen El Paso, TX, nimmt eine große spanische Forschungsexpedition unter Don Juan de Onate das nördlich liegende Land als Neumexiko für Spanien in Besitz.

1600

Gründung von Santa Fe, der ältesten Hauptstadt eines US-Staates. Der Gouverneurspalast ist heute der einzige Bau aus dem 17. Jh., der bis ins 21. Jh. überdauert hat; die restliche Stadt brannte 1914 nieder.

1607

Die erste englische Kolonie, die Jamestown-Siedlung im heutigen Virginia, wird auf sumpfigem Marschland gegründet. Die ersten Jahre sind hart, viele Kolonisten sterben an Krankheiten oder verhungern.

Pueblo-Indianern weist der Hopi-Stamm im Norden Arizonas auf: Das Dorf Old Oraibi auf einem Tafelberg ist seit den 1100er-Jahren bewohnt und damit die älteste durchgängig genutzte Siedlung Nordamerikas.

Die Europäer kommen

In den 1540er-Jahren erreichten die Spanier den Südwesten der heutigen USA auf ihrer Suche nach den Sieben Goldenen Städten. Im 18. Jh. kamen dann Missionare, die ihr Territorium entlang der kalifornischen Küste ausdehnten.

Spaniens unmögliche Mission

Francisco Vásquez de Coronado leitete 1540 die erste große Expedition nach Nordamerika. Dabei waren 300 Soldaten, Hunderte indigener Anführer und Nutzviehherden. Die Expedition markierte auch den ersten gewaltsamen Großkonflikt zwischen spanischen Eroberern und Ureinwohnern.

Ziel waren die sagenhaften, unermesslich reichen Sieben Städte von Cibola. Zwei Jahre lang zogen die Spanier durch das heutige Arizona und New Mexico ostwärts bis nach Kansas. Statt Gold und Edelsteinen fanden sie jedoch nur Pueblos, indianische Siedlungen aus Lehmziegeln, die sie gewaltsam beschlagnahmten. Anschließend versuchten die Eroberer, die Pueblos mit großem Blutvergießen zu unterwerfen. Um 1610 errichteten die Spanier ihre Hauptstadt Santa Fe. Bis heute ist sie die Hauptstadt New Mexicos und die älteste Hauptstadt in den modernen USA.

Als russische und britische Pelzjäger im 18. Jh. mit dem Handel von wertvollen Otterfellen aus Alta California begannen, entwarf Spanien einen Kolonisationsplan. Zum Ruhme Gottes und für Spaniens Staatssäckel wurden Missionsstationen erbaut. Und jene entwickelten sich innerhalb von zehn Jahren unter Leitung örtlicher Konvertiten zu florierenden Betrieben.

Spaniens Missionierungsplan wurde 1769 genehmigt. Der Franziskanerpater Junípero Serra sicherte sich Unterstützung, um während der 1770er- und 1780er-Jahre neben den Missionsstationen *presidios* (Militärposten) zu errichten. Der Klerus verließ sich auf das Militär, um Zwangsarbeiter für den Missionsbau zu rekrutieren. Als Gegenleistung für ihre Schufterei erhielten die Indianer gnädigerweise eine Mahlzeit pro Tag (falls verfügbar) und einen Platz in Gottes Reich – und letzteren früher als erwartet, da die Spanier auch diverse Krankheiten mitgebracht hatten. Im Südwesten starben über 50 % der Pueblo-Bevölkerung an Pocken, Masern und Typhus.

Während des Pueblo-Aufstands schlossen sich die Pueblos des nördlichen New Mexico 1680 zusammen, um die Spanier zu vertreiben. Letztere hatten zuvor einen blutigen Feldzug durchgeführt, um Zeremonienobjekte der Pueblo-Indianer zu zerstören. Die Spanier wurden südlich des Rio Grande gedrängt; die Pueblo-Indianer hielten Santa Fe bis 1682.

Lewis & Clark

Nachdem US-Präsident Thomas Jefferson das Louisiana-Territorium 1803 für 15 Mio. US$ von Napoléon erworben hatte (Louisiana

1769–1823

Die Franziskaner übernehmen ab 1769 die Missionierung und Kultivierung von Alta California und gründen bis hinauf nach San Francisco insgesamt 21 Missionsstationen, die von Militärposten geschützt werden.

1787–1791

In Philadelphia formuliert die verfassungsgebende Versammlung die Verfassung der USA. Die zehn Zusatzartikel der Bill of Rights, die unveräußerlichen Grundrechte, werden später ratifiziert.

1803

Napoleon verkauft das Louisiana Territory für 15 Mio. US$ an die USA. Dies dehnt das Territorium der jungen Nation vom Mississippi bis hin zu den Rocky Mountains aus.

1803–1806

Präsident Jefferson schickt Meriwether Lewis und William Clark gen Westen. Geführt von der Shoshonen-Squaw Sacagawea reisen sie von St. Louis, MO, zum Pazifik und zurück.

Die anrührende Ausstellung „Boarding School Experience" im Heard Museum in Phoenix zeichnet die erzwungene Entwurzelung indianischer Kinder nach, die im 19. und 20. Jh. in von der Bundesregierung betriebene Internate verbracht wurden, um sie dort zu „amerikanisieren".

Purchase), schickte er seinen Sekretär Meriwether Lewis aus, um den Westen Nordamerikas zu vermessen. Ziel der Expedition war es, einen Wasserweg zum Pazifik zu finden, das Territorium zu erkunden und eine Basis zur Durchsetzung amerikanischer Interessen zu schaffen. Da Lewis nicht für Forschungsreisen ausgebildet war, überredete er seinen guten Freund William Clark, Armeeveteran und erfahrener Grenzbewohner, ihn zu begleiten. 1804 brach das 40 Mann starke Corps of Discovery in St. Louis auf.

Die Expedition verlief relativ gut – auch dank der jungen Shoshonen-Squaw Sacagawea, die mit einem frankokanadischen Pelzjäger aus der Begleitgruppe verheiratet war. Denn Sacagawea entpuppte sich als unschätzbar wertvolle Führerin, Dolmetscherin und Botschafterin gegenüber der indigenen Bevölkerung. Auch Clarks afroamerikanischer Diener York milderte Spannungen im Verhältnis zu den Ureinwohnern.

In rund zwei Jahren absolvierte man knapp 12900 km, sämtliche Beobachtungen hielt man unterwegs in Tagebüchern fest. So wurden rund 120 Tier- und 180 Pflanzenarten akribisch dokumentiert – darunter einige Neuentdeckungen. 1805 erreichte die Gruppe schließlich die Mündung des Columbia River in den Pazifik am Cape Disappointment. In der Nähe richtete sie sich für den Winter ein und gründete zu diesem Zweck Fort Clatsop.

Bei ihrer Rückkehr nach St. Louis (1806) wurde Lewis und Clark ein Heldenempfang zuteil.

Der Goldrausch

Die außergewöhnliche Reise der Lewis-und-Clark-Expedition zum Pazifik und zurück kann man online unter www.pbs.org/lewisandclark nachverfolgen. Die Website umfasst historische Karten, Fotoalben und Tagebuchauszüge.

Als der Immobilienspekulant, Ex-Mormone und Boulevardverleger Sam Brannan 1848 kalifornisches Sumpfland zum Kauf anbot, hörte er Gerüchte über Goldnuggets, die 193 km von San Francisco entfernt beim Sägewerk Sutter's Mill gefunden worden seien. Da er sich von dieser Nachricht steigende Zeitungsauflagen und Grundstückspreise erhoffte, veröffentlichte Brannan das Gerücht als Tatsache. Anfänglich erregte der Artikel kaum Aufsehen. So brachte Brannan eine zweite Story heraus – bezeugt von mormonischen Angestellten der Sutter's Mill, die ihn zur Geheimhaltung verpflichtet hatten. Brannan aber rannte mit dem Ruf „Gold am American River!" durch San Franciscos Straßen und schwenkte Gold umher, das ihm als Zehnt für die mormonische Kirche anvertraut worden war.

Andere Zeitungen druckten hastig Artikel über „Goldberge" bei San Francisco. Als Kalifornien den USA auf der Überholspur als 31. Bundesstaat beitrat (1850), war seine nicht-indigene Bevölkerung von 15000 auf 93000 Köpfe angestiegen. Die meisten Neuankömmlinge waren Peruaner, Australier, Chilenen und Mexikaner. Einige Goldsucher stammten auch aus China, Irland, Hawaii oder Frankreich.

1811

John Jacob Astor gründet Fort Astoria, die erste dauerhafte US-Siedlung an der Pazifikküste. Der mächtige Chef der Pacific Fur Company wird später der erste Millionär des Landes.

1823

Um die Militäreinsätze der Europäer in Amerika zu beenden, formuliert Präsident Monroe die Monroe-Doktrin. Roosevelt dehnt sie später aus, um Interventionen der USA in Lateinamerika zu rechtfertigen.

1841

Die ersten Planwagentreks fahren auf dem Oregon Trail nach Westen. 1847 ziehen über 6500 Auswanderer in Richtung Oregon, Kalifornien und ins mormonisch geprägte Utah.

1844

Die erste Telegrafenlinie wird mit der Frage „Was hat Gott geschaffen?" eingeweiht. 1845 wird die transkontinentale Bahnstrecke genehmigt und 1869 fertiggestellt. Die Wildnis wird erschlossen.

Auf nach Westen!

Als die junge Nation ins 19. Jh. startete, herrschte überall Optimismus. Auf den 1793 erfundenen automatischen Baumwollentkörner folgten Dresch-, Ernte- und Mähmaschinen, später auch Mähdrescher. So wurde die Landwirtschaft industrialisiert, während der US-Handel kräftig zunahm. Der Louisiana Purchase (1803) verdoppelte das US-Territorium; danach begann die Expansion westlich der Appalachen.

In den 1840er-Jahren wurde die Ausbeutung der Ressourcen des Westens zur patriotischen Pflicht – ein Schlüsselelement von Amerikas Glauben an seine Manifest Destiny, seine „offensichtliche Bestimmung". Während der frühen Expansion gelangten Güter und Menschen noch langsam von Osten nach Westen: Pferde, Maultierkarawanen und Postkutschen waren die modernsten Transportmittel der damaligen Zeit.

Angelockt von Geschichten über Gold, verheißener Religionsfreiheit und Hoffnungen auf fruchtbares Ackerland zogen zwischen 1840 und 1860 schätzungsweise 400 000 Menschen quer durch Amerika gen Westen. Es folgte die „Wildwestära" mit Ranchern, Cowboys, Bergmännern und Unternehmern, die Claims absteckten und für viel Unruhe sorgten. Erst danach hielten Recht, Ordnung und Zivilisation Einzug – beschleunigt vom Telegrafen, der transkontinentalen Eisenbahn und einem konstanten Strom von Neuankömmlingen, die sich einfach nur in Frieden niederlassen und ihr Stück vom amerikanischen Kuchen genießen wollten.

Als eine der Hauptrouten durchquerte der Oregon Trail sechs Bundesstaaten – eine harte Probe für jene Familien, die sich auf die gefährliche, bis zu acht Monate lange Reise wagten. Die Siedler verstauten ihre Besitztümer in Planwagen, hinter denen das Nutzvieh herlief. Wenn sie schließlich den Osten Oregons erreichten, waren ihre Lebensmittelvorräte fast aufgebraucht. Zu den anderen Hauptrouten zählten der Santa Fe Trail und der Old Spanish Trail, der von Santa Fe aus ins zentrale Utah und durch Nevada nach L.A. in Kalifornien führte. Ab 1849 verkehrten Postkutschenlinien auf dem Santa Fe Trail; der Mormon Trail erreichte Salt Lake City 1847.

Die Ankunft von immer mehr Menschen und Ressourcen per Eisenbahn forcierte die Landerkundung, regelmäßig wurden neue Mineralvorkommen entdeckt. Viele Bergbaustädte des Westens wurden in den 1870er- und 1880er-Jahren gegründet. Manche davon (z.B. Santa Rita) sind heute Geisterstädte, andere wie Tombstone oder Silver City werden immer noch bewohnt.

Langer Marsch & Apachenkriege

Jahrzehntelang stieß die US-Armee über den Kontinent nach Westen vor und tötete oder deportierte einfach ganze Indianerstämme, die ihr im

Das Buch *Those Who Came Before* (Robert H. und Florence C. Lister; 1993) informiert ausgezeichnet über die Urgeschichte des Südwestens und die archäologischen Stätten in dessen National Parks bzw. Monuments.

Am 7. November 1893 führte Colorado als erster US-Bundesstaat und als eine der ersten Regionen weltweit das Frauenwahlrecht ein.

1846–1848
Mit dem Mexikanisch-Amerikanischen Krieg tobt die Schlacht um den Westen. Der Krieg endet mit dem Vertrag von Guadalupe Hidalgo, der den Großteil des heutigen Arizona und New Mexico den USA zuschreibt.

1847
Die ersten Mormonen fliehen vor religiöser Verfolgung in Illinois nach Salt Lake City. In den nächsten 20 Jahren ziehen über 70 000 Mormonen auf dem Mormon Pioneer Trail nach Utah.

1849
Der Goldfund bei Sacramento von 1848 löst landesweit einen sagenhaften Goldrausch aus. 60 000 „Forty-Niner" strömen zu Kaliforniens Hauptader; San Franciscos Bevölkerung steigt auf 25 000 Köpfe.

1861–1865
Der US-Bürgerkrieg zwischen den Nord- und den Südstaaten tobt; die Feier zum Kriegsende am 9. April 1865 wird von der Ermordung von Präsident Lincoln fünf Tage später überschattet.

Weg waren. Der bekannteste Vorfall dieser Art ist die Zwangsumsiedlung vieler Navajo im Jahre 1864: US-Truppen unter Kit Carson zerstörten Felder, Obstplantagen und Häuser der Navajo. Diese waren gezwungen, sich zu ergeben oder sich in entlegene Teile des Canyon de Chelly zurückzuziehen. Schließlich wurden sie ausgehungert. Die US-Soldaten trieben rund 9000 Navajo zusammen und ließen sie einen 643 km langen Marsch zu einem Lager bei Bosque Redondo nahe Fort Sumner (New Mexico) antreten. Hunderte indigener Amerikaner starben unterwegs an Krankheiten, Hunger oder Schusswunden. Die Navajo nennen dieses Ereignis den „Langen Marsch", der bis heute wichtiger Teil der Stammesgeschichte der Navajo ist.

Die letzten ernsthaften Auseinandersetzungen fanden zwischen US-Truppen und Apachen statt – auch deshalb, weil Raubzüge für die Apachen ein unerlässliches Element auf ihrem Weg zur Männlichkeit waren. Als Soldaten und Siedler ins Apachengebiet vordrangen, wurden sie zum Ziel jener Überfälle, die Teil der Lebensart des Stammes waren. So ging es unter Führung der Häuptlinge Mangas Coloradas, Cochise, Victorio und schlussendlich Geronimo weiter. Letzterer kapitulierte 1886, nachdem man ihm versprochen hatte, dass er und die Apachen nach zweijähriger Haft in ihr Heimatgebiet zurückkehren dürften. Doch wie viele Versprechen in jener Zeit wurde auch dieses gebrochen.

Noch nach dem Ende der Kriege wurden Ureinwohner jahrzehntelang wie Bürger zweiter Klasse behandelt. Nicht-indigene Amerikaner nutzten Gesetzeslücken, um sich Reservatsgebiete anzueignen. Bis in die 1930er-Jahre hinein wurden Kinder von Indianern in Internate gesteckt, in denen sie Englisch lernen mussten und für „indianisches Verhalten" oder das Benutzen ihrer Stammessprache bestraft wurden.

Zu den empfohlenen Reisevorräten für den Oregon Trail gehörten Kaffee (6,8 kg/Pers.), Speck (11,3 kg/Pers.), Olivenölseife (0,45 kg), Zitronensäure gegen Skorbut sowie eine Kuh als Milchquelle und Fleischlieferant für den Notfall.

Der Wilde Westen

Romantisch verbrämte Geschichten von Revolverhelden, Viehdieben, Gesetzlosen und Zugräubern nähren die Wildwest-Legenden. Gut und Böse waren damals durchaus dehnbare Begriffe: Wer in einem Staat als brutaler Gesetzloser gesucht wurde, konnte anderswo ein beliebter Sheriff werden. Schießereien waren häufiger das Resultat politischer Alltagsquerelen in den noch jungen Städten als das Ergebnis sagenumwobener Blutfehden. Praktisch über Nacht entstanden neue Bergwerksstädte mit rüden Saloons und Bordellen, in denen die Bergarbeiter becherten, zockten und Schlägereien vom Zaun brachen. Reiter und schnelle Pferde bildeten das Rückgrat des kurzlebigen, aber legendären Pony Express (1860/61), mit dem in der erstaunlich kurzen Zeit von zehn Tagen Briefe von Missouri nach Kalifornien zugestellt wurden.

Billy the Kid und Sheriff Pat Garrett waren in den späten 1870er-Jahren aktiv. Die beiden legendären Männer nahmen auch am berühmt-

1864

Kit Carson zwingt 9000 Navajo zum „Langen Marsch" (644 km) nach Fort Sumner. Unterwegs sterben Hunderte Indianer an Krankheit, Hunger und Schusswunden.

1881

Die Brüder Wyatt, Virgil und Morgan Earp töten mit Doc Holliday die McLaury-Brüder und Billy Clanton bei einer wilden Schießerei.

1882

Seit 1848 sind über 50 000 Chinesen in Kalifornien eingewandert, das von Rassismus geprägt ist. Folge ist das einzige US-Einwanderungsgesetz, das eine Ethnie gezielt ausgrenzt (Chinese Exclusion Act).

1919

Der Grand Canyon wird zum 15. Nationalpark der USA; von Kanab wird eine unbefestigte Straße zum North Rim gebaut. Im Jahr 2013 besuchen 4,5 Mio. Personen den Park.

berüchtigten Lincoln-County-Rinderkrieg teil. In seiner kurzen Karriere als Revolverheld erschoss Billy the Kid angeblich über 20 Männer. Er selbst starb mit 21 Jahren durch Garretts Kugeln. 1881 kam es am OK Corral in Tombstone zu einer wilden Schießerei. Dabei töteten die Brüder Wyatt, Virgil und Morgan Earp mit Doc Holliday die McLaury-Brüder und Billy Clanton in nicht einmal einer Minute. Zuvor hatten sich beide Parteien des Viehdiebstahls bezichtigt – und die Wahrheit wird wohl nie ans Licht kommen.

Wasser & die Entwicklung des Westens

Lange Zeit verhinderte die Vorstellung von der Großen Amerikanischen Wüste – ein Mythos, der von frühen Forschungsreisenden verbreitet worden war – die landwirtschaftliche Besiedlung und Stadtentwicklung. Obwohl der innere US-Westen keine Wüste war, so war Wasser doch ein begrenztes Gut, als Städte wie Denver an der Front Range entstanden. Angesichts der jüngsten Dürreperioden im Westen ist die Regulierung des Wasserverbrauchs inzwischen zu einer Notwendigkeit geworden.

Der Beginn des 20. Jhs. war vom Kampf um eine ausreichende Wasserversorgung für die wachsende Bevölkerung der Wüsten bestimmt, was zu von Washington finanzierten Staudammprojekten wie dem Hoover Dam (1936), dem Glen Canyon Dam (1963) und dem Lake Powell führte. Diese gewaltigen Staudämme veränderten empfindliche Ökosysteme dauerhaft, überschwemmten uralte Ruinen und verhindern auch heute noch die Wanderungen einheimischer Fischarten.

Die Wasserversorgung bleibt eine zentrale Herausforderung in dieser Region, die regionale Spannungen erzeugt, da Wüstenstaaten stromabwärts der Rockies um diese zunehmend begrenzte Ressource konkurrieren.

Am 1. Februar 1906 stanzte und prägte die Denver Mint ihre ersten Gold- bzw. Silbermünzen. Bei einem Überfall am 18. Dezember 1922 wurde die heute weltweit größte Münzanstalt am helllichten Tag um 200 000 US$ erleichtert.

Reformen im Wilden Westen

Das San-Francisco-Erdbeben (1906) und der folgende Großbrand zeigten, dass sich Kalifornien im Wandel befand. San Francisco besaß nur eine einzige intakte Wasserquelle. Die Hauptwasserleitungen der Stadt wurden durch staatliche Mittel finanziert, was korrupte Bosse zum Anzapfen der Feuerlöschhydranten animierte. Als sich der Rauch verzog, war eines klar: Der Wilde Westen war reif für einen Wandel.

Während San Franciscos Wiederaufbau mit 15 Gebäuden pro Tag voranschritt, nahmen Kaliforniens Reformer die städtische, bundesstaatliche und nationale Ebene in Angriff. Bürger, denen öffentliche Gesundheit und Frauenhandel Sorgen bereiteten, drängten auf Verabschiedung des Antiprostitutionsgesetzes (Red Light Abatement Act; 1914). Die Mexikanische Revolution (1910–1921) brachte eine neue Einwanderungswelle und revolutionäre Ideen wie ethnisches Selbstbewusstsein oder

1938

Als erster nationaler Highway erhält die Route 66 eine Asphaltdecke – darunter auch mehr als 1200 km in Arizona und New Mexico. Die Mutter aller Straßen wird 1984 offiziell stillgelegt.

1945

Die erste Atombombe detoniert ironischerweise im Jornada del Muerto Valley („Tal der Reise des Todes"; heute Teil der White Sands Missile Range) im Süden New Mexicos.

1946

Die Eröffnung des prächtigen Flamingo-Kasinos in Las Vegas löst einen Bauwahn der Mafia aus. Die sagenhaften 1950er-Jahre markieren „Sin Citys" erste Glanzzeit.

1947

In der Wüste bei Roswell stürzt ein unbekanntes Objekt ab. Die US-Regierung spricht erst von einer havarierten Scheibe, einen Tag darauf von einem Wetterballon. Rätselhafterweise sperrt sie das Gebiet.

Arbeitersolidarität mit sich. Als Kaliforniens Häfen wuchsen, organisierten Gewerkschaften an der Westküste einen historischen Streik (83 Tage; 1934), der Zugeständnisse in puncto Arbeitssicherheit und eine gerechtere Bezahlung erzwang.

Der Film *Chinatown* (1974) ist ein fiktionalisiertes, aber überraschend präzises Porträt der brutalen Wasserkriege, die wegen der Errichtung von Los Angeles und San Francisco geführt wurden.

Auf dem Höhepunkt der Weltwirtschaftskrise (1935) verließen rund 200 000 Farmerfamilien die dürregeplagte Dust Bowl (Staubschüssel) in Texas und Oklahoma und zogen gen Kalifornien. Dort schufteten sie unter erbärmlichen Bedingungen für Landwirtschaftskonzerne. Kaliforniens Künstler machten Amerikas Mittelschicht auf das Elend der Wanderarbeiter aufmerksam. So stellte sich die Nation hinter Dorothea Langes eindringliche Doku-Fotos von hungernden Familien und hinter John Steinbecks fiktionalisierte Romandarstellung *Früchte des Zorns* (1939).

Zweiter Weltkrieg & Atomzeitalter

Während des Zweiten Weltkriegs gewann der Westen an wirtschaftlicher und technologischer Bedeutung. Im wie ein Staatsgeheimnis gehüteten Los Alamos entwickelten Wissenschaftler die Atombombe. Kriegsrelevante Industriezweige wie die Holzwirtschaft, der Schiff- und der Flugzeugbau florierten in Kalifornien und im Nordwesten.

Los Alamos

Was bis 1943 eine Knabenschule auf einem 2255 m hohen Tafelberg war, wurde zur Geheimzentrale des Manhattan Project, des Forschungsprojekts zum Bau der amerikanischen Atombombe. Das 312 ha große Gelände von Los Alamos (New Mexico) lag inmitten von Wäldern und war über unbefestigte Pisten erreichbar. Weder Öl- noch Gasleitungen und nur ein einziger Telegrafendraht erreichten den Ort.

Sicherheitsmaßnahmen prägten alle Lebensbereiche auf dem „Hügel“: Die Bewohner konnten sich nur begrenzt bewegen, Post wurde zensiert, es gab kein Radio oder Telefon. Und vielleicht noch beunruhigender: Die meisten Bewohner wussten nicht einmal, warum sie in Los Alamos lebten. Ihr Wissen war auf das „Notwendigste“ beschränkt – alle wussten nur so viel, wie für ihre jeweilige Arbeit erforderlich war.

Nach knapp zwei Jahren zündeten die Wissenschaftler die erste Atombombe auf dem Trinity-Testgelände (heute White Sands Missile Range).

Nach den Atombombenangriffen auf Japan erfuhr die Öffentlichkeit von Los Alamos, aber bis zum Wegfall der Besuchsbeschränkung (1957) umgab die Stadt ein Geheimnis.

Neue Arbeiterschaft & Industriezweige

Im Zweiten Weltkrieg veränderte sich Kaliforniens Arbeiterschaft ständig: Die Kriegsindustrie rekrutierte Frauen und Afroamerikaner, mexikanische Gastarbeiter schlossen Personallücken. Der Kommunikations- und

1963

Am 22. November wird Präsident John F. Kennedy in aller Öffentlichkeit erschossen, während er in einer Wagenkolonne über die Dealey Plaza in Dallas fährt.

1964

Der Kongress verabschiedet den Civil Rights Act, der eine Diskriminierung aufgrund von Rasse, Hautfarbe, Religion, Geschlecht oder nationaler Herkunft verbietet.

1976

Der von Steve Wozniak entwickelte erste Apple-Rechner kommt auf den Markt. Mit 4 KB Speicher kostet er 666 US$. Apple wird Teil der Identität des Silicon Valley, in dem heute ca. 250 000 Menschen in der Technologiebranche arbeiten.

1980

Die Explosion des Gipfels des Mt. St. Helens lässt den Berg von 2949 m auf 2546 m schrumpfen, tötet 57 Menschen und zerstört 250 Häuser. Die Vulkanspitze weicht einem 1,6 km breiten Krater.

Luftfahrtsektor lockte Elite-Ingenieure aus aller Welt an, die später Kaliforniens Hightech-Industrie gründeten. Innerhalb der ersten zehn Nachkriegsjahre wuchs Kaliforniens Bevölkerung um 40 % auf 13 Mio. an.

Der Zweite Weltkrieg kurbelte auch die Wirtschaft des Nordwestens an: Dieser wurde zum größten US-Holzlieferanten, die Marinewerften von Oregon und Washington brummten, ebenso William Boeings Flugzeugfabrik. Der Boom setzte sich bis zum Ende des 20. Jhs. fort und zog Wellen von qualifizierten Zuwanderern aus dem Osten oder Süden der USA an.

Nach dem Krieg entstanden dort neue Industrien. In den 1990er-Jahren zog die „Dotcom"-Branche des Silicon Valley talentierte Unternehmer in die Bay Area, während L.A. noch immer eine Bastion der Kinoindustrie ist (wegen steuerlicher Anreize bevorzugen manche Filmemacher aber inzwischen andere Ecken im Westen, vor allem New Mexico).

Hintergrundgeschichten zu Wildwest-Legenden samt ihren Fotos finden sich im Monatsmagazin *True West* (www.truewest-magazine.com); auf der Website erfährt man, wer aktuell im Rampenlicht steht.

Hollywood & Gegenkultur

Dank beständigen Sonnenscheins und vielfältiger Drehorte galt Kalifornien ab 1908 als Revier für Filmproduktionen. Dennoch beschränkte sich seine Rolle zunächst auf das Imitieren exotischerer Orte und die Bereitstellung von Kulissen für Historienstreifen. Aber mit der Zeit dominierten Kaliforniens wehende Palmen Spielfilme und TV-Kultserien.

Nicht alle Kalifornier identifizierten sich mit *Surf Beach Party* (1965). Matrosen des Zweiten Weltkriegs, die wegen Ungehorsams oder Homosexualität entlassen wurden, fühlten sich in Bebop-Jazzclubs, Künstlercafés und dem City Lights Bookstore zu Hause. San Francisco wurde Heimat der freien Rede und des freien Geists. Doch bald wurden bekannte Gesichter verhaftet, so etwa Beatpoet Lawrence Ferlinghetti wegen Veröffentlichung von Allen Ginsbergs Gedicht *Das Geheul* (1955), Komiker Lenny Bruce wegen Benutzung des F-Worts auf der Bühne oder Carol Doda wegen Herumlaufens mit entblößter Brust. Als Flower Power verblasste, traten Bay-Area-Rebellionen wie Black Power, Gay Pride oder Marihuanaclubs in Aktion.

Der oscarprämierte Film *There Will Be Blood* (2007) nach Upton Sinclairs Romanvorlage *Petroleum* (1927) porträtiert einen kalifornischen Ölmagnaten, basierend auf dem Leben des südkalifornischen Großindustriellen Edward Doheny.

Doch während Nordkaliforniens Gegenkultur zwischen den 1940er- und 1960er-Jahren die meiste Aufmerksamkeit erregte, erschütterte der Nonkonformismus im sonnigen Südkalifornien die USA bis ins Mark. 1947 versuchte Senator Joseph McCarthy, vermeintliche Kommunisten aus der Filmindustrie zu entfernen. Zehn Drehbuchautoren und Regisseure weigerten sich, kommunistische Verbindungen zuzugeben oder Namen zu nennen. Sie wurden wegen Missachtung des Kongresses verurteilt und erhielten Arbeitsverbot in Hollywood. Die Berufung der „Hollywood Ten" auf den ersten Zusatzartikel der US-Verfassung fand landesweit Gehör. Große Hollywood-Mogule äußerten kühn ihren Unmut und engagierten Talente von der Schwarzen Liste, bis kalifornische

1995

Mit Amazon geht in Seattle einer der ersten Online-Großhändler an den Start. Die Firma ist ursprünglich ein reiner Buchversand und wirft bis ins Jahr 2003 keinen Jahresgewinn ab.

1999

Vom 30. November bis zum 1. Dezember demonstrieren während einer Konferenz der Welthandelsorganisation 40 000 Menschen in Seattle gegen die Globalisierung – einer der größten Proteste in der Geschichte der USA.

2000

Die Bürger von Colorado stimmen für den Zusatzartikel 20. Dieser erlaubt die Abgabe von Cannabis an registrierte Patienten. In der Folge entstehen viele Marihuana-Kliniken.

2008

Kaliforniens Wähler stimmen für den 8. Zusatzartikel, der gleichgeschlechtliche Ehen verbietet, später aber von Bundesgerichten für verfassungswidrig erklärt wird.

Klagen der McCarthy-Ära im Jahre 1962 schließlich ein gerichtliches Ende setzten.

Sieben Jahre später, am 28. Januar 1969, kippte eine Bohrinsel mehr als 757 000 l Öl in den Santa-Barbara-Kanal und tötete Delfine, Robben sowie ca. 3600 Küstenvögel. Die Strandgemeinschaft organisierte eine höchst effektive Protestaktion, die zur Gründung der Environmental Protection Agency führte.

Computerboom

Als das Silicon Valley den ersten PC vorstellte (1968), mochte kaum jemand glauben, dass derartige Maschinen – der erste Hewlett-Packard-Computer wog 18,1 kg und kostete 4900 US$ (heute ca. 29 000 US$) – einmal die Wohnungen der Durchschnittsamerikaner erobern würden. In der Hoffnung, jedem das Potenzial des Computers zugänglich zu machen, präsentierten Steve Wozniak und der erst 21-jährige Steve Jobs auf der West Coast Computer Faire 1977 den Apple II. Der hatte eine gigantische Speicherkapazität (4 KB RAM) und Mikroprozessor-Geschwindigkeit (1 MHz).

2014 feierte die Comedy-Serie *Silicon Valley* auf HBO Premiere. Die u. a. von Mike Judge entwickelte Sitcom erzählt vom Auf und Ab eines Internet-Startup-Unternehmens und dessen amüsant-schrulligen Gründern.

Doch bereits Mitte der 1990er-Jahre ließen neu gegründete Internetfirmen im Silicon Valley eine ganze „Dotcom"-Industrie florieren. Plötzlich flatterten Post, Nachrichten, Politisches und, jawohl, Sex online ins eigene Heim. Als aber die „Dotcom"-Profite ausblieben, verebbte auch die Risikokapitalfinanzierung. Am 10. März 2000 vernichtete ein extremer Nasdaq-Absturz viele Aktienvermögen im Handumdrehen. Sowohl 26-jährige Firmen-Vizepräsidenten als auch das Dienstleistungspersonal in der Bay Area wurden über Nacht arbeitslos. Doch da User auf Websites weiterhin Infos und Kontakte suchten, trat schon bald ein neuerlicher Boom bei Suchmaschinen und sozialen Netzwerken ein. Zwischen 2011 und 2015 stieg die Zahl der Mitarbeiter beim Mediengiganten Facebook von 2000 auf 6800 an.

Inzwischen ist Kaliforniens Biotech-Industrie auf dem Vormarsch. 1976 klonte das neu gegründete Unternehmen Genentech erstmals menschliches Insulin und führte einen Impfstoff gegen Hepatitis B ein. 2004 stimmten Kaliforniens Wähler einem 3 Mrd. US$ schweren Anleihegeschäft zugunsten der Stammzellenforschung zu. Nur vier Jahre später hatte Kalifornien sich zum größten Finanzierer dieses Forschungssektors und zum Rückgrat des neuen Nasdaq-Biotech-Indexes gemausert.

Am 27. Januar 2017 erließ Präsident Trump einen präsidialen Erlass, mit dem die Einreise aus sieben Ländern im Nahen Osten und in Nordafrika ausgesetzt und das amerikanische Flüchtlingsprogramm beschnitten wurde. Während verschiedene Gerichte die Umsetzung dieses Verbots ausgesetzt haben, hat es doch enorme psychologische Auswirkungen auf Einwanderungswillige (und auf solche, die schon eingewan-

2008
Barack Obama wird als erster Afroamerikaner zum Präsidenten der USA gewählt.

2010
Arizona verabschiedet ein umstrittenes Gesetz: Polizisten müssen auch ohne konkreten Verdacht Personen auf ihren Aufenthaltsstatus hin überprüfen. Aktivisten rufen zum Boykott auf.

2012
New Mexico und Arizona feiern das 100. Jubiläum ihres USA-Beitritts als 47. bzw. 48. Bundesstaat.

2012
Colorado und Washington legalisieren als erste US-Staaten Marihuana zum persönlichen Gebrauch für Erwachsene ab 21 Jahren.

dert sind) und es gibt Spekulationen, dass der Erlass eine Abwanderung von Fachkräften aus dem Silicon Valley und dem Technologiesektor zur Folge haben könnte. Unternehmen wie Google, Expedia und Amazon haben sich gegen Trumps Verbot ausgesprochen.

Am 3. Juni 2017 gelingt dem Extremkletterer Alex Honnold als erster, die knapp 915 m hohe Felswand des El Capitan im Yosemite Nationalpark ungesichert und in knapp unter vier Stunden im „Free Solo" zu erklimmen – der extremsten Variante des Klettersports.

Amerika auf dem Weg in die Isolation

Nach einem heftig umstrittenen Wahlkampf gelingt Donald Trump am 8. November 2016 mit seiner Wahl zum 45. Präsidenten der USA die Überraschung des Jahrhunderts. Sein „America First" ist zum Ausgangspunkt der nächsten Phase der US-Politik geworden. Mit prekären Beziehungen zur NATO und neuen Bedingungen für viele internationale Allianzen hat er eine neue Ära eingeleitet. Mit der Kürzung (oder Streichung) von Mitteln für internationale Entwicklungshilfeprogramme und für Institutionen wie das Außenministerium drängt Präsident Trump globale Probleme in den Hintergrund. Das bedeutetet allerdings nicht, ganz Amerika wolle zurück zu den „guten alten Zeiten" – kurz nach Trumps Amtsübernahmee erhoben sich am 21. März 2017 beim Frauen-Marsch in Washington eine halbe Million Menschen gegen die Regierung, und fanden bei weiteren fünf Millionen Demonstranten weltweit Unterstützung. Auf diese anfängliche Aufbruchstimmung des Protestes folgten weitere Demonstrationen gegen die Ablehnung von Wissenschaft und die Leugnung des Klimawandels.

2015

In einer Grundsatzentscheidung urteilt das Oberste Gericht mit fünf zu vier Stimmen, dass das Recht auf eine gleichgeschlechtliche Ehe von der Verfassung geschützt ist. 13 Staaten, die sie verboten, müssen sich fügen.

2016

Eine geteilte Nation wählt über die Stimmen der Wahlmänner und -frauen Donald Trump zum 45. Präsidenten der Vereinigten Staaten – obwohl Hillary Clinton an den Wahlurnen als Siegerin hervorgeht.

2017

Die USA erklären ihren Austritt aus dem Pariser Klimaabkommen und gehören somit mit Nicaragua und Syrien zu den einzigen Staaten, die sich nicht daran beteiligen.

2017

In Portland, Oregon, werden zwei Männer getötet und einer verletzt, weil sie sich in einer Bahn gegen Hassreden gestellt hatten. Das Ereignis führt zu einer Diskussion über Rassismus, Religionsfreiheit und Gewaltfreiheit.

Lebensart

Glaubt man den Schlagzeilen, sind die Leute im Westen der USA komische Käuze: in Arizona bewaffneten sie sich wütend gegen illegale Einwanderer, im Orange County gäbe es Hausfrauen, die sich die Haare raufen, und in Colorado Hasch rauchende Gammler. Schaut man sich die Comedy-Sketche der Fernsehserie *Portlandia* an, dann meint man, ganz Portland sei von radfahrenden, hippen Ökofreaks bevölkert, die einfach allem ihren Vogel verpassen wollen. Doch stimmt das alles? Ja und nein. Die Klischees spiegeln durchaus bestimmte regionale Eigenheiten wider, aber die meisten Leute versuchen einfach nur, so undramatisch wie möglich mit ihrem Alltag klarzukommen.

Regionale Identität

Der Cowboy ist seit Langem ein Symbol des Westens und steht für Tapferkeit und Eigenverantwortung – sowie die einsame Suche nach Wahrheit, Gerechtigkeit und einem Schluck Whiskey. Was stimmt daran? Die Menschen, die den Westen besiedelten, waren tatsächlich tapfer und handelten eigenverantwortlich, weil es nicht anders ging. In der rauen Umwelt lauerten hinter jeder Chance auch Gefahren. Als die Gefahren schwanden und die Siedler zur Ruhe kamen, wurde der Cowboy dann immer mehr zu einem der Wirklichkeit nicht länger entsprechenden Klischee. So wie die roten Sandstein-Mesas im Verlauf der Jahre zu immer neuen, vielfältigen Formen verwitterten, entwickelten sich auch die Eigentümlichkeiten der Bevölkerung weiter. Die heutigen typischen Charakterstereotypen haben sich, ob sie nun zutreffen oder nicht, regional verankert, und die Einwohner von Portland, San Diego, Santa Fe oder Phoenix nehmen sich wechselseitig als sehr unterschiedlich wahr.

Im September 2016 versammelten sich rund 70 000 euphorische Menschen in der Wüste Nevadas zum Burning Man, einem jährlichen Camping-Spektakel – zugleich Kunstfestival und Tanzorgie –, das zu ungezügelter Selbstdarstellung, Kostümierungen und Libido ermuntert.

Kalifornien

Hey, Dude, steck' mich nicht in irgendeine Schublade – das ist so uncool! Aber welche Schublade eigentlich? Glaubt man den Klischees, sind die Kalifornier entspannt, von sich eingenommen, weltoffen und umweltbewusst. Die statistischen Fakten dahinter? Nach den Zahlen der National Oceanic and Atmospheric Administration (NOAA) lebten 2010 mehr als 25,5 Mio. Kalifornier in einem an der Küste gelegenen County – das ergibt den höchsten Prozentsatz unter allen US-Staaten an Atlantik oder Pazifik. Die Strände im Süden sind am sonnigsten und am besten zum Baden geeignet, weshalb Südkalifornien unweigerlich mit Surfen, Sonne und typischen Primetime-Seifenopern wie *Baywatch* oder *O.C. California* assoziiert wird.

Do-It-Yourself, Fitness und Schönheitsoperationen sind seit den 1970er-Jahren wichtige Branchen im gesamten Bundesstaat und dank Ausgleichssport und gesunder Ernährung gehören die Kalifornier durchschnittlich zu den fittesten US-Amerikanern. Politisch haben die Republikaner nicht viel zu melden. 2016 waren nur 27,3 % der registrierten Wähler im Bundesstaat Republikaner, 44,8 % betrachteten sich als Demokraten und 23,3% als neutral.

In puncto Umweltschutz marschiert der Golden State landesweit voraus, abgasreduzierte Autos liegen hier voll im Trend. So werden in

Kalifornien mehr Autos mit Hybridantrieb verkauft als in irgendeinem anderen Bundesstaat. Und auch selbstfahrende Autos könnten bald die Realität auf kalifornischen Straßen werden.

Der Nordwesten

Und wie steht's mit den Leuten in Washington und Oregon? Sind das tatsächlich Bäume umarmende Hipster mit politisch progressiver Einstellung und einer Vorliebe für Milchkaffee? Im Großen und Ganzen ja. Viele Einwohner sind stolz auf ihre unabhängige Gesinnung, geben sich naturverbunden und trennen ihren Müll. Insgesamt sind die Einwohner freundlich und stammen – trotz ihrer Neigung, über die Kalifornier herzuziehen – vielfach selbst aus dem südlichen Nachbarstaat. Warum zogen sie in den Norden? Beispielsweise wegen der üppigen Landschaft, der hohen Lebensqualität und des Verzichts auf das affektierte Gehabe, das sich in größeren, bekannteren Städten nur zu gern einstellt. Anzugeben und sich in Schale zu werfen, gehört nicht zum alltäglichen Lebensstil im Nordwesten. Wer in Restaurants, bei Konzerten oder gesellschaftlichen Veranstaltungen in Gore-Tex-Klamotten auftaucht, wird hier kaum ein Naserümpfen ernten.

Die Rocky Mountain States

Der typische Cowboy? Man findet ihn vermutlich hier. Die Ranches sind hierzulande ein großer Wirtschaftsfaktor, und der einsame Cowboy – auf den Nummernschildern Wyomings dargestellt auf einem bockenden Wildpferd – ist ein passendes Symbol für die Region. Man muss schon ein abgehärteter Individualist sein, um sich in den einsamen, windigen Ebenen, in denen Großstädter sich leicht verloren vorkommen, seinen Lebensunterhalt zu verdienen.

In politischer Hinsicht sind die Staaten in den nördlichen Rocky Mountains – Wyoming, Montana und Idaho – recht konservativ, auch wenn es in den College- und Resortstädten einige liberale Enklaven gibt. Wyoming führte zwar als erster US-amerikanischer Bundesstaat das Frauenwahlrecht (1869) ein, aber dieser liberale Anflug ist lange her. Heute denkt man bei Wyoming eher an den umstrittenen ehemaligen US-Vizepräsidenten Dick Cheney, der Wyoming sechsmal als gewählter republikanischer Abgeordneter im Kongress vertrat.

Colorado ist der Swing State (Wechselwählerstaat) schlechthin im Westen. Jeder liberalen Hochburg wie Boulder steht eine gleichermaßen entschieden konservative wie Colorado Springs gegenüber. Andererseits

Colorado hat durchschnittlich 300 Sonnentage im Jahr – wenn man einen Tag mit mindestens einer Stunde Sonnenschein als Sonnentag werten mag. Nach den nüchterneren, aber präzisen Angaben des National Weather Service gibt es in der Front Range pro Jahr durchschnittlich 115 Tage mit wolkenlosem Himmel. An 130 Tagen ist es teilweise bewölkt und an 120 Tagen bedeckt.

GLEICHE EHERECHTE FÜR ALLE

40 000 Kalifornier waren bereits als Lebenspartner registriert, als Gavin Newsom, der damalige Bürgermeister von San Francisco, im Jahr 2004 Heiratslizenzen für gleichgeschlechtliche Paare ausstellte, obwohl dies nach kalifornischem Recht verboten war. 4000 gleichgeschlechtliche Paare ließen sich umgehend trauen. Das Verbot wurde im Juni 2008 von kalifornischen Gerichten für ungültig erklärt, doch bereits im November des gleichen Jahres stimmten die Wähler für den Änderungsantrag 8 zur kalifornischen Verfassung, der die gleichgeschlechtliche Ehe verbot. Eine Änderung, deren Verfassungsmäßigkeit von Bürgerrechtlern in Frage gestellt wurde. Und tatsächlich urteilten Gerichte, dass das Gesetz gegen das Gleichbehandlungsgebot und die Rechtsstaatsgarantie der US-Verfassung verstieße. Im Jahr 2013 verwarf das Oberste Gerichte der USA eine Berufung gegen diese Entscheidung, womit gleichgeschlechtliche Ehen im Golden State wieder ermöglicht wurden. Im Juni 2015 klärte der Oberste Gerichtshof der USA die Frage schließlich landesweit. In seinem Urteil entschied er, dass die US-amerikanische Verfassung das Recht auf gleichgeschlechtliche Eheschließungen garantiert. Die US-Staaten wurden aufgefordert, entsprechende Verbote aufzuheben.

wächst die Stadtbevölkerung stetig – und die tendiert eher zu den Demokraten: Bei den Präsidentschaftswahlen 2016 erhielt Clinton landesweit fast 3,5 Mio. Stimmen mehr als Trump, nicht wenige davon stammten aus Colorado.

Der Südwesten

Wenn es um Festnahmen und Beschlagnahmungen von Drogen geht, ist der Tucson-Abschnitt einer der größten Brennpunkte der United States Border Patrol. Diese überwacht dort einen 422 km langen Grenzverlauf zwischen Arizona und Mexiko. 4200 auf acht Standorte verteilte Beamte sind im Einsatz.

Der Südwesten hat lange Zeit beherzte Siedler angezogen – Mormonen, Viehbarone, Goldgräber –, die etwas andere Lebenspläne verfolgten als die Durchschnittsamerikaner. Eine neue Generation idealistischer Unternehmer hat die früheren Bergbaustädte in New-Age-Kunst-Enklaven und Wildwest-Touristenattraktionen verwandelt. Wissenschaftler kamen in die menschenleere Region, um Atombomben und Raketen zu entwickeln und zu testen, und Astronomen bauten auf verlassenen Hügeln und Bergen Sternwarten, wo sie den Nachthimmel ungehindert beobachten und den freien Blick optimal nutzen konnten.

In den zurückliegenden Jahren haben Bestrebungen der Regierung, die illegale Einwanderung zu stoppen, der relaxten Atmosphäre gemeinsamen Zusammenlebens einen starken Dämpfer verpasst, vor allem im südlichen Teil Arizonas – obwohl der Bundesstaat politisch gesehen generell zwischen Konservativen und Liberalen gespalten ist. Der Plan von Präsident Trump, eine Grenzmauer zu errichten (bei geschätzten Kosten von bis zu 70 Mrd. US-Dollar) ist in dieser Region am umstrittensten, schließlich wissen die Menschen hier genau, wie eine 3050 km lange Grenze aussieht. Die Konservativen hoffen immer noch auf eine Ausweitung der Grenzpatrouillen, während andere eher auf eine Reform des Einwanderungsrechts setzen.

Bevölkerung & Multikulturismus

Mit 39 Mio. Einwohnern ist Kalifornien der bevölkerungsreichste Bundesstaat der USA. Auch leben in Kalifornien laut einer Volkszählung aus dem Jahre 2010 mehr Einwohner asiatischer (5,6 Mio.) und lateinamerikanischer Abstammung (14 Mio.) als in irgendeinem anderen Bundesstaat. 2014 wurden die Latinos zur größten ethnischen Gruppe im Bundesstaat. Ohnehin ist die lateinamerikanische Kultur eng mit der Kaliforniens verwoben; und die meisten Einwohner betrachten ihren Staat als eine gut funktionierende multikulturelle Gesellschaft, die allen die Chance gibt, den amerikanischen Traum zu leben. In Kalifornien hielten sich 2014 geschätzt 2,5 Mio. Einwanderer illegal auf, was rund 6 % der Gesamtbevölkerung entspricht.

SPORT

Im Westen der USA liebt man den Sport, gleichgültig ob man selbst eine Sportart aktiv ausübt oder nur seiner Lieblingsmannschaft zujubelt. Hier eine Übersicht der Teams in den wichtigsten Profisportarten im Westen der USA:

National Football League AFC West: Denver Broncos, Oakland Raiders (zieht 2019 nach Las Vegas um), LA Chargers; NFC West: Arizona Cardinals, San Francisco 49ers, Seattle Seahawks

National Basketball Association Western Conference Pacific: Golden State Warriors, LA Clippers, LA Lakers, Phoenix Suns, Sacramento Kings; Western Conference Northwest: Denver Nuggets, Portland Trailblazers, Utah Jazz

Women's National Basketball Association LASparks, Phoenix Mercury, Seattle Storm

Major League Baseball American League: LA Angels, Oakland Athletics, Seattle Mariners; National League: Arizona Diamondbacks, Colorado Rockies, LA Dodgers, San Diego Padres, San Francisco Giants

In Colorado, Arizona und New Mexico leben jeweils große Gruppen von Latinos und Amerikanern mit indianischen Wurzeln, die stolz darauf sind, ihre kulturellen Identitäten durch die Pflege ihrer Traditionen und die mündliche Weitergabe von Überlieferungen zu erhalten.

Religion

Die Kalifornier sind weniger fleißige Kirchgänger als die Durchschnittsamerikaner und einer von fünf Kaliforniern gehört keiner Religionsgemeinschaft an. Gleichwohl ist die religiöse Landschaft hier besonders vielfältig. Rund ein Drittel der Kalifornier sind Katholiken, was zum Teil eine Folge des starken lateinamerikanischen Bevölkerungsanteil ist. Ein weiteres Drittel der Einwohner sind Protestanten und es gibt rund 1% Muslime. Los Angeles besitzt die drittgrößte jüdische Gemeinde in den USA nach New York City und dem südlichen Florida. Rund 2% der Kalifornier bezeichnen sich als Buddhisten und weitere 2% als Hindus.

Rund ein Drittel der Einwohner in den beiden Nordweststaaten Oregon und Washington sind an keine Religionsgemeinschaft gebunden. Die meisten Menschen, die sich zu einer Religion bekennen, sind Christen oder Juden. Die Menschen asiatischer Abkunft brachten Buddhismus und Hinduismus in diese Region, in der auch die New-Age-Esoterik vergleichsweise weit verbreitet ist.

In religiöser Hinsicht der größte Sonderling ist wohl der Südwesten der USA. In Utah gehören 55% der Einwohner der mormonischen Kirche Jesu Christi der Heiligen der Letzten Tage an. Diese Glaubensgemeinschaft betont traditionelle Familienwerte und verpönt Alkohol, Zigaretten und vorehelichen Sex. Auch für die Latinos und amerikanische Ureinwohner im Südwesten sind Familie und Religion Schlüsselwerte. Beim Volk der Hopi sind Tänze sakrale Veranstaltungen, zu denen Außenstehende in der Regel keinen Zugang haben. Obwohl viele Menschen mit indianischen oder lateinamerikanischen Wurzeln heute in den Städten leben und dort ihren Berufen nachgehen, bilden große Familienzusammenkünfte und traditionelle Bräuche immer noch einen wichtigen Bestandteil ihres Alltags.

Amerikanische Ureinwohner

Laut der Volkszählung im Jahr 2010 leben im Bundesstaat Kalifornien die meisten Ureinwohner des Landes, auch Arizona und New Mexico liegen in dieser Statistik noch unter den Top Ten. Die Navajo Nation ist das größte indigene Volk im Westen, landesweit liegt es nach der Cherokee Nation auf dem zweiten Platz.

Heute sehen sich die Völker mit der Frage konfrontiert, wie sie sich im heutigen Amerika behaupten und gleichzeitig ihre Traditionen vor dem Verfall, ihr Land vor weiterer Ausbeutung und ihre Menschen von der Armut befreien bzw. schützen können, ohne dass dabei die eigene kulturelle und religiöse Identität verloren geht.

Die Völker

Die meisten der großen Indianervölker im Westen der USA sind in den Südweststaaten angesiedelt. Bekannte Völker mit großen Reservaten in Arizona sind u.a. die Navajo, die Hopi und die Apachen. Ebenfalls in Arizona beheimatet sind die kleineren Völker der Walapai und der Havasupai, die in Reservaten am Grand Canyon leben. Die Völker in New Mexico verteilen sich auf 19 Pueblos im Norden und im Zentrum des Bundesstaats.

Jahrzehntelang haben die traditionellen Navajo und Hopi die Versuche der US-Industrie unterbunden, Bergbau in ihrem heiligen Big Mountain zu betreiben. Nachlesen kann man die Geschichte auf der Website von Black Mesa Indigenous Support (www.blackmesais.org).

Apachen

Im Südwesten gibt es drei große Apachen-Reservate: in New Mexico die Jicarilla Apache Reservation sowie in Arizona die San Carlos Apache Reservation und die Fort Apache Reservation, wo die White Mountain Apache beheimatet sind. All diese Völker sind Nachkommen der Athapasken, die um 1400 aus Kanada in diese Region kamen. Diese waren nomadische Jäger und Sammler. Später wurden sie zu Kriegern, die Raubzüge vor allem gegen die Pueblo-Indianer und gegen europäische Siedlungen durchführten und sich der Vertreibung in Reservate widersetzten.

Der berühmteste Apache ist Geronimo, ein Chiricahua-Apache, der gegen die US-amerikanische Annexion des Land der Ureinwohner kämpfte und erst mithilfe von White-Mountain-Apache-Spähern im Dienst der US-Armee besiegt werden konnte.

Havasupai

Die Havasupai Reservation grenzt an den Grand Canyon National Park in Arizona und liegt unterhalb des Südrands des Canyons. Das einzige Dorf der Nation trägt den Namen Supai und ist mit dem Auto nicht zu erreichen. Die Straße endet am Hualapai Hilltop; von dort muss man noch rund 13 km wandern oder auf einem Maulesel reiten. Wer will, kann aber auch mit dem Hubschrauber fliegen.

Havasupai bedeutet „Volk vom blaugrünen Wasser“. Das Leben war hier immer geprägt vom Havasu Creek, einem Nebenfluss des Colorado. Der gesicherte Zugang zum Wasser ermöglichte die Bewässerung der

Felder, durch den Ackerbau war das Leben im Dorf von den Jahreszeiten bestimmt. Der tiefe Havasu Canyon schützte das friedfertige Volk vor dem Kontakt mit der Außenwelt, und bis ins 19. Jh. mied dieses jegliche Berührungspunkte mit der westlichen Zivilisation. Heute setzen die Havasupai auf Tourismus, und die Wasserfälle des Havasu Canyon locken einen steten Strom von Besuchern an. Das Volk ist verwandt mit den Walapai.

Hopi

Umgeben von der Navajo Reservation im Nordosten Arizonas erstreckt sich die Hopi Reservation über eine Gesamtfläche von 6070 km². Die meisten Hopi leben in den zwölf Dörfern am Fuß und auf dem Gipfel der drei Mesas, die aus der Haupt-Mesa, der Black Mesa, hervorragen. Old Oraibi auf der Third Mesa gilt (neben Acoma Pueblo) als die älteste ununterbrochen bewohnte Siedlung des Kontinents. Wie alle Pueblo-Völker stammen die Hopi von den frühen Pueblo-Indianern ab.

Hopi bedeutet „die Friedlichen" oder „der Friedfertige". Es gibt wohl kein anderes Volk, das für seine bescheidene, traditionelle und zutiefst spirituelle Lebensweise bekannter wäre. Die Hopi verwenden eine ungewöhnliche Technik beim Trockenfeldbau. Der Erde ist ungepflügt, stattdessen pflanzen sie die Samen in windgeschützte, wasserspeichernde

Der Hopi Arts Trail präsentiert Kunstwerke auf den drei Hochebenen im Herzen des Hopi-Reservats. Eine Landkarte sowie Listen der Künstler und Galerien gibt's unter www.hopiartstrail.com.

ETIKETTE

Wer ein Reservat besuchen will, sollte sich informieren, ob dort bestimmte Verhaltensregeln zu beachten sind. In fast allen Reservaten sind alkoholische Getränke tabu, manchmal auch Haustiere. Fotografieren ist manchmal nur eingeschränkt erlaubt. Wer campen, angeln oder anderen Aktivitäten nachgehen will, braucht in jedem Fall eine Genehmigung. Die Regeln sind zuweilen am Eingang des Reservats angeschlagen; auf jeden Fall erfährt man sie bei der Stammesverwaltung oder auf der Website des Reservats.

Wer ein Reservat besucht, lernt eine einzigartige Kultur mit vielleicht ungewohnten Bräuchen kennen. Besucher sollten immer höflich, respektvoll und offen sein und nicht erwarten, dass die Einheimischen sie an allen Einzelheiten ihres Lebens teilhaben lassen.

Erst fragen, dann knipsen In den Gebieten mancher Völker ist das Fotografieren oder Zeichnen gänzlich verboten, in anderen nur gegen eine Gebühr oder nur bei Zeremonien und in bestimmten Bereichen eingeschränkt möglich. *Immer zuerst fragen, ob man ein Foto oder eine Zeichnung machen darf!* Wer eine Person ablichten möchte, sollte zuerst um deren Erlaubnis bitten; ein Trinkgeld gilt als höflich und wird oft auch erwartet.

Pueblos sind keine Museen Die unglaublichen Lehmziegelbauten sind Wohnhäuser. Öffentliche Gebäude sind beschildert; bei Häusern ohne Beschilderung kann man davon ausgehen, dass sie privat sind. Nicht herumklettern! *Kivas* (heilige Gebäude) sind fast immer tabu.

Zeremonien sind keine Theateraufführungen Bei Zeremonien sollte man sich wie beim Gottesdienst verhalten: leise und respektvoll zuschauen, nicht reden oder anderweitig lärmen, keine Fotos machen und angemessene Kleidung tragen! Bei den Powwows geht es nicht ganz so formell zu, aber auch hier gilt: Sofern diese Versammlungen nicht extra für Zuschauer inszeniert sind, dienen sie nur dem Indianervolk und nicht den Gästen.

Privatsphäre & Kommunikation Viele amerikanischen Ureinwohner haben nichts dagegen, die Glaubensüberzeugungen ihres Volkes zu beschreiben. Aber das ist nicht immer und schon gar nicht immer im gleichen Ausmaß der Fall. Einzelheiten über Rituale und Zeremonien sind oft geheim. Wer also über Religion sprechen will, sollte immer erst nachfragen, ob das o.k. ist, und es stets respektieren, wenn Grenzen gezogen werden. Außerdem gilt es bei amerikanischen Ureinwohnern als höflich, seinem Gegenüber kommentarlos zuzuhören. Das wechselseitige stille Zuhören ist ein Zeichen des Respekts.

Böden. Ihre wichtigste Anbaupflanze war schon immer Mais, der auch in ihrer Schöpfungsgeschichte eine zentrale Rolle spielt.

Das zeremonielle Leben der Hopi ist komplex und äußerst privat. Ihr Glauben beeinflusst alle Aspekte des Alltags. Nur wenn sie dem „Weg der Hopi" folgen, wird ihnen Leben spendender Regen geschenkt. Die Hopi sind davon überzeugt, dass dies der ganzen Menschheit zugute kommt. Die Rolle jedes Einzelnen ist vom Clan vorbestimmt; die Zugehörigkeit ergibt sich aus der matrilinearen Erbfolge. Selbst untereinander halten die Hopi die besonderen Traditionen ihres jeweiligen Clans geheim.

Die Hopi sind begnadete Künstler: Berühmt sind ihre Ton-, Korb- und Silberwaren sowie ihre zeremoniellen Kachina-Figuren (spirituelle Holzpuppen).

Eine hilfreiche Einführung in die Kultur der Navajo bietet das Explore Navajo Interactive Museum (www.explorenavajo.com) in Tuba City, das auf dem Weg vom Grand Canyon National Park zum Monument Valley liegt.

Hualapai (Walapai)

Die Hualapai Indian Reservation umfasst ein rund 4047 km² großes Gebiet, das sich über eine Länge von 174 km am Südrand des Grand Canyon erstreckt. Hualapai bedeutet „Volk der hohen Kiefern". Aufgrund der geringen Fruchtbarkeit diese Gegend am Grand Canyon, die sich nur bedingt zur Landwirtschaft eignet, lebten die Hualapai ursprünglich halbnomadisch, sammelten Wildpflanzen und jagten Kleinwild.

Heute bilden Forstwirtschaft, Rinderzucht, Landwirtschaft und Tourismus die wichtigsten Einnahmequellen. Der Regierungssitz des Volkes befindet sich in Peach Springs, Arizona, das die Vorlage für „Radiator Springs" in dem Animationsfilm *Cars* war. Hauptattraktionen für Touristen sind die Möglichkeiten zum Jagen, Angeln und Raften sowie der atemberaubende Skywalk über dem Grand Canyon.

Navajo

Landesweit gehören ca. 300 000 Menschen den Navajo an, die damit den zweitgrößten Volksstamm nach den Cherokee bilden. Die Navajo Reservation (www.discovernavajo.com) ist das bei Weitem größte und bevölkerungsreichste Reservat in den USA. Es wird auch Navajo Nation oder Navajoland genannt und nimmt ein 70 822 km² großes Areal in Arizona und in Teilen von New Mexico und Utah ein.

Die Navajo waren Nomaden und gefürchtete Krieger, die mit den Pueblo-Völkern Handel trieben, sie aber auch überfielen und gleichermaßen gegen Siedler und die US-Truppen kämpften. Sie haben zudem von anderen Völkern zahlreiche Traditionen übernommen: von den Spaniern die Schaf- und Pferdezucht, von den Pueblo-Völkern das Töpfern und Weben und von den Mexikanern das Silberschmieden. Heute sind die Navajo für Teppiche, Tonwaren und Silberschmuck mit Intarsien bekannt, aber auch für die Sandmalerei, die bei Heilungszeremonien zum Einsatz kommt.

Die meisten (78 %) der amerikanischen Ureinwohner leben außerhalb der Reservationen. Die größten Gemeinden amerikanischer Ureinwohner gibt es in New York City (111 700) und Los Angeles (54 200).

Pueblo-Völker

In New Mexico gibt es 19 Pueblo-Reservate. Vier Reservate liegen westlich von Albuquerque: Isleta, Laguna, Acoma und Zuñi. 15 Pueblos liegen im Rio Grande Valley zwischen Albuquerque und Taos: Sandia, San Felipe, Santa Ana, Zia, Jemez, Santo Domingo, Cochiti, San Ildefonso, Pojoaque, Nambé, Tesuque, Santa Clara, Ohkay Owingeh (oder San Juan), Picuris und Taos.

Diese Völker sind sich ähnlich und auch wieder nicht. Der Begriff „Pueblo" (spanisch für „Dorf") ist einfach nur eine bequeme Bezeichnung für alles, was sie miteinander verbindet: Alle halten sich für Nachkommen der frühen Pueblo-Indianer (Ancestral Puebloans; die frühere, als abwertend aufgefasste Bezeichnung Anasazi wird nicht mehr verwendet) und haben sich ihre Bauweise sowie ihre auf Ackerbau basierende dörfliche Lebensweise – oft oben auf Mesas – erhalten.

Die Pueblos sind einzigartig unter den Ureinwohnern Amerikas. Ihre Lehmziegelbauten können bis zu fünf Stockwerke hoch sein, die mit Leitern miteinander verbunden werden. Beim Bau kommen Lehmziegel, Steine, Holzbalken und Verputz zum Einsatz. Auf der zentralen Plaza eines jeden Pueblos befindet sich eine *kiva*, ein kreisrunder, unterirdisch angelegter Zeremonien- und Versammlungsraum, der die Verbindung mit der Geisterwelt schafft. In den Pueblos gibt es oft auch katholische Kirchen – ein Erbe der Missionare. Viele Pueblos verbinden heute christliche und indigene religiöse Bräuche.

Im Pacific Theater sendeten und empfingen im Zweiten Weltkrieg Navajo-„Codesprecher" Militärbotschaften in der Navajosprache Athabasca, die unglaublich komplex und schwierig ist. Japan gelang es nie, den Code zu knacken, und die Codesprecher leisteten einen essenziellen Beitrag zum amerikanischen Sieg.

Kunst

Die Kunst der amerikanischen Ureinwohner hat fast immer einen zeremoniellen Zweck und eine religiöse Bedeutung. Die Muster und Symbole sind durchdrungen von spirituellen Bedeutungen und stellen ein Fenster in die Herzen der Menschen dar.

Den zeitgenössischen indianischen Künstlern geht es aber nicht nur um die Bewahrung ihrer Kultur. Vielmehr nutzen sie seit Mitte des 20. Jhs., insbesondere seit der Bürgerrechtsbewegung in den 1960er-Jahren und der kulturellen Renaissance in den 1970er-Jahren, ihre Skulpturen, Bilder, Stoffe, Filme, Literatur und Darbietungen auch zur Kritik an der Moderne. *Native North American Art* von Janet Berlo und Ruth Phillips ist eine tolle Einführung in die vielfältige indigene Kunst Nordamerikas von der präkolumbischen Zeit bis in die Postmoderne.

Indem Reisende Kunstwerke direkt bei den Ureinwohnern kaufen, tragen sie unmittelbar zur Wirtschaft der Gemeinden bei, die teilweise auf die Dollar der Touristen angewiesen sind. Viele Völker betreiben Kunsthandwerksläden und Galerien, meistens in den Hauptstädten ihrer Reservate. Das Indian Arts & Crafts Board (www.iacb.doi.gov) bietet auf seiner Website eine nach Bundesstaaten sortierte Liste mit Galerien und Läden im Besitz indigener Amerikaner – einfach auf „Source Directory of Businesses" klicken!

Töpfer- & Korbwaren

Fast jedes Volk im Südwesten fertigt traditionelle Töpfer- und/oder Korbwaren an. Ursprünglich hatte jede Nation und selbst jede einzelne Familie ihren eigenen unverwechselbaren Stil. Die Töpfer und Korbmacher von heute mischen, übernehmen und reinterpretieren die klassischen Formen und Methoden ihres Handwerks.

Die Pueblo-Töpferwaren sind die wohl begehrtesten. Der vor Ort gewonnene Ton war ausschlaggebend für die Farbe. Dementsprechend waren die Töpferwaren der Zia rot, die der Acoma weiß, die der Hopi gelb, die der Cochiti schwarz usw. Die Santa Clara sind berühmt für ihre Gravur-Töpferwaren und die San Ildefonso für ihren Schwarz-auf-Schwarz-Stil, dessen Wiederbelebung der weltberühmten Töpferin Maria Martinez zu verdanken ist. Auch die Töpferwaren der Navajo und der Ute Mountain Ute sind sehr geschätzt.

Die Herstellung von Töpferwaren ist nahezu immer mit dem dörflichen Leben verbunden. Nomadenvölker ziehen eher die Kunst des Korbflechtens vor. Für ihre ausgezeichneten Korbwaren sind beispielsweise die Jicarilla-Apachen (Jicarilla bedeutet „Korbmacher"), die Kaibab-Paiute, die Walapai (Hualapai) und die Tohono O'Odham bekannt. Bemerkenswert sind auch die gewickelten Korbwaren der Hopi mit ihren lebhaften Mustern und Kachina-Figuren.

Webkunst der Navajos

Eine Legende der Navajo besagt, dass die Spinnenfrau den Menschen das Weben beigebracht hätte. Und tatsächlich ist es, als schiene sie heute in den Navajo-Frauen wieder auf, wenn diese geduldig die handgesponnene Wolle netzartig auf Webstühlen hin- und herführen und so die legendären, ursprünglich als Decken verwendeten Navajo-Teppiche herstellen, die so fest geknüpft sind, dass sie kein Wasser durchlassen. Die Wolle wird noch immer per Hand hergestellt, selbst das Färben geschieht manchmal noch manuell. Bis ein Teppich fertig ist, vergehen Monate (wenn nicht sogar Jahre).

Echte Navajo-Teppiche sind teuer – für einen Teppich muss man Hunderte bis Tausende Dollar hinblättern. Dies sind keine einfachen Souvenirs, sondern echte Kunstwerke, an denen man sich ein Leben lang erfreuen kann, ob man sie nun an die Wand hängt oder auf den Boden legt. Man sollte sich die Zeit nehmen und sich zumindest ein wenig schlaumachen – dann wird man verstehen, dass die Qualität den Preis rechtfertigt.

N. Scott Momadays mit dem Pulitzer-Preis ausgezeichneter Roman *Haus aus Morgendämmerung* (1968) über einen jungen Pueblo-Indianer begründete die Gattung der indigenen nordamerikanischen Literatur.

Silber- & Türkisschmuck

Die Verwendung von Steinen und Muscheln als Verzierung für Schmuck war schon immer eine indianische Tradition. Silberschmiede gibt es bei ihnen aber erst seit dem Kontakt mit Angloamerikanern und Mexikanern im 19. Jh. Vor allem die Navajo, Hopi und Zuñi machten sich einen Namen, indem sie diese Materialien mit türkisbesetztem Silberschmuck kombinierten. Außer mit Türkisen sind die Schmuckstücke oft auch mit Lapislazuli, Onyx, Korallen, Karneolen und Muscheln besetzt.

Echter Schmuck ist oft mit einem Stempel oder dem Zeichen des Künstlers versehen. Manchmal beweisen auch Zertifikate des Indian Arts & Crafts Board die Echtheit der Stücke – daher immer danach fragen! Der Preis kann ebenfalls ein Indikator sein: Ein hoher Preis garantiert zwar nicht die Echtheit, wenn der Schmuck jedoch spottbillig ist, sollten gleich die Alarmglocken schrillen. Wer sich für einen Crashkurs interessiert, sollte sich an den Santa Fe Indian Market im August halten.

Kunst & Architektur

Kunst aus dem US-amerikanischen Westen ist häufig von einer markanten Mischung aus Individualität, Attitüden und Landschaften geprägt. Beispiele hierfür sind die provokanten Kuhschädel-Bildern von Georgia O'Keeffe, den von viel Schatten geprägten Fotos des Half Dome im Yosemite National Park von Ansel Adams oder der Gonzo-Journalismus von Hunter S. Thompson im ausgedörrten Südwesten; selbst der Grunge von Nirvana scheint letztlich unlösbar mit dem regnerischen Seattle verknüpft. Die schöne, aber mitleidlose Landschaft tut sich immer kund.

Literatur

Die literarische Tradition des Westens unterscheidet sich deutlich von der strukturierteren, zugeknöpfteren des Ostens. Es überrascht kaum, dass Themen wie Freiheit, Entdeckung und Natur im Mittelpunkt stehen. Kalifornien, der bevölkerungsreichste Bundesstaat der Region und Zentrum erzählerischen Zaubers, inspiriert seit Langem Romanschriftsteller, Dichter und Geschichtenerzähler.

Das National Cowboy Poetry Gathering (www.westernfolklife.org), das wichtigste Event der Cowboy-Dichtkunst, findet im Januar in Elko, NV, statt. Seit über 25 Jahren geben Lassoschwinger hier ihre Lyrik zum Besten.

Social Realism

Der 1902 in Salinas geborene John Steinbeck ist der wohl bedeutendste Autor Kaliforniens jemals. Sein Meisterwerk des Social Realism *Früchte des Zorns* erzählt von den Problemen der Wanderarbeiter.

Der Dramatiker Eugene O'Neill zog mit dem Preisgeld seines 1936 gewonnenen Nobelpreises in die Nähe von San Francisco, wo er das autobiografische Theaterstück *Eines langen Tages Reise in die Nacht* verfasste.

Bei Upton Sinclairs skandalumwitterten Werk *Öl!,* das Paul Thomas Anderson zu seinem Film *There Will Be Blood* inspirierte, handelt es sich um historische Fiktion mit sozialistischen Untertönen.

Pulp Noir & Krimis

In den 1930er-Jahren entwickelten sich San Francisco und Los Angeles zu Zentren des Kriminalromans. Durch Dashiell Hammett *(Der Malteser Falke)* wurde San Franciscos Nebel zu einem düsteren Nebendarsteller, während der König der hartgesottenen Krimiautoren, Raymond Chandler, seine Heimatstadt Santa Monica oberflächlich als Bay City tarnte.

Seit den 1990er-Jahren erlebt Kaliforniens Kriminalliteratur eine Renaissance durch James Ellroy *(L.A. Confidential),* Elmore Leonard *(Jackie Brown)* und Walter Mosley *(Teufel in Blau),* dessen Easy-Rawlins-Detektivromane in den Armenvierteln in South Central L.A. spielen. Für den Thriller *Furie* von Chealsea Cain dient Portland, Oregon als Schauplatz.

Es gibt auch preisgekrönte Krimis, die in Indianer-Reservaten spielen, so von dem aus Albuquerque stammenden Tony Hillerman: *Die Nacht der Skinwalkers, Tod der Maulwürfe, Der Skelett-Mann* und *Dunkle Kanäle.*

Kreativ & provokativ

Nach den Schrecken des Zweiten Weltkriegs entwickelte die Beat Generation eine neue provokante Art des Schreibens: kurz, scharfsinnig, spontan und lebendig. Bedeutende Vertreter der in San Francisco ansässigen Bewegung waren Jack Kerouac *(Unterwegs)*, Allen Ginsberg *(Das Geheul)* und Lawrence Ferlinghetti, Unterstützer und Autor der Beat Generation.

Cheryl Strayeds autobiografischer Bestseller *Der große Trip* handelt von ihrer langen, einsamen Wanderung auf dem Pacific Crest Trail nach dem Tod ihrer Mutter. Reese Witherspoon, deren Produktionsgesellschaft sich die Filmrechte gesichert hatte, wurde für ihre Verkörperung von Strayed 2015 für den Oscar als beste Schauspielerin nominiert.

In *Stunde der Bestie* setzte sich Joan Didion mit kalifornischer Kultur auseinander; die Essay-Sammlung wirft einen sarkastischen Blick auf die Flower-Power-Bewegung der 1960er-Jahre und den Stadtteil Haight-Ashbury. Auch *Unter Strom. Die legendäre Reise von Ken Kesey und den Pranksters* von Tom Wolfe setzt das San Francisco der 1960er-Jahre in Szene.

In den 1970er-Jahren zeichnete Charles Bukowski in dem halb autobiografischen Roman *Der Mann mit der Ledertasche* ein düsteres Bild von Downtown L.A., während Richard Vásquez in *Chicano* einen dramatischen Blick auf das Latino-Viertel warf.

Hunter S. Thompson, der Anfang 2005 Selbstmord beging, verfasste *Angst und Schrecken in Las Vegas*. Der ultimative hyper-dynamische Road-Trip-Roman spielt in der Wüstenhochburg der amerikanischen Exzesse.

Umweltaktivismus, Gesellschaftskritik & neue Stimmen

Edward Abbey, bekannt für seine radikalen Ansichten zu Umwelt und Politik, schrieb die anregenden und einflussreichen Werke *Die Einsamkeit der Wüste* und *The Journey Home: Some Words in Defense of the American West*. Sein Klassiker *Die Monkey-Wrench-Gang* erzählt auf witzige Art die Geschichte einer Gruppe von Menschen, die vor der Flutung des Glen Canyons den Glen Canyon Damm in die Luft sprengen will.

Rebecca Solnit übernimmt mit fein abgestimmter lyrischer Prosa über Politik und Ort die Zügel des Umweltschutzes, was vor allem in ihrer Essaysammlung *Die Kunst, sich zu verlieren: Ein Führer durch den Irrgarten des Lebens* (2005) zum Ausdruck kommt. Die konservative Schriftstellerin und Dichterin Terry Tempest Williams befasst sich mit der Beziehung des Menschen zur Wildnis und blickt dabei auf ihre Heimat Utah. Im Jahr 2015 erschien ihr neuestes Werk *The Hour of Land: A Personal Topography of America's National Parks*.

Barbara Kingsolver, die früher in Tucson lebte, veröffentlichte zwei im Südwesten spielende Romane, *Das Bohnenbaumglück* und *Die Pfauenschwestern*. In ihrer Essaysammlung *High Tide in Tucson* schreibt sie über das Leben im Südwesten. *Mink River* von Brian Doyle (2010) spielt an der Küste von Oregon und ist ein Werk voller Mythen und Erzählungen.

Der Bestseller *Wo steckst du, Bernadette?* von Maria Semple (2012) macht sich über Seattle-Klischees lustig, während das Verschwinden der Hauptfigur, einer streitlustigen, aber einsiedlerisch lebenden berühmten Architektin nachgegangen wird.

Musik

Große Teile der US-Musikbranche sind in L.A. angesiedelt. Die südkalifornische Film- und Fernsehindustrie erwies sich hier als Garant für Talente. So verdanken die heutigen Popstars und *American-Idol*-Gewinner ihre Karrieren den musikalischen Revolutionen der vergangenen Jahrzehnte, die von Country Folk bis zu Urban Rap innovative Genres hervorbrachten.

Let's rock

Das erste einheimische Rock'n'Roll-Talent war Ritchie Valens in den 1950er-Jahren, der dem mexikanischen Volkslied *La Bamba* eine rockige Note verlieh. Anfang der 1960er-Jahre fanden Joan Baez und Bob Dylan in Nordkalifornien zueinander, wobei Dylan seine E-Gitarre anschloss und Folk Rock spielte. Als Janis Joplin und die Big Brother and the Holding Company ihren ganz eigenen Musikstil in San Francisco entwickelten, spaltete sich der Psychedelic Rock vom Folk Rock ab. Währenddessen rockten Jim Morrison and The Doors und die Byrds in L.A. den berühmten Sunset Strip. Das Epizentrum der Psychedelic-Rock-Szene war der Stadtteil Laurel Canyon oberhalb vom Sunset Strip und der legendäre Nachtclub Whisky a Go Go.

Rap & Hip Hop

Seit den 1980er-Jahren ist L.A. die Talentschmiede für Rapper und Hip-Hopper der Westküste. Eazy-E, Ice Cube und Dr. Dre veröffentlichten 1989 das N.W.A. (Niggaz With Attitude)-Album *Straight Outta Compton*. Das von Dr. Dre mitbegründete Label Death Row Records nahm Rap-Talente erster Klasse unter Vertrag, darunter Snoop Dog, der Badboy aus Long Beach, und Tupac Shakur, der seine Karriere in Marin County startete und 1996 in Las Vegas, angeblich wegen einer Fehde zwischen den Raperszenen der Ost- und Westküste, erschossen wurde.

In den 1980er- und 1990er-Jahren blieb Kalifornien wichtiges Zentrum einer Hip-Hop-Szene, die von Los Angeles' Straßen und der Black-Power-Bewegung in Oakland geprägt war. Ende der 1990er-Jahre brachte die Bay Area Underground-Künstler wie E-40 und das Hyphy Movement hervor, das sich gegen die zunehmende Kommerzialisierung des Hip-Hop richtete.

Grunge & Indie

Grunge hat seinen Ursprung in der Mitte der 1980er-Jahre und wurde stark von der Kultband Melvins geprägt. Verzerrte Gitarrenklänge, starke Riffs, intensives Schlagzeug und ein düsterer Stil machten den ungeschliffenen Musikstil aus. Seinen Durchbruch hatte er erst, als das Plattenlabel Sub Pop 1991 Nirvanas Album *Nevermind* veröffentlichte, das den „Seattle Sound" zur Mainstream-Musik machte. Puristen kritisierten Nirvana dafür, sich der Kommerzialisierung hingegeben und ebenbürtige Bands wie Soundgarden und Alice in Chains verdrängt zu haben. Die Beliebtheit des Grunge hielt einige Jahre an, bevor dessen ureigene Kultur für den Niedergang des Genres sorgte. Die Bands lebten ein schnelles, intensives Leben, ohne sich wirklich ernst zu nehmen. Viele lösten sich aufgrund von internen Streitigkeiten und Drogenproblemen auf. Der letzte Vorhang fiel schließlich 1994, als Kurt Cobain, Sänger, Gitarrist und Seele Nirvanas, sich das Leben nahm.

Im Experience Music Project Museum des Seattle Center zeichnet die Ausstellung „Nirvana: Taking Punk to the Masses" den Aufstieg der berühmten Grunge-Band und ihres Sängers und Songwriters Kurt Cobain nach.

Ein paar Städte im Westen sind ganz besonders mit Indie-Musik verbunden. Seattle war der ursprüngliche Tummelplatz von Modest Mouse, Death Cab for Cutie und The Postal Service. Olympia, WA, war ein Nährboden für Indie-Rock und die Riot-Grrl-Bewegung. Portland, OR, brachte so unterschiedliche Gruppen hervor wie die Folktronic-Hip-Hop-Band Talkdemonic, die Alternative-Band The Decemberists und die genreübergreifenden Pink Martini, nicht zu vergessen The Shins (ursprünglich aus Albuquerque, NM), The Dandy Warhols, Blind Pilot und Elliot Smith. Die aus Olympia, WA, stammende Band Sleater-Kinney mit Carrie Brownstein, Corin Tucker und Janet Weiss ließ 2015 nach fast zehnjähriger Unterbrechung mit ihrem jüngsten Album *No Cities to Love* wieder von sich hören.

Film

Als der Film – und später das Fernsehen – zu den führenden Unterhaltungsmedien wurden, nahm Kalifornien postwendend die Führungsrolle in der Popkultur ein. 2012 gab es in Kalifornien nicht weniger als 107 400 Jobs bei Fernseh- und Filmproduktionen – etwas mehr als die Hälfte aller derartiger Arbeitsverhältnisse in den gesamten USA.

Die Filmindustrie

Die Filmindustrie entstand in den bescheidenen Obstgärten von Hollywoodland, einem Wohnbezirk von L.A., in dem geschäftstüchtige Filmemacher, viele davon europäische Einwanderer, Anfang des 20. Jhs. Studios gründeten. Der in Deutschland geborene Carl Laemmle baute 1915 die Universal Studios auf und verkaufte neugierigen Besuchern, die sich für die magische Welt der Filmproduktion interessierten, auch gleich noch ein Mittagessen. Der polnische Einwanderer Samuel Goldwyn gründete gemeinsam mit Cecil B. DeMille die Paramount Studios, ein paar Jahre später folgte der aus Kanada eingewanderte, polnischstämmige Jack Warner mit seinen Brüdern ihrem Beispiel.

Im ganzjährig milden Klima von L.A. konnten die meisten Außenaufnahmen problemlos gedreht werden. Die frühen Stummfilmstars wie Charlie Chaplin, Buster Keaton und Harold Lloyd waren beim Publikum äußerst beliebt. 1920 wurde die erste große Hollywood-Ehe zwischen Douglas Fairbanks und Mary Pickford geschlossen – das erste Hollywood-Traumpaar war geboren. 1927 wurden dann mit der Premiere von *Der Jazzsänger*, einem Musical von Warner Bros mit Al Jolson, in Downtown L.A. die Ära des Tonfilms und das glamouröse Golden Age Hollywoods eingeläutet.

Hollywood & Co.

Ab den 1920er-Jahren mauserte sich Hollywood zum gesellschaftlichen und finanziellen Zentrum der Filmindustrie, obwohl sich nur ein großes Studio, Paramount Pictures, tatsächlich dort befand. Die meisten Filme wurden in der Gegend um L.A. gedreht, sei es in Culver City (MGM, heute Sony Pictures), Studio City (Universal Studios) oder in Burbank (Warner Bros. sowie später Disney).

Heute werden Filmset-Scouts aufgrund der hohen Drehkosten auf die Suche nach anderen Locations geschickt. Während seiner zwei Amtszeiten als Gouverneur von New Mexico (2002–2010) lockte Bill Richardson mit einem Steuererlass von 25% Produktionsteams in seinen Staat. So flossen über 3 Mrd. US$ in die Staatskasse.

Las Vegas, NV, spielte im Jahre 2009 eine Hauptrolle in der Blockbuster-Komödie *Hangover*, einem Buddy-Film für Erwachsene, der weltweit mehr als 467 Mio. US-Dollar einspielte.

Western & darüber hinaus

Viele Western wurden zwar in Südkalifornien gedreht, doch einige Orte in Utah und Arizona kamen so oft als Film- und Fernsehkulisse zum Einsatz, dass sie zum Inbegriff des amerikanischen Westens wurden. Neben dem Monument Valley in Utah, das der Regisseur John Ford mit *Ringo* als erster in Szene setzte, gehören dazu Moab (*Thelma & Louise*; 1991), der Dead Horse Point State Park (*Mission Impossible II*; 2000), der Lake Powell (*Planet der Affen*; 1968) und Tombstone (*Tombstone*; 1993). *127 Hours* (2010) erzählt die grauenvollen Stunden nach, in denen Aron Ralston im Blue John Canyon im Canyonlands National Park festsaß; gedreht wurden einzelne Szenen im Canyon und in dessen Umgebung.

Im Jahre 2007 drehten Joel und Ethan Coen den Oscar-Gewinner *No Country für Old Men* fast ausschließlich rund um Las Vegas, NV. Drei Jahre später kamen die Coen-Brüder zurück in den Westen, um hier *True Grit*, ihr Remake von *Der Marshal* (1969), zu drehen. Die Produktion ließ sich in Santa Fe nieder, gedreht wurde auf mehreren Ranches in New Mexico. 2015 erhielt Reese Witherspoon die Oscar-Nominierung als beste Schauspielerin für ihre Rolle in Jean-Marc Vallées Film *Der große Trip – Wild*, der auf den Memoiren von Cheryl Strayed (*Der große Trip: Tausend Meilen durch die Wildnis zu mir selbst*; 2012) basiert und im Wesentlichen entlang des Pacific Coast Trail spielt.

Sicario (2015), besetzt mit Emily Blunt, Benicio del Toro und Josh Brolin und unter der Regie von Denis Villeneuve entstanden, handelt von der kriminellen Drogenszene Arizonas, während die Sexkapaden von

Top Film-Festivals

- *AFI Fest (www.afi.com/afifest)*
- *Outfest (www.outfest.org)*
- *San Francisco International Film Festival (www.sffs.org)*
- *Sundance Film Festival (www.sundance.org/festival)*
- *Telluride Film Festival (www.telluridefilmfestival.com)*
- *Seattle International Film Festival (www.siff.net)*

In Albuquerque können *Breaking-Bad*-Fans eine selbstgeführte Tour zu den Schauplätzen der Serie unternehmen: Eine interaktive Karte und Details zu den Drehorten findet man unter www.visitalbuquerque.org/albuquerque/film-tourism.

Fifty Shades of Grey (Regie: Sam Taylor-Johnson) aus dem selben Jahr in Seattle angesiedelt sind.

Fernsehen

Der erste Fernsehsender wurde 1931 in Los Angeles gegründet. In den folgenden Jahrzehnten wurden in Wohnzimmern in ganz Amerika kultige Bilder von Los Angeles ausgestrahlt, beliebte Formate waren *Polizeibericht* (*Dragnet*; 1950er-Jahre), *The Beverly Hillbillies* (1960er-Jahre), *Drei Mädchen und drei Jungen* (1970er-Jahre), *L.A. Law* (1980er-Jahre), *Baywatch, Melrose Place* und *Der Prinz von Bel-Air* (1990er-Jahre). Auch Teenager-Dramedys wie *Beverly Hills 90210* (1990er-Jahre) und *O.C., California* (2000er-Jahre) waren dabei; letztgenannte Serie spielte in Newport Beach im Orange County. Reality-TV-Fans können Südkalifornien in Serien wie *Top Chef* oder *Real Housewives of Orange County* kennenlernen.

Südkalifornien bot auch Dramen im Kabelfernsehen eine vielseitige Kulisse; hohe Einschaltquoten erzielten beispielsweise *Weeds – Kleine Deals unter Nachbarn* über eine hanfanbauende Witwe, die Polizeiserie *The Closer* über Mordkommissare in Los Angeles und *The Shield – Gesetz der Gewalt*, das die Polizeikorruption in der Stadt der Engel in einer fiktiven Story thematisiert.

Aber Südkalifornien ist keineswegs die einzige Fernsehkulisse. Der frühere *Akte-X*-Autor Vince Gilligan stellte einmal mehr seine außergewöhnliche Brillanz unter Beweis, als *Breaking Bad* (2008–2013), das im ausgedörrten Albuquerque gedreht wurde, zum neuen Serienerfolg wurde. Das Prequel *Better Call Saul* kam 2015 ins Fernsehen. Nach *Portlandia*, einer Sketch-Comedy-Serie (2011–2018) des Senders IFC, die sich über die kulturellen Eigenheiten junger Stadtbewohner lustig macht, sieht man Portland mit ganz anderen Augen.

Architektur

Den Westen prägen importierte Stilrichtungen, die dem Klima und den verfügbaren Baumaterialien angepasst sind. Die Bandbreite reicht von kühlen, von Adobehäusern inspirierten Gebäuden in Tucson bis zu nebelbeständigen, roten Schindelbauten in Mendocino.

Stile des Südwestens

Regionale Einflüsse beherrschen den Südwesten. In erster Linie sind dies die Ruinen der frühen Pueblo-Indianer – insbesondere deren majestätischen Felsbehausungen – und das Taos Pueblo. Diese traditionellen Designs und deren Vorbilder finden sich im Pueblo-Revival-Stil des New Mexico Museum of Art in Santa Fe wieder und sind heute allenthalben in der Stadt und in der Region zu finden.

Der Adobe-Stil dominiert viele Städte und Landschaften New Mexicos, während die Missionsarchitektur des 17. und 18. Jhs. in religiösen und kommunalen Gebäuden wie dem State Capitol von Santa Fe erkennbar ist.

Der Meisterarchitekt Frank Lloyd Wright hat ebenfalls seine Spuren im Südwesten hinterlassen, insbesondere in Taliesin West in Scottsdale, AZ. Aus jüngerer Zeit stammen die kitschigen Motels und Leuchtreklamen entlang der Route 66, die zum Symbol des amerikanischen Roadtrips geworden sind.

Spanische Missionen & viktorianische Königinnen

Die ersten spanischen Missionen wurden rund um Innenhöfe gebaut. Zum Einsatz kamen Materialien, die Ureinwohner und Kolonisten vor Ort vorfanden: Lehmziegel, Kalkstein und Gras. Viele Missionen verfielen mit dem schwindenden Einfluss der Kirche, doch der für das Klima

1915 beauftragte der Zeitungsmagnat William Randolph Hearst Julia Morgan, die als erste Frau in Kalifornien eine Architektenzulassung erhalten hatte, mit der Errichtung seines Hearst Castle. Ein zweifelhafter Segen: Der Auftrag beschäftigte Morgan auf Jahrzehnte und nötigte ihr ein sehr diplomatisches Vorgehen ab, um durch ständige Änderungen und vorsichtige Kompromisse Hearsts Vorliebe für die spanische, gotische und griechische Architektur gerecht zu werden.

geeignete Stil blieb erhalten. Frühe kalifornische Siedler entwickelten daraus später Lehmziegelhäuser im Rancho-Stil, die z. B. in El Pueblo de Los Angeles und in der Altstadt San Diegos zu sehen sind.

Während des Goldrauschs Mitte des 19. Jhs. importierten Kaliforniens Neureiche Materialien, um prächtige Villen nach europäischem Vorbild zu bauen, die sich durch üppiges Dekor auszeichneten. Viele Millionäre zogen den königlichen Queen Anne Style vor. Herausragende Beispiele viktorianischer Architektur, darunter die „Painted Ladies" und „Gingerbread"-Häuser, sind in nordkalifornischen Städten wie San Francisco, Ferndale und Eureka zu finden.

Kunst an ungewöhnlichen Orten

- Bisbee, AZ
- Jerome, AZ
- Aspen, CO
- Park City, UT
- Bellingham, WA
- Mancos, CO

Arts & Crafts und Art déco

Typisch für den Arts and Crafts Style ist seine Schlichtheit. Von japanischen Elementen und Englands Arts-and-Crafts-Bewegung geprägt, läutete er mit Holzelementen und handgearbeiteten Details eine bewusste Abkehr von der Industriellen Revolution ein. Die südkalifornischen Architekten Charles und Henry Greene sowie Bernard Maybeck in Nordkalifornien verhalfen den vielseitigen einstöckigen Bungalows um die Jahrhundertwende zu Popularität. Diese zeichnen sich durch ausladende Dachvorsprünge, Terrassen und Schlafterrassen aus, die Außen- und Innenbereiche harmonisch miteinander verbinden, und sind heute in Pasadena und Berkeley zu finden.

In den 1920er-Jahren machte sich der internationale Art-déco-Stil Elemente aus der Antike wie Maya-Glyphen, ägyptische Säulen und babylonische Tempeltürme zu eigen und verarbeitete sie zu modernen Motiven, mit denen besonders in L. A. und Downtown Oakland einfache Fassaden und moderne Wolkenkratzer geschmückt wurden. Die schlichte Moderne reduzierte Deko-Elemente auf ein Minimum und imitierte das aerodynamische Äußere von Ozeandampfern und Flugzeugen; ein gutes Beispiel ist die Union Station in L. A.

Ein paar Jahre später entwarf Meisterarchitekt Frank Lloyd Wright Häuser im Romanza-Stil. Dieser folgte der Maxime, dass jeder Inneneinem Außenbereich entspricht. Das fließende Design ist am besten am Beispiel des Hollyhock House in L. A. zu bewundern, das für die Millionenerbin Aline Barnsdale errichtet wurde. Taliesin West, das Zweithaus und Atelier des Architekten in Scottsdale, AZ, fügt sich wunderbar in die umliegende Wüstenlandschaft ein und setzt diese gekonnt in Szene.

California Crazy & Beyond: Roadside Vernacular Architecture (1980) von Jim Heimann ist eine Tollerei durch die verrückte, skurrile Welt von Kalifornien, wo Limonadenstände wie riesige Limoflaschen aussehen und Motels wie Tipis.

Postmoderne Entwicklungen

Der Architekturstil entfernte sich von der strikten Moderne und neuartige postmoderne Elemente hielten Einzug. Richard Meier machte sich einen Namen mit dem Getty Center, einer Ansammlung weißer Gebäude mit geschwungenen Fassaden auf einem ausgedörrten Berg in West L. A. Der in Kanada geborene Frank Gehry zog nach Santa Monica und entwarf die wogende, einer Skulptur ähnelnde Walt Disney Concert Hall in L. A., die mit den klaren Linien der kalifornischen Streamline-Moderne spielt. Renzo Pianos unverkennbarer Industrial-Stil spiegelt sich in dem Sheddach und den roten Stahlträgern des Broad Contemporary Art Museum wider, des Erweiterungsbaus des Los Angeles County Museum of Art.

In San Francisco ist der postmoderne Stil von Architekten auf dem Vormarsch, die mit dem Pritzker-Preis ausgezeichnet wurden. Dieser nimmt Kaliforniens wunderbare Natur zum Vorbild und ahmt sie nach; ein gutes Beispiel dafür ist der Golden Gate Park. Die Schweizer Architekten Herzog & de Meuron verkleideten das M. H. de Young Memorial Museum mit Kupfer, das sich mit der Zeit grün verfärben und in die Parklandschaft einfügen wird. Ganz in der Nähe ist Renzo Piano für die nachhaltige Architektur der mit dem LEED-Platin-Zertifikat ausgezeichneten California Academy of Sciences verantwortlich, auf deren Dach sich eine riesige Grünfläche befindet.

Bildende Kunst

Obwohl die frühen europäischen Künstler ausgebildete Kartografen waren, die westliche Entdecker begleiteten, zeigen ihre Darstellungen von Kalifornien als Insel mehr Fantasie als wissenschaftliche Genauigkeit. Diese Tendenz zur Mythologisierung setzte sich auch während des Goldrauschs fort, als westliche Künstler abwechselnd Karikaturen der Ausschweifungen des Wilden Westens und schicksalsträchtige Propaganda schufen, die Pioniere dazu anregten, in den Goldenen Westen zu ziehen. Mit der Fertigstellung der transkontinentalen Eisenbahnlinie im Jahre 1869 kamen zahlreiche romantische Maler ins Land, die traumhafte Bilder von der kalifornischen Wildnis zeichneten.

Anfang des 20. Jhs. entstanden Kolonien von kalifornischen Pleinair-Impressionisten, besonders in Laguna Beach und Carmel-by-the-Sea. Im Südwesten malte Georgia O'Keeffe (1887–1986) beeindruckende südwestliche Landschaften, die heute in Museen auf der ganzen Welt ausgestellt werden.

Der Fotograf Pirkle Jones zeigte nach dem Zweiten Weltkrieg mit seiner kalifornischen Landschaftsfotografie großes expressives Potenzial, während die grandiosen Fotografien des in San Francisco geborenen Ansel Adams sogar Yosemite gerecht wurden. Zusammen mit Edward Weston aus Carmel und Imogen Cunningham gründete Adams die Group f/64 in San Francisco. Die in Berkeley lebende Fotografin Dorothea Lange zeigte mit ihrer unerschrockenen Linse das Leid der kalifornischen Migrantenarbeiter in der Weltwirtschaftskrise sowie der japanischstämmigen Amerikaner, die während des Zweiten Weltkriegs zwangsinterniert wurden.

Nach dem Krieg wurde der Westen der USA mit Autobahnen erschlossen, viele Gemeinden entstanden auf dem Reißbrett. Kalifornische Maler widmeten sich den abstrakten Formen der künstlich angelegten Landschaften. In San Francisco wurden Richard Diebenkorn und David Park zu führenden Vertretern der Bay Area Figurative Art, während der Bildhauer Richard Serra urbane Ästhetik mittels massiver, rostender Monolithe darstellte, die Schiffsbugs und industriellen Stonehenges ähneln.

Pop-Art-Künstler fingen das Ethos des offenkundigen Materialismus ein, man denke an Wayne Thiebauds Kaugummiautomaten, die Pools in L.A. des britischen Einwanderers David Hockney und an Ed Ruschas Studien über südkalifornische Popkultur. In San Francisco entdeckten Künstler in den 1950er-Jahren ihre Liebe zu provisorischen Beat-Collagen, in den 1960er-Jahren zu psychedelischen Fillmore-Postern, in den 1970er-Jahren zu Funk und buntem Punk und in den 1980er-Jahren zur Graffiti- und Skate-Kultur.

Die heutige Kunstszene vereint all diese Einflüsse in gesellschaftskritischen Wandmalereien, einer leidenschaftlichen Hingabe zum Handwerk und einem von neuen Medien geprägten Milieu, das sich für hochmoderne Technologie begeistert.

Wer sich für Fotografie interessiert, sollte in Kalifornien das erstklassige SFMOMA in Nordkalifornien ins Programm aufnehmen. Die erstklassige Sammlung reicht von frühen Daguerreotypien aus dem Westen bis zu experimenteller japanischer Fotografie aus der Nachkriegszeit.

Natur & Umwelt

Kollidierende tektonische Platten, mächtige Fluten, speiende Vulkane, Eisfelder: Viele Millionen Jahre lang war der amerikanische Westen eine ziemlich ungemütliche Region. Aber aus Feuer und Eis entsprang eine kaleidoskopische Vielfalt an faszinierenden Landschaften, die unbestreitbar eines gemeinsam haben: Sie ziehen Entdecker, Naturfreunde, Künstler und Outdoor-Abenteurer gleichermaßen an. Im späten 19. und frühen 20. Jahrhundert waren die Schriften des Aktivisten John Muir Geburtshelfer jener Bewegung, die sich auch heute noch dem Schutz der Wildnis verschieben hat.

Geografie

Wie der aus dem Westen stammende Romancier und Essayist Wallace Stegner in seinem Buch *Where the Bluebird Sings to the Lemonade Springs* bemerkte, besteht der Westen aus rund einem Dutzend unterschiedlicher und einzigartiger Subregionen. Das einzige gemeinsame Merkmal ist seiner Ansicht nach die Trockenheit, die, so Stegner, in den meisten Teilen des Westens die Leuchtkraft des Lichts und die Klarheit der Luft erhöhe. Sie führte und führt bis heute aber auch zu einem Kampf um Wasser und die Rechte an dessen Nutzung.

In Kalifornien liegen sowohl der höchste Punkt der kontinentalen USA außerhalb Alaskas (der Mt. Whitney; 4421 m) als auch die tiefste Senke Nordamerikas (Badwater, Death Valley; 86 m u. d. M.). Beide Stellen sind in Luftlinie gerade einmal 145 km voneinander entfernt.

Kalifornien

Mit 423 970 km² ist Kalifornien nach Alaska und Texas der drittgrößte Bundesstaat der USA.

Geologie & Erdbeben

In geologischer Hinsicht ist Kalifornien eine sehr komplexe Landschaft, die sich aus Gestein und Erdkruste bildete, als im Verlauf Hunderter Millionen Jahre der nordamerikanische Kontinent nach Westen driftete. Die verwitterten Küstengebirge, das tiefe Central Valley und die stetig wachsende Sierra Nevada sind Zeugnisse der gigantischen Kräfte beim Zusammenstoß der Kontinental- und der ozeanischen Platten.

Vor ca. 25 Mio. Jahren endete der Aufprall der Nordamerikanischen auf die Pazifische Platte; seither driften sie seitlich aneinander vorbei. So entstand die gewaltige San-Andreas-Verwerfung. Da sich die Platten in dieser Kontaktzone nicht mit gleichmäßiger Geschwindigkeit, sondern ruckweise verschieben, bebt in Kalifornien immer wieder die Erde.

Das berühmteste Erdbeben ereignete sich im Jahre 1906. Es erreichte die Stärke 7,8 auf der Richter-Skala und zerstörte San Francisco, wobei mehr als 3000 Menschen starben. Die Bay Area machte auch 1989 wieder Schlagzeilen, als beim Loma-Prieta-Erdbeben (7,1) ein 15 m langer Abschnitt der Bay Bridge zusammenbrach. Das letzte größere Beben in Los Angeles war das Northridge-Erdbeben (6,7) 1994, bei dem Teile des Santa Monica Fwy einstürzten. Mit einem Gesamtschaden in Höhe von 44 Mrd. US$ war es das bislang kostspieligste Beben der US-Geschichte.

Von der Küste zum Central Valley

Großen Teilen der kalifornischen Küste sind zerklüftete Küstengebirge vorgelagert, die die feuchten Stürme des Winters abfangen. San Francisco teilt die kalifornischen Küstengebirge etwa in der Mitte. Die nebelreiche Nordküste ist nach wie vor dünn besiedelt; im milderen Klima der Küsten Zentral- und Südkaliforniens leben wesentlich mehr Menschen.

In den nördlichsten Regionen der Küstengebirge sorgen nährstoffreiche Böden und feuchtes Klima für Wälder, in denen Baumriesen wachsen. An der Ostflanke gehen die Küstengebirge nach und nach in sanfte Hügel über, die zu dem 724 km langen Central Valley überleiten, dem landwirtschaftlichen Zentrum Kaliforniens, in dem mehr als 230 verschiedene Obst-, Gemüse- und Nusssorten angebaut werden. Die Region produziert rund ein Drittel dessen, was in den USA insgesamt angebaut wird.

Hochgebirge

An der Ostseite des Central Valley ragt die berühmte Sierra Nevada auf. Mit einer Länge von 644 km und einer Breite von 80 km ist sie einer der größten Gebirgszüge der Welt; zu ihr gehören 13 Berggipfel mit einer Höhe von mehr als 14 000 Fuß (= 4267 m). Die ausgedehnte Wildnis der High Sierra in einer Höhe von meist über 2700 m besteht aus Gletschern, wie gemeißelt wirkenden Granitgipfeln und einsamen Canyons. Die hoch aufragende Sierra Nevada hält die Niederschlagsfronten auf, wobei die Niederschläge ab rund 900 m Höhe überwiegend als Schnee fallen. Die Niederschläge speisen ein halbes Dutzend größerer Flusssysteme, die den größten Anteil des in San Francisco und L. A. benötigten Wassers stellen und die Farmen im Central Valley mit kostbarem Nass versorgen.

Die Wüsten

Da der Westhang der Sierra Nevada den Löwenanteil der Niederschläge empfängt, präsentieren sich alle Gebiete östlich des Gebirgskamms der Sierra arid und wüstenartig; die Niederschlagsmenge liegt hier unter 250 mm pro Jahr. Einige Täler am östlichen Fuß der Sierra Nevada sind jedoch durch Bäche gut bewässert und dadurch bestens für Land- und Viehwirtschaft geeignet.

Die Gebiete in der Nordhälfte Kaliforniens und vor allem auf dem hoch gelegenen Modoc-Plateau im Nordosten bilden eine Kältewüste am westlichen Rand des Great Basin, wo robuste Beifußsträucher und kleine Wacholderhaine den unwirtlichen Bedingungen trotzen. Die Temperaturen steigen, je weiter man nach Süden kommt – besonders auffällig ist dies beim Abstieg vom Mono Lake hinunter in das Owens Valley östlich der Sierra Nevada. Zu dieser südlichen Hitzewüste (einem Teil der Mohave-Wüste) gehört auch das Death Valley, einer der heißesten Orte auf dem gesamten Planeten.

Der Südwesten

In der Tiefe des Grand Canyon liegen extrem alte Felsen, die zu den ältesten der Erde zählen. Sie bezeugen, dass das Gebiet vor 2 Mrd. Jahren unter Wasser lag. Jüngere Felsschichten im südlichen Utah verraten zudem, dass die Region einst ständig oder zumindest periodisch unter Wasser stand. Am Ende des Paläozoikums vor rund 286 Mio. Jahren stießen die Kontinente aufeinander und bildeten die Landmasse Pangaea; dabei wurde die Erdkruste verformt und unter dem Druck erhoben sich die sogenannten „Ancestral Rocky Mountains". Obwohl diese frühe Gebirgskette im Osten lag, formte sie Flüsse und Sedimentablagerungen, mit denen der Südwesten seine heutige Gestalt anzunehmen begann.

Der Vorgang endete vor rund 60 Mio. Jahren, als sich Nordamerika von Europa abtrennte, über den als Ostpazifische Platte bekannten Teil der Erdkruste nach Westen glitt und dabei einen immer breiter werdenden Golf hinterließ, der schließlich zum Atlantik wurde. Die Ostpazi-

Am Abend des 5. Juli 2011 wurde Phoenix von einem kilometerhohen Staubsturm mit einem geschätzten Ausmaß von 160 km umhüllt, der eine Geschwindigkeit von über 80 km/h erreichte. Innerhalb der Staubwolke sah man bestenfalls noch 400 m weit, mitunter aber nicht einmal mehr die eigene Hand vor Augen. Es gab Stromausfälle und der Internationale Flughafen von Phoenix musste vorübergehend geschlossen werden.

fische Platte kollidierte dann mit der Nordamerikanischen. Bei diesem Zusammenstoß, der sogenannten Laramischen Orogenese, entstanden die modernen Rocky Mountains; ein altes Becken wurde angehoben und zum heutigen Colorado-Plateau. Fragmente der Ostpazifischen Platte lagerten sich an die Nordamerikanische Platte an, sodass der Südwesten, einst eine Küstenregion, zu einem Binnenland in immer größerer Entfernung zum Ozean wurde.

Während bis zu diesem Zeitpunkt Kompression und Kollisionen die Entwicklung bestimmten, begann sich die Erdkruste vor rund 30 Mio. Jahren in Ost-West-Richtung zu strecken. Die dünnere, gestreckte Kruste in New Mexico und Texas riss in Schwächezonen sogenannte Verwerfungen auf, und es bildete sich ein Grabenbruch, in dem heute der Rio Grande durch New Mexico fließt. Die gleichen Kräfte schufen die Stufenplateaus im nördlichen Arizona und südlichen Utah.

In seinem Klassiker *Desert Solitaire: A Season in the Wilderness* berichtet Edward Abbey über seine „Wüstenphilosophie" und seine Einsichten. Das Buch ist ein Muss für Wüstenfans und Umweltschützer.

Während der Eiszeiten im Pleistozän bildeten sich überall im Südwesten große Gewässer. Utahs Great Salt Lake ist das berühmteste Überbleibsel dieser einst mächtigen eiszeitlichen Seen. Vollständig ausgetrocknete ehemalige Seebecken mit Salzkruste fallen besonders zahlreich bei einer Fahrt durch Nevada ins Auge.

In den letzten Jahrmillionen war wohl die Erosion die vorherrschende Kraft. Starke Stürme und Regenfälle zersetzten das weiche Sedimentgestein, während die Auffaltung der Rocky Mountains dafür sorgte, dass die Flüsse, die sich durch den Südwesten wanden, größer und reißender wurden und tiefe Canyons in die Landschaft gruben. Fast alle jüngeren geologischen Merkmale im Südwesten, von den Felsbogen (im Arches National Park gibt es davon mehr als 2000 aus Sandstein) bis hin zu den Hoodoos, sind das Resultat von Verwitterung und Erosion.

Der geografische Aufbau

Das Colorado-Plateau ist ein äußerst eindrucksvolles, fast undurchdringliches, 336 700 km² großes Tafelland in jenem Gebiet, wo Colorado, Utah, Arizona und New Mexico aufeinandertreffen. Das Plateau entstand in einem uralten Becken als eine bemerkenswert kohärente Formation klar erkennbarer Sedimentschichten und blieb vergleichsweise unverändert, auch wenn das Land ringsum von mächtigen Kräften zusammengequetscht, gedehnt und verformt wurde.

Das beste Zeugnis für die lang anhaltende Stabilität des Plateaus sind die deutlich erkennbaren Sedimentschichten der Felsen, die sich über 2 Mrd. Jahre zurückverfolgen lassen. Ihnen ist die Entstehung der Stratigrafie zu verdanken, die Entschlüsselung erdgeschichtlicher Prozesse mithilfe von Felsschichten: Verschiedene Arbeiten studierten die erstaunliche Abfolge von Schichten, die der tief einschneidende Colorado am Grand Canyon freigelegt hatte. Überall im Südwesten, vor allem aber auf dem Colorado-Plateau, künden diese Schichten von einer vielfältigen Vorzeit mit uralten Ozeanen, Küstensümpfen und Sanddünen.

Pages of Stone: Geology of the Grand Canyon & Plateau Country National Parks & Monuments von Halka und Lucy Chronic ist eine ausgezeichnete Einführung in die vielfältige Landschaft des US-amerikanischen Südwestens.

Landschaftliche Merkmale

Der Südwesten hat jede Menge beeindruckender Felsformationen zu bieten. Der Grund hierfür: Viele Sedimentschichten der Region sind so weich, dass Regen und Erosion fantastische Formen aus ihnen herausmeißeln konnten. Doch nicht jede Art von Regen kann dies bewirken – es muss schon ein harter, sporadischer Regen sein; häufiger Regen hingegen würde die Formationen einfach wegspülen. Zwischen den Regenfällen müssen zudem lange Trockenphasen herrschen, die die erodierenden Formationen intakt halten können. Die große Farbvielfalt stammt von der einzigartigen Mineralzusammenstellung der unterschiedlichen Steinarten.

Geologie des Grand Canyon

Arizonas Grand Canyon ist das bekannteste geologische Merkmal im Südwesten der USA – und das aus gutem Grund: Er ist so riesig, dass die menschliche Vorstellungskraft ihm gegenüber winzig wirkt. Überdies sind in ihm 2 Mrd. Jahre der Erdgeschichte „aufgezeichnet" – eine gewaltige Zeitspanne, wenn man bedenkt, dass das Alter der Erde 4,6 Mrd. Jahre beträgt. Die 446 km lange Schlucht selbst ist demgegenüber jung, nämlich lediglich 5 bis 6 Mio. Jahre alt. Geformt wurde sie vom mächtigen Colorado, als sich das Land hob. Die Wände des Canyons spiegeln die unterschiedliche Härte der mehr als zehn Gesteinsschichten wider, aus denen sie bestehen. Schiefer beispielsweise zerbröselt leicht und bildet Schutthänge, während die robusteren Kalk- und Sandsteine markante Klippen ausbilden.

Die Schichten, die den Großteil der Wände des Canyons bilden, lagerten sich hier während des Paläozoikums an, also rund 542 bis 251 Mio. Jahre vor der heutigen Zeit. Diese Formationen ruhen auf einer Reihe von 1 bis 2 Mrd. Jahre alter Gesteine auf dem Grund der inneren Schlucht des Canyons. Zwischen diesen beiden deutlich erkennbaren Gesteinssorten befindet sich die „Great Unconformity", eine mehrere Hundert Millionen Jahre umfassende Lücke in der geologischen Aufzeichnung, wo die Erosion über 3600 m Gestein abgetragen hat und damit ein großes Rätsel hinterließ.

Der Nordwesten

Zwischen 16 und 13 Mio. Jahre vor unserer Zeit erlebten das heutige östliche Oregon und Washington eine der erdgeschichtlich frühesten Episoden vulkanischer Aktivität. Aufgrund sich verändernder Spannungen innerhalb der Erdkruste begannen große Teile des westlichen nordamerikanischen Binnenlands entlang Tausender Risse aufzubrechen, wobei riesige Mengen von Lava freigesetzt wurden und das Land überfluteten. Oft wurde so viel Lava frei, dass sie den Kanal des Columbia River ausfüllte und in Oregon die Küste erreichte, wo sie dann zu vorspringenden Landzungen wie dem Cape Lookout erstarrte. Heute sind die erstarrten Lavaströme im östlichen Oregon und Washington noch leicht an den spektakulären, nackten Felskanten und abgeflachten Mesas erkennbar.

Außerdem bildete sich in den Eiszeiten der letzten 2 Mio. Jahre immer wieder ein zusammenhängender, massiver Eisschild, der von Washington bis nach British Columbia reichte – praktisch jeder Gebirgszug im Rest der Region war von Gletschern bedeckt.

Tiere & Pflanzen

Obwohl die überwältigenden Massen von Tieren, die es bei der Ankunft der ersten europäischen Siedler hier gab, längst der Vergangenheit angehören, kann man im Westen an den richtigen Stellen und zur richtigen Jahreszeit immer noch eine ganze Menge Wildtiere beobachten.

Reptilien & Amphibien

An Frühlingsabenden kann man in den Canyons im Südwesten die lauten Rufe der Schluchtenbaumfrösche oder der Rotpunktkröten vernehmen. Nach dem Sonnenaufgang tummeln sich Eidechsen und Schlangen vieler verschiedener Arten zwischen den Felsen und Sträuchern. Westliche Zaunleguane sind in den Parks der Region besonders häufig, Besucher können aber immer darauf hoffen, auch seltenere Arten wie die merkwürdige giftige Gila-Krustenechse zu Gesicht zu bekommen. Ebenso faszinierend sind die vielen farbenfrohen Klapperschlangen, die im Südwesten leben. Werden sie aufgestört, können sie zubeißen. Ihr Gift ist auch für Menschen gefährlich und ein Biss auf alle Fälle schmerzhaft – doch sind diese Tiere ruhig und scheu, solange man sie in Frieden lässt.

Viele der im Südwesten weit verbreiteten Blumen beschreibt Damian Fagan in seinem Buch *Canyon Country Wildflowers*.

DIE FLORA DES WESTENS

Die vielen großen Gebirgszüge des Westens bieten der heimischen Flora eine bemerkenswerte Vielfalt ökologischer Nischen. Die Pflanzenwelt der Region lässt sich anhand der Höhen- bzw. Vegetationsstufen charakterisieren, denen sich die jeweiligen Pflanzen perfekt angepasst haben.

In den am tiefsten liegenden Gebieten des Südwestens, d.h. unter 1200 m, schaffen hohe Temperaturen und Wassermangel eine Wüstenzone, in der ausdauernde Pflanzen wie Kakteen, Beifußgewächse und Agaven wachsen. Viele dieser Pflanzen haben kleine Blätter, um den Wasserverlust zu reduzieren, oder können wie Kakteengewächse Wasser speichern, um lange Dürreperioden zu überstehen.

Auf mittlerer Höhe, zwischen 1200 und 2100 m, ist es etwas kühler und feuchter, sodass hier verholzte Sträucher und kleine Bäume gedeihen. In vielen Teilen von Nevada, Utah, in Nord-Arizona und New Mexico bedecken Pinyon-Kiefern und Wacholder die unteren Berghänge und Hügel. Beide Baumarten sind klein und gedrungen.

An vielen Berghängen im Westen finden sich auf 2100 m Höhe fast artenreine Bestände der stattlichen, duftenden Gelbkiefern. Dieser Baum bestimmt die Landschaft wie kein zweiter und viele Tiere sind auf ihn angewiesen. Auch für die Holzindustrie ist er der profitabelste Baum. Boreale Wälder des Hochgebirges, bestehend aus Fichten, Tannen, Amerikanischen Zitterpappeln und weiteren Koniferen, finden sich auf den Gipfeln im Südwesten – ein Terrain kühler, feuchter Wälder und üppiger Wiesen voller Wildblumen.

Unglaublich vielfältige Blumen blühen alljährlich in den Wüsten und auf den Bergen im Südwesten. Die Blüte der Wüstenblumen beginnt im Februar, die Blumen der Bergwiesen blühen nach der Schneeschmelze bzw. wenn Sommergewitter für feuchte Böden gesorgt haben. Manche der größten und prächtigsten blühenden Pflanzen gehören zu den rund 100 Kakteenarten, die im Südwesten gedeihen.

Die Hauptblütezeit in den Wüstenregionen Südkaliforniens ist der März, während andere, tief liegende Gebiete dieses Bundesstaats erst im April in voller Blüte stehen. Da der Schnee in den Hochlagen der Sierra Nevada später schmilzt, dauert die Hochsaison zum Wandern in den Tuolumne Meadows des Yosemite National Park meist von Ende Juni bis Mitte Juli; in dieser Zeit kann man Wildblumen bewundern und fotografieren.

Im Nordwesten fängt die feuchte, raue Westseite des Kaskadengebirges die meisten vom Ozean kommenden Regenwolken ab. Die Niederschläge sorgen dort für üppig grüne Wälder, in denen sich die Pflanzen den Platz gegenseitig streitig machen. Die aride und wüstenartige Ostseite bekommt hingegen nur wenige Niederschläge ab, überwiegend wachsen hier Beifuß und andere Savannenpflanzen; vor allem in den Gebirgsausläufern gibt es aber auch hier Inseln üppigeren Pflanzenwuchses.

In puncto Bäume ist Kalifornien das Land der Superlative: Hier wachsen die höchsten Bäume der Erde (Küstenmammutbäume mit bis zu 115 m), die dicksten (die Riesenmammutbäume der Sierra Nevada mit einem Stammdurchmesser von mehr als 11 m an der Basis) und die ältesten (die Langlebigen Kiefern der White Mountains mit fast 5000 Jahren). Der Riesenmammutbaum ist ausschließlich in Kalifornien beheimatet; er gedeiht in isolierten Hainen an den Westhängen der Sierra Nevada, z.B. in den Nationalparks Yosemite, Sequoia und Kings Canyon.

Vögel

Vogelzüge

Im Südwesten der USA gibt es viele interessante Vögel – insgesamt 400 Arten. Für viele Besucher sind sie gar der Hauptgrund, in diese Region zu reisen. Das Frühjahr ist für Vogelfreunde besonders toll: Singvögel treffen aus ihren Winterquartieren im Süden ein und zwitschern nun überall munter ihre Melodien. Im Herbst ziehen Kanadakraniche und Schneegänse in langen Reihen das Tal des Rio Grande hinunter, um im Bosque del Apache National Wildlife Refuge zu überwintern. Der Great Salt Lake in Utah ist eine der wichtigsten Stationen für die Zugvögel Nordamerikas; Millionen Enten und Lappentaucher machen hier in jedem Herbst Rast, bevor sie im Anschluss an diese kleine Pause weiter nach Süden ziehen.

Kalifornien liegt an der wichtigsten Wanderroute von mehr als 350 Vogelarten, die hier entweder durchziehen oder in dem Bundesstaat den Winter verbringen. Dementsprechend ist Kalifornien eines der wichtigsten Gebiete für Vogelbeobachter in Nordamerika. Jeden November kann man beispielsweise erleben, wie sich 1 Mio. Enten, Gänse und Schwäne im Klamath Basin National Wildlife Refuge Complex versammeln. Im Winter fliegen diese Wasservögel nach Süden in die Reservate im Central Valley – eine weitere Gegend, in der man große Scharen von Zug- und Standvögeln beobachten kann.

Kalifornischer Kondor & Weißkopfseeadler

Mit seiner 2,75 m langen Flügelspanne erinnert der Kalifornische Kondor eher an einen prähistorischen Flugsaurier als an einen Vogel. Diese ungewöhnlichen Tiere – die sich in prähistorischer Zeit von den Kadavern von Mastodonten und Säbelzahnkatzen ernährten – wurden an den Rand des Aussterbens gebracht, erleben aber heute am Grand Canyon ein kleines Comeback. Nach mehreren Jahrzehnten, in denen es keine wildlebenden Kondore gab, nisten jetzt wieder einige Paare am Canyonrand. Am ehesten sieht man sie an den Vermilion Cliffs in Arizona. In Kalifornien sollte man bei der Fahrt entlang der Big-Sur-Küste oder beim Pinnacles National Monument nach ihnen Ausschau halten.

Der Nordwesten ist eine Hochburg für Weißkopfseeadler, die sich von den jährlichen Lachswanderungen ernähren und in den Wäldern nisten. Die beeindruckenden Vögel mit einer Flügelspannweite von 2,2 m versammeln sich in großen Populationen an Orten wie der Upper Skagit Bald Eagle Area in Washington und den nationalen Tierschutzreservaten in der Klamath-Basin-Region in Nordkalifornien und Südoregon. In Kalifornien haben die Weißkopfseeadler wieder Fuß auf den Channel Islands gefasst; und manchmal verbringen sie den Winter am Big Bear Lake unweit von L.A. Zu ihren schlechten Zeiten nisteten nur zwei oder drei Brutpaare in Colorado, aber diese Zahl ist jährlich um acht oder neun Paare gestiegen; 2015 gab es etwa 125 sich vermehrende Paare. Die Population der Weißkopfseeadler ist seit der Bedrohung des Bestandes durch den Einsatz von Pestiziden inzwischen landesweit wieder auf geschätzte 143 000 angestiegen.

Ein voll ausgewachsener Saguaro-Kaktus kann mehr als 1 t Wasser speichern. Saguaros wachsen langsam, erst nach 50 Jahren erreichen sie eine Höhe von rund 2 m. In Arizona ist es nicht nur verboten, auf diese Kakteen zu schießen, es ist auch gefährlich. 1982 schoss ein Vandale den Zweig eines 8 m hohen Saguaro-Kaktus ab: Dieser fiel auf den Schützen und erschlug ihn.

Säugetiere

Viele der eindrucksvollsten Säugetierarten des Westens – Grizzlys, Bisons, Präriehunde – wurden bis um 1900 fast ausgerottet. Glücklicherweise tummeln sich aber noch viele andere Säugetiere in den Wäldern und Wüsten im Westen der USA. Wer seine Augen und Ohren immer offen hält, entdeckt mit Sicherheit zumindest ein paar Maultierhirsche und Kojoten. Gerade im Winter lassen sich ihre Spuren im Schnee gut entdecken.

Bären

Der Schwarzbär ist das vielleicht bekannteste Säugetier in den Rocky Mountains. Erwachsene Männchen erreichen ein Gewicht von 125 bis 200 kg, Weibchen eines von 80 bis 115 kg. Auf allen Vieren sind sie bis zu 91 cm groß, auf die Hinterbeine aufgerichtet aber mehr als 1,50 m.

Schwarzbären leben auch im Nordwesten, im Südwesten sowie in Kalifornien. Sie ernähren sich von Beeren, Nüssen, Wurzeln, Insekten, Eiern, kleinen Säugetieren und Fischen. Rund um Campingplätze und Berghütten können sie lästig werden, wenn dort Nahrungsmittel unachtsam gelagert worden sind.

In den Carlsbad Caverns lebten einst etwa 9 Mio. Bulldoggfledermäuse. Obwohl sie in den letzten Jahren weniger geworden sind, ist ihr Abendflug immer noch eins der faszinierendsten Naturspektakel in Nordamerika.

In den Gebirgswäldern Kaliforniens leben etwa 25 000 bis 35 000 Schwarzbären, deren Fell aber nicht unbedingt schwarz sein muss, sondern auch ins Dunkelbraune, Zimtfarbene oder sogar Hellbraune spielen kann.

Der Grizzlybär, das Wappentier auf der Flagge Kaliforniens, war einst zahlreich an den kalifornischen Küsten und auf Wiesen zu finden und fraß einfach alles – von Walkadavern bis hin zu Eicheln. Besonders viele Grizzlys lebten im Central Valley. Doch nach gnadenloser Jagd wurde der Grizzlybär Anfang des 20. Jhs. dort ausgerottet. In Colorado gelten Grizzlys als gefährdete Spezies, sind aber de facto nahezu sicher aus dem Staat verschwunden; der letzte dokumentierte Grizzly in Colorado wurde 1979 getötet. Im Jahr 2016 schätzten Wissenschaftler, dass zwischen 674 und 839 Grizzlys im Yellowstone National Park leben. Eine aktuelle Studie legt nahe, dass die Einführung von Wölfen in Yellowstone der Grizzly-Population helfen könnte – Wölfe fressen Rothirsche, wodurch mehr Beeren für die Grizzlys übrig bleiben könnten.

Wapitis

Mehr als 3000 Wapitis ziehen im Rocky Mountain National Park umher, der eine Winterherde von etwa 600 bis 800 Tieren beheimatete. Ausgewachsene Wapiti-Bullen können bis zu 550 kg, Hirschkühe bis zu 300 kg schwer werden. Männliche wie weibliche Tiere haben dunkle Hälse und helle Körper. Wie Dickhornschafe wurden auch Wapitis bis zum Jahr 1890 rund um Estes Park durch extensive Jagd praktisch ausgerottet. 1913/14 brachten Tierschützer aus Estes Park 49 Wapitis vom Yellowstone in den ein Jahr später gegründeten Rocky Mountain National Park. Die dort seitdem anwachsende Wapiti-Population ist einer der größten Erfolge des National Park Service.

Zu den typischen Tieren des Nordwestens gehört der Olympic-Wapiti, dessen unheimliche Brunftschreie im September und Oktober überall in den Waldgebieten der Region zu hören sind. Ausgewachsene Bullen werden bis zu 500 kg schwer und tragen ein 1,5 m breites, ausladendes Geweih. Im Winter sammeln sich große Gruppen der Hirsche in den Tälern des Tieflands und am Spirit Lake Memorial Highway im Mt. St. Helens National Volcanic Monument, wo man sie beobachten kann. Im Olympic National Park gibt es die größte frei lebende Herde von Olympic-Wapitis im Nordwesten.

Dickhornschafe

Der Rocky Mountain National Park ist schon ein besonderer Ort: Das Verkehrszeichen „Dickhornschaf-Wildwechsel" wird man wohl nirgendwo sonst zu Gesicht bekommen. Vom Ende des Frühlings bis zum Ende des Sommers wechseln Gruppen von bis zu 60 Schafen – in der Regel Mutterschafe mit ihren Lämmern – vom Moränenkamm nördlich des Highways über die Straße zu den Sheep Lakes im Horseshoe Park. Während geschlechtsreife Widder große, eingerollte Hörner tragen, haben die Weibchen säbelförmig nach hinten gerichtete Hörner, die nur etwa 25 cm lang werden. Die Sheep Lakes sind Verdunstungsbecken, an deren Rändern sich Salz ablagert, das die Mutterschafe anlockt, nachdem sie im Mai oder Juni geworfen haben; am Morgen und am frühen Nachmittag können sie an den Becken beobachtet werden. Im August schließen sie sich dann wieder den Widdern in der Mummy Range an.

Gabelböcke

Die offenen Ebenen im östlichen Oregon und in Washington sind der Tummelplatz der Gabelböcke: seltsam anmutender, hirschähnlicher Kreaturen, die anstelle eines Geweihs zwei einzelne schwarze, oben gegabelte Hörner tragen. Sie sind die einzigen rezenten Vertreter der Familie der Gabelhornträger in der Unterordnung der Wiederkäuer (und trotz ihres englischen Namens *pronghorn antelope* mit Antilopen nicht näher verwandt). Man findet sie nur im amerikanischen Westen. Selbst längere Strecken können sie mit einer Geschwindigkeit von knapp 100 km/h zurücklegen. Damit sind sie das zweitschnellste Landtier auf Erden und – gemessen auf eine Distanz von 5 km – wahrscheinlich sogar das schnellste.

Umweltfragen

Der Wachstum im Westen hat seinen Preis. Im Nordwesten haben die Erzeugung günstiger Wasserkraft sowie massive Bewässerungsprojekte entlang des Columbia River zu einer eventuell unwiderruflichen Zerstörung des Fluss-Ökosystems geführt. Zahlreiche Dämme haben den meisten Wanderrouten der einheimischen Lachse einen Riegel vorgeschoben und belasten zudem das Leben der verbliebenen amerikanischen Ureinwohner, die vom Fluss abhängig sind. Die Rodung der Altholzwälder hat hässliche Narben hinterlassen. Die Region am Puget Sound in Washington und die riesigen Vororte Portlands ächzen unter dem Gewicht einer rapide wachsenden Bevölkerung.

Anhaltende Kontroversen im Südwesten sind etwa die Lage von Atomkraftwerken sowie der Transport und die Lagerung nuklearer Abfälle – besonders am Yucca Mountain, der nur 145 km von Las Vegas entfernt liegt. Inzwischen wird in weiten Teilen des Westens das umstrittene Fracking praktiziert – eine Form der Öl- und Erdgasförderung, bei der durch hohen Druck Spezialflüssigkeiten in die Risse des Lagerstättengesteins gepresst werden, um deren Durchlässigkeit zu erhöhen – was zu Minibooms in ehemals wirtschaftlich eher schlecht aufgestellten Gebieten geführt hat, aber auch allerlei Umweltprobleme mit sich bringt, von verschmutztem Grundwasser bis hin zu einem Todesfall in Colorado.

Auch die Wasserverteilung und -verfügbarkeit geben Anlass zur Sorge. In einer trockenen Gegend wie dem Südwesten drehen sich viele der bedeutenden Umweltfragen um Wasser. Dürreperioden haben die Region so stark in Mitleidenschaft gezogen, dass Forscher bereits warnten, der 177 km lange Lake Mead könne mit einer Wahrscheinlichkeit von 50 % bis zum Jahr 2021 völlig austrocknen. 12 bis 36 Mio. Menschen in Städten wie Las Vegas, Los Angeles oder San Diego wären mit Wasserknappheit konfrontiert.

Der Bau von Dämmen und vom Menschen geschaffene Wasserläufe im gesamten Südwesten haben ein heikles Gleichgewicht zerstört, das zahllose Jahrtausende lang für Leben sorgte. Dämme beispielsweise stauen Fluten mit warmem Wasser auf und halten Leben spendende Nährstoffe zurück – Sedimente, die einst für die Regeneration von Überschwemmungsebenen sorgten, unzählige Nahrungsketten von Wasser- und Uferbewohnern bereicherten und Voraussetzung für das Fortbestehen uralter endemischer Fischarten waren, die heute vom Aussterben bedroht sind. Statt der ergiebigen jährlichen Hochwasser geben die Dämme heute unentwegt kaltes Wasser frei, das vor allem die eingeschleusten Fische und Unkrautpflanzen nährt, die in den Flüssen des Westens inzwischen überhandnehmen. Der Plan, vier Dämme am Klamath River in Oregon und Kalifornien zurückzubauen, soll bis zum Jahr 2020 umgesetzt werden. Diese Trendwende könnte zu einem Präzedenzfall für andere Flüsse werden. Die größte Flussrestaurierung in der Geschichte der USA wird den Fischen ihre Wanderwege zurückgeben und auch positive Auswirkungen auf die Wasserqualität haben.

Ein von der National Academy of Sciences im Jahr 2016 veröffentlichter Bericht besagt, dass der von Menschen verursachte Klimawandel hinter dem exponentiellen Anstieg der Waldbrände in den westlichen USA steht. Laut dem Bericht ist die Bedrohung im Nordwesten am höchsten, einschließlich Idaho, Wyoming, Montana, dem Osten von Oregon sowie dem Osten des Bundesstaates Washington.

Marc Reisners Buch *Cadillac Desert: The American West and Its Disappearing Water* stellt ausführlich dar, wie die explosionsartig wachsende Bevölkerung im Westen Nordamerikas praktisch jeden verfügbaren Tropfen Wasser verbraucht.

Die Anstrengungen zum Schutz des Lachses gelten den Beständen an der gesamten Pazifikküste, vom russischen Fernen Osten bis hinunter zum nördlichen Kalifornien. Weitere Infos gibt's unter www.wildsalmoncenter.org.

Daten belegen einen Temperatanstieg in der Region, während gleichzeitig die Schneedecke abgenommen hat. Steigende Meeresspiegel und trockenere Wälder bringen komplexe Auswirkungen für die Bevölkerung und ganze Ökosysteme mit sich. Mit dem Austritt der Vereinigten Staaten aus dem Pariser Klimaabkommen im Jahr 2017 unternehmen viele Bundestaaten (einschließlich Washington, Kalifornien und Oregon) sowie Städte (einschließlich L.A., Seattle und Denver) Anstrengungen, dennoch den Verpflichtungen des Abkommens zu entsprechen – schon der Sicherung ihrer eigenen Zukunft wegen.

Praktische Informationen

Allgemeine Informationen

Botschaften & Konsulate

Neben ihren Botschaften in Washington, D. C. (s. unten; Komplettverzeichnis unter www.embassy.org) unterhalten einige Länder zusätzlich Konsulate in Los Angeles an der Westküste. Deren Adressen lassen sich online, per *Yellow Pages* (Gelbe Seiten; unter *Consulates*) oder über die örtliche Telefonauskunft ermitteln.

Deutschland (☎202-298-4000; www.germany.info; 4645 Reservoir Rd NW; ⊙Mo–Do 8–11.45 & 13–14.30, Fr 8–12 Uhr; 🚌D6)

Kanada (☎202-682-1740; www.can-am.gc.ca; 501 Pennsylvania Ave NW; ⊙Mo–Fr 8.30–16.40 Uhr; Ⓜ Green od. Yellow Line bis Archives)

Mexiko (☎202-728-1600; https://embamex.sre.gob.mx/eua; 1911 Pennsylvania Ave NW; ⊙Mo–Fr 9–18 Uhr; Ⓜ Orange, Silver od. Blue Line bis Farragut West)

Österreich (☎202-895-6700; www.austria.org; 3524 International Court NW)

Schweiz (☎202-745-7900; www.swissemb.org; 32900 Cathedral Ave NW).

Ermäßigungen

America the Beautiful Interagency Annual Pass (www.nps.gov/findapark/passes.htm; store.usgs.gov/pass) Die Jahreskarte (80 US$) berechtigt ein Jahr lang den Fahrer und alle Mitfahrer eines Privatfahrzeugs bzw. vier Erwachsene ab 16 Jahren und alle Kinder unter 16 Jahren zum freien Eintritt in alle Nationalparks und Erholungsgebiete, die von Bundeseinrichtungen wie dem United States Forest Service oder dem Bureau of Land Management verwaltet werden. Die Karte kann online oder an den Zugängen aller Nationalparks gekauft werden.

American Automobile Association (www.aaa.com) Mitglieder der AAA und ihrer ausländischen Partnerorganisationen erhalten kleine Ermäßigungen auf Amtrak-Zugtickets, bei Autovermietungen sowie in Motels und Hotels (in der Regel 5 bis 15 %), bei Restaurantketten, bestimmten Läden, Touren und Themenparks. Eine Rabattkarte gibt es online z. B. beim ADAC (www.adac.de).

International Student Identity Card (www.isic.de, www.isic.at, www.isic.ch; 26 US$) Mit dem Internationalen Studentenausweis erhalten Vollzeitstudierende Ermäßigungen bei Fluglinien, Reiseversicherern und diversen Attraktionen. Ähnliche Vorteile gibt es für Nichtstudierende unter 31 Jahren mit der International Youth Travel Card (26 US$). Die Ausweise werden von Studentenvereinigungen, Hostel-Verbänden und studentischen Reisebüros ausgestellt.

Student Advantage Card (www.studentadvantage.com) US-amerikanische und ausländische Studenten sparen mit dieser Karte 10 % bei der Amtrak und 20 % bei Greyhound. Überdies gibt es Ermäßigungen bei einigen Ladenketten und Autovermietern.

Etikette

Begrüßung Sollte nicht zu körperlich ausfallen: Manche Amerikaner umarmen ihr Gegenüber; Großstädter tauschen mitunter Wangenküsse aus. Vor allem Männer beschränken sich aber meist auf Händeschütteln.

Höflichkeit Beim Betreten bzw. Verlassen von Läden sind ein paar Worte an das Personal üblich. Da reicht ein *hello* (hallo) bzw. *Have a nice day!* (Einen schönen Tag noch!). Zudem lächeln Amerikaner sehr viel – wenn auch oft nur aus reiner Höflichkeit.

Pünktlichkeit Ist stets angebracht: Viele Amerikaner betrachten Wartenlassen als sehr unhöflich.

Rauchen Selbst im Freien teils tabu: Die meisten Amerikaner haben etwas gegen Raucher. So ist das Qualmen oft sogar in Parks, auf Promenaden und an Stränden verboten.

Feiertage & Ferien

An folgenden öffentlichen Feiertagen sind landesweit alle Banken, Schulen und Behörden (auch die Post) geschlossen; bei Verkehrsmitteln, Museen und anderen Einrichtungen gelten die

Sonntagspläne. Feiertage, die aufs Wochenende fallen, werden meist am folgenden Montag nachgeholt.

Neujahr 1. Januar

Martin Luther King Jr. Day Dritter Montag im Januar

Presidents' Day Dritter Montag im Februar

Memorial Day letzter Montag im Mai

Independence Day 4. Juli

Labor Day Erster Montag im September

Columbus Day Zweiter Montag im Oktober

Veterans Day 11. November

Thanksgiving Vierter Donnerstag im November

Weihnachten 25. Dezember

Während des Spring Break (März & April) haben College- und Grundschüler eine Woche frei. Sommerferien sind von Juni bis August.

Fotografie

- Filme gibt's in speziellen Fotogeschäften. Speicherkarten für Digitalkameras sind häufig erhältlich bei Kaufhausketten wie Best Buy und Target.
- In einigen Stammesgebieten der amerikanischen Ureinwohner ist das Fotografieren und Filmen streng verboten. Wenn es erlaubt ist, muss man eventuell eine Genehmigung erwerben. Man sollte vorher immer um Erlaubnis fragen, wenn man jemanden aus der Nähe knipsen will; wer einverstanden ist, könnte vielleicht ein kleines Trinkgeld erwarten.
- Für weitere Infos zum Fotografieren empfiehlt sich der Lonely Planet Band *Guide to Travel Photography*.

Frauen unterwegs

- Frauen – egal, ob sie allein reisen oder in Gruppen unterwegs sind – dürften in den USA eigentlich keine Probleme haben. In puncto Sicherheit sollten alleinreisende Frauen natürlich die üblichen Vorsichtsmaßnahmen berücksichtigen.
- Wenn man jemanden gerade erst kennengelernt hat, sollte man ihm nicht gleich sagen, wo man wohnt, und schon gar nicht, dass man allein unterwegs ist. Amerikaner helfen Alleinreisenden manchmal bereitwillig oder nehmen sie sogar auf. Aber man sollte nicht jedes Angebot annehmen. Wenn man bei jemandem eingeladen ist, der einem vertrauenswürdig erscheint, sollte man trotzdem jemand anderen (z. B. dem Hostel- oder Hotelmanager) über seine Pläne informieren und sagen, wohin man geht.
- Gleiches gilt auch, wenn man sich allein zu einer Wanderung aufmacht. Nur so kann man sicher sein, dass es nicht unbemerkt bleibt, wenn man zur angekündigten Zeit nicht zurückgekehrt sein sollte, und ggf. die Suche aufgenommen wird.
- Einige Frauen haben stets eine Trillerpfeife, Reizgas oder Pfefferspray zur Selbstverteidigung dabei. Wer Pfefferspray kaufen will, sollte sich bei der örtlichen Polizei nach den entsprechenden Bestimmungen erkundigen. Die Gesetze sind diesbe-

TIPPS FÜR VIELKNIPSER

- Wer mit einer Digitalkamera unterwegs ist, sollte Ersatzakkus/-batterien und ein Ladegerät dabeihaben.
- Wer noch mit einer analogen Kamera fotografiert, wird bei den meisten Außenaufnahmen mit einem Film mit einer Lichtempfindlichkeit von ISO 200/24° auskommen.
- Sehr nützlich ist ein Zoomobjektiv mit variabler Brennweite. Längere Brennweiten erlauben Nahaufnahmen von Details, kürzere Panoramaaufnahmen. Und noch ein Tipp: Viele machen den Fehler, zu viel Landschaft rund um eine Person oder einen Gegenstand aufzunehmen anstatt sich auf ein Objekt zu konzentrieren.
- Morgens und abends ist die beste Zeit zum Fotografieren. Ein- und derselbe Sandsteinfelsen kann im Laufe des Tages in vier oder fünf Farbtönen schimmern – die wärmsten Töne erwischt man jedoch bei Sonnenuntergang. Rottöne kommen oft besser zur Geltung, wenn das Foto leicht unterbelichtet wird.
- Rottöne können mit speziellen Rotfiltern, die direkt aufs Objektiv gesetzt werden, verstärkt werden. Dies reduziert Blautöne an bewölkten oder dunkleren Tagen. Digitalkameras bieten analog dazu meist die Möglichkeit, die Farbtemperatur zu reduzieren (der Weißabgleich muss je nach Modell auf „wolkig" o. Ä. gestellt werden.
- Der Ratschlag, niemals im Gegenlicht (also Richtung Sonne) zu fotografieren, trifft oft, aber nicht immer zu. Bei Nahaufnahmen und Porträts kann ggf. ein Gegenlichtblitz zum Einsatz kommen. Doch Vorsicht: Zu viel direktes Sonnenlicht kann die Sensoren günstiger Handy- und Digitalkameras im Extremfall beschädigen.

PRAKTISCH & KONKRET

Maße & Gewichte

- Gewichte: Unze (*ounce*, oz; 28,35 gr), Pfund (*pound*, lb; 453 gr), Tonne (*ton*, t; 907,18 kg)
- Volumen: Unze (*ounce*, oz; 30 ml), US-Pint (*pint*; 473 ml), US-Quart (*quart*; 0,95 l), US-Gallone (*gallon*, gal; 3,79 l)
- Längenmaße: Fuß (*foot*, ft; 30,48 cm), Yard (yd; 91,44 cm), Meile (*mile*, mi; 1,609 km)

Radio & TV

- Radio-Nachrichten: National Public Radio (NPR), unteres Ende der UKW/FM-Frequenz
- TV-Sender: ABC, CBS, NBC, FOX, PBS (öffentlich-rechtliches Fernsehen)
- Wichtige Fernsehsender: CNN (Nachrichten), ESPN (Sport), HBO (Filme, Serien, TV), Wetterkanal

Video & DVD

- DVD-Regionencode 1 (nur USA und Kanada)

Zeitungen & Zeitschriften

- Nationale Zeitungen: *New York Times, Wall Street Journal, USA Today*
- Zeitungen im Westen: *Arizona Republic, Denver Post, Seattle Times, Los Angeles Times, San Francisco Chronicle*
- Landesweite Nachrichtenmagazine mit breiter Leserschaft: *Time, US News & World Report*

züglich von Bundesstaat zu Bundesstaat verschieden. Allerdings verbieten die US-Bundesgesetze deren Mitnahme in Flugzeugen.

- Opfer sexueller Übergriffe wenden sich am besten zuerst an die Hotline für Vergewaltigungsopfer und rufen danach die Polizei an. Wenn man in unmittelbarer Gefahr schwebt, sollte man aber die ☎911 anrufen. Achtung: Nicht alle Polizeibeamten besitzen genug Sensibilität oder Erfahrung im Umgang mit Opfern sexueller Gewalt. Die Angestellten der Krisenzentren hingegen setzen sich unermüdlich für solche Opfer ein und fungieren als Vermittler im Krankenhaus und bei der Polizei. In Telefonbüchern sind Anlaufstellen für Vergewaltigungsopfer aufgeführt. Zudem stehen die National Sexual Assault Hotline (☎800-656-4673) und die Notaufnahmen von Krankenhäusern rund um die Uhr zur Verfügung.

Gefahren & Ärgernisse

Der westliche Teil der USA ist ein recht sicheres Reiseziel: Die größte Gefahr sind hier Verkehrsunfälle. In manchen Nationalparks gibt's möglicherweise Probleme mit Wildtieren, wenn lokal angebrachte Vorsichtsmaßnahmen (z. B. in puncto Lebensmittellagerung) nicht beachtet werden. Von den Großstädten im US-Westen hat L.A. die höchste Kriminalitätsrate. Aber auch dort werden Touristen generell nur sehr selten zu Opfern von Gewaltverbrechen.

Geld

Geldautomaten gibt es in den USA überall. Die meisten amerikanischen Hotels, Restaurants und Läden akzeptieren Kreditkarten (für Zimmerreservierungen und Mietwagen sind diese in der Regel obligatorisch).

Bargeld

Die meisten Amerikaner tragen im Alltag keine großen Barsummen bei sich. Stattdessen verlassen sie sich auf Geldautomaten, Kredit- bzw. Lastschriftkarten oder Smartphones. Für Touristen empfiehlt sich dennoch stets ein gewisser Dollar-Vorrat in bar: Campingplätze, Cafés und Restaurants akzeptieren mitunter kein Plastikgeld.

Geldautomaten

- Geldautomaten sind in den meisten Banken, Einkaufszentren, Flughäfen und größeren Supermärkten zu finden.
- Pro Transaktion wird eine Gebühr von mindestens 2,50 US$ fällig; hinzu kommen die Gebühren der eigenen Bank. An Geldautomaten in Las Vegas werden mitunter 5 US$ fällig.
- Die meisten Geldautomaten sind an internationale Debitkartensysteme angeschlossen und haben ordentliche Wechselkurse.
- Wer mit der Kreditkarte Geld vom Automaten abhebt, muss mit heftigen Gebühren und Zinssätzen rechnen. Achtung: Es wird die PIN benötigt!

Geldwechsel

- Geld wechseln kann man an den großen Flughäfen, in einigen Banken und in Wechselstuben wie **American Express** oder **Travelex**. Immer zuerst nach den Wechselkursen und Gebühren fragen!

- Außerhalb der Großstädte könnte es schwierig werden, Geld umzutauschen. Deshalb sollte man immer eine Kreditkarte und ausreichend Bargeld mit sich führen.

Kreditkarten

Bekannte Kreditkarten (Visa, MasterCard und American Express) werden fast überall akzeptiert. Tatsächlich ist es fast unmöglich, ohne eine Kreditkarte ein Auto zu mieten, ein Zimmer zu buchen oder telefonisch Tickets zu kaufen. Im Notfall können Kreditkarten sogar die Rettung sein.

Reiseschecks

- Reiseschecks werden heutzutage nur noch selten genutzt.
- Größere Restaurants, Hotels und Kaufhäuser nehmen sie oft noch an (nur in US-Dollar), kleinere Geschäfte, Märkte und Fastfood-Ketten lehnen sie sehr wahrscheinlich ab.

Steuern

- Die Verkaufssteuer variiert je nach Bundesstaat und County; sie reicht von 0 % in Montana bis 7,25 % in Kalifornien.
- Die Hotelsteuern fallen je nach Stadt unterschiedlich aus.

Trinkgeld

Trinkgelder sind in den USA als obligatorisch anzusehen. Nur wenn der Service wirklich außerordentlich schlecht ist, sollte man gar nichts geben.

Barkeeper 10–15 %/Runde, min. 1 US$/Getränk

Concierge Für einfache Infos nichts, doch bis zu 20 US$ für schwierige Reservierungen, Karten für ausverkaufte Shows etc.

Gepäckträger am Flughafen und Hotelpagen 2 US$/Gepäckstück, min. 5 US$/Gepäckwagen

Kellner und Zimmerservice 15–20 % (sofern nicht bereits in der Rechnung enthalten)

Parkservice Min. 2 US$ bei Rückgabe des Autoschlüssels

Taxifahrer 10–15 % des Fahrpreises (auf den nächsten vollen Dollarbetrag aufrunden)

Zimmermädchen 2–4 US$/Tag unter der vorgesehenen Karte; mehr bei großer Unordnung

Wechselkurse

Eurozone	1 €	1,24 US$
	1 US$	0,81 €
Kanada	1 C$	0,79 US$
	1 US$	1,27 C$
Mexiko	10 Mex$	0,55 US$
	1 US$	18,27 Mex$
Schweiz	1 SFr	1,05 US$
	1 US$	0,95 SFr

Aktuelle Wechselkurse gibt's z. B. unter www.xe.com.

Gesundheit

Gesundheitsrisiken

DEHYDRATATION, HITZEERSCHÖPFUNG & HITZSCHLAG

- Man sollte es langsam angehen lassen, während man sich akklimatisiert – besonders an heißen Sommertagen und in der Wüste.
- Viel Wasser trinken! Bei körperlicher Anstrengung im Freien werden täglich 3,5 l pro Person empfohlen.
- Dehydratation (Wassermangel) und Salzmangel können zur Hitzeerschöpfung führen, was sich oft durch starkes Schwitzen, Blässe, Müdigkeit, Kopfschmerzen, Übelkeit, Erbrechen, Schwindel, Muskelkrämpfe und Kurzatmigkeit zeigt.
- Wer sich über längere Zeit ununterbrochen hohen Temperaturen aussetzt, könnte einen schlimmstenfalls tödlichen Hitzschlag erleiden. Warnzeichen sind Bewusstseinstrübung, Hyperventilation sowie stark gerötete, heiße und trockene Haut (durch das Ausbleiben der Schweißabsonderung).
- Der Weg ins Krankenhaus ist unerlässlich. Sofortmaßnahmen: Aus der Sonne gehen, wärmespeichernde Kleidung ablegen (Baumwolle ist o. k.) und den überhitzten Körper kontinuierlich mit Wasser und/oder Luftzufuhr abkühlen. Hilfreich sind Eispackungen im Nacken, unter den Achseln und in der Leistengegend.

HÖHENKRANKHEIT

- Besucher aus tiefer gelegenen Gebieten erleben mitunter starke physiologische Veränderungen, wenn sich der Körper akklimatisiert.
- Zu den Symptomen, die am ersten Tag auftreten, zählen Kopfschmerzen, Müdigkeit, Appetitlosigkeit, Übelkeit, Schlaflosigkeit, verstärkter Harndrang und Hyperventilation aufgrund von Überanstrengung.
- Die Symptome klingen normalerweise innerhalb von 24 bis 48 Stunden ab.
- Eine Faustregel: Vor Abklingen der Symptome sollte man niemals noch weiter hinaufsteigen.

PREISKATEGORIEN: ESSEN

Die folgenden Angaben gelten jeweils für ein normales Hauptgericht am Abend. Getränke, Vorspeisen, Desserts, Steuern und Trinkgelder kommen stets noch extra hinzu. Tipp: Dieselben Gerichte sind mittags meist günstiger (teils bis zu 50 %).

$	unter 15 US$
$$	15–25 US$
$$$	über 25 US$

- In schweren Fällen können auch extreme Desorientierung, Ataxie (Störungen der Bewegungskoordination und des Gleichgewichts), Atemprobleme (vor allem hartnäckiger Husten) und Erbrechen auftreten. In so einem Fall sofort absteigen und ein Krankenhaus aufsuchen!
- Um die Beschwerden der oben genannten leichteren Symptome abzumildern, sollte man viel Wasser trinken und es langsam angehen lassen – in Santa Fe auf 2100 m Höhe setzt einem ein kleiner Spaziergang stärker zu als ein steiler Anstieg in tiefen Gefilden.

HYPOTHERMIE (UNTERKÜHLUNG)

- Skifahrer und Wanderer werden feststellen, dass die Temperaturen in den Bergen und Wüsten sehr schnell unter den Gefrierpunkt fallen können, besonders im Winter oder beim Canyoning. Selbst ein plötzlicher Frühlingsregen oder starke Winde können bedrohlich schnell eine Absenkung der Körpertemperatur verursachen.
- Statt Baumwollsachen sollte man Kleidung aus Synthetik oder Wolle anziehen, da diese auch bei Feuchtigkeit Wärme speichern. Auf jeden Fall auch wasserdichte Kleidung (z. B. Gore-Tex-Jacken, Regencapes, Regenhosen) und energiespendende, leicht verdauliche Snacks wie Schokolade, Nüsse und Dörrobst dabeihaben!
- Anzeichen einer Unterkühlung sind u. a. Erschöpfung, Benommenheit, Schüttelfrost, unsicherer Gang, Lallen, Schwindel, Muskelkrämpfe und Beeinträchtigung des Urteilsvermögens bis hin zur Gewalttätigkeit.
- Zur Behandlung von Hypothermie umgehend ins Warme und Trockene begeben und frische, warme Kleidung anziehen. Heiße Getränke (allerdings ohne Koffein und/oder Alkohol) und kalorienreiche Nahrung zu sich nehmen!
- Patienten in fortgeschrittenen Stadien der Hypothermie vorsichtig in einen warmen Schlafsack in einem wind- und wassergeschützten Bereich packen! Keinesfalls sollte man deren Körper warm reiben – die Betroffenen müssen behutsam behandelt werden.

Impfungen

Zum Recherchezeitpunkt erforderten touristische Aufenthalte in den USA (inkl. Westen) keine besonderen Impfungen. Bei Bedarf sollte jedoch der Standardschutz rechtzeitig vor dem Start aufgefrischt werden.

Krankenversicherung

Die USA haben eines der weltbesten Gesundheitssysteme. Allerdings sind viele Behandlungen vor Ort ohne entsprechende Versicherung quasi unbezahlbar. Daher sollte man unbedingt eine entsprechende Reisekrankenversicherung abschließen bzw. einen bereits vorhandenen Schutz angemessen erweitern (jeweils inkl. stationärer Krankenhausaufenthalte, Notfallrettung bzw. -evakuierung, Rettungsflüge in die Heimat). Zudem gilt es herauszufinden, ob die eigene Versicherung direkt mit medizinischen Behandlungseinrichtungen im Ausland abrechnet. Andernfalls muss man nämlich zunächst selbst in Vorleistung gehen, bevor das Geld später zurückerstattet wird.

- Bei manchen Policen müssen Versicherungsnehmer vor Behandlungen im Ausland ein Callcenter kontaktieren, um sich die jeweiligen Maßnahmen nach Beurteilung der Situation genehmigen zu lassen.
- Wichtig: Zwecks reibungsloser Abwicklung mit dem jeweiligen Versicherer unbedingt alle medizinischen Dokumente (inkl. Rezepte) sorgfältig aufbewahren! Außerdem schließen manche Policen bestimmte „gefährliche Aktivitäten" (darunter fallen auch Tauchen, Skilaufen, Motorradfahren oder sogar Wandern) von vorn herein komplett aus.

DAS BUREAU OF LAND MANAGEMENT (BLM)

Das Bureau of Land Management (www.blm.gov) ist eine Behörde des Energieministeriums, das öffentliches Land von einer Gesamtfläche von fast 991 500 km verwaltet; ein großer Teil dieser Ländereien liegt im Westen der USA. Sie dienen diversen Zwecken – zur Energieerzeugung, als Viehweiden oder als Erholungsgebiete.

Traveller finden hier Outdoor-Möglichkeiten, gut ausgebaute Campingplätze und Optionen zum Campen in freier Natur. Prinzipiell kann man überall auf BLM-Land campen, sofern man einen Mindestabstand zu Wasserstellen einhält, die von wilden Tieren oder Nutzvieh aufgesucht werden (der Mindestabstand ist regional unterschiedlich und liegt zwischen 90 und 270 m). An einem Ort darf man maximal 14 Tage zelten. Beim Aufbruch alles wieder mitnehmen und Lagerfeuer nie unbeaufsichtigt lassen! In manchen Regionen gelten Sonderregelungen: Man sollte also auf der BLM-Website die Campingbestimmungen des Bundesstaats nachlesen und die Details telefonisch im zuständigen Distriktsbüro erfragen.

Wer derlei plant, sollte seinen Vertrag daher jeweils ganz genau kennen!

Leitungswasser

Sofern keine lokalen Warnungen bestehen, kann Leitungswasser in den USA (auch im ganzen Westen) bedenkenlos getrunken werden. Bei ungenießbarem kühlem Nass (etwa in manchen National oder State Parks) weisen darauf meist Schilder mit Aufschrift *Not potable* oder *Not safe to drink* (Kein Trinkwasser) hin.

Medizinische Versorgung & Kosten

➡ Die medizinische Versorgung in den USA ist von bester Qualität, aber auch immens teuer. Viele Mediziner bestehen auf sofortiger Bezahlung, besonders bei der Behandlung von ausländischen Travellern und Leuten, die fremd in der Stadt sind.

➡ Bei medizinischen Notfällen die 911 anrufen oder zum nächsten Krankenhaus mit rund um die Uhr geöffneter Notaufnahme gehen. Ansonsten sollte man telefonisch nach einem Arzt suchen, der die Versicherung akzeptiert.

➡ Alle benötigten Medikamente sollten in deutlich beschrifteten Originalverpackungen transportiert werden. Ggf. sollte man auch ein ärztliches Bulletin auf die Reise mitnehmen, das detailliert Aufschluss über den Gesundheitszustand und alle verordneten Medikamente (inkl. internationaler Freinamen/Arzneimittelwirkstoffe) gibt.

Internetzugang

➡ In den technikbegeisterten USA kommt man größtenteils problemlos ins Netz. Die meisten amerikanischen Hotels, Motels, Hostels und Pensionen offerieren WLAN (meist gratis, in Luxushotels aber teils gebührenpflichtig; beim Buchen nachfragen!).

➡ Gratis-WLAN gibt's auch in den meisten Cafés des Landes. Zu den lokalen Drahtlos-Hotspots zählen zudem diverse großstädtische Parks und Plätze sowie öffentliche Bibliotheken. Letztere haben meist auch öffentliche Internetterminals (manchmal mit Zeitlimit) und sind so obendrein eine gute Option für Traveller ohne online-fähige Endgeräte.

➡ Wichtig: Der Betrieb ausländischer Elektrogeräte in Amerika erfordert einen geeigneten Steckdosenadapter und einen Spannungsumwandler. Beides ist bei größeren Elektronikläden wie Best Buy erhältlich.

Öffnungszeiten

Banken	Mo–Do 8.30–16.30, Fr bis 17.30 Uhr (manche auch Sa 9–12 Uhr)
Bars	So–Do 17–24, Fr & Sa bis 2 Uhr
Geschäfte	Mo–Sa 10–18, So 12–17 Uhr
Malls	9–21 Uhr
Nachtclubs	Do–Sa 10–2 Uhr
Post	Mo–Fr 9–17 Uhr
Supermärkte	8–20 Uhr, manche 24 h

Post

➡ Die US-amerikanische Post arbeitet zuverlässig und ist günstig. Alle Informationen, z. B. Adressen und Öffnungszeiten von Postämtern, bekommt man rund um die Uhr telefonisch oder auf der Website des US Postal Service (www.usps.com).

➡ Für Eilsendungen, wichtige Briefe oder Pakete lohnen sich Kurierdienste wie Federal Express (www.fedex.com) und United Parcel Service (www.ups.com), die zwar teurer sind, die Sendung aber im In- und Ausland direkt und schnell zustellen.

Preise

1st Class Mail innerhalb der USA kostet bis zu einem Gewicht von 28 g (1 oz) 0,49 US$ (0,22 US$/weitere Unze), Postkarten kosten 0,34 US$.

Versenden & Empfangen

➡ Korrekt frankierte Briefsendungen unter 13 Unzen (368 g) kann man in jeden blauen Briefkasten werfen. Sendungen und Pakete über 13 Unzen müssen in einer Postfiliale am Schalter aufgegeben werden.

Rechtsfragen

Bußgelder für alltägliche Ordnungswidrigkeiten (z. B. im Straßenverkehr) sind von ertappten Sündern keineswegs an Ort und Stelle zu bezahlen: Wer Bußgelder direkt beim Polizisten begleichen möchte, wird bestenfalls schief angeguckt und schlimmstenfalls wegen eines Bestechungsversuchs angeklagt. Bei Verkehrsverstößen erklärt der jeweilige Ordnungshüter die Optionen für die Zahlung. Normalerweise muss man die Strafe innerhalb von 30 Tagen bezahlen. Die meisten rechtlichen Angelegenheiten lassen sich postalisch regeln.

Wer festgenommen wird, hat das Recht zu schweigen und einen Anwalt zu verlangen. Es gibt also rechtlich gesehen keinen Grund, mit einem Polizisten zu sprechen, wenn man das nicht möchte. Aber man sollte sich nie ohne ausdrückliche Erlaubnis von ihm entfernen.

Allen Verhafteten ist grundsätzlich ein Telefonat gestattet. Wer sich keinen Anwalt leisten kann, dem wird kostenlos ein Pflichtverteidiger gestellt. Ausländer ohne anwaltliche, familiäre oder anderweitige Unterstützung sollten ihre Botschaft kontaktieren; die Nummer erhält man bei Bedarf von der Polizei.

Prinzipiell gilt im US-amerikanischen Rechtssystem das Prinzip der Unschuldsvermutung. Alle Bundesstaaten haben eigene Zivil- und Strafgesetze – was im einen Staat erlaubt ist, kann im anderen illegal sein.

Autofahren

Autofahren unter Alkohol- oder Drogeneinfluss ist überall strengstens verboten und wird mit Geldbußen oder sogar Haftstrafen geahndet. Der Grenzwert der erlaubten Blutalkoholkonzentration liegt in den meisten Bundesstaaten bei 0,8 ‰.

Drogen

In puncto Marihuana *(pot)* bestehen Unterschiede zwischen den einzelnen US-Bundesstaaten: Mitte 2017 hatten Alaska, Kalifornien, Colorado, Maine, Massachusetts, Nevada, Oregon, Washington und der District of Columbia den Besitz von geringen Marihuanamengen (meist max. 1 Unze/28 g) für den Freizeitkonsum legalisiert. Zudem konnte Marihuana in Colorado, Oregon und Washington offiziell erworben werden. 13 weitere Staaten betrachteten den Freizeitkonsum von Cannabis nicht mehr als Verbrechen, sondern nur noch als Ordnungswidrigkeit (ähnlich wie kleine Verkehrsdelikte). Anderswo ist der nicht-medizinische Konsum bis heute illegal. Teils wird beim Besitz auch zwischen kleineren (Ordnungswidrigkeit) und größeren Mengen (Straftat) unterschieden. Wer Marihuana in den USA konsumieren will, sollte die lokale Gesetzeslage daher jeweils ganz genau kennen (Details zu den einzelnen Bundesstaaten unter http://norml.org/laws).

Achtung: Cannabiskonsum in der Öffentlichkeit (inkl. Hotelzimmer!) ist landesweit nach wie vor strikt untersagt. Zudem gilt Marihuana gemäß dem Controlled Substances Act auf US-Bundesebene immer noch als illegales Betäubungsmittel.

Abgesehen von den genannten Ausnahmen bei Marihuana verbieten Amerikas Bundes- und Staatsgesetze weiterhin jegliche andere Drogen (u. a. Kokain, Ecstasy, LSD, Heroin, Haschisch). Verstöße gelten als Straftaten und können lange Haftstrafen nach sich ziehen. Bei Ausländern ist jegliche Verhaftung und/oder Verurteilung in Verbindung mit Drogen ein Ausweisungsgrund.

BESUCH VON NATIONAL & STATE PARKS

Vor dem Besuch eines Nationalparks sollte man dessen Website besuchen (auf der NPS-Seite www.nps.gov die Suchfunktion nutzen). Auf der Website des Grand Canyon (www.nps.gov/grca) findet sich die saisonale Zeitung *The Guide* mit aktuellen Infos zu Preisen, Öffnungszeiten und Ranger-Vorträgen. Es gibt separate Ausgaben für den North und den South Rim.

Am Eingang des National oder State Parks sollte man Bargeld parat haben, da Kreditkarten nicht überall akzeptiert werden. Eine sieben Tage gültige Genehmigung kostet zwischen 0 und 30 US$ pro Fahrzeug. Will man mehrere Parks im Südwesten besuchen, kann sich der Kauf der Jahreskarte America the Beautiful (80 US$) rentieren.

Einige State Parks in Arizona bleiben dienstags und mittwochs geschlossen. Ein Blick auf die Website verrät, welche dies sind.

Reisen mit Behinderung

- Für Reisende mit körperlichen Handicap sind die USA ein verhältnismäßig gut zu bereisendes Ziel. Dank des Americans with Disabilities Act (ADA) müssen alle öffentlichen Gebäude, alle nach 1993 entstandenen Privatimmobilien (auch Hotels, Restaurants, Theater und Museen) sowie öffentliche Verkehrsmittel barrierefrei zugänglich sein. Sicherheitshalber sollte man sich telefonisch nach den Einrichtungen erkundigen. Einige Visitor Centers veröffentlichen Broschüren, in denen die barrierefreien Einrichtungen detailliert aufgeführt sind.
- US-Telefongesellschaften offerieren über Fernschreibernummern (TTY) einen speziellen Service für Gehörlose. Die Geldautomaten der meisten Banken bieten Bedienungshinweise in Blindenschrift und Kopfhöreranschlüsse für hörgeschädigte Nutzer. Alle großen Fluglinien, Greyhound-Busse und Amtrak-Züge sind auf Passagiere mit Handicap eingestellt: Mindestens 48 Stunden im Voraus reservieren und seine Bedürfnisse anmelden, damit alles Nötige veranlasst wird! Auch Blindenhunde dürfen gegen offiziellen Nachweis mit an Bord.
- Manche Autovermieter – wie Avis und Hertz – bieten handgesteuerte Fahrzeuge und Vans mit Rollstuhllift ohne Aufpreis an. Diese müssen aber lange im Voraus reserviert werden. Wheelchair Getaways (www.wheelchairgetaways.com)

vermietet landesweit behindertengerechte Vans. Manche Städte und Ortschaften betreiben barrierefreie bzw. absenkbare Nahverkehrsbusse – einfach dem Fahrer mitteilen, dass der Lift oder die Rampe benötigt wird!

➡ Viele National Parks, aber auch einige State Parks und Erholungszentren haben rollstuhlfreundliche asphaltierte Straßen, planierte Feldwege oder Bohlenwege. Auf der Website von Rails-to-Trails Conservancy (www.traillink.com) findet man eine nach US-Staaten geordnete Auflistung aller barrierefreien Wanderwege.

Infos im Internet

Einige nützliche Netz-Adressen für Traveller mit Behinderungen:

Access Northern California (http://accessnca.com) Umfangreiche Links zu Websites für Reisende mit Behinderungen zu Barrierefreiheit, Publikationen, Touren, Verkehrsmitteln und Outdoor-Aktivitäten. Bietet auch eine Datenbank für Unterkünfte und einen Event-Kalender.

Arizona Raft Adventures (www.azraft.org) Vermittelt Reisenden mit Handicap Rafting-Touren durch den Grand Canyon.

Disabled Sports USA (☎301-217-0960; www.disabledsportsusa.org) Sport-, Abenteuer- und Freizeitaktivitäten für Menschen mit Behinderungen. Veröffentlicht außerdem das Monatsmagazin *Challenge*.

Mobility International Schweiz (www.mis-ch.ch) Allgemeine Informationen.

Mobility International USA (☎541-343-1284; www.miusa.org) Berät behinderte USA-Reisende in Mobilitätsfragen.

MyHandicap Deutschland (www.myhandicap.de) Allgemeine Informationen.

MyHandicap Schweiz (www.myhandicap.ch) Allgemeine Informationen.

Nationale Koordinierungsstelle Tourismus für Alle e. V. (www.natko.de) Allgemeine Informationen.

Splore (☎801-484-4128; www.splore.org; 4029 Main St; ⏰Mo–Fr 9–17 Uhr) Veranstaltet behindertengerechte Outdoor-Abenteuertrips in Utah.

Schwule & Lesben

LGBTIQ-Traveller finden eine Menge Orte, an denen sie ganz sie selbst sein können. Strände und Großstädte sind in der Regel die schwulenfreundlichsten Ziele.

Akzeptanz

Die meisten größeren Städte in den USA haben eine deutlich wahrnehmbare und offene schwul-lesbische Gemeinde.

Die Akzeptanz schwul-lesbischer Partnerschaften unterscheidet sich im Westen der USA von Region zu Region. Mancherorts ist Toleranz ein absolutes Fremdwort, anderswo werden Schwule, Lesben, Bi- oder Transsexuelle geduldet, solange sie ihre sexuellen Neigungen nicht öffentlich zur Schau stellen. In ländlichen und extrem konservativen Gegenden ist davon abzuraten, sich offen zu outen, da hier Homosexuelle gelegentlich Beschimpfungen über sich ergehen lassen müssen oder gar körperlichen Übergriffen ausgesetzt sind. Im Zweifel sollte man davon ausgehen, dass die Leute einen nicht fragen, aber auch nicht mitgeteilt bekommen wollen, welche sexuelle Ausrichtung man hat.

Nach der 2015 gefällten Grundsatzentscheidung des Obersten Gerichtshofs der USA müssen alle US-Staaten eventuell bestehende Verbote gleichgeschlechtlicher Ehen aufheben.

Hotspots

Sicher hat der eine oder andere schon von San Francisco gehört, der glücklichsten Schwulenstadt Amerikas, oder? Und auch in Los Angeles und Las Vegas können Schwule und Lesben ein vollkommen unbeschwertes Leben führen. Wem die Szene dort zu viel wird, der kann immer noch in die Wüstenresorts von Palm Springs entfliehen.

Infos im Internet

Advocate (www.advocate.com) Schwulenorientierte Website mit Neuigkeiten aus Business, Politik, Kunst, Unterhaltung und Tourismus.

Gay Travel (www.gaytravel.com) Online-Reiseführer für die kompletten USA.

GLBT National Help Center (www.glbthotline.org) Landesweite Hotline für Beratung, Informationen und Tipps.

National LGBTQ Task Force (www.thetaskforce.org) Website der landesweiten Aktivistengruppe mit News und Infos zu Politik und Aktuellem.

OutTraveler (www.outtraveler.com) Nützliche Online-Stadtführer sowie verschiedene Artikel zu diversen Zielen im In- und Ausland.

Purple Roofs (www.purpleroofs.com) Liste mit schwulenfreundlichen und von Schwulen betriebenen B&Bs und Hotels im ganzen Land.

Strom

Telefon

Handys

Ausländische Handys benötigen zwingend eine Tri- oder Quadband-Ausstattung, um in den USA funktionieren zu können. Besitzer solcher Geräte sollten sich vorab unbedingt beim jeweiligen Netzbetreiber nach den Nutzungsbedingungen bzw. anfallenden Roaming-Gebühren in Amerika erkundigen: Selbst Ortsgespräche per Handy werden hier potenziell zu teuren Auslandsverbindungen.

SIM-KARTEN & NETZ-ABDECKUNG

➡ Wer als günstigere Alternative eine US-Handynummer inklusive Mailbox haben möchte, kann sein Tri- oder Quadband-Gerät mit einer kompatiblen amerikanischen Prepaid-SIM-Karte (beispielsweise von AT&T oder Verizon) versehen. Telestial (www.telestial.com) bietet solche Karten sogar inklusive Leihhandy an.

Traveller ohne kompatibles Mobiltelefon können sich ohne Vertrag ein günstiges Prepaid-Handy mit US-Nummer und bestimmtem Gesprächsguthaben zulegen. Das Guthaben lässt sich nach Bedarf aufladen. Über Elektronikläden (z. B. Radio Shack, Best Buy) bieten u. a. Virgin Mobile, T-Mobile, AT&T und Verizon solche Handys ab ca. 20 US$ an (zzgl. Gesprächsguthaben ab ca. 20 US$/400 Minuten, Flatrate ab ca. 30 US$/Monat).

Die Mobilfunknetze von Verizon und AT&T zählen zu den größten des Landes. Bei Verizon ist die Netzabdeckung in ländlichen Gebieten meist ein bisschen besser. Doch Vorsicht: In weiten Teilen der amerikanischen Wildnis (u. a. in Nationalparks, Freizeitgebieten) gibt's gar keinen Handyempfang. Daher immer vorab die Abdeckung beim jeweiligen Netzbetreiber ermitteln!

Münz- & Kartentelefone

➡ Dort, wo es noch Telefonzellen gibt, handelt es sich in der Regel um Münztelefone. Vereinzelt findet man auch noch Kartentelefone vor (z. B. in den National Parks).

➡ Ortsgespräche kosten normalerweise zwischen 0,35 und 0,50 US$.

➡ Wer ein Ferngespräch führen möchte, sollte sich besser eine Prepaid-Telefonkarte kaufen, die in Supermärkten, Elektronikläden und an Zeitungsständen erhältlich sind.

Vorwahlen

➡ Alle US-Telefonnummern bestehen aus einer dreistelligen Ortsvorwahl und einer siebenstelligen Anschlussnummer.

➡ Normalerweise müssen auch bei Ortsgesprächen alle zehn Ziffern gewählt werden.

➡ Für ein Ferngespräch muss man die ☎1 wählen, gefolgt von der Ortsvorwahl und der Telefonnummer.

➡ Gebührenfreie Nummern beginnen mit ☎800, 866, 877 oder 888, denen immer eine ☎1 vorangestellt wird.

➡ Wer ein Auslandsgespräch führen will, wählt zuerst die ☎011, dann die Ländervorwahl, darauf die Ortsvorwahl (dabei fällt die „0" normalerweise weg) und dann die Nummer des gewünschten Anschlusses.

➡ Die Vermittlung internationaler Gespräche erreicht man unter ☎00.

➡ Die internationale Vorwahl der USA ist ☎1 (die Vorwahl für Ferngespräche in die USA und nach Kanada ist identisch; dennoch handelt es sich zwischen beiden Ländern um Auslandsgespräche).

Toiletten

Sitz-WCs im westlichen Stil sind Standard in Amerika. An den großen Highways der meisten US-Bundesstaaten gibt's Rastplätze mit gebührenfreien Toilettenhäuschen. Ansonsten empfehlen sich die Örtchen von Tankstellen, Cafés und Kettenrestaurants. Diese sind eigentlich jeweils für zahlende Kunden gedacht, lassen sich bei höflicher Nachfrage aber manchmal gratis benutzen. Öffentliche Gebäude (z. B. Flughäfen, Bahnhöfe, Busbahnhöfe, Bibliotheken, Museen) haben meist kostenlose Besuchertoiletten. Kommunale sanitäre Anlagen sind in den ganzen USA generell recht rar.

Touristeninformation

➡ Die meisten Touristeninformationen haben eine Website, auf der man sich kostenlos e-Guides herunterladen kann. Sie geben auch telefonisch Auskunft. Manche aktualisieren täglich ihr Verzeichnis der freien Hotelzimmer, aber nur wenige nehmen auch Reservierungen vor. Alle haben Auslagen mit kostenlosen Broschüren und Rabattgutscheinen; einige verkaufen auch Karten und Bücher.

➡ Die Welcome Center der Bundesstaaten befinden sich meistens an den Autobahnen. Sie bieten Infomaterial zu größeren Gebieten und haben in der Regel länger geöffnet – auch an Wochenenden und Feiertagen.

➡ Viele Städte unterhalten offizielle Convention & Visitor Bureaus (CVB), die zum Teil auch als Touristeninformation fungieren. Da ihr Hauptinteresse aber vor allem Geschäftsreisenden gilt, sind sie für Individualreisende möglicherweise weniger interessant.

➡ In kleineren Städten wird die Touristeninformation häufig von der örtlichen Handelskammer betrieben. In aller Regel führen sie in ihren Hotel-, Restaurant- und Dienstleistungsverzeichnissen nur Mitglieder der Kammer auf und unterschlagen vielleicht günstigere Alternativen.

- Auch versteckt sich in beliebten Touristenorten hinter einer privaten Touristeninformation manchmal eine Agentur, die gegen Provision Hotelzimmer und Touren bucht. Service und Angebote sind mitunter exzellent, doch bekommt man eben nur das, was sie verkaufen und nichts darüber hinaus.

Unterkunft

Im Westen der USA stehen Gästen Unterkünfte für jeden Geschmack und Geldbeutel zur Verfügung. Vor allem für Aufenthalte im Sommer, während der Schulferien oder in Skiorten empfiehlt sich stets rechtzeitige Reservierung. Quartiere in den beliebtesten Nationalparks sind oft schon ein Jahr im Voraus ausgebucht.

- **Hotels** Großes Spektrum (auch in preislicher Hinsicht) von schlichten Motels bis hin zu luxuriösen Lodges.
- **B&Bs** Meist einladende Privathäuser im Mittelklassebereich, die vergleichsweise mehr persönlichen Kontakt (inkl. Betreuung) bieten.
- **Camping** Von primitiven Zeltstellplätzen bis hin zu Wohnmobilparks mit diversen Einrichtungen; in ganz Amerika sehr beliebt.

Rabatte

- Rabattkarten und Mitgliedschaften in Autoclubs bringen manchmal 10 % Rabatt im Vergleich zu den Standardpreisen in teilnehmenden Hotels und Motels.
- Man sollte in Tankstellen, Touristenzentren, Highway-Raststätten und Touristeninformationen nach kostenlosen Werbemagazinen Ausschau halten. Sie enthalten unzählige Rabattcoupons für Hotels und Motels.
- Gäste ohne Reservierung können manchmal auch ein bisschen feilschen, vor allem außerhalb der Saison.

B&Bs

- In den USA sind viele B&Bs erstklassige, romantische Refugien in restaurierten historischen Häusern, die von sympathischen Gastgebern geführt werden und ein Frühstück vom Feinsten bieten. Diese B&Bs sind oft thematisch gestaltet (z. B. viktorianisch, rustikal oder im Stil der Cape-Cod-Häuser an der Ostküste), die Einrichtung reicht von komfortabel bis opulent. Die Zimmerpreise beginnen in der Regel bei 100 US$, die besten Quartiere kosten 200 bis 300 US$. Manche B&Bs schreiben einen Mindestaufenthalt vor, andere nehmen keine Kleinkinder auf, und in vielen sind Haustiere verboten.
- Es gibt aber auch noch B&Bs im Stil europäischer Frühstückspensionen: Das sind meistens private Wohnhäuser, die schlicht möblierte Zimmer mit einfachem Frühstück und Gemeinschaftsbad zu günstigeren Preisen anbieten – oft eine ideale Option für Familien.
- Manche B&Bs sind außerhalb der Saison geschlossen. Reservierungen sind vor allem im Luxussegment ein Muss. Um unangenehme Überraschungen zu vermeiden, sollte man die Badezimmerfrage (privates oder Gemeinschaftsbad) vorab klären.

Camping

FEDERAL & STATE PARKS

Campingmöglichkeiten stehen Gästen in den meisten von Bundesbehörden verwalteten Gebieten und State Parks zur Verfügung.

- Die einfachsten Campingplätze (kostenlos–12 US$/pro Nacht) bieten keine Einrichtungen und können nicht reserviert werden – wer zuerst kommt, mahlt hier zuerst.
- Campingplätze mit Basisausstattung (5–16 US$/Nacht) haben in der Regel Toiletten (WCs oder Plumpsklos), Trinkwasser, Feuerstellen und Picknicktische; bei manchen muss vorab reserviert werden.
- Gut ausgebaute, moderne Campingplätze (15–55 US$/Nacht), normalerweise in Nationalparks oder State Parks, sind mit besseren Einrichtungen und Annehmlichkeiten ausgestattet: Duschen, Grillstellen, Stellplätze mit Stromanschluss usw. Viele kann man vorab reservieren.

Über Recreation.gov lassen sich Stellplätze in den meisten vom Bund verwalteten Gebieten reservieren. Dazu gehören National Parks, National Forests, vom Bureau of Land Management (BLM) verwaltete Gebiete usw. Campingaufenthalte sind in der Regel auf eine Länge von 14 Tage beschränkt und können bis zu sechs Monate im Voraus gebucht werden. Auch über ReserveAmerica (www.reserveamerica.com) kann man sich Campingplätze in manchen State Parks sichern. Beide Websites ermöglichen eine gezielte Suche nach Kriterien wie Lage und Ausstattung. Freie Stellplätze können online auch gleich reserviert werden; zudem enthalten die Seiten Karten und nützliche Wegbeschreibungen.

UNTERKÜNFTE ONLINE BUCHEN

Weitere Unterkunftsbewertungen von Lonely Planet Autoren gibt's unter www.lonelyplanet.com/hotels. Dort findet man unabhängig recherchierte Infos und Empfehlungen zu den besten Adressen. Außerdem kann online gebucht werden.

PREISKATEGORIEN: SCHLAFEN

Sofern nicht anderweitig vermerkt, verstehen sich die folgenden Unterkunftspreise stets ohne Steuern (meist zzgl. 10 % oder mehr).

$	unter 100 US$
$$	100–250 US$
$$$	über 250 US$

PRIVATE CAMPINGPLÄTZE

- Private Campingplätze sind normalerweise teurer und zielen meist auf Familien und Urlauber mit Wohnmobilen ab (Stellplätze für Zelte sind eher selten und wenig ansprechend).
- Das Angebot solcher Plätze umfasst z. B. Spielplätze, Supermärkte, WLAN-Zugang, Swimmingpools und weitere Einrichtungen und Aktivitäten.
- Manchmal werden auch Campinghütten vermietet – von einfachen Konstruktionen mit Holzplattformen und Zeltwänden bis hin zu beheizten Blockhütten mit richtigen Betten und eigenem Bad.
- Kampgrounds of America (www.koa.com) ist ein landesweites Netz privater Campingplätze mit Rundumservice. Auf der Website kann man den alljährlich erscheinenden, kostenlosen KOA-Führer bestellen (Porto zahlt der Empfänger), das umfangreiche Verzeichnis der Campingplätze durchforsten und Online-Buchungen vornehmen.

Hostels

- Die Hostels der Region konzentrieren sich vor allem auf Kalifornien, den Südwesten und den pazifischen Nordwesten.
- Bestimmte Optionen in manchen Großstädten sind mitunter komplett mit Wanderarbeitern und/oder Langzeitgästen belegt.
- **Hostelling International USA** (☎240-650-2100; www.hiusa.org) betreibt mehr als 50 Hostels in den USA, 18 davon in Kalifornien. Die meisten bieten nach Geschlechtern getrennte Schlafsäle, ein paar private Zimmer, Gemeinschaftsbäder und eine Gemeinschaftsküche. Ein Bett im Schlafsaal kostet 29 bis 55 US$ pro Nacht, Mitglieder von HI-USA und Partnerverbänden erhalten eine kleine Ermäßigung. Reservierungen sind möglich (man kann online buchen) und in der Hauptsaison ratsam, in der man oft mindestens drei Nächte bleiben muss.

Hotels

- Hotels aller Preisklassen bieten normalerweise Zimmer mit Telefon, Kabel-TV, Wecker, Bad und einfachem kontinentalen Frühstück.
- In vielen Mittelklasseunterkünften gibt es Mikrowellen, Mini-Kühlschränke, Föne, Internetzugang, Klimaanlagen und/oder Heizung, Swimmingpools und Schreibtische.
- In Spitzenklassehotels warten zusätzlich noch Conciergedienste, Fitness- und Wellnesscenter, Geschäftsräume, Restaurants, Bars und schicke Möbel auf die Gäste.
- Auch wenn manche Hotels damit werben, dass Kinder „kostenlos" übernachten, können Extrakosten für Klapp- oder Beistellbetten anfallen.
- Man sollte sich auf jeden Fall vorab nach den Telefongebühren erkundigen, stellen doch alle Hotels exorbitante Summen für Fern- und Auslandsgespräche in Rechnung; manche verlangen gar Gebühren für Ortsgespräche und gebührenfreie Anrufe.

Lodges

Die meist innerhalb von Nationalparks gelegenen Lodges wirken von außen oft recht rustikal, sind aber für gewöhnlich innen ziemlich komfortabel. Standardzimmer gibt es ab 100 US$, in der Hauptsaison können sie aber auch gut und gern das Doppelte oder mehr kosten. Sofern man nicht campen will, sind die Lodges die einzigen Unterkünfte in Parks und daher oft schon lange im Voraus ausgebucht. Wer ein Zimmer noch am gleichen Tag braucht, sollte trotzdem anrufen – mit etwas Glück wurde eines der reservierten Zimmer storniert. Zu den Lodges gehören Restaurants und oft auch Tourveranstalter.

Motels

Kettenmotels sind in den ganzen USA vorhanden und in kleineren Ortschaften oft die einzige Option. Bei den günstigsten Adressen parken Gäste direkt vor der Zimmertür – eine praktische Sache. Alleinreisende Frauen und ängstliche Naturen bevorzugen aber eventuell ein teureres Motelzimmer mit vorgelagertem Innenkorridor.

Ausgeschriebene Moteltarife sind Listenpreise *(rack rates)* und nicht in Stein gemeißelt. Motelzimmer gibt's mitunter schon für 40 US$ pro Übernachtung. Die meisten Varianten kosten aber 60 bis 150 US$. Dieser Preisbereich ist die beste Wahl, wenn man Wert auf ein gewisses Grundlevel in puncto Qualität, Sicherheit und Sauberkeit legt. Zusammen mit ihren Eltern können Kinder oft gratis übernachten. In vielen Motels ist die WLAN-Geschwindigkeit extrem niedrig bis unbrauchbar.

Resorts

In Luxusresorts sollte man mehrere Tage verweilen, um sie wirklich würdigen zu können. Oft sind sie an sich schon ein Reiseziel: Da beginnt der Tag mit einem üppigen Frühstück, gefolgt von einer Runde Golf oder Tennis, bevor man sich den Luxus einer Massage gönnt, eine Runde schwimmt oder beim Sonnenbaden an einem Drink nippt. Viele Resorts sind auch kinderfreundlich und bieten ein umfangreiches Programm für Kinder.

Touristen-Ranches

- Die meisten Gäste von Touristen-Ranches sind Städter, die ein wenig Abstand von der schnelllebigen Hightech-Welt suchen. Dementsprechend reicht das Angebot von ganz normalen Arbeits-Ranches, in denen man um 5 Uhr morgens aufstehen und auch geruchsintensive Arbeiten erledigen muss, bis hin zum Western Club Med.
- Den typischen einwöchigen Aufenthalt gibt es ab 100 US$ pro Person und Tag inklusive Kost und Logis, Aktivitäten und Ausrüstung.
- Bei einem Urlaub auf einer Touristen-Ranch dreht sich natürlich erst einmal alles ums Reiten. Viele Ranches haben aber auch einen Swimmingpool und ein umfangreiches Freizeitprogramm mit Fliegenfischen, Wandern, Mountainbiken, Tennis, Golf, Tontaubenschießen oder Skilanglauf.
- Die Unterkünfte reichen von rustikalen Blockhütten bis hin zu gemütlichen Suiten mit Whirlpool und Kabel-TV. Das kulinarische Angebot kann sich in Spaghetti erschöpfen, aber auch ein viergängiger Gourmetschmaus sein.
- Mehr Information gibt's bei der **Dude Ranchers' Association** (☎ 307-587-2339; www.duderanch.org).

Versicherung

Ein absolutes Muss ist eine angemessene Reiseversicherung, die neben Verlust und Diebstahl auch alle medizinischen Behandlungen in den USA abdeckt (s. „Krankenversicherung", S. 500). Gegebenenfalls empfehlen sich auch eine Reisegepäckversicherung und eine Reiserücktrittsversicherung (vor allem, wenn der Großteil der Kosten im Voraus bezahlt wird).

- Kreditkarten bieten mitunter einen begrenzten Unfallschutz auf Reisen, falls Flugtickets und/oder Mietwagen per Plastikgeld bezahlt werden (beim jeweiligen Kartenaussteller nachfragen!).
- Wichtig: Unbedingt rechtzeitig vor dem Start die jeweilige Auslandsdeckung bereits vorhandener Policen (Kranken- und Hausratsversicherung) sorgsam ermitteln und den entsprechenden Schutz bei Bedarf ausreichend erweitern!
- Die weltweit gültige Reiseversicherung unter www.lonelyplanet.com/travel-insurance kann jederzeit online abgeschlossen, erweitert und in Anspruch genommen werden – auch wenn man bereits unterwegs ist.

Visa

Im Rahmen des Visa Waiver Program (VWP) können sich Bürger bestimmter Staaten (u.a. EU-Bürger und Schweizer) maximal 90 Tage lang visumfrei in den USA aufhalten, sofern der Besuch rein touristischen Zwecken dient. Voraussetzungen hierfür sind ein gültiger Reisepass und die rechtzeitige Online-Registrierung beim Electronic System for Travel Authorization (ESTA).

Achtung: Die strengen offiziellen US-Einreisebestimmungen werden ständig überarbeitet und können sich daher jederzeit ändern. Daher den aktuellen Stand unbedingt rechtzeitig und vollständig vor dem Start ermitteln!

Die umfangreichsten Visuminformationen liefert die Website des US-Außenministeriums (US State Department; www.travel.state.gov). Dort findet man auch herunterladbare Formulare und Verzeichnisse mit amerikanischen Auslandsvertretungen. Hinzu kommen Richtwerte bezüglich der länderabhängigen Bearbeitungszeit von Visumanträgen.

Visumantrag

- Sofern sie nicht die Staatsbürgerschaft Kanadas oder eines am Visa Waiver Program (VWP) teilnehmenden Landes besitzen, brauchen alle Ausländer für den Besuch der USA ein Visum. Einzelheiten zu den Visabestimmungen erfährt man unter https://travel.state.gov.
- Antragsteller müssen meist einen persönlichen Termin vereinbaren, zu dem alle Dokumente und Quittungen für die bezahlten Gebühren mitzubringen sind. Die Wartezeiten für einen solchen Termin sind unterschiedlich, anschließend dauert die Ausstellung des Visums im Normalfall ein paar Tage bis einige Wochen.
- Man benötigt ein aktuelles Passbild (5,1 × 5,1 cm) und muss eine nicht erstattbare Bearbeitungsgebühr von 160 US$ bezahlen, in einigen wenigen Fällen noch eine Empfangsgebühr für das eigentliche Visum. Außerdem muss man noch online das Antragsformular DS-160 für Nicht-Immigranten ausfüllen.
- Je nach Typ des beantragten Visums müssen Antragsteller meist den Zweck ihrer Reise belegen und nachweisen, dass sie die USA nach der Reise wieder verlassen werden und die Möglichkeit besitzen, alle mit der Reise verbundenen Kosten abzudecken. Weitere Einzelheiten erfährt man auf der Website.

Kurzfristige Aus- & Wiedereinreise

- Ein kurzer Trip über die Grenze nach Kanada oder

Mexiko ist verlockend einfach. Bei der Wiedereinreise in die USA werden Nicht-Amerikaner jedoch erneut der gesamten Einreiseprozedur unterzogen.

➔ Deshalb sollte man beim Überqueren der Grenze unbedingt immer den Reisepass dabeihaben.

➔ Wenn die Einreisebescheinigung noch lange gültig ist, ist eine Wiedereinreise unproblematisch möglich. Andernfalls aber werden die Grenzbeamten die gleichen Dokumente sehen wollen wie bei der ersten Einreise (Rück- oder Anschlussflugticket, Finanzierungsnachweis usw.).

➔ Bürger der meisten westlichen Länder benötigen kein Visum für Kanada.
Wer per Bus aus Kanada in die USA einreist, könnte eingehend überprüft werden. Eine Rückfahrkarte dürfte die US-Beamten weniger misstrauisch machen.

➔ Zum Recherchezeitpunkt benötigten die meisten Ausländer für kurze Aufenthalte in Mexiko kein separates Visum (je nach Nationalität beschränkt auf max. 90–180 Tage).

Wichtige Telefonnummern & Notruf

Alle normalen US-Telefonnummern bestehen aus einer dreistelligen Ortsvorwahl und einer siebenstelligen Anschlussnummer (zur Sicherheit immer alle zehn Ziffern wählen!).

Landesvorwahl USA	☎1
Internationale Vorwahl	☎011
Notfall	☎911
Hotline für Opfer von Sexualdelikten	☎800-656-4673
Auskunft	☎411
Verkehrsnachrichten (bundesstaatlich)	☎511

Zeit

➔ Die größten Teile von Colorado, Wyoming, Montana, Idaho, Utah, New Mexico und Arizona folgen der Mountain Standard Time (MEZ –8 Std.), Kalifornien, Nevada, Oregon und Washington im Allgemeinen der Pacific Standard Time (MEZ –9 Std.). Es gibt innerhalb der Staaten regionale Abweichungen.

➔ Die Sommerzeit (+1 Std.) gilt vom zweiten Sonntag im März bis zum ersten Sonntag im November.

➔ Arizona wendet die Sommerzeit nicht an. Davon ausgenommen ist das Territorium der Navajo Nation, das in Arizona, New Mexico und Utah liegt. In der Hopi Reservation in Arizona wiederum, die gänzlich vom Territorium der Navajo Nation umschlossen ist, werden wie auch sonst in Arizona die Uhren nicht umgestellt.

Die US-amerikanische Datumsschreibweise ist Monat/Tag/Jahr. Aus dem 8. Juni 2019 wird also 6/8/19.

Zoll

Eine vollständige und aktuelle Liste der US-amerikanischen Zollbestimmungen enthält das offizielle Portal der Zoll- und Grenzschutzbehörde US Customs and Border Protection (www.cbp.gov).

Die folgenden Waren darf man in der Regel zollfrei einführen (Angaben jeweils pro Person):

➔ 1 l Spirituosen (Mindestalter 21 Jahre)

➔ 100 Zigarren und 200 Zigaretten (Mindestalter 18 Jahre)

➔ Geschenke und Einkäufe im Wert von 200 US$

➔ Geldbeträge ab 10 000 US$ (auch in Fremdwährungen) müssen bei der Einreise beim Zoll angeben werden.

Die Einfuhr verbotener Drogen wird streng geahndet und bestraft. Weitere verbotene Waren sind Drogenzubehör, Schusswaffen, Lotterietickets, gefälschte Markenartikel und die meisten Produkte, die im Iran, Myanmar (Birma) und in Teilen des Sudan hergestellt wurden. Obst, Gemüse und weitere Speisen oder pflanzliche Materialien müssen beim Zoll angegeben werden (wo man eine sehr zeitaufwendige Durchsuchung in Kauf nehmen muss) oder in den Abfalleimern der Ankunftshalle restlos entsorgt werden.

Verkehrsmittel & -wege

AN- & WEITER-REISE

Flüge, Autos und geführte Touren können online unter www.lonelyplanet.com/bookings gebucht werden.

Einreise in den Westen der USA

Erfolgt die Einreise in die USA per Flugzeug, müssen am ersten Flughafen, auf dem man landet, die Einreise- und Zollformalitäten erledigt werden – auch wenn man anschließend zu einem anderen Ziel weiterfliegt. Bei der Einreise werden Fingerabdrücke abgenommen und die biometrischen Daten geprüft.

Reisepass

- Wer aus dem Ausland in die USA einreisen will, benötigt einen gültigen Reisepass, der den Bestimmungen der Western Hemisphere Travel Initiative (WHTI) entsprechen muss: Insbesondere die Teilnahme am Visa Waiver Program (VWP; u. a. für EU-Bürger und Schweizer möglich) erfordert einen maschinenlesbaren E-Reisepass (Machine-Readable Passport; MRP) mit Digitalfoto und biometrischen Daten auf einem integrierten RFID-Chip (Radio Frequency Identification).
- Bei Reisenden aus den meisten Ländern muss die Gültigkeit des Passes nur die geplante Aufenthaltsdauer in Amerika abdecken. Bei bestimmten Nationalitäten sowie längeren und/oder nicht-touristischen Aufenthalten hat das Dokument aber potenziell noch länger gültig zu sein. Die neuesten Details hierzu liefert jeweils das Six-Month Club Update der ame-

REISEN & KLIMAWANDEL

Der Klimawandel stellt eine ernste Bedrohung für unsere Ökosysteme dar. Zu diesem Problem tragen Flugreisen immer stärker bei. Lonely Planet sieht im Reisen grundsätzlich einen Gewinn, ist sich aber der Tatsache bewusst, dass jeder seinen Teil dazu beitragen muss, die globale Erwärmung zu verringern.

Fast jede Art der motorisierten Fortbewegung erzeugt CO_2 (die Hauptursache für die globale Erwärmung), doch Flugzeuge sind mit Abstand die schlimmsten Klimakiller – nicht nur wegen der großen Entfernungen und der entsprechend großen CO_2-Mengen, sondern auch, weil sie diese Treibhausgase direkt in hohen Schichten der Atmosphäre freisetzen. Die Zahlen sind erschreckend: Zwei Personen, die von Europa in die USA und wieder zurück fliegen, erhöhen den Treibhauseffekt in demselben Maße wie ein durchschnittlicher Haushalt in einem ganzen Jahr.

Die englische Website www.climatecare.org und die deutsche Internetseite www.atmosfair.de bieten sogenannte CO_2-Rechner. Damit kann jeder ermitteln, wie viele Treibhausgase seine Reise produziert. Das Programm errechnet den zum Ausgleich erforderlichen Betrag, mit dem der Reisende nachhaltige Projekte zur Reduzierung der globalen Erwärmung unterstützen kann, beispielsweise Projekte in Indien, Honduras, Kasachstan und Uganda.

Lonely Planet unterstützt gemeinsam mit Rough Guides und anderen Partnern aus der Reisebranche das CO_2-Ausgleichs-Programm von climatecare.org. Alle Reisen von Mitarbeitern und Autoren von Lonely Planet werden ausgeglichen. Weitere Informationen gibt's auf www.lonelyplanet.com.

rikanischen Zoll- und Grenzschutzbehörde (US Customs & Border Protection).

➡ Achtung: Die Einreise wird ausnahmslos verweigert, falls der Reisepass nicht allen aktuellen US-Bestimmungen entspricht!

Flugzeug

Flughäfen

INTERNATIONALE FLUGHÄFEN

Die größten internationalen Flughäfen im Westen der USA:

Los Angeles International Airport (LAX; www.lawa.org/welcomelax.aspx; 1 World Way) Kaliforniens größter und geschäftigster Flughafen liegt 20 Meilen (32 km) südwestlich von Downtown L.A. in Küstennähe.

San Francisco International Airport (SFO; Karte S. 333; www.flysfo.com; S McDonnell Rd) Nordkaliforniens größter Flughafen befindet sich 14 Meilen (23 km) südlich von Downtown S.F. an der San Francisco Bay.

Seattle-Tacoma International (SEA; ☎206-787-5388; www.portseattle.org/Sea-Tac; 17801 International Blvd;) Lokal als „Sea-Tac" bekannt.

Große Regionalflughäfen mit begrenzten Auslandsverbindungen:

Albuquerque International Sunport (ABQ; ☎505-244-7700; www.abqsunport.com;) Bedient Albuquerque und ganz New Mexico.

Denver International Airport (DEN; ☎303-342-2000; www.flydenver.com;) Bedient das südliche Colorado; ab Denver ist New Mexicos Nordosten mit einem Mietwagen in vier Stunden erreichbar.

LA/Ontario International Airport (ONT; ☎909-937-2700; www.flyontario.com; 2500 E Airport Dr;) Im Riverside County östlich von L.A.

McCarran International Airport (LAS; Karte S. 156; ☎702-261-5211; www.mccarran.com; 5757 Wayne Newton Blvd;) Bedient Las Vegas (NV) und Utahs Süden; ab Las Vegas sind es 290 Meilen (467 km) zum South Rim und 277 Meilen (446 km) zum North Rim des Grand Canyon National Park.

Mineta San Jose International Airport (SJC; ☎408-392-3600; www.flysanjose.com; 1701 Airport Blvd) In der südlichen S.F. Bay Area (South Bay).

Oakland International Airport (OAK; Karte S. 333; www.oaklandairport.com; 1 Airport Dr; ; B Oakland International Airport) In der östlichen S.F. Bay Area (East Bay).

Palm Springs International Airport (PSP; ☎760-318-3800; www.palmspringsairport.com; 3400 E Tahquitz Canyon Way, Palm Springs) In der Wüste östlich von L.A.

Portland International Airport (PDX; ☎503-460-4234; www.flypdx.com; 7000 NE Airport Way; ; Red) Rund 12 Meilen (19 km) außerhalb von Downtown Portland (OR).

Salt Lake City International Airport (SLC; ☎801-575-2400; www.slcairport.com; 776 N Terminal Dr;) Bedient Salt Lake City und Utahs Norden; gute Wahl bei Trips zum North Rim und Arizona Strip.

San Diego International Airport (SAN; Karte S. 296; ☎619-400-2404; www.san.org; 3325 N Harbor Dr;) Etwa 4 Meilen (6,4 km) nordwestlich von Downtown San Diego.

Sky Harbor International Airport (Karte S. 176; ☎602-273-3300; http://skyharbor.com; 3400 E Sky Harbor Blvd;) Einer der zehn geschäftigsten US-Flughäfen; bedient Phoenix und den Grand Canyon. Ab Phoenix sind es 220 Meilen (354 km) zum South Rim und 335 Meilen (539 km) zum North Rim des Grand Canyon National Park.

Tucson International Airport (☎520-573-8100; www.flytucson.com; 7250 S Tucson Blvd;) Bedient Tucson und Arizonas Süden.

Vancouver International Airport (YVR; ☎604-207-7077; www.yvr.ca;) Liegt 6 Meilen (9,6 km) südlich von Vancouver auf Sea Island (zw. Vancouver und Richmond in British Columbia, Kanada).

SICHERHEITSBESTIMMUNGEN

➡ Um die Sicherheitskontrollen am Flughafen passieren zu können, sind eine Bordkarte und ein Lichtbildausweis erforderlich; die durchschnittliche Wartezeit beträgt 30 Minuten.

➡ Eventuell kommt es zu einer zweiten Kontrolle, bei der man u.a. abgetastet wird und sein Handgepäck durchsuchen lassen muss.

➡ Die Bestimmungen zur Flughafensicherheit verbieten derzeit das Mitführen vieler Alltagsgegenstände (z.B. Taschenmesser) in Flugzeugen. Der aktuelle Stand sollte rechtzeitig über die Website der **Transportation Security** Administration (TSA; www.tsa.gov) ermittelt werden.

➡ Gemäß der aktuellen TSA-Vorschriften müssen alle Flüssigkeiten und gelartigen Substanzen in Behältern von maximal 3,4 Unzen (85 ml) abgefüllt sein, die wiederum in einen durchsichtigen, vollständig verschließbaren Kunststoffbeutel (max. 1 Quart bzw. 950 ml) zu packen sind. Die wenigen Ausnahmen (z.B. Medikamente) haben Reisende grundsätzlich unaufgefordert bei den Kontrolleuren anzugeben.

➡ Das ganze Bordgepäck wird auf Sprengstoffe untersucht. Die TSA unterzieht den Kofferinhalt eventuell einer Sichtprüfung und bricht nötigenfalls die Schlösser auf. Entweder schließt man sein Gepäck gar nicht erst ab oder man verwendet Schlösser mit offizieller TSA-Zulassung, die z.B. von **Travel Sentry** (www.travelsentry.org) hergestellt werden.

AUSREISESTEUER

Die Ausreisesteuer ist immer im Ticketpreis enthalten.

Auf dem Landweg

Grenzübergänge

➡ Von den USA aus kommt man relativ einfach nach Kanada oder Mexiko. In Gegenrichtung gibt's schon eher Probleme, wenn erforderliche Papiere fehlen. Wer also Ausflüge über die Grenze plant, sollte unbedingt rechtzeitig die sich ständig verändernden Bestimmungen für Reisepass und Visum auf der Website des US-Außenministeriums (US State Department; www.state.gov/travel) überprüfen. Die amerikanische Zoll- & Grenzschutzbehörde (US Customs & Border Protection; www.cbp.gov) informiert online über die momentanen Wartezeiten an allen Grenzübergängen nach Mexiko.

➡ Die Grenzübergänge in die USA sind nur selten rund um die Uhr offen.

➡ Bei jedem Grenzübertritt sollte man alle Papiere bereithalten und immer höflich zu den Beamten sein. Wichtig: Vor allem US-Grenzer mögen Witze, Smalltalk oder Ähnliches nicht!

➡ Die ganze amerikanisch-mexikanische Grenzregion ist von starker Drogen- und Gewaltkriminalität betroffen.

AUTO & MOTORRAD

➡ Kraftfahrer, die von Kanada oder Mexiko aus in die USA einreisen möchten, benötigen neben sämtlichen Zulassungs- und Versicherungspapieren auch einen gültigen nationalen Führerschein. Eine Internationale Fahrerlaubnis (International Driving Permit; IDP) ist eine sinnvolle Ergänzung, sie ist aber nicht offiziell vorgeschrieben.

➡ Nutzer von Mietwagen bzw. -motorrädern sollten unbedingt vorab ermitteln, ob die jeweilige Verleihfirma Trips nach Mexiko oder Kanada erlaubt – höchstwahrscheinlich tut sie's nicht!

Nach & ab Kanada

➡ Kanadische Autoversicherungen gelten normalerweise in den USA und umgekehrt.

➡ Mit allen erforderlichen Papieren lässt sich die amerikanisch-kanadische Grenze in der Regel recht zügig und problemlos überqueren.

➡ Vor allem im Sommer kann der starke Grenzverkehr an Wochenenden und Feiertagen lange Wartezeiten mit sich bringen.

➡ Ab und zu durchsuchen die Beamten auf beiden Seiten

ÜBERLANDFAHRTEN NACH MEXIKO

Gewaltverbrechen in Mexiko machen schon seit Jahren international Schlagzeilen. Ein Beispiel: Nogales in Arizona ist für Touristen sicher. Nogales in Mexiko gilt dagegen als eine Hauptdrehscheibe des Drogenhandels (inkl. entsprechender Gewalt). Solange sich die Situation nicht ändert, ist ein längerer Besuch der nordmexikanischen Grenzregion aufgrund der Gegebenheiten nicht ratsam – was über einen Tagesausflug hinausgeht, ist potenziell zu riskant.

Das US-Außenministerium (US State Department; https://travel.state.gov/) empfiehlt Touristen vor einem Abstecher nach Mexiko den Besuch seiner Website: Dort gibt's neben aktuellen Hinweisen und Reisewarnungen (https://travel.state.gov/content/passports/en/alertswarnings/mexico-travel-warning.html) auch Infos zu den neuesten Regularien für den Grenzübertritt. Ergänzend macht es Sinn, beim eigenen Außenministerium vorbeizusurfen.

Die Bestimmungen für den Grenzübertritt können sich jederzeit ändern. Daher sollte der aktuelle Stand unbedingt rechtzeitig vor dem Start in Erfahrung gebracht werden.

EU-Bürger und Schweizer können visumfrei nach Mexiko einreisen. Voraussetzung hierfür ist ein Reisepass, der noch mindestens sechs Monate lang gültig sein muss. Die bei der Einreise ausgestellte Touristenkarte (FMT) sollte stets sorgfältig aufbewahrt werden, da sie bei der Ausreise aus Mexiko wieder vorzulegen ist. Längere Aufenthalte in Mexiko und/oder die Wiedereinreise in die USA erfordern jedoch jeweils potenziell ein gültiges, separat zu beantragendes Visum. Aktuelle Details hierzu liefert auch die Website der amerikanischen Zoll- und Grenzschutzbehörde (US Customs & Border Protection, CBP; www.cbp.gov).

Die Fahrzeugeinfuhr nach Mexiko ist mit komplizierten Formalitäten verbunden. Zudem muss man sich direkt an der Grenze oder am Kontrollpunkt rund 13 Meilen (21 km) weiter südlich eine kostenlose Touristenkarte für Mexiko ausstellen lassen. US-amerikanische und andere ausländische Kfz-Versicherungen sind in Mexiko nicht gültig. Es ist jedoch höchst ratsam, eine mexikanische Kfz-Versicherung bereits auf der US-Seite der Grenze abzuschließen. Die Tarife richten sich dabei nach der Deckungssumme sowie nach Alter, Modell und Zeitwert des Fahrzeugs.

manche Fahrzeuge richtig *gründlich*. Dann unbedingt ruhig und höflich bleiben!

Nach & ab Mexiko

- Nur sehr wenige US-Autovermieter gestatten Mexikotouren mit ihren Fahrzeugen.
- Sofern kein längerer Aufenthalt in Tijuana geplant ist, bringt die Ausfuhr eines Fahrzeugs nach Mexiko mehr Ärger als Nutzen. Stattdessen lässt man das Auto besser auf US-Boden stehen und überquert die Grenze per pedes oder Shuttleservice ab San Diego.
- Amerikanische Kfz-Versicherungen besitzen in Mexiko keine Gültigkeit. Selbst kurze Ausflüge ins mexikanische Grenzgebiet erfordern daher eine mexikanische Police, die an den meisten Grenzübergängen oder bei der American Automobile Association (www.aaa.com) für ca. 25 US$ pro Tag erhältlich ist.
- Für längere Autofahrten durch Mexiko, die über das Grenzgebiet oder die Baja California hinausführen, ist zudem eine mexikanische *permiso de importación temporal de vehículos* von Banjercito (Genehmigung zur zeitweiligen Kfz-Einfuhr; www.banjercito.com.mx) vonnöten.
- Wegen verschärfter Sicherheitsmaßnahmen sind die Wartezeiten recht lang.
- Weitere Details liefert der Lonely Planet Band *Mexiko*.

BUS

- Greyhound (www.greyhound.com) unterhält auch Direktverbindungen zwischen Kanada und den nördlichen USA; eventuell muss man an der Grenze den Bus wechseln. Tickets können auch über Greyhound Canada (www.greyhound.ca) gebucht werden.
- Busse, die aus Mexiko gen Norden fahren, werden an der US-amerikanischen Grenze mitunter längere Zeit aufgehalten. Die US-amerikanische Einwanderungsbehörde besteht normalerweise darauf, alle Insassen gründlich zu überprüfen.

ZUG

- Amtrak (www.amtrakcascades.com) Der *Cascades*-Zug verkehrt täglich zwischen Eugene (OR) und Vancouver (British Columbia, Kanada). Hierbei besteht Busanschluss zu regionalen Zielen ohne Bahnhof.
- **VIA Rail** (☎888-842-7245; www.viarail.ca) Bedient ebenfalls Vancouver (BC) mit Routen durch Kanadas Norden und Osten.
- Die Zoll- und Einreiseformalitäten werden jeweils direkt an der amerikanisch-kanadischen Grenze erledigt (also nicht schon beim Einsteigen).
- Ab Arizona oder Kalifornien fahren derzeit keine Züge nach Mexiko.

Übers Meer

Das spezialisierte Reisebüro **Cruise Web** (www.cruiseweb.com) ist eine gute Wahl für Kreuzfahrten nach Amerika und zu anderen interessanten Zielen.

Auch Frachter legen in den USA an und ab. Verglichen mit Kreuzfahrtschiffen sind sie wesentlich günstiger (teils bis zu 50 %), aber auch deutlich langsamer und weniger komfortabel. Dennoch ist der Bordstandard keinesfalls spartanisch und wird manchmal sogar mit „Kreuzfahrt-Niveau" beworben. Die einwöchige bis zweimonatige Überfahrt umfasst meist kurze Zwischenstopps in verschiedenen Häfen.

Weitere Informationen liefert die **Cruise & Freighter Travel Association** (www.travltips.com), die Verzeichnisse für Touren mit Frachtern und anderen Schiffen führt.

UNTERWEGS VOR ORT

Auto & Motorrad Selbstfahrer können Nationalparks und entlegenere Ecken außerhalb von Großstädten am besten erkunden. In den USA herrscht Rechtsverkehr.

Bus Langsamer, aber auch preiswerter als Züge; zudem auch eine gute Option für Touren zu Zielen ohne Amtrak-Bahnhof.

Zug Amtrak-Züge sind oft langsam und unpünktlich, aber praktisch und komfortabel für Reisen entlang der Pazifikküste. Quer durchs Land verbinden sie z. B. San Francisco und Los Angeles mit Chicago.

Auto & Motorrad

Ein eigenes Fahrzeug bietet ein Maximum an Flexibilität und Komfort. Zudem können eigentlich nur Selbstfahrer die ländlichen Weiten des US-Westens richtig intensiv erkunden.

Automobilclubs

Bei folgenden Organisationen bekommen Mitglieder Pannenhilfe rund um die Uhr, kostenlose Straßenkarten und Ermäßigungen u. a. bei Unterkünften, Sehenswürdigkeiten, Unterhaltungsangeboten und Autovermietungen:

American Automobile Association (www.aaa.com) Partnerclub des ADAC.

Better World Club (www.betterworldclub.com)

Benzin

Viele US-Tankstellen haben Zapfsäulen mit automatisierten Bezahlsystemen für Kreditkarten. Die meisten dieser Geräte fragen nach dem Durchziehen der Karte per Display nach dem Zip Code (US-Postleitzahl). Ausländer bzw. Inhaber ausländischer Kreditkarten müssen daher vor dem Tanken drinnen beim Personal bezahlen. Der Betrag für die gewünschte Spritmenge wird dann vom

Kartenkonto abgebucht. Bei Überzahlung geht man einfach noch einmal in die Tankstelle hinein und lässt sich das verbliebene Guthaben auf die Karte zurückbuchen.

In einigen ländlichen Bezirken von Oregon sind SB-Tankstellen seit 2018 offiziell erlaubt. Ansonsten ist die Bedienung durch Tankwarte in diesem US-Bundesstaat immer noch gesetzlich vorgeschrieben.

Führerschein

- In einigen US-Bundesstaaten können sich Ausländer mit ihrem gültigen nationalen Führerschein hinters Steuer setzen (max. 12 Monate lang). Mancherorts ist jedoch zusätzlich eine internationale Fahrerlaubnis (International Driving Permit; IDP) vorgeschrieben – wo genau, erfährt man unter www.usa.gov/visitors-driving.
- Zudem erleichtert eine IDP die Kommunikation mit der US-Verkehrspolizei. Dies gilt vor allem, wenn der heimische Führerschein kein Foto hat und/oder keine englischsprachigen Angaben enthält. In Deutschland und der Schweiz werden internationale Führerscheine von den Straßenverkehrsbehörden (Führerscheinstelle) ausgestellt. Österreicher können sich hierzu an Automobilclubs (z. B. ÖAMTC) wenden. Deutsche und österreichische Antragsteller benötigen einen EU-Führerschein im Scheckkartenformat.
- Achtung: Die internationale Variante gilt grundsätzlich nur in Verbindung mit einem gültigen nationalen Führerschein und ist stets zusammen mit diesem mitzuführen bzw. bei Kontrollen vorzuzeigen!
- Analog dazu brauchen ausländische Biker in den USA einen gültigen nationalen Motorradführerschein und gegebenenfalls eine spezielle IDP für Feuerstühle.

Mieten

- Mietwagenkunden müssen bei den meisten Autovermietern mindestens 25 Jahre alt sein, einen gültigen Führerschein und die Kreditkarte eine größeren Anbieters besitzen (eine Bankkarte genügt nicht!). Unternehmen vermieten gegen Aufpreis (ca. 25–30 US$/Tag) Autos auch an Fahrer, die zwischen 21 und 25 Jahre alt sind. Gelegentlich ist es auch möglich, statt einer Kreditkarte eine größere Bargeldsumme als Kaution zu hinterlegen.
- Bei rechtzeitiger Reservierung erhält man einen Mittelklassewagen mit unbegrenzten Fahrtkilometern oft ab etwa 20 US$ pro Tag (zzgl. Versicherung, Steuern und Gebühren). An Flughäfen sind die Tarife vielleicht günstiger, dafür gibt es hier dann höhere Gebühren. Bei Pauschalangeboten mit Flug und Mietwagen sind mitunter lokale Steuern bei der Abholung des Autos extra zu entrichten. Filialen im Stadtzentrum bieten mitunter eine kostenlose Auslieferung und Abholung des Mietwagens an.
- Im Allgemeinen beinhaltet der Mietpreis unbegrenzte Fahrtkilometer (trotzdem auf Obergrenzen achten!). Wenn mehrere Leute das Auto fahren wollen oder das Auto an einem anderen Ort zurückgegeben werden soll, kostet das meist extra. Manche Verleiher lassen Kunden vorab die letzte Tankfüllung bezahlen, das rechnet sich aber selten.
- Über Reise-Websites wie Priceline (www.priceline.com) oder Hotwire (www.hotwire.com) oder über Online-Reisebüros wie Expe-

ENTFERNUNGEN (MEILEN)

	Denver	Grand Canyon National Park (South Rim)	Las Vegas	Los Angeles	Phoenix	Portland	San Francisco	Santa Fe	Seattle
Grand Canyon National Park (South Rim)	68								
Las Vegas	750	270							
Los Angeles	1020	485	270						
Phoenix	825	215	285	375					
Portland	1260	1330	1020	965	1335				
San Francisco	1270	790	570	380	750	635			
Santa Fe	395	455	635	850	530	1450	1145		
Seattle	1330	1365	1165	1135	1500	175	810	1545	
Yellowstone National Park	530	810	670	950	920	795	1000	820	875

dia (www.expedia.de), Orbitz (www.orbitz.com) oder Travelocity (www.travelocity.com) gibt's Mietwagen eventuell günstiger. Auf Kayak (www.kayak.com) kann man Preisvergleiche zwischen verschiedenen Reise-Websites anstellen.

➔ Ein paar größere Autovermieter (z. B. Avis, Budget, Enterprise und Hertz) haben auch begrenzt Hybrid-, Diesel- oder Elektroautos im Angebot. Weit im Voraus reservieren! Ebenfalls einen Blick wert sind **Simply RAC** (☎323-653-0022; www.simplyrac.com) in Los Angeles, ein Unternehmen, das die kostenlose Lieferung und Abholung von einigen Punkten anbietet. Der Carsharing-Anbieter **Zipcar** (☎866-494-7227; www.zipcar.com) ist in Kalifornien (Los Angeles, San Diego & San Francisco Bay Area) sowie Denver, Portland und Seattle vertreten; er erhebt Nutzungsgebühren (pro Std. oder Tag), in denen das Benzin, die Versicherung (mit Selbstbeteiligung von bis zu 1000 US$) und begrenzte Fahrtkilometer enthalten sind. Die Anmeldung erfolgt online, die Anmeldungsgebühr beträgt 25 US$; für die Monatsmitgliedschaft werden zwischen 7 und 50 US$ fällig. Für die Anmeldung werden Reisepass, Führerschein und eine Bescheinigung benötigt, ob man bislang Unfälle verursacht hat.

➔ Über Car Rental Express (www.carrentalexpress.com) lassen sich unabhängige Autovermieter finden und vergleichen. Besonders hilfreich ist die Website bei der Suche nach einem günstigen Langzeit-Mietwagen.

➔ In L. A. empfiehlt sich Super Cheap Car Rental (www.supercheapcar.com) für Fahrer unter 25 Jahren: Kunden zwischen 21 und 24 Jahren bezahlen bei dieser Firma keinen Aufpreis. Gegen separate Tagesgebühr werden sogar 18- bis 21-Jährige akzeptiert.

Mieten von Motorrädern & Wohnmobilen

Wer davon träumt, auf einer Harley durch die USA zu cruisen, kann sich an **EagleRider** (www.eaglerider.com) wenden. Das Unternehmen hat landesweit in den größeren Städten Filialen und vermietet auch andere Bikes. Miete und Versicherung sind aber kein billiger Spaß.

Spezialisten für Wohnmobile und Campervans zum Mieten:

Adventures on Wheels (www.adventuresonwheels.com)

Cruise America (www.cruiseamerica.com)

Happy Travel Campers (☎310-929-5666; www.camperusa.com)

Jucy Rentals (☎800-650-4180; www.jucyrentals.com)

Straßenzustand & Gefahren

➔ Zu den Gefahren auf der Straße gehören Schlaglöcher, starker Pendlerverkehr in den Metropolen, Wildwechsel und abgelenkte oder unbeherrschte Fahrer.

➔ Wo Schnee fällt, sind manche Autos mit Winterreifen ausgestattet. In Bergregionen werden mitunter Schneeketten benötigt. Fahren auf unbefestigten Pisten oder im Gelände wird von vielen Autovermietern untersagt; bei feuchter Witterung kann dies zudem sehr gefährlich sein!

➔ In Wüsten- und Weidegebieten grast das Vieh manchmal uneingezäunt direkt am Straßenrand. Meist weisen Schilder mit der Aufschrift „Open Range" oder einem Rindersymbol auf diese Gefahr hin. An Strecken mit regelmäßigem Wildwechsel ist stattdessen die Silhouette eines springenden Hirschs abgebildet. Vor allem nachts sind solche Warnhinweise sehr ernst zu nehmen!

Landesweite Verkehrs- und Straßeninfos (inkl. Streckensperrungen) gibt's unter www.fhwa.dot.gov/trafficinfo.

Im gerade bereisten Bundesstaat erfährt man unter 511 den aktuellen Straßenzustand. Von außerhalb bekommt man die Infos unter folgenden Telefonnummern und Webadressen:

Arizona (888-411-7623; www.az511.com)

Colorado (303-639-1111; www.cotrip.org)

Idaho (888-432-7623; 511.idaho.gov)

Kalifornien (800-427-7623; www.dot.ca.gov)

Montana (800-226-7623; www.mdt.mt.gov/travinfo/)

Nevada (877-687-6237; www.safetravelusa.com/nv)

New Mexico (800-432-4269; m.nmroads.com)

Oregon (503-588-2941; www.tripcheck.com)

Utah (866-511-8824; www.udot.utah.gov)

Washington (800-695-7623; www.wsdot.wa.gov)

Wyoming (888-996-7623; www.wyoroad.info)

Verkehrsregeln

➔ In den ganzen USA herrschen Rechtsverkehr, Kindersitz- und Gurtpflicht.

➔ Kindersitze können bei den meisten Autovermietern ausgeliehen werden (ca. 13 US$/Tag), müssen aber beim Buchen extra reserviert werden.

➔ In manchen US-Bundesstaaten gilt Helmpflicht für Motorradfahrer, so u. a. auch in Kalifornien.

➔ Auf einigen Interstate-Highways ist eine Geschwindigkeit von 80 mph (130 km/h) erlaubt. Sofern nicht anderweitig durch Schilder angezeigt, beträgt das allgemeine Tempolimit jedoch 55 oder 65 mph (88 oder 105 km/h) auf Highways und 25 bis 35 mph (40–56 km/h) innerhalb geschlossener Ortschaften. Achtung: In der Nähe von Schulen sind teilweise nur

15 mph (24 km/h) erlaubt – während der Unterrichtszeit wird dies streng kontrolliert! Zudem ist es grundsätzlich verboten, Schulbusse (auch in die Gegenrichtung) mit blinkenden Warnlichtern zu passieren oder zu überholen.

➜ Wenn sich Notfall- oder Einsatzfahrzeuge (Polizei, Feuerwehr, Rettungsdienst) nähern, ist in Fahrt- und Gegenrichtung schnellstens, aber vorsichtig eine ausreichende Gasse zu bilden. Immer mehr US-Bundesstaaten verbieten Handygespräche am Steuer. Darum benutzt man am besten eine Freisprecheinrichtung oder stoppt bei Anrufen verkehrsgerecht am Straßenrand – wie in Deutschland auch.

➜ Fahren unter Alkohol- und/oder Drogeneinfluss (*driving under the Influence*; DUI) wird streng bestraft. Die Polizei kann Kraftfahrer jederzeit einer Alkohol- und Drogenkontrolle unterziehen. Bei Verdacht auf Drogenkonsum bzw. zu viel Alkohol im Blut (Grenze 0,8 ‰) hat man zur Feststellung des Wertes einen Atem-, Urin- oder Bluttest zu absolvieren. Wird dieser verweigert, gilt er automatisch als nicht bestanden.

➜ In einigen US-Bundesstaaten dürfen geöffnete Behälter mit alkoholischen Getränken *(open containers)* nicht im Fahrzeuginnenraum mitgeführt werden – selbst wenn sie bereits leer sein sollten!

Versicherung

➜ Eine Haftpflichtversicherung (*liability insurance*) deckt Schäden an Menschen und Sachen ab, die man selber verursacht hat.

➜ Die Collision Damage Waiver (CDW) deckt Schäden am eigenen Mietwagen ab und kostet rund 30 US$ pro Tag. Bevor man ein Auto mietet, sollte man prüfen, ob die Versicherungspolice ausreichend Schutz bietet. Diese enthält wahrscheinlich zumindest einen Haftpflichtschutz, doch sollte man dies unbedingt kontrollieren.

➜ Einige Kreditkarten erstatten die Selbstbeteiligung bei einem Unfall, sofern man die Kreditkarte zum Bezahlen des Mietautos benutzt hat. Ausnahmen sind möglich, wenn das Auto länger als 15 Tage gemietet wurde oder es sich dabei um ein „exotisches" Fahrzeug (Jeep, Van oder Geländewagen) handelt. Manche Autovermietungen bestehen auf die sofortige Bezahlung des Schadens bei Unfällen und das Kreditkartenunternehmen erstattet den Betrag erst später zurück. Vor dem Mieten eines Autos daher die Konditionen des Kreditkartenunternehmens genau prüfen!

➜ Viele Autovermieter nehmen Schäden am Auto, die bei der Fahrt auf einer unbefestigten Straße entstanden sind, von der Versicherung aus. Auch dies sollte man prüfen, bevor man den Mietvertrag unterschreibt.

Bus

➜ Als größte US-Fernbusfirma deckt Greyhound (www.greyhound.com) ganz Amerika und Kanada ab. Das Unternehmen steuert viele Kleinstädte nicht mehr an. Allgemein folgen die Busse den wichtigsten Highways und halten in größeren Ballungszentren. Um ländliche Städte über Nebenstrecken zu erreichen, muss man daher manchmal in Regional- oder Lokalbusse umsteigen. Greyhound hält normalerweise entsprechende Kontaktinfos bereit.

➜ Das meiste Gepäck ist aufzugeben; eine deutlich erkennbare Beschriftung verringert das Verlustrisiko. Größere Gegenstände wie Ski, Surfbretter oder Fahrräder werden ebenfalls mitgenommen – allerdings eventuell nur gegen Zuschlag (vorher anrufen).

➜ Greyhound hat tolle Online-Preise – beim Online-Kauf kann man einen beträchtlichen Preisnachlass gegenüber dem Kauf am Ticketschalter erhalten.

➜ Die Häufigkeit der Verbindungen variiert gewaltig. Obwohl viele kleine Ziele vom Fahrplan gestrichen wurden, halten normale Greyhound-Busse immer noch alle 80 bis 160 km. Auf Fernstrecken gibt's Pausen zum Essen und zum Fahrerwechsel.

➜ Greyhound-Busse sind im Allgemeinen sauber, komfortabel und zuverlässig. Am besten wählt man einen der vorderen Sitze in ausreichendem Abstand zur Bordtoilette. Eine Klimaanlage (manchmal zu kalt eingestellt – Pulli mitbringen!) und ein wenig verstellbare Sitze sorgen für etwas Komfort. Vereinzelt sind auch Bordsteckdosen und WLAN vorhanden. In allen Bussen herrscht grundsätzlich Rauchverbot.

➜ US-Busbahnhöfe sind oft sicher und sauber, liegen aber teilweise in zwielichtigen Ecken.

Preise

➜ Die Ticket-Tarife variieren je nach Reisezeitpunkt und gewünschter Flexibilität. Online-Angebote sind generell am günstigsten und oft echte Schnäppchen.

➜ Rabatte gewährt Greyhound z. B. für Kinder (2–16 Jahre; 20 % in der Nachsaison), Senioren ab 62 Jahren (5 %) und Studenten (10 %) mit einer Student Advantage Discount Card (zzgl. 23 US$; www.studentadvantage.com) – allerdings jeweils nur auf Listenpreise.

➜ Die häufigen Werberabatte auf der Firmenwebsite sind teils mit Beschränkungen verbunden und/oder zeitlich begrenzt.

Reservierungen

➜ Bustickets für Greyhound können telefonisch oder online gekauft werden. Man kann die Fahrkarten zu Hause ausdrucken oder am Terminal abholen, indem man den *Will Call*-Service nutzt (hierzu wird ein Lichtbildausweis benötigt!).

- Es gibt keine Sitzplatzverteilung – wer zuerst kommt, mahlt zuerst. Greyhound empfiehlt, eine Stunde vor der Abfahrt vor Ort zu sein, um den gewünschten Sitzplatz zu bekommen.
- Reisende mit Behinderung, die spezielle Hilfe benötigen, sollten mindestens 48 Stunden vor der Abreise 800-752-4841 (TDD/TTY 800-345-3109) anrufen; Rollstühle werden als Gepäck akzeptiert, es gibt aber nur beschränkten Platz. Blindenhunde sind an Bord erlaubt.

Fahrrad

Fahrradtouren durch einzelne Regionen sind sehr beliebt. Man radelt auf kurvigen Nebenstraßen (Schnellstraßen sind meist motorisierten Fahrzeugen vorbehalten) – doch ohnehin ist der Weg das Ziel und nicht die Geschwindigkeit. Radfahrer müssen dieselben Regeln beachten wie Autofahrer, viele Radler missachten allerdings die Vorfahrtsregeln. Für Radler unter 18 Jahren besteht in Kalifornien und vielen Städten im Westen Helmpflicht.

Einige hilfreiche Informationsquellen für Radfahrer sind:

Adventure Cycling Association (www.adventurecycling.org) Exzellente Online-Quelle für den Erwerb von für Radler geeigneten Landkarten und Reiseführern für Langstreckenrouten.

Better World Club (www.betterworldclub.com) Wer eine Jahresmitgliedschaft abschließt, kann sich in Notfällen zweimal auf der Straße aufgabeln lassen. Dieser Service gilt rund um die Uhr; man wird zum nächsten Fahrradshop innerhalb eines Radius von 48 km gebracht.

Bikepacking (www.bikepacking.com) Infos zu mehrtägigen MTB-Touren durch die Wildnis.

Fahrradtransport

- Manche Lokalbusse und -züge sind mit speziellen Fahrradständern ausgerüstet.
- Greyhound transportiert Fahrräder als Gepäck (Aufpreis 30–40 US$). Die Räder müssen in Holzkisten, Segeltuch oder einen größeren Behälter verpackt und angemessen gesichert werden.
- Die meisten *Cascades*-, *Pacific-Surfliner*-, *Capital-Corridor*- und *San-Joaquin*-Züge der Amtrak haben Radständer an Bord, an denen man sein Rad unverpackt anschließen kann; diese Option sollte man gleich mit der Fahrkarte zusammen reservieren (Aufpreis bis zu 10 US$).
- Auf Amtrak-Zügen ohne Radständer sind Fahrräder in Boxen zu verpacken (15 US$) und als Gepäck aufzugeben (Gebühr 10 US$). Aber nicht alle Bahnhöfe oder Züge haben eine Gepäckaufgabe.
- Vor einem Flug muss man sein Fahrrad auseinandermontieren und es in einer Box als Gepäck aufgeben; alle Einzelheiten, auch über den fälligen Aufpreis (ca. 150–200 US$), erfragt man direkt bei der Airline. Kleinere Räder (unter 22,5 kg und 1,57 m) werden mitunter auch kostenlos befördert.

Leihen & Kaufen

- In den meisten Großstädten und Regionalzentren kann man Fahrräder stunden-, tages- oder wochenweise ausleihen.
- Leihfahrräder gibt es ab 20 US$ pro Tag (für einen Beach Cruiser), für einfache Mountainbikes zahlt man ab 39 US$; wer werktags ein Fahrrad mieten oder mehrere Tage unterwegs sein will, sollte nach Rabatten fragen.
- Die meisten Fahrradverleiher verlangen von den Mietern eine Kreditkarten-Kaution von mehreren Hundert Dollar.
- Spezialgeschäfte, Sportgeschäfte und Kaufhausketten verkaufen neue Fahrradmodelle. Gebrauchte Räder werden oft an den Schwarzen Brettern der Hostels, Cafés und Universitäten inseriert.
- Um gebrauchte Fahrräder zu kaufen oder zu verkaufen, geht man auf Schwarze Bretter im Internet, z. B. Craigslist (www.craigslist.com).

Flugzeug

Das US-Inlandsflugnetz ist groß und verlässlich. Hierfür sorgen viele konkurrierende Airlines, Hunderte Flughäfen und Tausende täglicher Verbindungen. Fliegen ist meist teurer als Reisen per Bus, Zug oder Auto, aber bei wenig Zeit die beste bzw. schnellste Option.

Vom/zum Flughafen

Denver International Airport
Am schnellsten nach Downtown Denver geht's per Zug (9 US$, 35 Min., alle 15 Min.). Buslinie AB rollt nach Boulder (9 US$, 82 Min., stündl.), Shuttles fahren zu allen großen Skiorten.

Los Angeles International Airport Nach Downtown L.A. fahren Taxis (47 US$), Shuttles (Door-to-Door; Gruppen ab 17 US$/Pers.) und FlyAway-Busse (9,75 US$/Pers.). Mit Shuttle G (gratis) besteht Anschluss zur Metro Green Line Aviation Station, mit Shuttle C (gratis) zum Metro Bus Center.

Seattle-Tacoma International Airport Vom Parkhaus des Flughafens rollen Stadtbahnen (Ebene 4; 3 US$, 30 Min., regelm.) und Shuttlebusse (Ebene 3; einfache Strecke ab 18 US$) nach Downtown Seattle. Die Alternative sind Taxis (ab 42 US$, 25 Min.).

Inlandsfluglinien im Westen

Allgemein sind Inlandsflüge sehr sicher und weitaus weniger gefährlich als Fahrten auf amerikanischen Highways; www.airsafe.com liefert umfassende Sicherheitsbulletins zu einzelnen Gesellschaften.

Die größten Inlandsfluglinien im Westen der USA sind:

Alaska Airlines (☎800-252-7522; www.alaskaair.com) Bedient Alaska, Hawaii, die Ostküste und den Westen der USA.

American Airlines (☎800-433-7300; www.aa.com) Landesweites Streckennetz.

Delta (☎800-221-1212; www.delta.com) Landesweites Streckennetz.

Frontier Airlines (☎801-401-9000; www.frontierairlines.com) Drehscheibe Denver; Landesweites Streckennetz ohne Alaska und Hawaii.

JetBlue Airways (☎800-538-2583; www.jetblue.com) Sorgt für Direktverbindungen zwischen einigen Städten im Westen und Osten der USA; auch Flüge nach Florida, New Orleans und Texas.

Southwest Airlines (☎800-435-9792; www.southwest.com) Landesweites Streckennetz ohne Alaska und Hawaii.

Spirit Airlines (☎801-401-2222; www.spirit.com) Drehscheibe Florida; steuert viele große US-Verkehrsknotenpunkte an.

United Airlines (☎800-864-8331; www.united.com) Landesweites Streckennetz.

Virgin America (☎877-359-8474; www.virginamerica.com) Flüge zwischen Ost- und Westküste; auch Las Vegas, Austin und Dallas werden bedient.

Nahverkehr

Außer in Städten kommt man mit öffentlichen Verkehrsmitteln allgemein nur sehr zäh voran: Der Nahverkehr bedient abgelegene Kleinstädte und Vororte oft nur spärlich. Dennoch sind öffentliche Verkehrsmittel in den USA normalerweise günstig, relativ sicher und verlässlich.

Bus

Die meisten größeren Städte haben zuverlässige örtliche Busnetze, die allerdings oft auf Pendler zugeschnitten sind und abends sowie an den Wochenenden nur begrenzt bedient werden. Ein Fahrschein kostet rund 2 US$ pro Fahrt. Einige Strecken in Touristengebieten sind kostenlos.

Fahrrad

Manche Großstädte sind radlerfreundlicher als andere. Meist gibt's aber zumindest ein paar ausgewiesene Fahrradspuren und -wege. Öffentliche Verkehrsmittel nehmen Drahtesel normalerweise problemlos mit.

Flughafen-Shuttles

In den meisten Großstädten stehen Reisenden günstige und praktische Shuttle-Services zwischen Innenstadt und Flughafen (ca. 15–22 US$/Pers.) zur Verfügung. Meist handelt es sich dabei um zwölfsitzige Vans, die teilweise feste Routen und Ziele (u. a. die größten Hotels) bedienen. Innerhalb ihres jeweiligen Zuständigkeitsbereichs bringen manche Shuttle-Busse ihre Passagiere auch direkt vom Flughafen zur Unterkunft bzw. holen sie dort ab (*Door to Door*-Service).

Taxi

➡ US-Taxis verfügen über Gebührenzähler (Startpreis 2,50–3,50 US$, zzgl. 2–3 US$/weitere Meile). Potenziell kosten Gepäck, Wartezeit und/oder Abholen am Flughafen jeweils extra.

Die Fahrer akzeptieren mitunter Kreditkarten und erwarten am Ziel stets ein Trinkgeld (10–15 %; auf den nächsten vollen Dollarbetrag aufrunden).

➡ Alternativ sind Mitfahrdienste wie Uber (www.uber.com) oder Lyft (www.lyft.com) nun auch in den USA sehr beliebt.

U-Bahn & Zug

L. A. und die San Francisco Bay Area haben die größten Regionalzugnetze. Anderswo existieren teilweise kleinere Varianten mit ein bis zwei Linien, die vor allem das jeweilige Stadtzentrum abdecken.

Schiff/Fähre

Im Westen der USA gibt's keinen öffentlichen Schiffsverkehr auf Flüssen oder Kanälen. Nichtsdestotrotz existieren viele kleinere, oft staatlich betriebene Küstenfähren. Die größeren davon befördern meist auch Privatautos, -motorräder und -fahrräder. Die entsprechenden Regionenkapitel informieren über Details.

Fähren schippern z. B. zu den malerischen San Juan Islands vor der Küste Washingtons. Mehrere der kalifornischen Channel Islands und Catalina Island vor L. A. sind ebenfalls mit Booten erreichbar. Ab San Francisco geht's per Schiff regelmäßig über die gleichnamige Bucht nach Sausalito, Larkspur, Tiburon, Angel Island, Oakland, Alameda und Vallejo.

Zug

Die Amtrak betreibt landesweit ein ziemlich umfangreiches Streckennetz. Die Preise variieren je nach Zugtyp und -klasse (z. B. Großraumwagen, Business- oder Schlafwagenklasse, mit oder ohne Reservierung usw.). Auf Fernstrecken sind die komfortablen, wenn auch etwas lahmen Züge mit Lounge- und Speisewagen ausgestattet.

Amtrak-Routen im Westen der USA:

California Zephyr Tägliche Verbindung zwischen Chicago und Emeryville bei San Francisco (ab 170 US$, 52 Std.); über Denver, Salt Lake City, Reno, Sacramento.

Coast Starlight Folgt der Westküste jeden Tag von Seattle über Portland, Sacramento, Oakland und Santa Barbara nach L. A. (ab 121 US$, 35½ Std.); manche Züge haben WLAN.

Southwest Chief Fährt täglich von Chicago über Kansas City,

Albuquerque, Flagstaff und Barstow nach L.A. (ab 176 US$, 43¼ Std.).

Sunset Limited Pendelt zwischen New Orleans und L.A. (ab 170 US$, 46½ Std., 3-mal wöchentl.); über Houston, San Antonio, El Paso, Tucson, Palm Springs.

Preise

➡ Zugtickets lassen sich an den Bahnhöfen, telefonisch oder online kaufen. Der Preis hängt u. a. vom Reisetag, der Strecke und der Zugklasse ab. In Spitzenzeiten, z. B. im Sommer, können die Preise etwas höher ausfallen.

➡ In der Regel erhalten Senioren über 61 Jahren eine Ermäßigung von 15 %, Studenten mit internationalem Studentenausweis (ISIC) oder Student Advantage Card sowie Mitglieder der AAA eine Ermäßigung von 10 %. Bis zu zwei Kinder im Alter von 2 bis 12 Jahren erhalten in Begleitung eines Erwachsenen einen Rabatt von 50 %. Außerdem kann es jederzeit auch Sonderangebote geben, über die man sich auf der Website oder durch Nachfragen informieren kann.

Reservierungen

Reservierungen sind ab elf Monaten vor der Reise möglich. Die Sitzplätze der meisten Züge sind limitiert; bestimmte Züge können ausgebucht sein, besonders im Sommer und in der Urlaubszeit – daher so weit im Voraus buchen wie möglich!

Zugpässe

➡ Der USA Rail Pass (www.amtrak.com) der Amtrak gilt für Fahrten in Großraumwagen an 15/30/45 aufeinanderfolgenden Tagen (459/689/899 US$); Kinder zwischen 2 und 12 Jahren zahlen die Hälfte. Die konkrete Reisestrecke beschränkt sich dabei auf 8/12/18 „Segmente" in einer Richtung (ein Segment ist nicht das gleiche wie eine einfache Strecke – wenn zum Erreichen des Reiseziels ein Umsteigen erforderlich ist, verbraucht das jeweils ein weiteres Segment).

➡ Die Zugpässe können über die Website der Amtrak bezogen werden. Jedes einzelne Segment sollte man außerdem rechtzeitig reservieren.

➡ Für Reisen innerhalb Kaliforniens kann sich der sieben Reisetage umfassende California Rail Pass (Erw./Kind 159/79,50 US$) rechnen, der ab der ersten Fahrt 21 Tage lang gültig ist.

Sprache

Briten, Amerikaner, Australier und Neuseeländer, deutsche Geschäftsleute und norwegische Wissenschaftler, der indische Verwaltungsbeamte und die Hausfrau in Kapstadt – fast jeder scheint Englisch zu sprechen. Und wirklich: Englisch ist die am weitesten verbreitete Sprache der Welt (wenn es auch nur den zweiten Platz für die am meisten gesprochene Muttersprache gibt – Chinesisch ist diesbezüglich die Nr. 1).

Logisch, dass es bei einer solchen Verbreitung nicht *das* Englisch gibt, sondern vielmehr eine Unmenge von lokalen Eigenheiten in der Aussprache und im Wortschatz. Ein texanischer Ranger wird also wahrscheinlich seine Schwierigkeiten haben, einen australischen Jugendlichen aus Sydney zu verstehen.

Hier folgen nur die wichtigsten Begriffe und Wendungen, um sich bei einem Urlaub im Westen und dem Rest der USA durchschlagen zu können.

Konversation & Nützliches

Hallo.	*Hello.*
Guten …	*Good …*
Tag	*day*
Tag (nachmittags)	*afternoon*
Morgen	*morning*
Abend	*evening*
Auf Wiedersehen.	*Goodbye.*
Bis später.	*See you later.*

NOCH MEHR GEFÄLLIG?

Noch besser kommt man mit dem *Sprachführer Englisch* von Lonely Planet durch den Westen der USA. Man findet den Titel unter **http://shop.lonelyplanet.de** und im Buchhandel.

Tschüss.	*Bye.*
Wie geht es Ihnen/dir?	*How are you?*
Danke, gut.	*Fine. And you?*
Und Ihnen/dir?	*… and you?*
Wie ist Ihr Name?/ Wie heißt du?	*What's your name?*
Mein Name ist …	*My name is …*
Wo kommen Sie her?/ Wo kommst du her?	*Where do you come from?*
Ich komme aus …	*I'm from …*
Wie lange bleiben Sie/ bleibst du hier?	*How long do you stay here?*
Ja.	*Yes.*
Nein.	*No.*
Bitte.	*Please.*
Danke/ Vielen Dank.	*Thank you (very much).*
Bitte (sehr).	*You're welcome.*
Entschuldigen Sie, …	*Excuse me, …*
Entschuldigung.	*Sorry.*
Es tut mir leid.	*I'm sorry.*
Verstehen Sie (mich)?	*Do you understand (me)?*
Ich verstehe (nicht).	*I (don't) understand.*
Könnten Sie …?	*Could you please …?*
bitte langsamer sprechen	*speak more slowly*
das bitte wiederholen	*repeat that*
es bitte aufschreiben	*write it down*

Fragewörter

Wer?	*Who?*
Was?	*What?*

Wo?	*Where?*
Wann?	*When?*
Wie?	*How?*
Warum?	*Why?*
Welcher?	*Which?*
Wie viel/viele?	*How much/many?*

Gesundheit

Wo ist der/die/das nächste ...?
Where's the nearest ...?

Apotheke	*chemist*
Zahnarzt	*dentist*
Arzt	*doctor*
Krankenhaus	*hospital*

Ich brauche einen Arzt.
I need a doctor.

Gibt es in der Nähe eine (Nacht-)Apotheke?
Is there a (night) chemist nearby?

Ich bin krank.	*I'm sick.*
Es tut hier weh.	*It hurts here.*
Ich habe mich übergeben.	*I've been vomiting.*
Ich habe ...	*I have ...*
Durchfall	*diarrhoea*
Fieber	*fever*
Kopfschmerzen	*headache*
(Ich glaube,)	*(I think)*
Ich bin schwanger.	*I'm pregnant.*
Ich bin allergisch ...	*I'm allergic ...*
gegen Antibiotika	*to antibiotics*
gegen Aspirin	*to aspirin*
gegen Penizillin	*to penicillin*

Mit Kindern reisen

Ich brauche ...	*I need a/an ...*
Gibt es ...?	*Is there a/an ...?*
einen Wickelraum	*baby change room*
einen Babysitter	*babysitter*
einen Kindersitz	*booster seat*
eine Kinderkarte	*children's menu*
einen Kinderstuhl	*highchair*
(Einweg-)Windeln	*(disposable) nappies*
ein Töpfchen	*potty*
einen Kinderwagen	*stroller*

Stört es Sie, wenn ich mein Baby hier stille?
Do you mind if I breastfeed here?

NOTFALL

Hilfe!
Help!

Es ist ein Notfall!
It's an emergency!

Rufen Sie die Polizei!
Call the police!

Rufen Sie einen Arzt!
Call a doctor!

Rufen Sie einen Krankenwagen!
Call an ambulance!

Lassen Sie mich in Ruhe!
Leave me alone!

Gehen Sie weg!
Go away!

Sind Kinder zugelassen?
Are children allowed?

Papierkram

Name	*name*
Staatsangehörigkeit	*nationality*
Geburtsdatum	*date of birth*
Geburtsort	*place of birth*
Geschlecht	*sex/gender*
(Reise-)Pass	*passport*
Visum	*visa*

Shoppen & Service

Ich suche ...
I'm looking for ...

Wo ist der/die/das (nächste) ...?
Where's the (nearest) ...?

Wo kann ich ... kaufen?
Where can I buy ...?

Ich möchte ... kaufen.
I'd like to buy ...

Wie viel (kostet das)?
How much (is this)?

Das ist zu viel/zu teuer.
That's too much/too expensive.

Können Sie mit dem Preis heruntergehen?
Can you lower the price?

Ich schaue mich nur um.
I'm just looking.

Haben Sie noch andere?
Do you have any others?

Können Sie ihn/sie/es mir zeigen?
Can I look at it?

mehr	*more*
weniger	*less*
kleiner	*smaller*
größer	*bigger*

Nehmen Sie ...?	*Do you accept ...?*
Kreditkarten	*credit cards*
Reiseschecks	*traveller's cheques*
Ich möchte ...	*I'd like to ...*
Geld umtauschen	*change money*
einen Scheck einlösen	*cash a cheque*
Reiseschecks einlösen	*change traveller's cheques*

Ich suche ...	*I'm looking for ...*
einen Arzt	*a doctor*
eine Bank	*a bank*
die ... Botschaft	*the ... embassy*
einen Geldautomaten	*an ATM*
das Krankenhaus	*the hospital*
den Markt	*the market*
ein öffentliches Telefon	*a public phone*
eine öffentliche Toilette	*a public toilet*
die Polizei	*the police*
das Postamt	*the post office*
die Touristen-information	*the tourist information*
eine Wechselstube	*an exchange office*

Wann macht er/sie/es auf/zu?
What time does it open/close?

Ich möchte eine Telefonkarte kaufen.
I want to buy a phone card.

Wo ist hier ein Internetcafé?
Where's the local Internet cafe?

Ich möchte ...	*I'd like to ...*
ins Internet	*get Internet access*
meine E-Mails checken	*check my email*

Uhrzeit & Datum

Wie spät ist es?	*What time is it?*
Es ist (ein) Uhr.	*It's (one) o'clock.*
Zwanzig nach eins	*Twenty past one*
Halb zwei	*Half past one*
Viertel vor eins	*Quarter to one*

morgens/vormittags	*am*
nachmittags/abends	*pm*

jetzt	*now*
heute	*today*
heute Abend	*tonight*
morgen	*tomorrow*
gestern	*yesterday*
Morgen	*morning*
Nachmittag	*afternoon*
Abend	*evening*

Montag	*Monday*
Dienstag	*Tuesday*
Mittwoch	*Wednesday*
Donnerstag	*Thursday*
Freitag	*Friday*
Samstag	*Saturday*
Sonntag	*Sunday*

Januar	*January*
Februar	*February*
März	*March*
April	*April*
Mai	*May*
Juni	*June*
Juli	*July*
August	*August*
September	*September*
Oktober	*October*
November	*November*
Dezember	*December*

Unterkunft

Wo ist ...?	*Where's a ...?*
eine Pension	*bed and breakfast guesthouse*
ein Campingplatz	*camping ground*
ein Hotel/Gasthof	*hotel*
ein Privatzimmer	*room in a private home*
eine Jugend-herberge	*youth hostel*

Wie ist die Adresse?
What's the address?

Ich möchte bitte ein Zimmer reservieren.
I'd like to book a room, please.

Für (drei) Nächte/Wochen.
For (three) nights/weeks.

EIN ZIMMER RESERVIEREN

(per Brief, Fax oder E-Mail)

An ...	*To ...*
Vom ...	*From ...*
Datum	*Date*

Ich möchte reservieren ...
I'd like to book ...

auf den Namen ...	*in the name of ...*
vom ... bis zum ...	*from ... to ...*

(Bett-/Zimmeroptionen s. Liste Unterkunft)

Kreditkarte	*credit card*
Nummer	*number*
gültig bis	*expiry date*

Bitte bestätigen Sie Verfügbarkeit und Preis.
Please confirm availability and price.

Haben Sie ein ...?	*Do you have a ... room?*
Einzelzimmer	*single*
Doppelzimmer	*double*
Zweibettzimmer	*twin*

Wieviel kostet es pro Nacht/Person?
How much is it per night/person?

Kann ich es sehen?
May I see it?

Kann ich ein anderes Zimmer bekommen?
Can I get another room?

Es ist gut, ich nehme es.
It's fine. I'll take it.

Ich reise jetzt ab.
I'm leaving now.

Verkehrsmittel & -Wege

Öffentliche Verkehrsmittel

Wann fährt ... ab?
What time does the ... leave?

das Boot/Schiff	*boat/ship*
die Fähre	*ferry*
der Bus	*bus*
der Zug	*train*

Wann fährt der ... Bus?
What time's the ... bus?

erste	*first*
letzte	*last*
nächste	*next*

Wo ist der nächste U-Bahnhof?
Where's the nearest metro station?

Welcher Bus fährt nach ...?
Which bus goes to ...?

U-Bahn	*metro*
(U-)Bahnhof	*(metro) station*
Straßenbahn	*tram*
Straßenbahnhaltestelle	*tram stop*
S-Bahn	*suburban (train) line*

Eine ... nach (Sydney).
A ... to (Sydney).

einfache Fahrkarte	*one-way ticket*
Rückfahrkarte	*return ticket*
Fahrkarte 1. Klasse	*1st-class ticket*
Fahrkarte 2. Klasse	*2nd-class ticket*

Der Zug wurde gestrichen.
The train is cancelled.

Der Zug hat Verspätung.
The train is delayed.

Ist dieser Platz frei?
Is this seat free?

Muss ich umsteigen?
Do I need to change trains?

Sind Sie frei?
Are you free?

Was kostet es bis ...?
How much is it to ...?

Bitte bringen Sie mich zu (dieser Adresse).
Please take me to (this address).

Private Transportmittel

Wo kann ich ein ... mieten?
Where can I hire a/an ...?

Ich möchte ein ... mieten.
I'd like to hire a/an ...

Allradfahrzeug	*4WD*
Auto	*car*
Fahrrad	*bicycle*
Fahrzeug mit Automatik	*automatic*
Fahrzeug mit Schaltung	*manual*
Motorrad	*motorbike*

VERKEHRSSCHILDER

Danger	*Gefahr*
No Entry	*Einfahrt verboten*
One-way	*Einbahnstraße*
Entrance	*Einfahrt*
Exit	*Ausfahrt*
Keep Clear	*Ausfahrt freihalten*
No Parking	*Parkverbot*
No Stopping	*Halteverbot*
Toll	*Mautstelle*
Cycle Path	*Radweg*
Detour	*Umleitung*
No Overtaking	*Überholverbot*

Wieviel kostet es pro Tag/Woche?
How much is it per day/week?

Wo ist eine Tankstelle?
Where's a petrol station?

Benzin	*petrol*
Diesel	*diesel*
Bleifreies Benzin	*unleaded*

Führt diese Straße nach ...?
Does this road go to ...?

Wo muss ich bezahlen?
Where do I pay?

Ich brauche einen Mechaniker.
I need a mechanic.

Das Auto hat eine Panne.
The car has broken down.

Ich habe einen Platten.
I have a flat tyre.

Das Auto/Motorrad springt nicht an.
The car/motorbike won't start.

Ich habe kein Benzin mehr.
I've run out of petrol.

Wegweiser

Können Sie mir bitte helfen?
Could you help me, please?

Ich habe mich verirrt.
I'm lost.

Wo ist (eine Bank)?
Where's (a bank)?

In welcher Richtung ist (eine öffentliche Toilette)?
Which way's (a public toilet)?

Wie kann ich da hinkommen?
How can I get there?

Wie weit ist es?
How far is it?

Können Sie es mir (auf der Karte) zeigen?
Can you show me (on the map)?

links	*left*
rechts	*right*
nahe	*near*
weit weg	*far away*
hier	*here*
dort	*there*
an der Ecke	*on the corner*
geradeaus	*straight ahead*
gegenüber ...	*opposite ...*
neben ...	*next to ...*
hinter ...	*behind ...*
vor ...	*in front of ...*

Norden	*north*
Süden	*south*
Osten	*east*
Westen	*west*

Biegen Sie ... ab.	*Turn ...*
links/rechts	*left/right*
an der nächsten Ecke	*at the next corner*
bei der Ampel	*at the traffic lights*

Zahlen

0	*zero*
1	*one*
2	*two*

SCHILDER

Police	*Polizei*
Police Station	*Polizeiwache*
Entrance	*Eingang*
Exit	*Ausgang*
Open	*Offen*
Closed	*Geschlossen*
No Entry	*Kein Zutritt*
No Smoking	*Rauchen verboten*
Prohibited	*Verboten*
Toilets	*Toiletten*
Men	*Herren*
Women	*Damen*

3	*three*
4	*four*
5	*five*
6	*six*
7	*seven*
8	*eight*
9	*nine*
10	*ten*
11	*eleven*
12	*twelve*
13	*thirteen*
14	*fourteen*
15	*fifteen*
16	*sixteen*
17	*seventeen*
18	*eighteen*
19	*nineteen*
20	*twenty*
21	*twentyone*
22	*twentytwo*
23	*twentythree*
24	*twentyfour*
25	*twentyfive*
30	*thirty*
40	*fourty*
50	*fifty*
60	*sixty*
70	*seventy*
80	*eigthy*
90	*ninety*
100	*hundred*
1000	*thousand*
2000	*two thousand*
100 000	*hundred thousand*

Hinter den Kulissen

WIR FREUEN UNS ÜBER EIN FEEDBACK

Post von Travellern zu bekommen, ist für uns ungemein hilfreich – Kritik und Anregungen halten uns auf dem Laufenden und helfen, unsere Bücher zu verbessern. Unser reiseerfahrenes Team liest alle Zuschriften ganz genau, um zu erfahren, was an unseren Reiseführern gut und was schlecht ist. Wir können solche Post zwar nicht individuell beantworten, aber jedes Feedback wird garantiert schnurstracks an die jeweiligen Autoren weitergeleitet, rechtzeitig vor der nächsten Nachauflage.

Wer Ideen, Erfahrungen und Korrekturhinweise zum Reiseführer mitteilen möchte, hat die Möglichkeit dazu auf **www.lonelyplanet.com/contact/guidebook_feedback/new**. Anmerkungen speziell zur deutschen Ausgabe erreichen uns über **www.lonelyplanet.de/kontakt**.

Hinweis: Da wir Beiträge möglicherweise in Lonely Planet Produkten (Reiseführer, Websites, digitale Medien) veröffentlichen, ggf. auch in gekürzter Form, bitten wir um Mitteilung, falls ein Kommentar nicht veröffentlicht oder ein Name nicht genannt werden soll. Wer Näheres über unsere Datenschutzpolitik wissen will, erfährt das unter www.lonelyplanet.com/privacy.

DANK DER AUTOREN

Hugh McNaughtan

Vielen Dank an Kate, Hannah, Ross und alle, mit denen ich an diesem Band gearbeitet habe. Danke auch an Tas, Maise und Willa, für ihre Geduld und Unterstützung.

Brett Atkinson

Ich möchte mich bei allen bedanken, die meine Erkundung der Central Coast in Kalifornien so angenehm gemacht haben, besonders bei Christina Glynn in Santa Cruz. Danke, Margaret Leonard, für die Anregung, mich auch jenseits der Grenzen von Monterey Bay umzusehen. Die Mitarbeiter in den Besucherzentren der Region waren alle hilfsbereit. Bei Lonely Planet bedanke ich mich bei Cliff Wilkinson für die Chance, Big Sur wieder besuchen zu können. Über den gewaltigen Südpazifik hinweg schicke ich ein Dankeschön nach Auckland an Carol und an meine Familie für ihrer Unterstützung.

Loren Bell

Für die heißen Tipps, das kalte Bier und die herzliche Unterstützung bedanke ich bei meiner Familie und meinen Freunden – ohne euch wäre alles nichts. An Kari: Ich weiß nicht, wie du es geschafft hast, mich während dieser Projekte zu ertragen, aber deine Geduld muss tiefer sein als der Grand Prismatic Spring – deine Schönheit ist es auf jeden Fall. Schließlich an Hawkeye: Ich weiß, du kannst nicht lesen, aber dich an meiner Seite zu haben, war der Höhepunkt der Reise. Du bist ein guter Junge.

Greg Benchwick

Dieses Buch wäre ohne die Unterstützung und Liebe meiner Familie nicht möglich gewesen. In erster Linie wäre da die kleine Violeta „Monkey Face" Benchwick, die mit ihrem eigensinnigen Papa die Welt erforscht. Auch möchte ich mich bei Sarah dafür bedanken, dass sie die Reise nach Estes auf sich genommen hat. Und schließlich gilt mein Dank all den netten Redakteuren, Autoren und großen Denkern bei Lonely Planet.

Andrew Bender

Danke, Denise Lengyeltoti, Christie Bacock, Melissa Perez, Jackie Alvarez, Jennifer Tong, Erin Ramsauer, Michael Ramirez, Jenny Wedge, Ashley Johnson und den vielen Mitarbeitern in den Besucherzentren, den Hotels und den Restaurants, die mir viel mehr ihrer Zeit geschenkt haben, als ich verdient hätte. Bei Lonely Planet möchte ich mich vor allem bei Clifton Wilkinson, Sarah Stocking, Anita Isalska, Judith Bamber und Kathryn Rowan bedanken.

Alison Bing

Ich bedanke mich bei Cliff Wilkinson, Sarah Sung, Lisa Park, DeeAnn Budney, PT Tenenbaum und vor allem bei Marco Flavio Marinucci, weil er eine Busfahrt in Muni zu einem der Abenteuer meines Lebens gemacht hat.

Cristian Bonetto

Ein herzliches Dankeschön den vielen Angelenos (und New Yorkern), die ihr L.A.-Geheimwissen und ihre Tipps mit mir geteilt haben, insbesondere John-Mark Horton, Michael Amato, Andy Bender, Norge Yip, Calvin Yeung, Douglas Levine, Daphne Barahona, Nicholas Maricich, David Singleman, William J. Brockschmidt, Richard Dragisic und Andy Walker. Danke auch meinen Mitaustraliern in SoCal, Mary-ann Gardner und Natalie Yanoulis. Bei Lonely Planet gilt mein Dank Cliff Wilkinson.

Celeste Brash

Danke an meine Tante Kem und meinen Onkel Ken für Susanville, an Gerad in Mt. Shasta City für tolles Bier und klasse Infos; danke auch den unzähligen Freunden und der Familie für Tipps und Anregungen; und ich danke meinem Mann und meinen Kindern für die Freude, die es mir bereitet, zurück nach Hause zu kommen. Last but not least gilt meine Liebe dem wunderbaren Bundesstaat Kalifornien; mein Herz wird dich nie verlassen.

Jade Bremner

Mein Dank gilt meinem verantwortlichen Redakteur Clifton Wilkinson für seine Unterstützung und sein unerschöpfliches Wissen über die Lonely Planet Reiseführer. Danke auch allen, die hinter den Kulissen arbeiten: Cheree Broughton, Dianne, Jane, Neill Coen, Evan Godt und Helen Elfer. Nicht zuletzt, ein Dankeschön dem freundlichen Personal im Fig Tree Cafe für die tollen Eggs Benedict, die mich oft startklar für den Tag gemacht haben.

Nate Cavalieri

Vielen Dank an meine Partnerin Florence, die immer für einen Last-Minute-Trip nach Bakersfield zu haben ist. Danke an Cliff, Daniel, Jane, Diane und die Mitarbeiter von Lonely Planet für all die Unterstützung – und an meine Kollegin Alison Bing, die mich dazu angeregt hat, nach einer langen Pause wieder als Reiseschriftsteller zu arbeiten.

Michael Grosberg

Ein besonderer Dank gilt Carly, Rosie und Booney dafür, dass sie sich Zuhause um alles gekümmert haben, und Carly für das Teilen ihrer Erfahrungen, die sie als Ranger in Mammoth Lakes und Mono Lake gesammelt hat. Danke an Peter Bartelme von der Yosemite Conservancy, Lisa Cesaro von Aramark, Joe Juszkiewicz von der Rush Creek Lodge, Lauren Burke aus Mammoth, Tawni Thompson aus Bishop und Julie Wright für die Hilfe in Sequoia.

Ashley Harrell

Mein Dank gilt: Meinen Mitautoren und Redakteuren für ihre Sorgfalt und Unterstützung; den netten Leuten überall im Wine Country für ihre Zeit und Empfehlungen; David Roth und Andy Wright (doofe Leute) für den unendlichen Spaß, den wir hatten; Amy Benziger, weil ich ihre Wohnung zerlegen durfte; Shane Henegan für seinen glorreichen Airstream; Paul Stockamore für David Applebaum; Adele Fox weil sie mein Lieblingstollpatsch ist; Anne Murphy dafür, dass sie ihre Ranch und ihre weisen, witzigen Meinungen mit mir geteilt hat; und Andy Lavender für seine Beiträge und die unermüdliche Fürsorge.

Carolyn McCarthy

Vielen Dank all den feinen Leute des südlichen Colorado, deren Hilfe und Gastfreundschaft in der Schlammsaison unvergessen bleibt. Meine Dankbarkeit gilt Dave und Lyn in Telluride, Angela und Jim in Ouray und Katie in Durango. Gracias Sandra, für ihren Beitrag zum Wanderteil der Reise. Hasta la próxima, Colorado!

Becky Ohlsen

Danke, Papa! Du bist der bisher großartigste Mitarbeiter bei Recherchearbeiten. Danke auch allen Parkrangern und Campingplatzmitarbeitern, die mich über das Wetter und die Straßenverhältnisse informiert haben; Paul Bracke für die Top-Informationen zu Spokane, den früheren Autoren dieses Kapitels und dem Superredakteur Alex Howard.

Christopher Pitts

Vielen Dank, Debbie Lew, für die Kontakte in Summit County, Melissa Wisenbaker in Aspen, Sara Stookey in Snowmass und Sally Gunter in Vail. Vielen Dank auch dem Rest des Colorado-Teams für Input, Ideen und Updates.

Liza Prado

Herzlichen Dank dem außergewöhnlichen Team von Lonely Planet, besonders Alex Howard und meinen Mitautoren. Ein besonderer Dank geht an meine Freunde in Colorado: Meghan Howes, Alexia Eslan, Samantha Lentz, Kate McGoldrick, Paisley Johnson, Darin Pitts und Rob Roberts für die Insider-Infos zu euren Lieblingsplätzen. Mil Gracias Mama, Papa, Joe, Elyse und Susan für die liebevolle Hilfe mit den Kindern. Vielen Dank an Eva und Leo für geduldiges Warten auf den Familienfilmabend. Und an Gary: Danke für deine grenzenlose Liebe und Unterstützung – du bist die Sonne meiner Welt.

Josephine Quintero

Danke, Cliff Wilkinson, für die Gelegenheit, diese fabelhafte Region von Kalifornien erkunden zu dürfen. Danke auch meinem Kumpel Robin Chapman, der mit mir unterwegs war, und meinen Freunden Janice Crowe und Linda Sinclair für die unschätzbare Unterstützung. Vielen Dank auch all den hilfsbereiten Leuten in den Besucherzentren und auch den Mitarbeitern beim SPP Helpdesk, die bei technischen Problemen geholfen haben!

Andrea Schulte-Peevers

Für ihre wertvollen Tipps, Einblicke und die Gastfreundschaft möchte ich mich von ganzem Herzen bei den folgenden Personen bedanken (in keiner bestimmten Reihenfolge): Valerie Summers, Kristin Schmidt, Joyce Kiehl, Andrew Bender, Abigail Wines, Bruce Moore, Susan Witty, Brandy Marino und Mona Spicer.

Helena Smith

Vielen Dank all jenen, die mir im Gold Country und in Lake Tahoe ihre Gastfreundschaft gewährt haben, ganz besonders Naomi Terry, die uns Gesellschaft geleistet hat, und Anna und ihrer Familie für Gastfreundschaft und ihr Wissen über die Region. King war unterwegs ein großartiger Kumpel, ebenso Art Terry, der mich in Kalifornien durch die Gegend fuhr, dabei den DJ gegeben und jede Erkundung zum Erlebnis gemacht hat.

John A. Vlahides

Mein Dank gilt meinem verantwortlichen Redakteur Clifton Wilkinson und meiner Mitautorin Alison Bing, mit der zu arbeiten immer eine Freude ist. Und vor allem danke ich euch Lesern! Ihr macht mein Leben lebenswert und ich bin dankbar für die Ehre, euer Guide durch die graue Stadt der Liebe sein zu dürfen.

Benedict Walker

Zuallererst bin ich Alex Howard, meinem Redakteur auf der anderen Seite des Planeten, auf ewig dankbar dafür, dass er für mich bei diesem Projekt einen Platz gefunden hat, weil er weiß, dass ich die Berge liebe. Er wurde mit einigen seltsamen Herausforderungen, die ich ihm bereitet habe, dank seiner ganzen Ruhe fertig, und blieb dabei so vorurteilsfrei, wie es nur wenige junge Männer fertigbringen. Mein Dank gilt außerdem Brad, meinem hübschen Freund aus Missoula, der mich daran erinnert hat, dass, während viele Männer Kriege führen, einige Feuer löschen – und andere Bilder mit Worten malen. Dank auch den Aliens von Nevada und Colorado, die mich auf die Probe gestellt haben. Die Welt da draußen ist wunderschön, man muss nur hinschauen. Und es gibt immer Neues zu endecken …

Clifton Wilkinson

Danke all den Leuten, die sich im Santa Barbara County um den Tourismus kümmern (Karna, Danielle, Christie) mit den hervorragenden Empfehlungen – einschließlich des besten Essens, das ich während der Aktualisierung dieses Bandes genießen durfte. Danke auch dem gesamten Lonely Planet Team, besonders den Kollegen, die sich geduldig jeden meiner Reisepläne angehört haben. Schließlich möchte ich mich noch beim Wetter bedanken, weil es größtenteils bei meinen Erkundungen mitgemacht hat – abgesehen vom ganzen Schlamm auf Santa Cruz Channel Island (sollte jemand dort eine Sonnenbrille findet, ist es womöglich jene, die ich bei meinem Sturz verloren habe).

QUELLENNACHWEIS

Die Daten der Klimakarten stammen von Peel MC, Finlayson BL & McMahon TA (2007) *Updated World Map of the Koppen-Geiger Climate Classification*, erschienen in der Zeitschrift *Hydrology and Earth System Sciences*, Ausgabe 11, 163344.

Abbildungen S. 344–345 von Michael Weldon.

Titelfoto: Grand Prismatic Spring, Yellowstone National Park; Yun Gao/500px

ÜBER DIESES BUCH

Dies ist die 5. deutschsprachige Auflage von *USA Westen*, basierend auf der 4. englischsprachigen Auflage von *Western USA*, die von Hugh McNaughtan, Brett Atkinson, Loren Bell, Greg Benchwick, Andrew Bender, Sara Benson, Alison Bing, Cristian Bonetto, Celeste Brash, Jade Bremner, Nate Cavalieri, Michael Grosberg, Ashley Harrell, Carolyn McCarthy, Becky Ohlsen, Christopher Pitts, Liza Prado, Josephine Quintero, Andrea Schulte-Peevers, Helena Smith, John A. Vlahides, Benedict Walker und Clifton Wilkinson koordiniert und geschrieben wurde. Dieser Reiseführer wurde von folgenden Mitarbeitern betreut:

Verantwortlicher Redakteur Alexander Howard, Sarah Stocking, Clifton Wilkinson

Leitende Redakteure Kate Mathews, Ross Taylor

Leitende Kartografin Alison Lyall

Buchdesigner Nicholas Colicchia

Redaktionsassistenz Sarah Bailey, Hannah Cartmel, Andrew Bain, James Bainbridge, Judith Bamber, Imogen Bannister, Michelle Bennett, Nigel Chin, Melanie Dankel, Andrea Dobbin, Carly Hall, Victoria Harrison, Kellie Langdon, Ali Lemer, Jodie Martire, Rosie Nicholson, Monique Perrin, Sarah Reid, Saralinda Turner, Maja Vatric, Simon Williamson

Assistenz der Kartografie Valentina Kremenchutskaya

Umschlagrecherche Marika Mercer

Dank an Grace Dobell, Anne Mason, Martine Power, Rachel Rawling, Valerie Stimac, Greg Thilmont, Maureen Wheeler

Register

Verweise auf Karten **000**
Verweise auf Fotos **000**

Verweise auf Karten **000**
Verweise auf Fotos **000**

H

I

J

K

L

M

Verweise auf Karten **000**
Verweise auf Fotos **000**

N

Verweise auf Karten **000**
Verweise auf Fotos **000**

S

T

U

V

Verweise auf Karten **000**
Verweise auf Fotos **000**

Kartenlegende

Sehenswertes
- Strand
- Vogelschutzgebiet
- buddhistisch
- Schloss/Palast
- christlich
- konfuzianisch
- hinduistisch
- islamisch
- jainistisch
- jüdisch
- Denkmal
- Museum/Galerie/historisches Gebäude
- Ruine
- schintoistisch
- sikhistisch
- taoistisch
- Weingut/Weinberg
- Zoo/Tierschutzgebiet
- andere Sehenswürdigkeit

Aktivitäten, Kurse & Touren
- bodysurfen
- tauchen
- Kanu/Kajak fahren
- Kurs/Tour
- Sento-Bad/Onsen
- Ski fahren
- schnorcheln
- surfen
- Schwimmbecken
- wandern
- windsurfen
- andere Aktivität

Schlafen
- Unterkunft
- Camping

Essen
- Lokal

Ausgehen & Nachtleben
- Bar/Kneipe
- Café

Unterhaltung
- Unterhaltung

Shoppen
- Shoppen

Praktisches
- Bank
- Botschaft/Konsulat
- Krankenhaus/Arzt
- Internetzugang
- Polizei
- Post
- Telefon
- Toilette
- Touristeninformation
- andere Einrichtung

Geografisches
- Strand
- Tor
- Hütte/Unterstand
- Leuchtturm
- Aussichtspunkt
- Berg/Vulkan
- Oase
- Park
- Pass
- Picknickplatz
- Wasserfall

Städte
- Hauptstadt (Staat)
- Hauptstadt (Bundesland/Provinz)
- Großstadt
- Kleinstadt/Ort

Verkehrsmittel
- Flughafen
- BART-Station
- Grenzübergang
- T-Station (Boston)
- Bus
- Seilbahn/Gondelbahn
- Fahrrad
- Fähre
- Metro/Muni-Station
- Einschienenbahn
- Parkplatz
- Tankstelle
- U-Bahn/SkyTrain-Station
- Taxi
- Bahnhof/Zug
- Straßenbahn
- U-Bahnhof
- anderes Verkehrsmittel

Achtung: Nicht alle der abgebildeten Symbole werden auf den Karten im Buch verwendet

Verkehrswege
- Mautstraße
- Autobahn
- Hauptstraße
- Landstraße
- Verbindungsstraße
- sonstige Straße
- unbefestigte Straße
- Straße im Bau
- Platz/Promenade
- Treppe
- Tunnel
- Fußgänger-Überführung
- Stadtspaziergang
- Abstecher (Stadtspaziergang)
- Pfad/Wanderweg

Grenzen
- Internationale Grenze
- Bundesstaat/Provinz
- umstrittene Grenze
- Region/Vorort
- Meerespark
- Klippen
- Mauer

Gewässer
- Fluss/Bach
- periodischer Fluss
- Kanal
- Wasser
- Trocken-/Salz-/periodischer See
- Riff

Gebietsformen
- Flughafen/Startbahn
- Strand/Wüste
- Friedhof (christlich)
- Friedhof
- Gletscher
- Watt
- Park/Wald
- Sehenswürdigkeit (Gebäude)
- Sportgelände
- Sumpf/Mangrove

DIE AUTOREN

Hugh McNaughtan
Gesamtleitung, Arizona Statt Anträge für Stipendien zu bearbeiten, entschied sich der ehemalige Englischdozent, lieber Anträge für Visa zu stellen – und machte seine Liebe zum Reisen zu einer Vollzeitbeschäftigung. Hugh ist nie glücklicher, als wenn er mit seinen beiden Töchtern in die weite Welt aufbricht – außer vielleicht auf einem Cricketfeld …

Brett Atkinson
Kaliforniens Central Coast Brett lebt in Neuseeland, ist als hauptberuflicher Reise- und Food-Autor allerdings häufig für Lonely Planet unterwegs. Er hat sich auf Abenteuerreisen spezialisiert, auf ungewöhnliche Orte und darauf, selbst bekanntere Reiseziele auf neue und überraschende Weise zu erkunden, wobei für Brett die jeweiligen Craft-Biere und Street-Food-Leckereien vor Ort wesentlicher Antrieb sind.

Loren Bell
Rocky Mountains, Idaho, Montana, Wyoming Als Loren zum ersten Mal auf einer Rucksacktour durch Europa reiste, hockte er noch selbst im Rucksack. Diese denkwürdige Erfahrung korrumpierte sein damals erst sechs Monate altes Gehirn und sorgte dafür, dass es ihm unmöglich sein würde, jemals still zu sitzen (und dabei glücklich zu sein). Sofern er nicht gerade Reiseziele für Lonely Planet enträtselt, schreibt Loren über Neuigkeiten aus Wissenschaft und Naturschutz.

Greg Benchwick
Nördliches Colorado Greg, der schon seit vielen Jahren für Lonely Planet schreibt, hat sich durch den Urwald von Bolivien geschlagen, ist auf dem Jakobsweg durch Spanien gewandert, hat Präsidenten und Grammy-Preisträger interviewt, ist fliegenden Lachsen in Alaska ausgewichen und hat zwischendurch (große und kleine) Berge erklommen.

Andrew Bender
Los Angeles; Disneyland & Orange County Der preisgekrönte Reise- und Food-Autor Andrew Bender hat drei Dutzend Lonely Planet Reiseführer (von *Amsterdam* bis *Los Angeles*, von *Germany* bis *Taiwan* und mehr als ein Dutzend Titel über Japan) sowie zahlreiche Artikel für lonelyplanet.com geschrieben.

Sara Benson
Marin County & Bay Area, Kaliforniens Küsten Die Arbeiten der Autorin von mehr als 70 Reise- und Sachbüchern – darunter zahlreiche Lonely Planet Titel – erschienen in amerikanischen und internationalen Zeitungen und Magazinen, bei CNN, *National Geographic Adventure* sowie auf beliebten Reise-Websites wie Jetsetter.

Alison Bing
San Francisco Im Laufe der 20 Jahre, die sie nun schon in San Francisco lebt, und wegen ihrer zehn Reiseführer hat Alison Bing mehr Zeit auf Alcatraz verbracht als einige der Häftlinge seinerzeit. Nebenbei machte San Francisco sie zu einer Verehrerin des Drag und von Burritos. Sie ignoriert vorsätzlich die Hinweise im öffentlichen Nahverkehr, aus Sicherheitsgründen auf unnötige Konversationen mit den Mitreisenden zu verzichten.

Cristian Bonetto
Los Angeles, Südkalifornien Cristian hat zu mehr als 30 Lonely Planet Bänden beigetragen. Darüber hinaus sind seine Texte zu Reisen, Essen, Kultur und Design in zahlreichen Publikationen auf der ganzen Welt erscheinen. Wenn er nicht unterwegs ist, genießt der reformierte Dramatiker und TV-Drehbuchautor gern einen Espressos in seiner geliebten Heimatstadt Melbourne.

Celeste Brash
Kaliforniens Northern Mountains Celeste schreibt seit 2005 Reiseführer für Lonely Planet, und ihre Reiseartikel sind in Publikationen bei BBC Travel und *National Geographic* erschienen. Im Moment schreibt sie ein Buch über jene fünf Jahre, die sie auf einer abgelegenen Perlenfarm im Tuamotu-Archipel verbracht hat.

Jade Bremner
San Diego Jade ist seit mehr als einem Jahrzehnt Journalistin. Als Redakteurin hat sie für Reisemagazine, Time Out und Radio Times und als Korrespondentin für *The Times*, CNN und *The Independent* gearbeitet. Sie schätzt sich glücklich, Geschichten über diesen wundervollen Planeten, den wir unser Zuhause nennen, mit anderen zu teilen, und ist immer auf der Suche nach dem nächsten Abenteuer.

Nate Cavalieri
Sacramento Nate ist Autor und Musiker mit Wohnsitz in Kalifornien und hat über ein Dutzend Titel für Lonely Planet verfasst, darunter *Epic Bike Rides of the World*. Als Reiseleiter ist er mit der Tour d'Afrique durch China und Südafrika gereist. Außerdem arbeitete er als Perkussionist in einem Themenpark in Orlando.

Michael Grosberg
Yosemite & Sierra Nevada Der viel beschäftigte Lonely Planet Autor arbeitete vor seiner Schriftstellerkarriere als Lehrer in Ecuador. Darüber hinaus war er an einem Projekt zur touristischen Entwicklung auf der Insel Rota im westlichen Pazifik beteiligt und hat über politische Gewalt in Südafrika geschrieben. Er hat einen Master in vergleichender Literatur und lehrte als außerordentlicher Professor Literatur und Schreiben.

Ashley Harrell
Napa & Sonoma Wine Country, Nordkalifornien Nachdem sie Journalistik studiert und als Reporterin gearbeitet hatte, ist Ashley viel in der Welt herumgekommen und hat häufig den Wohnort gewechselt – von einer winzigen Wohnung in New York über eine riesige kalifornische Ranch bis hin zu einer Urwaldhütte in Costa Rica, wo sie für Lonely Planet zu schreiben begann. Ihre Reisen wurden seitdem noch exotischer ...

Carolyn McCarthy
Colorado Carolyn hat sich auf die Themen Reisen, Kultur und Abenteuer in Nord-, Süd- und Mittelamerika spezialisiert und zu 40 Reiseführern und Anthologien von Lonely Planet beigetragen. Ihre Texte sind zudem u. a. bei *National Geographic*, *Outside*, *BBC Magazine*, *Sierra Magazine*, *Boston Globe* und weiteren Publikationen veröffentlicht worden.

Becky Ohlsen
Der Nordwesten Becky lebt und arbeitet als freiberufliche Autorin, Redakteurin und Kritikerin in Portland, Oregon. Für Lonely Planet schreibt sie Reiseführer und Reiseberichte über Skandinavien, Portland und andere Orte. Wenn sie nicht für Lonely Planet unterwegs ist, arbeitet Becky an einem Buch über Motorräder und die paradoxe Attraktivität von Risiken.

Christopher Pitts
Zentrales Colorado, New Mexico Chris' erste Expedition im Leben endete mit einem Misserfolg, als er im Alter von sechs Jahren versuchte, sich von Pennsylvania nach China durchzugraben. An der Uni studierte er Chinesisch und lebte anschließend mehrere Jahre in China. Er verbrachte mit seiner Frau und seinen zwei Kindern mehr als ein Jahrzehnt in Paris, bevor die Verlockungen von Colorados sonnigem Himmel und Outdoor-Abenteuern zu groß wurden, um sich ihnen zu widersetzen.

Liza Prado
Colorado Seit sie sich 2003 vom Unternehmensrecht verabschiedet hat, arbeitet Liza als Reiseschriftstellerin. Sie hat Dutzende Reiseführer und Artikel über Ziele auf dem Doppelkontinent Amerika geschrieben. Gemeinsam mit ihrem Ehemann und Schriftstellerkollegen Gary Chandler und ihren beiden lebt sie sehr glücklich in Denver, Colorado.

Josephine Quintero
Kaliforniens Nordküste & Redwoods Ihre ersten Erfahrungen mit Reisen der weniger ernsthaften Art sammelte Josephine, als sie sich in den frühen 1970ern eine Gitarre auf den Rücken schnallte und durch Europa fuhr. Während eines Abstechers nach Israel, wo sie in einem Kibbuz arbeitete, lernte sie ihren späteren Ehemann kennen. Für Lonely Planet schreibt sie hauptsächlich über Spanien und Italien.

Andrea Schulte-Peevers
Die Wüsten Andrea, die in Deutschland geboren und aufgewachsen ist und in London sowie an der UCLA studiert hat, hat bei ihren Reisen durch 75 Länder inzwischen einmal die Entfernung von der Erde zum Mond und zurück zurückgelegt. Seit nunmehr zwei Jahrzehnten verdient sie sich ihren Lebensunterhalt als professioneller Reiseschriftstellerin und hat fast 100 Lonely Planet Titel verfasst oder zu ihnen beigetragen.

Helena Smith
Lake Tahoe, Gold Country Helena ist eine preisgekrönte Schriftstellerin und Fotografin mit den Themenschwerpunkten Reisen, Natur und Essen. Helena stammt aus Schottland, wuchs aber teilweise in Malawi auf, sodass sie sich in Afrika immer wie zu Hause fühlt. Sie genießt ihre multikulturelle Heimat Hackney und schrieb und fotografierte für den von ihr herausgegeben *Inside Hackney*.

John A. Vlahides
San Francisco John war Koch in einem Pariser Bordell, Concierge eines Luxushotels, Moderator bei einem Fernsehsender, für die Sicherheit in einem Sexclub zuständig und Dolmetscher für Französisch und Englisch. Er ist einer der erfahrensten Autoren von Lonely Planet. Wenn er nicht gerade auf Reisen ist, singt John mit der San Francisco Symphony und verbringt seine Freizeit in der Sierra Nevada.

Benedict Walker
Nevada Ben wuchs in Australiens Vorstädten auf, wo er die Wochenenden und die langen Sommer am Strand verbrachte. Und obwohl er sich von großen Bergen magisch angezogen fühlt, liegt dem heute in Berlin lebenden Autor doch vor allem das Strandleben im Blut. Für Ben ist das Beste am Reisen nicht unbedingt, der Ort, in den es einen zieht, sondern wen man dort trifft; am Leben freundlicher Fremder durch die Geschichten, die man liest, teilhaben zu können, bereichert für ihn das eigene Dasein.

Clifton Wilkinson
Santa Barbara County Seit seinem ersten Aufenthalt im Jahr 1995 ist Clifton in Kalifornien verliebt. Mehrere Weihnachten in der Nähe von Sacramento, Radtouren über die Golden Gate Bridge und Wanderungen im Yosemite National Park haben Cliftons Meinung gefestigt: Der Golden State ist der beste Bundesstaat der gesamten USA – und Santa Barbara eine seiner schönsten Ecken. Clifton arbeitet seit mehr als elf Jahren für Lonely Planet und ist inzwischen im Londoner Büro tätig, wobei er die Hoffnung nicht aufgegeben hat, bald wieder nach Kalifornien zurückgerufen zu werden – und die Chance zu bekommen, zu beweisen, dass Merlot lange nicht so übel ist wie sein Ruf.

DIE LONELY PLANET STORY

Ein ziemlich mitgenommenes, altes Auto, ein paar Dollar in der Tasche und eine Vorliebe für Abenteuer – 1972 war das alles, was Tony und Maureen Wheeler für die Reise ihres Lebens brauchten, die sie durch Europa und Asien bis nach Australien führte. Die Tour dauerte einige Monate, und am Ende saßen die beiden – pleite, aber voller Inspiration – an ihrem Küchentisch und schrieben ihren ersten Reiseführer *Across Asia on the Cheap*. Innerhalb einer Woche hatten sie 1500 Exemplare verkauft. Lonely Planet war geboren.

Heute hat der Verlag Büros in Melbourne, London und Oakland und mehr als 600 Mitarbeiter und Autoren. Und alle teilen Tonys Überzeugung: „Ein guter Reiseführer sollte drei Dinge tun: informieren, bilden und unterhalten."

Lonely Planet Global Limited

Digital Depot
The Digital Hub
Dublin D08 TCV4
Ireland

Verlag der deutschen Ausgabe:
MAIRDUMONT, Marco-Polo-Str. 1, 73760 Ostfildern,
www.lonelyplanet.de, www.mairdumont.com
lonelyplanet-online@mairdumont.com

Chefredakteurin deutsche Ausgabe: Birgit Borowski

Übersetzung: Berna Ercan, Tobias Ewert, Derek Frey, Laura Leibold, Dr. Christian Rochow, Erwin Tivig

An früheren Auflagen haben außerdem mitgewirkt: Julie Bacher, Dorothee Büttgen, Karen Gerwig, Stefanie Gross, Joachim Henn, Jürgen Kucklinski, Dr. Alwin Letzkus, Marion Matthäus, Dr. Frauke Sonnabend

Redaktion: Annegret Gellweiler, Frank J. Müller, Olaf Rappold, Julia Wilhelm, Stephanie Ziegler (red.sign, Stuttgart)

Redaktionsassistenz: Helin Dag, Annika Häfner, Sara Kimmich, Sylvia Scheider-Schopf (red.sign, Stuttgart)

Satz: Sylvia Scheider-Schopf (red.sign, Stuttgart)

USA Westen

5. deutsche Auflage Juli 2018, übersetzt von *Western USA, 4th edition*, April 2018, Lonely Planet Global Limited

Printed in Poland

FSC
www.fsc.org
MIX
Papier aus verantwortungsvollen Quellen
FSC® C018236